Handbuch neuropsychologischer Testverfahren

Dieter Schellig
Dörthe Heinemann
Beate Schächtele
Walter Sturm
(Hrsg.)

Handbuch neuropsychologischer Testverfahren Band 2

mitherausgegeben von

Renate Drechsler
Thomas Günther
Jutta Küst
Andreas Schale

hogrefe

Dipl.-Psych. Dieter Schellig, M. A., geb. 1953. Von 1974 bis 1988 Studien in Konstanz und Freiburg im Breisgau; Abschlüsse in Philosophie, Germanistik, Linguistik, Geschichte und Psychologie. Tätigkeiten als niedergelassener Psychotherapeut und in der neurologischen Rehabilitation der Hegau-Bodensee-Hochrhein-Kliniken. Arbeits- und Forschungsschwerpunkte: Gedächtnis und Testentwicklungen.

Dr. phil. Dörthe Heinemann, geb. 1966. 1986–1992 Studium der Psychologie in Hamburg. 2001 Promotion. Seit 1992 Tätigkeiten in der stationären Rehabilitation. Ab 1999 wissenschaftliche Mitarbeiterin an der Abteilung für Allgemeine und Neuropsychologie, Universität Bern. Seit 2004 in der Ambulanz der neurologischen Universitätsklinik, Inselspital Bern. Arbeits- und Forschungsschwerpunkte: Gedächtnis und visuelle Wahrnehmung.

Dipl.-Psych. Beate Schächtele, geboren 1955. Ausbildung zur Ergotherapeutin und langjährige Tätigkeit in der Neuro-Rehabilitation. 1995–2001 Studium der Psychologie in Konstanz. Praxis für Neuropsychologie und Ergotherapie seit 2003. Arbeits- und Forschungsschwerpunkte: Testentwicklungen im Bereich Gedächtnis.

Prof. Dr. Walter Sturm, geb. 1948. 1969–1974 Studium der Psychologie in Aachen. Anschließend wissenschaftlicher Angestellter an der neurologischen Klinik der RWTH Aachen. 1983 Promotion. 1995 Habilitation. Seit 1995 Leiter der „Sektion Klinische Neuropsychologie" an der neurologischen Klinik der RWTH Aachen. 2000 Ernennung zum Professor. Forschungsschwerpunkte: Neuropsychologische Diagnostik und Therapie, Aufmerksamkeitsstörungen, funktionelle Bildgebung von Aufmerksamkeitsfunktionen und von Reorganisationsprozessen nach neuropsychologischer Therapie. Seit 2013 im Ruhestand.

Bibliografische Information der Deutschen Nationalbibliothek
Die Deutsche Nationalbibliothek verzeichnet diese Publikation in der Deutschen Nationalbibliografie; detaillierte bibliografische Daten sind im Internet über http://dnb.dnb.de abrufbar.

Hogrefe Verlag GmbH & Co. KG
Merkelstraße 3
37085 Göttingen
Deutschland
Tel. +49 551 999 50 0
Fax +49 551 999 50 111
verlag@hogrefe.de
www.hogrefe.de

Satz: ARThür Grafik-Design & Kunst, Weimar
Druck: Finidr, s.r.o., Český Těšín
Printed in Czech Republic
Auf säurefreiem Papier gedruckt

1. Auflage 2018

(E-Book-ISBN [PDF] 978-3-8409-1858-2)
ISBN 978-3-8017-1858-9
http://doi.org/10.1026/01858-000

Vorwort

Der erste Band des „Handbuchs neuropsychologische Testverfahren“ (2009) behandelte die drei „großen“ Themen der neuropsychologischen Diagnostik: Aufmerksamkeit, Gedächtnis und exekutive Funktionen. Die vielfältigen Rückmeldungen auf unser Projekt, einen kritischen Überblick über die im deutschsprachigen Raum verwendeten neuropsychologischen Verfahren zu geben, haben uns motiviert, den geplanten zweiten Band möglichst bald zu veröffentlichen. Der große Umfang der für diesen Band geplanten Themen sowie die große Anzahl der vorliegenden Testverfahren verzögerte aber nicht nur die Fertigstellung, er machte auch eine weitere Aufteilung in drei Bände notwendig. Allein die Testtabelle der parallel erscheinenden Bände zwei und drei umfasst 665 Verfahren. Zusammen mit dem vierten Band werden es weit über tausend Untersuchungsverfahren sein. Die drei Themen des vierten Bandes sind visuelle und räumliche Funktionen, Emotion, Motivation und Verhalten sowie Altern und Demenz.

Die quasi parallel erscheinenden Bände zwei und drei umfassen neben den neuropsychologischen Verfahren zur Untersuchung von Kindern und Jugendlichen eine Reihe von spezifischen Zweigen der neuropsychologischen Diagnostik: von der interhemisphärischen Interaktion, über die Apraxie, Sensomotorik und Fahreignung bis zu testbeeinflussenden Faktoren wie der Beschwerdenvalidierung, medikamentösen (Neben-)Wirkungen oder dem prämorbiden Leistungsniveau. Die Themenliste macht deutlich, dass das „Handbuch neuropsychologischer Testverfahren“ einen umfassenden Anspruch im Rahmen der neuropsychologischen Diagnostik erhebt. Es werden nicht nur Verfahren und Strategien zur Operationalisierung organisch bedingter Störungen dargestellt. Es umfasst darüber hinaus alle wichtigen Fragestellungen für den Alltag des klinisch-neuropsychologischen Untersuchers: von den Diagnosemöglichkeiten, um testbeeinflussende Faktoren zu erfassen, über spezifische neuropsychologische Themen wie der Hemisphärenlateralisierung bis zu den psychometrischen Grundlagen eine adäquaten klinischen Diagnostik.

Der Aufbau der einzelnen Kapitel und der Rezensionen folgt – soweit möglich und sinnvoll – den Strukturen des ersten Bandes: Dem Rezensionsteil geht ein Theoriekapitel voraus, das den theoretischen Rahmen für die rezensierten Verfahren bildet sowie konkrete Vorschläge für eine adäquate Untersuchung in den jeweiligen Bereichen macht. Ergänzt werden die Kapitel jeweils von einer Übersichtstabelle, in der alle besprochenen Verfahren den Funktionen zugeordnet sind, die sie operationalisieren – einschließlich einer Beschreibung der verwendeten Aufgaben.

Nicht jedes Kapitel in diesem zweiten Band folgt diesem Aufbau. In einigen Bereichen hat sich noch kein Kanon von Testverfahren herauskristallisiert, der als Standard oder zumindest als weit verbreitet gelten kann, und damit das Rezensieren von spezifischen Verfahren rechtfertigt. Für diese Bereiche wurde besonderer Wert darauf gelegt, dass der Theorieteil an der klinischen Diagnostik orientiert ist und eine umfangreiche und übersichtliche Tabelle der experimentellen Entwicklungen enthält.

Die vier Bände des Testhandbuchs enthalten eine Vielzahl von Tabellen: Sie sind der Dreh- und Angelpunkt des Handbuchs. Mittels der Tabellen lässt sich ein Überblick über die hunderte von Untersuchungsverfahren verschaffen und gezielt weitere Informationen in den Testhandbüchern finden. In diese Tabellen integriert ist eine leicht nachvollziehbare Darstellung der Aufgaben, mit denen die einzelnen Funktionen operationalisiert werden.

Das Handbuch neuropsychologischer Testverfahren soll Orientierung und Hilfestellungen für die neuropsychologische Diagnostik bieten. Dies ist nur von einem „kritischen Kompendium" zu erwarten. Jede Rezension hat deshalb zwei Teile: einen darstellenden, der sich auf die Angaben der Testautoren stützt, und einen kritischen, in dem der jeweilige Rezensent zum theoretischen Hintergrund und seinen klinischen Einsatzmöglichkeiten kritisch Stellung nimmt.

Die breite Themenauswahl und die Spezifität der Themen veranlassten die Herausgeber, „Spezialisten" für spezifische Themenbereiche hinzu zu ziehen. Was sachlich unumgänglich war, stellte die Teamarbeit immer wieder vor zeitintensive Herausforderungen: zu harmonisieren waren inhaltliche Ansprüche und Vorstellungen dieser Spezialisten mit den Anliegen, die die Einheitlichkeit des Handbuchs und das Konzept der Herausgeber forderten. Dies führte auch zu rivalisierenden Entwürfen, die kollegiale und meist fruchtbare Auseinandersetzungen zur Folge hatten. Die Mitarbeit dieser Kollegen – sei es die Geduld und Energie, die sie bei der Suche, beim Motivieren und Korrigieren ihrer Rezensenten aufgebracht haben, sei es die Erarbeitung neuer Entwürfe, wenn sich die vorgegebenen Formate an der Sache nicht bewährten – waren für das Gelingen dieses Handbuches von besonderer Bedeutung. Daher unser besonderer Dank an Ralf Dohrenbusch, Renate Drechsler, Bruno Fimm, Thomas Günther, Thomas Jahn, Elke Kalbe, Jutta Küst, Bernd Leplow, Thomas Merten, Bruno Preilowski, Sybille Rockstroh, Andreas Schale, Katja Werheid und Klaus Willmes.

Über die vielen fruchtbaren Diskussionen mit den Rezensenten konnten wir uns auch bei diesem zweiten Band freuen. Für die erfolgreiche Zusammenarbeit gilt all diesen Kollegen, die wesentlich zur Veröffentlichung dieses Bandes beigetragen haben, nochmals unser herzlicher Dank.

Neben den synergetischen Aspekten der Teamarbeit bleibt auch bei diesem Band festzuhalten, dass jeder Autor und Rezensent selbst für seinen Text verantwortlich ist. Während die Rezensenten durch das vorgegebene Format weniger Raum hatten, ihren eigenen Stil einzubringen, hatten die Mitherausgeber und Verfasser von teilweise umfassenden Kapiteln deutlich mehr Freiraum. Die Vielzahl der Autorenschaften ist sicher ein Gewinn, da sich hinter den unterschiedlichen Darstellungsstilen auch unterschiedliche Perspektiven abzeichnen: Der klinische Diagnostiker setzt andere Schwerpunkte als der experimentelle Forscher oder der universitäre Theoretiker. Gleiches gilt für die unterschiedlichen Formen des Anbringens von Kritik. Dabei war eine sachliche und konstruktive Kritik immer das Ziel.

Bedanken möchten wir uns einmal mehr bei den Mitgliedern des Arbeitskreises „Aufmerksamkeit und Gedächtnis" der Gesellschaft für Neuropsychologie (GNP): In diesem Kreis ist die Idee zum Handbuch neuropsychologischer Testverfahren entstanden, und dieses

Gremium war stets bereit, die vielen Fragen und Probleme zu Form, Struktur und Inhalt des Handbuchs ausgiebig und gewinnbringend zu diskutieren.

Bis zum Erscheinungsdatum des vorliegenden zweiten Bandes ist viel Zeit vergangen. Und aufgrund des enormen Umfangs uns relevant scheinender Themen sind sogar noch zwei weitere Bände dieses Handbuchs notwendig geworden. Der Verlag hat dies unkompliziert und wohlwollend akzeptiert. Dafür sowie für die zahlreichen und vielfältigen Hilfen, die das Handbuchprojekt erhielt, sei dem Hogrefe Verlag, Herrn Vogtmeier sowie Herrn Reins und insbesondere Frau Rothauge herzlich gedankt, die uns über die vielen Jahre eine ebenso angenehme und geduldige wie kompetente und hilfreiche Ansprechpartnerin war. Ohne das Besorgen und Bereitstellen der vielen rezensierten Verfahren, um nur ein Beispiel zu nennen, wäre das vorliegende Handbuch nicht möglich gewesen.

Inhalt

1 Einführung in Konzept und Ziele des Handbuches

1.1 Ziele und Aufbau

Das Handbuch neuropsychologischer Testverfahren ist als Kompendium konzipiert, das einen Überblick über die im deutschsprachigen Raum vorhandenen neuropsychologischen Verfahren vermittelt. Das Kompendium soll in erster Linie Orientierung für die neuropsychologische Diagnostik geben. Und es soll ein kritisches Kompendium sein, das Kritik wagt, wo sie angezeigt ist, und konstruktiv Alternativen aufzeigt, wo sie vorhanden sind.

Die Ziele dieses Handbuchs sind im Einzelnen folgende:

- Die im deutschsprachigen Raum zur klinisch-neuropsychologischen Diagnostik verwendeten Testverfahren werden beschrieben, ihrer Funktion nach geordnet und in einen theoretischen Kontext eingebettet.
- Beschreibung: Die Testbeschreibung umfasst in komprimierter Form einen Überblick über Konzepte, Durchführungsbedingungen und Auswertungen sowie über die vorliegenden Testgütekriterien. Außerdem werden die Entwicklung des Verfahrens und seine Geschichte kurz skizziert.
- Einordnung: Jedes Verfahren wird in seinen neuropsychologischen Kontext eingeordnet: Dazu werden die durch den Test operationalisierten kognitiven Funktionen beschrieben sowie Befunde und Hypothesen zur funktionellen Neuroanatomie aufgeführt. Abgesehen von einigen wenigen neuropsychologischen Testverfahren sind diese Informationen nicht in den jeweiligen Testhandbüchern enthalten, sondern werden hier neu erstellt.
- Bewertung: Bei der kritischen Bewertung der Verfahren können psychometrische Aspekte ebenso zur Sprache kommen wie Probleme der Konzeption, die mehr oder weniger gut gelungene Operationalisierung von theoretischen Konstrukten, Probleme bei der Durchführung im klinischen Alltag oder die unzureichende Akzeptanz bei Patienten.

Um eine formal einheitliche Struktur des Handbuchs zu gewährleisten – und damit eine leichte und rasche Orientierung zu ermöglichen – folgen alle Testrezensionen einem einheitlichen Muster und die Theorieteile einem festgelegten dreigliedrigen Textaufbau. Bei einigen Theorieteilen war es allerdings notwendig, diese Textstruktur zu durchbrechen: vor allem dann, wenn die Aufnahme von Rezensionen nicht sinnvoll erschien.

In einleitenden Kapiteln wird 1) der theoretische Rahmen für die besprochenen Verfahren beschrieben. Dort werden die Grundlagen einer adäquaten neuropsychologischen Diagnostik in den verschiedenen Funktionsbereichen zusammengefasst und spezifische Störungsbilder vorgestellt. Dem folgt 2) ein tabellarischer Überblick über die im jeweiligen Bereich einsetzbaren Verfahren, einschließlich der rezensierten Tests. Die Gliederung der Tabelle – und damit die Zuordnung der Verfahren – folgt den im Theorieteil differenzierten Funktionen. Vor diesem theoretischen Hintergrund folgen 3) die Testrezensionen: Dieser Teil macht die Verankerung der Testkonzepte in die neuropsychologischen Theorien ebenso nachvollziehbar wie die Anwendungsmöglichkeiten im klinisch-neuropsychologischen Alltag. Der *interne* Aufbau dieser drei Teile wird in den folgenden Kapiteln dargelegt. War es nicht sinnvoll, Tests zu rezensieren, entfällt der dritte Teil, und die Kapitel beschränkten sich auf die praxisorientierte Darstellung der theoretischen Grundlagen und Störungsbilder – gefolgt von einem möglichst umfassenden tabellarischen Überblick der themenspezifischen Verfahren.

Der dreigliedrige Aufbau konnte im vorliegenden Band 2 in den Kapiteln „Neuropsychologische Diagnostik von Kindern und Jugendlichen" sowie in den Kapiteln zur Apraxie und Fahreignung umgesetzt werden. Das Kapitel „Hemisphärenlateralisierung und interhemisphärische Interaktion" ist zweigliedrig und enthält keine Rezensionen. In diesem Bereich gibt es keinen anerkannten Kanon von Verfahren und keine standardisierten Tests, für die Norman erhoben und eine testtheoretische Diskussion durchgeführt wurde. Es existieren aber klinische und experimentelle Verfahren, die für bestimmte Fragestellungen entworfen wurden. Diese werden vorgestellt und in einem tabellarischen Überblick zusammengefasst. Wie in allen Kapiteln wird dabei besonderer Wert darauf gelegt, die Aufgaben, mit denen die Konzepte operationalisiert werden, nachvollziehbar darzustellen.

Für die neuropsychologische Untersuchung von Kindern und Jugendlichen existiert dagegen kein Mangel an normierten Tests, sondern eine derartige Vielfalt an Verfahren, dass nur die wichtigsten rezensiert werden konnten. Viele sogenannte „Schultests", die sich noch vor wenigen Jahren primär an den Curricula der jeweiligen Schulform und Klassenstufe orientierten, entwickeln mittlerweile ihre Aufgaben vor dem Hintergrund neuropsychologisch geprägter Entwicklungstheorien. Diese Verfahren so umfassend darzustellen wie dies der erste Band für die Bereiche Aufmerksamkeit und Gedächtnis leistete, würde ein eigenes Testhandbuch erfordern. Ziel der vorliegenden Auswahl ist die Orientierung für den klinischen Diagnostiker im Bereich Kinder und Jugendliche.

Im vorliegenden Band 2 des Handbuchs neuropsychologischer Testverfahren finden sich neben dem allgemeinen Theorieteil zur „neuropsychologischen Diagnostik des Kindes- und Jugendalters" folgende Kapitel: Aufmerksamkeit, Gedächtnis, exekutive Funktionen, Motorik und Sensibilität, neuroophthalmologische Prävention sowie visuelle und räumliche Funktionen. Band 3 enthält die Kapitel Sprache, Schriftsprache, Rechnen und Zahlenverarbeitung, Intelligenztests in der neuropsychologischen Diagnostik, Entwicklungstests sowie domänenübergreifende neuropsychologische Testbatterien, Testsammlungen und Fragebögen.

Es gibt noch eine weitere Gruppe von Themen, die für den klinischen Neuropsychologen Bedeutung haben, auf die aber der geschilderte dreigliedrige Kapitelaufbau nicht passt: die Sensomotorik (Band 2), Medikamentöse Einflüsse auf neuropsychologische Funktionen (Band 3) und Statistische Verfahren für die diagnostische Praxis (Band 3). Für das Thema Sensomotorik, das weniger zum Kernbereich der neuropsychologischen Diagnostik gehört, wurde auf einen Theorieteil verzichtet. Sensomotorische Untersuchungen erfolgen in der Neuropsychologie primär mit dem Ziel zu klären, ob die sensomotorischen Voraussetzungen für die Durchführung bestimmter Testverfahren gegeben sind. Daher wurde eine übersichtliche, an der klinischen Diagnostik orientierte Tabelle der einsetzbaren Verfahren erstellt.

1.2 Theorieteil und Testtabelle: Theoretische Grundlagen, klinische und diagnostische Aspekte und Einordnung diagnostischer Verfahren

Die Darstellung der Funktionsbereiche ist in allen Bänden des Testhandbuchs gleich aufgebaut. Sie sind gegliedert in a) Grundlagen und Theorien, b) Störungsbilder und Diagnostik und c) ein Klassifikationsschema für Testverfahren und Aufgaben eines Funktionsbereichs in tabellarischer Form, in das die Verfahren eingeordnet werden.

a) Grundlagen und Theorien: Die in der aktuellen Forschung zentralen Konzepte, Unterscheidungen und Modelle werden eingeführt, die Funktionen des jeweiligen Bereichs herausgearbeitet und den entsprechenden neuronalen Netzwerken zugeordnet.
b) Im Störungsteil werden die relevanten klinischen Störungsbilder und ihre Ätiologien beschrieben. Der Diagnostikteil enthält eine Auflistung der für eine Untersuchung wichtigsten Leistungsaspekte des jeweiligen Funktionsbereichs sowie die für die einzelnen Funktionen zur Verfügung stehenden Untersuchungsparadigmen.
c) In der Überblickstabelle werden die Testverfahren nach ihren inhaltlichen Schwerpunkten eingeordnet. Die Art der Umsetzung bzw. die verwendeten Aufgabentypen werden hier stichwortartig beschrieben. Die Tabelle soll den Lesern damit eine rasche Orientierung über die vorgestellten Verfahren ermöglichen. Zugleich soll die Tabelle dem klinischen Diagnostiker eine Entscheidungshilfe bieten, wenn es darum geht, für einen bestimmten Funktionsbereich das geeignete Verfahren auszuwählen: Wo es möglich ist, werden alternative Untersuchungsdesigns angeboten. Diese Übersichtstabellen bilden damit den „Angelpunkt" des Testhandbuches: In ihnen zeigt sich sein systematischer Aufbau, und er enthält die Querverweise auf die Rezensionen, auf die Tabellen und auf andere Teile des Handbuchs.

1.3 Auswahl der diagnostischen Verfahren

Erst seit wenigen Jahren sind Tests im deutschsprachigen Raum verfügbar, die im Rahmen neuropsychologischer Theoriebildung entwickelt wurden. Dieser Mangel an theoriegeleiteten, standardisierten neuropsychologischen Tests macht es immer noch notwendig, aus anderen psychologischen Diagnostikbereichen Verfahren zu adaptieren und für neuropsychologische Fragestellungen nutzbar zu machen. Diese Adaptationen kritisch zu betrachten, ist ein wesentliches Ziel des vorliegenden Testhandbuches.

Die vorgestellten Verfahren lassen sich in drei Gruppen einteilen:

1) Rezensiert werden normierte deutschsprachige Testverfahren, für die ein Testmanual vorliegt. Englischsprachige Verfahren werden nur dann berücksichtigt, wenn das Testmaterial unverändert mit deutschsprachigen Probanden eingesetzt werden kann und wenn kein vergleichbares deutschsprachiges Verfahren vorhanden ist. Die Testverfahren sollten veröffentlicht und das Material problemlos zugänglich sein.
2) Experimentelle Verfahren wurden als Rezension in das Handbuch aufgenommen, wenn die Aufgabe in der klinischen Diagnostik verbreitet ist oder wenn kein vergleichbares standardisiertes Instrument zur Verfügung steht. Bedingung war hier, dass die Aufgabe

in einer Publikation so detailliert beschrieben ist, dass sie vollständig nachvollzogen oder sogar praktisch umgesetzt werden kann. Als Grundlage für die Rezension diente eine Originalpublikation, in der das Verfahren beschrieben ist. Dabei spielte natürlich keine Rolle, ob die Originalpublikation auf Deutsch oder in einer anderen Sprache veröffentlicht wurde. Das vorgegebene Raster, das die Rezensionen strukturiert, wurde für die experimentellen Verfahren leicht abgeändert.

3) Eine große Anzahl von Verfahren und Aufgaben wurde in Tabellenform zusammengefasst und kurz dargestellt. Für deren Aufnahme gibt es unterschiedliche Kriterien: Zum Teil liegen keine standardisierte Verfahren vor, z. B. zur Überprüfung der Hemisphäreninteraktion, oder die Tests sind Bestandteil eines umfassenderen Verfahrens, das nicht rezensiert wird: z. B. enthalten viele Persönlichkeitsfragebögen Kontrollskalen zu positiven oder negativen Antworttendenzen, die sich eignen, intentionale Verzerrungen zu erfassen. Andere Tabellen geben einen Überblick über Verfahren, die nicht zur neuropsychologischen Standarddiagnostik gehören wie sensomotorische Tests. Auch werden Aufgabenvarianten und Testverfahren, die sehr ähnliche Konstrukte messen oder ähnlich umgesetzt sind, zum Teil nicht ausführlich referiert, sondern in Tabellen zusammengefasst.

Mit diesen Zusammenstellungen soll den Diagnostikern eine Orientierung an die Hand gegeben werden, mit welchen Operationalisierungen sich bestimmte Funktionsbereiche erfassen lassen, auch wenn bislang entsprechende standardisierte Verfahren fehlen.

1.4 Aufbau der Testbesprechungen

Der Aufbau der einzelnen Rezensionen folgt den zentralen Zielsetzungen: Die bedeutsamen Aspekte des Testverfahrens sollen übersichtlich dargestellt, seine Bedeutung im neuropsychologischen Kontext herausgearbeitet und die Aussagen der Testautoren kritisch besprochen werden.

Der Aufbau einer Rezension untergliedert sich in drei Teile: a) Eine Darstellung des Verfahrens, seiner Konzepte und Variablen sowie der Gütekriterien, wie sie im Manual des rezensierten Tests dargestellt sind; b) Informationen zur Entwicklung des Verfahrens, die dem Manual entnommen sind oder vom Rezensenten hinzugefügt wurden; c) eine kritische Betrachtung des Tests, für die der Rezensent verantwortlich zeichnet.

Übertragen auf die einzelnen Kapitel der Testbesprechung bedeutet dies: In den Kapiteln Testbeschreibung und Testkonstruktion wird eine Darstellung des jeweiligen Testverfahrens gegeben, das sich strikt an die im Testmanual gegebenen Informationen hält. Die Rezensenten geben hier lediglich Angaben der Testautoren wieder, ohne zu werten, zu korrigieren oder eigene Meinungen auszudrücken. Im Kapitel Testentwicklung können die Rezensenten bereits über die Ausführungen der Autoren im Manual hinausgehen, insbesondere, wenn dort keine Informationen zur Geschichte und Entwicklung des Verfahrens gegeben werden. Hier kann z. B. Sekundärliteratur herangezogen und zitiert werden. Die kritische Stellungnahme des Rezensenten erfolgt ausschließlich im dritten Teil, der Testbewertung. Um diesen Bewertungsteil hervorzuheben, ist der Text mit einem grauen Balken markiert.

Aufbau der Rezensionen

A. Angaben zum Test basierend auf dem Testmanual

A.0 Zusammenfassende Testbeschreibung

Zusammenfassend und einen Überblick bietend werden die vom Test erfassten Konstrukte benannt und die verwendeten Operationalisierungen dieser Konstrukte skizziert. Es folgt eine kurze Beschreibung der Normierungsstichprobe, der verwendeten Materialien und Angaben zur Durchführungsdauer.

A.1 Testkonstruktion

Ziel ist die Nachvollziehbarkeit der Testkonstruktion: Hierfür werden die Erstellung der Testmaterialien und des Designs verständlich gemacht und alle erhobenen Variablen besprochen. Die Informationen zur Normierung sollen die Qualität und die Grenzen der Normwerte darstellen, insofern sie für die Interpretation einer individuellen Testleistung von Bedeutung sind. Die Angaben des Manuals zu den Testgütekriterien werden referiert. Neben der Konstruktvalidität wird besonders auf klinisch-neuropsychologische Validierungsstudien eingegangen.

A.2 Neuropsychologische Aspekte

Inhalt dieses Abschnitts bilden die Angaben der Testautoren im Manual: Welches theoretische bzw. neuropsychologische Konzept liegt dem Test zugrunde? Der von den Testautoren vorgegebene theoretische Rahmen, Angaben zur funktionellen Neuroanatomie, klinische Zielgruppen und ergebnisbeeinflussende Faktoren werden hier skizziert.

B. Testentwicklung

Hier wird kurz auf die Geschichte und Vorläufer des Verfahrens eingegangen. Ist das besprochene Verfahren eine eigenständige Entwicklung oder die deutschsprachige Umsetzung eines bereits veröffentlichten Tests? Auch Weiterentwicklungen und Modifikationen können hier skizziert und Sekundärliteratur zum Test zitiert werden.

C. Testbewertung

Dieser Abschnitt umfasst die kritische (positive und negative) Bewertung des Verfahrens durch den Rezensenten. Die Schwerpunkte der Kritik beziehen sich auf die Testkonstruktion, die verwendeten theoretischen Konzepte sowie die Handhabbarkeit und praktische Anwendung in der klinischen Neuropsychologie. Bei Testverfahren, die keine oder ungenügende neuropsychologische Überlegungen enthalten, wird der neuropsychologische Rahmen des Tests von den Rezensenten skizziert bzw. ergänzt: Die Testparadigmen werden beschrieben, Anwendungsbereiche in der Neuropsychologie abgesteckt und Hinweise auf die funktionelle Neuroanatomie gegeben. Außerdem sollen die ergebnisbeeinflussenden Faktoren aus Sicht der klinischen Neuropsychologie hervorgehoben werden, d. h. Faktoren wie motorische oder sensorische Einschränkungen oder Sprachstörungen, die das Ergebnis verzerren oder die Durchführung behindern könnten.

Um die Zuordnung der Kritik übersichtlich zu machen, orientierten sich die Rezensenten an demselben Raster, das der Testbeschreibung zugrunde liegt. Es lag in ihrem Ermessen, Schwerpunkte zu setzen oder einzelne Aspekte auszusparen.

1.5 Zusammenfassung: Ziele und Anwendungsbereiche des Testhandbuches

Auf der einen Seite wird das Spektrum an Tests und experimentellen Verfahren, das der neuropsychologischen Diagnostik zur Verfügung steht, immer umfassender und breiter. Auf der anderen Seite werden die zu untersuchenden Funktionsbereiche immer feiner differenziert, was im Vergleich zu den vergangenen Jahren eine zunehmend spezifischere Diagnostik ermöglicht und auch erfordert. Das macht die gezielte Auswahl adäquater Verfahren zur Beantwortung spezifischer Fragestellungen und zum Aufbau einer effizienten Diagnosestrategie immer schwieriger. Und schließlich hat sich für viele Funktionsbereiche noch kein Kanon von anerkannten und verbreiteten Verfahren herausgebildet: was eine begründete Entscheidung zugunsten bestimmter Testverfahren ebenfalls nicht erleichtert.

Das Handbuch neuropsychologischer Testverfahren soll für die Diagnostik im klinischen Alltag Orientierung bieten: einen Weg durch die komplexe und häufig schwer überschaubare Vielfalt neuropsychologischer Untersuchungsmöglichkeiten zeigen. Es bietet einen systematischen Überblick über die neuropsychologischen Verfahren und stellt sie im Detail vor: zugrundeliegende Konzepte, Operationalisierungen, Durchführung und Auswertung. Ein Handbuch gehört in den persönlichen Handapparat des (neuro-)psychologischen Diagnostikers: Wenn die Routinediagnostik an Grenzen stößt, ist ein schneller Zugriff auf darüber hinausgehende Diagnosemöglichkeiten gefragt. Der systematische und einheitliche Aufbau der einzelnen Kapitel und der Rezensionen soll dies erleichtern – ebenso die Tabellen, die über teilweise sehr spezifische Diagnostikbereiche einen Überblick vermitteln. Für eine Vielzahl von Fragestellungen werden gezielte und kritische Hinweise gegeben, um die Auswahl geeigneter neuropsychologischer Verfahren zu leiten. Und für die ausgewählten Testverfahren können dann von unabhängigen Autoren die Beschreibungen und Bewertungen abgerufen werden, z. B. ob der Test das Konstrukt adäquat operationalisiert oder welche Voraussetzungen und Probleme bei der Anwendung zu beachten sind. Darüber hinaus stellt das Handbuch einen theoretischen Rahmen zur Verfügung, der dem klinischen Neuropsychologen bei der Interpretation der Ergebnisse Hilfen gibt und ihm erlaubt, eine theoriegeleitete Diagnostik durchzuführen. Das Handbuch neuropsychologischer Testverfahren dient damit nicht nur der klinischen und forschungsorientierten neuropsychologischen Diagnostik, sondern auch der Aus- und Weiterbildung.

Teil I

Kinder und Jugendliche

2 Neuropsychologische Testverfahren für Kinder und Jugendliche

Das Kapitel „Neuropsychologische Testverfahren für Kinder und Jugendliche" ist eine allgemeine Einführung in die neuropsychologische Diagnostik von Kindern. Es ist in 12 Unterabschnitte gegliedert, die unterschiedlichen diagnostischen Bereichen zugeordnet sind. Dabei wird unterschieden nach Testverfahren, die bestimmte neuropsychologische Domänen untersuchen (z. B. Tests zu exekutiven Funktionen, Tests zu Sprache), nach Testverfahren, die einem bestimmten theoretischen Hintergrund zugeordnet werden können (z. B. Entwicklungstests, Intelligenztests) oder die eine gemeinsame formale Struktur aufweisen (z. B. Neuropsychologische Testbatterien). Jedem dieser Abschnitte ist eine kurze theoretische Einführung vorangestellt. Bei Abschnitten, die Testverfahren zu bestimmten neuropsychologischen Domänen behandeln, folgt die theoretische Einführung dem folgenden Schema: 1. Es werden Modelle oder Schemata eingeführt, anhand derer sich eine Einteilung der Funktionsdomäne in zu untersuchende Teilbereiche/Komponenten vornehmen lässt (Taxonomie). 2. Es erfolgt eine grobe neuroanatomisch/neurofunktionale Zuordnung und 3. eine kurze Skizzierung von Entwicklungsaspekten der Domäne. 4. Schließlich wird auf die häufigsten Störungen in diesem Funktionsbereich und auf typische Ätiologien bei Kindern eingegangen. Es folgt eine Beschreibung der diagnostischen Verfahren, wobei zu untersuchende Komponenten und die entsprechenden Testverfahren in Tabellen eingeordnet sind. Diese Tabellen sollen die Orientierung bei der Auswahl geeigneter Testverfahren erleichtern. Es folgen die Testrezensionen, die dem jeweiligen Abschnitt inhaltlich zugeordnet sind.

Die theoretischen Einführungen der Abschnitte sollen eine grobe Einordnung der vorgestellten Verfahren in deren theoretischen Rahmen und in Hinblick auf deren Anwendung in der klinisch-neuropsychologischen Praxis ermöglichen. Sie erheben nicht den Anspruch auf inhaltliche Vollständigkeit und ersetzen natürlich kein Lehrbuch der klinischen Kinderneuropsychologie. Die Auswahl und Einteilung von Testverfahren orientiert sich ausdrücklich an neuropsychologischen Domänen oder an diagnostischen Bereichen und Methoden, und nicht, wie sonst in den meisten Büchern zur Kinderneuropsychologie, an spezifischen Störungsbildern (z. B. Anderson & Yeates, 2010; Baron & Rey-Casserly, 2013; Davis, 2011; Heubrock & Petermann, 2000; Reynolds & Fletcher-Janzen, 2009; Riccio, Sullivan & Cohen, 2010; Semrud-Clikeman & Teeter Ellison, 2009; Yeates, Ris, Taylor & Pennington, 2010). Für weiteres neuropsychologisches Hintergrundwissen zu Störungsbildern und neuropsychologischen Theorien, das für die fachgerechte neuropsychologische Untersuchung von Kindern unbedingt erforderlich ist, sei auf die hier und in den jeweiligen Kapiteln genannte weiterführende Literatur verwiesen. Besonders wichtige Literatur wird als „Empfohlene Literatur" am Ende der Kapitel gesondert aufgeführt.

Anders als in den Kapiteln zu neuropsychologischen Testverfahren im Erwachsenenbereich sind die Einführungen eher kurz und knapp gehalten. Dies ergibt sich aus der Vielfalt der Bereiche und Aspekte, mit denen sich Kinderneuropsychologen auseinandersetzen müssen: Motorik und Sensibilität gehören ebenso zur Untersuchung wie die Erhebung schulischer Leistungen oder eines Intelligenztests. „A model of normal development provides critical clinical context" – neuropsychologische Störungen können nur auf dem Hintergrund von Modellen normaler Entwicklung beurteilt werden – so formuliert es die Kinderneuropsychologin Ida S. Baron (2010). Das setzt auch ein Hintergrundwissen über normale Entwicklungsverläufe voraus und impliziert, dass der Gesamtentwicklungsstand des Kindes in seinem Umfeld berücksichtigt werden muss. Eine neuropsychologische Störung lässt sich bei Kindern nicht isoliert betrachten. Kinderneuropsychologen müssen die Gesamtentwicklung des Kindes vor Augen haben, um neuropsychologische Störungen einordnen zu können, und sollten Inhalte und Terminologie von Nachbardisziplinen (z. B. Kinderneurologie, Ophthalmologie, Pädaudiologie, Logopädie etc.) kennen, um bei Bedarf weitere spezialisierte Abklärungen zu veranlassen. Gerade im Kinderbereich ist eine interdisziplinäre Zusammenarbeit grundlegend. Daher werden einige diagnostische Verfahren kurz referiert oder als Tabellen zusammengefasst, die in der Regel nicht durch Kinderneuropsychologen, sondern durch Vertreter anderer Fachdisziplinen durchgeführt werden (z. B. Kapitel 2.2.5 zu ophthalmologischen Untersuchungen). Aufgrund der Vielfalt der Aspekte und der Notwendigkeit, auch Verfahren einbeziehen zu müssen, die nicht nur im engeren Sinne neuropsychologisch sind, war es erforderlich, eine Auswahl bei den rezensierten Verfahren zu treffen. Daher werden einige relevante Testverfahren oder Gruppen von Verfahren lediglich in Tabellen aufgeführt. Dies ist nicht als Stellungnahme oder Qualitätsurteil für oder gegen ein Verfahren zu bewerten. Auch können die Tabellen keinen Anspruch auf Vollständigkeit erheben. Ziel war es, den im Kinderbereich tätigen klinischen Neuropsychologen einen Überblick über wichtige normierte Verfahren zum Einsatz bei neuropsychologischen Fragestellungen und deren neuropsychologische Einordnung zu ermöglichen. Aufgenommen als Rezensionen wurden nur solche Verfahren, die man bei Redaktionsschluss käuflich erwerben konnte. Englischsprachige Verfahren wurden in der Regel nur dann berücksichtigt, wenn kein entsprechendes Verfahren auf Deutsch vorlag. In die Tabellen wurden vereinzelt auch experimentelle oder in Fachzeitschriften publizierte Verfahren aufgenommen.

2.1 Einführung

Renate Drechsler und Thomas Günther

2.1.1 Unterschiede zwischen neuropsychologischer Diagnostik des Kindes- und Jugendalters und des Erwachsenenalters

2.1.1.1 Kinderneuropsychologie als eigenständige Unterdisziplin der Neuropsychologie

Kinderneuropsychologische Modelle und Testverfahren bauen vielfach auf den Erkenntnissen und Methoden der Neuropsychologie des Erwachsenenalters auf; so hat sich die Kinderneuropsychologie auch historisch überwiegend aus der des Erwachsenenalters entwickelt. Trotzdem sind der Übertragbarkeit der Befunde aus dem Erwachsenenbereich Grenzen gesetzt: Die Situation von Kindern, die Prognose, die Störungsbilder, die Testverfahren, der Untersuchungskontext, Verläufe und Ziele – all diese Bereiche erfordern eine spezifische, andere Herangehensweise als im Erwachsenenbereich. Klinische Kinderneuropsychologie ist eine zunehmend eigenständige Unterdisziplin der klinischen Neuropsychologie. Die kinderneuropsychologische Diagnostik setzt Spezialkenntnisse in verschiedenen Bereichen voraus: Kenntnisse über die typische Entwicklung von Kindern, über klinische und neurologische Störungsbilder des Kindes- und Jugendalters, über die Besonderheiten, die sich bei Störungen des Gehirns in Entwicklung ergeben, über neuropsychologische sowie andere psychologische und klinische Untersuchungsverfahren für das Kindes- und Jugendalter und über praktische Aspekte im Umgang mit Kindern beim Testen. Berücksichtigt werden sollten außerdem die Besonderheiten und Anforderungen an Testdiagnostik in einem erweiterten Umfeld von Eltern, Schule, Schulpsychologie, Kinderärzten, Kinderpsychiatern, Erziehern, Sprachtherapeuten, Ergotherapeuten, Heilpädagogen und vielen anderen Disziplinen und Fachpersonen, die mit der Behandlung oder Förderung von Kindern betraut sind.

2.1.1.2 Störungen des Gehirns in Entwicklung als Gegenstand der klinischen Kinderneuropsychologie

Entwicklungsneuropsychologie beschäftigt sich mit neuropsychologischen Aspekten der normalen und abweichenden Entwicklung (vgl. Anderson et al., 2001; Karmiloff-Smith, 1997; Kaufmann, Proksch & Mrakotsky, 2011; Mrakotsky, 2007). Zu den grundlegenden Erkenntnissen der Entwicklungsneuropsychologie gehört, dass sich Störungen eines Gehirns, das sich in Entwicklung befindet, grundsätzlich anders auswirken können als bei Erwachsenen, bei denen kognitive und emotionale Funktionen voll ausgereift sind. Für die neuropsychologische Diagnostik bedeutet das, dass sich die neuropsychologische Untersuchung als eine kurze Momentaufnahme innerhalb des Entwicklungsverlaufs darstellt, also eines Systems, das sich – unabhängig von etwaigen störungsbedingten Erholungs-, Reorganisierungs- oder Kompensationsprozessen – in ständiger Veränderung befindet.

Die Beurteilung der Befunde und die Einschätzung des Prognose kann sich daher nicht auf den Vergleich mit der Altersnorm beschränken, sondern wird abhängen von der Ätiologie der Störung, dem Alter des Kindes beim Eintreten der Störung, dem Alter des Kindes zum Zeitpunkt der Untersuchung, von der Art der diagnostizierten neuropsychologischen Störung, die eher domänenspezifisch und umschrieben oder domänenübergreifend und komplex sein kann, vom Vorhandensein zusätzlicher Störungen, von der vermuteten kognitiven Reserve und dem prämorbiden Niveau (bei erworbenen Schädigungen), sowie von Umgebungsfaktoren wie dem sozialen Umfeld, familiären Bedingungen und der Verfügbarkeit von Förderungsmöglichkeiten. Anders als im Erwachsenenbereich muss man bei prognostischen Überlegungen einbeziehen, dass sich eine frühe Schädigung auf das Entwicklungspotential des Kindes auswirken kann und das wahre Ausmaß der Folgen vielleicht erst viele Jahre später erkennbar sein wird.

2.1.1.3 Entwicklungsbedingte neuroanatomische und neurofunktionale Unterschiede zwischen Kindern und Erwachsenen

Modelle zur Lokalisation von Hirnfunktionen und Schaltkreisen, die auf neuropsychologischen Läsionsstudien und funktionalen Bildgebungsbefunden aus dem Erwachsenenbereich beruhen, lassen sich nicht unmittelbar auf Kinder- und Jugendliche übertragen. Die Hirnentwicklung erstreckt sich über die gesamte Kindheit und Jugend hinweg und ist durch aufeinanderfolgende Reifungsphasen von Zellwachstum, Dendritenaussprossung, programmiertem Abbau grauer Substanz und der anschließenden Zunahme weißer Substanz geprägt (Giedd et al., 2009; Houston et al., 2014). Diese Reifungsprozesse erfolgen für unterschiedliche Hirnareale zeitlich versetzt in unterschiedlichen Entwicklungsetappen, wobei sich die Entwicklung frontaler Hirnareale bis ins junge Erwachsenenalter erstreckt. Parallel zur Hirnentwicklung zeigen auch neuropsychologische Funktionen versetzte Entwicklungsverläufe. Beispielsweise werden bei sensomotorischen und visuell-räumlichen Funktionen in früheren Altersstufen Leistungsplateaus erreicht als in den meisten exekutiven Funktionen. Das neuroanatomische Substrat der neuronalen Schaltkreise, das zur Bewältigung einer Aufgabe rekrutiert wird, kann in verschiedenen Entwicklungsaltern und störungsbedingt variieren. Eine maximale Effizienz und Spezialisierung von Gehirnfunktionen und rekrutiertem neuroanatomischen Substrat wird je nach Funktionsdomäne erst im Erwachsenenalter erreicht. Auch die Handpräferenz und die Lateralisierung von Funktionen, obwohl angelegt, ist erst etwa ab dem Vorschul- bis Schulalter funktionell vollständig etabliert (vgl. Kapitel 2.2.4).

2.1.1.4 Frühe und tiefgreifende Störungen der Hirnentwicklung

Viele Störungen der Kinderneuropsychologie lassen sich auf genetische Faktoren zurückführen oder auf prä- oder perinatale Einwirkungen schädigender Faktoren (z. B. Infektionen der Mutter, toxische Substanzen) (vgl. Tabelle 2.1). Je nach Zeitpunkt des Einsetzens und Mechanismus der Schädigung werden andere, spezifische Hirnstrukturen beeinträchtigt und nachfolgende Entwicklungsprozesse verändert oder erschwert. Je nach Art der Schädigung kann dadurch das nachfolgende Entwicklungsprogramm nachhaltig verändert sein: alle nachfolgende Entwicklungsprozesse laufen unter mehr oder weniger veränderten Bedingungen ab. Ein Beispiel wäre das verfrühte Hirnwachstum und die verfrühte Aussprossung von Nervenverbindungen bei Autismus im Säuglings- und Kleinkindalter, das mit einem atypischen weiteren Verlauf der Hirnentwicklung einhergeht (vgl. Allely, Gillberg & Wilson, 2014). Die neuropsychologischen Auswirkungen der Schädigung werden, anders als bei erworbener Schädigung, erst lange nach dem Zeitpunkt der Schädigung offenbar, nämlich dann, wenn sich die entsprechenden Fähigkeiten beim Kind nicht oder nur verzögert ausbilden.

Tabelle 2.1: Prä- und postnatale Entwicklungsstörungen (nach Keller & Simbruner, 2007, modifiziert)

Schwangerschaftswoche	Prozess	Primäre Störungen und Ursachen (Bsp.)	Sekundäre Störungen und Ursachen (Bsp.)	Klinische Symptome und Folgen (Bsp.)
Pränatal 0–10	Neuralrohrbildung	Gestörter Neuralrohrverschluss		Z. B. Spina Bifida
	Entwicklungsstörung des Vorderhirns	Gendefekte	Störungen der Cholesterolbiosynthese	Z. B. Balkenagenesie
Ca. 10–20	Störung der neuronalen Proliferation	Genetische Ursachen z. B. fragiles X-Syndrom	Z. B. mütterlicher Alkohol- und Kokainabusus; mütterliche Infektion wie Röteln	Z. B. Mikro- oder Makrozephalie, mentale Retardierung
Ca. 12–25	Erkrankung der neuronalen Migration	Z. B. Chromosomale Änderungen	Z. B. Fetales Alkoholsyndrom	Z. B. Mentale Retardierung unterschiedlichen Schweregrades
pränatal 20–32	Störung der Organisation	Down Syndrom, Autismus	Frühgeburt: Intraventrikuläre Blutungen	Zerebralparese, Mentale Retardierung, Lernstörungen
30 bis nach Geburt	Störung der Myelinisierung	Stoffwechselstörungen wie Phenylketonurie	Postnatale Unterernährung; Perinatale Insulte	Mentale Retardierung unterschiedlichen Schweregrades
40 postnatal	Schädigung der Basalganglien und des Kortex		Perinatale Insulte; Zerebrale Krampfanfälle	Mentale Retardierung unterschiedlichen Schweregrades

2.1.1.5 *Neuropsychologische Besonderheiten von Entwicklungsstörungen mit genetischer Komponente*

Im Gegensatz zur klinischen Neuropsychologie des Erwachsenenalters, bei der Folgen erworbener Hirnschädigung und neurologischer Erkrankungen den Schwerpunkt bilden, beschäftigt sich Kinderneuropsychologie häufig mit atypischen Entwicklungsprozessen, die mit genetischen Faktoren in Zusammenhang stehen. Möglicherweise sind genetische Syndrome, die komplexe und vielfältige Abweichungen aufweisen, im Vergleich zu prä- oder perinatalen Läsionen besonders durch ein Nebeneinander von verstärkter Vulnerabilität und mehr oder weniger erfolgreichen Anpassungsprozessen gekennzeichnet (vgl. Abbildung 2.1). Die neuropsychologischen Effekte können daher besonders komplex und diffus sein. Dies trifft besonders zu auf Störungsbilder mit polygenetischer Vererbung (verschiedene Gene sind gleichzeitig an der Ausprägung eines Verhaltensmerkmals beteiligt) oder mit parallelen, unterschiedlichen Transmissionsformen (genetische Mutationen/Polymorphismen/Genkopievarianten/epigenetische Einflüsse/komplexe Gen-Umwelt Interaktionen) (Kiser, Rivero & Lesch, 2015). Bei ADHS und Autismus Spektrum Störungen (ASS) gibt es zahlreiche unterschiedliche genetische Mechanismen und Variationen, die zu ähnlichem phänotypischen Verhalten führen können. Zugleich besteht innerhalb dieser Störungsbilder eine große neuropsychologische Heterogenität: Bei der Diagnose ASS reicht die kog-

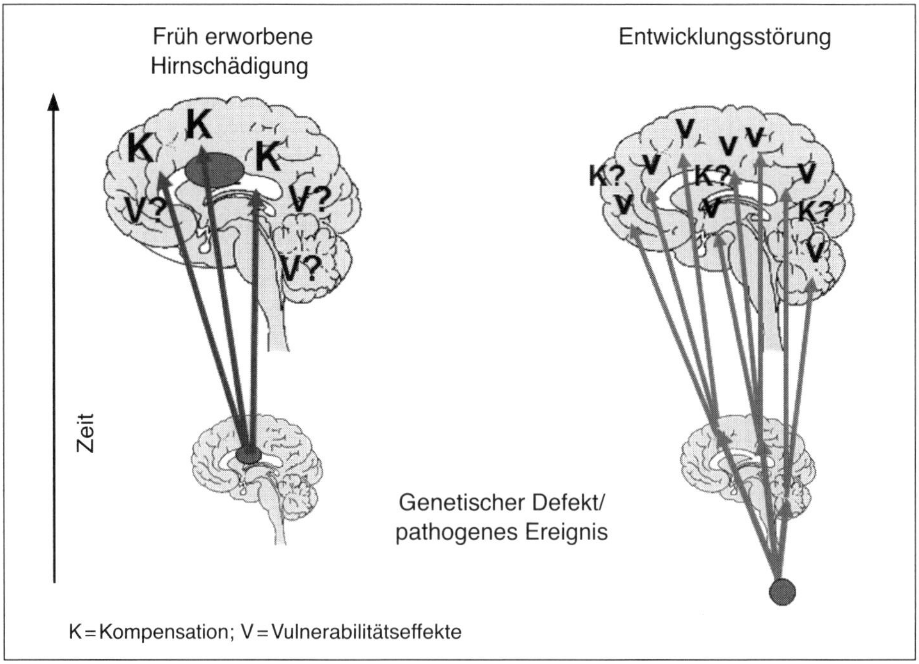

Abbildung 2.1: Auswirkungen früh erworbener Hirnschädigung vs. Entwicklungsstörung (nach Müller & Courchesne, 2000; modifiziert).

nitive Bandbreite von schwerster geistiger Behinderung ohne Sprache bis zur intellektuellen Hochbegabung. Viele Entwicklungsstörungen mit komplexen Vererbungsmechanismen zeigen zudem charakteristische symptomatische Überlappungen (Dyslexie/ADHS; ADHS/Autismus Spektrum Störungen; ADHS/Störung des Sozialverhaltens).

Je nach Art, Umfang und neurobiologischem Substrat der Störung können genetisch bedingte Entwicklungsstörungen aber auch zu neuropsychologisch relativ klar umschriebenen neuropsychologischen Beeinträchtigungen führen: etwa bei genetisch bedingten Störungen der Gesichterverarbeitung ist die neuropsychologische Beeinträchtigung klar eingegrenzt (Dalrymple, Corrow, Yonas & Duchaine, 2012).

2.1.1.6 Entwicklungsverläufe und Bedeutung des Störungsalters

Lange ist man in der Rehabilitations- und Plastizitätsforschung vom sogenannten „Kennard-Prinzip" ausgegangen, demzufolge Funktionsstörungen, die auf im jungen Lebensalter erworbene Läsionen zurückgehen, einen besseren Langzeitverlauf zeigen, als wenn die Läsionen erst später auftreten (vgl. z. B. Staudt, 2012). Kennard selbst hat dieses Prinzip aber lediglich auf motorische Störungen bezogen und aufgezeigt, dass auch das Gegenteil der Fall sein kann: nämlich, dass sich die Auswirkungen früher Hirnschädigung möglicherweise erst viel später in ihrer ganzen Tragweite zeigen („growing into deficit"; vgl. Dennis, 2010; Dennis et al., 2013). Nach heutiger Forschungslage spricht einiges dafür, in Bezug auf kognitive Störungen eher von einem umgekehrten „klassischen" Kennard-Prinzip auszugehen: Je früher die Schädigung auftritt, je unreifer das Gehirn und je weniger Funktionen bereits ausdifferenziert sind, desto ungünstiger der kognitive Outcome (vgl. Giza & Prins, 2006; vgl. Duval et al., 2008). Im Modell von Dennis (1988; vgl. Spencer-Smith & Anderson, 2011) wird unterschieden zwischen Fähigkeiten, die im Entstehen sind („emerging"), Fähigkeiten, die sich gerade im Entwicklungsprozess befinden („developing") und Fähigkeiten, die ein voll funktionsfähiges, erwachsenes Niveau erreicht haben („established"). Nach Dennis haben Funktionen, die zum Schädigungszeitpunkt bereits vollständig etabliert sind, die beste Chance auf Erholung bzw. günstigen Outcome (vgl. Dennis, 1988; Dennis et al., 2013; Dennis et al., 2014). Die Befunde in der Literatur sind hier jedoch nicht einheitlich. Entwicklungsverläufe beeinträchtigter Funktionen können je nach Art der Funktion, Ätiologie, Schweregrad und Zeitpunkt des Einsetzens der Schädigung erheblich variieren. Generell lässt sich aber sagen, dass sehr frühe diffuse Läsionen (z. B. Schädelhirntrauma mit Hirnödem, Radiotherapie bei Tumorerkankungen, entzündliche Prozesse) eine eher ungünstige Prognose für das kognitive Gesamtniveau aufweisen (vgl. Anderson et al., 2011). Die Folgen früher fokaler Hirnschädigung können allerdings genauso gravierend und übergreifend sein: Anderson und Kollegen (2009) verglichen die Auswirkungen auf Kognition und Verhalten von fokalen Hirnschädigungen, die in verschiedenen Lebensaltern erworben wurden. Sie fanden die schwersten Auswirkungen auf das allgemeine kognitive Leistungsniveau (IQ) bei Kindern, deren Hirnschädigung innerhalb der ersten zwei Lebensjahre und davor (prä- und perinatal) erworben wurde. Die schwersten Verhaltensstörungen fanden sich dagegen bei einem Schädigungsalter von 7 bis 9 Jahren. Erholungsprognosen hängen aber neben dem Zeitpunkt der Schädigung auch von der Art der Störung ab: Möglicherweise haben Funktionen, die lokalisatorisch und funktional klar eingegrenzt sind, wie Motorik, Sensibilität und eher basale kognitive Verarbeitungsleistungen, bei frühen Läsionen ein besseres Erholungspotential als höhere kognitive Funktionen, die in weiträumigen Netzwerken organisiert sind (z. B. Aufmerksamkeit) und verschiedene andere Funktionen integrieren (z. B. exekutive Funktionen; Anderson et al., 2011).

Wie unterschiedlich und komplex die Verläufe bei Kindern und Jugendlichen sein können, im Vergleich zur Neuropsychologie des Erwachsenenalters, wird anhand von Beispielen und der Abbildung 2.2 dargestellt. Erleidet ein Erwachsener eine Hirnschädigung, dann kommt es durch das Ereignis zu einem plötzlichen Einbruch der Fähigkeiten. In der neuropsychologischen Diagnostik wird es dann darum gehen, die Diskrepanz zwischen dem prämorbiden und dem aktuellen Leistungsniveau zu beschreiben. Es werden Interventionen vorgeschlagen, die drauf abzielen, dass sich der Patient im weiteren Verlauf wieder an sein vorheriges Fähigkeitsniveau annähern kann (Abbildung 2.2, Bild A). Bei Kindern, die eine Hirnschädigung erleiden, z. B. ein Schädelhirntrauma, wird es ebenfalls zu einem plötzlich Verlust von Fähigkeiten kommen, insofern diese bereits entwickelt sind. Für die neuropsychologische Diagnostik stellt sich dann nicht nur die Frage nach der Diskrepanz zwischen aktuellen und prämorbiden Fähigkeiten, sondern vor allem wird es darum gehen, ob das Entwicklungspotential in Mitleidenschaft gezogen ist. Wenn also ein Kind nach einer erworbenen Hirnschädigung bezüglich einer Fähigkeit sein prämorbides Niveau wiedererlangt, kann das im schlimmsten Fall auch einen Entwicklungsstillstand bedeuten (Abbildung 2.2, Bild B). Bei einem günstigeren Verlauf werden nach dem Ereignis weitere Entwicklungsfortschritte gemacht und es kommt zu einer Annäherung, im besten Fall Angleichung, an das entwicklungstypische Fähigkeitsniveau (Bild C). Bei Kindern ist eine klare Verlaufsbeschreibung allerdings oft schwierig, da sich Probleme in verschiedenen Entwicklungsstufen auf unterschiedliche Weise zeigen können (vgl. Anderson et al., 2011). Ein Beispiel: Bei einer linksseitigen Hirnschädigung im Alter von 6 Jahren treten zunächst ausgeprägte Wortfindungsstörungen auf. Im Alter von 8 Jahren sind keine Wortfindungsstörungen mehr feststellbar, dafür zeigt das Kind leichte Probleme beim Verstehen komplexer Syntax und das Lesenlernen ist verlangsamt. Im Alter von 13 Jahren lassen sich keine sprachsystematischen Auffälligkeiten mehr feststellen; das Lesen ist altersgemäß. Dafür zeigen sich aber Schwierigkeiten beim Bilden sprachlicher Inferenzen und beim Verstehen von kontextueller Bedeutung. Die Symptome können sich also im Entwicklungsverlauf verändern und zeigen sich in einer jeweils alterstypischen Form. Möglich ist auch, dass eine Störung erst dann klar erkennbar wird, wenn ein Entwicklungsalter erreicht ist, in dem diese Fähigkeit ihre eigentliche, reife Funktionalität erreicht. Beispiel: Ein Mädchen erleidet im Alter von 8 Jahren bei einem Fahrradunfall ein schweres Schädelhirntrauma. Die akuten kognitiven Folgen sind komplex und betreffen Aufmerksamkeit, Gedächtnis und exekutive Funktionen. Nach mehrmonatigem Aufenthalt in einer Rehabilitationseinrichtung sind alle Symptome soweit gebessert, dass die Wiedereingliederung in die Regelschule erfolgen kann. Die Schulzeit durchläuft das Mädchen zwar mit kleineren Problemen, schafft aber den Realschulabschluss gut. In der Lehre erweist sich aber, dass alle Tätigkeiten, die selbständige Organisation, Planen, vorausschauendes Denken, Kontrolle und flexible Anpassung an die Situation erfordern, nicht altersgemäß bewältigt werden können. Das Mädchen ist den Anforderungen einer Lehre nicht gewachsen und absolviert nach mehreren Lehrabbrüchen eine vereinfachte Ausbildung in einem geschützten Rahmen. In diesem Fall zeigen sich die gravierendsten Auswirkungen der

Hirnschädigung im Bereich exekutiver Funktionen also erst Jahre nach dem Ereignis. Dieses Phänomen ist als „growing into deficit“ beschrieben worden (Abbildung 2.2, Bild D; vgl. Dennis, 2010; Dennis et al., 2014).

Neben den Langzeitfolgen für die Entwicklung der beeinträchtigten Funktion selbst sind auch die möglichen Auswirkungen für die Gesamtentwicklung des Kindes zu bedenken. Anders als bei Erwachsenen kann sich eine eher lokale Hirnschädigung aufgrund der Plastizitätseigenschaften des Gehirns auf die kognitive Gesamtleistungsfähigkeit auswirken. So ist z. B. eine leichte IQ-Absenkung eine unspezifische mögliche Langzeitfolge von Frühgeburtlichkeit, unabhängig von Typ und Lokalisation der dabei erlittenen Läsion (Løhaugen et al., 2010). Ein weiteres Beispiel: Bei Kindern mit frühen, großen Läsionen der sprachdominanten Hemisphäre kann es zu einer Reorganisation sprachlicher Fähigkeiten in der nicht-dominanten Hirnhälfte kommen, allerdings auf Kosten des kognitiven Gesamtniveaus. Diese Kinder sind im weiteren Entwicklungsverlauf sprachlich eher unauffällig, zeigen aber verminderte räumlich-visuelle Leistungen und eine leichte Absenkung des Gesamt-IQs. Dieses Phänomen ist als „Crowding Effekt“ bekannt (Teuber, 1974; vgl. z. B. Lidzba et al., 2006; vgl. Anderson et al., 2010).

Bei Entwicklungsstörungen und Störungen mit prä-, perinataler oder genetisch bedingter Ursache lassen sich ebenfalls unterschiedliche Verläufe beschreiben (Abbildung 2.2, Bilder F bis H). Hier liegt das schädigende Ereignis vor der Geburt und dem sichtbaren Entwicklungsbeginn. Für viele Eltern impliziert die Bezeichnung „Entwicklungsstörung“ die Möglichkeit, dass ein Entwicklungsrückstand völlig aufgeholt wird (Bild E). Bei den meisten „Entwicklungsstörungen“ gemäß ICD-10 oder DSM-5 ist dies jedoch nicht der Fall. Etwa bei Aufmerksamkeitsdefizit-/Hyperaktivitätsstörung (ADHS) erreicht nur eine Minderheit eine funktionale Remission oder völlige Symptomfreiheit im Erwachsenenalter (Biederman, Petty, Evans, Small & Faraone, 2010). Eine weitere Möglichkeit ist, dass sich zwar Entwicklungsfortschritte zeigen, aber ein stabiler Leistungsabstand zur Norm bestehen bleibt. Dies kann zum Beispiel bei Dyslexie oder Dyskalkulie der Fall sein (Bild F). Manchmal findet man dagegen, dass der Abstand zur typischen Entwicklung im Verlauf zunimmt (Bild G), z. B. wenn bei einem Kind mit Intelligenzminderung der Abstand zur typischen Entwicklung immer deutlicher wird. Entwicklungsstörungen können auch durch eine von vorneherein abweichende Entwicklung charakterisiert sein (Bild H). Das kann z. B. bei Autismus Spektrum Störungen (ASS) auf kommunikatives Verhalten und das Erlernen von Sprache zutreffen.

Plastizitätseigenschaften im sich entwickelnden Gehirn führen also nicht zu linearen Verbesserungen. Die Beziehung zwischen maximaler funktioneller Plastizität einerseits und minimaler kortikaler Präspezifizierung andererseits ist nicht linear, sondern komplex; besonders bei Berücksichtigung der Tatsache, dass die Hirnentwicklung weit in die Postnatalzeit hineinreicht und viele externe und interne Faktoren die Hirnentwicklung beeinflussen.

In der Entwicklung gibt es außerdem sensible oder „kritische“ Phasen, bei denen Fähigkeiten und Funktionen in der Auseinandersetzung mit Umwelteinflüssen ausbilden (vgl. z. B. Kroon, Sierksma & Meredith, 2013). Wird diese Auseinandersetzung gestört, lassen sich abweichende Entwicklungsetappen nur unzureichend aufholen. Ein Beispiel sind die institutional deprivierten rumänischen Waisenkinder, die in englische Adoptivfamilien vermittelt wurden und deren weitere kognitive und emotionale Entwicklung oft beeinträchtigt verlief (Rutter, Kumsta, Schlotz & Sonuga-Barke, 2012). Frühe sensorische Deprivation kann sich ebenfalls auf spezifische Aspekte kognitiver Entwicklung auswirken (z. B. auf die auditive Verarbeitung bei Kindern mit Cochlear-implant; vgl. Castellanos et al., 2015). Je nach Funktion finden sich kritische Phasen an unterschiedlichen Entwicklungszeitpunkten: Kritische Phasen motorischer und sensorischer Entwicklungsprozesse sind am frühesten abgeschlossen, gefolgt von Sprache, während sich kritische Phasen schulischer Fertigkeiten und höherer kognitiver Funktionen (Problemlösen, Planen) bis in die mittlere Kindheit und Adoleszenz erstrecken und die der moralischen Urteilsbildung bis ins junge Erwachsenenalter (Bardin, 2012).

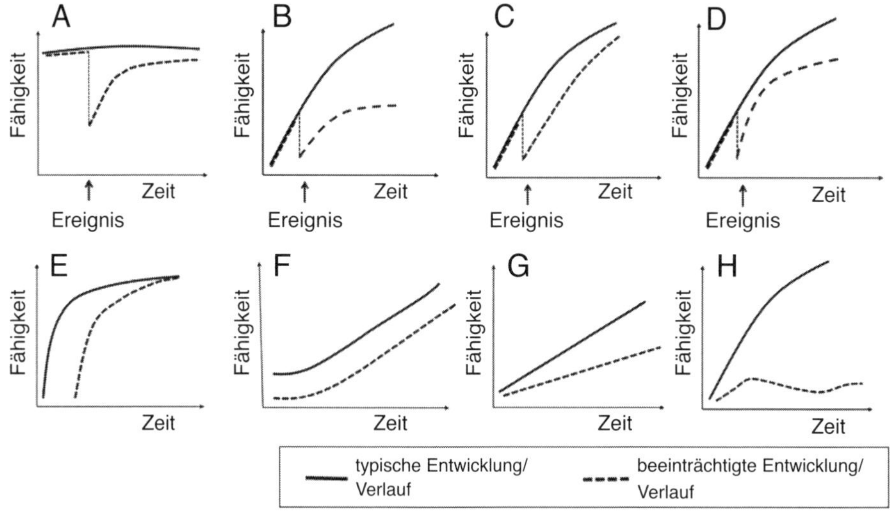

A: Verlauf beim Erwachsenen: erworbene Hirnschädigung, Leistungsabfall und Verlauf mit Annäherung an das prämorbide Niveau.

B bis D: Verläufe beim Kind mit erworbener Hirnschädigung (nach der Geburt).

B: erworbene Hirnschädigung mit Leistungsabfall und anschließender Stabilisierung auf dem bis dahin erreichten Entwicklungsniveau (Entwicklungsstillstand); C. Erworbene Hirnschädigung mit Leistungseinbruch, fortgesetzten Entwicklungsfortschritten und Annäherung an die typische Entwicklung; D. Erworbene Hirnschädigung mit zunächst teilweiser funktioneller Erholung, aber langfristig zunehmendem Abstand zur typischen Entwicklung (growing into deficit).

E bis H: Verläufe beim Kind mit genetisch oder durch prä- oder perinatale Ereignisse bedingter Entwicklungsstörung; E. Aufgeholte Entwicklungsverzögerung; F. Entwicklungsverzögerung mit im Verlauf stabilem Rückstand; G. Entwicklungsverzögerung mit zunehmendem Abstand zum alterstypischen Fähigkeitsniveau; H. tiefgreifende Entwicklungsabweichung.

Abbildung 2.2: Beeinträchtigte Entwicklungsverläufe

2.1.1.7 Interaktion mit Umwelt- und anderen Faktoren

Neuropsychologische Beeinträchtigungen müssen im Zusammenhang mit dem Kind in seiner Ganzheit untersucht und verstanden werden, d. h. im Zusammenhang mit Umweltvariablen wie dem familiären System und dessen Belastungen, der sozialen Umwelt, der ökologischen Umwelt, der schulischen Umgebung, den Beziehungen des Kindes zu Gleichaltrigen. Ob etwa Kinder mit sehr niedrigem Geburtsgewicht, mit Spina Bifida oder nach schwerem Schädelhirntrauma langfristig eine gute Erholung kognitiver Funktionen zeigen, hängt neben störungsbezogenen Faktoren wie dem Schweregrad der Beeinträchtigungen nicht zuletzt vom sozialen Umfeld, z. B. dem Vorhandensein und der Erreichbarkeit von Therapiemöglichkeiten, und dem Bildungsniveau der Eltern ab: Höherer sozialer Status der Eltern geht mit besserer Erholungsprognose der Kinder einher (vgl. Crowe et al., 2012; Fletcher et al., 2005; Taylor et al., 2002; Wong & Edwards, 2013). Das Risiko für Kinder, überhaupt ein Schädelhirntrauma zu erleiden, ist bei niedrigem sozialen Status der Eltern erhöht (Brown, 2010). In Familien mit genetischer Belastung ist oft auch die Elterngeneration betroffen und verfügt möglicherweise über weniger Ressourcen, mit den Problemen des Kindes umzugehen. Vorhandene Beeinträchtigungen gehen auch mit erhöhten Risiken für weitere Störungen einher. So ist bei Hydrozephalus durch das Legen von Shunts ein gewisses Risiko für Komplikationen und Infektionen gegeben (Vinchon et al., 2012). Kinder mit ADHS haben ein erhöhtes Risiko, ein Schädelhirntrauma zu erleiden (Gerring et al., 1998).

2.1.1.8 Bedeutung von motorischen, sensomotorischen Störungen und basaler Verarbeitungs- und Wahrnehmungsprozesse für die neuropsychologische Entwicklung

Stärker als bei erwachsenen Patienten hängen Entwicklungsstörungen auch mit Störungen von basalen zentralen Verarbeitungsprozessen zusammen oder mit Funktionen, die bei Erwachsenen nicht mit kognitiven Fähigkeiten assoziiert sind und auch nicht von Neuropsychologen untersucht werden (z. B. Motorik, Sensibilität, Schreibmotorik/Schrift, zentrale Sehstörungen, auditive Wahrnehmung und Verarbeitung). Bestehen solche Defizite, können sie die Entwicklung von darauf aufbauenden Fähigkeiten beeinflussen. Ein Beispiel: Ein Junge mit einer umschriebenen Entwicklungsstörung motorischer Funktionen und hoher Intelligenz hat motorische Probleme beim Schreiben, die er aber ängstlich zu kaschieren versucht, und entwickelt in der Folge eine starke Abneigung dagegen mit Verweigerung. In der Schule zeigt er ein seltsam heterogenes Leistungsbild und Verhaltensauffälligkeiten. In der Testdiagnostik ist bei allen Aufgaben mit visuo-motorischer oder motorischer Komponente stark verlangsamt. Dazu gehören auch Aufmerksamkeitsaufgaben am PC, die beidhändig beantwortet werden. Hier ist es für den Untersucher wichtig, bei den diagnostischen Schlussfolgerungen klar zwischen sensomotorischen und Aufmerksamkeitskomponenten zu unterscheiden und den Einfluss einer für Außenstehende kaum wahrnehmbaren sensomotorischen Beeinträchtigung bei der Beurteilung angemessen zu gewichten. Sensorische und motorische Störungen werden normalerweise bei den ärztlichen Vorsorgeuntersuchungen festgestellt und sollten in der Diagnostik als testbeeinflussende Faktoren (oder Zugangsstörungen) berücksichtigt werden. Ein anderer Aspekt sind sehr diskrete basale Verarbeitungsstörungen, die bei Vorläuferfertigkeiten eine Rolle spielen, bei Routineuntersuchungen aber nicht oder nur screeningmäßig geprüft werden. Dies betrifft z. B. die Sakkadenlänge beim Lesenlernen und visuellen Suchbewegungen oder die Geschwindigkeit bei der auditiven Diskrimination von Lauten. Um hypothesengeleitet testen zu können, sollten Kinderneuropsychologen mit den Modellen basaler zentraler Verarbeitungsstörungen und deren klinischen Manifestationen vertraut sein.

2.1.1.9 Entwicklungsrisiken für die Persönlichkeitsentwicklung und das Entstehen von Begleitstörungen

Neuropsychologische Störungen in der Kindheit und Jugend gehen mit einem erhöhten Risiko für psychische Störungen einher. Erworbene Hirnschädigungen führen bei Kindern und Jugendlichen häufig zu Verhaltensauffälligkeiten. Eine Studie findet bei Kindern nach leichtem Schädelhirntrauma zwei Jahre nach dem Ereignis bei 31 % aller Fälle Verhaltensauffälligkeiten (Max et al., 2015). Affektive Labilität und generelle Verhaltensauffälligkeiten finden sich bei Kindern nach Schädelhirntrauma häufiger als bei nicht-betroffenen Kindern (Max, 2014; Vasa et al., 2015). Die Häufigkeit und Schwere von Verhaltensauffälligkeiten nimmt mit wachsendem zeitlichen Abstand zum Ereignis nicht ab, sondern zu (Karver et al., 2012).

Entwicklungsstörungen erhöhen das Risiko für ein Kind, an Begleitstörungen zu erkranken oder aufgrund der fortgesetzten negativen Lernerfahrungen und negativen Reaktionen ein niedriges Selbstwertgefühl zu entwickeln: Bei einer Lesestörung ist mit weitreichenden negativen Konsequenzen für die schulische und berufliche Laufbahn zu rechnen. Es können dadurch Selbstzweifel, Versagensgefühle, Ängste, Motivationsverlust entstehen und Störverhalten in der Klasse auftreten sowie andere sekundäre Verhaltensstörungen oder emotionale Störungen, die die weitere Entwicklung des Kindes beeinflussen. Die sekundären Beeinträchtigungen können aber auch eine direkte Konsequenz der Störung sein: Ein Kind mit einer nicht erkannten kongenitalen Prosopagnosie kann z. B. eine soziale Unsicherheit entwickeln, die in der weiteren Entwicklung sein Sozialverhalten beeinflussen wird und möglicherweise zu einem sozialen Vermeidungsverhalten führt (Dalrymple et al., 2014).

2.1.2 Methodische Besonderheit bei der Anwendung und Interpretation neuropsychologischer Testverfahren

2.1.2.1 Testverfahren können in unterschiedlichen Entwicklungsaltern verschiedene Konstrukte messen

Testverfahren, die bei Erwachsenen eine bestimmte neuropsychologische Funktion erfassen, können bei Kindern ein anderes Konstrukt erfassen, wenn die Entwicklungsvoraussetzungen dafür noch nicht gegeben sind. Das ist in der Regel dann der Fall, wenn die Aufgabe vom Schwierigkeitsgrad her die Fähigkeiten des Kindes übersteigt oder wenn eine Funktion untersucht wird, die noch nicht genügend entwickelt ist. Ein Beispiel: Phasische auditive Alertnessaufgaben (z. B. TAP, Testbatterie zur Aufmerksamkeitsprüfung, vgl. Band 1,

S. 59–66) basieren auf einer Gegenüberstellung von Reaktionsaufgaben, bei denen mal ein Warnsignal die Alertness erhöht und die Reaktionsgeschwindigkeit verbessert, mal ohne die Hilfe eines Warnsignals geantwortet werden soll. Für Kinder um oder jünger als 6 Jahre sind diese Aufgaben nur schwer zu bewältigen, da sie den auditiven Warnreiz nicht als Warnsignal nutzen können, sondern den Impuls unterdrücken müssen, bereits auf dieses Warnsignal zu antworten (Drechsler, Brandeis, Földényi, Imhof & Steinhausen, 2005). Die Kinder scheitern bei der Aufgabe aus Gründen, die nichts mit dem eigentlichen Zielkonstrukt der Aufgabe – der phasischen Alertness – zu tun haben. Der zu hohe Schwierigkeitsgrad von Aufgaben und die Anforderungen an Kapazität und Geschwindigkeit stellen sich dann möglicherweise als ein qualitativer und nicht nur ein quantitativer Unterschied dar. Kinder machen dann nicht einfach mehr Fehler, sondern eventuell auch ganz andere Arten von Fehler. Gerade bei Aufgaben mit exekutiver Komponente, die Fähigkeiten voraussetzen, die sich erst relativ spät entwickeln, muss man fragen, ob die Normen, die für kleine Kinder erhoben werden, sich nicht auf etwas anderes beziehen, als auf das eigentliche Zielkonstrukt. Wenn ein Sechsjähriger beim Wisconsin Card Sorting Task Fehler macht und ein inkonsistentes Antwortverhalten zeigt, kann das unter Umständen etwas ganz anderes bedeuten als bei einem 9-Jährigen (wie z. B. Ermüdung, Ablenkbarkeit, noch nicht ausreichendes Durchhaltevermögen) und sollte auch entsprechend vorsichtig interpretiert werden. Das muss nicht immer bedeuten, dass exekutive Funktionen oder andere, sich langsam und über lange Zeiträume hinweg entwickelnde Fähigkeiten nicht auch bei jüngeren Kindern erhoben werden können. Man muss jedoch sorgfältig unterscheiden, ob das Aufgabenparadigma für eine bestimmte Altersstufe noch nicht geeignet ist, weil die zu untersuchende Fähigkeit nicht ausreichend entwickelt ist, oder ob es an der Schwierigkeit der Aufgabengestaltung liegt (zu viele Items, zu kurze Darbietung, zu schnelle Sequenzen, zu abstrakte, komplizierte Formen). Im letzteren Fall müssen die Aufgaben deutlich vereinfacht und kindgerechter gestaltet werden, wenn tatsächlich dasselbe Konstrukt erfasst werden soll (vgl. z. B. Garon, Bryson & Smith, 2008). Um diesem Problem Rechnung zu tragen, gibt es von einigen Testverfahren mehrere, altersangepasste Versionen, in denen zwar dasselbe Paradigma, aber in vereinfachter, kindgerechter Form untersucht wird (vgl. Abschnitt Entwicklungstest). Deshalb werden z. B. in der KITAP (Testbatterie zur Aufmerksamkeitsprüfung für Kinder, Zimmermann, Gondan & Fimm, 2002) Aufgabenparadigmen der Erwachsenenversion TAP (Zimmermann & Fimm, 2012) spielartig („Geisterschloss") mit bunten Figuren und einer Rahmengeschichte angeboten. Die Aufgaben sind vom Umfang her verkürzt und zum Teil vereinfacht.

2.1.2.2 Boden- und Deckeneffekte von neuropsychologischen Tests an den Altersgrenzen

Testverfahren, die ihren Schwierigkeitsgrad nicht an die unterschiedlichen Altersvoraussetzungen anpassen, sondern versuchen, gleichartige Testaufgaben für eine möglichst große Altersspanne anzubieten, weisen manchmal Decken- oder Bodeneffekte auf. Sie diskriminieren dann z. B. nicht mehr im oberen Altersbereich, da ein älteres Kinder sehr stark beeinträchtigt sein muss, um einen derartig einfachen Test nicht bewältigen zu können. In der untersten Altersstufe diskriminieren sie ebenfalls nur unzureichend gut, da hier auch alterstypisch entwickelte Kinder viele Fehler machen und es möglicherweise eine große Variabilität von

Leistungen in der Normpopulation gibt. Diese Schwierigkeit besteht aber für alle Testverfahren, die auf eine Vergleichbarkeit von Aufgaben im Längsschnitt und im Verlauf abzielen. Für diese Zwecke sollten die Testaufgaben für alle Altersstufen möglichst identisch und homogen sein, wofür dann aber in den Altersgrenzbereichen im Querschnitt eine eingeschränkte klinische Validität in Kauf genommen werden muss.

2.1.2.3 Testergebnisse beruhen auf unterschiedlichen Mechanismen

Nach Karmiloff-Smith (1997) implizieren äquivalente Verhaltensweisen und Testergebnisse bei Kindern mit typischen und abweichenden Entwicklungsverläufen nicht notwendigerweise identische, zugrundeliegende Verarbeitungsmechanismen. Scheinbar intakte neuropsychologische Funktionen in Teilbereichen bei Kindern mit genetisch bedingten Abweichungen (z. B. bei Williams Beuren Syndrom, vgl. Karmiloff-Smith, 1997) können das Entwicklungsresultat grundlegend anders verlaufener Entwicklung und von Kompensationsprozessen darstellen. Es ist daher relevant zu untersuchen, ob es auch in scheinbar unbeeinträchtigten Funktionsbereichen mit unauffälliger Gesamtleistung spezifische Teilleistungsprofile gibt. So sind etwa nicht alle Komponenten sprachlicher Leistungen beim Williams Beuren Syndrom unauffällig, obwohl sprachliche Fähigkeiten bei dieser genetischen Störung als intakt gelten. Ebenso ist es möglich, dass es grundlegende Unterschiede zwischen typischer und atypischer Hirnentwicklung gibt, welche mit unterschiedlichen Entwicklungsverläufen auf neuronaler Ebene zu tun haben. So kann beispielsweise atypische Hirnentwicklung zu einer funktionellen Überspezialisierung umschriebener Hirnregionen führen. Das bedeutet auch, dass ein scheinbares funktionales Aufholen von Entwicklungsverzögerungen in Testleistungen möglicherweise durch den Einsatz anderer Fähigkeiten zustande kommt als bei Gesunden. Z. B. kann bei Jugendlichen mit hochfunktionellem Autismus oder Asperger Syndrom die Verarbeitung des emotionalen Gesichtsausdrucks durch Merkmalsanalysen und den Abgleich mit Erfahrungen und Wissen bewältigt werden und nicht durch die Wahrnehmung von dessen neurobiologischer Signalfunktion.

2.1.2.4 Regression oder Stagnation von Leistungen?

Betrachtet man Entwicklungsverläufe von Kindern mit erworbener Hirnschädigung, z. B. nach Schädelhirntrauma, dann kann bei der wiederholten Durchführung von normierten kognitiven Testverfahren, wie z. B. dem WISC-IV, der Eindruck entstehen, es käme zu einem allmählichen Niedergang von Leistungen. Solche progredienten Verläufe kommen vor, zumal nach Schädelhirntrauma im Verlauf Hirnatrophien und andere Komplikationen auftreten können. Bei vielen progredienten neurologischen Erkrankungen des Kindes- und Jugendalters gehört der Verlust kognitiver Fähigkeiten zu den frühen Symptomen und ist natürlich immer ein Warnsignal. Bei der Interpretation von Verläufen ist aber zu bedenken, dass die Normen dieser Tests eine alterstypische Entwicklung von Leistungen voraussetzen (vgl. Benz & Ritz, 1996). Bleibt diese aus und verharren die Leistungen auf demselben Niveau, stellt sich das in den alterskorrigierten Normwerten oft als Tendenz zur Verschlechterung dar. Erst wenn man die Rohwerte vergleicht, kann man oft feststellen, dass es über die Zeit zwar keine oder nur geringe Verbesserung gegeben hat, aber absolut gesehen auch keine Verschlechterung. Je mehr sich im Verlauf die Schere öffnet zwischen typischer und beeinträchtigter Entwicklung, desto deutlicher zeigen sich mit der Zeit auch Normabweichungen, selbst wenn es absolut gesehen einen stetigen, aber langsamen Zuwachs von Fähigkeiten gibt (vgl. Abbildung 2.2, Bild G).

2.1.2.5 Testwiederholungseffekte und intraindividuelle Variabilität

Ganz grundsätzlich ist die Bedeutung und Bewertung der Reteststabilität im Kinderbereich komplexer als bei Verfahren für Erwachsene. Entwicklungstests sollen ja gerade Entwicklungsverläufe abbilden und eine zu große Stabilität von Leistungen im Verlauf würde bedeuten, dass ein Test nicht entwicklungssensitiv ist. In feinmaschig normierten Testverfahren, wie z. B. einigen IQ-Tests, werden diese Entwicklungen durch alterskorrigierte Normwerte aufgefangen. Gerade in neuropsychologischen Testverfahren sind die Altersabstufungen aber oft nicht feinmaschig aufgeteilt, sondern umfassen vielleicht sogar mehrere Jahrgänge, was bei der Verlaufsbeurteilung mit Testwiederholung zu berücksichtigen ist. Der Frage nach den Entwicklungseffekten steht die Frage nach den Lerneffekten gegenüber. Nur wenige Testverfahren, z. B. der WISC-IV, greifen in ihren Manualen überhaupt die Frage auf, nach welchem zeitlichen Abstand eine Testwiederholung zulässig ist. Das ist schon deshalb problematisch, da es – anders als im Erwachsenenbereich – bei Kinderverfahren nur sehr selten Paralleltestversionen gibt (was aber verständlich ist vor dem Hintergrund der viel aufwändigeren altersgestuften Normierung).

Retest-Untersuchungen zu Testverfahren wurden fast ausschließlich mit Normpopulationen durchgeführt. Ob sich die Ergebnisse zur Retest-Stabilität auch auf Patientengruppen übertragen lassen, ist weitgehend unbekannt; es liegen nur sehr wenig systemtische Studien dazu vor. So fanden Renner und Kollegen (2012) in einer klinischen Stichprobe eine deutlich geringere Reteststabilität nach 14 bis 28 Tagen in der Testbatterie zur Aufmerksamkeitsprüfung für Kinder (KITAP) als in der Normstichprobe. Intraindividuelle Variabilität von Leistungen kann ebenso ein Merkmal von kognitiver Störung sein wie die verminderte Testleistung selbst (vgl. Dennis et al., 2014). In besonderen Fällen kann aber auch ein fehlender Retesteffekt ein Anzeichen von Störung sein: So stellten Loher und Kollegen (2014) in einer Untersuchung fest, dass Kinder nach Schädelhirntrauma im Vergleich zu Gesunden zwar keine Leistungsunterschiede in Testaufgaben zeigten, aber bei einer Testwiederholung geringere Übungseffekte aufwiesen. Bei typisch entwickelten Kinder scheinen generell jüngere Kinder stärker von Testwiederholungen zu profitieren als ältere (Günther, Herpertz-Dahlmann & Konrad, 2005).

2.1.3 Neuropsychologisches Testen von Kindern in verschiedenen Entwicklungsaltern

2.1.3.1 Neuropsychologische Diagnostik im Schnittfeld diagnostischer Disziplinen und Methoden

Testverfahren, die bei der neuropsychologischen Diagnostik von Kindern zum Einsatz kommen, sind nicht alle im engeren Sinne „neuropsychologisch“, d. h. auf neuropsychologischen Theorien und Modellen basiert. Genauso wenig lässt sich die neuropsychologische

Untersuchung von Kindern auf rein „neuropsychologische" Themen streng abgrenzen oder eine strenge Trennung von neuropsychologischen und nicht-neuropsychologischen Verfahren und diagnostischen Disziplinen realisieren. Da das neuropsychologisch beeinträchtigte Kind in seiner Gesamtheit betrachtet werden muss, d.h. die Entwicklung von Wahrnehmungsfunktionen, Motorik, Sprache, kognitiven Fähigkeiten sowie pädagogische, klinische, schulische, familiäre Aspekte berücksichtigt werden sollten, wird eine neuropsychologische Diagnostik bei Kindern oft auf Verfahren zurückgreifen müssen, die aus anderen diagnostischen Bereichen stammen. Gerade in der Diagnostik von Kindern wird auch von Nachbardisziplinen zunehmend der Begriff „neuropsychologisch" verwendet. Oft werden etwa Entwicklungstest und auch Intelligenztest als „neuropsychologisch" bezeichnet, obwohl sie aus Sicht von Neuropsychologen das eigentlich nicht sind und „kognitiv" der passendere Begriff wäre (z.B. werden in US-Studien manchmal WISC-IV-Ergebnisse als neuropsychologische Ergebnisse bezeichnet). Natürlich gibt es auch zunehmend tatsächliche Überschneidungen zwischen Methoden und Disziplinen, die sich in den letzten Jahren wissenschaftlich aufeinander zubewegt haben. Bei der Einteilung der Testverfahren soll hier trotzdem eine Abgrenzung versucht werden, vor allem um die Ziele, die methodische Herangehensweise und damit auch die Einsatzmöglichkeiten der unterschiedlichen Testtypen zu verdeutlichen. In dieser Einleitung wird eine kurze Gegenüberstellung der Verfahren und Methoden vorgenommen, die dann in den einzelnen Unterkapiteln genauer beschrieben werden.

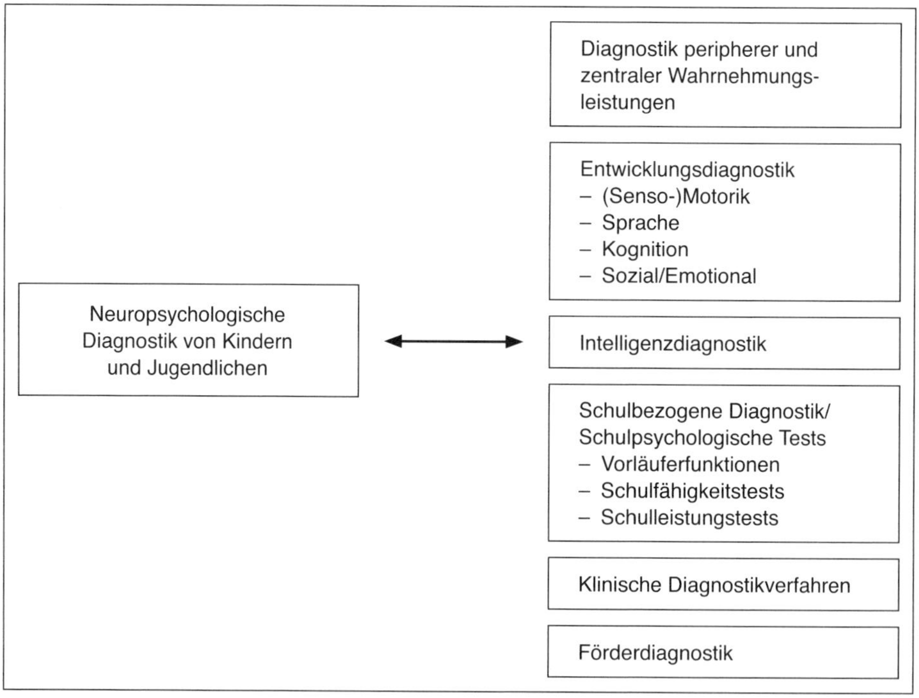

Abbildung 2.3: Neuropsychologische Diagnostik im Schnittfeld mit anderen diagnostischen Disziplinen und Methoden

2.1.3.2 Worin unterscheidet sich neuropsychologische Diagnostik von anderen diagnostischen Disziplinen und Modellen? Zur Einteilung der Handbuch-Unterkapitel und Versuch einer Abgrenzung

Neuropsychologische Diagnostik beschäftigt sich mit dem Zusammenhang zwischen Hirnfunktionen und beobachtbarem Verhalten. Neuropsychologische Testverfahren beruhen auf Modellen oder Theorien von Hirnfunktionen, die mit aktuellen neurobiologischen Erkenntnissen (neuroanatomisch, neurofunktional, neurophysiologisch oder neurochemisch) vereinbar sein müssen. Durch diesen direkten Bezug zu Theorien über Hirnfunktionen, zu deren neuroanatomisch-neurofunktionaler Verankerung, und zu empirischen Erkenntnissen über die klinischen Folgen ihrer Störungen unterscheidet sich neuropsychologische Diagnostik von anderen diagnostischen Ansätzen. Klinisch-neuropsychologische Diagnostik zielt auf die Erfassung von Funktionsdefiziten oder abweichenden Entwicklungsverläufen ab und versucht beeinträchtigte und intakte Funktionen voneinander abzugrenzen. Aus neuropsychologischer Sicht macht es dabei meist wenig Sinn, einen übergeordneten Gesamtwert aus unterschiedlichen Untertests zu bilden, da dies in der Regel einen Verlust an spezifischeren neuropsychologischen Informationen darstellt. In normierten neuropsychologischen Testverfahren werden die untersuchten Leistungen meist mit einer Normpopulation verglichen. Allerdings kann es ebenfalls sinnvoll sein, neuropsychologische Störungen, die in einer Normpopulation nicht vorkommen und dort daher nicht normalverteilt sein können (z. B. Neglect), mit klinischen Aufgaben zu untersuchen. In der Kinderneuropsychologie werden auch die besonderen Auswirkungen von Störungen mit genetischer Beteiligung und von frühen Schädigungen auf die Entwicklung des Gehirns, auf die Entwicklung von Gehirnfunktionen und auf die Gesamtentwicklung des Kindes untersucht. Dabei wird davon ausgegangen, dass sich Störungen auf ein System in Entwicklung anders auswirken können als bei Erwachsenen und daher nicht immer auf umschriebene Defizite begrenzt sind, sondern auch zu allgemeinen Beeinträchtigungen im Leistungs- oder Verhaltensbereich führen können. Stärker noch als bei Erwachsenen sind daher neuropsychologische Störungen bei Kindern im Kontext oder Systemzusammenhang zu analysieren (vgl. Bernstein, 2000; 2010). Und zwar in mehrfacher Hinsicht: In Bezug auf den Entwicklungskontext, also den Zeitpunkt des Auftretens der Störung und deren Bedeutung für die weitere Entwicklung des Kindes, in Bezug auf den Zusammenhang zwischen neuropsychologischer Störung, der Gesamtentwicklung und dem allgemeinen Leistungsstand des Kindes und in Bezug auf Familie, Schule und soziales Umfeld des Kindes, die einen fördernden oder hemmenden Einfluss auf den weiteren Entwicklungsverlauf ausüben können.

Der *Diagnostik peripherer und zentraler Wahrnehmungsleistungen* kommt in der Kinderneuropsychologie ein besonderer Stellenwert zu, da sie mit kognitiven Beeinträchtigungen interagieren oder ihnen vorgeschaltet sein können. Während periphere Sinnesbeeinträchtigungen in ärztlichen Routineuntersuchungen überprüft werden, sind Störungen zentraler Verarbeitungsleistungen schwerer zu erkennen. Eine differenzierte Abklärung solcher Störungen erfolgt vor allem durch Fachdisziplinen wie z. B. Kinderneuroophthalmologen oder Pädaudiologen und erfordert ein spezifisches diagnostisches Instrumentarium. Kinderneuropsychologen sollten mit diesen Störungsbildern und auch den Untersuchungsmethoden vertraut sein, um diese Befunde in ihre Untersuchung entsprechend integrieren zu können oder – noch wichtiger – bei Untersuchungen im Grenzgebiet basaler und kognitiver visueller oder auditiver Wahrnehmungsstörung differentialdiagnostische Hypothesen aufstellen zu können und gegebenenfalls die Zuweisung zu Spezialisten zu veranlassen. Daher wird auch auf Untersuchungsverfahren zentraler Sehstörungen und auditiver Verarbeitungs- und Wahrnehmungsstörungen eingegangen.

Entwicklungsdiagnostische Verfahren haben zum Ziel, ein Kind hinsichtlich seines Entwicklungstandes im Vergleich zu typischen Entwicklungsverläufen einzuordnen. Sie beschränken sich in der Regel nicht auf die kognitive Entwicklung, sondern können unterschiedliche Entwicklungsbereiche umfassen: Sensomotorik, Sprache, räumlich-visuelle Wahrnehmung, Denken, Gedächtnis, Sozialverhalten, emotionale Entwicklung und anderes. Entwicklungstests beruhen auf Modellen und Theorien typischer Entwicklung (vgl. Ahnert, 2014). Sie sind normalerweise so aufgebaut, dass sie unterschiedliche Aufgaben für verschiedene Altersgruppen enthalten, die stufenweise im Schwierigkeits- und Komplexitätsgrad ansteigen. Das Einstiegsniveau für die Untersuchung wird bei den meisten Tests bei Aufgaben festgelegt, die vom Schwierigkeitsgrad etwas unter dem tatsächlichen Testalter liegen. Die Anforderungen steigen dann schrittweise an, bis ein für diesen Altersbereich definiertes Abbruchkriterium erreicht ist (vgl. Kapitel 2.2.11, Entwicklungstests).

Gerade im Säuglings- und Kleinkindalter werden Entwicklungstests mit ihren oft nach Monaten abgestuften Vergleichsdaten zur neuropsychologischen Diagnostik eingesetzt, wenn es um eine Abklärung von frühen Beeinträchtigungen geht, die sich in diesem Altersbereich auch meist als Entwicklungsdefizite zeigen. Im engeren Sinne neuropsychologische Tests, die sich auf den Zusammenhang zwischen beeinträchtigter Hirnentwicklung und Verhalten beziehen, stehen in diesen frühen Entwicklungsphasen meist nur als experimentelle Verfahren zur Verfügung.

Intelligenztests haben das Ziel, eine Testperson hinsichtlich ihrer kognitiven Leistungen in eine Altersnorm einzuordnen. Intelligenztests sind so konstruiert, dass die erfassten Fähigkeiten in einer Normpopulation normalverteilt sein sollten. Welche Fähigkeiten zur Intelligenz zählen und wie diese Fähigkeiten untereinander organisiert sind, hängt vom jeweiligen Intelligenzkonstrukt ab, auf dem ein Test basiert (vgl. Kapitel 2.2.10, Intelligenzverfahren). Auch wird die Bedeutung von Sprache und bildungsabhängigen Faktoren bei der Bestimmung von Intelligenz je nach Theorie und Test unterschiedlich gehandhabt. Zum Teil nähern sich aktuelle Intelligenzkonzepte mit ihren komplexen Kategorien kognitiver Fähigkeiten stark an neuropsychologische Konzepte an (vgl. Kapitel 2.2.10, Intelligenztests). Wie auch im Erwachsenenbereich eignen sich einzelne Untertests aus IQ-Verfahren gut, um in der neuropsychologischen Diagnostik eingesetzt zu werden, auch wenn sie ursprünglich nicht aus neuropsychologischen Modellen abgeleitete wurden. Anders als im Erwachsenenbereich sollte bei der neuropsychologischen Untersuchung von Kindern in der Regel immer ein Intelligenztest durchgeführt werden, um die Einordnung in eine allgemeine Entwicklungsnorm zu ermöglichen. Je nach dem zugrundeliegenden Intelligenzkonzept können sich selektive neuropsychologische Störungen mehr oder weniger stark im Gesamt-IQ abbilden. Die gebräuchlichsten Intelligenztests werden daher in einem eigenen Unterkapitel rezensiert.

Klinisch-diagnostische Verfahren erfassen bestimmte Verhaltensmerkmale, die bestimmten klinischen Störungsbildern zugeordnet werden, meist durch Fragebogen oder Interviews. In der Regel werden in klinisch-diagnostischen Verfahren keine Leistungen oder Fähigkeiten durch die Vorgabe von Aufgaben, die das Kind ausführen soll, untersucht. Hier gibt es allerdings auch Ausnahmen, wie die ADOS-2 Skalen zur Erfassung von Autismus Spektrum Störungen (deutsche Version von Poustka, et al., 2015), bei denen beobachtet wird, wie das Kind in standardisierten Situationen und mit vorgegebenem Material Aufgaben ausführt. Klinisch-diagnostische Skalen können Breitbandverfahren sein, wie zum Beispiel die Child Behavior Checklist CBCL (Achenbach, 1991), die Verhaltenssymptome erfasst, die unterschiedlichen klinischen Störungsbildern oder Störungsdimensionen zugeordnet werden können, z. B. Aggressivität oder somatische Beschwerden, oder störungsspezifische Verfahren, wie die Conners-3 Skalen zur Erfassung von ADHS (Lidzba, Christiansen & Drechsler, 2013) oder die Children's Yale-Brown Obsessive Compulsive Scale (CY-BOCS), ein halbstandardisiertes Interview zur Erfassung von Zwangsstörungen (Scahill et al., 1997). Die nosologischen Klassifikationssysteme, die den Definitionen klinischer Störungen zugrundliegen, orientieren sich nicht an neurobiologischen oder neuropsychologischen Kriterien, sondern definieren Störungsbilder deskriptiv anhand von beobachtbaren Verhaltenssymptomen. Klinisch-diagnostische Verfahren werden daher in diesem Handbuch-Kapitel nicht aufgeführt oder referiert. Generell wurde auf eine Auflistung von störungsspezifischen Verfahren, die sich also nur auf ein bestimmtes Störungsbild anwenden lassen, verzichtet. Auch werden familiendiagnostische Verfahren, deren Anwendung bei Familien mit einem neuropsychologisch beeinträchtigten Kind hilfreich sein kann, hier nicht referiert. In der klinischen Praxis kann es trotzdem für Kinderneuropsychologen wichtig sein, diese Instrumente zu kennen und bei Bedarf anzuwenden. In diesem Zusammenhang sei z. B. auf die Darstellungen bei Irblich und Renner (2009a) oder Cierpka (2008) verwiesen.

Eine *schulbezogene Leistungsdiagnostik* lässt sich unterteilen in Verfahren, die kognitive Vorläuferfähigkeiten von schulischen Fertigkeiten untersuchen, also die Voraussetzungen, um die Kulturtechniken Lesen, Schreiben, Rechnen zu erlernen, Schulfähigkeitstests, die die Voraussetzungen zum Schuleintritt untersuchen, sowie Schulleistungstests, die schulische Leistungen in verschiedenen Fächern, angepasst an verschiedenen Klassenstufen und Schultypen, überprüfen. Schulpsychologie oder Pädagogische Psychologie sind in der konkreten Praxis bislang Nachbardisziplinen, auch wenn es neuerdings Bestrebungen gibt, neuropsychologische Schulpsychologie (oder schulische Neuropsychologie?) als eine Spezialdisziplin zu etablieren (vgl. Miller, 2007; Miller, 2010). Pädagogisch-psychologische Forschung integriert seit langem neuropsychologische Modelle (vgl. Kapitel 2.2.8 Lesen und Schreiben und 2.2.9 Zahlenverarbeitung und Rechnen).

Testverfahren zu Vorläuferfähigkeiten werden in diesem Handbuchteil als eine Spezialform von Entwicklungstests eingeordnet und dort in einer Rezension exemplarisch dargestellt. Typische Schulfähigkeitstests, die die Fähigkeiten zum Schuleintritt untersuchen, werden dagegen in diesem Handbuchteil nicht rezensiert. Bei Schulleistungstests gibt es eine sehr große Bandbreite, was deren Verankerung in neuropsychologische Modelle angeht. Daher werden Schulleistungstests in den Kapiteln zu Sprache, Lesen und Schreiben, Zahlenverarbeitung und Rechnen in den Tabellen aufgeführt, aber mit wenigen Ausnahmen nicht rezensiert. In der kinderneuropsychologischen Diagnostik besteht das Problem, dass praktisch keine neuropsychologisch basierten Verfahren vorliegen zur Untersuchung von Sprache, Lesen, Schreiben, rechnerische Fähigkeiten und Zahlenverarbeitung mit Altersnormen für die Präadoleszenz und Adoleszenz. Daher ist man darauf angewiesen, für diese Altersbereiche Schulleistungstests einzusetzen. Für jüngere Kinder liegen für diese Funktionsbereiche Entwicklungstests vor.

Der Begriff Förderdiagnostik wird in unterschiedlichen Bedeutungen gebraucht; er wird häufig vom theoretischen Hintergrund her der Heilpädagogik oder Sonderpädagogik zugeordnet (vgl. z.B. Steppacher, 2010). Förderdiagnostik im heilpädagogischen Sinn ist in der Regel stärker interventionsorientiert als defizitorientiert, und muss – im Vergleich zu psychologischen Testverfahren – nicht gleichermaßen auf wissenschaftlich abgesicherte Modelle und psychometrische Standards gestützt sein. Hier gibt es allerdings eine große Bandbreite und zunehmend gleichen sich Verfahren und Ziele an psychologische Vorgehensweisen an (vgl. Petermann & Petermann, 2006). Für eine neuropsychologische Förderdiagnostik ist es in jedem Fall unerlässlich, ein differenziertes Profil der Stärken und Schwächen eines Kindes zu ermitteln. Nur wenn die Defizite beschrieben sind, kann man im Profilvergleich auch die Ressourcen erkennen. Es ist nicht ausreichend, lediglich globale Förderziele zu beschreiben. Um geeignete und vor allem spezifische Fördermaßnahmen ableiten zu können, müssen zunächst die Teilfunktionen oder Prozesse identifiziert werden, die einem Verhaltens- oder Leistungsproblem zugrunde liegen. Sonst besteht das Risiko, dass möglicherweise auf Nebenschauplätzen therapiert wird, und dies auf Kosten der therapeutischen Effizienz, der eingesetzten Mittel und der Therapiemotivation, wenn keine oder wenig Fortschritte erzielt werden.

2.1.3.3 Methoden und Vorgehen beim neuropsychologischen Testen von Kindern

2.1.3.3.1 Hypothesengeleitetes Testen vs. neuropsychologisches Screening

Bei den neuropsychologischen diagnostischen Methoden lässt sich ein hypothesengeleitetes Vorgehen unterschieden von einem Batterie-Ansatz (oder Screening). Beide Ansätze unterscheiden sich wesentlich im Vorgehen, den Anforderungen, die sie an den Diagnostiker stellen und vor allem in Hinblick auf zu ziehende Schlussfolgerungen. In der US-Literatur wird in diesem Zusammenhang auch zwischen „Evaluation" und „Testing" unterschieden (Baron, 2004). „Testing" bezieht sich in der Regel auf die Anwendung einer nicht-flexiblen, feststehenden Batterie von Aufgaben. Dies ist meist bei der Anwendung einer Screening-Batterie gegeben. Ein Screening oder die Anwendung einer festen Batterie kann normalerweise ohne eine spezifische Störungshypothese erfolgen: Hier werden verschiedene Funktionsbereiche untersucht und mit einer Normpopulation verglichen. Die Durchführung und Auswertung einer Screening-Batterie ist hochstandardisiert, ökonomisch und verlangt in der Regel keine weiteren Spezialkenntnisse vom Untersucher, abgesehen von dem Wissen, wie man psychologische Tests korrekt durchführt, auswertet und interpretiert. Ein neuropsychologisches Screening ermöglicht einen groben Gesamtüberblick über das neuropsychologische Leistungsprofil eines Individuums. Wenn das eingesetzte Verfahren kritische Differenzen zwischen den Funktionsbereichen bereitstellt, können Profile noch

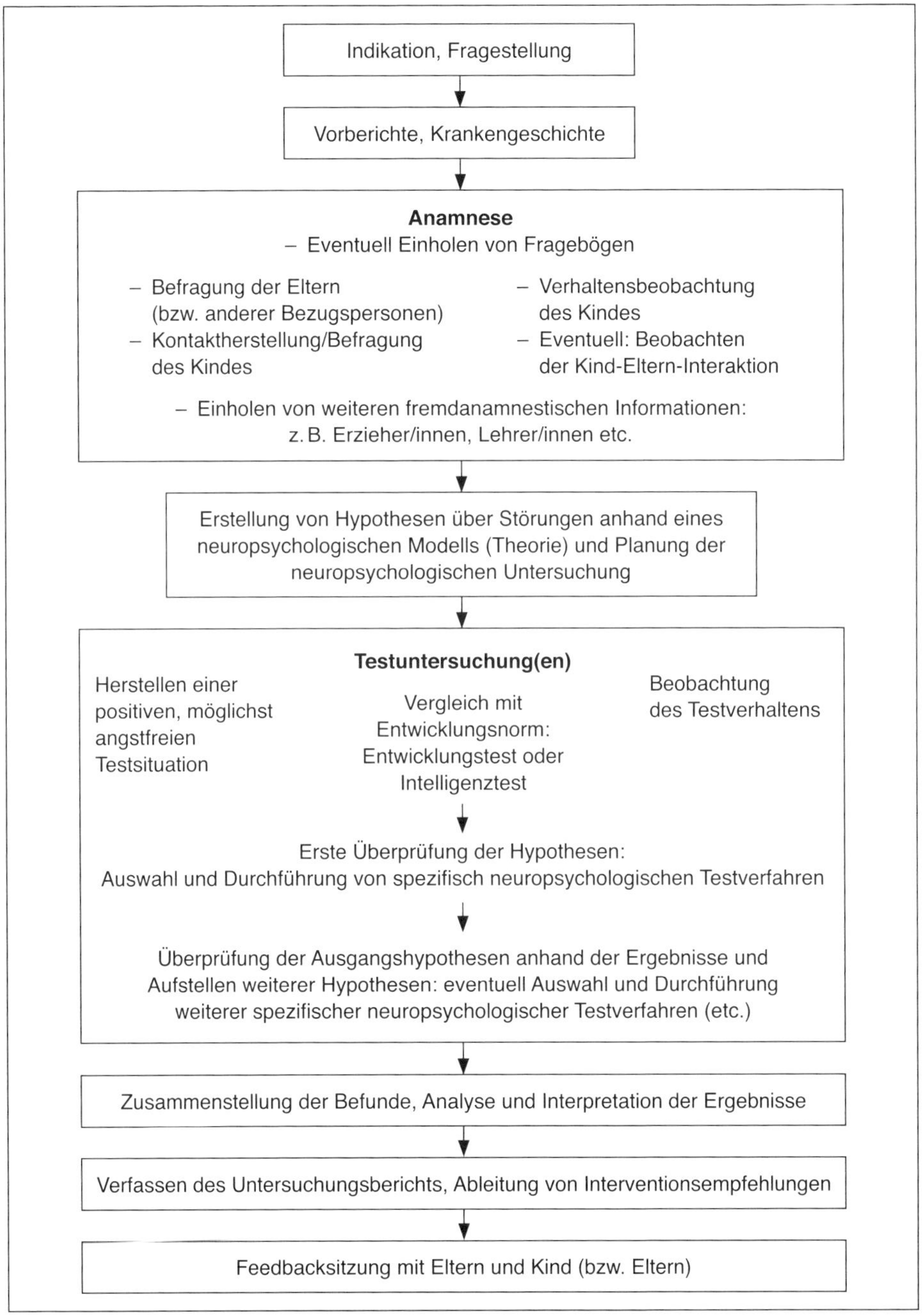
Indikation, Fragestellung
Vorberichte, Krankengeschichte
Anamnese
– Eventuell Einholen von Fragebögen
– Befragung der Eltern (bzw. anderer Bezugspersonen)
– Kontaktherstellung/Befragung des Kindes
– Verhaltensbeobachtung des Kindes
– Eventuell: Beobachten der Kind-Eltern-Interaktion
– Einholen von weiteren fremdanamnestischen Informationen: z. B. Erzieher/innen, Lehrer/innen etc.
Erstellung von Hypothesen über Störungen anhand eines neuropsychologischen Modells (Theorie) und Planung der neuropsychologischen Untersuchung
Testuntersuchung(en)
Herstellen einer positiven, möglichst angstfreien Testsituation
Vergleich mit Entwicklungsnorm: Entwicklungstest oder Intelligenztest
Beobachtung des Testverhaltens
Erste Überprüfung der Hypothesen: Auswahl und Durchführung von spezifisch neuropsychologischen Testverfahren
Überprüfung der Ausgangshypothesen anhand der Ergebnisse und Aufstellen weiterer Hypothesen: eventuell Auswahl und Durchführung weiterer spezifischer neuropsychologischer Testverfahren (etc.)
Zusammenstellung der Befunde, Analyse und Interpretation der Ergebnisse
Verfassen des Untersuchungsberichts, Ableitung von Interventionsempfehlungen
Feedbacksitzung mit Eltern und Kind (bzw. Eltern)

Abbildung 2.4: Schema für das Vorgehen bei der kinderneuropsychologischen Untersuchung

besser interpretiert werden. Die Schlussfolgerungen, die sich aus einem neuropsychologischen Screening ergeben, sind jedoch begrenzt: Lassen sich keine klinisch relevanten Auffälligkeiten finden, dann muss das noch lange nicht bedeuten, dass das Kind auch keine neuropsychologischen Auffälligkeiten aufweist. Der beeinträchtigte Verhaltensbereich wurde vielleicht durch die in der Batterie enthaltenen Untertests nicht erfasst. Finden sich aber Auffälligkeiten, dann ist aufgrund der multifunktionellen Untertests oft nicht klar, in welcher Teilfunktion das eigentliche Problem lokalisiert ist. Hier muss also weiter untersucht werden, was dann aber vertiefte neuropsychologische Kenntnisse über Störungsmodelle und die zu verwendenden Tests erfordert.

Hypothesengeleitetes Testen – eine neuropsychologische „Evaluation" im eigentlichen Sinne – wird sich dagegen an einer spezifischen Fragestellung und an einem individuellen Fall orientieren. Im Gegensatz zur Erwachsenen- setzt dies in der Kinderneuropsychologie voraus, dass auch der allgemeine Entwicklungsstand des Kindes erfasst wird. Dazu gehören auch Bereiche, die scheinbar nicht beeinträchtigt sind und nicht unmittelbar zur Fragestellung gehören. Beispiel: Wird ein Kind mit der Frage nach Aufmerksamkeitsstörungen zur neuropsychologischen Abklärung zugewiesen, dann sollte auch eine allgemeine Leistungsdiagnostik – d. h. bei Kindern im Schulalter ein Intelligenztest – durchgeführt werden. Eine Beschränkung auf Tests zu Aufmerksamkeit und Inhibition wäre nicht ausreichend, denn erst im Zusammenhang mit dem Gesamtleistungsniveau – etwa bei einem Kind mit allgemeiner Lernstörung, bei Hochbegabung oder einer Lesestörung – kann die Bedeutung von etwaigen Aufmerksamkeitsstörungen richtig eingeordnet werden.

Hypothesengeleitetes Testen, das ursprünglich auf Lurias klinisch-diagnostischen prozess-orientierten Ansatz zurückgeht (vgl. Baron, 2004), beruht auf neuropsychologischen Theorien von Hirnfunktionen, deren Entwicklungen und Störungen und setzt ein vertieftes theoretisches Wissen auf diesem Gebiet voraus. Aufgrund dieser Vorannahmen werden geeignete Testverfahren ausgesucht. Es handelt sich dabei um ein trichterförmiges Vorgehen, ausgehend von allgemeinen zu immer spezifischeren Hypothesen und Funktionen, die fortlaufend überprüft, verworfen oder bestätigt und gegebenenfalls durch neue Hypothesen ersetzt werden, bis sich ein Bild zusammenfügt, das mit theoretischen Vorannahmen und den klinischen Gegebenheiten vereinbar ist. Ein hypothesengeleitetes Testen erfolgt daher in der Regel anhand flexibler Testzusammenstellungen. Eine Ausnahme davon sind Testbatterien, die selbst bereits domänspezifisch sind und sich auf bestimmte Funktionsbereiche beschränken, mit dem Ziel, deren Teilkomponenten möglichst vollständig aber selektiv zu erfassen (z. B. KITAP; AGTB 5-12, Basic-MLT). Manchmal handelt es sich dabei nicht um Testbatterien im engeren Sinne, sondern eher um neuropsychologische Testsammlungen, bei denen keine vollständige Durchführung aller Verfahren vorgesehen ist – und dementsprechend auch keine Vorgaben für Reihenfolgen gemacht und keine Indexwerte aus Untertests gebildet werden (z. B. KITAP, CANTAB). Daneben gibt es Spezialformen neuropsychologischer Batterien wie die englischsprachige Nepsy-II, die eine Sammlung normierter neuropsychologischer Tests aus verschiedenen Domänen bereitstellt, explizit zur individuellen Zusammenstellung nach dem hypothesengeleiteten Ansatz durch ausgebildete Kinderneuropsychologen – die aber parallel dazu auch Batterien für bestimmte Störungsbilder vorgibt, zur Anwendung durch Fachpersonen, die über ein weniger spezialisiertes neuropsychologisches Wissen verfügen.

2.1.3.3.2 Diagnostisches Ablaufschema

Ein schematischer Überblick über ein mögliches diagnostisches Vorgehen findet sich in Abbildung 2.4. Je nach Kontext (z. B. in Rehakliniken, Kinderpsychiatrien) sind andere Abläufe denkbar. Eine neuropsychologische Abklärung ist in der Regel an einen spezifischen *Zuweisungsgrund* geknüpft und an eine *Fragestellung*. Neuropsychologische Abklärungen werden vor allem durchgeführt, wenn neurologische Störungen oder Erkrankungen vorliegen, bei Entwicklungsstörungen und bei klinischen Störungsbildern, die mit neuropsychologischen Beeinträchtigungen einhergehen können, bei genetischen Syndromen, bei erworbener Hirnschädigung, bei schulischen Schwierigkeiten und Verhaltensauffälligkeiten, die den Verdacht auf hirnfunktionelle Störungen nahelegen. Eine möglichst klare *Fragestellung* ist für die Strukturierung und Planung der neuropsychologischen Untersuchung wichtig und hilfreich. Wird sie vom Auftraggeber nicht vorgegeben, sollte man explizit nachfragen. Die Diagnose, wenn bekannt (z. B. Multiple Sklerose, Absencen-Epilepsie), Vorbefunde (z. B. Ergebnisse früherer Testuntersuchungen, ärztliche, logopädische, ergotherapeutische Berichte) sowie vorhandene Bildgebungsbefunde sollten in die Diagnoseplanung eingehen. Eine neuropsychologische Untersuchung ohne jegliches Hintergrundwissen vorzunehmen, ist nicht sinnvoll.

Eine Besonderheit bei der *Anamnese* in der Kinderneuropsychologie im Vergleich zur Erwachsenneuropsychologie ist, dass die oft wichtigsten Informationen nicht von der betroffenen Person selbst stammen, sondern von den Eltern und aus dem Umfeld des Kindes (z. B. Schule, Erzieher, Pflegeteam und Betreuer in der Rehaklinik). Das hat rechtliche Aspekte – z. B. die Genehmigung der Eltern für das Einholen von weiteren Informationen aus dem Umfeld, die Frage der Wahrung der Persönlichkeitsrechte des Kindes oder Jugendlichen, der mit dem Vorgehen ebenfalls einverstanden sein sollte – sowie praktische Aspekte: wann soll/muss das Kind bei der Befragung der Eltern anwesend sein, wann nicht? Wann sollten die Eltern anwesend sein, wann nicht? (Zu möglichen Verzerrungen siehe Abschnitt 2.1.3.4.1). In der neuropsychologischen Anamnese von Kindern sollten nicht nur die aktuellen Probleme, sondern der gesamte Entwicklungsverlauf erhoben werden, einschließlich Schwangerschaft und Geburt. Eine Befragung des Kindes oder – bei sehr kleinen Kindern – eine erste Kontaktaufnahme durch den Untersucher sollte immer Teil der Exploration sein. Sobald das Kind die Trennung von der Mutter/der Bezugsperson zulässt – also auch schon bei Kleinkindern, sollte der Untersucher auch versuchen, das Kind auch ohne die Anwesenheit der Mutter zu untersuchen, oder zumindest einen kurzen Vergleich seines Verhaltens mit und ohne Anwesenheit der Bezugsperson erhalten. Bei sehr jungen Kindern kann auch – je nach Fragestellung – eine gezielte Verhaltensbeobachtung des Kindes beim Spiel oder in der Interaktion mit der Bezugsperson sinnvoll sein. Bei etwas älteren Kindern – ab Kindergartenalter/Schulalter – empfiehlt es sich, einen kurzen Teil der Anamnese gemeinsam mit Kind und Eltern durchzuführen – auch um die Interaktion zu beobachten – dann aber jeweils getrennt mit Eltern und Kind fortzufahren. Je jünger die Kinder sind, desto weniger reliabel sind ihre Selbstaussagen in Bezug auf Beschwerden und Probleme einzuschätzen. Kleine Kinder richten ihre Antworten stark auf die von ihnen vermuteten Erwartungen des Gesprächspartners aus, verfügen oft noch nicht über zeitüberdauernde Repräsentationen eigenen Befindens und können keine metakognitive Perspektive einnehmen. Diese erhöhte Suggestibilität kleiner Kinder, zum Teil auch noch in den ersten Schuljahren vorhanden, ist bei der Exploration und bei der Anwendung von Fragetechniken zu beachten (z. B. Krähenbühl & Blades, 2006). Trotzdem ist es immer wichtig, die Sichtweise des Kindes zu erheben. Bei älteren Kindern/Jugendlichen sind die Antworten im Beisein der Eltern oft anders, als wenn man sie alleine befragt. Das ist ganz besonders relevant, wenn es um Themen wie den Konsum von Drogen, Alkohol oder Tabak oder um Sexualität geht, über die man besser unter vier Augen sprechen sollte. Mit Jugendlichen sollte man absprechen, ob und in welcher Form man in der Einzelexploration mitgeteilte persönliche Informationen anschließend im Gespräch mit Eltern einbringen darf. In Deutschland wie in der Schweiz gilt für ärztliche Konsultationen, dass die Weitergabe von Informationen an Eltern mit Einverständnis des Jugendlichen erfolgen sollte. Dabei ist keine Altersgrenze festgelegt, sondern als Kriterium gilt die Urteilsfähigkeit des Jugendlichen, die bei typischer Entwicklung im Alter von etwa 14 Jahren vorausgesetzt wird (Tag & Witte, 2009).

So früh wie möglich sollte man auch versuchen, dem Kind in altersgemäßer Form die Bedeutung und Ziele der Untersuchung zu verdeutlichen, damit für das Kind die Testsituation als solche möglichst transparent und verständlich ist. Das Kind sollte wissen, dass es um eine Diagnostik mit einer bestimmten Zielsetzung geht, nicht nur um ein freundliches Beisammensein oder ein gemeinsames Spiel. Dabei ist es sinnvoll, wenn das Kind zu Beginn der Testung gut über die Regeln der Testsituation aufgeklärt wird: Was ist erlaubt, was nicht? Wie lange dauert was? Das Kind wird auch darüber informiert, dass der Testleiter sich Notizen macht, da er sich nicht alles merken kann, oder dass gegebenenfalls Videoaufnahmen gemacht werden und was ihr Verwendungszweck ist.

Bei der Durchführung der eigentlichen Testuntersuchung werden je nach Alter des Kindes unterschiedliche Maßnahmen getroffen, damit das Kind in der Testsituation angstfrei mitarbeiten kann (siehe Abschnitt: Gestaltung der Testsituation). Beim prozessorientierten hypothesengeleiteten Vorgehen erfolgt die Testauswahl individuell und sukzessiv; dem geht aber in den meisten Fällen eine Einordnung in die Entwicklungsnorm mit Entwicklungstests oder kognitive Leistungsnorm mittels Intelligenztests voraus (vgl. Kapitel Intelligenztests, 2.2.10). Je jünger die Kinder, desto kürzer sollten die Testsitzungen geplant werden, damit man zu noch verwertbaren Aussagen kommt und nicht einfach die Überforderung des Kindes erfasst. Bei Kindern bis zu drei Jahren ist ein halbe Stunde meist an der oberen Grenze. Bei einem Jugendlichen dagegen kann es sinnvoller sein, mehrere Stunden hintereinander zu testen, mit kurzer Pause, um das Verhalten unter schulähnlichen Anforderungen zu sehen. Bei Kindern ab drei/vier Jahren (oder auch schon darunter) ist es grundsätzlich vorzuziehen, das Kind alleine, ohne die Anwesenheit der Eltern zu untersuchen. Oft lenken die Eltern das Kind ungewollt ab oder zeigen unangemessene Reaktionen, wenn das Kind bei einer Aufgabe scheitert („Das kannst Du doch sonst immer!“). Es gibt aber auch sehr ängstliche Kinder, die sich nur im Beisein der Bezugsperson ausreichend sicher fühlen, um mitarbeiten zu können. In diesem Fall sollte man die Eltern im Testraum, aber außerhalb des Blickfeldes des Kindes platzieren. Das beobachtete Verhalten in der Testsituation geht als qualitative Variable in den Befund mit ein (z. B. Instruktionsverständnis, Leistungsmotivation, Nachfragen, wie lange der Test noch dauert, Umgehen mit Fehlern, mit Frustration etc.). Dabei muss man aber auch bedenken, dass die Testsituation mit einem fremden

Untersucher für viele Kinder eine neue, ungewohnte und hochstrukturierte Situation darstellt und in der sie daher auch mit untypischem Verhalten reagieren können (z. B. der 12-Jährige mit ADHS, der sich mit aller Kraft zusammenreißt, um sich vor der Psychologin nur keine Blöße zu geben und sogar während der Pause stocksteif auf dem Sitz hocken bleibt. Oder die sonst überangepasste 8-Jährige, die die meisten Tests wegen „Bauchschmerzen" verweigert). Kinder sind auch sensibler gegenüber circadianen Schwankungen in der Leistungsfähigkeit als Erwachsene und zeigen möglicherweise tageszeitlich bedingte Unterschiede bei der Testbearbeitung (van der Heijden, de Sonneville & Althaus, 2010; vgl. Tonetti, Adan, Di Milia, Randler & Natale, 2015).

Bei jüngeren Kindern und bei Kindern, bei denen aufgrund von sprachlichen oder intellektuellen Einschränkungen nur ein geringes Instruktionsverständnis erwartet werden kann, spielen bei der Diagnostik systematische Verhaltensbeobachtungen eine wichtige Rolle. Darüber hinaus kann die Bereitschaft zur Mitarbeit bei Kindern in einer typischen Test- oder Leistungssituation aus unterschiedlichsten Gründen herabgesetzt sein, etwa aus Angst Fremden gegenüber, aufgrund von Störungen der sozialen Interaktion oder des Sozialverhaltens oder aufgrund der Unfähigkeit, den Testcharakter und die geforderte Leistungssituation richtig erfassen und umsetzen zu können.

Das *Zusammenstellen* und die *Analyse der Befunde*, die zueinander in Beziehung gesetzt werden, sowie die abschließende *Interpretation* stellen den anspruchsvollsten Teil der Untersuchung dar. Dabei geht es darum, ein Verständnis für das Auftreten von Schwierigkeiten und Symptomen zu erhalten, meist auf dem Hintergrund eines bestimmten Störungsbildes, und primäre Störungen von sekundären neuropsychologischen Folgen oder testbeeinflussenden Faktoren, die aber nicht neuropsychologischer Natur sind, zu unterscheiden (z. B. Sinnesbeeinträchtigungen, motorische Beeinträchtigungen, kulturelle und sprachliche Einflüsse) und Empfehlungen für *Interventionen* abzuleiten. Auch hier sollte ein Diagnostiker das gesamte Kind und seine Lebenssituation vor Augen haben, und nicht nur sein kognitives Leistungsprofil. Eine Empfehlung für weiterführende Behandlungen erfordert neben einem vertieften Wissen über die jeweiligen Störungsbilder auch Kenntnisse über das pädagogische Umfeld, sowie über weiterbehandelnde Stellen und Fachdisziplinen. Eine der Schlussfolgerungen kann auch sein, dass weitere Abklärungen durch Spezialisten indiziert sind, wie z. B. die Ableitung eines EEGs oder eine pädaudiologische Abklärung.

Wichtig (und in die Finanzierung möglichst einzuplanen) ist eine *Feedback-Sitzung*, in der die Ergebnisse den Eltern und – etwa ab dem Schulalter – auch dem Kind selbst in verständlicher Sprache mitgeteilt werden. Auch hier empfiehlt sich vor allem bei jüngeren Kindern, die Sitzung oder einen Teil der Sitzung mit den Eltern alleine durchzuführen. Diagnostik ist bereits ein Teil der Intervention (vgl. Sparrow, 2007), dies gilt besonders in Bezug auf die Art und Weise, wie die Ergebnisse kommuniziert und erklärt werden. Oft ist es zu abstrakt und wenig anschaulich für die Betroffenen, wenn nur eine Zusammenfassung des Befundes durch eine Person gegeben wird, z. B. eine Kinderärztin, die mit dem neuropsychologisch-diagnostischen Prozess selbst nichts zu tun hatte, und die keine spezifischen Fragen der Eltern oder des Kindes zum Testablauf und zur Interpretation der Ergebnisse beantworten kann.

2.1.3.4 Besonderheiten beim neuropsychologischen Testen von Kindern

2.1.3.4.1 Die Doppelrolle der Eltern als Informanten und Betroffene im diagnostischen Prozess

Mehr als bei der neuropsychologischen Diagnostik von Erwachsenen ist neuropsychologische Diagnostik bei Kindern und Jugendlichen immer eine Mehrebenen-Diagnostik, die sich nicht auf das Erheben von objektiven Testdaten beschränken kann. Eine Besonderheit ist der Stellenwert, der Fremdurteilen und -beobachtungen zukommt. Anders als bei Erwachsenen erfolgt die Exploration der Probleme und Schwierigkeiten im Zusammenhang mit dem Zuweisungsgrund nie nur mit dem Kind allein. So gesehen basiert die Diagnose auch immer auf dem Bild, das durch das unmittelbare Umfeld von den Auffälligkeiten und Problemen des Kindes vermittelt wird. In den meisten Fällen sind die Aussagen der Eltern die erste, wichtigste und zuverlässigste Quelle zur Beschreibung der Probleme des Kindes. Es sollte aber immer berücksichtigt werden, dass die Aussagen der Eltern über ihre Kinder, neben der Sorge um das Wohlergehen und weitere Entwicklung des Kindes, manchmal durch eigene Probleme, Störungen oder Haltungen überlagert sein können. Die Einschätzung der Eltern ist dann zwar kein akkurates Abbild der Realität, liefert aber wichtige Hinweise, da sie viel über die Eltern-Kind-Situation und damit über die Lebensrealität des Kindes aussagt. Neben im engeren Sinne pathologischen und seltenen Abweichungen wie Münchhausen by Proxy (dem Kind wird durch einen Angehörigen mit Absicht Schaden zugefügt, damit dieser bei der nachfolgenden Behandlung des Kindes Aufmerksamkeit erhält und als besonders fürsorglich dasteht), gibt es zahlreiche andere Ursachen für verzerrte Darstellungen der Probleme des Kindes durch Eltern/Angehörige (siehe Tabelle 2.2). Bei der Exploration und im Feedbackgespräch mit Eltern von neuropsychologisch beeinträchtigten Kindern ist auch daran zu denken, dass die Diagnose einer neurologischen Erkrankung mit kognitiven Einschränkungen oder die Erfahrung einer Hirnschädigung beim eigenen Kind für die Eltern eine schwere Belastung bedeuten kann. In manchen Fällen stellt dies für die Eltern einen traumatisierenden Einschnitt dar, dessen Verarbeitung Zeit benötigt und dessen ganze Tragweite möglicherweise erst nach und nach realisiert wird.

Auch die Angaben von Lehrern können verzerrt sein; etwa bei Überlastung der Lehrer mit mehreren auffälligen Kindern in einer Klasse oder bei persönlichen Konflikten zwischen Lehrer und Schüler oder Lehrer und Eltern/einem Elternteil. Das Kind wird dann möglicherweise als besonders auffällig dargestellt – eventuell auch wahrgenommen –, damit es die Klasse verlässt. Manchmal bestehen generell Vorbehalte gegen Fragebogen und standardisierte Diagnostik. Lehrer, die wenig Hintergrundwissen oder eine geringe Erfahrung haben, befürchten, dass Probleme des Kindes bzw. Probleme der Lehrperson im Umgang mit dem Kind auf deren mangelnde Kompetenz zurückgeführt werden könnte.

Auffälligen Diskrepanzen und Widersprüchen zwischen Fremdurteilen oder zwischen Fremdurteil und eigener Beobachtung/Untersuchung sind vom Diagnostiker nachzugehen (z. B. wenn die Eltern das Kind als höchst auffällig einschätzen, aber die Lehrerin ein völlig unauffälliges Verhalten beschreibt). In einem gewissen Ausmaß sind systematische Diskrepanzen zwischen den Erhebungsquellen, die das Verhalten in unterschiedlichen Situationen erfassen, aber zu erwarten und müssen nicht als Ausdruck verzerrter Wahrnehmung

Tabelle 2.2: Ursachen für mögliche Verzerrungen bei der Beschreibung von Auffälligkeiten/Beeinträchtigungen des Kindes im Alltag durch Angehörige

Art der Verzerrung	Mögliche Ursachen
Aggravation, Übertreiben von Problemen	– Konflikte zwischen den Eltern, die sich gegenseitig vorwerfen, dass die Störungen des Kindes durch das Fehlverhalten des einen Elternteils verursacht/verschlimmert werden – übertrieben starke Fokussierung eines Elternteils auf das Kind und dessen Probleme (z. B. um der Konfrontation mit eigenen Schwierigkeiten ausweichen zu können) – Unkenntnis, welche Fähigkeiten beim aktuellen Entwicklungsstand erwartet werden können – Überforderung der Eltern durch die Probleme des Kindes
Probleme des Kindes werden nicht bemerkt	– Vernachlässigung des Kindes – eigene Probleme der Eltern im Vordergrund – geringe Differenzierungsfähigkeit oder fehlende Vergleichsmöglichkeiten der Eltern (z. B. bei geringer Bildung, kultureller Entwurzelung)
Leugnen der Probleme des Kindes, Herabspielen	– Sorge, nach außen als unfähige Eltern zu gelten, z. B. bei Angst vor Maßnahmen durch Behörden (die das Kind aus der Familie nehmen könnten) – Haltung, dass Familienprobleme nicht nach außen getragen werden dürfen – Verhalten der Eltern trägt zum Entstehen oder Aufrechterhalten der Probleme des Kindes bei: psychischer, sexueller oder körperlicher Missbrauch, Gewaltausübung, Vernachlässigung, Suchtverhalten der Eltern
Negative oder positive Verzerrung	– Schuldgefühle oder gegenseitige Schuldzuweisungen bei Eltern, die befürchten, für die Störungen des Kindes verantwortlich zu sein (z. B. Störungen mit genetischer Komponente oder nach Unfällen) – Betroffenheit von Eltern, die eigene Kindheitsprobleme beim Kind wiedererkennen (z. B. Leserechtschreibstörung) – Beeinträchtigung des Kindes wird als persönliche narzistische Kränkung von den Eltern/einem Elternteil erlebt

seitens eines der Beobachter gewertet werden. Es kann gut sein, dass sich ein Kind in unterschiedlichen Situationen bzw. bei unterschiedlichen Personen auch wirklich anders verhält. Ein Kind, das zuhause zu Wutanfällen neigt, kann etwa in der Schule durchaus zurückhaltend und still auftreten.

Studien, die die Übereinstimmung der Angaben unterschiedlicher Informanten untersuchten, haben gezeigt, dass diese sowohl vom Alter der Kinder als auch der Art des Verhaltens beeinflusst werden. Bei jüngeren Kindern weichen Lehrer- und Elternurteile bei externalisierendem Verhalten stärker voneinander ab als bei Jugendlichen. Generell korrelieren bei Verhaltensratings Eltern- und Selbsteinschätzungen meist höher als Eltern- und Lehrer- bzw. Selbst- und Lehrerangaben (vgl. van der Ende, Verhulst & Tiemeier, 2012). Eine Metaanalyse der Übereinstimmung von Verhaltensratings durch unterschiedliche Informanten aus über 341 Studien der Kinder- und Jugendpsychiatrie resultierte in einer erstaunlich niedrigen Korrelation von .28 als mittlerem Wert (De los Reyes et al., 2015). Fehlende oder nur geringe Übereinstimmung zwischen Verhaltensskalen und objektiven Testverfahren, die angeblich dasselbe Konstrukt erfassen sollen, ist ebenfalls ein in der Literatur häufig beschriebener Befund, zumindest bei bestimmten Störungsbildern. Zum Beispiel korrelieren Aufmerksamkeitssymptome in ADHS-Skalen oft nur mäßig mit Ergebnissen von Aufmerksamkeitstests (vgl. Cho et al., 2011; DuPaul et al., 1992; Sims & Lonigan, 2012). Diese Diskrepanzen sagen vermutlich eher etwas über die Art der beim Kind vorliegenden Störung aus – etwa über den Zusammenhang von Verhaltensdefiziten mit motivationalen Faktoren und über das Vorhandensein von Kompensationsmechanismen. Mit verzerrter Wahrnehmung eines Beurteilers hängen diese Diskrepanzen deutlich seltener zusammen. Außerdem werden Entwicklungsstörungen wie ADHS gemäß ICD-10 oder DSM-5 ausschließlich anhand des beobachtbaren Verhaltens im Alltag definiert, nicht aber anhand neuropsychologischer oder ätiologischer Merkmale und Modelle. Die Diagnose „ADHS" nach DSM-5 oder ICD-10 muss sich daher nicht notwendigerweise mit einer neuropsychologischen Definition von „Aufmerksamkeitsstörung" decken.

Die Auswirkungen der Beeinträchtigungen des Kindes auf die Familie und umgekehrt die möglichen Auswirkungen der Familiensituation auf die Beeinträchtigungen des Kindes sind bei einer interventionsorientierten Diagnostik zu berücksichtigen, da sie einen erheblichen Einfluss auf Prognosen und die Wahl und Schwerpunkt der Interventionen haben können (z. B. die Bedeutung der Kommunikationsstile in einer Familie mit einem Kind mit Sprachentwicklungsstörungen oder Autismus).

2.1.3.4.2 Gestaltung der Testsituation bei der neuropsychologischen Diagnostik von Kindern

Während beim Untersucher in der neuropsychologischen Diagnostik Erwachsener eine aufmerksam-zugewandte, aber neutrale Haltung erwartet wird, muss in der neuropsychologischen Diagnostik mit Kindern oft eine aktivere Rolle bei der Gestaltung der Testsituation übernommen werden. Gerade bei kleineren Kindern sollte der Untersucher flexibel auf die Bedürfnisse des Kindes eingehen können. Irblich und Renner (2009b) stellen einige Richtlinien auf, die beim Testen jüngerer Kinder (Kleinkind- und Vorschulalter) zu beachten sind. Dazu gehören auch insbesondere die Förderung und Unterstützung der Motivation des Kindes während der Untersuchung (siehe Tabelle 2.3).

Zu Beginn sollte man immer überprüfen, wie es dem Kind geht bzw. ob Grundbedürfnisse gestillt sind (Hunger, Durst, müde?). Nicht alle Eltern beachten das ausreichend. Eine Testung macht wenig Sinn, wenn der zu untersuchende Schüler die ganze Nacht gefeiert hat oder das junge Kind extrem hungrig und durstig ist oder auf die Toilette muss und sich nicht traut, etwas zu sagen. Auch ob ein Kind seine Brille oder das Hörgerät dabei hat, ob Tabletten eingenommen wurden, sollte erfragt werden.

Tabelle 2.3: Maßnahmen zur Förderung und Unterstützung von Kindern im Kleinkind- und Vorschulalter während der Testuntersuchung (nach Irblich & Renner, 2009b)

- freundliche Zugewandtheit bei gleichzeitiger Aufgabenorientierung
- klare Strukturierung und Regulierung der Situation durch den Untersucher
- Erkennen und Reagieren auf aktuelle Bedürfnisse der Kindes (z. B. Müdigkeit, Durst)
- Abwechslung in den Aktivitäten/Aufgaben
- Lob, aber auch Einfordern von größerer Anstrengung
- eventuell Beziehungsaufbau durch ein Spiel
- kleine, aber kurze Unterhaltungen über nicht testrelevante Themen, damit das Kind sich entspannen kann

Eine von der Grundstimmung her freundliche Testatmosphäre ist nicht nur bei jüngeren Kindern wichtig. Die Gestaltung der Räume, das Mobiliar und das Material sollten an das Alter des Kindes angepasst sein (z. B. kein Bürostuhl mit Rollen, Bleistift statt Kugelschreiber). Eine Ablehnung der Person des Untersuchers, für die es manchmal keinen nachvollziehbaren Grund gibt, die eigene Angst zu versagen oder auch das Austesten von Grenzen bei ungewohnten Verhaltensspielräumen können zu Verzerrungen der Leistungen und zu Fehlinterpretationen der Ergebnisse führen. Bei der Untersuchung von Erwachsenen sollte die Objektivität des Testens durch die Professionalität des Untersuchers und die Qualität der ausgewählten Verfahren gewährleistet sein, und man darf erwarten, dass ein erwachsener Patient bestimmte Merkmale des Untersuchers ausblenden kann, wenn sie ihm nicht zusagen. Bei Kindern muss man dagegen davon ausgehen, dass nicht jeder Untersucher bei jedem Kind gleich gut „funktioniert". Dem sollte man im Interesse des Kindes und zu Gunsten verwertbarer Testergebnisse Rechnung tragen und eventuell auch mal den Untersucher wechseln, wenn das Kind die Mitarbeit beharrlich verweigert. Nicht nur kleine Kinder, auch ältere Kinder im Schulalter benötigen in der Regel noch eine Bestätigung, dass sie ihre Sache gut gemacht haben oder zumindest eine Anerkennung für die erbrachte Anstrengung. Untersucher werden also eine weniger neutral-zurückhaltende Haltung einnehmen als bei der Diagnostik von Erwachsenen. Nach Möglichkeit sollte man trotzdem korrekte Rückmeldungen geben (also nicht „Das hast Du aber toll gemacht" bei einer unzureichenden Leistung, sondern „Das ist aber großartig, wie du dich hier angestrengt hast" – wobei natürlich die Bewertung der Leistung immer im Rahmen des jeweiligen Fähigkeitsniveaus zu sehen ist). Eine Rückmeldung über die jeweiligen Ergebnisse innerhalb einer Aufgabe darf aber natürlich nicht gegeben werden, wenn der Test das nicht gestattet (z. B. in IQ-Tests). Der Testleiter kann gegebenenfalls erläutern, dass er nicht immer alles sagen oder verraten darf, was zum Test gehört (z. B. wenn implizit gelernte Inhalte später unangekündigt wieder abgerufen werden sollen). Bei Tests mit aufsteigendem Schwierigkeitsgrad und Abbruchkriterium ist es für viele Kinder demotivierend, wenn jeder Untertest mit Misserfolgen endet. Hier darf man im Vorfeld erklären, dass die Aufgaben eigentlich schon für ältere Kinder bestimmt sind.

Kinder zeigen oft nicht, dass eine Instruktion nicht verstanden wurde, einerseits aus sozialer Erwünschtheit heraus, aber auch, weil sie sich dessen nicht bewusst sind. Es kann sinnvoll sein, das Kind in seinen Worten wiederholen zu lassen, was es verstanden hat.

Manchmal zeigen Kinder mit erhöhter Impulsivität und verminderter Selbstregulation große Zeichen von Ungeduld, wenn eine Instruktion regelgerecht vorgetragen wird, was den falschen Eindruck entstehen lässt, sie wüssten bereits, was sie tun sollen. Hier ist es besonders wichtig, sich an die standardisierte Testdurchführung zuhalten und das Instruktionsverständnis zu überprüfen. Wie für Erwachsene ist es manchmal auch für Kinder mit neuropsychologischen Defiziten frustrierend und eine Konfrontation, wenn sie gerade auf demjenigen Gebiet Aufgaben vertiefend bearbeiten sollen, auf dem sie die meisten Schwierigkeiten haben. Dies lässt sich nicht vermeiden, gerade wenn man hypothesenorientiert vorgeht und den Störungsschwerpunkt eingrenzen möchte. Es empfiehlt sich daher, den Testablauf so zu planen, dass sich einfache und schwierige/konfrontierende Aufgaben abwechseln können und sich nicht nur Misserfolgserlebnisse aneinanderreihen. Und schließlich ist eine kleine Belohnung am Ende – etwa ein Stift oder Sticker, das sich das Kind aussuchen darf, ein guter Abschluss.

2.2 Diagnostische Domänen und Bereiche

2.2.1 Aufmerksamkeit

Thomas Günther & Walter Sturm

2.2.1.1 Modelle der Aufmerksamkeit

Aufmerksamkeitsleistungen sind eine wichtige Voraussetzung für die Bewältigung täglicher Anforderungen. Aufmerksamkeitsfunktionen stellen keine alleinstehende Leistung dar, sondern sind an vielfältigen Prozessen der Wahrnehmung, des Gedächtnisses, des Planens und Handelns, an der Sprachproduktion und -rezeption, an der Orientierung im Raum und an der Problemlösung beteiligt. Insofern stellen Aufmerksamkeitsfunktionen Basisleistungen dar, die für nahezu jede praktische oder intellektuelle Tätigkeit erforderlich sind.

Aufmerksamkeit kann man nicht als eine einheitliche Funktion ansehen. Fasst man unterschiedliche Quellen zusammen, wird zwischen mindestens fünf Aufmerksamkeitsfunktionen unterschieden (siehe Sturm, 2009a; Sturm, 2009b; Ward, 2004; Posner & Raichle, 1997; Van Zomeren & Brouwer, 1994). Dies sind die Aufmerksamkeitsaktivierung (Alertness), längerfristige Aktivierung der Aufmerksamkeit, räumliche Aufmerksamkeit, selektive bzw. fokussierte Aufmerksamkeit und die geteilte Aufmerksamkeit. In Tabelle 2.4 werden die Bereiche mit den dazugehörigen häufig verwendeten Untersuchungsparadigmen zusammengefasst.

Tabelle 2.4: Taxonomie der Aufmerksamkeitsbereiche mit den dazugehörigen Paradigmen

Bereich	Paradigma
Aufmerksamkeitsaktivierung (Alertness)	Einfache Reaktionszeitaufgabe ohne (Aktivierungsniveau) oder mit Warnreiz (phasische Aufmerksamkeitsaktivierung).
Längerfristige Aktivierung der Aufmerksamkeit (Daueraufmerksamkeit und Vigilanz)	Langdauernde einfache Signalentdeckungsaufgabe mit hohem (Daueraufmerksamkeit) oder niedrigem (Vigilanz) Anteil relevanter Stimuli.
Selektive bzw. fokussierte Aufmerksamkeit	Go/NoGo- oder Wahlreaktionsaufgaben (Selektive Aufmerksamkeit) oder Aufgaben mit Störreizen (Fokussierte Aufmerksamkeit).
Geteilte Aufmerksamkeit	Aufgabe mit einer Verteilung der Aufmerksamkeit auf mindestens zwei Informationsquellen.
Räumliche Aufmerksamkeit	Aufgabe mit räumlichem Wechsel des Aufmerksamkeitsfokus, ggf. provoziert durch räumliche Hinweisreize.

Das Konzept der *Aufmerksamkeitsaktivierung* (Alertness) schließt einerseits den Zustand der allgemeinen Wachheit (tonische Alertness), der z. B. im Tagesablauf eine charakteristische Variabilität zeigt, und andererseits die Fähigkeit, das allgemeine Aufmerksamkeitsniveau nach einem Warnreiz kurzfristig zu steigern ein (phasische Alertness). In Abwesenheit eines Warnreizes kann der Grad der Aufmerksamkeitsaktivierung aber auch kognitiv zwecks schneller Reaktion auf ein erwartetes Ereignis moduliert werden. Sturm und Mitarbeiter (Sturm et al., 1999) haben diese selbstgenerierte Steigerung des Aktivierungsniveaus als „intrinsische Alertness" definiert, im Gegensatz zur eher durch externe Stimuli gesteuerten phasischen Alertness. Klinisch ist die Erfassung der intrinsischen Alertness von besonderer Bedeutung, da nur hier die kognitiv gesteuerte Fähigkeit, die Aufmerksamkeit auf einem ausreichenden Aktivierungsniveau zu halten, erfasst werden kann. Ziel dieser Paradigmen ist zu untersuchen, wie rasch Probanden auf Reize reagieren bzw. reagieren können.

Aufgaben zur *längerfristigen Aufmerksamkeit* verlangen vom Probanden, dass die Aufmerksamkeit über lange Zeiträume ununterbrochen einer oder mehreren Informationsquellen zugewandt wird, um kleine Veränderungen der dargebotenen Information zu entdecken und darauf zu reagieren. Der Begriff der Daueraufmerksamkeit ist relativ allgemein gehalten und umfasst alle Situationen, die eine längere Aufmerksamkeitszuwendung verlangen, einschließlich Leistungen mit einer größeren kognitiven Beanspruchung. Eine spezielle Variante der längerfristigen Aufmerksamkeit ist die Vigilanz. Vigilanzleistungen beanspruchen die Aufmerksamkeit über einen langen Zeitraum, bis zu Stunden. Die relevanten Stimuli kommen hierbei nur in sehr unregelmäßigen Intervallen und mit sehr geringer Häufigkeit zwischen einer großen Menge irrelevanter Stimuli vor. Als typische Vigilanzaufgaben werden häufig Überwachungsaufgaben beschrieben (z. B. Nachtwächter oder Fluglotsen). Im Alltag sind Daueraufmerksamkeitsaufgaben häufiger, z. B. Mitarbeit in einer Schulstunde oder das Anfertigen von Hausaufgaben.

Ein Aspekt der *selektiven oder fokussierten Aufmerksamkeit* ist die Fähigkeit, die Aufmerksamkeit auf bestimmte Merkmale einer Aufgabe zu fokussieren und Reaktionen auf irrelevante Merkmale zu unterdrücken. Die *selektive Aufmerksamkeit* moduliert die Ansprechbarkeit auf eine spezifische Reizkonstellation, indem sie bestimmten Reizen eine hohe Priorität für die weitere Verarbeitung einräumt. Die Ausrichtung der selektiven Aufmerksamkeit kann entweder durch externe Faktoren, z. B. durch besonders hervorstechende oder relevante Reize, oder durch interne Faktoren, wie die Erwartung eines bestimmten Reizes oder durch eine bestimmte Aufgabenstellung und Zielvorgabe, gesteuert sein. Die *fokussierte Aufmerksamkeit* stellt die Fähigkeit dar, einen spezifischen Realitätsausschnitt einer differenzierteren Analyse zu unterziehen. Der Fokus muss dabei auch unter ablenkenden Bedingungen aufrechterhalten und die Interferenz durch parallel ablaufende, u. U. automatische Verarbeitungsprozesse unterdrückt werden. Ein Beispiel hierfür wäre die Fokussierung der Aufmerksamkeit auf den Vortrag des Lehrers während der Straßenlärm nicht beachtet bzw. unterdrückt wird.

Eine Teilung oder Verteilung der Aufmerksamkeit *(Geteilte Aufmerksamkeit)* wird in sogenannten „Dual Task-Aufgaben" verlangt, in denen die Versuchsperson simultan zwei Informationskanäle überwachen muss. Sie soll dabei relevante Ereignisse, die in jeweils einem der beiden Kanäle oder in beiden gleichzeitig auftauchen, so rasch wie möglich entdecken. Solche Aufgaben untersuchen die *Kapazitätsgrenzen* der Aufmerksamkeit. Je automatisierter diese Aufgaben sind, umso weniger Aufmerksamkeitskapazität wird benötigt. Die Fähigkeit, die Aufmerksamkeit schnell zwischen verschiedenen Informationsquellen wechseln zu lassen, wird als *Aufmerksamkeitsflexibilität* bezeichnet. Dies wird beispielsweise häufig von Schülern erwartet, wenn sie gleichzeitig dem Vortragenden zuhören sollen und die präsentierten Dias lesen müssen.

Räumliche Aufmerksamkeit: Im Alltag kann der Fokus unserer Aufmerksamkeit räumlich auf einen anderen Reiz gerichtet sein als auf diejenigen Reize, die sich gleichzeitig im Zentrum unserer visuellen oder auditiven Wahrnehmung befinden. Zudem wird unser Aufmerksamkeitsfokus „automatisch" von peripheren, d. h. außerhalb unseres zentralen Gesichtsfeldes liegenden Reizen, angezogen und kann auf diese Weise eine Blick- oder Kopfbewegung im Raum zu einem Objekt oder Ereignis hin vorbereiten. Mit diesem Wechsel des räumlichen Aufmerksamkeitsfokus beschäftigt sich zentral auch ein in den Arbeiten von Posner und Raichle (1997) beschriebenes und in der Literatur weit verbreitetes und häufig untersuchtes Aufmerksamkeitsmodell. Zentrale Bestandteile dieses räumlichen Aufmerksamkeitswechsels sind die Lösung der Aufmerksamkeit vom aktuellen Aufmerksamkeitsfokus, die anschließende räumliche Bewegung des Fokus und die abschließende Fixierung des neuen Zielreizes. Im Alltag läuft dies zu einem hohen Teil stetig und hoch automatisiert ab, z. B. der Wechsel des visuellen Fokus zwischen Tafel und Gesicht des Lehrers während des Unterrichts. Neben dieser „Orienting"-Funktion umfasst das Modell auch ein *Vigilanznetzwerk* (entspricht der oben beschriebenen längerfristigen Aktivierung der Aufmerksamkeit) und ein Netzwerk für *exekutive Aufmerksamkeit* (entspricht überwiegend der selektiven bzw. fokussierten Aufmerksamkeit).

Die beschriebenen Bereiche der Aufmerksamkeit überlappen teilweise mit Aufgaben der exekutiven Funktionen. In den Modellen von van Zomeren & Brouwer (1994) oder von Posner & Raichle (1997) werden Bereiche beschrieben, die die Aufmerksamkeit steuern und überwachen (z. B. „Supervisory Attentional Control"). Tatsache ist, dass mit zunehmender Komplexität der Aufgaben auch mehr kontrollierende und steuernde Funktionen wie Inhibition, Flexibilität, Strategie oder Arbeitsgedächtnis eine Rolle spielen. In einer einfachen Alertnessaufgabe werden weniger Kontrollfunktionen benötigt, wohingegen die Anforderungen mit Daueraufmerksamkeitsleistungen und Aufgaben im Bereich der selektiven Aufmerksamkeit mit der Unterscheidung zwischen bedeutsamen und nicht bedeutsamen Stimuli weiter zunehmen. Die höchsten Anforderungen werden an eine Aufgabe mit Aufmerksamkeitsteilung gestellt.

2.2.1.2 Entwicklung der Aufmerksamkeit

Die oben beschriebene Taxonomie für den Bereich Aufmerksamkeit wird in der klinischen Neuropsychologie bei Kindern ab ca. 6 Jahren verwendet (siehe z. B. Pozuelos, Paz-Alonso, Castillo, Fuentes & Rueda, 2014). Ab dem Schulalter sind die Paradigmen aus dem Erwachsenenbereich durchführbar und die Modelle sind in ihren Faktoren mit denen von Erwachsenen weitgehend vergleichbar (siehe z. B. Handbücher von KiTAP; Zimmermann, Gondan & Fimm, 2002 oder WAF; Sturm, 2008). Es gibt jedoch auch Säuglingsforschung oder Kleinkindforschung, die sich mit der Entwicklung von Aufmerksamkeit beschäftigt. Bei den jüngeren Kindern wird neben der oben genannten Taxonomie auch die Entwicklung der Aufmerksamkeit im Bereich der emotionalen Entwicklung untersucht, so beispielsweise als Voraussetzung für Bindungsverhalten (siehe z. B. Gredebäck, Fikke & Melinder, 2010), wobei mit der Mutter gemeinsam die Aufmerksamkeit auf ein Objekt des Interesses gerichtet wird (joint attention). Auch bei den Kleinkindern werden in der Literatur die Begriffe Reaktionsbereitschaft (Alertness), fokussierte (oder selektive) Aufmerksamkeit und Daueraufmerksamkeit verwendet (siehe z. B. van de Weijer-Bergsma, Wijnroks & Jongmans, 2008). Jedoch wird die Aufmerksamkeit von jungen Kindern eher indirekt erfasst, z. B. über Beobachtungen, Blickbewegungen oder Befragung der Umgebung. Eine Entwicklungstheorie für den Bereich der Aufmerksamkeit, die die Entwicklung von Geburt an bis in das Erwachsenenalter beschreibt und systematisch untersucht hat, gibt es nicht.

Die meisten Untersuchungen (z. B. Günther et al., 2014) oder Normdaten von Testverfahren (z. B. Zimmermann & Fimm, 2007) zeigen jedoch, dass die Entwicklung der Aufmerksamkeitsaktivierung vor der Pubertät größtenteils abgeschlossen ist. Typisch für jüngere Kinder ist, dass die Streuung inter- als auch intraindividuell deutlich höher ist und diese mit zunehmendem Alter geringer wird (z. B. Günther et al., 2014; Földényi, Giovanoli, Tagwerker-Neuenschwander, Schallberger & Steinhausen, 2000). Nach dem 12. Lebensjahr gibt es zwar bis ins Erwachsenenalter noch Verbesserungen der Reaktionszeiten, diese sind im Vergleich zu den Entwicklungsschritten im Grundschulalter hingegen marginal. Auch bei der visuell-räumlichen Aufmerksamkeit (z. B. de Sonneville, 2011) und den Daueraufmerksamkeitsleistungen ist die Leistungsfähigkeit von Teenagern mit denen von Erwachsenen nahezu vergleichbar. Daher werden in den meisten Daueraufmerksamkeitstests ca. ab dem 12. Lebensjahr die Tests deutlich länger (z. B. WAF; Sturm, 2008 oder QB-Test; Knagenhjelm & Ulberstad, 2010). Bei den komplexeren Verfahren, wie z. B. der fokussierten Aufmerksamkeit oder geteilten Aufmerksamkeit, nehmen die Leistungen hingegen bis ins junge Erwachsenenalter stetig zu (z. B. WAF; Sturm, 2008 oder TAP; Zimmermann & Fimm, 2007). Dies stimmt überein mit der Annahme, dass einfache kognitive Anforderungen bereits im frühen Kindesalter entwickelt und stabil sind (z. B. Alertness), wohingegen Entwicklungen von komplexen Anforderungen, die eine hohe Beteiligung frontaler Hirnregionen benötigen, erst sehr viel später abgeschlossen sind (siehe auch Gogtay et al., 2004; V. Anderson, Anderson, Northam, Jacobs & Catroppa, 2001). Dies lässt vermuten, dass junge und ältere Kinder sich nicht nur in Tempo und Anzahl der Fehler innerhalb einer Aufgabe unterscheiden, sondern auch hinsichtlich der verwendeten Hirnareale.

2.2.1.3 Neuroanatomie

Für Erwachsene sind die neuroanatomischen Grundlagen für die unterschiedlichen Aufmerksamkeitsbereiche vergleichsweise gut erforscht (siehe für eine einleitende Zusammenfassung Kapitel Aufmerksamkeitsstörungen in Band I dieses Handbuchs; Sturm, 2009b). Für die Alertness und die Daueraufmerksamkeitsaufgaben, in denen selektive Prozesse keine Rolle spielen, werden folgende Hirnareale beschrieben: der Hirnstammanteil der formatio reticularis (insbesondere noradrenerge Kerngebiete), der dorsolaterale präfrontale Kortex rechts, der rechte inferior parietale Kortex, intralaminare und retikuläre Thalamuskerne und der anteriore Anteil des zingulären Kortex. Dabei wird davon ausgegangen, dass der rechte frontale Kortex Teil der top-down Kontrolle der noradrenergen Aktivierung ist (siehe Abb. 2.5). Die rechte Hemisphäre wird als verantwortlich angesehen sowohl für die phasische als auch für die intrisische Alertness (Sturm, 2009a). Es gibt hingegen auch Studien die darauf hindeuten (z. B. Fan et al., 2005 und Coull et al., 2000), dass die rechte Hemisphäre eher für langsame und ausdauernde Prozesse (phasisch) und die linke Hemisphäre eher für Stimuli mit höher präsentierter Frequenz bedeutsam ist (tonisch).

Für selektive Prozesse werden hingegen fronto-thalamische Verbindungen zum nucleus reticularis, das anteriore Cingulum und der inferiore frontale Kortex der linken Hemisphäre diskutiert. Bei höheren Anforderungen, wie der geteilten Aufmerksamkeit, werden insbesondere der präfrontale Kortex (bilateral) und vordere Abschnitte des Cingulums beschrieben (Sturm, 2009a).

Für die räumliche Aufmerksamkeit werden in der Literatur insbesondere der inferiore parietale Kortex (Lösung der Aufmerksamkeit), die Colliculi superiores (Bewegung des Fokus) und der Thalamus (Fixierung des neuen Zielreizes) beschrieben (Posner & Petersen, 1990).

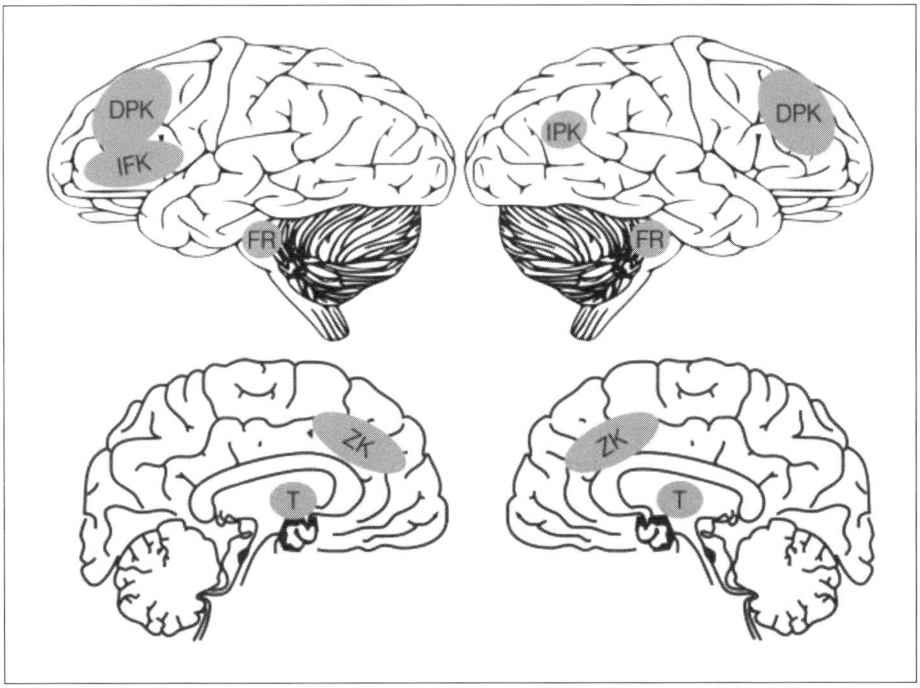

Abbildung 2.5: Areale, die häufig mit Aufmerksamkeitsleistungen assoziiert sind: dorsolateraler präfrontaler Kortex (DPK), inferiorer frontaler Kortex (IFK), inferiorer parietaler Kortex (IPK), anteriorer Anteil des Zingulären Kortex (ZK), Formatio Retikularis (FR), Thalamus (T). Für Alertness und Daueraufmerksamkeitsaufgaben sind insbesondere FR, T, ZK, DPK rechts und IPK rechts bedeutsam. Selektive Prozesse sind überwiegend assoziiert mit T, ZK, DPK und IFK links.

Neuere Studien beschreiben hingegen, dass neben den parietalen Arealen auch frontale Areale essentiell bei Priorisierung und Lokalisation von Stimuli sind (für eine Übersicht siehe Petersen & Posner, 2012).

Im Kinder- und Jugendbereich gibt es vergleichsweise wenige Studien zur funktionellen Neuroanatomie. Die wenigen Studien die es gibt, beschränken sich auf Kinder im Schulalter. Dabei zeigen Kinder zwischen 8 und 12 Jahren teilweise bereits ähnliche Aktivierung im Bereich der Aufmerksamkeit wie Erwachsene, es gibt jedoch auch deutliche Unterschiede. Beispielsweise gibt es bei Kindern bei Aufgaben im Bereich Alertness höhere Aktivierungen in den frontalen Arealen, was auf eine noch nicht abschließend entwickelte top-down Kontrolle hinweist (siehe z. B. Casey et al., 2004). Im Bereich der räumlichen Aufmerksamkeit werden sogar gänzlich andere Aktivierungsmuster berichtet (z. B. Konrad et al., 2005b). Dies lässt vermuten, dass Kinder die Aufgabe zwar lösen können, das Erwachsenennetzwerk jedoch noch nicht ausgereift ist und die Kinder andere, ggf. kompensatorische Mechanismen einsetzen um die Aufgaben zu lösen. Zudem gibt es Hinweise darauf, dass Kinder zur Aufgabenbewältigung andere Strategien verwenden. Neuere Studien gehen davon aus, dass viele der Unterschiede zwischen Kindern und Erwachsenen auf eine Verschiebung zwischen Top-down und Bottom-up Kontrolle zurückzuführen sind (Farrant & Uddin, 2015). Dabei wird davon ausgegangen, dass Aufmerksamkeitsprozesse bei Kindern mehr bottom-up gesteuert sind und erst mit zunehmendem Alter die top-down Kontrolle wichtiger wird.

2.2.1.4 Störungen der Aufmerksamkeit

Störungen der Aufmerksamkeitsleistungen gehören zu den häufigsten kognitiven Beeinträchtigungen im Kindes- und Jugendbereich. Im Klinischen Alltag können Aufmerksamkeitsstörungen im Rahmen von Erkrankungen oder als Folge von internen bzw. externen Faktoren auftreten. Die häufigsten im Kindes und Jugendalter sind:

- Aufmerksamkeitsdefizit-/Hyperaktivitätsstörungen (AHDS; siehe Tarver, Daley & Sayal, 2014)
- Andere psychische Erkrankungen, z. B. affektive Störungen (Günther, Konrad, De Brito, Herpertz-Dahlmann & Vloet, 2011), tiefgreifende Entwicklungsstörungen (Johnson et al., 2015), Teilleistungsstörungen (Ruland, Willmes & Günther, 2012).
- Erworbene Hirnschädigung, z. B. Schädel-Hirntrauma, Schlaganfälle, Enzephalitis; (Garcia, Hungerford & Bagner, 2015)
- Epilepsien (siehe Yoong, 2015)
- Tumorerkrankungen und ggf. Behandlungsfolgen bei Krebserkrankungen (siehe Gurney et al., 2009)
- Frühgeburt (siehe z. B. (Johnson & Marlow, 2014)
- Prä-, peri- und postnatale Komplikationen (z. B. Asphyxie; Toft, 1999)
- Intoxikation während der Schwangerschaft (z. B. Alkohol; Burger et al., 2011)
- Störungen der Schilddrüsenfunktion (z. B. Hauser, McMillin & Bhatara, 1998)
- Nebenwirkungen von Medikamenten (siehe Charach, Volpe, Boydell & Gearing, 2008)
- Auswirkung von toxischen Substanzen (siehe Stein, Schettler, Wallinga & Valenti, 2002)
- Nicht ausreichend gestillte primäre Bedürfnisse, z. B. Schlaf, Hunger, Durst (Barrett, Tracy & Giaroli, 2013)

Störungen, die aufgrund einer Schädigung des Gehirns hervorgerufen wurden (z. B. Trauma), hängen in ihrer Symptomatik von der Lokalisation der Schädigung ab. Rechtshemisphärische Störungen werden eher mit Beeinträchtigungen der Reaktionsbereitschaft und der Daueraufmerksamkeit assoziiert, wohingegen fronto-thalamische Verbindungen und der inferiore frontale Kortex links auf Störungen in der selektiven bzw. fokussierten Aufmerksamkeit hinweisen. Störungen in den parietalen und frontalen Regionen, insbesondere der rechten Hemisphäre, können die räumlichen Aufmerksamkeitsleistungen beeinträchtigen. Speziell Läsionen frontaler Areale, inklusive subkortikaler Regionen, verursachen Schwierigkeiten bei komplexen Aufgabenstellungen, die Flexibilität, Inhibition und ein hohes Maß an Kapazität erfordern.

Neben diesen klar umschriebenen und durch Bildgebung sichtbaren Schädigungen, kann die Aufmerksamkeit durch die Neurotransmittersysteme beeinflusst werden. In frühen Arbeiten von Posner & Petersen (1990) wurde angenommen, dass für die unterschiedlichen Aufmerksamkeitsbereiche auch unterschiedliche Transmittersysteme bedeutsam sind. Alertness und Daueraufmerksamkeit wurden mit Noradrenalin, räumliche Aufmerksamkeit mit Acethylcholin und selektive Prozesse mit Dopamin assoziiert. Auch Serotonin scheint in enger Interaktion mit Dopamin (Oades, 2008) die Aufmerksamkeitsleistungen zu beeinflussen. Die Transmittersysteme können aufgrund von Hirnschädigungen beeinflusst werden, jedoch ist eine Einflussnahme auch über Hormone, Medikamente oder andere eingenommen Stoffe (z. B. Alkohol) möglich. Dabei können die Beeinträchtigungen zeitlich begrenzt und reversibel sein oder auch dauerhafte Schäden verursachen. Die eingenommenen Stoffe können die Aufmerksamkeitsleistungen herabsetzen und stören (z. B. Alkohol oder Medikamente). Dies können selektive Beeinträchtigungen sein, die sich beispielsweise nur auf komplexe Funktionen auswirken oder andererseits die Aufmerksamkeitsintensität und -energetik grundlegend beeinträchtigen und somit alle Bereiche der Aufmerksamkeit negativ beeinflussen. Demgegenüber steht, dass über sogenannte Neuroenhancer die Aufmerksamkeitsleistung auch verbessert werden kann (siehe für eine kritische Diskussion im Kinderbereich Graf et al., 2013). So konnten beispielsweise Breitenstein und Kollegen zeigen (Breitenstein et al., 2004), dass Studenten unter Einfluss von Amphetamin deutlich bessere Lernleistungen zeigen als eine placebo-kontrollierte Gruppe.

Aufmerksamkeitsstörungen treten im Kinder- und Jugendbereich auch häufig im Rahmen von psychischen Erkrankungen auf (für eine Übersicht siehe Lautenbacher & Gauggel, 2004). Häufig werden nicht nur beim ADHS, sondern auch bei anderen psychischen Erkrankungen Defizite in der Aufmerksamkeit beschrieben, z. B. Depression (Günther et al., 2011), Teilleistungsstörungen (Ruland et al., 2012) oder Autismus (Johnson et al., 2015). Bei vielen psychischen Erkrankungen können Störungen in der Aufmerksamkeit auftreten, ohne dass ein klinisches Bild der ADHS erfüllt wird.

Bei den Aufmerksamkeitsstörungen kann nicht von einem einheitlichen Störungsbild ausgegangen werden. In Bezug auf die unterschiedlichen Aufmerksamkeitsbereiche können aufgrund von verschiedenen Ursachen und Erkrankungen die Leistungen mannigfaltig beeinträchtigt sein. Erschwerend kommt hinzu, dass Schädigungen in früher Kindheit, z. B. aufgrund einer Frühgeburt, sich erst viel später defizitär im Bereich Aufmerksamkeit auswirken können (z. B. van de Weijer-Bergsma et al., 2008).

2.2.1.5 Diagnostik

Einschränkungen der Aufmerksamkeitsfunktionen haben weitreichende Folgen in Bezug auf nahezu jeden Lebensbereich. Dadurch kommt ihnen im Rahmen der neuropsychologischen Diagnostik und Rehabilitation eine besondere Bedeutung zu. Dies umso mehr, als Störungen der Aufmerksamkeit zu den häufigsten Folgen von Hirnschädigungen gehören und nach ca. 80% aller Hirnschädigungen unterschiedlicher Ätiologie und Lokalisation zu erwarten sind (siehe auch Sturm, 2009a). Zudem gehören die Aufmerksamkeitsstörungen im Rahmen eines ADHS mit einer mittleren Prävalenz von ca. 5% zu den häufigsten diagnostizierten psychischen Störungen im Kindesalter (für eine Übersicht siehe Tarver et al., 2014). Für Fragen der Möglichkeiten zur Wiedereingliederung bzw. möglichen Teilhabe in Alltag und Schule ist die Beurteilung der Aufmerksamkeitsleistungen ein entscheidender Bestandteil. Zudem muss berücksichtigt werden, dass ein Patient auch in anderen Bereichen weniger von einer Therapie profitiert, wenn seine Aufmerksamkeitsleistungen beeinträchtigt sind.

Wie für alle Störungen ist die Anamnese und Exploration des Patienten essentieller Bestandteil der Diagnostik. Zusammen mit standardisierten Fragebögen werden hier meist die DSM Kriterien für ein ADHS systematisch abgefragt (siehe American-Psychiatric-Association, 2013 für die Kriterien im Detail). In Deutschland werden häufig die Connersbögen (siehe Lidzba et al., 2013) oder der Fremdbeurteilungsbogen für Aufmerksamkeitsdefizit-/Hyperaktivitätsstörung (FBB-HKS; siehe Brühl, Döpfner & Lehmkuhl, 2000) eingesetzt. Dabei wird neben der Aufmerksamkeitsproblematik auch Verhalten im Bereich Impulsivität und Hyperaktivität erfasst. Für alle drei Bereiche ist essentiell, seit wann die Symptome vorliegen, ob sie situationsübergreifend vorkommen (zu Hause und in der Schule) und ob der Betroffene hierdurch in seinen Alltagsaktivitäten eingeschränkt ist. Über die Befragung der Eltern oder Lehrer, ggf. durch Hilfe mit Fragebögen, erhält man ein indirektes Bild über die Aufmerksamkeitsleistungen des Kindes. Die Angaben der Umgebung werden jedoch immer auch durch die Wahrnehmung des Beobachters beeinflusst. Ein häufiges Problem ist dabei, dass motorisch unruhige Kinder häufig als unaufmerksam eingeschätzt werden, obwohl sie in objektiven Verfahren gute Leistungen erbringen (siehe z. B. Günther, Kahraman-Lanzerath, Knospe, Herpertz-Dahlmann & Konrad, 2012; Günther, 2012). Demgegenüber gibt es Kinder, die erhebliche Aufmerksamkeitsprobleme haben, die jedoch – da sie motorisch ruhig sind – in den Verhaltensbeobachtungen fälschlicherweise als „aufmerksam" eingeschätzt werden (z. B. Günther, Herpertz-Dahlmann & Konrad, 2010; Konrad, Günther, Heinzel-Gutenbrunner & Herpertz-Dahlmann, 2005a). Um die Aufmerksamkeitsleistungen unabhängig von einem Bewerter zu erfassen, sollte eine Aufmerksamkeitsdiagnostik immer auch durch eine standardisierte Testdiagnostik ergänzt werden. Optimal ist, wenn alle Aufmerksamkeitsfunktionen erfasst werden: Aufmerksamkeitsaktivierung (Alertness), längerfristige Aktivierung der Aufmerksamkeit, räumliche Aufmerksamkeit, selektive bzw. fokussierte Aufmerksamkeit und die geteilte Aufmerksamkeit. In den meisten Testverfahren werden die unterschiedlichen Funktionen isoliert untersucht und es können gezielt Aussagen über spezifische Aufmerksamkeitsfunktionen getroffen werden, die dann ggf. auch isoliert trainiert werden können. Demgegenüber steht jedoch, dass Aufmerksamkeitsfunktionen, wie im Modell beschrieben, im Alltag selten isoliert gebraucht werden. Das tägliche Leben ist deutlich komplexer, Anforderungen werden gleichzeitig gestellt und ein häufiger Wechsel von Anforderungen ist Bestandteil des Alltags. Die Alltagsvalidität der Ergebnisse kann gut durch die Ergebnisse von Fragebögen und Anamnese ergänzt werden, da dadurch die Einschränkungen im Alltag besser erfasst werden.

Standardisierte Testverfahren können ab dem Schulalter gut durchgeführt werden. Es gibt einige wenige Verfahren, die Testverfahren für Kinder ab 4 Jahren anbieten (siehe Testtabelle). Hier ist die Entwicklungsvarianz allerdings noch sehr hoch und es gibt kaum Untersuchungen bei Kindern unter 6 Jahren, die eine valide Trennung zwischen gesunden und aufmerksamkeitsgestörten Kindern nachweisen. Eine Trennung zwischen klinischen und gesunden Stichproben ist in dem Alter möglich, wohingegen eine sichere Klassifizierung im Einzelfall schwierig ist (siehe z. B. Hanisch, Konrad, Günther & Herpertz-Dahlmann, 2004). Viele der auffälligen Kinder werden in diesem Alter über die gut standardisierten und normierten Testverfahren als unauffällig eingeschätzt und vice versa. Ein weiterer wichtiger Punkt in diesem Kontext ist, ob die verwendeten Aufmerksamkeitsmodelle für (junge) Kinder dieselbe Gültigkeit haben wie für Erwachsene (siehe auch Entwicklung der Aufmerksamkeit). Ein Problem kann beispielsweise sein, dass eine Aufgabe von ca. 10 Minuten für ein 8-jähriges Kind Daueraufmerksamkeitsleistungen misst. Die gleiche Aufgabe kann jedoch bei einem 12-Jährigen eher zur Kategorie der selektiven Aufgaben gehören und ist für einen Daueraufmerksamkeitstest bereits zu kurz. Ein weiteres Problem ist zudem, dass bei jungen Kindern die Re-Testreliabilität niedriger sein kann und sie zudem bei einer Testwiederholung deutlich mehr von einer ersten Durchführung profitieren (siehe z. B. Günther, Herpertz-Dahlmann & Konrad, 2005; Renner, Lessing, Krampne & Irblich, 2012). Dies gilt auch für vergleichsweise einfache Aufgaben wie Alertness. Insgesamt ist daher die Empfehlung, je jünger das Kind, je vorsichtiger muss die Interpretation der testpsychologischen Ergebnisse erfolgen.

Ein weiterer wichtiger Baustein in der Aufmerksamkeitsdiagnostik ist die Motivation der Kinder. Für viele Eltern ist es schwer nachvollziehbar, dass ihr Kind stundenlang ein Computerspiel spielen kann und gleichzeitig nicht in der Lage ist, sich 10 Minuten auf die Hausaufgaben zu konzentrieren. Motivation kann die Aufmerksamkeitsleistung von Kindern mit Schädel-Hirntraum oder ADHS erheblich verbessern (siehe z. B. Konrad, Gauggel, Manz & Schöll, 2000), wobei Kinder mit einem ADHS bei ausreichender Motivation sogar durchschnittliche Leistungen erzielen. Eine Aufmerksamkeitsstörung kommt demnach insbesondere dann zum Tragen, wenn unbeliebte Anforderungen gestellt sind. Die meisten Kinder können sich auch auf eine Schulstunde konzentrieren, obwohl sie den Inhalt oder den Lehrer nicht interessant finden. Kinder mit Aufmerksamkeitsstörung kostet diese Leistung überdurchschnittlich viel Energie, wodurch ihnen diese Leistung häufig nicht gelingt. Diese Aspekte müssen in der Diagnostik berücksichtigt werden. Einerseits soll das Material kindgerecht gestaltet sein. Andererseits dürfen die Testverfahren das Belohnungssystem der Kinder nicht zu stark stimulieren. Zudem können angekündigte Belohnungen oder Versprechungen die Ergebnisse einer Testung beeinflussen. Beispielsweise wird eine Ankündigung am Ende eines klinischen Aufenthaltes wie „Wenn du das gut machst, wirst du aus der Klinik entlassen" die Ergebnisse erheblich verbessern, wenn das Kind unbedingt nach Hause möchte. Wenn diese Testung dann noch mit der Testung zu Beginn des Aufenthaltes verglichen wurde, ist fraglich, ob die gemessene Verbesserung dann auf den Therapieerfolg zurückzuführen ist. Ähnliches gilt, wenn die Wirksamkeit von Medikamenten überprüft werden soll, die die Aufmerksamkeit verbessern. Um Placeboeffekte zu vermeiden, ist es bei der Überprüfung von Medikamentenwirksamkeit hingegen möglich, mit dem Kind einen Placebo-kontrollierten Blindversuch durchzuführen.

Der Testzeitpunkt im Laufe des Tages kann einen Einfluss auf die Ergebnisse der Testung haben. Der circadiane Rhythmus des Körpers hat einen Einfluss auf die Leistungsfähigkeit. Dies ist bei Kindern ausgeprägter als bei Erwachsenen (siehe für eine Übersicht Rivkees, 2001). Bei Kindern zwischen 8 und 12 Jahren sind die Aufmerksamkeitsleistungen vormittags und nachmittags miteinander vergleichbar, wohingegen im Mittagsbereich ein leichter Einbruch der Aufmerksamkeitsleistungen zu beobachten ist (Günther et al., 2012). Bei Schulkindern sollte, auch um so nah wie möglich an der Alltagsrelevanz zu bleiben, die Testung im Vormittagsbereich bzw. zu „Schulzeiten" durchgeführt werden. Bei Testwiederholungen sollten diese zu vergleichbaren Zeitpunkten erhoben werden.

Aufmerksamkeit wird meist als unabhängig von verschiedenen Modalitäten bezeichnet. Die Aufmerksamkeit und die Aufmerksamkeitssteuerung gilt als supramodal. Andererseits wird die Aufmerksamkeit auch durch bottom-up Prozesse beeinflusst und das visuelle und auditive System entwickeln sich unterschiedlich (siehe z. B. Gomez-Perez & Ostrosky-Solis, 2006; Werner, 2007). Dies sorgt u. a. dafür, dass Kinder sich in ihren auditiven Aufmerksamkeitsleistungen anders entwickeln als in den visuellen Bereichen. Bei einfachen Reaktionszeitaufgaben sind visuelle und auditive Leistungen bei Kindern und Jugendlichen vergleichbar. Bei komplexeren Aufgaben (z. B. fokussierte Aufmerksamkeit), haben Kinder und Jugendliche langsamere Reaktionszeiten, machen mehr Fehler und es dauert bis in das junge Erwachsenenalter bis die visuellen und auditiven Leistungen vergleichbar sind (Günther et al., 2014). Aufmerksamkeitstests werden in der klinischen Praxis jedoch nahezu ausschließlich visuell durchgeführt. In einigen PC-gestützten Verfahren sind cross-modale Verfahren enthalten und es gibt einige wenige Testbatterien, die für Kinder rein auditive Aufmerksamkeitstests beinhalten (siehe z. B. Sturm, 2008). Aufmerksamkeitstests für andere Modalitäten (z. B. Taktil-Kinästhetik), die über die Untersuchung reiner Wahrnehmungsleistungen hinausgehen, gibt es nicht.

Empfohlene Literatur

Garcia, D., Hungerford, G. M. & Bagner, D. M. (2015). Topical review: Negative behavioral and cognitive outcomes following traumatic brain injury in early childhood. *Journal of Pediatric Psychology, 40* (4), 391–397.

Gomez-Perez, E. & Ostrosky-Solis, F. (2006). Attention and memory evaluation across the life span: Heterogeneous effects of age and education. *Journal of Clinical and Experimental Neuropsychology, 28* (4), 477–494.

Lautenbacher, S. & Gauggel, S. (2004). *Neuropsychologie psychischer Störungen.* Berlin: Springer.

Sturm, W. (2009b). Teil II: Aufmerksamkeit – Theoretische Grundlagen, Störungsbilder und Diagnostik. In D. Schellig, R. Drechsler, D. Heinemann & W. Sturm (Hrsg.), *Handbuch neuropsychologischer Testverfahren* (S. 25–53). Göttingen: Hogrefe.

Tarver, J., Daley, D. & Sayal, K. (2014). Attention-deficit hyperactivity disorder (ADHD): An updated review of the essential facts. *Child: Care, Health and Development, 40* (6), 762–774.

2.2.1.6 *Übersichtstabelle: AUFMERKSAMKEIT*

Die folgende Tabelle bietet einen Überblick über Aufmerksamkeitstests für Kinder und Jugendliche. Zusätzlich zu Verfahren, die ausschließlich für Kinder und Jugendliche normiert wurden, umfasst die Tabelle bereits in Band 1 rezensierte Verfahren, für welche Normen für Personen unter 18 Jahren vorliegen. Die Gliederung folgt den im Theorieteil dargestellten Funktionsbereichen.

- Aufmerksamkeitsintensität
  - Aufmerksamkeitsaktivierung (Alertness)
  - Längerfristige Aufmerksamkeit
    - Daueraufmerksamkeit
    - Vigilanz
- Räumliche Aufmerksamkeit
- Selektivität
  - Selektive oder fokussierte Aufmerksamkeit
    - Geteilte Aufmerksamkeit
    - Kognitive Flexibilität
- Testbatterien und Testsammlungen

Während in der ersten Spalte eigenständige Verfahren oder der jeweilige Untertest aus einer Testbatterie genannt werden und die zweite Spalte Angaben zum Altersrange für den Einsatz bei Kindern und Jugendlichen umfasst, wird in der dritten Spalte die Operationalisierung der spezifischen Aufmerksamkeitsfunktion skizziert. Für alle Übersichtstabellen gilt: Ist für ein aufgeführtes Verfahren im vorliegenden Band 2 des Testhandbuchs eine Rezension abgedruckt oder wird es in einer anderen Übersichtstabelle erwähnt, wird in der vierten Spalte die Seitenzahl der Rezension oder der weiteren Tabelle angegeben, andernfalls die Nummer des Bandes, in welchem die entsprechende Rezension abgedruckt ist. Ein Kreuz zeigt an, dass das Verfahren nur an dieser Stelle genannt wird.

Aufmerksamkeitsintensität			
Aufmerksamkeitsaktivierung (Altertness)			
Alertness (intrinsisch/tonisch/phasisch)			**visuell**
Einfachreaktion Gelb aus: Reaktionstest (RT), (Wiener Testsystem, WTS)	16–50 Jahre	Tastenreaktion auf einen gelben Punkt.	Bd. 1
Alertness aus: Testbatterie zur Aufmerksamkeitsprüfung (TAP)	6–19 Jahre	Tastenreaktion auf ein zentrales Kreuz.	Bd. 1
Alertness (WAFA) aus: Wahrnehmungs- und Aufmerksamkeitsfunktionen (WAF) (Wiener Testsystem, WTS)	7–77 Jahre	Tastenreaktion auf einen schwarzen Kreis. a) Einfachreaktion ohne Warnreiz, b) mit visuellem Warnreiz.	Bd. 1

Baseline Speed aus: Amsterdam Neuropsychological Tasks (ANT)	4–67 Jahre	Tastenreaktion auf ein weißes Viereck mit dem a) dominanten, b) nicht dominanten Zeigefinger. 	Bd. 3
Alertness aus: Kinderversion der Testbatterie zur Aufmerksamkeitsprüfung (KiTAP)	6–10 Jahre	Einfache Reaktionsaufgabe: Tastenreaktion auf eine Hexe, die in einem Turmfenster erscheint. 	Bd. 3
Alertness (intrinsisch/tonisch/phasisch)			**auditiv**
Einfachreaktion Ton aus: Reaktionstest (RT), (Wiener Testsystem, WTS)	16–40 Jahre	Tastenreaktion auf einen Ton.	Bd. 1
Alertness (WAFA) aus: Wahrnehmungs- und Aufmerksamkeitsfunktionen (WAF) (Wiener Testsystem, WTS)	7–77 Jahre	Tastenreaktion auf einen einfachen auditiven Reiz: ein 1 000 Hz-Ton. a) Einfachreaktion ohne Warnreiz, b) mit akustischem Warnreiz.	Bd. 1
Alertness (phasisch)			**crossmodal**
Alertness aus: Testbatterie zur Aufmerksamkeitsprüfung (TAP)	6–19 Jahre	Erscheint ein Kreuz in der Mitte des Bildschirms, muss die Reaktionstaste gedrückt werden, je zwei Durchgänge ohne bzw. mit akustischen Warnreiz (Abfolge: ABBA).	Bd. 1

Einfachreaktionen aus: Reaktionstest (RT) (Wiener Testsystem, WTS)	10–55 Jahre 14–80 Jahre	a) Tastenreaktion auf einen gelben Punkt mit akustischem Warnreiz (S7). b) Tastenreaktion auf einen Ton, mit optischem Warnreiz (S8).	Bd. 1
Alertness (WAFA) aus: Wahrnehmungs- und Aufmerksamkeitsfunktionen (WAF) (Wiener Testsystem, WTS)	7–77 Jahre	a) Reaktion auf einen einfachen visuellen Reiz mit akustischem Warnreiz, b) Reaktion auf einen akustischem Reiz mit visuellem Warnreiz.	Bd. 1
Längerfristige Aufmerksamkeit			
Daueraufmerksamkeit			**visuell**
Daueraufmerksamkeit (WAFV) aus: Wahrnehmungs- und Aufmerksamkeitsfunktionen (WAF) (Wiener Testsystem, WTS)	7–17 Jahre 16–77 Jahre	Reaktion auf visuelle Reize, die an Intensität verlieren (25 % der Items): schwarze Quadrate werden dunkler. Testdauer: 15 oder 30 Minuten.	Bd. 1
Daueraufmerksamkeit (DAUF) aus: Wiener Testsystem (WTS)	S1: 12–95 Jahre S2: 15–86 Jahre S3: 14–56 Jahre	S3: Dargeboten werden 7 Dreiecke in einer Reihe, wobei deren Spitze jeweils nach oben oder unten zeigen kann. Unregelmäßige Sprünge der Zeilen. Immer dann, wenn bei 3 Dreiecken die Spitze nach unten zeigt, soll der Proband die Reaktionstaste drücken. Testdauer: 35 Minuten.  Varianten: 2 aus 5 Dreiecken. a) Regelmäßiger (S1), b) unregelmäßiger Wechsel der Konfiguration (S2). Testdauer: 20 Minuten.	Bd. 1
QbTest	13–60 Jahre	1-back-Aufgabe. Vier unterschiedliche Reize: roter Kreis, blauer Kreis, rotes Quadrat, blaues Quadrat. Mit Tastendruck soll reagiert werden, wenn der aktuelle Stimulus in Farbe und Form mit dem vorhergehenden übereinstimmt. Testdauer: 20 Minuten.	132

Continuous Attention Performance Test (CAPT) visuell	5–11 Jahre	Fünf unterschiedliche Tierbilder (Pferd, Hund, Kuh, Schwein und Schaf) werden nacheinander dargeboten, dabei hat das Kind die Aufgabe, auf die Zielsequenz Pferd-Hund mit Drücken der Leertaste zu reagieren. Testdauer: 2 × 4 Minuten.	88
Continuous Performance Test (CPT)	4–58 Jahre	5 Buchstaben (H, O, T, X, Z) werden nacheinander dargeboten, die leicht zu unterscheiden sind. Der Proband hat die Aufgabe, mit Druck auf die Leertaste zu reagieren, wenn auf ein „O" ein „X" folgt. Testdauer: 2 × 15 Minuten.	
Zahlen-Verbindungs-Test (ZVT)	Gruppentest: 8–16 Jahre Einzeltest: 8–60 Jahre	90 Zahlen sollen in aufsteigender Reihenfolge miteinander verbunden werden. 4 Testblätter. 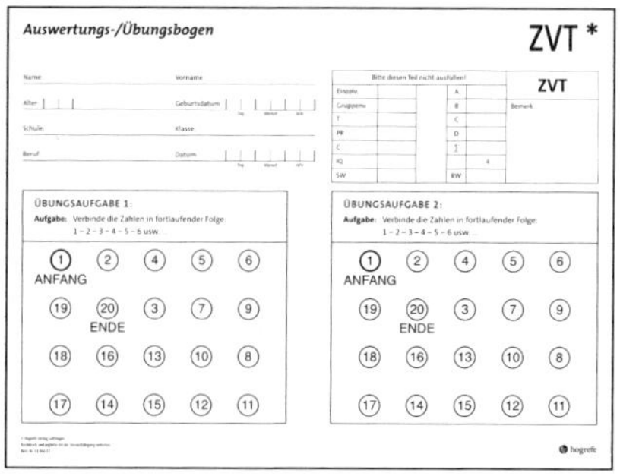	Bd. 1
Arbeitsleistungsserie (ALS) aus: Wiener Testsystem (WTS)	17–60 Jahre	Zwei einstellige Zahlen müssen addiert werden. Testdauer: 20 Min. (20 Blöcke à 1 Min.) 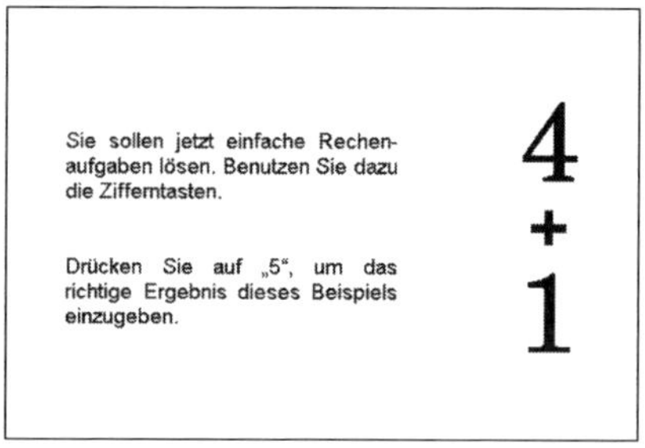 Variante: Additionen und Subtraktionen (S7). Testdauer: 10 Min. (10 Blöcke à 1 Min.)	Bd. 1

Konzentrations-Leistungs-Test (KLT-R)	4.–6.Klasse 6.–13. Klasse	Jedes Item besteht aus der Addition und Subtraktion von zwei mal drei einstelligen Zahlen; die Zwischenergebnisse müssen behalten werden; sodann wird ein Gesamtergebnis nach unterschiedlichen Regeln errechnet. a) Das niedrigere Zwischenergebnis wird vom größeren subtrahiert (leichte Form, KLT-R 4-6). b) Falls das erste Zwischenergebnis größer ist als das zweite, wird die Differenz gebildet, falls es kleiner ist, müssen beide Zwischenergebnisse addiert werden (schwierigere Form, KLT-R 6-12). Testdauer: ca. 20 Minuten; 9 Blöcke à 2 Minuten. 8 + 5 – 7 = 4 + 9 – 5 = 2 KLT-R 4-6 14 KLT-R 6-13	
Daueraufmerksamkeit aus: Kinderversion der Testbatterie zur Aufmerksamkeitsprüfung (KiTAP)	6–10 Jahre	Wenn nacheinander a) zwei Geister der gleichen Farbe erscheinen (einfache Version) oder b) zwei Geister entweder der gleichen Farbe oder im selben Fenster erscheinen (komplexe Version), soll mit Tastendruck reagiert werden. Testdauer: 10 Minuten. 	Bd. 3
Konzentrationstest für 3. und 4. Klassen (KT 3-4 R)	3.–4. Klasse	Durchstreichtest, bei dem die Kinder die Aufgabe haben, jeweils mehrere Würfelabbildungen zu vergleichen und übereinstimmende anzustreichen; comicartige Bild-Distraktoren, die während der Testbearbeitung nicht beachtet werden sollen. Testdauer: 20 Minuten.	122

Sustained Attention Dots aus: Amsterdam Neuropsychological Tasks (ANT)	7–66 Jahre	Über einen längeren Zeitraum soll bei Präsentation des Zielreizes (vier Punkte) mit der „Ja"-Taste reagiert werden. Bei den anderen Reizen (drei oder fünf Punkte) soll die „Nein"-Taste gedrückt werden. Insgesamt werden 600 Reize im eigenen Tempo (self-paced) bearbeitet. Testdauer: 7–20 Minuten. 	Bd. 3
Sustained Attention Objects, 2 Keys aus: Amsterdam Neuropsychological Tasks (ANT)	4–6 Jahre	Die „Ja"-Taste soll gedrückt werden, sobald ein bestimmtes Tier (z. B. Biene) in einem Fenster eines Hauses erscheint. Bei anderen Tieren soll die „Nein"-Taste gedrückt werden. Testdauer: 9–12 Minuten. 	Bd. 3
Daueraufmerksamkeit			**auditiv**
Daueraufmerksamkeit (WAFV) aus: Wahrnehmungs- und Aufmerksamkeitsfunktionen (WAF) (Wiener Testsystem, WTS)	7–17 Jahre 16–77 Jahre	Reaktion auf Töne, die an Intensität verlieren (25 % der Items). Testdauer: 15 Minuten.	Bd. 1
Continuous Attention Performance Test (CAPT) auditiv	5–10 Jahre	Fünf unterschiedliche Tierlaute (Pferd, Hund, Kuh, Schwein und Schaf) werden nacheinander dargeboten. Das Kind hat die Aufgabe, auf die Zielsequenz Pferd-Hund mit Drücken der Leertaste zu reagieren. Testdauer: 2 × 4 Minuten.	88

Vigilanz			
Vigilanz		**visuell**	
Vigilanztest (VIGIL) aus: Wiener Testsystem (WTS)	S1: 6–65 Jahre S2: 16–91 Jahre	Ein hell aufleuchtender Punkt bewegt sich entlang einer Kreisbahn in kleinen Sprüngen weiter. Reaktion auf Doppelsprünge. Testdauer: 30 Min. 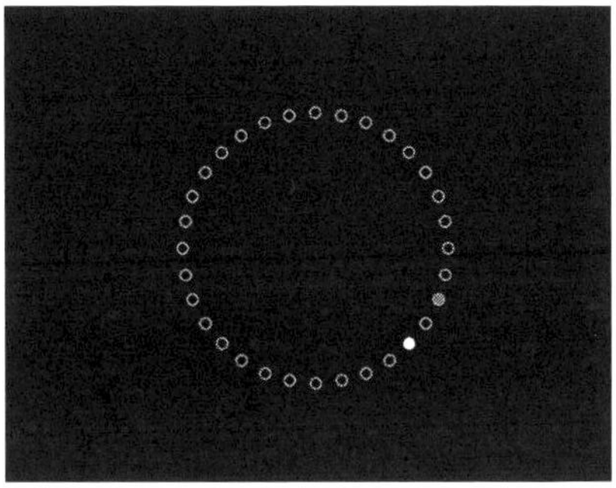 Varianten: Die Punkte der Kreisbahn sind nicht sichtbar, die Reize seltener. Dauer: 35 bzw. 70 Min.	Bd. 1
Vigilanz aus: Testbatterie zur Aufmerksamkeitsprüfung (TAP)	7–11 Jahre	Visuell: a) Ein vertikaler Lichtbalken pendelt auf und ab. Reaktion auf einen deutlich größeren Ausschlag nach oben. b) In zwei übereinander liegenden Rechtecken springt ein Gittermuster hin und her. Reaktion, wenn das Muster zweimal hintereinander im gleichen Rechteck erscheint. Varianten: hohe bzw. niedrige Reizfrequenz. Testdauer: 10 bis 60 Min.	Bd. 1
Vigilanz (WAFV) aus: Wahrnehmungs- und Aufmerksamkeitsfunktionen (WAF) (Wiener Testsystem, WTS)	7–17 Jahre 16–77 Jahre	Reaktion auf seltene visuelle Reize, die an Intensität verlieren (5 % der Items)	Bd. 1
Vigilanz aus: Kinderversion der Testbatterie zur Aufmerksamkeitsprüfung (KiTAP)	6–10 Jahre	In einem Zauberspiegel erscheint das Abbild eines freundlichen Gespenstes. Von Zeit zu Zeit taucht ein Geist mit roten Augen auf. Dieser soll durch einen Tastendruck so schnell wie möglich vertrieben werden.	Bd. 3

Vigilanz			**auditiv**
Vigilanz aus: Testbatterie zur Aufmerksamkeitsprüfung (TAP)	7–11 Jahre	Auditiv: Alternierend erfolgt ein hoher und tiefer Ton. Reaktion bei 2 gleichen Tönen hintereinander. Varianten: hohe bzw. niedrige Reizfrequenz. Testdauer: 10 bis 60 Min.	Bd. 1
Vigilanz (WAFV) aus: Wahrnehmungs- und Aufmerksamkeitsfunktionen (WAF) (Wiener Testsystem, WTS)	7–17 Jahre 16–77 Jahre	Reaktion auf seltene auditive Reize, die an Intensität verlieren (5 % der Items)	Bd. 1
Vigilanz			**crossmodal**
Vigilanz aus: Testbatterie zur Aufmerksamkeitsprüfung (TAP)	7–11 Jahre	Gleichzeitige Darbietung von Tönen und Buchstaben. Tastenreaktion bei „hohem Ton + E“ oder tiefem „Ton + N“	Bd. 1
Räumliche Aufmerksamkeit			
Visuelles Scanning aus: Testbatterie zur Aufmerksamkeitsprüfung (TAP)	TAP 1.7: 6–12 Jahre (50 Trials) 10–19 Jahre (100 Trials) TAP 2.1: 10–18 Jahre	Eine Matrix mit 5 × 5 Zeichen soll in Leserichtung von oben links nach unten rechts durchgemustert werden. Enthält sie den relevanten (nach oben offenes Rechteck) Reiz, soll eine Taste gedrückt werden, ansonsten eine zweite Taste. 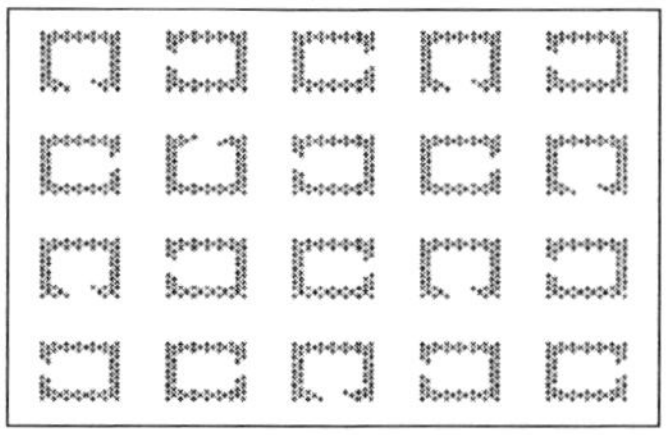	Bd. 1

Räumliche Ausrichtung der Aufmerksamkeit (WAFR) aus: Wahrnehmungs- und Aufmerksamkeitsfunktionen (WAF) (Wiener Testsystem, WTS)	7–17 Jahre 16–77 Jahre	Dargeboten werden an 4 bzw. 8 Reizpositionen nach außen gerichtete Dreiecke. Leuchtet eines davon auf, soll mit Tastendruck reagiert werden. Manchmal erscheint vorher ein Pfeil, der in die korrekte Richtung (valider cue) oder in eine falsche (invalider cue) zeigt. Varianten: a) Der Warnreiz erscheint in der Bildmitte (endogener cue). b) Der Warnreiz erscheint direkt an der richtigen Zielposition oder einer falschen Zielposition (exogener cue). 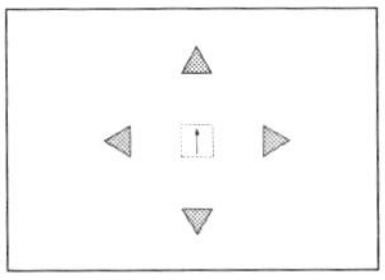 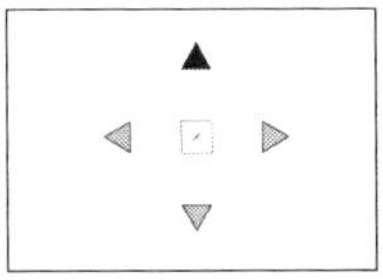	Bd. 1
Signal-Detection (SIGNAL) aus: Wiener Testsystem (WTS)	S1: 7–88 Jahre S2: 14–88 Jahre S3: 15–85 Jahre	Auf der ganzen Bildschirmoberfläche werden Punkte dargeboten, pseudozufällig einzelne davon ausgeblendet und andere dazugesetzt. Eine Reaktion soll erfolgen, wenn durch vier Punkte ein Quadrat dargestellt ist. 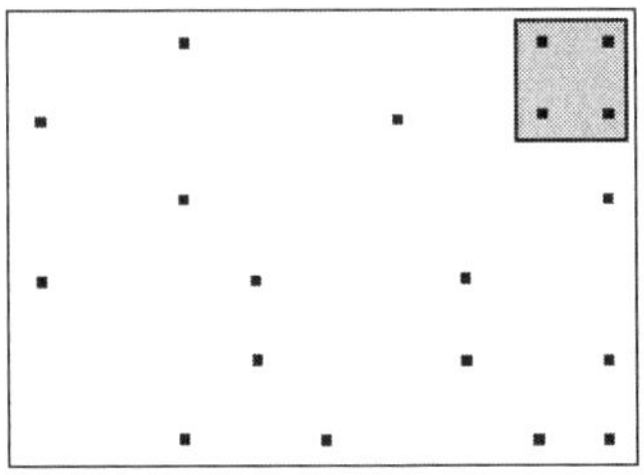	Bd. 1
Neglect: Signalentdeckungsaufgaben			
Bedingung Neglect (WAFR) aus: Wahrnehmungs- und Aufmerksamkeitsfunktionen (WAF) (Wiener Testsystem, WTS)	7–17 Jahre 16–77 Jahre	Auf Kreise in der rechten oder linken Bildschirmhälfte soll mit der rechten bzw. linken Taste reagiert werden, erscheinen die Kreise gleichzeitig in beiden Hälften (Extinktionsbedingung), sollen beide Tasten gedrückt werden.	Bd. 1

Signal-Detection (SIGNAL) aus: Wiener Testsystem (WTS)	S1: 7–88 Jahre S2: 14–88 Jahre S3: 15–85 Jahre S4: 22–87 Jahre (neurologische Patienten)	Auf der ganzen Bildschirmoberfläche werden Punkte dargeboten, pseudozufällig einzelne davon ausgeblendet und andere dazugesetzt. Eine Reaktion soll erfolgen, wenn vier Punkte ein Quadrat bilden. Weiße Punkte auf schwarzem Hintergrund (S1). Schwarze Punkte auf weißem Hintergrund (S2). In der Bedingung Signal-Balance (Neglect Diagnostik, S4) ist die Anzahl kritischer Signale in beiden Bildschirmhälften gleich.	Bd. 1
Aufmerksamkeitsselektivität			
Fokussierte Aufmerksamkeit		**Durchstreichtests**	
Aufmerksamkeits-Belastungs-Test (d2)	9–60 Jahre	Alle d mit 2 Strichen sollen markiert werden. Erfasst werden Menge und Sorgfalt in der vorgegebenen Zeit. 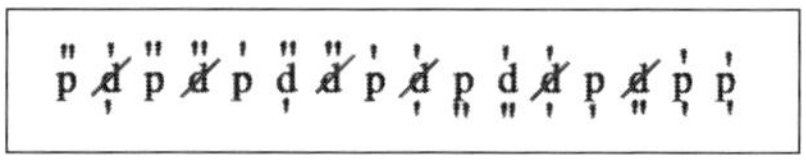 Variante: Computerversion, d2-C aus dem Hogrefe Testsystem (HTS)	Bd. 1
Frankfurter Aufmerksamkeits-Inventar (FAIR)	14–17 Jahre	Die Zielitems (Kreis mit 2 Punkten und Quadrat mit 3 Punkten) sollen durch eine Linie verbunden werden. Erfasst werden Menge und Qualität. 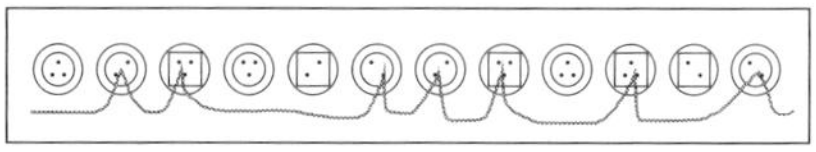	Bd. 1
Revisions-Test (Rev.T.)	10–17 Jahre	Additionen bzw. Subtraktionen einstelliger Zahlen mit einstelligen Ergebnissen. Überprüfen der Ergebnisse. Erfasst werden Menge und Fehler.	Bd. 1
Differenzieller Leistungstest – KE (DL-KE)	5–7 Jahre	Die Kinder sollen einen bestimmten auf der Reizvorlage mehrfach abgebildeten Gegenstand markieren. Erfasst werden die Gesamtzahl der bearbeiteten Zeichen und Fehler.	
Differenzieller Leistungstest – KG (DL-KG)	7–10 Jahre	Die Kinder sollen aus den abgebildeten Zeichen drei bzw. vier (9- bis 10-Jährige) relevante Symbole identifizieren und mit einem Strich markieren. Zehn Intervalle à 1,5 min. Erfasst werden Qualität, Quantität und Gleichmäßigkeit der Leistung.	

Kasseler-Konzentrations-Aufgabe (KKA)	3–8 Jahre	In mehreren Reihen mit verschiedenen Abbildungen müssen die jeweiligen Zielobjekte angestrichen werden. Erfasst wird die Leistungsmenge in vorgegebener Zeit. Auch der Verlauf bei Testserien und Verwechslungsfehler können herangezogen werden.	
Fokussierte Aufmerksamkeit			**visuell**
Fokussierte Aufmerksamkeit (WAFF) aus: Wahrnehmungs- und Aufmerksamkeitsfunktionen (WAF) (Wiener Testsystem, WTS)	7–17 Jahre 16–77 Jahre	Dargeboten werden gleichzeitig ein Kreis und ein Quadrat, die manchmal heller werden. Tastendruck soll erfolgen, wenn die Kreise zweimal hintereinander heller werden, nicht aber bei Veränderung der Quadrate. 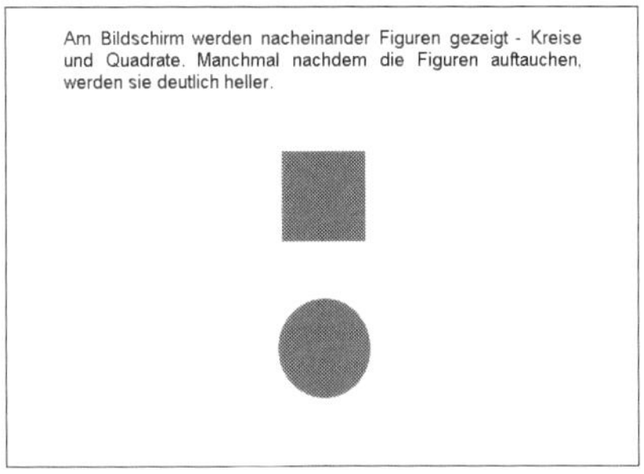	Bd. 1
Inkompatibilität aus: Testbatterie zur Aufmerksamkeitsprüfung (TAP)	6–19 Jahre	Rechts und links vom Fixationspunkt erscheinen Pfeile, die nach rechts oder links zeigen. Zeigt der Pfeil nach rechts – unabhängig von seiner Position – soll die rechte Taste gedrückt werden, zeigt er nach links, die linke.	Bd. 1
Differentieller Aufmerksamkeitstest (DAKT) aus: Wiener Testsystem (WTS)	17–83 Jahre	Verschiedene Materialien: Zahlen, Buchstaben, Figuren. Kritische Items sollen zwischen Ablenkern erkannt werden. Erfasst werden Wahrnehmungsschnelligkeit und Fehlerneigung. 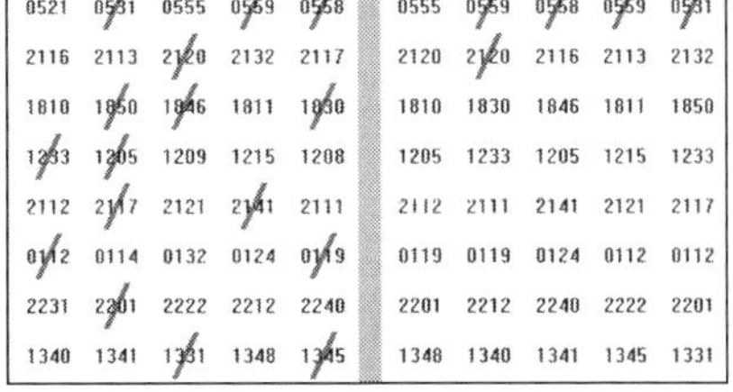	Bd. 1

Zahlensymboltest (ZST) aus: Wechsler Intelligenztest für Erwachsene (WAIS-IV)	16–89 Jahre	Einfache Symbole müssen nach Vorlage den Zahlen 1–9 zugeordnet werden. Zeitbegrenzung 2 Minuten. Variante: ZS-G aus dem Nürnberger Altersinventar (NAI). Zeitbegrenzung 90 sec. 1 / V · 2 / X · 3 / T · 4 / N 2 1 2 3 1 4 7 X V X T	Bd. 1
Inventar komplexer Aufmerksamkeit (INKA)	14–63 Jahre	In Reihen aus zufällig kombinierten Konsonanten müssen bestimmte Konsonanten/-pärchen entdeckt werden. Zuvor werden die Zielitems anhand einer Umwandlungstabelle bestimmt. Notiert werden müssen die Buchstaben unmittelbar links vom Zielreiz. 18 Aufgaben mit ansteigendem Schwierigkeitsgrad.	Bd. 1
Farbe-Wort-Interferenztest nach Stroop (FWIT)	10–84 Jahre	Erfassung der Konfliktverarbeitung: nach a) einfachem Lesen und b) Benennen soll unter c) nur die Druckfarbe genannt werden: Interferenz und damit Unterdrückung einer automatisierten Handlung bzw. Antwort. a) Farbwörter in schwarzer Schrift lesen, b) farbige Rechtecke benennen, c) bei Farbwörtern die interferierende Druckfarbe benennen	Bd. 1
Color-Word-Interference Test aus: Delis-Kaplan-Executive-Function-System (D-KEFS)	8–89 Jahre	a) farbige Quadrate benennen (rot, grün, blau), b) Farbwörter lesen, c) die interferierende Schriftfarbe von Farbwörtern benennen, d) abwechselnd den Farbnamen lesen oder die Schriftfarbe benennen	Bd. 1
Focused Attention, 2 Letters aus: Amsterdam Neuropsychological Tasks (ANT)	7–37 Jahre	Ein Buchstabe muss in einer Zweiermatrix wiedererkannt werden. Im zweiten Teil muss der Proband sich drei Buchstaben merken. 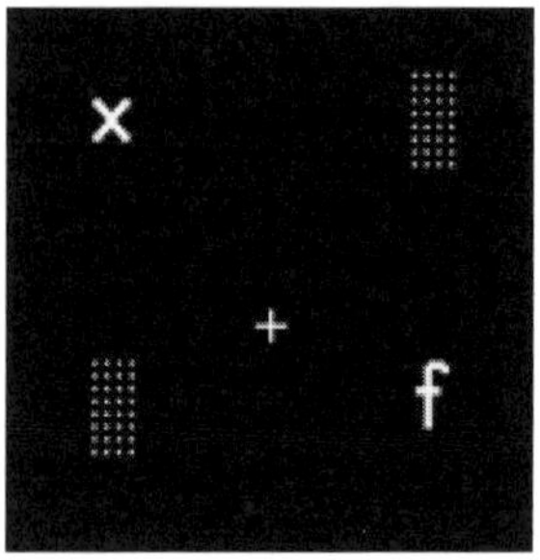	Bd. 3

Focused Attention, 4 Letters aus: Amsterdam Neuropsychological Tasks (ANT)	7–64 Jahre	Wie „Focused Attention 2 Letters", nur mit einer Vierermatrix.	Bd. 3
Focused Attention Objects, 1 Key aus: Amsterdam Neuropsychological Tasks (ANT)	4–6 Jahre	Eine Taste soll gedrückt werden, wenn ein Objekt (Früchte) an einer bestimmten Position erscheint (in einem Obstkorb mit 4 möglichen Positionen). 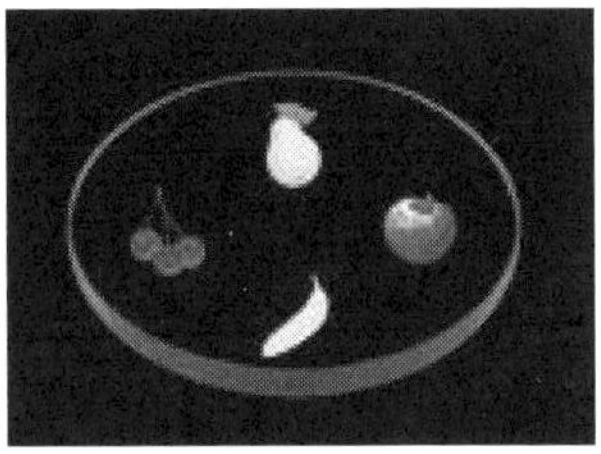	Bd. 3
Focused Attention Objects, 2 Keys aus: Amsterdam Neuropsychological Tasks (ANT)	4–8 Jahre	Wie „Focused Attention Objects, 2 Keys", nur mit zwei möglichen Positionen.	Bd. 3
Ablenkbarkeit aus: Kinderversion der Testbatterie zur Aufmerksamkeitsprüfung (KiTAP)	6–10 Jahre	Visuelle Entscheidungsaufgabe (Typ „Go/Nogo") mit ablenkendem Reiz in der Peripherie, zentraler Targetreiz (Gesichtsausdruck eines Geistes) kann nur durch Fokussierung erkannt werden. 	Bd. 3
Fokussierte Aufmerksamkeit			**auditiv**
Fokussierte Aufmerksamkeit (WAFF) aus: Wahrnehmungs- und Aufmerksamkeitsfunktionen (WAF) (Wiener Testsystem, WTS)	7–17 Jahre 16–77 Jahre	Dargeboten wird ein Tonsignal vor einem komplexen Stimmengewirr. Tastenreaktion, wenn der Ton zweimal hintereinander leiser wird.	Bd. 1

Fokussierte Aufmerksamkeit			**crossmodal**
Fokussierte Aufmerksamkeit (WAFF) aus: Wahrnehmungs- und Aufmerksamkeitsfunktionen (WAF) (Wiener Testsystem, WTS)	7–17 Jahre 16–77 Jahre	Dargeboten werden gleichzeitig Quadrate und Töne. Wird das Quadrat zweimal hintereinander heller, soll reagiert werden, auf Veränderung der Töne nicht.	Bd. 1
Selektive Aufmerksamkeit			
Selektive Aufmerksamkeit			**visuell**
Go/Nogo aus: Testbatterie zur Aufmerksamkeitsprüfung (TAP)	TAP 1.7: 6–19 Jahre TAP 2.1: 6–18 (1 aus 2) 9–18 (2 aus 5)	Wahl-Reaktionsaufgabe: a) Auf ein Kreuz soll mit Tastendruck reagiert werden, auf ein Pluszeichen nicht. b) Aus 5 Quadraten mit unterschiedlichem Füllmuster soll auf 2 reagiert werden.	232 Bd. 1
Go/Nogo aus: Amsterdam Neuropsychological Tasks (ANT)	4–12 Jahre	Visuelle Entscheidungsaufgabe; einer von zwei ähnlichen Zielreizen wird präsentiert und nur bei einem darf reagiert werden. 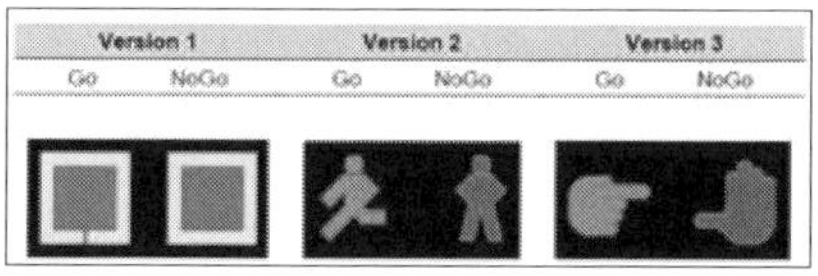	Bd. 3
Go/Nogo aus: Kinderversion der Testbatterie zur Aufmerksamkeitsprüfung (KiTAP)	6–10 Jahre	Visuelle Entscheidungsaufgabe; nur bei einem von zwei ähnlichen Zielreizen (Katze und Fledermaus) darf reagiert werden. 	Bd. 3
QbTest	6-12 Jahre	Wahlreaktionsaufgabe: Auf einen Kreis ist mit Tastendruck zu reagieren, auf einen durchkreuzten Kreis nicht.	132

Aufmerksamkeit aus: Kaufman – Computerized Assessment Battery (K-CAB)	6–10 Jahre	Wahlreaktion, 1 aus 2: Tastenreaktion bei einem lächelnden Gesicht, bei einem traurigen nicht. = Go/Nogo Wahlreaktion, 1 aus 7: Tastenreaktion bei einem lächelnden Gesicht, bei allen anderen Gesichtsausdrücken nicht.	Bd. 3
Selektive Aufmerksamkeit (WAFS) aus: Wahrnehmungs- und Aufmerksamkeitsfunktionen (WAF) (Wiener Testsystem, WTS)	7–17 Jahre 16–77 Jahre	Auf Veränderungen eines visuellen Reizes soll reagiert werden: Falls ein Quadrat oder ein Kreis heller oder dunkler werden, erfolgt ein Tastendruck. Keine Reaktion bei einem Dreieck oder falls Quadrat oder Kreis keine Helligkeitsveränderungen zeigen.	Bd. 1
Wahlreaktionsaufgaben aus: Reaktionstest (RT) (Wiener Testsystem, WTS)	15–72 Jahre	Wahlreaktion: Erscheint zugleich ein gelber und ein roter Kreis, soll reagiert werden – sonst nicht (S4).	Bd. 1
Cognitrone (COG) aus: Wiener Testsystem (WTS)	14–19 Jahre	Eine abstrakte Figur soll mit der Vorlage verglichen werden. Freie (7 Varianten) oder feste (3 Varianten) Bearbeitungszeit. 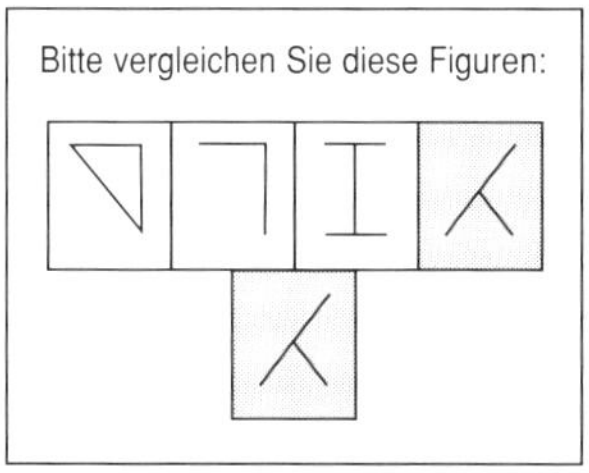	Bd. 1
Dortmunder Aufmerksamkeitstest (DAT)	7–20 Jahre	Den Kindern werden „Match-to-standard" Aufgaben präsentiert. Ein Standardreiz und 6 Antwortmöglichkeiten werden gezeigt, von denen die passende ausgewählt werden muss. Erfasst die schulisch relevante Aufmerksamkeit sowie die problemlösende Reflexivität eines Kindes. Testdauer: 15 Minuten. 	

Selektive Aufmerksamkeit			**auditiv**
Selektive Aufmerksamkeit (WAFS) aus: Wahrnehmungs- und Aufmerksamkeitsfunktionen (WAF) (Wiener Testsystem, WTS)	7–17 Jahre 16–77 Jahre	Auf Veränderungen eines auditiven Reizes soll reagiert werden. Dargeboten werden 3 Töne unterschiedlicher Höhe. Falls der hohe oder der tiefe Ton die Lautstärke verändern, erfolgt ein Tastendruck. Keine Reaktion beim mittleren Ton einem Dreieck oder falls der hohe oder tiefe Ton die Frequenz beibehalten.	Bd. 1
Selektive Aufmerksamkeit			**crossmodal**
Wahlreaktionsaufgaben aus: Reaktionstest (RT) (Wiener Testsystem, WTS)	S3: Klasse 1–4 16–90 Jahre S5: 15–27 Jahre	Wird ein gelber Kreis mit einem Ton präsentiert, soll die Taste gedrückt werden (S3). Oder: Sowohl bei der Kombination Gelb + Rot als auch bei Gelb + Ton soll die Taste gedrückt werden (S5).	Bd. 1
Reaktionszeitanalyse (RA) aus: Wiener Testsystem (WTS)	15–86 Jahre	Auf eine kritische Reizkonstellation (z. B. Kreuz und Punkt) soll reagiert werden: mit Tastendruck oder mit einer definierten Kombination aus mehreren Tasten (Sternberg-Paradigma). Komplexitätssteigerung auf der Reiz- und Reaktionsseite. 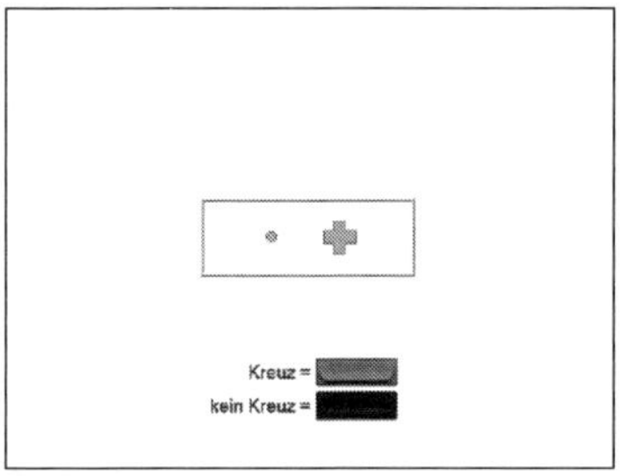	Bd. 1
Determinationsgerät (DT) aus: Wiener Testsystem (WTS)	13–86 Jahre	Auf 5 verschiedene Farbsignale muss mit entsprechendem Tastendruck, auf 2 weitere Lichtsignale mit Fußpedalen sowie auf einen hohen bzw. tiefen Ton mit entsprechenden Tasten reagiert werden. Wahlweise reiz- oder reaktionsgesteuert.	Bd. 1

Intermodaler Vergleich aus: Testbatterie zur Aufmerksamkeitsprüfung (TAP)	11–12 Jahre	Hoher oder tiefer Ton, danach ein nach oben oder nach unten gerichteter Pfeil. Reaktion durch einfachen Tastendruck bei Übereinstimmung von Tonhöhe und Pfeilrichtung.	Bd. 1
Selektive Aufmerksamkeit (WAFS) aus: Wahrnehmungs- und Aufmerksamkeitsfunktionen (WAF) (Wiener Testsystem, WTS)	7–17 Jahre 16–77 Jahre	Dargeboten werden Quadrate, Kreise, hohe und tiefe Töne. Auf Veränderungen der Quadrate oder tiefen Töne soll mit Tastendruck reagiert werden.	Bd. 1
Geteilte Aufmerksamkeit			
Geteilte Aufmerksamkeit			**visuell**
Trailmaking Test, Form B (TMT-B)	9–14 Jahre	Alternierendes Verbinden von Zahlen (1–13) und Buchstaben (A–L): 1 – A – 2 – B – 3 – C. Kontrollbedingung: TMT, Form A. Verbinden von 25 Zahlen in aufsteigender Reihenfolge.	Bd. 1
Trail Making Test aus: Delis-Kaplan-Executive-Function-System (D-KEFS)	8–89 Jahre	Alternierendes Verbinden von Zahlen (1–16) und Buchstaben (A–P): 1 – A – 2 – B – 3 – C. 4 Kontrollbedingungen: a) visuelles Scanning (alle 3en ankreuzen, b) Zahlen verbinden (Buchstaben dabei ignorieren), c) Buchstaben verbinden (Zahlen ignorieren), d) motorische Geschwindigkeit (entlang einer vorgezeichneten Linie Kreise verbinden.	Bd. 1
Progressiver Visueller Serieller Additionstest (PVSAT)	15–29 Jahre	Die Zahlen von 1 bis 9 werden fortlaufend in zufälliger Reihenfolge visuell dargeboten. Jeweils die letztgenannte Zahl muss zur vorausgegangenen addiert und das Ergebnis laut genannt werden. Präsentierte Zahlen 5 3 7 4 2 Richtige Antworten 8 10 11 6	Bd. 1

Geteilte Aufmerksamkeit (WAFG) aus: Wahrnehmungs- und Aufmerksamkeits-funktionen (WAF) (Wiener Testsystem, WTS)	7–17 Jahre 16–77 Jahre	Dargeboten werden Quadrate und Kreise. Tastenreaktion wenn zwei aufeinander folgende Quadrate oder Kreise sich verändern. 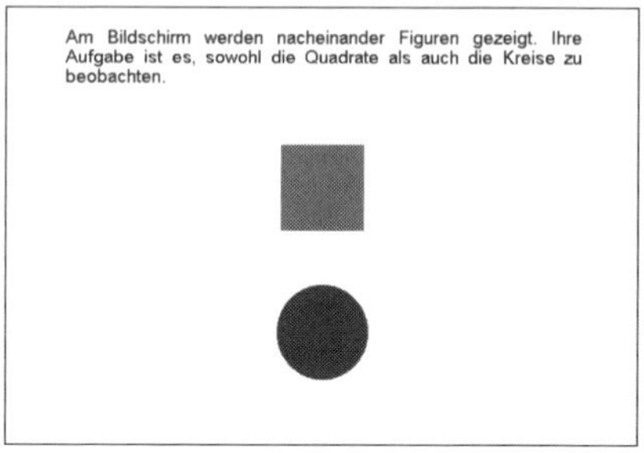 	Bd. 1
Feature Identification aus: Amsterdam Neu-ropsychological Tasks (ANT)	6–65 Jahre	Wiedererkennen von Mustern aus einer Auswahl von vier präsentierten Items. 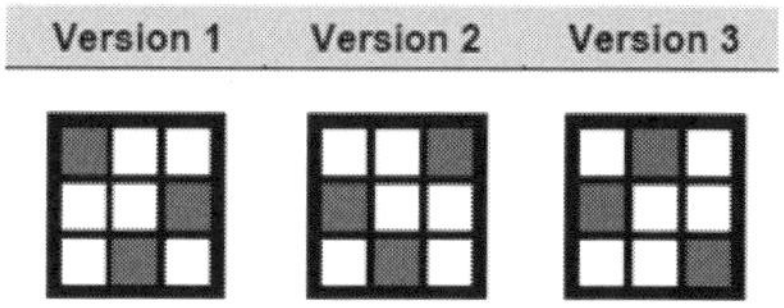 	Bd. 3
Encoding aus: Amsterdam Neu-ropsychological Tasks (ANT)	7–38 Jahre	Test bestehend aus zwei Teilen, wobei im A-Teil ein Buchstabe aus vieren erkannt werden muss und die Items verzerrt dargestellt werden. Im B-Teil soll der Proband sich drei Buchstaben merken und bewerten, ob einer der drei in der Vierermatrix präsentiert wird (memory load). 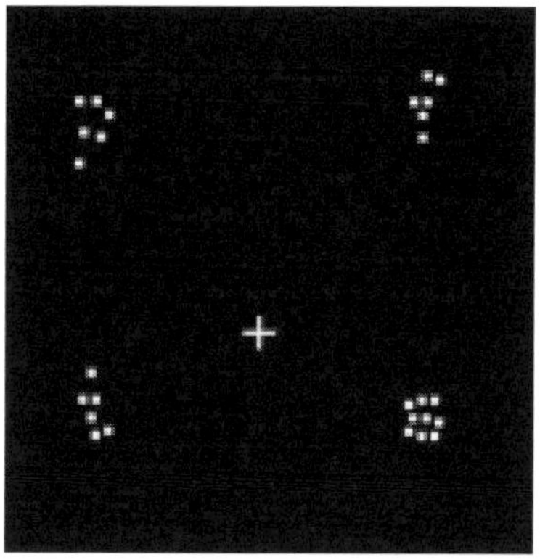	Bd. 3

Memory Search Letters aus: Amsterdam Neuropsychological Tasks (ANT)	7–64 Jahre	Vier Buchstaben werden in einem Quadrat präsentiert. Der Proband muss einen gegebenen Buchstaben wiedererkennen und dieser muss an einer von zwei Zielpositionen erscheinen. Diese Aufgabe wird schwieriger durch das Hinzufügen eines zweiten und dritten Zielreizes.	Bd. 3
Memory Search Objects, 1 Key aus: Amsterdam Neuropsychological Tasks (ANT)	4–6 Jahre	Vier Tiere erscheinen in einem Haus an vier verschiedenen Positionen. Sobald das „Zieltier" erscheint (z. B. Maus), egal wo, soll reagiert werden 	Bd. 3
Memory Search Objects, 2 Keys aus: Amsterdam Neuropsychological Tasks (ANT)	4–8 Jahre	Wie „Memory Search Objects one key", aber es muss auf zwei Tiere geachtet werden.	Bd. 3
Response Organization Arrows, Central Presentation aus: Amsterdam Neuropsychological Tasks (ANT)	6–16 Jahre	Im ersten Teil erscheint ein farbiger Pfeil (z. B. grün), der anzeigt ob der Proband links oder rechts reagieren soll. Im zweiten Teil ist der Pfeil andersfarbig (z. B. rot) und der Proband soll entgegengesetzt drücken (inkompatibel). In der dritten Aufgabe soll der Proband in Abhängigkeit von der Farbe des Pfeils kompatibel oder inkompatibel reagieren.	Bd. 3
Response Organization Objects aus: Amsterdam Neuropsychological Tasks (ANT)	4–12 Jahre	Im ersten Teil erscheint ein farbiger Kreis (z. B. grün) links oder rechts auf dem Bildschirm und der Proband soll reagieren, wo der Kreis erscheint. Im zweiten Teil ist der Kreis andersfarbig (z. B. rot) und der Proband soll entgegengesetzt drücken (inkompatibel). In der dritten Aufgabe soll der Proband in Abhängigkeit von der Farbe des Kreises kompatibel oder inkompatibel reagieren.	Bd. 3

Geteilte Aufmerksamkeit			**auditiv**
Progressiver Auditiver Serieller Additionstest (PASAT)	15–29 Jahre	Auditiv dargeboten werden fortlaufend in zufälliger Reihenfolge die Zahlen von 1 bis 9. Jeweils die letztgenannte Zahl muss zur vorausgegangenen addiert und das Ergebnis laut genannt werden. Präsentierte Zahlen 5 3 7 4 2 Richtige Antworten 8 10 11 6	Bd. 1
Score Parallelaufgabe aus: Test zur Erfassung von Konzentration und Aufmerksamkeit (TEA-Ch)	6-11 Jahre	Die Präsentation akustischer Reize („Schüsse“) wird unterlegt mit einer fiktiven Nachrichtensendung, in der ein Tiername genannt wird. Es müssen sowohl die Anzahl der Schüsse pro Durchgang als auch der erwähnte Tiername genannt werden.	142
Geteilte Aufmerksamkeit			**crossmodal**
Geteilte Aufmerksamkeit aus: Testbatterie zur Aufmerksamkeitsprüfung (TAP)	6–19 Jahre (Töne & Quadrate) – synchron	Gleichzeitiges Beachten einer visuellen und einer auditiven Reizsequenz: a) In einem Raster wechseln Kreuze kontinuierlich ihre Position. Tastenreaktion, wenn sie ein Quadrat bilden. b) Alternierend erfolgt ein hoher und tiefer Ton. Reaktion bei 2 gleichen Tönen hintereinander. 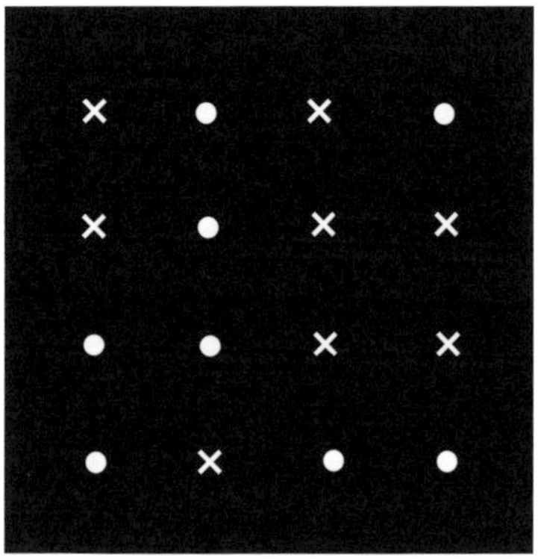	Bd. 1
Geteilte Aufmerksamkeit (WAFG) aus: Wahrnehmungs- und Aufmerksamkeitsfunktionen (WAF) (Wiener Testsystem, WTS)	7–17 Jahre 16–77 Jahre	Reizmaterial auf einem visuellen und einem auditiven Kanal. Reagiert werden soll, wenn zwei aufeinander folgende Töne leiser, oder zwei aufeinander folgende Quadrate heller werden.	Bd. 1

Geteilte Aufmerksamkeit aus: Kinderversion der Testbatterie zur Aufmerksamkeitsprüfung (KiTAP)	6–10 Jahre	„Dual task" Aufgabe; simultane auditive und visuelle Ereignisabläufe; es muss reagiert werden, wenn eine Eule auf dem Bildschirm die Augen schließt oder wenn zwei gleiche Eulenrufe aufeinander folgen. 	Bd. 3
Sky Search Parallelaufgabe aus: Test zur Erfassung von Konzentration und Aufmerksamkeit (TEA-Ch)	6-11 Jahre	Es müssen gleichzeitig Paare identischer „Raumschiffe" eingekreist und „Schüsse" gezählt werden.	Bd. 3
Kognitive Flexibilität			
Kognitive Flexibilität			**visuell**
Reaktionswechsel aus: Testbatterie zur Aufmerksamkeitsprüfung (TAP)	TAP 1.7: 6–12 Jahre TAP 2.1: 9–12 Jahre (Zahlen) 9–12 Jahre (Buchstaben)	a) In kontinuierlicher Abfolge werden nebeneinander ein Buchstabe und eine Zahl dargeboten, diese wechseln jedoch ihre Position. Beim ersten Bild soll auf der Seite des Buchstabens eine Taste gedrückt werden, beim folgenden bei der Zahl, usw. b) Dieselbe Aufgabe mit eckigen und runden Formen.	Bd. 1
Flanker aus: Amsterdam Neuropsychological Tasks (ANT)	7–14 Jahre	In Abhängigkeit der Farbe im Zentrum soll links oder rechts gedrückt werden, wobei in der Umgebung eine neutrale Farbe oder die gleiche Zielfarbe erscheint (kompatibel). Im zweiten Teil ist die Umgebungsfarbe entweder identisch (kompatibel) oder komplementär (inkompatibel).	Bd. 3

Shifting Attention Set, Visual aus: Amsterdam Neuropsychological Tasks (ANT)	5–63 Jahre	Der Test besteht aus drei Teilen. Im ersten Teil springt ein farbiges Viereck unvorhersehbar nach links oder rechts und es soll kompatibel auf die linke oder rechte Reaktionstaste gedrückt werden. Im zweiten Teil hat das Viereck eine andere Farbe und es soll entgegengesetzt gedrückt werden (inkompatibel). Im dritten Teil verändert das Viereck zufällig seine Farbe und es soll in Abhängigkeit von der Farbe kompatibel oder inkompatibel reagiert werden (set shifting).	Bd. 3
Flexibilität aus: Kinderversion der Testbatterie zur Aufmerksamkeitsprüfung (KiTAP)	6–10 Jahre	Reaktion auf zwei alternierende Reize. Ein grüner und ein blauer Drache sollen abwechselnd durch ein Tor gelassen werden, Dabei soll zunächst die Taste der Seite gedrückt werden, auf der sich der grüne Drache befindet, bei der nächsten Präsentation soll die Taste auf der Seite gedrückt werden, auf der sich der blaue Drache befindet. 	113
Testbatterien und Testsammlungen			
Test zur Erfassung von Konzentration und Aufmerksamkeit im Kindergartenalter (TEA-Ch-K)	4;0–6;6 Jahre	Die einzelnen Verfahren: – Eulensuche: Paare von identischen Eulen müssen eingekreist, nicht identische Paare ignoriert werden; zur motorischen Kontrolle werden auf einer zweiten Vorlage nur identische Paare präsentiert, die einzukreisen sind. – Eulenpost: Auf einen akustischen Reiz hin müssen die Eulen markiert werden. Wenn der Reiz unmittelbar von einem anderen akustischen Reiz gefolgt wird, darf die folgende Eule nicht markiert. – Zauberwald: In 60 Sekunden müssen so viele Drachen wie möglich eingekreist werden. Die eingekreisten Drachen müssen mit einer Linie verbunden werden.	Bd. 3

		– Feuerdrachen: Immer, wenn in einer Abfolge von Tönen zu einem Ton eine Farbe genannt wird, muss ein Drache der entsprechenden Farbe eingekreist werden. – Eulensuche und Feuerdrachen: Es müssen gleichzeitig Paare identischer Eulen eingekreist und beim gleichzeitigen Hören von Ton UND Farbe entsprechend farbige Feuerdrachen eingekreist werden. – Gleichwelt/Verhexte Welt: In der „Gleichwelt“ müssen die kongruenten Farben der (gelben) Bananen und (roten) Kirschen genannt werden, in der „Verhexten Welt“ die inkongruente Farbe.	
Kinderversion der Testbatterie zur Aufmerksamkeitsprüfung (KiTAP)	6–10 Jahre	Die einzelnen Verfahren: – Ablenkbarkeit, Fokussierte Aufmerksamkeit – Alertness – Daueraufmerksamkeit – Flexibilität – Geteilte Aufmerksamkeit – Go/Nogo – Vigilanz – Visuelles Scanning	Bd. 3
Testbatterie zur Aufmerksamkeitsprüfung (TAP)	6–18 Jahre	Die einzelnen Verfahren: – Alertness – Arbeitsgedächtnis – Augenbewegung – Daueraufmerksamkeit – Flexibilität – Gesichtsfeld-/Neglectprüfung – Geteilte Aufmerksamkeit – Go/Nogo-Test – Inkompatibilität – Intermodaler Vergleich – Verdeckte Aufmerksamkeitsverschiebung – Vigilanz – Visuelles Scanning	Bd. 1

Wahrnehmungs- und Aufmerksamkeitsfunktionen (WAF) (Wiener Testsystem, WTS)	7–17 Jahre 16–77 Jahre	Die einzelnen Verfahren: – Alertness, WAFA – Daueraufmerksamkeit/Vigilanz, WAFV – Räumliche Aufmerksamkeit/Neglect, WAFR – Selektive Aufmerksamkeit, WAFS – Fokussierte Aufmerksamkeit, WAFF – Geteilte Aufmerksamkeit, WAFG – Wahrnehmungsprüfung Mit Ausnahme der räumlichen Aufmerksamkeit werden alle Aufmerksamkeitsfunktionen in der visuellen und auditiven Modalität, z.T. auch crossmodal untersucht. Viele Aufgaben ermöglichen die separate Erfassung automatischer („bottom-up") und kontrollierter („top-down") Aufmerksamkeitsprozesse durch Reaktion auf Reize mit ansteigender bzw. sich abschwächender Reizintensität.	Bd. 1
Testreihe zur Prüfung der Konzentrationsfähigkeit (TPK)	2.–6. Klasse	3 Untertests: 1) Abschreiben eines vorgegebenen Textes. Nach jeweils 2 Minuten wird das Kind unterbrochen und soll die Stelle kennzeichnen, bis zu der es gekommen ist. 2) Das Kind muss sich eine Geschichte anhören und sich die vorkommenden Tiere merken. Später sollen alle gemerkten Tiere aufgeschrieben werden. 3) Rechnen von Additions- und Subtraktionsaufgaben. Nach 2 Minuten soll die Stelle, bis zu der das Kind gekommen ist, gekennzeichnet werden. Erfasst Leistungsmenge, Leistungsgüte und Stabilität bei wechselnden konzentrativen Anforderungen.	

Test of Everyday Attention for Children (TEA-Ch)	6–11 Jahre	9 Untertests, die den Bereichen „Selektive/fokussierte Aufmerksamkeit“, „Daueraufmerksamkeit“ und „Aufmerksamkeitskontrolle/-verlagerung“ zugeordnet werden können. 1) Sky Search: „Identische Raumschiffe“ sollen markiert werden. Im zweiten Aufgabenteil sind alle Raumschiffe zu markieren. 2) Score: „Score“ Geräusche sollen gezählt werden. 3) Creature Counting: Aliens müssen vorwärts oder rückwärts gezählt werden. 4) Sky Search Parallelaufgabe: Sky Search Aufgabe und Score Aufgabe gemeinsam. 5) Map Mission: Bestimmte Ziele sollen auf einer Karte gefunden werden. 6) Score Parallelaufgabe: Score Aufgabe und parallel soll auf Tiernamen geachtet werden. 7) Walk, Don't Walk: Mithilfe eines Stifts sollen sich die Kinder auf einem Spielplan fortbewegen. Ein Schritt für jeden Ton, manche Töne signalisieren dem Kind aufzuhören bzw. „stehen“ zu bleiben. 8) Opposite Worlds: Die Kinder folgen einem Weg, indem sie die Zahlen 1 und 2 auf dem Weg benennen („Same World“). In der „Opposite World“ müssen die Zahlen mit der jeweils anderen Bezeichnung benannt werden (1=2, 2=1). 9) Code Transmission: 12 Minuten lang wird eine monotone Reihe von Zahlen abgespielt. Das Kind soll die Zahlen nennen, die vor zwei Fünfern bzw. Siebenern stehen.	Bd. 3

Continuous Attention Performance Test (CAPT)
Untertest

Esther Starzacher, Karsten Nubel & Günter Grohmann
unter Mitarbeit von Kirsten Gaupp & Yvonne Pfeiffer

Göttingen: Hogrefe, 2007

Zusammenfassende Testbeschreibung

Zielsetzung und Operationalisierung

Konstrukte
Computerisiertes Testverfahren mit zwei Untertests, die verschiedene Aufmerksamkeitsaspekte modalitätsspezifisch erfassen.
Untertests: Visuelle Wahrnehmung, auditive Wahrnehmung.

Testdesign
Der CAPT ist ein Einzeltest zur Prüfung der Aufmerksamkeit in den Modalitäten visuelle und auditive Wahrnehmung durch zwei unterschiedliche computerisierte Testaufgaben mit analoger Aufgabenstellung.
Aufgabenstellung entspricht einer „klassischen" Continous Performance Task (CPT): Fünf unterschiedliche Reize (Tierlaute bzw. Tierbilder: Pferd, Hund, Kuh, Schwein und Schaf) werden nacheinander dargeboten, dabei hat das Kind die Aufgabe, auf die Zielsequenz Pferd-Hund mit Drücken der Leertaste „ganz schnell" zu reagieren.
Angeboten werden verschiedene Testversionen: a) Standardform, b) Kurzform (nicht normiert). Alle Testversionen sind als Computerprogramm konzipiert: Testdarbietung und Testauswertung sind vollständig automatisiert.

Angaben zum Test

Normierung
Alter: Gesunde Kinder: Zwei Altersgruppen: 5–7 Jahre (N = 121), 8–11 Jahre (N = 137); Kinder mit hyperkinetischer Störung (F90, Verdachtsdiagnose): Altersgruppe: 7–10 Jahre (N = 84).
Bildung: Keine Normen.
Geschlecht: Keine Normen.

Material
Manual, Testsoftware: Hogrefe TestSystem (HTS; inkl. Auswertungsprogramm). Benötigt werden windowsbasierter Multimedia-Computer und USB-Headset.

Durchführungsdauer
Standardform: Gesamttestzeit ca. 20 Minuten (inkl. Instruktionen und Übungssequenzen; reine Testzeit ca. 16 Minuten, jeder Untertest dauert 9 Minuten, wobei nach 4 Minuten eine 1-minütige Pause und zwischen den beiden Untertests eine 2-minütige Pause vorgesehen ist).

*Du siehst hier fünf verschiedene Tiere. Ein Pferd, einen Hund, eine Kuh, ein Schwein und ein Schaf. Die Tiere kommen immer nacheinander. Deine Aufgabe ist es, immer ganz schnell auf die Leertaste zu drücken (dabei wird dem Kind gezeigt, welches die Leertate ist), wenn nach dem **Pferd** der **Hund** kommt. Also immer nach dem Pärchen **Pferd – Hund** und nur, wenn zuerst das Pferd und danach der Hund kommt. Wir üben das jetzt erst mal. Du kannst deinen Finger schon mal bereitlegen. Also immer nach **Pferd – Hund** drücken.* *Wenn du jetzt mit dem Test beginnen willst, wähle den Befehl „Beginnen".*	*Nun kommt der zweite Teil. Die Aufgabe ist die gleiche, nur dass jetzt anstelle von Bildern **Geräusche** kommen. Deine Aufgabe ist es wieder, immer ganz schnell auf die Leertaste zu drücken, wenn nach dem **Geräusch des Pferdes** das **Geräusch des Hundes** kommt. Also immer nach dem Pärchen **Pferd – Hund** und nur, wenn zuerst das Pferd und danach der Hund kommt. Wir üben das jetzt erst mal. Du kannst deinen Finger schon mal bereit legen. Also immer nach **Pferd – Hund** drücken.* *Wenn du jetzt mit dem Test beginnen willst, wähle den Befehl „Beginnen".*

Instruktion visueller und auditiver Untertest (Quelle: Seite 26–27 im Manual)

Testkonstruktion

Design

Aufgabe
Der CAPT besteht aus zwei Untertests mit analoger Aufgabenstellung (vgl. Abb.). Untertest visuelle Wahrnehmung: Dem Proband werden fünf unterschiedliche, leicht zu unterscheidende Reize, Tierbilder von Pferd, Hund, Kuh, Schwein und Schaf, am Computer nacheinander dargeboten. Die Aufgabe ist es dabei, auf die Zielsequenz Pferd-Hund mit Drücken der Leertaste ganz schnell zu reagieren.
Untertest auditive Wahrnehmung: Analoges Design – aber: mit auditiver Reizdarbietung, das heißt es werden Tierlaute von Pferd, Hund, Kuh, Schwein und Schaf am Computer nacheinander dargeboten.
Jeder Untertest besteht insgesamt aus 320 Einzelreizen, jeder Reiz wird 600 Millisekunden lang präsentiert und der zeitliche Abstand zu jedem nächsten Reiz (Interstimulusintervall) beträgt 900 Millisekunden. Die Zielsequenz Pferd-Hund erscheint innerhalb eines Untertests 40-mal. Die Serie der Reizdarbietung ist in den beiden Untertests nicht identisch, wodurch laut Manual ein Einprägen der Reihenfolge verhindert werden soll. Zu Beginn jedes Untertests wird eine Übungssequenz durchlaufen, die aus 17 Einzelreizen besteht und die Zielsequenz Pferd-Hund insgesamt 3-mal enthält. Bei Falschantworten erfolgt hier eine Rückmeldung durch den Computer, diese ist vom Untersucher klar und deutlich vor zulesen. Erst wenn die Aufgabenstellung sicher verstanden wurde, beginnt der Testdurchlauf.

Die Bearbeitung der Aufgaben erfolgt am Computer. Bleibt die geforderte Reaktion auf die Zielsequenz aus, kommt es zu einem Auslassungs- bzw. Omissionfehler. Reagiert der Proband auf eine andere Sequenz als die Zielsequenz, kommt es zu einem Aktions- bzw. Commissionfehler (sogenannte Ergänzungsfehler, Fehler durch Reaktion zum falschen Zeitpunkt). Es werden Art und Anzahl der Fehler erfasst sowie Reaktionszeiten (in Millisekunden) und Variabilität der Reaktionszeiten (in Prozent).

Konzept

„Der Continuous Attention Performance Test (CAPT) wurde mit dem Ziel entwickelt, einen computergestützten Aufmerksamkeitstest für Kinder ab dem Vorschulalter zur Verfügung zu stellen, der die Aufmerksamkeit in den Modalitäten der visuellen und auditiven Wahrnehmung misst“ (S. 7). Laut Manual ist es möglich, durch die Anwendung des CAPT Erkenntnisse darüber zu gewinnen, ob Aufmerksamkeitsdefizite supramodaler oder modalitätsspezifischer Natur sind. Als Vorbild für das Testdesign diente die klassische „Vigilanz-Aufgabe“ (Continuous Performance Test, CPT; nach Rosvold et al., 1956), die typischerweise zur Bewertung der Aufmerksamkeit und Impulsivität eingesetzt wird und in der Probanden aufgefordert sind, eine Reaktion (meist per Knopfdruck) auf einen Zielreiz (Target-Stimulus) zu zeigen. Hierbei wird die Fähigkeit einer Person gemessen, sich für eine gewisse Zeitspanne auf eine Aufgabe zu konzentrieren (anhaltende Aufmerksamkeit); diese Fähigkeit wiederum ist laut Manual mit Impulsivität, respektive kognitiver Inhibition, assoziiert.

Variablen

In den zwei Untertests werden als Variablen erhoben: Reaktionsfehler (Omission, Commission), Reaktionszeiten (in Millisekunden), Variabilität der Reaktionszeiten (in Prozent).
Die Berechnung und Auswertung der Kennwerte erfolgt über den gesamten Testdurchlauf sowie für die Untertests bzw. die einzelnen Serien der Untertests separat. Zusätzlich werden die Kennwerte zwischen den Untertests visuelle und auditive Wahrnehmung verglichen.
Die Standardauswertung erfolgt automatisch im Vergleich zur Gesamtnorm; über die Menütaste Normwahl ist es möglich die Ergebnisse auch im Vergleich zu altersspezifischen Normen oder altersspezifischen Normen für Kinder mit hyperkinetischer Störung (F90, Verdachtsdiagnose) auszugeben.
Übersicht über Kennwerte der Standardauswertung:

- Anzahl Omission-Fehler (Auslassungen)
- Anzahl Commission-Fehler (Ergänzungen)
  Fehler-1 (erstes Zeichen anders): Nicht Pferd-Hund
  Fehler-2 (zweites Zeichen anders): Pferd-Nicht Hund
  Fehler-3 (beide Zeichen anders): Nicht Pferd-Nicht Hund

- Reaktionszeiten (in Millisekunden)
- Variabilität der Reaktionszeiten (in Prozent)
- Reaktionszeit-Index (in Prozent)
- Variabilitätsdifferenz (in Prozent)
- Omission-Fehlerdifferenz (auditiv zu visuell)
- Commission-Fehlerdifferenz (auditiv zu visuell)

Für alle Variablen existieren Normen. Lediglich für die Fehler-Skalen wurden zusätzlich Quantilnormen errechnet, da keine Normalverteilung der Testwerte gegeben war, sondern eine deutliche Häufung der Testwerte im unteren Bereich. Die Quantilnormen werden mittels einer textlichen Interpretation in der Merkmalsübersicht umgesetzt.

Durchführung

Testdurchführung und Testauswertung sind vollständig automatisiert. Voraussetzung für die Testdurchführung ist das installierte HTS-Programm, ansonsten ist laut Manual die Durchführung und Auswertung des CAPT ohne spezifische Vorkenntnisse möglich.

a) Allgemeine Instruktion, die den Proband mit der Bedienung des HTS-Programms vertraut machen soll. Wichtiger Hinweis: Alle Instruktionen sollten von dem Testleiter immer klar und deutlich vorgelesen werden.
b) Instruktion zu jedem Untertest mit kurzer Übungssequenz von 17 Reizen (3 Zielsequenzen Pferd-Hund; Interstimulusintervall: 900 Millisekunden); analoges Design für visuellen und auditiven Untertest. Bei einer falschen Antwort erfolgt eine Rückmeldung des Computers je nach Art des Fehlers. Wichtiger Hinweis: Die Rückmeldungen sollten von dem Testleiter ebenso klar und deutlich vorgelesen werden. Zudem kann die Übungssequenz wiederholt werden, wenn das Kind die Aufgabenstellung noch nicht verstanden hat. Erst wenn die Aufgabe sicher verstanden wurde, sollte mit der Testphase begonnen werden.
c) Testphase: Bevor der jeweilige Testdurchlauf gestartet oder nach einer Pause fortgesetzt wird, werden auf dem Bildschirm 10 Sekunden Countdown heruntergezählt. Dabei erscheint der Hinweis: „Achtung, es geht gleich weiter“. Zwischen den 2 Serien jedes Untertests (je 4 Minuten) ist jeweils eine 1-minütige Pause, zwischen den 2 Untertests eine 2-minütige Pause vorgesehen. Das Programm speichert die Antworten.

Wichtiger Hinweis: Die Tastenkombination *strg a* führt zurück ins Testauswahlmenü mit Speicherung der Daten; die Tastenkombination *strg b* führt zurück ins Testauswahlmenü *ohne* Speicherung der Daten.

Auswertung

Die Auswertung der Testergebnisse erfolgt automatisiert durch das Programm – je nach Voreinstellung: Standardauswertung (automatischer Vergleich mit Gesamtnorm), differenzierte Auswertung (Möglichkeit der

Normwahl: Vergleich mit altersspezifischer Gruppennorm oder Vergleich mit altersspezifischer Gruppennorm für Kinder mit hyperkinetischer Störung, F90 Verdachtsdiagnose) oder Auswertung der Einzelitems. Ferner besteht die Möglichkeit die Ergebnisse in einem Profilblatt, das heißt in einem graphischen Ergebnisprofil, welches die Testergebnisse des Probanden in Bezug zur Norm veranschaulicht, darzustellen.

Normen
Neben Gesamtnormen (N=258) existieren spezifische Normen für:
Alter: Zwei Altersgruppen: 5–7 Jahre (*N*=121), 8–11 Jahre (*N*=137).
Klinische Stichprobe: Kinder mit hyperkinetischer Störung (F90, Verdachtsdiagnose): Altersgruppe 7–10 Jahre (*N*=84).
Bildung: Keine Normen, da laut Manual nicht bedeutsam; Fünf Bildungsgruppen: Vorschule (*N*=50), 1. Klasse (*N*=50), 2. Klasse (*N*=53), 3. Klasse (*N*=55), 4. Klasse (*N*=50).
Geschlecht: Keine Normen, jedoch laut Manual signifikanter Einfluss auf die Anzahl der Commission-Fehler; im Mittel wiesen Mädchen 5.7 Commission-Fehler weniger auf als Jungen; Zwei Gruppen: Mädchen (*N*=129), Jungen (*N*=129).

Gütekriterien

Objektivität
Durchführung/Auswertung: Durch die computergestützte Darbietung des Testverfahrens (wie eine genau vorgegebene Testinstruktion und eine gleichbleibende Darbietung der identischen Testitems), die direkte Registrierung und Speicherung der Antworten des Probenden sowie die Auswertung und Ausgabe der Ergebnisse im Vergleich zu einer Gesamtnorm bzw. spezifischen Norm ist laut Manual eine hohe Durchführungs- und Auswertungsobjektivität sichergestellt. Der CAPT sei deshalb insbesondere nicht von der Leistungseinschätzung und Vigilanz des jeweiligen Untersuchers beeinflusst, geschweige denn abhängig.

Reliabilität
Interne Konsistenz: keine Angaben
Paralleltest-Reliabilität: keine Angaben
Retest-Reliabilität: keine Angaben
Weitere Reliabilitätsmaße: keine Angaben

Validität
Konstruktvalidität: keine Angaben
Konvergente/diskriminante Validität:
Laut HTS-online Handbuch konnte in ersten Validierungsstudien nachgewiesen werden, dass der CAPT zwischen gesunden Kindern und Kindern mit Auditiver Verarbeitungs- und Wahrnehmungsstörung (AVWS) differenziert. Die diskriminante Validität sei anhand von Tests zur visuellen und auditiven Wahrnehmung und zur allgemeinen Intelligenz geprüft und bestätigt worden.

Kriteriums- bzw. klinische Validität: keine Angaben
Ökologische Validität: keine Angaben

Nebengütekriterien
Akzeptanz: keine Angaben
Transparenz: keine Angaben
Zumutbarkeit: keine Angaben
Verfälschbarkeit: keine Angaben
Störanfälligkeit: keine Angaben

Neuropsychologische Aspekte

Theoretischer Rahmen

Unter Bezugnahme auf neuropsychologische Modelle der Aufmerksamkeit wird einleitend das Konstrukt Aufmerksamkeit in seinen unterschiedlichen Facetten umrissen (siehe S. 5–7).
In der einleitenden Ausführung liegt der Fokus vor allem auf der Aufmerksamkeit als Schutzfunktion des Organismus, die durch schnelle Reaktion und geringe Ablenkbarkeit, sogenannter selektiver Aufmerksamkeit, eine adäquate und damit adaptive Anpassung des Menschen an Umweltherausforderungen ermögliche. Selektive Aufmerksamkeit (Fokussieren) könne dabei sowohl innerhalb einer Sinnesmodalität (modalitätsspezifisch) wie auch zwischen unterschiedlichen Sinnesmodalitäten (supramodal) von Bedeutung sein. Bei der Entstehung von Aufmerksamkeitsstörungen können somit, was häufig in bestehenden neuropsychologischen Testverfahren vernachlässigt werde, Defizite in der visuellen und/oder auch in der auditiven Wahrnehmung eine entscheidende Rolle spielen. Laut Manual sind beispielsweise bei der Aufmerksamkeitsdefizit-/Hyperaktivitätsstörung (ADHS) situations- und modalitätsübergreifende Aufmerksamkeitsdefizite und bei der Auditiven Verarbeitungs- und Wahrnehmungsstörung (AVWS) modalitätsspezifische, speziell auditive Aufmerksamkeitsdefizite anzunehmen. Da bis dato Testverfahren die Erfassung der visuellen Aufmerksamkeit fokussiert hätten, sei der CAPT entwickelt worden, um Aufmerksamkeit in den Modalitäten der visuellen *und* auditiven Wahrnehmung zu messen und damit wertvolle Hinweise für Diagnostik bzw. Differentialdiagnostik zu liefern.

Anwendungsbereiche

Der CAPT stellt laut Manual eine objektive Methode bereit, um modalitätsspezifisches Aufmerksamkeitsverhalten bei Kindern der Vor- und Grundschule zu beschreiben. Dabei könne der CAPT genutzt werden, „um die Beobachtungen von Klinikern, Eltern oder Lehrern von schlechtem Aufmerksamkeitsverhalten zu bestätigen und eventuell auch, um Effekte von Therapien bei Kindern zu bewerten“ (S. 23). Das Verfahren liefere einen wertvollen Beitrag zur Diagnostik der Aufmerksamkeitsdefizit-/Hyperaktivitätsstörung (ADHS) sowie zur differentialdiagnostischen Abgrenzung von Teilleistungsstörungen, wie zum Beispiel der Auditiven Verarbeitungs- und Wahrnehmungsstörung (AVWS) und Lese-Rechtschreibschwäche (LRS), oder anderen Störungsbildern. Aufgrund der Sprachfreiheit des Verfahrens könne der CAPT unabhängig von der Muttersprache und auch bei Patienten mit eingeschränktem Wortschatz eingesetzt werden.

Funktionelle Neuroanatomie

Das CPT-Paradigma ist laut Manual sensitiv für Funktionsstörungen des Zentralnervensystems (ZNS) unterschiedlicher Natur; dies sei insofern der Fall, da jede Störung, die sich nachteilig auf die Aufmerksamkeit und Selbstregulation einer Person auswirkt, auch deren CPT-Leistung beeinträchtigen kann. Nach Rosvold und Kollegen (1956) identifiziert der X-Type CPT 84 bis 90 Prozent der Patienten mit Hirnschäden korrekt. Jedoch ist die Spezifität des CPT bei der Differenzialdiagnose verschiedener ZNS-Funktionsstörungen noch fraglich.
Zum CAPT, der, wie unten weiter ausgeführt wird, auf dem CPT-Paradigma (der klassischen Vigilanz-Aufgabe zur Untersuchung von Aufmerksamkeit und Hyperaktivität) basiert, gibt es diesbezüglich keine Angaben im Manual.

Ergebnis-beeinflussende Faktoren

Laut Manual ist der CAPT ein geeignetes Instrument zur Beurteilung der Aufmerksamkeit; jedoch mit den Einschränkungen, dass das Testergebnis von Faktoren wie Motivation, Compliance und Tagesform des Probanden abhängt und dass Aufmerksamkeitsdefizite häufig eine deutliche Variabilität ihrer Ausprägung zeigen. Außerdem sei, wie bei jedem Testverfahren, die Scheingenauigkeit von Testergebnissen (ein Proband mit acht Fehlern muss nicht schwächer sein als ein Proband mit fünf Fehlern), die Schwierigkeit, dass ein Test nur eine Momentaufnahme liefert (und über die Veränderungsmöglichkeiten einer Person keine Aussage gibt) sowie die Verfälschbarkeit und Trainierbarkeit von Testresultaten zu berücksichtigen.
Allgemein gilt laut Manual die Empfehlung, dass eine sichere Diagnosestellung immer mehrerer Informationsquellen bedarf. Der CAPT sollte daher als *eine* solche Quelle im Prozess der Beurteilung des einzelnen Kindes angesehen und eingesetzt werden, nicht aber als alleiniges Kriterium für eine Diagnosestellung.

Testentwicklung

Der CAPT wurde nach dem Vorbild des Continuous Performance Test (CPT; nach Knye, Roth, Westhus & Heine, 1996) an der Klinik für Audiologie und Phoniatrie (Klinik für Stimm-, Sprach- und Hörstörungen, Direktor: Prof. Dr. med. M. Gross) des Universitätsklinikums Benjamin Franklin der Charité in Berlin entwickelt.

Das CPT-Paradigma ist ein klassisches Testformat, das zur Bewertung von Aufmerksamkeit und Impulsivität eingesetzt wird. Dabei wird von dem Proband eine Reaktion, meist per Knopfdruck, auf einen Zielreiz (Target-Stimulus) gefordert. Dadurch wird die Fähigkeit der Person gemessen, sich für eine gewisse Zeitspanne auf eine Aufgabe zu konzentrieren (auch Vigilanz oder anhaltende Aufmerksamkeit); diese Fähigkeit wiederum ist mit Impulsivität, respektive kognitiver Inhibition, assoziiert. Die Leistungsfähigkeit des Proband wird typischerweise in Form von verpassten Antworten (Auslassungs- oder Omissionfehlern) oder falschen Antworten (Aktions- oder Commissionfehlern) bewertet. Viele solcher Vigilanz-Aufgaben sind Modifikationen der Original-Aufgabe X-Type CPT nach Rosvold und Kollegen (1956). In dieser Aufgabe wurden einzelne Buchstaben mit einem Interstimulusintervall von 920 Millisekunden visuell präsentiert; dabei war der Proband aufgefordert mit Drücken eines Hebels zu reagieren, wann immer der Buchstabe X als festgesetzter Targetreiz erschien. Sobald ein anderer Buchstabe als das X erschien, sollte nicht reagiert werden. Laut Manual sind seit 1956 verschiedene CPT-Variationen, in denen primär die Aufgabenparameter (Stimulusart, Stimulusqualität, Interstimmulusintervall) variieren, zur Erfassung und Bewertung der Aufmerksamkeit und Impulsivität verwendet worden. Der Target-Stimulus sei bisher jedoch meist separat in der visuellen Modalität (Nummer, Bild, Wort, Farben oder Buchstaben) oder, jedoch sehr selten, separat in der auditiven Modalität (Töne, Zahlen oder Buchstaben) getestet worden. Eine kombinierte Testung mittels visuellen und auditiven Stimulus-Materials haben laut Manual bisher nur sehr wenige CPTs ermöglicht (zum Beispiel Integrated Visual and Auditory Continuous Performance Test, IVA nach Sandford & Turner, 1995). Zudem seien viele dieser CPTs in ihrer Durchführung und Auswertung stark vom Untersucher, dessen Leistungseinschätzung und vor allem dessen Vigilanz, abhängig.

Im Gegensatz zum CPT-Vorbild, misst der CAPT mit analoger Aufgabenstellung Aufmerksamkeit und Impulsivität nicht nur in der visuellen, sondern auch in der auditiven Sinnesmodalität. Wodurch es laut Manual möglich wird, „Aufmerksamkeit als beeinflussende Komponente aller subjektiven Testverfahren als isolierte Leistung zu erfassen und eine eingeschränkte Aufmerksamkeitsleistung auf eine eventuell vorhandene Modalitätsspezifität, wie sie im Konzept der auditiven Verarbeitungs- und Wahrnehmungsstörung angenommen wird, zu überprüfen" (S. 12).

Die erste Entwicklungsversion des CAPT bestand aus vier Testabschnitten (jeweils 4 Minuten). In allen Abschnitten betrug das Interstimulusintervall 2 Sekunden. Die ersten drei Abschnitte waren visuelle Aufgaben mit einer Bild-Darbietungszeit von 200 Millisekunden (erster und zweiter Abschnitt) bzw. 500 Millisekunden (dritter Abschnitt). Der vierte Abschnitt bestand aus auditiven Aufgaben mit einer Ton-Darbietungszeit von 1 Sekunde. Pro Abschnitt kam die Zielsequenz Pferd-Hund 16-mal

vor. Die Reizabfolge war in den Untertests identisch. Eine Vorstudie an acht erwachsenen Probanden (mittleres Alter 25;11 Jahre; 4 Frauen, 4 Männer) zeigte, dass die zeitliche Position der Zielsequenz teilweise erinnert werden konnte und die Reizabfolge als langsam empfunden wurde. Daraufhin wurden folgende Veränderungen am CAPT-Format vorgenommen: 1) Unterteilung in einen visuellen und auditiven Untertest mit jeweils 2-mal 4 Minuten Länge; 2) Reduktion des Interstimulusintervalls auf 1,5 Sekunden (900 Millisekunden); 3) Veränderung der Darbietungsreihenfolge der Testitems in den Untertests; 4) Identische Untertests, um einen Abfall der Vigilanz über die Zeit klarer erkennen und darstellen zu können. Diese neue, heute als Standardform bekannte Testversion wurde in der Pilotstudie von Starzacher (2006) an 31 gesunden Kindern der zweiten bis fünften Grundschulklasse (Alter 8;1–11;9 Jahre; 15 Mädchen, 16 Jungen) und 20 Kindern mit AVWS der zweiten bis sechsten Klassenstufe (Alter 8;5–12;9 Jahre; 9 Mädchen, 11 Jungen) vergleichend untersucht. Die Gruppe der Kinder mit AVWS zeigte signifikant schwächere Leistungen im CAPT als die gesunden Kinder der Vergleichsgruppe; die Leistungen der Kinder mit AVWS waren ferner im auditiven Untertest signifikant schwächer als im visuellen Untertest des CAPT. Laut Manual zeigt sich hiermit bestätigt, dass durch den CAPT ein modalitätsspezifisches, speziell auditives Aufmerksamkeitsdefizit, welches bei der AVWS als ursächlich angenommen wird, von einem allgemeineren, supramodalen Aufmerksamkeitsproblem, welches bei der ADHS als ursächlich angenommen wird, abzugrenzen ist.
Im Manual wird die Standardform des CAPT vorgestellt als ein computergestützter und modalitätsspezifischer Aufmerksamkeitstest, der aufgrund dessen in der Durchführung weder aufwendig noch teuer ist sowie sprachfrei, kindgerecht und vom Untersucher unabhängig im klinischen Alltag anwendbar. Das Testverfahren diene einer differenzierten Beurteilung der auditiven und visuellen Aufmerksamkeit, somit insbesondere dazu zwischen einer allgemeinen supramodalen und einer modalitätsspezifischen, rein auditiven oder rein visuellen Aufmerksamkeitseinschränkung zu unterscheiden.

Testbewertung

Die Kritik im Überblick

Der CAPT, insbesondere dessen Modalitätsspezifität und damit die Option zur Beurteilung von modalitätsspezifischen und/oder supramodalen Aufmerksamkeitsdefiziten, stellt eine gelungene und ökonomische Erweiterung der CPT-Familie dar. Dabei ist die computergestützte Form der Testdarbietung und Testauswertung besonders positiv hervorzuheben. Die Durchführung und Anwendung des CAPT ist so schnell und einfach, standardisiert und strukturiert sowie kindgerecht und unabhängig von Sprachkompetenz des Probanden oder Aufmerksamkeitsleistung des Testleiters. Bedauerlicherweise ist der CAPT jedoch unzureichend normiert und es liegen keine aussagekräftigen Studien zur Überprüfung der Güte des Verfahrens vor.

Testkonstruktion

Testmaterial

Die vollständig computergestützte Form der Darbietung und Auswertung des CAPT ist positiv hervorzuheben. Das Hogrefe Testsystem (HTS), über das der CAPT ausgeführt wird, ist übersichtlich strukturiert und komfortabel in der Handhabung. Zudem beinhaltet das Manual eine knappe, aber ausreichende Einführung in die technischen Besonderheiten der Anwendung, Durchführung und Auswertung des CAPT mittels des HTS-Programms.
Hinweis: Die windowsbasierte Testsoftware entspricht den heutigen technischen Standards, jedoch ist diese nicht Macintosh-kompatibel.

Testdesign

Konzept: Der CAPT stellt stellt eine gelungene Erweiterung der CPT-Familie zur Bewertung von Aufmerksamkeit und Hyperaktivität im Vor- und rundschulalter dar. Die kombinierte Erfassung der Aufmerksamkeitsdefiziten in den Modalitäten visuelle und auditive Wahrnehmung bei analoger Aufgabenstellung ermöglicht eine verbesserte Diagnostik bei Aufmerksamkeitsstörungen; insbesondere bei der Differentialdiagnostik der Aufmerksamkeitsdefizit-/Hyperaktivitätsstörung (ADHS) und der Auditiven Verarbeitungs- und Wahrnehmungsstörungen (AVWS). Es bleibt dennoch – wie von den Autoren bereits angemerkt – nicht zu vernachlässigen und damit kritisch anzumerken, dass der Einsatz des CAPT eine umfassende Diagnostik inklusive Anamnese und Verhaltensbeobachtung nicht ersetzen kann; vor allem nicht, da die Normierung des Verfahrens unzureichend ist und die Güte des Verfahrens nicht umfassend überprüft wurde. Prinzipiell ist der CAPT als *eine* weitere Informationsquelle im Prozess der Beurteilung von Aufmerksamkeitsdefiziten zu verstehen und nicht als alleiniges Kriterium für eine Diagnosestellung.
Variablen: Neben der Reaktionsgeschwindigkeit (in Millisekunden) und der Variabilität der Reaktionsgeschwindigkeit (in Prozent) sind die Art und Anzahl der Fehler (Omission, Commission) weitverbreitete Kennwerte für eine Leistungsbeurteilung im Rahmen der Diagnostik von Aufmerksamkeitsdefiziten.
Die Anzahl der Fehler ist laut Manual das wichtigste Merkmal zur Unterscheidung von diagnostischen Gruppen (siehe S. 29). Klinische Erfahrung hat zudem jedoch gezeigt, dass eine reine Blickdiagnose

bezüglich der Reaktionsgeschwindigkeit und deren Variabilität im Profil über die Einzelitems bereits aufschlussreich sein kann; eine Unterscheidung der Reaktionsfehler in Fehler durch Unaufmerksamkeit (Auslassungs- oder Omissionfehler) versus Fehler durch Impulsivität (Aktions- oder Commissionfehler) ist nicht für alle Patientengruppen, vor allem nicht für unterschiedliche ADHS-Typen, aussagekräftig und daher kritisch zu hinterfragen. Laut Manual und HTS-online Handbuch differenziert der CAPT zwischen gesunden Kindern und Kindern mit Auditiver Verarbeitungs- und Wahrnehmungsstörung (AVWS); es konnten diesbezüglich aber keine aussagekräftigen Validierungsstudien gefunden werden.
Durchführung und Auswertung: Durchführung und Auswertung erfolgen für den Gesamttest sowie jeden Untertest bzw. jede Serie der Untertests einzeln und PC-gestützt; dies ist ohne spezifische Vorkenntnisse gut handhabbar. Die Anwendung (Instruktionen, Übungsphase, etc.) ist kindgerecht und Schritt für Schritt in einfachen klaren Worten erklärt. Dadurch ist eine strukturierte und standardisierte Durchführung und breite Anwendung des Verfahrens im klinischen Alltag gewährleistet, die von der Leistungseinschätzung und Vigilanz des Untersuchers unabhängig ist und gegebenenfalls auch sprachfrei (unabhängig von Muttersprache und Wortschatz des Kindes)durchführbar ist. Vorteilhaft ist darüber hinaus, dass die Auswertung automatisiert erfolgt, dabei besteht die Möglichkeit spezifische, auch klinische Vergleichsgruppen als Referenz auszuwählen sowie die Ergebnisse in einem graphischen Profilblatt zur besseren Veranschaulichung auszugeben.

Normierung
Stichprobe: Die Normstichprobe ist mit 258 Probanden klein, eine Differenzierung in die verschiedenen Klassenstufen (mit ca. 50 Probanden pro Gruppe) war daher nicht möglich. Es konnten lediglich altersspezifische Normen für zwei Altersgruppen, 5–7 Jahre und 8–11 Jahre, berechnet werden; diese weisen eine große Spannbreite auf und sind daher kritisch zu bewerten. Eine erneute, differenzierte Normierung an einer großen repräsentativen, auch klinischen Stichprobe wäre wünschenswert.
Normen: Im Rahmen der Auswertung des CAPT mittels HTS-Programm ist es möglich neben der automatisch eingestellten Gesamtnorm alternativ die altersspezifische Norm und die Norm für Kinder mit hyperkinetischer Störung (F90, Verdachtsdiagnose) auszuwählen. Die knappe Darstellung der Normen im Manual und HTS-online Handbuch hat nur orientierenden Charakter.
Wie bereits ausgeführt, sind die bestehenden Normen aufgrund der kleinen Normstichprobe kritisch zu betrachten. Die Einteilung in zwei Altersgruppen (5–7 Jahre und 8–11 Jahre) anhand der Skalen Omission- und Commission-Fehler, die den Unterschied zwischen 7- und 8-jährigen Probanden laut Manual „recht gut“ (S. 34) abbildet, ist

zudem kritisch zu hinterfragen; inhaltlich wird diese Einteilung nur teilweise nachvollziehbar. Die Begründung laut Manual, dass „auf diese Weise zwei relativ gleich große Subgruppen entstehen (*N*= 121 und *N*= 137)" (S. 35) und so varianzanalytisch die Unterschiede in diesen beiden Altersgruppen auf allen Skalen signifikant werden, genügt nur hinreichend. Eine mögliche Konfundierung durch Bildungseffekte, insbesondere bei einer derart großen Altersspannbreite innerhalb der Gruppen, ist nicht außer Acht zulassen; klassen- respektive bildungsspezifische Normen könnten eine noch größere Differenzierung ermöglichen und zudem interessante Einblicke in Einflussfaktoren, die über Ländergrenzen hinweg wirken, liefern.

Gütekriterien
Es werden, außer zu der Objektivität des Verfahrens, keine expliziten Angaben über Gütekriterien oder nachvollziehbare Verweise auf Studien, in denen diese umfassend untersucht wurden, gemacht. Einzig im HTS- online Handbuch wird knapp auf erste Validierungsstudien verwiesen, die die diskriminante Validität des Verfahrens bestätigt haben sollen; diese oder ähnliche aussagekräftige Studien konnten jedoch nicht recherchiert werden. In den genannten Studien von Starzacher (2002, 2006) beschränkte sich die Stichprobengröße auf wenige 15 Probanden und es wurde lediglich eine theoretische Ableitung der Validität des CAPT vorgenommen. Studien zur Überprüfung der Gütekriterien, insbesondere zur Sensitivität und Spezifität des Verfahrens, anhand von repräsentativen, auch klinischen Stichproben wären daher wünschenswert.

Testentwicklung
Die Testentwicklung ist gut nachvollziehbar im Manual ausgeführt.

Neuropsychologische Aspekte

Theoretischer Rahmen
Im Manual werden einleitend neuropsychologische Modelle und Aspekte der Aufmerksamkeit im Allgemeinen und der selektiven Aufmerksamkeit im Speziellen umrissen. Der Bezug zu den im Testverfahren operationalisierten Konzepten und deren klinischer Relevanz ist – auch für fachfremde Anwender – gut nachvollziehbar und verständlich dargestellt.

Anwendungsbereiche
Positiv hervorzuheben ist die ausführliche Darstellung möglicher Anwendungsbereiche im Manual und der mit einer Anwendung des CAPT verbundenen Vorteile; Nachteile werden nicht besprochen.
Im Bereich der Differentialdiagnostik bei Aufmerksamkeits- und Wahrnehmungsstörungen erscheint ein Einsatz des CAPT im klinischen Alltag vorteilhaft, da dessen Anwendung kindgerecht, sprachfrei und

ökonomisch ist. Jedoch ist zu bedenken, dass die Normierung des Verfahrens unzureichend ist und die Güte des Verfahrens nicht umfassend überprüft wurde. Aus klinischer Erfahrung bleibt ferner nicht zu vernachlässigen, dass zunächst, insbesondere zur Abgrenzung der Aufmerksamkeitsdefizit-/Hyperaktivitätsstörung (ADHS) und der Auditiven Verarbeitungs- und Wahrnehmungsstörungen (AVWS), der Einsatz weiterer neuropsychologischer Testverfahren (zum Beispiel die Testbatterie zur Aufmerksamkeitsprüfung, TAP bzw. die Kinderversion der Testbatterie zur Aufmerksamkeitsprüfung, KiTAP) sowie eine umfassende Anamnese und Verhaltensbeobachtung unbedingt notwendig ist. Es liegen bisher nur wenige anwendungsorientierte Studien, wie zum Beispiel zu Kindern mit Auditiver Verarbeitungs- und Wahrnehmungsstörung (AVWS; Starzacher (2002, 2006), vor. Weitere Studien wären wünschenswert; interessant wäre es unter anderem den Einfluss von (subklinischer) Depression auf die Aufgabenleistung im CAPT bei Kindern mit Aufmerksamkeitsdefiziten zu untersuchen.

Funktionelle Neuroanatomie

Studien zur Überprüfung der Spezifität und Sensitivität des Verfahrens für die Detektion von ZNS-Funktionsstörungen, ähnlich den Studien zu Verfahren der CPT-Familie (siehe Rosvold et al., 1956), mit repräsentativen, auch klinischen Stichproben liegen nicht vor, wären aber wünschenswert.

Ergebnisbeeinflussende Faktoren

Im Manual werden hauptsächlich ergebnisbeeinflussende Faktoren, wie zum Beispiel Motivation, Compliance und Tagesform des Probanden oder auch Testleitereffekte etc., aufgezählt, die bei vielen neuropsychologischen Testverfahren als ergebnisbeeinflussende Faktoren zu berücksichtigen sind und insofern grundlegende Einschränkungen der neuropsychologischen Diagnostik mittels Tests darstellen, also nicht CAPT-spezifisch sind. Entscheidend für die Diagnostik bei Aufmerksamkeitsstörungen erscheint aus klinischer Erfahrung darüber hinaus die Reevaluation unter Medikamenteneinnahme: Hier hat sich gezeigt, dass jeweils eine Messung der Aufmerksamkeitsleistung ohne Einnahme und unter Einnahme des Medikaments praktikabel ist und zusätzliche aussagekräftige Ergebnisse und Erkenntnisse erbringen kann; auf diese Weise kann ebenso der Therapieerfolg kontrolliert werden.

Handhabbarkeit und klinische Anwendung

Die computerbasierte Testdurchführung (und auch Testauswertung) ist in ihrer Handhabung für den geübten PC-Anwender bedienerfreundlich und selbsterklärend. Dies sollte jedoch nicht dazu verleiten, die Anwendungshinweise im Manual und HTS-online Handbuch nur sporadisch zu lesen; denn für eine standardisierte Durchführung und um ein ähnliches Aufgabenverständnis bei jedem Kind zu gewährleisten, sind im Manual Tipps und Tricks aufgeführt: Zum Beispiel kann 1) die Übungssequenz vor Beginn der Testung so oft wiederholt werden, solange jedes Kind braucht, um die Aufgabenstellung zu verstehen, 2) Rückmeldungen des Computers auf eine falsche Reaktion des Kindes während der Übungssequenz sind vom Untersucher immer klar und deutlich vorzulesen. Die Testauswertung ist prinzipiell ohne Vorkenntnisse möglich, jedoch wird automatisch nur die Gesamtnorm als Referenz verwendet; ein Vergleich zu spezifischen Normgruppen kann über den Menüpunkt Normwahl ausgegeben werden.

Klinische Erfahrung hat gezeigt, dass sich das Profilblatt (die graphische Ergebnisdarstellung) unter anderem gut dazu eignet, den Eltern bzw. Erziehungsberechtigten spezifische Stärken und Schwächen des Kindes zu veranschaulichen sowie pädagogische und/oder therapeutische Interventionsansätze zu vermitteln.

Hannah Felicitas Behrendt

Kaufman – Computerized Assessment Battery (K-CAB)

Deutsche Adaptation des französischen Originalverfahrens K-Classic

Franz Petermann (Hrsg.) unter Mitarbeit von Anne Toussaint

Frankfurt am Main: Pearson Assessment & Information GmbH, 2010

Zusammenfassende Testbeschreibung

Zielsetzung und Operationalisierung

Konstrukte
Erfassung der fokussierten Aufmerksamkeit und Impulskontrolle sowie der fluiden und kristallinen Intelligenz und der kognitiven Fähigkeiten im schulpsychologischen oder klinischen Bereich.

Testdesign
Die Testbatterie umfasst einen Untertest zur Messung der fokussierten Aufmerksamkeit und Impulskontrolle sowie vier Untertests zur Messung der Intelligenz/der kognitiven Fähigkeiten.
Aus den letzten vier Untertests wird der Allgemeine Kognitive Index (AKI) berechnet, welcher als Globalmaß die allgemeine Intelligenz des Kindes widerspiegelt. Zudem wird der Index der Sequentiellen und Simultanen Verarbeitung (ISSV) ausgegeben, in dessen Berechnung die beiden gleichnamigen Untertests einfließen. Der ISSV beschreibt die Leistung des Kurzzeitgedächtnisses und die Informationsverarbeitung. Der Untertest zur Aufmerksamkeitsmessung wird getrennt evaluiert und fließt in keinen Index ein. Zudem können die vier Untertests zur Intelligenzmessung einzeln ausgewertet werden. Alle Ergebnisse werden als standardisierte Werte (M = 100, SD = 15) ausgegeben.

Angaben zum Test

Normierung
Alter: Neun Altersgruppen, die jeweils 6 Monate umfassen, zwischen 6;6 und 10;11 Jahren. Gruppengröße: zwischen 51 und 123 Probanden.
Bildung: Grundschule.
Geschlecht: Nicht bedeutsam.

Material
Manual, CD-ROM mit Installationssoftware, Hardware Key. Benötigt werden PC (Windows 98/2000/XP/7) mit Kopfhörer oder Lautsprecher.

Durchführungsdauer
Circa 60 Minuten bei Durchführung aller Untertests.

Testkonstruktion

Design

Aufgabe

Die Testbatterie besteht aus fünf Untertests, welche im Folgenden kurz beschrieben werden.

1) Aufmerksamkeit: In Teil 1 soll das Kind mit einem Tastendruck reagieren, wenn ein lächelndes Gesicht erscheint, und nicht reagieren, wenn ein trauriges Gesicht erscheint. In Teil 2 soll das Kind nicht reagieren, wenn ein lächelndes Gesicht gezeigt wird und mit einem Tastendruck reagieren, wenn einer von sechs weiteren Gesichtsausdrücken gezeigt wird (Skala Aufmerksamkeit).
2) Wortschatz: Das Kind hört jeweils den Namen eines Objektes oder eines abstrakten Begriffs und soll danach in einer Auswahl von sechs Bildern auf dasjenige klicken, welches dem zuvor genannten Wort entspricht (Skala Wortschatz).
3) Sequentielle Verarbeitung: Das Kind hört Reihen von zwei bis zehn Namen bekannter Objekte und soll danach die entsprechenden Bilder in derselben Reihenfolge anklicken. Die Bilderauswahl enthält zudem Distraktoren (Skala Sequentielle Verarbeitung; Allgemeiner Kognitiver Index AKI; Index der Sequentiellen und Simultanen Verarbeitung ISSV).
4) Begriffsbildung: Das Kind sieht bei jeder Aufgabe sechs Bilder hintereinander und hört zu jedem Bild „Das gehört dazu" bzw. „Das gehört nicht dazu". Das Kind soll mithilfe dieser Information das entsprechende Konzept bilden. Danach werden dem Kind hintereinander fünf weitere Bilder präsentiert, und es soll jeweils entscheiden, ob das entsprechende Bild zu dem zuvor gebildeten Konzept dazugehört oder nicht (Skala Begriffsbildung; Allgemeiner Kognitiver Index AKI).
5) Simultane Verarbeitung: Zunächst werden dem Kind eines oder mehrere Bilder gleichzeitig, auf dem Bildschirm verteilt, präsentiert. Dann verschwinden die Bilder, und es erscheint ein Gitternetz mit vier bis 16 Zellen. Das Kind soll diejenigen Zellen anklicken, in deren Bereich zuvor ein Bild erschienen war (Skala Simultane Verarbeitung; Allgemeiner Kognitiver Index AKI; Index der Sequentiellen und Simultanen Verarbeitung ISSV).

Konzept

Zielsetzung der K-CAB ist es, fluide und kristalline Intelligenz sowie Aufmerksamkeit zu messen. Hierzu werden verschiedene Untertests verwendet, welche jeweils eine kognitive Fähigkeit erfassen, die Teil des Konzeptes „Intelligenz" sind, bzw. es werden im Untertest „Aufmerksamkeit" zwei Funktionen erfasst, die Teil des gleichnamigen Konzeptes sind.

Im ersten Untertest ist fokussierte Aufmerksamkeit vonnöten, um jeweils auf den Zielreiz zu reagieren. Zudem ist Impulskontrolle erforderlich, um nicht auf die Ablenker zu reagieren.

Im zweiten Untertest werden Wortschatz und Allgemeinwissen geprüft, indem das Kind jeweils ein Zielbild auswählen muss. Diese Aufgabe misst, inwieweit das Kind Wissen erworben hat und operationalisiert somit die kristalline Intelligenz sowie das Zusammenwirken aller kognitiven Teilprozesse, die zum Wissenserwerb notwendig sind.
Der dritte Untertest erfordert es, eine Reihenfolge von auditiv dargebotenen Begriffen zu speichern und korrekt wiederzugeben und operationalisiert somit das Kurzzeitgedächtnis und die sequentielle Informationsverarbeitung.
Im vierten Untertest muss das Kind Teilinformationen zu einem Ganzen integrieren, um ein Konzept zu bilden und dann überprüfen, ob das Konzept korrekt ist. Hierdurch werden die Planungsfähigkeit und die Fähigkeit zur Hypothesengenerierung und -überprüfung als Teil der exekutiven Funktionen erfasst und somit die fluide Intelligenz operationalisiert.
Der fünfte Untertest erfordert es, die räumliche Anordnung mehrerer Bilder zu speichern und korrekt wiederzugeben. Hierdurch werden das visuell-räumliche Gedächtnis und die simultane Informationsverarbeitung operationalisiert.

Variablen
Skalen (jeweils eine pro Untertest): Aufmerksamkeit, Wortschatz, Sequentielle Verarbeitung, Begriffsbildung, Simultane Verarbeitung. Indizes (jeweils die Zusammenfassung mehrerer Untertests): Allgemeiner Kognitiver Index (AKI), Index der Sequentiellen und Simultanen Verarbeitung (ISSV). Für alle Variablen gibt es Normwerte.

Durchführung
Die K-CAB wird ausschließlich als Einzeltest und am PC durchgeführt. Instruktionen für den Testleiter sowie für das Kind werden auditiv durch das Programm gegeben. Nach Eingabe der Daten des Kindes (Name, Geburtsdatum, etc.) und Start des ersten Untertests läuft das Programm autark, so dass der Testleiter sich der Beobachtung des Kindes widmen kann. In allen Untertests sind Übungsaufgaben enthalten, nach denen dem Kind jeweils rückgemeldet wird, ob es diese richtig gelöst hat. Nach Ablauf der Tests muss der Testleiter Fragen zur Motivation, Mitarbeit und Ablenkbarkeit des Kindes in der Testsituation sowie zu seiner Lebenssituation beantworten. Es kann zum einen die gesamte Batterie mit allen Untertests in fester Reihenfolge (so wie im Unterpunkt „Aufgabe" angegeben) durchgeführt werden, zum anderen gibt es drei Optionen zur teilweisen Durchführung: alle Untertests außer „Aufmerksamkeit" (die Indizes AKI und ISSV werden ausgegeben); nur die Untertests „Sequentielle Verarbeitung" und „Simultane Verarbeitung" (der Index ISSV wird ausgegeben); nur der Untertest „Aufmerksamkeit" (die Skala „Aufmerksamkeit" wird ausgegeben). In den vier intelligenzbezogenen Untertests ist die K-CAB adaptiv; d. h. der Schwie-

rigkeitsgrad der zu bearbeitenden Aufgaben wird an das Leistungsniveau des Kindes angepasst. Zu Darbietungszeiten und Inter-Stimulus-Intervallen gibt es keine Angaben.

Auswertung
Die Auswertung erfolgt durch das Programm. Es wird ein Bericht generiert, der als PDF gespeichert werden kann. Dieser enthält eine Tabelle mit allen fünf Skalenwerten der Untertests sowie dem AKI und ISSV. Für alle Variablen werden Rohwerte, Standardwerte (M=100, SD=15), Konfidenzintervalle, Prozentränge sowie deskriptive Kategorien („sehr hoch“ bis „sehr schwach“ in fünf Schritten), gegeben. Letztgenannte umspannen jeweils eine Standardabweichung bzw. zwei Standardabweichungen für die mittlere Kategorie. Zudem werden die Beobachtungen des Testleiters im Bericht wiedergegeben, und es werden Förderempfehlungen formuliert. Die Interpretation der Ergebnisse im Bericht erfolgt in mehreren Schritten, welche zum Hauptziel haben, Stärken und Schwächen im kognitiven Leistungsprofil des Kindes zu identifizieren. Dabei wird in einigen der Schritte jeweils automatisch durch die K-CAB geprüft, inwieweit sich die Ergebnisse einzelner Untertests unterscheiden. Zunächst wird der AKI als kognitives Globalmaß evaluiert, welches das allgemeine Intelligenzniveau widerspiegelt. Gibt es zwei der vier intelligenzbezogenen Untertests, deren Ergebnisse sich um ≥1,5 SD unterscheiden, so wird im Bericht darauf hingewiesen, dass die Aussagekraft des AKI begrenzt ist und dass das kognitive Leistungsprofil des Kindes evaluiert werden sollte (folgende Schritte). Sind die Ergebnisse der Untertests „Sequentielle Verarbeitung“ und „Simultane Verarbeitung“ signifikant verschieden, so wird im Bericht darauf hingewiesen, dass der ISSV wenig aussagekräftig ist und dass stattdessen die Ergebnisse der Untertests einzeln interpretiert werden sollten. Unterscheiden sich die Ergebnisse der Untertests „Begriffsbildung“ und „Wortschatz“ signifikant, so wird im Bericht ebenfalls darauf hingewiesen. Schließlich gibt der Bericht gegebenenfalls Empfehlungen zur weiteren Diagnostik und zur Förderung. So kann z. B. eine vollständige psychologische Testung empfohlen werden, wobei die Fragestellung jeweils formuliert wird, oder es kann eine logopädische Untersuchung vorgeschlagen werden. In diese Empfehlungen fließen die Beobachtungen des Testleiters ein, die dieser am Ende der Testung mithilfe eines Fragebogens in die K-CAB eingegeben hat.

Normierung

Stichprobe
899 deutschsprachige Grundschulkinder ohne schwere sensorische oder motorische Defizite, davon 464 Jungen und 435 Mädchen, weitgehend gleichmäßig verteilt auf neun Altersgruppen, Altersspanne 6;6 bis 10;11 Jahre.

Normen

Alter: Neun Altersgruppen verschiedener Größe: 6;6–6;11;30 Jahre (*N*=71), 7;0–7;5;30 (*N*=110), 7;6–7;11;30 (*N*=114), 8;0–8;5;30 (*N*=103), 8;6–8;11;30 (*N*=123), 9;0–9;5;30 (*N*=117), 9;6–9;11;30 (*N*=113), 10;0–10;5;30 (*N*=97), 10;6–10;11;30 (*N*=51).
Bildung: Grundschule.
Geschlecht: Keine geschlechtsspezifische Normierung.

Gütekriterien

Objektivität

Durchführung: Das durch das Computerprogramm vorgegebene adaptive Testverfahren ermöglicht eine hohe Objektivität der Messung.
Auswertung: Die Messdaten werden ausschließlich durch das Computerprogramm ausgewertet, was für eine hohe Objektivität sorgt.

Reliabilität

Interne Konsistenz: Die interne Konsistenz wird pro Untertest/Skala (außer „Aufmerksamkeit") und Index sowie Altersgruppe angegeben und variiert zwischen .77 und .94 für die Untertests/Skalen und zwischen .79 und .95 für die Indizes. Aus Platzgründen werden die Einzelwerte hier nicht aufgeführt.
Paralleltest-Reliabilität: Keine Paralleltests vorhanden.
Retest-Reliabilität: Angaben zur Retest-Reliabilität liegen für den Untertest „Aufmerksamkeit" der französischen Originalfassung K-CLASSIC vor, hier beträgt sie .76 bei einem Zeitabstand von 2–4 Wochen, gemessen bei einer Gruppe von 45 Kindern.
Weitere Reliabilitätsmaße: keine Angaben

Validität

Konstruktvalidität: Die Konstruktvalidität wird anhand der konvergenten und der diskriminanten Validität besprochen, siehe unten.
Konvergente/diskriminante Validität: Angaben zur konvergenten und diskriminanten Validität liegen für die französische Originalversion K-CLASSIC (Kaufman & Kaufman, 2007) vor. Korrelationen zwischen den Untertests/Skalen und Indizes der K-CLASSIC und denen der K-ABC (Kaufman & Kaufman, 1993) wurden anhand einer Stichprobe von 40 Kindern erhoben. Hierbei zeigte sich, dass beide Verfahren, die sehr ähnliche theoretische Konstrukte aufweisen, deutlich zusammenhingen. Der AKI und der ISSV der K-CLASSIC korrelierten hoch mit der Skala intellektueller Fähigkeiten der K-ABC, $r=.82$ und $r=.81$. Zudem korrelierte der Untertest „Simultane Verarbeitung" der K-CLASSIC einerseits hoch mit der Skala ganzheitlichen Denkens, $r=.73$, andererseits weniger hoch mit der Skala einzelheitlichen Denkens, $r=.41$, der K-ABC. Das umgekehrte Muster fand sich für den Untertest „Sequentielle Verarbeitung", $r=.55$ und $r=.80$. Beide Beobachtungen entsprechen der Erwartung.

Des Weiteren wurden Korrelationen zwischen der K-CLASSIC und den zehn Hauptuntertests des WISC-IV (Wechsler, 2005) anhand einer weiteren Stichprobe von 41 Kindern berechnet. Hierbei zeigten sich hohe Korrelationen zwischen dem durch den WISC-IV ermittelten IQ und sowohl dem AKI, $r=.76$, als auch dem ISSV, $r=.71$.
Kriteriums- bzw. klinische Validität: Zur klinischen Validität des K-CAB liegen Daten einer Studie vor, die eine Gruppe von Kindern mit der klinischen Diagnose ADHS ($N=28$, 23 Jungen, Alter von 6;8 bis 10;9 Jahre, $M=9;3$ Jahre) mit einer gemäß Alter und Geschlecht parallelisierten Kontrollgruppe aus der deutschen Normstichprobe vergleicht. Hierbei lagen die Werte im Untertest „Aufmerksamkeit" bei der klinischen Gruppe signifikant niedriger als bei der Kontrollgruppe. Bei allen anderen Untertests und Indizes hingegen waren die Werte in der klinischen Gruppe nur deskriptiv, jedoch nicht signifikant niedriger.
Ökologische Validität: keine Angaben

Nebengütekriterien
Akzeptanz: keine Angaben
Transparenz: keine Angaben
Zumutbarkeit: keine Angaben
Verfälschbarkeit: keine Angaben
Störanfälligkeit: keine Angaben

Neuropsychologische Aspekte

Theoretischer Rahmen

Die K-CAB ordnet sich in die neuropsychologische Theorie der zerebralen Spezialisierung nach Luria (1970) ein, der die Basisfunktionen des Gehirns in drei grundliegende Einheiten unterteilte. Die einzelnen Untertests der K-CAB sind diesen Einheiten wie folgt zugeordnet:
Einheit 1: Wachsamkeit und Aufmerksamkeit (K-CAB Untertest „Aufmerksamkeit").
Einheit 2: Einzelheitliche (sequentielle) und ganzheitliche (simultane) Informationsverarbeitung (K-CAB Untertests „Sequentielle Verarbeitung" und „Simultane Verarbeitung").
Einheit 3: Anwendung exekutiver Funktionen zur Steuerung und Kontrolle des Verhaltens (K-CAB Untertest „Begriffsbildung").
Der Untertest „Wortschatz" ist keiner einzelnen Einheit zuzuordnen, sondern spiegelt vielmehr die erfolgreiche Interaktion aller Einheiten wider, da diese dem Lernen und dem Wissenserwerb zugrunde liegt.
Zudem lassen sich die Untertests der K-CAB auch den in der PASS-Theorie der Intelligenz (Das, Naglieri & Kirby, 1994) beschriebenen Prozessen zuordnen.
Des Weiteren lassen sich die Ergebnisse der K-CAB auch im Rahmen der Cattell-Horn-Carroll Theorie (CHC; Horn & Blankson, 2005) interpretieren. In diesem Fall sind die Untertests der K-CAB einigen der im

CHC-Modell beschriebenen Funktionen folgendermaßen zugeordnet: „Wortschatz" – kristalline Intelligenz; „Sequentielle Verarbeitung" – Kurzzeitgedächtnis; „Begriffsbildung" – fluides Denken; „Simultane Verarbeitung" – visuelle Prozesse.

Anwendungsbereiche

Kurztest zur schnellen Messung von Intelligenz und Aufmerksamkeit im schulpsychologischen und klinischen Bereich. Die K-CAB dient vor allem zur Identifizierung von Risikokindern. Sie ist alleine nicht aussagekräftig genug, um neuropsychologische Diagnosen zu stellen. Werden durch die K-CAB Defizite erkannt, so sollten diese durch eine weitergehende Diagnostik genau untersucht werden. Dies ist z. B. der Fall, wenn signifikante Unterschiede zwischen den Leistungen in den einzelnen intelligenzbezogenen Untertests vorliegen.

Funktionelle Neuroanatomie

Die in Lurias (1970) Theorie beschriebene Einheit 1 (Wachsamkeit und Aufmerksamkeit) ist mit dem Retikulären System assoziiert. Einheit 2 (sequentielle und simultane Informationsverarbeitung) wird mit den dementsprechenden sensorischen Hirngebieten in Verbindung gebracht, also dem visuellen (Okzipitallappen) und auditorischen (Temporallappen) Kortex. Einheit 3 (Exekutive Funktionen) schließlich ist mit dem anterioren Bereich der Frontallappen verbunden.

Ergebnisbeeinflussende Faktoren

Der Untertest „Wortschatz" ist sensibel gegenüber einigen Umweltfaktoren, wie z. B. Qualität der Beschulung oder Bildung der Eltern. Die Leistung im Untertest „Sequentielle Verarbeitung" kann durch Ablenkbarkeit und Ängstlichkeit beeinflusst werden. Dasselbe gilt für den Untertest „Begriffsbildung", hier kommen jedoch noch Impulsivität und Rigidität im Denken als ergebnisbeeinflussende Faktoren hinzu. Das Ergebnis des Untertests „Simultane Verarbeitung" schließlich kann durch Ablenkbarkeit und Ängstlichkeit verschlechtert sowie durch eine visuelle Strategie, die manche Kinder anzuwenden in der Lage sind, verbessert werden.

Testentwicklung

Die K-CAB ist die deutsche Version der französischen Testbatterie K-CLASSIC (Kaufman & Kaufman, 2007). Die K-CLASSIC wurde in Frankreich vom Institut ECPA unter Anleitung von A. und N. Kaufman entwickelt und normiert. Ziel war es, eine Testbatterie zur Erfassung kognitiver Fähigkeiten zu schaffen, die einerseits auf den zuvor von A. und N. Kaufman entwickelten Verfahren basiert, andererseits jedoch den besonderen Gegebenheiten der französischen Sprache und Kultur Rechnung trägt und zudem vollständig am PC ausgeführt wird.

Die K-CAB ist größtenteils lediglich die deutsche Übersetzung der K-CLASSIC. Für den Untertest „Wortschatz“ hingegen wurden viele neue Aufgaben konstruiert, da hier die sprachlichen und kulturellen Differenzen zu groß waren.

Testbewertung

Die Kritik im Überblick

Insgesamt erscheint die K-CAB als ein auch für den ungeübten Praktiker sehr einfach anzuwendendes und kindgerechtes Testverfahren, welches zentrale kognitive und Aufmerksamkeitsleistungen erfasst. Im Detail (Instruktionen, Bericht, Manual) sind Verbesserungen wünschenswert. Der geringen Flexibilität des Ergebnisberichtes steht der Komfort der automatischen Berichterstellung gegenüber. Inwieweit die K-CAB im klinischen Bereich aussagekräftig ist, werden zukünftige Studien zeigen.

Testkonstruktion

Testmaterial

Im Manual ist angegeben, dass sich die K-CAB sowohl unter Windows als auch auf Macintosh installieren lässt. Zum Zeitpunkt der Erstellung dieser Testbewertung ist der Internetseite von Pearson Assessment jedoch zu entnehmen, dass sie nicht mit Macintosh kompatibel ist (K-CAB Computerized Assessment Battery Komplettsatz, 2014). Im Manual finden sich leider einige falsche Verweise auf Tabellen.

Testdesign

Konzept: Die K-CAB erfasst nicht genügend Parameter, um eine verlässliche Beurteilung der Intelligenz oder der Aufmerksamkeitsleistung eines Kindes vorzunehmen. Sie ist andererseits aber auch nur als Kurztest konzipiert, der erste Eindrücke liefern und auf mögliche Schwächen hinweisen soll. Liegen solche Hinweise vor, so muss diesen durch weitergehende Testverfahren nachgegangen werden. Hierauf wird im Manual der K-CAB auch ausdrücklich hingewiesen.

Durchführung: Die Durchführung der K-CAB ist vollständig durch das Programm vorgegeben. Das Kind erhält deutliche und leicht verständliche auditive Instruktionen zu jedem Schritt. Zu jedem Untertest gibt es Übungsaufgaben, und wenn das Kind die Aufgabe nicht sofort richtig löst, erhält es zusätzliche Instruktionen. Damit wird sichergestellt, dass jedes Kind die Aufgaben verstanden hat, bevor die eigentliche Messung beginnt. Allerdings beinhaltet die Instruktion für den Untertest „Wortschatz“ einen Fehler. Der Zielreiz wird jeweils mit dem dazugehörigen Artikel genannt, z. B. „der Hirsch“. Während der

Übungstrials und wenn das Kind während der Messtrials eingangs falsch reagiert hat, so wird bei der nachfolgenden Instruktion der Artikel nicht dekliniert, so dass das Kind z. B. instruiert wird: „klicke auf der Hirsch". Zwar wird hierbei zwischen „auf" und „der" eine kurze Pause gemacht, was in der geschriebenen Version einem Doppelpunkt entsprechen würde, so dass Artikel und Substantiv als gesamter Zielreiz aufgefasst werden können. Es ist jedoch fraglich, ob jüngere Kinder dem folgen können. Der Testleiter erhält nach dem Start des Programms, bei der Eingabe der Personendaten des Kindes und nach dem Test, wenn er seine Beobachtungen für den Bericht eingibt, ebenfalls deutliche Anweisungen vom Programm, so dass die Durchführung auch für Ungeübte leicht möglich ist.
Auswertung: Die Auswertung ist vollständig automatisiert; im Bericht erscheinen für jeden Untertest und für die beiden Indizes Rohwert, Standardwert, Konfidenzintervall und Prozentrang. Dies erleichtert und beschleunigt die Auswertung. Andererseits jedoch bleibt es für den Anwender weitgehend im Dunkeln, wie die ausgegebenen Rohwerte berechnet werden. So werden z. B. für den Untertest „Aufmerksamkeit" korrekte Reaktionen, Auslasser, Fehler sowie die Reaktionszeiten nicht ausgegeben, und es wird auch nicht deutlich, wie diese in die Berechnung des Rohwertes einfließen. Die Erfassung der Beobachtungen des Testleiters ist durch das Programm in hohem Maße vorstrukturiert; dieser kann für einige beschreibende Kategorien (z. B. Umgang des Kindes mit dem Computer, Verständnis der Instruktionen, Motivation, Konzentration) jeweils aus einigen Antwortmöglichkeiten auswählen. Dies erleichtert es dem ungeübten Testleiter, schnell und komfortabel einen Bericht zu erstellen, in dem keine zentralen Aspekte fehlen. Dieser ist aufgrund der wenigen Antwortmöglichkeiten aber nicht sehr flexibel und kann z. B. nicht an eine bestimmte Beobachtung, eine bestimmte Fragestellung oder einen bestimmten Empfänger angepasst werden. Zudem enthält er bei der Angabe, auf wessen Anraten der Test durchgeführt wurde, einen Schreibfehler, der nicht korrigiert werden kann sowie im weiteren Verlauf einige ungünstige Formulierungen. Der erfahrene Testleiter wird sich darum immer auch eigene Notizen machen und gegebenenfalls händisch einen Bericht erstellen.

Normierung

Stichprobe: Die Normstichprobe erscheint bezüglich ihrer Größe angemessen, jedoch wurden Hintergrundvariablen wie sozioökonomischer Status oder Migrationshintergrund nicht kontrolliert. Die Normierung ist nur in Bezug auf die einzelnen Altersklassen durchgeführt worden, somit sind keine Informationen bezüglich der Einflüsse von Geschlecht oder Bildungsstand verfügbar.

Gütekriterien

Objektivität: Durch die vollständig computergestützte Testdurchführung und -auswertung und die eindeutigen Instruktionen für das Kind ist ein hohes Maß an Objektivität gegeben. Zudem sind die Instruktionen eindeutig.

Reliabilität: Bezüglich der internen Konsistenz werden zwar für vier der Untertests (nicht für „Aufmerksamkeit“) und für die zwei Indizes Koeffizienten pro Altersgruppe gegeben, jedoch wird nicht dargestellt, wie diese genau berechnet werden. So bleibt z. B. die Frage offen, ob die Items der jeweiligen Untertests auf dichotome Art mit richtig/falsch bewertet werden. Lediglich für den Untertest „Wortschatz“ findet sich im Manual der Hinweis, dass das Kind, wenn es beim ersten Versuch das falsche Bild ausgewählt hat, einen weiteren Versuch bekommt, bei dem es im Falle einer richtigen Antwort dann weniger Punkte erhält. Sollten die Items anderer Untertests aber z. B. dichotom gewertet werden, so bleibt die Frage offen, wie hieraus die interne Konsistenz berechnet wurde, da in diesem Fall ein Verfahren aus der Probabilistischen Testtheorie zur Anwendung kommen müsste.

Validität: Alle Angaben zur konvergenten und diskriminanten Validität beziehen sich ausschließlich auf Korrelationen zwischen der französischen Originalversion K-CLASSIC und anderen Testverfahren. Zudem wurden diese anhand relativ kleiner Stichproben berechnet. Eine diesbezügliche Untersuchung in einer ausreichend großen deutschsprachigen Stichprobe erscheint wünschenswert, um sicherzustellen, dass die K-CAB genauso verwendet werden kann wie die K-CLASSIC. Die obengenannten Korrelationen werden jeweils einmal als „r“ und einmal als „r korr.“, also wahrscheinlich als korrigierte Korrelationen gegeben, wobei allerdings nicht erklärt wird, inwieweit korrigiert wurde. Dies ist insofern kritisch, als dass diese jeweils zwei angegebenen Werte stellenweise erheblich voneinander abweichen, das Manual aber immer auf den korrigierten Wert, der in allen Fällen höher ist, Bezug nimmt. Hier sollte deutlich nachvollziehbar angegeben werden, was die Korrektur beinhaltet.

Nebengütekriterien: Gemäß des Manuals kann die K-CAB bei Kindern zwischen 6;5 und 10;11 Jahren angewendet werden. Die gesamte Testbatterie erscheint für diese Altersgruppen zumutbar, nicht zuletzt weil sie adaptiv testet und damit sowohl Über- als auch Unterforderung vermieden werden. Bei jüngeren Kindern ist es aber ratsam, zwischen den einzelnen Untertests Erholungspausen einzulegen, wodurch sich die gesamte Durchführungsdauer auf mehr als eine Stunde verlängert. Die gesamte Aufmachung der Testbatterie (Bilder, Instruktionen) erscheint kindgerecht.

Neuropsychologische Aspekte

Theoretischer Rahmen
Die Verankerung der K-CAB in der neuropsychologischen Theorie Lurias (1970) und ihr Bezug zu den im beschreibenden Teil aufgeführten Intelligenzmodellen werden im Manual ausführlich dargestellt. Allerdings geht es bei der K-CAB nicht um die Diagnose spezifischer neuropsychologischer Beeinträchtigungen, sondern vielmehr um die Einschätzung des kognitiven Leistungsprofils des Kindes. Hieraus können dann, so wie es im Manual der K-CAB gut beschrieben ist, Hypothesen bezüglich bestimmter Defizite abgeleitet werden, die durch ausführlichere Tests untersucht werden können.

Anwendungsbereiche
Im Manual wird eine klinische Validierungsstudie beschrieben, in der Kinder mit ADHS signifikant niedrigere Werte im Untertest „Aufmerksamkeit" aufweisen als Kinder einer bezüglich Alter und Geschlecht parallelisierten Kontrollgruppe. Will man für eine Diagnose des ADHS die Aufmerksamkeitsleistung an sich untersuchen, so erscheinen hierauf spezialisierte Verfahren wie die KITAP (Zimmermann, Gondan & Fimm, 2002) besser geeignet, da hier verschiedene Aufmerksamkeitsaspekte getestet werden. Als initiales Testverfahren erscheint die K-CAB aber aufgrund der einfachen Durchführung und des breiten Spektrums der getesteten kognitiven Funktionen auch im klinischen Bereich vielversprechend. Weitere Untersuchungen der Sensitivität der K-CAB für neuropsychologische Defizite sollten, wie im Manual angemerkt, folgen.

Ergebnisbeeinflussende Faktoren
Neben den im Manual genannten Faktoren werden auch starke Seh- oder Hörbehinderungen das Ergebnis der K-CAB beeinflussen, da es für die Durchführung notwendig ist, die auditiven Instruktionen zu hören und die Bilder zu sehen. Bis zu einem gewissen Grad wird es aber sicher möglich sein, dies durch Verwendung von Seh- und Hörhilfen auszugleichen. Die Bilder sind – zumindest bei Verwendung eines üblichen Monitors – groß genug, und der Ton kann recht laut gestellt werden. Das Kind kann alle Untertests mit einer Hand bedienen, so dass die K-CAB auch bei bestimmten Körperbehinderungen durchgeführt werden kann. Zudem braucht es während des gesamten Tests nicht zu lesen. Somit ist die Durchführung auch für Analphabeten und Legastheniker möglich.

Handhabbarkeit und klinische Anwendung

Die K-CAB ist einfach zu installieren und zu bedienen, und die Instruktionen für Testleiter und Kind sind deutlich. Die Zielreize sind gut dargestellt. Daher ist der Test im klinischen Alltag leicht und zuverlässig durchführbar.

Wolfgang Scharke

Testbatterie zur Aufmerksamkeitsprüfung für Kinder (KITAP)

Peter Zimmermann, Matthias Gondan & Bruno Fimm

Herzogenrath: Psytest, Vera Fimm, Psychologische Testsysteme, 2002

Zusammenfassende Testbeschreibung

Zielsetzung und Operationalisierung

Konstrukte

Differenzierte Erfassung von unterschiedlichen Aufmerksamkeitsfunktionen und -parametern zur Messung von Aufmerksamkeitsleistung von Kindern im Schulalter. Individuelle Leistungsprofile zur Klärung von diagnostischen Fragestellungen bei Aufmerksamkeits-/Hyperaktivitätsstörungen (ADHS) und Hirnschädigungen.

Selektivitätsaspekt der Aufmerksamkeit wird durch Aufgaben der fokussierten und geteilten Aufmerksamkeit erfasst: Fokussierung und Herausfiltern von Informationen durch Ausrichtung des Aufmerksamkeitsfokus, Teilung der Aufmerksamkeit auf simultan ablaufende Prozesse.

Intensitätsaspekt der Aufmerksamkeit wird durch Aufgaben der Alertness, Daueraufmerksamkeit und Vigilanz erfasst: Aufmerksamkeitsaktivierung, Aufrechterhaltung der selektiven Aufmerksamkeit über eine längere Zeitspanne sowie Aufrechterhaltung des Aufmerksamkeitsfokus bei monotonen Bedingungen.

Kontrollaspekt der Aufmerksamkeit wird durch Aufgaben der Flexibilität und des Scanning erfasst: willentliche Kontrolle über Ausrichtung des Aufmerksamkeitsfokus, Steuerung der Verhaltensplanung.

Testdesign

Testbatterie bestehend aus acht Untertests zur Messung von verschiedenen Aufmerksamkeitsfunktionen. Aufmerksamkeitsleistungen werden durch Parameter der Leistungsgüte (richtige Antworten, Auslassungen und falsche Reaktionen) und der Leistungsgeschwindigkeit (Reaktionszeit, Standardabweichung der Reaktionszeit und Ausreißer) erfasst.

Angaben zum Test

Normierung

Alter: 2 Altersstufen: 6–7 Jahre (je nach Untertest N = 117–197), 8–10 Jahre (je nach Untertest N = 201–340).

Bildung: Nein.

Geschlecht: Wenn Geschlecht Einflussfaktor war, wurde dies in der Normierung berücksichtigt.

Material

Manual, Installations-CD, Computerprogramm auf USB-Stick, zwei Reaktionstasten. Benötigt wird ein kompatibler IBM Rechner mit Windows-Betriebssystem, Sound-Karte und Parallelport.

Durchführungsdauer

Die Durchführungsdauer variiert mit den Untertests. Bei einigen Untertests haben Alter und gegebenenfalls Störungen, Auswirkungen auf die Dauer. Die reine Testzeit einzelner Untertests variiert von 1,5 Minuten bis hin zu 15 Minuten.

Testkonstruktion

Design

Aufgabe

Die Testbatterie besteht aus acht Untertests, welche im Folgenden mit kurzer Erläuterung aufgeführt werden:

1) Ablenkbarkeit: Visuelle Entscheidungsaufgabe (Typ „Go/Nogo“) mit ablenkenden Reiz in der Peripherie, zentraler Targetreiz kann nur durch Fokussierung erkannt werden.
2) Alertness: Einfachreaktionsaufgabe.
3) Daueraufmerksamkeit: Reaktion bei übereinstimmendem vorgegebenen Reizmerkmal auf zwei aufeinanderfolgende Reize bei längerer Durchführungszeit. Zwei Variationen mit unterschiedlicher Schwierigkeit wählbar.
4) Flexibilität: Reaktion auf zwei alternierende Zielreize. Überprüfung der Fähigkeit zur Neuausrichtung und Steuerung des Aufmerksamkeitsfokus.
5) Geteilte Aufmerksamkeit: „Dual task“ Aufgabe zur Erfassung der Fähigkeit zur Teilung der Aufmerksamkeit durch simultane auditive und visuelle Ereignisabläufe. Zwei Variationen mit unterschiedlicher Schwierigkeit wählbar.
6) Go/Nogo: Visuelle Entscheidungsaufgabe zur Überprüfung der Kontroll- und Entscheidungsfähigkeit. Erfassung von impulsiven Reaktionstendenzen.
7) Vigilanz: Vigilanzaufgabe zur Überprüfung der Fähigkeit zur längerfristigen Aufrechterhaltung der selektiven Aufmerksamkeit unter Vigilanzbedingungen.
8) Scanning: Aufgabe zur Überprüfung der Fähigkeit zur systematischen Kontrolle des Blickfeldes einschließlich der willentlichen Kontrolle über Ausrichtung des Aufmerksamkeitsfokus und Fähigkeit zu systematischer Verhaltensplanung. Zwei Variationen mit unterschiedlicher Schwierigkeit wählbar.

Konzept

Die Testbatterie erfasst die Aufmerksamkeitsleistung bei Kindern im Schulalter. Dies wird mit acht Untertest operationalisiert, mit denen die verschiedenen Aufmerksamkeitsfunktionen mithilfe von unterschiedlichen Reaktionsaufgaben überprüft werden.

Variablen

Parameter der Leistungsgeschwindigkeit: Reaktionszeit (Median und Mittelwert, Standardabweichung), Auslassungen.
Parameter der Leistungsgüte (richtige und falsche Antworten [Auslassungen und „falscher Alarm"])
Normierte Werte werden als Prozentränge oder T-Werte für die einzelnen Untertests wie folgt angegeben:

Untertest	Auslassungen	Falsche Reaktionen („falscher Alarm")	Median der Reaktionszeit	Streuung der Reaktionszeit
Ablenkbarkeit				
Mit Ablenker	X	X	X	
Ohne Ablenker	X	X	X	
Alertnes			X	X
Daueraufmerksamkeit	X	X	X	
Flexibilität		X	X	X
Geteilte Aufmerksamkeit	X	X	X	
Go/Nogo	X	X	X	
Scanning	X	X	X	X
Vigilanz				

Durchführung

Nach dem Start des Testprogramms müssen Untersucher sowie Proband angegeben werden. Untertests werden individuell ausgewählt. Instruktionen werden mündlich gegeben. Es wird auf eine schriftliche oder Standardinstruktion verzichtet. Zu jedem Untertest gibt es einen Instruktionshinweis, der den Rahmen einer Geschichte andeutet. Ebenfalls sollen Schnelligkeit und Genauigkeit der Reaktion betont werden. Jeweiliger Vortest überprüft Verständnis des Kindes und gibt Rückmeldung über richtige und falsche Reaktionen. Einzelne Untertests können flexibel eingesetzt werden.

Auswertung

Ergebnisdarstellung und -ausgabe durch Computer. Tabelle mit Reaktionen auf einzelne Trials, Ergebnisliste mit Angaben zu einzelnen Testparametern (Rohwerte). Für normierte Ausgabe der Normwerte entsprechend der Altersgruppe in Prozenträngen oder T-Werte, wenn Test vollständig ist und Alter im Altersbereich der Normierung liegt.

Darstellung von Aufmerksamkeitsleistungen bei Kindern mit Aufmerksamkeits- und Hyperaktivitätsstörungen ($N=48$) sowie individuelle Aufmerksamkeitsleistungen von Kindern nach Hirnschädigung.

Normierung

Stichprobe
Normierung anhand von Daten normalgesunder, unauffälliger Kinder im Alter von 6 bis 10 Jahren aus verschiedenen Datensätzen, daher unterschiedliche Stichprobe für einzelne Untertests. Ausschluss von Entwicklungsstörungen, Verhaltensauffälligkeiten und Hirnschädigungen. Keine Angaben zum Bildungsniveau.
Erläuterungen zum Vorgehen zur selbständigen Bestimmung der Normwerte sind gegeben.

Normen
Alter: Zwei Altersgruppen: 6–7 Jahre (je nach Untertest $N=117–197$), 8–10 Jahre (je nach Untertest $N=201–340$).
Bildung: Keine Angaben zur Bildung der Probanden.
Geschlecht: Bedeutsame Geschlechtseffekte werden in der Normierung berücksichtigt.

Gütekriterien

Objektivität
Durchführung: Minderung der Durchführungsobjektivität durch freie Instruktionen bei den einzelnen Untertests. Manual gibt Instruktionshinweise für Testleiter. Verständnis des Probanden wird durch entsprechenden Vortest geprüft.
Auswertung: Auswertung erfolgt durch Computer: Objektivität entsprechend hoch.

Reliabilität
Interne Konsistenz: Die Split-half-Korrelationen der einzelnen Parameter der verschiedenen Untertests variieren bei der Altersgruppe 6–7 Jahre zwischen .64 und .97; bei der Altersgruppe 8–10 Jahre zwischen .55 und .96.
Paralleltest-Reliabilität: Keine Paralleltests vorhanden.
Retest-Reliabilität: Keine Retests vorhanden.
Weitere Reliabilitätsmaße: keine Angaben

Validität
Konstruktvalidität: Es wurde für jede Altersgruppe eine Hauptkomponentenanalyse von 7 Untertests und entsprechenden Testparametern durchgeführt mit anschließender Varimax-Rotation. Die Hauptachsenanalyse der Altersgruppe 6 bis 7 Jahre ergab eine 4-faktorielle Lösung mit 46 %iger Auflösung der Gesamtvarianz. Die Hauptachsenanalyse der Altersgruppe 8 bis 10 Jahre ergab eine 5-faktorielle Lösung mit 49,8 %iger Auflösung der Gesamtvarianz.

Konvergente/diskriminante Validität: keine Angaben
Kriteriums- bzw. klinische Validität: keine Angaben
Ökologische Validität: keine Angaben

Nebengütekriterien
Akzeptanz: keine Angaben
Transparenz: keine Angaben
Zumutbarkeit: keine Angaben
Verfälschbarkeit: keine Angaben
Störanfälligkeit: keine Angaben

Neuropsychologische Aspekte

Theoretischer Rahmen

Die verschiedenen Aufmerksamkeitskomponenten werden von dem neuropsychologischen Aufmerksamkeitsmodell von van Zomeren und Brouwer (1994) abgeleitet. Die verschiedenen Aspekte und Funktionen der Aufmerksamkeit werden beschrieben und erläutert.

Anwendungsbereiche

Die Testbatterie ist für Kinder im Schulalter (6 bis 10 Jahre). Sie dient der differenzierten Erfassung der Aufmerksamkeitsleistung bei verschiedenen diagnostischen Fragestellungen (z. B. Aufmerksamkeitsdefizit-/Hyperaktivitätsstörungen, Hirnschädigungen usw.).

Funktionelle Neuroanatomie

Unterschiedliche cerebrale Netzwerke spielen bei den einzelnen Aufmerksamkeitsprozessen eine Rolle. Spezifische neuronale Netzwerke werden nicht benannt.

Ergebnisbeeinflussende Faktoren

Der Proband sollte beide Hände uneingeschränkt benutzen können sowie visuell nicht beeinträchtigt sein, um ein uneingeschränktes Reaktionsverhalten zu gewährleisten.

Testentwicklung

Die Testbatterie wurde auf der Grundlage von der Erwachsenenversion „Testbatterie zur Aufmerksamkeitsprüfung“ (TAP) von Zimmermann und Fimm (1992) entwickelt. Eine Auswahl von Untertests sowie die Umsetzung einer kindgerechten Form wurden durch eine Faktorenanalyse von 148 Kindern im Alter von 6 bis 10 Jahren gestützt.

Testbewertung

Die Kritik im Überblick

Die Testbatterie zur Aufmerksamkeitsprüfung für Kinder bietet eine kindgerechte Alternative zur Erwachsenenversion TAP. Eine Überarbeitung mit aktuellen Bezügen und Ergänzungen zum theoretischen neuropsychologischen Rahmen wäre wünschenswert, um den Bezug von der Aufmerksamkeitsleistung in den Untertests mit den verschiedenen Aufmerksamkeitskomponenten herstellen zu können. Hohe Auswertungsobjektivität durch Computerauswertung. Geminderte Durchführungsobjektivität durch freie Instruktion. Interne Konsistenz gut, allerdings wäre Retest-Reliabilität wünschenswert, insbesondere wenn mehrfacher Einsatz im klinischen Setting, zum Beispiel bei ADHS-Patienten im Zusammenhang mit Medikationseinstellung. Das Programm lässt sich leicht bedienen. Einstellungen, Ausführung und Auswertung werden im Manual ausführlich erklärt.

Testkonstruktion

Testmaterial
Benötigtes Testmaterial (Reaktionstasten, Installations-CD, USB-Dongle und Manual) wird mitgeliefert.

Testdesign
Konzept: Der neuropsychologische Theorierahmen wird nachvollziehbar erläutert. Das neuropsychologische Aufmerksamkeitsmodell von van Zomeren und Brouwer (1994) wird als heuristischer Rahmen dargestellt. Erweiterungen zu diesem Model sowie Anpassungen an neuere Modelle aus aktueller Forschung wären wünschenswert (z. B. Schellig, Drechsler, Heinemann & Sturm, 2009; Sturm, 2009). Einzelne Aufmerksamkeitskonzepte werden im Manual beschrieben. Allerdings werden die Zusammenhänge zwischen den Untertests und den Aufmerksamkeitskomponenten nicht umfassend herausgearbeitet. Hier wäre ein Bezug zu den Untertests und deren Funktion bei der Aufmerksamkeitsleistung wünschenswert.
Variablen: Viele verschiedene Testparameter, die erhoben werden. Leistungsgüte sowie Leistungsgeschwindigkeit werden als Testparameter der Aufmerksamkeitsleistung dargestellt. Teilweise kommen Testparametern unterschiedliche Bedeutungen zu bei verschiedenen Untertests. Interpretationshilfen werden im Manual aufgeführt.
Durchführung: Instruktionshinweise zu jedem Untertest sind hilfreich für den Testleiter und fördern die Motivation der Kinder bei der Durchführung der einzelnen Tests. Lange Durchführungszeiten erfordern zusätzliche motivierende Worte. Bedienungsanleitung im Manual ausführlich dargestellt. Testleiter muss einzelne Untertest gut kennen, um Aufgabenstellung dem Kind zu erklären.

Auswertung: Die Auswertung erfolgt durch den Computer und garantiert daher eine hohe Auswertungsobjektivität. Interpretationshilfen für den jeweiligen Untertests sowie Ergebnisdarstellung und Ergebnisausgabe werden im Manual dargestellt und erläutert.

Normierung
Stichprobe: Verschiedene Stichproben für die einzelnen Untertests. Stichprobe umfasst normalgesunde, unauffällige Kinder. Vertretbar großer Stichprobenumfang.
Normen: Für die einzelnen Untertests gibt es Einzelnormen. Geschlechtereffekte werden in der Normierung berücksichtigt.

Gütekriterien
Objektivität: Eingeschränkte Durchführungsobjektivität durch freie Instruktion. Hohe Auswertungsobjektivität, da diese durch den Computer erfolgt.
Reliabilität: Es werden Splithalf-Reliabilitäten angegeben. Keine Angaben zu weiteren Reliabilitätsmaßen. Angaben zu Retest-Reliabilitäten der einzelnen Untertests wären wünschenswert. Keine Angaben zu Reliabilitätsmaßen von klinischen Stichproben.
Validität: Die gefundene Faktorenstruktur bei den Kindern von 6 bis 7 Jahren unterscheidet sich von der Faktorenstruktur bei den Kindern von 8 bis 10 Jahren. Im Manual wird trotz der Unterschiede in den Faktorenanalysen von einer hohen Übereinstimmung gesprochen. Dennoch sind die Faktoren unterschiedlich und weisen auf potentielle entwicklungsbedingte Unterschiede hin, die bei den Interpretationen gegebenenfalls berücksichtigt werden sollten. Die Kommunalitäten bei einigen Parametern scheinen schwach (<.50). Hierzu zählen insbesondere die Parameter der Untertests „Daueraufmerksamkeit", „Flexibilität", „Geteilte Aufmerksamkeit" und „Go/Nogo". Die extrahierten Faktoren klären einen Varianzanteil der Variablen von 46 % (bei den 6- bis 7-Jährigen) bzw. 49,5 % (bei den 8- bis 10-Jährigen) auf. Die Spezifität der Testbatterie wird als hoch bewertet.

Testentwicklung
Die Testbatterie wurde speziell für Kinder im Grundschulalter entwickelt. Motivationale Aspekte wurden berücksichtigt und fördern die Mitarbeit der jungen Probanden.

Neuropsychologische Aspekte

Theoretischer Rahmen
Das Testdesign wurde vor dem Hintergrund neuropsychologischer Aufmerksamkeitsmodelle entwickelt und ist aus dem Konzept der Erwachsenenversion „Testbatterie zur Aufmerksamkeitsprüfung" (Zimmermann & Fimm, 1992) hervorgegangen. Arbeiten werden benannt und kurz erläutert. Die Autoren erwähnen, dass neue Erkenntnisse

über die Identifizierung von spezifischen neuronalen Netzwerken, die für einzelne Aufmerksamkeitsprozesse zuständig sind, aufgedeckt worden sind, gehen aber nicht genauer darauf ein. Einzelne Aufmerksamkeitskonzepte werden erklärt und mit wissenschaftlichen Arbeiten belegt. Bezug zu aktuelleren Arbeiten und Ergänzungen zu den Modellen und deren Komponenten wären wünschenswert. Die Beziehung zu den einzelnen Untertests wird teilweise vernachlässigt und der Zusammenhang zum Aufmerksamkeitsmodell von van Zomeren und Brouwer (1994) geht verloren. Eine Zuordnung der Untertests zu den unterschiedlichen Aufmerksamkeitsfunktionen beziehungsweise -komponenten würde den Aufbau und die Einteilung der KITAP für den Anwender verständlicher machen und die Verbindung zum Aufmerksamkeitsmodell verdeutlichen.

Anwendungsbereiche

Für die Untersuchung von Aufmerksamkeitsleistung bei jüngeren Schulkindern (6 bis 10 Jahre). Beispiel-Leistungsprofile von Probanden der Normstichprobe werden im Manual dargestellt. Studien zu Kindern mit Aufmerksamkeitsdefizit-/Hyperaktivitätsstörungen (ADHS) und Kindern nach Hirnschädigung liegen vor. Aufmerksamkeitsleistungen bei Kindern mit ADHS (Bruder, 2001) werden dargelegt. Zusammengefasst konnten Unterschiede zwischen unauffälligen und verhaltensauffälligen Kindern insbesondere in den Standardabweichungen der Reaktionszeit festgehalten werden. Allerdings wird darauf hingewiesen, dass trotz Gruppenunterschieden das individuelle Leistungsprofil herangezogen werden muss. Dies unterstützen auch Drechsler, Rizzo und Steinhausen (2009) in ihrer Studie. Sie kamen zu der Schlussfolgerung, dass die Testbatterie wichtige Hinweise geben kann, aber allgemeingültige Schlüsse in Bezug zu einer ADHS-Diagnose nicht gezogen werden dürften. Im Manual werden ebenfalls individuelle Leistungsprofile von Kindern nach verschiedenen Hirnschädigungen dargestellt und die Ergebnisse werden kurz erläutert.

Ergebnisbeeinflussende Faktoren

Trotz motivierender Geschichte, die in die Instruktionen eingewebt ist, können motivationale Probleme bei dem Kind entstehen. Die Durchführungsdauer kann Einfluss auf die Konzentration bei Untertests, die gegen Ende der Untersuchungseinheit eingesetzt werden, haben. Diesem Problem kann durch eine Auswahl von relevanten Untertests entgegenwirkt werden.

Berücksichtigung der Händigkeit ist relevant. Das Programm weist nicht explizit darauf hin.

Für Untertests, die abgebrochen wurden, werden keine Werte ausgegeben. Dadurch muss der Testleiter sicherstellen, dass die Kinder den jeweiligen Untertest bis zum Ende motiviert durchführen. Dies kann bei längeren Untertests, wie zum Beispiel beim Untertest „Vigilanz" oder „Scanning", zu Schwierigkeiten oder auch verzerrten Ergebnissen führen.

Handhabbarkeit und klinische Anwendung

Im Vergleich zu der Erwachsenenversion „Testbatterie zur Aufmerksamkeitsprüfung" (Zimmermann & Fimm, 1992) ist der Testleiter gefordert, die Testinstruktionen verständlich und vollständig zu geben. Es ist erforderlich, dass der Testleiter die Untertests kennt, um konkrete Anweisungen geben zu können. Die Bedienung des Programms ist unkompliziert und übersichtlich im Manual erklärt. Die integrierten Geschichten der einzelnen Untertests sind ansprechend für Schulkinder gestaltet. Die Graphiken sind schlicht gehalten.
Die Probandendaten können nachträglich noch geändert werden. Die Auswertung kann dann mit den geänderten Daten durchgeführt werden. Bei den Normen kann zwischen Prozentrang oder T-Werten gewählt werden.
Auswertungen können in verschiedene Datenformate exportiert werden.
Bei Anwendung mit Patienten mit Aufmerksamkeitsdefizit-/Hyperaktivitätsstörungen wird die Durchführung bei reaktionsgesteuerten Untertests länger dauern als angegeben. Für diagnostische Zwecke sind die individuellen Leistungsprofile hilfreich, sollten allerdings zu keinen diagnostischen Rückschlüssen führen, sondern als zusätzliche Befundquelle dienen.

Julia Dorothea Weaver

Konzentrationstest für 3. und 4. Klassen Revidierte Fassung (KT 3-4 R)

Verena Nell, Hans-Joachim Bretz & Falko F. Sniehotta

Göttingen: Beltz Test GmbH, 2004

Zusammenfassende Testbeschreibung

Zielsetzung und Operationalisierung

Konstrukte
Konzentration.

Testdesign
Würfel sollen so schnell und sorgfältig wie möglich mit vier Musterwürfeln verglichen und identische Würfel markiert werden.

Angaben zum Test

Normierung
Alter: 6 Altersgruppen: 8;6 bis 8;11 (N=239), 9;0 bis 9;5 (N=477), 9;6 bis 9;11 (N=482), 10;0 bis 10;5 (N=644), 10;6 bis 10;11 (N=569), 11;00 bis 11;11 (N=231).
Bildung: Keine Unterteilung nach Bildungsgruppen.
Geschlecht: Keine geschlechtsspezifische Normierung.

Material
Manual mit Normtabellen, Testheft, Schablonen und Auswertungsbogen. Auswertungsprogramm optional erhältlich.

Durchführungsdauer
Reine Testzeit 20 Minuten. Gesamttestzeit 25 Minuten für die Einzeltestung und 40 Minuten für die Gruppentestung.

Testkonstruktion

Design

Aufgabe
Aufgabe ist es, die Würfel in der vorgegebenen Reihenfolge mit den vier Musterwürfeln zu vergleichen und Würfel, die mit einem der vier Musterwürfel identisch sind, durchzustreichen. Die Musterwürfel sind von drei Seiten sichtbar und sind oben und unten mit einer Zahl versehen. Sowohl die Anzahl der Würfelaugen auf der jeweiligen Seite als auch die beiden Zahlen müssen mit einem der Musterwürfel identisch sein. Die Würfel sollen „so schnell wie möglich, aber auch so sorgfältig wie möglich" verglichen werden. Zu Beginn der Bearbeitung ist jeder Würfel durch einen Punkt zu markieren. Das Testheft besteht aus

einer Übungsseite mit 18 Items sowie aus 13 Testseiten mit je 30 Items (29 Würfel und ein comicartiger Distraktor). Jede Testseite beinhaltet fünf Reihen à sechs Items.

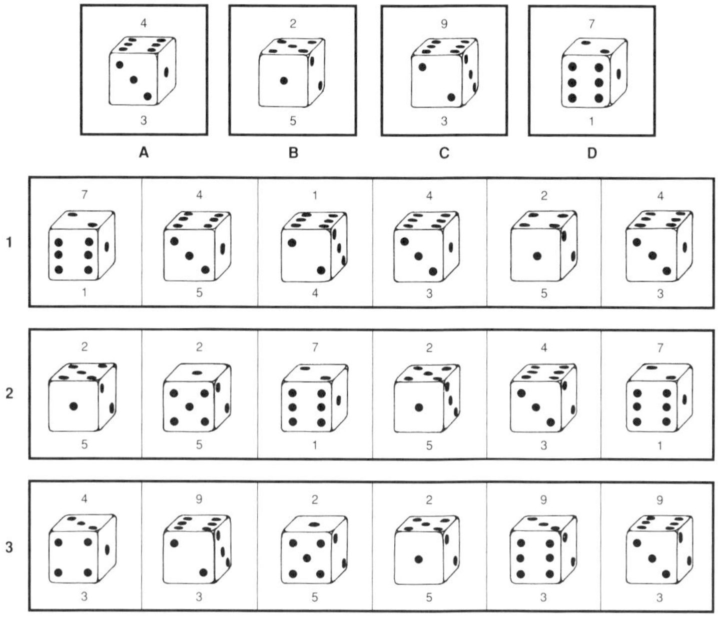

Konzept

Als Maß für die Konzentrationsfähigkeit gilt die „zügige und korrekte Bearbeitung einer Anzahl gleichartiger Aufgaben über einen längeren, schulisch relevanten Zeitraum hinweg" (Heck-Möhling, 1993, S. 4). Der KT 3-4 R ist ein Durchstreichtest mit hoher Speedkomponente. Über einen Zeitraum von 20 Minuten sollen verschiedene Muster möglichst schnell und fehlerfrei verglichen werden. Tempo- und Sorgfaltsleistung sowie Leistungsschwankungen über die Zeit werden erfasst. Um die Ablenkungsresistenz zu erfassen, wurde das Testmaterial um comicartige Bild-Distraktoren ergänzt.

Variablen

Leistungskennwerte:

- Mengenleistung (GZ): Gesamtzahl der bearbeiteten Würfel.
- Sorgfaltsleistung (R %): Prozentualer Anteil korrekt bearbeiteter Würfel an der Gesamtzahl der bearbeiteten Würfel.
- Konzentrationsleistung (KL): Differenz zwischen der Anzahl der richtig durchgestrichenen Würfel und der Anzahl der falsch durchgestrichenen Würfel.
- Diskriminations-Mengen-Leistung (d · GZ): Globaler Leistungskennwert, der die Mengen- und Sorgfaltsleistung multiplikativ verknüpft.

Leistungsveränderungsmaße:
- Tempoveränderung (DGZ): Differenz der Mengenleistung im vierten und im ersten Zeitintervall.
- Sorgfaltsstreuung (SR %): Standardabweichung der Sorgfaltsleistungen der vier Intervalle.

Durchführung

Einzel- und Gruppentestung möglich. Mündliche Instruktion der Schüler sowie schriftliche Instruktion auf der ersten Seite des Testhefts. Lösen von Übungsbeispielen im Testheft (für die Einzeltestung) bzw. auf einer Demonstrationsfolie (für die Gruppentestung). Für die Bearbeitung der Testaufgabe haben die Probanden 20 Minuten Zeit. Alle fünf Minuten gibt der Testleiter die Anweisung, den Würfel, der gerade bearbeitet wird, zu unterstreichen.

Auswertung

Einzelauswertung: Mindestens 75 % der vor dem Testende liegenden Würfel müssen mit einem Punkt versehen sein. Auszählung der richtig und falsch bearbeiteten Würfel mittels Auswertungsschablonen. Berechnung der Testkennwerte durch ein Computerprogramm oder mit Hilfe des Auswertungsbogens. Für die Rohwerte werden Konfidenzintervalle, T-Normen, Prozentrang- und Quartilnormen, entsprechend den Voraussetzungen der jeweiligen Kennwerte, bestimmt.
Auswertung auf Klassenebene: Klassenmittelwert und Klassenstreuung von KL werden berechnet sowie Quartilnormen im Manual nachgeschlagen. Zur Bestimmung des potentiellen Förderbedarfs einer Klasse wird berechnet, wie viel Prozent der Kinder einen KL-Wert haben, der im untersten Quartil liegt.

Normierung

Stichprobe

Die Normstichprobe besteht aus 2928 Kindern aus 150 Klassen der dritten und vierten Jahrgangsstufen. Die Erhebungen fanden im Bundesland Berlin und einer ländlichen Region Mecklenburg-Vorpommerns von März bis Mai 2001 sowie von März bis Mai 2002 in Form von Gruppentests statt. Mehr als 90 % der Kinder wurden in der zweiten oder dritten Schulstunde getestet.

Normen

Auf Grundlage von Reliabilitäts- und Verteilungsanalysen werden die folgenden Normen angegeben: T-Werte und Prozentränge für GZ, KL und d · GZ, Prozentränge für R% sowie Quartile für DGZ und SR%.
Alter: Normierung für sechs Altersgruppen: 8;6 bis 8;11 (N=239), 9;0 bis 9;5 (N=477), 9;6 bis 9;11 (N=482), 10;0 bis 10;5 (N=644), 10;6 bis 10;11 (N=569), 11;00 bis 11;11 (N=231). Alle Altersnormen sollten ausschließlich dann verwendet werden, wenn es sich um Kinder der dritten oder vierten Klasse handelt.

Bildung: Keine Unterteilung nach Bildungsgruppen.
Klassennormen: Quartilangaben für den Klassenmittelwert und die Klassenstreuung von KL sowie für den Anteil der Kinder mit KL-Werten im untersten Quartil.
Geschlecht: Keine bedeutsamen Geschlechtsdifferenzen, daher keine geschlechtsspezifische Normbildung.

Gütekriterien

Objektivität

Durchführung: Weitgehende Standardisierung durch genaue Durchführungshinweise und wörtliche Vorgabe der Instruktion. Instruktionsverständnis wird mittels Vorversuchs sichergestellt. Keine bedeutsamen Effekte des Testleiters.
Auswertung: Die Auswertungsobjektivität wird durch genaue Auswertungsvorschriften gewährleistet. Dazu liegen Auswertungsschablonen zum Auszählen der richtigen und falschen Antworten, Auswertungsbögen sowie optional ein Computerprogramm zur Bestimmung der Testkennwerte vor. Die vorhandenen Normen sichern die Interpretationsobjektivität. Auswertungsbeispiele, Interpretationshinweise sowie Anwendungsbeispiele sind gegeben.

Reliabilität

Interne Konsistenz: Grundlage für die Berechnung von Cronbachs Alpha sind die vier 5-Minuten Intervalle. Die interne Konsistenz der vier Leistungskennwerte liegt zwischen $\alpha=.87$ (für d · GZ) und $\alpha=.92$ (für R%) und lässt sich als gut bis sehr gut bewerten.
Paralleltest-Reliabilität: Keine Paralleltests vorhanden.
Retest-Reliabilität: 452 Kindern wurde der KT 3-4 R nach 2–3 Monaten erneut vorgelegt. Die Mengenleistung GZ nimmt zum zweiten Messzeitpunkt erheblich zu, aber die Position der Probanden in ihrer Vergleichsgruppe bleibt relativ stabil ($r_{tt}=.75$). Die Sorgfaltsleistung R% zeigt keinen durchschnittlichen Lernzuwachs, unterliegt jedoch beträchtlichen zeitlichen Fluktuationen ($r_{tt}=.47$). Die Retest-Reliabilität für die Konzentrationsleistung KL ist befriedigend ($r_{tt}=.74$) und für die Diskriminations-Mengen-Leistung d · GZ etwas niedriger ($r_{tt}=.66$).
Weitere Reliabilitätsmaße: keine Angaben

Validität

Konstruktvalidität: Lehrer und Psychologen beurteilen die Aufgabenstellung des KT 3-4 R als inhaltsvalide zur Erfassung von Konzentrationsfähigkeit (Heck-Möhling, 1993, S. 20). Auch die untersuchten Kinder stimmten in Klassengesprächen darin überein, dass für ein gutes Testergebnis v. a. eine hohe Konzentration notwendig ist.

Konvergente/diskriminante Validität:
- Zur konvergenten Validierung wurde die Konzentrationsleistung zusätzlich mit dem DL-KG (Kleber, Kleber & Hans, 1999) erfasst. Die Mengenleistung im DL-KG korreliert erwartungsgemäß am höchsten mit GZ (r=.48) und den globalen Konzentrationswerten KL (r=.41) und d · GZ (r=.32). Der Fehleranteil im DL-KG zeigt hingegen keinen signifikanten Zusammenhang zur Sorgfaltsleistung R%.
- Die Informationsverarbeitungsgeschwindigkeit, gemessen mit dem ZVT (Oswald & Roth, 1987), korreliert signifikant mit allen KT 3-4 R Kennwerten. Die Zusammenhänge liegen zwischen r=–.30 (für SR%) und r=.35 (für GZ und KL). Allein die Partialkorrelation mit der Sorgfaltsleistung R% ist niedriger (r=.19).
- Der aus den Untertests „Wortklassifikationen" und „Figurenanalogien" des KFT 4-12+R (Heller & Perleth, 2000) gebildete Summenscore für schlussfolgerndes Denken korreliert signifikant mit allen KT 3-4 R Kennwerten außer mit DGZ. Die Zusammenhänge liegen zwischen r=.22 (für GZ) und r=.32 (für d · GZ).
- Unterschiede in der Motivation gemessen mit dem FAM (Rheinberg, Vollmeyer & Burns, 2001) haben einen geringen Einfluss auf die Testleistung.
- Die Zusammenhänge zwischen dem Sprachverständnis der Kinder und den Testkennwerten des KT 3-4 R sind betragsmäßig gering und in erwarteter Höhe.

Kriteriums- bzw. klinische Validität:
Lehrer-, Eltern- und Kinderselbsteinschätzung von verschiedenen Aspekten der Konzentrationsfähigkeit, Lehrer- und Elterneinschätzung von ADHS-Symptomen sowie Lehrereinschätzung von schulischen Leistungen korrelieren signifikant und durchgängig in der erwarteten Richtung mit den KT 3-4 R Kennwerten. Die Korrelationen deuten auf mittlere Effektstärken hin. Insbesondere die Lehrerratings der Konzentriertheit im Unterricht sowie der Deutsch- und Mathematikleistung zeigen hoch signifikante Partialkorrelationen zur Diskriminations-Mengen-Leistung d · GZ. Diese liegen zwischen r=.36 und r=.39. Ebenfalls substanzielle Zusammenhänge zeigen die Testkennwerte zu den Lehrereinschätzungen von ADHS-Symptomen (für d · GZ: r=–.33).
Ökologische Validität: keine Angaben

Nebengütekriterien
Akzeptanz: keine Angaben
Transparenz: keine Angaben
Zumutbarkeit: keine Angaben
Verfälschbarkeit: keine Angaben
Störanfälligkeit: keine Angaben

Neuropsychologische Aspekte

Theoretischer Rahmen

Der KT 3-4 R wurde nicht vor dem Hintergrund neuropsychologischer Theorien konstruiert. Konzentration wird als schnelles und genaues Arbeiten an vertrautem Material operationalisiert (vgl. Westhoff, 1995). Dieser Prozess wird als anstrengend erlebt und erfordert eine Koordination von Antriebs- und Steuerungsfunktion. Arbeitstempo und Fehlerzahl bei der Testbearbeitung gelten als Indikatoren dieser beiden Funktionen.

Anwendungsbereiche

Schulpsychologie: Identifikation von Kindern mit Konzentrationsschwächen. Neben der Diagnostik bei vorliegenden Problemen kann der KT 3-4 R auch präventiv eingesetzt werden, um Förderbedarf frühzeitig festzustellen insbesondere im Hinblick auf steigende Leistungsanforderungen. Unterrichtsklassen können hinsichtlich ihrer Konzentrationsleistung untersucht oder verschiedene Klassen miteinander verglichen werden.
Klinisch-psychologische Praxis: Der KT 3-4 R kann zur Differenzialdiagnostik bei Aufmerksamkeitsproblemen und umschriebenen Entwicklungsstörungen schulischer Fertigkeiten beitragen.
Forschung: Neue Testkennwerte sind theoretisch gut fundiert und erlauben eine präzise und differenzierte Auswertung. Evaluation von Konzentrationstrainings sollte aufgrund von Übungseffekten im Kontrollgruppendesign durchgeführt werden.

Funktionelle Neuroanatomie

keine Angaben

Ergebnisbeeinflussende Faktoren

Allgemeine Voraussetzungen für die Testanwendung sind ausreichende Deutschkenntnisse, um den Instruktionen zu verstehen, sowie die zur Bearbeitung notwendigen motorischen Fähigkeiten (Punkte und Striche mit einem Stift zeichnen). Spezielle schulische Fertigkeiten, wie Lesen, Schreiben und Rechnen, werden nicht vorausgesetzt.

Testentwicklung

Der KT 3-4 R ist die revidierte Version des Konzentrationstests für 3. und 4. Klassen (KT 3-4) von Heck-Möhling (1986, 1993). Im Zuge der Überarbeitung wurden folgende Modifikationen vorgenommen:
- Einführung des vollständigen Markierungsprinzips: Fehler bei der Testbearbeitung (übersprungene Items, Zeilen oder Seiten) können erkannt werden.

- Einführung von Zeitmarken: Beurteilung individueller Leistungsverläufe sowie Bestimmung der internen Konsistenz als Reliabilitätsmaß.
- Einführung standardisierter Bild-Distraktoren: Konzentriertes Arbeiten verlangt in der Regel das Fokussieren auf bestimmte Zielreize bei gleichzeitiger Ausblendung von Distraktoren. Erhöhung der ökologischen Validität.
- Einführung neuer Testkennwerte in Bezug auf die durchschnittliche Testleistung sowie Leistungsveränderung über die vier Intervalle.
- Berechnung neuer Normen: Vollständig neue Normierung, altersspezifische Normen.

Testbewertung

Die Kritik im Überblick

Guter Test zur Messung der Konzentration im Bereich der Schulpsychologie. Umfangreiche Normen für Schüler der 3. und 4. Klasse liegen vor. Insbesondere die globalen Konzentrationsmaße haben sich als reliabel und valide erwiesen.
Ohne einschlägige klinische Validierungsstudien sollten die Ergebnisse des KT 3-4 R bei neuropsychologischen oder klinisch-psychologischen Fragestellungen nur sehr vorsichtig interpretiert werden.

Test-konstruktion

Testmaterial

Der Zielgruppe angemessen.

Testdesign

Konzept: Positiv hervorzuheben ist, dass der KT 3-4 R verschiedene Aspekte von Aufmerksamkeit erfasst. Die Testaufgabe erfordert eine Fokussierung auf Zielreize bei gleichzeitiger Ausblendung von Distraktoren. Über die neuen Kennwerte können Arbeitstempo, Leistungsgüte, Konzentrationsspanne sowie Schwankungen der Konzentrationsleistung erfasst werden. Die relativ lange Testdauer spiegelt dabei die Anforderungen an Schüler während einer Unterrichtsstunde wider. Die Testaufgabe verlangt relativ komplexe Vergleichsprozesse. Die Bearbeitungsstrategie der Kinder wurde jedoch in den bisher durchgeführten Studien nicht erfasst. Möglich wäre zuerst ein Abgleich der Würfelaugen oder zuerst ein Abgleich der Zahlen oberhalb und unterhalb des Würfels. Die gewählte Strategie könnte insbesondere das Bearbeitungstempo beeinflussen.

Variablen: Es können sowohl Leistungskennwerte als auch Leistungsveränderungsmaße berechnet werden. Mengenleistung und globale Konzentrationsmaße zeigen bei den Validierungsstudien die besten Ergebnisse und sind daher zu bevorzugen. Die Interpretation der anderen Testkennwerte sollte vorsichtig erfolgen.
Durchführung: Die Durchführung ist detailliert beschrieben. Die Instruktionen sind klar und gut nachvollziehbar. Die vorgeschaltete Übungsphase sichert das Instruktionsverständnis.
Auswertung: Die Auswertung mit Schablonen, Auswertungsbogen und Computerprogramm gestaltet sich einfach. Die Auswertung von d·GZ und SR% per Hand erfordert einige Rechenoperationen und ist zeitintensiver.

Normierung
Stichprobe: Rekrutierung und Zusammensetzung der Normstichprobe sind gut beschrieben. Befunde einer weiteren Validierungsstudie deuten darauf hin, dass die unter Gruppentestbedingungen ermittelten Normen auch zur Interpretation von Einzeltestergebnissen herangezogen werden können. Eine nach Geschlecht und Bundesland getrennte Normbildung würde nicht zu einer differenzierteren Testbewertung führen.
Normen: Es liegen umfangreiche und aktuelle Normstichproben für Dritt- und Viertklässler sowie für sechs verschiedene Altersstufen vor. Eine Normierung für weitere Alters- und Klassenstufen wäre wünschenswert.

Gütekriterien
Objektivität: Hohe Durchführungs- und Auswertungsobjektivität aufgrund von standardisierten Instruktionen, Auswertungsschablonen und -bögen. Interpretationsobjektivität ist durch Normen und Interpretationshinweise ebenfalls gegeben.
Reliabilität: Die interne Konsistenz ist als gut bis sehr gut zu beurteilen. Die Retest-Reliabilität für die Mengenleistung ist gut. Diese zeigt jedoch einen erheblichen Lernzuwachs. Die Sorgfaltsleistung unterliegt stärkeren zeitlichen Schwankungen. Standardmessfehler und Konfidenzintervalle der Kennwerte werden angegeben.
Validität: Obwohl sich KT 3-4 R und DL-KG im Untersuchungsaufbau ähneln, ergeben sich nur mittlere bis schwache Zusammenhänge. Die beiden Konzentrationstests unterscheiden sich vor allem in ihrem Schwierigkeitsgrad. Der KT 3-4 R verwendet ähnliche Reizkonfigurationen und erfordert relativ komplexe Vergleichsprozesse, während beim DL-KG sich die Items deutlich voneinander unterscheiden (zum Beispiel Blume, Kamm). Daraus ergeben sich andere kognitive Anforderungen, beispielsweise an die Gedächtnisleistung.

Keine Validierung mit klinischen Stichproben. ADHS Symptome werden nur über Lehrer- und Elternratings erfasst. Die oben genannten Studien sollten vor allem durch Anwendung im klinischen Bereich (insbesondere bei ADHS und umschriebenen Lese- und Rechtschreibstörungen) ergänzt werden.
Nebengütekriterien: Der Test wird von den Probanden akzeptiert und ist zumutbar. In der standardisierten Instruktion wird die Testabsicht offengelegt. Jedoch wird die relative Wichtigkeit von Schnelligkeit und Genauigkeit nicht geklärt. Durch das Prinzip der vollständigen Itemmarkierung wird das Testergebnis gegen Täuschungsversuche abgesichert. Das Ergebnis kann somit nur bewusst verschlechtert werden. Voraussetzung für die Vergleichbarkeit der Testergebnisse mit den Normwerten ist eine ruhige Arbeitsatmosphäre ohne Störungen oder Ablenkungen.

Testentwicklung
Die Modifikationen gegenüber dem KT 3-4 erweisen sich als gewinnbringend. Durch die Einführung des vollständigen Markierungsprinzips ist der KT 3-4 R herkömmlichen Durchstreichaufgaben überlegen. Auch die Berechnung globaler Konzentrationsmaße hat sich in Validierungsstudien als sinnvoll erwiesen. Die Einführung von Zeitmarken erlaubt die Diagnostik von Leistungsverläufen. Die konvergente Validierung dieser mit anderen Konzentrationstests ist bislang jedoch nicht erfolgt.

Neuropsychologische Aspekte

Theoretischer Rahmen
Keine Angaben der Testautoren.
Der Test erfasst die selektive Aufmerksamkeit (zum Beispiel van Zomeren & Brouwer, 1994). Die Probanden müssen die Aufmerksamkeit auf bestimmte Merkmale eines Reizes, in dem Fall die beiden Zahlen sowie die Anzahl der Würfelaugen, fokussieren und die Reaktion auf irrelevante Merkmale unterdrücken.
Außerdem kommt es zu einer räumlichen Verschiebung der Aufmerksamkeit von den Musterwürfeln in der ersten Reihe zu den jeweiligen Testwürfeln. Dazu ist zunächst ein Lösen vom aktuellen Stimulus, ein Verschieben des Aufmerksamkeitsfokus und anschließend ein Fixieren des neuen Stimulus erforderlich (Posner & Petersen, 1990).
Die Testdauer von 20 Minuten erfordert längerfristige Aufmerksamkeit.

Anwendungsbereiche
Eine Anwendung im Bereich der Schulpsychologie ist zu empfehlen. Aufgrund der Komplexität der Aufgaben ist ein weiter Anwendungsbereich denkbar. Eine Normierung liegt jedoch nur für Schüler der 3. und 4. Klasse vor.

Aufgrund von Übungseffekten bei der Mengenleistung und zeitlichen Schwankungen bei der Sorgfaltsleistung, eignet sich der Test nicht für die individuelle Verlaufsdiagnostik. Die Autoren empfehlen einen Zeitabstand von mindestens sechs Monaten zwischen zwei Messungen. Aus diesem Grund ist auch die Anwendung in der Forschung nur im Kontrollgruppendesign oder im Querschnitt sinnvoll.
Für den Einsatz des KT 3-4 R bei neuropsychologischen oder klinisch-psychologischen Fragestellungen sind zunächst weitere Validierungsstudien notwendig.

Funktionelle Neuroanatomie
Keine Angaben der Testautoren.

Ergebnisbeeinflussende Faktoren
Der Test wurde nicht im neuropsychologischen Kontext entwickelt; entsprechende Studien, die den Einfluss von Komorbiditäten untersuchen, liegen nicht vor.
Notwendig für das Lösen der Aufgaben sind darüber hinaus Prozesse des Arbeitsgedächtnisses, um die Stimulusbedingungen abzuspeichern und zu vergleichen, sowie der visuellen Reizdiskrimination.

Handhabbarkeit und klinische Anwendung

Die detaillierten Angaben zu Instruktion, Handhabung und Auswertung machen das Verfahren gut einsetzbar.

Vanessa Reindl

QbTest

Petter Knagenhjelm, Fredrik Ulberstad

Stockholm: Qbtech AB, 2010

Zusammenfassende Testbeschreibung

Zielsetzung und Operationalisierung

Konstrukte
Erfassung verschiedener Aufmerksamkeits- und Impulskontrollparameter mit simultaner Aufzeichnung der Aktivität zur Untersuchung von Patienten mit einer Aufmerksamkeitsdefizit-/Hyperaktivitätsstörung (ADHS); Erfassung von Behandlungseffekten.

Testdesign
Computergesteuerter Continuous Performance Test (CPT) bestehend aus einem Untertest für 6- bis 12-jährige und einem für 13- bis 60-jährige Patienten. Parallele Aufzeichnung der motorischen Aktivität über eine Infrarotkamera, die die Bewegungen der Patienten anhand eines reflektierenden Markers an einem Stirnband misst.

Angaben zum Test

Normierung
Alter:
QbTest (6–12): N = 576, sieben Altersgruppen.
6 Jahre (N = 148), 7 Jahre (N = 57), 8 Jahre (N = 55), 9 Jahre (N = 72), 10 Jahre (N = 65), 11 Jahre (N = 55), 12 Jahre (N = 124).
QbTest (13–60): N = 731 (davon 371 ≥ 18 Jahre), acht Altersgruppen.
12–13 Jahre (N = 129), 14–15 Jahre (N = 149), 16–17 Jahre (N = 82), 18–19 Jahre (N = 63), 20–24 Jahre (N = 61), 25–29 Jahre (N = 62), 30–39 Jahre (N = 71), 40–60 Jahre (N = 114).
Bildung: Entfällt.
Geschlecht: Geschlechtsspezifische Normierung für alle Altersgruppen beider Testversionen.

Material
Bedienungsanleitung, Technisches Manual, Fallbeispiele-Manual, QbTest Software, Antworttaste, Infrarotkamera, Kamerastativ, USB-Kabel, Stirnband mit Bewegungsmarker, Maßband, Verhaltens-Beobachtungsformular, Erklärungsblatt der Stimuli, Zugriff auf externen Server zur Erstellung der Testberichte.
Weitere benötigte Ausstattung: Computer mit Lautsprechern und mindestens 2 freien USB-Anschlüssen, Tisch (max. 60 Zentimeter tief), Hocker ohne Arm- und Rückenlehne (6–12 Jahre), Stuhl mit Rückenlehne, aber ohne Armlehne (13–60 Jahre), beide Stühle ohne Rollen.

Durchführungsdauer
Instruktion 5–10 Minuten, Testdauer
QbTest (6–12) 15 Minuten, QbTest (13–60) 20 Minuten.

Testkonstruktion

Design

Aufgabe
Der QbTest besteht aus zwei Untertests, die für unterschiedliche Altersgruppen entwickelt wurden. Hierbei handelt es sich um, dem Alter der Testperson angepasste, Versionen des Continuous Performance Test (CPT).
Gleichzeitig erfolgt eine Aktivitätserfassung mittels einer Infrarotkamera. Die Testperson trägt während der Messung ein Stirnband mit Reflektor. Die Infrarotkamera zeichnet die Bewegungen der Testperson anhand des Reflektors in einem zweidimensionalen Koordinatensystem auf.
QbTest (6–12): Es handelt sich um eine klassische Go/NoGo-Aufgabe. Es wird alle 2 Sekunden ein Stimulus präsentiert: ein Kreis und ein durchkreuzter Kreis. Der Kreis ist als Zielreiz definiert, auf den die Testperson per Knopfdruck reagieren soll. Beim Erscheinen des durchkreuzten Kreises soll keine Reaktion erfolgen. Die Stimuli sind 100 Millisekunden lang sichtbar. Insgesamt werden 450 Reize angeboten. Zielreize und Nicht-Zielreize kommen in der gleichen Häufigkeit vor. Die Reihenfolge ist randomisiert.
QbTest (13–60): Hierbei handelt es sich um einen 1-Back-Task. Es werden schnell aufeinander folgend vier verschiedene Arten von Stimuli auf einem Bildschirm präsentiert: ein roter Kreis, ein blauer Kreis, ein rotes Quadrat und ein blaues Quadrat. Die Testperson wird angehalten per Knopfdruck zu reagieren, wenn der aktuelle Stimulus in Form und Farbe mit dem vorhergehenden übereinstimmt. Jeder Reiz erscheint 200 Millisekunden lang, so dass in 20 Minuten eine Gesamtzahl von 600 Stimuli präsentiert wird. Zielreize kommen mit einer Wahrscheinlichkeit von 25 Prozent vor. Die Reihenfolge ist pseudorandomisiert.

Konzept
Anhand der Tests sollen die drei Symptombereiche einer Aufmerksamkeitsdefizit-/Hyperaktivitässtörung, d. h. Unaufmerksamkeit, Impulsivität und Hyperaktivität, erfasst werden. Die motorische Aktivität wird von sechs verschiedenen Parametern dargestellt. Die Aufmerksamkeits- und Impulsivitätsmessung erfolgt über den CPT. Hier werden 12 verschiedene Parameter erfasst. Zusätzlich wird für jeden der drei Kernsymptombereiche ein zusammenfassender Parameter ermittelt: QbAktivität, QbImpulsivität und QbAufmerksamkeit.

Variablen

Aktivität

- Bewegungszeit: Zeit in der sich die Testperson mehr als 1 Zentimeter pro Sekunde bewegt.
- Distanz: Zurückgelegter Weg des Markers am Stirnband.
- Fläche: Räumliche Verteilung der Distanz, die der Marker zurückgelegt hat.
- Mikrobewegungen: Positionsveränderungen des Markers, die mehr als 1 Millimeter betragen.
- Bewegungssimplizität: Gibt die Komplexität der ausgeführten Bewegungen an. Je höher das Ergebnis, desto einfacher ist das Bewegungsmuster gewesen.
- Bedingte Aktivität: Durchschnittliche Distanz zwei Sekunden vor und nach dem Erscheinen eines Stimulus auf dem Bildschirm.

Aufmerksamkeit und Impulsivität

- Reaktionszeit: Durchschnittszeit bis zur korrekten Reaktion.
- Reaktionszeitvariation: Standardabweichung der Reaktionszeit.
- Auslassfehler: Fehlende Reaktionen auf Zielreize.
- Normalisierte Variation: Standardabweichung der Reaktionszeit geteilt durch die Reaktionszeit.
- Impulsfehler: Reaktionen auf Nicht-Zielreize.
- Zufälle: Reaktionen ±150 Millisekunden vor oder nach einem Zielreiz.
- Mehrfachantworten: Häufigkeit, mit der mehrere Reaktionen auf einen Reiz folgen.
- Fehlerrate: Anzahl der falschen Reaktionen.
- DprimeMod: Fähigkeit des Patienten zwischen Ziel- und Nicht-Zielreizen zu unterscheiden.
- NormImpulsfehler: Verhältnis von Impulsfehlern zu korrekten Reaktionen.
- Längste Passivität: Maximale Anzahl aufeinanderfolgender Auslassfehler.

Durchführung

Welcher Test durchgeführt wird, richtet sich nach dem Alter der jeweiligen Testperson. Der QbTest (6–12) wird mit Kindern im Alter von 6 bis 12 Jahren und der QbTest (13–60) mit Jugendlichen und Erwachsenen im Alter von 13 bis 60 Jahren durchgeführt. Kinder sollen während des Tests auf einem Hocker ohne Arm- und Rückenlehne sitzen, Jugendliche und Erwachsene auf einem Stuhl mit Rücken-, jedoch ohne Armlehne. Die Instruktion erfolgt über ein kurzes standardisiertes Video. Anschließend folgt ein Versuchstest, in dem überprüft wird, ob die Testperson die Instruktion verstanden hat. Ist dies der Fall, wird der Test gestartet. Beide Testversionen stoppen automatisch.

Auswertung
Für die Auswertung wird eine Internetverbindung zum Zugriff auf einen externen Server benötigt. Die Testdaten werden nach Beendigung automatisch in der Outbox gespeichert und können von dort aus versendet werden. Die Auswertung erfolgt elektronisch und wird in Form eines Berichts zurückgesendet. Dieser kann in unterschiedlicher Ausführlichkeit angefordert werden.
Auf dem Standardbericht werden folgende Parameter angegeben:
Aktivitäts-Grafik: Der Weg des Markers auf dem Stirnband, aufgezeichnet durch die Kamera, wird visuell dargestellt.
Distanz-Grafik: Zeigt Variation der Aktivität über die Zeit an.
Grafik zur Aufmerksamkeits- und Impulsivitätsmessung: Impulsfehler, Auslassfehler und korrekte Antworten werden unter Angabe der Reaktionszeit im Verlauf dargestellt.
Folgende Parameter werden altersnormbezogen mit Q-Wert und Perzentilen angegeben: Bewegungszeit, Bewegungssimplizität, Auslassfehler, Normalisierte Variation, Impulsfehler, Zufälle, Mehrfachantworten, Fehlerrate (in Prozent); Distanz (in Metern); Fläche (in Quadratzentimetern); Reaktionszeitvariation, Reaktionszeit (in Millisekunden); Mikrobewegungen (Anzahl).
Zusätzlich zum Standardbericht können auch ein klinischer Bericht, eine Patientenrückmeldung und ein Krankenaktenbericht angefordert werden. Wird die Wirksamkeit einer Behandlung überprüft können auch jeweils Vergleichsberichte erstellt werden.
Keine Vergleichswerte von Patientengruppen.

Normierung

Stichprobe
Insgesamt wurden die Ergebnisse von 1 518 Personen aus Schweden und Deutschland in die Normdatenbank aufgenommen:
QbTest (6–12): 576 Kinder.
QbTest (13–60): 731 Jugendliche und Erwachsene (davon 371 ≥ 18 Jahre)
Das Vorliegen einer ADHS-Symptomatik nach DSM-IV-Kriterien wurde ausgeschlossen.

Normen
Alter:
QbTest (6–12): *N*=576, sieben Altersgruppen.
6 Jahre (*N*=148), 7 Jahre (*N*=57), 8 Jahre (*N*=55), 9 Jahre (*N*=72), 10 Jahre (*N*=65), 11 Jahre (*N*=55), 12 Jahre (*N*=124).
QbTest (13–60): *N*=731 (davon 371 ≥ 18 Jahre), acht Altersgruppen.
12–13 Jahre (*N*=129),14–15 Jahre (*N*=149),16–17 Jahre (*N*=82), 18–19 Jahre (*N*=63), 20–24 Jahre (*N*=61), 25–29 Jahre (*N*=62), 30–39 Jahre (*N*=71), 40–60 Jahre (*N*=114).

Bildung: Nein.
Geschlecht: Geschlechtsspezifische Normierung für alle Altersgruppen beider Testversionen.

Gütekriterien Zusammen mit der Software werden einige interne, unveröffentlichte Studienergebnisse zu Gütekriterien mitgeliefert.

Objektivität
Durchführung: Aufgrund der standardisierten Videoinstruktion und der computergestützten Testung ist eine hohe Objektivität gewährleistet.
Auswertung: Da die Auswertung elektronisch über den Computer erfolgt, ist die Objektivität ebenfalls hoch.

Reliabilität
Interne Konsistenz: keine Angaben
Paralleltest-Reliabilität: Entfällt.
Test-Retest-Reliabilität: In einer internen, unveröffentlichten Studie von Ulberstad wurden die Test-Retest Korrelationen von 24 Probanden mit einer ADHS im Alter 7–13 Jahren ermittelt. Die ermittelten Werte für die Parameter der Kernsymptome Aktivität (r=0.882), Impulsivität (r=0.782) und Unaufmerksamkeit (r=0.870) lassen auf eine ausreichend gute Test-Retest Reliabilität schließen.
In einer weiteren internen, unveröffentlichten Studie von Ulberstad wurden Test-Retest Korrelationen von 28 erwachsenen Probanden (19–43 Jahre) für die einzelnen Parameter erhoben. Die Korrelationsmaße variieren zwischen r=0.67 und r=0.86 lassen weisen somit auf eine moderate bis hohe Test-Retest Reliabilität.
Weitere Reliabilitätsmaße: Eine Untersuchung des Einflusses von Computer/Computerspiel-Erfahrung auf die Leistungen im QbTest ließen keinerlei Zusammenhang erkennen (Ulberstad).

Validität
Konstruktvalidität: Mittels Faktorenanalyse (Ulberstad) wurden drei Faktoren ermittelt, die den Kardinalsymptomen des ADHS entsprechen: QbAktivität, QbImpulsivität und QbUnaufmerksamkeit.
Auf den Faktor QbAktivität laden die Parameter Aktivitätsgrad, Fläche, Distanz und Microbewegungen am höchsten. Auf den Faktor QbImpulsivität laden die Parameter Normalisierte Impulsfehler, Impulsfehler und Zufall (QbTest (6–12)), bzw. die Parameter Impulsfehler und Normalisierte Impulsfehler (QbTest 13–60) am höchsten.
Der Faktor QbUnaufmerksamkeit wird am besten durch die Parameter Reaktionszeit, Reaktionszeit Variation und Auslassfehler beschrieben.

Konvergente/diskriminante Validität:
Bei einer Stichprobe bestehend aus 259 gesunden Kindern und 13 Kindern mit einer ADHS (Ulberstad) konnten anhand des QbTest (6–12) 85% der Kinder mit einer ADHS identifiziert werden (Sensitivität). Die Spezifizität belief sich auf 92%.
Die Überprüfung der diskriminanten Validität in einer Erwachsenenstichprobe bestehend aus 136 gesunden Probanden und 14 Personen mit einer ADHS ergab eine Sensitivität des QbTest (13–60) von 79% und eine Spezifizität von 94%.
Kriteriums- bzw. klinische Validität: keine Angaben
Ökologische Validität: keine Angaben

Nebengütekriterien
Akzeptanz: keine Angaben
Transparenz: keine Angaben
Zumutbarkeit: keine Angaben
Verfälschbarkeit: keine Angaben
Störanfälligkeit: Die Messung der Hyperaktivität kann durch zusätzliche Reflektionen gestört werden. Daher sollte vor Beginn des Tests sichergestellt werden, dass sich an der Kleidung, bzw. hinter der Testperson keine reflektierenden Gegenstände befinden.
Mithilfe der Zufälle kann überprüft werden, ob die Testperson die Aufgabe mit einer bestimmten Strategie bearbeitet hat. Ebenso bietet die Längste Passivität Aufschluss über die Art und Weise der Testbearbeitung. Beide Variablen können daher als Validitäts-Maße betrachtet werden.

Neuropsychologische Aspekte

Theoretischer Rahmen

Im Manual wird auf die drei Kernsymptome Unaufmerksamkeit, Hyperaktivität und Impulsivität, die bei ADHS auftreten, wenig Bezug genommen. Zugrunde liegende theoretische Konzepte werden nur kurz bei der Beschreibung einiger Variablen im Technischen Manual erwähnt. Eine ausführliche Skizzierung lässt sich nicht finden. Zu den angesprochenen Konzepten gehören Aufmerksamkeitsregulation, Daueraufmerksamkeit, selektive Aufmerksamkeit, Verarbeitungsgeschwindigkeit und Impulskontrolle.

Anwendungsbereiche

Der QbTest dient in erster Linie zur Hilfe bei der klinischen Diagnostik von ADHS Patienten sowie der Überprüfung von Behandlungseffekten.

Funktionelle Neuroanatomie

Es werden keine Angaben zu neuroanatomischen Strukturen gemacht, die den untersuchten Variablen zugrunde liegen.

Ergebnisbeeinflussende Faktoren

Laut Manual sind keine Kontraindikationen zum Einsatz des QbTest bekannt.

Testentwicklung

Das Ziel der Schweden Petter Knagenhjelm und Fredrik Ulberstad war es, ein Testverfahren zu konstruieren, mit dem alle drei Kernsymptome der ADHS erfasst werden können. Zu diesem Zweck wurden Aktivitätsmessungen mit einem CPT kombiniert. Das Design des Tests blieb über die Jahre gleich. Die Hardware hingegen wurde in Richtung Benutzerfreundlichkeit weiterentwickelt. Der QbTest (6–12) wurde erstmals 2003 veröffentlicht. Da sich zeigte, dass der Test eine zu geringe kognitive Anforderung für Jugendliche und Erwachsene darstellte, um zwischen Patienten mit einer ADHS und gesunden Probanden unterscheiden zu können, wurde 2006 der QbTest (13–55) veröffentlicht. Die Normstichprobe umfasste damals nur Personen bis 55 Jahre. Der Test sollte so wenig wie möglich von der Kinderversion abweichen, jedoch kognitiv stärker beanspruchen. Des Weiteren sollte in der Erwachsenenversion, genauso wie in der Kinderversion, das gleiche Maß an Aufmerksamkeit über den gesamten Testzeitraum hinweg gefordert sein. Die üblichen CPT-Versionen arbeiten jedoch oftmals mit Hinweisreizen. Die Autoren entschieden sich schließlich für den sogenannten n-Back-Task, der häufig in der Schizophrenieforschung eingesetzt wird (Glahn et al., 2005). Entwickelt wurde ein 1-Back-Task, der die gewünschten Anforderungen erfüllt.

Im Jahre 2012 erschien die neueste Auflage des Technischen Manuals. Die Normdaten wurden erweitert und umfassen neben schwedischen nun auch Daten aus Deutschland. Der Altersbereich wurde auf 60 Jahre erweitert, daher nun auch der Name QbTest (12–60).

Testbewertung

Die Kritik im Überblick

Der QbTest ist ein einfach durchzuführendes Verfahren, das ein umfassendes Bild über die drei Kardinalsymptome der ADHS bietet. Er kann als Hilfsmittel in der Diagnostik und zur Überprüfung von Behandlungseffekten eingesetzt werden. Leider mangelt es noch an einem theoretischen Hintergrund und einer Einbettung in einen neuropsychologischen Kontext. Die Erweiterung der Normstichprobe mit Herausgabe der Neuauflage des Manuals ist positiv zu bewerten. Es bleibt allerdings noch der Wunsch nach klinischen Vergleichsgruppen.

Test-konstruktion

Testmaterial

Bei einem mobilen Einsatz des QbTest sollte der Aufbau der Kamera vor erstmaliger Nutzung geübt werden. Durch ein neues, deutlich kleineres Kameramodel ist der Aufbau jedoch erheblich leichter. Die Software ist benutzerfreundlich und einfach gestaltet, so dass die Durchführung des Tests problemlos gelingen sollte.

Testdesign

Konzept: Generell ist es möglich die motorische Aktivität anhand von Infrarot-Bewegungsmessung, u. a. auch dem QbTest, zuverlässig zu überprüfen (Lis et al., 2010; Teicher et al., 1996).
Der CPT ist ein bereits bewährtes Verfahren, mit dem verschiedene Aufmerksamkeitsparameter untersucht werden können. Generell wird angenommen, dass Impulsfehler mit Impulsivitätssymptomen im Zusammenhang stehen. Auslassfehler, Reaktionszeiten und die Varianz der Reaktionszeit werden mit Unaufmerksamkeitssymptomen assoziiert. Beide Versionen des QbTest dauern ausreichend lange, um auch die Daueraufmerksamkeit messen zu können. Die Kinderversion spricht daneben die Fähigkeit an, Aufmerksamkeit zu fokussieren. Die Erwachsenenversion hingegen kann als eine Arbeitsgedächtnisaufgabe verstanden werden, da die Stimuli behalten werden müssen bis der nächste präsentiert wird und entschieden werden kann, ob beide Stimuli übereinstimmen. Die sogenannten n-Back-Tasks werden vielfach als Arbeitsgedächtnisaufgabe in der Neuropsychologie eingesetzt, wohingegen der CPT zur Überprüfung der Aufmerksamkeit genutzt wird. Es ist also fraglich, ob mit beiden Aufgaben dieselben Konstrukte gemessen werden.
Variablen: Die Beschreibung der Variablen wird sowohl in der deutschsprachigen Bedienungsanleitung als auch im Technischen Manual vorgenommen. Allerdings ist die Beschreibung des Technischen Manuals ausführlicher und bietet neben der Definition auch eine klinische Interpretation und eine technische Herleitung der Parameter.
Auswertung: Es wird vom Hersteller ein Heft mit Fallbeispielen beider Altersgruppen und unterschiedlichen Symptomausprägungen der ADHS mitgeliefert. Des Weiteren wird ein Beispiel zur Verwendung des QbTest bei Medikationseinstellung erläutert. Verwendet werden hierbei die Standardberichte.

Normierung

Stichprobe: Es existiert bisher nur eine gesunde Normstichprobe. Klinische Vergleichsgruppen wären wünschenswert.
Angaben zu demographischen Faktoren werden kaum gemacht. Es werden lediglich Angaben zur Geschlechterverteilung innerhalb der Altersbereiche gemacht.

Die Stichprobengröße des QbTest (13–60) ist im Vergleich zur Altersspanne, die abgedeckt wird auch nach der Erweiterung der Normstichprobe noch eher klein.
Normen: Die Normdaten wurden mit Veröffentlichung des letzten Manuals erweitert. Die Stichprobengröße des QbTest (6–12) wurde von 426 auf 576 erhöht. Die Normstichprobe des QbTest (13–60) wurde von 276 Datensätzen auf 731 erheblich vergrößert und bildet eine repräsentativere Stichprobe als zuvor.

Gütekriterien
Reliabilität: In unveröffentlichten Studien zur Retest-Reliabilität ließen sich für die Kinderversion des Tests für die drei Kardinalparameter hohe Korrelationen finden: QbAktivität $r=0.88$, QbImpulsivität $r=0{,}78$, QbUnaufmerksamkeit $r=0.87$. Für die Erwachsenenversion konnten für die einzelnen Variablen ebenfalls moderate bis hohe Korrelationen gefunden werden ($r=0.67$ bis $r=0.86$).
Validität: In unveröffentlichten Studien von QbTech AB ergaben sich Sensitivitätsmaße von 85 % für den QbTest (6–12) sowie 92 % Spezifizität. Für den QbTest (13–60) lagen die Sensitivität bei 79 % und die Spezifizität bei 94 %. In beiden Studien wurden jedoch sehr kleine Stichproben von Patienten mit ADHS verwendet, wodurch die Ergebnisse vorsichtig behandelt werden sollten.
Weitere bereits veröffentlichte Studien mit einer ausreichend großen Stichprobe konnten jedoch ähnliche Ergebnisse finden (Sensitivität 86–96 %, Spezifizität 81–83 %) (Edebol, Helldin & Norlander, 2013; Sharma & Singh, 2009).

Testentwicklung
Als positiv ist die Erweiterung der Normstichprobe zu bewerten sowie die bessere Handhabbarkeit der Hardware (Kamera, etc.).

Neuropsychologische Aspekte

Theoretischer Rahmen
Die drei Kernsymptombereiche des ADHS, Unaufmerksamkeit, Hyperaktivität und Impulsivität, sollen objektiv gemessen werden. Ein theoretischer Rahmen ist nicht aufgeführt. Auf die zugrunde liegenden theoretischen Konzepte wird im Manual erst unter der Beschreibung der gemessenen Parameter eingegangen und hier auch nur sehr knapp.
Eine Faktorenanalyse ergab eine Unterteilung in drei Hauptfaktoren, die den Kardinalsymptomen einer ADHS entsprechen (Ulberstad). Die Variablen, die auf diese Faktoren laden, entsprechen zudem den gängigen Erwartungen (siehe auch *Validität* im Kapitel Testbeschreibung).

Anwendungsbereiche

Als zusätzliche Methode bei der ADHS-Diagnostik eignet sich der QbTest sehr gut, da eine Differenzierung zwischen gesunden und ADHS-Patienten durchaus zuverlässig festgestellt werden konnte (Edebol, Helldin & Norlander, 2013; Sharma & Singh, 2009). Unter dem Aspekt, dass Aufmerksamkeitsstörungen und Überaktivität jedoch nicht nur im Rahmen eines ADHS auftreten können, wären andere klinische Vergleichsgruppen wünschenswert. Eine erste Studie bietet Informationen zu klinischen Gruppen mit Bipolar-II Störung und Borderline Persönlichkeitsstörung im Vergleich zu ADHS-Patienten (Edebol, Helldin & Norlander, 2012).

Auch konnte in einigen Studien gezeigt werden, dass der QbTest sich durchaus als zuverlässiges Instrument bei der Überprüfung von Behandlungseffekten einsetzen lässt (Heiser et al., 2004; Vogt & Williams, 2011; Wehmeier et al., 2012).

Funktionelle Neuroanatomie

Es bestehen drei Studien, die mittels des QbTest die Hyperaktivität bei ADHS-Patienten hirnphysiologisch untersuchen. So konnten Jucaite et al. (2005) einen Zusammenhang zwischen motorischer Hyperaktivität und striatalen Dopamin-Markern finden. Ebenso konnte ein veränderter Blutfluss bei ADHS-Patienten im Putamen festgestellt werden. Oades et al. (2010) hingegen fanden Hinweise auf einen Zusammenhang zwischen antiinflammatorischen Cytokinen und motorischer Kontrolle sowie zwischen proinflammatorischen Cytokinen und kognitiven Kontrollmechanismen.

Handhabbarkeit und klinische Anwendung

Durch die computerisierte Anwendung ist der Test leicht durchzuführen und schnell auszuwerten. Positiv ist auch, dass er die Möglichkeit bietet alle drei Kardinalsymptome einer ADHS gleichzeitig objektiv zu messen. Schade ist nur, dass der Test nicht in einen neuropsychologischen Rahmen eingebettet wird, so dass die Interpretation diesbezüglich weitestgehend dem Tester überlassen bleibt. Hilfreich sind jedoch die zahlreichen und übersichtlichen Fallbeispiele, die eine gute Interpretation im klinischen Kontext ermöglichen.

Der Test lässt sich aufgrund der guten Validität als zusätzliches Hilfsmittel bei der ADHS-Diagnostik einsetzen und ist ein guter Indikator für Behandlungseffekte.

Eva Lotte Knospe

Test of Everyday Attention for Children (TEA-Ch)

Tom Manly, Ian H. Robertson, Vicki Anderson & Ian Nimmo-Smith
Deutsche Bearbeitung und Normierung: Ralf Horn & Reinhold S. Jäger

Frankfurt a. M.: Pearson Assessment, 2008

Zusammenfassende Testbeschreibung

Zielsetzung und Operationalisierung

Konstrukte
- *Selektive Aufmerksamkeit – „Fähigkeit, Ablenkungen nicht wirksam werden zu lassen, Informationen darauf hin durchzugehen, was wichtig ist und sie für die anstehende Aufgabe einzusetzen".*
- *Daueraufmerksamkeit – „die Konzentration auf eine Tätigkeit beizubehalten, die wenig dazu beiträgt, die Aufmerksamkeit gefangen zu nehmen, aber notwendig ist, um ein Ziel zu erreichen".*
- *Aufmerksamkeitskontrolle/Umschalten – „Fähigkeit, das Zentrum der Aufmerksamkeit zwischen unterschiedlichen Objekten zu verschieben".*

Testdesign
Testbatterie bestehend aus neun Untertests mit Parallelversionen.
- *Daueraufmerksamkeit: Zählen von akustischen Reizen; Zählen von akustischen Reizen und gleichzeitiges Erfassen eines Zielwortes aus einem auditiv präsentierten Text; Überwachen einer auditiv dargebotenen Ziffernfolge auf eine bestimmte Sequenz und Nennung der letzten Ziffer vor dieser Sequenz.*
- *Selektive Aufmerksamkeit: Durchstreichtests.*
- *Aufmerksamkeitskontrolle/Umschalten: Abzählen von „Monstern", dabei Wechsel zwischen Vorwärts- und Rückwärtszählen auf einen visuellen Reiz hin; Ziffernfolgen aus den Ziffern 1 und 2 sollen schnell vorgelesen und im zweiten Durchgang „vertauscht" werden („1" statt „2" bzw. „2" statt „1" sagen). Daueraufmerksamkeit und selektive Aufmerksamkeit („Parallelaufgabe"): Durchstreichtest, gleichzeitig Zählen von akustischen Reizen.*
- *Daueraufmerksamkeit und Reaktionshemmung: Unterscheiden von akustischen Go/NoGo-Signalen beim Markieren von Symbolen unter Zeitdruck.*

Angaben zum Test

Normierung
Alter: Sechs Altersgruppen: 6;0–6;11 Jahre (N=79), 7;0–8;11 Jahre (N=139), 9;0–10;11 Jahre (N=130), 11;0–12;11 Jahre (N=58), 13;0–14;11 Jahre (N=58), 15;0–15;11 Jahre (N=29).

Bildung/Schulform/sozioökonomischer Status der Eltern: keine Angaben.
Geschlecht: Hinweis auf getrennte Geschlechtsnormen in australischer Originalversion, deutsche Normierung nicht nach Geschlechtern getrennt.

Material
Manual mit Normtabellen, Stimulusbuch, zwei Audio-CDs (für Version A und B), laminierte wieder verwendbare Vorlagen für Übungs- und Testaufgaben, Auswertungsschablone, Protokollbögen, wasserlöslicher Folienstift; benötigt wird ein CD-Spieler.

Durchführungsdauer
Kompletter Test ca. 60 Minuten (bei kooperativen, kognitiv nicht beeinträchtigten Kindern). Empfohlene Kurzversion bestehend aus vier Untertests, keine Angaben. Erfahrungswert der Rezensentin: ca. 25 Minuten.

Testkonstruktion

Design **Aufgabe**

- *Sky Search:* Paare von identischen „Raumschiffen“ müssen möglichst schnell eingekreist, nicht identische Paare ignoriert werden; zur motorischen Kontrolle werden auf einer zweiten Vorlage nur identische Paare präsentiert, die einzukreisen sind.
- *Score!:* Akustische Reize („Schüsse“), präsentiert mit variablem Interstimulusintervall, müssen gezählt werden (10 Durchgänge).
- *Creature Counting:* „Monster“ müssen gezählt werden, Pfeile geben die Zählrichtung (vorwärts/rückwärts) an. Der Testleiter deutet auf das jeweils zu zählende „Monster“ (7 Durchgänge).
- *Sky Search Parallelaufgabe:* Auswertung setzt die Durchführung der isolierten Sky Search-Aufgabe voraus. Es müssen gleichzeitig Paare identischer „Raumschiffe“ eingekreist und „Schüsse“ (siehe Aufgabe Score!) gezählt werden.
- *Map Mission:* In 60 Sekunden müssen so viele Restaurantsymbole (Messer und Gabel) wie möglich auf einer Landkarte markiert werden.
- *Score! Parallelaufgabe:* Die Präsentation akustischer Reize („Schüsse“, wie bei Aufgabe Score!) wird unterlegt mit einer fiktiven Nachrichtensendung, in der ein Tiername genannt wird. Es müssen sowohl die Anzahl der Schüsse pro Durchgang als auch der erwähnte Tiername genannt werden (10 Durchgänge).
- *Walk, Don't Walk:* Auf akustische Reize hin müssen die „Schritte“ auf dem Blatt markiert werden. Wenn der Reiz unmittelbar von einem anderen akustischen Reiz gefolgt wird, darf der folgende Schritt nicht markiert werden (1 Durchgang). Im Verlauf von 20 Durchgängen werden die Interstimulusintervalle immer kürzer.

Design

- *Opposite Worlds:* In der „Gleichwelt" müssen die Ziffern benannt werden, in der „Gegensatzwelt" wird aus der 1 die 2 und umgekehrt. 4 Durchgänge: „Gleichwelt", zweimal „Gegensatzwelt", abschließend „Gleichwelt". Der Testleiter deutet jeweils auf die zu benennende Ziffer und geht erst bei korrekter Antwort zur nächsten Ziffer über.
- *Code Transmission:* Aus einer monoton vorgetragenen Ziffernfolge (Gesamtdauer 12 Minuten) muss jeweils die Ziffer identifiziert und genannt werden, die unmittelbar vor zwei Fünfen in Folge präsentiert wurde (40 Targets); Beispiel: 4 3 1 4 **5 5**, Antwort: 4

Konzept

Laut Manual messen die Untertests des TEA-Ch, wie gut Kinder ihre Aufmerksamkeit kontrollieren können, um Ziele zu erreichen, die für sie sinnvoll sind. Es werden Aufgaben mit unterschiedlichen Arten von Aufmerksamkeitsanforderungen bei Minimierung der Ansprüche an andere Fähigkeiten wie Gedächtnis, Sprache und Verständnis vorgegeben. Dies führe „zu einer objektiveren und direkteren Beurteilung der spezifischen Aspekte der Aufmerksamkeit von Kindern als bei vielen Fragebogen zum Verhalten oder IQ-typischen Tests" (S. 9f.).

Variablen

1. Sky Search, vier Variablen: Anzahl korrekt markierter Zielitems und benötigte Zeit, jeweils für die Version mit und ohne Distraktoren; Normen für Anzahl korrekt markierter Ziele sowie Zeitbedarf pro korrekt markiertem Ziel aus der Version mit Distraktoren; „Aufmerksamkeitsscore" mit Normen, siehe Auswertung.
2. Score!: Anzahl der Durchgänge mit korrekt gezählten Schüssen.
3. Creature Counting: Anzahl der Durchgänge mit richtigem Zählergebnis, Gesamtzeit für richtig gelöste Items (ohne Normen), „Zeitscore" mit Normen, siehe Auswertung.
4. Sky Search Parallelaufgabe, vier Variablen: Anzahl korrekt markierter Zielitems und benötigte Zeit für das Markieren, Anzahl der insgesamt bearbeiteten Durchgänge „Schüsse zählen" und Anzahl der korrekt gezählten Durchgänge; alle Variablen ohne Normwerte; ein Testwert mit Normen, siehe Auswertung.
5. Map Mission: Anzahl der korrekt gefundenen Ziele.
6. Score Parallelaufgabe: Anzahl korrekt gezählter Durchgänge und Anzahl korrekt wiedergegebener Tiernamen; Normen für die Summe aus beiden Variablen.
7. Walk, Don't Walk: Anzahl korrekt beendeter Durchgänge.
8. Opposite Worlds: Benötigte Zeit für „Gleichwelt-" und „Gegenwelt-Bedingungen", Normen jeweils nur für die Summe aus beiden Durchgängen.
9. Code Transmission: Anzahl richtig identifizierter Ziffern.

Durchführung

Instruktionen werden mündlich gegeben, jede Aufgabe wird an mindestens einem Beispiel demonstriert. Zur Sicherung des Aufgabenverständnisses soll das Kind im Anschluss selber erklären, was zu tun ist. Umformulierungen der Instruktionen bei Verständnisschwierigkeiten werden ausdrücklich empfohlen. Akustische Reize werden von CD vorgegeben. Bei Untertests 3 und 8 gibt der Testleiter durch Zeigen den jeweils zu bearbeitenden Stimulus vor; bei Untertest 8 muss er dabei eine korrekte Antwort des Kindes abwarten, bevor er auf den nächsten Stimulus zeigt. Nur Einzeltestung; Parallelversion für Testwiederholung vorhanden.

Auswertung

a) Rohwertbestimmung, manuell: Bei drei Untertests sind zusätzliche Rechenschritte zur Ermittlung der normierten Testwerte erforderlich.
   Sky Search: Bestimmung von Zeitbedarf pro korrekt markiertem Ziel für die Version mit Distraktoren und die motorische Kontrollversion, der „Aufmerksamkeitsscore" ist die Differenz zwischen diesen Werten.
   Creature Counting: Wenn mindestens drei Durchgänge richtig waren, kann ein normierter Zeitscore berechnet werden: Quotient aus der Gesamtzeit für die richtig gelösten Items und der Summe der dabei bearbeiteten Richtungswechsel (Pfeile).
   Sky Search Parallelaufgabe: Zur Berechnung des normierten „Abweichungs-Werts" wird für den Durchstreichtest der Zeitbedarf pro korrekt markiertem Ziel und für das Schüsse zählen das Verhältnis zwischen insgesamt bearbeiteten und korrekt bearbeiteten Durchgängen ermittelt (wenn beim Schüsse zählen keine Aufgabe richtig gelöst wurde, wird – um eine Division durch 0 zu vermeiden – der Wert 1 eingesetzt). Anschließend wird der Quotient aus Zeit pro Ziel und Verhältnis bearbeiteter zu korrekten Durchgängen ermittelt. Von diesem Wert wird der Wert „Zeit pro Ziel" aus der ursprünglichen Sky Search-Aufgabe subtrahiert.
   Bei allen anderen Untertests Auszählung der korrekt bearbeiteten Items oder Aufsummierung der benötigten Zeit.
b) Vergleich mit Normgruppe: „Zur Erleichterung der Diagnose [einer Aufmerksamkeitsstörung] und zur Vermeidung von Fehleinschätzungen werden für den TEA-Ch nur Grobnormen (7 Stufen) auf der Basis von Prozenträngen mitgeteilt" (S. 27). Als Kriterium für die Diagnose einer Aufmerksamkeitsstörung wird ein „Wert von 1,5 Standardabweichungen unter dem Mittelwert, was einem Prozentrang von 10 entspricht" (S. 27), empfohlen. Für eine Re-Testung mit der Parallelversion im Abstand von sechs bis 20 Tagen liegen Angaben vor, um wie viele Prozentrang-Stufen sich ein Testergebnis ändern muss, um von einer Verschlechterung bzw. Verbesserung in der entsprechenden Aufgabe auszugehen. Kriterium: Veränderung in der

gleichen oder darüber liegenden Größenordnung bei weniger als 5% der (insgesamt 55) Kinder, die mit der Parallelversion nachuntersucht wurden. Z. B. bedeutet im Untertest Map Mission eine Verbesserung um drei Prozentrangstufen eine signifikante Verbesserung und eine Verschlechterung um eine Prozentrangstufe eine signifikante Verschlechterung.

c) Vergleich mit Patientengruppen: 24 Jungen mit ADHS hätten schlechtere Leistungen in den Untertests zur Daueraufmerksamkeit, aber nicht in denen zur selektiven Aufmerksamkeit gezeigt als gesunde Kontrollen, 18 Kinder nach Schädelhirntrauma seien in allen Aufmerksamkeitsfunktionen schlechter gewesen als Kontrollkinder. Keine Angabe von Daten.

Normierung

Stichprobe

Die Gesamtstichprobe umfasst $N=493$ Kinder, 197 Mädchen und 296 Jungen, im Alter von 6 Jahren bis 15 Jahren 11 Monaten, davon $N=293$ aus der australischen Normierungsstichprobe. Für die deutsche Version des TEA-Ch wurden zunächst anhand einer Stichprobe von deutschen Kindern im Alter von 6 Jahren bis 10 Jahren 11 Monaten die Normen der Originalversion (1999 erschienen) überprüft. „Es stellte sich heraus, dass sich die Leistungen der in Deutschland untersuchten von Gleichaltrigen in Australien nicht unterschieden" (S. 39). Beide Stichproben wurden daraufhin zusammengefasst. Wegen Deckeneffekten bei älteren Kindern keine Untersuchung deutscher Kinder über 10 Jahren 11 Monaten. Von 11 bis 15 Jahren 11 Monaten Normen aus der australischen Originalstichprobe „für den Einsatz bei klinischen Fragestellungen" (S. 39).

Normen

Sechs Altersgruppen: 6;0–6;11 Jahre ($N=79$), 7;0–8;11 Jahre ($N=139$), 9;0–10;11 Jahre ($N=130$), 11;0–12;11 Jahre ($N=58$), 13;0–14;11 Jahre ($N=58$), 15;0–15;11 Jahre ($N=29$).

Bildung: keine Angaben

Geschlecht: keine Angaben

Gütekriterien

Objektivität

Durchführung: keine Angaben

Auswertung: keine Angaben

Reliabilität

Interne Konsistenz: keine Angaben

Retest-Reliabilität: Nicht näher beschriebene Gruppe ($N=55$), untersucht mit der Parallelform, zeitlicher Abstand 6 bis 15 Tage: Koeffizienten (Alter auspartialisiert) zwischen .57 (Creature Counting Zeitscore)

und .87 (Gleichwelt Zeitbedarf), bei Untertests mit Deckeneffekt „Übereinstimmung der Prozentanteile innerhalb einer Standardabweichung" (S. 39) zwischen 71.0 % (Walk, Don't Walk) und 76.2 % (Score!).
Paralleltest-Reliabilität: Im Manual als Retest-Reliabilität aufgeführt.
Weitere Reliabilitätsmaße: keine Angaben

Validität
Konstruktvalidität: Die angenommene 3-Faktoren-Struktur (Daueraufmerksamkeit, selektive Aufmerksamkeit, Aufmerksamkeitskontrolle/ Umschalten) wurde in einem Strukturgleichungsmodell bestätigt. Jeder Untertest konnte mit der postulierten primären Anforderung einem Faktor zugeordnet werden.
Konvergente/diskriminante Validität: Zur Überprüfung der konvergenten Validität dienten der Stroop-Test (Trenerry, Crosson, DeBoe & Leber, 1989), Trail Making Test A & B (TMT; Spreen & Strauß, 1991) und Matching Familiar Figures Test (MFFT; Arizmendi, Paulsen & Domino, 1981). Das Muster signifikanter und nicht signifikanter Partialkorrelationen dieser Tests mit den TEA-Ch-Untertests (Alter auspartialisiert; signifikante Korrelationskoeffizienten von r=.20 bis r=.69, nicht signifikante Korrelationskoeffizienten von r=–.16 bis r=.19), erhoben an 96 Kindern aus der Normierungsstichprobe, bestätigt nach Einschätzung der Autoren die Zuordnung der einzelnen Untertests zu den verschiedenen Aufmerksamkeitsfunktionen.
Kriteriums- bzw. klinische Validität: Ausgewählte Untertests wurden mit 74 nicht näher beschriebenen kinder- und jugendpsychiatrischen Patienten im Alter von 6 bis 18 Jahren durchgeführt, „bei denen der Verdacht auf eine Aufmerksamkeitsstörung, allein oder in Kombination mit anderen Lernstörungen bestand" (S. 43). Die durchschnittlichen T-Werte (die aus den Prozentrangstufen der Normtabellen abgeleitet wurden) reichten von T=53.62 (Sky Search korrekt markierte Zielitems) bis T=40.31 (Creature Counting Zeitscore) und belegen nach Einschätzung der Autoren die klinische Validität des Verfahrens.
Ökologische Validität: keine Angaben

Nebengütekriterien
Störanfälligkeit: Die besondere Anfälligkeit einiger Untertests für motivationale Faktoren wird ausführlich erörtert.

Neuropsychologische Aspekte

Theoretischer Rahmen

Als theoretischer Hintergrund werden zunächst die Arbeiten von Posner und Mitarbeitern genannt, die „auf der Grundlage von Läsionen und funktionellen bildgebenden Verfahren (...) zu der Auffassung [kamen], dass es mindestens drei unterschiedliche Aufmerksamkeitssysteme im Gehirn gibt" (S. 35). Es wird auf andere Forscher verwiesen, die Modelle mit ähnlicher Aufteilung vorgeschlagen hätten. Die Aufteilung im TEA-Ch richte sich nicht vollständig nach einer dieser Taxonomien, werde aber durch entsprechende Forschung mit der Erwachsenen-Version Test of Everyday Attention (TEA; Robertson, Ward, Ridgeway & Nimmo-Smith, 1994) unterstützt. Es wird darauf hingewiesen, dass die hier gewählte Taxonomie angesichts der schnellen Fortschritte in der Forschung als vorläufige Position angesehen werden sollte.

Anwendungsbereiche

Der Test wird als besonders geeignet bezeichnet „für Kinder, bei denen der Verdacht besteht, es würde eine Aufmerksamkeits- und Hyperaktivitätsstörung vorliegen" (S. 11). An anderer Stelle findet sich ein Hinweis, dass „Abweichungen von der normalen Entwicklung der Aufmerksamkeit (...) bei Erkrankungen in der Kindheit nicht ungewöhnlich" seien (S. 35).

Funktionelle Neuroanatomie

Es seien unterschiedliche Gehirnregionen und Netzwerke an verschiedenen Formen der Aufmerksamkeit beteiligt.

Ergebnisbeeinflussende Faktoren

Als allgemeine Faktoren werden Beeinträchtigungen der visuellen und auditiven Wahrnehmung, Sprache und Motorik sowie motivationale Probleme genannt. Allgemeine Intelligenz spiele keine Rolle; aufgrund fehlender Erfahrungen sei bei Kindern mit weit unterdurchschnittlichem IQ besondere Vorsicht angebracht. Zu den einzelnen Untertests finden sich Anregungen, auf welche Verarbeitungsstile geachtet werden sollte, sowie Interpretationshinweise.

Testentwicklung

Es handelt sich um die detailgetreue deutsche Übersetzung eines australischen Verfahrens, TEA-Ch, von Manly, Robertson, Anderson & Nimmo-Smith (2008), das seinerseits in Anlehnung an den Erwachsenen-Test Test of Everyday Attention (TEA) von Robertson, Ward, Ridgeway & Nimmo-Smith (1994) entwickelt wurde. Die Untertests des TEA wurden adaptiert für die Durchführung mit Kindern und ergaben den TEA-Ch. Das australische Originalverfahren wurde am Zentrum für empirische pädagogische Forschung in Landau ins Deutsche übersetzt, dort wurden auch die deutschen Ergänzungsnormen bei Grundschulkindern erhoben sowie im Rahmen einer Diplomarbeit (Otto, 2008) „Aspekte der Validität dieser deutschen Version" (S. 3) untersucht.
Die Originalversion hat im englischsprachigen Raum rasch eine weite Verbreitung gefunden und wurde positiv aufgenommen (z.B. Baron, 2001). Im Rahmen klinischer Studien wird sie häufig bei Kindern mit ADHS verwandt (Blum et al., 2011; Heaton et al., 2001), in anderen

klinischen Studien z. B. bei Kindern mit Williams Syndrom (Atkinson & Braddick, 2011) oder ehemaligen Frühgeborenen (Mulder et al., 2011). In diesen Studien finden sich teilweise Daten zu klinischen Vergleichsgruppen. Auch in nichtklinischen Studien, z. B. zur Entwicklung exekutiver Funktionen im Schulalter (Wu et al., 2011) oder zum Verhältnis zwischen Selbstbericht und objektiven Daten (Muris et al., 2008) findet der TEA-Ch Verwendung. Es existiert eine vorläufige chinesische Version, mit der die postulierte 3-faktorielle Struktur der im TEA-Ch erhobenen Aufmerksamkeitsleistungen bei Kindern in einem anderen Kulturkreis repliziert werden konnte (Chan et al., 2008).

Testbewertung

Die Kritik im Überblick

Der TEA-Ch ist ein mehrdimensionaler Aufmerksamkeitstest mit nachvollziehbarem neuropsychologischem Hintergrund. Er bietet interessante Aufgaben, die teilweise klassischen schulischen Anforderungen an Aufmerksamkeitsleistungen nahe kommen und den wichtigen Bereich der auditiven (Dauer-)Aufmerksamkeit angemessen berücksichtigen. Die deutschen Übersetzer haben den Deckeneffekten Rechnung getragen durch die Beschränkung auf die jüngeren Altersgruppen.

Das deutsche Manual ist unzureichend im Hinblick auf die Darstellung der psychometrischen Eigenschaften und der Normierungsprozedur. Auch das australische Manual ist in dieser Hinsicht nicht zufriedenstellend. In der deutschen Übersetzung wurden wichtige Daten aus dem Original, z. B. zur Korrelation der TEA-Ch-Parameter mit Intelligenztestwerten oder zu den Ergebnissen der Validierungsstudien, weggelassen. Empirische Überprüfungen in der deutschen Stichprobe fehlen.

Die Empfehlungen zur Diagnose einer Aufmerksamkeitsstörung („1.5 Standardabweichungen unter dem Mittelwert") zusammen mit den ausführlichen Diskussionen der Kriterien für eine Aufmerksamkeits- und Aktivitätsstörung (ADHS) entsprechen nicht den einschlägigen Leitlinien relevanter Fachgesellschaften, auch wenn dies im Manual deutlich nahe gelegt wird.

Trotz deutlicher Mängel, die nicht ausschließlich den deutschen Übersetzern anzulasten sind, eignet sich der TEA-Ch – auch in Ermangelung von Alternativen – für die neuropsychologische Diagnostik von Aufmerksamkeitsfunktionen bei Kindern, setzt aber eine solide Kenntnis entsprechender Aufmerksamkeitskonzeptionen sowie Erfahrungen mit der Durchführung und Interpretation psychologischer Testverfahren voraus.

Test-konstruktion

Testmaterial

Das Material ist weitgehend robust. Durch die laminierten Vorlagen (bei denen sich leider teilweise die Laminierung recht früh löst), die mit abwischbarem Folienstift beschrieben werden, entfallen zusätzliche Kosten für Arbeitshefte. Der Protokoll- und Auswertungsbogen ist unübersichtlich gestaltet, z. B. wird der „Aufmerksamkeitsscore" für den Untertest Sky Search zwar im Manual beschrieben und auf der Ergebnisübersicht aufgelistet, ist aber dem Protokollbogen nicht zu entnehmen. Bei der Ergebnisübersicht gibt es überflüssige Kästchen, die das Ausfüllen zumindest für Ungeübte erschweren. Das deutsche Manual ist zu großen Teilen wörtlich übersetzt, unter anderem werden verschiedene Artikel, die in der Originalausgabe von 1999 als „in press" zitiert wurden, auch in der 2008 herausgegebenen zweiten, korrigierten deutschen Auflage als „in press" zitiert.

Testdesign

Konzept: Nach Einschätzung der deutschen Übersetzer „geht (es) bei den neuropsychologischen Tests darum, festzustellen, wie weit die Testleistung von dem Durchschnittswert von einer im Hinblick auf das zu untersuchende Kriterium unauffälligen Stichprobe abweicht" (S. 27). Der neuropsychologische Theorierahmen wird durch die Übersetzung des australischen Originals knapp, aber nachvollziehbar dargestellt.

Variablen: Es werden zahlreiche Variablen erhoben, die für die Ermittlung der normierten Testwerte erforderlich sind, für die aber keine Normen angegeben werden. Aus neuropsychologischer Sicht ist es besonders bedauerlich, dass beim Untertest „Opposite Worlds" Fehler nicht separat erfasst werden, sondern während der Testdurchführung vom Kind korrigiert werden müssen und lediglich als verlängerte Bearbeitungszeit in die Bewertung eingehen. So gehen Aussagen zum trade-off zwischen langsamem und fehlerfreiem versus schnellem und fehleranfälligem Verarbeitungsstil verloren. Bei diesem Test fehlt auch ein Differenz-Wert für die „kognitiven Kosten" der geforderten Umstellfähigkeit. Bei den Durchstreichtests werden falsch markierte Items ignoriert und nicht als Fehler berücksichtigt. Beim Untertest „Code Transmission" werden Aufmerksamkeitsfehler (kritischer Reiz nicht entdeckt) und Arbeitsgedächtnisfehler (kritischer Reiz entdeckt, aber falsche Ziffer genannt) nicht getrennt bewertet.

Durchführung: Detaillierte Instruktionen sichern – theoretisch – die Durchführungsobjektivität. Die Instruktionen sind teilweise umständlich formuliert mit langen Sätzen und Nebensatzkonstruktionen. Es wird empfohlen, sie bei Verständnisproblemen umzuformulieren, ohne zusätzliche Hinweise zur Bearbeitung zu geben. Hier fehlen Beispiele für alternative Formulierungen, zumal der deutsche Test sich offensichtlich an nicht psychologisch geschulte Anwender richtet.

Beim Untertest „Opposite Worlds“ muss jeweils auf eine richtige Antwort gewartet werden. Ob und wie das Kind auf einen Fehler aufmerksam gemacht werden soll, ist nicht angegeben. Unter Umständen kann die Fehlerkorrektur (angestoßen durch die Testleiterin oder warten, bis das Kind selber den Fehler bemerkt) Auswirkungen auf die Bearbeitungszeit (den einzig relevanten Testwert in diesem Untertest) haben. Im Untertest „Creature Counting“ wird empfohlen, die eigene Aufmerksamkeit ein wenig von der Aufgabe zu lösen, um das Kind nicht durch zögerliches Zeigen auf mögliche Fehler aufmerksam zu machen. Allerdings kommt es bei diesem Test gelegentlich vor, dass Kinder trotz einer fehlerhaften Zählstrategie bei der richtigen Lösungszahl ankommen, nach Erfahrungen der Rezensentin kann dies bei einzelnen Kindern sogar bei zwei oder drei Items passieren. Im Manual wird diese Möglichkeit nicht erwogen. Im Untertest „Walk, Don't Walk“ kann beobachtet werden, dass Kinder die Schritte etwas wahllos (also unabhängig vom Ton) markieren. Es kann daher passieren, dass eine Aufgabe nicht korrekt bearbeitet, aber durch die fehlende Markierung im passenden Feld als richtig gewertet wird. Dies könnte vermieden werden, wenn im Protokollbogen zu jedem akustischen Reiz eine Protokollierung vorgenommen würde.

Auswertung: Es fehlen Demonstrationen zum Ausfüllen des (unübersichtlich gestalteten) Protokollbogens. Ein Computerauswertungsprogramm wäre besonders für die Untertests mit aufwändigen Auswertungsschritten hilfreich.

In den Instruktionen zu den einzelnen Untertests finden sich hilfreiche Hinweise, auf welche Verarbeitungsstile bei der Bearbeitung geachtet werden sollte. Auf diese wird bei den Interpretationsbeispielen genauer eingegangen. Sinnvoll wäre die Diskussion und Interpretation von vollständigen Testprofilen, z. B. die Interpretation von unterschiedlichen Testwerten bei Untertests, die demselben Aufmerksamkeitsfaktor zugeordnet sind. Eine solche Interpretation liegt lediglich für die beiden Durchstreichtests zum Faktor Selektive Aufmerksamkeit vor.

Das australische Manual enthält zu Beginn des Interpretationskapitels einen Passus, in dem bei den Anwendern „a certain level of familiarity and knowledge with the general principles of administering and interpreting cognitive test results“ (S. 25) vorausgesetzt wird. Dieser Passus ist trotz detailgetreuer Übersetzung des restlichen Kapitels im deutschen Manual nicht enthalten.

Klinische Vergleichsgruppen (mit ADHS bzw. nach Schädelhirntrauma) werden bei den Interpretationshilfen erwähnt, im deutschen Manual fehlen die ausführlicheren Daten zu den (australischen) Patienten- und Kontrollgruppen.

Die im Manual angegebenen kritischen Differenzen bei Testwiederholung mit der Parallelform wurden an australischen Kindern ermittelt und im Original als Veränderung der Standardwerte angegeben. Entsprechende Untersuchungen wurden für die deutsche Stichprobe nicht durchgeführt, hier wurden offensichtlich die Veränderungen der Standardwerte auf die „7-stufige Grobnorm“ (Prozentränge) umgerechnet. Es fehlen Angaben dazu, wie dies erfolgte (z. B. welchen Prozentrangstufen die nicht vertafelten Werte zugeschlagen wurden).

Normierung

Stichprobe: Die Normierungsprozedur ist in jeder Hinsicht ungenügend dargestellt: Zur Stichprobe wird lediglich die Anzahl der Jungen und Mädchen je Altersgruppe angegeben, hierzu existieren im Manual unterschiedliche Angaben. Wie viele Kinder insgesamt in die deutsche Ergänzungsstichprobe einbezogen wurden, lässt sich für die Gesamtgruppe aus den Angaben errechnen. Keine Angaben zur Rekrutierung, Ein- und Ausschlusskriterien, demographischen und sozioökonomischen Variablen oder Durchschnittsalter in den einzelnen, recht großen Altersstufen. In die deutsche Ergänzungsstichprobe wurden deutlich mehr Jungen als Mädchen aufgenommen, dies wurde nicht näher begründet.

Normen: Nicht nachvollziehbare Beschränkung auf sieben Prozentrangstufen. Die Darstellung der Normen in den Tabellen ist unübersichtlich und fehlerhaft und macht die Ermittlung der Normwerte auch für geübte Testanwender fehleranfällig. Für viele Werte fehlen eindeutige Zuordnungen. Der Hinweis, wie mit nicht vertafelten Werten umzugehen sei, ist kryptisch: „Die angegebenen Wertebereiche beziehen sich dabei auf den jeweiligen Prozentrangwert in der Tabelle. Abweichungen von diesen Werten sind dann entsprechend auf diesen Wert hin zu beziehen“ (S. 27).

In der australischen Stichprobe wurden Kinder mit neurologischen Erkrankungen, Entwicklungsstörungen, sonderpädagogischem Förderbedarf und Verdacht auf Aufmerksamkeits- oder Lernstörungen ausgeschlossen. Renner und Irblich (2008) vermuten angesichts der hohen Prävalenzzahlen für diese Störungen eine eher „strenge“ Normierung. Dies bestätigt sich durch einen Vergleich der australischen mit den gemischten deutsch-australischen Normen: erstere sind teilweise erheblich schärfer als die gemischten Normen. Im Untertest „Sky Search“ ergibt z. B. ein Aufmerksamkeitswert von 10 in den australischen Normen bei 6 Jahre alten Kindern einen Prozentrangbereich von 6.7–12.2 in den gemischten Normen hingegen einen Prozentrang von 25. Vor diesem Hintergrund ist die Zusammenlegung beider Stichproben beziehungsweise das Weglassen der entsprechenden Daten, die die Übereinstimmung der Normdaten zeigen sollen, kritisch zu sehen. Um die Zusammenfassung der beiden Stichproben nachvollziehen zu können, bedürfte es der Angaben der Verteilungseigenschaften der Rohwerte in beiden Stichproben.

Es ist unverständlich, warum in der deutschen Version auf die australischen klinischen Vergleichsgruppen lediglich summarisch hingewiesen wird, ohne die Daten aus dem australischen Original abzubilden.

Gütekriterien

Objektivität: Angesichts des Risikos, falsch bearbeitete Items als korrekt zu bewerten. ist die Durchführungsobjektivität als kritisch einzuschätzen

Reliabilität: Für die deutsche Version wurden keine Reliabilitäten berechnet. Die Retest- beziehungsweise Paralleltestkoeffizienten aus der australischen Stichprobe fallen weitgehend akzeptabel bis sehr gut aus.

Validität: Mit einer Ausnahme wurden alle Studien zur Validität aus dem australischen Original übernommen.

Für die deutsche klinische Studie an 74 Psychiatrie-Patienten fehlt eine genauere Beschreibung der Stichprobe mit Angaben über die klinischen Diagnosen („Für einen Teil der Stichprobe konnten Informationen über die Diagnosen erhoben werden", S. 43), die Kinder waren im Durchschnitt 11;46 Jahre alt, also älter als die deutsche Normierungsstichprobe, Angaben zum IQ lagen nur für einen Teil der Kinder vor. Die Prozedur der Überführung der Testwerte in Prozentränge und die daraus erfolgende Bestimmung von T-Werten ist angesichts der 7-stufigen Grobnorm nicht nachvollziehbar. Eine Kontrollgruppe gab es nicht. Die angegebenen Daten sprechen für ein schlechteres Abschneiden klinisch auffälliger Kinder in einigen TEA-Ch-Parametern verglichen mit der Normierungsstichprobe.

Besonders bedauerlich ist das Fehlen von deutschen Untersuchungen zur konvergenten Validität, da vor der deutschen Übersetzung der Originalversion in Deutschland mehrdimensionale Testbatterien zu Aufmerksamkeitsleistungen mit Kinder-Normen bzw. speziell für Kinder entwickelt erschienen sind (Zimmermann & Fimm, 2002, Testbatterie zur Aufmerksamkeitsprüfung (TAP) Version 1.7, einzelne Untertests ab dem Alter von 6 Jahren normiert, sowie die Testbatterie zur Aufmerksamkeitsprüfung für Kinder (KiTAP) von Zimmermann, Gondan & Fimm (2002)).

Zur diskriminanten Validität wird lediglich berichtet, dass der TEA-Ch „zu den üblichen Intelligenztests nur niedrige Korrelationen" aufweise (S. 29), die entsprechenden Daten aus dem australischen Manual wurden weggelassen.

Testentwicklung

Die Aufgaben sind innovativ, bei einigen Aufgaben kann eine ökologische Validität angenommen werden. Der Untertest Sky Search Parallelaufgabe stellt Anforderungen an die visuelle Suche und Graphomotorik gekoppelt mit Verarbeitung akustischer Information, die zusätzlich

Arbeitsgedächtnisleistungen erfordert. Dies kommt, ebenso wie der auditive Daueraufmerksamkeitstest Code Transmission, klassischen Anforderungen an die Aufmerksamkeit(-steilung) im schulischen Alltag nahe.

Neuropsychologische Aspekte

Theoretischer Rahmen

Die gewählte Aufteilung der Aufmerksamkeitsfaktoren deckt sich nicht vollständig mit gängigen Aufmerksamkeitstheorien. Im Test nicht operationalisierte Aufmerksamkeitskonzepte (räumliche Aufmerksamkeit, Alertness), aber auch operationalisierte Aspekte wie die in zwei Untertests überprüfte geteilte Aufmerksamkeit werden nicht thematisiert. Die postulierten Faktoren lassen sich nicht nur unter dem Aspekt der Aufmerksamkeitsanforderung interpretieren, sondern auch unter dem Aspekt der erhobenen Parameter: Die selektive Aufmerksamkeit und die Aufmerksamkeitskontrolle werden nur über Geschwindigkeitsmaße erfasst, die zudem getrennten Modalitäten zuzuordnen sind (selektive Aufmerksamkeit: Durchstreichtests, Aufmerksamkeitskontrolle: schnelles Benennen gekoppelt mit Reaktionsinhibition/Umschalten). Genauigkeitsaspekte bleiben unberücksichtigt oder fließen nur verdeckt ein.
Entwicklungspsychologische Aspekte werden nur kurz erwähnt bzw. beschränken sich auf den Hinweis auf die Übereinstimmung der Faktorenanalysen der Erwachsenen- und Kinderversion. Detaillierte Angaben zum Entwicklungsverlauf, z. B. Korrelationen der Parameter mit dem Alter, sind nicht angegeben.

Anwendungsbereiche

Aus neuropsychologischer und psychopathologischer Sicht ist die in der deutschen Version überaus deutlich suggerierte Anwendbarkeit zur Diagnose von Aufmerksamkeitsdefizit- und Hyperaktivitätsstörungen kritisch zu sehen. Im Original findet sich der explizite Hinweis, dass „performance on a cognitive test such as the TEA-Ch should not be considered as indicative of the disorder, only as indicative of cognitive strengths or problems that a particular child has regardless of diagnostic category“ (S. 38). Dieser Passus wurde in dem weitgehend detailgetreu übersetzten deutschen Manual ausgelassen, stattdessen finden sich an verschiedenen Stellen im Manual vergleichsweise ausführliche Diskussionen der Kriterien für ADHS im Zusammenhang mit der Darstellung des Tests.

Handhabbarkeit und klinische Anwendung

Der Test erfordert eine gründliche Einarbeitung für die angemessene Durchführung sowie Sorgfalt bei der aufwändigen und fehleranfälligen Auswertung. Besonders den jüngeren Kindern bereitet das von ihnen geforderte Beschreiben der Aufgabe häufig Mühe. Die „spielerische“ Darstellung wird von älteren Kindern oft nicht akzeptiert. Der Test liefert gute Möglichkeiten zur Verhaltensbeobachtung bei standardisierten Aufmerksamkeitsanforderungen, auch wenn z. B. bei Creature Counting und Opposite Worlds wichtige Anforderungen durch die Vorgabeart (Bearbeitungsreihenfolge wird vom Testleiter vorgegeben) „entschärft“ werden. Dass Kinder mit Aufmerksamkeitsproblemen oft nur schwer „bei der Stange zu halten“ sind, ist eher nicht dem Testverfahren anzulasten, sondern „liegt in der Natur“ dieser Kinder. Die fehlenden Normwerte für die zahlreichen Variablen sind bedauerlich. Für eine differenzierte Auswertung und Interpretation sind die 7-stufigen Grobnormen nur bedingt geeignet.

Hedwig Freitag

TEA-Ch-K Ein Test zur Erfassung von Konzentration und Aufmerksamkeit im Kindergartenalter[1]

Reinhold Jäger & Diana Sebastian

Frankfurt a. M.: Pearson Assessment, 2010

Zusammenfassende Testbeschreibung

Zielsetzung und Operationalisierung

Konstrukte

Es sollen „Komponenten der Konzentration und Aufmerksamkeit erfasst werden, welche als (übergeordnete) Vorläuferfertigkeiten angesehen werden können" (S. 27): selektive Aufmerksamkeit, Aufmerksamkeitskontrolle und Reaktionshemmung, Konzentration und Daueraufmerksamkeit, geteilte Aufmerksamkeit, dabei sollen unterschiedliche Modi der Reizdarbietung eine Rolle spielen.

Testdesign

Testbatterie bestehend aus 6 Untertests.

- *Daueraufmerksamkeit: Erfassung eines Zielreizes unter monotonen Bedingungen*
- *Selektive Aufmerksamkeit: zwei Durchstreichtests*
- *Geteilte Aufmerksamkeit: Durchstreichtest, gleichzeitig Erfassung eines Zielreizes unter monotonen Bedingungen*
- *Aufmerksamkeitskontrolle & Reaktionshemmung: Unterscheiden von akustischen Go/NoGo-Signalen beim Markieren von Symbolen unter Zeitdruck; Benennen der korrekten Farben von inkongruent gefärbten Objekten (z. B. blaue Banane = „gelb" sagen).*

Angaben zum Test

Normierung

Alter: Fünf Altersgruppen: 4.0–4.6 Jahre (N = 182); 4.7–4.11 Jahre (N = 205); 5.0–5.6 Jahre (N = 268); 5.7–5.11 Jahre (N = 225); 6.0–6.6 Jahre (N = 259).
Bildung: Kindergartenkinder, keine weiteren Angaben.
Geschlecht: Für jede Altersgruppe getrennte Geschlechtsnormen.

Material

Manual mit Normtabellen, laminierte wieder verwendbare Vorlagen und Rahmen für Übungs- und Testaufgaben, Audio-CD, 25 Protokollbögen, wasserlöslicher Folienstift; benötigt wird ein CD-Spieler.

---

1 Dieser Test wurde vor Drucklegung aus dem Verlagsprogramm genommen, ist aber zum Teil noch zu beziehen.

Durchführungsdauer
Kompletter Test ca. 45 Minuten, in der Normierungsstichprobe maximal 80 Minuten.

Testkonstruktion

Design

Aufgabe
- *Eulensuche:* Paare von identischen Eulen müssen eingekreist, nicht identische Paare ignoriert werden; zur motorischen Kontrolle werden auf einer zweiten Vorlage nur identische Paare präsentiert, die einzukreisen sind. Ein vom Kind selbst zu verschiebender Rahmen zeigt die jeweils zu bearbeitende Spalte an.
- *Eulenpost:* Auf einen akustischen Reiz hin müssen die Eulen markiert werden. Wenn der Reiz unmittelbar von einem anderen akustischen Reiz gefolgt wird, darf die folgende Eule nicht markiert werden (1 Durchgang). 14 Durchgänge.
- *Zauberwald:* In 60 Sekunden müssen so viele Drachen wie möglich eingekreist werden. Die eingekreisten Drachen müssen mit einer Linie verbunden werden.
- *Feuerdrachen:* Immer, wenn in einer Abfolge von Tönen zu einem Ton eine Farbe genannt wird, muss ein Drache der entsprechenden Farbe eingekreist werden. Ein vom Kind selbst zu verschiebender Rahmen zeigt die jeweils zu bearbeitende Reihe an. Gesamtdauer 7 Minuten für 12 Reihen.
- *Eulensuche und Feuerdrachen:* Auswertung setzt die Durchführung der isolierten Eulensuche voraus. Es müssen gleichzeitig Paare identischer Eulen eingekreist und beim gleichzeitigen Hören von Ton UND Farbe entsprechend farbige Feuerdrachen eingekreist werden. Bei den Feuerdrachen wird mit Rahmen gearbeitet.
- *Gleichwelt/verhexte Welt:* In der „Gleichwelt" müssen die Farben der (gelben) Bananen und (roten) Kirschen gesagt werden, in der „Verhexten Welt" muss die korrekte Farbe der inkongruent farbigen Bananen und Kirschen gesagt werden. Je ein Durchgang. Der Testleiter deutet jeweils auf das zu benennende Objekt und geht erst bei korrekter Antwort zum nächsten Objekt über.

Konzept
„Situierte" (das heißt eingebettet in die Lebenswirklichkeit der Zielgruppe) und objektivierte Erfassung von Aufmerksamkeit und Konzentration, die unterschiedliche Wahrnehmungskanäle berücksichtigt und deren Daten für eine anschließende Intervention genutzt werden können.

Variablen
1. Eulensuche, vier Variablen: Anzahl korrekt eingekreister Eulenpaare und benötigte Zeit, jeweils für die Version mit und ohne Distraktoren; Normen für die benötigte Zeit „mit Distraktoren", für die benötigte

Zeit pro korrekt eingekreistem Eulenpaar für die Version mit Distraktoren und für die motorische Kontroll-Version; „Aufmerksamkeitsscore" mit Normen, siehe Auswertung.
2. Eulenpost: Anzahl richtiger Hemmungsreaktionen, ergibt dividiert durch die (konstante) Anzahl insgesamt möglicher Hemmungsreaktionen den normierten Testwert.
3. Zauberwald: Anzahl der korrekt markierten Drachen.
4. Feuerdrachen, zwei Variablen: Anzahl korrekt bearbeiteter Reihen, ergibt dividiert durch die (konstante) Anzahl der insgesamt zu bearbeitenden Reihen einen normierten Testwert; Anzahl korrekt identifizierter Drachen, ergibt dividiert durch die (konstante) Anzahl der insgesamt zu bearbeitenden Drachen einen normierten Testwert.
5. Eulensuche und Feuerdrache (Parallelaufgabe): Anzahl korrekt bearbeiteter Feuerdrachenreihen, Anzahl korrekt identifizierter Feuerdrachen, Anzahl insgesamt bearbeiteter Feuerdrachenreihen und Anzahl insgesamt bearbeiteter Feuerdrachen, sowie Zeitbedarf für Einkreisen der Eulenpaare und Anzahl korrekt eingekreister Eulenpaare, alle Variablen ohne Normwerte; Testwerte mit Normen, siehe Auswertung.
6. Farbstroop-Aufgabe Gleichwelt/Verhexte Welt: Benötigte Zeit für „Gleichwelt-" und „Verhexte Welt", beide Werte mit Normen, zusätzlich Normen für die Differenz aus diesen Werten.

Durchführung
Instruktionen werden mündlich gegeben, jede Aufgabe wird an mindestens einem Beispiel demonstriert. Zur Sicherung des Aufgabenverständnisses soll das Kind im Anschluss selber erklären, was zu tun ist. Wiederholungen der Instruktionen in paraphrasierter Form bei Verständnisschwierigkeiten werden ausdrücklich empfohlen. Akustische Reize werden von CD vorgegeben. Nur Einzeltestung, keine Parallelversion.

Auswertung
a) Rohwertbestimmung, manuell: Für 15 verschiedene Testwerte liegen Normen vor, für einen weiteren Wert, der im Manual erwähnt wird, aber dem Protokollbogen und den Normentabellen nicht zu entnehmen ist, werden Normen im Internet („Errata-Zettel") bereitgestellt. Von den 15 normierten Testwerten aus dem Manual sind vier Werte Rohwerte in Form von Zeitbedarf oder Anzahl korrekt bearbeiteter Items. Alle anderen normierten Werte werden aus den erhobenen Variablen berechnet.
Eulensuche: Ermittlung der benötigten Zeit pro korrekt eingekreistem Eulenpaar für die Version mit und ohne Distraktoren, zusätzlich im Internet erhältlich: Normen für Differenzwert zwischen Zeit pro Eulenpaar mit und Zeit pro Eulenpaar ohne Distraktoren.

Eulenpost: Verhältnis richtiger Hemmungsreaktionen zur Anzahl möglicher Hemmungsreaktionen.
Feuerdrachen: Verhältnis der Anzahl korrekt bearbeiteter Reihen zur Gesamtzahl der Reihen und Verhältnis der Anzahl korrekt eingekreister Feuerdrachen zur Gesamtzahl einzukreisender Feuerdrachen.
Eulensuche und Feuerdrachen: Aus den sechs erhobenen Variablen werden 5 mit Prozenträngen versehene Werte ermittelt, von denen zwei als „diagnostisch relevant" bezeichnet werden: Abweichungsscore 1: Zeit pro korrekt eingekreistem Eulenpaar dividiert durch Verhältnis korrekt bearbeiteter (Feuerdrachen-)Reihen zu insgesamt bearbeiteten (Feuerdrachen-)Reihen minus „Zeit pro Ziel" aus Subtest 1; Abweichungsscore 2: Zeit pro korrekt eingekreistem Eulenpaar dividiert durch Verhältnis korrekt eingekreister Feuerdrachen zu insgesamt eingekreisten Feuerdrachen minus „Zeit pro Ziel" aus Subtest 1.
Gleichwelt/Verhexte Welt: Differenzwert zwischen dem Zeitbedarf für die Verhexte vs. Gleichwelt.

b) Vergleich mit Normgruppe: Normentabelle mit achtstufigen Prozenträngen; wegen „sehr schiefer Verteilungen im Hinblick auf bestimmte Parameter" werden „in bestimmten Fällen nur die Normwerte für die leistungsmäßig schlechteren Leistungen angegeben" (S. 60). Als Kriterium für die Notwendigkeit spezieller Förderung werden die Prozentrangstufen 5, 10 und 15 besonders markiert.
c) Keine Vergleichswerte von klinischen Patientengruppen.

Normierung

Stichprobe

Die Gesamtstichprobe umfasst laut Manual N= 1 178 Kindergartenkinder aus Baden-Württemberg, Hessen und Rheinland-Pfalz, 562 Mädchen und 614 Jungen (zwei Kindern ohne Alters- und Geschlechtsangaben) im Alter von 4 bis 6 Jahren.

Normen

Fünf Altersgruppen: 4.0– 4.6 Jahre (N=182); 4.7–4.11 Jahre (N=205); 5.0–5.6 Jahre (N=268); 5.7–5.11 Jahre (N=225); 6.0–6.6 Jahre (N= 259) (zusammen N=1 139 Kinder).
Geschlecht: geschlechtsspezifische Normen auf allen Altersstufen.

Gütekriterien

Objektivität

Durchführung: Durchführungsobjektivität sei „dadurch gewährleistet, dass die Freiheitsgrade der Person, welche den Test durchführt, durch genaue Instruktionen soweit eingeengt wird, dass kaum Spielräume in der Durchführung existieren." Die Durchführungsobjektivität sei „daher per se als gut zu bezeichnen" (S. 68).

Auswertung: Grad der Übereinstimmung zwischen unterschiedlichen Auswertern, die für die vollständig ausgefüllten Protokollbögen zweier Kinder die Testwerte berechneten: Für zwei der acht angegebenen Variablen konnte bei beiden Kindern über alle Auswerter eine Varianz von $s^2 = .000$ ermittelt werden, für eine weitere Variable nur bei einem Kind. Nach Einschätzung der Autoren spricht dies sowie die insgesamt niedrigen Varianzen bei den anderen Variablen (zwischen $s^2 = .001$ und $s^2 = 1.28$) für eine hohe Auswertungsobjektivität.
Interpretation: Die Interpretationsobjektivität sei durch die Angabe von Normen für unterschiedliche Altersgruppen sowie Hinweise zur detaillierten Interpretation der Ergebnisse gewährleistet.

Reliabilität
Interne Konsistenz: keine Angaben
Retest-Reliabilität: Nicht näher beschriebene, zufällig ausgewählte Gruppe ($N = 192$), zeitlicher Abstand 14 Tage: Koeffizienten zwischen $r = .23$ und $r = .69$ für 24 Parameter. Die ermittelten Retest-Reliabilitäten erscheinen laut Manual „unter dem Blickwinkel rein psychometrischer Betrachtung in quantitativer Hinsicht nicht immer zufrieden stellend und akzeptabel" (S. 70). Daher wurde zusätzlich untersucht, wie viele Kinder bei der Erst- und Zweittestung in dieselbe „Leistungsgruppe" eingeordnet werden konnten. Angegeben wird der Prozentsatz der Kinder, der in 17 Parametern aus den ersten fünf Untertests in beiden Testungen der leistungsschwächsten Gruppe (entweder untere Hälfte oder unteres Drittel) zugeordnet werden konnte. Für die einzelnen Parameter liegen die Prozentsätze bei 40,0 % bis 93,1 %. Nach Einschätzung der Autoren stellt der TEA-Ch-K damit ein Testverfahren dar, „das insbesondere zur Identifikation der leistungsmäßig schlechteren Kinder herangezogen werden kann" (S. 72).
Weitere Reliabilitätsmaße: zur Interrater-Reliabilität siehe Auswertungsobjektivität.

Validität
Konstruktvalidität: Überprüft werden sollte, ob der TEA-Ch-K ähnliche Dimensionen erfasst wie der Test of Everyday Attention for Children (TEA-Ch, Manly, Robertson, Anderson & Nimmo-Smith, 2008). Eine Faktorenanalyse auf der Basis einer Hauptkomponentenanalyse mit Varimax-Rotation auf Grundlage der Daten von $N = 1\,094$ Kindern ergab eine 3-Faktoren-Lösung mit einem reinen Faktor (Geteilte Aufmerksamkeit) und zwei „gemischten" Faktoren. Daraufhin wurde eine Faktorenanalyse an einer Untergruppe von $N = 297$ Kindern durchgeführt, die zusätzlich zu den Aufgaben des TEA-Ch-K die Coloured Progressive Matrices (CPM, Bulheller & Häcker, 2001) bearbeitet hatten. Der Rohwert aus den CPM wurde als Komponente „Aufmerksamkeitskon-

trolle" in die Faktorenanalyse einbezogen. Es ergab sich eine 4-Faktoren-Lösung mit den Faktoren Selektive, Geteilte und Daueraufmerk samkeit sowie Aufmerksamkeitskontrolle. Laut Manual zeigt das Ergebnis dieser Faktorenanalyse, „dass die Struktur existiert, welche dem TEA-Ch zugrunde liegt" (S. 80).

Konvergente/diskriminante Validität: Zur Einschätzung der diskriminanten Validität wurden mit 297 Kindern zusätzlich die CPM durchgeführt. Die Korrelationskoeffizienten zwischen 31 Parametern des TEA-Ch-K und dem CPM-Rohwert lagen zwischen r=–.35 und r=.36. Vier dieser Korrelationskoeffizienten waren statistisch nicht signifikant. Die Korrelationskoeffizienten zwischen den Parametern und der Bearbeitungszeit beim Durcharbeiten der Items der CPM betrugen zwischen r= –.10 und r=.12 (nur ein statistisch signifikanter Koeffizient). Die Gesamt-Bearbeitungszeit für den TEA-Ch-K korrelierte mit der Bearbeitungszeit für die CPM mit r=.49. Nach Einschätzung der Autoren sind „im Regelfall die im TEA-Ch-K erhobenen Parameter vergleichsweise unabhängig von der Intelligenz (...). Demnach gilt: Die Intelligenz einer Person ist keine Bedingung dafür, um im TEA-Ch-K gut abzuschneiden" (S. 74).

Kriteriums- bzw. klinische Validität: Zur Überprüfung der Kriteriumsvalidität dienten Fragebogeneinschätzungen der Aufmerksamkeit und des Konzentrationsvermögens von Eltern und Erziehern. Die Kinder wurden sowohl hinsichtlich der Fragebogeneinschätzungen als auch 23 verschiedener Testparameter in Leistungsgruppen eingeteilt, sodann wurden „Einweg-Varianzanalysen" gerechnet. Die Ergebnisse werden berichtet in Form von „wertlosen" oder „kleinen" Effektstärken (ω^2) für die Übereinstimmung zwischen Fragebogen und Testparametern. Die Varianzanalyse über Erzieherfragebogen und TEA-Ch-K ergab bei 19 von 23 Parametern „kleine" Effektstärken und für die restlichen vier Parameter „wertlose" Effektstärken. Bei den Elternfragebögen fielen 10 von 23 Effektstärken „klein" und 13 „wertlos" aus. Die Autoren betonen bei der Interpretation der Ergebnisse, dass „nicht zu erwarten (ist), dass Eltern bzw. Erzieherinnen und Erzieher einen so differenzierten Blick haben, wie dies durch den Einsatz des TEA-Ch-K geleistet wird. Es ist deshalb auch zu erwarten, dass nicht immer Konvergenzen zwischen den Ergebnissen aus den Fragebögen und dem Test resultieren. (...) Bezieht man sich auf alle herangezogenen Parameter, so ist zu erkennen, dass eine Konvergenz zwischen TEA-Ch-K und den Eltern- bzw. Erziehereinschätzungen zu entnehmen ist. Wir werten diesen Sachverhalt als Hinweis für die Validität des TEA-Ch-K" (S. 76).

Entwicklungsverlauf: Für die verschiedenen Variablen konnte eine Altersabhängigkeit festgestellt werden.

Ökologische Validität: Siehe Kriteriumsvalidität.

Neuropsychologische Aspekte

Theoretischer Rahmen

Bei Aufmerksamkeit und Konzentration handle es sich nach heutiger Auffassung um mehrdimensionale Konzepte. Zu den „übergeordneten Gesichtspunkten“, die „handlungsleitend dafür sind, den Fokus auf unterschiedliche Formen von Aufmerksamkeit und Konzentration zu richten“ (S. 23), wird unter anderem die „neuropsychologische Perspektive“ mit einem Dreikomponentenmodell der Aufmerksamkeit (nach Posner & Boies, 1971) genannt. Ferner seien unterschiedliche Theorien, und zwar Filter- und Kapazitätsmodelle der Aufmerksamkeit, zu berücksichtigen. Der TEA-Ch-K sei „– wie der TEA-Ch – ein Testverfahren, das in die Gruppe von neuropsychologischen Tests einzuordnen“ sei (S. 49). Der überwiegende Teil der Ausführungen zum theoretischen Rahmen bezieht sich auf pädagogische Themenfelder.

Anwendungsbereiche

Der Test kann nach Einschätzung der Autoren „zur Objektivierung bestimmter Parameter zur Diagnostik von ADHS herangezogen werden“ und diene „damit gleichzeitig in einem präventiven Sinn als frühdiagnostisches Instrument“ (S. 31).

Funktionelle Neuroanatomie

keine Angaben

Ergebnisbeeinflussende Faktoren

Die Auswirkungen von Motivation, Erleben der Testsituation und Grad der Geübtheit der geforderten Reaktionen auf die Leistungen in Testsituationen wurden nach Angaben der Autoren bei der Entwicklung des Testverfahrens berücksichtigt.

Testentwicklung

Der TEA-Ch-K wurde am Zentrum für empirische pädagogische Forschung in Landau in enger Anlehnung („auf der Basis der Konzeption, Theorie und Operationalisierung“) des Test of Everyday Attention for Children (TEA-Ch, Manly, Robertson, Anderson & Nimmo-Smith, 2008) entwickelt. An diesem Zentrum war auch der TEA-Ch ins Deutsche übersetzt und mit Ergänzungsnormen für Grundschulkinder versehen worden (deutsche Bearbeitung und Normierung Horn & Jäger, 2008). Im Rahmen einer nicht veröffentlichten Diplomarbeit wurde überprüft, ob und welche Aufgaben des TEA-Ch sich für vier bis sechsjährige Kinder adaptieren ließen, anschließend wurden hieraus die Aufgaben für den TEA-Ch-K gewählt und normiert.

Testbewertung

Die Kritik im Überblick

Vom Einsatz dieses Testverfahrens zu klinisch-diagnostischen Zwecken ist abzuraten. Die Operationalisierung der zugrunde liegenden Konstrukte ist, wie die Normen sowie die im Manual angeführten teststatistischen Analysen belegen, nicht gut gelungen. Das Verfahren ist unhandlich in der Durchführung und fehleranfällig in der Auswertung. Die Instruktionen sind fehlerhaft. Das Manual ist in umständlichem Deutsch abgefasst und teilweise schwer zu lesen. Die sich an die Darstellung der fehlenden Reliabilität und Validität anschließenden zusätzlichen Analysen sind kaum nachvollziehbar. Relevante Informationen, z. B. zur Normierungsstichprobe, zu den Verteilungseigenschaften der Rohwerte und zu den meisten Analysen, werden nicht berichtet.
Besonders kritisch erscheint die Vermarktung des Verfahrens als Diagnostikum für ADHS im Kindergartenalter durch psychologisch nicht geschulte Anwender – nicht nur vor dem Hintergrund fehlender klinischer Vergleichsgruppen.

Testkonstruktion

Testmaterial

Das Material ist weitgehend robust. Durch die laminierten Vorlagen (bei denen sich leider teilweise die Laminierung recht früh löst), die mit abwischbarem Folienstift beschrieben werden, entfallen zusätzliche Kosten für Arbeitshefte. Der Protokoll- und Auswertungsbogen ist unübersichtlich gestaltet. Es fehlt eine Ergebnisübersicht. Die für Validierungszwecke eingesetzten Frage- und Verhaltensbeobachtungsbögen befinden sich nicht, wie im Manual angekündigt, im Anhang, können aber von der deutschen Homepage von Pearson Assessment heruntergeladen werden.

Testdesign

Konzept: Neuropsychologische Theorien werden erwähnt, aber nur vage in Bezug zu den Aufgaben des TEA-Ch-K gesetzt. Der Terminus „Konzentration" wird mit der „Kontroll- und Koordinierungsfunktion des supervisorischen Aufmerksamkeitssystems („supervisory attentional system")" (S. 22) gleichgesetzt.
Variablen: Einige Auswertungsschritte erscheinen überflüssig (z. B. Divisionen der Rohwerte durch Konstanten und Vertafelung der Quotienten statt direkter Vertafelung der Rohwerte). Es werden – analog zum TEA-Ch – zahlreiche Variablen erhoben, die für die Ermittlung der normierten Testwerte erforderlich sind, für die aber keine Normen angegeben werden. Aus neuropsychologischer Sicht ist es bedauerlich, dass beim Untertest Gleichwelt/Verhexte Welt Fehler nicht separat erfasst werden, sondern während der Testdurchführung vom

Kind korrigiert werden müssen und lediglich als verlängerte Bearbeitungszeit in die Bewertung eingehen. So gehen Aussagen zum trade-off zwischen langsamem und fehlerfreiem versus schnellem und fehleranfälligem Verarbeitungsstil verloren. Falsch positiv markierte Items werden ignoriert und nicht als Fehler berücksichtigt.
Durchführung: Die Instruktionen sind, besonders für Kinder mit eingeschränktem Sprachverständnis oder Entwicklungsstörungen, sehr umständlich formuliert und enthalten zu lange Sätze und komplexe Satzkonstruktionen. Es wird empfohlen, die Instruktionen bei Verständnisproblemen umzuformulieren, ohne zusätzliche Hinweise zur Bearbeitung zu geben. Es fehlen Beispiele für alternative Formulierungen, die keine zusätzlichen Bearbeitungshinweise enthalten, zumal sich dieser Test ganz offensichtlich besonders an nicht psychologisch geschulte Anwender richtet.
Schwerer wiegt, dass die Instruktionen teilweise unvollständig oder schlicht falsch sind (z. B. beim Untertest Eulenpost). Die Bezeichnung der Vorlagen und Rahmen im Manual entspricht zum Teil nicht den Bezeichnungen AUF den Vorlagen und Rahmen. Zur Handhabung der Rahmen fehlen Hinweise, in welcher Ausrichtung sie am besten eingesetzt werden sollten – dies erschließt sich nicht ohne weiteres. Die Bezeichnungen der einzelnen Variablen und zu berechnenden Parameter sind verwirrend und stimmen in Manual und Protokollbogen häufig nicht überein. Einige der Fehler werden in einem „Errata-Zettel" berichtigt, der von der deutschen Pearson-Homepage heruntergeladen werden kann.
Besonders bei jüngeren (vierjährigen) Kindern kann beobachtet werden, dass sie bei den Untertests mit visuomotorischen Anforderungen zunächst korrekt arbeiten, dann aber beginnen, beliebige Items anzukreuzen. Beim Untertest Eulenpost können so „durch Zufall" „korrekte Hemmungsreaktionen" zustande kommen, beim Untertest Feuerdrachen kann das beliebige Ankreuzen dazu führen, dass sich unter den markierten Feuerdrachen zufällig solche der passenden Farbe befinden. Bei einem vierjährigen nicht-klinischen „Testkind" ergaben sich auf diese Art zwei falsch bearbeitete Testreihen mit formal korrekt markierten Feuerdrachen. Beim Untertest Zauberwald ist unklar, ob markierte Drachen gewertet werden dürfen, auch wenn sie nicht durch Linien miteinander verbunden sind. In den Instruktionen ist nicht vermerkt, ob Kinder während der Bearbeitung auf das Verbinden hingewiesen werden können/sollen, wenn sie dies vergessen.
Auswertung: Es fehlen Demonstrationen zum Ausfüllen des (unübersichtlich gestalteten) Protokollbogens, z. B. zur Markierung richtiger Lösungen im Subtest Feuerdrachen. Keine klinischen Vergleichsgruppen, keine Angaben zu kritischen Differenzen bei Testwiederholungen.

Normierung

Stichprobe: Zur umfangreichen Normierungsstichprobe fehlen jegliche Angaben zu demographischen Variablen, zur Rekrutierung und zu Ein- und Ausschlusskriterien. Erstere wurden zwar angeblich anhand von Fragebögen ermittelt, werden aber nicht berichtet. Offensichtlich wurden nicht alle Untertests bei allen Kindern durchgeführt, da die in den Normentabellen angegebenen Stichprobengrößen bei den einzelnen Untertests und Altersstufen unterschiedlich sind.
Normen: Nicht nachvollziehbare Beschränkung auf 8 Prozentrangwerte. Bei den Tests sind jeweils nur wenige Einzelwerte vertafelt, für viele Werte fehlen eindeutige Zuordnungen. Wie mit nicht vertafelten Werten umzugehen ist, wird nicht beschrieben. Fünf der normierten Testwerte weisen schon auf den jüngsten Altersstufen Deckeneffekte auf, teilweise werden die entsprechenden Normen nur für die Prozentränge 5 und 10 berichtet.

Gütekriterien

Objektivität: Die Durchführung ist, z. B. im Hinblick auf den Einsatz der „Rahmen", unzureichend beschrieben, erfordert sehr viel Übung und darüber hinaus ein solides Wissen über die untersuchten Konstrukte, weil bei instruktionsgemäßer Durchführung ein hohes Risiko besteht, fehlerhafte Bearbeitungen als korrekt zu bewerten (siehe Abschnitt Durchführung). Die Autorenangaben zur Auswertungsobjektivität verdeutlichen die Fehleranfälligkeit der Testwertberechnung.
Reliabilität: Die im Manual angeführten Analysen belegen eindrücklich die fehlende Retest-Reliabilität dieses Testverfahrens.
Validität: Die in der Normierungsstichprobe gefundene Faktorenstruktur entspricht nicht den theoretischen Erwartungen, die zusätzlich durchgeführte Faktorenanalyse an einer Teilstichprobe unter Einbeziehung der Daten aus einem Intelligenztest mit einer Vier-Faktoren-Lösung widerspricht der Feststellung, „dass die Struktur existiert, welche dem TEA-Ch zugrunde liegt" (S. 80). Überprüfungen der konvergenten Validität anhand entsprechender Testverfahren, z. B. aus der neuropsychologischen Testbatterie NEPSY II oder der Tests zur Verarbeitungsgeschwindigkeit aus der Wechsler Preschool and Primary Scale of Intelligence (WPPSI-III, deutsche Version Petermann & Lipsius, 2009) wurden nicht vorgenommen.
Die Analysen zur divergenten Validität legen eine IQ-Abhängigkeit der Testwerte im TEA-Ch-K nahe, sind aber wegen fehlender Angaben zur IQ-Verteilung in der entsprechenden Stichprobe nicht eindeutig einschätzbar.
Aufgrund der im Manual angeführten (fehlenden) Zusammenhänge zwischen Eltern- bzw. Erzieherurteil und TEA-Ch-K-Parametern muss die Kriteriumsvalidität als nicht gegeben bezeichnet werden. Die Testautoren begegnen diesem Umstand schon im Vorfeld mit

der Aussage, dass „von vornherein davon ausgegangen werden (muss), dass dem TEA-Ch-K der höhere Informationsgehalt zukommt" (S. 75).

Testentwicklung

Der Test wurde mit erheblichem Aufwand entwickelt, die Normierungsstichprobe ist beeindruckend groß. Die Testautoren „hoffen, dass mit diesem Instrument eine Basis bereitgestellt wird, die Chancengerechtigkeit im Kontext von Konzentration und Aufmerksamkeit gezielt anzugehen" (S. 10). Eine Förderung sei nur möglich, „wenn das zuständige Personal im Bereich von Kindergärten (...) für das Diagnostizieren und Fördern qualifiziert" sei und „diagnostisch bedeutsame Instrumente zur Verfügung stehen" (S. 10). Das Manual enthält Ausführungen zur Förderung von Kindern im Kindergarten, bei denen anhand des TEA-Ch-K Auffälligkeiten in der Aufmerksamkeit festgestellt wurden. Die Ausführungen orientieren sich am Landauer Aufmerksamkeits- und Konzentrationstraining, das – ebenfalls – am Zentrum für empirische pädagogische Forschung (Zepf) entwickelt wurde. Dieses Programm wird für Kinder ab 6 Jahren angeboten und soll über Selbstverbalisation und Selbstinstruktion zur Planung und Regulierung des Verhaltens beitragen. Eine Überprüfung, ob dieses Programm bei Kindergartenkindern einsetzbar ist, hat offensichtlich nicht stattgefunden. Des Weiteren wird positive Verstärkung erwünschten Verhaltens und das Spielen von Gesellschaftsspielen im Kindergarten zur Förderung von Aufmerksamkeitsleistungen empfohlen. Die Autoren beschließen die Förderempfehlungen mit dem Hinweis, dass „der TEA-Ch-K (...) der systematischen Erfassung von verschiedenen Formen der Aufmerksamkeit und Konzentration (dient). Er stellt demnach ein Diagnostikum dar. Nur auf einer solchen Grundlage sollten Entscheidungen über die Zuordnung zu einer Fördergruppe erfolgen" (S. 89).

Neuropsychologische Aspekte

Theoretischer Rahmen

Der Test wurde für den flächendeckenden Einsatz in Kindergärten entwickelt. Neuropsychologische Theorien werden im Manual kurz erwähnt, besonders mit Bezug auf den TEA-Ch, an dessen Konzeption sich der TEA-Ch-K eng anlehnt. Als Besonderheit von neuropsychologischen Testverfahren bezeichnen die Autoren den Umstand, dass „es insbesondere um die Beantwortung der Frage (geht), wie weit die individuell erzielte Testleistung vom Durchschnittswert einer mit Blick auf das zu untersuchende Kriterium unauffälligen Stichprobe abweicht" (S. 49). Die einzelnen Aufgaben sind für Kindergartenkinder zu komplex, um sie im klinisch-neuropsychologischen Kontext einzusetzen und zu interpretieren. Dies gilt in besonderem Maße für die fünf Untertests, bei denen Items gesucht und markiert werden müssen: Bei Kindergartenkindern sind derartige visuomotorische Fähigkeiten nicht hinreichend automatisiert, um sie bei der Überprüfung von Aufmerksamkeitsleistungen als Basisfunktionen vorauszusetzen.

Anwendungsbereiche
Der Test wird als wichtiges Instrument zur frühen Erfassung einer Aufmerksamkeitsdefizit-Hyperaktivitätsstörung (ADHS) und Planung angemessener Interventionen propagiert, ohne dass Angaben zu klinischen Gruppen vorliegen.

Handhabbarkeit und klinische Anwendung

Der Test ist umständlich in der Handhabung und Durchführung. Die Protokollierung und Auswertung des Untertests Feuerdrachen erscheint besonders aufwändig und fehleranfällig. Motorisch ungeschickte Kinder haben Mühe mit dem Einsatz des Rahmens, der die zu bearbeitenden Reihen und Spalten anzeigen soll und von den Kindern selbst verschoben werden muss. Beim Untertest Eulensuche ist der Rahmen für körperlich kleine Kinder, wenn oben angesetzt, nur schwer zu handhaben, wird er unten angesetzt, erreichen diese Kinder die oberste Reihe nicht gut. Entsprechend ist die Vorlage für den Untertest Feuerdrachen (DIN A 3 hochkant) für diese Kinder zu groß, sie müssen bei der Bearbeitung halb über dem Tisch liegen. Beim Bearbeiten der Vorlagen verwischen ungeschickte Kinder den wasserlöslichen Folienstift mit ihrer Kleidung, sodass sich – wie beim Hantieren mit Farben oder Knete – die Bereithaltung einer Ärmelschürze empfiehlt.
In der Regel haben die Kinder Spaß bei der Testdurchführung, für Kinder mit einer „echten" Aufmerksamkeits- und Aktivitätsstörung stellen die Testanforderungen aber häufig eine Überforderung dar, viele verweigern im Verlauf die Mitarbeit. Gerade die jungen Kinder „vergessen" nicht selten während der Durchführung die Instruktionen (z. B. das Verbinden der Drachen im Zauberwald) und/oder verfahren nach eigenem Gutdünken. Angesichts der Komplexität der Aufgaben sollte hier nicht auf beeinträchtigte Aufmerksamkeitsfunktionen im neuropsychologischen Sinne geschlossen werden!

Hedwig Freitag

2.2.2 Gedächtnis

Thomas Günther, Dörthe Heinemann & Dieter Schellig

2.2.2.1 Modelle

Das Gedächtnis ist mit seinen zahlreichen Facetten von grundlegender Bedeutung für den Alltag. Erfahrungen, Wissen und entwickelte Fähigkeiten bestimmen das Verhalten und bilden die Grundlagen für die Entwicklung einer eigenen Identität. Täglich werden Lernen und das Gedächtnis genutzt, um neue Erfahrungen zu machen, daraus zu lernen und das vorhandene Wissen und die erlernten Fähigkeiten im Alltag zu nutzen.

Die wissenschaftliche Auseinandersetzung mit dem Gedächtnis hat zu einer Vielzahl von Differenzierungen geführt. Ein erster Überblick gibt Tabelle 2.5, in der die nachstehend besprochenen Gedächtnisfunktionen hinsichtlich zeitlicher und inhaltlicher Aspekte gruppiert sind. Diese bei der Diagnostik zu beachtenden Differenzierungen sind nicht überschneidungsfrei. Sie sind phänomenologische Unterscheidungen von Gedächtnisfunktionen, die sich bewährt haben und für die Theoriebildung von Nutzen sind – ohne schon den Status einer Theorie oder eines Systementwurfs zu haben. Die hier beschriebene Taxonomie beruht nahezu ausschließlich auf Studien mit Erwachsenen und basiert daher auch zu einem großen Teil auf dem Gedächtniskapitel des ersten Bandes. Diese Taxonomie wird im Kinder- und Jugendbereich ebenfalls verwendet, wobei nicht alles unverändert im Kinderbereich angewendet werden kann (siehe Entwicklung).

Tabelle 2.5: Grundlegende Differenzierungen des Gedächtnisses

Dimension	Unterscheidungen
Zeit	– Phasenmodell: Encodierung, Speicherung, Abruf – Kurzzeitgedächtnis vs. Langzeitgedächtnis – Retrogrades vs. anterogrades Gedächtnis (Altgedächtnis vs. Neugedächtnis) – Retrospektives Gedächtnis vs. prospektives Gedächtnis
Inhalt	– explizites (deklaratives) Gedächtnis vs. implizites (nondeklaratives) Gedächtnis

Phasenmodell

Das Gedächtnis lässt sich traditionell in drei Phasen einteilen (vgl. Tabelle 2.6): Enkodierung, Speicherung und Abruf.
Diese Phasen beschreiben Prozesse oder Funktionen des Gedächtnisses, aber keine Gedächtnissysteme oder funktionale Netzwerke unseres Gehirns. Dieses Phasenmodell ist in der neuropsychologischen Diagnostik eine essentielle Basis um zwischen Beeinträchtigungen zu differenzieren.

Tabelle 2.6: Phasen von Gedächtnisprozessen und diagnostisch relevante Aspekte

Enkodierung	Speicherung	Abruf
– intentional vs. inzidentell – proaktive Interferenz – Strategieeinsatz	– Dauer – retroaktive Interferenz	– Explizit vs. implizit – freier Abruf – Abruf mit Hinweisreizen – Wiedererkennen (Rekognition)

In der *Enkodierungsphase* werden neue Informationen ins Gedächtnis aufgenommen. Dies kann beabsichtigt *(intentional)* erfolgen, wenn z. B. ein Kind aufgefordert wird, sich einen Text oder Bilder einzuprägen, oder ohne Einprägungsabsicht *(inzidentell)*, wenn das Kind z. B. nicht darüber informiert wird, dass jetzt präsentierte Inhalte für eine spätere Aufgabe von Bedeutung sind. Die Bearbeitung der Informationen kann auf sehr unterschiedliche Weise erfolgen. So kann man sich beim Einprägen von Wörtern z. B. auf deren Form- oder Klangmerkmale oder auf deren Bedeutung (eine bildliche Vorstellung, semantische Kategorien etc.) konzentrieren. Die verschiedenen Verarbeitungsstrategien beeinflussen die späteren Erinnerungsleistungen. Zu beachten ist auch, womit man sich zuvor beschäftigt hat, da es zu Interferenzen mit dem aktuellen Lernmaterial kommen kann *(proaktive Interferenz)*.

Nach der Enkodierung folgt ein erstes Intervall unterschiedlicher Länge, in dem die Gedächtnisinhalte behalten (gespeichert) werden, bevor auf sie wieder zugegriffen wird. In der frühen *Speicherphase* (meist als Konsolidierung bezeichnet) sind die aufgenommenen Informationen zu Beginn noch vulnerabel, so dass z. B. die Beschäftigung mit ähnlicher Information die spätere Gedächtnisleistung beeinträchtigen kann *(retroaktive Interferenz)*.

Der *Abruf* gespeicherter Gedächtnisinhalte kann sowohl bewusst *(explizit)* erfolgen, wenn nach einer zuvor aufgenommenen Information gefragt wird, als auch *implizit* in Form einer Verhaltensänderung, die Ausdruck eines Lernprozesses ist. In der neuropsychologischen Diagnostik erfolgt der Abruf v. a. in Form einer Wiedergabe (freie Reproduktion oder Reproduktion mit Abrufhilfen) oder des Wiedererkennens. Wird bei der Rekognition nur gefragt, welche der dargebotenen Reize bekannt sind, so kann die Antwort auf der Basis von Vertrautheit mit diesen Reizen erbracht werden (familiarity-based). Schwieriger wird es, wenn die Vergleichsreize ebenfalls zuvor enkodiert wurden, aber nicht in dem in Frage stehenden Kontext (z. B. „Ist dies ein Wort aus der ersten der beiden von Ihnen gelernten Wortlisten?").

Die Definition dieser drei Phasen ist in der Literatur nicht einheitlich (siehe auch Baddeley, Eysenck & Anderson, 2009). Insbesondere die Grenze zwischen Enkodierung und Speicherung wird diskutiert. Neben den Abgrenzungsfragen ist für das Verständnis dieses Phasenmodells die Interaktion der drei Phasen zu beachten. So beeinflussen gespeicherte Inhalte die Enkodierung, die bei der Enkodierung gewählte Strategie sowohl die Speicherung als auch den Erfolg des späteren Informationsabrufes etc.

2.2.2.1.1 Kurzzeitgedächtnis und Langzeitgedächtnis

Eine für die Betrachtung und Diagnostik von Gedächtnisstörungen wichtige und gut bestätigte Unterscheidung ist die zwischen einem Kurzzeit- und einem Langzeitgedächtnis. Für das adäquate Verständnis dieser Unterscheidung sind vorab zwei Aspekte zu klären. A) Die Differenzierungen innerhalb des Phasenmodells und die Unterscheidung zwischen Kurz- und Langzeitgedächtnis stehen „quer" zueinander: So deckt sich die Unterscheidung Enkodierung und Speicherung nicht mit der Unterscheidung Kurzzeitgedächtnis und Langzeitgedächtnis. Das Phasenmodell bezeichnet Funktionen, wohingegen sich die Unterscheidung zwischen Kurz- und Langzeitgedächtnis auf zwei abgrenzbare Systeme des Gedächtnisses bezieht, die die im Phasenmodell beschriebenen Funktionen umsetzen. B) Die Prozesse des Kurz- und Langzeitgedächtnisses bauen zeitlich nicht aufeinander auf, sie arbeiten nicht in einer rein sequenziellen Abfolge, sondern gleichzeitig und interagieren miteinander. So werden schon zu Beginn der Aufnahme neuer Informationen Strukturen des Langzeitgedächtnisses aktiviert, d. h. neue Inhalte müssen nicht zunächst das Kurzzeitgedächtnis durchlaufen, um dann langfristig abgespeichert werden zu können.

2.2.2.1.2 Kurzzeit- und Arbeitsgedächtnis

Die aus den 1960er-Jahren basierende Idee des Kurzzeitgedächtnisses (siehe Atkinson & Shiffrin, 1968) bezeichnet einen im Sekundenbereich liegenden Informationsspeicher mit begrenzter Kapazität für neu aufgenommene bzw. gerade gedanklich „benutzte" Information. Bis zu etwa sieben Informationseinheiten können hier für einige Sekunden „online" gehalten werden. Durch Wiederholen (rehearsal) können die Informationen auch länger im Kurzzeitgedächtnis gespeichert bleiben. Alle komplexeren und länger dauernden Gedächtnisleistungen werden dem Langzeitgedächtnis zugeordnet, das hinsichtlich seiner Speicherdauer und Aufnahmekapazität keine Begrenzung aufweist. Demgegenüber postuliert das Arbeitsgedächtnismodell von Baddeley (siehe für eine Übersicht Baddeley, 2012) mehrere kurzzeitige Speichersysteme, die durch eine übergeordnete Instanz („zentrale Exekutive") kontrolliert werden. Die Speichersysteme werden entsprechend den gespeicherten Inhalten unterschieden: Die „phonologische Schleife" dient der Speicherung verbaler und der „visuell-räumliche Skizzenblock" der Speicherung visuell-räumlicher Information. Jedes dieser Systeme wird in zwei weitere Teilprozesse aufgeteilt. Zum einen einem Speicher (phonologisch und visuell räumlich) und einem System, das eher für das Wiederholen und/ oder Manipulieren der Informationen verantwortlich ist (rehearsal oder auffrischen). Später führte Baddeley noch den episodischen Puffer ein, den er als multimodales Speichersystem beschreibt, in dem sowohl phonologische als auch visuelle Informationen als Episoden („Chuncks") gespeichert werden können. Ein wichtiges Konzept für Baddeley ist hierbei das „binding", bzw. das Verbinden zwischen Inhalten aus unterschiedlichen Modalitäten (visuell versus auditiv) zu einer einheitlichen multidimensionalen Repräsentation. Exemplarisch: ca. sieben unverbundene Wörter lassen sich kurzfristig speichern, im Kontext von Sätzen bedeutend mehr. Für diese vielfältigen multidimensionalen Repräsentationen ist keine einheitliche Gedächtnisstruktur mehr zu erwarten. Unklar bleibt in Baddeleys System, wie andere sensorische Informationen (z. B. Geruch, Geschmack oder taktile Informationen) und Emotionen an Arbeitsgedächtnisprozessen beteiligt bzw. involviert sind.

An Baddeleys Strukturmodell wird seit langem Kritik geäußert, insbesondere aus der Perspektive von prozessorientierten theoretischen Ansätzen (Cowan, 1999; Überblick über neuere Theorien: Jonides et al., 2008). Unbestritten ist hingegen die diagnostische Bedeutung folgender Differenzierungen: Dass es unterschiedliche Arbeitsgedächtnissysteme gibt (zumindest phonologisch und visuell-räumlich), die unabhängig voneinander beeinträchtigt sein können und dass innerhalb dieser Systeme zwei Funktionen zu unterscheiden sind. Zu unterscheiden ist zwischen den Speicher- und Exekutivfunktionen des Arbeitsgedächtnisses sowie zwischen der Verarbeitung verbaler und visuell-räumlicher Informationen. Dementsprechend wird in diesem Kapitel das Arbeitsgedächtnis in die Prozesse der Aufrechterhaltung (maintenance) und diejenigen für die Manipulation (manipulation) von Informationen unterteilt.

2.2.2.1.3 Explizites und implizites Langzeitgedächtnis

Neben den Differenzierungen nach zeitlichen Aspekten lässt sich das Gedächtnis nach inhaltlichen Kriterien einteilen. Für das Verständnis und die Diagnostik von Gedächtnisstörungen zentral ist die Unterscheidung zwischen einem expliziten (oder deklarativen) und einem impliziten (oder nondeklarativen) Langzeitgedächtnis (siehe für eine Übersicht Hoffmann & Engelkamp, 2013). Das *explizite Gedächtnis* umfasst zum einen persönliche Erlebnisse, die räumlich und zeitlich determiniert, also kontextabhängig sind *(episodisches Gedächtnis)*. Die Funktion dieses Gedächtnisses ist die Erinnerung und damit das bewusste mentale „Wiedererleben“ von Ereignissen und Erfahrungen (recollection; Gardiner & Richardson-Klavehn, 2000). Zum anderen umfasst das explizite Gedächtnis das Wissen, das unabhängig von solchen räumlich-zeitlichen Bezügen existiert *(semantisches Gedächtnis)* und ohne Bewusstsein des mentalen Wiedererlebens als bekannt abgerufen werden kann (familarity based). Dieses Wissenssystem entsteht aus einem Zusammenspiel von Faktenwissen einschließlich autobiografischer Fakten (wie hochüberlernte persönliche Daten). Charakteristisches Merkmal des expliziten Gedächtnisses ist somit das bewusste Erinnern repräsentierter Informationen. Wird ein Kind im Rahmen der Untersuchung aufgefordert Erlerntes zu reproduzieren, wiederzuerkennen oder Wissensfragen zu beantworten, so wird damit das explizite Gedächtnis überprüft.

Eine spezifische Form des expliziten Gedächtnisses bildet das *prospektive Gedächtnis*. Als prospektives Gedächtnis bezeichnet man das auf die Zukunft gerichtete Gedächtnis für Handlungsabsichten, wie das Erinnern von anstehenden Terminen oder die Einnahme von Medikamenten (siehe für eine Übersicht Walter & Meier, 2014). Das erfolgreiche Realisieren solcher Absichten setzt zum einen voraus, dass der Inhalt („dass etwas getan werden muss“, „was getan werden muss“ und „wann“; die sog. retrospektive Komponente) behalten wird. Zum anderen muss die Handlung aber auch zum richtigen Zeitpunkt (der zeitlich festgelegt oder an bestimmte zukünftige Ereignisse bzw. Aktivitäten geknüpft sein kann) ausgeführt werden. Das prospektive Erinnern beschreibt somit die Fertigkeiten zur Aufrechterhaltung einer Handlungsabsicht und den Prozess, zu einem bestimmten Zeitpunkt diese Handlungsabsicht zu erinnern (Ellis & Kvavilashvili, 2001). Prospektive Erinnerungsleistungen können die Folge aktiver strategischer Suchprozesse oder aber eines unwillkürlichen automatischen Erinnerungsvorganges sein. Während im aktiven Suchprozess die auszuführende Handlungsabsicht beim Auftauchen einer passenden Gelegenheit schon präsent ist, führt eine passende Gelegenheit bei einer unwillkürlichen Erinnerung erst zu einer Erinnerung der Handlungsabsicht („ach ja"). Prospektive Gedächtnisleistungen stellen also nicht nur Anforderungen an das episodische Gedächtnis, sondern zusätzlich an exekutive Funktionen. Sie bilden eine besondere Schnittstelle zwischen Gedächtnis, Aufmerksamkeit und Handeln.

Das *implizite Gedächtnis* umfasst erfahrungsbedingte Verhaltensänderungen und Fertigkeiten. Das erfolgreiche implizite Lernen zeigt sich in einer veränderten Durchführung. Beim zweiten Lesen eines Textes ist das Lesetempo beispielsweise aufgrund des ersten Lesens schneller. Gelernt und eingesetzt werden diese Fertigkeiten und Verhaltensformen in der Regel unbewusst, d. h. vieles von dem, was das Gehirn verarbeitet, erfolgt automatisch und wird uns nicht bewusst: das Identifizieren und Lokalisieren einer Lampe, sich durch einen Raum zu bewegen ohne anzustoßen, körperliches Reagieren auf eklige Dinge usw. Squire, auf den die Unterscheidung zwischen deklarativem und nondeklarativem Gedächtnis zurückgeht (Squire, 1981; Squire, Nadel & Slater, 1981), unterscheidet vier Formen des impliziten Gedächtnisses:

- Priming (Aktivierung von Gedächtnisinhalten aufgrund eines vorangegangenen Reizes),
- Prozedurales Gedächtnis (das Lernen von motorischen, Wahrnehmungs- und kognitiven Fertigkeiten sowie der Aufbau von Gewohnheiten),
- Klassisches Konditionieren mit seinen emotionalen und motorischen Komponenten,
- Einfaches nichtassoziatives Lernen (Squire & Knowlton, 2000).

Neben allen bisher skizzierten Unterscheidungen gibt es noch einen weiteren und wichtigen mnestischen Faktor: *Emotionen* beeinflussen das Gedächtnis. In der Regel verbessern sie die Gedächtnisleistungen. Interaktionen zwischen Emotionen und Gedächtnis finden sich auf verschiedenen Ebenen und bei vielen Formen der Informationsverarbeitung: von der anfänglichen Codierung über die Konsolidierung bis zum Abruf aus dem Langzeitgedächtnis. Erlebte Emotionen können direkt gespeichert werden, sie modulieren Lern- und Behaltensprozesse und erleichtern unterschiedlichste Gedächtnisoperationen. Das kann soweit gehen, dass Kinder in Spielsituationen fiktive Mitspieler einsetzen. Dass Stimmungen oder Gefühle wie Traurigkeit unsere Gedächtnisleistung beeinflussen, ist offensichtlich. Mit dem Begriff „emotionales Gedächtnis" werden demnach sehr verschiedene mnestische Prozesse beschrieben: von impliziten Gedächtnisfunktionen wie dem prozeduralen Lernen oder der Konditionierung bis zu Aspekten des expliziten episodischen Gedächtnisses. Vergleichsweise gut untersucht ist das emotionale episodische Gedächtnis (für eine Übersicht siehe Quas & Fivush, 2009).

2.2.2.2 Entwicklung

Mittlerweile ist unstrittig, dass Kinder bereits vor dem 2. Lebensjahr nicht nur im Hier und Jetzt leben, sondern bereits früh über mentale Repräsentationen und Erinnerungen verfügen (für eine Übersicht siehe Cowan & Courage, 2008). Kinder sind in den ersten Lebensmonaten in der Lage Assoziationen zwischen physischen Objekten oder Erlebnissen zu bilden, diese Gedächtnisrepräsentationen zu verwenden und sie in Abwesenheit der

Objekte auch zu aktivieren (z. B. Spielzeuge oder Personen). Da Kinder sich sprachlich noch kaum ausdrücken können, bleibt zum größten Teil verborgen, was junge Kinder wissen und an was sie sich erinnern. Entstandene Assoziationen bleiben dadurch häufig unbemerkt.

Insbesondere bei dem *impliziten Gedächtnis* geht man davon aus, dass dies sehr früh entwickelt ist. Unterschiedliche Paradigmen, die Habituationsverhalten, klassisches Konditionieren, Operantes Konditionieren oder Imitationsverhalten untersucht haben, zeigen, dass das implizite Gedächtnis bereits vor dem 1. Lebensjahr entwickelt ist (Rovee-Collier & Cuevas, 2008). Dies liegt daran, dass am impliziten Gedächtnis beteiligte Hirnregionen (z. B. Striatum, Cerebellum) frühzeitig reifen (siehe Gleissner, 2007). Auch das *deklarative Gedächtnis* beginnt in seiner Entwicklung früh. Vor der Sprachentwicklung kann durch Imitationsparadigmen nachgewiesen werden, dass auch junge Kinder zu einem freien Abruf fähig sind. Die infantile Amnesie beschreibt, dass Erwachsene kaum/keine Erinnerungen an die ersten drei Lebensjahre haben. Dies wurde lange als ein Beleg dafür gesehen, dass sich das explizite Gedächtnis erst viel später entwickelt, Kinder mehr bzw. schneller vergessen oder die Idee, dass präverbale Erinnerungen es nicht über die „Sprachbarriere“ schaffen. Die meisten Wissenschaftler gehen jedoch mittlerweile davon aus, dass die fundamentalen Mechanismen des Gedächtnisses bei Kindern und Erwachsenen vergleichbar sind (Rovee-Collier & Cuevas, 2008). Für eine Erinnerung ist es wichtig, dass der Abrufkontext mit dem des Aufnahme- bzw. Speicherkontextes übereinstimmt, insbesondere, wenn zwischen Abruf und Speichermoment ein großer zeitlicher Abstand besteht. Daher vermindert der Wechsel von überwiegend non-verbalen Abrufstrategien zu verbalen Abrufstrategien die Wahrscheinlichkeit von frühen Kindheitserinnerungen. Zudem gelingt es häufig nicht, bei einem großen zeitlichen Abstand die Erinnerung als eine „eigene“ bzw. „episodische“ zu erkennen. Sowohl bei Kindern als auch bei Erwachsenen sind zeitliche und kontextuelle Informationen fragil, wodurch der zeitliche Kontext verloren geht und die Erinnerungen eher faktischen Charakter haben und dadurch eher dem semantischen Gedächtnis zugeordnet werden (Bayley, Hopkins & Squire, 2003). Dies wird auch durch die Emotionalität des Kontextes unterstützt (Quas & Fivush, 2009), ferner durch die bedeutsame Rolle des Schlafes für die Konsoliderung der Gedächtnisinhalte (für eine Übersicht siehe Kopasz et al., 2010). Ein viel erforschter Bereich in diesem Kontext ist die Erinnerungsverfälschung (false memories). Dass sich Erinnerungen im Laufe der Zeit verändern und parallel verfälscht werden können, ist mittlerweile gut untersucht (siehe für eine Übersicht Jou & Flores, 2013). Bei Kindern werden verfälschte Erinnerungen häufig im Rahmen von Psychotherapien diskutiert (z. B. bei Missbrauchsfällen: als eine schwächere Variante der „echten“ Erinnerung, die einen wahren Kern enthält).

Ab dem Vorschulalter und parallel zum episodischen Altgedächtnis entwickelt sich bei Kindern die Möglichkeit, über die Zukunft nachzudenken (prospektives Gedächtnis; siehe Lohse, Kalitschke, Ruthmann & Rakoczy, 2015). Wichtig ist dabei, dass Lernen und Gedächtnis unabhängig vom Alter miteinander verzahnt sind: Die Akkumulation von Wissen über die Zeit setzt voraus, dass Information von der einen Zeitphase mit in die nächste genommen werden können. Auch die Integration von Informationen aus verschiedenen Quellen benötigt den Abruf von vorherigen Ereignissen, um Repräsentationen oder Konzepte zu ergänzen bzw. anzupassen.

Einerseits sind die Gedächtnissysteme und Funktionen bei Kindern und Erwachsenen vergleichbar, andererseits steigert sich die Gedächtnisleistung der Kinder bis in die Adoleszenz hinein. Dies ist größtenteils auf neokortikale Reifungsprozesse zurückzuführen, die insbesondere in frontalen Arealen bis ins junge Erwachsenenalter andauern. In der Diskussion über die Zunahme des *Arbeitsgedächtnisses* in der Entwicklung werden überwiegend die Faktoren „Tempo" und „Kapazität" diskutiert (für eine Übersicht siehe Cowan & Alloway, 2008). Es gibt auf der einen Seite Studien, die zeigen, dass bei Kindern zwischen 4 und 8 Jahren mit Zunahme des Sprechtempos auch die Anzahl der Items im Zahlen-Nachsprechen steigt (siehe Cowan et al., 1994). Die Idee dabei ist, dass die Zerfallsrate im Arbeitsgedächtnis unabhängig vom Alter stabil ist und durch das langsame Sprechtempo weniger aus dem Arbeitsspeicher wiedergegeben werden kann. Andererseits gibt es Untersuchungen, die diesen Zusammenhang zwischen Sprechtempo und Arbeitsgedächtnisleistung anzweifeln (z. B. Cowan et al., 2006). Eine weitere Möglichkeit ist, dass die Kapazität des Arbeitsgedächtnisses sich, wie in der neo-Piaget Schule beschrieben, mit zunehmenden Alter vergrößert (siehe z. B. Weiss, 1995).

Mit der Hirnreifung geht zudem einher, dass Kinder mit zunehmendem Alter *Gedächtnisstrategien* entwickeln und diese auch vermehrt und gezielt einsetzen können (für eine Übersicht siehe Bjorklund, Dukes & Brown, 2008). Diese Strategien lassen sich in „Wiederholungsstrategien", „Organisationsstrategien" und „Abrufstrategien" unterteilen: Alle drei Formen werden bereits ab dem Vorschulalter verwendet und können mit zunehmendem Alter der Kinder die Gedächtnisleistungen verbessern – parallel zum allgemeinen Wissen der Kinder. Selbst einfache Reproduktionsaufgaben können durch das Vorwissen über das Material erheblich gesteigert werden (siehe z. B. Schneider, Gruber, Gold & Opwis, 1993). Und schließlich steigern sich die Gedächtnisleistungen der Kinder durch ein verbessertes Metagedächtnis bzw. die Fähigkeit, eigene Gedächtnisprozesse zu überwachen: Dadurch sind die Kinder besser in der Lage, Gedächtnisstrategien zielgenau einzusetzen. Diese Fähigkeiten sind häufig mit Intelligenz assoziiert und die Arbeitsgedächtnisleistungen sowie die damit verwendeten Strategien sind wichtige Prädiktoren für den Schulerfolg (Alloway & Alloway, 2010).

2.2.2.3 Neuroanatomie

Für die kurzfristige Speicherung verbaler Information scheint der linke temporo-parietale Assoziationskortex eine besondere Rolle zu spielen und für die Speicherung visuell-räumlicher Information der rechte parietale Assoziationskortex (siehe für eine Gesamtübersicht Tabelle 3). Für ein Rehearsal verbaler Information sind vor allem Teile des linken frontalen Kortex (v. a. das Broca-Areal) von Bedeutung, für das Auffrischen räumlicher Informationen Teile des rechten frontalen Kortex; das Rehearsal von Objekt-Informationen scheint mehr links lateralisiert zu sein. Der episodische Puffer scheint in beiden Hemisphären unter Beteiligung frontaler Areale, jedoch überwiegend in temporal-parietalen Arealen, unterschiedliche Informationen zusammenzufügen (Binding; siehe Rudner, Fransson, Ingvar, Nyberg & Rönnberg, 2007). Der linke hintere Teil des Hippocampus scheint hier bei der Verbindung von visuellem und verbalem Material ebenfalls beteiligt zu sein. Kognitive Kontrollprozesse höherer Ordnung sind wesentlich an die Funktion des dorsolateralen präfrontalen Kortex gebunden (siehe auch D'Esposito & Postle, 2002). Von einer Beteiligung des ventrolateralen präfrontalen Kortex – zumindest bei einfachen Verarbeitungsprozessen – ist auszugehen (für eine Übersicht siehe Fletcher & Henson, 2001; Wager & Smith, 2003). Eine schematische Übersicht der hirnanatomischen Korrelate bietet Abbildung 2.6.

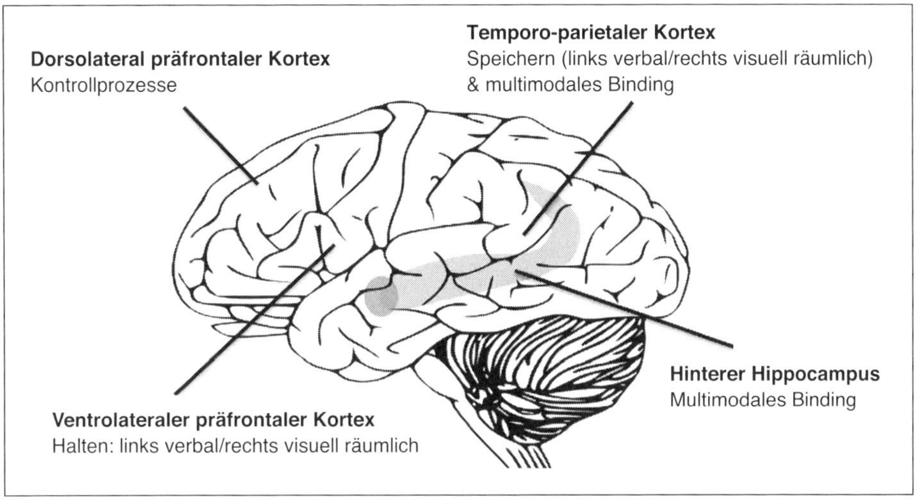

Abbildung 2.6: Bedeutsame Strukturen des Kurzzeit- bzw. Arbeitsgedächtnisses

Für das *Einspeichern* und die *Konsolidierung* neuer Inhalte des expliziten Langzeitgedächtnisses sind temporo-mediale Strukturen (Hippocampus und angrenzender entorhinaler, perirhinaler und parahippocampaler Kortex), diencephale Strukturen (anteriorer Thalamus, mediodorsale und unspezifische Kerne im medialen Thalamusbereich) sowie Strukturen des basalen Vorderhirns von zentraler Bedeutung. Diese scheinen bei episodischen Informationen primär linkshemisphärisch und bei semantischen eher rechtshemisphärisch aktiviert zu werden. Diese „Flaschenhalsstrukturen" des limbischen Systems sind Bestandteile vernetzter Funktionskreise (basolateraler und Papezscher Schaltkreis), deren Verbindungen für die Einspeicherung ebenfalls bedeutend sind.

Die *langfristige Speicherung* erfolgt in weit verzweigten neuronalen Netzwerken, wobei der zerebrale Assoziationskortex den Grundspeicher bildet. Auch die für die Einspeicherung und Konsolidierung wichtigen temporo-medialen Strukturen scheinen längerfristig für das Erinnern von Informationen relevant zu bleiben. Besondere Bedeutung für die Speicherung und den Abruf alter Gedächtnisinhalte wird auch dem anterolateralen temporalen und dem inferotemporalen Neokortex zugeschrieben. Entgegen der Konsolidierung wird der linken Hemisphäre eine stärkere Bedeutung für semantische und der rechten für episodische Informationen zugesprochen (siehe HERA Model; Habib, Nyberg & Tulving, 2003). Bei episodischen Gedächtnisprozessen sind meist mehrere neuronale Systeme beteiligt, da häufig unterschiedliche Modalitäten (z. B. verbal und visuell) aktiviert werden (siehe Thierry,

Giraud & Price, 2003). Ferner ist die Bedeutung des inferolateralen präfrontalen Kortex und des temporopolaren Kortex (die durch den Fasciculus uncinatus bidirektional miteinander verbunden sind) für den Abruf hervorzuheben. Den frontalen Strukturen wird mehr die willentliche/intentionsgesteuerte Einleitung des Abrufes und Monitoring-Aufgaben zugeschrieben, wohingegen die temporalen Regionen verantwortlich sind für die Koordination des Zugriffs auf die benötigten speichernden cerebralen Netzwerke sowie die Integration emotionaler Komponenten. Für eine schematische Übersicht der Hirnanatomischen Korrelate des expliziten Langzeitgedächtnisses siehe Abbildung 2.7.

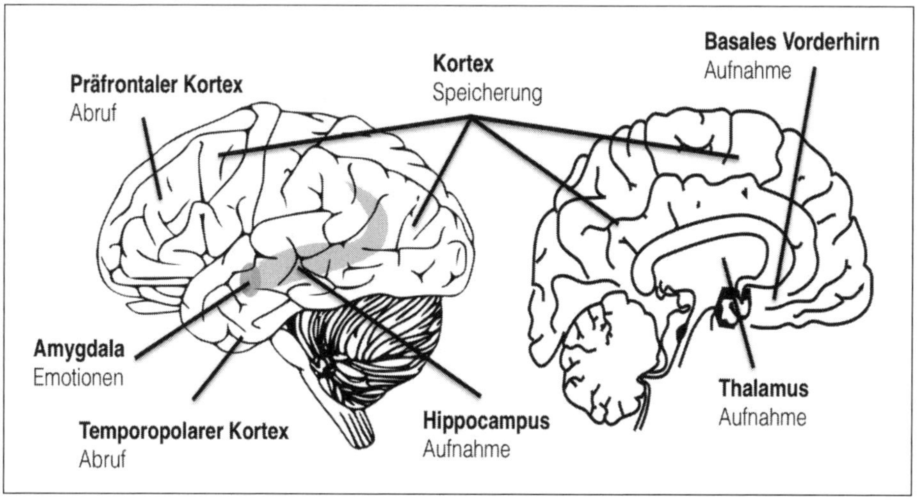

Abbildung 2.7: Bedeutsame Strukturen des expliziten Langzeitgedächtnisses

Im Bereich des *impliziten Gedächtnisses* werden als neurophysiologische Korrelate folgende Regionen den unterschiedlichen Funktionen zugeordnet (für eine Übersicht siehe Reber, 2013):
- den Priming-Prozessen neocortikale Strukturen (vor allem uni- und polymodale sensorische Strukturen des Kortex),
- dem prozeduralen Gedächtnis das Striatum (sowie das Cerebellum und der Neocortex),
- dem klassischen Konditionieren die Amygdala für die emotionalen Reaktionen und das Cerebellum für die motorischen Reaktionen,
- dem nichtassoziativen Lernen neuronale Reflexschaltungen.

Es gibt also keinen allen impliziten Gedächtnisformen zugrundeliegenden neuronalen Funktionskreis. Die neuronalen Netzwerke, die beim Bearbeiten einer Aufgabe aktiv sind, sind es auch, wenn darin Priming-Effekte auftreten oder prozedurales Lernen stattfindet. Beides zeigt sich meist in einer reduzierten Aktivierung der jeweils kritischen neuronalen Bereiche. Was sinnvoll ist, wenn man bedenkt, dass prozedurales Lernen und Priming zu einer Erleichterung der Aufgabenbearbeitung führt.

Im Rahmen der *Entwicklung* von Gedächtnisleistungen geht man davon aus, dass ein Großteil der Unterschiede zwischen Erwachsenen und Kindern auf Reifungsprozesse des Gehirns zurückzuführen ist (für eine Übersicht siehe Bauer, 2008). Dabei entwickeln sich medial-temporale Strukturen vergleichsweise früh. So sind Recognitionsleistungen in den ersten postnatalen Monaten und ein Recall im ersten Jahr möglich.

Die normale weitere Entwicklung der mesio-temporalen Strukturen bringt zunächst ein semantisch-ähnliches Gedächtns hervor, während die Entwicklung eines episodischen Gedächtnisses an der später einsetzenden, rasanten Weiterreifung des Hippocampus gebunden ist, dessen Synapsendichte erst mit ca. 5 Jahren ausgereift ist (de Haan, Mishkin, Baldeweg & Vargha-Kadem, 2006). In diesen Regionen geht man davon aus, dass z. B. Migrationsprozesse bereits vor der Geburt abgeschlossen sind. Demgegenüber steht, dass der Hippocampus bei der Geburt erst 70 % der Zellen eines Erwachsenen umfasst (Seress, 2001) und die Cytoarchitektur erst mit ca. 15 Monaten dem eines Erwachsenen entspricht. Entscheidend ist jedoch, dass die gedächtnisrelevanten Strukturen miteinander verbunden sind und interagieren. Die größten Entwicklungssprünge geschehen dabei in den ersten beiden Lebensjahren, und es ist davon auszugehen, dass die Hirnstrukturen zu diesem Zeitpunkt zumindest eine funktionelle Äquivalenz zu einem erwachsenen Gehirn erreichen, jedoch im Zuge einer infantilen Amnesie noch keine überdauernden Erinnerungen sichern. Durch Pruning entwickeln sich die einzelnen Funktionen weiter, in hippocampalen Arealen bis ca. zum 5. Lebensjahr (Eckenhoff & Rakic, 1991) und in frontalen Arealen bis ins Jugendalter hinein (Huttenlocher & Dabholkar, 1997). Diese Entwicklung läuft parallel zu den Prozessen der Myelinisierung, die sich in frontalen Arealen bis in das junge Erwachsenenalter fortsetzen (Klingberg et al., 1999).

Für die Entwicklung der Gedächtnisfunktionen liegen eine Reihe von rein neuroanatomischen Studien vor, aber nur wenig funktionell-neuroanatomische: Der Einfluss, den diese Entwicklungsprozesse auf das Verhalten der Kinder haben, ist noch kaum untersucht.

Tabelle 2.7: Gedächtnisrelevante funktionale Netzwerke des Gedächtnisses

Bereich	Relevante Hirnstrukturen
Kurzzeit-/Arbeitsgedächtnis	
Speichern/Halten: verbal – Phonologische Speicher – Rehearsal System	 – linker temporo-parietaler Kortex – Broca-Areal, linker ventrolateraler präfrontaler Kortex
Speichern/Halten: visuell-räumlich – Speicher – Auffrischen (räumlich)	 – rechter parietaler Kortex – rechter ventrolateraler präfrontaler Kortex
Multimodales Binding: visuell-phonologisch (Episodischer Puffer)	– insbesondere temporal-parietale Regionen, linker hinterer Hippocampus

Bereich	Relevante Hirnstrukturen
Kontrollprozesse beim Halten und Verarbeiten von Informationen	– dorsolateraler präfrontaler Kortex
Explizites Langzeitgedächtnis	
Episodisches Gedächtnis – Aufnahme: Einspeicherung und Konsolidierung	– Hippocampus und angrenzender entorhinaler, perirhinaler und parahippocampaler Kortex – anteriorer und medialer Thalamus – Strukturen des basalen Vorderhirns
– Speicherung	– Cerebraler Kortex (v. a. Assoziationskortex, insbesondere anterolateraler temporaler und inferotemporaler Neokortex)
– Abruf	– inferolateraler präfrontaler Kortex im Zusammenwirken mit dem temporopolaren Kortex – zumindest zeitlich begrenzt: die für das Einspeichern relevanten Strukturen (s. o.)
Semantisches Gedächtnis – Einspeicherung und Konsolidierung – Speicherung – Abruf	Wie episodisches Gedächtnis
Implizites Langzeitgedächtnis	
Priming	– Neokortex
Prozedurales Gedächtnis, Fertigkeiten, Gewohnheiten	– insbesondere Striatum (& Cerebellum und Kortex)
Klassisches Konditionieren	– Amygdala (insbes. emotionale Reaktionen) – Cerebellum (insbes. motorisch)
Einfaches nichtassoziatives Lernen	– Reflexbahnen – Cerebellum

2.2.2.4 Störungen

Störungen der Gedächtnisfunktionen können unabhängig von der Ursache weitreichende Konsequenzen für das Leben der Betroffenen und ihrer Umgebung haben. Je nach Ursache und Ausmaß der Beeinträchtigung reichen die Leistungsveränderungen von relativ leichten Einbußen, die teilweise nur schwer operationalisierbar sind, bis hin zu gravierenden Störungen, die eine selbstständige Bewältigung des Alltags unmöglich machen. Bei den Gedächtnisstörungen muss zwischen Störungen unterschieden werden, die auf einer

Schädigung des Gehirns basieren (siehe für eine Übersicht Reynolds & Fletcher-Janzen, 2009) und Defiziten, die im Rahmen von psychischen Erkrankungen (Übersicht siehe Lautenbacher & Gauggel, 2004) oder Entwicklungsstörungen auftreten (siehe z. B. Berninger et al., 2006 für Lese- und Rechtschreibstörungen oder Lind, 2010, für Autismus). Gerade unter dem Entwicklungsaspekt ist diese Unterscheidung enorm schwer, da auch reaktive psychische Prozesse auf frühkindlich erworbene Gedächtnisstörungen anzunehmen sind. Unter dem Begriff der *Entwicklungsamnesie* werden Störungsbilder zusammengefasst, die ein selektives episodisches Gedächtnisdefizit – assoziiert mit hypoxiebedingter Schädigung der Hippocampusformation beidseits – aufweisen, welches gerade im Hinblick auf die weitere Entwicklung zu einem zunehmenden Störungsausmaß führt. Anders als lange Zeit angenommen, reicht die Regenerationskapazität eines sich entwickelnden Gehirns nicht aus, um Schädigungen der mesio-temporalen Strukturen zu kompensieren – vielmehr resultieren im jungen Erwachsenenalter gravierende Defizite im episodischen Gedächtnis bei relativ besser erhaltenem – gewisse Kompensationsmöglichkeiten bietendem – semantischem Gedächtnis (Vargha-Kadem, Gadian & Mishkin, 2001; Gardiner, Brandt, Baddeley, Vargha-Kadem & Miskin, 2008; Dzieciol et al., 2017).

Gedächtnisstörungen aufgrund von Hirnschädigungen sind sehr heterogen. Dabei wird innerhalb der isolierten Gedächtnisstörungen unterschieden zwischen dem amnestischen Syndrom und spezifischen Gedächtnisstörungen. Gängige Einteilungen der Amnesien orientieren sich an zeitlichen und inhaltlichen Aspekten des Gedächtnisses (siehe auch Tabelle 2.5). Zeitliche Aspekte sind charakterisierend für die anterograde und retrograde Amnesie. Die *anterograde Amnesie* beschreibt die Beeinträchtigung der Aufnahme neuer Informationen (postmorbid), wodurch der Abruf dieser Informationen ebenfalls beinträchtig bzw. nicht möglich ist. Demgegenüber beschreibt die *retrograde Amnesie* die Beeinträchtigungen des Erinnerns bzw. Abrufens von Informationen (Erlebnisse, Wissen), die vor Eintritt der Hirnschädigung aufgenommen wurden (prämorbid). Die Aufnahme neuer Informationen ist dabei weiterhin möglich. Zudem wird unterschieden, ob eine permanente oder eine transiente Störung (z. B. eine posttraumatische Amnesie) vorliegt. Die *permanenten Amnesien* werden weiter hinsichtlich ihrer möglichen Progredienz (z. B. bei demenziellen Prozessen) oder als stabile Form hinsichtlich ihres Ausmaßes beurteilt. Das *amnestische Syndrom*, oder auch globale Amnesie, ist charakterisiert durch ausgeprägte anterograde Gedächtnisbeeinträchtigungen sowie retrograde Beeinträchtigungen unterschiedlichen Ausmaßes. Gleichzeitig sind das Kurzzeit- und implizite Gedächtnis und die intellektuellen Leistungen weitgehend unbeeinträchtigt.

Weitere wichtige Differenzierungen der Amnesien sind die *inhaltlichen Aspekte*, also Defizite im episodischen oder semantischen Gedächtnis. Im episodischen Gedächtnis kann wiederum zwischen biografischen und öffentlichen Inhalten unterschieden werden und im semantischen Gedächtnis zwischen dem Wissen über Belebtes und Unbelebtes. Von großer Bedeutung ist ferner der Zeitpunkt, zu dem die Inhalte eingespeichert wurden (zeitlicher Gradient), und ob nur ein freier expliziter Abruf oder auch das Wiedererkennen betroffen sind. Auf weitere inhaltliche Aspekte beziehen sich materialspezifische Störungen wie Beeinträchtigungen des prozeduralen Lernens. Tabelle 2.8 enthält eine Auswahl der klinisch wichtigen Gedächtnisstörungen.

In der Regel ist bei hirnorganischen Gedächtnisstörungen das explizite Gedächtnis betroffen, wobei die Fähigkeit, neue Informationen in das explizite Langzeitgedächtnis einzuspeichern oder diese abzurufen, gestört ist (anterograde Amnesien). Amnesien aufgrund von Beeinträchtigungen des impliziten Gedächtnisses sind seltener: oft als Folge von Schädigungen der Basalganglien. Zusammen mit anterograden Amnesien sind häufig Defizite beim Abruf von Inhalten zu finden, die vor dem schädigenden Ereignis liegen (retrograde Amnesie). So sind Erinnerungen an die eigene Vergangenheit und an erlerntes Wissen inselhaft und selbst diese Erinnerungsinseln sind nicht konstant abrufbar.

Tabelle 2.8: Auswahl Amnesien

Amnesie	Beschreibung
Infantile Amnesie	Beschreibt das Phänomen, dass Erwachsene kaum/keine Erinnerungen an die ersten drei Lebensjahre haben. Dies ist jedoch weniger als Störung anzusehen, sondern eher Teil der physiologischen Entwicklung.
Entwicklungsamnesie	Schwere aufgrund zunehmender Gedächtnisanforderungen oft erst im jungen Erwachsenenalter bestätigte, schwere episodische Gedächtnisstörung bei relativ erhaltenem semantischem Gedächtnis – aufgrund einer bilateralen (zumeist hypoxischen) Schädigung des Hippocampus (und diencephaler Strukturen) in der frühen Kindheit.
Amnestisches Syndrom (globale Amnesie)	Schwere anterograde Amnesie und zusätzlich retrograde Amnesie unterschiedlichen Ausmaßes: Betroffen sind der freie Abruf und die Wiedererkennung von Episoden und – in geringerem Maße – von Fakten. Kurzzeitgedächtnis, implizites Gedächtnis und über die Gedächtnisstörung hinausgehende kognitive Leistungen bleiben weitgehend erhalten.
Störungen des Kurzzeit- und Arbeitsgedächtnisses (Speicherfunktionen)	Können bei erhaltener Verarbeitung (Encoding) der zu speichernden Inhalte auftreten; Materialspezifische Defizite sind gut abgrenzbar.
Fokal retrograde Amnesie	Retrograde Amnesie mit fehlender oder geringer anterograder Amnesie.
Posttraumatische Amnesie (PTA)	Zeitbereich nach einem Schädel-Hirn-Trauma ohne kontinuierliches Gedächtnis (meist operationalisiert als fehlendes Tag-zu-Tag-Gedächtnis).
Transitorische globale Amnesie (TGA)	Amnestische Episode mit plötzlichem Beginn und kurzer Dauer (in der Regel nicht über 24 Stunden) mit schwerer anterograder Amnesie und einer meist weniger ausgeprägten retrograden Störung. Nach Ende der TGA bleibt i. w. nur eine permanente Amnesie für den Zeitbereich der Episode und evtl. für Informationen der Zeit kurz davor zurück.
Materialspezifische Gedächtnisstörungen	– Kurzzeit-/Arbeitsgedächtnis: z. B. phonologisch, visuell-räumlich – Explizites Gedächtnis: Wissen und Erlebnisse; z. B. Beeinträchtigungen nur für neue verbale Inhalte – Implizites Gedächtnis: z. B. Defizite beim perzeptiven oder motorischen prozeduralen Lernen

Quellen Amnesie	Störung der Erinnerung an den zeitlich-örtlichen Kontext von Informationen, also an die episodische Quelle, wobei die Informationen selbst erinnert werden.

Von besonderem Interesse in der Untersuchung des expliziten Langzeitgedächtnisses ist die Differenzierung von Gedächtnisbeeinträchtigungen nach unterschiedlichen Ätiologien und nach unterschiedlichen Läsionen (für eine Übersicht siehe Baddeley, Kopelman & Wilson, 2002). Relevant für das Gedächtnis sind dabei insbesondere Schädigungen des Gehirns im medio-temporalen Bereich. Dabei kommt es meist zu anterograden Amnesien, wohingegen retrograde Amnesien eher selten sind. Im Kinder- und Jugendbereich sind häufige Ursachen hierfür Temporallappen Epilepsien (siehe Menlove & Reilly, 2015). Tumorerkrankungen oder Schädel-Hirn-Traumata (SHT) betreffen diese Region eher selten. Im Gegensatz zu Erwachsenen kommt es bei Kindern nicht so häufig zu degenerativen Erkrankungen, bei denen die Gedächtnisfunktionen meist breiter betroffen sind. Ein wichtiger Faktor sind hingegen Hypoxien, die sich im Rahmen einer Frühgeburt aufgrund von Schädigungen in temporalen Regionen negativ auf das autobiographische und episodische Gedächtnis, bis hin zu einer Entwicklungsamnesie, auswirken können (Cooper, Vargha-Khadem, Gadian & Maguire, 2011). Auch Intoxikationen, z.B. aufgrund von zu hohem Alkoholkonsum (Lee, Roh & Kim, 2009), zeigen meist typische Anzeichen einer transienten anterograden Amnesie. Auch wenn die medio-temporalen Strukturen essentiell für Gedächtnisprozesse sind, so kann es auch bei Schädigungen in anderen Hirnarealen zu Beeinträchtigungen kommen (siehe für beteiligte Hirnareale Tabelle 2.7). Bei Kindern sind auch Schädigungen des Frontalhirns häufig die Ursache für Gedächtnisstörungen (schwere anterograde Amnesie mit Konfabulationstendenzen in der Akutphase), da der orbito-frontale Anteil des Gehirns traumaanfällig ist und Schädel-Hirn-Traumata eine der häufigsten Ursachen für Hirnverletzungen im Kindes- und Jugendalter sind.

Im Vergleich zu den Gedächtnisstörungen aufgrund von neurologischen Schädigungen, sind Defizite des Gedächtnisses aufgrund von *Entwicklungsstörungen oder psychischen Erkrankungen* eher diffus. Die Abgrenzung zur Intelligenzminderung und/oder Lernstörungen ist schwierig. Bei psychischen Erkrankungen scheinen die Begriffe der Amnesie, wie sie bei neurologischen Störungen verwendet werden, häufig nicht adäquat zu sein. Beeinträchtigungen des Gedächtnisses werden bei Autismus (z.B. Lind, 2010), Lese- und Rechtschreibstörungen (z.B. Berninger et al., 2006), depressiven Erkrankungen (Sachs-Ericsson, Joiner & Blazer, 2008), Angststörungen (Günther, Holtkamp, Jolles, Herpertz-Dahlmann & Konrad, 2005), ADHS oder Essstörungen beschrieben. Auf der einen Seite sind Beeinträchtigungen der Gedächtnisleistungen im Rahmen einer Anorexie biologisch gut zu erklären (siehe z.B. Buehren et al., 2011) und mit Denkkonzepten neurologischer Gedächtnisstörungen adäquat zu erfassen. Hier scheinen sich die Lernleistungen von Patientinnen nach Gewichtsnormalisierung in Zusammenhang mit dem Östrogenlevel wieder zu normalisieren. Für das ADHS liegt der Schwerpunkt der beschriebenen Beeinträchtigungen eher im Bereich des Arbeitsgedächtnisses (siehe z.B. Kasper, Alderson & Hudec, 2012). Diese Beeinträchtigungen lassen sich ebenfalls mit den oben beschriebenen Modellen in Einklang bringen und können mit den gängigen neuropsychologischen Testverfahren untersucht werden. Was hingegen nicht möglich ist, ist eine spezifische Trennung der unterschiedlichen psychischen Störungen aufgrund der Beeinträchtigungen im Bereich Gedächtnis. Bei einigen Störungsbildern werden zudem Defizite im Gedächtnis beschrieben, die mit der „klassischen" neuropsychologischen Diagnostik nur eingeschränkt untersucht werden können. So wird bei Depressionen neben den schlechten Aufnahme- und Speicherproblemen häufig beschrieben, dass Betroffene sich im Abruf überwiegend an negative Ereignisse erinnern (siehe für eine Übersicht Chamberlain & Sahakian, 2006). Spezifische Verfahren sind notwendig (vgl. Band 1, Seite 663 ff.).

2.2.2.5 Diagnostik

Die Diagnostik von Gedächtnisleistungen bei Kindern unterscheidet sich nur wenig von der Untersuchung bei Erwachsenen. Unterschiede gibt es im Material, das in Bezug auf Schwierigkeit und Lebenswirklichkeit an das Alter angepasst sein sollte, aber nicht in Bezug auf die zu untersuchenden Gedächtnisbereiche. In einer standardisierten Diagnostik des Gedächtnisses im Kinder- und Jugendbereich sollten folgende Gedächtnisprozesse untersucht werden:

Kurzzeitgedächtnis
- Halten von Informationen
- Bearbeiten von Informationen

Langzeitgedächtnis
- Informationsaufnahme
- Konsolidieren/Speichern
- Abruf neuer Gedächtnisinhalte
- Abruf bereits gespeicherter alter Gedächtnisinhalte

Bei der Prüfung des Kurzzeit-/Arbeitsgedächtnisses und des expliziten Langzeitgedächtnisses sollten sowohl verbale als auch nonverbale Inhalte untersucht werden.

Um Hypothesen über die beeinträchtigten Funktionen aufstellen zu können, ist neben der möglichen Ätiologie eine Anamnese und Fremdanamnese unerlässlich. Essentiell für die Beurteilung der Alltagsrelevanz ist dabei, inwieweit sich die Leistungen aufgrund von Kontext (zu Hause versus in der Schule), Tageszeit (z. B. morgens versus abends) oder altersabhängig (mit 5 Jahren versus mit 8 Jahren) unterscheiden. Zudem sollten komorbide Erkrankungen (z. B. Aufmerksamkeitsstörungen) erfragt werden, die einen bedeutsamen Einfluss auf Gedächtnisleistungen haben. Dies gilt auch für die Einnahme von Medikamenten, Müdigkeit oder emotionale Stresszustände. Da Intelligenz und Gedächtnisleistungen miteinander assoziiert sind, insbesondere die Arbeitsgedächtnisleistungen (Alloway & Alloway, 2010), ist eine Gedächtnisdiagnostik bei Kindern mit Intelligenzminderungen schwieriger und vorsichtig zu interpretieren. Dennoch kann eine Profiluntersuchung Hinweise geben, wo bei einem Kind Stärken bzw. Schwächen liegen. Welche Bereiche in der Anamnese abgefragt werden sollten sowie alltagsrelevante Kontexte sind in Tabelle 2.9 abgedruckt.

Aufbauend auf der Anamnese beinhaltet eine adäquate Gedächtnisdiagnostik meist eine differenzierte Untersuchung des Gedächtnisses für neue Inhalte. Hierfür steht eine Vielfalt von Untersuchungsverfahren zur Verfügung: mit einer Reihe von Designvariationen zur Überprüfung von Aspekten der Aufnahme, Speicherung und des Abrufs neuer Inhalte. Die häufigsten sind in Tabelle 2.10 zusammengefasst.

Tabelle 2.9: Zu untersuchende Funktionen des Gedächtnisses und alltagsrelevante Kontexte

Bereich	alltagsrelevante Kontexte für eine gezielte Anamnese
Kurzzeit-/Arbeitsgedächtnis	– Merken von Instruktionen (z. B.: „gehe Milch aus der Küche holen" versus „Gehe Milch, Marmelade, Brot und Butter aus der Küche holen")
Aufnahme neuer Informationen ins Langzeitgedächtnis und Abruf der Informationen nach unterschiedlichen Zeitintervallen	– Nachmittags wissen, was morgens passiert ist – Inhalte eines Films wiedergeben können
Autobiographisches Gedächtnis	– Episoden aus dem Leben wiedergeben können, Fragen nach Erinnerungen (wann ist wo mit wem was passiert)?
Semantisches Gedächtnis	– Fragen nach Faktenwissen, z. B. Wissen über Kategorien (Möbel, Tiere) – Fragen nach spezifischen Interessensbereichen, z. B. Dinosaurier, Fußball oder Sammelkarten
Prospektives Gedächtnis	– Wird daran gedacht, Mitteilungen/Briefe von zu Hause in der Schule abzugeben (oder anders herum)
Implizites Gedächtnis	– Fragen nach dem Erlernen von Fertigkeiten – Gewöhnung an Umgebungsreize (z. B. das Gewöhnen an das Ticken einer Wanduhr)
Orientierung	– Wo bist du? Welcher Tag ist heute? Wer bist du? Weißt du noch, wer ich bin?

Tabelle 2.10: Wichtige Designvariationen zur Überprüfung des Gedächtnisses für neue Informationen

1. Instruktion/Darbietung/Enkodierung • Mit/ohne Behaltensinstruktion • Instruktion mit/ohne Informationen zu den Prüfungsbedingungen • Materialart (verbal, visuell-räumlich) • Art der Darbietung (Modalität, Dauer, einmalig oder wiederholt (Lernen) • Gezielter Einsatz von Intereferenzbedingungen
2. Speicherintervall • Dauer (Prüfung unmittelbar nach Darbietung und/oder nach Verzögerung) • Kognitive Aktivitäten während des Speicherintervalls
3. Abruf • Explizit versus implizit • Freier Abruf – Wörtlich versus propositionale Inhalte – Vorgegebene Reihenfolge beachten versus nicht beachten versus neu ordnen • Abruf mit Hinweisreizen, z. B. phonologische oder semantische Abrufhilfen, Cues zu einzelnen Items, gegebener Stadtplan, auf dem ein Weg erinnert werden muss, …

- Wiedererkennen
  - Ja/nein Rekognition versus Auswahl
  - Familiarity-based versus recollection based

2.2.2.5.1 Diagnostik des Kurzzeit-/Arbeitsgedächtnisses

Die klinische Untersuchung des Arbeitsgedächtnisses unterscheidet zwei Bereiche: die Testung von einfachen Gedächtnisspannen (einfaches Halten von Informationen) und Aufgaben, die das gleichzeitige Halten und Verarbeiten von Informationen überprüfen (siehe Tabelle 2.11). Spannenmaße sollten sowohl für verbale als auch für visuell-räumliche Informationen erhoben werden. Sie erfassen die Informationsmenge oder Kapazität, die der Proband kurzfristig speichern kann und zur weiteren Verarbeitung zur Verfügung hat. Standard ist die unmittelbare serielle Reproduktion immer länger werdender Ketten unterschiedlicher Einzelinformationen (Zahlen, visuelle Muster etc.), die einmalig dargeboten werden. Zur Untersuchung der verbalen Speicherprozesse können zusätzlich phonologisch ähnliche oder lange, mehrsilbige Wörter oder zusätzlich zu verarbeitende Reize (z. B. gleichzeitiges Zahlenzählen) präsentiert werden, die ein Wiederholen der Wörter (Rehearsal) und die Anwendung von Behaltensstrategien (z. B. Binding-Prozesse) erschweren. Für die non-verbalen Haltemechanismen, insbesondere für gespeicherte visuelle Informationen, gibt es keine anerkannten Operationalisierungen oder gar klinisch erprobte Testverfahren. Experimentelle Designs, die analog zu den Untersuchungsmethoden im verbalen Bereich sind, können im klinischen Kontext mit Hilfe des Block-Tapping-Tests realisiert werden: exemplarisch durch kurze Interstimulusintervalle oder durch Interferenzaufgaben (z. B. durch räumliche Operationen in der Vorstellung).

Das Behalten von verbalen und visuell-räumlichen Einzelinformationen weist deutlich seltener Defizite auf als das gleichzeitige Behalten und Verarbeiten von Informationen: exekutive Funktionen des Arbeitsgedächtnisses. Zur Untersuchung dieses Bereichs existieren verschiedene Aufgabenformen. Verbreitet sind N-back-Aufgaben, das Brown Peterson-Paradigma und Spannen rückwärts. Viele dieser Aufgaben sind ab dem Schulalter gut durchführbar. Die Ergebnisse der Aufgaben sind bei Kindern häufig davon abhängig, inwieweit sie bereits gezielt Strategien einsetzen, um die Aufgaben zu bearbeiten (siehe Bjorklund et al., 2008). Daher ist es sinnvoll, im Anschluss an die Testung die Kinder zu fragen, wie sie die Aufgaben durchgeführt haben. Dies gilt gleichermaßen für die Diagnostik der anderen Gedächtnisbereiche.

2.2.2.5.2 Diagnostik des expliziten Langzeitgedächtnisses

Die Untersuchung umfasst die zwei großen Bereiche: (a) Einspeichern neuer Informationen sowie (b) den Abruf alter Inhalte (siehe Tabelle 2.11). Die Aufnahme neuer Informationen ins Langzeitgedächtnis und deren Abruf sind auch im Kinderbereich die zentralen Untersuchungsbereiche der neuropsychologischen Gedächtnisdiagnostik. Alle Informationen, die die Speicherkapazität und die engen zeitlichen Grenzen des Kurzzeit-/Arbeitsgedächtnisses überschreiten, müssen im Langzeitgedächtnis gespeichert werden. In der Gedächtnisdiagnostik nimmt das Altgedächtnis dagegen – trotz großer Alltagsbedeutung – kaum Raum ein. Auch die für den Alltag hoch relevanten Bereiche (c) prospektives Gedächtnis und (d) emotional episodisches Gedächtnis spielen im diagnostischen Alltag kaum eine Rolle.

a) Einspeichern, Behalten und Abrufen neuer Informationen

- *Kurzfristiges Behalten von einmalig dargebotenen Informationen:* „Kurzfristig" bedeutet unmittelbar nach der Darbietung oder nur kurze Zeit nach der Reizpräsentation (kleiner 30 Sekunden). Die Abgrenzung zum Arbeitsgedächtnis ist bei vielen Aufgaben schwer zu ziehen. Über die Variation der Inhalte werden materialspezifische Behaltensprozesse operationalisiert: verbale Informationen (Texte und Wörter), visuell-räumliche Materialien (Zeichnungen, Wege auf einem Stadtplan etc.), Gesichter. Ferner lassen sich die Materialien so strukturieren, dass der Einfluss von unterschiedlichen Behaltensstrategien abbildbar wird: So können die Items einer Wortliste aus wenigen Kategorien bestehen, was ein „Clustern" ermöglicht.
- *Lernen von wiederholt dargebotenen Informationen (Lerntests):* In der Regel werden die zu lernenden Inhalte sequenziell mehrfach dargeboten, seltener werden durch ein Verlängern der Präsentationsphase Wiederholungen und damit ein Lernen ermöglicht. Nur eine mehrfache Darbietung mit jeweils anschließender Abfrage ermöglicht es, den (manchmal auch negativen) Lernzuwachs in einer Lernkurve abzubilden. Verbreitet sind die wiederholte Darbietung von Listen unterschiedlicher Inhalte (Worte, Symbole, Zeichnungen etc.) und das Paarassoziationslernen (wiederum mit verschiedenen Inhalten wie Wortpaaren, Paaren von Zeichnungen etc.). Materialspezifische Lernprozesse können wie bei den Behaltensleistungen über die Variation der Inhalte erfasst werden. Gleiches gilt für das Bilden von Clustern.
- *Behalten über einen längeren Zeitraum:* Gängig ist die Unterscheidung, ob die Abfrage am selben oder am folgenden Tag erfolgt. Dieser Differenzierung liegt die Annahme von spezifischen mnestischen Konsolidierungsprozessen während des Schlafs zugrunde (siehe Kopasz et al., 2010). Bei der Abfrage am gleichen Tag lassen sich unterschiedliche Behaltenszeiträume unterscheiden, wobei sich in der klinischen Diagnostik ein Zeitraum von 30 Minuten etabliert hat. Nur wenige Verfahren haben einen Abfragezeitpunkt am folgenden Tag (z. B. VVM). Für Behaltensleistungen über mehrere Tage oder Wochen stehen noch keine standardisierten und normierten Tests zur Verfügung.
- *Variationen des Abrufs:* Der Abruf erfolgt meist in einer expliziten Form der Wiedergabe. Gängige Variationen sind die freie Reproduktion und das Wiedererkennen. Auffällige Leistungsdifferenzen zwischen diesen beiden Varianten weisen auf Abrufprobleme hin, insbesondere wenn die Rekognitionsleistungen unauffällig sind. Zur Auswahl können zwei (ja/nein-Rekognition) oder mehrere Alternativen stehen. So lassen sich Störungen der Erinnerung an den zeitlich-örtlichen Kontext mit einfachen ja/nein-Rekognitionsaufgaben operationalisieren, z. B. „Ist dies ein Wort aus der ersten der beiden gelernten Wortlisten?". Umgekehrt kann mit Abrufhilfen untersucht werden, wie gut eine Erinnerung an den zeitlich-örtlichen Kontext hilft, gelernte Informationen abzurufen („Nennen Sie die Wörter aus der zuerst gelernten Liste!"). Mittels Abrufhilfen lässt sich auch prüfen, wie gut der Proband einen vorgegebenen semantischen Kontext nutzt und beispielsweise in der Lage ist, die Möglichkeit zu nutzen, Informationen nach semantischen Aspekten zu gruppieren (Clusterbildung: z. B. „Nennen Sie alle Lebewesen aus der gelernten Wortliste!").

b) Abruf alter Informationen
Angesichts der Alltagsrelevanz von retrograden Amnesien spielen diese in der klinischen Gedächtnisdiagnostik eine stiefmütterliche Rolle. Die Diagnostik retrograder Gedächtnisstörungen hat zum Ziel, neben der Erfassung der betroffenen Bereiche und des Schweregrades auch den zeitlichen Gradienten zu quantifizieren. Eine Untersuchung des episodischen und semantischen Altwissens umfasst drei Bereiche: autobiografische Informationen, domänenspezifisches Wissen sowie Weltwissen und basales semantisches Wissen. Zur Überprüfung autobiografischer Gedächtnisstörungen werden sowohl persönliche Erlebnisse (episodische Anteile) als auch Fakten (semantische Anteile) abgefragt. Episodische Erinnerungen sind an einen räumlichen und zeitlichen Kontext gebunden, persönliche Fakten oder Daten sind als ein kontextfreies, überlerntes Wissen über die eigene Person zu verstehen. Um das Vorliegen eines Zeitgradienten zu prüfen, müssen sich die erfragten Informationen auf verschiedene Lebensphasen des Probanden beziehen. Bei Kindern ist dabei zu berücksichtigen, dass Erinnerungen vor dem 3. Lebensjahr kaum vorhanden sind (siehe infantile Amnesie). Zudem ist bei jungen Kindern die Sprache häufig noch nicht ausreichend elaboriert und diese kann ein Hindernis für die Wiedergabe autobiographischer Informationen sein. Die große Bandbreite der individuellen Lebensgestaltung setzt den standardisierten Untersuchungsmöglichkeiten Grenzen. Gängig sind halbstrukturierte Interviews, bei denen die Verifizierung der Aussagen über Eltern und Lehrer aber nicht nur viel Zeit kostet, sondern auch aufgrund der eingeschränkten Validität von autobiographischen Erinnerungen jedes einzelnen Beteiligten schwierig ist (siehe Schwarz & Sudman, 1994). Dies gilt sowohl für die inhaltlichen als auch die räumlichen und zeitlichen Bestandteile der Erinnerungen. Ein alternativer Weg zur gezielten Abfrage autobiografischer Informationen besteht in der sogenannten Crovitz-Technik (siehe Crovitz & Schiffman, 1974). Begriffe wie Zug oder Buch werden vorgegeben und mit der Aufforderung verbunden, über Ereignisse zu berichten, in denen diese Begriffe eine Rolle spielen. Für die Wiedereingliederung von Patienten ist die Untersuchung von domänenspezifischen Kompetenzen, also auch von schulischem und beruflichem Wissen, von besonderem Interesse. Die Abfrage von Weltwissen konzentriert sich auf öffentliche Ereignisse und berühmte Personen, die während einer festgelegten Zeitspanne häufig in den Medien präsent waren. Hier ist selbstverständlich darauf zu achten, dass Ereignisse bzw. Personen erfragt werden, die auch in der Lebenswirklichkeit des individuellen Kindes bekannt sein sollten. Das semantische Altgedächtnis wird durch Verfahren zu basalen semantischen Gedächtnisleistungen operationalisiert: Wortschatz-Tests (Wörter definieren, zwischen unsinnigen Wörtern die sinnvollen erkennen), Prüfung (verbal oder bildlich) des Wissens über Kategorien (Möbel, Tiere (z. B. Namen von Jungtieren), Pflanzen etc.) oder verschiedene Wissensbereiche (z. B. Länder oder Berufe).

c) Prospektives Gedächtnis
Das prospektive Gedächtnis lässt sich als spezielle Variation des Abrufs interpretieren: Die Abfrage liegt (relativ zur Aufgabenstellung) in der Zukunft und sie erfolgt nicht durch explizite Aufforderung. Sie ist an einen vorher vereinbarten Zeitpunkt oder ein später eintretendes Ereignis gekoppelt. Eine weitere Eigenschaft prospektiver Gedächtnisaufgaben liegt darin, dass sie in eine andere Aufgabe eingebettet sind. Bei einer prospektiven Gedächtnisaufgabe muss also ohne explizite Abrufaufforderung die adäquate Gelegenheit zur Ausführung erkannt und dann erinnert werden, was getan werden soll – und das im Kontext anderer Tätigkeiten.

Tabelle 2.11: Untersuchung des Gedächtnisses

Bereich	Beschreibung
Kurzzeit-/Arbeitsgedächtnis	
Halten von Informationen – *Verbal* – *Visuell/visuell Räumliche*	 einfache verbale Spannenmaße (Zahlen-, Konsonanten-, Wortspannen) Blockspanne, Reproduktion visueller Muster
Halten und Bearbeiten (exekutive Funktionen des Arbeitsgedächtnisses)	Brown-Peterson-Paradigma, N-back-Aufgaben, Spannen rückwärts oder andere Regeln der Wiedergabe: z. B. Items ordnen
Explizites Langzeitgedächtnis	
Neue Informationen: Aufnahme, Speichern, Abruf	– kurzfristiges Behalten: Reproduktion und Rekognition verbaler und nonverbaler Information nach einmaliger Darbietung; – Lerntests (Listenlernen, Paarassoziationstests) mit mehrfacher Informationsdarbietung und Prüfung; – Abfrage aktueller autobiografischer Information; – Behalten über längere, unterschiedliche Zeiträume (bis 2 Stunden, folgender Tag etc.); – Abfrage an spätere Ereignisse gekoppelt (prospektiv)
Abruf alter Informationen – *Autobiografische Informationen* – *Domänenspezfisches Wissen* – *Weltwissen/basales semantisches Gedächtnis*	 Standardisierte und halbstrukturierte Interviews, Crovitz-Technik Spezifisches Wissen, Interviews zu Ausbildungsinhalten Wiedererkennen berühmter Gesichter und berühmter Personen; allgemeines Wissen, Benennen, Wortschatz
Implizites Langzeitgedächtnis	
Priming (Bahnung)	Erkennen von vorher gelerntem Material (Worte, Bilder etc.) im Vergleich zu unbekannten
Prozedurales Gedächtnis: – *Perzeptives Lernen* – *Motorisches Lernen* – *Kognitives Lernen* – *Abruf früher gelernter Fertigkeiten*	Beschleunigte Ausführung: Spiegelschrift lesen Lernen von Reaktionssequenzen Text wiederholt lesen Überprüfung impliziter Fertigkeiten
Emotionales Gedächtnis	Klassische Konditionierung

In der Regel erfolgt die Diagnostik durch Verhaltensbeobachtungen bei einfachen prospektiven Gedächtnisaufgaben. Beispielsweise könnte man einem Kind zu Beginn der Testung den Schlüssel für den Untersuchungsraum geben und es bitten, den Schlüssel nach der Testung zurück zu geben. Für den Kinderbereich gibt es keine standardisierten Verfahren, die das prospektive Gedächtnis untersuchen. Für Erwachsene und Jugendliche bestehen erst wenige Tests. Entscheidend bei der Aufgabenkonstruktion ist die Unterscheidung zwischen dem Erkennen, dass etwas getan werden muss (die prospektive Komponente), und dem Erinnern, was getan werden muss (die retrospektive Komponente). Um die prospektive Komponente möglichst „rein" zu messen, wird in einem prospektiven Gedächtnistest die retrospektive Komponente so einfach wie möglich gehalten. Zum einen werden einfache ereignisgebundene Untersuchungsdesigns eingesetzt (siehe Beispiel Schlüssel zurückgeben). Zum anderen können zeitgebundene Arbeitsaufträge erteilt werden, die in bestimmten Abständen oder zu bestimmten Uhrzeiten in einer Sitzung auszuführen sind. Entsprechend der großen Alltagsrelevanz prospektiver Gedächtnisleistungen ist die Aufnahme prospektiver Gedächtnisaufgaben in die diagnostische Routine anzuraten, zumal der zeitliche Aufwand gering ist.

d) Emotionales episodisches Gedächtnis
In der Diagnostik des emotionalen Gedächtnisses steht neben den Aspekten der non-deklarativen Gedächtnisleistungen wie der Konditionierung (siehe implizites Gedächtnis) insbesondere der modulierende Einfluss von Emotionen auf die expliziten Gedächtnisleistungen im Vordergrund. Die emotionale Einfärbung von expliziten Informationen beeinflusst die episodischen Gedächtnisleistungen vielfältig, moduliert sowohl deren Aufnahme und Speicherung als auch deren Abruf. Die Untersuchung des emotionalen episodischen Gedächtnisses bedient sich regelmäßig eines einfachen Designs: Es werden emotional erregende Stimuli und möglichst ähnliche neutrale Stimuli präsentiert, nach variierenden Delays folgen einfache Abruf- und Rekognitionsaufgaben. Hier gibt es nahezu ausschließlich experimentelle Verfahren aus der Forschung. In der klinisch-neuropsychologischen Diagnostik spielt auch dieser Bereich kaum eine Rolle. Eine einfache Möglichkeit, das emotional episodische Gedächtnis experimentell zu untersuchen, wäre, dem Probanden eine Reihe von Bildern zu geben und ihn werten zu lassen, ob er das Bild eher „neutral" oder „emotional" einschätzt (egal ob positiv oder negativ). Nach einem Behandlungsintervall von zumindest einigen Minuten kann überprüft werden, ob der Proband sich besser an die emotionalen Bilder erinnern kann (im Vergleich zu den neutralen).

2.2.2.5.3 Diagnostik des impliziten Langzeitgedächtnisses

Ohne spezifische Hinweise auf mögliche Defizite werden in der gängigen klinischen Diagnostik implizite Gedächtnisprozesse selten untersucht. Normierte Testverfahren existieren kaum. Im Folgenden sollen Beispiele für Untersuchungsmöglichkeiten skizziert werden, die in der Literatur verbreitet sind. Allgemein gilt, dass das implizite Gedächtnis durch das Ausmaß einer Veränderung (meist einer Erleichterung) beim Ausführen einer Handlung oder Fertigkeit gemessen wird. Meist wird durch implizites Lernen die Zeit für die Ausführung reduziert, die ersparte Zeit wäre dann die Operationalisierung des impliziten Lernens.

- *Priming:* Inhalte, mit denen der Proband zuvor Erfahrungen gemacht hat, werden leichter entdeckt und identifiziert. Ein Beispiel: Wörter aus einer zuvor dargebotenen Wortliste werden zusammen mit anderen sehr kurz (unter 50 msec.) einzeln dargeboten. Dadurch sollten die zuvor gelernten Wörter häufiger richtig gelesen werden. Analoge Designs lassen sich mit Zeichnungen oder Bildern aufbauen. Für fast alle sensorischen

Reize können Primingeffekte aufgezeigt werden: vertraute und unbekannte visuelle Objekte, Linienmuster, bedeutungsvolle und sinnlose Buchstabenfolgen, Töne und andere akustische Materialien etc. (sensorisches oder Wahrnehmungslernen). Das „Lernen“ durch Priming kann schon nach einmaliger Exposition erfolgen.

- *Prozedurales Gedächtnis:* Im Unterschied zum Priming ist für den Aufbau von prozeduralen Gedächtnisleistungen meist ein häufiges Wiederholen notwendig. Drei Bereiche lassen sich unterscheiden: perzeptives, motorisches und kognitives Lernen. Durch das *perzeptive Lernen* wird die Fähigkeit verbessert, einfache Wahrnehmungsaspekte besser zu diskriminieren. Am häufigsten wird die visuelle Wahrnehmung untersucht (z. B. räumliche Anordnungen, Linienausrichtung, Bewegungsrichtungen). Bekannte Beispiele sind das Lernen von Spiegelschrift-Lesen und das Wahrnehmen von Geschwindigkeiten. Hierbei bewegt sich ein Punkt auf einer festgelegten Bahn wobei ein Teil dieser Bahn nicht sichtbar ist. Der Proband hat die Aufgabe, eine Taste zu drücken, wenn er schätzt, dass der Punkt wieder sichtbar werden müsste. Das Gelernte ist allerdings sehr spezifisch, die Lerneffekte reduzieren sich deutlich bei nur wenig veränderten Bedingungen. Zur Überprüfung des *motorischen Lernens* wird oft auf das Sequenzen-Lernen oder serielles Lernen zurückgegriffen. Auf z. B. vier verschiedene Reize soll mit vier jeweils zugeordneten Tasten reagiert werden. Implizit werden sich wiederholende Sequenzen eingebaut. Diese sich wiederholenden Abfolgen werden (unbewusst) gelernt, was sich in schnelleren Reaktionszeiten ausdrückt. Ein Beispiel für *kognitives Lernen:* wiederholt gelesene Texte können schneller gelesen werden. Eine klinische Überprüfung prozeduraler Gedächtnisfunktionen bekommt in der Regel ihren Sinn durch die schulische und berufliche Bedeutung, die diese Funktionen für die Betroffenen haben. Häufiger werden diese impliziten Fähigkeiten eher im (Schul-)Alltag oder beruflichen Kontext untersucht als in einer neuropsychologischen Untersuchung.
- *Emotionales (implizites) Gedächtnis:* Behaltens- und Lernleistungen werden dadurch modifiziert, dass Inhalte emotional „bewertet“ und positive oder negative Gefühle damit verbunden werden. Dies sind größtenteils unbewusste Prozesse die kaum beeinflussbar sind. Gelernt werden emotionale Antworten auf ein Objekt und Reaktionen, die auf früheren Erfahrungen beruhen. Ein intensiv untersuchtes Beispiel ist die klassische Konditionierung von Angst. Im klinischen Kontext ist das Überprüfen gelernter emotionaler Reaktionen schwierig. Die emotionalen Reaktionen des Körpers zu erfassen ist aufwendig und standardisierte Verfahren stehen nicht zur Verfügung. Gibt es Hinweise auf die Störung des impliziten-emotionalen Lernens, z. B. nach Schädigungen der Amygdala, sollte eine experimentell angelegte Untersuchung erfolgen, die sich an verhaltenstherapeutischen Konzepten orientiert. Die diagnostische Strategie besteht darin, die Stärke assoziativer Verknüpfungen zwischen Reizen und Reaktionen im Hinblick auf emotionale und neutrale Materialien zu operationalisieren.

Empfohlene Literatur

Baddeley, A. D., Kopelman, M. D. & Wilson, B. A. (2002). *The Handbook of Memory Disorders* (2nd ed.). West Sussex: John Wiley & Sons Inc.

Calev, A. (1999). *Assessment of Neuropsychological Functions in Psychiatric Disorders.* Washington: American Psychiatric Press Inc.

Cowan, N. & Courage, M. (2008). *The Development of Memory in Infancy and Childhood (Studies in Developmental Psychology).* Hove: Psychology Press.
Hoffmann, J. & Engelkamp, J. (2013). *Lern- und Gedächtnispsychologie.* Berlin: Springer.
Quas, J.A. & Fivush, R. (2009). *Emotion and Memory in Development.* Oxford: Oxford University Press.

2.2.3 Übersichtstabelle: GEDÄCHTNIS

Während in der ersten Spalte eigenständige Verfahren, der jeweilige Untertest aus einer Testbatterie oder eine Testbatterie genannt werden, und die zweite Spalte Angaben zum Altersrange für den Einsatz bei Kindern und Jugendlichen umfasst, ist in der dritten Spalte die Operationalisierung der mnestischen Funktionen skizziert. Wurde ein Verfahren im vorliegenden Band 2 des Testhandbuchs rezensiert oder in einem anderen Kapitel weiter erläutert, wird in der vierten Spalte die Seitenzahl der Rezension oder einer weiteren Tabelle angegeben, andernfalls die Nummer des Bandes, in welchem die Rezension abgedruckt ist. Ein Kreuz zeigt an, dass das Verfahren nur an dieser Stelle genannt wird.

Kurzzeitgedächtnis (KZG)			Seite
KZG: Speicherprozesse		**verbal/visuell-räumlich**	
Zahlenspanne aus: Wechsler Gedächtnistests: – WMS-R – WMS-IV	 15–74 Jahre 16–89 Jahre	Wiederholen von Zahlenreihen zunehmender Länge – in der dargebotenen Reihenfolge und rückwärts.	Bd. 1
Wechsler Intelligenztests für Kinder (WISC-V, WISC-IV, HAWIK-IV)	6–16 Jahre		Bd. 3
Wechsler Intelligenztests für Erwachsene (WIE, WAIS-IV)	16–89 Jahre	Neben dem Zahlennachsprechen vorwärts und rückwärts ist im WAIS-IV auch eine sequenzielle Aufgabenvariante aufgenommen worden (siehe KZG: Exekutivfunktionen – Halten und Verarbeiten).	Bd. 1
Zahlenspanne aus: Neuropsychologische Testbatterie für Zahlenverarbeitung und Rechnen bei Kindern (ZAREKI-R)	1.–4. Klasse	Drei Items vorwärts beginnend mit drei Ziffern. Drei Items rückwärts beginnend mit zwei Ziffern.	Bd. 3
Kindergartenversion (ZAREKI-K)	5–7 Jahre		Bd. 3
Ziffernspanne aus: Arbeitsgedächtnisbatterie für Kinder von 5 bis 12 Jahren (AGTB 5-12)	5–12 Jahre	Wiederholen von Zahlenreihen zunehmender Länge – vorwärts und rückwärts.	255

Zahlennachsprechen aus: Kaufmann-Assessment Battery for Children (K-ABC)	2;6 bis 12;5 Jahre	Wiederholen von Zahlenreihen zunehmender Länge.	Bd. 3
Zahlenfolgen aus: Merk- und Lernfähigkeitstest (BASIC-MLT)	6–16 Jahre	Wiederholen von Zahlenfolgen zunehmender Länge – von einer Audio-CD.	198
Wortspanne aus: Arbeitsgedächtnisbatterie für Kinder von 5 bis 12 Jahren (AGTB 5-12)	5–12 Jahre	Sequenzen auditiv dargebotener Wörter (einsilbig bzw. dreisilbig) sollen wiederholt werden. Beispiel: Buch – Haus – Tisch	245
Kunstwörter aus: Arbeitsgedächtnisbatterie für Kinder von 5 bis 12 Jahren (AGTB 5-12)	5–12 Jahre	Sequenzen auditiv dargebotener Kunstwörter sollen wiederholt werden. Beispiel: kawo (50 % akustisch verzerrt)	245
Mottier-Test	4–6 Jahre 5–17;5 Jahre	Auditiv dargebotene Kunstwörter aus zwei bis sechs Silben (je 6 Items) sollen nachgesprochen werden. Beispiele: re-la; ge-bi-da-fi-no	
Behalten und Erinnern aus: Tübinger Luria-Christensen – Neuropsychologische Untersuchungsreihe für Kinder (TÜKI)	5–16 Jahre	Nachsprechen von sinnlosen Silben.	Bd. 3
Geräuschfolgen aus: Merk- und Lernfähigkeitstest (BASIC-MLT)	6–16 Jahre	16 Geräuschfolgen steigender Komplexität sind unmittelbar nach Darbietung durch Benennung zu reproduzieren. Beispiele: Klingel, Hahn, Hupe	206
Blockspanne Block-Tapping-Test	7–12 Jahre	Nachtippen von Blocksequenzen zunehmender Länge – in der dargebotenen Reihenfolge oder rückwärts. 	Bd. 1

Corsi Block aus: Arbeitsgedächtnis-batterie für Kinder von 5 bis 12 Jahren (AGTB 5-12)	5–12 Jahre	Nachtippen von Blocksequenzen zunehmender Länge.	245
Visuospatial Sequencing aus: Attention Network Test (ANT)	7–12 Jahre	In einer 3×3 Matrix sollen vorgegebene Muster nachgetippt werden. 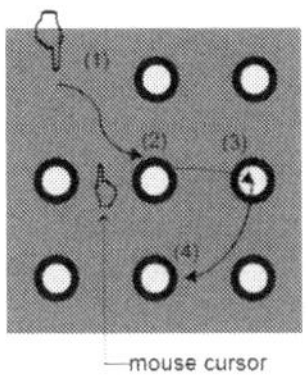	Bd. 3
Matrix/visuelle Muster Visual Patterns Test (VPT)	13–92 Jahre	Visuelle Muster: Die Hälfte der Felder von Matrizen (von 2×2 bis 5×6 Matrizen) sind schwarz gefüllt. Unmittelbarer Abruf mit Hinweisreizen: Muster auf leeren Matrizen reproduzieren.	Bd. 1
Matrix aus: Arbeitsgedächtnis-batterie für Kinder von 5 bis 12 Jahren (AGTB 5-12)	5–12 Jahre	Visuelle Muster: Einzelne Felder von Matrizen sind schwarz gefüllt. Unmittelbarer Abruf mit Hinweisreizen: Muster auf leeren Matrizen reproduzieren. 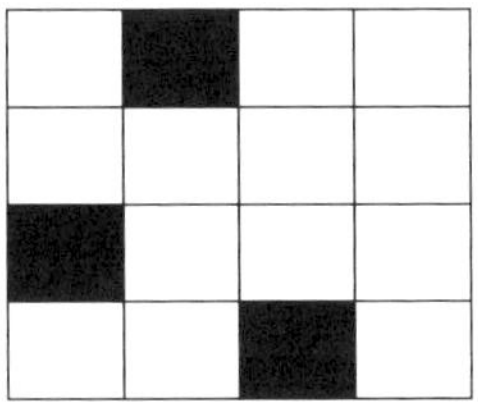	245
Räumliches Positionieren aus: Merk- und Lernfähigkeitstest (BASIC-MLT)	6–16 Jahre	Präsentiert werden geometrische Figuren, die in einem Raster räumlich angeordnet sind (5 bzw. 10 Sekunden). Unmittelbar danach sollen die Figuren (wie zuvor gesehen) in einem Raster positioniert werden.	198
Behalten und Erinnern aus: Tübinger Luria-Christensen – Neuropsychologische Untersuchungsreihe für Kinder (TÜKI)	5–16 Jahre	Antippen von Bausteinen.	Bd. 3

Brooks-Matrix-Experiment	ab 8 Jahre	In der ***Vorstellung*** werden sukzessiv Quadrate einer 4×4 Matrix markiert (durch Zahlen), gespeichert und direkt anschließend reproduziert.	Bd. 1
Symbolfolgen aus: Wechsler Memory Scale – Fourth Edition (WMS-IV)	16–90 Jahre	Wurde als „visuelles Gegenstück" zum (auditiven) Zahlennachsprechen konstruiert. Präsentiert wird eine aufsteigende Reihenfolge von Symbolen. Unmittelbar danach soll sie anhand einer Auswahl wiedergegeben werden. Die Symbole sind so gestaltet, dass sie nur schwer verbalisierbar sind.	
Farbfolgen aus: Merk- und Lernfähigkeitstest (BASIC-MLT)	6–16 Jahre	16 Farbfolgen steigender Komplexität sind unmittelbar nach Darbietung mit Hilfe von Farbkarten zu reproduzieren.	198
Komplexe Stimuli Details Merken aus: Merk- und Lernfähigkeitstest (BASIC-MLT)	6–16 Jahre	Auf 12 Bildvorlagen soll nach kurzer Präsentation (5 bzw. 10 Sekunden) eine oder mehrere Veränderungen bzgl. Gegenständen und Orten in einer veränderten Darstellung benannt werden. Kein Abbruchkriterium.	198
Alltagssituationen aus: Merk- und Lernfähigkeitstest (BASIC-MLT)	6–16 Jahre	Zwei Fotos von Alltagssituationen werden für jeweils 20 Sekunden präsentiert: anschließend werden Einzelheiten und Kontext dazu abgefragt.	198
KZG: Exekutivfunktionen – Halten und Verarbeiten		**verbal/visuell-räumlich**	
Häufig verwendetes Testdesign: Spannenmaße, bei denen die dargebotene Reihenfolge rückwärts wiederholt werden soll – siehe vorangegangene Tabelle.			186 bis 188
Buchstaben-Zahlen-Folgen (BZF) aus: Wechsler Intelligenztests für Kinder (WISC-V, WISC-IV)	16–16 Jahre	Sequenzen zunehmender Länge – Zahlen und Buchstaben im Wechsel – sollen geordnet reproduziert werden. Beispiel: 3-F-6-H-5-B → 3-5-6-B-F-H	Bd. 1
Wechsler Intelligenztests für Erwachsene (WIE und WAIS-IV)	16–89 Jahre	Neben dem Zahlennachsprechen vorwärts und rückwärts ist im WAIS-IV auch eine sequenzielle Aufgabenvariante aufgenommen worden: Die Zahlen müssen in aufsteigender Reihenfolge wiedergegeben werden. Ab 5 Ziffern hat es auch doppelte Ziffern. Beispiel: 3-8-3-5-8 → 3–3-5–8-8	

Räumliche Ergänzung aus: Wechsler Memory Scale – Fourth Edition (WMS-IV)	16–69 Jahre	Der Untertest Räumliche Ergänzung basiert auf dem n-back-Prinzip. Zusätzlich erfordert er eine räumliche Manipulation. Es werden zwei Raster mit blauen und roten Kreisen präsentiert (fünf Sekunden). Nach vorgegebenen Regeln müssen bei der Wiedergabe der Kreise im Raster, Positionen zusammengefasst oder abgezogen werden. Beispiel: 2 blaue Kreise werden zu einem weißen; rote Kreise bleiben unberücksichtigt.	
Arbeitsgedächtnis aus: Testbatterie zur Aufmerksamkeitsprüfung (TAP)	Stufe 2: 10–12 Jahre Stufe 3: 11–19 Jahre	N-back Aufgabe: Auf dem Computerbildschirm erscheinen nacheinander Zahlen, Tastendruck ist gefordert, wenn die aktuell gezeigte Zahl mit der vorletzten identisch ist.	Bd. 1
Komponente Zentral exekutives Arbeitsgedächtnis aus: Arbeitsgedächtnisbatterie für Kinder von 5 bis 12 Jahren (AGTB 5-12)	5–12 Jahre	Zahlen rückwärts, Farben rückwärts, Objektspanne, Zählspanne, Go/Nogo Aufgabe, Stroop Aufgabe.	255
KZG: Exekutivfunktionen – Speicherprozesse beim Halten und Verarbeiten			
Konsonanten Trigramm Test (KTT) (Brown Peterson Design)	15–62 Jahre (Alter nicht bedeutsam)	Kurzfristiges Behalten von drei Konsonanten unter verbalen Ablenkbedingungen (in Dreierschritten rückwärts zählen); Beispiel: Vorgelesen wird: „D W Y“ ... Subtraktionsaufgabe ab „87“: 84 ... 81 ... 78 ... nach 9 Sek. wird Abruf gefordert: „D W Y“	Bd. 1
Block-Trigramm-Test (BTT) (Brown Peterson Design)	15–65 Jahre	Kurzfristiges Behalten von nachzutippenden Blocksequenzen (3 Blöcke) unter visuellen Interferenzbedingungen (Objekte erkennen).	Bd. 1
Explizites Langzeitgedächtnis (LZG)			
Episodisches Langzeitgedächtnis: Informationsaufnahme und Abruf			
Episodisches LZG: Kurzfristiges Behalten			**verbal**
BAU aus: Visueller und Verbaler Merkfähigkeitstest (VVM)	15–19 Jahre	Behalten von Personennamen, Zahlen und propositionalen Inhalten: schriftliche Wiedergabe unmittelbar nach dem Einprägen (Abruf mit Hinweisreizen: Fragen beantworten).	Bd. 1

Logisches Gedächtnis I aus: Wechsler Gedächtnistests – WMS-R – WMS-IV	 15–74 Jahre 16–89 Jahre	zwei kurze Geschichten mündlich nacherzählen (freier Abruf).	Bd. 1
Merkaufgaben Text aus: Intelligenz-Struktur-Test (I-S-T 2000 R)	ab 15 Jahren	Verbale Aufgabe: Reproduktion einer Wortliste (13 Wörter aus 5 Kategorien) anhand des Anfangsbuchstabens – Abruf mit Hinweisreizen.	Bd. 1
Geschichten Merken aus: Merk- und Lernfähigkeitstest (Basic-MLT)	6–16 Jahre	Von 2 altersgruppenangepaßten Geschichten sind direkt nach Darbietung möglichst viele Details und Handlungen wiederzugeben.	198
Episodisches LZG: Kurzfristiges Behalten			**visuell-räumlich**
WEG aus: Visueller und Verbaler Merkfähigkeitstest (VVM)	15–19 Jahre	Behalten eines Weges auf einem Stadtplan: schriftliche Wiedergabe (zeichnen) unmittelbar nach dem Einprägen; Abruf mit Hinweisreizen. 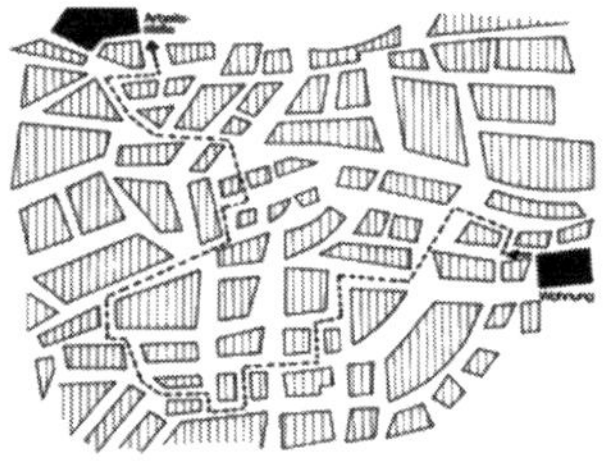	Bd. 1
Muster Positionieren I (MP I) aus: Wechsler Memory Scale – Fourth Edition (WMS-IV)	16–69 Jahre	Für 10 Sekunden wird ein Raster mit 4 bis 8 Mustern präsentiert. Unmittelbar danach sollen die Muster aus einer Kartenauswahl herausgesucht und richtig auf dem Raster positioniert werden.	
Figurales Gedächtnis und Visuelle Reproduktion I aus: Wechsler Memory Scale Revised (WMS-R)	15–74 Jahre	Wiedererkennen von Mustern (1 aus 3 und 3 aus 9 Figuren) Geometrische Muster sukzessiv präsentiert: Zeichnen (freier Abruf)	Bd. 1
Muster Lernen aus: Merk- und Lernfähigkeitstest (Basic-MLT)	6–16 Jahre	Mit selbstbestimmter Darbietungszeit soll das Kind in 5 Lerndurchgängen 7 bzw. 9 Muster, die aus geometrischen Figuren bestehen, reproduzieren.	206

Episodisches LZG: Paar-Assoziationsbehalten			**visuell/verbal**
Merkaufgaben Figurenpaare aus: Intelligenz-Struktur-Test (IST 2000 R)	ab 15 Jahren	Abstrakte Figuren werden paarweise eingeprägt. Anschließende Rekognitionsprüfung: Ein Item des Paares wird vorgegeben, das zweite soll aus 5 Alternativen wiedererkannt werden.  	Bd. 1
Visueller Assoziations-Test (VAT)	Langform: neurolog. Pat. ohne offenkundiges amnestisches Syndrom 16–62 Jahre	Zeichnungen von Gegenständen und Lebewesen benennen; Assoziationskarten, die ungewöhnliche Kombinationen mit den benannten Gegenständen/Lebewesen enthalten, beschreiben (Würfel in der Bratpfanne); die benannten Zeichnungen werden erneut vorgelegt, Assoziationen sind zu erinnern.	Bd. 1
Episodisches LZG: Lernen (mehrfache Darbietung)			**verbal**
Verbaler Lern- und Merkfähigkeitstest (VLMT)	ab 6 Jahre	Auditiv dargebotene Wortliste mit 15 Wörtern; 5 Lerndurchgänge; freier Abruf.	Bd. 1
Wörter Lernen aus: Merk- und Lernfähigkeitstest (Basic-MLT)	6–16 Jahre	7 bzw. 9 Pseudowörter sollen über 5 Lerndurchgänge und nach einmaliger Darbietung und Abruf einer Interferenzwortliste frei abgerufen werden.	198
Behalten und Erinnern aus: Tübinger Luria-Christensen – Neuropsychologische Untersuchungsreihe für Kinder (TÜKI)	5–16 Jahre	Lernen von acht auditiv dargebotenen Wörtern: maximal fünf Lerndurchgänge.	Bd. 3
Episodisches LZG: Lernen (mehrfache Darbietung)			**visuell-räumlich**
Diagnosticum für Cerebralschädigung (DCS)	5–79 Jahre	Geometrische Figuren: nachlegen mit Stäben; 6 Lerndurchgänge; freier Abruf 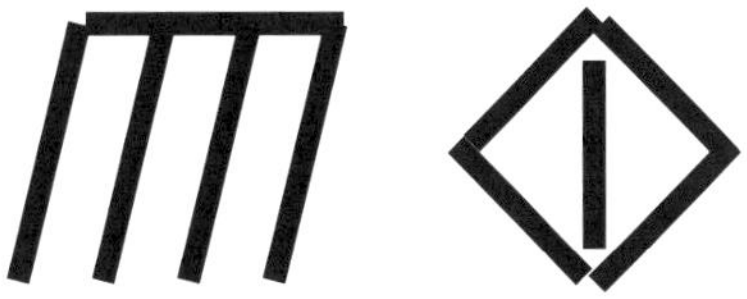	Bd. 1

Rey Visual Design Learning Test (RVDLT)	9–16 Jahre (RVDLT)	Geometrische Figuren nachzeichnen; 5 Lerndurchgänge; freier Abruf 	Bd. 1
Figuraler Lern- und Gedächtnistest (FLGT)	ab 16 Jahre (FLGT)	FLGT = Designvarainate des RVDLT, die analog zum VLMT konstruiert wurde: zentral ist ein Interferenzdurchgang und eine postinterferente Abfrage (nochmaliges Zeichnen der Targetfiguren aus dem Gedächtnis).	Bd. 1
Episodisches LZG: Paar-Assoziationslernen (mehrfache Darbietung)			**verbal**
Verbale Paarerkennung I aus: Wechsler Gedächtnistests – WMS-R – WMS-IV	 15–74 Jahre 16–89 Jahre	Lernen von Wortpaaren durch mehrmalige auditive Darbietung (mindestens 3, höchstens 6 Lerndurchgänge), Abfrage durch Nennung des ersten Paarlings (Abruf mit Hinweisreizen).	Bd. 1
Episodisches LZG: Paar-Assoziationslernen (mehrfache Darbietung)			**visuell-räumlich**
Verbale Paarerkennung II aus: Wechsler Gedächtnistests – WMS-R – WMS-IV	 15–74 Jahre 16–89 Jahre	Mehrfache Darbietung von Strichfiguren gepaart mit einer Farbe; Abfrage: Strichfiguren werden präsentiert, dazugehörige Farbe auf einer Farbtafel zeigen.	Bd. 1
Episodisches LZG: Paar-Assoziationslernen (mehrfache Darbietung)			**Gesichter**
Gesichter-Namen-Lerntest (GNL)	15–85 Jahre	Foto-Namen-Assoziationen (Nachnamen); 4 Lerndurchgänge mit Rückmeldung; spätere Abfrage wird angekündigt.	Bd. 1
Episodisches LZG: Lernen mit Rekognition			**verbal/visuell/Gesichter**
Verbaler Lerntest (VLT)	6–86 Jahre	Lernen verbaler Informationen (sinnfreie Wörter) durch kontinuierliches Wiedererkennen unter Ablenkbedingungen.	Bd. 1
Nonverbaler Lerntest (NVLT)	6–86 Jahre	Lernen figuraler Informationen (geometrische und unregelmäßige Figuren) durch kontinuierliches Wiedererkennen unter Ablenkbedingungen 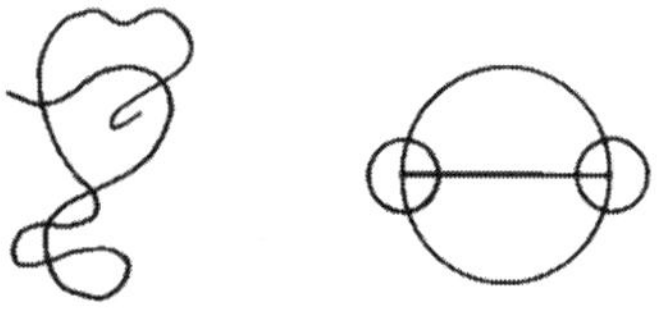	Bd. 1

Namen-Gesichter-Assoziationstest (NGA)	30er Version: 15–75 Jahre	Lernen von Foto-Namen-Assoziationen (Vor- und Nachname); 5 Durchgänge mit Wiedererkennung: Foto und Namensauswahl (Richtigkeit wird zurückgemeldet); Abruf mit Hinweisreizen (Fotos) 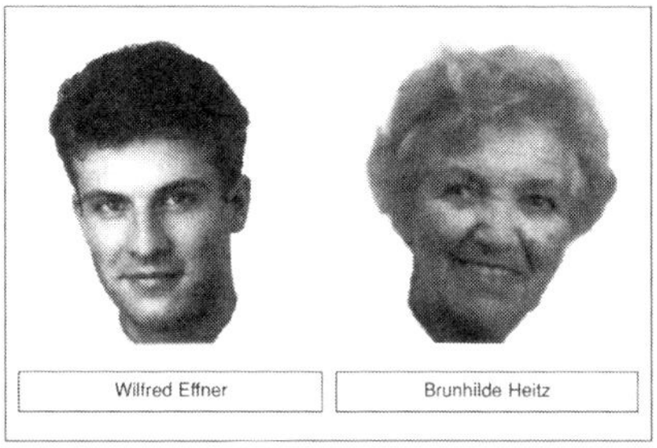	Bd. 1
Episodisches LZG: Inzidentelles Lernen			
Supra-Block-Spanne (SBS)	15–65 Jahre	Inzidentelles Lernen einer Blockspanne durch Wiederholung: zunächst unmittelbare Blockspanne bestimmen (UBS); danach werden Sequenzen präsentiert, die einen Block länger sind als die UBS (Supra-Blockspanne SBS = UBS + 1). In Ablenkitems eingebettet, werden SBS-Sequenzen unangekündigt mehrfach wiederholt.	Bd. 1
Zahlen-Symbol-Test (ZST) (beiläufiges Lernen) aus: Wechsler Intelligenztest für Erwachsene (WIE; im WAIS-IV nicht mehr vorhanden)	16–89 Jahre	Inzidentelles Lernen von 9 Symbolen. Nach Durchführung des ZST a) Abruf mit Hinweisreizen: Die Symbole sollen den Zahlen zugeordnet werden. b) freier Abruf der Symbole durch Aufzeichnen.	Bd. 1
Episodisches LZG: Prospektives Gedächtnis			
The Cambridge Prospektive Memory Test (CAMPROMPT)	ab 16 Jahren	Im Kontext von Papier-Bleistift-Denkaufgaben werden (zeit- und ereignisbasierte) Gedächtnisaufgaben aufgetragen, die innerhalb von gut 20 Minuten auszuführen sind.	
Episodisches Langzeitgedächtnis: Konsolidierung			
Episodisches LZG: Mittel- und längerfristiges Behalten			**verbal**
BAU aus: Visueller und Verbaler Merkfähigkeitstest (VVM)	15–19 Jahre	Namen, Zahlen, Fakten; Behaltensintervall: 30 bis 120 Minuten und am folgenden Tag; Abruf mit Hinweisreizen.	Bd. 1

Verbaler Lern- und Merkfähigkeitstest (VLMT)	ab 6 Jahre	Wortliste; Behaltensintervall: 30 Minuten; freier Abruf und Wiedererkennen (Rekognitionliste mit semantischen und phonematischen Distraktoren sowie den Wörtern der Interferenzliste).	Bd. 1
Logisches Gedächtnis II Verbale Paarerkennung II aus: Wechsler Gedächtnistests – WMS-R – WMS-IV	 15–74 Jahre 16–89 Jahre	– Kurze Geschichten; Behaltensintervall: 30 Minuten; freier Abruf; – Wortpaarassoziation; Behaltensintervall: 30 Minuten; Abruf mit Hinweisreizen.	Bd. 1
Wörter Lernen Delay aus: Merk- und Lernfähigkeitstest (Basic-MLT)	6–16 Jahre	Freier Abruf von in mehreren Lerndurchgängen erlernten 7 bis 9 Pseudowörtern nach 30 Minuten.	206
Bau aus: Lern- und Gedächtnistest (LGT-3)	16–35 Jahre	Namen, Zahlen, Fakten aus einem Text; Behaltensintervall: 10–15 Minuten (im LGT-3 müssen zunächst alle 6 Untertests vorgegeben werden, bevor eine Abfrage erfolgen kann); Abruf mit Hinweisreizen.	Bd. 1
Vokabelgedächtnis aus: Lern- und Gedächtnistest (LGT-3)	16–35 Jahre	20 deutsch-türkische Wortpaare. Unter Vorgabe des deutschen Wortes Rekognition des entsprechenden türkischen unter 4 Alternativen. Behaltensintervall: 10–15 Minuten (im LGT-3 müssen zunächst alle 6 Untertests vorgegeben werden, bevor eine Abfrage erfolgen kann).	Bd. 1
Telefonnummern aus: Lern- und Gedächtnistest (LGT-3)	16–35 Jahre	3-stellige Telefonnummern. Behaltensintervall: 10–15 Minuten (im LGT-3 müssen zunächst alle 6 Untertests vorgegeben werden, bevor eine Abfrage erfolgen kann); Reproduktion mit Hinweisreizen.	Bd. 1
Episodisches LZG: Mittel- und längerfristiges Behalten		**visuell-räumlich**	
WEG aus: Visueller und Verbaler Merkfähigkeitstest (VVM)	15–19 Jahre	Weg auf Stadtplan einzeichnen; Behaltensintervall: 30 bis 120 Minuten und am folgenden Tag; Abruf mit Hinweisreizen.	Bd. 1
Visuelle Wiedergabe II Visueller Paarassoziationstest II aus: Wechsler Gedächtnistests – WMS-R – WMS-IV	 15–74 Jahre 16–89 Jahre	– Figuren; Behaltensintervall: 30 Minuten; zeichnen (freier Abruf); – Strichfiguren werden präsentiert, dazugehörige Farbe auf einer Farbtafel zeigen; Behaltensintervall: 30 Minuten; Abruf mit Hinweisreizen.	Bd. 1

Rey-Osterrieth-Complex Figure Test (ROCF)	4–60 Jahre	Nachzeichnen einer zuvor abgezeichneten komplexen Figur; Behaltensintervall: 30 Minuten; freier Abruf 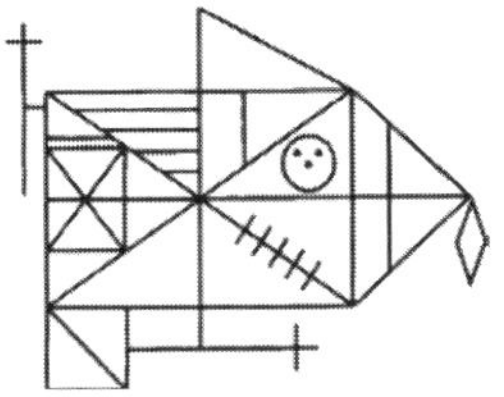	Bd. 1
Rey Visual Design Learning Test (RVDLT)	9–16 Jahre	Geometrische Figuren; Behaltensintervall: 20 Minuten; Wiedererkennen.	Bd. 1
Figuraler Lern- und Gedächtnistest (FLGT)	ab 16 Jahre	FLGT = Designvariante des RVDLT: geometrische Figuren; Behaltensintervall: 30 Minuten; zeichnen (freier Abruf) und wiedererkennen.	Bd. 1
Muster Positionieren II (MP II) aus: Wechsler Memory Scale – Fourth Edition (WMS-IV)	16–69 Jahre	Material: Raster mit 4 bis 8 Mustern. Behaltensintervall: ca. 20 bis 30 Minuten. Zwei Abfrageformen: a) freier Abruf: Die Muster sollen aus einer Kartenauswahl herausgesucht und richtig auf dem Raster platziert werden; b) Wiedererkennen: in unterschiedlichen Musteranordnungen sollen jeweils 2 richtige Musterplatzierungen erkannt werden.	
Stadtplan aus: Lern- und Gedächtnistest (LGT-3)	16–35 Jahre	Einzeichnen eines Weges in einen Plan. Behaltensintervall von 10–15 Minuten (im LGT-3 müssen zunächst alle 6 Untertests vorgegeben werden, bevor eine Abfrage erfolgen kann); Abruf mit Hinweisreizen 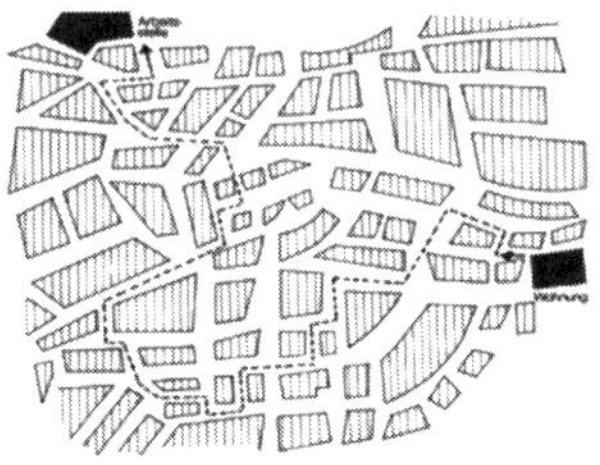	Bd. 1
Muster Lernen Delay aus: Merk- und Lernfähigkeitstest (Basic-MLT)	6–16 Jahre	Freier Abruf vorher erlernter Muster 2 nach ca. 30 Minuten.	206

Visueller Wege Lerntest (VWLT)	7–19 Jahre 20–79 Jahre	Nachzeichnen eines Weges mit insgesamt 5 Lerndurchgängen; Interferenzweg; Behaltensintervall 30 Minuten; freier Abruf 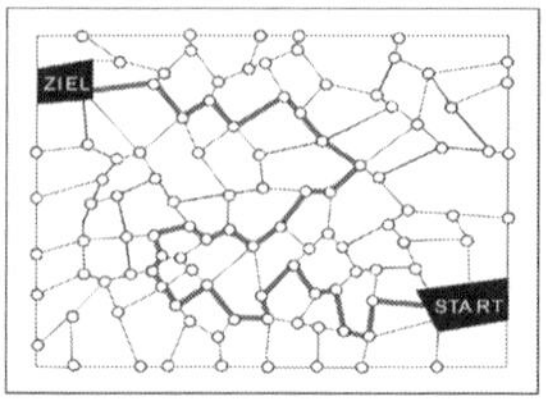	
Episodisches LZG: Mittel- und längerfristiges Behalten			**visuell/verbal**
Gegenstände aus: Lern- und Gedächtnistest (LGT-3)	16–35 Jahre	Einfache Strichzeichnungen (Gegenstände): Behaltensintervall: 10–15 Minuten (im LGT-3 müssen zunächst alle 6 Untertests vorgegeben werden, bevor eine Abfrage erfolgen kann); freier schriftlicher Abruf 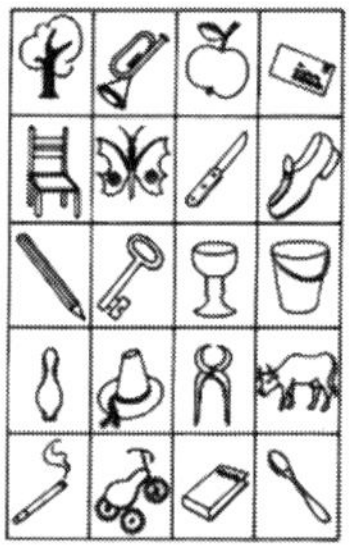	Bd. 1
Zeichen aus: Lern- und Gedächtnistest (LGT-3)	16–35 Jahre	Leicht entfremdete Zeichnungen (Paare von Gegenständen und Umrandungen). Behaltensintervall: 10–15 Minuten (im LGT-3 müssen zunächst alle 6 Untertests vorgegeben werden, bevor eine Abfrage erfolgen kann); Rekognition der Umrandungen 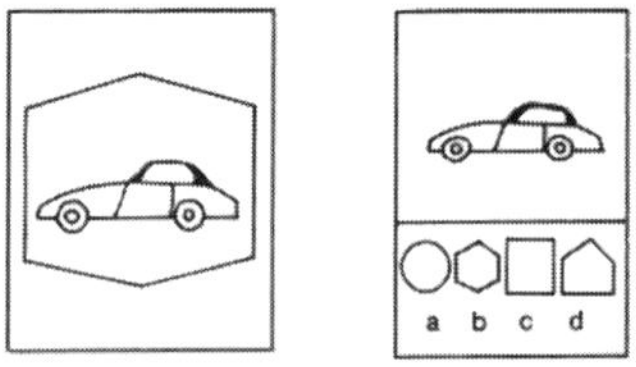	Bd. 1
Episodisches LZG: Mittel- und längerfristiges Behalten			**Gesichter**
Gesichter-Namen-Lerntest (GNL)	15–85 Jahre	Namen; Behaltensintervall: 30 Minuten und am folgenden Tag; freier Abruf und mit Hinweisreizen (Fotos).	Bd. 1

Namen-Gesichter-Assoziationstest (NGA)	30er Version: 15–75 Jahre	Vor- und Nachname; Behaltensintervall: 30 Minuten; Abruf mit Hinweisreizen (Fotos), in der Langversion auch mit Wiedererkennen.	Bd. 1
Altgedächtnis			
Semantisches Altgedächtnis			
Semantisches Altgedächtnis: Faktenwissen ohne räumlich-zeitlichen Bezug			
Allgemeines Wissen aus: Wechsler Intelligenztest für Kinder (WISC-IV, WISC-V) Wechsler Intelligenztest für Erwachsene (WIE, WAIS-IV)	6–16 Jahre 16–89 Jahre	25 Fragen aus unterschiedlichen Wissensbereichen mit ansteigender Schwierigkeit	Bd. 1
Wortschatztest aus: Wechsler Intelligenztest für Kinder (WISC-IV, WISC-V) Wechsler Intelligenztest für Erwachsene (WIE, WAIS-IV)	6–16 Jahre 16–89 Jahre	Bedeutungen verschiedener Wörter müssen erkannt werden; Beispiel: Wort Opal 2-Punkt-Antworten: Edelstein, Halbedelstein 1-Punkt-Antworten: Schmuckstück 0-Punkt-Antworten: Diamant, Perle	Bd. 1
Implizites Gedächtnis			
Implizites Gedächtnis: Priming			**perceptuelle Tests**
Bildkomplettierungen Gollin Incomplete Figures Test Der Fragmentierte Bildertest (FBT)	30–65 Monate 20 erw. Collegestudenten als Vergleichsgruppe 10 bis >71 Jahre	Zunehmend deutlichere Strichzeichnungen von Gegenständen sollen bei einer zweiten Darbietung früher erkannt werden. Bildfragmenterkennung: Ein zunehmend deutlicher werdendes Bildfragment, das aus nur wenigen Strichelementen besteht, muss erkannt werden 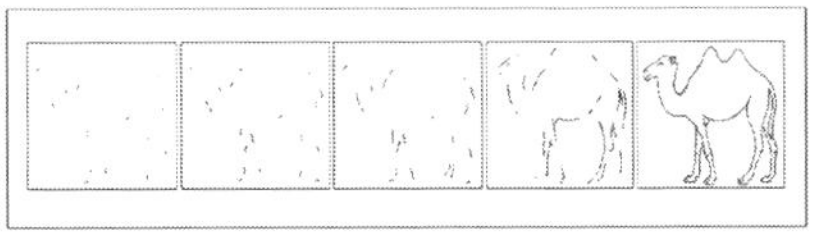	Bd. 1

Orientierung			
Orientierung			
Information und Orientierung aus: Wechsler Gedächtnistests – WMS-R – WMS-IV	 15–74 Jahre 16–89 Jahre	14 Fragen zur Orientierung: zeitlich (Uhrzeit, Wochentag, Monat, Jahr), räumlich (Stadt, Ort), autopsychisch (Name, Alter, Geburtsort und -datum) und allg. Wissen (Name des Kanzlers und seines Vorgängers).	Bd. 1
Testbatterien und Testsammlungen			
Arbeitsgedächtnisbatterie für Kinder von 5 bis 12 Jahren (AGTB 5-12)	5–12 Jahre	PC gestütztes Verfahren bestehend aus 12 Subtests die insgesamt 3 Faktoren erfassen: 1) Zentral-exekutives AG: Zahlen rückwärts, Farben rückwärts, Objektspanne, Zählspanne, Go/Nogo, Stroop; 2) Phonologisches AG: Zahlenspanne, Wortspanne einsilbig, Wortspanne dreisilbig, Kunstwörter; 3) Visuell räumliches AG: Matrix, Corsi Block.	245
Merk- und Lernfähigkeitstest für 6- bis 16-Jährige (BASIC-MLT)	6–16 Jahre	8 Hauptuntertests: 1. Muster Lernen (ML), 2. Wörter Lernen (WL), 3. Räumliches Positionieren (RP), 4. Zahlenfolgen (ZF), 5. Muster Lernen Delay (MLD), 6. Farbfolgen (FF), 7. Wörter Lernen Delay (WLD) 8. Geräuschfolgen (GF). Optional sechs Zusatztests: 1. Details Merken (DM), 2. Muster Lernen Wiedererkennung (MLW), 3. Wörter Lernen Wiedererkennung (WLW), 4. Alltagssituationen Merken (AS), 5. Geschichten Merken (GM), 6. Handlungsfolgen (HF).	198
Frankfurter Imitationstest (FIT)	18–24 Monate	Den Kindern werden neuartige, objektbezogene Handlungen gezeigt, die sie lediglich beobachten dürfen; nach einem Behaltensintervall werden die Objekte sukzessiv präsentiert, das Spiel der Kinder wird analysiert.	

Lern- und Gedächtnis-test 3 (LGT-3)	16–35 Jahre	6 Untertests: Weg auf Stadtplan, deutsch-türkische Wortpaare, Zeichnungen konkreter Gegenstände; Telefonnummern; Text mit Namen, Zahlen und propositionalen Inhalten; Firmenzeichen (Zeichnungen) mit Umrandungen. Abfrage erst nach dem Lernen aller Inhalte: Untertests nicht einzeln durchführbar.	Bd. 1
Wechsler Memory Scale Revised (WMS-R)	15–74 Jahre	0. Information und Orientierung; 1. Aufmerksamkeit und Konzentration: Mentale Kontrolle, Zahlenspanne vorwärts und rückwärts, Visuelle Merkspanne vorwärts und rückwärts; 2. Verbales Gedächtnis: Logisches Gedächtnis I, Verbale Paarerkennung I; 3. Visuelles Gedächtnis: Figurales Gedächtnis, Visuelle Paarerkennung I, Visuelle Wiedergabe I; 4. Verzögerte Wiedergabe: Logisches Gedächtnis II, Verbale Paarerkennung II, visuelle Paarerkennung II, Visuelle Wiedergabe II	Bd. 1
Wechsler Memory Scale – Fourth Edition	16–20 Jahre Jahrgangsstufen	1. Auditives Gedächtnis (AUG): Logisches Gedächtnis I+II, Verbale Paarerkennung I+II 2. Visuelles Gedächtnis (VIG): Muster Positionieren I+II; Visuelle Wiedergabe I+II 3. Visuelles Arbeitsgedächtnis (VAGD): Räumliche Ergänzung, Symbolfolgen 4. Unmittelbare Wiedergabe (UWG): Logisches Gedächtnis I, Verbale Paarerkennung I, Muster Positionieren I, Visuelle Wiedergabe I 4. Verzögerte Wiedergabe (VWG): Logisches Gedächtnis II, Verbale Paarerkennung II, Muster Positionieren II, Visuelle Wiedergabe II.	

Battery for Assessment in Children – Merk- und Lernfähigkeitstest für 6- bis 16-Jährige (BASIC-MLT)

Anja C. Lepach und Franz Petermann

Bern: Huber, 2008

Zusammenfassende Testbeschreibung

Zielsetzung und Operationalisierung

Konstrukte
Erfasst werden globale sowie modalitäts- und funktionsspezifische Störungen der Merk- und Lernfähigkeit.

Testdesign
Testbatterie mit 8 Kernuntertests und 6 optionalen Zusatztests. Teilweise sind Parallelversionen vorhanden.
Aus den Kernuntertests ergibt sich ein Gesamt-Merkquotient (MQ). Es werden die Schwerpunkte visuelles Lernen (VL), auditives Lernen (AL), visuelles Merken (VM) und auditives Merken (AM), sowie Aufmerksamkeit und Konzentration (AK) erfasst. In den Kernuntertests sind Muster sowie Phantasiewörter über wiederholte Durchgänge zu lernen und nach Interferenz sowie zeitlich verzögert frei abzurufen. Außerdem wird die Merkspanne für Farbfolgen, räumliche Objektanordnungen, Zahlenfolgen und Alltagsgeräusche geprüft.
Die optionalen Zusatztests sollen zusätzliche qualitative und alltagsbezogene Erkenntnisse liefern. Sie erfassen das Wiedererkennen der in den Kernuntertests gelernten Muster und Phantasiewörter, das Merken von Geschichten, bildlichen Details und bildlich dargestellten Alltagssituationen sowie das Ausführen von Handlungsfolgen. Die Untertests sind bezüglich der Lernmenge an die Altersgruppen angepasst. Die auditiven Untertests werden über eine CD präsentiert.

Angaben zum Test

Normierung
Alter: 405 Kinder im Alter von 6;0–16;11 unterteilt in 5 Gruppen (1 Jahres-Intervalle von 6;0 bis 9;11 Jahren, 10;0 bis 12;11 und 13;0 bis 16;11 Jahre), keine Differenzierung nach Geschlecht oder Bildung.

Material
4 Stimulusbücher, Manual, 2 Audio-CDs, Protokollbogen, Geometrische Formen (Quadrate, Kreise, Dreiecke, Rechteck), 3×3 und 4×4 Raster, 12 Farbkarten. Zusätzlich benötigt wird ein CD-Player oder CD-Rom-Laufwerk eines mit Lautsprecher und Audio-Soft- und Hardware ausgestatteten Computers.

Durchführungsdauer
Gesamtdauer nach Handbuch ca. 65 Minuten. Für die Durchführung der Kernbatterie sind ca. 45 Minuten und für die Durchführung der optionalen Untertests ca. 20 Minuten inklusive Instruktionen zu veranschlagen.

Testkonstruktion

Design Die Testbatterie besteht aus 12 Untertests, welche im Folgenden mit kurzer Erläuterung aufgeführt sind. (* = Kernuntertests)

Aufgabe

1) U1 Details Merken (DM): Auf 12 Bildvorlagen soll nach kurzer Präsentation eine oder mehrere Veränderungen bzgl. Gegenständen und Orten in der neuen Anordnung benannt werden. Kein Abbruchkriterium.
2) U2 Muster Lernen (ML*): Mit selbstbestimmter Darbietungszeit soll das Kind in 5 Lerndurchgängen 7 bzw. 9 Muster, die aus geometrischen Figuren bestehen, reproduzieren. Abbruch: 2 Mal hintereinander vollständige, korrekte Reproduktion.
3) U3 Wörter Lernen (WL*): 7 bzw. 9 Pseudowörter sollen über 5 Lerndurchgänge und nach einmaliger Darbietung und Abruf einer Interferenzwortliste frei abgerufen werden, Abbruch: 2 Mal hintereinander vollständige korrekte Reproduktion.
4) U4 Räumliches Positionieren (RP*): Geometrische Objekte sollen in Form und Position nach kurzer Darbietung reproduziert werden. Abbruch: 0 Punkte bei Aufgaben a und b einer Reihe.
5) U5 Zahlenfolgen (ZF*): Von CD dargebotene Zahlenreihen sollen unmittelbar nach Darbietung nachgesprochen werden. Abbruch: 0 Punkte bei Aufgaben a und b einer Reihe.
6) U6a) Muster Lernen Delay (MLD*): Freier Abruf der zu lernenden Muster aus Aufgabe 2 nach ca. 30 Minuten.
U6b) Muster Lernen Wiedererkennung: Die in Aufgabe 2 zu lernenden Muster sollen unter Distraktoren erkannt werden.
7) U7 Farbfolgen (FF*): 16 Farbfolgen steigender Komplexität sind unmittelbar nach Darbietung mit Hilfe von Farbkarten zu reproduzieren. Abbruch: 0 Punkte in Aufgaben a und b einer Reihe.
8) U8a) Wörter Lernen Delay (WLD*): Freier Abruf der zu lernenden Wörter aus Aufgabe 3 nach ca. 30 Minuten.
U8b) Wörter Lernen Wiedererkennung: Die in Aufgabe 3 zu lernenden Wörter sollen unter Distraktoren erkannt werden.
9) U9 Geräuschfolgen (GF*): 16 Geräuschfolgen steigender Komplexität sind unmittelbar nach Darbietung durch Benennung zu reproduzieren, z. B. Klingel, Hahn, Hupe. Abbruch: 0 Punkte in Aufgaben a und b einer Reihe.

10) U10 Alltagssituationen Merken (AS): Details und Handlungsinformationen aus zwei für je 20 Sekunden bildhaft dargebotenen Alltagssituationen werden abgefragt.
11) U11 Geschichten Merken (GM): Von zwei altersgruppenangepaßten Geschichten sind direkt nach Darbietung möglichst viele Details und Handlungen wiederzugeben.
12) U12 Handlungsfolgen (HF): Handlungsaufforderungen sollen mittels Farbkarten und Formen befolgt werden.

Konzept

Die Testbatterie ermöglicht modalitätsspezifische Vergleiche visueller und auditiver Merk- und Lernleistungen. Aufgrund der Erkenntnis, dass Merkfähigkeitsstörungen besonders unter komplexeren Lernbedingungen auftreten, ist die Testbatterie so konzipiert, dass zusätzlich zur unmittelbaren Merkspanne auch die Fähigkeit zum Lernzuwachs durch Wiederholungen, die Interferenzanfälligkeit, die unmittelbare und verzögerte Wiedererkennensleistung sowie der Abruf nach Verzögerung überprüft werden. Zudem war den Autoren eine Alltagsrelevanz der geprüften Leistungen wichtig.

Variablen

Für jeden Untertest wird über Aufsummierung der Rohwertpunkte eine Variable gebildet. In den Lernaufgaben wird hierfür die Summe der Richtigreproduktionen über die Lerndurchgänge hinweg aufsummiert. Für die Bildung der 5 Skalenwerte werden die T-Werte je zweier Untertests arithmetisch gemittelt: Zahlen- und Farbfolgen für „Aufmerksamkeit und Konzentration (AK)", Muster Lernen und Delay für „Visuelles Lernen (VL)", Wörter Lernen und Delay für „Auditives Lernen" (AL), Räumliches Positionieren und Farbfolgen für „Visuelles Merken" (VM), Zahlen- und Geräuschfolgen für „Auditives Merken" (AM). Über die Mittelung der 4 Gedächtnisskalen wird ein globaler Merk-Quotient (MQ) gebildet.

Durchführung

Der Test kann nur als Einzeltest, nicht in der Gruppe durchgeführt werden. Jeder Untertest ist separat interpretierbar. Der Untersucher hat die Option, nur einzelne Untertests anzuwenden. Untersucher und Kind sitzen über Eck. Die Lerninhalte werden visuell über die Stimulusbücher und verbal durch den Untersucher oder über die CD präsentiert. Die Darbietungszeiten sind für die Untertests U1 und U4 5–10 Sekunden pro dargebotenem Item, für den Untertest U7 1 Sekunde/pro Farbe, für die Untertests U3 und U5 ca. 2 Sek. pro dargebotenem Item. Im Untertest U2 bestimmt das Kind die Darbietungszeit. Die Durchführungsinstruktionen sind im Handbuch und in den Stimulusbüchern verfügbar. Soweit sie auf der CD vorgegeben werden, können die Instruktionen in den Stimulusbüchern oder den Protokollbögen mit verfolgt werden. Wenn sprachbedingt Missverständnisse zu erwarten sind (z. B. starker Dialekt), kann die CD-Darbietung durch verbale Präsentation ersetzt werden. Ebenso, wenn der Effekt einer verlangsamten Darbietung geprüft werden soll, wobei die Auswertung dann unter Vorbehalt steht.

Auswertung
Die in den jeweiligen Untertests durch korrekte Wiedergabe der Lerninhalte erreichten Punkte werden zu Rohwertsummen aufaddiert und anhand der Altersnormtabellen in T-Werte (Mittelwert 50, Standardabweichung 10) und Prozentränge transformiert. Aus den acht Hauptuntertests lassen sich ein Gesamtwert (Merk-Quotient) und fünf Subskalenwerte berechnen.

Normierung

Stichprobe
405 Kinder (50.1 % Jungen) aus Bremen, Niedersachsen, NRW und Basel-Stadt (Schweiz), Altersdurchschnitt 10;08 Jahre, Altersspanne 6;0–16;11 Jahre, 45.2 % Grundschüler, 25.3 % Gymnasiasten, 10.7 % Realschüler, 8.6 % Hauptschüler, 5.4 % Gesamtschüler.

Normen
Fünf Altersgruppen:
86 Kinder von 6;0 bis 7;11 Jahren,
43 Kinder von 8;0 bis 8;11 Jahren,
30 Kinder von 9;0 bis 9;11 Jahren,
109 Kinder von 10;0 bis 12;11 Jahren,
137 Jugendliche von 13;0 bis 16;11 Jahren.
Bildung: Keine bildungsspezifische Normierung.
Geschlecht: Keine geschlechtsspezifische Normierung.

Gütekriterien

Objektivität
Durchführung: Durchführungsobjektivität wird über die standardisierte Instruktion, die Präsentation der auditiven Items über CD und die hohe Strukturierung des Testmaterials gewährleistet.
Auswertung: Auswertungsobjektivität ist durch die genaue Vorgabe der Bewertungskriterien gewährleistet.

Reliabilität
Interne Konsistenz: Cronbachs Alpha zwischen .78 und .86 für die MQ-relevanten Skalen, zwischen .65 und .77 für die Untertests der Skalen zum visuellen und auditiven Lernen, zwischen .61 und .88 für die optionalen Untertests.
Retest-Reliabilität: keine Angaben

Validität
Konstruktvalidität: Es besteht mindestens Augenscheinvalidität. Die altersgruppenspezifische Berechnung von Interkorrelationen zeigt starke bis sehr starke korrelative Zusammenhänge zwischen den spezifischen Untertests und ihren Kernskalen. Die angenommene 5-Faktorenstruktur wird nicht faktorenanalytisch überprüft.

Konvergente/diskriminante Validität: Keine Überprüfung von Zusammenhängen zu anderen Tests, welche Gedächtnisfunktonen oder andere kognitive Funktionen erfassen.
Kriteriums- bzw. klinische Validität: Eine klinische Gruppe von 35 Kindern und Jugendlichen mit isolierter oder komorbider Gedächtnisstörung, objektiviert über den Verbalen Lern- und Merkfähigkeitstest (VLMT) und das Diagnosticum für Cerebralschädigung (DCS), wird mit einer Zufallsziehung aus der Normstichprobe multivariat varianzanalytisch verglichen. Feste Faktoren sind Gruppenzugehörigkeit und Geschlecht. Signifikante Unterschiede zu Ungunsten der klinischen Stichprobe in fast allen Subtests, die Gruppenzugehörigkeit klärt 59 % der Gesamtvarianz auf.
In einem zweiten Schritt wurde die klinische Stichprobe in zwei Altersgruppen unterteilt (6;0–9;11 Jahre und 10;0–16;11 Jahre). Beiden Gruppen wurde eine gleich große, im Alter angeglichene Normgruppe zugeteilt. Multivariat finden sich für beide Gruppen Unterschiede.

Nebengütekriterien
keine Angaben

Neuropsychologische Aspekte

Theoretischer Rahmen

Als theoretischer Hintergrund werden verschiedene Gedächtnismodelle, u. a. das Drei-Speicher-Modell von Atkinson und Shiffrin (1971), das Arbeitsgedächtnismodell von Repovs & Baddeley (2006) und das integrative Gedächtnismodell von Hasselhorn (1996) skizziert. Es wird Bezug genommen auf Erkenntnisse zur Entwicklung von Lern- und Gedächtnisprozessen bei Kindern und darauf, wie die „Motoren" der Gedächtnisentwicklung – Kapazität, Strategien, Metagedächtnis, Vorwissen – in unterschiedlichen Altersabschnitten wirksam sind. Modalitätsspezifische Gedächtnisstörungen finden sich nach Lepach et al. (2003) frühestens ab dem Alter von ca. 5 Jahren, da sie an die Entwicklung der funktionellen Hemisphärenasymmetrie für Sprachprozesse gebunden sind. Hieraus wird dann die Brücke geschlagen für die Wahl der Altersgruppe für den BASIC-MLT und die Differenzierung der Gedächtnisparameter im Test. Basierend auf der klinischen Beobachtung werden als drei Arten von Merk- und Lernfähigkeitsstörungen der unaufmerksame, der stagnierende und der vergessliche Typus unterschieden. Bei ersterem sei v. a. die unmittelbare Merkspanne betroffen, es finden sich schwankende Lernverläufe, Interferenzanfälligkeit und unorganisiertes Lernen. Der stagnierende Typ zeige bei Wiederholungsdurchgängen einen geringen Lernzuwachs. Der vergessliche Typ behalte Informationen nur über einen geringen Zeitraum. Erste Ergebnisse, die die Existenz zumindest des unaufmerksamen Lerntyps untermauern, finden sich bei Lepach et al. (2011).

Anwendungsbereiche

Kinder und Jugendliche mit Verdacht auf Merk- und Lernstörungen.

Funktionelle Neuroanatomie

Folgende Annahmen werden angeführt und z. T. mit Angaben aus der Literatur untermauert:

- Areale im Frontallappen und im Parietallappen werden als funktionsassoziierte Gehirnareale für Kurzzeit- und Arbeitsspeicherprozesse genannt;
- Frontalhirnschädigungen seien mit dem unaufmerksamen Lerntyp assoziiert;
- Weitreichende Gedächtnisbeeinträchtigungen finden sich nach hypoxischen Hirnschäden.

Ergebnisbeeinflussende Faktoren

Gedächtnisprobleme sind häufig mit Aufmerksamkeitsstörungen komorbid. Die Zusatzskala AK soll differentialdiagnostisch Hinweise geben, ob das Kind speziell bei Testanforderungen Probleme zeigt, die auch durch Aufmerksamkeitsprobleme erklärbar wären. Weitere differentialdiagnostische Aspekte sind Wahrnehmungsstörungen oder Intelligenzminderung. Gegebenenfalls müssen Aspekte der Testmotivation, Mitarbeit und Leistungsängstlichkeit bei der Ergebnisinterpretation berücksichtigt werden.

Testentwicklung

Der BASIC-MLT ist eine eigenständige Entwicklung der Autoren und die erste Testbatterie zur standardisierten und normierten Erfassung von Lern- und Gedächtnisprozessen bei Kindern im deutschsprachigen Raum. Der BASIC-MLT ist der erste Teil einer „Battery for Assessment in Children (BASIC)", welche konzeptionell aufeinander aufbauende Module für die Erfassung von wesentlichen Basiskompetenzen und Funktionen im Kindes- und Jugendalter liefern soll. Weitere Module sind geplant (Basic-Attention) bzw. veröffentlicht (Basic-Preschool für die Erfassung von Entwicklungsstörungen im Vorschulalter).

Ob die Itemselektion aus einem größeren Pool vorgenommen wurde und über die Konstruktion der Testitems gibt es keine Informationen.

Im englischsprachigen Raum existieren mehrere Testbatterien für Kinder, die im Handbuch aufgeführt sind, die genauen Zusammenhänge zum BASIC-MLT bleiben unklar:

- Test of Memory and Learning (TOMAL von Reynolds & Bigler, 1994), Altersbereich 5–19 Jahre, enthält Untertests zum Textgedächtnis, zur auditiven Gedächtnisspanne und Arbeitsspeicherkapazität, zum Gedächtnis für Gesichter, Orte, Objekte, Handbewegungen und Wörter.
- Wide Range Assessment of Memory and Learning (WRAML-II von Sheslow & Adams, 2004), ab 5 Jahren, berechnet werden Indizes für Verbalgedächtnis, visuelles Gedächtnis und Aufmerksamkeit.

- Children's Memory Scales (CMS von Cohen, 1997), 5–16 Jahre, erfasst Aufmerksamkeit und Arbeitsgedächtnis, verbales und visuelles Gedächtnis, Kurzzeitgedächtnis und zeitverzögertes Gedächtnis, freien Abruf und Rekognition.

Testbewertung

Die Kritik im Überblick

Der BASIC-MLT ist eine eigenständige Entwicklung der Autoren und die erste Testbatterie zur standardisierten und normierten Erfassung von Lern- und Gedächtnisprozessen bei Kindern im deutschsprachigen Raum.

Die Testbatterie soll modalitätsspezifische Vergleiche visueller und auditiver Merk- und Lernleistungen ermöglichen.

Zwar wurde zusätzlich zur unmittelbaren Merkspanne auch die Fähigkeit zum Lernzuwachs durch Wiederholungen, die Interferenzanfälligkeit, die unmittelbare und verzögerte Wiedererkennensleistung sowie der Abruf nach Verzögerung erfasst. Leider mangelt es aber in der Auswertung an Differenziertheit. Lernsumme, verzögerte Abrufleistung und Wiedererkennensleistung werden nicht aufeinander bezogen normiert. Der Verlust des Gelernten wäre jedoch als Konsolidierungsmaß ein sensibler Indikator für links temporomesiale Funktionsschädigungen und damit eine wichtige neuropsychologisch relevante Information.

Die Validität ist noch nicht hinreichend überprüft, Zusammenhänge zu anderen Tests, welche Gedächtnisfunktionen oder andere kognitive Funktionen erfassen, werden nicht berichtet. Auch die angenommene 5-Faktorenstruktur wird nicht faktorenanalytisch überprüft. Einzelne Aspekte wären optimierbar, z. B. Unklarheiten bezüglich der Durchführungszeit und der Durchführungsreihenfolge bei Auswahl weniger Untertests und die Überprüfung der Bedeutsamkeit des Faktors Geschlecht. Weiter scheint es in der Normgruppe bedeutsame Abweichungen für die Gruppe der 10-Jährigen und die Gruppe der 12-Jährigen zu geben. Diese werden aber in einer gemeinsamen Altersgruppe der 10;0 bis 12;11-Jährigen zusammengefasst. Der Test ist durch die Standardisierung objektiv, aber durch die selbstgewählte Präsentationszeit bei der visuellen Lernaufgabe entsteht unnötige gedächtnisunabhängige Varianz. Es gibt keine Angaben zur Retest-Reliabilität, die Äquivalenz der Paralleltestversionen ist nicht geprüft. Inwiefern der BASIC-MLT spezifische, auch von der Intelligenz unabhängige Gedächtnisprozesse erfasst, sollte über weitere Untersuchungen geklärt werden. In der Konstruktion erscheint der BASIC-MLT damit als ein sinnvolles, recht komplexes Verfahren, und der Aufwand, eine ganze

Testbatterie für Kinder zu entwickeln und zu normieren ist hoch zu würdigen. Im Detail erscheint das Verfahren aber an einigen Stellen verbesserungswürdig.

Testkonstruktion

Testmaterial

Der Protokollbogen ist übersichtlich gestaltet. Es ist gekennzeichnet, welche Stimuli für welchen Altersbereich präsentiert werden müssen, wie die Abbruchkriterien sind, wie lange die Darbietungszeiten sind, welches die Kernuntertests sind und wann von CD präsentiert wird. Die Summenbildung erschließt sich meist leicht aus der tabellarischen Darstellung.
Hilfreich wäre eine Aufführung der Track-Nummern im Protokollbogen, dadurch würde das zusätzliche Nachsehen auf der CD-Hülle überflüssig.

Testdesign

Konzept: Der neuropsychologische Theorierahmen wird nachvollziehbar dargestellt. Positiv ist der Versuch, neben den üblichen Stimuli alltagsnahe Situationen abzufragen. Eine klinische Untersuchung bei Kindern mit Autismus-Spektrums-Störung mit den Untertests 1 (Details Merken), 10 (Alltagssituationen) und 7 (Farbfolgen) wäre äußerst interessant.
Ob die Vielzahl von Untertests zur unmittelbaren Gedächtnisspanne nötig ist, bleibt zu zeigen. Hier könnte interessant sein, die Untertests zur Merkspanne danach zu differenzieren, ob sie hohe oder niedrige Anforderungen an das Arbeitsgedächtnis stellen, da Beeinträchtigungen in einfacher Merkspanne und Arbeitsgedächtnis mit posterioren bzw. anterioren Schädigungen in Zusammenhang gebracht wurden. So stellt z. B. Untertest 9, bei dem Geräuschfolgen durch verbale Benennung reproduziert und dafür zunächst „übersetzt“ werden müssen, sehr hohe Anforderungen an das Arbeitsgedächtnis, während andere Untertests (u. a. Räumliches Positionieren und Zahlenfolgen) geringe Anforderungen an das Arbeitsgedächtnis stellen.
Variablen: Der Auswertung mangelt es an Differenzierung. Lernsumme, verzögerte Abrufleistung und Wiedererkennensleistung werden leider nicht aufeinander bezogen normiert (z. B. Wörter Lernen (WL) und Wörter Lernen Delay (WLD)). Der Verlust des Gelernten wäre jedoch als Konsolidierungsmaß ein sensibler Indikator für links temporo-mesiale Funktionsschädigungen und damit eine wichtige neuropsychologisch relevante Information. Auch für die Anzahl der Falsch Positiven, der Intrusionen und der Perseverationen gibt es keine Normangaben. Das ist schade, da die Informationen in der Normstichprobe ja verfügbar gewesen wären. Möglicherweise kann dies in einer aktualisierten Version berücksichtigt werden.

Durchführung: Als positiv ist der Versuch zu werten, die Durchführungsobjektivität über die Darbietung von CD zu steigern.
Bei der Darbietung über CD ist allerdings die Aussprache bei einigen Phantasiewörtern ausgesprochen undeutlich; „Fumpel" klingt wie „Bumpel" und „Wurmel" wie „Burmel" in der Altersstufe 9–16 Jahre. Beim Wiedererkennen wird es dann jedoch richtig ausgesprochen – wie soll man dies bewerten?
Beim Untertest „Alltagssituationen" bleibt unklar, ob für die Vergabe der Punkte für den Kontext Ort und Handlung genannt werden müssen, oder die Nennung einer kontextuellen Information ausreicht.
Ungünstig ist, dass die Lösungsbilder beim „Detail Merken" aus der Sicht des Kindes dargestellt sind. Dies erschwert die Beurteilung und erhöht die Fehlerwahrscheinlichkeit, weil der Untersucher die Vorlage mental rotieren muss, um die vom Kind gezeigte Lösung anhand der Lösungsvorlage zu bewerten.
Positiv ist zu werten, dass der Abfragemodus im Untertest „Räumliches Positionieren", bei dem zur Erfassung der räumlichen Gedächtnisspanne die Formen auf die Felder gelegt werden, die Bewertung der Korrektheit der Reproduktion unabhängig von der Gedächtnisleistung des Untersuchers macht. Andere Messungen des visuell-räumlichen Kurzzeitgedächtnis (z. B. Corsi Block Test, Räumliche Gedächtnisspanne der K-ABC) setzen voraus, dass der Untersucher die Folge selber korrekt behalten hat. Jugendliche können in ihrer Leistung der Gedächtnisspanne des Untersuchers aber durchaus mal überlegen sein. Diese Fehlerquelle wird im BASIC-MLT eliminiert.
Die Option zur Anwendung einzelner Untertests, die jeder für sich interpretierbar sind, ist positiv. Ein Nachteil ist, dass sich für die Testverkürzung kein expliziter Hinweis auf Notwendigkeiten in der Durchführungsreihenfolge findet. Dies ist nicht unerheblich, da bei einer solchen Menge von Lern- und Merkaufgaben Interferenzeffekte wahrscheinlich sind. Es sollte daher m. E. eigentlich nicht von der Reihenfolge der Untertests abgewichen werden. Allerdings ergibt sich dann folgendes Problem. Folgt man der angegebenen Durchführungszeit, liegen zwischen dem Lernen der Muster/Wörter und deren zeitlich verzögertem Abruf nur 18 bzw. 16 Minuten und nicht die geforderten 25 bis 30 Minuten. Wendet man nur die Kernbatterie an, besteht für den Abruf der Wörter sogar nur ein Zeitintervall von 14 Minuten. Ob dies für die Konsolidierung eine Rolle spielt, ist schwer zu sagen. Die Frage wird möglicherweise irrelevant, da die im Handbuch angegebene Testdauer von 1 Stunde und 5 Minuten für die gesamte Testdurchführung eine zu niedrig Einschätzung ist. In der Beschreibung der Testzentrale ist die Durchführungsdauer mit ca. 1.5 Stunden angegeben, was nach unserer Erfahrung als Mindestdauer anzunehmen ist. Lepach et al. führen 2007 eine Durchführungszeit von 60 Minuten für die Kernuntertests und 25 Minuten für die optionalen Untertests an.

Auswertung: Es werden keine kritischen Differenzen für als bedeutsam zu betrachtende Unterschiede zwischen zwei Untertests angegeben. Der Merk-Quotient (MQ) wird berechnet, indem die Summe der Skalenwerte durch 4 geteilt wird. Für die Kinder bis 8 Jahre gehen jedoch nur 3 Skalenwerte ein, da der Untertest „Wörter lernen" – aufgrund unzureichender Homogenität in dieser Altersgruppe (Lepach et al. 2007) – hier nicht zu den Kernuntertests zählt. Es müsste also entsprechend durch 3 geteilt werden. Die Auswertungsanleitung ist hier in ihrer Konkretheit verwirrend.

Normierung

Stichprobe: Lepach, Gienger und Petermann (2008) beschreiben eine signifikante Abweichung der Altersgruppenmittelwerte der 10- und 12-Jährigen für die auditiven Untertests „Geräuschfolgen" und „Wörter Lernen Delay": die Ergebnisse der 10-Jährigen liegen niedriger als die der 8- und 11-Jährigen, während die der 12-Jährigen deutlich besser als die der 11- und 13-Jährigen ausfallen. Wenn man dies nicht als zufällige Stichprobeneffekte interpretiert – und in der Studie ziehen die Autoren daraus Schlüsse bezüglich altersabhängiger Ausreifungsprozesse und Strategienwechsel – müsste dies in einer Aktualisierung des Tests in separaten Normgruppen für die Altersstufe der 10;0–12;11-Jährigen Berücksichtigung finden. Aus dem Handbuch ist außerdem nicht ersichtlich, wie sich die Anzahl der Kinder in den 2–3 Jahresintervalle umfassenden Altersgruppen verteilt.

Normen: Der Test ist nach dem Alter normiert, aber nicht nach dem Geschlecht. Da teilweise Geschlechtseffekte in Studien zu Gedächtnisprozessen gefunden wurden – z. B. eine höhere Leistung von Mädchen im Verbalgedächtnis (Boman, 2004, Lowe et al., 2003) und im Arbeitsgedächtnis (Vuontela et al., 2003) – muss eine Unabhängigkeit der Testleistungen vom Geschlecht für die Normstichprobe zumindest geprüft werden. Zwar hatte das Geschlecht in der multivariaten mehrfaktoriellen Untersuchung zur klinischen Validierung keinen signifikanten Effekt, allerdings bezog sich diese Untersuchung auf relativ kleine Stichproben (35 Patienten, 35 Normkinder), sodass nur ein starker Effekt auffällig würde.

Lepach, Petermann und Schmidt (2008) fanden in einer Studie bei 103 Kindern keine Geschlechtsabhängigkeit des MQ. Allerdings wurden keine Angaben zu Geschlechtseffekten in den Untertests gemacht. Theoretisch wäre denkbar, dass sich bessere Leistungen der Mädchen im Verbalgedächtnis mit besseren Leistungen der Jungen im visuell-bildhaften Gedächtnis im Gesamtwert aufheben. In einer weiteren Arbeit zur Altersabhängigkeit der Normgruppenergebnisse (Lepach, Gienger & Petermann, 2008) wird bei der Beschreibung der Stichprobe zwar angeführt, dass sich Geschlechtseffekte nicht zeigten. Es ist allerdings nicht näher erklärt, auf welche Parameter sich dies bezog.

Für die Jüngeren gibt es Bodeneffekte. So wird im Untertest „Muster Lernen" ein knapp durchschnittlicher Wert erzielt, wenn ein 7;11-Jähriger in den fünf Lerndurchgängen, der Interferenzliste und dem freien Abruf nach Interferenz insgesamt fünfmal ein richtiges Muster legt, im Untertest „Wörter Lernen" muss er siebenmal ein Wort richtig wiederholen. Beim zeitverzögerten Abruf im Muster lernen ist der Abruf eines korrekten Musters bereits im Durchschnittsbereich.

Gütekriterien

Objektivität: Durch die Anleitung in den Stimulusbüchern, die Präsentation über CD und die hohe Strukturierung des Testmaterials ist die Durchführungsobjektivität gewährleistet. Über die selbstgewählte Präsentationszeit bei der visuellen Lernaufgabe entsteht unnötige Varianz, die auf Impulsivität, Motivation und Intelligenz zurückgeht. Es ist anzunehmen, dass intelligente Kinder mit reflexivem Arbeitsstil sich mehr Darbietungszeit zubilligen, um z. B. Merkstrategien auszuarbeiten und anzuwenden, als Kinder mit einem impulsiven Arbeitsstil oder geringer Motivation.

Reliabilität: Es gibt keine Angaben zur Retest-Reliabilität, die Äquivalenz der Paralleltestversionen ist nicht geprüft.

Validität: In der klinischen Validierung ist die klinische Stichprobe der Kinder mit testdiagnostisch dargestellten isolierten oder komorbiden Gedächtnisproblemen nur unzureichend beschrieben. Es bleibt unklar, in welchem Rahmen sie erhoben wurde, wie die genaue Zusammensetzung der Gruppe bezüglich Alter und Schulart ist, welcher Art die komorbiden Störungen sind, ob das Intelligenzniveau der Gruppen vergleichbar ist und ob auch in der Aufmerksamkeitsskala Gruppenunterschiede bestehen. Es wird nur eine grobe Zuordnung von 2 Altersgruppen vorgenommen (6;0–9;11 Jahre und 10–16;11 Jahre). Die Altersgruppenumfänge sind jedoch nicht spezifiziert. Optimal wäre auch eine weitergehende Parallelisierung nach Schulform. In der klinischen Gruppe wurden materialabhängige verbale und visuelle Lern- und Gedächtnisleistungen über den Verbalen Lern- und Merkfähigkeitstest (VLMT) und das Diagnosticum für Cerebralschädigung (DCS) objektiviert. Es bietet sich eigentlich an, zur Validierung der auditiven und visuellen Lernleistungen im BASIC-MLT die entsprechenden Parameter hierzu in Beziehung zu setzen. Informationen hierüber fehlen jedoch. Lepach, Petermann und Schmidt (2008a) haben für 103 Kinder parallel den BASIC-MLT und den HAWIK-IV erhoben und hohe Korrelationen zwischen dem IQ und dem MQ, sowie mit den Unterskalen des BASIC-MLT gefunden. Inwiefern der BASIC-MLT spezifische, auch von der Intelligenz unabhängige Gedächtnisprozesse erfasst, sollte daher über weitere Untersuchungen geklärt werden.

Die angenommene 5-Faktoren-Struktur des BASIC-MLT wird nicht faktorenanalytisch überprüft. Die altersgruppenspezifische Berechnung von Interkorrelationen zeigt starke bis sehr starke korrelative

Zusammenhänge zwischen den spezifischen Untertests und den daraus zusammengesetzten Kernskalen. Dies ist insofern nicht besonders überraschend, als die jeweilige Kernskala zu 50% durch den fraglichen Untertest gebildet wird.

Neuropsychologische Aspekte

Theoretischer Rahmen

Die Testdesigns wurden vor dem Hintergrund neuropsychologischer Theorien entwickelt. Leider werden aber die dort als relevant genannten Parameter in der Auswertung nicht hinreichend differenziert bzw. es fehlen Normangaben dafür. So wird z.B. die zeitlich verzögerte freie Abrufleistung nicht zur Lernleistung in Bezug gesetzt. Neuropsychologisch ist der Verlust gelernter Inhalte aufgrund einer Störung der Konsolidierung ein wichtiger, neuroanatomisch wegweisender Parameter, der modalitätsspezifisch eine hippokampale Schädigung nahelegt (Helmstaedter et al., 1997). Zwar zeigt das Auswertungsbeispiel 1, dass sich die Autoren durchaus bewusst sind, dass Lernen und zeitlich verzögerter freier Abruf in Beziehung gesetzt werden müssen, jedoch bleibt ohne die Angabe kritischer Differenzen oder separater Normwerte für Durchgang 5 und zeitverzögertem freien Abruf die Bewertung subjektiv. Wenig hilfreich ist, dass im Auswertungsbeispiel 1 Differenzen interpretiert werden, die deutlich unter 1 SD liegen (z.B. T-Wert 39 vs. 35).

Funktionelle Neuroanatomie

Funktions-Strukturzusammenhänge von Lern- versus Behaltensprozessen und die diesbezügliche Bedeutung des medialen Temporallappens, insbesondere des Hippokampus, werden nicht erwähnt.

Ergebnisbeeinflussende Faktoren

Das Verfahren dauert lange. Bei eingeschränkter konzentrativer Belastbarkeit und jüngerem Alter kann eine negative Auswirkung auf in der Reihenfolge später durchgeführte Tests nicht ausgeschlossen werden.

Handhabbarkeit und klinische Anwendung

Generell ist der Test gut handhabbar. An einigen Stellen könnte noch eine Besserung erzielt werden. Bei den Geräuschfolgen wäre eine Vorgabe im Protokollbogen, in welcher Reihenfolge die Geräusche als Beispiel gegeben werden, günstig, damit der Untersucher die Übereinstimmung der Klassifikation leichter beurteilen kann. Beim „Geschichten Merken" wäre ein Hinweis günstig, die Wiedergabe auf Band aufzunehmen, um sie später in Ruhe auswerten zu können, da es vor allem bei den höheren Altersstufen für Neulinge sehr schwierig ist, alles mitzubekommen und gleichzeitig zu bewerten.

Ulrike Gleißner

2.2.3 Exekutive Funktionen

Renate Drechsler

2.2.3.1 Definitionen und Einteilung exekutiver Funktionen

Der Begriff der „Exekutiven Funktionen“ hat sich neben der Neuropsychologie in den letzten Jahren auch in anderen Disziplinen, die mit Kindern arbeiten, eingebürgert – z. B. in der Pädagogischen Psychologie, der Pädagogik, der Entwicklungspsychologie, der Heilpädagogik – und wird in vielen unterschiedlichen Bedeutungen verwendet. Am allgemeinsten und mit den meisten Auffassungen vereinbar lassen sich Exekutive Funktionen folgendermaßen beschreiben: *Exekutive Funktionen (EF) ist der Oberbegriff für Funktionen der Selbstregulation, mit denen das Individuum sein Handeln auf Ziele ausrichten und flexibel an Umwelterfordernisse anpassen kann.*

Je nach Theorie werden Exekutive Funktionen in der Literatur sehr unterschiedlich, zum Teil auch widersprüchlich definiert: z. B. als Kontrollfunktion des Arbeitsgedächtnisses (z. B. Baddeley, 1986; 2012), als Kontrollinstanz, die immer dann zum Einsatz kommt, wenn von automatisiert ablaufenden Routinehandlungen auf eine Steuerung unter bewusster Kontrolle umgeschaltet werden muss (Shallice & Burgess,1996; Norman & Shallice, 1980), im Sinne von „Top-Down-Kontrolle“ oder als „exekutiver Aufmerksamkeit“ (vgl. Posner & DiGirolamo, 1998). Im Gegensatz zu Modellen von EF als höherer, integrierender Kontrollfunktion, stehen Auffassungen, die EF als Basismechanismen kognitiver Regulation verstehen, die sich auf wenige unabhängige Prozesse reduzieren lassen (z. B. Miyake et al., 2000), wie das Hemmen von Antworttendenzen (Inhibit), das Erneuern von Informationen im Arbeitsspeicher (Updating) und den Wechsel von einem Aufmerksamkeitsfokus auf den nächsten (Shift). Die meisten Forscher gehen heute davon aus, dass EF kein einheitliches Konstrukt darstellen, sondern in einzelne, selektiv störbare Komponenten unterteilt werden können („Fraktionierung“ von EF, vgl. Burgess, Alderman, Evans, Emslie &Wilson, 1998; Jurado & Rosselli, 2007). Einige Autoren vertreten hierarchische EF-Konzepte, bei denen auf höheren Ebenen basale EF integriert werden (Barkley, 2012; Fuster, 2002; Stuss, 1991; vgl. Diamond, 2013). Die Begriffe „Selbstregulation“ oder „effortful control“ stammen ursprünglich aus der Entwicklungs- (vgl. Rothbart, Ellis, Rueda & Posner, 2003) und Persönlichkeitspsychologie (vgl. Carver & Scheier, 2011; Hofmann, Schmeichel & Baddeley, 2012), überlappen konzeptuell zum Teil mit EF und werden manchmal synonym gebraucht. Aus der Entwicklungspsychologie (Kerr & Zelazo, 2004) stammt ursprünglich auch die Einteilung in sogenannte „heiße“ und „kalte“ Exekutivfunktionen (vgl. Lawrence, Clark, Labuzetta, Sahakian & Vyakarnum, 2008), was gleichbedeutend ist mit der Einteilung in „emotionale“ (motivationale) vs. „kognitive“ EF (z. B. Ardila, 2013). Zu den „kalten“ EF zählen kognitive Leistungen im engeren Sinne, wie Arbeitsgedächtnis, Planen und Problemlösen, kognitive Flexibilität und Aufgabenkontrolle (Monitoring). Die meisten Autoren beziehen den Begriff „EF“ ausschließlich auf „kalte“, also „kognitive“ EF-Komponenten. Auch zielen fast alle standardisierten objektiven EF-Testverfahren auf „kalte„ EF ab. „Heiße“ EF umfassen Mechanismen der Verhaltensregulation, die von der Aussicht auf Belohnung oder Bestrafung und deren emotionalen Konsequenzen bestimmt sind. Dazu gehören die Fähigkeit zum Belohnungsaufschub sowie das Treffen von Entscheidungen, bei denen das Ergebnis oder die Informationen, auf denen die Entscheidung beruht, unsicher sind. Das erfordert einen Vergleich verschiedener Möglichkeiten, z. B. ein Abwägen der Gewinnwahrscheinlichkeit gegen die Gewinnhöhe (Risikoentscheidungen). Auf einer höheren hierarchischen Stufe stehen Entscheidungen, die mit moralischem Urteil zusammenhängen.

Um den problematischen anatomischen Begriff „Frontalhirnsyndrom“ zu ersetzen, wurde der funktional definierte Begriff des „dysexekutiven Syndroms“ von Baddeley und Wilson (1988) für Störungen der „zentralen Exekutive“ eingeführt. Der Begriff wird allerdings in der Literatur nicht einheitlich gebraucht und sagt letztlich auch wenig darüber aus, welche Beeinträchtigungen im individuellen Fall tatsächlich vorliegen. Auf Kinder wird der Begriff nur sehr selten angewandt, meist nur in Zusammenhang mit der Anwendung der Kinderversion einer Testbatterie zur Diagnose des Dysexekutiven Syndomes (BADS-C; z. B. Engel-Yeger, Josman & Rosenblum, 2009). Bei Kindern kann noch viel weniger von einem einheitlichen Syndrom exekutiver Störungen ausgegangen werden als bei Erwachsenen, weshalb der Begriff auch wenig hilfreich ist.

Zur Beschreibung und Einteilung von Exekutiven Funktionen, Störungsbildern und Testverfahren wurde von Drechsler (2007b) eine Taxonomie Exekutiver Funktionen vorgeschlagen, die vier Regulationsebenen unterscheidet:
- die Ebene der kognitiven Regulation,
- die Ebene der Aktivierungsregulation,
- die Ebene der der emotionalen/motivationalen Regulation,
- die Ebene der sozialen Regulation.

Diese Einteilung hat ausschließlich deskriptiven Charakter, ist orientiert an klinischen Störungen der Erwachsenenneuropsychologie und soll die Einordnung von Testverfahren exekutiver Funktionen in eine Taxonomie ermöglichen. Zur kognitiven Regulationsebene gehören alle Aspekte „kalter“ EF, wie Hemmung, Flexibilität, Arbeitsgedächtnisprozesse, Monitoring/Überprüfen, Planen und Problemlösen. Aktivitätsregulation bezieht sich auf die Fähigkeit, die eigene Aktivität so zu steuern, dass weder ein unangemessener Überschuss an Aktivität (Hyperaktivität), noch eine Aktivitätshemmung (Hypoaktivität) entsteht. Das erste kann auch als Hemmungsdefizit, das zweite als Aktivierungsdefizit verstanden werden. Emotional/motivationale Regulation bezieht sich a) auf die Fähigkeit, eigene Affekte so zu regulieren, dass sie altersgemäß und sozial kompatibel sind, also etwa Wut und Weinen zu kontrollieren, und b) auf die Fähigkeit, Belohnung aufschieben zu können und Entscheidungen unter verschiedenen Belohnungsbedingungen zu treffen und anzupassen. Soziale Regulation umfasst die Fähigkeit, sich in sozialen Situationen altersgemäß regulieren zu können. Dazu gehört, dass soziale Konventionen altersgemäß beachtet werden und soziales Feedback interpretiert werden kann. Voraussetzung dafür ist, dass man Intentionen und Gefühle anderer Personen wahrnimmt und soziale Normen und Regeln kennt und anwendet. Das geht in der Regel damit einher, dass ein Individuum sich selbst adäquat wahrnehmen und einschätzen kann. Diese Fähigkeit spielt auch eine Rolle, wenn es darum geht, ein Störungsbewusstsein zu entwickeln.

Bei der Anwendung dieser Taxonomie auf EF bei Kindern muss eingeschränkt werden, dass in frühen Entwicklungsphasen die Unterschiede zwischen den EF-Ebenen und einzelnen Komponenten des exekutiven Systems noch nicht ausdifferenziert sind. Je jünger die Kinder, desto weniger gut lassen sich unterschiedliche EF-Fähigkeiten (z. B. Inhibition, Arbeitsgedächtnis, Flexibilität) empirisch tatsächlich trennen. So laden Aufgaben zu unterschiedlichen EF-Komponenten bei Kindern im Vorschulalter bei faktorenanalytischen Überprüfungen auf einem gemeinsamen Faktor und nicht auf unterschiedlichen, wie bei älteren Kindern und Erwachsenen (Wiebe et al., 2008). In der Kinderneuropsychologie ist es schwierig, Störungen der Selbstregulation auf emotionaler/motivationaler und sozialer Ebene von basaleren Störungen der Emotionsverarbeitung und der sozialen Wahrnehmung abzugrenzen. Empathie (die Fähigkeit, Gefühle anderer nachempfinden zu können) und Theory of Mind (die Fähigkeit, sich vorstellen zu können, was eine andere Person denkt und welche Intentionen sie hat) bilden Voraussetzungen dafür, sich sozial regulieren zu können. Sie werden von den meisten Autoren aber nicht den exekutiven Funktionen im engeren Sinne zugerechnet. Auch gehört die Fähigkeit zur Verarbeitung von emotionalen Reizen (z. B. des emotionalen Gesichtsausdrucks und der emotionalen Prosodie) nicht zu den exekutiven Funktionen, auch wenn ihr bei der sozialen Regulation eine wichtige Rolle zukommt.

2.2.3.2 Neuroanatomie

In der medizinischen Literatur wurde früher der Begriff der „Frontalhirnstörung" gleichbedeutend und anstelle von EF-Störungen benutzt. Heute geht man allerdings auch neuroanatomisch eher von Störungen des Frontalhirn-Systems aus, zu dem auch nicht-frontal lokalisierte Verbindungen, vor allem die subkortikalen Verschaltungen der entsprechenden funktionalen Netze zählen (vgl. von Cramon & Schubotz, 2005). Von besonderer Bedeutung, da mit unterschiedlichen Störungen assoziiert, sind dabei dorsolaterale, orbitofrontale und mediofrontale neuronale Schaltkreise (Chow & Cummings, 2007; Cummings, 1993). Nach Cicerone und Kollegen (2006) und basierend auf Läsionsstudien (vgl. Stuss, 2011) werden Störungen der „kalten" EF vor allem Läsionen des fronto-dorsolateralen Kortex und seiner Verbindungen zugeordnet. Störungen der Verhaltensregulation (Belohnungslernen, emotionale Bewertung, Regulation von Affekten) können bei Läsionen des ventromedialen (orbito-)frontalen Schaltkreises beobachtet werden. Beeinträchtigte Funktionen der Aktivitätsregulation (Energetisierung, Initiative vs. Apathie, Abulie) sind oft nach fronto-medialen Läsionen zu finden, Störungen der Metakognition (Selbstwahrnehmung, Störungsbewusstsein) bei Läsionen der frontalen Pole, vor allem der rechten Hemisphäre. Diese Unterteilung ist jedoch nur eine grobe Schematisierung, da auch weitere wichtige Schaltkreise, z. B. fronto-zerebellär, und Interaktionen zwischen den Schaltkreisen eine Rolle spielen können. Gerade bei Entwicklungsstörungen und bei frühen Hirnverletzungen muss berücksichtigt werden, dass die Integrität aller Gehirnfunktionen für die normale Entwicklung exekutiven Funktionen bedeutsam ist. So lassen sich etwa bei Kindern mit Hirnverletzung Störungen exekutiver Funktionen noch weniger gut als bei Erwachsenen mit frontalen Läsionsorten in

Zusammenhang bringen (Long et al., 2011). Möglicherweise besteht bei Kindern mit Hirnverletzung eine allgemeine Vulnerabilität für exekutive Funktionsstörungen, unabhängig vom Ort der Läsion (Jacobs, Harvey & Anderson, 2011). Dem gegenüber stehen allerdings auch zahlreiche Fallberichte früher Schädigung von für EF relevanter Strukturen, die im weiteren Entwicklungsverlauf zu sehr spezifischen Beeinträchtigungen exekutiver Funktionen geführt haben, vor allem im Bereich der emotional/motivationalen oder sozialen Regulation (Anderson, Wisnowski, Barrash, Damasio & Tranel, 2009; Eslinger, Flaherty-Craig & Benton, 2004).

Die Reifung des Frontalhirns wird später als die der anderen Hirnregionen abgeschlossen. Die morphologische Entwicklung des Frontalkortex setzt sich fort bis in die Pubertät und weitere Reifungsprozesse erstrecken sich bis in das junge Erwachsenenalter (Klingberg, Vaidya, Gabrieli, Moseley & Hedehus,1999; Huttenlocher & Dabholkar, 1997). Wie in anderen Hirnregionen, nur zeitlich verschoben, ist die Entwicklung der Frontallappen gekennzeichnet durch eine fortschreitende Zunahme der weißen Substanz und der verstärkten Vernetzung der Hirnregionen, bei gleichzeitiger Abnahme der grauen Hirnzellen (Gogtay et al., 2004; Giedd, 2004; Shaw et al., 2008). Die Reifung der frontalen Regionen verläuft dabei von hinten nach vorne, beginnend beim motorischen Kortex. Innerhalb des präfrontalen Kortex setzt sich die Reifung des dorsolateralen und ventrofrontalen Kortex (Nelson & Guyer, 2011) am längsten fort. Auch Myelinisierungsprozesse dauern hier am längsten an. Die Reifung drückt sich aus in einer verstärkten Konnektivität und zunehmender Top-down-Regulation, bei der frontale Gebiete auf andere kortikale und subkortikale Strukturen regulierend wirken (Hwang et al., 2010). Die frontalen und temporalen Pole, gemeinsam mit dem Corpus callosum, bilden diejenigen Hirnstrukturen, deren weiße Substanz am spätestens reift. Diese Strukturen sind auch wesentlich bei die Verarbeitung sozialer Informationen (Yeates et al., 2007). Aufgrund dieser langgezogenen Entwicklungszeit von Hirnstrukturen, die an kognitiver und sozialer Regulation beteiligt sind, besteht bei früher Hirnschädigung vermutlich eine besondere Vulnerabilität für eine Beeinträchtigung exekutiver und sozialer Prozesse.

Unter den verschiedenen Strukturen, die bei Erwachsenen mit beeinträchtigter Verarbeitung emotionaler und sozialer Informationen einhergehen, heben Kennedy und Adolphs vier als besonders bedeutsam hervor (2012; Abbildung 2.8):

1. einen Schaltkreis der Amygdala und ventraler frontaler Strukturen, der z. B. eine Rolle spielt beim Auslösen von emotionalen Reaktionen und bei der Wahrnehmung salienter emotionaler und sozialer Stimuli,
2. einen sogenannter „Mentalizing"-Schaltkreis, der aktiviert ist, wenn man sich vorstellt, was eine andere Person denkt, mit Schwerpunkt parietal-temporalem Übergang und Beteiligung der temporalen Pole,
3. einen Empathie-Schaltkreis, der beim Nachempfinden der Gefühle anderer aktiviert ist, mit Beteiligung der Insulae,
4. einen Spiegelsystem/Simulations-/Handlungs-/Wahrnehmungs-Schaltreis, der beteiligt ist bei Imitation und Pantomime, zu dem Strukturen wie der inferiore frontale Gyrus (operculum und pars triangularis) sowie der inferiore und posteriore Teil des Parietallappens gehören.

Untersuchungen an hirnverletzten Kindern und Jugendlichen zeigen, dass Störungen sozialer Verarbeitungsprozesse oft eher mit diffusen als mit umschriebenen Schädigungen zusammenhängen (Ryan et al., 2015). Dennis und Kollegen (2013) fanden bei Kindern und Jugendlichen keinen Zusammenhang zwischen Läsionen des Spielgelsystem-Schaltkreises und typischen Theory of Mind-Aufgaben (ToM), ausgenommen konative Aufgaben (d. h. Verstehen von Ironie und uneigentlicher Sprechweise). Das spricht dafür, dass die Integrität der Schaltkreise und ihrer Vernetzung insgesamt für die Entwicklung von sozialen Verarbeitungsprozessen bedeutsam ist und spezifische Lokalisationen umschriebener Läsionen eine eher untergeordnete Rolle spielen. Strukturen von Schaltkreisen, die für die Verarbeitung sozialer Informationen relevant sind, entwickeln sich bis ins frühe Erwachsenenalter durch Abbau grauer Substanz und die Verminderung kortikaler Dichte (medial präfrontaler Kortex, posteriorer superiorer temporaler Sulcus, temporo-parietale Junktion, temporale Pole; Mills et al., 2014). Dieser späte Entwicklungsverlauf zeigt sich auch in funktionalen Bildgebungsstudien (vgl. Überblick von Burnett et al., 2011), in denen Adoleszente und Erwachsene noch teilweise unterschiedliche kortikale Areale bei der Verarbeitung von ToM-relevanten Informationen rekrutieren (vgl. Sommer et al., 2012).

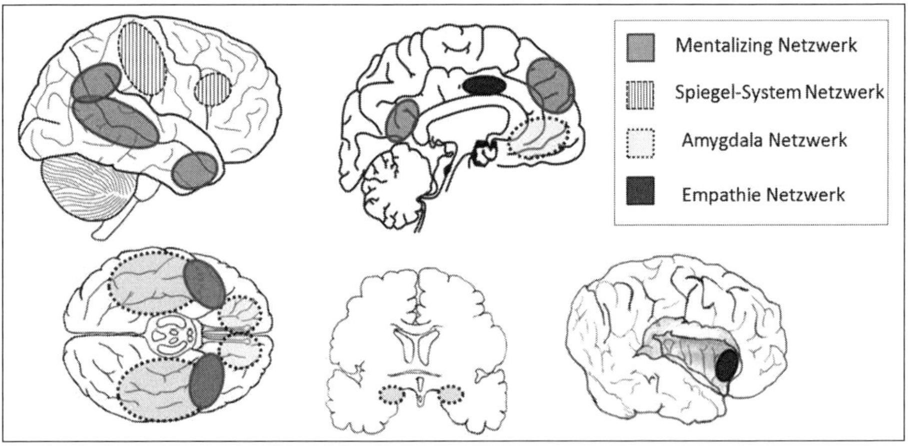

Abbildung 2.8: Sozial relevante Schaltkreise (nach Kennedy & Adolphs, 2012)

2.2.3.3 Die Entwicklung Exekutiver Funktionen

Die Entwicklung kognitiver Exekutiver Funktionen

Während man früher davon ausging, dass EF erst relativ spät auftreten und sich folglich vor der Schulzeit kaum untersuchen lassen, setzen aktuelle Modelle das Erscheinen früher EF in der Säuglingszeit und frühen Kindheit an. Ein klassisches Untersuchungsparadigma sind A-not-B-Aufgaben (vgl. Diamond, 1985; Piaget, 1954). Die Aufgabe besteht aus mehreren Teilen. Zunächst wird ein Gegenstand vor den Augen des Kindes versteckt und soll wiedergefunden werden. Dies gelingt bereits 5 bis 7 Monate alten Kindern, was als Zeichen von Objektpermanenz und frühe Arbeitsgedächtnisleistung interpretiert wird. Erst einige Monate später, mit gereifter Inhibitionskontrolle und Umstellfähigkeit, sind sie in der Lage, auch den zweiten Teil der A-not-B-Aufgaben zu meistern. Versteckt man ein Spielzeug mehrmals an einem Ort A und danach – immer noch vor ihren Augen – an einem Ort B, dann suchen die Kinder trotzdem wieder am alten Ort A, obwohl sie von der Arbeitsgedächtnisleistung her vielleicht sogar wissen, dass das falsch ist. Erst im Alter ab etwa 12 Monaten können sie den Impuls (d. h. die dominante Antworttendenz) unterdrücken, wieder am ersten Versteck A zu suchen, und stellen dann auf den neuen Ort um. Einige Autoren gehen von einer hierarchischen Entwicklung von EF aus, bei denen ein altersbedingter Zuwachs an Arbeitsgedächtniskapazität und ein verbesserter Rückgriff auf Erfahrung und Regeln eine zunehmend bessere kognitive Kontrolle ermöglichen (Marcovitch & Zelazo, 2009). Es wäre demnach kein allmählicher quantitativer Zuwachs, der sich zeigt, sondern ein qualitativer Sprung, wenn ein kognitiver Entwicklungsschritt vollzogen wird. Zur Veranschaulichung kann man sich einen Erwachsenen vorstellen, der 100 Mal beobachtet, wie ein Objekt am Ort A versteckt wird und somit eine dominante Antwortreaktion ausbildet, und der trotzdem beim 101. Mal nicht mehr am Ort A suchen wird, wenn das Objekt vor seinen Augen am Ort B versteckt wurde.

Auch Garon und Kollegen (2008, 2014) gehen von einer hierarchischen EF-Entwicklung aus und beschreiben frühe EF-Komponenten und dazugehörige Paradigmen (siehe Tabelle 2.12). Als frühste EF Vorläufer nennen sie die Fähigkeit, Aufmerksamkeit auf ein bestimmtes Objekt zu richten. Weitere exekutive Funktionen entwickeln sich im Laufe der ersten drei Lebensjahre: die Fähigkeit, Inhalte im Arbeitsgedächtnis zu halten, die Hemmung einer dominanten Antwort, die Umstellung von einer Antwortkategorie auf eine andere, der gezielte Wechsel des Aufmerksamkeitsfokus, sowie die Fähigkeit, die Aufmerksamkeit eine

Tabelle 2.12: Frühe EF Paradigmen (modifiziert nach Garon et al., 2008; Garon et al., 2014)

Domäne	Aufgabenparadigma	Alter
Speicherprozesse des Arbeitsgedächtnisses *(Simple working memory tasks)* Halten von Informationen im Speicher über eine Zeitdauer hinweg	– **Zeitverzögerte Antwort (Delayed response):** Gegenstände werden versteckt und sollen nach einem kurzen Zeitintervall wiedergefunden werden. – Wortspanne/Zahlenspanne vorwärts	Ab 5 M. Ab 3 J.
Exekutive Prozesse des Arbeitsgedächtnisses *(Complex working memory tasks)* Arbeitsgedächtnis komplex: Halten von Informationen im Arbeitsspeicher und Erneuern von Inhalten (Updating)/Manipulieren von Speicherinhalten	– **Hütchen Spiel (Stationary pots):** Gegenstände sind unter Hütchen (Bechern) versteckt. Das Kind soll die Hütchen nacheinander umdrehen und die Objekte finden, es soll aber kein Hütchen zweimal umdrehen. – **Zahlennachsprechen Rückwärts**	Ab 15 M. Ab 3 J.

Tabelle 2.12: Fortsetzung

Domäne	Aufgabenparadigma	Alter
Antworthemmung/Verhaltens-hemmung *(Simple response inhibition)* Hemmen oder Verzögern einer dominanten Antworttendenz	– **Don't Paradigm:** Das Kind soll eine Antwort hemmen; z. B. es soll ein Geschenk nicht berühren.	Ab 8 M.
	– **Belohnungsaufschub** (delay of gratification): Das Kind soll warten, bis es sich eine Belohnung nehmen darf.	Ab 2 J.
	– **Belohnungsaufschub Wahlaufgabe:** Das Kind hat die Wahl zwischen einer kleinen Belohnung sofort oder einer größeren Belohnung später.	Ab 3 J.
Kognitive Hemmung/Interferenzkontrolle *(Complex response inhibition)* Behalten und Beachten einer Regel bei der Hemmung einer dominanten Antworttendenz	**Shape Stroop:** Kleine Früchte sind innerhalb von größeren Früchten abgebildet. Das Kind soll auf verbale Aufforderung hin auf die kleine Frucht zeigen und die große ignorieren	Ab 22 M.
	Day/Night Stroop: das Kind soll Bilder von der Sonne als „Nacht" benennen und Bilder vom Mond als „Tag".	Ab 3 J.
Wechsel der Antwort oder Wechsel des Zielreizes *(Response shifting)* Es wird in einer ersten Phase gelernt, auf einen bestimmten Reiz zu reagieren, in einer zweiten Phase wird der Zielreiz (bzw. der Antworttyp) gewechselt	**A-not-B:** Sichtbar für das Kind wird ein Gegenstand am Ort A versteckt; dort kann ihn das Kind nach einer Wartezeit finden. Wenn das mehrmals gelungen ist, dann wird der Gegenstand an Ort B versteckt. Das Kind soll nun erneut nach dem Gegenstand suchen und muss die Tendenz, am Ort A zu suchen, hemmen.	Ab 6 M.
	Object reversal: Zwei Tassen unterschiedlicher Farbe/Form: die Belohnung wird zunächst immer wieder unter der einen Tasse versteckt, dann wird gewechselt. Erfasst wird die Anzahl der Durchgänge, bis der Wechsel gelernt ist.	Ab 23 M.
Wechsel des mentalen Sets *(Attention shifting)* Wechsel des Zielreizes. Der neue Zielreiz besteht in einem vorher nicht beachteten Merkmal des alten Zielreizes: es soll nun eine andere Merkmalsdimension fokussiert werden.	**Dimensional Change Card Sort (DCCS):** Abbildungen sollen erst nach einem bestimmten Kriterium (z. B. Tier vs. Auto), dann nach einem anderen Kriterium (z. B. Farbe: blau vs. rot) sortiert werden.	Ab 3 J.

Anmerkungen: J. = Jahre; M. = Monate

Zeitlang bei einer Sache zu halten. Eine weitere EF, die sich erst ab dem Alter von drei bis vier Jahren entwickelt, ist die Fähigkeit, eine Repräsentation der Aufgabe und des Aufgabenziels aufzubauen und während der Aufgabenbearbeitung aufrechtzuerhalten („Task Set"). Wesentlich für die Aufrechterhaltung von Zielen ist die Fähigkeit, zwischen internen Repräsentationen und faktischen Aufgabenzuständen zu wechseln, um überprüfen zu können, ob ein Ziel erreicht ist. Dies lässt sich etwa ab dem Vorschulalter beobachten.

Die Entwicklung exekutiver Funktionen bei Kindern zwischen 5 und 10 Jahren geht mit einem qualitativen Wechsel der bewältigten Aufgaben einher, nicht nur mit einem graduellen Lernzuwachs (Chevalier et al., 2013). Zu Beginn der Schulzeit sind viele EF-Komponenten zwar bereits vorhanden. Trotzdem zeigen sich in praktisch allen EF-Komponenten noch ausgeprägte reifungsbedingte Veränderungen, wobei sich einzelne Komponenten unterschiedlich schnell entwickeln (vgl. Anderson, Anderson, Northam, Jacobs, Catroppa, 2001; Huizinga & Dolan van der Molen 2006; Welsh, Pennington & Groisserd,1991; Wu et al., 2011). Die ersten Schuljahre sind vor allem geprägt durch ein Anwachsen strategischer Fähigkeiten, verstärkte Zielorientierung und zunehmende kognitive Kontrolle. Auch wenn ein mit der Leistung von Erwachsenen vergleichbares Plateau in einigen einfachen Aufgaben früh erreicht wird, etwa ab 10 Jahren (z. B. Umstellen/Flexibilität; vgl. De Luca & Leventer, 2008), ergibt sich dennoch bei komplexeren Aufgaben, im Zusammenspiel mit anderen EF-Komponenten und bei höherem Schwierigkeitsgrad, noch ein Anstieg des Leistungsniveaus bis ins junge Erwachsenenalter (Carlson, Zelazo & Faja, 2013). Faktorenanalytische Untersuchungen von EF-Aufgaben oder EF-Batterien von Kindern in der frühen und mittleren Schulzeit weisen oft eine andere Faktorenstruktur auf als bei älteren Adoleszenten oder Erwachsenen, mit weniger oder anderen Faktoren. Das kann als Zeichen gewertet werden, dass die verschiedenen Funktionen noch nicht klar ausdifferenziert sind (z. B. Xu et al., 2013). Die Art, wie eine EF-Aufgabe bearbeitet wird, kann sich im Laufe der Entwicklung verändern: In einer Studie wurde der Wisconsin Card Sorting Test mit Teilnehmern im Alter von 6 bis 19 Jahren durchgeführt. Es konnte gezeigt werden, dass einzelne Fähigkeiten unterschiedliche Entwicklungsverläufe aufweisen. Die Fähigkeit, Karten korrekt zuzuordnen, entwickelte sich früher als die Fähigkeit, von Feedback zu profitieren. Ersteres erreichte ein Plateau im Alter von 11 Jahren. Die Inspektionszeit nach negativem Feedback – höher in Teilnehmern mit guten Leistungen – nahm jedoch zu bis in die späte Adoleszenz (Somsen, 2007; vgl. Crone, 2009).

Die Entwicklung affektiver, motivationaler, sozialer Aspekte Exekutiver Funktionen

Auch die Entwicklung „heißer" EF lässt sich bereits im Kleinkind- und Vorschulalter beobachten. In einem klassischen Experiment zum Belohnungsaufschub untersuchte Mischel, ein Persönlichkeitspsychologe, die Fähigkeit von Kindern, Versuchungen zu widerstehen. Er platzierte einen Teller mit einem Marshmallow direkt vor das Kind und teilte mit, es dürfe den Marshmallow sofort essen. Wenn es aber warten würde, bis der Untersucher zurückkäme, würde es stattdessen zwei Marshmallows erhalten. Dann verließ der Untersucher den Raum. Es zeigte sich, dass die Fähigkeit zum Belohnungsaufschub bei Drei- bis Vierjährigen erstaunlich gut mit späterem Schulerfolg korreliert war (Shoda, Mischel & Peake, 1990). In einem anderen Experiment war eine geringe Selbstkontrolle im Alter von 14 bis

36 Monaten bei Aufgaben, bei denen gegen eine Versuchung angekämpft werden sollte (ein Spielzeug durfte 30 Sekunden nicht berührt werden), noch 14 Jahre später negativ mit allgemeinen exekutiven Fähigkeiten korreliert (Friedman et al., 2011). Das entspricht den Annahmen von Temperamentsmodellen, die die Fähigkeit zum Belohnungsaufschub als eine überwiegend neurobiologisch determinierte Temperamentsvariable ansehen (z. B. Cloninger, 2008).

Viele Paradigmen zur Untersuchung von „heißen" EF sind bereits im Vorschulalter (z.B. Hongwanishkul et al., 2005) und im frühen Schulalter eingesetzt worden. Es gibt zahlreiche Varianten der Iowa Gambling Tasks, die affektives Entscheidungsverhalten altersgerecht bei Kindern untersuchen: z. B. die „Childrens' Gambling Task" mit zwei Kartenstapeln statt vier (Kerr & Zelazo, 2004) oder die „Hungry Donkey Task" (Crone & van der Molen, 2004, vgl. Cassotti et al., 2014). Bei diesem Testparadigma können Teilnehmer aus unterschiedlichen Stapeln Gewinnkarten wählen. Hohe Gewinne sind langfristig mit hohen Verlusten gekoppelt, was sich aber erst im Laufe der Testdurchführung erschließt. Kinder lernen weniger gut als Erwachsene, die langfristig gewinnbringendste Strategie zu wählen. Außerdem neigen Kinder im Gegensatz zu Erwachsenen eher dazu, nach Verlusten ihre Strategie zu ändern. Möglicherweise bewirken bei Erwachsenen die größere Toleranz von Verlusten und das Beibehalten derselben Strategie, dass die optimale Strategie schneller gelernt werden kann. Bei diesem Test zeigt sich eine U-förmige oder J-förmige Entwicklungskurve, d.h. dass in der frühen Adoleszenz ungünstigere Entscheidungen getroffen werden als in der mittleren Kindheit (Smith, Xiao & Bechara, 2012) und erst in der späteren Adoleszenz wieder ein vergleichbares und besseres Niveau erreicht wird. Offensichtlich sind Jugendliche beim Lernen durch Feedback in der frühen Adoleszenz stärker an der Aussicht auf Gewinn orientiert und achten weniger stark darauf, Verluste zu vermeiden (Cauffman et al., 2010, vgl. Defoe et al., 2015). Es gibt eine Reihe von Erklärungsmodellen für diesen nicht-linearen Verlauf (vgl. Metaanalyse von Defoe et al., 2015). Die Theorie des Ungleichgewichts der neuronalen Entwicklung besagt, dass Hirnregionen, die mit dem Belohnungssystem zusammenhängen, früher reifen und damit früher funktional aktiv sind als Hirnregionen, die für kognitive Kontrolle zuständig sind. Es kommt dadurch in der frühen Adoleszenz zu einem Ungleichgewicht zwischen der Regulierung heißer und kalter Exekutiver Funktionen, da das motivational-affektive System hochempfindlich reagiert und daher rasch die kognitive Kontrolle unterläuft.

Die Entwicklung von *Theory of Mind* (ToM) stellt einen Meilenstein dar, der normalerweise mit 3½ bis 5 Jahren erreicht ist. In diesem Alter sind Kinder in der Lage, falsche Überzeugungen zu erkennen und Täuschungen zu verstehen. Es gibt allerdings auch Modularitätstheorien von ToM, denen zufolge ein Verständnis von falschen Überzeugungen schon sehr viel früher vorhanden ist, bevor die entsprechenden Aufgaben gelöst werden können (Sodian et al., 2012). Komplexere ToM-Aufgaben (zweiter und dritter Ordnung, mit mehrfachem Perspektivenwechsel), entwickeln sich erst später (Bosco, Gabbatore & Tirassa, 2014). Diese Leistungen verbessern sich bis in die späte Adoleszenz (Dumontheil et al., 2010). Konative Aspekte von ToM (Ironie und uneigentliche Sprechweisen, siehe nächster Abschnitt) entwickeln sich typischerweise erst im Schulalter. Ironie wird zwar teilweise schon im Vorschulalter verstanden, diese Fähigkeit ist aber die mittlere Kindheit hindurch noch fehleranfällig (Filippova & Astington, 2010) und entwickelt sich weiter in der Adoleszenz.

Einfluss der Umwelt auf die Entwicklung exekutiver Funktionen

Die Entwicklung von Exekutiven Funktionen findet in Interaktion mit der Umwelt statt. Frühe mütterliche Zuwendung hat einen Einfluss auf die Entwicklung Exekutiver Funktionen im Schulalter (Kraybill & Bell, 2013), wenn auch nur zu einem geringen Ausmaß. Psychosoziale Stressoren des ersten Lebensjahres sind Prädiktoren für EF bei Schulbeginn (Rhoades et al., 2011), sowie der sozioökonomische Status der Familie (Hackman et al., 2015; Sarsour et al., 2011). Möglicherweise gibt es einen Zusammenhang zwischen sozioökonomischem Status und der Art und Weise, wie die Mutter/Bezugspersonen frühe Handlungen des Kindes verbal begleiten und unterstützen, was sich wiederum auf die Entwicklung der EF auswirkt (vgl. Moriguchi, 2014).

2.2.3.4 Störungen Exekutiver Funktion

Beeinträchtigungen exekutiver Funktionen, unabhängig zu welcher Regulationsebene sie gehören, sind nicht störungsspezifisch und werden bei einer Vielzahl von Störungen und Krankheiten beschrieben. Leichte Leistungseinbussen in exekutiven Funktionen scheinen bei Kindern und Erwachsenen als erstes kognitives Symptom aufzutreten, wenn sich irgendein Problem leistungsmindernd auswirkt. Diamond (2013) bezeichnet EF daher als „canary in the coal mine", also als eine Art Frühwarnsystem, das bereits Störungen anzeigt, lange bevor andere Funktionssysteme Auffälligkeiten aufweisen. Neben neurologischen Erkrankungen, kongenitalen Störungen der Hirnentwicklung und erworbener Hirnschädigung werden Störungen exekutiver Funktionen bei Entwicklungsstörungen (wie ADHS, Autismus), bei klinischen Syndromen (z.B. Depressionen, Zwang, Frühschizophrenie) oder bei internistischen Problemen (z.B. Diabetes, Adipositas) berichtet. Auch Schlafmangel, Stress, mangelnde Fitness, Stimmungstiefs oder Schmerzen wirken sich auf EF aus. Exekutive Funktionen überlappen je nach Theorie mehr oder weniger mit fluider Intelligenz. Daher sind auch bei Kindern mit allgemeiner Lernbehinderung und geistiger Behinderung Beeinträchtigungen exekutiver Funktionen zu erwarten. In der pädagogischen Psychologie spielen EF eine Rolle im Zusammenhang mit unzureichenden metakognitiven Strategien, problematischer Selbstorganisation und unzureichender Selbstregulation. Altersgerechte Fähigkeiten in diesen Bereichen werden als eine unmittelbare Voraussetzung für schulischen Erfolg angesehen (Blair & Raver, 2015; Jacobson et al., 2011; Molfese et al., 2010). Präventive Förderkonzepte für Vorschulkinder zielen oft direkt auf eine Verbesserung exekutiver Funktionen ab in Hinblick auf einen möglichst günstigen Schulstart (vgl. Diamond et al., 2007; Diamond & Lee, 2011).

Kognitive Regulation

Beeinträchtigungen von EF sind nicht spezifisch für bestimmte Ätiologien oder Störungsbilder. Es werden aber in der Literatur Profile von EF beschrieben, die bei bestimmten Störungsbildern häufiger anzutreffen sind. So zeichnen sich Aufmerksamkeits-Defizit-Hyperaktivitätsstörungen (ADHS) mit kombiniertem Erscheinungsbild eher durch beeinträchtigte Hemmung und durch Störungen des Arbeitsgedächtnisses aus (vgl. Willcutt et al., 2005),

Autismus Spektrum Störungen (ASS) eher durch Probleme des Umstellvermögens, der Hemmung (McLean et al., 2014) und bei Flüssigkeitsaufgaben (Robinson, Goddard, Dritschel, Wisley & Howlin, 2009). Ergebnisse zu typischen Störungsprofilen sind allerdings oft inkonsistent und beruhen vielfach auf Metastudien. Das hängt auch damit zusammen, dass bei beiden Störungsbildern, ADHS und ASS, eine ausgesprochene Heterogenität in Bezug EF-Testleistungen besteht. Ein Teil der Kinder und Jugendliche mit ADHS oder ASS zeigt keine oder vom Schweregrad her klinisch nicht relevante EF-Beeinträchtigungen in Tests (Brunsdon & Happé, 2014; Lambek et al., 2010). Gerade weil die Beeinträchtigungen in neuropsychologischer Hinsicht sehr heterogen sind, ist die Durchführung exekutiver Testverfahren bei diesen Störungsbildern aber sinnvoll und wichtig, um die individuellen Störungsprofile zu beschreiben und therapeutische Empfehlungen ableiten zu können. Keine Rolle spielt die Testdiagnostik dagegen bei der klassifikatorischen Diagnostik von ADHS oder ASS nach DSM-5 oder ICD-10, welche ausschließlich an Verhaltensmerkmalen im Alltag orientiert ist, oder bei der Differentialdiagnose (Duff & Sulla, 2014).

Störungen von EF sind auch sehr häufige und typische Beeinträchtigungen nach erworbener Hirnschädigung, z. B. nach Schädelhirntrauma oder Insult (Anderson & Catroppa, 2005).

Aktivitätsregulation

Die Regulation von motorischer Aktivität ist stark altersabhängig; sie nimmt normalerweise mit zunehmendem Alter zu, spontane motorische Aktivität nimmt ab. Ein Aktivitätsüberschuss (Hyperaktivität) wird typischerweise mit ADHS in Verbindung gebracht, wobei es sich oft um einen Überschuss motorischer Aktivität handelt. Es ist aber auch diskutiert worden, dass es sich dabei möglicherweise um den Versuch einer Selbststimulation handelt, bei Kindern, die eigentlich unteraktiviert sind und ihr Aktivierungsniveau sonst nicht aufrechterhalten können (Antrop, Roeyers, Van Oost & Buysse, 2000). Eine verminderte Aktivitätshemmung und verstärkte motorische Unruhe lässt sich aber auch, vergleichbar mit Störungen im Erwachsenenbereich, nach erworbener Hirnschädigung bei Kindern beobachten. Im US-Sprachraum wird in diesem Zusammenhang auch von „sekundärer ADHS" gesprochen (vgl. Ornstein et al., 2014). Eine Differentialdiagnose für ADHS ist die bipolare Störung, die in den USA häufig, in Europa bei Kindern selten gestellt wird (Singh, Ketter & Chang, 2014). Dabei wechseln sich Stimmungsextreme mit begleitender Hypo- und Hyperaktivierung ab.

Eine besondere Form der verminderten Aktivität wird in der Literatur als „sluggish cognitive tempo" beschrieben („zähflüssiges" kognitives Tempo) (vgl. Saxbe & Barkley, 2014). Die betroffenen Kinder zeichnen sich durch allgemeine Verlangsamung und „zähflüssige" Denkprozesse, Verträumtheit und Antriebslosigkeit aus. Bislang ist unklar, ob es sich hier um ein eigenständiges Störungsbild handelt oder eine Unterform von ADHS, und welches die neurobiologischen Ursachen sind. Eine erhöhte Tagesschläfrigkeit wird aber auch nach traumatischer Hirnverletzung beschrieben (Osorio et al., 2013). Verminderte Aktivierung im Sinne von generellen Antriebsstörungen wird ansonsten z. B. als Langzeitfolge nach Tumoroperationen oder Strahlentherapie beobachtet (Carroll et al., 2013). Verhaltenshemmung (Rückzug bei Stimulation) und geringes Explorationsverhalten werden ansonsten mit Temperamentsvariablen in Zusammenhang gebracht, die als neurobiologisch und hereditär gelten (Cloninger, 2008). Es gibt aber neurobiologische Ursachen, wie Dysfunktion des Hirnstamms bei Neugeborenen, die mit späterem Rückzugsverhalten in Zusammenhang gebracht werden (Geva et al., 2014). Ein vermindertes Explorationsverhalten, z. B. bei Autismus oder geistiger Behinderung (Pierce & Courchesnes, 2001), wird sonst eher auf zerebelläre Ursachen und auf kognitive Faktoren, nicht aber primär auf Aktivierung zurückgeführt (de Campos et al., 2012).

Motivationale, emotionale und soziale Regulation

Ähnlich wie bei den kognitiven exekutiven Funktionen, sind Auffälligkeiten des motivationalen Systems und der Verarbeitung von Belohnung bei zahlreichen Störungsbildern untersucht und beschrieben worden: Bei Kindern und Jugendlichen mit ADHS, ASS, Störungen des Sozialverhaltens, Verhaltenssüchten, Essstörungen, Adipositas und anderen Störungen (z. B. Kohls et al., 2012; de Zeeuw, Weusten, van Dijk, van Belle & Durston, 2012). Beeinträchtigtes affektives Entscheiden in Entscheidungsaufgaben wie der Iowa Gambling Task wurde aber auch bei Kindern nach Schädelhirntrauma beobachtet (Schmidt et al., 2012). Eine beeinträchtigte Verarbeitung emotionaler (affektiver Gesichtsausdruck, emotionale Prosodie) und sozialer Informationen (Empathie, Theorie of Mind) wird bei unterschiedlichen Entwicklungsstörungen beschrieben, vor allem bei Autismus Spektrum Störungen (vgl. Schwenck & Ciaramidaro, 2014) und Störungen des Sozialverhaltens (Blair, 2013). Blair (2013) unterscheidet bei Jugendlichen verschiedene Formen von Störungen des Sozialverhaltens, wobei eine Untergruppe mit emotionaler Gleichgültigkeit (callous unemotional traits) in erster Linie eine Empathiestörung aufweist, andere Untergruppen eher Störungen der Hemmung und des Belohnungssystems. Störungen der emotionalen Verarbeitung und der Theory of Mind sind auch bei zahlreichen neurologischen Störungen beschrieben, z. B. nach erworbener Hirnschädigung (Dennis et al., 2013; Schmidt et al., 2010) oder Epilepsie (Lunn et al., 2015). Neben neurologischen Störungen können auch soziale Faktoren und Stressoren die Entwicklung von emotionaler Wahrnehmung und Empathie beeinflussen (vgl. Cicchetti et al., 2003; da Silva Ferreira et al., 2014).

Monitoring/Selbstwahrnehmung

Beeinträchtigtes Störungsbewusstsein/beeinträchtigte Wahrnehmung der eigenen Wirkung auf andere lässt sich bei kleineren Kindern etwa bis zum Schulalter nur schwer erfassen, da kleine Kinder noch nicht in der Lage sind, eine objektive, reflektierte Haltung gegenüber den eigenen Fähigkeiten und Leistungen einzunehmen und auch nicht über eine überdauernde Repräsentation des eigenen Selbst und eigener Fähigkeiten verfügen. Kinder bis zum Schulalter neigen typischerweise dazu, eigene Leistungen und Fähigkeiten zu überschätzen (Destan, Hembacher, Ghetti & Roebers, 2014). Dazu kommt, dass die abstrakte Art, mit der in Fragebögen oder standardisierten Interviews Eigenschaften abgefragt werden, kleinere Kinder sprachlich und konzeptuell oft überfordert. Bei einer Untergruppe von Kindern mit ADHS ab dem Schulalter ist eine inadäquate Selbstwahrnehmung im Sinne einer positiven Überschätzung als „positive illusory bias" (Owens et al., 2007; vgl. Rizzo, Steinhausen & Drechsler, 2010) beschrieben worden. Als Ursachen dafür sind neben einer entwicklungsbedingten Unreife der Selbstwahrnehmung oder einer metakognitiven Störung in Zusammenhang mit beeinträchtigten exekutiven Funktionen auch eine reaktive Abwehr von Kritik im Sinne einer Schutzreaktion diskutiert worden (vgl. Owens et al., 2007). Für eine Interpretation als adaptive Schutzhaltung spricht auch, dass Kinder mit Lernstörung ebenfalls eine positiv verzerrte Einschätzung schulischer Leistungen zeigen können (Heath & Glen, 2005, vgl. Ehm, Merkt, Gawrilow & Hasselhorn, 2014). Ein vermindertes Überwachen der eigenen Leistungen im Hinblick auf die Wahrnehmung von Fehlern („performance monitoring") und das Ausbleiben von Verhaltensadaptationen, um weitere Fehler zu vermeiden (z. B. langsamer zu arbeiten), ist bei Kindern mit ADHS (Schachar et al., 2004), nach Schädelhirntrauma (Ornstein et al., 2009) und bei Autismus (Sokhadze et al., 2010) beschrieben worden. Zum Teil wurden diese Befunde mit elektrophysiologischen Methoden erhoben (ERPs). Ein beeinträchtigtes Störungsbewusstsein für erworbene Störungen nach Schädelhirntrauma wurde bei Kindern besonders für die Bereiche Gedächtnis und exekutive Funktionen beschrieben (vgl. Überblick bei Lyons & Zelazo, 2010).

Tabelle 2.13: Problemebenen, -Manifestationen und Ursachen bei aufgabenbezogenem Monitoring (performance monitoring)

Mögliche Problemebenen	Problemmanifestationen/Ursachen
Fehlerproduktion	– Handlungsfehler (konkurrierendes Handlungsschema setzt sich durch aufgrund fehlender exekutiver Kontrolle z. B. „slip of action") – Wissensfehler (z. B. falsche Auswahl von Lösungsschritten, falsche Zielauswahl) – Ausführungsfehler (bei korrekter Absicht), z. B.: • Ziel-Neglekt • Regelbruch • Sorgfaltsfehler
Fehlerentdeckung	– gestörte Rückkopplung – fehlende Kontrollstrategien
Fehlerkorrektur	– Schwierigkeiten der Motivation, Bewertung, Antrieb – eingeschränkte Fähigkeit, Alternativen zu generieren
Subjektive Aufgaben- und Leistungsbeurteilung	– unangemessene Einschätzung • der Aufgabenschwierigkeit • der Anforderungen/der eigenen Leistung
Leistungseffizienz	– fehlende Regulierung/Optimierung von Anstrengungsniveau, Persistenz, Arbeitsgeschwindigkeit, strategischer Kontrolle etc. zur Erreichung des Aufgabenziels

Verlauf exekutiver Störungen

Auf exekutive Störungen scheint besonders zuzutreffen, dass frühe Hirnschädigungen langfristig zu Beeinträchtigungen führen. Anderson und Kollegen (2009) untersuchten die langfristigen Auswirkungen von früher Hirnverletzung (unterschiedlicher Lokalisation, davon ca. 50 % auch frontal) auf exekutive Funktionen im Alltagsverhalten (beurteilt durch Eltern anhand von Fragebogen). Dabei verglichen sie die Auswirkung nach den Zeitpunkten des Eintretens der Störung: Pränatal, perinatal, Säuglingsalter, Kindergartenalter (3–6 Jahre), mittlere Kindheit (7–11 Jahre), späte Kindheit. Zum Untersuchungszeitpunkt waren die Jugendlichen in der Präadoleszenz und Adoleszenz. In allen Altersstufen, besonders aber bei sehr früher Schädigung, wirkten sich die Hirnläsionen deutlich auf das Verhalten im Alltag aus. Die Testleistungen waren besonders stark beeinträchtigt bei Jugendlichen, deren Hirnschädigung vor dem Alter von drei Jahren eingetreten war (Anderson et al., 2010). In dieser Studie führten die Störungen, die erst im Kindergartenalter eingetreten waren, zu wenig ausgeprägten exekutiven Defiziten, was sich aber nicht mit anderen Studien deckt. Generell zeigt sich anhand der Literatur, dass EF-Leistungen, die zum Zeitpunkt des schädigenden Ereignisses noch nicht ausgereift waren, im weiteren Verlauf stärker beeinträchtigt sind, als wenn die Entwicklung der Funktion bereits weitgehend abgeschlossen war (Jacobs et al., 2007). Bei früher – vor allem schwerer – Hirnschädigung, besteht daher eine besondere Vulnerabilität für langfristige Störungen im Bereich exekutiver Funktionen, auch wenn die Schädigung nicht frontal lokalisiert ist (Anderson et al., 2010). Vergleichbare Ergebnisse liegen auch für Kinder vor, deren Störungen ausschließlich frontal lokalisiert waren (Jacobs et al., 2007). Dass Exekutive Funktionsstörungen im Erwachsenenalter persistieren können, und zwar relativ unabhängig vom Läsionsort der frühen fokalen Hirnverletzung, wurde auch in anderen Studien bestätigt (z. B. Braun et al., 2013). Ob es zu langfristigen Auswirkungen kommt, ist neben dem Schädigungszeitpunkt natürlich auch abhängig vom Schweregrad der Hirnschädigung.

Gerade bei früh erworbener Hirnschädigung ist es möglich, dass sich die Auswirkungen erst in späteren Entwicklungsetappen zeigen, nämlich zu dem Zeitpunkt, an dem von den Betroffenen ein reiferes, selbstreguliertes Handeln verlangt wird, was diese aber aufgrund der Schädigung nicht ausbilden können. Diese verspäteten Auswirkungen nach Phasen scheinbarer Erholung und normaler Entwicklung sind in der Literatur als „growing into the deficit" bezeichnet worden (Rourke et al., 1983; vgl. Fletcher-Janzen & Kade, 1997; Mateer, Kerns & Eso, 1996; vgl. Dennis, 2010) oder als „latent deficit" (Barker et al., 2010). Aufgrund der verzögerten Reifung von Exekutiven Funktionen bis ins junge Erwachsenenalter sind Störungen exekutiver Funktionen bei Jugendlichen, die ein Schädelhirntrauma erleiden, langfristig stärker ausgeprägt als bei Erwachsenen, die erst in mittleren Jahren von einer Hirnverletzung betroffen sind (Barker et al., 2010). Moralische Urteilsfähigkeit gehört zu den Fähigkeiten, die im Verlauf der Entwicklung am spätesten erworben werden. Möglicherweise wirken sich frühe Hirnverletzungen hier besonders langfristig aus (Taber-Thomas et al., 2014).

2.2.3.5 Diagnostik Exekutiver Funktionen bei Kindern

Die in diesem Kapitel aufgeführten Beschreibungen der diagnostischen Verfahren und Vorgehensweisen folgen demselben Schema wie die Auflistung der Verfahren in Tabelle im Unterkapitel 2.2.3.6.

Kognitive Regulation

Hemmen (Inhibition)

Bei der Untersuchung von Hemmung lässt sich *Antworthemmung* (response inhibition), d. h. der Fähigkeit, eine Handlung zu unterdrücken, abzubrechen oder zu verzögern, unterscheiden von *kognitiver Hemmung* (cognitive inhibition), definiert als Fähigkeit, mentale Prozesse zu kontrollieren, d. h. sich aufdrängende Gedanken, Wahrnehmungen oder Emotionen zu unterdrücken (Bari & Robbins, 2013). Zur Antworthemmung im Sinne einer EF gehört, dass gegen eine dominante Antworttendenz, eine Gewohnheit oder einen Drang angekämpft werden muss – im Gegensatz zur Antwortselektion, die dem Aufmerksamkeitsbereich zuzuordnen wäre (vgl. z. B. Dillon & Pizzagalli, 2007). Damit sich in einer Go/Nogo-Aufgabe eine dominante Antworttendenz ausbildet, sollte der Nogo-Reiz deutlich seltener präsentiert werden. Im Go/Nogo-Untertest der Testbatterie zur Aufmerksamkeitsprüfung für Kinder (KITAP; Zimmermann, Gondan & Fimm, 2002) erscheinen Go und Nogo-Reize dagegen gleich häufig; der exekutive Anteil wäre daher gering. Allerdings lässt sich argumentieren, dass die sehr kurze Darbietung der Stimuli und die Instruktion, so schnell wie möglich zu antworten, zum Antworten verleiten.

Kognitive Hemmung wird typischerweise mit Aufgaben zur Interferenzkontrolle untersucht, wie dem Stroop Test und seinen Varianten. Im klassischen Farbe-Wort-Interferenztest (Bäumler, 1985) soll eine automatisierte Antwort – das Lesen eines Worts – zugunsten einer nicht-automatisierten Antwort – dem Benennen der Farbe, in der das Wort geschrieben ist – unterdrückt werden. Diese Aufgabe ist für jüngere Schulkinder, bei denen der Leseprozess noch nicht hochautomatisiert ist, oder für Kinder mit Dyslexie ungeeignet. In der Stroop Variante im AGTB 5-12 werden statt dessen kongruente Durchgänge (Bild und Wort entsprechen einander, z. B. visueller Stimulus „Mann“ und auditiver Stimulus „Mann“) mit inkongruenten Durchgängen (Bild und Wort entsprechend einander nicht, z. B. visueller Stimulus „Mann“ und auditiver Stimulus „Frau“) kontrastiert.

Einige Testaufgaben kombinieren verschiedene Aspekte von Hemmung oder Aufmerksamkeit: In der Stop Signal Task (Logan, 1994; z. B. Walk don’t walk aus Tea-ch; Stop Task aus CANTAB) soll eine bereits begonnene Go-Antwort durch einen Stopp-Reiz unterbrochen werden. Je später der Stoppreiz erscheint, desto schwieriger wird es, die bereits initiierte motorische Antwort zu stoppen. Hier haben vor allem Kinder Probleme, bei denen eine motorische Hemm-Komponente beeinträchtigt ist. Im Untertest „Ablenkbarkeit“ der KITAP wird eine Go/Nogo-Aufgabe kombiniert mit der zweiten Inhibitionsaufgabe, trotz interessanter Reize nicht auf die Peripherie des Bildschirms zu schauen (bzw. Aufgabe zur fokussierten Aufmerksamkeit).

Wechseln/Flexibilität/Umstellungsfähigkeit

EF-Aufgaben zu Wechsel/Flexibilität/Umstellfähigkeit (engl. shift, switching) lassen sich unterteilen in Aufgaben mit Wechsel des Stimulus, der Antwort oder des kognitiven Sets (vgl. Kim et al., 2011; Kim, Cilles, Johnson & Gold, 2012). Einfache Aufgaben mit Wechsel des Stimulus (perzeptueller Wechsel) lassen sich dem Arbeitsgedächtnis zuordnen. Dabei soll zwischen zwei Aufgabenarten oder Zielreizen hin- und hergewechselt werden. Eine einfache Alternierungsaufgabe ist z. B. der Children's Colour Trails Test CCTT (Llorente, Williams, Satz & D'Elia, 2003), bei dem Zahlen in fortlaufender Reihenfolge verbunden werden sollen, wobei zwischen zwei Farben abzuwechseln ist. In vielen „klassischen" Testaufgaben mit Stimuluswechsel zeigt sich das „Task-impurity" Problem und es werden verschiedene EF-Komponenten kombiniert. Im Untertest „Flexibilität" der KITAP soll zwischen zwei visuell dargebotenen Zielreizen – grüner Drache oder blauer Drache – alterniert werden. Zusätzlich entsteht bei einem Teil der Durchgänge eine räumliche Interferenz und es muss gegen die Tendenz angekämpft werden, mit den Händen, die unterschiedliche Tasten bedienen, in einen regelmäßig alternierenden Antwortrhythmus zu fallen. Der Untertest „Wechsel" des Regensburger Wortflüssigkeitstest (RWT; Aschenbrenner, Tucha & Lange, 2000) stellt eine Kombination aus Alternieren zwischen Wortkategorien und einer Generierungsaufgabe dar.

Bei Aufgaben mit Wechsel der Antwort verändert sich die Antwortregel: Im Untertest „Gegenwelten" (Tea-ch) sollen Zahlen benannt werden: Zunächst erfolgt das Benennen wie gewohnt (Gleichwelt), anschließend sollen die Karten mit „1" als „2" gelesen werden und „2" als „1". Kinder mit Störungen der Flexibilität benötigen dafür sehr viel Zeit, machen Fehler oder verfallen wieder in das alte Antwortmuster (Perseveration). Dieser Aufgabentyp überlappt mit Hemmung und Kontrolle von Interferenz. Aufgaben zum Wechsel des „mental sets" verlangen eine Umstellung auf neue Regeln oder/und z. T. auf veränderte Inhalte. Dazu muss sich das Kind von dem aktuell bestehenden „mental set" also der Voreinstellung, mit der die Aufgabe bisher bearbeitet hat, lösen und nach einem anderen Kriterium fortfahren.

Arbeitsgedächtnis

Die Definitionen von Arbeitsgedächtnis sind ähnlich vielfältig wie die von EF. Arbeitsgedächtnismodelle sind in der Regel Mehrkomponentenmodelle (vgl. Baddeley, 2010; Repovs & Baddeley, 2006). Für einige Autoren ist Arbeitsgedächtnis gleichzusetzen mit exekutiven Basisprozessen (z. B. „distractor resistence", „intrusion resistence", „shifting", „updating", vgl. Metaanalyse von Nee et al., 2013), jeweils mit materialspezifischen Besonderheiten (verbal, visuell, objektspezifisch). Arbeitsgedächtnisaufgaben lassen sich aufteilen in solche, die eher auf Speicherprozesse und Speicherkapazität bezogen sind (z. B. „Zahlennachsprechen vorwärts", aus: WISC-IV; Petermann & Petermann, 2011), und solche, die eher die Fähigkeit zur Manipulation von Informationen im Arbeitsspeicher untersuchen, deshalb im engeren Sinne „exekutiv" sind (z. B. „Zahlennachsprechen rückwärts"; WISC-IV). Zu dieser letzten Kategorie gehören Aufgaben, bei denen eine aktuelle Information mit vorheriger verglichen und die ständige Erneuerung von Informationen im Arbeitsspeicher abgeprüft wird (N-back-Aufgaben, z. B. „Knack den Code“ aus TEA-Ch), Aufgaben, bei denen unterschiedliche Informationen parallel verarbeitet und eventuell zusätzlich manipuliert oder aktualisiert werden (Dual-Task, z. B. „Geteilte Aufmerksamkeit“ aus KITAP), Aufgaben, bei denen Informationen neu angeordnet oder aus einer anderen Perspektive betrachtet werden („Reordering Tasks“ und „Mental Rotation Tasks“, z. B. Buchstaben-Zahlen-Folge aus WISC-IV), oder möglichst viele neue Elemente nach Regeln generiert werden sollen. Auch Wechseln (Switching oder Shifting; siehe vorheriger Abschnitt) wird manchmal zu den Arbeitsgedächtnisprozessen gezählt.

Planen und Problemlösen

Bei Aufgaben zum *konvergenten* Denken gibt es eine exakte Lösung, die logisch oder durch Bilden von Analogien erschlossen werden soll. Bei Aufgaben zum *divergenten* Denken ist dagegen nur die Problemstellung, nicht aber die Lösung vorgegeben. Aufgabe zum konvergenten Denken sind typischerweise in Intelligenztests enthalten, z. B. Gemeinsamkeiten finden, Reihen fortsetzen, das passende Element in eine Matrize einfügen. Diese Aufgaben sind klar strukturiert und bieten für manche Kinder mit EF-Störungen wenig Schwierigkeiten.

Komplexere Aufgaben erfordern dagegen ein Planen über mehrere Schritte hinweg oder kombinieren unterschiedliche exekutive Funktionen. Bei *Sortieraufgaben* sollen Sortierkategorien erschlossen und/oder gewechselt werden. Ein Sortiertest für jüngere Kinder ist das Konzentrationshandlungsverfahren für Vorschulkinder, bei denen Kärtchen nach bestimmten Figuren abgesucht und nach unterschiedlichen Zielreizen geordnet werden sollen. Ein weiteres Sortierverfahren ist der Wisconsin Card Sorting Test (WCST), der allerdings zugleich Anforderungen an schlussfolgerndes Denken, Arbeitsgedächtnis, Lernen aus Feedback, kognitive Flexibilität, Monitoring und Hemmen stellt. Transformationsaufgaben (z. B. Turm von London), Konstruktionsaufgaben (z. B. Mosaiktest) oder Weg- und Weg-Zeitaufgaben (z. B. Zoo-Spiel) erfordern eine Zielrepräsentation und ein Planen über mehrere Schritte hinweg.

Zu den *divergenten* Problemlöseaufgaben zählen Flüssigkeitsaufgaben, bei denen Elemente eines Sets generiert werden sollen (z. B. Wortflüssigkeitsaufgaben). Je weniger gut das Set vorstrukturiert ist (bzw. je offener der Suchraum), desto höher die exekutiven Anforderungen. Lexikalische Wort-Flüssigkeitsaufgaben (z. B. Kategorie „Tiere“: beschränkter Suchraum) sind daher einfacher zu beantworten als phonematische Wortflüssigkeits-Aufgaben (z. B. Anfangsbuchstabe „s“: offener Suchraum). Beim Lösen von Schätzaufgaben müssen Lösungshypothesen generiert und auf ihre Plausibilität hin überprüft werden. Dafür müssen die Probanden auf allgemeines Wissen zurückgreifen, das sie mit ihrer Lösungshypothese abgleichen. Außerdem müssen die Probanden damit umgehen können, dass die Informationen ungenau und Ergebnisse nicht präzise sind. Auch für Kinder einsetzbar existiert dazu (auf englisch, experimentell) der Biber Cognitive Estimation Test (mit Aufgaben wie: „Wie lang ist der Hals einer Giraffe?“). In Kreativitätsaufgaben ist das Ziel dagegen völlig unbestimmt: Die Lösung muss vom Probanden kreiert und auf Angemessenheit hin überprüft werden.

Naturalistische Handlungsaufgaben zum Planen und Problemlösen, etwa vergleichbar mit dem Multiple Errands Task (MET) für Erwachsene (Shallice & Burgess, 1991), gibt es für Kinder und Jugendliche bislang kaum (vgl. z. B. Children's Cooking Task oder Party Planning Task; Shanahan et al., 2011).

Monitoring (Überprüfen)

Aktuelle Studien verweisen auf sowohl faktorielle (z. B. Roth et al., 2013) wie lokalisatorisch-funktionelle Trennung zwischen aufgabenbezogener Fehler- und Qualitätskontrolle („online-monitoring" oder „performance monitoring") und selbstbezogener Wahrnehmung (Selbst-Monitoring). Zu letzterem wird auch das Störungsbewusstein („Awareness" oder „Self-awareness") gerechnet. In der US-Literatur findet sich manchmal der Begriff „metacognitive processes" als ein Oberbegriff für Aufgaben- und Selbstbezogenes Monitoring (Cicerone et al., 2006). In Zusammenhang mit kognitiver Regulation wird hier zunächst das aufgabenbezogene (leistungsbezogene) Monitoring behandelt.

Störungen *aufgabenbezogener Monitoring-Prozesse*, die sich in der Testdiagnostik beobachten lassen, können auf unterschiedlichen Ebenen ansetzen (vgl. Tabelle 2.13). Bei Kindern können auch metakognitive Wissensfehler, also eine Unkenntnis, wie man bei solchen Aufgaben vorgeht, und ein Mangel an Erfahrung eine Rolle spielen. Typische „exekutive" Monitoring-Probleme auf Ebene der Fehlerproduktion wären dagegen Ausführungsfehler, bei denen die Kinder wissen, was zu tun ist, sich aber bei der Ausführung der Aufgabe nicht daran halten: z. B. wenn das ursprüngliche Ziel aus den Augen verloren wird (Goal Neglect, vgl. Duncan, 1995), Regelbrüche begangen werden oder Flüchtigkeits- oder Sorgfaltsfehler auf einen oberflächlichen, impulsiven Verarbeitungsstil schließen lassen. Diese Auffälligkeiten lassen sich besonders gut in Verfahren beobachten, bei denen das Einhalten von Regeln zentral ist für die Aufgabenbewältigung, etwa bei Aufgaben zum Multitasking oder zum *prospektiven Gedächtnis*, bei denen zudem ein fortlaufendes Zeit-Monitoring gefordert ist. Prospektives Gedächtnis umfasst das Generieren eines Handlungsplans oder einer Handlungsabsicht für eine in der Zukunft liegende Handlung, und die Fähigkeit, diesen Plan im richtigen Moment abrufen und umsetzen zu können. Diese Fähigkeit ist wesentlich für das Handeln im Alltag (Geurten, Lejeune & Meulemans, 2015). Talbot & Kerns (2014) verglichen zwei Arten von Prospektivem Gedächtnis bei Kindern mit ADHS: „Zeit-basiert" (z. B. „Breche die Aufgabe pünktlich nach 10 Minuten ab") und „Ereignis-basiert" (z. B. „Hebe nach Abschluss der 5. Aufgabe die Hand") und fanden stärkere Beeinträchtigungen bei Zeit-basierten Aufgaben.

Wiederholtes Überprüfen spielt auch beim kognitiven Schätzen eine Rolle. Beim Schätzen können keine exakten Antworten abgerufen werden, sondern es müssen durch Problemlöseprozesse und wiederholtes Überprüfen der hypothetischen Lösungen (Plausibilitätskontrollen) Ergebnisse abgeleitet werden. Diese Aufgaben werden zwar experimentell untersucht (z. B. Harel, Cillessen, Fein, Bullard & Aviv, 2007), es gibt sie aber bislang nicht in standardisierten deutschsprachigen Verfahren für Kinder. Wie bei den meisten exekutiven Verfahren ist das fortlaufende Monitoring, das bei diesen Aufgaben gefordert ist, nur eine von mehreren EF-Komponenten; die Aufgaben sind multifaktoriell.

Oft muss man beeinträchtigtes Fehler-Monitoring eher indirekt aus erhöhten Fehlerzahlen ableiten, z. B. aus Durchstreichtests wie dem d2, was dann aber mit anderen möglichen Ursachen wie Aufmerksamkeitsstörungen oder Motivationsmangel konfundiert sein kann. Die Beeinträchtigung kann aber auch den Monitoring-Prozess selbst und die Fehler-Entdeckung betreffen, z. B. aufgrund defekter Feedback- oder Feedforward-Mechanismen. Das lässt sich auch in Testuntersuchungen objektivieren: Bei Kindern mit ADHS (Schachar et al., 2004) und bei Kindern nach Schädelhirntrauma (Ornstein et al., 2009) wurde gezeigt, dass sie, im Gegensatz zu typisch entwickelten Kindern, nach Fehlern keine Verlangsamung der Reaktionszeiten zeigen (sogenanntes „post error slowing"). Dieser Befund hat allerdings bislang keinen Eingang in die standardisierte Testdiagnostik gefunden. Häufig werden Fehler aber deshalb von den Probanden nicht entdeckt, da keine metakognitive Strategien zur adäquaten Aufgabenüberprüfung eingesetzt werden (z. B. wie aus eigener Initiative nachzukontrollieren) (vgl. Tabelle 2.14).

Bei Problemen auf Ebene der Fehlerkorrektur können kognitive oder motivationale Schwierigkeiten im Vordergrund stehen. Bei motivationalen Problemen werden z. B. zu wenige Bearbeitungsressourcen aktiviert, etwa aus Indifferenz gegenüber Fehlern, Fehleinschätzung der Qualität der eigenen Arbeit oder aus Abneigung gegen mentale Anstrengung. Auch können kognitive und emotionale/motivationale Regulationsaspekte zusammenwirken (vgl. van Noordt & Segalowitz, 2012). Zu den Methoden, mit denen man Monitoring untersucht, gehört die systematische Selbsteinschätzung der Leistungen und der Aufgabenschwierigkeit: Vor dem Bearbeiten einer Aufgabe sollen Probanden einschätzen, wie sie vermutlich abschneiden werden, und nachher, wie sie tatsächlich abgeschnitten haben, wie sicher sie sich dabei in ihrem Urteil fühlen („confidence judgments") und wie schwierig die Aufgabe für sie war. Zum Teil stammen diese Untersuchungstechniken aus der Metakognitionsforschung und aus der pädagogischen Psychologie (vgl. Whitebread et al., 2010).

Die Begriffe zur Beschreibung von Monitoring-Prozessen bei Kindern werden nicht einheitlich verwendet. Zur konzeptuellen Abgrenzung sind hier einige Begriffe gegenübergestellt (orientiert an Lyons & Zelazo, 2010, modfiziert). Es muss aber darauf hingewiesen werden, dass die Begriffe zum Teil in widersprüchlicher Bedeutung verwendet werden.

Eine Einschätzung des Realitätsmonitorings spielt vor allem bei forensischen Fragestellungen eine Rolle, da jüngere Kinder bei Befragung nicht immer sicher zwischen Realität und Suggestion unterscheiden können.

Monitoring wird auch in Fragebogenverfahren erfasst. Im BRIEF, Verhaltensinventar zur Beurteilung Exekutiver Funktionen (deutsche Version von Drechsler & Steinhausen, 2013) werden aus der Skala „Überprüfen" (engl. Monitor) zwei Subskalen gebildet: „Aufgabenbezogenes Überprüfen" (Task Monitor) – mit Items, die sich auf Fehlerkontrolle beziehen – und Selbstbezogenes Überprüfen (Self Monitor) – mit Items, die sich auf die Wahrnehmung eigener Stärken und Schwächen bzw. auf die eigene Wirkung auf andere beziehen.

Tabelle 2.14: Bereiche und Begriffe des aufgabenspezifischen und selbstbezogenen Monitorings (orientiert an Lyons & Zelazo, 2010; modifiziert).

Bereiche aufgabenspezifischen Monitorings	
Fehlermonitoring/Performance monitoring	Online-Überprüfung der Aufgabenbearbeitung auf Fehler/Arbeitsqualität.
Realitätsmonitoring	Abgleich zwischen erlebten/realen und suggerierten oder erfundenen Ereignissen und Inhalten; Zuordnung von Erinnerungen zu einer Quelle (Kontext).
Plausibilitätskontrollen	Aufstellen und Überprüfung von Hypothesen bei unsicherer Wissensbasis; Abgleich mit Vorwissen.
Zeitmonitoring	Online-Überprüfen der ablaufenden Zeit im Hinblick auf bevorstehende Termine/Zeiteinschränkungen.
Ereignismonitoring	Online-Überprüfen, ob ein bestimmtes Ereignis eintritt. Z. B. ein Signal, auf das eine Handlung zu erfolgen hat.
Selbstbezogenes Monitoring	
Selbst-Monitoring	Evaluation der eigenen Fähigkeiten, Leistungen und Gefühle und Überprüfen des eigenen Verhaltens im Hinblick auf soziale Wirkung und Akzeptanz.
Unsicherheits-Monitoring	Einschätzung, wie sicher man sich bei einer Entscheidung/ Aufgabenlösung fühlt (confidence judgment).
Subjektive Aufgaben- und Leistungsbeurteilung	Retrospektive Evaluation oder prospektive Einschätzung der eigenen Leistung/Leistungsfähigkeit bei einer Aufgabe und subjektive Einschätzung der Aufgabenschwierigkeit/-anforderung (offline).
Metakognition	Wissen um die eigenen kognitiven Leistungen bzw. Wissen um Strategien und Vorgehensweisen, die zur Bearbeitung einer Aufgabe erforderlich sind.
Metakognitives Monitoring	Überprüfen der aktuellen Strategien und Vorgehensweisen bei der Bearbeitung einer Aufgabe (wird aber oft auch übergreifend im Sinne von „Selbst-Monitoring" verwendet).
Introspektion	Selbstbeobachtung; setzt eine teilweise Distanzierung von der eigenen Person voraus.
Störungsbewusstsein (Awareness)	Wahrnehmung der Konsequenzen einer (neurologischen) Beeinträchtigung auf eigene Fähigkeiten, Leistungen und Verhalten.

Aktivitätsregulation

Die meisten vorhandenen Instrumente zur Erfassung der Aktivitätsregulation bei Kindern beziehen sich einseitig auf das Störungsbild ADHS und ADHS-Kriterien, nicht aber auf die objektive Messung von Aktivität. Eine Ausnahme ist der QB-Test, der parallel zur Durchführung eines Aufmerksamkeitstests die Kopfbewegungen registriert. Objektive Messungen mit Aktimeter wurden bei Kindern experimentell eingesetzt (z. B. Konrad et al., 2005a). Fragebogenverfahren zur Erfassung von Aktivität, die störungsunspezifisch sind, wurden auf Englisch veröffentlicht (Penny et al., 2009). Störungen der Initiative und des Antriebs in einem exekutiven Sinn werden in der Skala „Initiative“ des BRIEF abgefragt. Antriebsprobleme, Apathie und Ermüdbarkeit/Fatigue sind bei Kindern konzeptuell etwas weniger gut abgegrenzt als bei Erwachsenen. Ein Überblick über Instrumente zur Erfassung von Fatigue bei Kindern findet sich bei Crichton und Kollegen (Crichton, Knight, Oakley, Babl & Anderson, 2015).

Emotionale und soziale Regulation

Obwohl es zahlreiche experimentelle Verfahren zur motivationalen, emotionalen und sozialen Regulation gibt, herrscht ein Mangel an deutschsprachigen standardisierten Verfahren für Kinder. Ein Untertest zur Erfassung von Belohnungsaufschub ist in der IDS-p enthalten.

Die CANTAB (siehe Kapitel 2.2.12) enthält zwar Aufgaben zum Entscheiden mit wechselnden Belohnungen und Belohnungskontingenzen (z. B. Information Sampling Task IST), deren klinische Validität bei Kindern ist jedoch bislang unklar, deshalb werden sie hier nicht aufgeführt. Untertests zum Erkennen des emotionalen Gesichtsausdrucks finden sich in der IDS, IDS-p, ANT und Nepsy-II. Einige dieser Verfahren untersuchen auch das Verstehen von Emotionen im Kontext und Theory of Mind. Viele diagnostische Theory of Mind (ToM) Aufgaben wurden im Rahmen der Autismus-Forschung veröffentlicht (z. B. Theory of Mind Battery, Hutchins et al., 2008; Strange story test, Jolliffe & Baron-Cohen, 1999; Awkward moments test, Heavey et al., 2000). Zur Untersuchung von ToM Problemen bei Kindern und Jugendlichen nach Schädelhirntrauma beschreiben Dennis und Kollegen (2013) ein dreigeteiltes Modell zur Erfassung von ToM, mit kognitiven, affektiven und konativen Aufgabentypen. Kognitive Aspekte der ToM werden mit sogenannten „false belief“ Aufgaben erfasst (Tabelle 2.15). Das sind die typischen ToM Aufgaben vom Sally-Ann Typ (Sally denkt, dass Ann denkt, etc.), bei denen einer der Protagonisten über mehr Informationen verfügt als der andere, und sich vorstellen soll, welche Fehlannahmen der andere aufgrund seiner begrenzten Informationen treffen wird. Affektive ToM Aufgaben untersuchen, wie gut der affektive Ausdruck und der Kontext zueinander passen. Bei konativen Aufgaben wird untersucht, ob Ironie und Übertreibung verstanden werden können. Dennis und Kollegen (2013) schlagen zur Untersuchung Kontrollaufgaben vor, bei denen eine Aufgabe ähnliche kognitive Anforderungen stellt, der Täuschungsanteil aber wegfällt (Tabelle 2.15). Die Fähigkeit, Ironie zu verstehen, und andere pragmatisch-kommunikative Fähigkeiten werden ansonsten, außer in experimentellen Verfahren, mit Fragebögen untersucht.

Tabelle 2.15: Unterschiedliche Theory of Mind (ToM)-Ebenen, Aufgabentypen und Kontrollaufgaben (nach Dennis et al., 2013, modifiziert)

ToM-Aspekt	Hintergrund	ToM Aufgabentyp/Ziel	Kontroll-Aufgabe
Kognitive ToM	„False belief" Falsche Überzeugung	Erkennen, wann beim anderen falsche Vorannahmen vorliegen: A denkt, dass B denkt (wobei A weiß, dass B sich täuscht).	Erkennen, was der andere denkt (wobei A denkt, dass Bs Annahmen zutreffen).
Affektive ToM	Vortäuschung von Gefühlen (z. B. im Gesichtsausdruck)	Erkennen von Täuschung: A versucht B glauben zu machen, dass A etwas Bestimmtes fühlt (was aber nicht zutrifft).	Erkennen der Gefühle (z. B. im Gesichtsausdruck) des anderen (Empathie).
Konative ToM	Soziale Kommunikation, in der A versucht, Bs Gedanken oder Gefühle zu beeinflussen, indem er etwas sagt, das man nur unter Einbeziehung des Kontexts richtig verstehen kann. Beispiele sind Ironie und übertriebenes Lob.	Erkennen der tatsächlichen Intention: A versucht, B etwas glauben zu lassen über B oder Bs Handlungen (wobei das, was gesagt wird, nicht wörtlich gemeint ist).	Erkennen der Intention: A versucht, B etwas glauben zu lassen über B oder Bs Handlungen (wobei das, was gesagt wird, wörtlich gemeint ist).

Fragebogen zur Erfassung Exekutiver Funktionen

EF-Auffälligkeiten im Alltag lassen sich gut anhand von Fragebögen erfassen, die von Eltern, Lehrern und die betroffenen Jugendlichen selbst ausgefüllt werden (BRIEF, BRIEF-p). Allerdings stimmen die so erhobenen Beeinträchtigungen in der Regel nur wenig mit den in objektiven EF-Tests gemessenen Störungen überein. Beide Methoden – EF-Testuntersuchung und EF-Fragebogen – erfassen offensichtlich unterschiedliche Aspekte von EF-Störungen (vgl. Drechsler & Steinhausen, 2013). EF-Fragebögen lassen sich gut einsetzen, wenn alltagsrelevante Probleme oder Veränderungen von EF „ökologisch" erfasst werden sollen, z. T. bei der Überprüfung der Wirksamkeit von Interventionen. Außerdem bilden sie in Studien störungstypische EF-Profile auf Gruppenebene recht gut ab. Man kann daher davon ausgehen, dass EF-Fragebögen neuropsychologische Tests sinnvoll ergänzen, aber nicht ersetzen.

Testbatterien

Zu den EF-Testbatterien für Kinder mit deutschsprachiger Normierung zählen die Arbeitsgedächtnis Testbatterie für Kinder von 5 bis 12 Jahren (AGTB 5-12) und die Testbatterie zur Aufmerksamkeitsprüfung für Kinder KITAP (vgl. Kapitel 2.2.1), wobei man beide Batterien, je nach neuropsychologischer Theorie, auch anderen Funktionsdomänen zurechnen kann, nämlich Gedächtnis oder Aufmerksamkeit. Dies gilt ebenfalls für den Test of Everyday Attention for Children (TEA-Ch). Die englischsprachige Testbatterie Delis-Kaplan Executive Function System (D-KEFS; Delis, Kaplan & Kramer, 2001) ist für Kinder ab 8 Jahren normiert. Die nicht-sprachlichen Untertests lassen sich für Kinder gut einsetzen, wobei man dann auf die US-Normierung zurückgreifen muss (vgl. Handbuch neuropsychologischer Testverfahren, Band 1, 2009). Das Behavioural Assessment of the Dysexecutive Syndrome in Children (BADS-C; 2003) ist eine Adaptation eines analog konstruierten Verfahrens für Erwachsene (BADS; Wilson, Alderman, Burgess, Emslie & Evans, 2002, rezensiert im Handbuch neuropsychologischer Testverfahren, Band 1, 2009). Die BADS-C wurde aber kaum je evaluiert und ihre klinische Validität ist unsicher.

Empfohlene Literatur

De Luca, C. R. & Leventer, R. J. (2008). Developmental trajectories of executive function across lifespan. In V. Anderson, R. Jacobs, P. J. Anderson (Eds.), *Executive functions and the frontal lobes. A lifespan perspective* (pp. 23–56). New York: Taylor & Francis.

Diamond, A. (2013). Executive functions. *Annual Review of Psychology, 64,* 135.

Kennedy, D. P. & Adolphs, R. (2012). The social brain in psychiatric and neurological disorders. *Trends in Cognitive Science, 16,* 559–572.

2.2.3.6 *Übersichtstabelle: EXEKUTIVE FUNKTIONEN*

Die folgende Tabelle bietet einen Überblick über wichtige Testverfahren und Untersuchungsdesigns. Die Gliederung folgt den im Theorieteil dargestellten Funktionsbereichen. Während in der ersten Spalte eigenständige Verfahren zu exekutiven Funktionen, der jeweilige Untertest aus einer Testbatterie oder am Ende der Tabelle zwei Testbatterien aufgeführt sind und die zweite Spalte Angaben zum Altersrange für den Einsatz bei Kindern und Jugendlichen umfasst, ist in der dritten Spalte die Operationalisierung der exekutiven Funktionen skizziert. In der vierten Spalte folgt die Seitenangabe, wo in diesem Band das Verfahren weiter besprochen wird, entweder durch eine vollständige Rezension oder im Rahmen einer Übersichtstabelle, oder es wird der Band genannt, in welchem die Rezension abgedruckt ist. Ein Kreuz zeigt an, dass das Verfahren nur an dieser Stelle genannt wird. Literatur- und Quellenangaben für die einzelnen Verfahren finden sich im Anhang in der Tabelle „Testverfahren – nach Testnamen geordnet“ (S. 805).

Kognitive Regulation			
Hemmen			
Antworthemmung (Verhaltenshemmung)			
Statue aus: Developmental Neuropsychological Assessment-II (NEPSY-II)	3–7 Jahre	75 Sekunden unbeweglich dastehen, mit geschlossenen Augen.	Bd. 3
Go/Nogo aus: Kinderversion der Testbatterie zur Aufmerksamkeitsprüfung (KiTAP)	6–10 Jahre	Bei Stimulus 1 (Fledermaus) soll so schnell wie möglich reagiert werden, bei Stimulus 2 (Katze) nicht.	113
Go/Nogo aus: Testbatterie zur Aufmerksamkeitsprüfung (TAP)	6–19 Jahre	Auf ein Kreuz soll mit Tastendruck reagiert werden, auf ein Pluszeichen nicht. Unterdrückung der Antwort bei 50 % der Reize.	Bd. 1
Kognitive Hemmung (Interferenzkontrolle)			
Stroop aus: Arbeitsgedächtnistestbatterie für Kinder von 5 bis 12 Jahren (AGTB 5-12)	5–12 Jahre	Gleichzeitige Darbietung von auditivem Stimulus (z. B. „Mann“) und kongruentem oder inkongruentem visuellem Stimulus (z. B. „Frau“). Es soll nur auf den visuellen Stimulus reagiert werden. 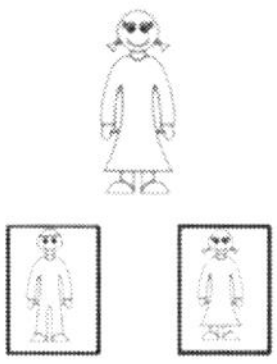	255

Schnelles Benennen Farben (SBF) aus: Bielefelder Screening zur Früherkennung von Lese-Rechtschreibschwierigkeiten (BISC)	10 bis 4 Monate vor Einschulung	SBF-1: Zu schwarz-weiß dargestellten Objekten (Obst und Gemüse) soll so schnell wie möglich die richtige Farbe genannt werden. SBF-2: Zu farbig falsch dargestellten Objekten soll so schnell wie möglich die richtige Farbe genannt werden.	Bd. 3
Ablenkbarkeit aus: Kinderversion der Testbatterie zur Aufmerksamkeitsprüfung (KiTAP)	6–10 Jahre	1. Go Nogo-Aufgabe bezogen auf Stimulus in der Mitte des Bildschirms; 2. Unterdrückung der Ablenkung durch „Monster" in der Peripherie.	113
Go/Nogo aus: Arbeitsgedächtnistestbatterie für Kinder von 5 bis 12 Jahren (AGTB 5-12)	5–12 Jahre	Es soll mit Tastendruck reagiert werden, wenn eine bestimmte Kriterienkombination auf dem Stimulusbild vorhanden ist (z. B. „gelber Ballon"). 	255
Walk Don't Walk, aus: Test of Everyday Attention for Children (TEA-Ch)	6–11 Jahre	Eine bereits begonnene Reaktion – das Punktieren der Go-Kästchen – soll nach einem Stopp-Reiz (auditiven Signal) gehemmt werden.	142
Stop-Task aus: Cambridge Neuropsychological Test Automated Battery (CANTAB)	Kinder und Erwachsene	Bei einer Wahlreaktionsaufgabe soll eine bereits begonnene Reaktion noch gestoppt werden, wenn kurz nach dem kritischen visuellen Reiz ein Stop-Signal (auditiv) präsentiert wird.	Bd. 3
Wahlreaktionsaufgabe aus: Reaktionstest (RT) (Wiener Testsystem, WTS)	S3: 6–11 Jahre S4/S5: ab 15 Jahre	Wahlreaktion: Erscheint zugleich ein gelber und ein roter Kreis, soll reagiert werden, sonst nicht.	Bd. 1
Farbe-Wort Interferenztest (FWIT)	Ab 10 Jahre	Das Lesen eines Farbwortes soll unterdrückt werden; statt dessen soll die Farbe genannt werden, in der Wort geschrieben ist.	Bd. 1

Inkompatibilität aus: Testbatterie zur Aufmerksamkeitsprüfung (TAP)	6–19 Jahre	Räumliche Stroop-Aufgabe mit Pfeilen als Stimuli. Reagiert werden soll auf die Pfeilrichtung (links oder rechts) Dabei soll der Ort des Erscheinens (linke oder rechte Bildschirmhälfte) ausgeblendet werden.	Bd. 1
Fokussierte Aufmerksamkeit (WAFF) aus: Wahrnehmungs- und Aufmerksamkeitsfunktionen (WAF)	7–17 Jahre	Dargeboten werden gleichzeitig ein Kreis und ein Quadrat, die manchmal heller werden. Tastendruck soll erfolgen, wenn die Kreise zweimal hintereinander heller werden, nicht aber bei Veränderung der Quadrate.	Bd. 1
Flexibilität/Wechsel			
Wechsel des Stimulus/perzeptueller Wechsel			
Children's Colour Trails Test (CCTT)	8–16 Jahre	Zahlen werden in fortlaufender Reihenfolge verbunden, dabei wird zwischen zwei Farben alterniert.	233
Flexibilität aus: Kinderversion der Testbatterie zur Aufmerksamkeitsprüfung (KiTAP)	6–10 Jahre	Es wird zwischen zwei Zielreizen (blauer Drachen, grüner Drachen), die nebeneinander erscheinen, alterniert. Gleichzeitig muss die Tendenz kontrolliert werden, beim Bedienen der Antworttasten auch die Hand zu wechseln.	113
Untertest Wechsel aus: Regensburger Wortflüssigkeitstest (RWT)	8–18 Jahre	Es sollen Wörter nach zwei unterschiedlichen semantischen Kategorien generiert werden. Dabei wird fortlaufend zwischen den Kategorien gewechselt.	Bd. 1
Shifting Attentional Set Auditory (SSA) Shifting Attentional Set Visual (SSV)	7–12 Jahre	Im ersten Teil wird ein tiefer Ton ein- oder zweimal präsentiert, und es soll kompatibel ein- oder zweimal auf eine Taste gedrückt werden. Im zweiten Teil soll genau umgekehrt reagiert werden. Im dritten Teil werden hohe und tiefe Töne durcheinander präsentiert, und es soll in Abhängigkeit von der Tonhöhe kompatibel oder inkompatibel reagiert werden (set shifting).	Bd. 3
Trail Making Test (TMT) aus: Delis-Kaplan Executive Function System (D-KEFS)	9–14 Jahre Ab 8 Jahre	Zahlen und Buchstaben werden in fortlaufender Reihenfolge verbunden, wobei zwischen beidem gewechselt wird.	Bd. 1

Flexibilität aus: Testbatterie zur Aufmerksamkeitsprüfung (TAP)	6–12 Jahre	Es wird zwischen zwei Zielreizen (Buchstabe, Zahl), die nebeneinander erscheinen, alterniert. Gleichzeitig muss die Tendenz kontrolliert werden, beim Bedienen der Antworttasten auch die Hand zu wechseln.	Bd. 1
Wechsel der Antwort			
Creature counting aus: Test of Everyday Attention for Children (TEA-Ch)	6–11 Jahre	„Monster" werden je nach Pfeilrichtung hinzugezählt oder abgezogen.	142
Opposite worlds aus: Test of Everyday Attention for Children (TEA-Ch)	6–11 Jahre	In der „Gegenwelt" soll genau das Gegenteil gemacht werden wie in der Gleichwelt. Kästchen mit „1" werden als „2" gelesen und umgekehrt.	142
Wechsel des mentalen Sets/Kriteriums			
Intra-extradimensional Shift aus: Cambridge Neuropsychological Test Automated Battery (CANTAB)	ab 7 Jahre	Aus Feedback wird erschlossen, welches von zwei Kriterien (bunte Form, weiße Linie) für Antworten relevant ist.	Bd. 3
Modified Dimensional Change Card Sort (DCCS) aus: NIH Toolbox	3–15 Jahre	Antworten sollen wechselnd nach dem Kriterium Form (Tier vs. Objekt) oder Farbe erfolgen.	224
Animal Sorting aus: Developmental Neuropsychological Assessment-II (NEPSY-II) (englisch)	5–16 Jahre	Das Kind soll Karten mit Tierbildern in jeweils zwei Gruppen à 4 Bildern sortieren, wobei die Zuordnungskriterien selbständig gefunden werden müssen.	Bd. 3
Wisconsin Card Sorting Test (WCST)	ab 7 Jahre	Es wird jeweils eine Karte verschiedenen Zielkarten zugeordnet. Das Sortierkriterium, das aus den Antworten erschlossen werden muss, wechselt nach einigen korrekten Antworten.	Bd. 1
(Weitere) exekutive Prozesse des Arbeitsgedächtnisses			
N-Back-Aufgabe			
Arbeitsgedächtnis aus: Testbatterie zur Aufmerksamkeitsprüfung (TAP)	Ab 10 Jahre	Es wird jeweils eine Zahl auf dem Bildschirm präsentiert. Es soll reagiert werden, wenn die gezeigte Zahl mit der vorletzten Zahl übereinstimmt.	Bd. 1

Parallel präsentierte Aufgaben (Dual Task)			
Geteilte Aufmerksamkeit aus: Kinderversion der Testbatterie zur Aufmerksamkeitsprüfung (KiTAP)	6–10 Jahre	Es soll gleichzeitig auf einen auditiven Zielreiz (Ruf der Eulen) und einen visuellen Zielreiz (Augen geschlossen) geachtet werden.	113
Sky Search Parallelaufgabe aus: Test of Everyday Attention for Children (TEA-Ch)	6–11 Jahre	Dual-task, bimodal (visuell, auditiv): Es sollen gleiche Raumschiffe eingekreist und parallel dazu Geräusche gezählt werden.	142
Score Parallelaufgabe aus: Test of Everyday Attention for Children (TEA-Ch)	6–11 Jahre	Dual-task, unimodal (auditiv, auditiv): Es sollen Geräusche gezählt und parallel dazu aus einer Nachrichtenmeldung ein Tiername herausgehört werden.	142
Wieder-Anordnung von Elementen (Reordering Tasks)			
Buchstaben-Zahlenfolge aus: Wechsler Intelligence Scale for Children – Fourth Version (WISC-IV)	6–16 Jahre	Sequenzen von auditiv dargebotenen Zahlen und Buchstaben sollen getrennt und in aufsteigender Reihenfolge wiedergegeben werden.	Bd. 3
Zahlennachsprechen rückwärts aus: Wechsler Intelligence Scale for Children – Fourth Version (WISC-IV)	6–16	Nachsprechen einer Zahlensequenz in umgekehrter Reihenfolge.	Bd. 3
Generierungsaufgaben (Siehe Problemlösen: Generieren von Elementen einer Gruppe)			
Speicheraspekte des AG			
Einfache Spannmaße			
Zahlennachsprechen vorwärts aus: Wechsler Intelligence Scale for Children – Fourth Version (WISC-IV)	6–16 Jahre	Auditiv präsentierte Zahlenreihen sollen in korrekter Reihenfolge wiederholt werden. „7 – 5 – 4 – 3"	Bd. 3
Wortspanne einsilbig, Wortspanne dreisilbig aus: Arbeitsgedächtnistestbatterie für Kinder von 5 bis 12 Jahren (AGTB 5-12)	5–12 Jahre	Sequenzen auditiv dargebotener Wörter (einsilbig bzw. dreisilbig) sollen wiedergegeben werden. „Buch – Haus – Tisch"	255

Corsi Block aus: Arbeitsgedächtnis-testbatterie für Kinder von 5 bis 12 Jahren (AGTB 5-12)	5–12 Jahre	Sequenzielles Berühren von Blöcken auf dem Bildschirm. Ansteigende Sequenzlänge 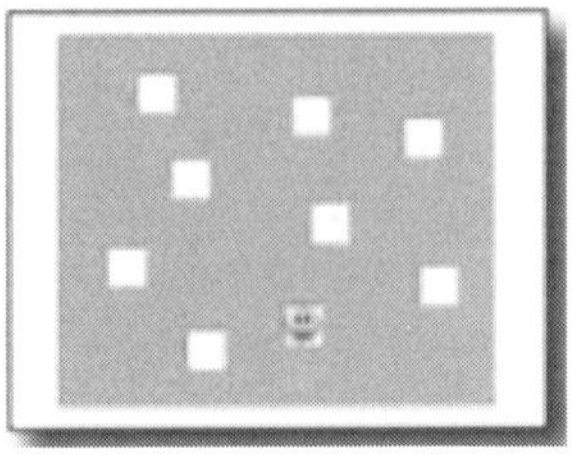	255
Spatial Working Memory (SWM) aus: Cambridge Neu-ropsychological Test Automated Battery (CANTAB)	ab 4 Jahre (?)	Der Proband soll am Bildschirm unter Kästchen versteckte Steine finden und muss sich merken, wo er bereits welche gefunden hat.	Bd. 3
Corsi Block-Tapping Test		Sequenzielles Berühren von Blöcken auf dem Bildschirm/Brett. Ansteigende Sequenzlänge.	Bd. 1
Komplexe Spannmaße			
Zählspanne aus: Arbeitsgedächtnis-testbatterie für Kinder von 5 bis 12 Jahren (AGTB 5-12)	5–12 Jahre	Es sollen in aufeinanderfolgenden Mustern aus Quadraten und Kreisen die Kreise gezählt werden. Die ermittelten Zahlen sollen Ende der Aufgabe genannt werden. 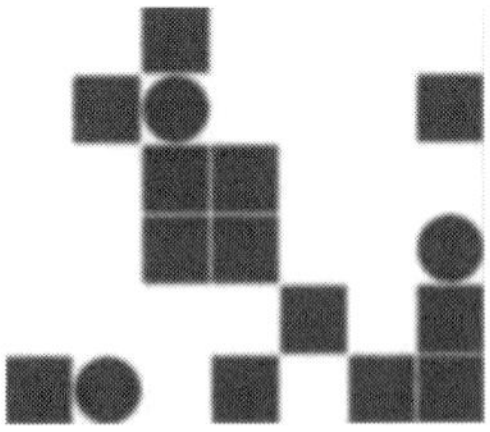	255
Objektspanne aus: Arbeitsgedächtnis-testbatterie für Kinder von 5 bis 12 Jahren (AGTB 5-12)	5–12 Jahre	Bei nacheinander gezeigten Objekten soll angeben werden, ob sie essbar sind. Anschließend sollen die Objekte in der richtigen Reihenfolge genannt werden. 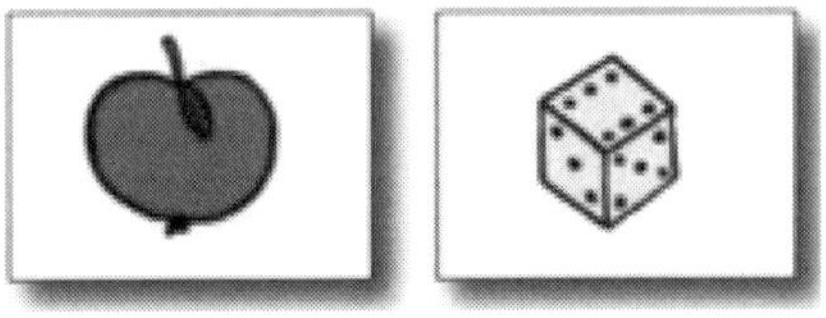	255

Planen und Problemlösen			
Konvergente Denk-Aufgaben			
Aufgaben aus IQ-Tests z. B. Matrix ergänzen aus: Wechsler Intelligence Scale for Children – Fourth Version (WISC-IV) oder	6–16 Jahre	Aus verschiedenen Antwortalternativen soll eine Abbildung ausgewählt werden, die andere Bilder/Muster logisch ergänzt.	Bd. 3
Matrizentest aus: Wechsler Preschool and Primary Scale of Intelligence – Third Edition (WPPSI-III)	4–7 Jahre		Bd. 3
Coloured Progressive Matrices (CPM)	3–11 Jahre	Es soll ein Musterteil ausgewählt werden, das eine Lücke in einer Matrix logisch ergänzt.	Bd. 3
Raven's Standard Progressive Matrices (SPM)	6–16 Jahre	Es soll ein Musterteil ausgewählt werden, das eine Lücke in einer Matrix logisch ergänzt. 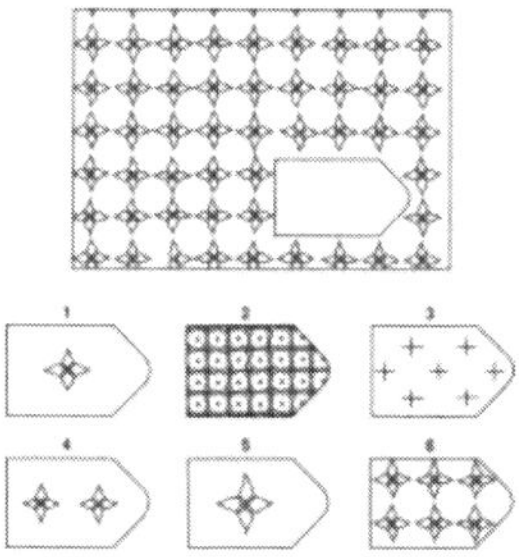	Bd. 1
Sortieren/Kategorisieren			
Konzentrations-Handlungsverfahren für Vorschulkinder (KHV-VK)	3–6 Jahre	Kärtchen werden in bestimmte Fächer einsortiert, je nachdem welche Merkmale oder Merkmalskombinationen darauf abgebildet sind. 	283

Wisconsin Card Sorting Test (WCST)	ab 7 Jahre	Es wird jeweils eine Karte verschiedenen Zielkarten zugeordnet. Das Sortierkriterium muss aus den Antworten des Untersuchers erschlossen werden.	Bd. 1
Computergestützes Kartensortierverfahren (CKV)	Ab 10 Jahre	Am Bildschirm: Zuordnen von Karten zu Zielkarten und Erschließen des Sortierkriteriums aus den Rückmeldungen.	Bd. 1
Sorting Test aus: Delis-Kaplan Executive Function System (D-KEFS) (englisch)	Ab 8 Jahre	Sortieren von verschiedenen Item-Sets nach unterschiedlichen Kriterien.	Bd. 1
Konstruktionsaufgaben			
Mosaiktest aus: Wechsler Intelligence Scale for Children – Fourth Version (WISC-IV)	6–16 Jahre	Nachlegen von Mustern nach Vorlage.	Bd. 3
Block Construction aus: Developmental Neuropsychological Assessment-II (NEPSY-II)	3–16 Jahre	Bauen von dreidimensionalen Figuren aus Würfeln anhand von Bildvorlagen.	Bd. 3
Rey(-Osterrieth) Complexe Figure Test (ROCF)	4–15 Jahre	Abzeichnen einer komplexen Figur; verzögerter Abruf aus dem Gedächtnis.	Bd. 1
Transformationsaufgaben			
Turm von London (TL-D)	6–15 Jahre	Umsortieren von farbigen Kugeln gemäß Regeln und Zielvorgaben. 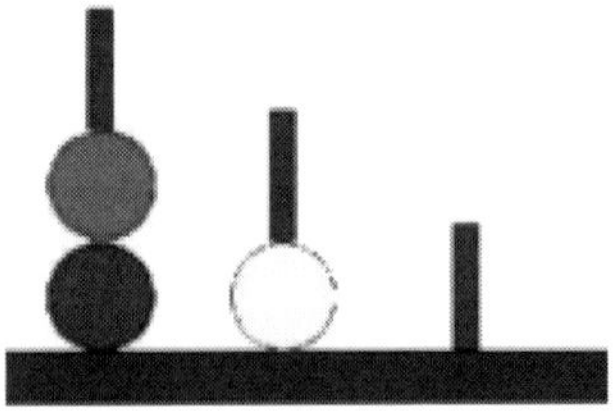	Bd. 1
Stockings of London aus: Cambridge Neuropsychological Test Automated Battery (CANTAB)	ab 7 Jahre	Umsortieren von farbigen Kugeln am Bildschirm gemäß bestimmter Regeln und Zielvorgaben.	Bd. 3

Weg-Aufgaben/Weg-Zeitaufgaben			
Zoo-Spiel	1. bis 3. Klasse	Weg-Aufgabe als Brettspiel, bei der unter Berücksichtigung von Regeln Tiere im Zoo zur Futterstelle und zurück transportiert werden sollen. 	268
Rover aus: Kaufman Assessment Battery for Children – Second Edition (KABC-II)	7–18 Jahre	Das Kind führt einen Spielzeughund auf dem kürzesten Weg über eine Art Spielbrett zu einem Knochen (umfasst auch visuo-räumliche Anteile). Dabei muss es Hindernissen ausweichen.	Bd. 3
Schätzaufgaben			
Biber Cognitive Estimation Test (BCET) (englisch); (Bullard et al., 2004)	ab 5 Jahre	20 Fragen (zu vier Dimensionen: Größe, Zeit, Anzahl, Gewicht), die man nicht exakt beantworten kann. Beispiel: „Wieviel Kerne hat eine Wassermelone?“	234
Generieren von Elementen einer Gruppe: Flüssigkeitsaufgaben			
Wortflüssigkeit aus: Regensburger Wortflüssigkeitstest (RWT)	8–18 Jahre	Generieren von Wörtern nach semantischem (Kategorie) oder phonematischem Kriterium (Anfangsbuchstabe).	Bd. 1
Wortflüssigkeit aus: Prüfsystem für Schul- und Bildungsberatung für 4. bis 6. Klassen – revidierte Fassung (PSB-R 4-6)	4.–6. Klasse	Generieren von Wörtern nach Anfangsbuchstaben.	
Wortflüssigkeit aus: Prüfsystem für Schul- und Bildungsberatung für 6. bis 13. Klassen – revidierte Fassung (PSB-R 6-13)	6.–13. Klasse	Generieren von Wörtern nach Anfangsbuchstaben.	

Design Fluency aus: Delis-Kaplan Executive Function System (D-KEFS)	Ab 8 Jahre	Punkte in einer Matrix sollen auf möglichst unterschiedliche Weise verbunden werden.	Bd. 1
Design Fluency aus: Developmental Neuropsychological Assessment-II (NEPSY-II)	5–16 Jahre	Punkte in einer Matrix werden auf möglichst unterschiedliche Weise unter Beachtung von Regeln und unter Zeitbegrenzung verbunden.	Bd. 3
5-Punkte-Test	6–13 Jahre	Generieren von Mustern unter Zeitvorgabe.	Bd. 1
Kreativitätsaufgaben			
Kreativitätstest für Vorschul- und Schulkinder (KVS-P)	4–12 Jahre	1) Fortbewegungsarten 2) Handlungsalternativen 3) Alternative Verwendungen 4) Bilderraten 5) Gebundene Zeichnungen 6) Freie Zeichnungen	277
Test zum Schöpferischen Denken – Zeichnerisch (TSD-Z)	4–16 Jahre	Fragmente einer Zeichnung sollen zu kompletten Zeichnungen vervollständigt werden.	Bd. 1
Multitasking			
Battersea Multitask Paradigm (MacKinlay et al., 2006)	ab 6 Jahre	Drei Aufgaben sollen innerhalb von drei Minuten bearbeitet werden, unter der Beachtung von Regeln (z. B. unterschiedliche Punkte für gelbe und blaue Items, Zusatzpunkte für jede abgeschlossene Unteraufgabe).	☒
Prospective Memory			
Cyber Cruiser Task (Talbot & Kerns, 2014)	8–13 Jahre	PC-gestützte Aufgabe, bei der Raumschiffe gesteuert werden. Die Teilnehmer müssen daran denken, regelmäßig aufzutanken.	☒
Naturalistische Handlungsaufgaben			
Children's Cooking Task (Chevignard et al., 2010)	ab 8 Jahre	Praktische Handlungsaufgabe mit Erhebung eines systematischen Fehlerprotokolls.	235
Monitor/Überwachen			
Skala „Überprüfen“ aus: Verhaltensinventar zur Beurteilung Exekutiver Funktionen (BRIEF)	6–16 Jahre 11–16 Jahre	Fremdeinschätzung (Eltern/Lehrer) von Monitoring im Alltag Selbsteinschätzung (SB)	236

Unsicherheits-Ratings z. B. Metacognitive Judgement Scale (Roebers et al., 2009)	ab 9 Jahre	Einschätzung der eigenen Leistung/des Aufgabenschwierigkeitsgrads vor und nach der Bearbeitung von Aufgaben.	
Aktivierungsregulation			
QbTest	ab 6 Jahre	CPT mit paralleler Messung von Kopfbewegungen.	132
Sluggish Cognitive Tempo Scale (englisch) (Penny et al. 2009)	(4–13 Jahre)	Fremdbeurteilungsskala für Eltern und Lehrer; 14-Items	
Skala „Initiative“ aus: Verhaltensinventar zur Beurteilung Exekutiver Funktionen (BRIEF)	6–16 Jahre	Fremdeinschätzung von Initiative und selbstinitiierten Aktivitäten (Eltern- und Lehrerversion); 8 Items	238
Emotionale, motivationale und Soziale Regulation			
Motivationale Regulation			
Belohnungsaufschub aus: Intelligence and Development Scales – Preschool (IDS-P)	3–5 Jahre	Es wird erfasst, wie gut ein Kind auf ein Geschenk warten kann.	Bd. 3
Emotionsverarbeitung/Theory of Mind			
Reading the Mind in the Eyes Test	ab ca. 8 Jahre	Der emotionale Gesichtsausdruck soll anhand der Augen erkannt werden.	
Fotoalbum aus: Wiener Entwicklungstest (WET)	3–5 Jahre	Benennen des Gefühlzustandes von Personen auf Foto.	Bd. 3
Sozial-emotionale Kompetenz aus: Intelligence and Development Scales (IDS)	5–10 Jahre	1. Emotionen erkennen 2. Emotionen regulieren 3. Soziale Situationen verstehen 4. Sozial kompetent Handeln 	Bd. 3

Sozial-Emotionale Kompetenz aus: Intelligence and Development Scales – Preschool (IDS-P)	3–5 Jahre	1: Emotionen Erkennen 2. Soziale Situationen verstehen 	Bd. 3
Affect Recognition aus: Developmental Neuropsychological Assessment-II (NEPSY-II) (englisch)	3–16 Jahre	1. Emotionen unterscheiden 2. Identische Emotionen erkennen 3. Gleiche Emotionen auswählen 4. Emotionen erinnern	Bd. 3
Theory of Mind aus: Developmental Neuropsychological Assessment-II (NEPSY-II) (englisch)	3–16 Jahre	1. Verbal Task (Sich einfühlen) 2. Contextual Task (den passenden Gesichtsausdruck zum Kontext auswählen)	Bd. 3
Subtests aus: Amsterdam Neuropsychological Tasks (ANT) (englisch)	6–12 Jahre ab 4 Jahre 6–12 Jahre ab 7 Jahre	Identification Averted Emotions Identification of Facial Emotions Prosody Matching Facial Emotions	Bd. 3
Fragebogenverfahren			
Verhaltensinventar zur Beurteilung Exekutiver Funktionen (BRIEF)	6–16 Jahre 11–16 Jahre	Lehrer und Elternversionen: – *Verhaltensregulations-Index* aus den Skalen Hemmen, Umstellen, Emotionale Kontrolle; – *Kognitiver Regulations-Index* aus den Skalen Initiative, Arbeitsgedächtnis, Planen/Strukturieren, Ordnen/Organisieren, Überprüfen. Selbstbeurteilung (SB): – *Verhaltensregulations-Index* aus: Hemmen Umstellen, Emotionale Kontrolle, Überprüfen; – *Kognitiver Regulations-Index* aus: Arbeitsgedächtnis, Planen/Strukturieren, Ordnen/Organisieren, Aufgaben Durchführen.	236

Verhaltensinventar zur Beurteilung Exekutiver Funktionen für das Kindergartenalter (BRIEF-P)	2–6 Jahre	Fünf Skalen: – Inhibition – Aufmerksamkeitswechsel – Emotionale Kontrolle – Arbeitsgedächtnis – Planen/Organisieren. Drei übergeordnete Indices: – Inhibitorische Selbstkontrolle – Flexibilität – Metakognitive Entwicklung	
Subjective Awareness of Neuropsychological Deficits Questionnaire for Children (SAND-C) (englisch) (Hufford & Fastenau, 2005)	9–19 Jahre	Selbstbeurteilung. Subskalen: 1. Executive/Attention 2. Impulse Control/Carefulness 3. Language Function 4. Fine Motor Control 5. Memory & Gross Motor Functions 6. Visual Spatial Functions	
Child's Communication Checklist (CCC) – Einschätzungsbogen zur Erfassung kindlicher Kommunikationsfähigkeiten (Spreen-Rauscher, 2003)	7–9 Jahre	Subskalen: A. Sprechen B. Syntax C. Unangemessenes Einleiten von Gesprächen D. Kohärenz (sachlich-logischer Zusammenhang) E. Gesprächsstereotypien F. Verhalten im Gesprächskontext G. Rapport (Beziehungsverhalten im Gespräch) H. Soziale Beziehungen I. Interessen	
Testbatterien und Aufgabensammlungen Exekutiver Funktionen			
Arbeitsgedächtnistestbatterie für Kinder von 5 bis 12 Jahren (AGTB 5-12)	5–12 Jahre	1. Zentral-exekutives AG (Ziffern rückwärts, Farben rückwärts, Objektspanne, Zählspanne, Go/NoGo, Stroop), 2. Phonologisches AG (Ziffernspanne, Wortspanne einsilbig, Wortspanne dreisilbig, Kunstwörter) 3. Visuell-räumliches AG (Matrix, Corsi Block).	255

Delis-Kaplan Executive Function System (D-KEFS) (englisch)	ab 8 Jahren	– Trail-Making-Test – Word fluency – Design fluency – Stroop – Sorting Test – 20 Question Test – Word Context Test – Tower Test – Proverbs	Bd. 1
Behavioural Assessment of the Dysexecutive Syndrome in Children (BADS-C) (englisch)	7–16 Jahre	1. Playing Card Test 2. Water Test 3. Key Search Test 4. Zoo Map Test 1 5. Zoo Map Test 2 6. Six-part Test 7. Dex-C (Fragebogen; 20 Items)	219, 240

Arbeitsgedächtnistestbatterie für Kinder von 5 bis 12 Jahren (AGTB 5-12)

Marcus Hasselhorn, Ruth Schumann-Hengsteler, Julia Gronauer, Dietmar Grube, Claudia Mähler, Inga Schmid, Katja Seitz-Stein, Christof Zoelch

Göttingen: Hogrefe, 2012

Zusammenfassende Testbeschreibung

Zielsetzung und Operationalisierung

Konstrukte

Die AGTB 5-12 untersucht Arbeitsgedächtnisfunktionen, basierend auf den Subsystemen nach Baddeley, bei Kindern im Alter von 5 bis 12 Jahren.

Testdesign

Die Batterie setzt sich aus 12 Subtests zusammen, davon erfassen 3 Subtests das phonologische Arbeitsgedächtnis, 2 Subtests das visuell-räumliche Arbeitsgedächtnis, 6 Subtests das zentral-exekutive Arbeitsgedächtnis

Es können vier Versionen alternativ erworben werden:

- *eine Standardversion mit 12 Untertests*
- *eine Vorschulversion mit 12 Untertests*
- *eine Screeningversion mit 6 Untertests*
- *eine Profiversion, mit allen Untertests und der Möglichkeit, alle erfassten Einzelvariablen in ein anderes Datenformat zu exportieren.*

Angaben zum Test

Normierung

Alter: Normierung für 11 Altersstufen von 5;0 bis 12;11 Jahren (in Halbjahresschritten von 5 bis 7, sonst in Jahresschritten), N gesamt = 1 659.

Bildung: Repräsentative Zusammensetzung der Stichprobe nach Schultypen.

Geschlecht: Nicht relevant.

Material

Manual, Computerprogramm (CD), Mauspad. Benötigt werden zusätzlich ein Windows-basierter Computer, ein externer Touchscreen, ein Drucker.

Es wird zunächst eine Lizenz für eine Laufzeit von 2 Jahren erworben, danach Verlängerungen um jeweils 1 Jahr.

Durchführungsdauer

80 bis 90 Minuten für alle 12 Subtests, inklusive Instruktionen.

AGTB 5-12 Itembeispiele

	Subtest	Item-Muster
Phonologisches Arbeitsgedächtnis	Ziffernspanne	„732" → „732"
	Wortspanne einsilbig	„Tür, Maus"
	Wortspanne dreisilbig	„Lastwagen, Giraffe"
	Kunstwörter	„kawo" (50 % akustisch verzerrt)
Visuell- räumliches Arbeitsgedächtnis	Matrix	
	Corsi Block	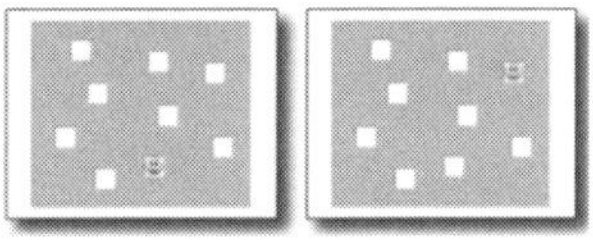
Zentral exekutives Arbeitsgedächtnis	Ziffern rückwärts	„732" → „237"
	Farben rückwärts	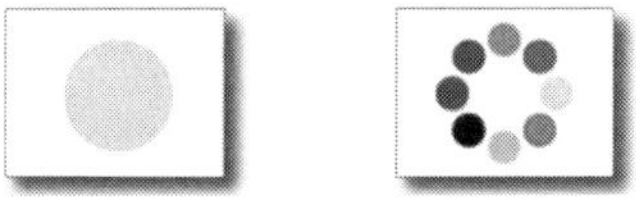
	Objektspanne	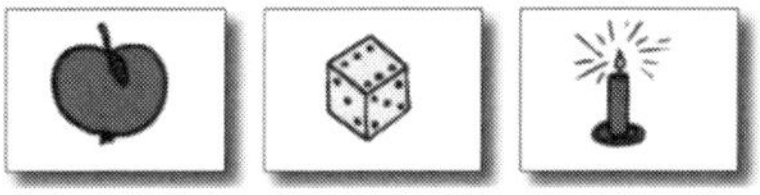
	Zählspanne	
	Go/Nogo	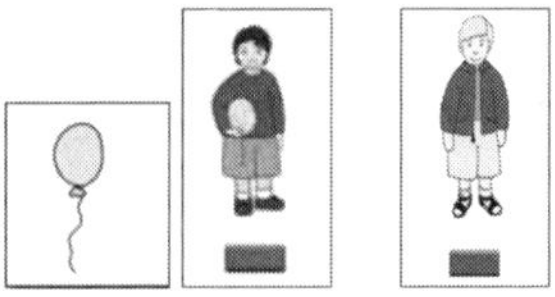
	Stroop	

(Wortmaterial abgeändert)

Testkonstruktion

Design

Aufgaben und Konzepte

I. Phonologisches Arbeitsgedächtnis

Ziffernspanne. Es werden Ziffern (von 1 bis 9) akustisch dargeboten, die vom Kind nachgesprochen werden sollen. Die Ziffernserie beginnt mit 2 Ziffern und steigt dann in der Anzahl an.

Wortspanne einsilbig. Es werden einsilbige Wörter (die Gegenstände bezeichnen) akustisch dargeboten, die direkt anschließend in der richtigen Reihenfolge mündlich reproduziert werden sollen. Bei korrekter Reproduktion erhöht sich die Anzahl der Wörter in der nächsten Serie.

Wortspanne dreisilbig. Analog zu den vorherigen Aufgaben werden dreisilbige Wörter (die Gegenstände bezeichnen) akustisch dargeboten, die vom Kind in der richtigen Reihenfolge mündlich reproduziert werden sollen.

Kunstwörter. Es werden Kunstwörter akustisch dargeboten, die vom Kind nachgesprochen werden sollten. Die Kunstwörter sind nach sprachlichen Regeln konstruiert und enthalten, angepasst an Altersstufen, 2, 3, 4, 5 oder 6 Silben. Ein Teil der Kunstwörter wird akustisch leicht verzerrt dargeboten („moduliert").

II. Visuell räumliches Arbeitsgedächtnis

Matrix. Es werden Muster schwarzer Felder in einer weißen 4 mal 4 Matrix präsentiert. Ein Muster kann aus 2 bis 8 schwarzen Feldern bestehen. Direkt nach der Präsentation verschwindet das Muster. Nun soll vom Kind durch Antippen der Felder in der Matrix das Muster reproduziert werden.

Corsi Block. Auf grauem Hintergrund sind neun weiße Felder unregelmäßig angeordnet. Auf diesen Feldern erscheinen direkt hintereinander Smileys (Anzahl 2 bis 8). Das Kind soll durch Antippen der weißen Felder die Reihenfolge des Erscheinens der Smileys reproduzieren.

III. Zentral exekutives Arbeitsgedächtnis

Ziffern rückwärts. Serien aus den Zahlen 1 bis 9 werden auditiv präsentiert und sollen in umgekehrter Reihenfolge reproduziert werden.

Farben rückwärts. Es werden nacheinander Farben visuell präsentiert. Anschließend erscheint ein Kreis aus 8 unterschiedlichen Farbscheiben. Das Kind soll nun durch Antippen der Farben die Farbserie in umgekehrter Reihenfolge reproduzieren.

Objektspanne. Es werden nacheinander Bilder von Objekten dargeboten. Bei jedem Objekt soll das Kind angeben, ob es essbar ist. Anschließend sollen die Objekte in der richtigen Reihenfolge wiedergegeben werden.

Zählspanne. Es werden hintereinander Muster dargeboten mit Quadraten und Kreisen. Die Aufgabe des Kindes ist es, die Kreise zu zählen und sich die Zahl zu merken. Am Ende eines Durchgangs aus mehreren Bildern soll das Kind die Anzahl der ermittelten Kreise in der richtigen Reihenfolge wiedergeben.

Go/Nogo. Es werden zunächst Zielmerkmale vorgestellt, auf die ein Kind mit Tastendruck reagieren soll, wenn sie in einem Bild vorkommen (z. B. „grüne Hose, Brille"). Anschließend werden Stimulusbilder gezeigt. Das Kind soll nur dann reagieren, wenn die Zielmerkmale vollständig vorhanden sind; im anderen Fall, auch bei Ablenkern (z. B. „blaue Hose, Brille"), soll es die Reaktion hemmen.
Stroop. Es werden nacheinander Stimulusbilder gezeigt mit der Zeichnung eines Mannes oder einer Frau. Dazu ertönt jeweils das Wort „Mann" oder „Frau", was kongruent („Frau" – „Frau") oder inkongruent („Mann" – „Frau") sein kann. Das Kind soll nun so schnell wie möglich das richtige Antwortbild, d. h. Mann oder Frau, auswählen. Dabei soll es nur auf die visuell dargebotene Information reagieren und die auditive ausblenden.

Konzepte
Die Konzepte der Aufgaben basieren auf der Dreiteilung des Baddeleyschen Arbeitsgedächtnismodells der 90er Jahre. Die einzelnen Aufgaben erfassen die folgenden Fähigkeiten:

I. Phonologisches Arbeitsgedächtnis
- Ziffernspanne: Abschätzung der Gesamtkapazität der phonologischen Schleife: Rehearsalprozess.
- Wortspanne (einsilbig): Gesamtkapazität der phonologischen Schleife: Rehearsalprozess.
- Wortspanne (dreisilbig): Kapazität der phonologischen Schleife mit erhöhter Anforderung an artikulatorische Kontrollprozesse: Rehearsalprozess.
- Kunstwörter: Phonetischer Speicher; funktional speicherbezogene Merkmale des phonologischen Speichers: Umfang und Verarbeitungspräzision.

II. Visuell-räumliches Arbeitsgedächtnis
- Matrix: Funktionstüchtigkeit der visuell-statischen Komponente (visual cache) des visuell-räumlichen Arbeitsgedächtnisses.
- Corsi Block: Räumlich-dynamische Komponente des visuell-räumlichen Arbeitsspeichers (inner scribe).

III. Zentral-exekutives Arbeitsgedächtnis
- Ziffern rückwärts: Koordinationskapazität bei der Kontrolle von Enkodier- und Abrufstrategien temporär gespeicherter Informationen.
- Objektspanne: Kontrolle von Enkodier- und Abrufstrategien und Koordination zweier simultaner Anforderungen.
- Farben rückwärts: Koordinationskapazität bei der Kontrolle von Enkodierungs- und Abrufplänen und selektive Fokussierung relevanter beim gleichzeitigen Ausblenden irrelevanter Informationen.
- Zählspanne: Zentral-exekutive Koordinationskapazität, die Ansprüche sowohl an koordinative als auch an kurzzeitige Speicherprozesse stellt.

- Go/Nogo: Selektive Aufmerksamkeit/Inhibitionskontrolle.
- Stroop: Selektive Aufmerksamkeit/Inhibitionskontrolle.

Variablen

Die Ausgabe der Variablen erfolgt automatisiert durch das PC-Programm. Pro Untertest werden ein Rohwert (RW) und der dazugehörige normierte Wert (NW) ausgegeben, die auf der Anzahl der relevanten richtigen Antworten beruhen. Welche Normskala (z.B. T-Werte, Prozentränge) aufgeführt werden soll, kann ausgewählt werden. Diese Werte werden in einem gemeinsamen Testprofil dargestellt. In einer gesonderten Tabelle wird die längste erreichte Serie für jeden Subtest angegeben. Zusätzlich werden durch Aufsummieren der Subtestwerte Gesamtwerte (Roh- und Normwerte) für die drei untersuchten Funktionsbereiche ermittelt.
Es besteht in der Profiversion die Möglichkeit, sich in einem PC-gestützten Excel-Ausdruck sämtliche Einzeldaten sowie zahlreiche weitere Variablen ausgegeben zu lassen. Bei GoNogo sind dies z.B. die Gesamtdauer des Untertests, die Anzahl der richtigen Antworten mit und ohne Distraktoren, die Anzahl der falschen Antworten mit und ohne Distraktoren, sowie ein Diskriminationsindex, der sich aus der Differenz aller z-transformierten Richtigen (hits) und aller z-transformierten Fehler (false alarms) berechnet. Für keine dieser zusätzlichen Variablen werden allerdings Normen angegeben.

Durchführung

Die Durchführung erfolgt am PC. Das Kind sitzt vor dem Touchscreen-Bildschirm, der Versuchsleiter mit Notebook dazu im 90°-Winkel, sodass sein Bildschirm für das Kind nicht einsehbar ist.
Alle Instruktionen und alle akustischen und visuellen Stimuli werden computergestützt dargeboten. Der Versuchsleiter greift lediglich ein, um Instruktionen und Tests zu starten oder Instruktionen gegebenenfalls wiederholen zu lassen oder zu unterbrechen. Wenn die Antworten des Kindes verbal erfolgen, dann werden sie vom Versuchsleiter registriert, z.B. als richtig oder falsch im Notebook eingegeben. Die entsprechenden Optionen sind vorgegeben und können angeklickt werden. Ansonsten gibt das Kind selbst die Antworten auf dem Touchscreen ein. Es gibt eine Hauptinstruktion für das Kind zum generellen Arbeiten mit dieser Testbatterie, sowie Instruktionen zu jedem einzelnen Test. In der Hauptinstruktion wird das Kind z.B. aufgefordert, die Hand nach jeder einzelnen Aufgabe wieder auf das blaue Mauspad zu legen. Bei jedem Subtest ist die Durchführung eines Übungsbeispiels vorgesehen, um sicherzugehen, dass die Instruktion verstanden wurde. Die anschließende Durchführung erfolgt adaptiv, d.h. sie passt sich an das Leistungsniveau des Kindes an, und wird schwieriger oder auch wieder einfacher, wenn eine Leistungsgrenze erreicht ist.

Das Anfangsniveau der Aufgaben wird vom Programm dem Alter entsprechend ausgewählt. Es ist aber auch möglich, ein vom eigentlichen Alter abweichendes Entwicklungsalter einzugeben. Die ersten beiden Durchgänge werden zur Kalibrierung des Leistungsniveaus genutzt. Nach zwei korrekten Antworten wird in den Spannaufgaben ein Element hinzugefügt; bei Fehlern wird die Sequenz um ein Element verkürzt. Insgesamt gibt es 8 Testserien à 2 Trials. Für die Auswertung wird die mittlere Leistung über die 8 Testserien berechnet. Korrekt gelöste Serien werden dabei mit der entsprechenden Serienlänge bewertet, fehlerhafte Serien gehen als Serienlänge minus 1 in das Gesamtergebnis ein.
Es sind drei Versionen verfügbar, für die Reihenfolge und Ablauf vorgegeben werden: Eine Standardversion mit allen 12 Subtests, eine Screening-Version aus 6 Subtests (Ziffernspanne, Kunstwörter, Corsi-Block, Matrix, Objektspanne, Ziffern rückwärts), und eine Vorschulversion (aus allen 12 Subtests). Man kann auch eigene Batterieversionen erstellen und speichern.

Auswertung
Auswertung und Ausgabe der Ergebnisse erfolgen automatisiert im PC-Programm. Ausgegeben werden Testprofile mit je einem Normwert pro Test. Normtabellen für je einen Parameter pro Test (9 ermittelte Spannmaße und Zeit- oder Fehlerwert bei Go/Nogo, Stroop und Kunstwörtern) sind im Anhang des Manuals für die verschiedenen Altersstufen aufgeführt.
Darüber hinaus ist es möglich, in der Profiversion Exportdateien im Excelformat zu generieren, die eine ausführliche Auflistung der erhobenen Variablen und der Unterergebnisse enthalten. Eine Tabelle mit allen generierten Variablen der Exportdatei ist im Anhang des Handbuchs aufgeführt.

Normierung

Stichprobe
Gesamtstichprobe von Kindergartenkindern und Schulkindern *N*=1 659, rekrutiert an vier Standorten in drei Bundesländern in Deutschland.

Normen
Alter: 11 Altersstufen: 5;0–5;5 N=54, 5;6–5;11 N=70, 6;0–6;5 N=72, 6;6–6;11 N=75, 7;0–7;5 N=103, 7;6–7;11 N=126, 8;0–8;11 N=234, 9;0–9;11 N=226, 10;0–10;11 N=208, 11;0–11;11 N=279, 12;0–12;11 N=212.
Bildung: Kinder aus Grundschule, Förderschule, ältere Kindern aus Hauptschule, Gesamtschule, Realschule und Gymnasium sind ihrem

Anteil in der Gesamtbevölkerung (Deutschland) entsprechend vertreten.
Geschlecht: Mädchen *N*=813, Jungen *N*=856.
Es wurden keine Geschlechtsdifferenzen in den Untertests gefunden bzw. nur so geringfügig, dass sie nicht berücksichtigt wurden.

Gütekriterien

Objektivität
Durchführung: Laut Testautoren aufgrund der automatisierten, PC-gestützten Vorgabe voll gegeben.
Auswertung: Voll gegeben, da die Auswertung automatisiert erfolgt und Antworten z. T. vom Testleiter nur als richtig oder falsch registriert werden müssen. Lediglich „Kunstwörter" erfordern eine etwas differenziertere Einschätzung seitens des Versuchsleiters.

Reliabilität
Interne Konsistenz: Untersucht mit Testhalbierungsmethode. Die Koeffizienten variieren zwischen .59 (Go/Nogo) und .98 (Matrix) bei jüngeren (5 bis 8 Jahre) und .67 (Go/Nogo) und .99 (Matrix) bei älteren Kindern (9 bis 12 Jahre).
Paralleltest-Reliabilität: Kein Paralleltest vorhanden.
Retest-Reliabilität: Untersucht getrennt für Gruppen von jüngeren (5 bis 8 Jahre) (*N*=145) und älteren Kindern (9 bis 12 Jahre) (*N*=102) nach ein bis zwei Wochen. Bei jüngeren Kindern zwischen .40 (Go-Nogo) und .74 (Kunstwörter) und bei älteren zwischen .39 (GoNogo) und .85 (Kunstwörter).
Weitere Reliabilitätsmaße: keine Angaben

Validität
Konstruktvalidität: Im Testmanual wird von konfirmatorischen Faktorenanalysen berichtet, die das dreigeteilte Modell des Arbeitsgedächtnisses bestätigten. Es werden allerdings nicht die Faktorladungen, sondern lediglich die Interkorrelationen der Arbeitsgedächtniskomponenten aufgeführt. Relativ unabhängig vom Alter korrelieren visuell-räumliches und phonologisches Arbeitsgedächtnis moderat (*r*=.44 bis .48). Ausser in der Gruppe der jüngsten Kinder (5- bis 6-jährig, *r*=.66) korreliert die zentrale Exekutive hoch mit phonologischem (*r*=.85, *r*=.82) oder visuell-räumlichem Arbeitsgedächtnis (zwischen .78 und .85).
Konvergente/diskriminante Validität: keine Angaben
Kriteriums- bzw. klinische Validität: Untersucht wurde die Vorhersage von Mathematikleistung, Rechtschreibleistung und Leseleistung zu Beginn des 4. Schuljahres durch den AGTB 5-12. Die Mathematikleistung (Demat 3+) korreliert am höchsten mit dem zentral exekuti-

ven Arbeitsgedächtnis (ZE; *r*=.38) und am niedrigsten visuell-räumlichem Arbeitsgedächtnis (VR; *r*=.27). Die Rechtschreibleistung (DERET 3-4) ist am höchsten mit der phonologischen Schleife (PS; *r*=–.40) aber auch mit dem zentral exekutiven Arbeitsgedächtnis (*r*=–.34) und dem visuell-räumlichen Notizblock (*r*=–.26) korreliert. Die Leseleistung (Würzburger Leise Leseprobe) korreliert ebenfalls signifikant mit allen drei Arbeitsgedächtniskomponenten (ZE *r*=.42; PS *r*=.37, VR *r*=.31). Bei Zweitklässlern finden sich bei der Rechtschreibleistung (*N*=32) signifikante Korrelationen nur mit dem zentral exekutiven Arbeitsgedächtnis (*r*=.47) und keine signifikanten Korrelationen zwischen den drei Arbeitsgedächtnis-Komponenten und der Leseleistung (*N*=124).

Nebengütekriterien
keine Angaben

Neuropsychologische Aspekte

Theoretischer Rahmen

Der Test beruht auf dem dreigeteilten Arbeitsgedächtnismodell von Baddeley (1986, 2006). Speicher- und Verarbeitungsprozesse werden demnach von den Hilfssystemen der phonologischen Schleife und des visuell-räumlichen Notizblocks erfüllt, überwacht und gesteuert von einem übergeordnetes System der zentralen Exekutive.
Phonologische Arbeitsgedächtnisfunktionen werden weiter unterteilt in einen phonetischen Speicher („phonological store") und einen subvokalen Kontrollprozess („subvocal rehearsal"). Ergänzend führen die Manualautoren in Bezug auf den phonetischen Speicher die Unterscheidung von Speichergröße bzw. -dauer und Verarbeitungspräzision ein. Bei den subvokalen Kontrollprozessen werden die Geschwindigkeit des Prozesses (Sprechrate) und der Automatisierungsgrad seiner Aktivierung als zu berücksichtigende Einflussgrößen unterschieden. Visuell-räumliche Arbeitsgedächtnisfunktionen werden gemäß Logie (1995) eingeteilt in einen visuellen Speicher („visual cache"), zum Kodieren von statischen Merkmalen wie Farbe und Form, und einen räumlichen Mechanismus („inner scribe"), mit dem Bewegungssequenzen kodiert werden. Die Aufgaben der zentralen Exekutive kann gemäß Baddeley aufgeteilt werden in Koordinationskapazität, Flexibilität beim Wechsel von Abrufstrategien, selektive Fokussierung auf relevante Informationen beim gleichzeitigen Ausblenden irrelevanter Inhalte und die selektive Aktivierung von Inhalten aus dem Langzeitgedächtnis. Weiterhin verweisen die Autoren auf die Nähe des Arbeitsgedächtniskonzepts zum IQ (Engl, Kane & Tuholski 1999), auf die Bedeutung des Arbeitsgedächtnisses für das Lesen (z. B. Gathercole & Baddeley, 1993), auf das Verstehen von Texten (z. B. Segneuric & Ehrlich, 2005)

und auf den Erwerb schulischer mathematischer Fähigkeiten (z. B. Adams und Hitch, 1997) und verweisen auf wichtige Literatur in diesen Bereichen. Schließlich wird die Bedeutung von Arbeitsgedächtnisauffälligkeiten bei Lernstörungen thematisiert und entsprechende Studien zusammengefasst.

Anwendungsbereiche

Der Test soll eine differentielle Diagnostik der Funktionstüchtigkeit der unterschiedlichen Teilsysteme und Funktionen des Arbeitsgedächtnisses ermöglichen. Er kann bei Kindern mit Hinweisen auf Gedächtnisschwierigkeiten, bei Leistungsschwierigkeiten und Schulversagen, bei Verdacht auf Teilleistungsstörungen (Lese-Rechtschreibstörung, Rechenstörung) und bei umfassenden Lernbehinderungen zur Anwendung kommen, oder auch bei der Abklärung von Hochbegabung.

Funktionelle Neuroanatomie

keine Angaben

Ergebnisbeeinflussende Faktoren

keine Angaben

Testentwicklung

Die Entwicklung des AGT 5-12 erstreckte sich über rund 15 Jahre und erfolgte eigenständig, wenn auch parallel zur Entwicklung PC-gestützter englischsprachiger Verfahren. Die Autoren erwähnen, dass es gewisse Überschneidungen zu anderen Arbeitsgedächtnis-Batterien gibt, da in der AGTB 5-12 überwiegend auf klassische, bereits bewährte Verfahren und Aufgaben zur Untersuchung des Arbeitsgedächtnisses zurückgegriffen wurde. Die besondere Herausforderung hätte darin bestanden, diese bekannten Aufgaben in eine computerisierte, über eine breite Altersspanne anwendbare Form zu bringen. Aus einer ursprünglichen Pilotversion mit 20 Aufgaben wurde schließlich die definitive Version mit 12 Untertests entwickelt.
Zu den bekannten Paradigmen, auf denen die Aufgaben der AGTB 5-12 aufbauen, gehören etwa Spann-Aufgaben nach Daneman & Carpenter (1980), Corsi-Blöcke und Matrizentests.

Testbewertung

Die Kritik im Überblick

Die AGTB 5-12 ist ein sehr gut einsetzbares und theoretisch gut begründetes Verfahren, das im Kinderbereich eine diagnostische Lücke schließt, vor allem was Speicheraspekte des Arbeitsgedächtnisses und komplexe Spannmaße angeht. Die Aufgaben sind kindgerecht und ansprechend. Die Durchführung erfolgt PC-gestützt, ist komfortabel, standardisiert und überwiegend problemlos. Die Auswertung erfolgt automatisiert.
In der Standardversion des AGTB 5-12 besteht jedoch ein gewisses Missverhältnis zwischen dem Umfang des Tests, dem zeitlichen Aufwand und der Anzahl an Variablen und Informationen, die sich anhand der normierten Werte extrahieren lassen. Die Vorteile der PC-gestützten Testung, die Erhebung und Verrechnung von Einzeldaten, könnten noch besser genutzt werden. Die Profiversion, die eine umfassende Liste an Variablen bereitstellt, erscheint in erster Linie als Forschungsversion konzipiert. Der klinische Nutzen der Testbatterie wird bislang im Handbuch nicht ausreichend dokumentiert. Möglicherweise wird die diagnostische Bedeutung der AGTB 5-12 erst in einer späteren Auflage klarer belegt werden können.

Testkonstruktion

Testmaterial

Die PC-Version lässt sich problemlos einsetzen; die Vorgabe am PC ist gut standardisiert. Die bunten, am Bildschirm dargebotenen Stimuli sind kinderecht und motivierend.

Testdesign

Konzept: Das Arbeitsgedächtnismodell nach Baddeley ist ein theoretisch gut fundiertes und etabliertes Modell. Besonders die Aufgaben zu den Hilfssystemen beruhen auf etablierten Verfahren und bekannten experimentellen Aufgaben.
Variablen: Pro Untertest stehen in der Standardversion jeweils nur für eine Variable Normwerte zur Verfügung. Während dies bei Spannmaßen noch nachvollziehbar ist, ist das aber besonders bei den Subtests zur zentralen Exekutive sehr wenig für ein PC-gestütztes Verfahren, bei dem ja problemlos weitere Variablen ermittelt und normiert werden könnten. So werden z. B. entweder Fehler (GoNogo) oder die mittlere Reaktionszeit (Stroop) ermittelt, aber nicht beides. Die standardisierte Auswertung stellt also lediglich für ein Minimum an auswertbarer Information Normen zur Verfügung. Es gibt keinerlei Hinweise im Manual, wie die Variablen der Profiversion interpretiert

und verwendet werden können. Diese Version scheint in erster Linier für Forschungszwecke konzipiert. Die Erklärungen zu den Variablen der Profiversion beschränken sich denn auch auf eine gelabelte Variablenliste.

Durchführung: Meist sehr gut verständliche, standardisierte Instruktionen, die trotzdem die Möglichkeit vorsehen, individuell Fragen zu klären. Während der Go/Nogo-Aufgabe erscheinen allerdings die Instruktionsitems, in denen angegeben wird, auf welche Kriterien von nun an zu reagieren ist, sehr abrupt und ohne Vorankündigung. Kinder machen bei dieser Go/Nogo-Aufgabe eventuell auch deshalb Fehler, weil sie nicht wirklich registriert haben, welche Kriterien zu beachten sind. Diese Fehler hätten dann weniger mit Inhibition zu tun, sondern mit Verlangsamung, mangelnder Flexibilität oder fokussierter Aufmerksamkeit.

Auswertung: Die Auswertung erfolgt automatisiert durch das Programm. Es werden aussagekräftige Auswertungsbeispiele von Kindern in unterschiedlichen Altersstufen und Störungsbildern gegeben. Allerdings fehlen klinische Vergleichsgruppen.

Gütekriterien

Objektivität: Die computergestützte Auswertung ist objektiv. Bei der Beurteilung der Pseudowörter besteht allerdings Spielraum für subjektive Verzerrung.

Validität: Es wird von einer Faktorenanalyse berichtet. Diese wird allerdings nicht im Handbuch ausgeführt, sondern es werden lediglich die Interkorrelationen der Subtests angegeben.

Was eindeutig fehlt, sind aussagekräftige Untersuchungen an klinischen Gruppen. Hier gibt es nur Einzelbeispiele. Besonders Untersuchungen zur diskriminanten Validität in Bezug auf IQ und Sprache wären in Anbetracht der Überschneidung der Gebiete wichtig.

Im Erscheinungsjahr der AGTB 5-12 ist zwar ein Sammelband erschienen, in dem die Autoren Studien zur klinischen Validität des AGTB 5-12 veröffentlichen (Hasselhorn & Zoelch, 2012). Darin werden die prognostische Validität des AGTB 5-12 für den Erwerb von Schriftsprache und Rechnen sowie Studien zum Einsatz des AGTB 5-12 bei ADHS und bei der Diagnose von Lernstörungen vorgestellt. Dass bei einer teuren Batterie wie der AGTB 5-12 diese Informationen nicht im Handbuch enthalten sind, ist schwer verständlich.

Neuropsychologische Aspekte

Theoretischer Rahmen

Der AGTB 5-12 ist ein theoretisch gut begründetes Verfahren, das sich an klassischen Arbeitsgedächtniskonzepten orientiert.

Anwendungsbereiche
Mit den jetzigen Manual-Angaben zur klinischen Validität bringt der Einsatz des Tests nur wenig konkreten diagnostischen Mehrwert etwa im Vergleich zu den Arbeitsgedächtnis-Aufgaben im HAWIK-IV und Aufgaben aus Sprachentwicklungstests. Dabei legen die dem Test zugrundeliegenden Konzepte nahe, dass die Untertests für eine differenziertere hypothesengeleitete Diagnostik von Arbeitsgedächtnis-Störungen und einzelner Komponenten des Arbeitsgedächtnisses einsetzbar wären. Hier hätte man sich sogar noch weitere Zusatzverfahren zur Analyse des phonologischen Arbeitsspeichers vorstellen können, etwa mit dem Ziel, differenzierte Therapiehinweise für Kinder mit Lesestörungen ableiten zu können. Um dagegen Lesestörungen gegen Rechenstörungen und ADHS abzugrenzen, wie im Manual angedeutet, wird man wohl kaum als erstes auf die AGTB 5-12 zurückgreifen.

Ergebnisbeeinflussende Faktoren
Kinder mit Farbenfehlsichtigkeit sind bei einigen Untertests benachteiligt.

Handhabbarkeit und klinische Anwendung

Der Einsatz des Verfahrens ist problemlos durch die PC-gestützte Vorgabe. Die Instruktion erfolgt automatisiert durch das Programm, wobei man die einzelnen Instruktionspunkte in der gewünschten Geschwindigkeit abspulen lasen kann. Das ist sehr anwenderfreundlich.

Die Antwort auf Touchscreen ist zwar einfacher und intuitiver als das Antworten mit Reaktionstasten oder einer Maus, aber nicht für alle Kinder gleich gut zu handeln. Reagiert hier der Bildschirm nicht sofort, kommt es zu Fehlern. Hinzu kommt, dass die Zeitmessung durch Touchscreen naturgemäß etwas ungenau ist und zudem die Kinder instruiert werden, die Hand auf dem blauen Mauspad abzulegen.

Während das Verfahren also sehr gut anwendbar ist, was typische Spannmaße angeht und hier auch ein echtes Novum darstellt, ist es weniger gut handhabbar, wenn es um die Tests zur Inhibition geht. Hier sind Konstruktion und Auswertung weniger präzise und es stehen andere Verfahren zur Verfügung, die den Aspekt der Zeitmessung besser gelöst haben.

Ein deutlicher Mangel für die klinische Anwendung ist das Fehlen klinischer Vergleichsgruppen.

Aus neuropsychologischer Sicht wäre es ausserdem interessant, wenn nicht nur die drei Funktionsbereiche gegenübergestellt würden, sondern wenn die Untertests innerhalb eines Funktionsbereichs zur Unterscheidung von Untergruppen und Bestimmung von Schweregraden der Beeinträchtigung herangezogen werden könnten. Ein etwas differenzierter Einsatz zur Diagnostik von Arbeitsgedächtnis-Profilen mit systematischen Kontrasten und Differenzwerten scheint anhand der Untertests möglich; es gibt aber bislang im Manual keinerlei Hinweise oder empirische Belege dazu.

Renate Drechsler

Zoo-Spiel – Ein Test zur Planungsfähigkeit bei Grundschulkindern

Annemarie Fritz & Walter Hussy

Göttingen: Beltz Test, 2000

Zusammenfassende Testbeschreibung

Zielsetzung und Operationalisierung

Konstrukte
Planungsfähigkeit.

Testdesign
Organisationsaufgabe in Form eines Brettspiels, bei dem Figuren (Tiere) unter Berücksichtigung von Ausschlussregeln ins Ziel (Futterstelle im Zoo) gebracht werden sollen.

Angaben zum Test

Normierung
Alter: Drei Altersgruppen bei Kindern zwischen 6 und 9 Jahren: Grundschule 1. Klasse (N=343), 2. Klasse (N=435), 3. Klasse (N=309).
Bildung: Die Altersgruppen sind nach Schultypen getrennt: sozialer Brennpunkt (N=413), normale Umgebung (N=309), gehobene Umgebung (N=365).
Geschlecht: Berücksichtigt, aber nicht signifikant.

Material
Testanleitung, Protokollbögen, Spielfeld aus Pappe (60×60 cm), Spielzeugfiguren aus Holz (Hund, Katze, Schaf, Gans, Krokodil, Maus, Wagen).

Durchführungsdauer
5–7 Minuten.

Testkonstruktion

Design

Aufgabe

Auf einem Spielbrett ist ein Zoo mit Gehegen, Wegen und einem Futterplatz abgebildet. Die Aufgabe besteht darin, sechs Tiere mit einem Wagen von ihren Gehegen zum Futterplatz zu transportieren. Dabei hat das Kind verschiedene Regeln zu beachten.
Transportregeln (Regel 1 bis 3) geben an, welche Tiere miteinander fahren dürfen (z. B. „Krokodil fährt mit keinem anderen Tier.").
Mengenregel (Regel 4): Es fahren höchstens zwei Tiere zusammen.
Minimalregel (Regel 5): Möglichst wenige Fahrten benötigen.
Kurzstreckenregel (Regel 6): Den kürzesten Weg nehmen.

Konzept

Das zugrunde gelegte Konstrukt der Planungsfähigkeit beinhaltet:
- Antizipation und Übernahme eines Handlungsziels
- Analyse des Problemraums unter Berücksichtigung von Regeln
- Festlegung der Handlungsschritte auf dem Weg zum Ziel
- Überwachung und Kontrolle der Handlungsausführung
- Plankorrekturen

Operationalisiert werden die verschiedenen Aspekte der Planungsleistung durch vier quantifizierbare Indizes: Erstens durch die Fähigkeit, unter Berücksichtigung von Bedingungen schrittweise zu planen *(Planungstiefe);* zweitens wie gut das Kind die Planungsausführung kontrolliert *(Plankorrektur)* und drittens bei der Planung Regeln beachtet *(Regelkontrolle).* Ein vierter Aspekt der Planungsfähigkeit soll über die *Umwegkontrolle* erfasst werden. Damit ist die Beachtung von Randbedingungen bei der Planung gemeint (das Kind soll bei der Planung die Kurzstreckenregel einhalten, bei der keine Abweichungen vom kürzesten Weg erlaubt sind).

Variablen

Das Zoo-Spiel erstellt vier quantitative Planungsindizes:
Planungstiefe: Anzahl der korrekten Fahrten bis zum ersten Regelverstoß.
Plankorrektur: Anzahl aller korrekter Fahrten (auch nach Regelverstoß).
Regelkontrolle: Summe der Verstöße gegen die Regeln 1 bis 5.
Umwegkontrolle: Summe der Verstöße gegen die Regel 6.
Qualitative Auswertung: Gewählte Strategie A, B oder C (definiert durch die Anzahl der noch verbleibenden Lösungsmöglichkeiten nach der Startfahrt).

Durchführung

Zu Beginn werden die Tierfiguren in ihren Ausgangspositionen aufgebaut: Alle sechs Tierfiguren stehen in den entsprechenden Gehegen. Der Transporter befindet sich vor dem „Futterplatz".

Während der Instruktion sitzen sowohl der Untersuchungsleiter/die Untersuchungsleiterin als auch das Kind an der Basisseite der Spielvorlage. Das Kind wird mündlich instruiert, unter Beachtung der sechs Regeln, in möglichst wenigen Zügen möglichst viele Tiere von ihrem Gehege zum Futterplatz zu transportieren. Fragen werden nur während der Instruktion beantwortet, anschließend spielt das zu testende Kind das Zoo-Spiel selbstständig durch. Für die Testdurchführung ist keine Zeitbegrenzung vorgesehen. Das Spiel ist beendet, wenn alle sechs Tiere zum „Futterplatz" transportiert worden sind.

Auswertung
Das Planungsverhalten wird quantitativ und qualitativ analysiert.
Quantitative Aspekte der Planungsfähigkeit: Bestimmung der Rohwerte aufgrund von Verstößen gegen eine oder mehrere Grundregeln.
Planungstiefe: Anzahl der korrekten Fahrten bis zum ersten Fehler (Verstoß gegen R1 bis R6). Da das Krokodil allein transportiert werden muss und für die restlichen fünf Tiere drei weitere Fahrten anfallen (eine Solofahrt und zwei Paarfahrten), wären somit insgesamt vier Fahrten optimal. Daher variiert das Maß für die Planungstiefe zwischen den Werten 0 und 4.
Plankorrektur: Die Anzahl der korrekten Fahrten in der angegebenen Gesamtlösung (eine korrekte Fahrt kann auch nach einer fehlerhaften Fahrt auftreten).
Regelkontrolle: Die Summe aller Verstöße gegen die Transportregeln sowie die Mengen- und die Minimalregel.
Umwegkontrolle: Die Summe der Verstöße gegen die Kurzstreckenregel (R6): gefahrene Umwege.
Qualitative Aspekte der Planungsfähigkeit: Bezieht sich auf die gewählte Strategie (A, B oder C) und die noch möglichen korrekten Lösungen. Die Anzahl der noch möglichen korrekten Lösungen hängt einerseits davon ab, a) welches Tier oder welches Tierpaar für die erste Fahrt ausgewählt wird und andererseits b) welches Tier für die zweite Solofahrt ausgewählt wird.
Die entsprechenden Lösungsmöglichkeiten befinden sich im Manual als tabellarische Auflistung (A-/B-/C-Strategie).

Normierung

Stichprobe
N= 1 092 Schüler (549 Mädchen, 538 Jungen) nach Klassenstufe (1. bis 3. Klasse Grundschule) und Schultyp (sozialer Brennpunkt, normale und gehobene Umgebung) differenziert.

Normen
Für alle vier Indizes liegen Prozentrangverteilungen für die verschiedenen Normgruppen vor sowie Mittelwerte und Standardabweichungen. Normwerte der Gesamtergebnisse liegen für jede Klassenstufe und schultyp-spezifischen Werte hinsichtlich der vier Planungsindizes vor.

Alter: Keine Normierung nach Alter, sondern nach Klassenstufe.
Bildung: Drei nach sozialem Umfeld klassifizierte Schultypen.
Geschlecht: Keine signifikanten Geschlechtsdifferenzen, darum keine geschlechtsspezifische Normierung.
Außerdem wird für jede Klassenstufe gesamt und getrennt nach Schultyp die Häufigkeit der gewählten Strategie und das Ergebnis (Erfolg, Misserfolg) grafisch und tabellarisch unter Angabe der Prozentränge angegeben.

Gütekriterien

Objektivität
Durchführung: Durch die detaillierten Instruktionen ist die Durchführungsobjektivität gesichert.
Auswertung: Durch die exakt definierten Auswertungsregeln ist die Auswertungsobjektivität gesichert. In einer Studie mit 53 Kindern wurde eine Auswerter-Übereinstimmung von $r = .98$ ermittelt.

Reliabilität
Retest-Reliabilität: Replikationsstudie ($N = 65$): Beide Stichproben stammen aus derselben Schule (sozialer Brennpunkt). Durchschnittsalter S1: 8;4 Jahre; S2: 8;1 Jahre. Verteilung hinsichtlich Geschlecht, Ausländeranteil und IQ vergleichbar. Es ergaben sich keine signifikanten Unterschiede zwischen den beiden Stichproben in Bezug auf Planungsindizes/Strategien.

Validität
Konstruktvalidität: Kinder der 1. Klasse einer Grundschule ($N = 132$) in normaler Umgebung (68 Mädchen, 64 Jungen):
- CFT 1, Skala 3 und 5 (Weiss & Osterland, 1980),
- Untertest Fotoserie (Bilder ordnen) aus K-ABC (Melchers & Preuß, 2009),
- Turm von Hanoi (Klix & Rautenstrauch-Goede, 1967),
- Untertest Zahlen Nachsprechen aus K-ABC,
- Planungsfragebogen nach Kreitler und Kreitler (1987),
- Schulische Leistungen der Kinder erfasst in den Fächern Lesen, Schreiben, Rechnen sowie in einer allgemeinen Einschätzung der Lehrer.

Insgesamt zeigte sich ein nur schwacher oder kein Zusammenhang zwischen Planungsindizes und Testleistungen. Die höchsten (obwohl nur schwachen) Zusammenhänge finden sich zwischen den Planungsindizes einerseits und Bilder ordnen, schulischen Leistungen in Rechnen und Schreiben sowie CFT-Skalen andererseits. Aus der über alle Verfahren durchgeführten Faktorenanalyse resultierte ein dominierender erster Faktor, auf dem alle planungsrelevanten Variablen laden.

Diskriminante Validität: In einer weiteren Studie wurde die Einsetzbarkeit des Zoo-Spiels bei Kindern mit unterschiedlichen Behinderungen (*N*=51) und Kontrollen (*N*=51) untersucht, wobei die drei Experimentalgruppen aus jeweils 17 körperbehinderten (Kb), sprachbehinderten (Sb) und geistigbehinderten (Gb) Kindern bestanden. Der Vergleich zwischen den drei Experimentalgruppen ergab eine signifikant geringere Regelkontrolle in der Gb-Gruppe. Der Vergleich mit der Kontrollgruppe ergab eine niedrigere Plankorrektur bei Sb- als auch Kb-Kindern. Die Leistung der Gb-Kinder fiel in allen Parametern bedeutsam geringer aus. Behinderte Kinder zeigten eine große Variabilität in der Strategiewahl der Fahrten.
In einer weiteren Studie der Autoren wurde das Zoo-Spiel zur Evaluierung eines zweijährigen Förderunterrichts zur Verbesserung der allgemeinen Planungsfähigkeit von Grundschulkindern durch Anleitung und Übungen in Rollen- und Fantasiespielen untersucht. Die quantitative Analyse erbrachte bedeutsame Unterschiede zu Gunsten der Experimentalgruppe im Vergleich zur Kontrollgruppe. Die qualitative Analyse zeigte ein verändertes Lösungsverhalten hinsichtlich der Verschiebung zu den höherwertigen Strategien der Experimentalgruppe.
Zur Überprüfung der Effektivität eines Spieltrainings zur Verbesserung der Planungskompetenz nahmen Erstklässler (*N*=31) im Alter von 6;6 bis 8;8 Jahren aus sozialem Brennpunkt und mit deutlichen Entwicklungsverzögerungen teil (Fritz, Hussy & Bartels, 1997). Dabei erhielten 15 Kinder das gezielte Spieltraining, während die 16 Kinder der Kontrollgruppe an einer Spiel- und Bastelförderung teilnahmen. Die Kinder der Trainingsgruppe waren nach dem Training im Zoo-Spiel in allen Aspekten des Konstrukts Planungsfähigkeit den Kindern der Kontrollgruppe überlegen.

Nebengütekriterien
keine Angaben

Neuropsychologische Aspekte

Theoretischer Rahmen

Auf neuropsychologische Theorien des Planens gehen die Autoren nicht ein, sie beziehen sich auf entwicklungspsychologische und kognitive Konzepte zur Handlungsplanung (Sydow, Dörner) und metakognitiver Kontrollprozesse bei Kindern (Flavell, Hasselhorn).
Die Autoren stützen sich dabei auf die Definition des Planens von Funke und Fritz (1995): „Planen bedeutet: ein Handlungsziel zu entwickeln, die Schritte auf dem Weg festzulegen, und den Handlungsablauf zu organisieren. Zum Prozess des Planens gehört aber nicht nur, den Handlungsablauf vorab zu organisieren, sondern diesen auch während der Ausführung zu überwachen und zu kontrollieren“.
Berücksichtigt wird auch die Entwicklung der Planungsfähigkeit: Diese lässt sich, als Handlungskonzept, bereits im Vorschulalter beobachten (May, Schulz & Sydow, 1992).

Anwendungsbereiche

Erfassung der Planungsfähigkeit bei Kindern der ersten bis zur dritten Grundschulklasse (ca. 6 bis 9 Jahre) im Rahmen einer diagnostischen Einzeluntersuchung. Das Testverfahren eignet sich zur Diagnostik der Planungskompetenzen im Sinne einer frühen Prävention. Das Verfahren bewährt sich auch bei der Erfassung der Planungskompetenz bei Kindern mit unterschiedlichen Behinderungen, wobei es jedoch für den Einsatz bei geistigbehinderten Kindern noch zu modifizieren sei. Das Verfahren ist auch geeignet zur Abbildung von Veränderungen nach Förder- oder Trainingsmaßnahmen.

Funktionelle Neuroanatomie

keine Angaben

Ergebnisbeeinflussende Faktoren

keine Angaben

Testentwicklung

Das Zoo-Spiel entstand 1996 im Rahmen einer Evaluationsstudie zur Effektivität eines Trainings von Fritz und Hussy und stellt eine eigenständige Entwicklung der Autoren zur Erfassung von frühkindlichen Planungskompetenzen dar. Es lehnt sich an die Organisationsaufgabe von Kluwe und Modrow (1988) und an das Kannibalen- und Missionare-Paradigma von Jülisch und Krause (1976) an.
Als Planungsaufgabe lässt es sich in die Wegaufgaben einordnen. Vergleichbare Verfahren für Erwachsene finden sich etwa im Büro-Test (Marschner 1981), einem Berufseignungstest, oder als realistische oder virtuell durchzuführende Aufgabe im Multiple Errands Test (Raspelli et al., 2011).

Testbewertung

Die Kritik im Überblick

Das Zoo-Spiel ist eines der wenigen Verfahren für Kinder, die das Konstrukt „Planen" erfassen. In seiner spielerischen Gestaltung und von der Thematik „Zoo" her ist es für Kinder sehr ansprechend. Das Zoo-Spiel zielt darauf ab, neben den Planungsergebnis auch Planungsschritte, das Überwachen der Planung, Korrekturen und die gewählten Strategien sichtbar zu machen. In dieser Prozessorientierung ist die Herangehensweise des Tests durchaus neuropsychologisch, steht jedoch ansonsten in einer psychologisch/pädagogischen Tradition. Insgesamt ist der Test kurz, was zwar ökonomisch ist, aber möglicherweise auf Kosten der Reliabilität geht, die nicht wirklich befriedigend überprüft wurde. Die klinische Validität ist ebenfalls nicht ausreichend gut belegt und das Verfahren sollte für spezielle klinische Gruppen angepasst werden. Mit einer PC-gestützten Version, die wohl bereits vor einigen Jahren im Gespräch war (Fritz, Hussy, Tobinski, in Vorb.) wäre es möglich, Objektivität und Reliabilität des Verfahrens zu verbessern, und zusätzliche Variablen (z. B. Reflexionszeit), Varianten und Spielalternativen/Parallelformen nach ähnlichem Muster einzuführen. Andererseits würde die Umwandlung von einem Holzspielzeug in ein digitales Game dem Spiel etwas von seinem unmittelbaren Charakter nehmen, und es wäre erst noch zu zeigen, ob virtuelles Planen und eine Handlungsplanung mit Figuren, die eine physische Realität haben, wirklich vom Konstrukt her äquivalent sind.

Testkonstruktion

Testmaterial

Das Testmaterial – die Holzfiguren, der Wagen und das auseinanderklappbare Spielfeld – sind für Kinder sehr ansprechend gestaltet und motivieren zum Mitarbeiten. Es ist praktisch, dass man auf dem Arbeitsbogen den Weg in kleine Vorlagen einzeichnen kann.

Testdesign

Konzept: Das Manual berücksichtigt Literatur bis 1994. Folglich ist es nicht erstaunlich, dass nirgends auf exekutive Funktionen Bezug genommen wird, was man wohl heute auch im Kontext pädagogischer Psychologie erwarten würde. Das propagierte Konzept der Handlungsplanung und fortlaufenden metakognitiven Kontrolle, mit Analyse von Fehlern und Fehlerkorrektur, ist aber gut mit heutiger Diagnostik von Planen und Problemlösen in Übereinstimmung zu bringen.
Die Bezeichnungen für die Variablen sind nicht intuitiv verständlich. So bezeichnen etwa Plankorrektur nicht etwa die Anzahl der Korrekturen, sondern die Summe der korrekten Fahrten.
Durchführung: Die Durchführung ist gut dargestellt und durch detaillierte Instruktionen für typisch entwickelte Kinder des ersten bis dritten Schuljahres verständlich erläutert. Es ist klar vorgegeben, in welchem Umfang durch Nachfragen das Instruktionsverständnis beim Kind überprüft werden soll. Trotzdem ist vorstellbar, dass bei Kindern mit neuropsychologischen Problemen die Instruktion Mühe bereiten kann: Das gilt für Kinder, mit Sprachbehinderung oder geistiger Behinderung, wie im Validierungsbeispiel beschrieben, dürfte aber auch für andere Kinder mit Gedächtnis- und Arbeitsgedächtnisproblemen

der Fall sein, da die Instruktion und die Regeln, die behalten werden müssen, umfangreich sind und das Kind nach der Instruktion keine Möglichkeit mehr hat, rückzufragen, was es tun soll. Eine Version mit schriftlicher oder non-verbaler symbolischer Unterstützung wäre hier hilfreich.

Auswertung: Auswertungshilfen in Form von Auswertungs- und Interpretationsbeispielen sind gegeben. Die Bewertung ist zwar eindeutig, aber manchmal etwas kompliziert beschrieben.

Normierung

Stichprobe: Eine zusätzliche Normierung nach Alter, nicht nur nach Schulklassen, wäre sinnvoll.

Normen: Umfangreiche, aber etwas veraltete Normierung. Eine direkte Erfassung der Bildung der Eltern und die Berücksichtigung eines Migrationshintergrunds wären der Differenzierung hinsichtlich des Schultyps (sozialer Brennpunkt, normale und gehobene Umgebung) vorzuziehen. Die Normen werden in Prozenträngen angegeben und sind aufgrund der geringen Abstufung in nur der kategorialen Variablen (3 bis 5 Antwortstufen) oft grob.

Gütekriterien

Objektivität: Die detailliert beschriebenen Durchführungs- und Auswertungsangaben sind eindeutig und als objektiv einzuschätzen.

Reliabilität: Reliabilitätsangaben im engeren Sinne fehlen, wobei sich die klassischen Reliablitätsmaße hier nur schlecht berechnen lassen, da die Teilschritte der Testung aufeinander aufbauen, aber nicht gleichwertig sind. Trotzdem wäre aber eine Retestuntersuchung möglich gewesen. Eine Replikation lässt sich nicht wirklich mit einer Testwiederholung vergleichen. Bei exekutiven Planungsaufgaben lässt sich oft ein deutlicher Lerneffekt finden – bzw. die Aufgaben verlieren bei Testwiederholung ihren exekutiven Charakter. Dies muss aber berücksichtigt werden, wenn man einen Test wiederholt einsetzt, z. B. um Effekte von Kurzzeitinterventionen zu untersuchen. Gerade weil nur wenige Variablen mit kategorialen Abstufungen erhoben werden, wäre es wichtig, die Reliabilität besser abzusichern. Man muss auch kritisch fragen, ob der Test nicht eigentlich zu kurz ist, um zuverlässig Planungsleistungen zu erheben. Die ersten Spielzüge entscheiden z. T. über den weiteren Spielverlauf. Ein impulsives Kind wäre dabei schon von vorneherein im Nachteil, auch wenn es durchaus in der Lage wäre, zu planen.

Validität: Die geringen Korrelationen zwischen den einzelnen Planungsindizes mit den überlappenden kognitiven Konzepten (Gedächtnis, Problemlösen, Wissen über das Konstrukt Planen, Bilderordnen, Intelligenz und Schulleistungen) werden als Beleg für die Eigenständigkeit der planerischen Faktoren interpretiert. Die Ergebnistabellen zeigen außerdem, dass die Differenzierungskraft einiger Planungs-

indizes in der dritten Klassenstufe nachlässt, was darauf deutet, dass der Test für Neunjährige zu einfach ist.
Nicht überzeugend erklärt werden konnte das erwartungswidrige Fehlen einer signifikanten Korrelation mit der Turm von Hanoi-Aufgabe, einem Tests, bei dem ebenfalls die Entwicklung einer Strategie und des Planens in mehreren Schritten gefordert ist.

Neuropsychologische Aspekte

Theoretischer Rahmen
Der Test steht in einer psychologischen/pädagogischen Tradition und bezieht sich nicht auf einen neuropsychologischen Hintergrund.

Anwendungsbereiche
Der Test wurde in einem pädagogisch psychologischen Kontext entwickelt und in einem solchen auch zunächst eingesetzt, d. h. als Test für Kontrollprozesse beim schulischen Lernen. Dass der Test auch für klinische Zwecke eingesetzt werden kann und zur Therapieevaluation, wirkt anhand der Handbuchangaben bislang nicht überzeugend. Es wäre hilfreich, für diese Zwecke Parallelaufgaben zur Verfügung zu haben und Darbietungsformen, die weniger Anforderungen an Gedächtnis und sprachliches Verständnis stellen. Seit Erscheinen des Tests wurde er unseres Wissens nicht, wie im Manual thematisiert, für Kinder mit Behinderungen angepasst.

Ergebnisbeeinflussende Faktoren
Für verschiedene Gruppen – Kinder mit Sprachbehinderung, Aufmerksamkeitsstörungen, erhöhte Impulsivität, Gedächtnisstörungen – dürften die Testvoraussetzungen eingeschränkt sein.

Handhabbarkeit und klinische Anwendung

Das Zoo-Spiel ist ein kindgerechtes Verfahren zur Beurteilung der Planungsfähigkeit von Grundschulkindern. Das Material ist ansprechend gestaltet und motivierend. Die Ableitung der Variablen, die Testbeschreibung und die Auswertung wirken manchmal etwas umständlich, die Durchführungsbedingungen sind aber klar und eindeutig. Für spezifisch neuropsychologische Fragestellungen gibt es im Manual keine Beispiele. Bei Anwendung mit klinischen Kindern wird man aber immer wieder feststellen, dass die Instruktion in der vorgegebenen Form nicht ausreicht und manche Kinder überfordert. Für andere, ältere Kinder scheint der Test dagegen zu einfach. In jedem Fall liefert der Test – neben seiner quantitativen Auswertung – einen guten Rahmen für eine kurze, gezielte standardisierte Verhaltensbeobachtung.

Agnieszka Zuberer und Ivana Ilieva

Kreativitätstest für Vorschul- und Schulkinder: Version für die psychologische Anwendungspraxis (KVS-P)

Günter Krampen

Göttingen: Hogrefe, 1996

Zusammenfassende Testbeschreibung

Zielsetzung und Operationalisierung

Konstrukte
Kreativität: Ideenflüssigkeit und Ideenflexibilität.

Testdesign
Ideenflüssigkeit und Ideenflexibilität werden anhand von sechs, weitgehend sprachfreien Subtests erhoben, bei welchen keine Lese- und Schreibfähigkeit vorausgesetzt wird.

Angaben zum Test

Normierung
Alter: Neun Erziehungskohorten: 1. Kindergarten bis 6. Klasse (4–12 Jahre).
Bildung: keine Angaben
Geschlecht: Nein, nicht bedeutsam.

Material
Manual mit Normtabellen, Protokollbogen mit Instruktionen. Zusätzlich wird benötigt: rotes und blaues Klebeband, ca. 40 Plastiktrinkbecher, ca. 40 Bierdeckel, Papierkorb, mindestens 3 Meter freie Strecke.

Durchführungsdauer
Etwa 45 Minuten (25–65 Minuten).

Testkonstruktion

Design

Aufgabe
Der Test besteht aus sechs Subtests:
1) Fortbewegungsarten: Das Kind muss möglichst viele verschiedene Fortbewegungsmöglichkeiten für eine Strecke von ca. 3 Metern aufzählen/ausführen.
2) Handlungsalternativen: Es müssen möglichst viele verschiedene Möglichkeiten, wie ein Trinkbecher in einen Papierkorb befördert werden kann, aufgezählt/demonstriert werden.

3) Alternative Verwendungen: Für Bierdeckel müssen möglichst viele verschiedene Verwendungsarten gefunden werden.
4) Bilderraten: Es wird eine gewellte Linie als begonnene Zeichnung vorgegeben und das Kind muss Möglichkeiten aufzählen, was das Bild nach Beendigung darstellen könnte.
5) Gebundene Zeichnungen: Das Kind soll, basierend auf einem ovalen Kreis, verschiedene Bilder malen. Anschließend soll diesen Bildern Titel gegeben werden.
6) Freie Zeichnungen: Es sollen möglichst viele ungewöhnliche Bilder gemalt und anschließend betitelt werden.

Konzept
Der KVS-P deckt aus Gründen der einfacheren Auswertbarkeit lediglich zwei Aspekte der Kreativität ab: Ideenflüssigkeit und Ideenproduktion. Dabei wurde darauf geachtet, dass die Aufgaben in unterschiedlichen Stimulus- (akustisch, optisch) und Reaktionsmodalitäten (handelnd, verbal) präsentiert werden.

Variablen
Zwei normierte Indizes: Ideenflüssigkeit und Ideenflexibilität. Zusätzlich können die Bearbeitungszeit sowie die Ideenumsetzung (handelnd und/oder verbal) erfasst werden.

Durchführung
Der KVS-P ist für Einzeltestungen konzipiert. Es wird betont, dass die Durchführung in einer motivierenden und freundlichen Atmosphäre stattfinden soll. Die Subtests werden in der vorgegeben Reihenfolge durchgeführt. Die mündlichen Instruktionen sind vorgegeben, können aber ergänzt werden, damit der Proband die Aufgabe vollständig versteht.

Auswertung
Die Flüssigkeit wird ermittelt durch die Summation der genannten Ideen in den Subtests. Für die Gesamtsumme sind T- und Prozentrang-Normwerte in Tabellen aufgeführt.
Die Flexibilitätskennwerte werden ermittelt, indem man die Antworten in Kategorien einteilt, welche im Handbuch aufgeführt sind. Die Summe der verschiedenen erwähnten Kategorien bilden dann die Subtest-Werte. Für die Gesamtsumme sind T- und Prozentrang-Normwerte in Tabellen aufgeführt.

Normierung

Stichprobe
985 deutsche Kindergarten- und Schulkinder (4 bis 12 Jahre).

Normen
Alter: Neun Erziehungskohorten: 1. Kindergarten/4 Jahre (N=107), 2. Kindergarten/5 Jahre (N=105), 3. Kindergarten/6 Jahre (N=108),

1. Primarschule/7 Jahre (*N*=114), 2. Primarschule/8 Jahre (*N*=117), 3. Primarschule/9 Jahre (*N*=108), 4. Primaschule/10 Jahre (*N*=105), 5. Primarschule/11 Jahre (*N*=108), 6. Primarschule/12 Jahre (*N*=113).
Bildung: keine Angaben
Geschlecht: Keine signifikanten Geschlechtsdifferenzen, deshalb keine geschlechtsspezifische Normierung.

Gütekriterien

Objektivität
Durchführung: Detaillierte mündliche Instruktionen sind vorgegeben, es besteht jedoch aufgrund des offenen Charakters des Tests ein gewisser Handlungsspielraum für den Testleiter. Bei genauer Beachtung der Durchführungsanweisung ist die Objektivität gegeben.
Auswertung: Beim Flüssigkeitsindex kann aufgrund seiner rein quantitativen Auswertung von einer hohen Auswertungsobjektivität ausgegangen werden. Die Flexibilität wird anhand von vorgegebenen Kategorien beurteilt und verfügt deshalb ebenfalls über eine gute Auswertungsobjektivität.

Reliabilität
Interne Konsistenz: Interne Konsistenz ist in allen Indizes und Altersgruppen gegeben (>.74).
Paralleltest-Reliabilität: Keine Paralleltests vorhanden.
Retest-Reliabilität: 4–5 Wochen bei 4- bis 12-Jährigen (*N*=76): Flüssigkeit=.71, Flexibilität=.69; 10–12 Wochen bei 4- bis 6-Jährigen (*N*=38): Flüssigkeit=.68, Flexibilität=.74; bei 7- bis 10-Jährigen (*N*=59): Flüssigkeit=.64, Flexibilität=.69.
Weitere Reliabilitätsmaße: Trennschärfe der Indizes in den Subtests zwischen .37 und .76.

Validität
Konstruktvalidität: keine Angaben
Konvergente/diskriminante Validität: Signifikante Korrelationen (.32 bis .59) der Flüssigkeit mit dem „Test zum divergenten Denken TDK" (Mainberger, 1977), sowie Modifikationen davon, in allen drei Stichprobengruppen (1.–3. Kindergarten: *N*=52; 1.–3. Klasse: *N*=61; 4.–6. Klasse: *N*=45). Keine signifikanten Korrelationen mit dem Flexibilitäts-Index (.05 bis .23). Keine signifikanten Korrelationen mit Intelligenz, Sprachentwicklung, Konzentrationsfähigkeit und feinmotorischen Leistungen.
Kriteriums- bzw. klinische Validität: keine Angaben
Ökologische Validität: Signifikante Korrelation der Indizes mit der jeweiligen Fremdbeurteilung durch Lehrer und Eltern (.28 bis .63). Die Selbsteinschätzung korreliert nur bei der ältesten Strichprobe signifikant mit den jeweiligen Indizes, bei den Jüngeren korrelieren alle Aussagen nur mit der Flüssigkeit signifikant (.29 bis .34).

Nebengütekriterien
keine Angaben

Neuropsychologische Aspekte

Theoretischer Rahmen

Kreativität wird im KVS-P im Kontext des Strukturmodells von Guilford (1967), des Berliner Intelligenzstrukturmodells von Jäger (1984) und der Investmenttheorie von Sternberg und Lubart (1991) diskutiert. Dabei wird kein Bezug zu neuropsychologischen Theorien gemacht. Die Autorenschaft sieht die Kreativität dabei nicht nur als kognitive Fähigkeit, sondern ebenfalls als Teil der Persönlichkeit.

Anwendungsbereiche

Der KVS-P ist als exploratives Verfahren insbesondere im pädagogisch-psychologischen Entwicklungskontext einzusetzen. Dabei geht es nicht um das Feststellen von Defiziten, sondern um die holistische Erfassung der Gesamtpersönlichkeit und das Elaborieren möglicher Stärken.

Funktionelle Neuroanatomie

keine Angaben

Ergebnisbeeinflussende Faktoren

Laut Autoren wurde der KVS-P so konzipiert, dass auch Kinder mit sprachlichen Schwierigkeiten, sowie Kinder mit körperlichen Behinderungen den Test problemlos lösen können sollten.

Testentwicklung

Der KVS-P basiert auf mehreren experimentellen (KVS-E) und Forschungsversionen (KVS-F), welche als Entwicklungs- und Forschungsinstrumente benutzt wurden (u. a. Krampen & Renner, 1986; Krampen et al., 1988). Die Subtests des KVS-E wurden aufgrund der publizierten Kreativitätsverfahren konzipiert und zusammengestellt. Die Subtests wurden dabei für Einzeltestungen entwickelt und sollten möglichst sprachfrei sein. Die Subtests Fortbewegungsarten, Handlungsalternativen und alternative Verwendungen wurden dabei nach den Tests von Torrance (1981) konzipiert. Die Tests Bilderraten und gebundene Zeichnungen wurden vom Test zum divergenten Denken (TDK 4-6) von Mainberger (1977) adaptiert. Die freien Zeichnungen basieren ursprünglich auf der Version von Acharyulu und Yashudhara (1984). Die ursprünglichen Subtests des KVS-E wurden im Laufe der Zeit weiter angepasst und modifiziert.
Der KVS-P unterscheidet sich von den Vorgängerversionen insbesondere durch eine Einschränkung der Auswertungsmöglichkeiten. So wurden im KVS-P weitere Auswertungsdimensionen wie Originalität oder Elaboration weggelassen, was den Auswertungsaufwand deutlich verringert.

Testbewertung

Die Kritik im Überblick

Evaluierte Kreativitätstest sind im deutschen Sprachraum Mangelware. Der KVS-P ist ein Kreativitätstest, welcher verschiedene Sinnes- und Reaktionsmodalitäten mit einbezieht und sich somit von den gängigen „Paper-Pencil-Tests" unterscheidet. Die spielerische Art des Tests eignet sich gut für die Zielgruppe und kann auch als Auflockerung zwischen anspruchsvollen Leistungstests verwendet werden. Die limitierten Auswertungsmöglichkeiten schränken die Aussagekraft des Tests ein. Der fehlende Bezug des Tests zur klinischen Diagnostik ist wohl ein Grund dafür, dass sich der KVS-P im diagnostischen Alltag bis heute kaum durchgesetzt hat.

Testkonstruktion

Testmaterial

Das Testheft enthält die genauen, mündlichen Instruktionen, leider ist dadurch der Platz zum Notieren der Antworten sehr beschränkt und zudem unstrukturiert. Viele Materialien (z. B. 40 Bierdeckel) müssen zusätzlich angeschafft werden.

Testdesign

Konzept: Der Test bezieht sich auf die gängigen Kreativitätstheorien. Die Auswertung beschränkt sich auf Flüssigkeit und Flexibilität, welche lediglich zwei Teilaspekte der Kreativität darstellen. Weitere Auswertungsmöglichkeiten, wie beispielsweise Originalität, wären wünschenswert und ergäben ein vollständigeres Bild. Des Weiteren bleibt unklar, inwiefern sich das Ideenflüssigkeitsmaß von anderen Flüssigkeitsmaßen außerhalb des spezifischen Kreativitätskontextes, wie z. B. dem des Regensburger Wortflüssigkeits-Tests (Aschenbrenner et al., 2000), unterscheidet.
Durchführung: Die mündlichen Instruktionen sind klar vorgegeben.
Auswertung: Die Problematik der offenen Reaktions- und Antwortmöglichkeiten bei Kreativitätstest wird gut entschärft, z. B. durch die vorgegebenen Kategorie-Tabellen.

Normierung

Stichprobe: Die Normierung für jede einzelne Klassenstufe ist aufgrund der entwicklungsbedingten Variabilität der Kreativitätsleistung als positiv einzuschätzen. Die Stichprobengröße der einzelnen Kohorten ist an der unteren Grenze.

Gütekriterien

Validität: Angaben zu anderen Flüssigkeitsmaßen fehlen.

Neuropsychologische Aspekte

Theoretischer Rahmen
Es fehlt der Bezug zu neuropsychologischen Theorien. Insbesondere die Diskussion des Tests im Kontext von exekutiven Funktionen (z. B. Wortflüssigkeit) wäre wünschenswert.
Ideenflüssigkeit und -flexibilität können als Maße für das divergente Denken betrachtet werden und sind somit ein Teilaspekt der exekutiven Funktionen. Der KVS-P könnte deshalb eine wichtige Ergänzung zu den gängigen Tests der exekutiven Funktionen (z. B. WCST) darstellen.

Funktionelle Neuroanatomie
Aufgrund des weit zurückliegenden Publikationsdatums fehlt die Diskussion von aktuellen bildgebenden Studien. Aktuellere neurowissenschaftliche Studien weisen jedoch auf die Involvierung von (fronto-)parietalen Netzwerken hin (z. B. Fink et al., 2009; 2010).

Handhabbarkeit und klinische Anwendung

Der spielerische Test wirkt motivierend für die Probanden und stellt eine gute Abwechslung zu den üblichen Leistungstests dar. Die Instruktion und Protokollierung benötigt einige Erfahrung, damit der Test reibungslos abläuft.

Tobias U. Hauser

Konzentrations-Handlungsverfahren für Vorschulkinder (KHV-VK)

Klaus U. Ettrich & Christine Ettrich

Göttingen: Hogrefe, 2005

Zusammenfassende Testbeschreibung

Zielsetzung und Operationalisierung

Konstrukte

Konzentrative Leistungen im Vorschulalter.

Testdesign

Karten-Sortierverfahren. Karten sollen nach bestimmten Kriterien in zwei oder vier Fächer eingeordnet werden.

Angaben zum Test

Normierung

Alter: Vierersort: aufgeteilt in vier Altersstufen: 3;0–3.11; 4;0–4;11; 5;0–5;11; 6;0–6;11 Jahre (N=1 885).
Zweiersort: aufgeteilt in drei Altersstufen: 3;0–3;11; 4;0–4;11; 5;0–5;11 Jahre (N=285).
Geschlecht: keine Angaben

Material

Manual, Auswertungsbogen, Kartensatz, Zweier-Sortierbox, Vierer-Sortierbox, Koffer.
Alternativ ist eine computergestützte Version im Hogrefe Testsystem erhältlich, Installation über CD auf Windows-basiertem PC.

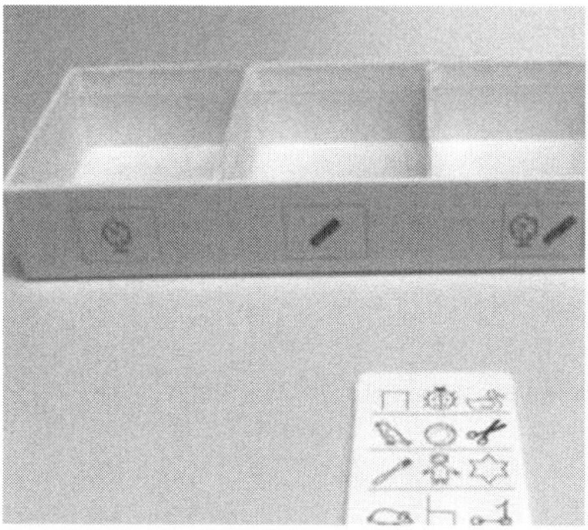

Durchführungsdauer

Reine Testzeit 10 Minuten, zusätzlich Instruktionszeit.

Testkonstruktion

Design

Aufgabe

44 Karten sollen nach bestimmten Kriterien in vier Fächer (Vierersort, bzw. zwei Fächer: Zweiersort) eingeordnet werden. Auf allen Karten sind jeweils zwölf Strichzeichnungen von einfachen Objekten abgebildet, z. B. Blume, Baum, Stern etc. Es werden zwei Objekte als kritische Reize vorgegeben, nach denen die Karten in unterschiedliche Fächer zu sortieren sind. In der Testform A des Vierersorts sind das „Baum" und „Kamm": Die Karten sollen in vier unterschiedliche Fächer sortiert werden, je nachdem ob Baum und Kamm, nur Baum, nur Kamm oder keines von beiden auf der Karte zu finden sind. Beim Zweiersort, der eine Vereinfachung der Aufgabe darstellt, muss das Kind lediglich entscheiden, ob ein kritischer Reiz, z. B. ein Baum, auf der Karte abgebildet ist oder nicht und die Karte entsprechend in eines von zwei Fächern einsortieren. Beim Vierersort liegen vier, beim Zweiersort zwei Parallelformen vor.

Konzept

Kartensortierverfahren zur Erfassung der Konzentrationsfähigkeit, die als „willkürliche, objektgebundene Aufmerksamkeit" definiert wird. Die Konzentrationsfähigkeit sehen die Autoren als „gebunden an die Bereitschaft des Kindes, eine Aufgabe unter dem Einsatz eigener Ressourcen und unter Verzicht auf eigene Ziele (Motive) bei gleichzeitiger Übernahme von Fremdzielen zuende zu bringen" (S. 6). Das setzte voraus, dass die Kinder sich als für die eigene Leistung verantwortlich erleben. Die wesentlichen Anforderungen, die bei konzentrativem Verhalten im Vordergrund stehen, seien Durchhalten und Fehlervermeidung, sowie die Übernahme von Verantwortung für fremdgesetzte Ziele.

Variablen

Durchführungszeit (in Minuten, Rohwerte, Stanine-Werte), Fehleranzahl (Rohwerte, Stanine-Werte), Fehlerverteilung im Verlauf (nur deskriptiv).

Durchführung

Das Kind wird mündlich instruiert. Die ersten vier Karten werden gemeinsam mit dem Kind abgelegt; dabei werden Fehler korrigiert. Die nächsten 40 Karten sind in vier Blöcke à zehn Karten unterteilt. Für das Sortieren dieser 40 Karten in vier Antwortboxen, die mit Abbildungen des/der gesuchten Objekts/Objekten gekennzeichnet sind, stehen dem Kind insgesamt zehn Minuten Zeit zur Verfügung. Das entspricht einer durchschnittlichen Inspektionszeit von 15 Sekunden pro Karte. Ist das Kind nach zehn Minuten noch nicht mit dem Sortieren fertig, kann der Versuchsleiter entscheiden, ob mit der Aufgabe fortgefahren wird. Dies wird von der Belastung und der Motivation des Kindes abhängig gemacht. Wenn die Aufgabe fortgesetzt wird, soll die Nummer

der nach zehn Minuten zuletzt abgelegten Karte notiert werden. Nummer und jeweiliges Sortierkriterium stehen auf der Rückseite jeder Karte. Für das Zweier-Sort wird analog verfahren.
PC-gestützte Version: Die PC-gestützte Version entspricht in Design und Instruktion der Originalversion. Der Untersucher kommentiert mündlich eine Instruktion, die am Bildschirm vorgegeben wird, anschließend gibt es vier Übungsdurchgänge. Durch zweifaches Anklicken der linken Maustaste (bzw. Antippen bei Touchscreen) wird das gewünschte Feld, in das sortiert werden kann, ausgewählt. Beim ersten Klick wird das gewählte Feld blau umrahmt, diese Auswahl muss durch einen weiteren Klick bestätigt werden. Anschließend werden die 40 Testdurchgänge gestartet.

Auswertung
Die Zeit wird mit einer Stoppuhr oder Uhr gemessen, Anfangs- und Endzeiten werden notiert. Die Nummern der falsch sortierten Karten werden auf dem Antwortblatt auf einer Skala von 1 bis 40 als Striche markiert, sodass das Auftreten von Fehlern im Verlauf sichtbar wird. Die Fehler werden aufaddiert. Die für das Sortieren benötigte Zeit, die Anzahl der insgesamt sortierten Karten, sowie die Anzahl der richtigen und der falsch sortierten Karten werden auf dem Antwortblatt notiert. Ebenso werden besondere Beobachtungen oder Ereignisse, wie z. B. Unterbrechungen vermerkt. Die Staninewerte für Zeit und Fehleranzahl werden dann im Manual im Anhang nachgeschlagen und auf das Antwortblatt übertragen.
In der PC-gestützten Version erfolgt die Auswertung automatisiert. Es wird ein Profil mit Normen für Zeit und Fehlerwerten, sowie ein Protokoll des Testverlaufs und der Sortierentscheidungen generiert.

Normierung

Stichprobe
Sukzessiv erhobene Daten.
Zweiersort: (*N*=285); Leipziger Längsschnittstudie (2000).
Vierersort: Zusammenstellung aus Daten von 1983 bis 2003. Altersverteilung: 3;0–3;5 (*N*=126), 3;6–3;11 (*N*=165), 4;0–4;5 (*N*=210), 4;6–4;11 (*N*=275), 5;0–5;5 (*N*=280), 5;6–5;11 (*N*=312), 6;0–6;5 (*N*=267), 6;6–6;11 Jahre (*N*=252).

Normen
Alter: Vierersort: Normen (Staninewerte) aufgeteilt nach Jahresstufen: 3;0–3;11; 4;0–4;11; 5;0–5;11; 6;0–6;11 Jahre (*N*=1 887).
Zweiersort: Normen (Staninewerte) aufgeteilt nach Jahresstufen: 3;0–3;11; 4;0–4;11; 5;0–5;11 Jahre (*N*=285).
Für die PC-gestützte Version wurden die Normen der Original-Version übernommen.
Bildung: Bildung der Väter in ca. 80 % der Fälle erhoben. (Hochschulabschluss 9,6 %, Fachhochschulabschluss 13,5 %, Facharbeiterabschluss

65,1 %, An- und Ungelernte 11,8 %). Kein Einfluss der Bildung der Väter auf die Sortierleistung, außer schlechtere Leistungen bei Kindern von An- und Ungelernten.
Geschlecht: keine Angaben

Gütekriterien

Objektivität
Durchführung: Durchführungsobjektivität gegeben durch präzise Instruktion zur Testapplikation.
Auswertung: Auswertungsobjektivität hinsichtlich der Richtig-Falsch Bewertungen der Sortierungsleistung gegeben.

Reliabilität
Interne Konsistenz: Für Fehlerwerte zwischen .72 (bei 3-Jährigen) und .83 (bei 5-Jährigen).
Paralleltest-Reliabilität: Bestimmt für 100 Kinder zwischen vier und sechs Jahren, bei denen je die Hälfte zunächst Form A, dann Form B bearbeitete, die andere Hälfte in umgekehrter Reihenfolge. Reliabilitätswerte für die benötigte Zeit von .84 (4-Jährige) bis .89 (6-Jährige), für die Fehleranzahl von .73 (4-Jährige) bis .89 (6-Jährige).
Retest-Reliabilität: Ermittelt bei *N*=134 von 3;0–6;11 Jahren für Retest-Intervall von vier Wochen; für Zeitwerte .88; für Fehlerwerte .67.

Validität
Konstruktvalidität: Die Autoren zeigen auf, dass die benötigte Zeit, die mittlere Fehleranzahl und die Streuung der Fehleranzahl mit ansteigendem Alter kontinuierlich abnehmen. Damit ist die Validität des Verfahrens als Entwicklungstest belegt.
Konvergente/diskriminante Validität: Berichtet werden korrelative Untersuchungen zwischen Zweiersort und Allgemeiner Intelligenz (BSK; Kramer, 1972), sprachfreier Intelligenz (CMM; Burgemeister et al., 1954), Zeichnerischer Produktivität (MZT; Ziler, 1977) und Zeichnerischer Reproduktionsfähigkeit (SON; Snijders & Snijders-Oomen, 1978) und zwischen Vierersort (*N*=750) und zeichnerischer Produktivität, sowie bei 6-Jährigen (*N*=220) zwischen Fehler- und Zeitwerten, Allgemeiner Intelligenz (BSK) und sprachfreier Intelligenz (CMM). Insgesamt sind die Zusammenhänge zwischen kognitiven Leistungen, gemessen in anderen Testverfahren, und Leistungstempo oder Fehlerhäufigkeit im KHV-VK allerdings nur gering bis mäßig.
Kriteriums- bzw. klinische Validität: Als Beleg für die klinische Validität führen die Autoren eine Untersuchung mit 3-Jährigen an, in der Kinder mit leichtem Entwicklungsrückstand (*N*=146) und Kinder mit hochgradigem Entwicklungsrückstand (*N*=50) mit normal entwickelten Kontrollen (*N*=89) verglichen wurden. Die Kontrollkinder unterschieden sich signifikant hinsichtlich der Fehlerwerte von den beiden anderen Gruppen und alle drei Gruppen unterschieden sich hinsichtlich der Zeitwerte.

Nebengütekriterien
Störanfälligkeit: Die Autoren nennen zahlreiche Probleme beim Testen sehr junger Kinder, die eine Interpretation der Ergebnisse verunmöglichen oder erschweren können, z. B. dass der Spielcharakter zu stark die unwillkürliche Aufmerksamkeit der Kinder anspricht oder dass sie die Testsituation als aufgezwungen und fremdgesetzt erleben und daher von vornherein mehr Energien zur Aufgabenbewältigung mobilisieren müssen.

Neuropsychologische Aspekte

Theoretischer Rahmen

Entwicklungspsychologischer Hintergrund. Die Autoren geben einen kurzen Überblick über frühe Entwicklungsverläufe der Aufmerksamkeit und deren Voraussetzungen und beschreiben die Entwicklung der willkürlichen, objektbezogenen Aufmerksamkeit aus der unwillkürlichen Aufmerksamkeit. Dabei beziehen sie sich vor allem auch auf eigene Längsschnittuntersuchungen. Die rezipierte Literatur reicht bis etwa Anfang der 90er Jahre.

Anwendungsbereiche

Diagnostik von Störungen der Konzentrationsfähigkeit im Hinblick auf möglichst frühzeitige Behandlung. Als Ursachen werden Konzentrationsstörungen als solitäres Symptom, als Folge minimaler zerebraler Dysfunktion nach prä-, peri- oder postnatalen Hirnschädigung, in Verbindung mit intellektuellen Leistungsdefiziten, ADHS oder gehemmt neurotischem Leistungsverhalten genannt.

Funktionelle Neuroanatomie

keine Angaben

Ergebnisbeeinflussende Faktoren

Es werden eine Reihe von Schwierigkeiten aufgezählt, die bei sehr jungen Kindern das Ergebnis beeinflussen können und die weniger mit Konzentrationsfähigkeit zu tun haben als damit, wie Kinder die Leistungsanforderungen verarbeiten (siehe Validität: Störanfälligkeit).

Testentwicklung

Das Verfahren geht von Konstrukt und Design her zurück auf den Konzentrationsverlaufs-Test für Erwachsene von Abels (1954). Die Zeichnungen stammen aus dem Differentiellen Leistungstest (Kleber & Kleber, 1973).

Testbewertung

Die Kritik im Überblick

Der KHV-VK stellt ein im Prinzip gut einsatzbares Verfahren dar, um bei Vorschulkindern selbstregulative Fähigkeiten und das Aufrechterhalten von zielorientiertem Handeln über einen längeren Zeitraum hinweg zu untersuchen. Der theoretische Hintergrund, auf den sich das Handbuch bezieht, ist entwicklungspsychologisch und nicht neuropsychologisch und entspricht nicht dem aktuellen Stand. Die klinische Validität ist nur ansatzweise, die prognostische Validität nicht belegt. Angaben zur Geschlechterverteilung und Untersuchungen zu Geschlechtsunterschieden fehlen, obwohl hier Effekte wahrscheinlich sind.
Die Übernahme von Normen aus dem „Hands-on“ Sortierverfahren in die PC-Version ist gerade bei einem Handlungsverfahren problematisch und sollte überprüft werden. Zudem stellt sich die Frage, wieso man trotz unklarer Übertragbarkeit eine PC-adaptierte Version durchführen soll, wenn nicht auch die Vorteile, die eine PC-gestützte Version bietet, wie das Erheben von Antwortzeitvariablen und deren Standardabweichung, systematisch genutzt werden.
Für den Einsatz als standardisiertes Instrument für die klinische Diagnostik ist das Verfahren aufgrund der oben genannten methodischen Einschränkungen eher nicht zu empfehlen. Das ist schade, und deshalb wäre dem KHV-VK eine Aktualisierung der Normen und eine Verbesserung der Testgüte zu wünschen.

Testkonstruktion

Testmaterial
Die Gestaltung des Materials ist zweckmäßig: Schwarz-weiße Strichzeichnungen. Die Auswertebögen sind übersichtlich.

Testdesign
Variablen: Fehler und Zeitvariable sind getrennt normiert. Das In-Beziehung-Setzen beider Variablen muss daher interpretativ durch den Versuchsleiter erfolgen.

Normierung
Stichprobe: Es ist nicht ganz eindeutig, wie sich die Stichprobe der Normen im Anhang zusammensetzt. Man kann vermuten, dass die Stichproben des Vierersorts identisch sind mit den aufgeführten Altersgruppen in Tabelle 1 im Manual. Eine sukzessiv gesammelte Stichprobe ist methodisch problematisch, zumal wenn sich die Datensammlung wie hier über mehr als 15 Jahre erstreckt. Gravierender und völlig unverständlich ist aber, dass es keinerlei Angaben zur Geschlechterverteilung gibt und auch keine Überprüfung von

Geschlechtsunterschieden stattgefunden zu haben scheint. Wenn, wie anzunehmen ist, sich in diesem Verfahren erhöhte Impulsivität auf die Leistung auswirkt, dann wäre gerade in diesem Altersbereich mit ausgeprägten Geschlechtseffekten zu rechnen.

Normen: Leider ist es nicht unüblich, dass Testverlage Normen, die anhand von Paper-Pencil Tests erhoben wurden, einfach für die PC-gestützte Versionen übernehmen.

In der heutigen Medienwelt mag es sinnvoll sein, auch schon mit 3-Jährigen PC-gestützte Tests durchzuführen. Trotzdem muss man berücksichtigen, dass sich reales und virtuelles Handeln nicht unbedingt decken müssen. Außerdem kann die individuelle Erfahrung im Umgang mit Medien, die bei kleinen Kindern vermutlich stark variiert, sich auf das Ergebnis auswirken.

Gerade bei einem Handlungsverfahren wie dem KHV-VK sollte man daher die Normen für ein PC-gestütztes Verfahren getrennt erheben.

Gütekriterien

Validität: Es ist positiv, dass im Manual Fallbeispiele vorgestellt werden. Beide Beispiele liegen jedoch im obersten Alterssegment. Es bleibt also die Frage nach der klinischen Validität bei jüngeren Kindern. Bei diesen ist die Variabilität des normalen Verhaltens sehr groß, und Kinder müssen in deutlich mehr als der Hälfte der Aufgaben Fehler machen, um mit diesem Test als unterdurchschnittlich oder nicht altersgemäß eingeordnet zu werden. Gemäß der Normen, so heißt es im Handbuch, ist bei 3-Jährigen mit mehr als 25 Fehlern, bei 4-Jährigen mit mehr als 22 Fehlern, bei 5-Jährigen mit mehr als 18 Fehlern, bei 6-Jährigen mit mehr als 12 Fehlern mit Problemen bei der Ausbildung konzentrativer Leistungen zu rechnen. Erst 6-Jährige sind im Schnitt in der Lage, alle 40 Karten zu sortieren. Für die meisten 3-Jährigen scheint dieses Verfahren also zu schwierig.

Alle eingesetzten Verfahren zur Untersuchung der konvergenten und diskriminanten Validität sind veraltet.

Neuropsychologische Aspekte

Theoretischer Rahmen

Das hier verwendete Konzept der Konzentrationsfähigkeit ist kein neuropsychologisches Konzept der Aufmerksamkeit, sondern ein in den 80/90er Jahren verankertes entwicklungspsychologisches Konstrukt. In der Definition der Konzentrationsfähigkeit werden von den Autoren Aspekte der Selbstregulation, des Belohnungsaufschubs und der planvollen Ausrichtung des Verhaltens auf ein zeitlich entfernt liegendes Ziel hervorgehoben. Dies würde man in aktueller Terminologie eher unter exekutive Funktionen subsumieren, was auch die Einordnung des Verfahrens als exekutives Testverfahren begründet. Auch die energetischen Aspekte, die die Autoren nennen, passen in ein Aufmerksamkeitskonstrukt, bei dem motivationale Faktoren wesentlich

sind, wie es etwa bei dem Modell von Sanders (1983) der Fall ist. Ob und wie lange Kinder ihre Aufmerksamkeit aufrechterhalten können, ist demzufolge weniger ein Problem der Daueraufmerksamkeit (im Sinne einer Intensitätsdimension der Aufmerksamkeit), sondern eines der (exekutiven) Selbstregulation und Handlungskontrolle.
Wie die Autoren selbst auch andeuten, aber nicht ausführen, ist die Inspektionszeit, die für die Suche eines kritischen visuellen Reizes aufgewendet wird, stark abhängig von der Anstrengungsbereitschaft, der Inhibitionsfähigkeit und dem internen Kriterium, das sich ein Individuum setzt, bis es sicher ist, dass kein kritischer Reiz vorhanden ist.

Ergebnisbeeinflussende Faktoren
Bei der PC-gestützten Version dürfte die Vertrautheit im Umgang mit Computern einen Einfluss auf die Testleistung haben.

Handhabbarkeit und klinische Anwendung

Der Test ist gut einsetzbar. Seine prognostische und klinische Validität ist allerdings im Handbuch schlecht belegt. Die Angaben im Handbuch sind oft ungenau (z. B. fehlen Legenden bei den Tabellen oder Angaben zur Stichprobengröße bei den Normtabellen) und die Ausführungen zum Testhintergrund sind sehr knapp und entsprechen nicht dem aktuellen Stand. Das erschwert den Einsatz als klinisch-diagnostisches Verfahren.

Renate Drechsler

2.2.4 Motorik und Sensibilität

Renate Drechsler

2.2.4.1 Einteilung der Erfassungsbereiche

Die Untersuchung von Motorik und Sensibilität liefert bei Kindern wichtige Informationen für die neuropsychologische Beurteilung. Bei einer Entwicklungsdiagnostik gehören sie ohnehin in jedem Fall dazu. Motorik und Sensibilität bilden die Grundlage für das Kind, seine Welt zu „begreifen" und Konzepte von Raum und Selbstwirksamkeit zu entwickeln und lassen sich gerade in der frühen Entwicklung nicht immer scharf von der Entwicklung kognitiver Prozessen abgrenzen.

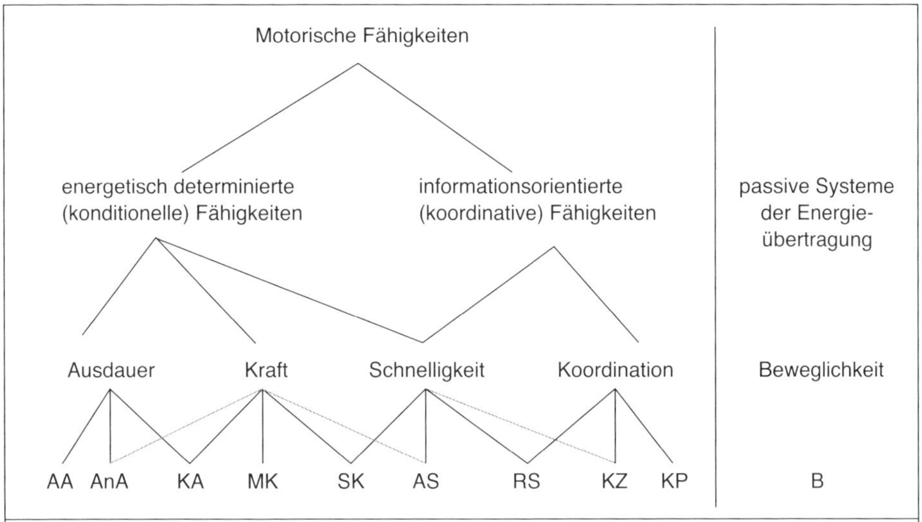

AA = aerobe Ausdauer	AnA = anaerobe Ausdauer
KA = Kraftausdauer	MK = Maximalkraft
SK = Schnellkraft	KZ = Koordination (Zeitdruck)
RS = Reaktionsgeschwindigkeit	AS = Aktionsschnelligkeit
KP = Koordination (Präzision)	B = Beweglichkeit

Abbildung 2.9: Differenzierung motorischer Fähigkeiten nach Bös (1987)

2.2.4.1.1 Grundbegriffe der Motorik

Motorische Funktionen lassen sich unterteilen in *konditionelle* und *koordinative Fähigkeiten* (Bös, 1987, Abbildung 2.9). Konditionelle Fähigkeiten werden bestimmt durch Ausdauer, Kraft und Schnelligkeit, die sich wiederum in Komponenten wie aerobe, anaerobe und Kraft-Ausdauer, Maximalkraft und Schnellkraft, Aktionsschnelligkeit und Reaktionsschnelligkeit unterteilen lassen. Koordinative Fähigkeiten können aufgeteilt werden in die Komponenten Koordination unter Zeitdruck und Präzision der Koordination. Beweglichkeit ist eine passive Fähigkeit, die sich auf die motorische Leistungsfähigkeit auswirken kann. Diese Funktionskomponenten beschreiben die motorische Leistungsfähigkeit bei Gesunden und werden z. B. in der Sportmedizin oder zur Diagnostik der allgemeinen Fitness untersucht.

Bei der Beschreibung von motorischen Funktionen in Zusammenhang mit Entwicklung und Pathologie ist die gebräuchlichste Unterteilung die in *Grob- und Feinmotorik* (vgl. z. B. Rosenkötter, 2012). Grobmotorik umfasst die willkürlich gesteuerten Bewegungen des gesamten Körpers, des Kopfes und der Extremitäten, die mit eher großräumigen Bewegungsabläufen einhergehen. Zur Feinmotorik gehören Bewegungsabläufe, bei denen z. B. Hand- und Fingerfunktionen, Mund-, Zungen und Gesichtsbewegungen, Fußbewegungen kleinräumig und fein aufeinander abgestimmt ausgeführt werden. Grobmotorik wird mit Fähigkeiten wie Laufen, Balancieren, Springen, Werfen, Fangen in Verbindung gebracht, Feinmotorik mit Greifen, Schreiben und dem Gebrauch von Werkzeug. Obwohl Rückkopplungs- und Feedforward-Prozesse und damit auch die somatosensorische und sensorische Wahrnehmung bei der Steuerung von motorischen Abläufen eine große Rolle spielen, wird diesen Prozessen bei der Diagnostik von Motorik oft wenig Aufmerksamkeit geschenkt.

2.2.4.1.2 Grundbegriffe der Somatosensorik/Sensibilität

Das somatosensorische System ist zuständig für die Sinneswahrnehmung von Schmerz, Temperatur, von Kopf- und Körperpositionen im Raum *(= propriozeptive Wahrnehmung)*, Kopf- und Körperbewegungen *(= kinästhetische Wahrnehmung)* und den Tast- oder „Fühlsinn" *(= taktile Wahrnehmung)*, welcher mechanische Veränderungen auf der Haut (z. B. unterschiedliche Texturen, Druck) registriert (Jacobs, 2010). Man unterscheidet weiterhin zwischen sogenannter *„Oberflächensensibilität"* und *„Tiefensensibilität"*. Die Oberflächensensibilität umfasst unterschiedliche Sinnesmodalitäten, zu denen der *„Fühlsinn"* zählt, der die mechanischen Sinne von Druck, Spannung, Vibration und Berührung einschließt, ferner der *Temperatursinn* mit der Wahrnehmung von Wärme und Kälte und der *Schmerzsinn*, mit unterschiedlichen Rezeptoren für die Wahrnehmung von stechendem Schmerz, dumpfem Schmerz und Jucken. Zur *Tiefensensibilität* gehören die Wahrnehmung von *Muskelstellung, -Bewegung und -Spannung* (Kraft), die Wahrnehmung *von Spannung und Druck* in Bändern und Gelenkkapseln, die Wahrnehmung von *Vibration* und die Wahrnehmung von *Tiefenschmerz* (Messlinger, 2010). *Propriozeption* wird auch häufig synonym mit „Tiefensensibilität" verwendet, da Propriozeptoren sowohl am *Stellungssinn* (Wahrnehmung der Körperhaltung, Gelenkstellungen, Position im Raum) als auch am *Bewegungssinn* (*Kinästhesie*: Information über Richtung, Dauer, Geschwindigkeit von Bewegungen) beteiligt sind (Messlinger, 2010). Klassische Messmethoden zur Bestimmung der Oberflächensensibilität sind die Bestimmung der Absolutschwelle, d. h. des kleinsten Reizes, der noch eine Berührungsempfindung auslöst, sowie der Zweipunktschwelle (oder Raumschwelle), d. h. des kleinsten Abstands zwischen zwei gesetzten Reizen (Spitzen), bei dem die beiden Reize noch als unterschiedlich wahrgenommen werden (Messlinger, 2010). Die Oberflächensensibilität wird in der einfachen neurologischen Sensibilitätsprüfung beidseits durch Berühren mit Wattestäbchen oder Setzen eines kurzen Schmerzreizes, die Tiefensensibilität mittels Stimmgabel geprüft.

Weitere Begriffe im Zusammenhang mit Wahrnehmungsprozessen sind *Haptik* und *Stereognosie*. Die Begriffe werden in der Literatur nicht einheitlich benutzt. Unter Stereognosie versteht man die Fähigkeit, durch bloßes Betasten die dreidimensionale Form und Eigenschaften eines bekannten Gegenstandes erkennen zu können. Stereognosie findet sich oft gleichbedeutend mit haptischer Wahrnehmung. Allerdings verwenden einige Autoren den Begriff der haptischen Wahrnehmung auch im Sinne von taktiler Wahrnehmung. Nach Grunwald (2009) impliziert haptische Wahrnehmung jedoch in der Regel eine Manipulation in der Hand bzw. ein aktives Explorieren, während taktile Wahrnehmung passiv erfolgt. Je nach Aufgabe sind beim Ertasten des dreidimensionalen Gegenstands (haptische Wahrnehmung, Stereognosie) mehr höhere kognitive Verarbeitungsprozesse beteiligt, als dies bei der bloßen Wahrnehmung von stofflichen Eigenschaften (taktile Wahrnehmung) der Fall ist (vgl. Jacobs, 2010).

2.2.4.2 Entwicklung motorischer Fähigkeiten

Die Entwicklung motorischer Fähigkeiten in den ersten Lebensmonaten und in den ersten Lebensjahren ist besonders eindrücklich und rasch fortschreitend. Frühe motorische Entwicklungsschritte, wie den Kopf halten können, Sitzen, Greifen, Laufen, werden in den ärztlichen Routineuntersuchungen U1 bis U10 überprüft und sind in Tabelle 2.16 aufgeführt. Parallel zur Entwicklung der Kontrolle der Willkürmotorik bilden sich primitive Reflexe zurück. Neben der Prüfung der erwarteten Entwicklungsschritte findet in der ärztlichen Untersuchung auch ein Screening auf pathologische Abweichungen, wie z. B. Tonusanomalien, statt. Obwohl motorische Meilensteine nach wie vor eine grobe Einschätzung des Entwicklungsstands des Kindes ermöglichen, geht man inzwischen davon aus, dass Entwicklungsverläufe variabel sind und dass ein Nicht-Erreichen der Meilensteine bei Kindern ohne spezifische Entwicklungsrisiken nur in geringem Maße spätere Beeinträchtigungen voraussagen kann (Jenni, Chaouch, Caflisch, Rousson, 2013).

Bei 10-Jährigen (U10) werden keine entwicklungsspezifischen motorischen Punkte mehr aufgeführt. Die Grobmotorik sollte sich der von Erwachsenen annähern; die Kinder sollten im Erwachsenengriff schreiben (Baumann, 2013).

Tabelle 2.16: Grob- und feinmotorische Grenzsteine, die in kinderärztlichen Untersuchungen überprüft werden (orientiert an Michaelis, Berger, Nennstiel-Ratzel & Krägeloh-Mann (2013) und Baumann (2013); gekürzt)

	Grobmotorik	**Feinmotorik**
6 Monate (U5)	– in Rückenlage: symmetrische, wechselnde Körperhaltungen und Bewegungen von Armen und Beinen – Bauchlage: Hält den Kopf hoch und stützt sich auf Hände – sitzt mit Unterstützung (oder stützt sich selbst)	– aktives Transferieren eines kleinen Gegenstandes/Spielzeugs von einer Hand in die andere in Rückenlage – Greifen nach Dingen – (palmares Greifen, radialer Faustgriff)

	Grobmotorik	Feinmotorik
9 Monate	– Verändern von Positionen: Drehen von Bauch- in Rückenlage und umgekehrt – Selbständige Fortbewegung (z. B. Kriechen, Krabbeln oder Bärengang)	– Scherengriff: Fassen von kleinen Gegenständen zwischen Daumen und Zeigefinger – gezieltes Greifen mit der Hand (palmar mit Daumenopposition)
12 Monate (U6)	– Freies Sitzen ohne Abstützen – Zieht sich zum Stehen hoch – Stehen und Schritte mit Festhalten (an Händen oder Möbeln)	– Greifen im unvollständigen Pinzettengriff – beidhändiges Greifen – gezieltes Greifen und Loslassen
18 Monate	– freies Stehen – freies Gehen, eventuell mit leicht ausgebreiteten Armen, um Balance zu halten – kommt Treppen hinauf und hinunter	– sicherer Pinzettengriff – Gegenstände können auf Aufforderung gegeben und genommen werden. – hantiert beidhändig
2 Jahre (U7)	– kann Gegenstände ohne Verlust des Gleichgewichts vom Boden aufheben – freies Gehen vorwärts und rückwärts – rennt, wobei Hindernisse umgangen werden können	– Halten eines Stifts im Pinselgriff (mit Daumen, Zeigefinger, Mittelfinger) – kann Bonbon aus Papier auspacken. – benutzt Tasse/Löffel
3 Jahre (U7a)	– Zweibeinhüpfen – Rennen mit mitschwingenden Armen, ohne Anstoßen von Hindernissen; dabei abruptes Stoppen möglich – freies Treppensteigen im Nachstellschritt	– Umblättern von Seiten – greift kleine Gegenstände mit drei-Finger-Griff – kann Perlenkette aufreihen – kann mit Kinderschere hantieren
4 Jahre	– Dreirad- oder Tretautofahren – Treppensteigen im alternierenden Schritt – Einbeinstand während einiger Sekunden	– Stifthaltung mit Dreipunktgriff – Zeichnen von Gegenständen, wenn auch noch unvollständig und ungeschickt („Kopffüßler“) – Auf- und zumachen von Knöpfen
5–6 Jahre (U9)	– Freihändiges Treppensteigen mit Beinwechsel – Sicheres Fangen und Werfen von Bällen – Einbein-Hüpfen	– Schreiben von einzelnen Buchstaben oder Zahlen – Zeichnen von Gegenständen – Basteln (Hantieren mit Kleber, Falten von Papier) – selbständiges Ankleiden

2.2.4.2.1 Händigkeit

Händigkeit lässt sich einteilen nach der Richtung (ob rechts oder links), der Ausprägung (Bei welcher Anzahl von Aktivitäten wird die eine Hand genommen?), nach Präferenz (Welche Hand wird bei welcher Aufgabe bevorzugt eingesetzt?) und Leistung (Wie gut wird die Aufgabe mit der gewählten Hand bewältigt?). Bei Linkshändern ist die funktionelle Seitenasymmetrie je nach Aufgabe oft weniger ausgeprägt als bei Rechtshändern. Rechtständer müssen dagegen mehr Anstrengung aufbringen, wenn sie eine Aufgabe ungewohnterweise mit der nicht-dominanten Hand absolvieren müssen. Rechtshändigkeit findet sich bei etwa 90 % aller Menschen. Während bei 86–97 % aller Menschen das Sprachzentrum linksseitig lokalisiert ist, ist das immerhin noch bei 60–85 % aller Linkshänder der Fall (vgl. Scharoun & Bryden, 2014). Der Anteil von linkshändigen und beidhändigen Kindern ist bei umschriebenen Entwicklungsstörungen motorischer Funktionen (UEMF), Lernstörungen und Aufmerksamkeitsdefizit-/Hyperaktivitätsstörung (ADHS) erhöht (vgl. Goez & Zelnik, 2008).

Handpräferenz ist überwiegend genetisch definiert, allerdings spielen kulturelle Einflüsse (Fagard & Dahmen, 2004) und andere Umwelteinflüsse ebenfalls eine Rolle (Ocklenburg, Beste & Arning, 2014). Obwohl es schon sehr frühe Hinweise gibt – einige Forscher stellen einen Zusammenhang zwischen dem Daumen der Hand, an dem im Mutterleib genuckelt wird und der späteren Handdominanz her (Hepper, Shahidullah & White, 1991) –, ist die Handpräferenz im frühen Kindesalter noch unsicher. Bei Kindern bis zum Alter von drei Jahren lässt sich seltener eine rechtsdominante Lateralisierung beobachten als in der erwachsenen Bevölkerung (De Agostini, Pareé, Goudot & Dellatolas, 1992). Bis zum 4.–5. Lebensjahr finden sich bei den Kindern noch häufig Unsicherheiten der Handpräferenz. Selbstaussagen von Kindern zur Handpräferenz sind bis etwa zum 6. Lebensjahr unsicher und korrelieren oft nicht mit den durch Beobachtung gewonnen Befunden (Bryden, Roy & Spence, 2007). Vor allem bei späteren Linkshändern ist die Handpräferenz über die Entwicklung hinweg weniger stabil als bei Rechtshändern. Erst ab dem Alter von etwa 7–8 Jahren lässt sich aus der Handpräferenz bei einer Aufgabe die spätere Präferenz im Erwachsenenalter relativ sicher voraussagen (z. B. Cavill & Bryden, 2003). Nach Kastner-Koller, Deimann und Bruckner (2007) erreichen Kinder mit früher stabiler Händigkeit in Entwicklungstests höhere Gesamtwerte. Um eine frühe Stabilität sicher feststellen zu können, ist es wichtig, unterschiedliche Aufgaben bei der Untersuchung der Handpräferenz zu verwenden, da der Gebrauch der Hand je nach Kontext, der Komplexität der Aufgabe und der geforderten Geschicklichkeit variieren kann.

Bei der Messung von objektiven Leistungen (z. B. feinmotorische Aufgaben am Steckbrett) werden bei jüngeren Kindern größere Leistungsdifferenzen zwischen der linken und der rechten Hand gefunden als bei älteren Kindern und Erwachsenen (Bryden et al., 2007). Sechsjährige erreichen deutlich höhere Leistungen mit der dominanten Hand.

Das Überkreuzen der Mittellinie, d. h. das Ausstrecken und Greifen mit der Hand in den kontralateralen Raum, wird als eine Vorstufe zur Entwicklung der Handpräferenz gesehen (beginnt im Alter von etwa 18–20 Wochen). Diese Entwicklung geht einher mit der Reifung des Corpus callosum. Jüngere Kinder (bis etwa 7 Jahre) vermeiden das Arbeiten mit der Hand im kontralateralen Raum. Schulkinder tun dies zwar, aber vor allem mit der präferierten Hand (Bishop, Ross, Daniels & Bright, 1996; Bishop, 2005). In der Adoleszenz und bei

Erwachsenen nimmt die Tendenz, nur mit der dominanten Hand in den kontralateralen Raum zu greifen, wieder ab, da die Handgeschicklichkeit allgemein größer ist (Doyen, Dufour, Caroff, Cherfouh & Carlier, 2008). Jüngere Kinder (im Alter von 4 bis 5 Jahren) zeigen keine solchen Effekte, da die Handpräferenz noch weniger klar etabliert ist.

2.2.4.2.2 Entwicklung der Handmotorik, feinmotorische Geschicklichkeit und Schreiben

Entwicklung der Handmotorik

Zu den basalen Fertigkeiten der Hand gehören Reichen („reaching"; um einen Gegenstand zu zeigen oder zu berühren), Greifen, Tragen und willkürliches Loslassen. Zu den komplexen zählen In-Hand-Manipulationen (Anpassen der Position eines Gegenstandes in der Hand), bilaterale Koordination und der Gebrauch von Werkzeugen (vgl. Rolf, 2013).

Palmares Greifen (mit Fingern gegen die Handfläche, ohne Daumen) ist die früheste Form des (gezielten) Greifens, das ab etwa 4. Monat erworben wird. Vorher lässt sich eine reflexartige Greifreaktion beobachten. Ab etwa 6. bis 8. Monat zeigt sich das dissoziierte Greifen: Das Kind kann jetzt mit beiden Händen gleichzeitig unterschiedliche Gegenstände greifen. Es entwickelt sich der Scherengriff (mit Zeigefinger, Mittelfinger und Daumen). Zwischen 9. und 10. Monat tritt meist der Pinzettengriff auf, bei dem nur mit Zeigefinger und Daumen Objekte gehalten werden. Daraus entwickelt sich der Zangengriff, ab etwa 12 Monaten, bei dem Zeigefinger und Daumen beim Greifen in gebeugter Stellung gehalten werden können. Mit etwa 12 bis 15 Monaten kann Werkzeug manipuliert werden (z. B. Löffel, Kamm). Mehrere Gegenstände gleichzeitig können etwa zwischen dem 19. und 24. Lebensmonat in der Hand gehalten werden (In-Hand-Manipulationen; vgl. Oswald, 2013).

Bei der Entwicklung der Feinmotorik ist die Entwicklung der Stifthaltung und des Schreibens besonders bedeutsam für die spätere schulische Eingliederung, auch wenn im Zeitalter digitaler Medien mit Bedienung über Tastatur und Touchscreen das Schreiben mit der Hand heute nicht mehr denselben Stellenwert hat (vgl. Sulzenbruck, Hegele, Rinkenauer & Heuer, 2011). Beim Führen eines Stiftes und beim Schreiben sind zugleich feinmotorische Steuerung, bilaterale und visuo-motorische Integration, motorische Planung, Tiefensensibilität, visuelle Wahrnehmung und Aufmerksamkeit und Fingersensibilität gefordert (Feder & Majnemer, 2007).

Entwicklung von Malen und Zeichnen

Malen und Zeichnen sind in der Regel wichtige Vorstufen von Schreiben. Kleinkinder im Alter von etwa ein bis zwei Jahren kritzeln Striche aufs Papier oder schmieren mit Farbe. Dabei beginnen sie mit einfachen Punkt- und Strichkritzeln, gefolgt von spitzen Kritzeln (waagerecht und senkrecht), dann runden Kritzeln, mit etwa zwei Jahren, und ersten sinnunterlegten Kritzeln. Mit etwa drei Jahren beginnen Kinder zu benennen, was sie gemalt haben. Zwischen zwei und vier Jahren beginnen sie, geometrische Figuren zu zeichnen. Vier- bis Fünfjährige beginnen das Zeichnen mit einer Idee, was sie zeichnen möchten. Sechs- bis Siebenjährige können eine Zeichnung mit den passenden Details anfertigen (Kellogg, 1969).

Das Kopieren geometrischer Muster beginnt ab etwa zwei Jahren mit vertikalen Strichen, später mit horizontalen Strichen (ca. 2.5 Jahre) und mit Kreisen (ca. 3.5 Jahre). Kreuze aus zwei Strichen werden mit etwa 3 Jahren abgezeichnet, was als Vorstufe von Schreiben angesehen wird. Ein Viereck gelingt mit etwa 5 bis 6 Jahren, ein Dreieck etwa 6 Monate später (vgl. Feder & Majnemer, 2007; Jenni, 2013).

Stifthaltung

Bei der Stifthaltung wird unterschieden zwischen reifer und unreifer Stifthaltung sowie Übergangsgriffen (Edwards, Buckland, McCoylen-Powlen, 2002). Bei unreifer Stifthaltung wird der Stift z. B. in der Faust („palmarer Supinationsgriff"), mit dem Stiftende in der Handfläche („Pinselgriff") oder mit gestreckten Fingern gehalten (vgl. Abbildung 2.10). „Unreife" Stifthaltungen sind bei Kindern bis etwa im Alter von 4 Jahren zu beobachten. Bei Übergangsgriffen, die vor allem zwischen drei bis sechs Jahren beobachtet werden, wird der Stift zwar bereits mit drei oder vier Fingern gehalten, die Bewegung wird aber vor allem aus dem Handgelenk oder Arm geführt, während die Finger- und Handmuskeln unbeweglich bleiben („statischer Dreipunkt-" oder „statischer Vierpunktgriff"). Meist ist bei Kindern im Schulalter (6 Jahre) bereits eine reife Stifthaltung anzutreffen, wobei verschiedene Variationen möglich sind. Der Stift kann z. B. mit drei Fingern („Dynamischer Dreipunktgriff" oder vier Fingern ge-

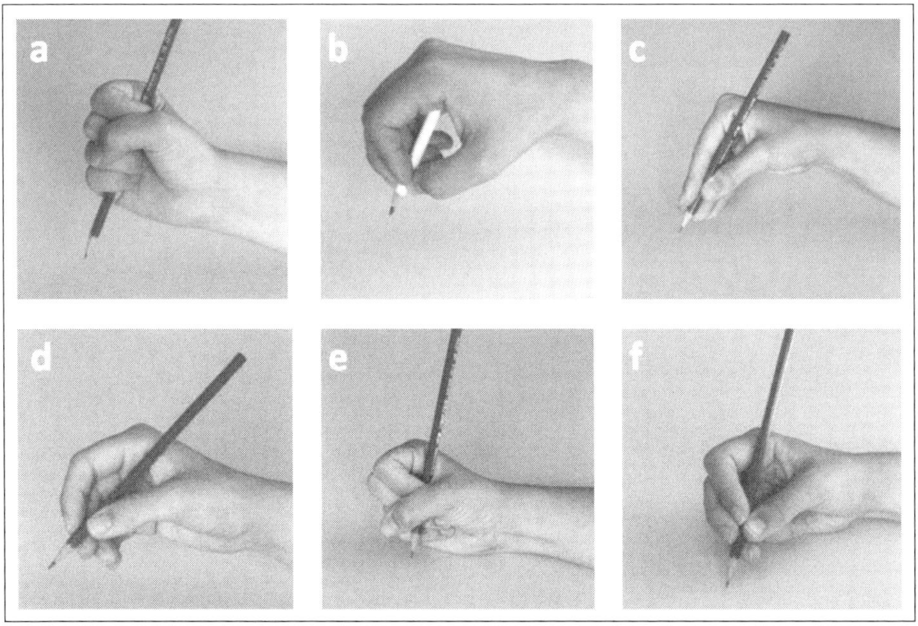

Abbildung 2.10: Stifthaltungen. a. palmarer Supinationsgriff, b. Pinselgriff, c. Stifthaltung mit gestreckten Fingern, d. dynamischer Dreipunktgriff, e. lateraler Vierpunktgriff, f. dynamischer Vierfingergriff; a–c unreife Stifthaltungen

halten werden („dynamischer Vierpunktgriff"), bei der Bewegung muss die Finger- und Handmuskulatur maßgeblich beteiligt sein. Auch eine Stifthaltung mit zwischen Zeige- und Mittelfinger eingeklemmtem Stift („interdigitaler Dreipunktgriff") gilt als unauffällig (vgl. Rolf, 2013).

2.2.4.3 Neuroanatomie

Die funktionelle Neuroanatomie von Motorik und Sensorik umfasst zahlreiche Hirnareale und sowohl hierarchisch wie parallel organisierte Zentren. Die wichtigsten kortikalen Areale der Willkürmotorik sind präzentral im motorischen Kortex organisiert, die entsprechenden sensorischen Areale postzentral im somatosensiblen Kortex. Sekundäre Areale bestehen aus dem prämotorischen Kortex, dem supplementär motorischen Areal (Brodman Areal 6) sowie dem posterioren Parietallappen (Brodman Areal 5 und 7; Abbildung 2.12). Die somatotope Gliederung der primären Areale wird im sogenannten Homunculus verdeutlicht (Abbildung 2.11), bei dem die Größe der Körperteile entsprechend der Größe ihrer kortikalen Projektionsareale dargestellt wird. So erscheinen etwa im motorischen Kortex Hand und Gesicht mit ihrer hoch differenzierten Feinmotorik überdimensioniert repräsentiert im Vergleich zur einfacheren Motorik von Bein und Fuß.

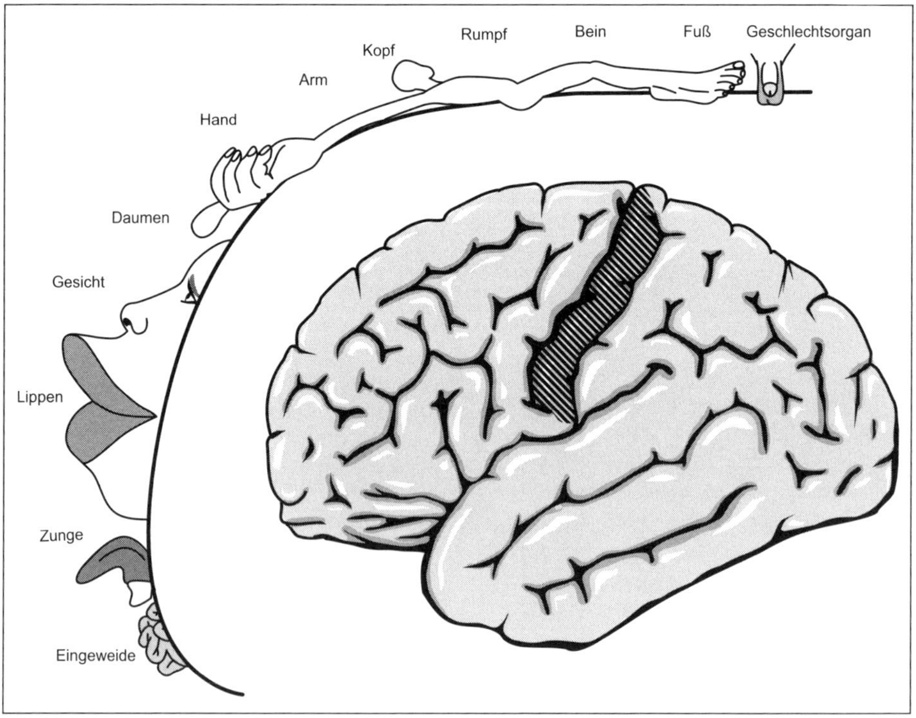

Abbildung 2.11: Homunkulus

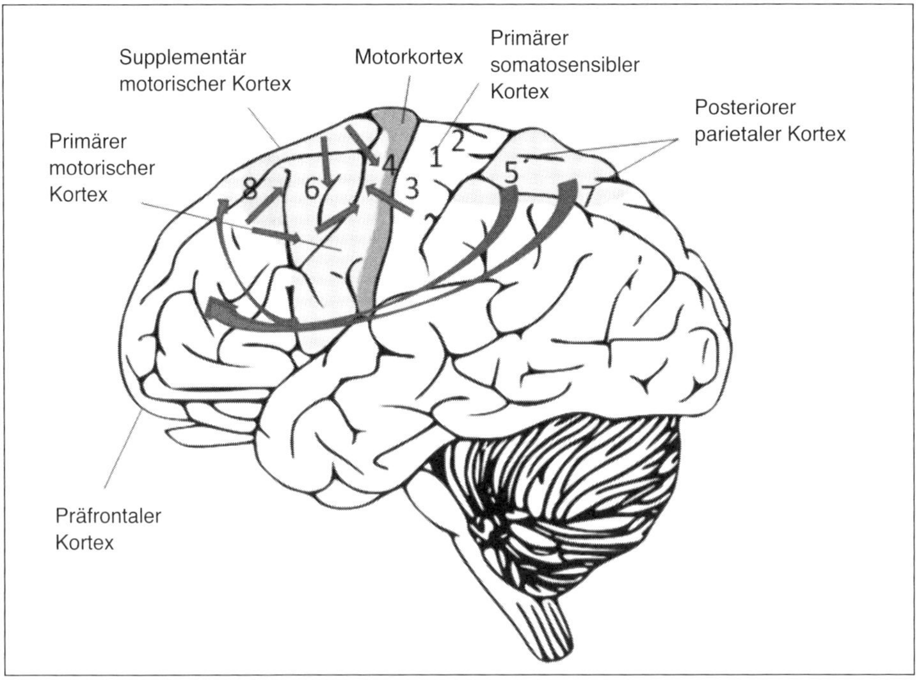

Abbildung 2.12: Kortikales sensomotorisches Netzwerk mit entsprechenden Brodmann-Arealen

Unterschieden werden weiterhin die Pyramidenbahn, die vom prämotorischen Kortex zum Rückenmark führt, und das extrapyramidale System, mit Schleifen durch die Basalganglien (Nucleus caudatus, Putamen, Pallidum, Thalamus, Substantia nigra), zur Formatio reticularis und als kortikopontozerebelläre Bahnen zum Zerebellum. Die Rolle des extrapyramidalen Systems besteht vor allem in der dosierten Inhibition und Modulation von Bewegungsabläufen und -programmen, in der Regulation des Muskeltonus und der Körperhaltung. Das Zerebellum nimmt bei der Bewegungsteuerung vor allem eine Rolle bei der Koordination zeitlicher Abläufe sowie bei der Steuerung der Augenmotorik und des Sprechflusses ein (Bähr & Frotscher, 2014).

Die Sensomotorik umfasst das Zusammenspiel von Motorik und Somatosensorik, die in zahlreichen Rückkopplungsschleifen organisiert sind (Abbildung 2.13). Dabei interagieren die drei Kontrollebenen Kortex, Hirnstamm und Rückenmark unter Einbezug von Basalganglien, Thalamus und Kleinhirn. Der Thalamus wirkt als Schaltstelle, über die Informationen aus Körperperipherie, Kleinhirn und Basalganglien zum Kortex geleitet werden. In die Wahrnehmung von Körperbewegung und Stellung gehen auch Informationen aus dem Gleichgewichtssinn ein (vestibuläres Wahrnehmungssystem; nicht in Abbildung 2.13 enthalten), dessen Rezeptor, das Vestibularorgan, im Innenohr angesiedelt ist. Das vestibuläre System erfasst die Stellung und Bewegung/Beschleunigung des Kopfes im Raum und trägt über Verschaltungen auf Ebene von Rückenmark, Pons, Thalamus und Kleinhirn zur

Kontrolle von Gleichgewicht, Balance und Anpassung der Augenstellung während der Kopfbewegungen bei.

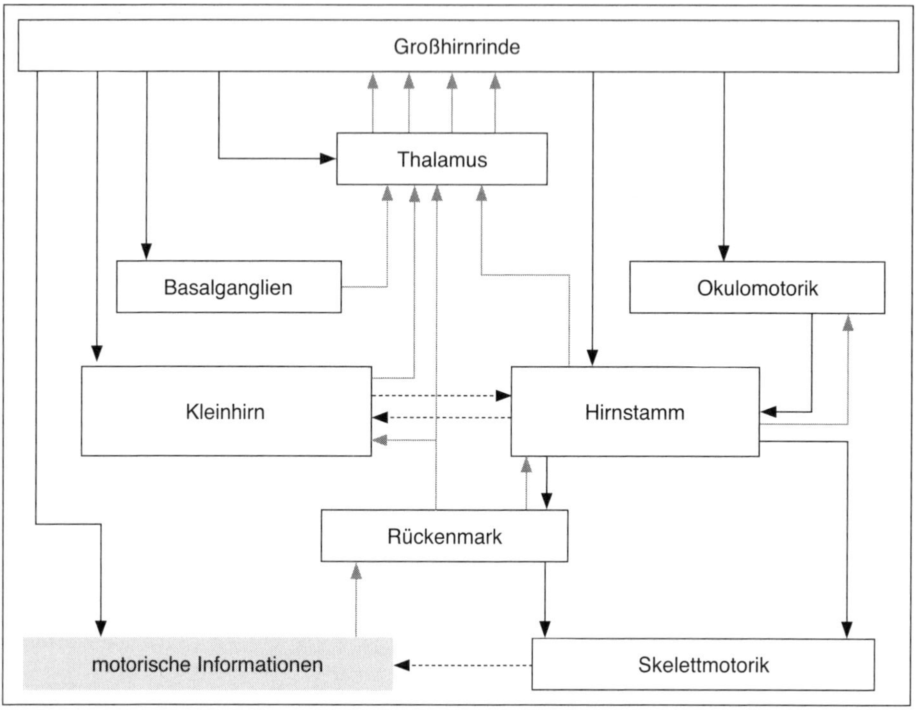

Abbildung 2.13: Komponenten der Sensomotorik und einige ihrer Verbindungen (nach Luhmann, 2010, modifiziert)

2.2.4.4 Störungen von Motorik, Sensomotorik und Sensibilität

Störungen der Motorik lassen sich einteilen in motorische Entwicklungsstörungen gemäß ICD-10 und DSM-5 oder in motorische Störungen auf der Grundlage neurologischer Kategorien. Störungen der Sensibilität oder taktil-kinästhetische Wahrnehmungsstörungen werden in den nosologischen Diagnosesystemen nicht als gesonderte Entwicklungsstörung berücksichtigt.

2.2.4.4.1 Motorische Entwicklungsstörungen nach ICD-0 und DSM-5

Nach ICD-10 (Remschmidt, Schmidt & Poustka, 2012) wird die *Umschriebene Entwicklungsstörung motorischer Funktionen UEMF* (F82.0 oder F82.1) definiert als eine Störung, deren Hauptmerkmal eine schwerwiegende Entwicklungsbeeinträchtigung der motorischen Koordination ist. Die Definition schließt aus, dass die Beeinträchtigung durch eine Intelligenzminderung oder eine spezifische angeborene oder erworbene neurologische Störung erklärt werden kann. Gemäß ICD-10 ist die Störung meist verbunden mit Leistungseinschränkungen bei visuell-räumlichen Aufgaben. Obwohl keine klare neurologische Ursache erkennbar ist, können entwicklungsneurologische Unreifezeichen auftreten: „choreiforme Bewegungen freigehaltener Glieder oder Spiegelbewegungen und andere begleitende motorische Merkmale, ebenso wie Zeichen einer mangelhaften fein- oder grobmotorischen Koordination" (S. 301). Diese Zeichen werden auch als „Soft Signs" bezeichnet, da sie lokalisatorisch nicht klar zugeordnet werden können. Die umschriebene Entwicklungsstörung motorischer Funktionen wird durch ein Abweichen in fein- oder grobmotorischen Tests von 1 ½ Standardabweichungen unterhalb der Altersnorm definiert.

Nach DSM-5 (Falkai & Wittchen, 2014) werden folgende motorische Störungen den Störungen der neuronalen und mentalen Entwicklung zugeordnet: die entwicklungsbezogene motorische Koordinationsstörung, stereotype Bewegungsstörungen sowie Tic- und Tourette-Störungen mit deren verschiedenen Unterformen.

Zur Diagnose einer *Entwicklungsbezogenen motorischen Koordinationsstörung* (engl. Developmental Coordination Disorder, DCD) müssen folgende Kriterien erfüllt sein (vgl. Falkai & Wittchen, 2014, S. 99, gekürzt): A. Der Erwerb oder die Ausführung von koordinierten Bewegungsstörungen unter dem Niveau, das in dem entsprechenden Lebensalter erwartet werden kann. Merkmale sind Ungeschicklichkeit und verlangsamt ausgeführte oder unkoordinierte Bewegungsabläufe. B. Die Schwierigkeiten behindern die Aktivitäten des alltäglichen Lebens. C. Der Beginn liegt in frühen Entwicklungsaltern. D. Die Beeinträchtigungen können nicht durch eine intellektuelle Beeinträchtigung, eine Sehstörung oder neurologische Faktoren erklärt werden. Auch im DSM-5 werden „weiche neurologische Zeichen", wie unwillkürliche motorische Mitbewegungen, als zusätzliches diagnostisches Merkmal genannt, das bei einigen Kindern vorhanden ist. Klinisch fallen betroffene Kinder durch Merkmale auf wie Ungeschicklichkeit im Alltag, Fallenlassen von Gegenständen, Schwierigkeiten beim und Abneigung gegen Zeichnen und Schreiben, Unsportlichkeit, erhöhte Unfallneigung, Schwierigkeit, die Balance zu halten etc., wobei in verschiedenen Altersstufen unterschiedliche Probleme im Vordergrund stehen. Als häufige Komorbiditäten werden Sprach- und Sprechstörungen, Spezifische Lernstörungen, ADHS, Autismus-Spektrum Störungen, Verhaltens- und emotionale Auffälligkeiten und das Hypermobilitätssyndrom (Überbeweglichkeit der Gelenke) angegeben. Die Prävalenz liegt bei 5 bis 6 %. Die Symptomatik ist allerdings bei 50 bis 70 % der Betroffenen noch im Jugendalter vorhanden und kann sich auch im Erwachsenenalter zeigen. Jungen sind deutlich häufiger betroffen als Mädchen.

2.2.4.4.2 Zusammenhang von uEmF mit anderen Störungen und Abgrenzung

Ähnliche Begriffe und Störungen

In der Literatur finden sich eine Reihe von Begriffen, die ähnliche Störungen beschreiben, wie das „Syndrom des ungeschickten Kindes" (clumsy child syndrome; Gubbay, 1975), oder „Entwicklungsdyspraxie", die sich nicht eindeutig abgrenzen lassen von UEMF (vgl.

Gibbs, Appleton & Appleton, 2007; Warnke, 2011). Im skandinavischen Sprachraum ist außerdem das Störungsbild des „DAMP" gebräuchlich (Deficits in attention, motor control, and perception; Gillberg, 2003). Darunter versteht man die syndromatische Verbindung von Aufmerksamkeitsstörung, Störung der motorischen Koordination und Wahrnehmungsstörungen bei Kindern. Inwieweit diese Störungskombination ein eigenes, typisches Störungsbild darstellt, ist jedoch umstritten. Eine kürzlich durchgeführte Metaanalyse von Studien, in denen Kinder mit entwicklungsbezogener motorischer Koordinationsstörung (engl. Developmental Coordination Disorder, DCD) mit alterstypisch entwickelten Kindern verglichen wurden, ergab, dass DCD sehr oft einhergeht mit Problemen beim Antizipieren der Positionen von Körpergliedmaßen (internal forward modelling), mit Beeinträchtigungen der rhythmischen Koordination von Bewegungen, Beeinträchtigungen exekutiver Funktionen, der Kontrolle des Gangs und der Körperhaltung, beim Fangen, sowie Problemen der visuellen und taktilen Wahrnehmung (Wilson, Ruddock, Smits-Engelsman, Polatajko & Blank, 2013). Das gemeinsame Auftreten von DCD und exekutiven Problemen, insbesondere bei Inhibitions-, Flexibilitäts- und Arbeitsgedächtnisaufgaben, wurde mit einem domänenübergreifenden Inhibitionsdefizit oder mit verlangsamter motorischer Geschwindigkeit bei komplexen Aufgaben in Zusammenhang gebracht (Michel, Cimeli, Neuenschwander, Röthlisberger & Roebers, 2013).

Unterformen

Es gibt verschiedene Ansätze, Subgruppen von DCD zu identifizieren (vgl. Überblick bei Vaivre-Douret, 2014; Visser, 2003). Vaivre-Douret und Kollegen (2011) unterscheiden aufgrund einer Clusteranalyse drei Gruppen: 1. Kinder mit Störungsschwerpunkt bei sogenannten ideomotorischen Aufgaben mit Problemen bei Imitation, Gesten, Fingeridentifikation, Handeinsatz (verlangsamt), Handschrift, Tonus (Hypotonie), Gleichgewichtskontrolle, 2. Kinder mit Störungsschwerpunkt bei Aufgaben zur visuo-motorischen Integration mit Problemen bei konstruktiven Aufgaben, Puzzles, Handschrift, Rechnen und beim visuellen vertikalen Tracking, 3. eine gemischte Gruppe mit beiden Störungsschwerpunkten und ausgeprägten Komorbiditäten. Eine andere Arbeit beschäftigt sich mit dem Zusammenhang von DCD und Rechnen: Pieters und Kollegen (2015) identifizieren zwei unterschiedliche Typen von Rechenstörungen, die aber beide mit beeinträchtigten visuo-motorischen Fähigkeiten verbunden sind.

ADHS

Bei ADHS werden bei bis zu 50 % der Kinder Beeinträchtigungen der Grob- und Feinmotorik beschrieben. Unter Stimulanzienbehandlung sollen sich diese Beeinträchtigungen in ⅓ bis ⅔ der Fälle bessern (Kaiser, Schoemaker, Albaret & Geuze, 2014). Ein Training der motorischen Koordination kann bei ADHS auch zu einem verbesserten Abschneiden bei Aufgaben zur kognitiven Flexibilität führen (Maurizio et al., 2014), wenn diese ein beidhändiges Betätigen der Reaktionstasten verlangen. Der Anteil der motorischen Probleme beim Bewältigen von Testverfahren zur Antwortselektion, die einen Handwechsel beim Tastendruck erfordern, darf daher nicht unterschätzt werden.

Autismus Spektrum Störungen (ASS)

Besonders häufig finden sich motorische Auffälligkeiten bei Autismus Spektrum Störungen (vgl. Chukoskie, Townsend & Westerfield, 2013; Downey & Rapport, 2012). Motorische Ungeschicklichkeit wird im DSM-5 als typisches, aber nicht zwingendes Merkmal von Asperger Autismus genannt, kommt aber auch bei anderen ASS Formen vor. Frühe Abweichungen der motorischen Entwicklung lassen sich demnach bereits zwischen 9 bis 14 Monaten anhand von Entwicklungsskalen beobachten, also vor der eigentlichen Diagnosestellung. In späteren Phasen fallen das Fehlen von Gestik und der Imitation von Bewegungen auf, eine beeinträchtigte Haltungskontrolle sowie eine Dyspraxie, z. B. beim Gebrauch von Werkzeugen. Die beeinträchtigte Fähigkeit zur Imitation ist mit einer Störung des Spiegelneuronensystems in Verbindung gebracht worden (Vivanti & Rogers, 2014; Rizzolatti & Craighero, 2004). Allerdings sind vermutlich komplexere kognitive Vorgänge für die Imitation von Handlungen erforderlich als nur ein intaktes Spiegelneuronensystem. Fehlt das soziale Interesse, gibt es auch weniger Anreize, andere zu imitieren (Southgate & Hamilton, 2008). Unter anderem werden die motorischen Beeinträchtigungen bei ASS mit zerebellären Faktoren in Zusammenhang gebracht (Vakalopoulos, 2013; Miller, Chukoskie, Zinni, Townsend & Trauner, 2014).

2.2.4.4.3 Motorische Störungen aus neuropädiatrischer Sicht

Bei zahlreichen neurologischen Erkrankungen im Kindesalter gehören motorische Beeinträchtigungen und Reflexanomalien zu den frühesten oder zentralen Symptomen, die im Rahmen der kinderärztlichen Screening-Untersuchungen oder in neuropädiatrischen Konsultationen festgestellt werden.

Störungen der Motorik lassen sich nach Niemann und Wolff (2010) in drei wichtige Kategorien einteilen: Paresen (Mangel an willkürlicher Kraft), Dyskinesien (Bewegungsstörungen mit unwillkürlichen Bewegungen, Plus-Symptomatik) und Koordinationsstörungen (gestörter Ablauf einer Willkürbewegung). Zwei weitere Kategorien, Apraxien und „Clumsiness“, werden genannt, aber nicht vertieft. (Die weitere Darstellung der Störungen orientiert sich an Niemann & Wolff, 2010).

Paresen treten auf bei zentraler oder peripherer Schädigung von Nerven oder bei Schädigung des Muskels. Zu den typischen Störungsbildern mit zentral bedingter Parese zählen Zerebralparesen bei Kindern mit prä- oder perinataler Hirnschädigung oder Paresen nach später erworbener Hirnschädigung durch Schädelhirntrauma, Insult oder andere Ereignisse. Paresen können spastisch oder schlaff sein. Unter die Paresen sind auch Hypotonien (verringerter Muskeltonus) einzuordnen, die sich meist als Muskelschwäche zeigen. Diese können zentral (z. B. bei Down Syndrom) oder peripher bedingt sein (z. B. bei kongenitaler Muskeldystrophie).

Bei *Dyskinesien* kommt es zu unwillkürlichen Bewegungen, die nicht der eigentlichen Bewegungsintention entsprechen. Bei den meisten Dyskinesien ist das extrapyramidale System beteiligt, dessen Schädigung oder Fehlregulation zu unerwünschten Bewegungen oder Haltungen führt. Zu den Dyskinesien gehören verschiedene spezifische Bewegungsstörungen: *Dystonien* zeigen sich als abnorme drehend-windende oder anhaltende Be-

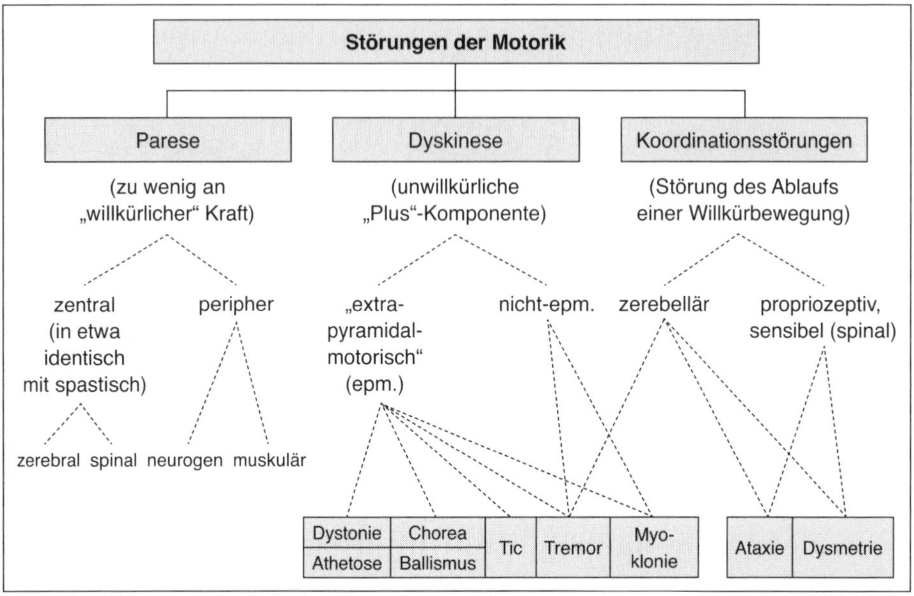

Abbildung 2.14: Klassifikation von Störungen der Motorik nach Niemann & Wolff (2010)

wegung oder Haltung (z. B. Tortikollis, Schreibkrampf). Unter *Athetose* versteht man eine langsame ausfahrende Bewegung der Hände oder Füße, „wurmartig drehend", bei der die Gelenke oft überstreckt werden (z. B. bei Kernikterus, als Folge von Neugeborenengelbsucht). *Chorea* beschreibt schnelle, abrupte, unwillkürliche und nicht vorhersagbare Bewegungen der Extremitäten und im Gesichts- und Mund-/Rachenbereich. Choreatische Bewegungen finden sich z. B. bei Chorea minor (Sydenham), das bei rheumatischem Fieber nach Streptokokkeninfekt auftreten kann (vor allem im frühen Schulalter). *Ballismus* ist eine besondere Form der choreatischen Störung, mit raschen, schleudernden Bewegungen, meist aus der Schulter oder Hüfte heraus. Ursache ist meist eine kontralaterale Läsion im Bereich des Nucleus subthalamicus oder seiner Verbindungen.

Tics sind kurze, unwillkürliche, wiederkehrende, stereotype Bewegungen (oder vokale Äußerungen), die manchmal natürlichen Bewegungen ähneln (z. B. mit den Augen zwinkern, die Nase rümpfen, ruckartige Bewegungen mit dem Kopf, etc.). Tic- und Tourette-Störungen sind auch im DSM-5 den Störungen der Motorik zugeordnet. Unter *Tremor* versteht man eine unwillkürliche, regelmäßig rhythmisch oszillierende Bewegung mit bestimmter Frequenz. Tremor kann bei Kindern unter anderem bei neurometabolisch-degenerativen Krankheiten (Morbus Wilson), Intoxikationen, Raumforderungen, Multipler Sklerose, Insult, Schädelhirntrauma oder auch psychisch bedingt auftreten. *Myoklonien* sind kurze, schnelle, unwillkürliche Bewegungen, die durch Muskelkontraktion/en und anschließende Innervationspause hervorgerufen werden (Muskelzuckungen). Myoklonien werden z. B. bei verschiedenen Epilepsieformen beobachtet (z. B. benigne myoklonische Epilepsie des Kindesalters).

Bei den *Koordinationsstörungen* nennen Niemann und Wolff Ataxie und Dysmetrie. *Ataxien* sind Störungen des glatten, intentionsadäquaten Bewegungsablaufs, wobei keine Parese besteht. Ataxien sind typischerweise Folgen von zerebellären Störungen. Ataxien können aber auch auftreten, wenn propriozeptive Informationen beeinträchtigt sind oder fehlen und keine Rückmeldungen über die sich verändernden Stellungen der Gliedmaßen für die Bewegungssteuerung verwendet werden können. Ataxien bei Kindern können unter anderem nach Intoxikationen, bei infektiös-immunologischen Erkrankungen oder bei genetisch bedingten Störungen auftreten (z. B. Friedreich-Ataxie). Unter *Dysmetrie* versteht man das Fehlen eines richtiges Maßstabs für die Metrik von Bewegungen: Es wird z. B. zu weit oder zu kurz gegriffen.

2.2.4.4.4 Störungen des Schreibens und der Schrift

Kinder, die verlangsamt, unleserlich oder verkrampft schreiben, sind bei vielen schulischen Aktivitäten deutlich im Nachteil. Verkrampfung und zu hoher Druck auf den Stift führen zu rascher Ermüdung beim Schreiben. Für Störungen des Schreibens kann es sehr unterschiedliche Ursachen geben, die auch unterschiedliche Behandlungen erfordern. Allerdings zeigen Untersuchungen, dass Kinder von der ersten (37 %) bis zur zweiten (17 %) und zur dritten Klasse (6 %) einen spontanen Rückgang der Schreibauffälligkeiten zeigen und daher auch von einem variablen Entwicklungsprozess auszugehen ist, den man von Störungen im engere Sinne unterscheiden sollte (Overvelde & Hulstijn, 2011). Merkmale beeinträchtigten Schreibens und typische Ätiologien sind in der Tabelle 2.17 zusammengefasst. Beeinträchtigtes Schreiben findet sich vor allem bei UEmF, bei somatosensiblen Störungen, bei denen zu viel Kraft beim Halten des Stifts und beim Druck auf das Papier ausgeübt

Tabelle 2.17: Störungen der Schreibmotorik und mögliche Ätiologien (Blank, 2008)

Auffälligkeit/Störungsmerkmal	Mögliche Ätiologie
Schreibdruck ständig erhöht	Kraftdosierung, somatosensorisches Defizit, kortikospinale Störung
Schreibdruck nimmt während eines Graphems oder beim längeren Schreiben zu	Kraftdosierung, psychomotorisches Problem (wenig Übung)
Schreibdruck erniedrigt	Myopathie, kortikospinale Störung (wenig Übung); physiologisch: nicht dominante Hand
Alle bzw. spezifische Schreibkomponenten verlangsamt bzw. auffällige Automatisation von Graphemen	Kortikospinale Störung, zerebelläre Störung, extrapyramidale Störung; physiologisch: nicht dominante Hand, Entwicklung
Nur komplexe Schreibbewegungen verlangsamt	Visuodyspraktische Störung, visuoperzeptive Störung, psychomotorische Problematik (Leistungsdruck); physiologisch: nicht-dominante Hand; Entwicklung
„Verschreiben", häufig wechselnde Formgebung	ADHS (motorischer Antrieb erhöht, Planungszeit verringert); Leserechtschreibstörung (semantische Probleme etc.); schwere psychische Störung

wird, da die Feindosierung oder die sensible Rückkopplung (Danna & Velay, 2015) beeinträchtigt sind. Verlangsamtes Schreibenlernen und erschwerte Automatisierung können ein Anzeichen sein, dass die nicht-dominante Hand eingesetzt wird. Neurologische Bewegungsstörungen (z. B. Ataxien, Myopathien) wirken sich naturgemäß auch auf das Schreiben aus.

Beeinträchtigtes Schreiben und auffällige Handschrift finden sich typischerweise bei Störungen, die häufig komorbid mit UEMF auftreten, vor allem bei ADHS (Lange et al., 2007; Langmaid, Papadopoulos, Johnson, Phillips & Rinehart, 2014) und ASS. Eine Tendenz zu unregelmäßiger Schrift und großen Schriftzeichen (Makrographie) wurde bei beiden Störungen beobachtet (Johnson et al., 2013; Lange et al., 2007). Bei Kindern mit ADHS kann sich die Schrift unter Methylphenidat bessern (Lufi & Gai, 2007).

2.2.4.4.5 Apraxie und Dyspraxie

Der Begriff der Entwicklungsdyspraxie wird häufig gleichbedeutend mit dem Begriff der UEMF oder dem „Syndrom des ungeschickten Kindes“ verwendet, obwohl das aus neurologischer und neuropsychologischer Sicht missverständlich ist. Nach Goldenberg (2012a) bezeichnet der Begriff Apraxie (Gliedmaßenapraxie) eine Gruppe von Symptomen, die nach linkshemisphärischen Läsionen auftreten und denen gemeinsam ist, dass sie sich als Fehlhandlungen äußern: beim Imitieren von Gesten, beim Ausführen kommunikativer Gesten auf Aufforderung und beim Gebrauch von Werkzeugen. Eine der Ursachen für beeinträchtigte Ausführung kommunikativer Gesten sieht Goldenberg in der beeinträchtigten Körperteilkodierung, die eine Voraussetzung für das Imitieren sei. Eine funktionierende Körperteilkodierung ist für die Imitation von Handstellungen noch wichtiger als für die Imitation von Fingerstellungen, bei der vor allem eine perzeptive Analyse gefragt sei. Bei Erwachsenen mit erworbener Hirnschädigung sollten Apraxien nur dann diagnostiziert werden, wenn motorische und taktil-kinästhetische Probleme als Ursache ausgeschlossen werden können. Laut Steinman, Mostofsky und Denckla (2010) ist dieses Ausschlusskriterium aber auf Kindern mit Entwicklungsdyspraxie nicht sinnvoll anwendbar. Sie plädieren dafür, auch leichte motorische und taktil-kinästhetische Probleme zuzulassen, dafür den Begriff aber inhaltlich auf Störungen beim willentlichen Ausführen von Bewegungen („skilled movements“) zu beschränken, wobei sich deren Definition nicht ganz mit der oben beschriebenen von Goldenberg (2012) deckt. Man muss auch berücksichtigen, dass Fehlhandlungen bei der Imitation von Gesten und im Umgang mit Objekten im normalen Entwicklungsverlauf bei Kindern vorkommen (Kaplan 1968, zitiert nach Steinman et al., 2010).

Im logopädischen Kontext lässt sich die kindliche Sprechapraxie der erworbenen Sprechapraxie bei Erwachsenen gegenüberstellen: In ihrer klassischen Definition entspricht die „Sprechapraxie“ bei Erwachsenen einer durch eine neurologische Schädigung erworbene Störung der Programmierung von Sprechbewegungen (Ziegler, 2014; Ballard, Tourville & Robin, 2014). Allerdings spricht einiges dafür, dass dieses Konzept einer rein motorischen, prälinguistischen Störung zu einseitig ist (Ziegler, 2012). Bei Kindern wird der Begriff der „Kindlichen Sprechapraxie“ (childhood apraxia of speech, CAS) gebraucht. Darunter versteht man eine entwicklungsbedingte Störung der Planung von Sprechbewegungen, bei der die Präzision und Konsistenz artikulatorischer Bewegungen beeinträchtigt sind. Das Konzept ist bei Kindern theoretisch ähnlich unscharf wie im Erwachsenenbereich und die neurobiologischen Wirkmechanismen sind letztlich nicht geklärt (vgl. Birner-Janusch, 2010; Terband & Maassen, 2010).

2.2.4.4.6 Störungen der Wahrnehmung

Wahrnehmungsstörungen, insbesondere der taktil-kinästhetischen und propriozeptiven Wahrnehmung, werden in den nosologischen Diagnosesystemen nicht als gesonderte Entwicklungsstörung aufgeführt. In der Literatur werden Wahrnehmungsstörungen bei Kindern seit längerem auf einem mehr erfahrungswissenschaftlichen Hintergrund beschrieben und behandelt, z. B. basierend auf dem Konzept der sensorischen Integration nach Ayres (z. B. 1979) oder der Wahrnehmungsstörung nach Affolter (2007). Diese Theorien sind aber wissenschaftlich umstritten oder gelten als zum Teil überholt (vgl. Karch, Groß-Selbeck, Pietz & Schlack, 2003). Verschiedene andere Autoren beschreiben aktuell Störungen der sensorischen Verarbeitung und Integration als ein grundlegendes Problem kindlicher Entwicklungsstörungen, z. B. Beeinträchtigungen multisensorischer Integration bei Dyslexie und ADHS (Dionne-Dostie, Paquette, Lassonde & Gallagher, 2015) und Probleme des multisensorischen temporalen Bindings bei Autismus, Dyslexie und Schizophrenie (Wallace & Stevenson, 2014).

Ein weiteres Konzept ist die Störung der sensorischen Modulation (Sensory modulation disorder, SMD). Bei SMD liegt eine Unfähigkeit vor, sensorische (z. B. auditive, visuelle, taktile) Informationen angemessen zu verarbeiten und zu adaptieren. Dies kann bedeuten, dass auf sensorische Reize entweder zu stark oder zu wenig reagiert wird, also eine Überempfindlichkeit oder Unempfindlichkeit vorliegt. Das soll bei etwa 5–16 % der Normalbevölkerung von Kindern anzutreffen sein (vgl. James, Miller, Schaaf, Nielsen & Schoen, 2011). Es ist versucht worden, SMD mit veränderter Funktion des parasympatischen Nervensystems in Verbindung zu bringen (Schaaf et al., 2010). Trotzdem bleibt SMD als ein gesondertes Störungskonzept wissenschaftlich eher unscharf.

Bei einzelnen Störungsbildern und in Bezug auf umschriebene Wahrnehmungsfunktionen sind sensorische/sensomotorische Verarbeitungsstörungen dagegen relativ gut beschrieben. Eine Überempfindlichkeit und daraus erfolgende Abwehr von bestimmten taktilen Reizen (Tactile Defensiveness) kommt z. B. bei ASS, ADHS, niedrigem IQ oder genetischen Syndromen vor (Suarez, 2012; Goldsmith, Van Hulle, Arneson, Schreiber & Gernsbacher, 2006; Bröring, Rommelse, Sergeant & Scherder, 2008). Typische Merkmale sind das Verweigern von bestimmten Berührungen, z. B. Haarekämmen, Nägelschneiden, bestimmte Stoffe und Kleidungsstücke, Malen mit Fingerfarben, etc. Bei Autismus wurde auch eine Überempfindlichkeit gegenüber Schmerzreizen und Vibration beobachtet (Cascio et al., 2008). Ausderau und Kollegen (2014) unterschieden bei ASS drei Untergruppen von abweichender sensorischen Responsivität: 1) Hyporesponsivität (verminderte Reaktionen auf Reize, auch auf Schmerz), 2) Hyperresponsivität (Überempfindlichkeit mit Vermeidungsverhalten), 3) Suche nach sensorischer Stimulation und Wiederholung von Reizen. Im Zusammenhang mit der Hyperresponsivität sind auch Befunde zu verschärften Wahrnehmungsleistungen, vor allem bei visueller und auditiver Wahrnehmung (Hyperakusis) zu sehen. Bei ASS werden Abneigungen gegen bestimmte Speisen und Gerüche (Geschmack und Geruch), eine Unverträglichkeit gegenüber ungewohnten Bewegungsarten, z. B. beim Autofahren, Schifffahren (vestibuläre Wahrnehmung), mit sensorischer Hyperresponsivität oder beeinträchtigter sensorischer Modulation in Verbindung gebracht. Das entgegengesetzte Phänomen, eine Hyporesponsivität, zeigt sich bei ASS z. B. als Unempfindlichkeit gegenüber Gerüchen und Schmerzreizen oder als aktive Suche nach starken Berührungsreizen und Druck (vgl. Silver & Rapin, 2012).

2.2.4.4.7 Fingeragnosie

Bei Erwachsenen wird das Gerstmann Syndrom, eine Störung der Fingerdiskrimination (bei Berührung), assoziiert mit einer Links-Rechts-Unterscheidungsschwäche, Schwierigkeiten beim Schreiben und Dyskalkulie beschrieben (Gerstmann, 1940, vgl. Denburg & Tranel 2003). Neben der topographischen Nähe der Funktionen wird die Fähigkeit der räumlichen Repräsentation als verbindender Faktor von Rechnen und Fingeragnosie angenommen. Bei Kindern wird in der Literatur von einem entwicklungsbedingten Gerstmann Syndrom berichtet (vgl. Überblick bei Miller & Hynd, 2004). Fingergnosie (die Fähigkeit, bei Berührung Finger unterscheiden zu können) gilt bei Kindern als Prädiktor für den späteren Umgang mit Zahlen (Noël, 2005). Konsequenterweise gibt es auch Ansätze, die Fingersensibilität zu trainieren, um das Zahlenverständnis bei Kindern zu verbessern (Gracia-Bafalluy & Noël, 2008). Allerdings sind die Effekte eher gering und es gibt auch methodische Einwände gegen eine Überbewertung der Fingergnosie in Hinblick auf rechnerische Leistungen (Fischer, 2010; Gaidoschik, 2012, vgl. Überblick bei Poltz & Wyschkon, 2015).

Unabhängig von der Fingerdiskrimination ist das Zählen mit den Fingern eine Entwicklungsstufe beim Lernen von Rechnen. Allerdings ist unklar, in welchem Maße das Zählen mit Fingern das Lernen von Zahlen vorhersagt, da auch Kinder, die nicht spontan dazu die Finger benutzen, den Umgang mit Zahlen erlernen (Lafay, Thevenot, Castel & Fayol, 2013). Moeller et al. (2012) schlagen vor, dass die fingerbasierte Repräsentation von Zahlen eine eigene Form der Mengenrepräsentation darstellt.

2.2.4.5 Diagnostik motorischer und sensibler Funktionen

Diagnostische Instrumente der Motorik und Sensibilität für Kinder orientieren sich überwiegend an der normalen Entwicklung und am Konzept der Grenz- und Meilensteine (siehe Kapitel Entwicklungsdiagnostik 2.2.11) und können einen entsprechenden Förderbedarf aufzeigen. Die für erworbene neurologische Störungen der Sensomotorik spezifischen Probleme beim Ausführungen von Bewegungen (wie Paresen, Ataxien oder Apraxien) werden in diesen Verfahren in der Regel nicht berücksichtigt. In Zusammenhang mit neurologischen Störungen der Motorik werden eher Befundungsschemata verwendet, die nicht auf Normpopulationen ausgerichtet sind (z. B. Gross motor function measure oder Gross motor function classification system; Russell, Rosenbaum, Avery & Lane, 2006). Die Einteilung der in der Testtabelle 2.2.4.6 aufgeführten Testverfahren ist daher nicht theoretisch begründet und an Störungskategorien orientiert, sondern stellt lediglich ein grobes Raster für die Einordnung von Verfahren nach Erfassungsbereichen dar. Neben den Entwicklungsverfahren sind aus neuropsychologischer Sicht Verfahren zu Lateralität, Händigkeit, psychomotorischer Geschwindigkeit, psychomotorischen Aspekten beim Schreiben und Zeichnen von besonderer Relevanz. Feinmotorische Probleme können sich auch auf die Fähigkeit, neuropsychologische Tests zu bearbeiten, erschwerend auswirken und die Testergebnisse erheblich verzerren.

Es werden Verfahren nach folgenden Bereichen eingeordnet:
- Grobmotorik/Körpermotorik
- Feinmotorik mit den Unterkategorien Greifkraft, Handgeschicklichkeit, motorische Geschwindigkeit, Schreiben, Zeichnen, visuomotorische Koordination, visuo-motorische Geschwindigkeit, Handimitation, Mundmotorik
- Motorikbatterien
- Händigkeit/Handpräferenz
- Sensibilität/taktil-kinästhetische Wahrnehmung
- Fragebogenverfahren zur Motorik und Sensibilität

Die meisten Motorik-Batterien oder sensomotorischen Batterien enthalten Aufgaben aus mehreren Funktionsbereichen. Aufgaben, die in den beschriebenen Testbatterien als Untertest vorkommen, werden nur dort und nicht zusätzlich unter den jeweiligen Erfassungsbereichen aufgeführt. Dafür werden Untertests aus neuropsychologischen und Intelligenzbatterien, die auch als Einzeltest durchgeführt werden können, hier eingeordnet.

2.2.4.5.1 Motorische Leistungstests für Grob- und Feinmotorik

Motorische Leistungstests lassen sich unterteilen in a) motorische Funktionstests, in denen Motorik in Hinblick auf therapeutische und klinische Aspekte untersucht wird oder aber spezifische motorische Bereiche erfasst werden (z. B. Schreibmotorik) und b) motorische Verhaltenstests (vgl. Schack und Pollmann, 2014). Letztere sind meistens Testbatterien zur Diagnostik der motorischen Leistung der koordinativen oder konditionellen Fähigkeiten. In motorischen Entwicklungstests werden motorische alterstypische Leistungen auf die Entwicklungsnorm bezogen. Es lassen sich motometrische und motoskopische Verfahren unterscheiden. Bei motoskopischen Verfahren werden motorische Merkmale in Spiel- oder Alltagssituationen oder in standardisierten Beobachtungssituationen vor allem in qualitativer Hinsicht erfasst. Das trifft auf die meisten motorischen Skalen in Entwicklungsverfahren zu (z. B. EVU, ET 6-6-R, Griffith Skalen), es kann sich aber z. B. auch auf das Registrieren von Mitbewegungen beziehen. In motometrischen Tests werden dagegen objektivierbare und quantifizierbare Parameter, wie Strecke, Dauer oder Fehler, erhoben. Dazu zählen Verfahren wie der M-ABC-2 oder die Zürcher Neuromotorik. Neben Entwicklungstests und rein klinischen Verfahren gibt es auch sportmotorische Tests, die die allgemeine motorische Leistungsfähigkeit und Fitness erfassen sollen (z. B. Karlsruher Motorikscreening für Kindergartenkinder). Eine klare Trennung zwischen sportmotorischer Fitness und motorischer Entwicklung ist aber erst gegen Ende der Kindheit sinnvoll (vgl. Wagner, Macha, Kastner & Petermann, 2011).

2.2.4.5.2 Säkulare Entwicklungstrends von Motoriktests

In den letzten Jahren ist ein Anstieg motorischer Beeinträchtigungen bei Kindern verzeichnet worden, auch wenn diese oft nicht das Vollbild von UEMF erreichen (Seelaender, Fidler & Hadders-Algra, 2013; Stich, 2009). Säkulare Entwicklungstrends sind daher nicht nur bei Intelligenztests, sondern auch bei motorischen Tests zu verzeichnen, nur mit umgekehrten Vorzeichen. Die Beweglichkeit der Kinder nimmt tendenziell eher ab (vgl. Ahnert, 2009), was sich vor allem bei spezifischen Testleistungen, wie Rückwärtsbalancieren, zeigt. Motorische Tests mit alten Normen überschätzen daher tendenziell Entwicklungsabweichungen (Roth et al., 2010, Vandorpe et al., 2011). Das spricht für die Notwendigkeit aktueller Normen bei motorischen Testverfahren.

Da Kinder heute möglicherweise weniger Bewegung im Alltag haben als früher und da das auf ihre motorischen Fähigkeiten einen Einfluss haben kann, sollte man das Bewegungs- und Freizeitverhalten in der Anamnese genau erfragen.

2.2.4.5.3 Graphomotorik/Schreiben

Bei der Erfassung feinmotorischer Leistungen bilden Testverfahren zu Erfassung von Zeichnen und Schreibfähigkeiten eine besondere Gruppe, da diese Leistungen für den schulischen Erfolg von besonderer Relevanz sind (wobei abzuwarten ist, inwieweit in Zukunft der Umgang mit Tastatur oder PC-Eingabegeräten an diese Stelle treten wird). Die Steuerung der Hand mit dem Schreibgerät und die visuomotorische/taktile Kontrolle und sensomotorische oder visuelle Rückkopplung beim Schreiben, Zeichnen und Halten des Stiftes sind daher diagnostisch besonders bedeutsam für Kinder, die Mühe beim Schreibenlernen haben oder beim Schreiben/Zeichnen z. B. verlangsamt wirken. Diese Untersuchungen sind im deutschsprachigen Raum meist im Bereich Ergotherapie angesiedelt. Die dort verwendeten Diagnostikschemata sind häufig eher Befundsysteme ohne Normen (z. B. Ravek-S; Pauli & Kisch, 2010). Ein Überblick der Testverfahren zur Untersuchung von feinmotorischer Reife zum Schreiberwerb bei 5- bis 6-Jährigen findet sich bei Van Hartingsveldt, Cup, Groot & Nijhuis-van der Sanden (2014). Objektive Analyseverfahren zur Diagnostik des Schreibens und von kinematischen Aspekten von Schreibbewegungen mittels Tablet wurden bereits von Mai und Marquardt (1998) beschrieben. Bis heute sind diese Verfahren aber bei Kindern und Jugendlichen eher experimentell und kein diagnostischer Standard (siehe Erhebung von Schreibbewegung bei Kindern und Jugendlichen mittels digitalem Tablet bei Rückriegel et al., 2010).

2.2.4.5.4 Sensomotorik, taktil-kinästhetische Wahrnehmung

Die klinische (qualitative) Prüfung der Sensibilität ist üblicherweise Teil der neurologischen Untersuchung. Untersucht wird dabei das Berührungsempfinden (Ästhesie), das Schmerzempfinden (Algesie), das Vibrationsempfinden (Pallästhesie), das Temperaturempfinden (Thermästhesie), das Lage- und Bewegungsempfinden (Kinästhesie), die räumliche Wahrnehmungsschwelle, das Erkennen von Schrift, die z. B. auf den Finger oder Fussrücken geschrieben wird (Graphästhesie), sowie das Erkennen durch Tasten (Stereognosie). Je jünger die Kinder, desto schwieriger und weniger zuverlässig ist die klinische Prüfung der Sensibilität.

Mit Ausnahme des TAKIWA stehen kaum standardisierte Untersuchungsverfahren mit deutschsprachiger Normierung zur Verfügung, vor allem nicht für Kinder ab dem Schulalter. Englischsprachige Verfahren zur Erfassung der taktilen Wahrnehmung stammen häufig aus dem Umfeld der Theorie der sensorischen Integration von Ayres.

Einige aktuelle Untersuchungsverfahren liegen erst experimentell vor. So beschreiben Puts, Edden, Wodka, Mostofsky & Tommerdahl (2013) eine vibrotaktile Batterie zur propriozeptiven Wahrnehmung, die auf Vibrationen unterschiedlicher Frequenzen und Stärke beruht und die bei entwicklungstypischen Kindern und Erwachsenen und bei Patienten mit ASS eingesetzt wurde (Puts, Wodka, Tommerdahl, Mostofsky & Edden, 2014).

Kinder und Erwachsene unterscheiden sich hinsichtlich der Empfindlichkeit ihrer sensiblen Wahrnehmung. Zum Beispiel reagieren Kinder empfindlicher auf Schmerzreize. Referenzwerte für die Bestimmung von Wahrnehmungsschwellen und Schmerzschwellen bei thermischen, taktilen, mechanischen und Vibrationsreizen bei Kindern und Jugendlichen wurden von Blankenburg und Kollegen (2010) vorgelegt.

Empfohlene Literatur

Jenni, O. G. & Caflisch, J. (2012). Das motorisch ungeschickte Kind. *Therapeutische Umschau, 69,* 459–465.

Niemann, G. & Wolff, M. (2010). Klinisch-diagnostische Strategien. In R. Michaelis & G. Niemann (Hrsg.), *Entwicklungsneurologie und Neuropädiatrie (Teil II).* Stuttgart: Thieme.

Steinman, K. J., Mostofsky, S. H. & Denckla, M. B. (2010). Toward a narrower, more pragmatic view of developmental dyspraxia. *Journal of Child Neurology, 25,* 71–81.

Wilson, P. H., Ruddock, S., Smits-Engelsman, B., Polatajko, H. & Blank, R. (2013). Understanding performance deficits in developmental coordination disorder: A meta-analysis of recent research. *Developmental Medicine & Child Neurology, 55,* 217–228.

2.2.4.6 *Übersichtstabelle: MOTORIK UND SENSIBILITÄT*

Literatur- und Quellenangaben für die einzelnen Verfahren finden sich im Anhang in der Tabelle: Testverfahren – nach Testnamen geordnet (S. 805)

Körpermotorik (Grobmotorik): Koordination, Alltagsmotorik, Gleichgewicht			
Grobmotorik (Psychomotorik, UT 8) aus: Intelligence and Development Scales (IDS)	5–10 Jahre	– über ein Seil balancieren – einen Tennisball fangen – seitlich über ein Seil hüpfen	Bd. 3
Grobmotorik (Psychomotorik, UT 8) aus: Intelligence and Development Scales – Preschool (IDS-P) 	3–5 Jahre	– seitlich über ein Seil springen – über ein Seil balancieren – auf einem Bein stehen	Bd. 3
Körperkoordinations-Test für Kinder (KTK) 	5–14 Jahre (Normen für gesunde, lernbehinderte und hirngeschädigte Kinder; 1974)	– rückwärts Balancieren (auf Balken unterschiedlicher Breite) – monopedales Überhüpfen (über gestapelte Schaumstoffplatten) – seitliches Hin- und Herhüpfen (über einen Balken) – seitliches Umsetzen (mittels zweier Holzbretter)	
Karlsruher Motorik-Screening für Kindergartenkinder (KMS 3-6)	3–6 Jahre	– Stand and Reach (Beweglichkeit) – Einbeinstand (Gleichgewicht) – Standweitsprung (Schnellkraft) – seitliches Hin- und Herspringen (Koordination, Kraftausdauer)	309

Deutscher Motorik Test 6-18 (DMT 6-18)	6–18 Jahre (Normen abgestuft nach Alter (Jahresstufen), Geschlecht, Körpergröße)	(Sport-)motorische Fähigkeiten, unterteilt in Ausdauer, Kraft, Koordination, Beweglichkeit Aufgaben: – Minuten-Ausdauerlauf – Standweitsprung – Liegestütz in 40 Sekunden – Sit-ups in 40 Sekunden – 20-Meter-Sprint – Balancieren rückwärts – Seitliches Hin- und Herspringen – Rumpfbeugen	
Handmotorik			
Feinmotorik-Batterie			
Motorische Leistungsserie (MLS) (Schuhfried, 2004) Durchführung von feinmotorischen Aufgaben mit Griffeln an einer speziellen Arbeitsplatte. Leistungen werden am PC registriert und statistisch ausgewertet. Ausgabe der Ergebnisse am Drucker oder Bildschirm. 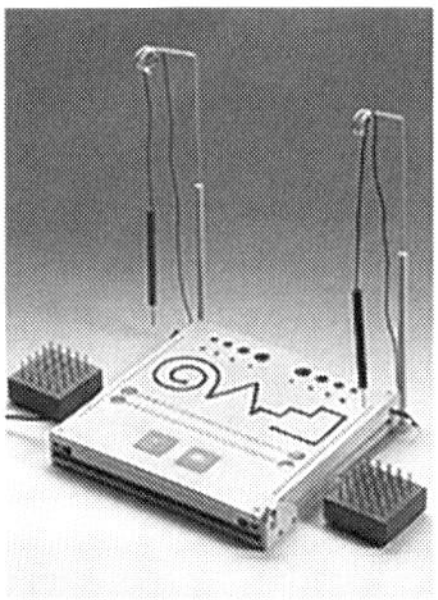	13–19 Jahre 7–20 Jahre (Für Linkshänder werden äquivalente Normen der Rechtshänder verwendet (zusätzlich mittlere Testleistungen von 46 Linkshändern)	Testform S1 (17 Untertests) 1. Aiming 2. Lange Stifte einstecken 3. Steadiness 4. Linien nachfahren 5. Tapping 6. Kurze Stifte einstecken Die Aufgaben werden jeweils rechts- (1–6) links- (7–12) und beidhändig (13–17) durchgeführt. Testform S3 (10 Untertests) 1. (6.) Steadiness 2. (7.) Linien-Nachfahren 3. (8.) Aiming 4. (9.) Tapping 5. (10.) Lange Stifte einstecken 1–5: rechte Hand 6–10: linke Hand	682
Greifkraft			
Handdynamometer	4–12 Jahre (meist gerätespezifische Normen; z. B. von Molenaar et al., 2008)	Erfasst die Greifkraft der linken und rechten Hand.	686

Feinmotorik, Handgeschicklichkeit, motorische Geschwindigkeit			
Fingertip Tapping aus: Developmental Neuropsychological Assessment-II (NEPSY-II) (englisch)	5–16 Jahre	Der Daumen soll die Fingerkuppen der Hand so schnell wie möglich hintereinander berühren.	Bd. 3
Tapping aus: Amsterdam Neuropsychological Tasks (ANT), UT 36	4–12 Jahre	1. So schnell wie möglich mit dem linken Zeigefinger rasch hintereinander auf eine Taste drücken. 2. So schnell wie möglich mit dem der rechten Zeigefinger rasch hintereinander eine Taste drücken. 3. Abwechselnd links und rechts drücken. 4. Beide Zeigefinger gleichzeitig.	Bd. 3
Steckbrett (z. B. Purdue Pegboard)	5–15 Jahre	Einstecken von Stiften in Löcher auf einem Steckbrett (mit rechter und mit linker Hand).	678
Feinmotorik (Psychomotorik, UT 8) aus: Intelligence and Development Scales (IDS) und aus: Intelligence and Development Scales – Preschool (IDS-P) 	 5–10 Jahre 3–5 Jahre	Perlen (und Würfel) möglichst schnell auffädeln	Bd. 3
Graphomotorik, Schreiben, Zeichnen			
Graphomotorik			
Graphomotorische Testbatterie (GMT)	4;6–6;11 Jahre	– Labyrinth-Test – Task-Test: (a) Verbinden von Markierungen, ohne die Begrenzungen zu berühren; (b) Vervollständigen von geometrischen Figuren – Symmetrie-Zeichen-Test	

		– Synergie-Schreibversuch: Reproduktion eines vorgegebenen Symbols aus dem Gedächtnis – Graphästhesie-Test: dreimal hintereinander Reproduktion des gleichen Symbols – Graphomotorischer Test: „Nachmalen“ von Buchstaben und Wörtern – Form- und Gestalttest: Abzeichnen von abstrakten Formen	
Analyse von Mal- und Schreibbewegungen mittels digitalem Tablet (Rückriegel et al., 2010) (z. B. CSWin; Computerunterstützte Analyse des Bewegungsablaufs beim Schreiben; Medcom Verlag)	6–18 Jahre	Analyse von Schreibaufgaben mittels digitalem Schreibtablett Aufgaben: Ausführen von Kreisen, Schreiben eines Satzes, wiederholtes Schreiben eines Buchstabens. Analyseparameter: – Geschwindigkeit – Automatisierung – Variabilität – Druck	
Ravensburger Erhebungsbogen grafo- und schreib-motorischer Auffälligkeiten (RAVEK-S)	Ergotherapeutische Befunderhebung (keine Normen)	Erhebung von – Sitzposition – Blattlage – Stifthaltung – Art der Ungenauigkeit – Druck auf Papier/auf Stift – Schreibbewegungen – Fortführen vom Mustern – Befragung von Eltern/Lehrer	310
Minnesota Handwriting Assessment (MHA) (englisch)	1. bis 2. Klasse (6–8 Jahre) (US-Normen)	Beurteilt werden: – Schreibgeschwindigkeit – Lesbarkeit – Form – Zeilenabweichungen – Schriftgröße – Buchstabenabstand	
Test of Handwriting Skills – Revised (THS-R) (englisch)	5–18 Jahre (US-Normen)	8 Aufgaben: – Write from memory letters of the alphabet – Write from dictation letters of the alphabet – Write from dictation 8 numbers out of numerical order	

		– Copy 12 uppercase letters out of alphabetical sequence – Copy 10 lowercase letters out of alphabetical sequence – Copy 6 words – Copy 2 sentences – Write 6 words from dictation Analyse von Geschwindigkeit, spiegelverkehrten Buchstaben, Groß-Klein Vertauschung	
Detailed Assessment of Speed of Handwriting (DASH) (englisch)	9–16 Jahre (britische Normen)	Untertests: – Copy Best (2 Min.) – Alphabet Writing (1 Min.) – Copy Fast (2 Min.) – Free Writing (10 Min)	
Zeichnen			
Figure copy aus: Developmental Neuropsychological Assessment-II (NEPSY-II) (englisch)	3–16 Jahre	Abzeichnen von geometrischen Figuren	Bd. 3
Göttinger Formreproduktions-Test (G-F-T) 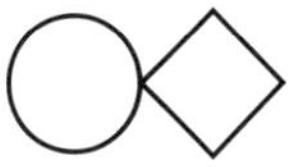	6–15 Jahre (Vergleichsnormen von Patienten, 1977)	Abzeichnen von Figuren von zunehmender Komplexität: erfordert Integration von Motorik und visueller Wahrnehmung.	
Abzeichnen aus: Frostigs Entwicklungstest der visuellen Wahrnehmung-2 (FEW-2), UT 3 und aus: Frostigs Entwicklungstest der visuellen Wahrnehmung-Jugendliche und Erwachsene (FEW-JE), UT 1	4–8 Jahre 9–90 Jahre	Abzeichnen von geometrischen Figuren. 20 Items von zunehmender Komplexität.	433 Bd. 3
Visuomotorik (Psychomotorik, UT 10) aus: IDS und aus: IDS-P	 5–10 Jahre 3–5 Jahre	Abzeichnen von geometrischen Figuren.	 Bd. 3 Bd. 3
Beery-Buktenica Developmental Test of Visual-Motor Integration (Beery VMI)	ab 2 Jahre	Abzeichnen von geometrischen Figuren.	

Visuomotorische (Auge-Hand) Koordination			
Auge-Hand-Koordination aus: Frostigs Entwicklungstest der visuellen Wahrnehmung-2 (FEW-2), UT 1	4–8 Jahre	Eine Linie soll innerhalb eines vorgegebenen Bandes gezeichnet werden.	433
Visuomotor precision aus: Developmental Neuropsychological Assessment-II (NEPSY-II) (englisch)	5–16 Jahre	Eine Linie soll mit Zeitlimit innerhalb eines Weges so schnell wie möglich eingezeichnet werden, ohne die Wegbegrenzung zu berühren.	Bd. 3
Pursuit aus: Amsterdam Neuropsychological Tasks (ANT), UT 26	ab 4 Jahre	Mit der Maus am Bildschirm einen Zielreiz verfolgen (rechte und linke Hand).	Bd. 3
Tracking aus: Amsterdam Neuropsychological Tasks (ANT), UT 37	ab 4 Jahre	Mit der Maus einen Kreis nachfahren, ohne einen vorgegebenen Bereich zu verlassen.	Bd. 3
Motor Accuracy Test (MAc) aus: Sensory Integration and Praxis Tests (SIPT)	4–8 Jahre	Spur nachzeichnen. Durchführung: für jede Hand zweimal. Auswertung: Erfasst werden Genauigkeit und Geschwindigkeit.	322
Motor Accuracy Test (Mac) aus: Miller Assessment for Preschoolers (MAP)	2;9–5;8 Jahre	Innerhalb eines vorgegebenen Rechtecks senkrechte Linien zeichnen, exakt zwischen oberer und unterer Begrenzungslinie (Male einen Käfig). Auswertung: Genauigkeit und Geschwindigkeit.	
Visuo-motorische Geschwindigkeit			
Visuomotorische Geschwindigkeit aus: Frostigs Entwicklungstest der visuellen Wahrnehmung-2 (FEW-2), UT 7 aus: Frostigs Entwicklungstest der visuellen Wahrnehmung-Jugendliche und Erwachsene (FEW-JE), UT 5	4–8 Jahre 9–90 Jahre	Durchstreichtest	Bd. 3 433
Zahlen-Symbol-Test aus: Wechsler Intelligence Scale for Children – Fourth Edition (WISC-IV) – Fifth Edition (WISC-V)	6–16 Jahre	Zahlen sollen so rasch wie möglich als Symbole kodiert werden. Erfordert ein ständiges Hin- und Herschauen zwischen Kodierschlüssel und Arbeitsbereich.	Bd. 3

Imitation von Handstellungen oder Handbewegungs-Sequenzen			
Imitieren von Handpositionen aus: Developmental Neuropsychological Assessment-II (NEPSY-II) (englisch)	3–12 Jahre	Imitieren von einzelnen Handstellungen.	Bd. 3
Manual motor sequences aus: Developmental Neuropsychological Assessment-II (NEPSY-II) (englisch)	3–12 Jahre	Imitieren von Handbewegungen (Sequenzen), die der Untersucher vorgibt.	Bd. 3
Handbewegungen aus: Kaufmann Assessment Battery for Children-2 (KABC-II)	4–18 Jahre	Imitieren von Handbewegungen, die der Untersucher vorgibt.	Bd. 3
Mundmotorik/Artikulationsschnelligkeit, Artikulationsgeschicklichkeit, orale Dyspraxien			
Oromotor sequences aus: Developmental Neuropsychological Assessment-II (NEPSY-II) (englisch)	5–16 Jahre	Nachsprechen von Wörtern/Sätzen mit zunehmender artikulatorischer Schwierigkeit („Zungenbrecher") .	Bd. 3
Orale Praxie aus: Tübinger Luria-Christensen Neuropsychologische Untersuchungsreihe für Kinder (TÜKI), Aufgabe D4	5-16 Jahre („Grobnormen")	Bewegungen nachmachen: – einfache orofaziale Bewegungen (z. B. Wangen aufblasen) – kinästhetische Bewegungen (z. B. durch Nase Luft hochziehen) – dynamische Organisation (z. B. pfeifen)	Bd. 3
Motorik-Batterien			
Movement Assessment Battery for Children – Second Edition (M-ABC-2)	Angepasste Testbatterien für die Altersbereiche 3 bis 6 Jahre, 7 bis 10 Jahre, 11 bis 16 Jahre (UK-Normen)	Erfassungsbereiche: – Handgeschicklichkeit – Ballfertigkeiten – Balance	331
Zürcher Neuromotorik (ZNM)	5–19 Jahre	Erfassungsbereiche: – Repetitive Bewegungen – Alternierende Bewegungen – Sequentielle Bewegungen – Adaptive Leistungen – Gleichgewicht – Haltung	350

Bruininks-Oseretzky Test of Motor Proficiency – Second Edition (BOT-2)	4–14 Jahre (Deutschsprachige Normierung, 2014)	53 Aufgaben, die folgenden Bereichen (mit je 4–9 Aufgaben) zugeordnet werden: – Feinmotorische Genauigkeit – Feinmotorische Integration – Handgeschicklichkeit – Beidseitige Koordination – Gleichgewicht – Schnelligkeit und Geschicklichkeit – Ballfertigkeiten – Kraft Kurzfassung mit 19 Aufgaben.	
Diagnostisches Inventar motorischer Basiskompetenzen zur Diagnostik von Kindern im Grundschulalter (DMB)	6–12 Jahre (Vergleichsnormen von 1993)	– 20 Kernaufgaben zu Kraft, Ausdauer, Gleichgewicht, Schnelligkeit, Gelenkigkeit – plus 25 Aufgaben zu motodiagnostischen Situationen	
Motoriktest für vier- bis sechsjährige Kinder (MOT 4-6)	4–6 Jahre (Halbjahresstufen)	Erfassungsbereiche: Koordinationsfähigkeit, Feinmotorik, Gleichgewicht, Reaktionsfähigkeit, Sprungkraft, Bewegungsgeschwindigkeit, Bewegungssteuerung	
Lincoln-Oseretzky-Skalen Kurzform (LOS KF 18)	5–13 Jahre (Normen für gesunde, geistig behinderte und lernbehinderte Kinder; 1974)	*Globale motorische Entwicklung* 18 Aufgaben: Nase berühren, Klopfen mit Fingern im Takt, rückwärtsgehen, Seilspringen, Einbeinstand, Kreise in die Luft schreiben, Ballfangen, Streichhölzer sortieren, Hochspringen, Fingerbewegungen, beidhändig Pfennige und Streichhölzer einsammeln, Labyrinth durchfahren, Balancieren auf Zehenspitzen, Kreis ausschneiden, Öffnen und Schließen der Hände mit Drehen, Füße klopfen und Finger kreisen: Einbeinstand mit geschlossenen Augen, Hochsprung mit dreimaligem Händeklatschen .	
Für weitere Aufgaben zur motorischen Entwicklung siehe Entwicklungstests, Band 3			

Händigkeit/Handpräferenz			
Hand-Dominanz-Test (H-D-T)	6–10 Jahre 11–70 Jahre	Untertests: 1. Spuren nachzeichnen 2. Kreise punktieren 3. Quadrate punktieren	 325 544 573
Handpräferenztest für 4–6-jährige Kinder (HAPT 4-6)	4–6 Jahre	14 Tätigkeiten, je dreimal ausgeführt: Ball werfen, Boden kehren, Winken, Kreuz zeichnen, Stempeln, Würfeln, Holzperle aufnehmen, Kette aufnehmen, Belohnung aufnehmen, Fisch angeln, Dose öffnen, Lichtschalter betätigen, Reißverschluss öffnen. Berechnet werden ein Lateralitätsquotient und die Händigkeitskonsistenz.	542 572
Punktiertest und Leistungs-Dominanztest für Kinder (PTK-LDT)	5–12 Jahre	Clownfiguren, entlang deren Umrisslinie 150 kleine Kreise punktiert werden sollen, dies mit der linken und der rechten Hand. Ausgewertet werden Zeit und Fehler.	545 573
Händigkeitsprofil nach E. Kraus	4–7 Jahre (keine Normen)	1. Erfassung verschiedener Händigkeitsdimensionen: Anamnese, Präferenz, Leistung, Überkreuzen der Körpermitte, bimanuelle Bewegungsabläufe, Beobachtung und Bewertung der Qualität von Handlungen und Bewegungen (5 Subtests). 2. Bewertung motorischer Leistung auf quantitativer und qualitativer Ebene unter unterschiedlichen Voraussetzungen (ein- und beidhändig, geübt und ungeübt). 3. Berücksichtigung von komplexen und relevanten Kontextfaktoren.	
Test zur Händigkeit des Schulanfängers (THS)	Schulanfänger (keine Normen; qualitative Auswertung)	Nachzeichnen von acht einfachen Figuren mit rechter und linker Hand. Die Figuren bestehen aus einfachen Grundformen (z. B. Strich, Dreieck, Viereck, Welle) oder aus entwicklungsgemäßen Zeichnungen (z. B. Fähnchen, Blume).	545 573

Sensibilität/Taktil-kinästhetische Wahrnehmung			
Göttinger Entwicklungstest der Taktil-Kinästhetischen Wahrnehmung (TAKIWA) 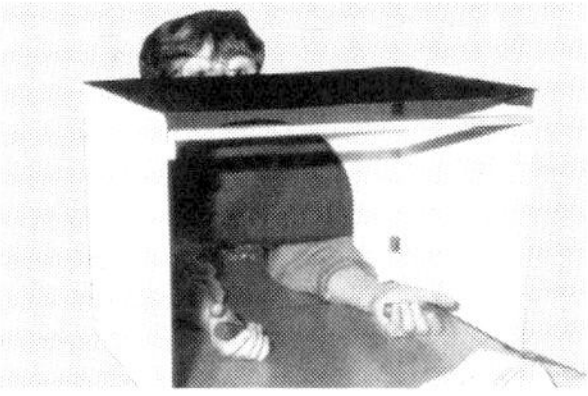	3.6–6.0 Jahre	1. Stereognosie von Objekten 2. Berührungslokalisation 3. Zwei-Punkt-Diskrimination 4. Stereognosie von Objektqualitäten 5. Uni-/dihaptische Fingeridentifikation 7. Druckempfindlichkeit 8. Graphästhesie	340
Höhere hautkinästhetische Funktionen und Stereognosie aus: Tübinger Luria Christensen neuropsychologische Testbatterie für Kinder (TÜKI); Bereich F	5–16 Jahre (Vergleichswerte klinischer Gruppen; „Grobnormen")	*F1 Hautempfindungen* – Tastempfindungen (Berührungspunkte erkennen) – Fingeridentifikation – Taktile Mustererkennung in der Handfläche *F2 Kinästhetische Sensibilität:* – Erkennen von Arm und Fingerstellung *F3 Haptische Stereognosie:* Gegenstände sollen erkannt werden – in der Handfläche/Faust – durch aktives Betasten	Bd. 3
Finger Localization (Benton, 1994)	6–13 Jahre ab 16 Jahre	Identifikation der Finger auf Berührung: 1. sichtbar 2. verdeckt 3. verdeckt-simultan	
Tactual Performance (TPT) und Portable Tactual Performance Test (P-TPT)	5–85 Jahre	Holzformen sollen ertastet und in passende Schablonen eingefügt werden.	695
Reitan-Klove Sensory-Perceptual Examination (SPE (englisch)	– Adults/older children – young children	Aufgabenzusammenstellung, die sich an der neurologischen Sensibilitätsprüfung orientiert.	697
Test of Sensory Functions in Infants (TFSI) (englisch)	4–18 Monate	– Taktile Sensibilität – Adaptive motorische Reaktionen – Visuo-taktile Integration – Augenmotorik-Kontrolle – Antwort auf vestibuläre Stimulation	

Sensory Integration and Praxis Tests (SIPT) (englisch)	4–8 Jahre	Testbatterie basierend auf der Theorie der sensorische Integration. *Erfassungsbereiche:* 1) visual form and space perception and visuomotor skills; 2) tactile, kinesthetic, and vestibular processing; 3) praxis; 4) bilateral integration and sequencing 19 *Subtests* (z. T. mehreren Erfassungsbereichen zugeordnet): Space Visualization, Figure-Ground Perception, Standing and Walking Balance, Design Copy, Postural Praxis, Bilateral Motor Coordination, Praxis on Verbal Command, Constructional Praxis, Post-Rotary Nystagmus, Motor Accuracy, Sequencing Praxis, Oral Praxis, Manual Form Perception, Kinesthesia, Finger Identification, Graphesthesia, Localization of Tactile Stimuli	
Dean-Woodcock Sensory Motor Battery (DWSMB) Teil der Dean-Woodcock Neuropsychological Battery (DWNB) (2003) (englisch)	4–80 Jahre	*Sensory Tests:* 1. Lateral Preference Scale (17 items), 2. Near Point Visual Acuity, 3. Visual Confrontation, 4. Naming Pictures of Objects, 5. Auditory Perception. *Tactile Examination:* 6. Palm Writing 7. Object Identification, 8. Finger Identification, 9.Simultaneous Localization (Hands Only and Hand/Cheek). *Motor Tests (subcortical):* 10. Gait and Station, 11. Romberg Test, 12. Coordination Test (Finger to Nose and Hand/Thigh). *Motor Tests (cortical):* 13. Construction Test (Cross and Clock); 14. Mime Movements, 15. Left-Right Movements, 16. Finger Tapping, 17. Expressive Speech, 18. Grip Strength	697

Fragebogen			
Motorik			
Fragebogen zur motorischen Entwicklung Developmental Coordination Disorder Questionnaire-German (DCDQ-G) (Kennedy-Behr, Wilson, Rodger & Mickan, 2013)	5–8 Jahre 8–15 Jahre (in Vorbereitung)	Elternfragebogen zur motorischen Entwicklung. 15 alltagsrelevante Fragen zu den Bereichen: – Kontrolle während der Bewegung – Feinmotorik/Handschrift – Allgemeine Koordination Download Fragebogen: http://www.dcdq.ca/uploads/pdf/DCDQ-G__Auswertungsbogen.pdf	
Movement Assessment Battery for Children-2 Checklist (Schoemakers et al., 2012) (englisch)	4–12 Jahre	Fragebogen für Lehrer/Erzieher: 30 alltagsrelevante Fragen	
Motor Observation Questionnaire for Teachers (MOQ-T) (Schoemaker et al., 2008) (englisch)	5–10 Jahre	Lehrerfragebogen 18 Fragen	
Sensibilität/Taktil-kinästhetische Wahrnehmung			
Diagnostischer Elternfragebogen zur taktil-kinästhetischen Responsivität im frühen Kindesalter (DEF-TK) (2000)	1;6–7;11 Jahre	Sensorische Anamnese (8 Fragen). *Skala zu 10 Bereichen* (Itemanzahl) 1. Taktile Überempfindlichkeit bezogen auf Objektqualitäten (11) 2. Taktile Überempfindlichkeit bezogen auf Körperpflege (7) 3. Schmerzüberempfindlichkeit (1) 4. Atypische affektive Reaktionen auf emotionale Berührung durch andere (2) 5. Empfindungsreduktion (1) 6. Suche nach taktiler Stimulation (1) 7. Anzeichen mangelnder Druck-/Kraftdosierung (3) 8. reduzierte somatosensorische Sensibilität, vor allem bei Schmerz (3) 9. Stereognosie (1) 10. Tiefensensibilität, Präzisionsgreifen, Hand- und Fingerkraft (2)	357

Touch Inventory for Elementary-School-Aged Children (TIE) (Royeen & Fortune, 1990) (englisch)	6–12 Jahre	26 Fragen zu Selbst-Beurteilung von Wahrnehmung und Wahrnehmungsabwehr im Alltag („Stört es Dich, barfuß zu laufen?“)	
Sensory Experiences Questionnaire (Baranek et al., 2006) (englisch)	2–12 Jahre	Fragen zum Auftreten von: – Hyporesponsivität (im sozialen/nicht-sozialen Bereich) – Hyperresponsivität (im sozialen/nicht-sozialer Bereich)	

Hand-Dominanz-Test (H-D-T)

Hans-Joachim Steingrüber

Göttingen: Hogrefe, 2011

Zusammenfassende Testbeschreibung

Zielsetzung und Operationalisierung

Konstrukte
Der H-D-T erfasst die Handdominanz (Händigkeit) in Form eines Differenzmaßes zwischen den Leistungen der rechten und linken Hand in einem Papier-Bleistift-Test. Die Durchführung ist sowohl als Einzeltest als auch als Gruppentest möglich.

Testdesign
Drei graphomotorische Untertests werden während eines begrenzten Zeitraums je einmal mit der rechten und einmal mit der linken Hand bearbeitet.

Angaben zum Test

Normierung
Alter: zwei Altersgruppen: Kinder 6–10 Jahre, Jugendliche und Erwachsene 11–70 Jahre.
Bildung: Nicht bedeutsam.
Geschlecht: Geschlechtsnormen für beide Altersgruppen.

Material
Handanweisung, Testformulare, Auswertungsschablone.

Durchführungsdauer
Ca. 10 Minuten im Einzeltest, bis 15 Minuten im Gruppentest.

Testkonstruktion

Design

Aufgabe
Drei graphomotorische Aufgaben (Spuren nachzeichnen, Punkte in Kreise einfügen, Punkte in linear angeordnete Quadrate einfügen) werden während 15 bzw. 30 Sekunden zuerst mit der rechten, dann mit der linken Hand bearbeitet, mit der rechten Hand in Schreibrichtung von links oben nach rechts unten, mit der linken Hand spiegelverkehrt von rechts oben nach links unten.

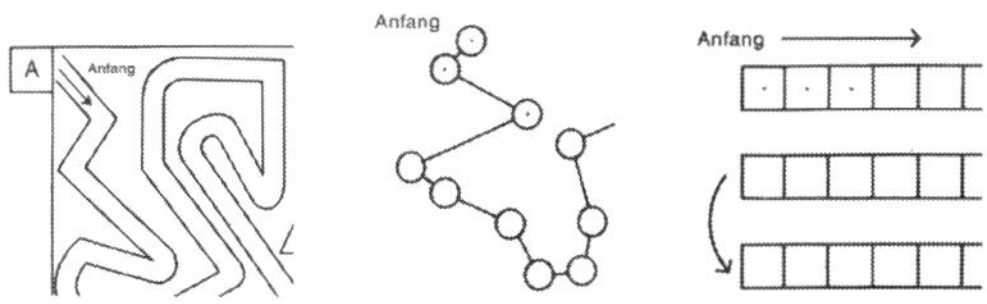

Konzept

Ausgehend von der Annahme, dass die Überlegenheit einer Hand erst bei einer gewissen Komplexität der Aufgabe sichtbar ist (Steingrüber, 1975), wird ein „genügend schwieriger" Papier-Bleistift-Test konstruiert. Dieser soll vom mehrdimensionalen Konzept der Handdominanz einen einzelnen, möglichst homogenen Aspekt quantitativ erfassen.

Variablen

In die Auswertung gehen die Anzahl durchfahrener Segmente beim Spuren-Nachzeichnen bzw. die Anzahl gezeichneter Punkte beim Kreis- und Quadrat-Punktieren ein. Fehler werden nicht berücksichtigt.

Durchführung

Die Instruktion wird mündlich gegeben, angepasst an die Altersgruppe (Kinder oder Jugendliche/Erwachsene) und die Durchführungsform (Einzel- oder Gruppentest). Beschrieben werden die Variante Altersgruppe 1 – Gruppentest und Altersgruppe 2 – Einzeltest. Die andern beiden Instruktionsformen müssen erschlossen werden.

Auswertung

Die Auswertung erfolgt von Hand. Die Anzahl durchfahrener Teilstrecken im Spuren-Nachzeichnen werden mit Hilfe einer Schablone ermittelt, die Anzahl gezeichneter Punkte in den beiden Punktiertests werden pro Test zusammengezählt. Danach wird für jeden Untertest ein Differenzwert ermittelt nach der Formel:

$$\frac{\text{Leistung rechte Hand} - \text{Leistung linke Hand}}{\text{Leistung rechte Hand} + \text{Leistung linke Hand}} \times 100$$

Die drei so ermittelten Differenzwerte werden addiert und bilden den Gesamtdifferenzwert. Für diesen können pro Altersgruppe nach Geschlecht getrennt berechnete Standardwerte ($MW=100$, $SD=10$) und kumulative Prozentränge in einer Normentabelle nachgeschlagen werden. Die ermittelten Werte werden anschließend in Gruppen zusammengefasst und klassifiziert von „ausgeprägter Linkshändigkeit" über „Linkshändigkeit", „keine eindeutige Händigkeit", „Rechtshändigkeit" zu „ausgeprägter Rechtshändigkeit".

Normierung

Stichprobe

Neunormierung (2007–2009) mit einer Normierungsstichprobe von $N=1\,307$ gesunden Probanden zwischen 6 und 70 Jahren ($N=751$ weiblich, $N=556$ männlich).

Normen

Alter: Zwei Altersgruppen, 6–10;11 Jahre ($N=449$) und 11–70 Jahre ($N=848$).
Bildung: Nicht berücksichtigt, da nicht bedeutsam in der Eichstichprobe.

Geschlecht: Die beiden Altersgruppen wurden nach Geschlecht unterteilt: Die erste Altersgruppe umfasst N=240 weibliche und N=219 männliche Probanden. In der zweiten Altersgruppe befinden sich N=511 weibliche und N=337 männliche Versuchspersonen.

Gütekriterien

Objektivität

Durchführung: Durch die detaillierte Instruktion ist die Durchführungsobjektivität gegeben. Möglich ist, dass im Gruppenversuch Probanden die Zeitbeschränkung umgehen, ohne dass dies der Versuchsleiter bemerkt.
Auswertung: Das Auszählen der Rohwertpunkte von Hand bzw. mittels Schablone bietet keine Schwierigkeiten. Hingegen müssen alle Differenzwerte gemäß der angegebenen Formel selbst berechnet und addiert werden, bevor der Gesamtwert mit Hilfe der Normentabelle beurteilt werden kann. Dies entspricht gesamthaft einer mäßigen Auswertungsobjektivität.

Reliabilität

Interne Konsistenz: keine Angaben
Paralleltest-Reliabilität: Keine Paralleltests vorhanden.
Retest-Reliabilität: Die Testwiederholung bei einer Untergruppe der ersten Altersgruppe (N=99, keine Angaben zur Geschlechtsverteilung) nach 3 bis 8 Wochen ergab einen Korrelationskoeffizienten von r=.80, in der zweiten Altersgruppe (N=123, keine Angabe zur Geschlechtsverteilung) r=.78.
Weitere Reliabilitätsmaße: Es wurden keine weiteren Reliabilitätsmaße erhoben. Hingewiesen wird darauf, dass die erhobenen Werte der Retest-Korrelationen denjenigen der ersten Test-Version von 1971 entsprechen sowie den in der Literatur berichteten Korrelationen mit Fragebögen.

Validität

Konstruktvalidität: Die Autoren sprechen von einer logischen Validität (genügend komplexe Aufgabe, um eine Handdominanz abzubilden) und stellen die Homogenität der erfassten Leistung in den Vordergrund (ein Hauptfaktor klärt rund 70% der Gesamtvarianz in allen drei Untertests auf, mit einer leichten Abweichung bei den jüngsten Kindern der ersten Altersgruppe).
Konvergente/diskriminante Validität: keine Angaben
Kriteriums- bzw. klinische Validität: Ein Vergleich der Ursprungsversion von 1971 mit dem Lehrerurteil bei einer Stichprobe von 8- bis 9-jährigen Kindern (N=100) ergab eine Übereinstimmung von r=.77. Zitiert wird weiter eine Korrelation von r=.75 und .90 bei Erwachsenen mit nicht näher spezifizierten „verschiedenen anderen motorischen Tests“.

Nebengütekriterien

keine Angaben

Neuropsychologische Aspekte

Theoretischer Rahmen

Der Autor stellt den Test nicht in einen neuropsychologischen Rahmen. Er zeigt auf, wie sich die Testentwicklung Anfang der 70er Jahre des letzten Jahrhunderts aus einer Forschungsfrage heraus ergeben hat; dem Zusammenhang zwischen Händigkeit und Lese-Rechtschreib-Schwäche. Dem Zeitgeist entsprechend wollte man die Händigkeit nach Kriterien eines objektiven Leistungstests erfassen.

Anwendungsbereiche

Der Autor erwähnt den Einsatz in der pädagogischen Praxis, etwa beim Wechsel der Führungshand, den Einsatz in der klinischen Psychologie im Zusammenhang mit Störungsbildern wie Spracherwerbsstörungen, den Einsatz im Rahmen der Arbeitspsychologie zur Unfallprävention und den Einsatz in den Neurowissenschaften, wenn es darum geht, die Beziehungen zu untersuchen zwischen der peripheren Funktion der Handdominanz und neuroanatomischen oder funktionellen Merkmalen der Großhirnrinde.

Funktionelle Neuroanatomie

keine Angaben

Ergebnisbeeinflussende Faktoren

keine Angaben

Testentwicklung

Die Idee für die Entwicklung eines Hand-Dominanz-Tests, der sich an den Kriterien eines objektiven Leistungstests orientiert, stammt von Lienert, dem Mitherausgeber der ersten beiden Auflagen von 1971 und 1976. Entwickelt wurde der H-D-T im Rahmen einer Dissertation von Steingrüber (1975). Er übernahm auch die Neunormierung und ist Herausgeber der dritten überarbeiteten und neu normierten Auflage von 2010.

Testbewertung

Die Kritik im Überblick

Der H-D-T ist ein seit langem eingesetztes Verfahren mit aktueller Normierung, das quantitative Leistungsdifferenzen im graphomotorischen Bereich erfasst und damit lediglich einen Teilbereich

von Händigkeit abbildet. Die Standardisierung mit Standardabweichung 10 ist etwas veraltet, die Kriterien der Klassifizierung in Rechts- oder Linkshändigkeit nicht ganz nachvollziehbar.
Zu einer neuropsychologischen Untersuchung gehört die Bestimmung der Händigkeit. Ob dabei einem quantitativen Leistungsmaß der Vorzug gegeben wird, oder ob man auf Präferenzproben und -fragebogen zurückgreift, muss in Abhängigkeit von der Fragestellung entschieden werden. Studien, die Vor- und Nachteile der verschiedenen Verfahren gegeneinander abwägen, gibt es kaum (Medland et al., 2004).

Testkonstruktion

Testmaterial

Die Testbogen sind übersichtlich gestaltet. Aufgaben und Auswertung haben auf einer Doppelseite Platz.

Testdesign

Konzept, Variablen: Der H-D-T ist kein neuropsychologisches Verfahren, wird aber im Rahmen von neuropsychologischen Untersuchungen eingesetzt. Er beschränkt sich auf die Erfassung der Handpräferenz in Form eines Differenzmaßes zwischen der quantitativen Leistung der rechten und der linken Hand bei drei Papier-Bleistift-Aufgaben.
Durchführung: Die Durchführung im Einzel- und Gruppentest ist ökonomisch.
Auswertung: Die Berechnung der Differenzmaße ist potentiell fehleranfällig. Etwas unglücklich gewählt ist hier die doch eher veraltete Standardisierung mit Standardabweichung 10. Die Berechnung des Differenzwertes entspricht dem Leistungsquotienten (LQ) aus andern Verfahren. Nicht nachvollziehbar ist aber die gewählte Klassifizierung in „keine eindeutige Händigkeit", „Rechts-" bzw. „Linkshändigkeit". Das gewählte Vorgehen, das die 3 % Versuchspersonen mit der am wenigsten ausgeprägten (negativen und positiven) Differenz als nicht lateralisiert klassifiziert, führt dazu, dass bei einer Differenz von 20 % zugunsten der linken Hand eine Klassifizierung als „nicht eindeutige Händigkeit" erfolgt, während schon eine ca. 10 % bessere Leistung der rechten Hand zur Beurteilung „Rechtshändigkeit" führt.

Normierung

Stichprobe: Der Test wurde an einer ausreichend großen Stichprobe gesunder Probanden normiert, jedoch ist die Geschlechterverteilung in der zweiten Altersgruppe nicht ausgeglichen, und es fehlen Angaben zur Rekrutierung der Versuchspersonen.
Normen: Es werden heute kaum mehr gebräuchliche Standardwerte mit Mittelwert 100 und Standardabweichung 10 verwendet.

Gütekriterien

Die Angaben zu den Gütekriterien sind gesamthaft spärlich:
Die Objektivität kann durch Rechenfehler beeinträchtigt werden. Die Angaben zur Reliabilität beschränken sich auf die Befunde zur Retest-Reliabilität mit einer Untergruppe der Normstichprobe. Bezüglich der Validität beziehen sich die wenigen Angaben vor allem auf Untersuchungen mit der ursprünglichen Testform von 1971 sowie auf nicht näher spezifizierte Verfahren.

Testentwicklung

Beim H-D-T handelt es sich um ein eigenständiges Verfahren.

Neuropsychologische Aspekte

Der Test basiert nicht auf einem neuropsychologischen Konzept, findet jedoch auch im Rahmen neuropsychologischer Fragestellungen Verwendung, indem neuropsychologische Befunde immer auch unter Berücksichtigung der Rechts- bzw. Linkshändigkeit interpretiert werden müssen (Baron, 2004). Vom komplexen Konzept der Händigkeit (Schönthaler, 2010), das sich zusammensetzt aus Hand-Präferenz und Hand-Dominanz (wobei bei letzterer noch zwischen quantitativer und qualitativer Leistung sowie zwischen ungeübten und geförderten Tätigkeiten unterschieden werden kann), erfasst der H-D-T ausschließlich die quantitative Leistungsdifferenz im graphomotorischen Bereich.
Es finden sich keine Angaben zur funktionellen Neuroanatomie und zu ergebnisbeeinflussenden Faktoren. Es wird kein Bezug genommen zur Literatur über Zusammenhänge zwischen peripherer Händigkeit und Hemisphärendominanz, Spracherwerbsproblemen usw. oder zu Erkenntnissen über genetische und kulturelle Einflüsse auf die Händigkeit.

Handhabbarkeit und klinische Anwendung

Der Test ist einfach zu handhaben und verfügt über Normen für eine breite Altersspanne.

Elisabeth Stucki

Movement Assessment Battery for Children – Second Edition (M-ABC-2)

Franz Petermann (Hrsg.) unter Mitarbeit von Klaus Bös und Julia Kastner

Frankfurt am Main: Pearson Assessment & Information GmbH, 3. Auflage 2011

Zusammenfassende Testbeschreibung

Zielsetzung und Operationalisierung

Konstrukte
Erfassung der Leistungsfähigkeit und des Entwicklungsstandes im Bereich der komplexen motorischen bzw. koordinativen Fähigkeiten in Fein- und Grobmotorik im Kindes- und Jugendalter.

Testdesign
Drei Testbatterien für drei Altersstufen; jeweils 8 Untertests zur Prüfung der Handgeschicklichkeit, der Ballfertigkeiten und der Balance; Messung von Koordinationsleistung unter Zeitdruck (Geschwindigkeitsaspekt) bzw. unter genauer Kontrolle von Bewegungen (Präzisionsaspekt).

Angaben zum Test

Normierung
Normen basieren auf der englischen Stichprobe.
Alter: 3–6 Jahre Halbjahresstufen, 7–10 Jahre und 11–16 Jahre Jahresstufen.
Bildung: Nicht relevant
Geschlecht: Nicht berücksichtigt; signifikante Geschlechtsdifferenzen in der englischen Stichprobe.

Material
Manual mit Auswertungsrichtlinien, Beispielen und Normtabellen; Protokollbögen; Arbeitsblatt; 2 große Koffer ausgestattet mit allen nötigen Arbeitsmaterialien aus leicht zu reinigendem, unschädlichem Plastik. Die Arbeitsmaterialien umfassen: gelbe Taler, blaue Box mit Einwurfschlitz, roter Faden, gelbe Perlen, 1 roter Feinliner, Bohnensäckchen, 6 Bodenmatten, gelbe Pilzstecker, blaues Steckbrett, gelbes Lochbrett, blaue Balancebretter, Tennisball, gelb-rote Stecker, 6 gelbe Plastikstreifen, 6 lose Muttern, 6 lose Schrauben, rote Zielscheibe, blaue Tischunterlage, Stoppuhr, Maßband, farbiges Klebeband.

Durchführungsdauer
20–30 Minuten in Abhängigkeit von der Leistungsfähigkeit des untersuchten Kindes.

Testkonstruktion

Design

Aufgabe

Die M-ABC-2 besteht aus drei Testbatterien mit jeweils 8 Untertests, die nach drei Altersgruppen spezifiziert sind:

1) Handgeschicklichkeit erfasst:
   a) Geschwindigkeit und Sicherheit der Bewegungen für jede Hand (Taler oder Stifte einstecken bzw. Stifte wenden);
   b) Koordination beider Hände bei der Bearbeitung einer einzelnen Handlung (Perlen aufziehen bzw. Schnur einfädeln bzw. Dreieck bauen);
   c) Auge-Hand-Koordination zur Kontrolle eines Schreibgerätes (Spur nachzeichnen).
2) Ballfertigkeiten erfasst:
   a) Präzision, mit der ein Objekt (Ball bzw. Bohnensäckchen) aufgefangen wird;
   b) Präzision, mit der ein Objekt zielsicher geworfen wird.
3) Balance erfasst:
   a) statische Balance, bei der das Kind so lange wie möglich eine bestimmte Position halten soll (stehen auf einem Bein bzw. auf Balancebrettern);
   b) dynamische Balance, welche langsame und exakte Bewegungen beinhaltet (auf Zehenspitzen bzw. mit Ferse an Zeh einer Linie entlang vorwärts bzw. rückwärts laufen);
   c) dynamische Balance, welche die Fähigkeit schnelle, explosive Bewegungen auszuführen erfasst (Hüpfen).

Konzept

Die Movement ABC-2 will die koordinativen Fähigkeiten überprüfen, die eine zentrale Dimension der Motorik darstellen. Dabei sollen sich die motorischen Fähigkeiten zur präzisen und/oder schnellen Steuerung und Regulation von Bewegungshandlungen erfassen lassen. Operationalisiert werden die motorischen Leistungen a) durch die Geschwindigkeit, mit der eine Aufgabe bearbeitet wird und b) die Präzision, mit der sie ausgeführt wird. Aus den Ergebnissen lassen sich ein Gesamtwert für die motorische Leistungsfähigkeit sowie drei Skalenwerte für Handgeschicklichkeit, Ballfertigkeiten und Balance bestimmen. Für jede Altersstufe steht eine eigene Testbatterie zur Verfügung, deren Schwierigkeitsgrad je nach Alter und Entwicklungsstand des Kindes ansteigt.

Variablen

Leistungsvariablen: Dauer in Sekunden, Anzahl Fehler, Anzahl Würfe, Fänge, Schritte oder Sprünge.

Durchführung
Idealerweise sollen die Untertests in der angegebenen Reihenfolge durchgeführt werden, Änderungen der Reihenfolge sind aber möglich. Die genaue Anordnung des Testmaterials ist für jede Aufgabe vorgeschrieben. Den Probanden werden alle Aufgaben demonstriert, jede Aufgabe wird anschließend vom Kind geübt. Nach Abschluss der Übungsphase hat das Kind eine oder mehrere Möglichkeiten, die Aufgabe so gut wie möglich zu bearbeiten, es dürfen keine Hilfestellungen mehr gegeben werden. Es existieren Fehler- und Abbruchregeln, einzelne Aufgaben können in Abhängigkeit vom Leistungsvermögen des Kindes zu verschiedenen Testzeitpunkten durchgeführt werden.

Auswertung
Leistungs- und Fehlerscores variieren von Aufgabe zu Aufgabe. Rohwerte sind die jeweils besten Werte bei mehreren Testdurchgängen einer Aufgabe. Die Transformation der Rohwerte der einzelnen Untertests erfolgt mithilfe einer Tabelle in Standardwerte ($M=10$, $SD=3$). Wurden in einer Aufgabe beide Körperhälften getrennt getestet, müssen die Standardwerte für die Körperhälften addiert und durch zwei dividiert werden. Zur Ermittlung der Standardwerte und Prozentränge für die drei Skalen Handgeschicklichkeit, Ballfertigkeiten und Balance werden die Standardwerte der jeweils drei bzw. zwei Untertests aufsummiert, die Teilsummen sind mittels Tabelle als Standardwerte oder Prozentränge abzulesen. Die Ermittlung des Gesamtwertes geschieht durch Aufsummierung der acht Unterteststandardwerte. Er kann ebenfalls in einen Standardwert ($M=10$; $SD=3$) oder Prozentrang transformiert werden.

Normierung

Stichprobe
Repräsentative Original-Stichprobe von 1 172 Kindern im Alter zwischen 3;0 und 16;11 Jahren, 565 Jungen (48,3 %) und 605 Mädchen (51,7 %). Bei der Datenerhebung 2005/2006 wurden alle Regionen in Großbritannien und Irland sowie die Rassenzugehörigkeit und der Bildungsgrad der Eltern berücksichtigt. Die originalen Normen aus Großbritannien konnten anhand einer deutschen Vergleichs-Normstichprobe (2008, $N=634$, Alter 4;0–10;11 Jahre) sowie einer niederländischen Stichprobe (2010, Alter 3;0–16;11 Jahre) weitestgehend bestätigt werden. Die im Manual angegebenen Normen basieren ausschließlich auf der englischsprachigen Stichprobe.

Normen
Alter: Normen liegen in Jahresabständen, für die 3- und 4-Jährigen in Halbjahresabständen vor: 3;0–3;5 und 3;6–3;11 Jahre ($N=116$), 4;0–4;5 und 4;6–4;11 Jahre ($N=145$), 5;0–5;11 Jahre ($N=94$), 6;0–6;11 Jahre ($N=76$), 7;0–7;11 Jahre ($N=90$), 8;0–8;11 Jahre ($N=86$), 9;0–9;11

Jahre (*N*=70), 10;0–10;11 Jahre (*N*=87), 11;0–11;11 Jahre (*N*=76), 12;0–12;11 Jahre (*N*=77), 13;0–13;11 Jahre (*N*=81), 14;0–14;11 Jahre (*N*=59), 15;0–15;11 Jahre (*N*=51), 16;0–16;11 Jahre (*N*=64).
Bildung: Nicht relevant.
Geschlecht: Nein; Geschlechtsdifferenzen wurden in der deutschen Vergleichsstichprobe überprüft. Es ergaben sich lediglich unsystematische Mittelwert-Differenzen in den verschiedenen Altersstufen.

Gütekriterien

Objektivität
Durchführung: Keine standardisierten wörtlichen Anweisungen. Die exakte Ausführung jeder Aufgabe ist genau beschrieben und mit fotographischen Abbildungen dargestellt.
Auswertung: Mithilfe des detaillierten Protokollbogens, der übersichtlichen Normtabellen und Auswertungsbeispiele kann von einer guten Auswertungsobjektivität ausgegangen werden.

Reliabilität
Interne Konsistenz: Cronbachs alpha der drei Skalen liegt in der deutschen Stichprobe zwischen .410 (Altergruppe 2, Balance) und .584 (Altersgruppe 1, Handgeschicklichkeit); für den Gesamttest bei .666 (Altersgruppe 1) bzw. .618 (Altersgruppe 2).
Retest-Reliabilität: Jeweils 20 Kinder aus den Altersgruppen 1, 2 und 3 wurden zweimal im Abstand von ein bis zwei Wochen getestet. Die Reliabilitäten für die drei Skalen (Handgeschicklichkeit, Ballfertigkeiten, Balance) betragen zwischen *r*=.73 und .84, für den Gesamtwert *r*=.80. In einer neueren Retest-Untersuchung der Altersgruppe 1 (*N*=60) fanden sich Interclass-Korrelationen zwischen .61 (Ballfertigkeiten) und .96 (Laufen mit abgehobenen Fersen) (Ellinoudis et al., 2011).
Weitere Reliabilitätsmaße: Die Inter-Rater-Reliabilität wurde in mehreren Studien überprüft und beträgt, berechnet mithilfe des Intra-Class-Korrelationskoeffizienten, durchschnittlich .95 bzw. mit dem Kappa-Koeffizienten berechnet zwischen .94 und 1.00. Die Standardmessfehler für die drei Testskalen und den Gesamtwert betragen zwischen 1.20 und 1.44 bzw. die 90% Vertrauensintervalle zwischen 2 und 3.

Validität
Konstruktvalidität: Mittels konfirmatorischer Faktorenanalyse wurde die Gültigkeit der drei Skalen Handgeschicklichkeit, Ballfertigkeiten und Balance überprüft. Für die Altersgruppen 1 und 2 wurden Hauptkomponentenanalysen unter der Bedingung durchgeführt, dass die Anzahl der zu extrahierenden Faktoren der Anzahl der vermuteten Indizes entspricht. Die Ladestruktur bestätigt die angenommene theoretische Einteilung für beide Altersgruppen. Auch Interkorrelationen der Skalen und Untertests, ermittelt mittels Produkt-Moment-Korrelationskoeffizienten nach Pearson, können als erwartungskonform angesehen werden,

indem die drei Skalen Handgeschicklichkeit, Ballfertigkeiten und Balance jeweils nur mäßig miteinander, aber befriedigend hoch mit dem Gesamttestwert korrelieren. Die klinische Relevanz der M-ABC-2 wird mit über 100 Studien zur Vorläuferversion M-ABC (deren Grundkonzeption unverändert ist) belegt. Im Manual sind Beispiele nachzulesen, die eine große Bandbreite von Störungsbildern enthalten, die gehäuft mit motorischen Störungen einhergehen. Ergänzt werden die Beispiele mit Validierungsstudien zur deutschen Fassung der M-ABC-2.
Konvergente/diskriminante Validität: keine Angaben
Kriteriums- bzw. klinische Validität: Die Überprüfung von Leistungsunterschieden zwischen Kindern mit und ohne Migrationshintergrund mittels unabhängigem t-Test und Adjustierung des Signifikanzniveaus nach Bonferroni-Holm ergab in der deutschen Normierungsstudie keine signifikanten Leistungsunterschiede. Auch die Überprüfung regionaler Unterschiede inklusive Wohnlage ergab keine signifikanten Leistungsunterschiede für die drei Indizes und den Gesamtwert. Adipöse Jugendliche (N=84) erzielten im Vergleich zur deutschen Normgruppe leicht geringere Testwerte, Kinder mit ADHS (N=30) waren dagegen deutlicher beeinträchtigt. Kinder mit der Diagnose umschriebene Entwicklungsstörung motorischer Funktionen (N=54) zeigten in allen Aufgaben signifikant verminderte Leistungen.

Nebengütekriterien
keine Angaben

Neuropsychologische Aspekte

Theoretischer Rahmen

Die M-ABC-2 ist kein neuropsychologisches Verfahren. Es handelt sich um einen motorischen Leistungstest, der den aktuellen motorischen Leistungsstand eines Kindes bzw. Jugendlichen im Bereich der Koordination als zentraler Dimension der Motorik abbildet.

Anwendungsbereiche

Eine Vielzahl von Entwicklungsstörungen, u. a. Autistische Störungen, Sprachstörungen, Aufmerksamkeitsdefizit-/Hyperaktivitätsstörung (ADHS), Lernstörungen gehen mit motorischen Auffälligkeiten im Sinne einer Komorbidität einher. Der Test eignet sich zur Beschreibung der Stärken und Schwächen in der fein- und grobmotorischen Koordinationsfähigkeit bei Kindern und Jugendlichen mit motorischen Defiziten. Er kann als Screening-Instrument zur Abklärung von umschriebenen Entwicklungsstörungen der motorischen Funktionen (F82) nach den Kriterien der ICD-10 eingesetzt werden sowie als Instrument zur Evaluation von Leistungsveränderungen im Rahmen von Fördermaßnahmen.

Funktionelle Neuroanatomie

keine Angaben

Ergebnisbeeinflussende Faktoren

Geschlecht, kultureller Hintergrund oder reichliche Übung im Umgang, insbesondere mit dem Ball, kann die Leistungen einer Testperson beeinflussen.

Testentwicklung

Die Arbeitsgruppe von Denis Stott und Sheila Henderson publizierte erstmals 1972 und in revidierter Form 1984 (Stott, Moyes, Henderson, 1972, 1984) den „Test of Motor Impairment (TOMI)", der als Vorläuferversion der Movement ABC gelten kann. Die Movement ABC-2 basiert auf einer umfassenden Bearbeitung der englischen „Movement Assessment Battery for Children" von Henderson und Sudgen (1992), die nie in einer deutschen Bearbeitung erschien. Bei der Movement ABC-2 (Petermann, 2009) handelt es sich um eine durch verschiedene deutsche Validierungsstudien ergänzte deutschsprachige Adaptation der englischen Originalversion (Henderson, Sudgen & Barnett, 2007).

Die Veränderungen, die in der Movement ABC-2 vorgenommen wurden, betreffen Veränderungen an den Materialien, Untertests, Instruktionen und des Altersbereichs. Das ursprüngliche Material aus Holz wurde durch leicht zu reinigendes, unschädliches Plastik ersetzt.

Die Veränderung im Untertest Handgeschicklichkeit 2 erfolgte zur größeren Vergleichbarkeit zwischen den Altersgruppen, indem das Hauptaugenmerk auf die Zusammenarbeit beider Hände gerichtet wurde. Zudem lässt sich mit dem veränderten Untertest 3 die sehr alltagsrelevante Stifthaltung der Kinder prüfen. Innerhalb der Skala Balance wurden Bodenmatten eingeführt, die zu höheren Korrelationen der Untertests dieser Skala untereinander und zu einem geringeren Zeitbedarf beim Aufbau der Materialien führten.

Die Instruktionen zur Durchführung wurden überarbeitet, um die Durchführungs- und Auswertungsobjektivität weiter zu erhöhen.

Der Altersbereich wurde sowohl nach oben als auch nach unten ausgeweitet. Die M-ABC-2 mit ihrem spielerischen Charakter und der Möglichkeit, die Reihenfolge der Testvorgaben zu ändern, lässt sie für die Altersstufe der 3-Jährigen geeignet erscheinen. Bei vielen Kindern wird die entwicklungsbedingte Koordinationsstörung erst spät erkannt, so dass mit der M-ABC-2 ein entsprechender Test für den Altersbereich der 11- bis 16-Jährigen vorliegt.

In der dritten, überarbeiteten und erweiterten Auflage von 2011 (Petermann, 2011) wurden lediglich neue Studien zur Reliabilität und Validität ins Manual aufgenommen sowie die Durchführungshinweise verbessert. Eine 4. Auflage wurde 2015 (Petermann, 2015) publiziert.

Testbewertung

Die Kritik im Überblick

Die Movement ABC-2 ermöglicht die Beurteilung von Fähigkeiten in einem wesentlichen Bereich der kindlichen Entwicklung: der Motorik. Sie stellt damit ein wichtiges Instrument zur Beurteilung einer grundlegenden Entwicklungsdimension dar, das es erlaubt, die Bedeutung komorbider motorischer Störungen im Teilleistungsprofil eines Kindes zu erfassen. Positiv hervorzuheben ist ihr kindgerechter, praktikabler und einfacher Einsatz. Die Testbatterie erfasst die Motorik im Kindes- und Jugendalter jedoch eher global. Einer differenzierten Erfassung einzelner motorischer Komponenten genügt sie nicht, und zur Beurteilung der therapeutischen Relevanz einer Störung ist das Verfahren nur im deutlich auffälligen Bereich (PR<5) ausreichend aussagekräftig.

Testkonstruktion

Testmaterial

Der Protokollbogen ist übersichtlich gestaltet und enthält zur Erleichterung der Durchführung wesentliche Informationen. Optional können qualitative Beobachtungen protokolliert werden. Das Testmaterial ist kindgerecht und ansprechend sowie praktisch in der Handhabung.

Testdesign

Konzept: Die M-ABC-2 ist ein motorischer Leistungstest ohne neuropsychologischen Hintergrund. Gemäß ICF (International Classification of Functioning, Disability and Health) misst das Testverfahren auf der Ebene der Aktivitäten.

Variablen: Die in der M-ABC-2 erfassten Variablen „Geschwindigkeit" und „Präzision" von Bewegungen basieren auf bewährten Aufgaben aus der sportbezogenen Motorikforschung (Bös & Mechling, 1983).

Durchführung: Die detaillierte Beschreibung der Testitems mit fotographischen Abbildungen und Durchführungshinweisen, das Demonstrieren aller Aufgaben und eine jeweilige Übungsphase erlauben trotz fehlender standardisierter Instruktionen eine gute Durchführungsobjektivität.

Auswertung: Spezifische Hinweise zur Auswertung und Interpretationsbeispiele erleichtern die Auswertung. Vereinzelt fehlen Angaben zur Handhabung auftretender Fehler bei der Durchführung.

Normierung

Stichprobe: Erwartungswidrig gibt es keine Angaben zu signifikanten Geschlechtsdifferenzen in den (englischsprachigen) Normstichproben.

Normen: Umfangreiche aktuelle Normierung, die jedoch auf der englischsprachigen Stichprobe beruht. Kritisch anzumerken ist, dass das

Manual keinen direkten Vergleich der deutschen mit der englischsprachigen Normstichprobe enthält, es gibt lediglich Untersuchungen zu den Gütekriterien. In der deutschen Test-Version gibt es leider nur bei den 3 bis 4-Jährigen Normen in Halbjahres-Intervallen. Diese kürzeren Intervalle wären bis ins Alter von 8 Jahren wünschenswert.

Gütekriterien

Objektivität: Kann als gut angesehen werden.
Reliabilität: Studien zeigen gewisse Trainingseffekte, wenn der Test innerhalb von 4 Wochen wiederholt wird.
Validität: Gemäß der Deutsch-Schweizerischen Versorgungsleitlinie zu Definition, Diagnose, Untersuchung und Behandlung bei Umschriebenen Entwicklungsstörungen motorischer Funktionen ist die M-ABC/M-ABC-2 das insbesondere im Hinblick auf die grobmotorischen Funktionen mit Abstand am besten untersuchte und valideste Verfahren. Es fehlen aber noch Studien zur diskriminanten Validität, da Aufmerksamkeitsprobleme die Leistung im M-ABC-2 signifikant beeinflussen können.

Neuropsychologische Aspekte

Theoretischer Rahmen

Auf neuropsychologische Theorien wird im Manual nicht eingegangen, der Testanwender ist damit auf sich gestellt, wenn er das Verfahren im klinisch neuropsychologischen Kontext einsetzen und interpretieren möchte. Entwicklungsstörungen motorischer Funktionen stehen bei Kindern häufig in engem Zusammenhang mit visuell-räumlichen Beeinträchtigungen. Mit der M-ABC-2 steht ein Verfahren zur Verfügung, die Funktionen voneinander abzugrenzen.

Anwendungsbereiche

Die Testbatterie eignet sich insbesondere zur Diagnostik motorischer Auffälligkeiten bei Verdacht auf eine umschriebene Entwicklungsstörung motorischer Funktionen, F82 nach ICD-10, sowie zur Begründung spezifischer therapeutischer Maßnahmen.

Ergebnisbeeinflussende Faktoren

Sehstörungen und Aufmerksamkeitsprobleme behindern die Testdurchführung und müssen bei der Anwendung der M-ABC-2 berücksichtigt werden.

Handhabbarkeit und klinische Anwendung

Die M-ABC-2 ist ein sehr ökonomisches Verfahren. Ihr diagnostischer Nutzen beschränkt sich auf die Gruppe der Kinder und Jugendlichen mit Koordinationsstörungen im Sinne der umschriebenen Entwicklungsstörung motorischer Funktionen (ICD-10, F82) bzw. der Entwicklungsbezogenen Koordinationsstörung (DSM-5). Nicht geeignet ist sie zur Diagnosestellung bei Patienten mit neurologischen Erkrankungen, die mit einer motorischen Beeinträchtigung einhergehen. Neurologische Erkrankungen wie Zerebralparesen, neuromuskuläre Erkrankungen u. a. bedürfen primär einer klinischen Untersuchung und Beurteilung durch den Facharzt. Auch bei dieser Patientengruppe kann der Einsatz der M-ABC-2 hilfreich sein, um Aussagen über motorische Defizite und den Therapieverlauf bei einem Kind/Jugendlichen zu machen.

Esther Höfler-Weber

Göttinger Entwicklungstest der taktil-kinästhetischen Wahrnehmung (TAKIWA)

Christiane Kiese-Himmel

Göttingen: Beltz, 2003

Zusammenfassende Testbeschreibung

Zielsetzung und Operationalisierung

Konstrukte

Taktil-kinästhetische Wahrnehmung.

Prüfdimensionen zur Untersuchung der Hand bzw. der Handsensibilität:

1. *Stereognosie von Objekten.*
2. *Lokalisation von Berührungsreizen Hand und Unterarm.*
3. *Zwei-Punkt-Diskrimination.*
4. *Stereognosie von Objektqualitäten.*
5. *Fingeridentifikation uni- und dihaptische.*
6. *Druckempfindlichkeit.*
7. *Graphästhesie.*

Testdesign

Entwicklungstest mit 7 Subtests, die sich auf die 7 Prüfdimensionen beziehen.

1) *Stereognosie von Objekten: Objekte durch Betasten mit einer Hand erkennen (8 Items).*
2) *Berührungsreize werden mit Farbstiften auf beide Unterarme gegeben, das Kind zeigt auf die berührte Stelle (5 Items).*
3) *Zwei-Punkt-Diskrimination: Zwei simultan gesetzte Punkte auf Zeigefingerkuppe wahrnehmen (2 Items).*
4) *Stereognosie von Objektqualitäten: Diskrimination unterschiedlicher Materialien verschiedener Objektqualität (6 Items).*
5) *Fingeridentifikation: Berührtes Mittelglied der Finger identifizieren, uni- und dihaptisch (10 Items).*
6) *Druckempfindlichkeit: Mit Wattestäbchen applizierter, unterschiedlich starker Druck auf dem Handrücken erkennen (6 Items).*
7) *Graphästhesie: Identifikation geometrischer Formen, die in die Handinnenflächen gezeichnet werden (10 Items).*

Angaben zum Test

Normierung

Alter: 3;6- bis 3;11-Jährige (N=22), 4;0- bis 4;11-Jährige (N=41), 5;0- bis 6-Jährige (N=46).

Geschlecht: Die Jungen und Mädchen der Normierungsstichprobe unterscheiden sich weder in ihren durchschnittlichen Gesamtsummenwerten noch in den einzelnen Subtests.

Material
Manual mit Normen, Untersuchungsmaterial (standardisiertes Material in unterschiedlicher Härte, Größe und Kontur, Wattestäbchen, Bildvorlage mit geometrischen Formen, Fühlkasten, Unterlegmatte), Koffer, Protokoll- und Auswertungsbogen.

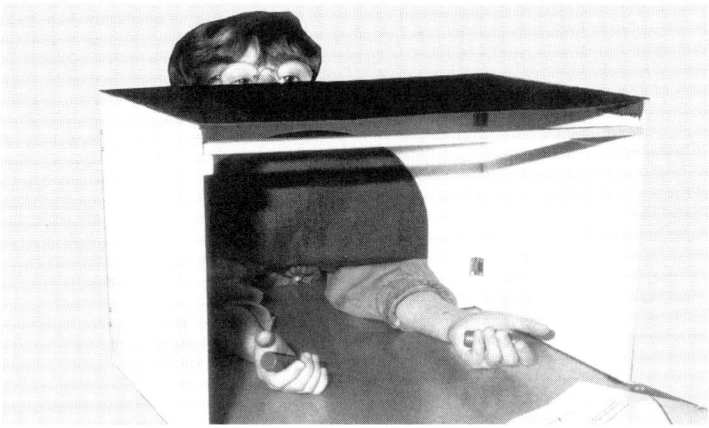

Durchführungsdauer
45 bis 60 Minuten.

Testkonstruktion

Design **Aufgabe**

1) Stereognosie von Objekten: 8 alltägliche Objekte (zum Beispiel Knopf) werden in festgelegter Reihenfolge in die rechte oder linke Hand des Kindes gelegt. Nach einer vorgegebenen einhändigen Explorationszeit wird das Kind gebeten, aus einem Set von 3 Objekten (Zielobjekt und 2 Ablenker) das erkannte Objekt auszuwählen.
2) Berührungslokalisation im Unterarmbereich: In festgelegter Reihenfolge werden über beide Unterarme verteilt 5 Punkte berührt (in Protokollbogen genauer skizziert). Das Kind soll nach jeder Berührung mit Abweichung von maximal 1 Zentimeter auf die berührte Stelle zeigen.
3) Zwei-Punkt-Diskrimination: Mit einem Zirkel werden fünfmal 2 Punkte in Längsrichtung auf die Zeigefingerkuppe gesetzt (erst rechts, dann links). Der Abstand zwischen den beiden Punkten wird schrittweise von 1 Zentimeter auf 0,1 Zentimeter verringert.

4) Stereognosie von Objektqualitäten: Der Untersucher legt dem Kind in jede Hand ein Objekt. Die Objekte unterscheiden sich teilweise in ihren Eigenschaften (zum Beispiel ein weicher und ein harter Ball). Nach einer Explorationszeit von 5 Sekunden soll das Kind angeben, ob sich die Objektqualitäten unterscheiden.
5) Uni- und dihaptische Fingeridentifikation: Mit einem Wattestäbchen wird das Mittelglied von einem oder zwei Fingern der gespreizten Hände berührt. Das Kind soll mit der anderen Hand auf den bzw. die berührten Finger zeigen. Im Protokollbogen ist festgelegt, welcher Finger welcher Hand in welcher Reihenfolge berührt wird.
6) Druckempfindlichkeit: In 6 Testaufgaben wird ein Wattestäbchen während 2 Sekunden entweder stark oder schwach auf den Handrücken gedrückt. Das Kind beschreibt die wahrgenommene Druckstärke.
7) Graphästhesie: In 10 Aufgaben werden fünf unterschiedliche geometrische Formen (Kreis, Strich, Kreuz, Dreieck, Viereck) mit einem Wattestäbchen in die Handinnenfläche gezeichnet. Dies ist im Protokollbogen genau festgelegt (zum Beispiel Kreis links). Das Kind wird gebeten, die Form zu identifizieren (benennen oder auf Bildvorlage zeigen).

Konzept

Mit dem Verfahren werden verschiedene Facetten (passiv-taktile, haptische) der taktil-kinästhetischen Wahrnehmung operationalisiert und der taktil-kinästhetische Entwicklungsstand bestimmt (vgl. S. 5).

Variablen

Richtig gelöste Aufgaben werden mit einem Punkt versehen. Summenwerte pro Subtest und der Gesamtsummenwert werden in Prozentränge transformiert. Die entsprechenden T-Werte können in ein Entwicklungsprofil eingetragen werden. Neben den quantitativen Angaben erhält der Untersucher auch qualitative Informationen bzgl. links- und rechtsmanualer Fähigkeiten und Hinweise darauf, ob sich vorhandene Beeinträchtigungen eher auf perzeptive oder perzeptiv-motorische Leistungen beziehen.

Durchführung

Testaufgaben werden immer ohne Sicht des Kindes durchgeführt (Einsatz eines Fühlkastens). Zu Beginn jedes Subtests gibt es zwei Übungsaufgaben. Die erste wird mit Sicht durchgeführt (Hände des Kindes liegen im Fühlkasten, Vorhang ist geöffnet), um das Kind mit Aufgaben und Material vertraut zu machen. Die zweite Übungsaufgabe erfolgt ohne Sicht (mit geschlossenem Vorhang), um zu prüfen, ob die Aufgabenstellung verstanden worden ist.
Beispiel: Stereognosie von Objekten (vgl. S. 42).

Übungsaufgaben:
Mit Sicht: Mit rechter Hand Walnuss betasten; erkanntes Objekt auswählen aus Walnuss, Holzkerzenständer, Holzkugel.
Ohne Sicht: Mit linker Hand Muschel betasten; erkanntes Objekt auswählen aus Kronkorken, Muschel, Knopf mit Einkerbung.
Allgemeine Abbruchkriterien sind beschrieben. Vor jedem Subtest wird die Kooperationsbereitschaft des Kindes eingeschätzt. Pro Prüfdimension werden verwendetes Material, Setting, Übungsaufgaben, erlaubte Rückmeldungen, Instruktion, Durchführung der Testaufgaben und Lösungsbewertung beschrieben.

Auswertung
siehe Variablen

Normierung

Stichprobe
Die regionale Normierungsstichprobe beruht auf 126 Testsätzen (davon 109 vollständige Testsätze). Der Stichprobenumfang variiert je nach Subtest: Objektstereognosie (*N*=115), Berührungslokalisation (*N*=113), Zwei-Punkt-Diskrimination (*N*=110), Stereognosie von Objektqualitäten (*N*=110), Fingeridentifikation (*N*=121), Druckempfindlichkeit (*N*=120), Graphästhesie (*N*=111).
Es handelt sich um 109 normalgesunde monolingual-deutschsprachige Kinder aus Regelkindergärten im Landkreis Göttingen und 17 organisch gesunde und nicht entwicklungsauffällige Kinder aus unterschiedlichen Praxen.

1) Altersgruppe der 3;6- bis 3;11-Jährigen (*N*=22):
   Mittleres Lebensalter in Monaten 44.9 (SD 1.8), 12 Jungen und 10 Mädchen.
2) Altersgruppe der 4;0- bis 4;11-Jährigen (*N*=41):
   Mittleres Lebensalter in Monaten 53.8 (SD 3.1), 20 Jungen und 21 Mädchen.
3) Altersgruppe der 5;0- bis 6;0-Jährigen (*N*=46):
   Mittleres Lebensalter in Monaten 65.9 (SD 3.5), 23 Jungen und 23 Mädchen.

Normen
Alter: Altersnormen für die einzelnen Prüfdimensionen und den Gesamtpunktwert: 3;6- bis 3;11-Jährige (*N*=22), für 4;0- bis 4;11-Jährige (*N*=41) und 5;0- bis 6-Jährige (*N*=46).
Bildung: Nicht relevant.
Geschlecht: Da die Analysen der Autoren keine signifikanten Geschlechtsdifferenzen zeigen, gibt es keine geschlechtsspezifische Normierung.

Gütekriterien

Objektivität

Durchführung: Hohe Standardisierung der Untersuchungssituation durch Durchführungshinweise, detaillierte Instruktionen und standardisiertes Testmaterial.

Auswertung: Zu jeder Prüfdimension werden genaue Lösungskriterien und die Vergabe der Punkte beschrieben.

Ein Fallbeispiel zeigt, wie die Summenwerte pro Subtest sowie der Gesamtpunktwert mithilfe der Normtabelle im Anhang in Prozentränge bzw. T-Werte umgewandelt werden.

Reliabilität

Interne Konsistenz: Cronbachs Alpha $r=.81$.

Paralleltest-Reliabilität: Keine Paralleltests vorhanden.

Retest-Reliabilität: Auf die Berechnung wurde verzichtet, da der zeitliche Abstand zwischen Vorform und Testendform zu groß für einen Entwicklungstest seien.

Weitere Reliabilitätsmaße: Split-half-Reliabilität: $r_{tt}=.87$.

Validität

Inhaltliche Validität: Logisch gültig.

Konstruktvalidität: Die Hauptkomponentenanalyse basiert auf 47 Aufgaben und ergibt 16 Faktoren, die 71.4 % der Varianz aufklären. 7 Faktoren (entsprechend der 7 Prüfdimensionen) erklären 46,9 % der Varianz.

Konvergente/diskriminante Validität:

Konvergente Validität: Der Zusammenhang zwischen den beiden stereognostischen Prüfdimensionen und der Graphästhesie mit dem Subtest „Handbewegung" der Kaufman-Assessment Battery of Children (K-ABC) ist mäßig bis hoch.

Diskriminante Validität: Die Korrelationen mit dem Subtest „Zahlennachsprechen" der K-ABC sind schwach bis mäßig.

Kriteriums- bzw. klinische Validität:

Extremgruppenvergleiche: Die Autoren beschreiben, dass die Sprachentwicklung auf einer gut verlaufenden senso-motorischen Entwicklung beruhe (vgl. Symbolisierungsfunktion nach Piaget).

18 Kinder mit Sprachentwicklungsstörungen zeigten signifikant schlechtere Ergebnisse als 18 sprachunauffällige Kinder ($p=0{,}006$).

Kriteriumsorientierte Validität: Taktil-kinästhetische Wahrnehmungstests für die genannte Altersgruppe fehlen, daher gibt es keinen Vergleich mit anderen Verfahren.

Entwicklungspsychologische Perspektive: Eine Untersuchung von 99 Regelkindergartenkindern mit der Testendform zeigt, dass die taktil-kinästhetischen Wahrnehmungsleistungen vom Alter der Kinder abhängig sind. Dies wird als wesentliches Kriterium der Validität von Entwicklungstests genannt.

Ökologische Validität: Hoch (zum Beispiel durch den Einsatz von alltäglichen Objekten).

Nebengütekriterien
keine Angaben

Neuropsychologische Aspekte

Theoretischer Rahmen

Oberflächensensibilität und Tiefensensibilität werden als somatosensorische oder taktil-kinästhetische Sensibilität zusammengefasst. Dabei bezieht sich die Oberflächensensibilität auf Reize wie Berührung, Druck, Vibration, Temperatur und Oberflächenschmerz. Die Tiefensensibilität umfasst Positionssinn, Bewegungssinn (Kinästhesie) und Kraftsinn (Kiese-Himmel, 1998).
Im Manual wird beschrieben, dass frühe senso-motorische Erfahrungen primär taktil-kinästhetisch seien. Die Bedeutung für andere Entwicklungsbereiche und mögliche Auswirkungen einer beeinträchtigten taktil-kinästhetischen Wahrnehmung werden genannt (zum Beispiel manuelle Geschicklichkeit, kognitive Prozesse, Spracherwerb).

Anwendungsbereiche

Das Verfahren kann bei Kindern im Alter von 3;6 bis 6;0 Jahren eingesetzt werden, um den Entwicklungsstand der taktil-kinästhetischen Wahrnehmung zu untersuchen.
Die Autorin ergänzt aus der Literatur, dass taktil-kinästhetische Defizite auch bei zerebralparetischen Kindern, Kindern mit Down-Syndrom und bei extrem frühgeborenen Kindern im Alter von 7 Jahren beobachtet wurden.
Bisher erprobt wurde der TAKIWA an sprachentwicklungsgestörten und altersadäquat sprechenden Kindern, da die senso-motorische Entwicklung eine wichtige Rolle für die Sprachentwicklung spiele.

Funktionelle Neuroanatomie

Haut- und Bewegungsreize werden über spezifische Rezeptoren aufgenommen und über das Rückenmark an Hirnstamm, Thalamus und sensorische Areale des parietalen Kortex weitergeleitet (Weiss, 2001; Kiese-Himmel, 1998).
Im Manual wird ausführlich die Entwicklung der einzelnen Fähigkeiten beschrieben und weniger auf die involvierten neuronalen Netzwerke eingegangen.
Für die Berührungslokalisation (Topognosie) sei eine Integration von „taktile(r) Reizempfindung, Einschätzung der eigenen räumlichen Körperlage sowie die räumliche Zuordnung des Reizes“ erforderlich, weshalb sie in höheren somatosensorischen Projektionsfeldern erfolge (S. 10).

Druckempfindlichkeit: Durch Druck erfolgt eine „mechanische Verformung der Rezeptoren in der Haut“ (S. 11). Die Fingerspitzen gelten als besonders druckempfindlich.
Die Zwei-Punkt-Diskrimination als „Maß für das räumliche Auflösungsvermögen der Haut“ (S. 11) ist in den einzelnen Körperregionen unterschiedlich stark ausgeprägt, was mit der „Verteilung der Rezeptoren und der das entsprechende Hautareal versorgenden Neurone“ (S. 12) zusammenhängt.
Graphästhesie: Intakte linkshemisphärische Verarbeitungsprozesse sind für die taktile Formerkennung abstrakter Symbole wichtig (S. 15). Es wird die Schwierigkeit dieser Leistung hervorgehoben, da nach einem Speichern der Berührungsvorstellung ein „crossmodaler Transfer (taktil-visuell)“ vorgenommen werden muss, bei dem die gespürte Form mit gespeicherten Bildern verglichen und so erkannt werde (S. 15).
Stereognosie: „(...) einzelne Merkmale und Teile eines Objektes sind haptisch zu erfassen und zu einem Gesamtbild zusammenzufügen, was neben der Intaktheit von Feinmotorik, Druckempfinden und somatosensibler Rückmeldung kognitive Fähigkeiten zur Gestalterkennung voraussetzt“ (S. 16).

Ergebnisbeeinflussende Faktoren

Die festgelegte Reihenfolge der Subtests sowie der einzelnen Aufgaben, das standardisierte Material und genaue Instruktionen minimieren die Einschränkungen bei der Testdurchführung. Zudem wird regelmäßig die Kooperationsbereitschaft des Kindes eingeschätzt. Bei Bedarf kann die Untersuchung über zwei bis drei Sitzungen verteilt werden.

Testentwicklung

Die Autorin beschreibt bereits existierende Verfahren zur Untersuchung der taktil-kinästhetischen Wahrnehmung und zeigt bestehende Lücken auf.
Eine erste provisorische Aufgabensammlung, in der die 7 Prüfdimensionen bereits zu erkennen sind, basierte auf theoretischen und empirischen Erkenntnissen sowie klinischen Erfahrungen und teilweise adaptierten Aufgabentypen aus anderen neuropsychologischen Tests. Nach einer Vorstudie an 10 Kindern wurde eine Testvorform entwickelt. Nach der Erprobung dieser Testvorform wurden Schwierigkeitsindex, Trennschärfekoeffizient und Reliabilität untersucht. Nach weiteren Anpassungen wurde eine vorläufige Testendform erprobt und schließlich die Testendform inklusive Berechnungen zur Validität publiziert.

Testbewertung

Die Kritik im Überblick

Ziel der Autorin war es, nach dem Screeninginstrument DEF-TK einen standardisierten Entwicklungstest für die taktil-kinästhetische Wahrnehmung zu entwickeln. Dass die Validierung noch nicht in allen Bereichen vollständig und die Normierungsstichprobe relativ gering ist, wird im Manual betont.
Ob das Instrument bereits für Dreijährige geeignet ist, sollte im individuellen Fall abgewogen werden, da es sich um komplexe Leistungen handelt, die Normstichprobe der jüngsten Altersgruppe sehr klein ist und viele Untersuchungen nicht vollständig durchgeführt werden können oder frühzeitig abgebrochen werden müssen. Außerdem sind manche Instruktionen sowohl für junge sprachunauffällige Kinder als auch für Kinder mit unzureichendem Sprachverständnis zu komplex formuliert. In diesem Fall wäre die Befragung der Eltern durch den DEF-TK (Kiese-Himmel & Kiefer, 2000) eine Alternative.
Für Kinder ab 4 Jahren ist das Instrument besser geeignet und sicherlich auch eine gute Basis für weiterführende Studien.
Positiv hervorzuheben sind die gut durchdachten Übungsaufgaben zu Beginn jedes Subtests, deren festgelegte Reihenfolge, die spielerische Art der gesamten Untersuchung sowie das standardisierte und aus dem Alltag vertraute Untersuchungsmaterial.

Testkonstruktion

Testmaterial

Der Protokollbogen besteht aus 6 Seiten und beinhaltet pro Subtest in übersichtlicher Form Informationen zur Durchführung, zu den Übungsaufgaben, die Testaufgaben selbst inklusive Bewertungsmöglichkeiten und die Einschätzung der Kooperation. Das Untersuchungsmaterial ist standardisiert und Kindern aus dem Alltag vertraut.

Testdesign

Das Testdesign entspricht den aktuellen Entwicklungen zur Erfassung der taktil-kinästhetischen Wahrnehmung.
Durchführung: Im Kapitel „Spezielle Durchführungshinweise, Instruktionen und Lösungsbewertungen" des Manuals wird Schritt für Schritt und detailliert die Durchführung der einzelnen Subtests beschrieben. Die Instruktionen sind für die Untersucher deutlich. Für junge sprachunauffällige Kinder oder für Kinder, die im Rahmen einer Sprachentwicklungsverzögerung auch Probleme mit dem Sprachverständnis haben, sind die Instruktionen vereinzelt zu komplex. Beispiel Fingeridentifikation: „Zeige bitte mit einem Finger der anderen Hand

den Finger, den ich gerade berührt habe“ (S. 62). Als positiv zu bewerten sind die beiden vorgeschalteten Übungsaufgaben, um das Kind mit Material und Aufgabenstellung vertraut zu machen.
Auswertung: Quantitative Auswertung und Interpretation werden nachvollziehbar beschrieben und durch ein Fallbeispiel ergänzt.

Normierung
Stichprobe: Die Stichprobe wird bezüglich Umfang, Geschlechterverteilung und Alter genau beschrieben.
Normen: Im Kapitel Normierung weist die Autorin bereits selbst auf den geringen Umfang der Normierungsstichprobe hin.
Zudem fällt auf, dass die Stichprobe ($N=22$) der jüngsten Altersgruppe (3;6–3;11 Jahre) nur halb so groß ist wie die der anderen Altersgruppen. Auch im Manual wird darauf hingewiesen, dass es bei jungen Kindern häufig zu Ausfällen kam (S. 68). Woran dies liegt, wird nicht weiter erklärt (fehlende Kooperationsbereitschaft, häufigeres Anwenden der Abbruchkriterien wegen nicht verstandener Instruktionen oder Probleme bei der Aufgabenlösung wären denkbar).

Gütekriterien
Objektivität: Unter der Voraussetzung, dass der Untersucher mit dem Instrument vertraut und gut eingearbeitet ist, gegeben.
Reliabilität: Die Werte der Reliabilitätsberechnungen liegen alle über .8 und sind zufriedenstellend (Bortz & Döring, 2005).
Validität: Colmant et al. (2008) verglichen die Ergebnisse von 30 sprachentwicklungsgestörten Kindern im DEF-TK und im TAKIWA miteinander. 7 der 30 Kinder, die laut TAKIWA taktil-kinästhetisch auffällig waren, zeigten auch im DEF-TK ein auffälliges Ergebnis.
Die Autorin gibt selbst kritisch an, dass für die faktorielle Validitätsbestimmung zu wenig Probanden untersucht wurden. Ebenso sei die Bestimmung der prognostischen Validität wünschenswert.

Neuropsychologische Aspekte

Theoretischer Rahmen
Im Manual werden das Wahrnehmungsmodell von Affolter, das Modell der sensorischen Integration von Ayres und die Entwicklungstheorie von Piaget genannt. Die Bedeutung der sensomotorischen Wahrnehmung für die Entwicklung des Kindes wird schlüssig beschrieben. Die Bedeutung der taktil-kinästhetischen Wahrnehmung für den Spracherwerb wird nachvollziehbar hervorgehoben. Für einen gelungenen Spracherwerb sind dennoch weitere Faktoren von Bedeutung (Wendlandt, 2015).

Anwendungsbereiche

Der TAKIWA beurteilt Kindergarten- und Vorschulkinder in unterschiedlichen Prüfdimensionen der taktil-kinästhetischen Wahrnehmung. Inwiefern das Instrument bei sehr jungen Kindern oder Kindern mit Problemen im Sprachverständnis Anwendung finden kann, ist fraglich.

Ergebnisbeeinflussende Faktoren

Die Durchführung mancher Subtests (Berührungslokalisation im Unterarmbereich, Zwei-Punkt-Diskrimination, uni- und dihaptische Fingeridentifikation, Druckempfindlichkeit und Graphästhesie) erfordert sicherlich auch Übung beim Applizieren des Druckreizes (Druckstärke). Unzureichende Erfahrung des Untersuchers könnte Einfluss auf die Durchführungsobjektivität haben.

Handhabbarkeit und klinische Anwendung

Der Untersucher sollte sich intensiv einarbeiten und mit Instruktionen, Material und Abbruchkriterien der einzelnen Subtests vertraut machen (vgl. Manual S. 59).

Alexa Neubert

Zürcher Neuromotorik (ZNM)

Remo H. Largo, Joachim E. Fischer, Jon A. Caflisch, Oskar G. Jenni

Zürich: AWE Verlag, 2007

Zusammenfassende Testbeschreibung

Zielsetzung und Operationalisierung

Konstrukte
Erfassung der motorischen Leistungsfähigkeit (Geschwindigkeit) und Bewegungsqualität (Mitbewegungen) anhand einfacher und komplexer Bewegungsabfolgen sowie adaptiver Aufgaben, welche möglichst wenig von Wahrnehmungsfunktionen und Alltagserfahrungen abhängig sind.

Testdesign
Beurteilung der Leistung und Bewegungsqualität anhand rein motorischer Aufgaben unterschiedlicher Komplexität (Finger-, Hand- und Fußbewegungen), Gleichgewicht (statische Balance), Haltung (Stressgaits) und adaptiver Leistung (z. B. Zusammenwirken von Motorik und visueller Wahrnehmung beim Steckbrett). Die Leistung der dominanten und nicht-dominanten Seite wird separat dargestellt. Bei der Durchführung der einzelnen Testaufgaben werden die Leistung (Geschwindigkeit) und die Bewegungsqualität (Mitbewegungen) bewertet. Die Beurteilung der Leistung sowie der Bewegungsqualität erfolgt in z-Werten und Perzentilen, wobei einzelne Variablen zu Indizes zusammengefasst werden.

Angaben zum Test

Normierung
Alter: Daten von 662 Schweizer Kinder zwischen 5;0–18;9 Jahren wurden erhoben. Grafische Darstellung anhand von Perzentilkurven in Abhängigkeit vom Lebensalter (Jahresschritte).
Bildung: Bildungsniveau der Eltern über dem Mittel der Schweizer Bevölkerung.
Geschlecht: Entwicklungsnormen für Mädchen und Jungen für jede Aufgabe.

Material
Testmanual, CD-ROM (Auswertungsprogramm, Normdaten, Manual in elektronischer Form).
Testmaterial: Steckbrett (12 Löcher, 2 Vertiefungen für Stecker), Schachtel mit 14 Steckern für Steckbrett, Schachtel mit 12 Stiften für Steckbrett, Tüte mit Ersatzsteckern und -stiften, Standbrett mit Streifen, Stab für statische Balance, zwei Ständer für dynamische Balance (2 Standplatten, 2 lange Stäbe zum Einschrauben, 4 kleine Stäbe), Gummiseil (8 Meter).

Durchführungsdauer
Klinische Version ca. 20 Minuten, wissenschaftliche Version ca. 30 Minuten.

Testkonstruktion

Design

Aufgabe
Die *motorischen Fertigkeiten* werden erfasst mit
- repetitiven Bewegungen (Fuß, Hand, Finger),
- alternierenden Bewegungen (Fuß, Hand) und
- mit sequentiellen Bewegungen (Finger).

Das *Gleichgewicht* wird anhand der statischen Balance beurteilt.
Die *Haltung* wird anhand von Stressgaits (auf den Zehen, auf den Fersen, O-Beinstellung, X-Beinstellung) beurteilt.
Die *adaptiven Leistungen* werden mittels Steckbrett und der dynamischen Balance erfasst.

Konzept
Die Dynamik der motorischen Entwicklung und deren Variabilität soll in jedem Alter zuverlässig erfasst werden. Fein- und Grobmotorik setzen sich aus Grundfunktionen zusammen, die von unterschiedlicher Komplexität sind und intra-individuell verschieden weit entwickelt sein können. Diese Grundfunktionen werden anhand der einzelnen Aufgaben erfasst.

Variablen
- Eine Zeitvariable bestimmt die Geschwindigkeit der Bewegungsabfolge: Anzahl Sekunden, die ein Kind für 10 bzw. 20 Bewegungsabfolgen benötigt.
- Die Bewegungsqualität wird anhand der Mitbewegungen während der Bewegungsabfolge beurteilt: je seltener und weniger ausgeprägt die Mitbewegungen, desto höher die Bewegungsqualität.

Durchführung
Die Instruktion wird mündlich gegeben, die Aufgaben werden vorgezeigt. Der Untersucher beobachtet die Bewegungsabfolge, zählt die Anzahl abgeschlossener Bewegungsabläufe und stoppt die Zeit. Mitbewegungen werden gleichzeitig mitgezählt und beurteilt.

Auswertung
Die Zeit (Geschwindigkeit der Bewegungsabfolge) wird mit der Stoppuhr auf Zehntelsekunden genau bestimmt. Die Bewegungsqualität wird anhand der beobachteten Mitbewegungen erfasst. Als Mitbewegungen gelten unwillkürliche Bewegungen der nicht unmittelbar an der Testaufgabe beteiligten Körperteile. Bei der Diadochokinese und den Stressgaits wird nur die Bewegungsqualität beurteilt und bei der dynamischen

Balance wird nur die Zeit gemessen. Für die wissenschaftliche Version wird die Untersuchung auf Video aufgenommen und die gesamte Untersuchung im Nachhinein ausgewertet. Die Transformation in Normwerte erfolgt direkt über das Auswertungsprogramm.

Normierung

Stichprobe

N=662 gesunde Schweizer Kinder zwischen 5;0–18;9 Jahren.
N=477 Kindergartenkinder (*MW*=5;8 Jahre), Erstklässler (*MW*=7;2 Jahre), Drittklässler (*MW*=9;3 Jahre) und Sechstklässler (*MW*=12;5 Jahre); *N*=202 Jugendliche aus der Zweiten Zürcher Longitudinalstudie (*MW*=15;0 bzw. 18;1 Jahre). Grundlage für die Normdaten im Manual sind die Leistungen aller rechtshändigen Kinder (91 % der Teilnehmenden, *N*=606). Siebzehn Kinder wurden aufgrund von Entwicklungsverzögerungen oder nicht eindeutig bestimmbarer Händigkeit ausgeschlossen.

Normen

Alter: Die Normen sind für jede Aufgabe anhand von Perzentilkurven grafisch dargestellt.
Bildung: Der sozio-ökonomische Status wurde anhand der Ausbildung und des Berufs von Mutter und Vater bestimmt und lag über dem Mittel der Schweizer Bevölkerung.
Geschlecht: Eine geschlechtsspezifische Normierung ist für jedes Alter und jede Aufgabe vorhanden.

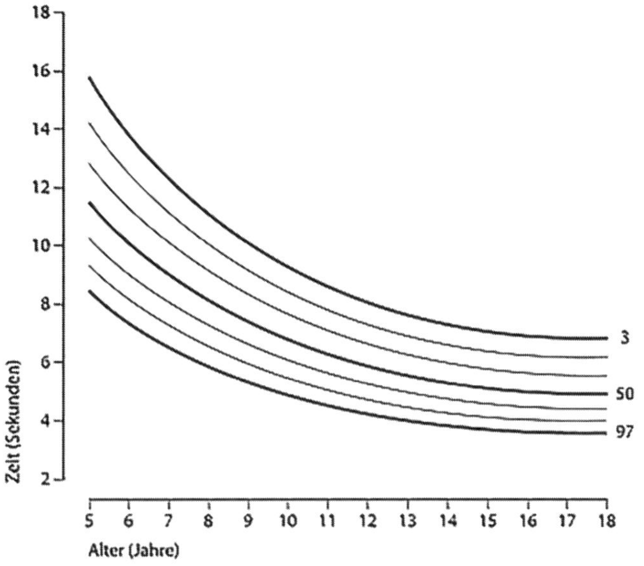

Symbolische Darstellung von Perzentilkurven

Gütekriterien

Objektivität
Durchführung: Durch die Standardisierung der Instruktionen ist die Objektivität laut Testhandbuch gewährleistet.
Auswertung: Die Auswertungsobjektivität sollte durch eine gute Ausbildung der Untersucher gewährleistet sein.

Reliabilität
Interne Konsistenz: keine Angaben
Retest-Reliabilität: $N=56$, Testabstand 2 Wochen. Zeitmessung: zwischen $r=.38$ und $r=.89$. Mitbewegungen: zwischen $r=.20$ und $r=.65$.
Weitere Reliabilitätsmaße: Zeitmessung: hohe bis sehr hohe Intrarater- und Interrater-Reliabilität. Mitbewegungen: ausreichende bis gute Intrarater- und Interrater-Reliabilität.

Validität
Konstruktvalidität: keine Angaben
Konvergente/diskriminante Validität: keine Angaben
Kriteriums- bzw. klinische Validität:
- Übereinstimmung zwischen Resultaten der Zürcher Neuromotorik und dem Vorliegen einer motorischen Ungeschicklichkeit, die zu einer pädagogischen oder medizinischen Intervention führte: 75 % der Kinder, die bezüglich der zeitlichen Leistung in der Zürcher Neuromotorik unter der 10. Perzentile lagen, durchliefen zuvor pädagogische oder medizinische Intervention.
- Vergleich der Normpopulation mit $N=87$ sehr früh geborenen Kindern: Motorische Leistungen lagen 0.46 Standardabweichungen (SD) unter dem Mittelwert der Normpopulation, Mitbewegungen mehr als 2 SD unter dem Mittelwert der Normpopulation.
- *Ökologische Validität:* keine Angaben

Nebengütekriterien
Keine Angaben

Neuropsychologische Aspekte

Theoretischer Rahmen

Die Zürcher Neuromotorik soll neuromotorische Basisfertigkeiten testen, die möglichst wenig von Wahrnehmungsfunktionen und Alltagserfahrungen abhängig sind.

Anwendungsbereiche

Neuromotorische Untersuchung von Kindern mit motorischen Ungeschicklichkeiten und differenzierte Untersuchung von Kindern mit neurologischen Störungen (z. B. Zerebralparese). Der Test wurde auch bei ehemals sehr frühgeborenen Kindern, Kindern mit Cystinose und Kindern nach Nierentransplantation erprobt. Die Daten zu den Untersuchungen finden sich im Manual.

Funktionelle Neuroanatomie keine Angaben

Ergebnis-beeinflussende Faktoren keine Angaben

Testentwicklung

Die Autoren untersuchten in den 80er Jahren verschiedene neuromotorische Tests (Abercrombie et al., 1964; Connolly & Stratton, 1968; Touwen & Prechtl, 1979; Denckla, 1985; Wolff et al., 1983; Wolff et al., 1985; Henderson & Sudgen, 1992), wendeten diese in der Klinik an und analysierten sie auf ihr inhaltliches Konzept, ihre Durchführbarkeit und ihre Aussagekraft. In der ersten Phase wurden Aufgaben gewählt, die erhebliche altersspezifische Veränderungen zeigten und von nicht-motorischen Variablen, wie Wahrnehmung und Gedächtnis, beeinflusst waren. In der zweiten Phase wurden Aufgaben verschiedener Komplexität, wie sich wiederholende, abwechselnde oder sequentielle Bewegungen, ausgewählt, um das vorliegende Testinstrument zu generieren. Der Test wurde dreimal modifiziert und getestet bis er reliable Ergebnisse erzielte (Largo et al., 2001). Die endgültige Fassung der Zürcher Neuromotorik beinhaltet Aufgaben der Untersuchungsinstrumente von Denckla (1973; 1974); Wolff, Gunnoe und Cohen (1985) und Henderson und Sudgen (2007) (Jenni, Caflisch & Latal, 2008).

Testbewertung

Die Kritik im Überblick Die Zürcher Neuromotorik erlaubt eine detaillierte Einordnung der motorischen Fertigkeiten und eignet sich für die Anwendung mit Patientengruppen wie z. B. ehemals frühgeborenen Kindern. Das Manual bietet ausführliche Erklärungen zur Durchführung des Tests, und alle Aufgaben sind anhand von Bildern erklärt. Die korrekte Durchführung erfordert jedoch einige Expertise. Die Auswertung erfordert klinische Erfahrung und ist trotz Erklärungen im Manual oft subjektiv (z. B. Mitbewegungen). Es ist schwierig, den Test alleine durchzuführen, optimalerweise werden zwei untersuchende Personen benötigt.

Test-konstruktion

Testmaterial
Das Manual ist übersichtlich gestaltet, die Aufgaben werden ausführlich in Text und Bild erklärt.

Testdesign
Konzept: Die Wichtigkeit der Ermittlung motorischer Bewegungsleistung und -qualität wird deutlich gemacht.
Durchführung: Die Durchführungsobjektivität ist durch detaillierte Instruktionen mit veranschaulichenden Bildern gewährleistet.
Auswertung: Die Auswertung wird durch Fallbeispiele erleichtert. Die Auswertung der Mitbewegungen wird im Manual zwar ausführlich erklärt, ist jedoch in der klinischen Anwendung eher subjektiv. Das Ausfüllen des Auswertungsbogens bedarf einiger Expertise. Die exakte Zeitmessung, welche laut Manual auf Zehntelsekunden genau erfolgen soll, ist im Rahmen einer klinischen Untersuchung von Kindern ambitiös und die dadurch vorgegebene Exaktheit zu hinterfragen.

Normierung
Stichprobe: Die Stichprobe der gesunden Probanden ist umfangreich. Der sozio-ökonomische Status der Eltern der Probanden liegt über dem Durchschnitt der Schweizer Bevölkerung.
Normen: Umfangreiche Normierung mit Geschlechtsdifferenzierung für jede Aufgabe einzeln vorhanden.

Gütekriterien
Objektivität: Die Auswertungsobjektivität ist vor allem bei der Auswertung der Mitbewegungen fraglich. Auch die Qualität der Bewegungen wird in der Klinik oft subjektiv beurteilt.
Reliabilität: Die Test-Retest Reliabilität der Mitbewegungen hat eine große Varianz (Reliabilitätswerte zwischen 0.20 und 0.65).
Validität: Auf die Validität wird im Manual leider kaum eingegangen.
Nebengütekriterien: Mit einer Durchführungszeit von 20 Minuten (klinische Version) ist der Test zeitlich ökonomisch. Die Testökonomie wird jedoch dadurch in Frage gestellt, dass optimalerweise zwei Testleiter benötigt werden.

Neuropsy-chologische Aspekte

Theoretischer Rahmen
Die Zürcher Neuromotorik erfasst sowohl grobmotorische als auch feinmotorische Aspekte. Teile der Steh- und Gehproben, die im Rahmen einer klassischen neurologischen Untersuchung durchgeführt werden, werden berücksichtigt, wie z. B. Stehen auf einem Bein und Gehübungen. Durch die weitere Ausdifferenzierung der Aufgaben (Zehengang, Fersengang, O-Beingang, X-Beingang und Erfassung der Mitbewegungen) geht die Zürcher Neuromotorik noch mehr ins Detail. Da die Motorik nicht im engeren Sinne Bestandteil neuropsychologischer Theorien ist, wird im Manual nicht drauf eingegangen.

Anwendungsbereiche

Eine Studie, in welcher die Zürcher Neuromotorik bei Patienten mit Cystinose durchgeführt wurde, zeigte bei diesem Patientenkollektiv signifikant schlechtere motorische Leistungen im Vergleich zur Norm (Ulmer et al., 2009). Im Weiteren liegt eine Studie zur Leistung in der Zürcher Neuromotorik bei Kindern mit Nierenkrankheiten vor: 26 Kinder zeigten nach einer Nierentransplantation motorische Leistungen, die 0.75 bis 3.5 SD (je nach Aufgabe) unter der Norm lagen (Falger et al., 2008). Eine Studie mit ehemals sehr frühgeborenen Kindern (< 1 250 g Geburtsgewicht) ohne schwere Behinderungen zeigte, dass die motorischen Leistungen dieser Kinder ca. 0.5 SD unter dem Mittelwert der Norm lagen (Schmidhauser et al., 2006). Es konnte weiter gezeigt werden, dass die motorische Leistung bei sehr frühgeborenen Kindern mit visuomotorischen Beeinträchtigungen korrelieren (Seitz et al., 2006).

Funktionelle Neuroanatomie

Im Manual werden keine Angaben zur funktionellen Neuroanatomie gemacht. Die an der Motorik beteiligten Gehirngebiete sind weit verstreut. So finden sich Korrelate der Motorik im primärmotorischen Kortex (Brodmann Areal 4). Für die Feinmotorik wichtig sind die Pyramidenfasern von der Hirnrinde zum Rückenmark (Pyramidenbahn). Extrapyramidale absteigende Bahnen entspringen im Hirnstamm, ausgehend von Nucleus ruber, Nuclei vestibulares und der Formatio reticularis. Auch das Cerebellum ist maßgeblich an der Motorik beteiligt. Fußbewegungen sind mit Aktivierungen im sensomotorischen Kortex, im supplementärmotorischen Areal, im Cerebellum und im inferioren Parietallappen assoziiert (Huda et al., 2008). Sequentielle Fingerbewegungen werden im präzentralen Gyrus und angrenzenden subkortikalen Strukturen (kontralateral zur sich bewegenden Hand), sowie im ipsilateralen Cerebellum repräsentiert (Allison, Meador, Loring, Figueroa & Wright, 2000; Olman, Pickett, Schallmo & Kimberley, 2012). Adaptive feinmotorische Aufgaben (wie die Steckbrett-Aufgabe) aktivieren posteriore Teile der mittleren und inferioren temporalen Gyri, sowie okzipitale Regionen. Adaptive Aufgaben wie die statische und dynamische Balance werden im Cerebellum repräsentiert (Holtz & Jenni, 2007).

Handhabbarkeit und klinische Anwendung

Aufgrund der Komplexität der Durchführung und der Auswertung benötigt die untersuchende Person eine entsprechende Ausbildung. Die Autoren empfehlen im Manual, einen Ausbildungslehrgang zu besuchen. Da die Durchführung das gleichzeitige Zählen von Bewegungsabläufen und das Beobachten der Bewegungsqualität, sowie das Stoppen der Zeit erfordert, ist es schwierig bis unmöglich, den Test alleine durchzuführen. Die Auswertung und Interpretation ist anschaulich anhand von 10 Fallbeispielen im Manual erläutert.

Regula Everts

Diagnostischer Elternfragebogen zur taktil-kinästhetischen Responsivität im frühen Kindesalter (DEF-TK)

Christiane Kiese-Himmel & Sabine Kiefer

Göttingen: Beltz, 2000

Zusammenfassende Testbeschreibung

Zielsetzung und Operationalisierung

Konstrukte

Taktil-kinästhetische Responsivität.
Der DEF-TK umfasst 10 Sensibilitäts- und Verhaltensbereiche (SVB):
SVB 1: Taktile Überempfindlichkeit, sensible Missempfindungen, irritative bis aversive Reaktionen auf bzw. Vermeidung von bestimmten Objektqualitäten oder Unterlagen.
SVB 2:Taktile Überempfindlichkeit, sensible Missempfindungen, irritative bis aversive Reaktionen auf bzw. Vermeidung von Berührungserfahrungen bei der Körperpflege.
SVB 3: Schmerzüberempfindlichkeit.
SVB 4: Atypische affektive Reaktionen auf Berührung durch andere Personen.
SVB 5: Empfindungsreduktion.
SVB 6: Suche nach taktiler Stimulation.
SVB 7: Anzeichen mangelnder Druck-/Kraftdosierung.
SVB 8: „Sensory Dormancy" (Reduzierte Sensibilität insbesondere bei Schmerz).
SVB 9: Taktile Diskrimination: Stereognose.
SVB 10: Tiefensensibilität, Präzisionsgreifen, Hand- und Fingerkraft.

Testdesign

Ein standardisiertes diagnostisches Interview (Screening), das der Früherkennung von Entwicklungsstörungen im Bereich der taktil-kinästhetischen Wahrnehmung dient.
Die 32 Fragen des Elternfragebogens decken die oben genannten Sensibilitäts- und Verhaltensbereiche ab und werden von einem Elternteil bzw. von einer primären Bezugsperson (Fremdbeurteilung) anhand einer vierstufigen Likert-Skala (von „nie" bis „immer beobachtbar") beantwortet. Zusätzlich gibt es 8 sensorische Anamnesefragen.

Angaben zum Test

Normierung

Alter: Summenwerte und Prozentränge für zwei Altersklassen: 15–47 Monate (N = 144) und 48–95 Monate (N = 118).

Bildung: Nicht relevant.
Geschlecht: Nicht bedeutsam. Analysen der Stichprobe zeigten keine bedeutsamen Geschlechtseffekte.

Material
Manual mit Normentafel und Elternfragebögen.

Durchführungsdauer
15 Minuten für Befragung, Auswertung 2–3 Minuten.

Testkonstruktion

Design

Aufgabe
Der Bezugsperson werden mündlich 32 Fragen gestellt, die sich auf das aktuelle Verhalten des Kindes und dessen taktil-kinästhetische Responsivität beziehen.
Beispiel: *„Vermeidet Ihr Kind den Umgang mit feucht-glitschigen Materialien, wie z. B. Fingerfarben, Pasten, Schlamm, Matsch, Rasier- oder Badeschaum?"* (Item 6).
Wird eine Frage bejaht, so wird darum gebeten, die auftretende Häufigkeit des Verhaltens genauer einzuschätzen („immer", „häufig", „gelegentlich"). Wird die Frage verneint, entspricht dies der Antwortkategorie „nie" und es folgt die nächste Frage. Hat die Bezugsperson das Kind bisher nicht in der beschriebenen Situation erlebt, wird die Kategorie „nicht beobachtbar" angekreuzt.
Im Anschluss werden 8 sensorische Anamnesefragen gestellt.

Konzept
Um das Konstrukt der taktil-kinästhetischen Responsivität zu erfassen, definieren die Autoren nach theoretischen Überlegungen und der Darstellung bereits existierender angloamerikanischer Verfahren verschiedene Sensibilitäts- und Verhaltensbereiche (SVB). Zu den einzelnen SVB werden jeweils konkrete Fragen formuliert. Diese beziehen sich auf das aktuelle Verhalten des Kindes in bestimmten alltäglichen Situationen. Eltern bzw. Bezugspersonen werden nach alltäglichen Beobachtungen gefragt und gebeten, Einschätzungen zur Häufigkeit des beobachteten Verhaltens zu machen. Diese Informationen werden genutzt, um herauszufinden, ob Störungen im Bereich der taktil-kinästhetischen Responsivität vorliegen.

Variablen
Jede mögliche Antwortkategorie ist mit einer bestimmten Anzahl von Punkten versehen. Hieraus ergibt sich am Ende ein Summenwert, der mithilfe der Normentafel in Prozentränge transferiert wird.
Neben dieser zentralen Variablen werden mithilfe sensorischer Anamnesefragen Informationen zu akuten und chronischen Erkrankungen,

zur Bewegungsfreudigkeit und zum Umgang mit Wasser gesammelt. Hierbei handelt es sich um geschlossene Fragen, die mit „ja“ bzw. „nein“ beantwortet werden können.

Durchführung
Ein/e geübte/r Untersucher/in führt die Befragung in ruhiger Atmosphäre und nach Möglichkeit nicht in Anwesenheit des Kindes durch. Nach einer mündlichen Instruktion werden die oben genannten 32 Fragen und 8 Anamnesefragen gestellt.

Auswertung
Sind mindestens 29 der 32 Fragen beantwortet und liegt das genaue Alter des Kindes vor, kann der Fragebogen ausgewertet werden. Je nach Antwortkategorie wird pro Item eine bestimmte Punktzahl vergeben (immer = 3 Punkte, häufig = 2 Punkte, gelegentlich = 1 Punkt, nie = 0 Punkte). Der Summenwert wird berechnet, indem alle Einschätzungen addiert werden. Items, die mit der Kategorie „nicht beobachtbar“ beurteilt wurden, gehen nicht in die Berechnung des Summenwertes ein. Da maximal 32 Fragen beantwortet werden können, liegt der Summenwert zwischen 0 und 96. In der entsprechenden Altersspalte der Normentafel kann der individuelle Prozentrang abgelesen werden. Kinder mit einem Prozentrang von 85 oder mehr werden als taktil-kinästhetisch auffällig eingestuft. In diesem Fall werden weiterführende Untersuchungen empfohlen.

Normierung

Stichprobe
N= 262 Kinder im Alter von 15–95 Monaten (Alters-*M*= 46,9 Monate, *SD*= 16,7), 172 Jungen (65,6 %) und 90 Mädchen (34,4 %).
77 % der Befragten waren Mütter, 9 % Väter, bei 3 % fehlt die Angabe, und in 11 % der Fälle wurden beide Eltern befragt.

Normen
Alter: Summenwerte und Prozentränge sind für zwei Altersklassen angegeben: 15–47 Monate (*N*= 144) und 48–95 Monate (*N*= 118).
Bildung: Nicht relevant.
Geschlecht: Nicht bedeutsam. Analysen der Stichprobe zeigten keine bedeutsamen Geschlechtseffekte.

Gütekriterien

Objektivität
Durchführung: Durch detaillierte Informationen im Manual seien Durchführungs-, Auswertungs- und Interpretationsobjektivität gegeben.

Reliabilität
Interne Konsistenz: Cronbachs Alpha zwischen *r*= .75 und *r*= .78
Paralleltest-Reliabilität: Keine Paralleltests vorhanden.

Retest-Reliabilität: Die Summenwerte der 2. Vorform des Fragebogens korrelieren mit *r*=.98 mit der Endversion des Fragebogens.
Weitere Reliabilitätsmaße: Interrater-Reliabilität: *r*=.81. Vergleich von 25 Elternpaaren. Die mittleren Summenwerte der mütterlichen Einschätzungen sind signifikant höher als die der Väter (t-Test für gepaarte Stichproben $p<.01$). Im Allgemeinen wurde von den Autoren beobachtet, dass Mütter überzeugter und differenzierter antworten.

Validität
Inhaltliche Validität: Die 32 Items erfassen das Konstrukt in seinen wichtigsten Aspekten. Es wird davon ausgegangen, dass das Verfahren logisch gültig ist.
Konstruktvalidität: Die 10 beschriebenen SVB können im Ganzen durch eine 10-Faktoren-Struktur abgebildet werden, welche 63,8% der Gesamtvarianz aufklärt, im Einzelnen bestehe allerdings keine inhaltliche Entsprechung.
Konvergente/diskriminante Validität: Laut Autoren im Ausblick des Manuals erwünscht.
Kriteriums- bzw. klinische Validität: Im Rahmen einer Erprobung des Untersuchungsverfahrens wurden 70 Kinder mit einer Vorform des DEF-TK untersucht (15 unauffällig entwickelte Kinder und 55 Kinder mit Verdacht auf Entwicklungsauffälligkeiten bezüglich Sprechen und Sprache). Der Summenwert von 7 Kindern lag eine Standardabweichung über dem mittleren Summenwert. 3 Kinder konnten aufgrund ihres Alters und des vorhandenen Sprachverständnisses weiter untersucht werden und zeigten in einer weiterführenden taktil-kinästhetischen Untersuchung ebenfalls Auffälligkeiten.
Kriteriumsorientierte Validität scheint laut Autoren vorhanden zu sein, ein Außenkriterium zur Diagnose einer taktil-kinästhetischen Störung fehlt. Ein Gruppenvergleich mit einer Vorform des DEF-TK von 43 spezifisch sprachentwicklungsgestörten Kindern mit 43 sprachunauffälligen Kindern zeigt, dass die klinische Gruppe signifikant höhere mittlere Summenwerte aufweist.

Nebengütekriterien
keine Angaben

Neuropsychologische Aspekte

Theoretischer Rahmen

Die Autoren beschreiben die Bedeutung der taktil-kinästhetischen Wahrnehmung für andere Entwicklungsbereiche, wie Motorik, Sprache, Emotionen sowie Kognition, und bei früh auftretenden Auffälligkeiten mögliche gravierende Folgen für diese Bereiche (Kiese-Himmel, 2007). Taktil-kinästhetische Exploration gilt als wichtige Komponente des frühen sensomotorischen Lernens.

Das Verfahren soll eine Hilfe zur Früherkennung von Entwicklungsstörungen sein, auch als sekundärpräventive Maßnahme.

Anwendungsbereiche

Aus der Neurologie seien informelle Funktionsproben bekannt, die sich bei Kindern nur bedingt anwenden lassen, da Konzentration und aktive Mitarbeit je nach Alter des Kindes nicht erwartet werden können. Andere Verfahren seien invasiv.
Durch ein Befragen der Eltern können auch sehr junge Kinder untersucht werden (Empfehlung ab 18. Lebensmonat). Probleme wegen mangelndem Instruktionsverständnis, fehlender Kooperation oder Motivation sowie situativen Einflussfaktoren werden umgangen.
Mittels Interview können auch Kinder erfasst werden, die wegen Entwicklungsverzögerungen oder motorischen/körperlichen Behinderungen „einer psychometrisch-perzeptiven bzw. neuropsychologischen Untersuchung (noch) nicht diagnostisch zugänglich sind“ (S. 8).
Der DEF-TK sei somit für die klinisch-psychologische Entwicklungsdiagnostik relevant und für die klinische Wahrnehmungsforschung bei jungen Kindern.
Bei auffälligem Screening wird eine weiterführende Detail- bzw. Differentialdiagnostik empfohlen (medizinische Untersuchung, neuropsychologische Diagnostik, Förderdiagnostik), da das Instrument keine spezifische Diagnose stellt.
Ärzte, Psychologen, Ergotherapeuten, Logopäden und Physiotherapeuten, die im Bereich der Frühdiagnostik arbeiten, werden als mögliche Anwender genannt.

Funktionelle Neuroanatomie

keine Angaben

Ergebnisbeeinflussende Faktoren

Da es sich um eine Fremdbeurteilung handelt, vermerken die Autoren, könne die Beurteilung des kindlichen Verhaltens durch die Bezugspersonen auch von deren eigener taktiler Abwehrhaltung abhängen (Kontrasteffekte versus Ähnlichkeit).

Testentwicklung

Der DEF-TK ist eine eigenständige Entwicklung. Theoretische Überlegungen zu den Konstrukten „tactile defensiveness“, „poor tactile discrimination“, „sensorische Integrationsstörung“ und bereits bestehenden Verfahren aus dem angloamerikanischen Raum werden im Manual kurz zusammengefasst und beurteilt. Ebenso werden unterschiedliche Skalierungs- und Ratingverfahren und deren Vor- und Nachteile beschrieben.

Auf Basis dieser Überlegungen wurden für das vorliegende Interview die Fragen zusammengestellt. Um das Konstrukt „taktil-kinästhetische Sensibilität" zu erfassen wurden Items zu den oben genannten Sensibilitäts- und Verhaltensbereichen formuliert und in zwei Vorformen des Fragebogens erprobt und angepasst.

Testbewertung

Die Kritik im Überblick

Die im Elternfragebogen beschriebenen Situationen treten im Familienalltag häufig auf und sind gut beobachtbar. Der Untersucher kann bei gewissenhafter Beantwortung davon ausgehen, dass es sich nicht um eine Momentaufnahme handelt bzw. die Ergebnisse nicht tagesformabhängig oder einer unbekannten Untersuchungssituation zuzuschreiben sind. Dies sind entscheidende Vorteile.

Durch die Fremdbefragung können auch sehr junge Kinder und testunfähige Kinder in ihrer taktil-kinästhetischen Responsivität eingeschätzt werden. Berechtigt ist die dringende Empfehlung, die Befragung mündlich durchzuführen. Weitere Pluspunkte sind der geringe materielle und zeitliche Aufwand für Durchführung und Auswertung. Die Normierungsstichprobe könnte ausführlicher beschrieben sein und mehr Kinder im Alter von 15 bis 24 Monaten beinhalten. Weitere Untersuchungen zu Spezifität und Sensitivität wären interessant. Das Verfahren ist reliabel und objektiv. Insgesamt kann das Instrument einen wertvollen Beitrag in der Früherkennung von taktil-kinästhetischen Entwicklungsstörungen leisten.

Testkonstruktion

Testmaterial

Der Fragebogen ist sehr übersichtlich in Aufbau und Form gestaltet. Die Fragen zielen auf typische Alltagssituationen ab, die Eltern bzw. primäre Bezugspersonen regelmäßig mit ihren Kindern erleben (z. B. Eincremen, flauschige Kleidung tragen, Haare kämmen etc.).

Testdesign

Konzept: Es handelt sich um ein Instrument zur psychologischen Entwicklungsdiagnostik.

Variablen: Die Items sind im Allgemeinen kurz und deutlich formuliert. Lediglich bei zwei Items stellen Eltern regelmäßig Verständnisfragen, auf die ein Untersucher aber eingehen kann, da der Elternfragebogen nur im Ausnahmefall zum Ausfüllen mitgegeben werden sollte und es sich ansonsten immer um ein strukturiertes Interview handelt.

Item 25: *„Kommt es vor, dass beim Malen die Hand über das Blatt rutscht?"* An dieser Stelle fragen Eltern häufig nach, wie dies gemeint sei. Im Manual ist Item 25 SVB 7 (Anzeichen mangelnder Druck-/Kraftdosierung) zugeordnet.

Item 30: *„Kommt es vor, dass Ihr Kind bei geschlossenen Augen nur schwer Objekte unterscheiden kann?"* Da es sich hier um eine weniger alltägliche Beobachtung handelt als beispielsweise bei den Fragen zur Körperpflege, geben einige Eltern an, dies noch nie beobachtet zu haben. Das Item zielt auf SVB 9 (taktile Diskrimination: Stereognosie) ab und stellt somit inhaltlich einen wichtigen Aspekt der taktil-kinästhetischen Wahrnehmung dar. Es fällt jedoch auf, dass eine Einschätzung Eltern häufig schwerfällt.

Durchführung: Allgemeine Informationen zur Durchführung werden verständlich und genau beschrieben.

Auswertung: Auswertung, Ergebnisformulierung und Interpretation werden nachvollziehbar beschrieben und durch zwei Auswertungsbeispiele ergänzt.

Normierung

Stichprobe: Umfang, Geschlechterverteilung, Alter und Status des Informanten sind genau beschrieben. Es wurden auch Eltern von Kindern mit Sprachentwicklungsstörung befragt; wie groß der prozentuale Anteil innerhalb der Gesamtstichprobe ist, bleibt offen (S. 53). In der Stichprobe sind relativ wenig Kinder unter 2 Jahren (11 von 262).

Normen: Zwischen Summenwert und Alter der Kinder besteht ein schwach negativer Zusammenhang ($r=-.21$); zwei Altersgruppen unterscheiden sich signifikant in ihren mittleren Summenwerten ($p<.01$), weshalb eine Einteilung in zwei Altersklassen (siehe Normentafel) sinnvoll ist. Eine Differenzierung zwischen den Geschlechtern erfolgt nicht, da das Merkmal nach Analysen der Autoren geschlechtsneutral ist.

Gütekriterien

Objektivität: Gegeben, da Instruktion, Durchführungs-, Auswertungs- und Interpretationsanweisungen ausführlich beschrieben sind.

Reliabilität: Mittlere Interrater-Reliabilität von .81 und zufriedenstellende innere Konsistenz ($r=.75$ bis $r=.78$) für ein Screening.

Validität: Wie die Autoren selbst angeben, sollten nach dem im Jahr 2000 veröffentlichten DEF-TK weitere Validitätsuntersuchungen folgen; diese sollten in ein überarbeitetes Manual integriert werden. Kiese-Himmel und Maaß (2009) und Debuschewitz et al. (2004) verwendeten in Studien die Endform des DEF-TK. Die Ergebnisse sprechen für eine differentielle Validität für spezifisch sprachentwicklungsgestörte Kinder und für Kinder mit ausgeprägter Aussprachestörung.

Die ökologische Validität sollte hoch sein, da das Verhalten in Alltagssituationen erfragt wird.
Nebengütekriterien: Akzeptanz und Transparenz sind nach Erfahrungen der Rezensentin gegeben. Das Verfahren ist zumutbar und ökonomisch.

Testentwicklung
Für den Leser nachvollziehbar beschrieben. Die Autoren betonen, dass es sich nicht um einen Test handelt, sondern um ein Screening zur Früherkennung von Störungen der taktil-kinästhetischen Wahrnehmung.

Neuropsychologische Aspekte

Theoretischer Rahmen
Die Autoren nennen im Manual das Wahrnehmungsmodell von Affolter, das Modell der sensorischen Integration von Ayres und die Entwicklungstheorie von Piaget. In diesem Zusammenhang beschreiben sie schlüssig die Bedeutung der sensomotorischen Wahrnehmung für die Entwicklung des Kindes sowie mögliche Folgen bei vorhandenen Defiziten.

Anwendungsbereiche
Da es sich um eine Fremdbeurteilung handelt, können auch sehr junge Kinder oder Kinder, die aus unterschiedlichen Gründen testunfähig sind, untersucht werden.

Ergebnisbeeinflussende Faktoren
Da es sich um eine Elternbefragung handelt, wäre es interessant zu wissen, ob Bildungseffekte oder der sozio-ökonomische Status der Eltern eine Rolle spielen.

Handhabbarkeit und klinische Anwendung

Dass Eltern sehr wertvolle Informationen liefern können, wenn konkrete Fragen gestellt werden, zeigt sich auch im Bereich der Sprachentwicklung (vgl. ELFRA Grimm & Doil, 2006). Die Anzahl der Fragen des DEF-TK ist nicht zu umfangreich, Eltern hören erfahrungsgemäß aufmerksam und interessiert zu. Die in Colmant et al. (2008) beschriebene hohe Anzahl nicht beobachtbarer Items (14 von 30 Fragebögen seien nicht auswertbar), deckt sich nicht mit der Erfahrung der Rezensentin. Von über 100 Fragebögen bildeten nicht auswertbare Bögen die Ausnahme. Eine mündliche Befragung hat sich bewährt, um bei eventuellen Unsicherheiten Fragen beantworten zu können. Ebenso ist eine zügige Auswertung problemlos möglich.

Alexa Neubert

2.2.5 Neuroophthalmologische Prävention

Sandra E. Leh

2.2.5.1 Einführung in Grundlagen und Begriffe[2]

Zur Geburt ist die visuelle Entwicklung noch nicht abgeschlossen und somit der maximale Visus (Sehschärfe), eine der wichtigsten Sehfunktionen, bei weitem nicht erreicht (vergleiche auch Haase & Rassow, 2004). Die visuellen Strukturen sind zwar pränatal angelegt, eine weitere morphologische Ausdifferenzierung erfolgt jedoch weit über das 2. Lebensjahr hinaus und eine funktionelle Ausdifferenzierung sogar bis mindestens zum 10. Lebensjahr, einige Funktionen sogar bis in das 2. Lebensjahrzehnt. Damit ist auch der Visus (Sehschärfe) vom Alter des Kindes abhängig.

Der wichtigste Teil der visuellen Entwicklung erfolgt in den ersten Lebensmonaten und Lebensjahren. So entstehen schwerste Störungen der visuellen Entwicklung bei optischen Behinderungen in der Sehachse während der ersten 8 bis 10 Tage, z. B. durch schwere Deprivation bei angeborener dichter Katarakt oder auch Verlegung der Pupille durch Ptosis oder Lidtumor. Weiterhin sind die ersten 3 bis 6 Lebensmonate für die Visusentwicklung entscheidend. Die Folgen einer schweren Sehbehinderung in dieser Zeit sind bei nicht sofortiger Entdeckung deletär. Eine Früherkennung visueller Entwicklungs- und Funktionsstörungen ist daher für die Entwicklung des Kindes von größter Bedeutung. Insbesondere, da man auf das sich entwickelnde visuelle System gegebenenfalls aktiv durch Früherkennung und entsprechende Therapien (z. B. Okklusionstherapie) Einfluss nehmen kann. Je früher eine Therapie einsetzt, um so größer sind die Erfolgsaussichten.

Nach Beendigung der sensitiven Phase ist eine Funktionsverbesserung kaum noch oder mit sehr hohem therapeutischem Aufwand (z. B. Pleoptik) möglich. Dies kann schwerwiegende Folgen für das Kind mit sich ziehen. Hierzu gehören kortikale Veränderungen im Nucleus geniculatum lateralis (LGN), Konnektivitätsveränderungen in primären und sekundären visuellen Arealen, Schwachsichtigkeit (Amblyopie), Schielen (Strabismus) und ein gestörtes räumliches Sehen, etc. Die regelrechte Entwicklung des visuellen Systems und seiner Funktionen hat auch einen wichtigen Einfluss auf die allgemeine Entwicklung des Kindes. Die visuelle Entwicklung beeinflusst schon früh z. B. die motorische Entwicklung. So löst die Wahrnehmung von Objekten in der Umgebung das Krabbeln aus, durch das Sehen wird ein Raumverständnis angelegt, und bekannte von unbekannten Personen unterschieden.

Eine zeitgerechte Entwicklung des visuellen Systems hat somit Auswirkungen auf viele andere Funktionen des Kindes. Hierzu zählen die kognitive Entwicklung, die emotionale Entwicklung, die visuomotorische Entwicklung, die räumliche Orientierung und die grob- und

2 Ich bedanke mich an dieser Stelle für die wertvollen Kommentare und Anmerkungen von Herrn Prof. W. Haase und Frau Prof. Dr. Schulz.

feinmotorische Entwicklung. Viele Berufsgruppen schließen Bewerber mit Sehstörungen sogar aus, so dass dies massive Auswirkungen und Einschränkungen auf die spätere Berufswahl mit sich ziehen kann.

Diverse klinische Studien bestätigen die Notwendigkeit eines neuroophthalmologischen, frühen Screenings. Die Amblyopieprävalenz beträgt ca. 5 % bis 6 % bei Einschulung (Bangerter, 1953; Haase & Rassow, 1995). Eine *Amblyopie* (Schwachsichtigkeit) beschreibt eine Minderung der Sehschärfe bei normalem morphologischen Augenbefund und ist auf ein unzureichendes Erlernen des Sehens zurückzuführen. Es stellt also eine zerebrale Entwicklungsstörung dar, ohne dass das Auge selber auffällig erscheint. Es werden verschiedene Amblyopieursachen unterschieden: z. B. *Deprivationsamblyopie* (eine meist angeborene Störung verhindert, dass optische Reize weitergeleitet werden können, z. B. Trübungen der brechenden Medien (Hornhaut, Linse, Glaskörper), Verschluss des Auges durch eine angeborene Ptosis); *Suppressionsamblyopie* (der Seheindruck des schielenden Auges wird zur Vermeidung von Doppelbildern unterdrückt, dies kann zu Amblyopie, Einschränkungen des Binokularsehens und exzentrischer Fixation führen). Die Amblyopie kann in den ersten Lebensjahren in der Regel gut therapiert werden. Die Amblyopie geht in 90 % mit einem Strabismus (Schielen), einem Refraktionsfehler (Fehlsichtigkeit) oder einer Kombination aus beiden (Ehrt, 2012) einher.

Weitere Risikofaktoren sind Trübungen der brechenden Medien (Katarakt), Frühgeburt, perinatale Komplikationen und Lidanomalien. Auch andere Störungen, wie der Mikrostrabismus sind schwer für die Eltern und Untersucher des Kindes zu erkennen, da es sich hier um einen minimalen Schielwinkel handelt. Dieser geht häufig ebenfalls mit einem Verlust des räumlichen Sehens und einer schwerwiegenden Amblyopie (Schwachsichtigkeit) einher.

Neuroophthalmologische Untersuchungen lassen sich schon sehr früh, sogar schon in den ersten Lebensmonaten durchführen. Hierzu gehören eine Sehschärfenmessung (Visus), Untersuchung der Fixation am Augenhintergrund und Funduskopie, Refraktionsmessung mit Hilfe einer objektiven Skiaskopie in Zykloplegie, eine Akkommodationsprüfung, Untersuchung des räumlichen Sehens, eine Überprüfung der Augenstellung, Untersuchung der Augenmotorik, der Konvergenz und des Farbsehens). Für einen Überblick siehe die Tabelle „Untersuchungsverfahren zur neuroophthalmologischen Prävention“ (2.2.5.2).

2.2.5.1.1 Visus (Sehschärfe)

Der Visus entspricht der Funktion der zentralen Retina (Fovea) und stellt eine der wichtigsten Sehfunktionen dar. In Tierversuchen korrespondiert dies mit den parvo-zellulären Anteilen des Corpus Geniculatum Laterale. Diese sind zur Geburt noch nicht vollständig entwickelt, so dass der Visus um 0.02 (= 1/50) liegt. In der Schweiz und in Deutschland liegt bei einem Visus von ≤0.02 eine Blindheit vor.

Der Visus entwickelt sich dann ab dem 3. bis 4. Lebensmonat sehr schnell bis zum 10. Lebensjahr. Testverfahren stehen schon im Babyalter und Kleinkindalter zur Verfügung *(siehe Tabelle: Gitterschärfe mit Preferential Looking Test, H-Test nach Hohmann/Haase, C-Test,*

E-Haken). Eine Visusprüfung sollte möglichst standardisiert (DIN Landoltring; E-Haken sind angeglichen) und schon im frühen Kindesalter erfolgen. Testungen mit anderen Objekten (Buchstaben, Zahlen, Objekten) erfüllen nicht die Kriterien des Snellen-Prinzips, obwohl sie international häufig verwendet werden und können erhebliche Abweichungen des tatsächlichen Visus ergeben. Der gemessene Visuswert ist daher vom benutzen Verfahren stark abhängig. Der Vergleich mit altersabhängigen Normwerten ist essentiell. Eine frühzeitige Erkennung einer Visusminderung ermöglicht eine rechtzeitige therapeutische Intervention und sollte innerhalb der sensitiven Phase so früh wie möglich erfolgen. Bei Vorliegen einer Visusminderung müssen differentialdiagnostisch ein Refraktionsfehler, eine Amblyopie und andere Störungen/Anomalien der brechenden Medien in Betracht gezogen werden.

2.2.5.1.2 Fixation und Funduskopie

Eine Inspektion des Augenhintergrundes und eine Fixationsprüfung sind im Rahmen eines Screening der Augenfunktionen unerlässlich. Ein Strabismus und eine Amblyopie können zu einer exzentrischen Fixation in Folge von Suppression führen. Dies hat weitreichende Folgen bezüglich der relativen Lokalisation, Binokularsehen und morphologischen Entwicklung der Sehfunktionen. Es kann zu Trennschwierigkeiten (Crowding) von benachbarten Konturen führen und die Orientierung von senkrechten und waagerechten Sehzeichen kann verloren gehen. Anzumerken ist ebenfalls, dass der Visus ausserhalb der Fovea stark abnimmt. So nimmt der Visus bei exzentrischer Fixation von 2° bereits um 0.5 ab (Wertheim, 1894).

2.2.5.1.3 Refraktion

Im Idealzustand sollte eine Rechtsichtigkeit (Emmetropie) vorliegen. Kurzsichtigkeit (Myopie), Weitsichtigkeit (Hyperopie) und Hornhautverkrümmung (Astigmatismus) sollten ausgeschlossen werden. Grundsätzlich sollte im Kindesalter eine objektive Refraktionsbestimmung in Zykloplegie (Lähmung der Akkommodation) erfolgen (siehe 2.2.5.2). Ohne nachgewiesene weitere Anomalien (z. B. Strabismus, Amblyopie) sollte eine Fehlsichtigkeit bei 1-Jährigen wie folgt ausgeglichen werden: Hyperopie >+3,0 dpt; Myopie gemäß dem altersentsprechenden visuellen Aufmerksamkeitsraum; Astigmatismus >1 dpt; Anisometropie >1 dpt.

Eine frühzeitig korrigierte Fehlsichtigkeit kann die Entwicklung der Sehfunktionen stark beeinflussen. Nicht entdeckte und unkorrigierte Fehlsichtigkeiten können zur Amblyopie (Sehschwäche) und damit weiteren Funktionsverlusten (z. B. Strabismus, verminderte Binokularität etc.) führen.

2.2.5.1.4 Akkommodation

Die Akkommodation bezeichnet die Fähigkeit der Formveränderung der Linse, und damit der Brechkraftveränderung, zur Naheinstellung des Auges auf nähergelegene Objekte. Die Akkommodationsfähigkeit ist abhängig vom Alter und beginnt ca. ab dem 3 Lebensmonat.

Ein gleichzeitiges Auftreten von Strabismus ist möglich. Akkommodationsstörungen äußern sich häufig durch Leseprobleme, rasches Ermüden der Augen, Doppelbilder, tränende Augen, Schwindel, Konzentrations- und Aufmerksamkeitsprobleme und Kopfschmerzen. Gegebenenfalls kann eine Verordnung von einer Bifokalbrille notwendig sein. Differentialdiagnostisch sollte die Refraktion überprüft werden.

2.2.5.1.5 Stereosehen, binokulares Sehen

Netzhautbilder des linken und rechten Auges werden zu einem sensorischen Eindruck im Gehirn verarbeitet. Zum Binokularsehen gehören Simultansehen, Fusion, Stereopsis (querdisparates Tiefensehen), Hemmungsvorgänge (z. B. Suppression), etc.

Simultansehen bezeichnet die Fähigkeit, die Seheindrücke beider Augen gleichzeitig wahrzunehmen. Bei Schielerkrankungen wird in der Regel der Seheindruck eines Auges zum Vermeiden von Doppelbildern unterdrückt (Suppression), so dass meist kein Simultansehen besteht. Eine einfache Überlagerung beider Netzhautbilder kann mit dem Bagolini Lichtschweiftest überprüft werden. Die *Fusion* bezeichnet die Fähigkeit die Seheindrücke beider Augen zu einem Seheindruck zu verschmelzen und besteht aus einer sensorischen und einer motorischen (Augenmuskeln) Komponente. Die Fusionsbreite kann durch maximale Belastung der fusionalen *Vergenz* (gegensinnige Augenbewegung) in einer Blickrichtung gemessen werden (z. B. mit Prismenleiste). Kann unter z. B. Belastung die Fusion nicht mehr aufrechterhalten werden, entsteht Diplopie oder Suppression.

Die *Stereopsis* (räumliches Sehen, Stereosehen) setzt ca. mit 3 Monaten ein. Die Vorraussetzung des räumlichen Sehens ist die intakte Fusion. Die Qualität des räumlichen Sehens kann gemessen werden und wird in Bogensekunden ausgedrückt. Hierbei wird die Querdisparation dargebotener Objekte beschrieben. Je kleiner die Querdisparation ist, desto höher ist die Qualität des räumlichen Sehens. Zu den Testverfahren gehören u. a. der Titmus Stereotest nach Wirt (Flächenstereopsis) und der Lang-Test (und Random Dot Stereopsis). Ein Defekt ist oft nicht frühzeitig erkennbar, da eine sichere Differenzierung häufig erst bei verbaler Kommunikationsmöglichkeit beurteilbar wird. Eine Verminderung des Stereosehens kann unterschiedliche Ursachen haben und ist meist Folge eines Strabismus und/oder einer Amblyopie. Bei Therapie der zugrundeliegenden Ursache ist häufig auch eine Verbesserung des Stereosehens zu erwarten.

Bei einer Schielstellung kommt es normalerweise zur *Diplopie* (Doppelbilder). Bei einer Schielstellung werden im schielenden Auge Netzhautstellen gereizt, die eine andere Raumlokalisation als das nicht schielende Auge aufweisen, sodass ein identisches Objekt mit beiden Augen an unterschiedlichen Orten im Raum wahrgenommen wird. Diplopie bedeutet auch, dass keine Fusionsfähigkeit besteht, das Simultansehen im Unterschied zur Suppression jedoch noch erhalten ist. *Suppression* bezeichnet den Mechanismus, bei dem der Seheindruck des schielenden Auges bei beidseitigem Sehen vollständig oder partiell unterdrückt wird. Dieser Unterdrückungsmechanismus kann die gesamte Wahrnehmung des schielenden Auges betreffen oder aber auch nur bestimmte Netzhautareale (z. B. Zentralskotom, Fixierpunktskotom). Zum einen verhindert dieser Mechanismus eine Diplopie, zum anderen führt dies in der Regel zu einer Amblyopie und führt auch zum Verlust von Binokularfunktionen. Suppression lässt sich nur bei binokularer Testung nachweisen, im Gegensatz zu Gesichtsfeldausfällen.

2.2.5.1.6 Augenstellung

Zum Ausschluss eines *Strabismus* (Schielen) sollte die Augenstellung überprüft werden. Mit Hilfe verschiedener Verfahren (Hornhautreflexbildchen nach Hirschberg; Cover Test) lässt sich schon im Babyalter eine Augenfehlstellung feststellen. Da eine Augenfehlstellung häufig ein vermindertes oder fehlendes räumliches Sehen, eine (Suppressions-)Amblyopie, exzentrische Fixation, und psychosoziale Nachteile nach sich zieht, sollte eine Untersuchung möglichst früh erfolgen. Es wird zwischen einem latenten, intermittierenden und manifesten Strabismus unterschieden, sowie zwischen einem kongenitalen und erworbenen Strabismus. Ausserdem wird die Augenfehlstellung nach der Richtung ihrer Abweichung definiert (z. B. kongenitale Esotropie: angeborenes manifestes Innenschielen) und ob die Fehlstellung einseitig oder wechselseitig auftritt.

2.2.5.1.7 Motilität (Augenbeweglichkeit, Okkulomotorik)

Die Augenmuskelfunktionsprüfung dient dem Erkennen und Vermessen von Bewegungsfehlern, wie z. B. Störungen des Bewegungsablaufs, Einschränkungen des Blickfeldes, Folgebewegungen, Sakkaden, Exkursionsvermögen, Über/Unterfunktionen von Augenmuskeln sowie Augenmuskelparesen. Störungen der Okkulomotorik können sensorische Störungen verursachen. Hierzu zählen Strabismus, Diplopie und vermindertes Stereosehen.

2.2.5.1.8 Konvergenz

Konvergenz bezeichnet die gleichzeitige Bewegung beider Augen (Sehachsen) auf ein Nahobjekt durch Rotation nach innen (nasal), um Binokularsehen aufrechtzuerhalten. Konvergenzstörungen führen zu Störungen im Binokularsehen und ggf. zu Diplopie.

2.2.5.1.9 Farbsehen

Das Farbensehen entwickelt sich in den ersten Lebensmonaten und lässt sich mit speziellen Farbtafeln schon im Kleinkindalter testen.

Eine augenärztliche und orthoptische Untersuchung wird bei Auffälligkeiten sofort, bei erhöhtem Risiko (z. B. Frühgeburt, familiärer Vorbelastung, etc.) innerhalb der ersten 6 bis 12 Monate und bei allen anderen Kindern spätestens mit 24 bis 36 Monaten empfohlen.

Glossar

Akkomodation: Fähigkeit, die Brechkraft der Augenlinse auf näher gelegene Objekte anzupassen.

Amblyopie: Sehschwäche eines oder beider Augen, die nicht oder zumindest nicht ausreichend durch organische Fehler erklärt werden kann, und die auch bei optimaler optischer Korrektur mit Brille oder Kontaktlinsen fortbesteht. Sie beruht auf einer unzureichenden Entwicklung des Sehsystems während der frühen Kindheit.

Anisometropie: Unterschiedliche Fehlsichtigkeit beider Augen

Astigmatismus: Hornhautverkrümmung

Binokularfunktionen: Beidäugige Zusammenarbeit der Augen; eine Voraussetzung des räumlichen Sehens.

Hyperopie: Weitsichtigkeit

Fovea: Bereich des schärfsten Sehens des Netzhaut

Fundus: Augenhintergrund

Fusion: Die Seheindrücke beider Augen werden zu einem Seheindruck verschmolzen.

Diplopie: Doppelbilder

Emmetropie: Normalsichtigkeit

Esotropie: Innenschielen

Katarakt: Trübung der Augenlinse

Myopie: Kurzsichtigkeit

Nystagmus: Unkontrollierbare, rhythmische Augenbewegungen (Augenzittern). Man unterscheidet physiologischen Nystagmus (z. B. optokinetischer Nystagmus) und pathologischen Nystagmus, der kongenital oder erworben sein kann.

Okklusionstherapie: Abdecken des gut sehenden Auges zur Funktionsverbesserung des sehschwachen Auges

Pleoptik: Behandlung von Schwachsichtigkeit durch Übungsbehandlungen (Sehschule)

Ptosis: Herabhängen des oberen Lides

Querdisparation: Aufgrund des Augenabstands werden auf der Netzhaut beider Augen leicht unterschiedliche Bilder abgebildet. Dies ermöglicht die räumliche Wahrnehmung.

Refraktometrie: Objektives Testverfahren zur Bestimmung der Fehlsichtigkeit.

Skiaskopie („Schattenprobe"): Objektive Methode zur Refraktionsbestimmung

Suppression: Mechanismus, bei dem der Seheindruck des schielenden Auges bei beidseitigem Sehen vollständig oder partiell unterdrückt wird

Stereopsis: Räumliches Sehen, Stereosehen

Strabismus: Augenfehlstellung („Schielen").

Visus: Sehschärfe

Zykloplegie: Lähmung der Akkommodation

2.2.5.2 *Tabelle: Untersuchungsverfahren zur neuroophthalmologischen Prävention bei Kindern*

Die folgende Tabelle fasst die wichtigsten Funktionsprüfungen, die im Kindesalter möglichst früh erfolgen sollten, zusammen und nennt geeignete Testverfahren, mit denen eine Früherkennung möglich ist.

Während in der ersten Spalte eigenständige Verfahren, der jeweilige Untertest aus einer Testbatterie oder eine Methode mit Quelle und Angaben zum Altersbereich genannt werden, enthält die zweite Spalte eine genauere Beschreibung und die dritte Spalte eine Abbildung oder ein Beispielitem des Verfahrens.

Verfahren, Quelle, Altersbereich	Beschreibung	Visualisierung/Beispiele
Visus, Sehschärfe		
Gittersehschärfe mit Preferential Looking Methode (PL) Gräf, M. (2012). Sehschärfe. In H. Kaufmann & H. Steffen (Hrsg.), *Strabismus* (S. 92–109). Stuttgart: Thieme. Paliaga, G. P. (1993). Monocular acuity norms for the Teller acuity cards between ages of one month and four years. *Investigative Ophthalmology and Visual Science, 26,* 671–685. Ab dem Babyalter (ab ca. 1. Lebensmonat, je nach Kooperation des Kindes)	Dieses Verfahren misst die Gittersehschärfe. Dem Kind wird eine Karte mit zwei Reizfeldern angeboten. Das eine Reizfeld besteht aus einem Bereich mit Streifen, das zweite Feld ist ein homogener grauer Bereich mit der gleichen Leuchtdichte wie der mittlere Wert des Streifenmusters. Bereits Säuglinge blicken bevorzugt auf gemusterte Reize, solange sie erkennbar sind. Die Erkennbarkeit der Reizmuster kann variiert werden. Die kleinste Streifenbreite, die noch als Muster erkannt wird, entspricht dem Auflösungsvermögen des Kindes (visual acuity).	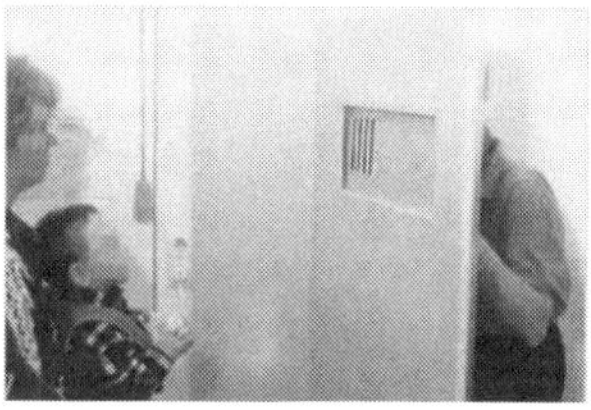 Objektive Sehschärfebestimmung nach dem Prinzip des PL (preferential-looking) unter Verwendung von Acuity-Karten nach Davida Teller. Die Stellwand, in deren Fenster die Karten gezeigt werden, schirmt Umgebungsreize ab. Zwischen den Darbietungen lenkt das Gesicht des Untersuchers die Aufmerksamkeit des Kindes auf das Fenster. Abbildung mit freundlicher Genehmigung vom Thieme Verlag (Kaufmann, H. & Steffen, H. (Hrsg.) (2012). *Strabismus.* Stuttgart: Thieme. Kapitel 1.4, Seite 102, Abb. 1.97)

H-Test nach Hohmann/ Haase Hohmann, A., Haase, W. & Steinhorst, U. (1990). Die Validierung eines neuen Sehschärfetests (H-Test) für Vorschulkinder. *Spektrum der Augenheilkunde, 4,* 240–244. Kinder unter 6 Jahre, je nach Entwicklungsstand des Kindes ab ca. 4 Jahren	Kindgerechter, spielerischer und normierter Sehtest mit Melodierückmeldung, der nonverbal durchgeführt werden kann. Dieser Test wurde speziell für die Untersuchung von Kindern unter 6 Jahren entwickelt. Eine Überforderung des Kleinkindes wird vermieden, da das Kind die Objekte weder benennen muss, noch Richtungen angeben muss.	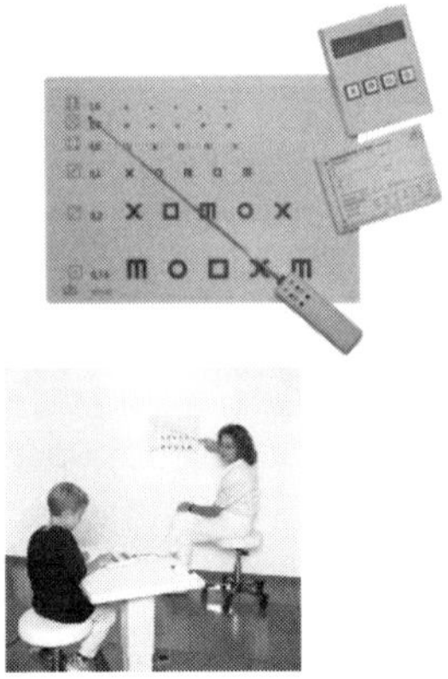 Abbildung mit freundlicher Genehmigung der Oculus Optikgeräte GmbH
C-Test Haase, W. & Rassow, B. (1995). Sehschärfe. In W. de Decker, D. Friedburg, W. Haase, V. Herzau, G. Kommerell, B. Rassow & W. Rüssmann (Hrsg.), *Strabismus* (S. 86–117). Stuttgart: Enke. Haase, W. & Hohmann, A. (1982). A new test (C-test) for quantitative examination of crowding with test results in amblyopic and ametropic patients. *Klinische Monatsblatter fur Augenheilkunde, 180,* 210–215. Je nach Entwicklungsstand des Kindes ab ca. 3 bis 4 Jahren	Die Prüfung mit Normsehzeichen (C-Test, Landoltringe) stellt den Goldstandard dar und sollte in der Ferne und in der Nähe (Einzel- und Reihenoptotypen 2,6') geprüft werden. Die Sehzeichen werden hier in einer konstanten Entfernung und mit konstanten Abständen angeboten. Dieser standardisierte Test kann auch nonverbal durchgeführt werden und ist ein wichtiges Screeningverfahren bezüglich Amblyopie und Trennschwierigkeiten.	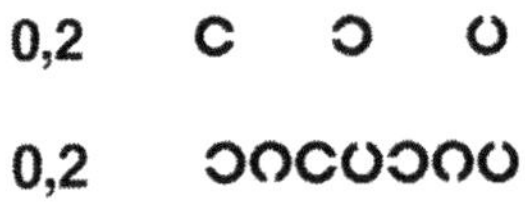 Oben: Einzeloptotypen Unten: Reihenoptotypen. Prüfdistanz 40 cm. Abbildung mit freundlicher Genehmigung vom Thieme Verlag (de Decker, W., Friedburg, D., Haase, W., Herzau, V., Kommerell, G., Rassow, B. & Rüssmann, W. (Hrsg.).(1995). *Strabismus.* Stuttgart: Enke. Kapitel 1.4, Seite 100, Abb. 1.4.15)
E-Haken Haase, W. & Rassow, B. (1995). Sehschärfe. In W. de Decker, D. Friedburg, W. Haase, V. Herzau, G. Kommerell, B. Rassow & W. Rüssmann (Hrsg.), *Strabismus* (S. 86–117). Stuttgart: Enke. Je nach Entwicklungsstand des Kindes ab ca. 3 bis 4 Jahren	E-Haken sind dem Landoltring nach DIN angeglichen, ergeben jedoch einen 7–10 % „besseren" Visus.	 Die Abbildung zeigt Pflügerhaken (links) und Snellenhaken (rechts). Abbildung mit freundlicher Genehmigung vom Thieme Verlag (de Decker, W., Friedburg, D., Haase, W., Herzau, V., Kommerell, G., Rassow, B. & Rüssmann, W. (Hrsg.).(1995). *Strabismus.* Stuttgart: Enke. Kapitel 1.4, Seite 97, Abb. 1.4.13)

Fixation und Fundus		
Ophthalmoskop/Visuskop Haase, W. (1997). Über die ophthalmoskopische Fixationsprüfung bei Kindern bis zu einem Alter von 2 Jahren. *Klinische Monatsblätter für Augenheilkunde, 211,* 113–117. Nowak, K. (2009). Die Inspektion des Augenhintergundes Teil 9: Fixationsprüfung. *Deutsche Optikerzeitung, 12,* 28–33. Retrieved November 27, 2014, from http://www.doz-verlag.de/archivdownload/?artikelid=1000685 Ab dem Babyalter (ca. 3.–4. Lebensmonat)	Mit Hilfe eines Augenspiegels wird der Fundus (Augenhintergrund) und die Fixation untersucht. Eine Fixationsmarke wird zur Fixationsprüfung auf der Netzhaut abgebildet, die das Kind fixieren soll. Bei normaler Fixation bildet sich die Fixationsmarke in der Fovea ab (A), bei exzentrische Fixation ausserhalb der Fovea (z. B. (B)). Es werden immer beide Augen geprüft.	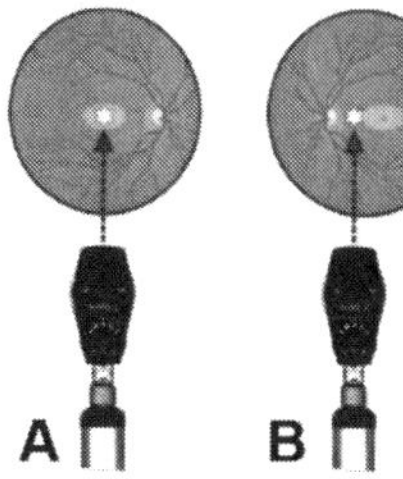 **Ophthalmoskop/Visuskop** Abbildung mit freundlicher Genehmigung vom Springer Verlag (Rüssmann W. (2003) Basisuntersuchungen der Strabismologie. *Der Ophtamologe, 100,* 416–432)
Refraktion		
Skiaskopie in Zykloplegie Leitlinien des Berufsverbands der Augenärzte Deutschlands e. V. (BVA), Deutsche Ophthalmologische Gesellschaft (DOG), Leitlinie 26a. Zugriff am 27. 11. 2014 http://www.augeninfo.de/leit/leit.php Friedburg, D. & Friedburg, C. (2012). Physiologische Optik. In H. Kaufmann & H. Steffen (Hrsg.), *Strabismus* (S. 16–38). Stuttgart: Thieme. Kann in jedem Alter durchgeführt werden: Bei unauffälliger Anamnese erstmals in den ersten 6 Lebensmonaten; bei familiärer Häufung von Schielen, Amblyopie, Refraktionsfehlern, verzögerter visuelle Entwicklung, Syndromen sowie bei Frühgeburt früher.	Die Skiaskopie ist eine objektive Methode zur Refraktionsbestimmung und sollte bei Kindern unter Zykloplegie (medikamentös induzierte Lähmung der Akkommodation) durchgeführt werden. Hierzu wird eine Skiaskopierleiste, mit Gläsern unterschiedlicher Brechkraft verwendet, sowie ein Skiaskop. Dabei werden die Bewegungsrichtungen von Lichterscheinungen (sekundäre Lichtquelle) auf der Netzhaut des Patienten beobachtet und daraus Schlüsse auf die Fehlsichtigkeit gezogen. Beim emmetropen (normalsichtigen) Auge ist keine Bewegung des Fundusreflexes sichtbar: entweder leuchtet er auf oder verschwindet, d. h., er flackert bei Skiaskopdrehung. Diese Einstellung wird auch Flackerpunkt genannt.	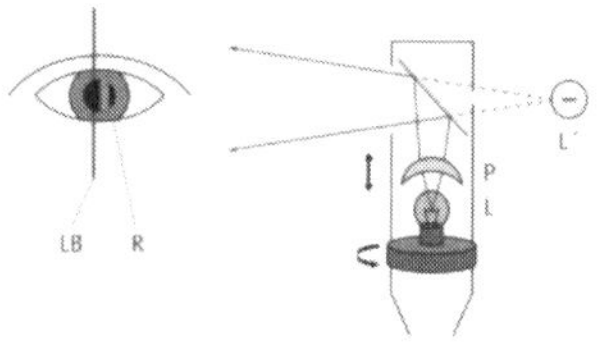 Das Strichskiaskop projiziert eine Fadenlampe (L) mit der Projektionsoptik (P) über einen Spiegel (Zwischenbild L') auf das Auge (als „Lichtband" LB sichtbar) und auf die Netzhaut. Der dort entstehende „Reflex" R ist in der Pupille sichtbar. Die Fadenlampe ist drehbar, die Projektionsoptik verstellbar für divergenten oder konvergenten Strahlengang. Durch geringe Skiaskopdrehung kann das projizierte Lichtband auf Auge und Fundus bewegt werden. Abbildung mit freundlicher Genehmigung vom Thieme Verlag (Kaufmann, H. & Steffen, H. (Hrsg.). (2012). *Strabismus.* Stuttgart: Thieme. Kapitel 1.1, Seite 27, Abb. 1.20):

	Durch Vorschalten der Skiaskopierleiste mit unterschiedlichen Messgläsern, kann der Flackerpunkt bei Refraktionsfehlern und somit die Fehlsichtigkeit (Ametropie) ermittelt werden.	
Refraktometrie Friedburg, D. & Friedburg, C. (2012). Physiologische Optik. In H. Kaufmann & H. Steffen (Hrsg.), *Strabismus* (S. 16–38). Stuttgart: Thieme. Im Vorschulalter möglich	Die Refraktometrie ist ein Testverfahren zur objektiven Bestimmung der Fehlsichtigkeit. Eine Testfigur wird auf dem Augenhintergrund abgebildet. Das Refraktometer stellt das Schärfemaximum ein. Dieses Verfahren ersetzt keine augenärztliche Untersuchung und ist nur als Screeningverfahren einzusetzen.	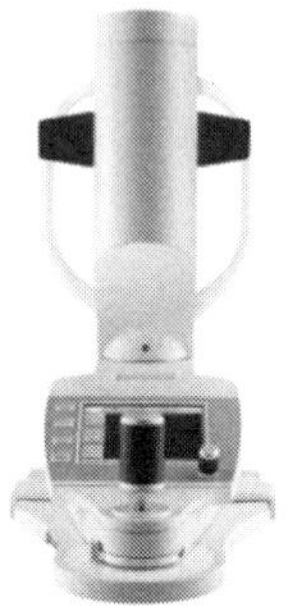 **Refraktometer** Mit freundlicher Genehmigung der Oculus Optikgeräte GmbH
Akkommodation		
Dynamische Skiaskopie Kommerell, G. & Lagreze, W. A. (2012). Normales Binokularsehen, Neurophysiologie der Augenbewegungen. In H. Kaufmann & H. Steffen (Hrsg.), *Strabismus* (S. 73–91). Stuttgart: Thieme. Ab dem Babyalter	Hier wird ein Objekt vor das Skiaskop gehalten und ohne Skiaskopierleiste über die Fernbrille skiaskopiert und die kürzeste Objektentfernung bei Flackerpunkt ermittelt.	
Nahpunktbestimmung Fricke, J., Neugebauer, A. & Rüssmann, W. (2012a). Bestimmung der akkommodativen Vergenz und der Akkommodation. In H. Kaufmann & H. Steffen (Hrsg.), *Strabismus* (S. 399–402). Stuttgart: Thieme. Friedburg, D. & Friedburg, C. (2012). Physiologische Optik. In H. Kaufmann & H. Steffen	Die kürzeste Entfernung, die noch scharf gesehen wird, wird als der Nahpunkt bezeichnet. Benutzt wird für diese Messung meist ein Fixierstäbchen mit einem kleinen Objekt. Der Abstand von den Augen bis zum Objekt wird mit einem Lineal ausgemessen und dokumentiert. Die Messung der Akkommodation beruht meist auf subjektiven	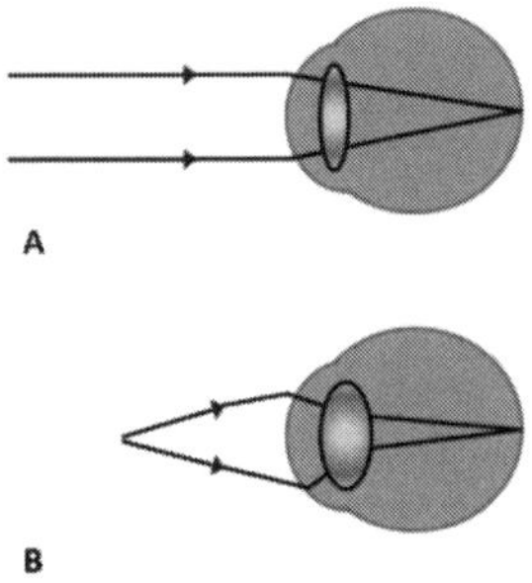 **Akkommodation**

Friedburg, D. & Friedburg, C. (2012). Physiologische Optik. In H. Kaufmann & H. Steffen (Hrsg.), Strabismus (S. 16–38). Stuttgart: Thieme. Ab Schulalter	Verfahren und erfordert die verbale Mitarbeit des Kindes. Daher ist eine Differenzierung zwischen echter Akkommodation und optischer Kompensation manchmal schwierig.	**A** Linsenkrümmung bei Fixation eines Gegenstandes in der Ferne. **B** Zunahme der Linsenkrümmung bei Fixation eines Gegenstandes in der Nähe zur Scharfeinstellung des Bildes.
Stereosehen, binokulares Sehen		
Bagolini Lichtschweiftest Herzau, V. (2012). Sensorik des Binokularsehens. In H. Kaufmann & H. Steffen (Hrsg.), *Strabismus* (S. 110–147). Stuttgart: Thieme. Bagolini, B. (1958). Tecnica per L' esame della visione binoculare senza introduzione di elementi dissocianti: ‚test del vetro striato'. *Bollettino di Oculistica, 37,* 195–209. Ab Kleinkindalter	Zur Ermittlung von Fusion, Diplopie und Suppression unter natürlichen Bedingungen. Das Kind wird dazu aufgefordert, die gesehenen Striche in die Luft zu malen. Im Normalfall werden durch die Gläser ein Lichtkreuz erkannt.	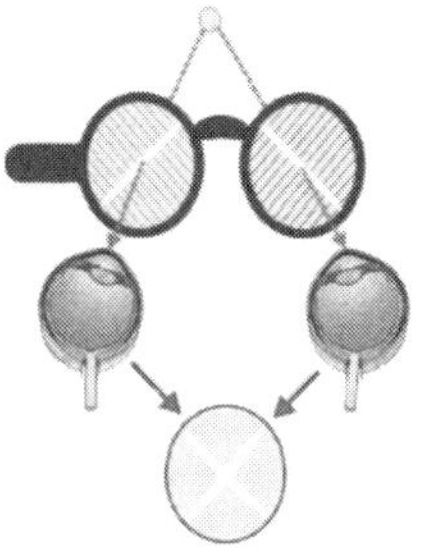 Abbildung mit freundlicher Genehmigung vom Springer Verlag. Rüssmann, W. (2003). Basisuntersuchungen der Strabismologie. *Ophthalmologe, 100,* 416–432.
Titmus Stereotest nach Wirt Hirmann, E. (1982). Stereotest in der Praxis. *Klinische Monatsblätter für Augenheilkunde, 180,* 314–315 Ab Kleinkindalter	Unter Verwendung einer polarisierenden Brille werden eine Fliege, Tiere und Ringe mit unterschiedlicher Schwierigkeit und 40 cm Abstand angeboten (Fliege 3800 Bogensekunden, Tiere 400 bis 100 Bogensekunden, Ringe 40 bis 800 Bogensekunden). Ein Schielen kann mit diesem Test jedoch nicht zuverlässig ausgeschlossen werden, da einige Schielpatienten Teile des Tests erfolgreich bestehen können.	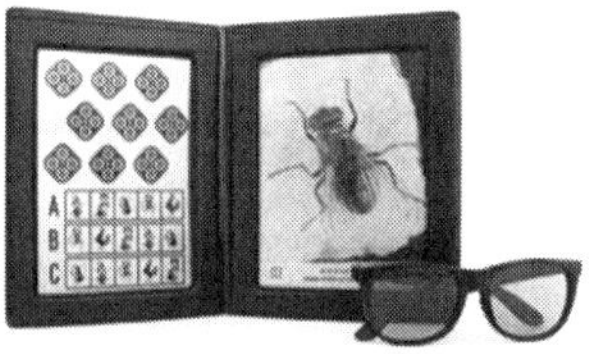 Mit freundlicher Genehmigung der VISUS GmbH, Stuttgart
Lang Test 1 & 2 Lang, J. (1983). Ein neuer Stereotest. *Klinische Monatsblätter für Augenheilkunde, 182,* 373–375. Ab Kleinkindalter	Der Lang-Test beruht auf einer haploskopischen Trennung nach dem Zylinderrasterverfahren. Auf einer Karte befinden sich 3 Objekte, die nur binokular erkannt werden können. Lang Test 2 enthält ein weiteres Objekt, das auch ohne Binokular-	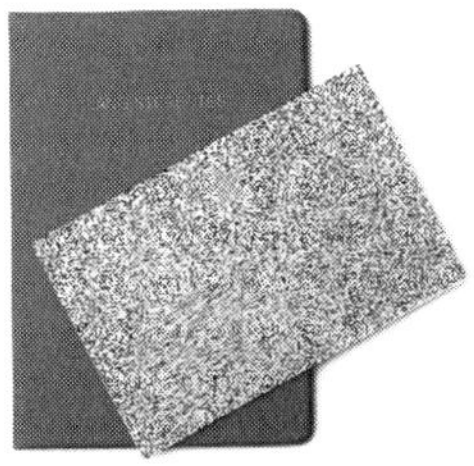

	sehen erkannt werden kann (zur Vermeidung von Frustration und Differenzierung der Kooperationsfähigkeit). Der Lang Test 1 zeigt stabilere Ergebnisse, da auf dem Lang Test 2 die Objekte evtl. auch monokular wahrgenommen werden können. Die Objekte weisen einen unterschiedlichen Schwierigkeitsgrad auf. Eine Brille wird nicht benötigt. Dieser Test eignet sich sogar schon im Babyalter durch Beobachtung der Augenbewegungen des Kindes. Der Untersucher sollte geschult sein, da ein zufälliges Hinsehen ohne Objekterkennung einen unauffälligen Lang Test im präverbalen Alter vortäuschen könnte.	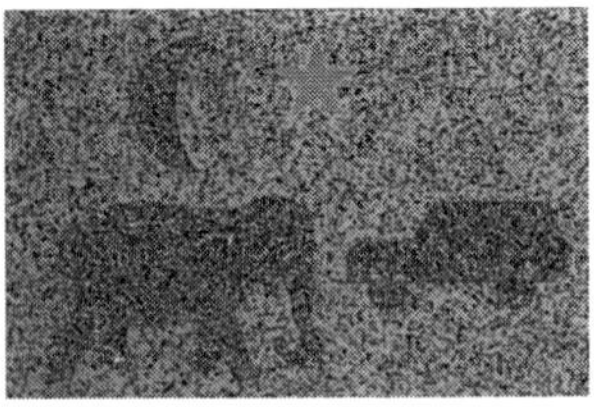 **Lang II Test** Abbildung mit freundlicher Genehmigung von Dr. Thomas Lang (LANG-STEREO-TEST AG)
Augenstellung		
Hornhautreflexbildchen Hirschberg Test Fricke, J., Neugebauer, A. & Rüssmann, W. (2012b). Untersuchung der Motorik. In H. Kaufmann & H. Steffen (Hrsg.), *Strabismus* (S. 354–402). Stuttgart: Thieme. Schulz, E. (2009). Entwicklung visueller Funktionen und Amblyopie. In R. Korinthenberg, C.P. Panteliadis & C. Hagel (Hrsg.). *Neuropädiatrie: Evidenzbasierte Therapie.* München: Elsevier Ab dem Babyalter	Der Untersucher beleuchtet beide Augen mit einer Stablampe bei Nahfixation und beurteilt die Hornhautreflexbildchen. Durch die Beurteilung der Symmetrie und Lage der Hornhautreflexe wird beurteilt, ob ein Schielen vorliegt. Dieses Verfahren dient als Screeningverfahren bei sehr kleinen Kindern, insbesondere wenn eine Mitarbeit beim Covertest noch nicht möglich ist. Ab dem 3 Lebensmonat sollte kein Schielen mehr vorhanden sein.	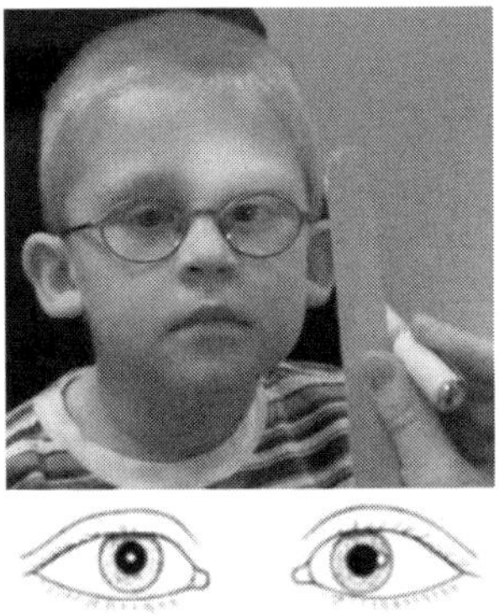 Abbildung mit freundlicher Genehmigung vom Springer Verlag. Rüssmann, W. (2003). Basisuntersuchungen der Strabismologie. *Ophthalmologe, 100,* 416–432.

Covertest (Abdeck- und Aufdecktest) Fricke, J., Neugebauer, A. & Rüssmann, W. (2012b). Untersuchung der Motorik. In H. Kaufmann & H. Steffen (Hrsg.), *Strabismus* (S. 354–402). Stuttgart: Thieme. Schulz, E. (2009). Entwicklung visueller Funktionen und Amblyopie. In R. Korinthenberg, C. P. Panteliadis & C. Hagel (Hrsg.). *Neuropädiatrie: Evidenzbasierte Therapie.* München: Elsevier Ab dem Babyalter	Der Covertest ist der wichtigste Test zum Ausschluss manifester und latenter Stellungsfehler (Schielen, Strabismus). Während dieses Verfahrens fixiert das Kind z. B. ein Objekt oder Fixierlämpchen, während ein Auge abgedeckt wird. Der Untersucher beobachtet hierbei die Einstellbewegungen der Augen. Wird bei einem manifesten Schielen z. B. das führende, nicht schielende Auge abgedeckt, muss das schielende Auge eine Einstellbewegung machen, um die Fixation aufzunehmen. Beim Covertest wird die Richtung und die Größe der Einstellbewegung beurteilt. Die Größe der Einstellbewegung (Schielwinkel) kann dann mit Hilfe von Prismengläsern genau ausgemessen werden. Auch latentes oder intermittierendes Schielen kann mit diesem Test nachgewiesen werden.	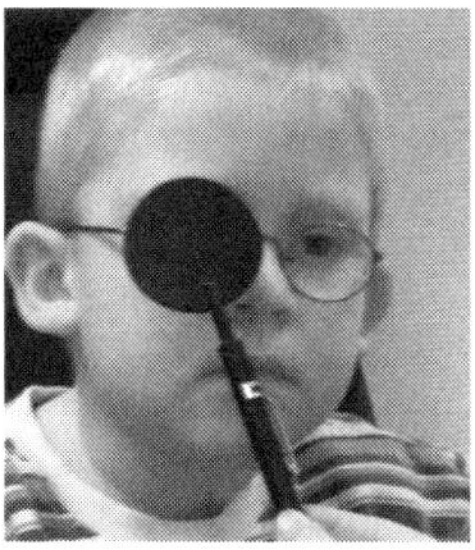 Abbildung mit freundlicher Genehmigung vom Springer Verlag. Rüssmann, W. (2003). Basisuntersuchungen der Strabismologie. *Ophthalmologe, 100,* 416–432.
Motilität		
Motilitätsprüfung (Augenbeweglichkeit & Augenmuskelfunktionsprüfung) Kommerell, G. (1995). Störungen der Augen-, Lid- und Pupillenmotorik. In de Decker, W., Friedburg, D., Haase, W., Herzau, V., Kommerell, G., Rassow, B. & Rüssmann, W. (Hrsg.). *Strabismus* (S. 502–533). Stuttgart: Enke. Ab dem Babyalter	Diese Untersuchung dient dem Erkennen und Vermessen von Bewegungsfehlern, wie z. B. Störungen des Bewegungsablaufs, Einschränkungen des Blickfeldes, Folgebewegungen, Sakkaden, Exkursionsvermögen, Über/Unterfunktionen von Augenmuskeln sowie Augenmuskelparesen. Der Patient führt binokular Folgebewegungen auf ein Fixierlicht in der Nähe in 8 verschiedene	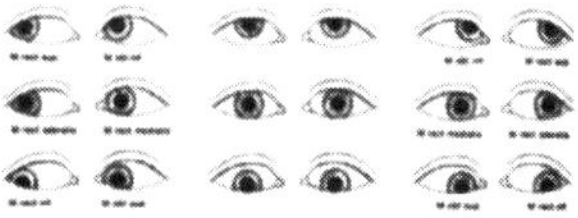 Zusammenspiel der äußeren Augenmuskeln in den acht diagnostischen Blickrichtungen. Abbildung mit freundlicher Genehmigung vom Thieme Verlag (de Decker, W., Friedburg, D., Haase, W., Herzau, V., Kommerell, G., Rassow, B. & Rüssmann, W. (Hrsg.). (1995). Strabismus. Stuttgart: Enke. Kapitel 3.1.3.2, Seite 420, Abb. 3.1.12.

	Hauptsehrichtungen (diagnostische Blickrichtungen) aus, ohne den Kopf dabei mitzubewegen. Beurteilt wird, ob die Folgebewegungen glatt oder ruckartig verlaufen, ob ein Nystagmus auftritt, Geschwindigkeit und Zielgenauigkeit der Bewegungen	
Konvergenz		
Konvergenzprüfung Kommerell, G. & Lagreze, W. A. (2012). Normales Binokularsehen, Neurophysiologie der Augenbewegungen. In H. Kaufmann & H. Steffen (Hrsg.), *Strabismus* (S. 73–91). Stuttgart: Thieme. Ab dem Babyalter	Die Konvergenz kann schnell und leicht mit Hilfe von kleinen Objekten/Fixierstäbchen überprüft werden. Die Fähigkeit, disjugierte Drehbewegungen (von **A** nach **B**) beider Augen nach innen (**B**) durchzuführen, wird hier getestet durch Heranführen eines Fixierstäbchens und ist erforderlich, um die Sehachse beider Augen auf nahegelegene Objekte auszurichten, so dass sich die Sehachsen beider Augen im Fixierpunkt schneiden.	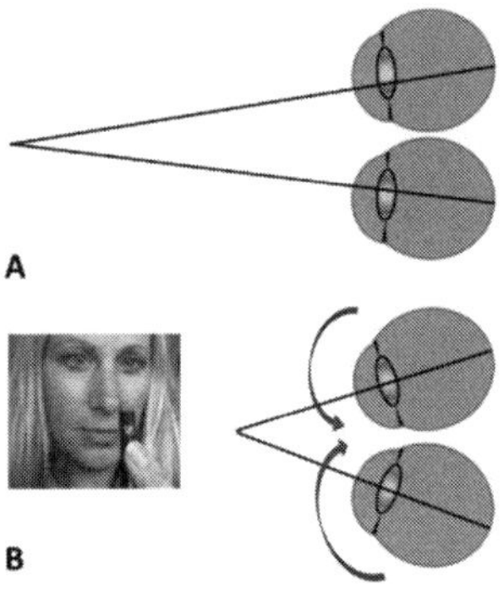 **Konvergenz**
Farbensehen		
Matsubara Farbtafeln Birch, J. & Platts, C. E. (1993). Color vision screening in children: an evaluation of three pseudoisochromatic tests. *Ophthalmic and Physiological Optics, 13,* 344–249. Ab dem Kleinkindalter	Enthält 10 normierte Bilder zur Messung von Rot-Grün-schwächen (z. B. Elefant, Hund, Schmetterling), sowie Matching-Tafeln, so dass der Test auch non-verbal durchgeführt werden kann.	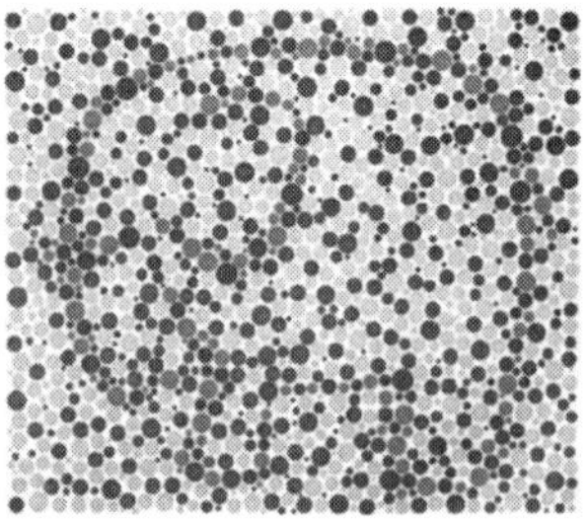 Mit freundlicher Genehmigung der VISUS GmbH, Stuttgart

Ishihara Farbtafeln Shinobu Ishihara (1917). *Tests for Colour Blindness.* Tokyo: Handaya Hongo Harukich. Ab dem Kleinkindalter	Im Kleinkindalter ist eine Testung bereits durch Nachfahren der Schlangenlinien oder der Zahlen möglich.	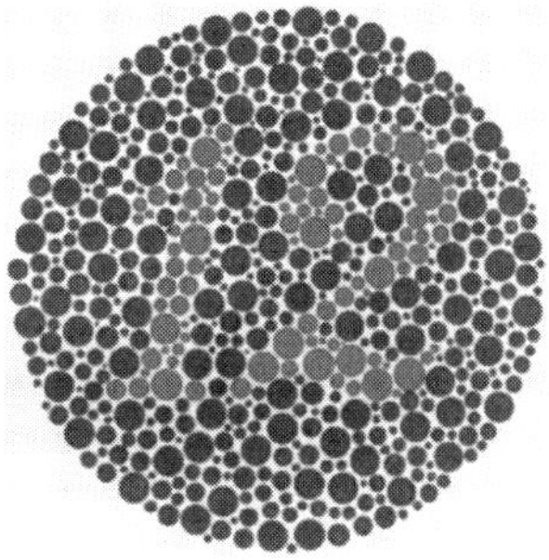 Mit freundlicher Genehmigung der VISUS GmbH, Stuttgart 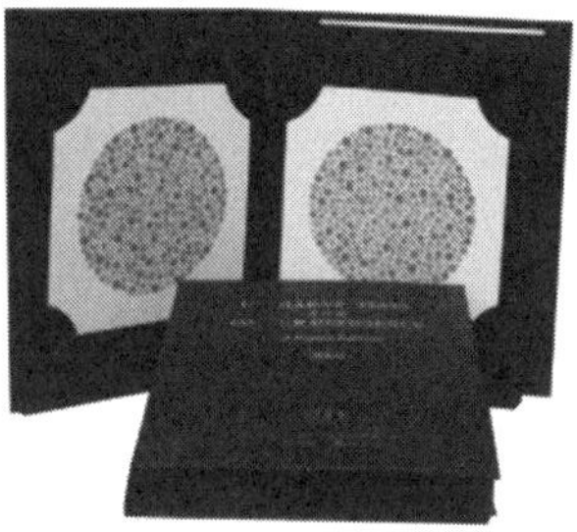 Mit freundlicher Genehmigung der Oculus Optikgeräte GmbH

2.2.6 Visuelle und räumliche Funktionen

Renate Drechsler

2.2.6.1 Einteilung von Funktions- und Störungsbereichen und Einführung der Begriffe

Bei der Einteilung von visueller und visuo-räumlicher Funktionen lässt sich grob unterschieden zwischen Funktionen des Auges und der Augenmotilität, elementaren zentralen visuellen Wahrnehmungsleistungen, visuellen kognitiven Leistungen sowie Leistungen, die die räumliche Verarbeitung und das Handeln im Raum betreffen (Tabelle 2.18). Diese Unterscheidung ist vor allem an Einteilungen von Störungsursachen der Neuropsychologie des Erwachsenenalters und diagnostischen Verfahren für Erwachsene orientiert. Bei der Entwicklung von Funktionen spielen jedoch die verschiedenen Bereiche stark ineinander. Sind Funktionen des Auges oder der Augenmotilität beeinträchtigt, wird dies auch Folgen für die Entwicklung zentraler Seh- und Wahrnehmungsleistungen haben. Zum Beispiel setzt binokulares Sehen eine intakte Okulomotorik und intakte Funktionen des Auges voraus. Die Fusion der Bilder und die Verarbeitung der Stimuli, so dass räumliche Tiefenwahrnehmung entsteht und in der Folge Handlungen im dreidimensionalen Raum umgesetzt werden können, sind aber komplexe zentrale Wahrnehmungsvorgänge, an denen verschiedene Hirnareale, Verschaltungen und Feedbackprozesse beteiligt sind, und die sich erst im Lauf der ersten Lebensmonate entwickeln. Visuelle Wahrnehmung wird im Laufe der Entwicklung „gelernt". Dabei gibt es sensible Phasen, die nicht nachgeholt werden können. Spätestens ab dem Schulalter ist diese Phase in den wesentlichen Bestandteilen abgeschlossen.

Zerebrale Sehstörungen (CVI cerebral visual impairment) werden zwar normalerweise als Störungen definiert, deren Ursprung von der Lokalisation her postchiasmatisch, also hinter dem Überkreuzen der Sehnerven (vgl. Abbildung 2.16) im Kortex anzusiedeln sind – im Gegensatz zu peripheren Störungen des Auges und der Augenmotilität. Frühe periphere Beeinträchtigungen des Sehens können aber langfristig zentrale Verarbeitungsstörungen der Sehfunktionen bewirken, die irreversibel sind. Das betrifft auch kognitive visuelle Verarbeitungsleistungen, wie das bewusste Erkennen und Verarbeiten von visuellen Eindrücken, also das Verarbeiten von Gegenständen, Gesichtern oder räumlichen Anordnungen, bei denen Lernen und der Abgleich mit Erfahrung eine Rolle spielen, damit sich eine visuelle Expertise ausbilden kann. Ist das Sehen gestört, wird vermutlich auch die Entwicklung kognitiver visueller und räumlicher Wahrnehmungsleistungen beeinträchtigt. Intakte Augenfunktionen, Augenmotilität und das Zusammenspiel von peripheren und zentralen Verarbeitungen haben daher bei Kindern eine andere Bedeutung als bei Erwachsenen. Daher wird auf die frühe Diagnostik von elementaren Sehleistungen/Okulomotorik zur ophthalmologischen Prävention und die damit in Zusammenhang stehenden Begriffe ausführlich in einem gesonderten Kapitel eingegangen (Kapitel 2.2.5).

Die hier in Tabelle 2.18 diagnostisch relevanten Untersuchungsbereiche visueller und visuo-räumlicher Verarbeitung orientieren sich an der neuropsychologischen Literatur des

Erwachsenenalters (z. B. Groh-Bordin & Kerkhoff, 2009; Zihl, 2009). Auf Besonderheiten der Einteilung, Entwicklung und der Diagnostik von Funktionen bei Kindern wird in den nachfolgenden Abschnitten eingegangen.

Tabelle 2.18: Visuelle und visuo-räumliche Funktionen

Funktionsbereiche	Funktionen
Augenfunktionen/Okulomotorik und basale visuelle Leistungen	– Sehschärfe (Visus) – Refraktion – Akkommodation – Augenbeweglichkeit (Augenstellung, Motilität, Konvergenz) – Fixation – Kontrastsehen – Stereosehen (Binokulares Sehen) – Sakkaden – Folgebewegungen – Gesichtsfeld – Visuelle Exploration – Bewegungswahrnehmung
Kognitive visuelle Leistungen	– Farbwahrnehmung – Formwahrnehmung – Objektwahrnehmung – Gesichterverarbeitung
Räumliche Leistungen/ Raumoperationen	– Räumlich-perzeptive Leistungen – Räumlich-kognitive Leistungen – Räumlich-konstruktive Leistungen – Räumlich-topographische Leistungen

Neben der Untersuchung der Verarbeitung von Farben und Bewegung gehört die Untersuchung des Gesichtsfeldes und der visuellen Exploration zur Diagnostik elementarer Sehleistungen. Das Gesichtsfeld ist der Bereich des simultanen Sehens, bei dem die Augen ruhig geradeaus nach vorne blicken (vgl. Zihl, 2009). Er umfasst zwei monokuläre Gesichtsfelder von leicht elliptischer Form, die in der Mitte überlappen (Abbildung 2.16). Diese Überschneidung ist der Bereich des binokularen Sehens, in dem Tiefenwahrnehmung möglich ist (Stereopsis). Visuelle Exploration lässt sich beschreiben als Abtast- oder Suchbewegung der Augen beim Erfassen der Außenwelt. Neben dem Gesichtsfeld spielt dabei auch das Aufmerksamkeitsfeld eine Rolle, d. h. der Bereich, auf den die Aufmerksamkeit bei der visuellen Suche gelenkt wird (vgl. Zihl, 2009).

Bei der Verarbeitung visueller Informationen wird unterschieden zwischen perzeptiven und kognitiven visuellen Seh- und Wahrnehmungsleistungen (Zihl, 2009). Zu den eher visuo-perzeptiven Leistungen lassen sich Gesichtsfeld, Sehschärfe, Kontrastsehen, visuelle Adaptation an die Umgebungshelligkeit, Farbsehen, Raumsehen (Tiefensehen) zählen (vgl. Zihl et al., 2012). Zu den eher kognitiven visuellen Leistungen gehören die Verarbeitung von

Formen, Objekten und Gesichtern. Als „kognitiv" sind diese Leistungen deshalb einzuordnen, da ein visuelles Erkennen von Formen und Gegenständen immer ein vorheriges Lernen und Kategorisieren des Gegenstandes und somit den Rückgriff auf semantisches Wissen voraussetzt. Zu den räumlich-perzeptiven Leistungen (nach Groh-Bordin & Kerkhoff, 2009) zählen die Fähigkeiten, einfache räumliche Relationen und Merkmale einschätzen zu können, wie die Hauptachsen (visuelle Vertikale und Horizontale), Längen, Distanzen, und die Orientierung (Neigungswinkel) von Linien und Objekten, Formen/Umrissen (nicht kategorial) wahrnehmen zu können, Linien halbieren und die Position von Objekten innerhalb eines Referenzsystems angeben zu können. Zu den räumlich-kognitiven Funktionen, die durch eine Hirnverletzung gestört werden können, zählen Raumoperationen wie die mentale Rotation (also die vorgestellte Drehung von zwei- oder dreidimensionalen Objekten) oder die Fähigkeit, sich eine Anordnung im veränderten Maßstab vorstellen zu können, ohne dass die Relationen dabei verlorengehen (Groh-Bordin und Kerkhoff, 2009). Räumlich-konstruktive Leistungen beinhalten die Fähigkeit, eine Handlung auszuführen, bei der aus Teilen ein Ganzes zusammengesetzt wird. Dies kann sich auf das Abzeichnen einer komplexen Figur, das Nachlegen von Mustern oder das Zusammensetzen eines Objekts oder Geräts aus Einzelteilen beziehen. Weiterhin können räumlich-topographische Leistungen beeinträchtigt sein. Dabei geht es um die Fähigkeit, sich im Raum orientieren zu können, z. B. einen Weg zu finden, auch wenn das Ziel nicht von vorneherein sichtbar ist („Navigation", vgl. Mallot, 2012). Zusätzlich spielen gerade bei Kindern noch weitere Funktionen bei Störungen der visuell-räumlichen Verarbeitung eine Rolle, wie Visuomotorik, Aufmerksamkeit und exekutive Funktionen (z. B. Selbstregulation und die Anwendung von Strategien), die in anderen Kapiteln behandelt werden.

2.2.6.2 Neuroanatomische Grundlagen und Störungen visueller und visuo-räumlicher Funktionen

2.2.6.2.1 Das Auge

Das Auge setzt sich zusammen aus dem Glaskörper, der Linse, der Iris (Regenbogenhaut) einer vorderen und hinteren mit Kammerwasser gefüllten Augenkammer, überzogen von einer durchsichtigen Hornhaut (Kornea) (Abbildung 2.15). Die Kontraktion des Ziliarmuskels erhöht die Krümmung der Linse und ermöglicht die Nahakkommodation. Der hintere Teil des Augapfels ist mit der Retina (Netzhaut) bedeckt. Die Makula (gelbe Fleck) ist ein Bereich des scharfen Sehens im hinteren Bereich der Retina. In ihrem Zentrum befindet sich die Fovea (Sehgrube), bei Tageslicht der Bereich des scharfen Sehens. Ein Gegenstand, der betrachtet wird, erscheint nach dem Brechen durch Linse und Glaskörper verkleinert und auf dem Kopf stehend auf der Retina abgebildet. Der Sehwinkel (α) wird definiert durch die Größe des Gegenstandes, den man betrachtet, und durch dessen Abstand zum Auge. Etwas vereinfacht könnte man das folgendermaßen beschreiben: Führt man jeweils eine Gerade vom obersten und untersten Punkt des Gegenstands G durch die Linse hindurch bis zur Retina, dann kreuzen sich die Geraden am Knotenpunkt K. Ein Gegenstand G, der 18 mm groß ist und einen Meter entfernt vom Auge ist (das entspricht einem Sehwinkel von $\alpha = 10°$), hat einen Knotenpunkt, der sich 7,4 mm hinter der Kornea befindet und wird 3 mm groß (B) auf der Retina abgebildet (Abbildung 2.15). Führt man den Gegenstand näher an das Auge heran, vergrößert sich der Sehwinkel.

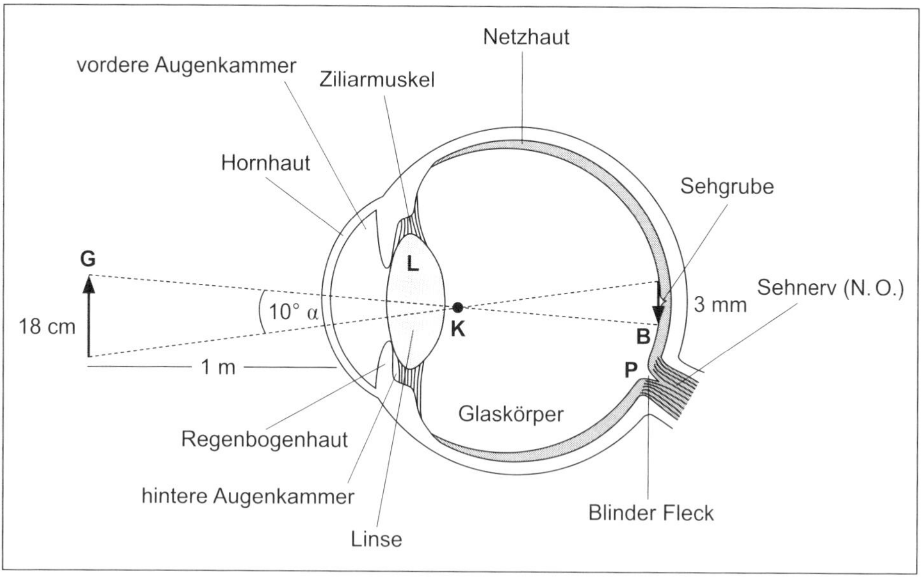

Abbildung 2.15: Schnitt durch das menschliche Auge. Die Schnittebene verläuft horizontal durch Papille (P) und den austretenden Nervus opticus (N. O.). G: Gegenstand, B: Bild, L: Linse, K: Knotenpunkt. Zur Erläuterung siehe Text.

Die Retina besteht unter anderem aus photosensiblen Nervenzellen, Zapfen und Stäbchen. Mit den Stäbchen, die über die gesamte Netzhaut verteilt sind, werden Kontrastunterschiede, aber keine Farben wahrgenommen. Mit den Stäbchen erfolgt die visuelle Wahrnehmung nachts. Mit den Zapfen ist bei Tageslicht scharfes Sehen möglich und das Sehen von Farbe. Der Bereich des scharfen Sehens, der Fovea, besteht nur aus Zapfen. Die Axone der Retina verlassen durch die Papille (Sehnervenkopf) das Auge und schließen sich dann zum Sehnerv zusammen. Die Papille besitzt keine Photorezeptoren und bildet einen blinden Fleck (physiologisches Skotom) im Gesichtsfeld. Dieser wird aber kompensiert, da an unterschiedlichen Orten der Gesichtsfelder des linken und rechten Auges, und normalerweise nicht wahrgenommen. Die Sehbahnen bestehen aus unterschiedlichen Zelltypen. Das magnozelluläre System (M-Zellen) umfasst die kontrastempfindlichen, auf Bewegungswahrnehmung spezialisierten Teile der Sehbahn. Das parvozelluläre System (P-Zellen) ist zuständig für Farbwahrnehmung und scharfes Sehen von Details.

Störungen, die bei der Entwicklung von Augenfunktionen im Zusammenspiel mit elementaren Sehleistungen entstehen und ihre Diagnostik werden im Kapitel 2.2.5 behandelt. Zu den peripher bedingten Sehstörungen gehört außerdem die *Farbenfehlsichtigkeit* (oder *Farbsinnstörung*). Am häufigsten sind Störungen im Bereich des Rot-Grün-Spektrums, die auf Zapfenanomalien basieren. Der Ausfall des Farbensehens im Rot- (Protanopie) oder

Grünspektrum (Deuteranopie) oder eine Schwäche bei der Verarbeitung von Rot oder Grün (Protanomalien, Deuteranomalien), findet sich bei etwa 10 % der Bevölkerung. Jungen sind aufgrund der rezessiven Vererbung des Merkmals auf dem X-Chromosom 10-mal häufiger betroffen als Mädchen.

2.2.6.2.2 Blickbewegungen

Zielgerichtete Augenbewegungen lassen sich im Wesentlichen unterteilen in *Sakkaden* und langsame *Augenfolgebewegungen*. Sakkaden sind schnelle Verschiebungen der Fixation (d. h. des fovealen Bereichs des scharfen Sehens) auf ein anderes Fixationsziel. Sakkaden sind sehr schnell (10–80 ms) und meist kurz. Sie passen sich an das Wahrnehmungsobjekt an und können kognitiv kontrolliert werden. Während des Sakkadensprungs wird die Wahrnehmung kurz unterdrückt (sakkadische Suppression), damit die Umgebung weiterhin als stabil wahrgenommen wird. Bei langsamen *Augenfolgebewegungen* bleibt der Blick auf ein sich bewegendes Objekt fixiert und passt sich dessen Bewegungsgeschwindigkeit an (vgl. Ilg & Thier, 2012). Die Aktivität der Motoneurone, die für die Sakkaden und Blickbewegung zuständig sind, wird über blickmotorische Zentren im Hirnstamm kontrolliert. Langsame Folgebewegungen werden über den parietotemporalen Assoziationskortex (Areae MT, MST), Kerne im Hirnstamm und über Vestibulariskerne im Kleinhirn kontrolliert (vgl. Eysel, 2011).

Augenbewegungen spielen eine wichtige Rolle beim Lesen. Die Sakkadenlänge erscheint dabei überwiegend textgesteuert. Kinder, die gerade Lesen lernen, fokussieren eher auf einzelne Wörter, bei geübten Lesern und mit fortschreitendem Alter der Kinder nimmt die Sakkadenlänge zu. Kinder mit Dyslexie führen eine höhere Anzahl von Sakkaden aus als nicht-Betroffene, fixieren kürzer und springen öfters mit dem Blick zurück. Inwieweit diese Auffälligkeiten der Blicksteuerung ursächlich sind für Leseprobleme oder ob sie eher sekundär auftreten zu Problemen des Lesesinnverständnisses und der Aufmerksamkeit, muss noch weiter erforscht werden (vgl. Radach, Günther & Huestegge, 2012).

2.2.6.2.3 Gesichtsfeld

Für beide Augen gilt, dass alle Inhalte, die sich in der rechten Hälfte des Gesichtsfeldes befinden, auf der linken Hälfte der Retina abgebildet werden. Diese räumliche Organisation, die dem Abbild auf der Retina entspricht (Retinotopie), bleibt auch erhalten, wenn sich die Axone beider Seiten zum Sehnerv (Fasciculus opticus) zusammenfügen. Auf Ebene des Chiasma opticum trennen sich die beiden Anteile wieder auf und die Nervenfasern, die das linke Gesichtsfeld abbilden, kreuzen gemeinsam zur rechten Seite, die Nervenfasern, die das rechte Gesichtsfeld abbilden, kreuzen zur linken Seite als Tractus opticus (Sehbahn). Das Corpus geniculatum laterale (lateraler Kniehöcker) ist eine thalamische Schaltstation, von wo aus die Fasern weiter aufgeteilt werden. Sie verlaufen in unterschiedlichen Projektionen entlang der Seitenventrikel zur Sehrinde im Okzipitallappen. Bis in die primären Sehrinde (Area calcarina) bleibt die retinotope Organisation der Nerven erhalten, d. h. Axone, die auch auf der Retina räumlich dicht beieinander lagen, projizieren auch in benachbarte Orte auf der Sehrinde.

Ausfälle oder Einschränkungen des Gesichtsfeldes können durch Läsionen auf unterschiedlichen Ebenen der Sehbahnen oder auf Ebene der Sehrinde entstehen. Liegt die Läsion vor dem Chiasma opticum, führt dies zum Ausfall des linken oder des rechten Auges (a). Läsionen, die auf der Höhe des Chiasma opticum liegen, können, je nachdem welcher Anteil betroffen ist, zu einem Ausfall der äußeren Anteile des Gesichtsfelds ((b) heteronyme temporale Hemianopsie), selten zu einem Ausfall beider inneren Anteile des Gesichtsfeldes ((c) heteronyme binasale Hemianopsie) beider Augen kommen. Komplette heteronyme Heminanopsien sind allerdings selten. Ist hinter dem Chiasma opticum die Sehbahn einseitig schwer geschädigt, folgt daraus eine homonyme Hemianopsie (d) mit Ausfall des linken oder des rechten Gesichtsfeldes beider Augen. Schädigungen auf Ebene der Sehstrahlung führen aufgrund der Auffächerung der Fasern meist zu unvollständigen Hemianopsien (e), zu Quadrantenanopsien (f, g) oder zu teilweisen Ausfällen. Läsionen auf Ebene der Sehrinde

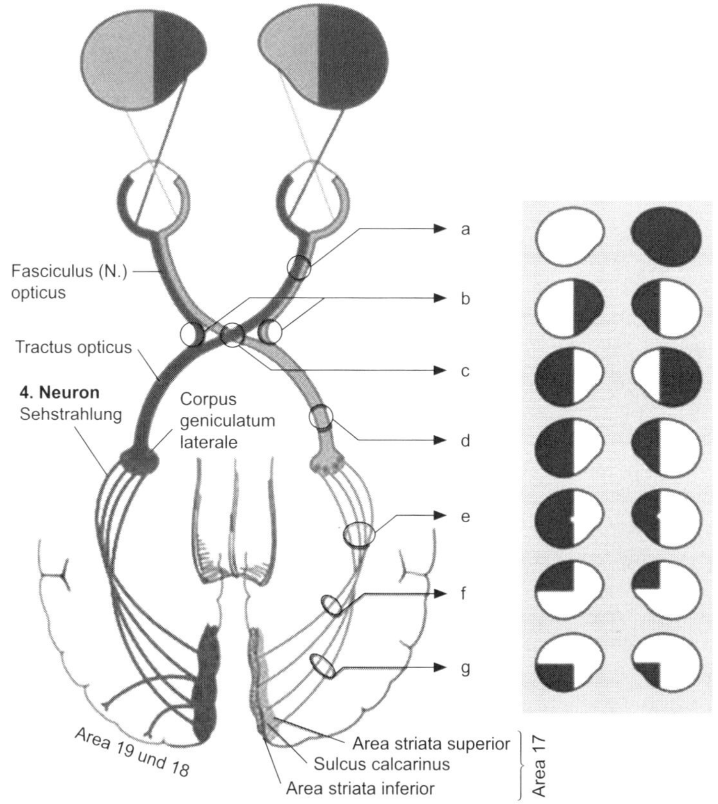

Abbildung 2.16: Lokalisation möglicher Gesichtsfeldausfälle. Schematischer Querschnitt durch Auge, Sehnerv, Sehbahn und Sehrinde (nach Bähr & Frotscher 2014, modifiziert). Zur Erläuterung siehe Text.

selbst können zu Hemianopsien, Quadrantenanopsien, zu Skotomen (Gesichtsfeld-Defekte) oder bei Ausfall der Sehrinden beider Hemisphären zu kortikaler Blindheit führen. Je nach Lokalisation können auch kleine Skotome massive Auswirkungen haben: Ist der Bereich der Fovea betroffen, ist das scharfe Sehen beeinträchtigt und Lesen eventuell nicht mehr möglich.

Gesichtsfelddefekte gehören zu den häufigsten Störungen in Zusammenhang mit zerebralen Sehstörungen bei Kindern. Bosch und Kollegen (2014) finden in einer Stichprobe von über 300 Kindern mit Sehproblemen unterschiedlichster Ätiologien in 60 % aller Fälle Gesichtsfeldeinschränkungen.

2.2.6.2.4 Visuelle Exploration

Komplexe visuelle Suchprozesse, wie sie etwa in Scanning-Aufgaben untersucht werden, aktivieren ein Netzwerk aus okzipitalen, parietalen und frontalen Hirnregionen. Dieses Netzwerk unterliegt bei Kindern deutlichen Reifeprozessen, wobei die rechte obere Parietalregion für effiziente visuelle Suche besonders relevant ist (Lidzba, Ebner, Hauser & Wilke, 2013). Generell scheinen explorative Augenbewegungen bei jüngeren Kindern kleiner, stärker ausgeprägt im rechten als im linken Gesichtsfeld und insgesamt weniger zahlreich als bei älteren Kindern (Egami et al., 2009).

Eine typische Störung der visuellen Exploration, mit einer Einengung des Aufmerksamkeitsfelds, ist der visuelle *Neglect*. Dabei wird die Aufmerksamkeit nicht auf die vernachlässigte Raumhälfte (meist die linke, kontralateral zur Läsion) gerichtet, obwohl die visuelle Wahrnehmung in diesem Gesichtsfeld völlig intakt sein kann. Eine gleichzeitige Hemianopsie kommt allerdings häufig vor. Da bei Neglect nicht direkt die visuelle Verarbeitung betroffen ist, ordnet man diese Störung auch nicht den visuell-räumlichen Störungen zu. Neglect tritt in den meisten Fällen nach rechtshemisphärisch lokalisierter Schädigung auf, wobei unterschiedliche Lokalisationen möglich sind (vor allem oberer und mittlerer temporaler Kortex, rechte Inselregion, unterer parietaler Lobulus, ventrolateraler präfrontaler Kortex; vgl. Karnath, 2012). Neglect-Phänomene kommen nicht nur bei Erwachsenen, sondern auch bei Kindern, z. B. nach Schädelhirntrauma, vor (Laurent-Vannier, Chevignard, Pradat-Diehl, Abada & De Agostini, 2006) oder auch nach rechtsseitigem perinatalem Insult (Thareja, Ballantyne & Trauner, 2012). Allerdings scheinen bei letzterem die Ausfälle im Verlauf abzunehmen, sind vom Erscheinungsbild her weniger eindeutig als bei Erwachsenen und zum Teil nur bei simultaner Stimulation beider Gesichtsfelder vorhanden (Yousefian, Ballantyne, Doo & Trauner, 2015). Räumliche Ausrichtung der Aufmerksamkeit ist allerdings auch bei Gesunden leicht asymmetrisch, und abhängig von Stress und kognitiver Anforderung (Takio, Koivisto, Hämäläinen, 2014).

Eine beeinträchtigte visuelle Exploration, die ebenfalls als eine Beeinträchtigung visueller Aufmerksamkeitsausrichtung interpretiert werden kann (vgl. Barton, 2014), wird bei Erwachsenen auch beim Balintsyndrom beschrieben (vgl. Chechlacz & Humphreys, 2014). Die betroffenen Patienten sind nicht in der Lage, zwei visuelle Elemente gleichzeitig zu verarbeiten (Simultanagnosie). Außerdem zeigen Patienten mit Balintsyndrom eine Unfähigkeit, Bewegungen visuell zu steuern und greifen am Ziel vorbei („optische Ataxie“ vgl. Perenin und Himmelbach, 2012). Auch bei Kindern sind vergleichbare Störungen beschrieben worden (Gillen & Dutton, 2003), insbesondere als Folge von Frühgeburt (Dutton, 2013).

2.2.6.2.5 Routen der visuo-räumlichen Verarbeitung

Die wichtige Gegenüberstellung von kognitiv-visuellen Leistungen und räumlichen Leistungen entspricht der neuroanatomischen Trennung eines dorsalen und eines ventralen Strangs der visuo-räumlichen Verarbeitung (Abbildung 2.17; vgl. Milner & Goodale, 2008; Ungerleider & Haxby, 1994). Nach diesem klassischen Modell erfolgt die kortikale Weiterverarbeitung der visuellen Reize nach der Vorverarbeitung im primären visuellen Kortex (V1, Area 17, im Okzipitalkortex) auf zwei unterschiedlichen Routen: Entlang einer dorsalen Route, die von okzipital zum Parietallappen führt, und einer ventralen Route, von okzipital zum Temporallappen. Entlang der dorsalen Route (der sogenannte „Wo?“-Pfad) befinden sich Areale, die zuständig sind für räumliche Verarbeitung, entlang der ventralen Route ist die Verarbeitung von Objekten und Gesichtern lokalisiert. Die ventrale Route ist der sogenannte „Was?“-Pfad, zuständig für die Verarbeitung visueller Informationen, die semantisches Wissen, Gedächtnis und Wiedererkennen erfordern. Über die ventrale Route werden demnach Farbe, Formen (Kategorien wie Kreuz, Kreis), Objekte, Gesichter und gelernte räumliche Anordnungen (Erinnerung an Orte, Wege, Landkarten etc.) verarbeitet. Von okzipital bis temporal nimmt die Spezialisierung der Verarbeitung stetig zu. Über die dorsale Route erfolgt die Verarbeitung von räumlichen Informationen (wie Distanz, Länge, Raumachse, Position innerhalb eines Koordinatensystems, Orientierung, 3-D Informationen, Tiefe) und Bewegung. Die dorsale Route erhält Informationen vor allem aus magnozellulärem Input (peripheres Gesichtsfeld), die ventrale aus parvozellulärem Input (foveales Sehen). Es gibt Modelle, die diese Pfade noch weiterführen bis zu ihren jeweiligen frontalen Verbindungen, wo sie mit Arbeitsgedächtnisfunktionen assoziiert sind: dorsolateral frontal mit räumlichen und ventrolateral frontal mit Objekt-bezogenen Arbeitsgedächtnisleistungen (vgl. Groh-Bordin & Kerkhoff, 2009). Nach Eysel (2011) dient eine präfrontale Fortführung der dorsalen Route vor allem zur Steuerung visuell kontrollierter Bewegung („Wohin?“) beim Greifen oder bei der Ausrichtung des Blicks.

Schon bei frühen Formulierungen des Modells wurde aber auch von einigen Autoren angenommen, dass über die dorsale Route nicht eigentlich eine perzeptive Verarbeitung von Raummerkmalen stattfindet, sondern die Steuerung von Handeln im Raum und dass dieses visuell gesteuerte Handeln nicht bewusst wahrnehmbar ist (Milner & Goodale, 2008). In diesem Sinne wäre die dorsale Route eher ein „Wie“-Pfad als ein „Wo“-Pfad (Kravitz, Saleem, Baker & Mishkin, 2011). Die Verarbeitung von kleinen Mustern, die Informationen über räumliche Anordnungen enthalten (z. B. bei einem gezeichneten Winkel), wäre in diesem Konzept der ventralen Route zugeordnet. Hier sind aber die Modelle nicht ganz einheitlich und z. B. Groh-Bordin und Kerkhoff (2009) ordnen die Verarbeitung perzeptiv-räumlicher Merkmale (Distanzschätzung, Orientierung, Winkelschätzung, Raumachsen) explizit der dorsalen Route zu.

Parietal lokalisiert sind auch die Repräsentationen des Körperschemas – d. h. die Stellung des Körpers im Raum und die Positionen der Gliedmaßen zueinander.

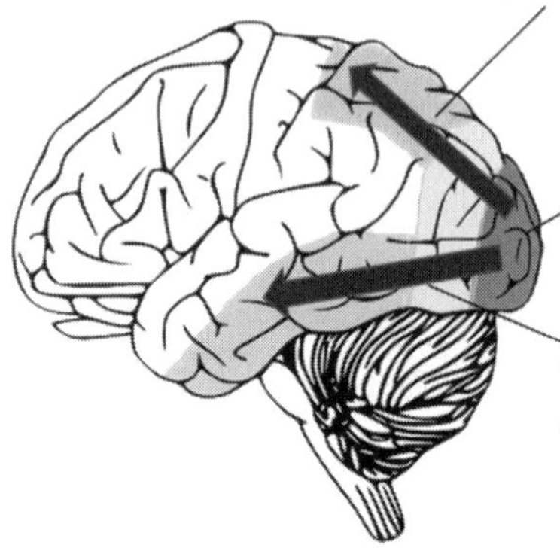

Abbildung 2.17: Routen der visuellen und räumlichen Verarbeitung

Die Vorstellung einer sequentiellen Hierarchie von der visuellen zur kognitiven Verarbeitung von Sinneseindrücken, die das Modell scheinbar suggeriert, greift außerdem zu kurz. Visuelle Verarbeitung ist ein Prozess mit verschiedenen Feedforward- und -backward-Schleifen, bei denen die visuelle und räumliche kortikale Verarbeitung durch rasche Vorverarbeitung über subkortikale und kortikale Routen beeinflusst wird. Dazu gehören z. B. die Auswahl von Elementen im visuellen Aufmerksamkeitsfokus im Vergleich zum Hintergrund (vermutlich über das Pulvinar) und die Neuausrichtung des Blicks auf andere Elemente (über den Superioren Colliculus; vgl. Ilg & Thier, 2012). Ebenso erfolgen dorsale und ventrale Verarbeitung parallel und beeinflussen sich gegenseitig. Informationen über räumliche Eigenschaften und Bewegung einerseits und visuelle Muster und semantische Merkmale andererseits werden fortlaufend integriert. De Haan und Cowey (2011) fragen daher, ob es nicht sogar sinnvoller wäre, aufgrund der vielen Querverbindungen von einem „Patchwork“-Modell der visuellen Wahrnehmung auszugehen, anstatt von einem Zwei-Routen-Modell.

Diese vielfältigen Vernetzungen und Verschaltungen der verschiedenen Verarbeitungsebenen der visuellen und visuo-räumlichen Verarbeitung führen dazu, dass bei Kindern Auswirkungen von Störungen der visuellen Verarbeitung kaum je auf die jeweilige Verarbeitungsebene begrenzt sind. Es gibt zahlreiche Hinweise in der Literatur, dass etwa Amblyopie, eine Sehschwäche, die sich bei Kindern meist aufgrund einer Augenfehlstellung entwickelt, nicht nur Konsequenzen für die Sehschärfe oder das räumliche Sehen hat, sondern auch zentrale visuell-kognitive Mechanismen beeinträchtigen kann, wie die Verarbeitung von Bewegung, von Formen, Gesichtern (Überblick bei Hamm, Black, Dai & Thompson, 2014).

Von einigen Autoren wird die These vertreten, dass in zahlreichen Entwicklungsstörungen und genetischen Störungen eine Beeinträchtigung der dorsalen Route vorliegt (These der „Vulnerabilität“ der dorsalen Route; vgl. Grinter, Maybery & Badcock, 2010), etwa bei Dyslexie, Autismus, umschriebenen Entwicklungsstörungen motorischer Funktionen und verschiedenen genetischen Syndromen (Atkinson & Braddick, 2011). Es ist auch angemerkt worden, dass die dorsale Route der räumlichen Verarbeitung und des Handelns im Raum zum Teil mit Aufmerksamkeitsnetzwerken überlappt. Das parietale Orientierungsnetzwerk der Aufmerksamkeit (Posner & Rothbart, 2007) ist im Wesentlichen ein Netzwerk zur Ausrichtung der visuellen Aufmerksamkeit im Raum (vgl. Atkinson & Braddick, 2012) und zur Verschiebung der Aufmerksamkeit von einem Objekt auf ein anderes.

2.2.6.2.6 Lokale und globale Verarbeitung

Eine wichtige Unterscheidung bei der kognitiv-visuellen/kognitiv-räumlichen Verarbeitung betrifft die von lokalen und globalen Prozessen (Navon, 1977). Eine Fokussierung auf lokale Merkmalsverarbeitung lässt den Betrachter bei Abbildung 2.18 eine Anhäufung von kleinen „E“s wahrnehmen, bei Fokussierung auf globale Verarbeitung wird ein „H“ gesehen. Für beide Prozesse wurde bei gesunden Erwachsenen eine unterschiedliche Spezialisierung der Hemisphären gefunden, mit einer Dominanz der rechten Hemisphäre für globale Verarbeitungsprozesse und der linken für die Verarbeitung von lokalen Merkmalen von hierarchischen Objekten (z. B. Robertson & Lamb, 1991). Aktuelle Studien beim Abzeichnen komplexer Figuren mit gesunden Erwachsenen zeigen, dass bei lokaler Verarbeitung (beim Zeichnen komplexer Figuren, z. B. Rey-Figur) ein linkshemisphärisches Netzwerk aktiv ist, das zwischen parietalen (vor allem Gyrus angularis), okzipitalen Strukturen und der Insel verläuft, verbunden durch den inferioren fronto-okzipitalen Faserstrang. Rechtshemisphärisch ist ein Netzwerk aktiv, das vom mittleren zum inferioren temporalen Gyrus verläuft (Chechlacz, Mantini, Gillebert & Humphreys, 2015).

Jüngere Kinder zeigen eher eine Präferenz für lokale Verarbeitungsstrategien, während Erwachsene globale Prozesse bevorzugen. Der Wechsel von lokaler zu globaler Verarbeitung erfolgt etwa im Alter von 6 Jahren. Dieser Wechsel scheint mit einem Abbau grauer Substanz in der rechtshemisphärischen Calcarina-Rinde, im Gyrus lingualis und im Parietalkortex einherzugehen. Dies wird interpretiert als das Ergebnis verbesserter Spezialisierung bei der Verarbeitung visueller Informationen (Poirel et al., 2011).

```
E E       E E
E E       E E
E E       E E
E E E E E E E
E E E E E E E
E E       E E
E E       E E
E E       E E
```

Abbildung 2.18: Navon Figur (mod. nach Navon, 1977)

2.2.6.3 *Einzelne Funktionen, deren neuroanatomischer Hintergrund und Störungen*

2.2.6.3.1 Bewegungssehen

Störungen des *Bewegungssehens* können sowohl mit peripheren wie mit zentralen Mechanismen in Zusammenhang stehen. Lokalisiert wird eine zentral bedingte Störung der Bewegungswahrnehmung (Akinetopsie) bei Erwachsenen im Bereich des Areals V5 und dessen parietalen Projektionen und Projektionen zum Zerebellum. Bei gestörter Bewegungswahrnehmung werden z. B. sich nähernde Autos nicht wahrgenommen oder eigene Bewegungen können nur schlecht visuell kontrolliert werden, etwa beim Schreibenlernen. Auch können Eigenbewegungen des Kopfes unter Umständen schlechter ausgeglichen werden und die Außenwelt erscheint dadurch instabil. Bewegungswahrnehmung beginnt früh sich zu entwickeln, im Alter zwischen 3 bis 5 Monaten. Gestörte Bewegungswahrnehmung wird bei verschiedenen Störungen des Kindes und Jugendalters beschrieben (z. B. Frühgeburt, Autismus Spektrum Störung, Dyslexie). Die Wahrnehmung von biologischer Bewegung (d. h. von Bewegungsmustern, die für Lebewesen typisch sind, wie Handbewegungen, Gesichtsbewegungen, Springen, Kriechen) wird bei Erwachsenen mit der oberen temporalen Furche in Zusammenhang gebracht (Vaina, Solomon, Chowdhury, Sinha & Belliveau, 2001), einer Region, die sich am Scheitelpunkt der dorsalen und ventralen Route befindet. Diese Region ist auch bedeutsam bei der Verarbeitung des Blicks. Bei Kindern zwischen 7 und 10 Jahren wird diese Region wie bei Erwachsenen bei Blickkontakt aktiviert, bei den jüngeren Kindern zeigt sich aber noch keine vergleichbare Spezialisierung dieser Region beim Betrachten biologischer Bewegung (vgl. Klaver, Marcar & Martin, 2010).

2.2.6.3.2 Farbwahrnehmung

Zentral bedingte Einschränkungen der Farbwahrnehmung werden vor allem bei Läsionen der Area V4 (bzw. V4-Komplex, der angrenzende Areale einschließt) – aber auch bei anderen Lokalisationen oder bei Schädigung des Sehnervs beschrieben und kommen auch bei Kindern vor. Ausfälle des Farbensehens können auch nur einen Teil des Gesichtsfelds betreffen (z. B. Hemiachromatopsie). Sehr viel häufiger sind bei Kindern allerdings Störungen des Farbensehens bei genetisch bedingten Anomalien der photosensiblen Zellen des Auges (wie z. B. Schwäche im Rot-Grün Spektrum). „Achromatopsie“ bezeichnet bei Kindern anders als bei Erwachsenen meist keine zentral bedingte Störung, sondern einen genetisch bedingten völligen Ausfall des Farbensehens auf Ebene des Auges, wobei gleichzeitig meist noch weitere Defizite des Sehens vorliegen (z. B. Nystagmus, Störung der Hell-Dunkel-Adaptation und anderes).

2.2.6.3.3 Objektverarbeitung

Ein visuelles Erkennen von Formen und Gegenständen setzt voraus, dass die entsprechende Repräsentation gelernt und als Konzept abgespeichert wurde. Um einen Gegenstand aus verschiedenen Perspektiven erkennen zu können, etwa einen Stuhl von oben, von unten oder von der Seite betrachtet als denselben Stuhl zu identifizieren, muss eine

Repräsentation des Stuhles vorhanden sein, die mit semantischem Wissen verbunden ist: zu einem Stuhl gehört eine Lehne, eine Sitzflache und vier Beine. Diese Fähigkeit, visuell sehr unterschiedliche Ansichten demselben Gegenstand zuzuordnen, wird als Objektkonstanz (oder Wahrnehmungskonstanz) bezeichnet (vgl. Bülthoff & Bülthoff, 2012). Werden Objekte in ungewohnter Perspektive gezeigt, werden sie langsamer erkannt. Die Fähigkeit, Objekte unabhängig vom jeweiligen Blickwinkel zu verarbeiten, wird zum Teil dem lateralen Okzipitalkomplex zugeordnet (LOC; aus dem lateralen Okzipitalkortex und dem posterioren Gyrus fusiformis; Grill-Spector, Kourtzi & Kanwisher, 2001). Bei Patienten mit Läsionen des rechten Parietallappens kann diese Fähigkeit der Adaptation an unterschiedliche Wahrnehmungsperspektiven beeinträchtigt sein.

Bilder von Objekten unterschiedlicher semantischer Kategorien werden in Arealen des Temporallappens verarbeitet. Störungen des Objekterkennens bei erworbener Hirnschädigung bezeichnet man bei Erwachsenen als „visuelle Objektagnosien" (vgl. Goldenberg, 2012b). Bei einer Unterform, der „apperzeptiven Agnosie", misslingt das Objekterkennen aufgrund von Problemen der visuellen Verarbeitung: Einzelne Details des Perzepts können nicht zu einem zusammenhängenden Ganzen zusammengesetzt werden, wichtige Merkmale werden nicht erkannt. Bei einer anderen Unterform, der assoziativen Agnosie, gelingt zwar die visuo-räumliche Verarbeitung, die Verbindung zum Lexikon ist aber unterbrochen und dem Objekt kann nicht der korrekte Name zugeordnet werden.

Bei Kindern werden Störungen des Objekterkennens typischerweise als Folge von Problemen der visuellen Verarbeitung beschrieben (Dutton, 2003). Nach Ortibus und Kollegen (2011) treten solche Störungen bei Anomalien des Fasciculus longitudinalis inferior auf, d. h. des Marklagerfaserstranges, der vom Okzipital- zum Temporallappen führt. Beschreibungen von *visuellen Agnosien* bei Kindern mit erworbener Hirnschädigung kommen in der Literatur vor, sind aber selten (z. B. Erickson et al., 2003; Metitieri, Barba, Pellacani, Viggiano & Guerrini, 2013).

2.2.6.3.4 Gesichterverarbeitung

Die Verarbeitung von Gesichtern nimmt eine besondere Stellung bei der Objektverarbeitung ein: Die rasche Wahrnehmung und Unterscheidung von Gesichtern und des emotionalen Gesichtsausdrucks hat eine wichtige biologische und soziale Funktion. Unterschiedliche Gesichter sind einander vom Aufbau her sehr ähnlich; das Erkennen einer Person und die sichere Unterscheidung von Personen anhand der Gesichtszüge erfordert daher eine hohe Expertise. Nach dem Modell von Haxby und Kollegen (Haxby, Hoffman & Gobbini, 2000) erfolgt die visuelle Verarbeitung von Gesichtern im Wesentlichen über drei neuroanatomischen Strukturen: die frühe Verarbeitung der visuellen Merkmale erfolgt in der Sehrinde (Gyrus occipitalis inferior), die Verarbeitung wechselnder Gesichtsmerkmale wie Lippenbewegung oder Mimik im Sulcus temporalis superior und die Verarbeitung unveränderlicher Merkmale, d. h. der Gesichtsidentität, im Gyrus fusiformis im unteren Bereich des Temporallappens. Dieser Struktur, auch als „Gesichtsareal" bezeichnet, wird eine zentrale Rolle bei der Verarbeitung von Gesichtern zugeschrieben. Ob es dabei um eine biologisch determinierte gesichtsspezifische Lokalisation handelt, ist umstritten. Der Gyrus fusiformis lateralis scheint vielmehr immer dann aktiviert zu werden, wenn es um visuelle Expertise geht, bei der viele sehr ähnliche Repräsentanten einer Objektkategorie unterschieden werden müssen. Eine derartige Expertise wendet z. B. ein Autospezialist beim Unterscheiden von Automodellen an, ein Architekt beim Unterscheiden von Häusern etc. Die erweiterte Verarbeitung des Gesichts, bei der Name und biographische Informationen abgerufen werden, findet im vorderen Temporallappen statt, die Analyse von Mundbewegungen beim Sprechen im auditorischen Kortex, die Verarbeitung des emotionalen Ausdrucks in einem Netzwerk, zu dem die Amygdala, Insel und frontale Strukturen gehören. (Abbildung 2.19). Außerdem findet parallel zur eher langsamen visuellen Merkmalsanalyse, die über den visuellen Kortex verläuft, eine raschere, wenn auch grobe und unscharfe Vorverarbeitung statt, bei der visuelle Informationen über die Schaltstelle im Thalamus direkt an emotionsverarbeitende Strukturen weitergeleitet werden. Daher ist das wichtige emotionale Signal (z. B. „Zorn“) bereits 120 bis 190 Millisekunden nach Stimulus-Onset vorverarbeitet, während die Analyse der Identität („Das ist mein Lehrer Herr Müller“) wesentlich länger benötigt, nämlich 300 bis 400 Millisekunden (vgl. Adolphs, 2002). Die Störungen der Gesichtswahrnehmung (Prosopagnosie), bei der in erster Linie die Identität der Person nicht erkannt wird, kann dissoziieren von Störungen der Verarbeitung des affektiven Ausdrucks (Humphreys, Avidan & Behrmann, 2007) und es gibt Patienten, die zwar ein Lächeln wahrnehmen, aber nicht erkennen, dass es sich um die Ehefrau handelt.

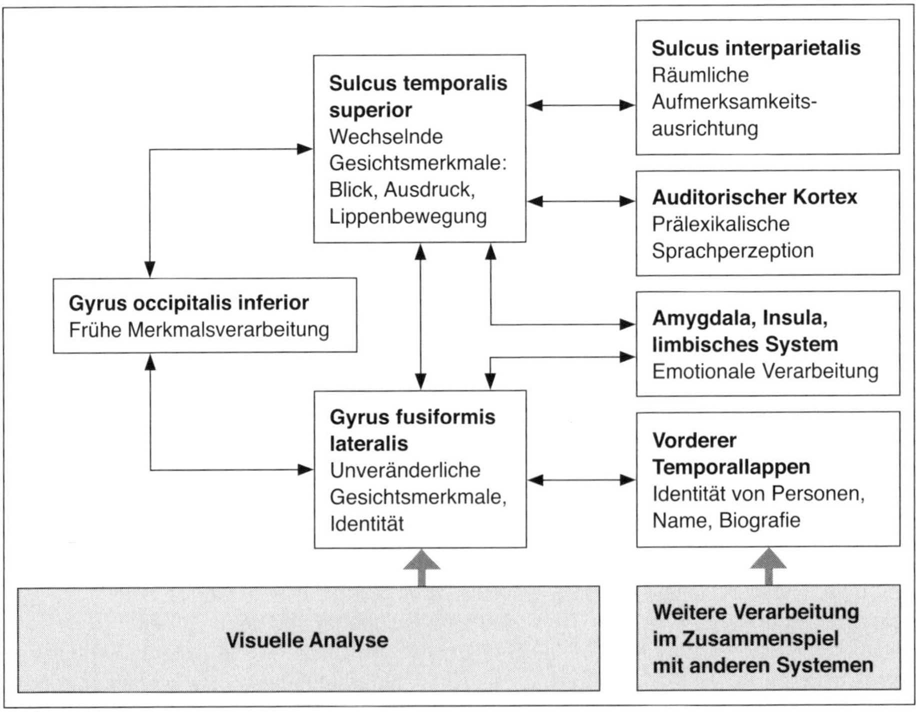

Abbildung 2.19: Modell der Gesichterverarbeitung nach Haxby, Hoffman und Gobbini (2000) (aus Drechsler, 2007).

Bei der Verarbeitung von Gesichtern lassen sich drei Verarbeitungsstile unterschieden: beim *analytischen* Stil (feature oriented oder piecemeal) werden einzelne Gesichtsmerkmale, wie z. B. Form von Augen und Nase, als einzelne Elemente wahrgenommen und verarbeitet. Dagegen berücksichtigt eine *figurale* Analyse neben einzelnen Merkmalen auch deren Relationen zueinander (z. B. ob Augen eng oder weit auseinanderstehen). Bei einem *holistischen* Verarbeitungsstil schließlich wird das Gesicht als Ganzes, als Gesamteindruck oder Gestalt betrachtet. Das wird als ein Zeichen von Lernen und hoher Expertise im Umgang mit Gesichtern interpretiert und ist schneller und effizienter als Analysen, die sich an einzelnen Merkmalen orientieren (Tanaka & Farah, 1993). Ein Indiz für holistische Verarbeitung von Gesichtern sind *Inversionseffekte:* Wird ein Gesicht umgedreht (auf dem Kopf stehend) abgebildet, dann lassen sich keine holistische Verarbeitungsstrategien mehr anwenden. Die Verarbeitung wird dadurch langsamer und fehleranfälliger.

2.2.6.4 Entwicklungsaspekte von visuellen und visuo-räumlichen Funktionen

2.2.6.4.1 Allgemeine Entwicklungsaspekte

Die normale Entwicklung basaler Sehleistungen ist eine Voraussetzung für die Entwicklung höherer visueller Wahrnehmungsfunktionen (vgl. Zihl, Mendius, Schütt & Priglinger, 2012). Bei der Geburt sind visuelle Fähigkeiten noch stark eingeschränkt. Das Neugeborene nimmt seine Umgebung nur verschwommen wahr. Im ersten Lebensjahr verändern sich die visuellen Funktionen entscheidend (siehe Tabelle 2.19).

Gemäß dem Modell von Atkinson (2000) (vgl. Atkinson & Braddick, 2013; siehe Abbildung 2.20) findet in den ersten Lebensmonaten ein Übergang von einfacher, grober subkortikaler visueller Verarbeitung zu zunehmend spezialisierter kortikaler visueller Kontrolle statt. Bis die dorsale Route – zuständig für visuelle Raumorientierung und Wahrnehmung von Bewegung – und die ventrale Route – zuständig für die Analyse von Objekten und visuellen Objektmerkmalen – die Steuerung der visuellen Verarbeitung übernehmen und Informationen aus beiden Schaltkreisen integriert werden können, vergehen 6 bis 12 Monate. Dabei entwickelt sich die ventrale Route zum Teil früher. Eine Präferenz für gesichtsähnliche Konfigurationen ist allerdings bereits bei Neugeborenen nachweisbar, ebenso wie eine rudimentäre visuelle Ausrichtung auf ein Zielobjekt.

Die Farbwahrnehmung entwickelt sich mit zunehmender Funktionstüchtigkeit der Zapfen zunächst im Rot-Grün Spektrum (ab ca. 1 Monat). Mit etwa vier Monaten sind Kinder in der Lage, die wichtigsten Grundfarben zu unterscheiden (Banks & Shannon, 1993; vgl. Zihl et al., 2012).

Die Kontrolle über den Blick (Sakkaden, Kopfbewegungen, Nachverfolgen von Objekten) beginnt sich etwa mit drei Monaten auszubilden. Das Kind ist zunehmend in der Lage, eine Fixierung auf ein sich bewegendes Objekt aufrecht zu erhalten und dabei das Objekt visuell zu verarbeiten (Blick-Folgebewegungen). Die Entwicklung von visueller Kontrolle über Handbewegungen beim Ansteuern und Greifen von Objekten setzt etwa mit vier Monaten ein (Abbildung 2.20). In diesem Alter betrachten die Kinder häufig ihre Hände und sie bewegen ihre Arme, wenn sie ein Zielobjekt sehen. Ab 5. bis 6. Monat beginnen Kinder ihre Handposition anhand visueller Rückkoppelung zu korrigieren, wenn sie nach einem Objekt zu greifen versuchen. Mit zunehmender Entwicklung des binokularen Sehens und dem Einsetzen von Tiefenwahrnehmung beginnt das Kind den weiteren Wahrnehmungsraum visuell zu explorieren und zwischen Nah- und Fernraum hin- und her zu wechseln. Dies markiert den Beginn der selektiven visuellen Aufmerksamkeit und die Unterscheidung zwischen lokaler und globaler visueller Verarbeitung. Mit zunehmender motorischer Entwicklung, ab etwa 12 Monaten, beginnt auch die aktive motorische Exploration des Fernraums (vgl. Abbildung 2.20). Dabei ist neben dem visuellen und dem motorischen System auch das vestibuläre System involviert, das Rückkoppelung über die Position des Körpers im Raum ermöglicht.

Tabelle 2.19: Entwicklung visueller Fähigkeiten im ersten Lebensjahr (aus Zihl, Mendius, Schuett & Priglinger, 2012, basierend auf Reinis & Goldmann, 1980)

Geburt	– Blinks (kurzer Lidschluss) auf helles Licht – langsame Pupillenreaktionen auf Tageslicht – sehr begrenzte Akkommodation – Sehschärfe etwa 20/150 – Reaktionen auf Bewegung, Farbe und Licht – blickmotorisches Abtasten der Umgebung in etwa 5–10 % der Wachzeit – okulomotorische Suchbewegungen (z. B. auf Lichtquelle) in einem begrenzten Radius (etwa 45 Grad)
1.–2. Lebensmonat	– Schwelle für Licht sinkt ab, Sehschärfe nimmt zu – Suchbewegungen in einem Radius von 60–90 Grad – Augenfolgebewegungen werden präziser – beginnendes Binokularsehen ab etwa der 6. Woche
2.–4. Lebensmonat	– Zunahme der Akkommodation – konjugierte Augenbewegungen in allen Blickrichtungen – Lidschluss bei plötzlichen Bewegungen vor den Augen – Ausweitung der Suchbewegungen auf einen Radius von 180 Grad – blickmotorisches Abtasten der Umgebung in etwa 30–40 % der Wachzeit – betrachtet die eigene Hand beim Spielen – zeigt Abwehrreaktionen bei Objekten, die sich auf einem Kollisionskurs nähern
4.–6. Lebensmonat	– weiterer Anstieg der Sehschärfe – Binokularsehen ist etabliert – visuelles Erkennen einzelner Objekte und Personen (Gesichter) möglich
6.–12. Lebensmonat	– die Sehschärfe beträgt 20/100 – Meiden visueller Tiefe

Während der ersten Lebensjahre erfolgt das Navigieren im Raum aus egozentrischer Perspektive (d. h. der Referenzrahmen im Raum ist immer auf die eigene Person bezogen). Diese Fähigkeit wird überwiegend der dorsalen Route zugeschrieben. Navigation im Raum aus allozentrischer Perspektive – unter Annahme eines absoluten Referenzrahmens oder unter Zuhilfenahme von Landmarken im Raum, erfolgt dagegen sehr viel später, und wird ab dem Alter von 5 bis10 Jahren zunehmend als Strategie eingesetzt (vgl. Bullens, Iglói, Berthoz, Postma & Rondi-Reig, 2010).

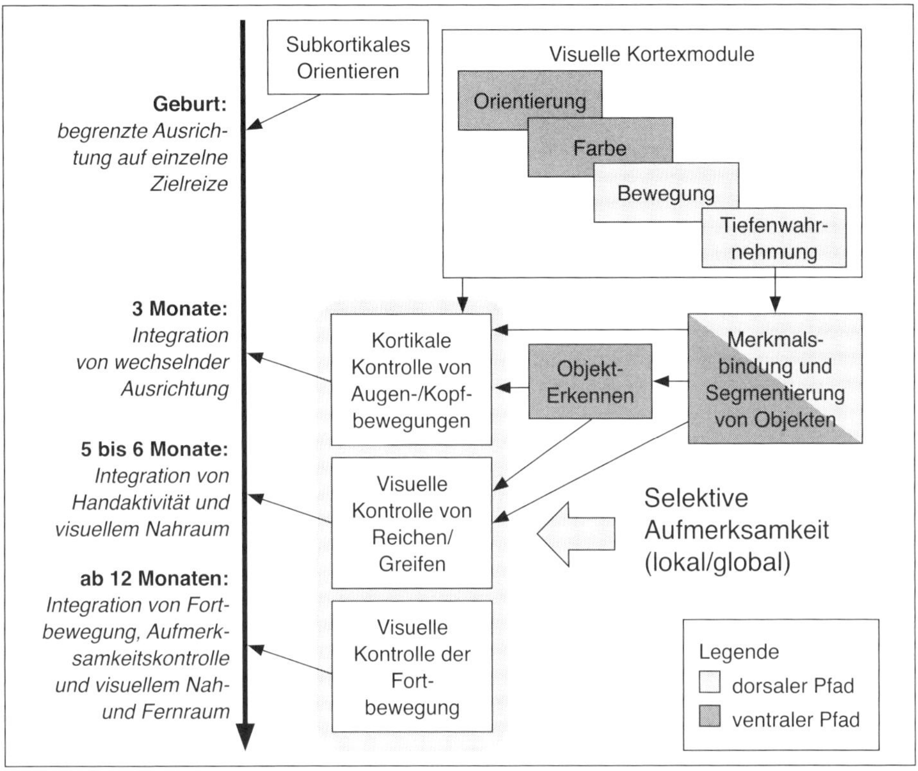

Abbildung 2.20: Modell der Entwicklung visueller und visuomotorischer Funktionen im ersten Lebensjahr nach Atkinson (2000) (vgl. Atkinson & Braddick, 2013).

2.2.6.4.2 Entwicklung der Gesichterverarbeitung

Inwieweit eine Bevorzugung von Gesichtern und das Erkennen von gezeigten Emotionen angeboren ist oder erlernt wird, ist umstritten. Die gängigste These ist, dass Kinder eine angeborene Bevorzugung für gesichtsähnliche Konfigurationen aufweisen, dass sich aber das rasche Verarbeiten von Gesichtern und die Verarbeitung von unveränderlichen, zu einer Person gehörenden Merkmalen durch Erfahrung und Lernen entwickeln muss. Eine früheste, angeborene Verarbeitungsroute von Gesichtern verläuft subkortikal, über den Colliculus superior, zum Pulvinar und zur Amygdala und wird von dort zum visuellen Kortex und anderen Arealen projiziert. Kortikale Gesichterverarbeitung im Sinne von Merkmalsanalysen und Erkennen von Identität würde dagegen über Jahre gelernt und verfeinert (Morton & Johnson, 1991). Die Ausrichtung auf Gesichter (d. h. Gesichts-Detektion und Gesichts-Diskrimination) ist also biologisch besser verankert und früher funktionsfähig als das Gedächtnis für Gesichter und das Erkennen von Personen am Gesicht. Die Forschung der letzten Jahre hat gezeigt, dass bei den frühen biologischen Prozessen die Ausrichtung auf die Augen eine besondere Rolle spielt. Daher ist auch vermutet worden, dass es statt eines angeborenen Gesichtsdetektors möglicherweise einen angeborenen Augendetektor gibt, der Neugeborene nach den Augen bzw. nach dem direkten Blick des Gegenübers suchen lässt (Johnson, Senju & Tomalski, 2015).

Neugeborene bevorzugen bereits kurz nach der Geburt Gesichter und gesichtsähnliche Konfigurationen (mit Schwerpunkt in der oberen Hälfte des Bildes) gegenüber anderen Bildern. Wenige Stunden nach der Geburt sind sie in der Lage, zwischen dem Gesicht der Mutter und dem anderer Personen zu differenzieren. Dabei ist ihre visuelle Wahrnehmung noch unscharf und sie orientieren sich eher an Umrissen. Außerdem zeigen sie in einem Zeitfenster weniger Stunden bis etwa 3 Wochen nach der Geburt imitatorische Gesichtsbewegungen (z. B. Mund öffnen, Vorstülpen der Lippen), was mit Funktionen des Spiegelneuronensystems in Verbindung gebracht wird (vgl. Simpson et al., 2014). Im Alter von 2 bis 3 Monaten können Kinder das Gesicht der Mutter auch dann von anderen unterscheiden, wenn die Konturen ausgeblendet werden und nur die inneren Merkmale des Gesichts erkennbar sind. Ein Verarbeiten der Identität von Personen findet ab ca. 6 bis 8 Monaten statt, d. h. Kinder erkennen eine Person wieder, unabhängig aus welcher Perspektive sie zu sehen ist und welchen Gesichtsausdruck sie zeigt. Mit diesem Meilenstein wird die Reaktion des Fremdelns (8-Monatsangst) in Zusammenhang gebracht.

Sechs Monate alte Kinder können zwischen Affengesichtern etwa gleich gut diskriminieren wie zwischen Menschengesichtern. Diese Fähigkeit ist bei 9 Monate alten Kindern nicht mehr vorhanden, falls sie nicht geübt wird (vgl. Pascalis et al., 2011), was auf eine zunehmende Spezialisierung und einen Niedergang nicht benötigter neuronaler Verbindungen hinweist. Dies entspricht der These der zunehmenden perzeptiven Einengung beim Gesichterverarbeiten (perceptual narrowing) (vgl. Pascalis et al., 2014). Diese besagt, dass es zu einer Art Eichung oder Voreinstellung auf relevante Merkmale bei der Wahrnehmung von Gesichtern kommt, was zu einer erhöhten Verarbeitungseffizienz führt. Dies lässt sich vergleichen mit der linguistischen Einengung auf das Phoneminventar der eigenen Sprache. Bei Beginn des Spracherwerbs sind Kinder in der Lage, zwischen Phonemen beliebiger Sprachen zu diskriminieren. Mit dem Spracherwerb wird diese Fähigkeit auf die Phoneme der eigenen Sprache beschränkt. Genauso käme es bei Kindern beim Verarbeiten von Gesichtern zu einer Einengung der Wahrnehmung auf Gesichtsmerkmale und -konfigurationen der eigenen Spezies, später auch auf die der eigenen Ethnie. Allerdings schauen bereits im Alter von drei Monaten Kinder lieber in die Augen von Menschen als die von Affen (Dupierrix et al., 2014). Eine durch Erfahrung beeinflusste Spezialisierung auf die Verarbeitung menschlicher Gesichter setzt also sehr früh ein.

Zum Entwicklungsverlauf der Gesichterverarbeitung gibt es unterschiedliche Theorien. Die klassische Auffassung besagt, dass jüngere Kinder vor allem eine langsame, merkmalsorientierte Verarbeitung vornehmen und dass die schnelleren konfiguralen und holistischen Verarbeitungsmodi mit wachsender Erfahrung nach und nach erlernt werden (Carey & Diamond, 1994). Dies deckt sich mit zahlreichen experimentellen Befunden, nach denen sich die Entwicklung des Gesichtererkennens bis in die Adoleszenz erstreckt. Kinder machen mehr Fehler beim Erkennen von Gesichtern und benötigen mehr Zeit dafür (z. B. de Sonneville et al., 2002). Elektrophysiologische Studien zeigen, dass ein gesichtsspezifisches evoziertes Potential, die N170, zwar bereits bei 6-Monate alten Kindern vorhanden ist, aber mit einer deutlich erhöhten Latenz (de Haan, Pascalis & Johnson, 2002). Eine mit Erwachsenen vergleichbare elektrophysiologische Verarbeitung findet sich erst in der Adoleszenz (vgl. Taylor, Batty & Itier, 2004). Auch fMRT-Studien lassen eine Entwicklung von gesichtsverarbeitenden Strukturen bis in die späte Adoleszenz vermuten (Grill-Spector, Golarai & Gabrieli, 2008).

Dem gegenüber stehen einzelne Auffassungen, denen zufolge merkmalsorientierte, konfigurale und holistische Verarbeitungsmodi von Gesichtern von Anfang an vorhanden sind und sich nicht sequentiell, sondern parallel entwickeln (vgl. McKone, Crookes, Jeffery & Dilks, 2012). Erste Anzeichen für Inversionseffekte finden sich demnach schon bei vier Monate alten Kindern (Turati et al., 2005, vgl. Cashon & Holt, 2015).

2.2.6.5 Visuelle und visuo-räumliche Störungen bei Kindern und deren Ätiologien

Der etwas unscharfe Begriff der zerebralen Sehstörung (cerebral visual impairment CVI) bezeichnet allgemein zentral bedingte (d. h. postchiasmatische) Beeinträchtigungen der Sehfunktionen, wobei aber gerade bei Kindern auch Probleme peripherer Sehfunktionen bei der Ausprägung und Entwicklung der Störung beteiligt sein können. Der Begriff differenziert nicht zwischen Beeinträchtigungen elementarer und höherer (kognitiver) visueller Wahrnehmungsleistungen (Zihl et al., 2012, S. 61). Zihl und Kollegen (2012) unterschieden daher zwischen *visuo-perzeptiven* und *visuo-kognitiven* Störungen. Hier werden die häufigsten Ätiologien für Störungen bei Kindern zusammengefasst.

2.2.6.5.1 Frühgeburt

Häufige Ursache zerebraler Sehstörung bei Frühgeborenen sind perinatale Hirnblutungen. Dabei kommt es zu unterschiedlichen Formen der Schädigung von weißer Substanz (= Marklager) als Konsequenz von Unreife der Hirnentwicklung bei der Geburt (white matter damage of immaturity WMDI) (Flodmark & Jacobson, 2010). Dabei werden vier Schädigungsarten unterschieden: diffuse Läsionen der weißen Substanz, Läsionen infolge intraventrikulärer Blutungen, periventrikuläre hämorrhagische Infarkte und periventrikuläre Leukomalazie. Unter periventrikulärer Leukomalazie versteht man eine meist durch Sauerstoffmangel bedingte Erweichung der periventrikulären weißen Substanz, die mit Beeinträchtigung der Sehbahnen und des Assoziationskortex einhergehen kann. Aufgrund dieser unterschiedlichen Läsionsformen, die sich aber alle auf Sehleistungen auswirken können, sind zerebrale Sehstörungen bei Frühgeburten häufig und äußerst vielfältig. Dutton (2013) schätzt, dass ein Drittel bis ein Viertel aller Fälle von zerebralen Sehstörungen bei Kindern mit Frühgeburtlichkeit in Zusammenhang stehen. Frühgeborene Kinder sind auch häufig beeinträchtigt bei der Wahrnehmung von Bewegung (Dutton, 2013). Darüber findet man bei Frühgeburten häufig periphere Sehstörungen; vor allem Retinopathien als Folge der Degeneration des Nervus opticus. Auch Nystagmus und Störungen der Okulomotorik werden häufig beschrieben (Matsuba & Soul, 2010). Künstliche Sauerstoffzufuhr zur Behandlung von Frühgeborenen kann ein weiterer Auslöser für eine Retinopathie sein. Natürlich können visuo-kognitive Beeinträchtigungen bei Kindern mit periventrikulären Störungen des Marklagers auch auftreten, ohne dass gleichzeitig basale visuelle Leistungen beeinträchtigt sind (Saidkasimova et al., 2007).

2.2.6.5.2 Perinatale Hypoxie

Perinatale hypoxisch-ischämische Hirnschädigung bei termingerecht geborenen Kindern ist eine weitere häufige Ursache von zerebralen Sehstörungen. Kinder mit Zerebralparesen (ZP) leiden zu etwa 50–60 % an einer zerebralen Sehstörung (Fazzi, Signorini & Bianchi, 2010). Es gibt Unterformen von Zerebralparesen mit unterschiedlich starkem Risiko für visuelle und visuo-kognitive Beeinträchtigung. Kinder mit spastischer Zerebralparese zeigen neben häufigen Beeinträchtigungen basaler Sehleistungen auch oft visuo-kognitive Störungen, sowohl bei der visuo-motorischen Integration, bei visuo-räumlichen Anforderungen, als auch visuo-perzeptiv bei der Objekterkennung. Gesichtsfelddefekte scheinen bei ZP mit Diplegie etwa bei einem Drittel der Patienten vorzukommen (Fazzi et al., 2012).

2.2.6.5.3 Hydrozephalus

Hydrozephalus, der oft in Zusammenhang mit Missbildungen des ZNS auftritt, z. B. bei Spina Bifida oder Aquäduktstenose, aber auch als Folge perinataler Blutungen entstehen kann, ist eine weitere mögliche Ursache von zerebralen visuellen Störungen (Anderson, 2010). Der dabei auftretende erhöhte Hirndruck kann zu einer Schädigung des Nervus Opticus führen. Darüber hinaus sind Shunt-Revisionen eine häufige Quelle von Komplikationen und nachfolgender kognitiver Beeinträchtigung. Beeinträchtigungen zeigen sich bei der Sehschärfe (ca. ein Drittel der Kinder), der Okulomotorik (Strabismus bei 40 bis 70 %), und Gesichtsfeldeinschränkungen (5 bis 17 %) (Anderson, 2010). Auch visuo-kognitive Beeinträchtigungen lassen sich in dieser heterogenen Gruppe der Kinder mit Hydrozephalus beobachten, wobei auch kognitive Beeinträchtigungen anderer Funktionsbereiche, etwa bei Gedächtnisleistungen oder beim Planen und Problemlösen, vorliegen können (Hampton et al., 2013).

2.2.6.5.4 Chromosomale Störungen

Bei verschiedenen chromosomalen Störungen werden visuo-perzeptive und visuo-räumliche Fähigkeiten als spezifisch beeinträchtigt beschrieben. Beim *Williams Beuren Syndrom*, einer seltenen Störung mit Deletion auf Chromosom 7, liegt ein kognitives Profil vor mit relativer Stärke im verbalen und musikalischen Bereich bei gleichzeitig ausgeprägten Schwächen im visuellen, visuo-räumlichen und visuo-motorischen Bereich und beim Rechnen. Typisch für Williams Beuren Syndrom ist eine Beeinträchtigung der dorsalen Route mit Substanzverminderung im Bereich des intraparietalen Sulcus. Kinder mit Williams Beuren Syndrom sind beeinträchtigt bei der Verarbeitung globaler Informationen im Vergleich zu lokaler Information und haben Mühe bei der Verarbeitung räumlicher Relationen. Visuelle Suchprozesse sind ineffizient. Besonders auffällig sind Probleme bei der visuellen Wahrnehmung von Mengen und Gruppierungen, was als eine Voraussetzung für die Entwicklung mathematischer Fähigkeiten angesehen wird (Atkinson & Braddick, 2011; Meyer-Lindenberg, Mervis & Berman, 2006).

2.2.6.5.5 Genetische Syndrome

Bei verschiedenen anderen genetischen Syndromen werden ebenfalls spezifische Beeinträchtigungen bei visuo-räumlichen Leistungen beschrieben, z. B. beim *Turner-Syndrom* (vor allem Beeinträchtigungen des visuo-räumlichen Arbeitsgedächtnis und beeinträchtigte mathematische Funktionen; Knickmeyer, 2012). Trotz einer häufig beschriebenen relativen Stärke visueller und visuo-räumlicher Leistungen im kognitiven Profil bei *Trisomie 21*, ist auch hier möglicherweise das gleichzeitige Erfassen von Elementen einer Menge beeinträchtigt („Simultandysgnosie"), wobei offensichtlich schon ab einer Anzahl von vier oder fünf Elementen von einer lokalen auf eine globale visuelle Verarbeitung umgestellt wird (Zimpel, 2013).

2.2.6.5.6 Non-verbale Lernstörung

Das Konzept der „Nonverbal Learning Disability" (NVLD) (Myklebust, 1975) wurde besonders von Rourke (1989) geprägt und bezeichnete ursprünglich eine Entwicklungsstörung mit Kerndefiziten im Bereich der visuellen Wahrnehmung bei Schädigung oder Fehlreifung der weißen Substanz, sowie assoziierten Beeinträchtigungen der taktilen Wahrnehmung und der psychomotorischen Koordination. Im Entwicklungsverlauf erwachsen aus diesen Schwierigkeiten weitere neuropsychologische Störungen oder Schwächen im Bereich der visuellen Aufmerksamkeitssteuerung, des visuellen Gedächtnisses, der exekutiven Funktionen im Bereich der Flexibilität, des Planens und der Konzeptbildung sowie sprachlich-kommunikative Defizite bei Prosodie und Pragmatik, d. h. des Gebrauchs von Sprache im Kontext. Davon abgesehen würden die betroffenen Kinder aber gute verbale Leistungen erbringen. Schulisch beständen vor allem Probleme bei Rechnen und Mathematik sowie bei Aufgaben, die flexible und kreative Lösungen erforderten. Darüber hinaus liegen häufig soziale Auffälligkeiten vor, da die Kinder Mühe hätten, soziale Situationen zu verstehen und entsprechend zu handeln. Außerdem würden sie nur eingeschränkt von Feedback profitieren.

Dieses ursprüngliche Konzept der NVLD konnte in der Folge jedoch empirisch nicht als ein einheitliches Entwicklungssyndrom bestätigt werden (vgl. Fine, Semrud-Clikeman, Bledoe & Musielak, 2013; Petermann, Knievel & Tischler, 2010; Spreen, 2011). Es wurde außerdem kritisiert, dass die diagnostischen Kriterien vage definiert seien und dass unklare Überlappungen besonders zum Asperger Syndrom und zur Dyskalkulie beständen. Verschiedene Autoren haben seitdem versucht, das Störungsbild besser einzugrenzen und Subgruppen von NVLD zu definieren (Palombo, 2006; vgl. Fine et al., 2013), wobei die visuellen und visuo-räumlichen Störungen bei allen Gruppen das Kernsymptom bilden. Aus neuropsychologischer Perspektive scheint es aber sinnvoller, im Einzelfall ein genaues Leistungsprofil zu erstellen, das es ermöglicht, Hinweise für spezifische Interventionen abzuleiten. Die Einordnung in ein eher vage definiertes Störungsbild ist dagegen kein primäres diagnostisches Ziel. Ein Konzept wie NVLD kann allenfalls dabei helfen, mögliche Zusammenhänge und Assoziationen von Störungen im Auge zu behalten und gezielt zu überprüfen (vgl. Petermann, Knievel & Tischler, 2010).

2.2.6.5.7 Postnatal erworbene Beeinträchtigungen visueller Funktionen

Häufige Ätiologien erworbener visueller und visuo-räumlicher Störungen sind ansonsten vergleichbar mit denen bei Erwachsenen: erworbene traumatische Hirnschädigung, Infektionen, Schlaganfall, und Konsequenzen raumfordernder Prozesse.

2.2.6.5.8 Entwicklungsbedingte Prosopagnosie

Eine entwicklungsbedingte Beeinträchtigung der Gesichterwahrnehmung, d. h. bei intakten basalen visuellen Leistungen und unabhängig von primären sozialen Beeinträchtigungen, wird in etwa 2 % bis 2.9 % der erwachsenen Bevölkerung vermutet; die Prävalenz im Kindesalter ist nicht bekannt (Bowles et al., 2009; vgl. Dalrymple, Corrow, Yonas, Duchaine, 2012). Als Ursache wird in den meisten Fällen eine genetische Disposition angenommen. Aber auch mangelnde Erfahrung im Umgang mit Gesichtern in den ersten Lebensmonaten, z. B. ein kongenitaler, später operierter Katarakt, kann eine eingeschränkte Expertise beim Verarbeiten von Gesichtern zur Konsequenz haben. Eine nicht-diagnostizierte Prosopagnosie kann bei Kindern zu Unsicherheiten und Missverständnissen im sozialen Kontakt und zu erheblichen negativen psychosozialen Auswirkungen führen (Dalrymple et al., 2014).

2.2.6.5.9 Besonderheiten visueller Wahrnehmungsleistungen bei Autismus Spektrum Störungen (ASS)

Obwohl visuelle Verarbeitungsstörungen nicht zu den Kernsymptomen von ASS gehören, sind Auffälligkeiten der visuo-kognitiven Verarbeitung in Zusammenhang mit schwacher zentraler Kohärenz beschrieben worden. Die Theorie der „weak central coherence“ besagt, dass Kinder mit ASS bevorzugt lokale Verarbeitungsstrategien anwenden, hier sogar besser abschneiden können als gesunde Altersgenossen, aber Schwierigkeiten haben, wenn es um ganzheitliche Verarbeitungsstrategien geht (Happé & Frith, 2006). Konkret bedeutetet das, dass Aufgaben, bei denen es z. B. um Figur-Grund Unterscheidung geht oder um das Nachlegen von Mustern mit Würfeln, bei ASS besonders gut bewältigt werden, während Aufgaben zum Ergänzen unvollständiger Bilder oder Kippfiguren nicht bearbeitet werden können. In der Literatur gibt es sowohl Belege für wie gegen diese Theorie und Alternativtheorien (Bölte, Holtmann, Poustka, Scheurich, Schmidt, 2007; Chamberlain, McManus, Riley, Rankin & Brunswick, 2013; Muth, Hönekopp & Falter, 2014). Beeinträchtigungen beim Verarbeiten sozialer Signale gehören dagegen zu den definierenden ASS-Symptomen im engeren Sinne. Zahlreiche Untersuchungen beschäftigen sich mit der Frage, ob bei ASS die visuelle Verarbeitung von Gesichtern und des Blicks auf einer basalen visuellen Ebene beeinträchtigt ist (ersichtlich z. B. an der fehlenden Präferenz für die Augenpartie im Säuglingsalter, am fehlenden Blickkontakt, kein Nachfolgen des Blicks der Bezugsperson, beeinträchtigte Gesichterverarbeitung), oder ob sich eine Expertise für Gesichter nicht ausbilden kann, weil sozialen Signalen keine Bedeutung zugemessen wird (vgl. Drechsler, 2007a). Dasselbe Argument gilt für die Beeinträchtigung bei der Wahrnehmung biologischer Bewegung bei ASS (Kaiser & Shiffrar, 2009). Insgesamt ist davon auszugehen, dass bei ASS vermutlich ein sehr heterogenes Spektrum von Störungen mit oder ohne Beteiligung basaler und kognitiver visueller Leistungen vorhanden ist.

2.2.6.5.10 Visuelle Entwicklungsdyslexie

Bei einem kleineren Teil der Kinder mit Leserechtschreibstörung werden Beeinträchtigungen visueller Leistungen, besonders eine Beeinträchtigung des magnozellulären Systems als ursächlich angenommen, was zu einer Störung des Timings von Blickbewegungen beim Lesen und zu unsicherer binokularer Fixation führt (Stein, 2001, 2014). Bei anderen Kindern werden Störungen der räumlichen Aufmerksamkeitsausrichtung beschrieben, die Neglect-ähnlich wirken (Quercia, Feiss & Michel, 2013). Als ein weiteres visuelles Phänomen, das das Lesen bei Kindern beeinträchtigen kann, gilt sogenanntes „visuelles Crowding": Dies ist ein allgemein zu beobachtendes Phänomen, demzufolge mehrere Objekte nahe beieinander schlechter wahrgenommen werden als einzelne Objekte alleine (vgl. Levi, 2014), was sich erschwerend auf das Lesen auswirken kann. Kinder mit visuell bedingter Lesestörung können daher von größerem Buchstabenabstand profitieren (Überblick bei Huurneman, Boonstra, Cox, Cillessen & van Rens, 2012). Die Bedeutung dieses Phänomens für die Entwicklung von Lesestörungen ist allerdings in der Literatur umstritten.

2.2.6.5.11 Visuo-räumliche Störungen und Rechenstörungen

Die Fähigkeit, kleine Mengen von Objekten gleichzeitig erfassen zu können („Subitizing"), wird als eine Voraussetzung zum Erlernen von Rechnen angesehen (vgl. Kapitel Zahlenverarbeitung und Rechnen; vgl. Lonnemann, Linkersdörfer, Hasselhorn & Lindberg, 2011). Diese Fähigkeit scheint mit visueller Musterverarbeitung in Zusammenhang zu stehen und kann bei Dyskalkulie beeinträchtigt sein (vgl. Ashkenazi, Mark-Zigdon & Henik, 2013). Neben Problemen bei der Repräsentation von Mengen werden bei Rechenstörungen auch von einigen Autoren Probleme im visuo-räumlichen Arbeitsgedächtnis (Ashkenazi, Rosenberg-Lee, Metcalfe, Swigart & Menon, 2013), im visuelles Kurzzeitgedächtnis und bei räumlich-visuellen Leistungen angenommen (Rotzer et al., 2009; Szucs, Devine, Soltesz, Nobes & Gabriel, 2013).

2.2.6.6 Diagnostik

2.2.6.6.1 Voruntersuchungen von elementaren Sehleistungen, Anamnese und funktionales Profil

Eine grobe Prüfung elementarer visueller Funktionen wird in der frühen Kindheit routinemäßig in den Untersuchungen des Kinderarztes im Rahmen der Entwicklungsscreenings (U1–U10/J1) durchgeführt (Baumann, 2013; vgl. Kapitel 2.2.11). Werden dort Auffälligkeiten festgestellt oder berichten die Eltern von Schwierigkeiten, wird je nach Problem und Alter des Kindes die Zuweisung zur ophthalmologischen Untersuchung, zur orthoptischen Untersuchung, zur neuropädiatrischen Abklärung oder zur Entwicklungsuntersuchung im Rahmen von Frühförderungsmaßnahmen erfolgen (vgl. Zihl et al., 2012). Ein kurzer Überblick zu ophthalmologischen Aspekten und Verfahren bei der Untersuchung von Kindern findet sich in Kapitel 2.2.5.

Ein klinisches Screening-Verfahren für elementare und kognitive Sehleistungen für Kinder bis zum Alter von 36 Monaten ist die englischsprachige „A Test Battery of Child Development for Examining Functional Vision (ABCDEFV)" (Atkinson, Anker, Rae, Hughes & Braddick, 2002). Sie setzt sich aus 22 Einzelaufgaben zusammen und kombiniert die Untersuchung elementarer Sehleistungen (core vision tests) durch augenärztliche sowie orthoptische Verfahren mit einfachen visuo-kognitiven Aufgaben (vgl. Beschreibung bei Zihl et al., 2012, Kapitel 6).

Je jünger das Kind, desto schwieriger ist die Untersuchung der Sehleistung aufgrund der unsicheren Kooperation. Gerade perimetrische Verfahren erfordern die aktive Mitarbeit des Kindes und können daher nicht bei kleineren Kindern eingesetzt werden. Die Angaben, ab welchem Alter eine Perimetrie durchgeführt werden kann, variieren: von 5 Jahren (Patel et al., 2015), ab 6 bis 7 Jahre (Wright, Ning & Strube, 2012) oder auch erst ab 10 Jahren (Esser, Lang & Lang, 2015). Bei jüngeren Kindern oder bei Kindern, die nur begrenzt zur Mitarbeit in der Lage sind, können zur Untersuchung auch diagnostische Methoden wie visuell evozierte Potenziale (vgl. van Genderen et al., 2006) und zunehmend auch Eye-tracking (Murray et al., 2013; Pel, Manders & van der Steen, 2010) zum Einsatz kommen.

Da kleine Kinder nicht zuverlässig Auskunft geben können, sind die Anamnese mit den Eltern und die systematische Beobachtung des Verhaltens des Kindes in Hinblick auf wahrnehmungsbedingte Unsicherheiten, die mit Problemen visueller Steuerung oder der räumlichen Orientierung zusammenhängen könnten, besonders bedeutsam. Oft kommt es vor, dass beobachtete Probleme zunächst nicht mit visuellen Störungen in Verbindung gebracht werden. Unsichere Zielbewegungen unter beeinträchtigter visueller Steuerung werden oft als Problem motorischer Kontrolle fehlinterpretiert. Z. B. werden Unsicherheiten beim Gehen und Treppensteigen, die mit einem Gesichtsfeldausfall im unteren Bereich zusammenhängen, meist als Gangunsicherheit fehlgedeutet (vgl. Philip & Dutton, 2014). Ein Fragebogen für Eltern zur Abfrage von Verhaltensauffälligkeiten, die mit zerebralen Sehstörungen in Zusammenhang stehen können, wurde von Ortibus und Kollegen (2011) veröffentlicht (vgl. 2.2.6.6).

Für Fachpersonen wurde das Profil of Visual Functioning (Profil visueller Funktionen) von Hyvärinen entwickelt (vgl. Hyvärinen & Jacob, 2011; Hyvärinen, Walthes, Freitag & Petz, 2012; Hyvärinen, 2013; vgl. zur Beschreibung auch Petz, 2013). Es bietet eine Synopsis aus Verhaltensbeobachtung und einer Einschätzung von Funktionsstörungen, die mit optometrischen und psychologischen Untersuchungsmethoden erhoben werden (Abbildung 2.21). Hyvärinen empfiehlt, ein solches Profil für Kinder mit visuellen Störungen zur Planung von Interventionen und für therapeutisch-pädagogische Zwecke zu erstellen. Das Profil setzt neben ophthalmologischen Untersuchungen und neuropsychologischen Tests auch eine sorgfältige Beobachtung im Alltag, auch in Schulsituationen, voraus. Es ist unterteilt in fünf Funktions- und Analyseebenen, die mit physiologischen und auch mit klinisch-neuropsychologischen Störungsmodellen vereinbar sind:
- Okulomotorische Funktionen
- Sensorische Funktionen
- Frühe visuelle Verarbeitung
- Inferotemporale Netzwerke
- Parietale Netzwerke

Okulomotorische Funktion				N,1	I,2	P,3
A	Fixation					
B	Saccaden					
C	Scanning					
D	S+S beim Lernen					
E	Akkomodation					
F	Folgebewegungen					
G	Strabismus					
H	Nystagmus					
I	Kopfkontrolle					
J	Körperkontrolle					
K						
L						
M	Refraktion					
N	Brille, add.					
O	Hilfsmittel					
P						
Q						
Sensorische Funktionen						
A	Sehschärfe Nähe					
B	Sehschärfe Ferne					
C	Sehschärfe crowded					
D	Nur Einzelsymbole möglich					
E	Gittersehschärfe (Entdeckung)					
F	Gittersehschärfe (Unterscheidung)					
G	Kontrastsehen, Optotypen					
H	Kontrastsehen, Gitter					
I	Farbsehen					
K	Visuelle Adaption					
L	Form in Bewegung					
M	Biologische Bewegung					
N	Schnelle Bewegung					
O	Sehr langsame Bewegung					
P	Gesichtsfeld, Größe					
Q	Gesichtsfeld, Größe					
R	Vernier Sehschärfe					
S						
Frühe visuelle Verarbeitung						
A	Länge, Auge-Hand					
B	Länge, visuell					
C	Richtung, Auge-Hand					
D	Richtung, visuell					
E	Figur-Grund					
F	Objekt-Hintergrund					
G	Stereosehen					
H	Farben vergleichen					
I	Kurzzeitgedächtnis					

Inferotemporale Netzwerke				N,1	I,2	P,3
A	Details in Bildern					
B	Fehler bemerken					
C	Details übersehen					
D	Texturen, Oberflächen					
E	Gesichter					
F	Gesichtsausdrücke					
G	Körpersprache					
H	Landmarks					
I	Konkrete Objekte					
J	Fotos konkreter Objekte					
K	Abstrakte Bilder					
L	Buchstaben					
M	Zahlen					
N	Wörter lesen					
O	Beste Lesestrategie					
P	Cartoons					
Q	Von d. Tafel abzeichnen, -schreiben					
R	Auf d. Tisch abzeichnen, -schreiben					
S	Crowding-Effekt					
T	Seiten scannen					
U	Visuelle Vorstellung					
Parietale Netzwerke						
A	Raumwahrnehmung					
B	Raumrichtung					
C	Entfernung im Raum					
D	Körperbewusstsein					
E	Bewusstsein über den Nahraum					
F	Bewusstsein über den Fernraum					
G	Kartenbasierte Orientierung					
H	Routengedächtnis					
I	Bewegungssehen in Eigenbewegung					
J	Tiefensehen					
K	Simultansehen					
L	Auge-Hand-Koordination					
M	Zielgerichtetes Ansteuern					
N	Zielgerichtetes Greifen					
O	Freihändig Zeichnen					
P	Zeichnen (motorische Funktion)					
Q	Matheaufgaben					

Abbildung 2.21: Das Profil der visuellen Funktionen (Hyvärinen, 2013; Hyvärinen et al., 2012) N,1: Normale oder fast normale Funktion; I,2: beeinträchtigt, aber funktionsfähig; P,3: schwer beeinträchtigt oder Verlust der Funktion. (Mit freundlicher Genehmigung von L. Hyvärinen)

Zu den okulomotorischen Funktionen zählen Störungen wie Strabismus oder Nystagmus und es wird z. B. notiert, ob das Kind eine Brille trägt. Zur Ebene der sensorischen Funktionen werden elementare zentrale Sehleistungen wie Sehschärfe, Kontrastsehen, Farbsehen, Wahrnehmung von Bewegung in unterschiedlichen Modalitäten und das Gesichtsfeld gezählt. Zu den Funktionen früher visueller Verarbeitung gehören die Fähigkeit, Längen zu sortieren (mal rein visuell, mal mit gleichzeitiger Auge-Hand-Koordination beim Legen von Plättchen), das Erkennen der Ausrichtung von Linien im Raum mit und ohne Auge-Handkoordination (bei der Aufgabe soll ein Papier durch einen schmalen Schlitz geschoben werden, der unterschiedlich im Raum positioniert sein kann), Stereosehen, Figur-Grund-Unterscheidung (zweidimensional), Objekt-Hintergrund-Unterscheidung (im Raum) und anderes. Zu den Funktionen inferotemporaler Netzwerke (ventrale Route) gehören visuelles Wiedererkennen und visuelles Verarbeiten von Objekten, z. B. Details in Bildern Erkennen, die Verarbeitung von Gesichtern, von Gesichtsemotionen und von Landmarken, das Erkennen von Cartoons, Lesefähigkeit und anderes. Parietale visuelle Funktionen (dorsale Route) umfassen unter anderem die Raumwahrnehmung, Auge-Hand-Koordination, Körperbewusstsein, Tiefensehen (Abbildung 2.21).

Hyvärinen empfiehlt, zusätzlich auf Schwierigkeiten zu achten, die erst dann auftauchen, wenn vom Kind unterschiedliche Informationen oder Leistungen integriert werden sollen, etwa bei visueller Wahrnehmung und parallelem Halten von Balance oder bei paralleler Verarbeitung von visuellen und auditiven Informationen. Ebenso solle man auf Kompensationsstrategien achten. Es kann sein, dass Kinder mehr oder weniger verdeckt auf haptische, kinästhetische oder auditive Informationen zurückgreifen anstatt auf visuelle, was ein Zeichen sein kann, dass die visuellen Informationen unzureichend verarbeitet werden. Eine andere Strategie wäre das Zurückgreifen auf Gedächtnisinhalte anstatt auf aktuelle visuell vermittelte Informationen. Manche Kinder zeigen als Kompensationsstrategie eine schräge Kopfhaltung, mit der sie Gesichtsfelddefekte auszugleichen versuchen.

Das Profil visueller Funktionen bietet eine gute Orientierung darüber, welche Funktionen und auf welchen hierarchischen Ebenen bei einer zerebralen Sehstörung Untersuchungen ansetzen sollten.

Auch wenn es im Vorfeld keine Hinweise auf beeinträchtigte visuelle Leistungen gibt, sollte man bei neuropsychologischen Abklärungen in der Anamnese die Eltern gezielt danach fragen. Es sollte nachgefragt werden, ob das Kind eine Brille benötigt. Kurzsichtige Kinder tragen ihre Brille häufig auch im Alltag, weitsichtige Kinder haben ihre Brille oft nicht dabei. Gefragt werden sollte auch nach der Farbwahrnehmung. Farbensehen wird screeningmässig in der kinderärztlichen Vorsorgeuntersuchung überprüft und Störungen sind den Eltern und den Betroffenen häufig bereits bekannt. Viele neuropsychologische Testverfahren, gerade für jüngere Kinder, setzen voraus, dass Farben unterschieden werden können. Liegt eine Farbenfehlsichtigkeit vor, lassen sich diese Tests nicht oder nur eingeschränkt interpretieren (z.B. KITAP Daueraufmerksamkeit). Man sollte daher von vorneherein bei der Testauswahl auf andere Verfahren ausweichen. Im Gegensatz zu erwachsenen Patienten mit bekannter Farbfehlsichtigkeit, die protestieren, wenn sie einen farbbasierten Test durchführen sollen, sagen Kinder oft nichts und kämpfen sich unsicher und ratend durch das Verfahren. Generell ist es daher bei Diagnostik von Kindern sinnvoll, das Farbensehen zu überprüfen oder in der Anamnese zu erfragen.

2.2.6.6.2 Diagnostische Verfahren zur Untersuchung visueller und räumlicher Funktionen aus Intelligenz- und Entwicklungstests

Es sind zahlreiche deutschsprachige standardisierte Tests und Aufgaben für Kinder vorhanden, die für die Untersuchung visueller und visuo-räumlicher Leistungen bestimmt sind. Die wenigsten dieser Verfahren basieren aber auf neuropsychologischen oder neurowissenschaftlichen Modellen der visuellen und räumlichen Wahrnehmung, sondern stammen aus Entwicklungs- oder Intelligenztests. Diese Verfahren sind in der Regel an kognitiven Theorien orientiert oder basieren auf Entwicklungsmodellen. Für ein routinemäßiges Screening visuo-räumlicher Leistungen lassen sich diese bewährten Verfahren gut einsetzen. Ein hypothesengeleitetes neuropsychologisches Testen ist mit diesen Verfahren bei zerebralen Sehstörungen und Störungen der visuo-räumlichen Verarbeitung nur eingeschränkt möglich und man wird daher bei einigen spezifischen Fragestellungen vermutlich auch auf experimentelle Verfahren, auf fremdsprachig normierte Verfahren und auf Verfahren aus angrenzender Domänen (z. B. visuelle Exploration aus dem Aufmerksamkeitsbereich, Lesegeschwindigkeit aus Lesetests) zurückgreifen. Letzteres ist auch sinnvoll, da hier inhaltliche Überschneidungen zwischen den Domänen bestehen. Außerdem sei hier nochmals auf die Notwendigkeit der interdisziplinären Zusammenarbeit bei der Diagnostik visueller Leistungen hingewiesen.

Praktisch alle Breitband-Entwicklungstests enthalten Aufgaben, in denen altersgerechte visuelle oder visuo-räumliche Leistungen untersucht werden, z. B. das visuelle Explorationsverhalten, die visuelle Steuerung der Hand (Auge-Hand-Koordination), die Fähigkeit, Details in Mustern zu unterscheiden, oder räumlich-konstruktive Leistungen beim Abzeichnen von Formen, beim Nachlegen oder Nachbauen von Vorlagen (vgl. z. B. Griffith Test Unterskala „Auge und Hand“, oder NES Entwicklungsbereiche „Visuomotorik“ und „Visuelle Wahrnehmung“ mit je drei Aufgaben; vgl. auch Bd. 3).

Psychologische Testverfahren zur visuellen Wahrnehmung bei Kindern aus Intelligenztests orientieren sich meist an der CHC-Theorie der Intelligenz (d. h. basierend auf den Konzepten von Cattell, Horn, Caroll). Visuelle Verarbeitung (visual processing) gehört zu den sogenannten „schmalen Fähigkeiten“ (Stratum II) (vgl. Kapitel Intelligenztests). Nach der aktuellsten CHC-Version zählen Schneider und McGrew (2012) folgende Komponenten zur visuellen Verarbeitung:

- *Visualisierung* (visualization VZ); die Fähigkeit, Muster wahrzunehmen und sie gedanklich verändern zu können, z. B. gedreht, in der Dämmerung etc.
- *Schnelle mentale Rotation* (Speeded Rotation SR); die Fähigkeit, Aufgaben rasch zu lösen, bei denen Bilder oder Objekte gedanklich gedreht werden müssen.
- *Geschwindigkeit beim Gestaltschließen* (closure speed CS); die Fähigkeit, ein Bild auch dann noch zu erkennen, wenn die Abbildung Lücken aufweist, also unvollständig ist.
- *Flexibilität beim Gestaltschließen* (flexibility of closure CF); die Fähigkeit, ein Bild oder Zielmuster auch dann zu erkennen, wenn es eingebettet ist in, oder überlagert von anderen Mustern (wobei das Zielmuster bekannt ist).
- *Visuelles Gedächtnis* (visual memory MV); die Fähigkeit, komplexe Bilder über einen Zeitraum von ca 30 Sek. zu erinnern, d. h. wiedererkennen zu können.
- *Räumliches Scanning* (Spatial Scanning SS); die Fähigkeit, in einem unübersichtlichen Feld oder Labyrinth einen Weg erkennen zu können.

- *Serielle visuelle Integration* (seriel perceptual integration PI); die Fähigkeit, ein Objekt erkennen zu können, wenn kurz hintereinander Teile davon gezeigt werden.
- *Längenschätzung* (length estimation LE); die Fähigkeit, Längen visuell schätzen zu können.
- *Wahrnehmungsillusionen* (perceptual illusion IL); die Fähigkeit, visuellen Illusionen widerstehen zu können.
- *Alternieren zwischen Wahrnehmungen* (perceptual alternations PN); beliebig zwischen zwei Wahrnehmungsalternativen hin- und herwechseln zu können (z. B. bei Kippfiguren).
- *Visuelles Vorstellungsvermögen* (Imagery IM); die Fähigkeit, sich anschauliche, lebendige Bilder vorstellen zu können.

Dass diese kognitiven Kategorien der CHC-Theorie sich höchstens ansatzweise mit neuropsychologischen Modellen zur Deckung bringen lassen, wird im Kapitel über Intelligenztests des 3. Bandes genauer ausgeführt. Diese Kategorien reichen daher zur vollständigen Beschreibung von Störungen nicht aus. Problematisch bei der Anwendung auf Kinder ist auch, dass nicht klar ist, ab welchem Alter die Fähigkeiten ausdifferenziert sind und welchen Entwicklungseffekten sie unterliegen.

Auch Verfahren, die auf Marianne Frostig zurückgehen (wie FEW-2, FEW-JE), und englischsprachige Verfahren zur visuellen Wahrnehmung (wie der Test of Visual-Perceptual Skills (non-motor) (TVPS-3) oder der Motor-Free Visual Perception Test, Third Edition (MVPT-3) sind letztlich in entwicklungspsychologischen oder kognitiven Traditionen verankert, aber nicht in neuropsychologischen Modellen. Diese Verfahren ermöglichen zwar ein relativ umfassendes Bild bestimmter visuo-kognitiver Fähigkeiten, sind aber nicht auf neurologisch bedingte Störungen oder spezifische visuelle oder räumliche Verarbeitungsdefizite bei Kindern zugeschnitten. Zum Teil entsprechen diese Verfahren mit ihrer langjährigen Tradition auch nicht dem neuesten Stand kognitiver Forschung.

Für Kinder fehlen daher deutschsprachig standardisierte und validierte Untersuchungsbatterien, die sich an neuropsychologischen Modellen der visuellen und räumlichen Verarbeitung anlehnen und ein Kontrastieren von intakten und beeinträchtigten Funktionen ermöglichen. Für die klinische Diagnostik ist es daher sinnvoll, einzelne Verfahren je nach Altersbereich und Fragestellung hypothesengeleitet zusammenzustellen.

Die Aufteilung der nachfolgenden Tabelle stellt einen Kompromiss aus theoriegeleiteten und praktischen Erwägungen dar. Es sollten möglichst verschiedene Aspekte visueller und visuo-räumlicher Fähigkeiten, die bei der Untersuchung von Kindern eine Rolle spielen, berücksichtigt werden. Die in der Tabelle aufgeführten Verfahren sind nicht vollständig: Verschiedene Entwicklungstests und Intelligenztests enthalten weitere Aufgaben, die zur Untersuchung visueller und visuo-räumlicher Fähigkeiten sinnvoll eingesetzt werden können. Ihnen ist gemeinsam, dass sie in der Regel nicht in neuropsychologischen Theorien oder Paradigmen verankert sind und dass sie auf die Erfassung von Entwicklung, nicht aber von Störungen ausgerichtet sind. Hinzu kommt, dass viele Entwicklungstests nur im unteren Leistungsspektrum diskriminieren. Allerdings verfügen auch klinische Aufgabensammlungen für Erwachsene zum Teil über keine befriedigende Normierung (z. B. BORB). Nicht nur die Aufteilung, auch die Auswahl der Verfahren, die in die Tabelle aufgenommen wurden, spiegeln daher diesen Kompromiss aus praktischen oder theoretischen Erwägungen wider.

Empfohlene Literatur

Dutton, G. N. & Bax, M. (eds.) (2010). *Visual impairment in children due to damage to the brain.* London: Mac Keith Press.

Hyvärinen, L. & Jacob, N. (2011). *What and how does this child see?* Helsinki: VISTEST Ltd.

Philip, S. S. & Dutton, G. N. (2014). Identifying and characterising cerebral visual impairment in children: A review. *Clinical and Experimental Optometry, 97,* 196–208.

Zihl, J., Mendius, K., Schuett, S. & Priglinger, S. (2012): *Sehstörungen bei Kindern. Visuoperzeptive und visuokognitive Störungen bei Kindern mit CVI.* Wien: Springer.

2.2.6.7 *Übersichtstabelle: VISUELLE UND VISUO-RÄUMLICHE LEISTUNGEN*

Die folgende Tabelle bietet einen Überblick über Verfahren zur Überprüfung visueller und visuo-räumlicher Leistungen bei Kindern und Jugendlichen. Während in der ersten Spalte eigenständige Verfahren, der jeweilige Untertest aus einer Testbatterie oder eine Testbatterie genannt werden und die zweite Spalte Angaben zum Altersrange für den Einsatz bei Kindern und Jugendlichen umfasst, ist in der dritten Spalte die Operationalisierung der visuellen und visuo-räumlichen Funktionen skizziert. In der vierten Spalte wird die Seitenzahl einer Rezension im vorliegenden Band genannt oder die Nummer des Bandes, in welchem die entsprechende Rezension abgedruckt ist.

Visuelle Funktionen			
Gesichtsfeld und visuelle Exploration			
Perimetrie	Ab 7 bis 8 Jahre (Mitarbeit erforderlich)	Gesichtsfeldmessung mit automatisierter oder manueller Messung (Perimeter)	Bd. 4
Konfrontationstests (Fingerperimetrie)	Ab 6 Jahre	Bewegung von Gegenständen aus dem zentralen Gesichtsfeld weg, während der Patient das Gesicht/Finger des Untersuchers fixiert.	Bd. 4
Gesichtsfeldprüfung aus: Testbatterie zur Aufmerksamkeitsprüfung (TAP)	20–69 Jahre	An verschiedenen Punkten des Bildschirms wird in variierenden Intervallen ein Flickerreiz dargeboten. Bei Erscheinen soll der Patient so schnell wie möglich die Reaktionstaste drücken. Eine gleichzeitige zentrale Aufgabe soll dabei sicherstellen, dass der Patient während der gesamten Durchführung die Mitte des Bildschirms fixiert.	Bd. 1 Bd. 4
Zu Neglect/räumliche Vernachlässigung siehe Kapitel 2.2.1 Aufmerksamkeit und Bd. 1			
Visuelle Exploration/Scanning/Visuelles Abtasten/Visuelle Suche			
Teddy Bear Cancellation Test (TBCT) (Laurent-Vannier et al., 2006)	3–7 Jahre	Zur Prüfung der visuellen Exploration (Neglect) bei Kindern: Es sollen Teddy-Bären durchgestrichen werden, die regelmäßig über ein Blatt verteilt sind, auf dem noch viele weitere Objekte abgebildet sind. Es wird ein Seiten-Gradienten für die Anzahl korrekter Antworten berechnet.	

Skye Search aus: Test of Everyday Attention for Children (TEA-Ch)	6–11 Jahre	Finden und Umkreisen von identischen Raumschiffpaaren auf einer DIN A3-Vorlage mit Zeitmessung.	142
Map Mission aus: TEA-Ch	6–11 Jahre	Finden von sehr kleinen Symbolen (z. B. Messer und Gabel als Zeichen für Restaurant) auf einer DIN A3-Landkarte	142
Visual Scanning aus: Kinderversion der Testbatterie zur Aufmerksamkeitsprüfung (KiTAP)	6–10 Jahre	Es soll durch Tastendruck angegeben werden, ob in einer Matrix von Hexen alle in dieselbe Richtung fliegen oder ob eine in die falsche Richtung fliegt.	113
Visual Scanning aus: Testbatterie zur Aufmerksamkeitsprüfung (TAP)	6–12 Jahre (50 Trials) 10–19 Jahre (100 Trials)	Es soll angegeben werden, ob in einer Matrix aus Quadraten ein Zielitem (Quadrat mit Öffnung oben) enthalten ist (Alterskorrektur über Regression).	Bd. 1
Visual Tracking/Visual Tracing/Linienverfolgen			
Groffman Visual Tracing Test (englisch)	7–12 Jahre	Es werden von einem Ausgangspunkt Linien mit den Augen nachgefahren bis zu einem Zielpunkt. Der richtige Zielpunkt soll vom Kind genannt werden.	
Wahrnehmung von Bewegung			
Moving Dots (experimentell, z. B. Gummel, Ygge, Benassi & Bolzani, 2012)	10–16 Jahre	PC-gestützte Darbietung. Es soll durch Tastendruck angegeben werden, ob sich Punkte alle in dieselbe oder in unterschiedliche Richtungen bewegen.	
Biologische Bewegung (experimentell, z. B. Johansson's walking man, Beispiel unter: http://www.biomotionlab.ca/Demos/BMLwalker.html)		Anhand von Lichtpunkten wird die Bewegung von belebten (Menschen, Tiere) und unbelebten Objekten (Auto, Flugzeug) simuliert.	

Formen, Objekte und Gesichter Erkennen/Unterscheiden			
Formen Erkennen/Formen Unterscheiden			
Formkonstanz aus: Frostigs Entwicklungstest der visuellen Wahrnehmung-2 (FEW-2), UT 8 und aus: Frostigs Entwicklungstest der visuellen Wahrnehmung-Jugendliche und Erwachsene (FEW-JE), UT 6	4;0–8;11 Jahre 9–90 Jahre	Es sollen Stimulusfiguren in einer Reihe wiedergefunden werden, die in der Form identisch sind, sich aber in anderen Merkmalen unterscheiden, z. B. Größe, Schattierung, Lage 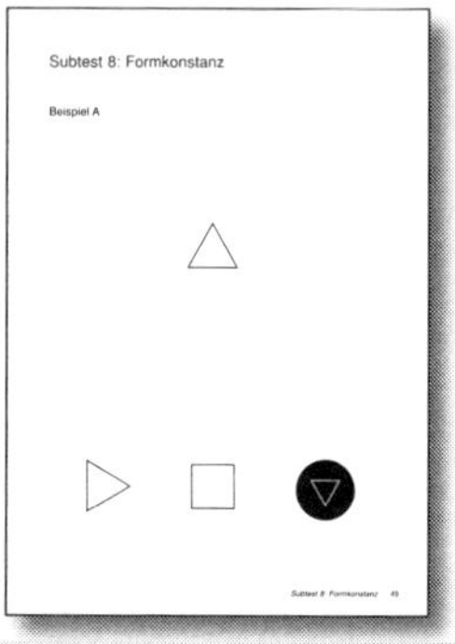	433 Bd. 3
Objekte Erkennen/Unterscheiden			
Object Decision Task aus: Birmingham Object Recognition Battery (BORB) (englisch)	Kinder und Erwachsene	Nicht existierende Objekte sollen von realen Objekten unterschieden werden.	Bd. 4
Erkennen von Objekten in ungewohnter Wahrnehmungsbedingung			
Objekterkennung aus: Visual Object and Space Perception Battery (VOSP) (englisch)	Erwachsene (8–12 Jahre)	Es soll ein reales Objekt, das nur als Silhouette abgebildet ist, erkannt bzw. aus einer Reihe von Silhouetten, die keine Objekte darstellen, ausgewählt werden.	Bd. 4
Foreshortened View Task aus: Birmingham Object Recognition Battery (BORB) (englisch)	Kinder und Erwachsene	Untertests zur Wahrnehmung von Objekten aus ungewohnter Perspektive	Bd. 4

Figur-Grund Unterscheidung			
Gliederungsfähigkeit aus: Prüfsystem für Schul- und Bildungsberatung für 4. bis 6. Klassen – Revidierte Fassung (PSB-R 4-6)	4.–6. Klasse	Es soll angegeben werden, welche von 5 möglichen Figuren in einer Strichzeichnung enthalten ist. 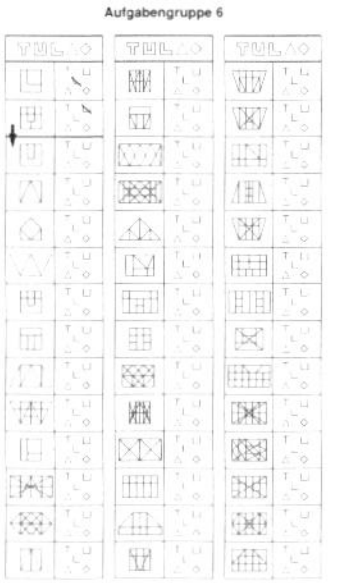	
Figur-Grund aus: Frostigs Entwicklungstest der visuellen Wahrnehmung-2 (FEW-2), UT 4 und aus: Frostigs Entwicklungstest der visuellen Wahrnehmung-Jugendliche und Erwachsene (FEW-JE), UT 2	4–8 Jahre 9–90 Jahre	Es sollen vorgegebene Figuren erkannt werden, die in einem verwirrenden komplexen Hintergrund versteckt sind. 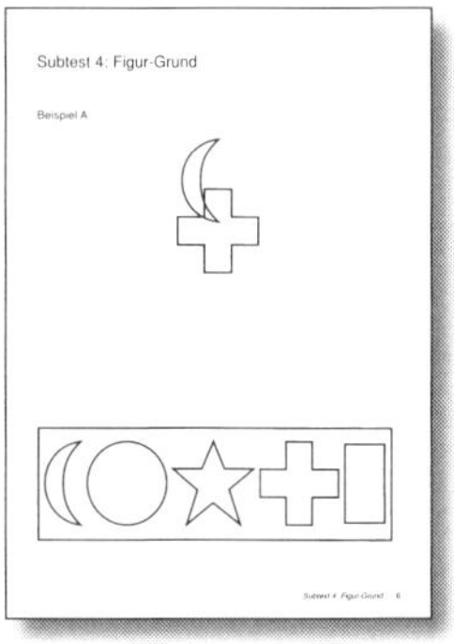	433
Wiedererkennen/Auswahl von identischen Objekten/Mustern			
Wurmhöhlen aus: Battery for Assessment in Children – Screening für kognitive Basiskompetenzen im Vorschulalter (BASIC-Preschool)	4;9–5;11 Jahre	Finden des identischen Musters unter 4 ähnlichen Mustern. 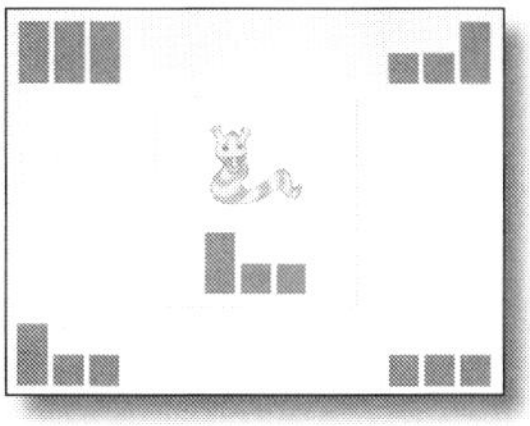	Bd. 3

Prüfung optischer Differenzierungsleistungen (POD) Prüfung optischer Differenzierungsleistungen bei Vierjährigen (POD-4)	5;0–7;7 Jahre 4;0–4;11 Jahre	Aus 6 Bildern soll dasjenige Muster ausgewählt werden, das identisch ist mit der Vorlage. Zusätzlich zur quantitativen Auswertung (Anzahl Richtige) wird auch das Vorgehen protokolliert. Aufgaben variieren in den Anforderungen nach: – Beachten von Kleindetails – Beachten der Reihenfolge – Beachten der Lage im Raum. Es erfolgt jedoch keine getrennte Auswertung nach Aufgabenmerkmalen. 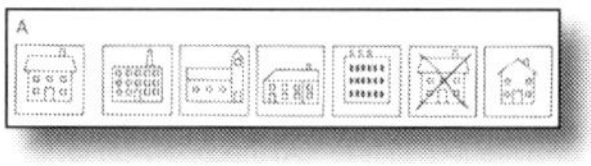	
Symbolsuche aus: Wechsler Intelligence Scale for Children (Deutschsprachige Adaptation) – Fourth Edition (WISC-IV); Fifth Edition (WISC-V) aus: Wechsler Preschool and Primary Scale of Intelligence (Deutschsprachige Adaptation) – Third Edition (WPPSI-III)	8–16 Jahre (6–7 Jahre) 3–7 Jahre	Es soll mit ja oder nein angegeben werden, ob eines von zwei abstrakten Symbolen in einer Reihe aus fünf Symbolen enthalten ist (ein Symbol in einer Reihe aus drei Symbolen).	Bd. 3
Feature Identification Task aus: Amsterdam Neuropsychological Tasks (ANT) (englisch)	ab 6 Jahre	Entscheiden, ob ein kritisches Matrix-Muster in einer Menge von Matrizen enthalten ist.	Bd. 3
Ergänzen visuell unvollständiger Bilder (visual closure)			
Gestaltschließen aus: Frostigs Entwicklungstest der visuellen Wahrnehmung-2 (FEW-2), UT 6 Frostigs Entwicklungstest der visuellen Wahrnehmung-Jugendliche und Erwachsene (FEW-JE), UT 4	4–8 Jahre 9–90 Jahre	Aus verschiedenen unterbrochenen Zeichnungen soll diejenige ausgewählt werden, die mit einem vollständig dargestellten Zielitem identisch ist. (Zielfigur bekannt) 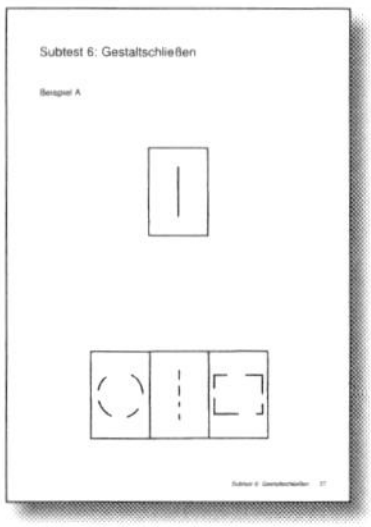	433

Gestaltschließen aus: Kaufman Assessment Battery for Children – Second Edition (KABC-II)	3–18 Jahre (7–12 Jahre)	Erkennen eines Objekts, obwohl es unvollständig abgebildet ist. (Zielstimulus nicht bekannt).	Bd. 3
Erkennen von Details (oder Fehler bzw. Fehlen von Details) auf Bildern			
Bilder ergänzen aus: Wechsler Intelligence Scale for Children (Deutschsprachige Adaptation) – Fourth Edition (WISC-IV) Fifth Edition (WISC-V)	6–16 Jahre	Es soll erkannt werden, welches Detail auf einem Bild fehlt.	Bd. 3
Mentales Zusammensetzen von Teilen zu einem Ganzen			
Picture Puzzle aus: Developmental Neuropsychological Assessment-II (NEPSY-II) (englisch)	7–16 Jahre	Das Kind sieht ein Bild mit einem Gegenstand, über das ein Raster gedruckt ist; daneben befinden sich Bildausschnitte, die den Rasterabschnitten des Bildes zugeordnet werden sollen.	Bd. 3
Hooper Visual Organization Tests (VOT) (englisch)	Ab 5 Jahre	Puzzleteile von Objekten sollen mental zu einer ganzen Figur zusammengesetzt werden. Das Objekt soll benannt werden.	Bd. 4
Gesichterverarbeitung			
Memory for faces Memory for faces delayed aus: Developmental Neuropsychological Assessment-II (NEPSY-II) (englisch)	5–16 Jahre	Ein zuvor dargebotenes Gesicht soll aus drei Gesichtern ausgewählt werden.	Bd. 3
Wiedererkennen von Gesichtern aus: Kaufman Assessment Battery for Children – Second Edition (KABC-II)	3–4 Jahre	Gesichter auf einem Gruppenfoto wiedererkennen	Bd. 3
Face Recognition Task (FR) aus: Amsterdam Neuropsychological Tasks (ANT) (englisch)	 4–38 Jahre 12–18 Jahre 7–16 Jahre	Wiedererkennen von nicht vertrauten Gesichtern – von vorne – im Profil – auf dem Kopf	Bd. 3
Cambridge Face Memory Test for Children (CFMT-C) (englisch) (experimentell)	5–12 Jahre	Kurzfristiges Behalten und Wiedererkennen von Gesichtern	

Visuo-räumliche Wahrnehmungsleistungen und Orientierung			
Größenvergleich/Vergleich von Längen			
Wahrnehmung visuell aus: Intelligence and Development Scales (IDS)	5–10 Jahre	Striche auf Kärtchen der Länge nach anordnen.	Bd. 3
Wahrnehmung visuell aus: Intelligence and Development Scales – Preschool (IDS-P)	3–5 Jahre	Stifte auf Kärtchen in aufsteigender Länge anordnen. 	Bd. 3
Linienorientierung			
Judgement of Line Orientation (JLO) (englisch)	Ab 7 Jahre	Zwei kurze Linien sollen denjenigen aus einem Fächer von Linien zugeordnet werden, die dieselbe räumliche Ausrichtung haben.	Bd. 4
Arrows aus: Developmental Neuropsychological Assessment-II (NEPSY-II) (englisch)	5–16 Jahre	Es werden Pfeile dargeboten, die auf eine Zielscheibe gerichtet sind. Es soll angegeben werden, welche Pfeile ins Ziel treffen.	Bd. 3
G 2.1.3 aus: Tübinger Luria-Christensen Neuropsychologische Untersuchungsreihe für Kinder (TÜKI)	(„Grobnormen“)	Nachstellen von Zeigern einer Uhr (enthält motorische Komponente)	Bd. 3
Räumliche Relationen			
Räumliche Beziehungen aus: Frostigs Entwicklungstest der visuellen Wahrnehmung-2 (FEW-2), UT 5	4–8 Jahre	Reproduktion visuell dargebotener Muster durch das Verbinden von Punkten in einer Matrix (Motorikbeteiligung). 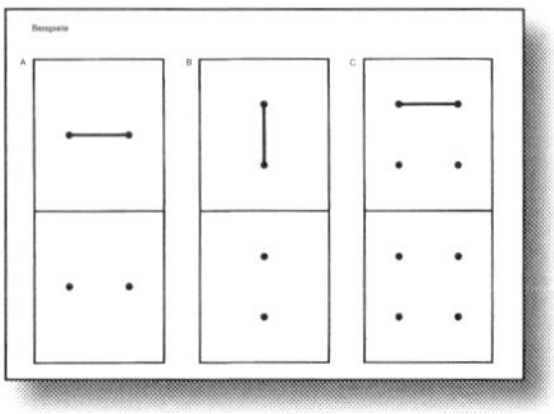	433

Versteckter Wurmling aus: Battery for Assessment in Children – Screening für kognitive Basiskompetenzen im Vorschulalter (BASIC-Preschool)	4;9–5;11 Jahre	Erfassen von räumlichen Relationen: Es werden zwei Bilder nebeneinander gezeigt. Das Kind soll angeben, welcher Wurm sich unter dem schwarzen Quadrat versteckt, wenn man beide Bilder übereinanderlegt. 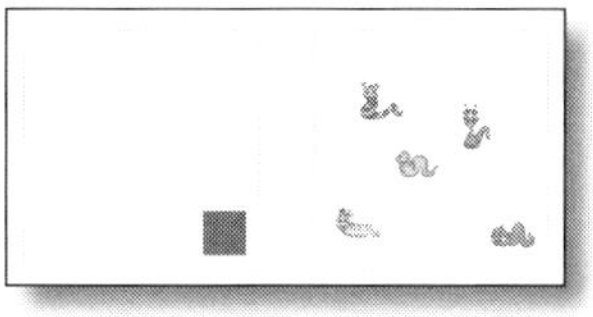	Bd. 3
Zahlen lokalisieren aus: Visual Object and Space Perception Battery (VOSP) (englisch)	Erwachsene (8–12 Jahre)	Es sollen zwei Felder mental zur Deckung gebracht werden. Der Proband soll angeben, welche Zahl sich dann unter dem Punkt befindet.	Bd. 4
Positionen unterschieden aus: Visual Object and Space Perception Battery (VOSP) (englisch)	Erwachsene (8–12 Jahre)	Vergleich, ob sich zwei Punkte an unterschiedlichen Orten befinden.	Bd. 4
Mengenerfassen/Mengenvergleich			
Schnellzähler aus: Battery for Assessment in Children – Screening für kognitive Basiskompetenzen im Vorschulalter (BASIC-Preschool)	4;9–5;11 Jahre	Es werden kurzfristig Bilder mit kleinen Mengen gezeigt. Das Kind soll angeben, welche Menge größer ist. 2 Sekunden Darbietungszeit	Bd. 3
Subitizing/Schätzen aus: Testverfahren zur Dyskalkulie – Kindergarten (ZAREKI-K)	4–5 Jahre	Mengen aus verschiedenen Objekten werden kurz gezeigt. Das Kind soll die Mengen schätzen und miteinander vergleichen.	Bd. 3
Perzeptive Mengenbeurteilung aus: Testverfahren zur Dyskalkulie (ZAREKI-R)	1.–4. Klasse	Es werden kurz Mengen von Objekten gezeigt; die ungefähre Anzahl soll genannt werden (setzt Zahlenverarbeitung voraus)	Bd. 3
Approximativer Größenvergleich – Punktmengen aus: Test zur Erfassung numerisch-rechnerischer Fertigkeiten (TEDI-MATH)	4–8 Jahre	Entscheiden, welche von zwei Punktmengen die größere ist.	Bd. 3

Raumvorstellung und mentale Rotation			
Lage im Raum aus: Frostigs Entwicklungstest der visuellen Wahrnehmung-2 (FEW-2), UT 2	4–8 Jahre	Es soll aus verschiedenen rotierten Mustern dasjenige gefunden werden, das dieselbe Position im Raum einnimmt wie der Zielstimulus. 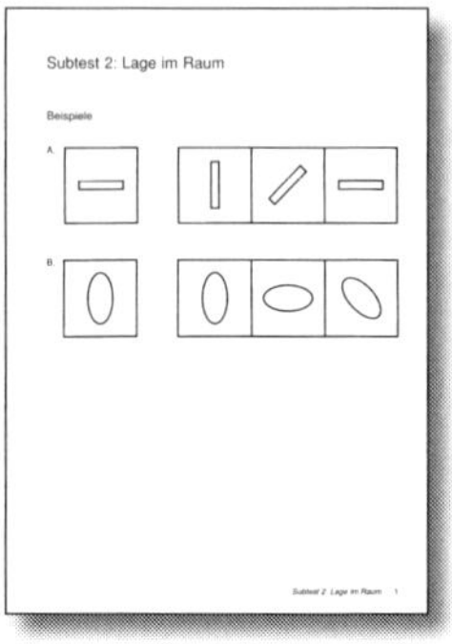	433
Geometric Puzzle aus: Developmental Neuropsychological Assessment-II (NEPSY-II) (englisch)	5–16 Jahre	Geometrische Formen (Puzzleteile) außerhalb einer Matrix sollen den entsprechenden identischen Formen innerhalb einer Matrix (Puzzles) zugeordnet werden. Diese sind zum Teil rotiert.	Bd. 3
Blöcke zählen aus: Kaufman Assessment Battery for Children – Second Edition (KABC-II)	7–18 Jahre	Es sind dreidimensionale Figuren abgebildet, die sich aus Blöcken zusammensetzen, die nur zum Teil sichtbar sind. Es soll angegeben werden, aus wievielen Blöcken die Figur besteht.	Bd. 3
Raumvorstellung aus: Prüfsystem für Schul- und Bildungsberatung für 4. bis 6. Klassen – Revidierte Fassung (PSB-R 4-6)	4.–6. Klasse	Es sind dreidimensionale Figuren dargestellt. Es soll angekreuzt werden, aus wievielen Flächen sich die Figur zusammensetzt. 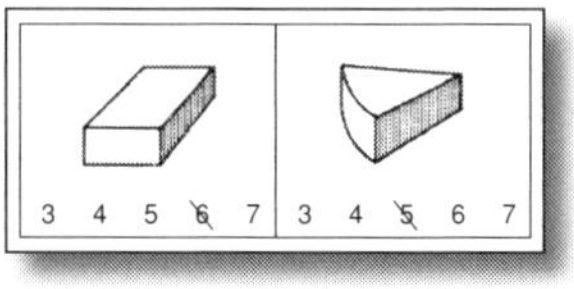	

Schlauchfiguren	ab 15 Jahre	Es werden Abbildungen von in Harzblöcke eingegossenen dreidimensionalen Figuren aus unterschiedlichen Perspektiven gezeigt. Es soll angegeben werden, welche Bilder dieselbe Figur zeigen. 	Bd. 4
Wege finden/Mentale Landkarten			
Subtest Route Finding aus: Developmental Neuropsychological Assessment-II (NEPSY-II) (englisch)	5–12 Jahre	Es wird die Zeichnung eines Hauses mit Zugangsweg gezeigt. Anschließend soll dasselbe Haus auf einer Karte mit mehreren, identisch aussehenden Häusern anhand des Zugangsweges wiedergefunden werden.	Bd. 3
Rover aus: Kaufman Assessment Battery for Children – Second Edition (KABC-II)	6–18 Jahre	Das Kind führt einen Spielzeughund auf dem kürzesten Weg über eine Art Spielbrett zu einem Knochen (umfasst auch planerische Anteile/EF).	Bd. 3
Orientierung im Raum oder am eigenen Körper			
Benton's Right-Left Orientation Test (RLOT) (englisch)	Ab 16 Jahre	Es sollen auf verbale Aufforderung hin linke und rechte Körperteile beim Patienten selbst und auf Abbildungen gezeigt werden.	
Body parts naming and identification (englisch) aus: Developmental Neuropsychological Assessment-II (NEPSY-II) (englisch)	3–4 Jahre	Es sollen bei sich selbst und auf einer Abbildung Körperteile benannt werden.	Bd. 3

Testbatterien			
Frostigs Entwicklungstest der visuellen Wahrnehmung-Jugendliche und Erwachsene (FEW-JE)	9–90 Jahre	Untertests: 1. Abzeichnen 2. Figur-Grund 3. Visuo-motorische Suche 4. Gestalterschließen 5. Visuo-motorische Geschwindigkeit 6. Formkonstanz	419
Frostigs Entwicklungstest der visuellen Wahrnehmung-2 (FEW-2)	4–8 Jahre	Untertests: 1. Auge-Hand-Koordination 2. Lage im Raum 3. Abzeichnen 4. Figur-Grund 5. Räumliche Beziehungen 6. Gestaltschließen 7. Visuo-motorische Geschwindigkeit 8. Formkonstanz	
Test of Visual-Perceptual Skills (non-motor) Third Edition (TVPS-3) (2006) Fourth Edition (TVPS-4) (2017) (englisch)	4–18 Jahre	Untertests: – Visual Discrimination – Visual Memory – Spatial Relationships – Form Constancy – Sequential Memory – Visual Figure Ground – Visual Closure	Bd. 4
Vergleichsnormen für Kinder von Weber et al. (2004) (*N*=30) aus: Visual Object and Space Perception Battery (VOSP)	Erwachsene 8–12 Jahre	Untertests: 1. Unvollständige Buchstaben 2. Silhouetten erkennen 3. Objekterkennung 4. Zunehmende Silhouetten 5. Punkte zählen 6. Positionen unterscheiden 7. Zahlen lokalisieren 8. Würfelanzahl	Bd. 4
Birmingham Object Recognition Battery (BORB) (englisch, Bova et al., 2007)	Kinder und Erwachsene	Klinische Aufgabensammlung aus 14 Untertests zur visuellen Wahrnehmung von Objekten: – Drawing from Memory – Copying – Length Match Task – Size Match Task – Orientation Match Task – Position of Gap Match Task – Overlapping Figures – Minimal Feature View Test	Bd. 4

		– Foreshortened View Task – Object Decision Task – Function Match Task – Associative Match Task – Picture Naming (Short Version) – Picture Naming (Long Version)	
Motor-Free Visual Perception Test Third Edition (MVPT-3) (2003) Fourth Edition (MVPT-4) (2015)	4–85 Jahre	Untertests: – Visual Discrimination – Spatial Relationships – Visual Memory – Figure-Ground – Visual Closure (siehe Beispiel)	
L94 Visual Perceptual Battery (Stiers et al., 2001) (englisch)	3–6 Jahre	Klinische Batterie mit Vergleichsnormen aus 8 Testaufgaben: 1. Visual matching 2. Overlapping line drawings 3. Line drawings occluded by noise 4. Unconventional object views 5. De Vos task – short version 6. Matching block designs 7. Constructing block designs 8. Copying geometric figures	
A Test Battery of Child Development for Examining Functional Vision (ABCDEFV)	0–36 Monate	Testbatterie aus 22 Tests, die Untersuchungen elementarer Sehleistungen (core vision tests) mittels augenärztlicher und orthoptischer Verfahren und einfachen visuo-kognitiven Aufgaben kombiniert	402
Visuelle Prozesse in Zusammenhang mit Lesen			
Erkennen verdrehter Buchstaben			
Recognition of reversals aus: Developmental Neuropsychological Assessment-II (NEPSY-II) (englisch)	5–16 Jahre	Erkennen von verdrehten Buchstaben und Zahlen	Bd. 3
Jordans Left-Right Reversal Test (englisch)	5–18 Jahre	Erkennen von Links-rechts-Verdrehern: 1a. Zeichen 1b. Zahlen und Buchstaben 2a. Wörter 2b. Sätze mit einzelnen verdrehten Wörtern („saw“ „was“) 2c. Vergleich von zwei Spalten mit Buchstaben-Zahlen Sequenzen	

Lesegeschwindigkeit (vgl. Kapitel „Lesen und Schreiben“)			
Wilkins Schroth Lesetest	7–10 Jahre	Eine Folge aus inhaltlich nicht zusammenhängenden Wörtern soll so schnell wie möglich gelesen werden (optometrisches Verfahren)	
Salzburger Lesescreening 1-4 (SLS 1-4)	1.–4. Klasse	Überprüfung der basalen Lesefertigkeit und des Lesetempos. Sätze (z. B. „Bananen sind blau“) sollen möglichst schnell gelesen und nach ihrer Richtigkeit beurteilt werden.	
Salzburger Lesescreening 5-8 (SLS 5-8)	5.–8. Klasse	Überprüfung der basalen Lesefertigkeit und des Lesetempos. Sätze sollen möglichst möglichst schnell gelesen und nach ihrer Richtigkeit beurteilt werden.	
Lernfortschrittsdiagnostik Lesen (LDL)	1.–4. Klasse, bis 9. Klasse Hauptschule	Es werden Texte eine Minute lang vorgelesen. Ermittelt wird die Dekodiergenauigkeit und das Lesetempo (Wörter pro Minute)	
Lesegeschwindigkeits- und -verständnistest für die Klassenstufen 6-12 (LGTV 6-12)	6.–12. Klasse	Innerhalb von vier Minuten in einem Lesetext an 23 Stellen das passende aus drei Wörtern auswählen.	
Visuo-motorische Verfahren mit Schwerpunkt auf visueller Verarbeitung			
Schreiben, Zeichnen, Stiftführung bei gleichzeitiger visueller Exploration			
Trail-Making Test (TMT)	9–14 Jahre ab 15 Jahre	Es sollen (A) Zahlen, die auf einem Blatt verteilt sind in aufsteigender Reihenfolge miteinander verbunden werden, (B) Zahlen und Buchstaben in aufsteigender Reihenfolge und im Wechsel miteinander verbunden werden.	Bd. 1
Zahlen-Verbindungs-Test (ZVT)	ab 8 Jahren	Es sollen Zahlen, die auf einem Blatt verteilt sind, in aufsteigender Reihenfolge miteinander verbunden werden.	Bd. 1
Zahlensymboltest aus: Wechsler Intelligence Scale for Children (Deutschsprachige Adaptation) – Fourth Edition (WISC-IV)	6–16 Jahre	Es sollen so schnell wie möglich abstrakte Symbole den Zahlen 1 bis 9 zugeordnet werden. Dabei ist ein Hin- und Herschauen zwischen Vorgabe und Arbeitsbereich notwendig.	Bd. 1

Symbole kodieren aus: Wechsler Preschool and Primary Scale of Intelligence (Deutschsprachige Adaptation) – Third Edition (WPPSI-III)	3–7 Jahre	Es werden in einem Kodierungsschlüssel Formen und Symbole zugeordnet. Das Kind soll entsprechend dieser Zuordnung Symbole in die passenden Formen einzeichnen.	Bd. 3
Visuomotorische Geschwindigkeit aus: Frostigs Entwicklungstest der visuellen Wahrnehmung-2 (FEW-2), UT 7 Frostigs Entwicklungstest der visuellen Wahrnehmung-Jugendliche und Erwachsene (FEW-JE), UT 5	4–8 Jahre ab 9 Jahre	Schnellstmögliches Einzeichnen von Markierungen in bestimmte geometrische Formen.	419
Abzeichnen/Ergänzen von Vorlagen			
Abzeichnen aus: Frostigs Entwicklungstest der visuellen Wahrnehmung-2 (FEW-2), UT 3 Frostigs Entwicklungstest der visuellen Wahrnehmung-Jugendliche und Erwachsene (FEW-JE), UT 1	4–8 Jahre ab 9 Jahre	Abzeichnen geometrischer Formen nach Vorlage.	419
Figure copy aus: Developmental Neuropsychological Assessment-II (NEPSY-II) (englisch)	3–16	Abzeichnen von geometrischen Figuren.	Bd. 3
Abzeichentest für Kinder (ATK)	7–12 Jahre	Abzeichnen von abstrakten Figuren mit einer Vorgabe, die in der Kopie genutzt werden muss.	410
Zeichenmuster aus: Non-verbaler Intelligenztest (SON-R 6-40)	ab 6 Jahre	Das fehlende Teil in einem Muster soll so eingezeichnet werden, dass es wieder ein vollständiges Muster ergibt.	Bd. 3
Abzeichnen aus: Intelligence and Development Scales (IDS) Intelligence and Development Scales – Preschool (IDS-P)	5–10 Jahre 3–5 Jahre	Abzeichnen von geometrischen Figuren nach Vorlage.	Bd. 3
Visuo-konstruktive Tests (vgl. Kapitel Motorik und Sensorik)			
Mosaiktest aus: Wechsler Intelligence Scale for Children (Deutschsprachige Adaptation) – Fourth Edition (WISC-IV)	6–16 Jahre	Nachlegen von Vorlagen mit farbigen Würfeln.	Bd. 4

Dreiecke aus: Kaufman Assessment Battery for Children (K-ABC)	3–12 Jahre	Es sollen Muster aus gelben und blauen Dreiecken nach Vorlage nachgelegt werden.	Bd. 3
Mosaike aus: Non-verbaler Intelligenztest (SON-R 6-40)	ab 6 Jahre	Mit roten, weißen und rot-weißen Quadraten sollen verschiedene Muster in einem Rahmen nachgelegt werden.	Bd. 3
Komplexe visuo-räumliche Organisation			
Komplexe Figur von Rey (ROCF)	ab 6 Jahre	Eine komplexe Figur soll abgezeichnet und zeitverzögert aus dem Gedächtnis reproduziert werden. 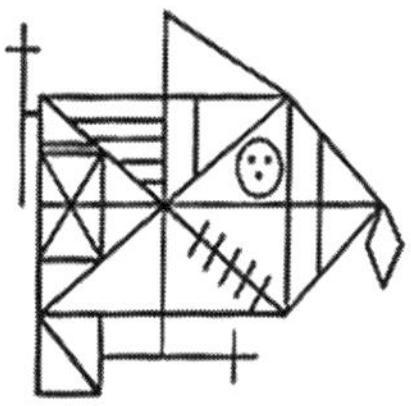	Bd. 1
Clocks aus: Developmental Neuropsychological Assessment-II (NEPSY-II) (englisch) (vgl. auch Clock Drawing Test (CDT); Strauss, Sherman & Spreen, 2006)	7–16 Jahre (6–12 Jahre)	1. Eine Uhr wird frei gezeichnet. Die Uhrzeiger sollen eine vorgegebene Zeit anzeigen. 2. Das Kind soll an einer Uhr die Uhrzeit ablesen.	Bd. 3
Reales Zusammenfügen von Teilen zu einem Ganzen (Objekt, Muster, Puzzle)			
Figurenlegen aus: Wechsler Preschool and Primary Scale of Intelligence (Deutschsprachige Adaptation) – Third Edition (WPPSI-III)	3–7 Jahre	Zusammenlegen von Teilen zu einer Figur (Zielfigur nicht bekannt).	Bd. 3
Weitere Tests mit Schwerpunkt Psychomotorik siehe Tabelle Kapitel 1.4.4			
(Weitere) visuelle und visuo-räumliche Aufgaben aus Entwicklungstest			
Entwicklungstest 6 Monate bis 6 Jahre – Revision (ET 6-6-R)	(36) 42–72 Monate	– Nachzeichnen – Rechts-Links-Unterscheidung – Formverständnis – Visuelles Gedächtnis – Räumliche Perspektivübernahme – Differenziertes Puzzeln	Bd. 3

		– Kausalitätsverständnis – Reproduktion komplexer Anordnungen – Körperteile zeigen/benennen – Menschzeichnung	
Kognitiver Entwicklungstest für das Kindergartenalter (KET-KID)	3;0–6;5 Jahre	– Räumliche Vorstellung (Befolgen von verbalen Anweisungen zur räumlichen Positionierung (Beispiel: „Berühre mit der rechten Hand dein rechtes Ohr") (erfasst auch Instruktionsverständnis). – Visuokonstruktion (Nachzeichnen einer geometrischen Figur).	Bd. 3
Wiener Entwicklungstest (WET)	3–6 Jahre	– Muster Legen (Nachlegen von Mustern aus Würfeln) – Nachzeichnen (von Formen) – Bilderlotto (Vergleich der Positionen von Objekten auf Bildkärtchen: identische Anordnungen sollen erkannt werden)	Bd. 3
Weitere Verfahren mit Aufgaben zur visuellen und visuo-räumlichen Entwicklung siehe Kapitel Entwicklungstests in Band 3			
Fragebogen			
Preverbal Visual Assessment Questionnaire (PreViAs)	1–24 Monate	30 Eltern-Fragen zu den Bereichen: visuelle Aufmerksamkeit, visuelle Kommunikation, visuo-motorische Koordination, visuelle Verarbeitung.	
Cerebral Visual Impairment Questionnaire (CVI Questionnaire) (englisch)	ab 1 Jahr	Fragebogen für Eltern zu: 1. Visual attitude • Fixation • Visual Field • Visual Attention • Influence Familial environment 2. Dorsal stream 3. Ventral stream 4. Complex problems 5. Other senses 6. Associated characteristics	

Abzeichentest für Kinder (ATK)

Dietmar Heubrock, Iris Eberl & Franz Petermann

Göttingen: Hogrefe, 2004

Zusammenfassende Testbeschreibung

Zielsetzung und Operationalisierung

Konstrukte
Der Test dient der Erfassung raumanalytischer und räumlich-konstruktiver Fähigkeiten und entsprechender Funktionsstörungen im Kindesalter als Vorläuferfunktionen der Entwicklung von Kulturtechniken wie Lesen, Schreiben und Rechnen.

Testdesign
Der Test besteht je nach Alter aus drei bis neun Vorlagen mit unterschiedlich komplexen geometrischen Mustern, die auf der unteren Hälfte eines vertikal angeordneten A4 Blattes abgezeichnet werden sollen. Als Vorgabe sind bereits Elemente der jeweiligen Vorlage für das Abzeichnen auf der unteren Hälfte des A4 Blattes abgebildet. Diese Elemente sind durch den Probanden so genau wie möglich in die Reproduktion zu integrieren.

Angaben zum Test

Normierung
Alter: 7 bis 12 Jahre (N=350), aufgeteilt in 4 Altersnormgruppen: 7 Jahre (N=29); 8 Jahre (N=46); 9/10 Jahre (N=106); 11/12 Jahre (N=169)
Bildung: keine Angaben
Geschlecht: keine geschlechtsspezifische Normierung.

Material
Manual, Testhefte mit cut-off-Wert-Angaben, Auswertschablonen, benötigt wird ein weicher Bleistift ohne Radiergummi.

Durchführungsdauer
maximal 10 Minuten, Auswertedauer maximal 5 Minuten.

Testkonstruktion

Design

Aufgabe
Es werden unterschiedlich komplexe geometrische Muster auf der oberen Hälfte eines hellblauen A4-Blattes präsentiert. Die Muster sollen unter Nutzung von vorgegebenen Markierungshilfen (Linien, Bögen, Punkte)

ohne Zeitkriterium auf die untere Hälfte des Vorlagenblattes so genau wie möglich kopiert werden. Je nach Altersstufe werden unterschiedlich viele Muster vorgegeben. Ein Muster entspricht einem Testitem. Die Testitems liegen in altersgruppen-bezogenen Testheften (A4-Format) vor (7 Jahre: 3 Items; 8 Jahre: 4 Items; 9/10 Jahre: 7 Items; 11/12 Jahre: 9 Items).

Konzept
Grundlegende visuelle Wahrnehmungsfunktionen wie räumliche Analyse und Orientierung (Längen und Distanzschätzung, Winkel- und Positionsschätzung, subjektive Horizontalen- und Vertikalenschätzung, Linienhalbierung) sowie räumlich-konstruktive Fähigkeiten werden durch die Aufgaben operationalisiert. Hierbei sei es durch den ATK möglich, eine Konfundierung der Testleistung mit grob- und feinmotorischen, mnestischen und geschwindigkeitsbezogenen Aspekten zu reduzieren, da diese Aspekte nicht in die Bewertung eingehen.

Variablen
Als erhobene Variable dient die Anzahl richtig reproduzierter Muster. Als Nebenvariable kann eine Gesamtpunktzahl pro Item angesehen werden. Diese bestimmt sich aus der Anzahl von erfüllten Auswertekriterien (d. h. Formerfassung, Vollständigkeit, Einbezug von Markierungen, räumliche Ausrichtung, Größe).

Durchführung

Die Instruktion kann vorgelesen oder sinnentsprechend mündlich vorgegeben werden, wobei explizit darauf hingewiesen wird, dass so genau wie möglich abgezeichnet werden soll, ein Zeitkriterium keine Rolle spielt, das Blatt aus der vertikalen Position nicht gedreht werden darf und Markierungshilfen benutzt werden müssen. Korrekturen von selbst bemerkten Fehlern sollen durch Durchstreichen ungültiger Linien vorgenommen werden. Die Nutzung eines Radiergummis ist nicht zugelassen. Gefordert ist ein selbstständiges Bearbeiten der Aufgaben. Fragen sollen nur beantwortet werden, sofern andernfalls eine instruktionswidrige Durchführung zu erwarten ist. Konkrete Durchführungshilfen sind durch den Testleiter nicht zu geben. Der Untersucher sollte zusätzlich auf die Art der Leistungserbringung achten, um vor allem graphomotorisch konfundierte Leistungen einzuschätzen. Durch die Aufforderung des Probanden zur Beschreibung der abzuzeichnenden Form nach Leistungserbringung können Hinweise auf zusätzliche visuo-perzeptive Funktionseinschränkungen abgeleitet werden.

Auswertung

Die Auswertung erfolgt anhand übersichtlich gestalteter Folien mit entsprechenden Toleranzbereichen für jedes Testitem. Die Schablonen sind mit Markierungen ausgestattet, um ein passgenaues Anlegen auf dem Testbogen zu erleichtern. Als richtig abgezeichnet gilt ein Item, wenn das abgezeichnete Muster drei Kriterien erfüllt: die entsprechenden Markierungshilfen wurden in einem festgelegten Toleranzbereich genutzt, das Größenverhältnis weicht nicht von dem vorgegebenen Toleranzbereich ab, die Lage von Teilformen entspricht weitgehend der Vorlage. Es liegen altersspezifische cut-off Werte für die Anzahl der richtig bearbeiteten Testitems vor. Die cut-off Werte sind so definiert, dass weniger als 10–20 % der Altersstichprobe der Normierungspopulation in ihrer Leistung darunter liegen. (7 Jahre: 10 %; 8 Jahre: 17 %; 9–10 Jahre: 12 %; 11–12 Jahre: 14 %). Die cut-off Werte sind auf der Vorderseite jeden Testheftes vermerkt. Vergleichswerte von Patientengruppen liegen nicht vor.

Zusätzlich ist es dem Anwender möglich, eine vertiefte itembezogene Auswertung vorzunehmen. Hierzu stellen die Autoren ein Auswertungsschema vor, welches die Kriterien Formerfassung, Vollständigkeit, Einbezug von Markierungslinien, räumliche Ausrichtung und Größe berücksichtigt. Der Fähigkeitsparameter ergibt sich aus der Summe erfüllter Kriterien pro Item. Für jedes Item des ATK ist eine Häufigkeitsverteilung der Normierungspopulation pro Altersgruppe des jeweiligen Fähigkeitsparameters angegeben.

Normierung

Stichprobe
N=350 Schulkinder im Alter von 7 bis 12 Jahren, davon *N*=153 männlich (43,7%) und *N*=197 (56,3%) weiblich.

Normen
Altersgruppen: 7 Jahre (*N*=29); 8 Jahre (*N*=46); 9/10 Jahre (*N*=106); 11/12 Jahre (*N*=169)
Bildung: keine Angaben
Geschlecht: Tabelle zur Geschlechterverteilung der Altersgruppen vorhanden: 56,3% (Mädchen, *N*=197); Geschlechtseffekte nicht angegeben; keine geschlechtsspezifische Normierung.

Gütekriterien

Objektivität
Durchführung: Durch die klaren Instruktionen ist laut Manual die Durchführungsobjektivität gesichert.
Auswertung: Aufgrund übersichtlich gestalteter Auswerteschablonen mit entsprechenden Toleranzbereichen für jedes Testitem sowie Auswertebeispielen für jedes Testitem kann von einer guten Auswerteobjektivität ausgegangen werden.

Reliabilität
Interne Konsistenz: keine Angaben
Paralleltest-Reliabilität: keine Angaben
Retest-Reliabilität: keine Angaben
Weitere Reliabilitätsmaße: Angabe zu altersgruppenbezogenen Schwierigkeiten der Items jeder Altersgruppe.

Validität
Konstruktvalidität: keine Angaben
Konvergente/diskriminante Validität: keine Angaben
Kriteriums- bzw. klinische Validität: Kreuzvalidierung der cut-off Werte an einer klinischen Stichprobe (*N*=50, 7–12 Jahre) zufällig ausgewählter Kinder einer Inanspruchnahmepopulation der neuropsychologischen Ambulanz der Universität Bremen eines Jahres. Als Außenkriterium für das Vorliegen einer räumlich-konstruktiven Störung wurde ein Wertepunkt (WP) von ≤4 im Mosaiktest des Hamburg-Wechsler Intelligenztest für Kinder revidierte Fassung (HAWIK-R) bzw. dritte Version (HAWIK-III) (Heubrock & Petermann, 1999) gewählt. 16% der Kinder (7 Jahre (*N*=1); 8 Jahre (*N*=4); 9–10 Jahre (*N*=2); 11–12 Jahre (*N*=1)) entsprachen diesem Kriterium. Bei 7 dieser 8 Kinder zeigte sich eine Übereinstimmung mit den cut- off Werten des ATK, was einem Übereinstimmungsquotienten von 87% entspricht.

Nebengütekriterien
keine Angaben

Neuropsychologische Aspekte

Theoretischer Rahmen

Grundlage des Tests ist das Konzept der räumlich-konstruktiven Störung. Unter diesem Begriff sind Beeinträchtigungen bei jenen Tätigkeiten zusammengefasst, bei denen einzelne örtliche Elemente zu einem Ganzen zusammengefügt werden, wobei neben planerischen, motorischen auch visuo-perzeptive und visuo-kognitive Leistungen essentiell notwendig sind. Die Autoren beschreiben im Theorieteil den Weg der Konzeptentwicklung ausgehend von Kleists konstruktiver Apraxie (1934) über die Beobachtungen von Wais (1978; 1982) zur Differenzierung rechtshemisphärisch versus linkshemishärisch geschädigter Erwachsener, bis zu dem im deutschen Sprachraum gängigen Ordnungssystem visuell-räumlicher Leistungen von Kerkhoff (1988). Eine Übertragung dieses Konzepts auf das Kindesalter erfolgt vor dem Hintergrund der Entwicklungsgeschichte von Zeichentests im deutschsprachigen Raum, unter kritischer Bezugnahme auf das Konzept der minimalen cerebralen Dysfunktion MCD (Strauss & Lehtinen, 1947; Lempp, 1979) und den klinischen Erfahrungen der Testautoren.

Anwendungsbereiche

Der ATK stellt eine Adaption des Gailinger Abzeichentests (GAT; Wais, 1978) für das Kindesalter dar. Der GAT wird als sensitiv für rechtshemisphärische Hirnschädigungen im Erwachsenalter beschrieben sowie sensitiv für Kinder mit räumlich-konstruktiven Störungen (Heubrock & Petermann, 1999) angesehen. Demzufolge gelte das auch für den ATK. Da der ATK Vorläuferfunktionen für den Erwerb von Kulturtechniken erfasst, sei er ebenso in der Schul- und Ausbildungsberatung anwendbar.

Funktionelle Neuroanatomie

Untersuchungsergebnisse zur Neuroanatomie werden im Manual nur zusammenfassend in Bezug auf den GAT im Erwachsenenalter genannt.

Ergebnisbeeinflussende Faktoren

Werden nicht genannt. Im Unterschied zu anderen Zeichentests sollen die Leistungen im ATK nicht mit visuellen, feinmotorischen oder Gedächtnisstörungen konfundiert sein.

Testentwicklung

Der Test steht in der Tradition klassischer Zeichen- und Konstruktionstests. Er ist als Adaptions- und Normierungsversuch des GAT für das Kindesalter anzusehen. Ursprünglich diente der GAT zur Differenzierung der Lokalisation der Hirnschädigung und zur Bestimmung des Ausmaßes der rechtshemisphärischen Hirnfunktionsstörung bei Erwachsenen. Wais (1982) belegte, dass die im GAT operationalisierten

Abzeichenleistungen unter Nutzung von Strukturierungshilfen ebenso zwischen rechts- und linkshemisphärisch geschädigten Kindern im Alter von 6 bis 12 Jahren unterscheiden. Eine langjährige Anwendungserfahrung in der klinischen Kinderneuropsychologie veranlasste die Testautoren (Heubrock & Petermann, 1999) zu einer Validierungsuntersuchung des GAT an einer klinischen Inanspruchnahmepopulation. Die Adaption des ATK nach entwicklungspsychologischen Gesichtspunkten wie der altersgestuften Auswahl der Testitems, sollte zur Ableitung altersgruppenspezifischer cut-off-Werte, dem Gewinnen von Normdaten gesunder Kinder unterschiedlicher Altersgruppen sowie zur Präzisierung der Auswertungsrichtlinien führen.

Testbewertung

Die Kritik im Überblick

Der ATK hat einen neuropsychologisch plausiblen und nachvollziehbaren Hintergrund und steht in der Tradition gängiger Zeichen- und Abzeichentests in der neuropsychologischen Diagnostik. Aufgrund der geringen Testgüte ist der Test in vorliegender Form eher als Screening einsetzbar und sollte nicht als einziges Kriterium für eine Diagnose genutzt werden. Zur Abwägung therapeutischer Ziele bei bestehender Diagnose und zur Abbildung eines Verlaufs kann der ATK genutzt werden.

Testkonstruktion

Testmaterial

Das Testmaterial ist einfach, eindeutig und übersichtlich gestaltet.

Testdesign

Konzept: Das Testdesign bezieht sich auf die gängige Konzeption räumlich – konstruktiver Störungen (Kerkhoff, 2000) des Erwachsenenalters. Im Theorieteil des Manuals beziehen die Autoren dieses Konzept anschaulich und praxisnah auf das Kindesalter und arbeiten dabei die Relevanz dieses Funktionsbereiches für die kindliche Entwicklung allgemein und speziell für Kinder mit Lern- und Leistungsstörungen heraus. Dabei werden jedoch die generellen Schwierigkeiten der Übertragung neuropsychologischer Modelle vom Erwachsenen- auf das Kindesalter (Schröder, 2010) sowie eine entwicklungsneuropsychologische Perspektive (Mrakotsky, 2007) vernachlässigt. Die Anlage des Tests legt einen rein quantitativen Unterschied in der Leistungserbringung zwischen Erwachsen und Kindern (mit und ohne Hirnschädigungen) nahe. Mögliche qualitative Unterschiede gehen in die theoretischen Konstruktionsüberlegungen nicht mit ein.

Variablen: Formal wird eine Variable als Testleistung pro Testitem erfasst. Diese setzt sich aus mindestens drei Auswertungskriterien zusammen, die klar und nachvollziehbar beschrieben sind.
Durchführung: Die Formulierung der Instruktionen impliziert eine Gruppenanwendung (2. Person Plural). Das Verfahren wird jedoch im Einzelsetting angewendet.
Auswertung: Es werden Auswertungs- und Interpretationsbeispiele gegeben. Die Analyse der Auswertungskriterien pro Testitem liefert wertvolle differenzielle Hinweise zur Leistungserbringung, was aber in der Antwortdichotomie (richtig/falsch) verlorengeht. Die Nutzung der Häufigkeitstabellen für die Item-bezogene Auswertung anhand von 5 Bewertungskriterien ist verwirrend, da die Autoren zwischen den Itemlabeln des ATK (Buchstaben) und des GAT (Nummern) springen. Es erweist sich als nützlich, eine Auswertungsübersicht selbstständig anzufertigen, um Fehlerschwerpunkte übersichtlich zu erfassen und um z. B. Therapieverläufe differenzierter beurteilen zu können. Es existieren allerdings keine Angaben zur Stabilität der Testleistungen.

Normierung
Stichprobe: Die Repräsentativität der Normierungsgruppe ist aufgrund fehlender Angaben zur Stichprobengewinnung sowie fehlender zusätzlicher soziodemographischer Angaben, wie sozialer Herkunft, kognitivem Gesamtniveau, Schulform, Region, psychischer oder Entwicklungsstörungen etc., nicht einzuschätzen. Geschlechtseffekte wurden nicht beschrieben, obwohl Prävalenzschätzungen zu nichtsprachlichen Lernstörungen diese nahe legen würden (Forrest, 2004).
Normen: Es fehlen Angaben zu Untersuchungen klinischer Gruppen (z. B. Kinder mit LRS, Rechenstörungen, zentralen Sehstörungen, spezifischen genetischen Syndromen). In der Validierungspopulation ($N=50$) zeigte sich eine deutliche Geschlechtsspezifik. Angaben zur Geschlechtsverteilung in der Validierungsgruppe ($N=8$) fehlen. Die Validierungsgruppe ($N=8$) ist insgesamt zu klein.

Gütekriterien
Objektivität: Die Auswertung erfolgt mittels übersichtlich gestalteter Folien mit Toleranzbereichen für jedes Item, die eine Fehleranalyse und damit eine interventionsbezogene Diagnostik erlauben. Für die qualitative Auswertung bestehen relativ umständliche Beschreibungen. Das Springen der Autoren zwischen Item-Nummerierung des GAT und des ATK ist etwas verwirrend.
Wann eine Abzeichenleistung mit feinmotorischen, aufmerksamkeitsbezogenen, exekutiven bzw. basalen visuellen Funktionsbeeinträchtigungen konfundiert ist, wird nicht ausreichend beschrieben.
Reliabilität: Das Fehlen von Reliabilitätsmaßen schränkt den Vergleich zu Testleistungen anderer Verfahren stark ein.

Validität: Bei hohem augenscheinvalidem Testkonzept fehlen Angaben zur faktoriellen und diskriminanten Validität. Die Bestimmung der konvergenten Validität hätte alternative Abzeichentests einschließen können. Das Kriterium eines auffälligen Ergebnisses im Mosaiktest des HAWIK-R/HAWIK-III als alleiniger Indikator einer räumlich-konstruktiven Störung ist unzureichend. Die Validierungspopulation ist unzureichend beschrieben: Eine Beschreibung der neuropädiatrischen und entwicklungsneuropsychologischen Befunde fehlt.
Nebengütekriterien: Das Verfahren ist als ökonomisch und nützlich zu beschreiben. Die Anforderungen spielen im schulischen Alltag von Kindern eine Rolle. Da eine ausschließliche Abstützung auf die psychometrische Auswertung aufgrund oben genannter Schwächen nur bedingt empfohlen werden kann, erfordert die Anwendung große Erfahrung bei der Interpretation der Testergebnisse.

Neuropsychologische Aspekte

Theoretischer Rahmen
Entwicklungsneuropsychologische Aspekte werden im Theorieteil beschrieben. Wissenschaftliche Referenzen beschränken sich auf die Befunde von Wais (1982) zur Differenzierung rechts- versus linkshemisphärischer Hirnschädigungen im Kindesalter sowie von Heubrock & Petermann (1999) mittels GAT. Die Fähigkeit, eine geometrische Figur sequenziell zu analysieren, um sie dann in ein Ganzes zu integrieren, ist erst in einem Alter von ca. 8–9 Jahren laut Schröder (2010) voll entwickelt. Die entwicklungspsychologisch relevante Darstellung der Abhängigkeit der Entwicklung räumlich-konstruktiver Fähigkeiten von übergeordneten Analyse- und Synthesefähigkeiten fehlt jedoch, sodass die entwicklungspsychologische Fundierung des Verfahrens zu hinterfragen ist. Im Test nicht operationalisierte Fähigkeiten, die definitionsgemäß stark mit räumlich – konstruktiven Leistungen verbunden sind, wie visuo-perzeptive und visuo-kognitive Fähigkeiten, Graphomotorik, Gedächtnis und Aufmerksamkeit, werden im Handbuch erwähnt. Nicht beschrieben wird die Rolle exekutiver Funktionen. Die Rolle des ATK als Bestandteil einer neuropsychologischen Untersuchung zur Eingrenzung einer räumlich-konstruktiven Störung fehlt. Dies wird lediglich in Bezug auf das Intelligenzdiagnostikum HAWIK-III beschrieben. In den Auswertebeispielen des Manuals werden qualitative Zugänge lediglich angedeutet (Benennen der abzuzeichnenden Figur, freies Zeichnen, freies Abzeichnen). Die Angabe zusätzlicher Untersuchungsstrategien zur Eingrenzung von Differenzialdiagnosen wäre wünschenswert.

Anwendungsbereiche
Das Verfahren sollte erst in einer sekundären diagnostischen Phase Anwendung finden, wenn anamnestische Informationen, zusätzliche kognitive Befunde sowie Verhaltensdaten die Hypothese einer räum-

lich-konstruktiven Störung stützen. Der ATK sollte nicht als einziges psychometrisches Entscheidungskriterium herangezogen werden. Das Verfahren sollte immer in eine komplexe neuropsychologische Batterie eingebettet sein, die insbesondere auf räumlich-perzeptive und exekutive Leistungsaspekte abhebt. Eine Einzelanwendung ist aufgrund der schwer einschätzbaren Messgenauigkeit nicht zu empfehlen. Als Einzeltest ohne weitere neuropsychologische Referenzuntersuchungen hat das Verfahren maximal Screeningcharakter.

Ergebnis beeinflussende Faktoren

Sehstörungen können die Testleistungen maßgeblich beeinflussen. Ebenso können kognitive und sprachliche Defizite die Testleistung beeinflussen, da die Instruktion nur verbal gegeben wird.

Handhabbarkeit und klinische Anwendung

Der Test ist ausgesprochen einfach durchführbar. Er wird von Kindern, auch mit deutlichen Problemen in diesem Bereich, gut akzeptiert. Um ihn sinnvoll einsetzen zu können, benötigt der Testleiter jedoch ausreichende Erfahrung in der Bewertung von Abzeichenleistungen von Kindern. In der Verhaltensbeobachtung ist insbesondere auf die Art der Leistungserbringung (z. B. globale versus lokale Abzeichenstrategie) zu achten. Die Nutzung eines zusätzlichen Auswerteblattes, welche die 5 Auswertungskriterien für jedes Item auflistet, kann zur Ableitung spezifischer therapeutischer Strategien führen. Dieses Vorgehen verlängert die Auswertungszeit jedoch um mindestens 5–10 Minuten.

Rainer John

Frostigs Entwicklungstest der visuellen Wahrnehmung-2 (FEW-2)

Gerhard Büttner, Winfried Dacheneder, Wolfgang Schneider & Katja Weyer

Göttingen: Hogrefe, 2008

Zusammenfassende Testbeschreibung

Zielsetzung und Operationalisierung

Konstrukte
Visuelle Wahrnehmungsleistungen: visuo-perzeptive und visuo-motorische Leistungen

Testdesign
Testbatterie bestehend aus acht Untertests zur Prüfung folgender visueller Wahrnehmungsleistungen: Figur-Grund, Formkonstanz, Lage im Raum, räumliche Beziehungen. Zusätzliche Einordnung jedes Untertests bezüglich seiner motorischen Komponente als motorikreduziert oder motorikabhängig.

Angaben zum Test

Normierung
Alter: Neun Altersgruppen, von 4;0 bis 7;11 Jahre in Halbjahresschritten, für 8-Jährige als Gesamtgruppe. N = 1 436
Bildung: keine Angaben
Geschlecht: geschlechtsspezifische Normierung für alle Altersgruppen.

Material
Manual mit Normtabellen, Buch mit Bildvorlagen, Antwortheft für motorikabhängige Untertests, Protokollbogen. Optional: PC-gestütztes Testauswertungsprogramm

Durchführungsdauer
25 bis 60 Minuten abhängig von Alter und Fähigkeiten. Über alle Altersgruppen durchschnittlich 35 Minuten.

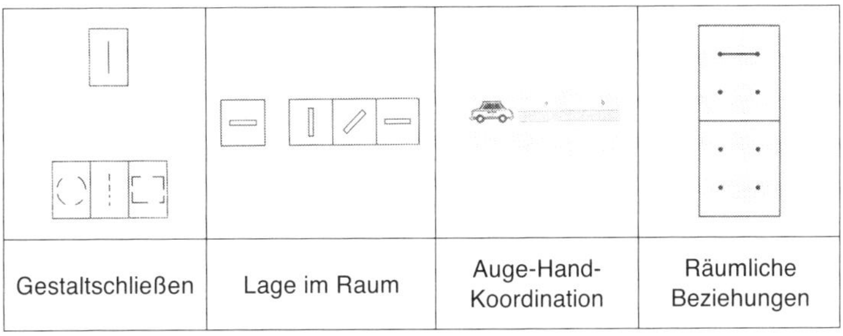

Testkonstruktion

Design

Aufgabe

Der Test besteht aus acht Untertests (in Klammern werden angegeben: erfasster Typ visueller Wahrnehmungsfähigkeit und Motorikbeteiligung)

1. Auge-Hand-Koordination: Innerhalb visueller Begrenzungen sollen präzise gerade oder kurvige Linien gezeichnet werden. (Räumliche Beziehungen; Motorikbeteiligung: hoch);
2. Lage im Raum: Es wird eine Stimulusfigur gezeigt; die Kinder sollen die genau identische Figur aus einer Reihe ähnlicher Figuren auswählen. (Lage im Raum; Motorikbeteiligung: gering);
3. Abzeichnen: Die Kinder sollen einfache Figuren abzeichnen. (Formkonstanz; Motorikbeteiligung: hoch);
4. Figur-Grund: Es sollen vorgegebene Figuren erkannt werden, die in einem verwirrenden komplexen Hintergrund versteckt sind. (Figur-Grund; Motorikbeteiligung: gering);
5. Räumliche Beziehungen: Reproduktion visuell dargebotener Muster durch das Verbinden von Punkten in einer Matrix. (Räumliche Beziehungen; Motorikbeteiligung: hoch);
6. Gestaltschließen: Erkennen einer unvollständig dargebotenen Zielfigur unter mehreren Antwortalternativen. (Formkonstanz; Motorikbeteiligung: gering);
7. Visuomotorische Geschwindigkeit: Schnellstmögliches Einzeichnen von Markierungen in bestimmte geometrische Formen. (Formkonstanz; Motorikbeteiligung: hoch);
8. Formkonstanz: Es sollen Stimulusfiguren in einer Reihe wiedergefunden werden, die sich aber in bestimmten Merkmalen unterscheiden, z. B. Größe, Schattierung, Lage. (Formkonstanz; Motorikbeteiligung: gering).

(In der Tabelle im Kapitel 2.2.6.7 finden sich Abbildungen für Aufgabentypen.)

Konzept

Diese Testbatterie aus acht Untertests zur Erfassung der visuellen Wahrnehmung soll verschiedene jedoch miteinander in Verbindung stehende visuell-perzeptive und visuomotorische Fähigkeiten messen. Hierzu wurden Typen visueller Wahrnehmungsfähigkeiten in den Untertests operationalisiert sowie Unterschiede im Ausmaß der zur Aufgabenbewältigung notwendigen Handmotorik erfasst als motorikreduziert versus motorikabhängig.

Variablen

Erfasst werden in jeder der acht Aufgaben die Anzahl der korrekt gelösten Items. Es werden die Ergebnisse der Motorik-reduzierten Aufgaben zum Motorik-reduzierten Wahrnehmungsquotienten zusammengefasst (MRWQ), die Ergebnisse der Aufgaben mit Motorik-Beteiligung zum Quotienten der visuo-motorischen Integration (VMIQ). Alle acht

Ergebnisse werden im Globalen visuellen Wahrnehmungsquotienten zusammengefasst (GVWQ).

Durchführung
Die Instruktionen werden mündlich vorgegeben. Keine Zeitvorgaben außer in Untertest 7. Die Reihenfolge der vorgegebenen Untertests unterscheidet sich für Vierjährige, da der Subtest „Visuomotorische Geschwindigkeit" erst ab dem Alter von 5 Jahren durchgeführt wird, sich aber motorische und nicht-motorische Untertests bei der Durchführung abwechseln sollen. Für Vier- und Fünfjährige ist eine verpflichtende Pause von 5 Minuten für ein Bewegungsspiel nach dem 4. Subtest einzuhalten. Abbruchkriterien sind in sechs Subtests relevant und werden genau vorgegeben. Der Test kann nur als Einzeltest durchgeführt werden.

Auswertung
Für die korrekte Durchführung von Items eines Untertests werden Punkte vergeben; das Vorgehen wird dabei durch genaue Bewertungskriterien im Manual unterstützt. Die Punkte eines Untertests werden zu seinem Rohwert aufaddiert und anhand der Normtabellen in Wertpunkte und Prozentränge transformiert. Zur intraindividuellen Ergebnisanalyse sind im Manual die kritischen Differenzen der Subtest-Wertpunkte und Interpretationshinweise zum Vergleich der Quotienten untereinander angegeben. Das Testprofil kann zum direkten Vergleich von Subtests und Quotienten grafisch dargestellt werden. Dabei besteht auch die Möglichkeit, die Ergebnisse in Standardwerten (Mittelwert 100, SD 15) anzugeben und sie direkt mit anderen Verfahren derselben Metrik (z. B. K-ABC) zu vergleichen.

Normierung

Stichprobe
N= 1 436 Kinder im Alter zwischen 4;0 und 8;11 Jahren aus sechs deutschen Bundesländern und Wien/Österreich; davon
N= 708 männlich, *N*= 728 weiblich; *N*= 1 329 (92.5 %) mit Muttersprache Deutsch; *N*= 107 (7.5 %) mit anderer Muttersprache. Es wurde darauf geachtet, dass der Ausländeranteil sowie das Stadt-Land-Verhältnis national repräsentativ waren. Die Erhebung erfolgte zwischen Dezember 2003 und Oktober 2004.

Normen
Alter: Neun Altersgruppen
4;0–4;5 Jahre (*N*= 155); 4;6–4;11 Jahre (*N*= 154);
5;0–5;5 Jahre (*N*= 156); 5;6–5;11 Jahre (*N*= 163);
6;0–6;5 Jahre (*N*= 159); 6;6–6;11 Jahre (*N*= 166);
7;0–7;5 Jahre (*N*= 146); 7;6–7;11 Jahre (*N*= 160);
8;0–8;11 Jahre (*N*= 177)
Bildung: keine Angaben
Geschlecht: Geschlechtsspezifische Normierung für alle neun Altersgruppen.

Gütekriterien

Objektivität

Durchführung:
Die Durchführungsobjektivität wird aufgrund der genauen Untertestinstruktionen vorausgesetzt.
Auswertung:
Die Auswertungsobjektivität sei bei Motorik-reduzierten Untertests durch die exakte Protokollierung der Probandenantworten in der Testsituation gegeben. Für Motorik-abhängige Untertests wurden die Auswertungsergebnisse zweier geübter Testauswerter miteinander verglichen, wobei Korrelationskoeffizienten zwischen .98 und .99 die hohe Auswertungsobjektivität bestätigten.

Reliabilität

Interne Konsistenz: Cronbachs Alpha von .67 (Gestaltschließen bei Vierjährigen) bis .91 (Lage im Raum bei Sechsjährigen) und .88 und .94 für die Quotienten.
Retest-Reliabilität: 90 Kinder wurden nach einem Monat erneut getestet. Genügende bis gute Retestreliabilität der Untertests (*r*=.69 bis .91) mit Ausnahme von Figur-Grund (*r*=.47). Die Retestreliabilität der Quotienten liegt bei .47 (Vierjährige) und .73 (Fünfjährige) (für Motorik-reduzierte Wahrnehmung) und .90 (Vierjährige) und .74 (Fünfjährige) (für visuo-motorische Integration).

Validität

Konstruktvalidität: Die Faktorenanalyse der FEW-2-Subtestleistungen der Eichstichprobe ergibt zunächst einen einzigen Faktor mit Eigenwert größer 1, den die Autoren als Faktor „Globaler visueller Wahrnehmung" interpretieren. Mit Promax-Rotation ergibt sich eine 2-faktorielle Lösung, wobei der zweite Faktor einen Eigenwert knapp unter eins aufweist. Die Autoren interpretieren diese beiden Faktoren als „Motorik-reduzierte visuelle Wahrnehmung" und „Visuo-motorische Integration". Sechs der acht Untertests zeigen erwartungsgemäße Ladungen auf diesen Faktoren. Damit sehen die Autoren das 2-Dimensionen-Konzept weitgehend bestätigt. Trotzdem wird dem Gesamttestwert aber die größte Aussagekraft zugeschrieben.
In einer Tabelle werden außerdem die Interkorrelationen der Subtests und Quotienten angegeben.
Konvergente/divergente und Kriteriums-Validität: Zur Überprüfung der Kriteriumsvalidität wurden in Teilstichproben die Graphomotorische Testbatterie (GMT), der Motoriktest für Vier bis Sechsjährige (MOT 4-6) die „Prüfung optischer Differenzierungsleistungen bei Vierjährigen" (POD-4) und die „Prüfung optischer Differenzierungsleistung" (POD) herangezogen. Es zeigen sich die erwarteten signifikanten Korrelationen zwischen einzelnen Untertests, wenn auch zum Teil nicht sehr hoch. Überprüft wurden außerdem die Übereinstimmungen mit der vorherigen deutschsprachigen Version, dem FEW (Lockowandt, 2000), die ebenfalls überwiegend erwartungsgemäß ausfielen.

Anhand von Untersuchungen von Teilstichproben mit dem K-ABC, dem HAWIK-III, und dem CFT 1 werden außerdem die Beziehungen des FEW-2 zu Intelligenzverfahren dargestellt. Dabei ergeben sich vor allem mit den K-ABC Skalen und dem FEW-2 Quotienten der visuo-motorischen Integration mittlere bis hohe Übereinstimmungen (.61 bis .71; ausgenommen ist die Skala des einzelheitlichen Denkens mit r=.17). Weiterhin wurden die Beziehungen von Leistungen im FEW-2 mit Ergebnissen in Schulleistungstests zu Rechnerischen und Leserechtschreibfähigkeiten untersucht (DEMAT 1+/2+; DRT 2, WLLP), wobei sich überwiegend nur niedrige Korrelationen fanden.
Klinische – bzw. diskriminante Validität: Der Nachweis der klinischen Validität erfolgt anhand der Untersuchungen von Kindern mit motorischen Entwicklungsstörungen, Aufmerksamkeitsstörungen und Lernbehinderung. Aufgrund unterschiedlicher Leistungsprofile der Gruppen sehen die Autoren die diskriminante Validität des Tests als gegeben an.
Ökologische Validität: keine Angaben

Nebengütekriterien
Zumutbarkeit: Es gibt genaue Vorgaben von Pausenzeitpunkt und Dauer für Vier- bis Fünfjährige. Ab dem 7. Lebensjahr normalerweise ohne Pause durchführbar.
Störanfälligkeit: Auf die allgemeine Störanfälligkeit von Tests bei Kindern dieses Alters wird hingewiesen.

Neuropsychologische Aspekte

Theoretischer Rahmen

Kein neuropsychologisches Verfahren, sondern ein Entwicklungstest. Als theoretischer Hintergrund werden allgemeine Vorstellungen über Wahrnehmung und ein Drei-Ebenen-Modell rezeptiver Fähigkeiten (nach Aslin & Smith, 1988) skizziert.

Anwendungsbereiche

Vier Hauptanwendungsgebiete: a) Dokumentation visueller Wahrnehmungsstörungen oder visuo-motorischer Störungen bei einzelnen Kindern, b) Identifikation von Kindern, die aufgrund ihrer Probleme an Sonderschulen überwiesen oder Therapien zugewiesen werden sollen, c) Überprüfung der Effektivität von Behandlungen, d) Einsatz als Forschungsinstrument.

Funktionelle Neuroanatomie

keine Angaben

Ergebnisbeeinflussende Faktoren

keine Angaben

Testentwicklung

Der Test ist die deutsche Überarbeitung des „Developmental Test of Visual Perception 2“ (DTVP-2) von Hammill, Pearson und Voress (1993). Grundlage des DTVP-2 war der Developmental Test of Visual Perception DTVP von Frostig, Lefever und Whittelesey (1961), deutsche Überarbeitung als „Frostigs Entwicklungstest der visuellen Wahrnehmung“ (FEW) von Lockowandt (2000). Basierend auf Forschung zur visuellen Wahrnehmung, z. B. von Thurstone (1944) oder Wedell (1960), sowie auf ihrer beruflichen Erfahrung konstruierten Frostig und Kollegen den DTVP als Testbatterie mit fünf Subtests (1964). Vier davon wurden nach den gemessenen Typen der visuellen Wahrnehmung benannt: Formkonstanz, Figur-Grund, Lage im Raum, räumliche Beziehungen, der fünfte nach den an der Aufgabe beteiligten Modalitäten: „Auge-Hand-Koordination“. Der Test wurde rasch sehr populär, trotz unzureichender Normierung, geringer Reliabilität und nicht erwiesener Validität. Hammill und Kollegen entschlossen sich 1993 daher zur Überarbeitung des Tests als DTVP-2. Obwohl ein Kritikpunkt am DTVP seine Annahme der Unabhängigkeit der in den Subtests gemessenen Wahrnehmungsfähigkeiten darstellte, zeigten sich auch Übereinstimmungen mit den in der Forschung berichteten Wahrnehmungstypen (Chalfant & Scheffelin, 1969), so dass die ursprünglichen Konstrukte auch im DTVP-2 beibehalten wurden. Untersuchungen, die die Unabhängigkeit der Subtests überprüfen sollten, kamen aber zum Ergebnis, dass die DTVP-2 Untertests sich entweder auf einen einzigen Faktor oder auf zwei Faktoren zurückführen ließen. Hammill et al. (1993) definierten daher für den DTVP-2 zwei getrennte Quotienten, für die visuelle Wahrnehmung und die visuo-motorische Integration. Dies sollte es ermöglichen, die visuelle Wahrnehmungsfähigkeit sowohl unter Motorik-reduzierten als auch unter Motorik-abhängigen Bedingungen zu überprüfen. Zudem wurden im DTVP-2 die Reliabilität der Subtests erhöht, die Testvalidität durch eine faktorielle Validitätsanalyse überprüft, und die Unabhängigkeit der Leistungen von Rassenzugehörigkeit, Geschlecht und Händigkeit aufgezeigt. In der deutschen Bearbeitung und Normierung des DTVP-2, dem FEW-2, wurde das Testmaterial überwiegend übernommen. Veränderungen erfolgten u. a. bezüglich der Itemreihenfolge. Der Untertest „Visuomotorische Geschwindigkeit“ erwies sich als so schwierig, dass er erst ab dem Alter von 5 Jahren sinnvoll ist. Beim Subtest „Räumliche Beziehungen“ wurden die Bewertungsrichtlinien angepasst. Anders als in der US-Version (bis 10;11 Jahre) ist die FEW-2 nur bis zum Alter von 8.11 Jahre normiert, um Deckeneffekte auszugleichen.

Im amerikanischen Sprachraum existiert für den Altersbereich ab 11 Jahren der „Developmental Test of Visual Perception – Adolescent and Adult (DTVP-A) von Reynolds, Pearson und Voress (2002). Dessen deutsche

Version „Frostigs Entwicklungstest der visuellen Wahrnehmung – Jugendliche und Erwachsene“ (FEW-JE), mit Normen für Kinder ab 9;0 Jahren, erschien 2012.

Testbewertung

Die Kritik im Überblick

Der FEW-2 ist die deutschsprachig normierte Version eines altbewährten Entwicklungstests. Er lässt sich im klinischen Alltag bei der Untersuchung von entwicklungsbedingten visuo-räumlichen und visuo-motorischen Fähigkeiten gut einsetzen, auch wenn offen bleiben muss, ob das nicht auch ökonomischer mit weniger Subtests möglich wäre. Die sorgfältige Adaptation und klare Darstellung der Normierung durch die Autoren der deutschsprachigen Version kann nicht darüber hinwegsehen lassen, dass seine wissenschaftliche Fundierung aus heutiger Sicht unzureichend ist. Vor allem aber ist der FEW-2 kein neuropsychologischer Test, da er nicht auf neuropsychologischen Modellen und Theorien der visuellen Wahrnehmung beruht. Abgesehen von der Unterscheidung von Leistungen mit und ohne Motorikbeteiligung lässt sich anhand des Tests keine neuropsychologisch begründete Profilanalyse erstellen. Auch ist er für Kinder mit neurologischen Störungen nicht evaluiert, und es gibt keine Hinweise, wie der Test bei Kindern mit motorischer Behinderung (z. B. Paresen) eingesetzt werden kann.

Testkonstruktion

Testmaterial

Die Bildvorlagen und das Antwortheft sind übersichtlich gestaltet. Der Protokollbogen ist nach kurzer Einarbeitung gut nutzbar.

Testdesign

Konzept: Kein neuropsychologisches Verfahren. Das Testdesign bezieht sich auf ältere Konzepte zur visuellen Wahrnehmung, die eine scheinbare Unabhängigkeit der untersuchten Subtest-Variablen nahelegen. Dies ist durch die Unterteilung in Aufgaben mit – und ohne motorische Komponente etwas verbessert.

Variablen: Auf die Gefahr der Überinterpretation bei zu einseitiger Beachtung der einzelnen Untertestergebnisse im Vergleich zu den drei aussagekräftigeren Kennwerten wird im Manual sinnvollerweise hingewiesen.

Durchführung: Die Durchführungsobjektivität ist durch detaillierte kindgerechte Instruktionen gesichert. Es ist für den Untersucher wichtig, sich zunächst sorgfältig in die Testdurchführung einzuarbeiten, damit diese standardisiert gelingen kann.

Auswertung: Die Auswertung auf Itemebene wird insbesondere bei Motorik-abhängigen Untertests durch Hilfen wie die Vorgabe von Antwortsegmenten und bildhafte Auswertungsbeispiele gut unterstützt. Die Gesamtauswertung gelingt mit Hilfe der vorgedruckten Tabellen im Protokollbogen und den Normtabellen im Manual nach kurzer Einarbeitungszeit problemlos. Hilfreich für die Interpretation ist die Möglichkeit der grafischen Darstellung des Testprofils, in das auch Ergebnisse anderer Verfahren zum Vergleich eingetragen werden können.

Gütekriterien

Validität: Die Querverweise zu anderen Testverfahren, insbesondere zu den IQ-Tests, die z. T. erstaunlich hoch mit dem FEW-2 übereinstimmen, sind hilfreich.

Nebengütekriterien: Fraglich erscheint hier die Testökonomie: Letztlich bleibt unklar, ob wirklich so viele verschiedenartige Untertests benötigt werden, um verlässliche Aussagen über nur zwei globalere Fähigkeiten machen zu können.

Neuropsychologische Aspekte

Theoretischer Rahmen

Der FEW-2 basiert auf einem altbewährten Entwicklungstest, der wiederum auf zum Teil veralteten und wissenschaftlich wenig abgesicherten Konzepten beruht. Er ist kein neuropsychologisches Verfahren und die eingesetzten Subtests entsprechen keinen neuropsychologischen Komponenten visuo-räumlicher Wahrnehmung.

Ergebnisbeeinflussende Faktoren

Untersucht wurde lediglich die Linkshändigkeit. Es gibt keine Hinweise, wie zu verfahren ist mit Kindern, die sensorische (Sehstörungen etc.) oder motorische Schwierigkeiten haben.

Handhabbarkeit und klinische Anwendung

Das Manual und die Testbögen sind klar und übersichtlich gestaltet. Aufgrund der Verschiedenheit der Untertests und dem Wechsel zwischen Motorik-abhängigen und Motorik-reduzierten Anforderungen wird etwas Einarbeitungszeit benötigt, um Testmaterial und Protokollbogen reibungslos im Testverlauf einsetzen zu können. Die Anwendung des Tests ist lediglich für die Entwicklungsdiagnostik beschrieben. Leider fehlen im Manual Fall- und Interpretationsbeispiele. Es gibt keine Angaben zur klinischen Validität bei Kindern mit neurologischen Störungen. Zudem ist das Testmaterial nicht für Kinder mit sensorischen oder sensomotorischen Beeinträchtigungen (z. B. Hemiparese) konzipiert oder evaluiert.

Mirijam Geiger-Riess

Literatur

Abels, D. (1954). *Konzentrations-Verlaufs-Test.* Stuttgart-Cannstatt: Testverlag Siegfried Wolf.

Abercrombie, M. L. J., Lindon, R. L. & Tyson, M. C. (1964). Associated movements in normal and handicapped children. *Developmental Medicine and Child Neurology, 6* (6), 573–580. http://doi.org/10.1111/j.1469-8749.1964.tb02795.x

Acharyulu, S. T. & Yashudhara, S. (1984). Assessment of creative thinking abilities of preschool children through spontaneous drawings. *Psychological Studies, 29* (2), 192–196.

Achenbach, T. (1991). *Manual for the child behavior checklist/4-18 and 1991 profile.* Burlington, ON: University of Vermont, Department of Psychiatry.

Adams, J. W. & Hitch, G. J. (1997).Working memory and children's mental addition. *Journal of Experimental Child Psychology, 67,* 21–38. http://doi.org/10.1006/jecp.1997.2397

Adolphs, R. (2002). Neural systems for recognizing emotion. *Current Opinion in Neurobiology, 12,* 169–177. http://doi.org/10.1016/S0959-4388(02)00301-X

Affolter, F. (2007). *Wahrnehmung, Wirklichkeit und Sprache* (10. Auflage). Villingen-Schwenningen: Neckar.

Ahnert, J. (2009). Diagnostik motorischer Leistungen. In D. Irblich & G. Renner (Hrsg.), *Diagnostik in der klinischen Kinderpsychologie. Die ersten sieben Lebensjahre* (S. 167–178). Göttingen: Hogrefe.

Ahnert, L. (2014). *Theorien in der Entwicklungspsychologie.* Berlin: Springer. http://doi.org/10.1007/978-3-642-34805-1

Allely, C. S., Gillberg, C. & Wilson, S. (2014). Neurobiological abnormalities in the first few years of life in individuals later diagnosed with autism spectrum disorder: a review of recent data. *Behavioral Neurology,* Article ID 210780. http://doi.org/10.1155/2014/210780

Allison, J. D., Meador, K. J., Loring, D. W., Figueroa, R. E. & Wright, J. C. (2000). Functional MRI cerebral activation and deactivation during finger movement. *Neurology, 54,* 135–142. http://doi.org/10.1212/WNL.54.1.135

Alloway, T. S. & Alloway, R. G. (2010). Investigating the predictive roles of working memory and IQ in academic attainment. *Journal of Experimental Child Psychology, 106* (1), 20–29. http://doi.org/10.1016/j.jecp.2009.11.003

American Speech-Language-Hearing Association (2005). *(Central) auditory processing disorders. Technical report 2005.* Zugriff am 12. August 2014. Verfügbar unter http://www.asha.org/policy/TR2005–00043/

American Psychiatric Association. (2013). *Diagnostic and Statistical Manual of Mental Disorders, 5th Edition: DSM-5.* Washington D. C.: American Psychiatric Association. http://doi.org/10.1176/appi.books.9780890425596

Amthauer, R., Brocke, B., Liepmann, D. & Beauducel, A. (2001). *Intelligenz-Struktur-Test.* Göttingen: Hogrefe Verlag.

Anderson, S. (2010). Visual dysfunction associated with hydrocephalus. In G. N. Dutton & M. Bax (eds.), *Visual impairment in children due to damage to the brain* (pp. 35–40). London: Mac Keith Press.

Anderson, S. W., Damasio, H., Tranel, D. & Damasio, A. R. (2000). Long-term sequelae of prefrontal cortex damage acquired in early childhood. *Developmental Neuropsychology, 18,* 281–296. http://doi.org/10.1207/S1532694202Anderson

Anderson, S. W., Wisnowski, J. L., Barrash, J., Damasio, H. & Tranel, D. (2009). Consistency of neuropsychological outcome following damage to prefrontal cortex in the first years of life. *Journal of Clinical and Experimental Neuropsychology, 31,* 170–179. http://doi.org/10.1080/13803390802360526

Anderson, V. & Catroppa, C. (2005). Recovery of executive skills following paediatric traumatic brain injury (TBI): a 2 year follow-up. *Brain Injury, 19* (6), 459–470. http://doi.org/10.1080/02699050400004823

Anderson, V. & Spencer-Smith, M. (2013). Children's frontal lobes: no longer silent? In D.T. Stuss & R.T. Knight (eds.), *Principles of frontal lobe function* (2nd ed., pp. 118–134). New York: Oxford University Press.

Anderson, V. & Yeates, K.O. (2010). *Pediatric traumatic brain injury: New frontiers in clinical and translational research.* Cambridge: Cambridge University Press. http://doi.org/10.1017/CBO9780511676383

Anderson, V.A., Anderson, S., Northam, E., Jacobs, R. & Catroppa, C. (2001). Development of executive functions through late childhood and adolescence in an Australian sample. *Developmental Neuropsychology, 20,* 385–406. http://doi.org/10.1207/S15326942DN2001_5

Anderson, V., Catroppa, C., Morse, S., Haritou, F. & Rosenfeld, J.V. (2009). Intellectual outcome from preschool traumatic brain injury: a 5-year prospective, longitudinal study. *Pediatrics, 124,* 1064–1071. http://doi.org/10.1542/peds.2009-0365

Anderson, V., Jacobs, R., Spencer-Smith, M., Coleman, L., Anderson, S., Williams, J., Greenham, M. & Leventer, R. (2010). Does early age at brain insult predict worse outcome? Neuropsychological implications. *Journal of Pediatric Psychology, 35,* 716–27. http://doi.org/10.1093/jpepsy/jsp100

Anderson, V., Northham, E., Hendy, J. & Wrennall, J. (2001). *Developmental Neuropsychology. A clinical approach.* Hove: Taylor & Francis.

Anderson, V., Spencer-Smith, M. & Wood, A. (2011). Do children really recover better? Neurobehavioural plasticity after early brain insult. *Brain, 134,* 2197–2221. http://doi.org/10.1093/brain/awr103

Anderson, V., Spencer-Smith, M., Coleman, L., Anderson, S., Williams, J., Greenham, M. & Jacobs, R. (2010). Children's executive functions: are they poorer after very early brain insult. *Neuropsychologia, 48,* 2041–2050. http://doi.org/10.1016/j.neuropsychologia.2010.03.025

Anderson, V., Spencer-Smith, M., Leventer, M., Cleman, L., Anderson, S., Williams, J. et al. (2009). Childhood brain insult: Can age at insult help us to predict outcome? *Brain, 132,* 45–56.

Ansari, D., Donlan, C., Thomas, M.S., Ewing, S.A., Peen, T. & Karmiloff-Smith, A (2003). What makes counting count? Verbal and visuo-spatial contributions to typical and atypical number development. *Journal of Experimental Child Psychology, 85,* 50–62. http://doi.org/10.1016/S0022-0965(03)00026-2

Antrop, I., Roeyers, H., Oost, S.V. & Buysse, A. (2000). Stimulation seeking and hyperactivity in children with ADHD. *Journal of Child Psychology and Psychiatry, 41,* 225–231. http://doi.org/10.1017/S0021963099005302

Ardila, A. (2013). Development of metacognitive and emotional executive functions in children. *Applied Neuropsychology: Child, 2,* 82–87. http://doi.org/10.1080/21622965.2013.748388

Arizmendi, T., Paulsen, K. & Domino, G. (1981). The matching familiar figures test – A primary, secondary and tertiary evaluation. *Journal of Clinical Psychology, 37,* 812–818. http://doi.org/10.1002/1097-4679(198110)37:4<812::AID-JCLP2270370421>3.0.CO;2-P

Aschenbrenner, S., Tucha, O. & Lange, K.W. (2000). *RWT Regensburger Wortflüssigkeitstest.* Göttingen: Hogrefe.

Ashkenazi, S., Mark-Zigdon, N. & Henik, A. (2013). Do subitizing deficits in developmental dyscalculia involve pattern recognition weakness? *Developmental Science, 16,* 35–46.

Ashkenazi, S., Rosenberg-Lee, M., Metcalfe, A.W., Swigart, A.G. & Menon, V. (2013). Visuo-spatial working memory is an important source of domain-general vulnerability in the development of arithmetic cognition. *Neuropsychologia, 51,* 2305–2317. http://doi.org/10.1016/j.neuropsychologia.2013.06.031

Aslin, R.N. & Smith, L.B. (1988). Perceptual development. *Annual Review of Psychology, 39,* 435–473. http://doi.org/10.1146/annurev.ps.39.020188.002251

Aster, M.G. von & Lorenz, J.H. (Hrsg.). (2005). *Rechenstörungen bei Kindern. Neurowissenschaft, Psychologie, Pädagogik.* Göttingen: Vandenhoeck & Rupprecht.

Aster, M.G. von, Schweiter, M. & Weinhold Zulauf, M. (2007). Rechenstörungen bei Kindern: Vorläufer, Prävalenz und psychische Symptome. *Zeitschrift für Entwicklungspsychologie und Pädagogische Psychologie, 39,* 85–96. http://doi.org/10.1026/0049-8637.39.2.85

Aster, M. von, Bzufka, M. W., Horn, R., Weinhold Zulauf, M. & Schweiter, M. (2009). *Neuropsychologische Testbatterie für Zahlenverarbeitung und Rechnen bei Kindern – Kindergartenversion (ZAREKI-K).* Frankfurt am Main: Pearson Assessment & Information GmbH.
Aster, M. von, Neubauer, N. & Horn, R. (2006). *Wechsler Intelligenztest für Erwachsene (WIE).* Frankfurt am Main: Harcourt Test Services.
Atkinson, J. (2000). *The developing visual brain.* Oxford: Oxford University Press.
Atkinson, J. & Braddick, O. (2011). From genes to brain development to phenotypic behavior: „Dorsal-stream vulnerability" in relation to spatial cognition, attention, and planning of actions in Williams syndrome (WS) and other developmental disorders. *Progress in Brain Research, 189,* 261–283.
Atkinson, J. & Braddick, O. (2012). Visual attention in the first years: typical development and developmental disorders. *Developmental Medicine & Child Neurology, 54,* 589–595. http://doi.org/10.1111/j.1469-8749.2012.04294.x
Atkinson, J. & Braddick, O. (2013). Visual development. In S. D. Zelazo (ed.): *The Oxford Handbook of Developmental Psychology* (pp. 271–309). New York: Oxford University Press.
Atkinson, J., Anker, S., Rae, S., Hughes, C. & Braddick, O. (2002). A test battery of child development for examining functional vision (ABCDEFV). *Strabismus, 10,* 245–269. http://doi.org/10.1076/stra.10.4.245.13831
Atkinson, R. C. & Shiffrin, R. M. (1968). Human memory: A proposed system and its control processes. In K. W. Spence (eds.), *The Psychology of Learning and Motivation: Advances in Research and Theory* (pp. 89–195). New York: Academic Press.
Atkinson, R. C. & Shiffrin, R. M. (1971). The control of short-term memory. *Scientific American, 225,* 82–90. http://doi.org/10.1038/scientificamerican0871-82
Auer, M., Gruber, G., Mayringer, H. & Wimmer, H. (2005). *Salzburger Lesescreening für die Klassenstufen 5–8 (SLS 5-8).* Bern: Huber Verlag.
Ausderau, K. K., Furlong, M., Sideris, J., Bulluck, J., Little, L. M., Watson, L. R., Boyd, B. A., Belger, A., Dickie, V. A. & Baranek, G. T. (2014). Sensory subtypes in children with autism spectrum disorder: latent profile transition analysis using a national survey of sensory features. *Journal of Child Psychology and Psychiatry, 55,* 935–944.
Ausderau, K., Sideris, J., Furlong, M., Little, L. M., Bulluck, J. & Baranek, G. T. (2013). National survey of sensory features in children with ASD: Factor structure of the sensory experience questionnaire (3.0). *Journal of Autism and Developmental Disorders, 44,* 915–925.
AWMF (2011). *Diagnostik von Sprachentwicklungsstörungen (SES) unter Berücksichtigung umschriebener Sprachentwicklungsstörungen (USES) (Synonym Spezifische Sprachentwicklungsstörung (SSES)). Interdisziplinäre S2k-Leitlinie.* Registernummer: 049/006. Erstellungsdatum 16. 12. 2011
Aylward, G. (2009). Developmental Screening and Assessment: What Are We Thinking? *Journal of Developmental & Behavioral Pediatrics, 30,* 169–173.
Aylward, G. (2011). Neuropsychological assessment of newborns, infants, and toddler. In A. Davis (ed.), *Handbook of Pediatric Neuropsychology* (pp. 191–200). New York: Springer.
Ayres, A. J. (1979). *Sensory integration and the child.* Los Angeles: Western Psychological Services.
Ayres, A. J. (1989). *Sensory Integration and Praxis Tests (SIPT).* Torrance: Western Psychological Services.
Baddeley, A. (2010). Working memory. *Current Biology, 20,* 136–140. http://doi.org/10.1016/j.cub.2009.12.014
Baddeley, A. (2012). Working Memory: Theories, Models, and Controversies. *Annual Reviews of Psychology, 63* (1), 1–29. http://doi.org/10.1146/annurev-psych-120710-100422
Baddeley, A., Eysenck, M. W. & Anderson, M. C. (2009). *Memory.* London: Psychology Press.
Baddeley, A. & Wilson, B. (1988). Frontal amnesia and the dysexecutive syndrome. *Brain and Cognition, 7,* 212–230. http://doi.org/10.1016/0278-2626(88)90031-0
Baddeley, A. D. (1986). *Working memory.* Oxford: Oxford University Press.

Baddeley, A. D. (2000). The episodic buffer: A new component of working memory? *Trends in Cognitive Sciences, 4* (11), 417–423.
Baddeley, A. D. (2006). Working memory: an overview. In S. J. Pickering (ed.), *Working memory and education* (pp. 1–31). San Diego, CA: Academic Press.
Baddeley, A. D., Kopelman, M. D. & Wilson, B. A. (2002). *The Handbook of Memory Disorders* (2nd ed.). West Sussex: John Wiley & Sons Inc.
Bagolini, B. (1958). Tecnica per L'esame della visione binoculare senza introduzione di elementi dissocianti: ‚test del vetro striato'. *Bollettino di Oculistica, 37,* 195–209.
Bähr, M. & Frotscher, M. (2014). *Neurologisch-topische Diagnostik: Anatomie – Funktion – Klinik.* Stuttgart: Thieme.
Ballard, K. J., Tourville, J. A. & Robin, D. A. (2014). Behavioral, computational, and neuroimaging studies of acquired apraxia of speech. *Frontiers in Human Neuroscience, 8,* 892. http://doi.org/10.3389/fnhum.2014.00892
Bangerter, A. (1953). Amblyopiebehandlung. *Bibliotheca ophthalmologica, 112,* 1–96.
Banks, M. S. & Shannon, E. (1993). Spatial and chromatic visual efficiency in human neonates. In C. E. Granrud (ed.). *Visual perception and cognition in infancy* (pp. 1–46). Hillsdale: Erlbaum.
Baranek, G. T., David, F. J., Poe, M. D., Stone, W. L. & Watson, L. R. (2006). Sensory experiences questionnaire: Discriminating sensory features in young children with autism, developmental delays, and typical development. *Journal of Child Psychology and Psychiatry, 47,* 591–601.
Bardin, J. (2012). Neurodevelopment: Unlocking the brain. *Nature, 487,* 24–26. http://doi.org/10.1038/487024a
Bari, A. & Robbins, T. W. (2013). Inhibition and impulsivity: behavioral and neural basis of response control. *Progress in Neurobiology, 108,* 44–79. http://doi.org/10.1016/j.pneurobio.2013.06.005
Barker, L. A., Andrade, J., Morton, N., Romanowski, C. A. J. & Bowles, D. S. (2010). Investigating the ‚latent' deficit hypothesis: Age at time of head injury, implicit and executive functions and behavioral insight. *Neuropsychologia, 48,* 2550–2563. http://doi.org/10.1016/j.neuropsychologia.2010.05.001
Barkley, R. A. (2012). *Executive functions. What they are, how they work and why they evolved.* New York: Guilford.
Barnett, A., Henderson, S. & Scheib, B. & Schulz. J. (2007). *The Detailed Assessment of Speed of Handwriting (DASH).* London: Pearson Assessment.
Baron-Cohen, S., Leslie, A. M. & Frith, U. (1985). Does the autistic child have a „theory of mind"? *Cognition, 21* (1), 37–46.
Baron-Cohen, S., Wheelwright, S., Hill, J., Raste, Y. & Plumb, I. (2001). The „Reading the Mind in the Eyes" Test revised version: a study with normal adults, and adults with Asperger syndrome or high-functioning autism. *The Journal of Child Psychology and Psychiatry and Allied Disciplines, 42,* 241–251.
Baron, I. S. (2001). Test of Everyday Attention for Children. *Child Neuropsychology, 7,* 190–195. http://doi.org/10.1076/chin.7.3.190.8742
Baron, I. S. (2004). *Neuropsychological evaluation of the child.* New York: Oxford Unversity Press.
Baron, I. S. (2010). Maxims and a model for the practice of pediatric neuropsychology. In K. O. Yeates, D. G. Ris, H. G. Taylor, B. F. Pennington (eds.), *Pediatric Neuropsychology. Research, Theory, and Practice* (pp. 473–498). New York: Guilford Press.
Baron, I. S. & Rey-Casserly, C. (eds.). (2013). *Pediatric Neuropsychology: Medical Advances and Lifespan Outcomes.* New York: Oxford University Press.
Barrett, J. R., Tracy, D. K. & Giaroli, G. (2013). To sleep or not to sleep: a systematic review of the literature of pharmacological treatments of insomnia in children and adolescents with attention-deficit/hyperactivity disorder. *Journal of Child and Adolescent Psychopharmacology, 23* (10), 640–647.
Barton, J. J. (2014). Higher cortical visual deficits. *Continuum, 20,* 922–941. http://doi.org/10.1212/01.CON.0000453311.29519.67

Bauer, S. J. (2008). The cognitive neuroscience of the development of memory. In M. Courage & N. Cowan (eds.), *The Development of Memory in Infancy and Childhood* (Studies in Developmental Psychology) (pp. 115–144). Hove: Psychology Press.

Baumann, T. (2013). *Atlas der Entwicklungsdiagnostik. Vorsorgeuntersuchungen von U1 bis U10/J1* (3., vollständig überarbeitete und erweiterte Aufl.). Stuttgart: Thieme.

Bäumler, G. (1974). *Lern- und Gedächtnistest 3. Handanweisung.* Göttingen: Hogrefe Verlag.

Bäumler, G. (1985). *Farbe-Wort-Interferenztest (FWIT) nach J. R. Stroop.* Göttingen: Hogrefe.

Bayley, S. J., Hopkins, R. O. & Squire, L. R. (2003). Successful Recollection of Remote Autobiographical Memories by Amnesic Patients with Medial Temporal Lobe Lesions. *Neuron, 38* (1), 135–144. http://doi.org/10.1016/S0896-6273(03)00156-9

Beery, K. E., Buktenica, N. A. & Beery, N. A. (2010). *Beery-Buktenica Developmental Test of Visual-Motor Integration (Beery VMI).* (Sixth edition). San Antonio TX: Psychological Corporation.

Benton, A. (1994). *Judgement of Line Orientation (JLO). Benton Laboratory of Neuropsychology: Selected Tests.* Psychological Assessment Resources.

Benton, A., Sivan, A. B., Hamsher, K., De Varney, S. & Spreen, O. (1994). *Contributions to Neuropsychological Assessment: A Clinical Manual.* New York: Oxford University Press.

Benz, B. & Ritz, A. (1996). Verlauf neuropsychologischer Störungen nach Schädel-Hirntrauma im Kindesalter. *Kindheit und Entwicklung, 5,* 221–228.

Berninger, V., Abbott, R., Vermeulen, K. & Fulton, C. (2006). Paths to reading comprehension in at-risk second-grade readers. *Journal of Learning Disabilities, 39* (4), 334–351. http://doi.org/10.1177/00222194060390040701

Bernstein, J. H. (2000). Developmental neuropsychological assessment. In K. O. Yeates, D. M. Ris, H. G. Taylor (eds.): *Pediatric Neuropsychology: Research, Theory, and Practice* (pp. 405–438). New York: Guilford.

Bernstein, J. H. (2010). Developmental models in pediatric neuropsychology. In J. Donders & S. J. Hunter (eds.): *Principles and practice of lifespan developmental neuropsychology* (pp. 18–40). Cambridge: Cambridge University Press.

Biederman, J., Petty, C. R., Evans, M., Small, J. & Faraone, S. V. (2010). How persistent is ADHD? A controlled 10-year follow-up study of boys with ADHD. *Psychiatry Research, 177,* 299–304. http://doi.org/10.1016/j.psychres.2009.12.010

Binet, A. & Simon, T. (1904). Méthodes nouvelles pour le diagnostic du niveau intellectuel des anormaux. *L'Anneé Psychologique, 11,* 191–244. http://doi.org/10.3406/psy.1904.3675

Birch, J. & Platts, C. E. (1993). Color vision screening in children: an evaluation of three pseudoisochromatic tests. *Ophthalmic and Physiological Optics, 13,* 344–249. http://doi.org/10.1111/j.1475-1313.1993.tb00489.x

Birkel, P. (2007a). *Weingartener Grundwortschatz Rechtschreib-Test für erste und zweite Klassen (WRT 1+).* Göttingen: Hogrefe.

Birkel, P. (2007b). *Weingartener Grundwortschatz Rechtschreib-Test für zweite und dritte Klassen (WRT 2+).* Göttingen: Hogrefe.

Birkel, P. (2007c). *Weingartener Grundwortschatz Rechtschreib-Test für dritte und vierte Klassen (WRT 3+).* Göttingen: Hogrefe.

Birkel, P. (2007d). *Weingartener Grundwortschatz Rechtschreib-Test für vierte und fünfte Klassen (WRT 4+).* Göttingen: Hogrefe.

Birner-Janusch, B. (2010). Diagnostik der kindlichen Sprechapraxie. In N. Lauer und B. Birner-Janusch: *Sprechapraxie im Kindes- und Erwachsenenalter* (S. 88–100). Stuttgart: Thieme.

Bishop, D. V. (2005). Handedness and specific language impairment: a study of 6-year-old twins. *Developmental Psychobiology, 46,* 362–369. http://doi.org/10.1002/dev.20062

Bishop, D. V. (2006). *The Children's Communication Checklist – Second Edition (CCC-2).* Oxford, UK: Pearson Assessment.

Bishop, D. V., Ross, V. A., Daniels, M. S. & Bright, S. (1996). The measurement of hand preference: a validation study comparing three groups of right-handers. *British Journal of Psychology, 87,* 269–285. http://doi.org/10.1111/j.2044-8295.1996.tb02590.x

Bjorklund, D. F., Dukes, C. & Brown, R. D. (2008). The development of memory strategies. In M. Courage & N. Cowan (eds.), *The Development of Memory in Infancy and Childhood* (Studies in Developmental Psychology) (pp. 145–175). Hove: Psychology Press.

Blair, C. & Raver, C. C. (2015). School readiness and self-regulation: A developmental psychobiological approach. *Annual Review of Psychology, 66,* 711–731. http://doi.org/10.1146/annurev-psych-010814-015221

Blair, R. J. R. (2013). The neurobiology of psychopathic traits in youths. *Nature Reviews Neuroscience, 14,* 786–799. http://doi.org/10.1038/nrn3577

Blank, R. (2008). Umschriebene motorische Entwicklungsstörungen. In H. Remschmidt, F. Mattejat & A. Warnke (Hrsg.), *Therapie psychischer Störungen bei Kindern und Jugendlichen* (S. 167–173). Stuttgart: Thieme.

Blank, R., Jenetzky, E. & Vinçon, S. (Hrsg.) (2014). *Bruininks-Oseretzky Test of Motor Proficiency – Second Edition (BOT-2)* (Deutschsprachige Adaptation). Frankfurt/Main: Pearson Assessment & Information GmbH.

Blankenburg, M., Boekens, H., Hechler, T., Maier, C., Krumova, E., Scherens, A. & Zernikow, B. (2010). Reference values for quantitative sensory testing in children and adolescents: developmental and gender differences of somatosensory perception. *Pain, 149,* 76–88. http://doi.org/10.1016/j.pain.2010.01.011

Blum, N. J., Jawad, A. F., Clarke, A. T. & Power, T. J. (2011). Effect of osmotic-release oral system methylphenidate on different domains of attention and executive functioning in children with attention-deficit-hyperactivity disorder. *Developmental Medicine and Child Neurology, 53,* 843–849.

Bölte, S. (2005). *Reading Mind in the Eyes Test: Kinderversion.* Zugriff am 17.10.2017 https://www.kgu.de/fileadmin/redakteure/Fachkliniken/Kinder-Jugendmedizin/Psychiatrie_I/Eyes_test_kinder.pdf

Bölte, S., Holtmann, M. Poustka, F., Scheurich, A. & Schmidt, L. (2007). Gestalt perception and local-global processing in high-functioning autism. *Journal of Autism and Developmental Disorders, 8,* 1493–1504. http://doi.org/10.1007/s10803-006-0231-x

Boman, E. (2004). The effects of noise and gender on children's episodic and semantic memory. *Scandinavian Journal of Psychology, 45,* 407–416. http://doi.org/10.1111/j.1467-9450.2004.00422.x

Bortz, J. & Döring, N. (2005). *Forschungsmethoden und Evaluation.* Heidelberg: Springer.

Bös, K. (1987). *Handbuch sportmotorischer Tests.* Göttingen: Hogrefe.

Bös, K. & Mechling, H. (1983). *Dimensionen sportmotorischer Leistungen.* Schorndorf: Hofmann. *Deutsch-Schweizerische Versorgungsleitlinie basierend auf internationalen Empfehlungen (EACD-Consensus) zu Definition, Diagnose, Untersuchung und Behandlung bei Umschriebenen Entwicklungsstörungen motorischer Funktionen (UEMF).* AWMF online, Version – Juli 2011.

Bös, K., Bappert, S., Tittlbach, S.& Woll, A. (2004). Karlsruher Motorik-Screening für Kindergartenkinder (KMS 3-6). *Sportunterricht, 53,* 79–87.

Bös, K., Schlenker, L., Büsch, D., Lämmle, L., Müller, H., Oberger, J., ... , Tittlbach, S. (2016). *Deutscher Motorik Test 6-18 (DMT 6-18).* (Schriften der Deutschen Vereinigung für Sportwissenschaft, Band 186). Hamburg: Feldhaus Verlag, Edition Czwalina.

Bosch, D. G., Boonstra, F. N., Willemsen, M. A., Cremers, F. S. & de Vries, B. B. (2014). Low vision due to cerebral visual impairment: Differentiating between acquired and genetic causes. *BMC Ophthalmology, 14,* 14–59. http://doi.org/10.1186/1471-2415-14-59

Bosco, F. M., Gabbatore, I. & Tirassa, M. (2014). A broad assessment of theory of mind in adolescence: The complexity of mindreading. *Consciousness and Cognition, 24,* 84–97. http://doi.org/10.1016/j.concog.2014.01.003

Bova, S. M., Fazzi, E., Giovenzana, A., Montomoli, C., Signorini, S. G., Zoppello, M. & Lanzi, G. (2007). The development of visual object recognition in school-age children. *Developmental Neuropsychology, 31* (1), 79–102. http://doi.org/10.1207/s15326942dn3101_5

Bowles, D. C., McKone, E., Dawel, A., Duchaine, B., Palermo, R., Schmalzl, L. & Yovel, G. (2009). Diagnosing prosopagnosia: Effects of ageing, sex, and participant-stimulus ethnic match on the Cambridge Face Memory Test and Cambridge Face Perception Test. *Cognitive Neuropsychology, 26,* 423–455.

Braun, C. M., Guimond, A., Payette, J. F. & Daigneault, S. (2013). Specific early vulnerability of high-order executive function to focal brain lesions and long-term impact on educational persistence: Sparing of incidental episodic memory. *Developmental Neurorehabilitation, 16,* 89–101.

Breitenstein, C., Wailke, S., Bushuven, S., Kamping, S., Zwitserlood, S., Ringelstein, E. & Knecht, S. (2004). D-amphetamine boosts language learning independent of its cardiovascular and motor arousing effects. *Neuropsychopharmacology, 29* (9), 1704–1714. http://doi.org/10.1038/sj.npp.1300464

Brickenkamp, R. (2002). *Test d2. Aufmerksamkeits-Belastungs-Test* (9. überarbeitete und neu normierte Auflage). Göttingen: Hogrefe Verlag.

Brooks, L. R. (1967). The suppression of visualization by reading. *The Quarterly Journal of Experimental Psychology, 19,* 289–299. http://doi.org/10.1080/14640746708400105

Bröring, T., Rommelse, N., Sergeant, J. & Scherder, E. (2008). Sex differences in tactile defensiveness in children with ADHD and their siblings. *Developmental Medicine and Child Neurology, 50,* 129–133. http://doi.org/10.1111/j.1469-8749.2007.02024.x

Brown, G. T. & Brown, A. (2006). A review and critique of the Touch Inventary for elementary school-aged children. *British Journal of Occupational Therapy, 69,* 234–243. http://doi.org/10.1177/030802260606900507

Brown, R. L. (2010). Epidemiology of injury and the impact of health disparities. *Current Opinion in Pediatrics, 22,* 321–325. http://doi.org/10.1097/MOP.0b013e3283395f13

Bruckner, J., Deimann, P. & Kastner-Koller, U. (2011). *Handpräferenztest für 4–6-jährige Kinder (HAPT 4-6).* Göttingen: Hogrefe Verlag.

Bruder, S. (2001). *Aufmerksamkeitsleistungen bei Kindern mit Aufmerksamkeits- und Hyperaktivitätsstörungen.* Unveröffentlichte Diplomarbeit, Psychologisches Institut der Universität Freiburg.

Brühl, B., Döpfner, M. & Lehmkuhl, G. (2000). Der Fremdbeurteilungsbogen für Hyperkinetische Störungen (FBB-HKS) – Prävalenz hyperkinetischer Störungen im Elternurteil und psychometrische Kriterien. *Kindheit und Entwicklung, 9,* 116–126. http://doi.org/10.1026//0942-5403.9.2.116

Brunner, M. & Hornberger, C. (2007). Auditive Verarbeitungs- und Wahrnehmungsstörungen (AVWS). Drei Thesen zur Diagnosestellung und Therapie. *HNO, 55,* 331–332. http://doi.org/10.1007/s00106-007-1566-0

Brunner, M. & Schöler, H. (2008). *Heidelberger Auditives Screening in der Einschulungsdiagnostik (HASE).* Wertingen: Westra.

Brunner, M., Dierks, H. & Seibert, A. (2002). *Heidelberger Lautdifferenzierungstest (H-LAD).* Wertingen: Westra.

Brunner, M., Pfeifer, B., Schlüter, K., Steller, F., Möhring, L., Heinrich, I. & Pröschel, U. (2001). *Heidelberger Vorschulscreening zur auditiv-kinästhetischen Wahrnehmung und Sprachverarbeitung (HVS).* Wertingen: Westra.

Brunsdon, V. E. & Happé, F. (2014). Exploring the ‚fractionation' of autism at the cognitive level. *Autism, 18,* 17–30. http://doi.org/10.1177/1362361313499456

Bryden, S. J., Roy, E. A. & Spence, J. (2007). An observational method of handedness in children and adults. *Developmental Neuropsychology, 32,* 825–846. http://doi.org/10.1080/87565640701539667

Bryden, S. J., Roy, E. A., Rohr, L. E. & Egilo, S. (2007). Task demands affect manual asymmetries in pegboard performance. *Laterality, 12,* 364–377. http://doi.org/10.1080/13576500701356244

Buehren, K., Konrad, K., Schaefer, K., Kratzsch, J., Kahraman-Lanzerath, B., Lente, C. & Herpertz-Dahlmann, B. (2011). Association between neuroendocrinological parameters and learning and memory functions in adolescent anorexia nervosa before and after weight recovery. *Journal of Neural Transmission, 118* (6), 963–968.

Bulheller, S. & Häcker, H. O. (Hrsg.) (2001). *Coloured Progressive Matrices (CPM) von J. C. Raven, J. Raven und J. H. Court* (deutsche Bearbeitung und Normierung). Frankfurt/Main: Harcourt Test Services.

Bullard, S. E., Fein, D., Gleeson, M. K., Tischer, N., Mapou, R. L. & Kaplan, E. (2004). The Biber Cognitive Estimation Test (BCET). *Archives of Clinical Neuropsychology, 19*, 835–846. http://doi.org/10.1016/j.acn.2003.12.002

Bullens, J., Iglói, K., Berthoz, A., Postma, A. & Rondi-Reig, L. (2010). Developmental time course of the acquisition of sequential egocentric and allocentric navigation strategies. *Journal of Experimental Child Psychology, 107*, 337–350. http://doi.org/10.1016/j.jecp.2010.05.010

Bülthoff, H. H. & Bülthoff, I. (2012). Funktionelle Prinzipien der Objekt- und Gesichtserkennung. In H.-O. Karnath & S. Thier (Hrsg.), *Kognitive Neurowissenschaften* (S. 149–160). Berlin: Springer.

Burgemeister, B. B., Blum, L. H. & Lorge, I. (1954). *Columbia Mental Maturity Scale CMM. Guide for administering and interpreting.* New York: Harcourt Test Services.

Burger, S. H., Goecke, T. W., Fasching, S. A., Moll, G., Heinrich, H., Beckmann, M. W. & Kornhuber, J. (2011). How does maternal alcohol consumption during pregnancy affect the development of attention deficit/hyperactivity syndrome in the child? *Fortschritte der Neurologie-Psychiatrie, 79* (9), 500–506.

Burgess, S. W., Alderman, N., Evans, J., Emslie, H. & Wilson, B. A. (1998). The ecological validity of tests of executive function. *Journal of the International Neuropsychological Society, 4*, 547–558. http://doi.org/10.1017/S1355617798466037

Burnett, S., Sebastian, C., Kadosh, K. C. & Blakemore, S. J. (2011). The social brain in adolescence: evidence from functional magnetic resonance imaging and behavioural studies. *Neuroscience & Biobehavioral Reviews, 35*, 1654–1664. http://doi.org/10.1016/j.neubiorev.2010.10.011

Büttner, G., Dacheneder, W., Schneider, W. & Weyer, K. (2008). *Frostigs Entwicklungstest der visuellen Wahrnehmung – 2 (FEW-2).* (Deutsche Fassung des Developmental Test of Visual Perception, Second Edition (DTVP-2) von D. D. Hammill, N. A. Pearson & J. K. Voress). Göttingen: Hogrefe Verlag.

Calev, A. (1999). *Assessment of Neuropsychological Functions in Psychiatric Disorders.* Washington: American Psychiatric Press.

Cambridge Cognition (o. J.). *Cambridge Neuropsychological Test Automated Battery (CANTAB).* Cambridge: Cambridge Cognition Limited.

Carey, S. & Diamond, R. (1994). Are faces perceived as configurations more by adults than by children? *Visual Cognition, 1*, 253–274.

Carlson, S., Zelazo, S. D. & Faja, S. (2013). Executive Function. In S. D. Zelazo (ed.), *The Oxford Handbook of Developmental Psychology* (pp. 706–743). Oxford: Oxford University Press.

Carroll, C., Watson, S., Spoudeas, H. A., Hawkins, M. M., Walker, D. A., Clare, I. C. & Ring, H. A. (2013). Prevalence, associations, and predictors of apathy in adult survivors of infantile (< 5 years of age) posterior fossa brain tumors. *Neuro-Oncology, 4*, 497–505.

Carver, C. S. & Scheier, M. F. (2011). Self-regulation of action and affect. In K. D. Vohs & R. F. Baumeister (eds.). *Handbook of Self-regulation* (2nd ed., pp. 3–21). New York: Guilford.

Cascio, C., McGlone, F., Folger, S., Tannan, V., Baranek, G., Pelphrey, K. A., et al. (2008). Tactile perception in adults with autism: A multidimensional psychophysical study. *Journal of Autism and Developmental Disorders, 38*, 127–137. http://doi.org/10.1007/s10803-007-0370-8

Casey, B. J., Davidson, M. C., Hara, Y., Thomas, K. M., Martinez, A., Galvan, A., Halperin, J. M., et al. (2004). Early development of subcortical regions involved in non-cued attention switching. *Developmental Science, 7* (5), 534–542. http://doi.org/10.1111/j.1467-7687.2004.00377.x

Cashon, C. H. & Holt, N. A. (2015). Developmental origins of the face inversion effect. *Advances in Child Development and Behavior, 48*, 117–150. http://doi.org/10.1016/bs.acdb.2014.11.008

Cassotti, M., Aïte, A., Osmont, A., Houdé, O. & Borst, G. (2014). What have we learned about the processes involved in the Iowa Gambling Task from developmental studies? *Frontiers in Psychology, 5*, 915.

Castellanos, I., Kronenberger, W. G., Beer, J., Colson, B. G., Henning, S. C., Ditmars, A. & Pisoni, D. B. (2015). Concept Formation Skills in Long-Term Cochlear Implant Users. *Journal of Deaf Studies and Deaf Education, 20,* 27–40. http://doi.org/10.1093/deafed/enu039

Cattell, R. B., Weiß, R. H. & Osterland, J. (1997). *Grundintelligenztest – Skala 1 (CFT 1)* (5. Aufl.). Göttingen: Hogrefe.

Cauffman, E., Shulman, E. S., Steinberg, L., Claus, E., Banich, M. T., Graham, S. & Woolard, J. (2010). Age differences in affective decision making as indexed by performance on the Iowa Gambling Task. *Developmental Psychology, 46,* 193–207. http://doi.org/10.1037/a0016128

Cavill, S. & Bryden, S. (2003). Development of handedness: comparison of questionnaire and performance-based measures of preference. *Brain and Cognition, 53,* 149–151. http://doi.org/10.1016/S0278-2626(03)00098-8

Chalfant, J. C. & Scheffelin, M. A. (1969). *Task force III. Central processing dysfunctions in children. A review of research.* Bethesda, MD: US Department of Health, Education and Welfare.

Chamberlain, R., McManus, I. C., Riley, H., Rankin, Q. & Brunswick, N. (2013). Local processing enhancements associated with superior observational drawing are due to enhanced perceptual functioning, not weak central coherence. *Quarterly Journal of Experimental Psychology, 66,* 1448–1466.

Chamberlain, S. R. & Sahakian, B. J. (2006). The neuropsychology of mood disorders. *Current Psychiatry Reports, 8* (6), 458–463. http://doi.org/10.1007/s11920-006-0051-x

Chan, R. C. K., Wang, L., Ye, J., Leung, W. W. Y. & Moke, M. Y. K. (2008). A psychometric study of the test of everyday attention for children in the Chinese setting. *Archives of Clinical Neuropsychology, 23,* 455–466. http://doi.org/10.1016/j.acn.2008.03.007

Charach, A., Volpe, T., Boydell, K. M. & Gearing, R. E. (2008). A theoretical approach to medication adherence for children and youth with psychiatric disorders. *Harvard Review of Psychiatry, 16* (2), 126–135. http://doi.org/10.1080/10673220802069715

Chechlacz, M. & Humphreys, G. W. (2014). The enigma of Bálint's syndrome: neural substrates and cognitive deficits. *Frontiers of Human Neurosciences, 8,* 123. http://doi.org/10.3389/fnhum.2014.00123

Chechlacz, M., Mantini, D., Gillebert, C. R. & Humphreys, G. W. (2015). Asymmetrical white matter networks for attending to global versus local features. *Cortex.* (e-pub. Februar 2015) http://doi.org/10.1016/j.cortex.2015.01.022

Chevalier, N., Huber, K. L., Wiebe, S. A. & Espy, K. A. (2013). Qualitative change in executive control during childhood and adulthood. *Cognition, 128,* 1–12. http://doi.org/10.1016/j.cognition.2013.02.012

Chevignard, M. P., Catroppa, C., Galvin, J. & Anderson, V. (2010). Development and evaluation of an ecological task to assess executive functioning post childhood TBI: the children's cooking task. *Brain Impairment, 11,* 125–143. http://doi.org/10.1375/brim.11.2.125

Cho, S. C., Kim, H. W., Kim, B. N., Shin, M. S., Yoo, H. J., Kim, J. W. & Cho, I. H. (2011). Are teacher ratings and parent ratings differently associated with children's intelligence and cognitive performance? *Psychiatry Investigation, 8,* 1–21.

Chow, T. W. & Cummings, J. L. (2007). Frontal-subcortical circuits. In B. L. Miller & J. L. Cummings (eds.), *The human frontal lobes* (pp. 25–43). New York: Guilford.

Christiansen, H., Hirsch, O., Drechsler, R., Wanderer, S., Knospe, E. L., Günther, T. & Lidzba, K. (im Druck). German validation of the Conners 3® rating scales for parents, teachers and children. *Zeitschrift für Kinder- und Jugendpsychiatrie und Psychotherapie.*

Chukoskie, L., Townsend, J. & Westerfield, M. (2013). Motor skill in autism spectrum disorders: A subcortical view. *International review of neurobiology, 113,* 207–249. http://doi.org/10.1016/B978-0-12-418700-9.00007-1

Cicchetti, D., Rogosch, F. A., Maughan, A., Toth, S. L. & Bruce, J. (2003). False belief understanding in maltreated children. *Development and Psychopathology, 15,* 1067–1091. http://doi.org/10.1017/S0954579403000440

Cicerone, K., Levin, H., Malec, J., Stuss, D. & Whyte, J. (2006). Cognitive rehabilitation interventions for executive function: Moving from bench to bedside in patients with traumatic brain injury. *Journal of Cognitive Neuroscience, 18,* 1212–1222. http://doi.org/10.1162/jocn.2006.18.7.1212

Cierpka, M. (2008). *Handbuch der Familiendiagnostik* (3.Aufl.). Heidelberg: Springer. http://doi.org/10.1007/978-3-540-78475-3

Clahsen, H. & Hansen, D. *Computerunterstützte Profilanalyse (COPROF).* Abgerufen am 22. September 2015 von www.sopaed-sprache.uni-wuerzburg.de/coprof_10/

Cloninger, C. R. (2008). The psychobiological theory of temperament and character: comment on Farmer and Goldberg (2008). *Psychological Assessment, 20,* 292–299. http://doi.org/10.1037/a0012933

Cohen, M. (1997). *Children's Memory Scale (CMS).* San Antonio, Tx: The Psychological Corporation.

Colarusso, R. P. & Hammill, D. D. (2003). *The Motor-Free Visual Perception Test – Third Edition (MVPT3).* Novato, CA: Academic Therapy Publications.

Colarusso, R. P. & Hammill, D. D. (2015). The *Motor-Free Visual Perception Test – Fourth Edition (MVPT4).* Novato, CA: Academic Therapy Publications.

Colmant, C., Eysholdt, U. & Rosanowksi, F. (2008). Diagnostik der taktil-kinästhetischen Wahrnehmung bei Vorschulkindern: ein Methodenvergleich. *Folia Phoniatrica et Logopaedica, 60,* 128–133. http://doi.org/10.1159/000118511

Connolly, K. & Stratton, P. (1968). Developmental changes in associated movements. *Developmental Medicine and Child Neurology, 10* (1), 49–56. http://doi.org/10.1111/j.1469-8749.1968.tb02837.x

Cooper, J. M., Vargha-Khadem, F., Gadian, D. G. & Maguire, E. A. (2011). The effect of hippocampal damage in children on recalling the past and imagining new experiences. *Neuropsychologia, 49* (7), 1843–1850. http://doi.org/10.1016/j.neuropsychologia.2011.03.008

Costard, S. (2007). *Störungen der Schriftsprache: Modellgeleitete Diagnostik und Therapie.* Stuttgart: Thieme.

Coull, J. T., Frith, C. D., Büchel, C. & Nobre, A. C. (2000). Orienting attention in time: behavioural and neuroanatomical distinction between exogenous and endogenous shifts. *Neuropsychologia, 38* (6), 808–819. http://doi.org/10.1016/S0028-3932(99)00132-3

Cowan, N. (1999). An embedded-process model of working memory. In A. Miyake & S. Shah (eds.), *Models of working memory mechanism of active maintenance and executive control* (pp. 62–101). New York: Cambridge University Press.

Cowan, N. & Alloway, T. (2008). Development of working memory in childhood. In M. Courage & N. Cowan, *The Development of Memory in Infancy and Childhood (Studies in Developmental Psychology)* (S. *303*–342). Hove: Psychology Press.

Cowan, N. & Courage, M. (2008). *The Development of Memory in Infancy and Childhood (Studies in Developmental Psychology).* Hove: Psychology Press.

Cowan, N., Elliott, E. M., Saults, J. S., Nugent, L. D., Bomb, S. & Hismjatullina, A. (2006). Rethinking speed theories of cognitive development. Increasing the rate of recall without affecting accuracy. *Psychological Science, 17* (1), 67–73.

Cowan, N., Keller, T. A., Hulme, C., Roodenrys, S., Mcdougall, S. & Rack, J. (1994). Verbal Memory Span in Children: Speech Timing Clues to the Mechanisms Underlying Age and Word Length Effects. *Journal of Memory and Language, 33* (2), 234–250. http://doi.org/10.1006/jmla.1994.1012

Cramon, D. Y. von & Schubotz, R. (2005). Exekutivfunktionen und ihre Störungen. In C.-W. Wallesch (Hrsg.), *Neurologie* (S. 189–198). München: Urban & Fischer.

Crichton, A., Knight, S., Oakley, E., Babl, F. E. & Anderson, V. (2015). Fatigue in child chronic health conditions: a systematic review of assessment instruments. *Pediatrics, 135,* e1015–1031. http://doi.org/10.1542/peds.2014-2440

Crone, E. A. (2009). Executive functions in adolescence: Inferences from brain and behavior. *Developmental Science, 12,* 825–830. http://doi.org/10.1111/j.1467-7687.2009.00918.x

Crone, E. A. & van der Molen, M. W. (2004). Developmental changes in real life decision making: performance on a gambling task previously shown to depend on the ventromedial prefrontal cortex. *Developmental Neuropsychology, 25,* 251–279. http://doi.org/10.1207/s15326942dn2503_2

Crovitz, H. F. & Schiffman, H. (1974). Frequency of episodic memories as a function of their age. *Bulletin of the Psychonomic Society,* 4 (5), 517–518. Springer. http://doi.org/10.3758/BF03334277

Crowe, L. M., Catroppa, C., Babl, F. E. & Anderson, V. (2012). Intellectual, behavioral, and social outcomes of accidental traumatic brain injury in early childhood. *Pediatrics, 129,* 262–8. http://doi.org/10.1542/peds.2011-0438

Croydon, A., Pimperton, H., Ewing, L., Duchaine, B. C. & Pellicano, E. (2014). The Cambridge Face Memory Test for Children (CFMTC): A new tool for measuring face recognition skills in childhood. *Neuropsychologia,* 62, 60–67. http://doi.org/10.1016/j.neuropsychologia.2014.07.008

Cummings, J. L. (1993). Frontal-subcortical circuits and human behavior. *Archives of Neurology, 50,* 873–880. http://doi.org/10.1001/archneur.1993.00540080076020

D'Esposito, M. & Postle, B. R. (2002). The neural basis of working memory storage, rehearsal and control processes: evidence from patient and functional MRI studies. In *The medial temporal lobe, the hippocampus, and the memory system of the brain* (3rd ed., pp. 215–224). New York: Guilford.

da Silva Ferreira, G. C., Crippa, J. A. & de Lima Osório, F. (2014). Facial emotion processing and recognition among maltreated children: a systematic literature review. *Frontiers in Psychology, 5,* 1460. http://doi.org/10.3389/fpsyg.2014.01460

Dalrymple, K. A., Corrow, S., Yonas. A & Duchaine, B. (2012). Developmental prosopagnosia in childhood. *Cognitive Neuropsychology, 29,* 393–418. http://doi.org/10.1080/02643294.2012.722547

Dalrymple, K. A., Fletcher, K., Corrow, S., das Nair, R., Barton, J. J., Yonas, A. & Duchaine, B. (2014). „A room full of strangers every day": The psychosocial impact of developmental prosopagnosia on children and their families. *Journal of Psychosomatic Research, 77,* 144–150.

Daneman, M. & Carpenter, S. A. (1980). Individual differences in working memory and reading. *Journal of Verbal Learning and Verbal Behavior, 19,* 450–466. http://doi.org/10.1016/S0022-5371(80)90312-6

Danna, J. & Velay, J. L. (2015). Basic and supplementary sensory feedback in handwriting. *Frontiers in Psychology, 6,* 169. http://doi.org/10.3389/fpsyg.2015.00169

Das, J. S., Naglieri, J. A. & Kirby, J. R. (1994). *Assessment of cognitive processes: The PASS theory of intelligence.* Boston: Allyn & Bacon.

Daseking M. & Petermann F. (2009). *Kognitiver Entwicklungstest für das Kindergartenalter (KET-KID).* Göttingen: Hogrefe Verlag.

Daseking, M. & Petermann, F. (2013). *Verhaltensinventar zur Beurteilung Exekutiver Funktionen für das Kindergartenalter. Deutschsprachige Adaptation des Behavior Rating Inventory of Executive Function® – Preschool Version (BRIEF®-P) von Gerard A. Gioia, Kimberly Andrews Espy und Peter K. Isquith.* Bern: Verlag Hans Huber.

Daseking, M. Petermann, F. (2008). *Battery for Assessment in Children – Screening für kognitive Basiskompetenzen im Vorschulalter (BASIC-Preschool) unter Mitarbeit von J. Knievel.* Bern: Verlag Hans Huber.

Daseking, M., Lemcke, J. & Petermann, F. (2006). Vorläuferstörungen schulischer Fertigkeiten: Erfassung von kognitiven Leistungen im Kindergartenalter. In U. Petermann & F. Petermann (Hrsg.), *Diagnostik sonderpädagogischen Förderbedarfs* (S. 211–238). Göttingen: Hogrefe.

Davis, A. S. (ed.). (2011). *Handbook of pediatric neuropsychology.* New York: Guilford.

De Agostini, M., Pareé, C., Goudot, D. & Dellatolas, G. (1992). Manual preference and skill development in preschool children. *Developmental Neuropsychology, 8,* 41–57. http://doi.org/10.1080/87565649209540514

De Campos, A. C., Savelsbergh, G. J. & Rocha, N. A. C. F. (2012). What do we know about the atypical development of exploratory actions during infancy? *Research in Developmental Disabilities, 33,* 2228–2235.

De Haan, E. H. & Cowey, A. (2011). On the usefulness of ‚what' and ‚where' pathways in vision. *Trends in Cognitive Science, 15,* 460–466. http://doi.org/10.1016/j.tics.2011.08.005
De Haan, M., Mishkin, M., Baldeweg, T. & Vargha-Kadem, F. (2006). Human memory development and its dysfunction after early hippocampal injury. *Trends in Neurosciences, 29* (7), 374–381. http://doi.org/10.1016/j.tins.2006.05.008
De Haan, M., Pascalis, O. & Johnson, M. H. (2002). Specialization of neural mechanisms underlying face recognition in human infants. *Journal of Cognitive Neuroscience, 14,* 199–209. http://doi. org/10. 1162/089892902317236849 http://doi.org/10.1162/089892902317236849
De Los Reyes, A., Augenstein, T. M., Wang, M., Thomas, S. A., Drabick, D. A., Burgers, D. E. & Rabinowitz, J. (2015). The Validity of the Multi-Informant Approach to Assessing Child and Adolescent Mental Health. *Psychological Bulletin, 141,* 858–900. http://doi.org/10.1037/a0038498
De Luca, C. R. & Leventer, R. J. (2008). Developmental trajectories of executive function across lifespan. In V. Anderson, R. Jacobs & S. J. Anderson (eds.), *Executive functions and the frontal lobes. A lifespan perspective* (pp. 23–56). New York: Taylor & Francis.
De Ruiter, M. A., Van Mourik, R., Schouten-van Meeteren, A. Y., Grootenhuis, M. A. & Oosterlaan, J. (2013). Neurocognitive consequences of a paediatric brain tumour and its treatment: A meta-analysis. *Developmental Medicine & Child Neurology, 55,* 408–417. http://doi.org/10.1111/dmcn.12020
De Sonneville, L. M. J. (2011). *ANT 4.0 – Amsterdam Neuropsychological Tasks.* Amsterdam: Sonares.
De Sonneville, L. M. J., Verschoor, C. A., Njiokiktjien, C., Op het Veld, V., Toorenaar, N. & Vranken, M. (2002). Facial identity and facial emotions: Speed, accuracy, and processing strategies in children and adults. *Journal of Clinical and Experimental Neuropsychology, 24,* 200–213.
De Zeeuw, S., Weusten, J., van Dijk, S., van Belle, J. & Durston, S. (2012). Deficits in cognitive control, timing and reward sensitivity appear to be dissociable in ADHD. *PLoS One, 7,* e51416. http://doi.org/10.1371/journal.pone.0051416
Dean, R. S. & Woodcock, R. W. (2003). *Dean-Woodcock Sensory-Motor Battery (DWSMB).* Itasca, IL: Riverside Publishing.
Debuschewitz, A., Winkler, U., Günther, T. & Kiese-Himmel, C. (2004). Die Bedeutung der taktil-kinästhetischen Wahrnehmung bei Kindern mit Aussprachestörungen. *Sprache – Stimme – Gehör, 28, 171–177.* http://doi.org/10.1055/s-2004-835863
Deegener, G., Dietel, B., Hamster, W., Koch, C., Matthaei, R., Nödl, H., et al. (1997). *Tübinger Luria Christensen Neuropsychologische Untersuchungsreihe für Kinder (TÜKI).* Göttingen: Beltz Test GmbH.
Deegener, G., Dietel, B., Hamster, W., Koch, C., Matthaei, R., Nödl, H. et al. (1997). *TÜKI. Tübinger Luria-Christensen Neuropsychologische Untersuchungsreihe für Kinder. Manual* (2. Aufl.). Göttingen: Hogrefe.
Defoe, I. N., Dubas, J. S., Figner, B. & van Aken, M. A. (2014). A meta-analysis on age differences in risky decision making: Adolescents versus children and adults. *Psychological Bulletin, 14,* 48–84.
DeGangi, G. A. & Greenspan, S. I. (1989). *Test of Sensory Functions in Infants (TFSI).* Torrance, CA: Western Psychological Services.
Dehaene, S. (1997). *The number sense – how the mind creates mathematics.* New York, Oxford: Oxford University Press.
Delis, D. C., Kaplan, E. & Kramer, J. H. (2001). *Delis-Kaplan Executive Function System (D-KEFS).* San Antonio, TX: The Psychological Corporation.
Della Sala, S., Gray, C., Baddeley, A. & Wilson, L. (1997). *The Visual Patterns Test (VPT): A new test of short-term visual recall.* Bury St Edmunds: Thames Valley Test Company.
Denburg, N. L. & Tranel, D. (2003). Acalculia and disturbances of the body schema. In K. M. Heilman & E. Valenstein (eds.): *Clinical neuropsychology* (4th ed.) (pp. 161–184). New York, NY: Oxford University Press.
Denckla, M. B. (1973). Development of speed in repetitive and successive finger-movements in normal children. *Developmental Medicine & Child Neurology, 15,* 635–645. http://doi.org/10.1111/j.1469-8749.1973.tb05174.x

Denckla, M. B. (1974). Development of motor co-ordination in normal children. *Developmental Medicine & Child Neurology, 16,* 729–741. http://doi.org/10.1111/j.1469-8749.1974.tb03393.x
Denckla, M. B. (1985). Revised neurological examination for subtle signs. *Psychopharmacology Bulletin, 21,* 773–800.
Dennis, M. (1988). Language and the young damaged brain. In T. Boll & B. K. Bryant (eds.). *Clinical neuropsychology and brain function: research, measurement and practice* (pp. 85–124). Washington: American Psychological Association http://doi.org/10.1037/10063-003
Dennis, M. (2010). Margaret Kennard (1899–1975): not a ‚principle' of brain plasticity but a founding mother of developmental neuropsychology. *Cortex, 46,* 1043–1059. http://doi.org/10.1016/j.cortex.2009.10.008
Dennis, M., Simic, N., Agostino, A., Taylor, H. G., Bigler, E. D., Rubin, K. & Yeates, K. O. (2013). Irony and empathy in children with traumatic brain injury. *Journal of the International Neuropsychological Society, 19,* 338–348. http://doi.org/10.1017/S1355617712001440
Dennis, M., Simic, N., Bigler, E. D., Abildskov, T., Agostino, A., Taylor, H. G. & Yeates, K. O. (2013). Cognitive, affective, and conative theory of mind (ToM) in children with traumatic brain injury. *Developmental Cognitive Neuroscience, 5,* 25–39. http://doi.org/10.1016/j.dcn.2012.11.006
Dennis, M., Spiegler, B. J., Juranek, J. J., Bigler, E. D., Snead, O. C. & Fletcher, J. M. (2013). Age, Plasticity, and Homeostasis in Childhood Brain Disorders. *Neuroscience and Biobehavioral Reviews, 37,* 2760–2773. http://doi.org/10.1016/j.neubiorev.2013.09.010
Dennis, M., Spiegler, B. J., Simic, N., Sinopoli, K. J., Wilkinson, A., Yeates, K. O. & Fletcher, J. M. (2014). Functional plasticity in childhood brain disorders: When, what, how, and whom to assess. *Neuropsychology Review, 24,* 389–408. http://doi.org/10.1007/s11065-014-9261-x
Destan, N., Hembacher, E., Ghetti, S. & Roebers, C. M. (2014). Early metacognitive abilities: The interplay of monitoring and control processes in 5-to 7-year-old children. *Journal of Experimental Child Psychology, 126,* 213–228. http://doi.org/10.1016/j.jecp.2014.04.001
Diamond, A. (1985). Development of the ability to use recall to guide action, as indicated by infants' performance on AB. *Child Development, 56,* 868–883. http://doi.org/10.2307/1130099
Diamond, A. (2013). Executive functions. *Annual Review of Psychology, 64,* 135. http://doi.org/10.1146/annurev-psych-113011-143750
Diamond, A. & Lee, K. (2011). Interventions shown to aid executive function development in children 4 to 12 years old. *Science, 333,* 959–964. http://doi.org/10.1126/science.1204529
Diamond, A., Barnett, W. S., Thomas, J. & Munro, S. (2007). Preschool program improves cognitive control. *Science, 318,* 1387.
Diehl, K. & Hartke, B. (2012). *Inventar zur Erfassung der Lesekompetenz im 1. Schuljahr (IEL-1).* Göttingen: Hogrefe.
Dilling, H., Mombour, W. & Schmidt, M. H. (2000). *Internationale Klassifikation psychischer Störungen, ICD-10. Klinisch-diagnostische Leitlinien* (3. Auflage). Bern: Verlag Huber.
Dillon, D. G. & Pizzagalli, D. A. (2007). Inhibition of action, thought, and emotion: a selective neurobiological review. *Applied and Preventive Psychology, 12,* 99–114. http://doi.org/10.1016/j.appsy.2007.09.004
Dionne-Dostie, E., Paquette, N., Lassonde, M. & Gallagher, A. (2015). Multisensory integration and child neurodevelopment. *Brain Sciences, 5,* 32–57. http://doi.org/10.3390/brainsci5010032
Dorman, W.-U., Pfeifer, T. & Prieler, J. (2004). *Reaktionszeit-Analyse (RA).* Mödling: SCHUHFRIED GmbH.
Downey, R. & Rapport, M. J. (2012). Motor activity in children with autism: a review of current literature. *Pediatric Physical Therapy, 24,* 2–20. http://doi.org/10.1097/PEP.0b013e31823db95f
Doyen, A. L., Dufour, T., Caroff, X., Cherfouh, A. & Carlier, M. (2008). Hand preference and hand performance: cross-sectional developmental trends and family resemblance in degree of laterality. *Laterality, 13,* 179–197. http://doi.org/10.1080/13576500701764124
Drechsler, R. (2007a). Emotionsverarbeitung. In L. Kaufmann, H.-C. Nuerk, K. Konrad & K. Willems (Hrsg.), *Kognitive Entwicklungsneuropsychologie* (S. 321–341). Göttingen: Hogrefe.

Drechsler, R. (2007b). Exekutive Funktionen. Übersicht und Taxonomie. *Zeitschrift für Neuropsychologie, 18,* 233–248. http://doi.org/10.1024/1016-264X.18.3.233

Drechsler, R. & Steinhausen, H. C. (2013) *Verhaltensinventar zur Beurteilung Exekutiver Funktionen. Deutschsprachige Adaptation des Behavior Rating Inventory of Executive Function (BRIEF) von G. A. Gioia, P. K. Isquith, S. C. Guy und L. Kenworthy und der Self-Report Version (BRIEF-SR) von S. C. Guy, P. K. Isquith und G. A. Gioia.* Bern: Verlag Hans Huber.

Drechsler, R. & Steinhausen, H.-C. (2013). *BRIEF – Verhaltensinventar zur Beurteilung exekutiver Funktionen. Manual.* Bern: Verlag Huber.

Drechsler, R., Brandeis, D., Földényi, M., Imhof, K. & Steinhausen, H.-C. (2005). The course of neuropsychological functions in children with attention deficit hyperactivity disorder from late childhood to early adolescence. *Journal of Child Psychology and Psychiatry, and allied Disciplines, 46,* 824–836.

Drechsler, R., Rizzo, S. & Steinhausen, H. C. (2009). Zur klinischen Validität einer computergestützten Aufmerksamkeitstestbatterie für Kinder (KITAP) bei 7- bis 10-jährigen Kindern mit ADHS. *Kindheit und Entwicklung, 18,* 153–161. http://doi.org/10.1026/0942-5403.18.3.153

Drühe-Wienholt, C. M. & Wienholt, W. (2011). *Computergestütztes Kartensortierverfahren (CKV).* (3. Auflage). Frankfurt/Main: Pearson Assessment & Information GmbH.

Duff, C. T. & Sulla, E. M. (2014). Measuring Executive Function in the Differential Diagnosis of Attention-Deficit/Hyperactivity Disorder: Does It Really Tell Us Anything? *Applied Neuropsychology, Child, 4,* 188–196.

Düker, H. & Lienert, G. A. (1965). *Konzentrations-Leistungs-Test (K-L-T). Handanweisung.* Göttingen: Hogrefe.

Düker, H. & Lienert, G. A. (2001). *Konzentrationsleistungstest – Revidierte Fassung (KLT-R) Neubearbeitung von H. Lukesch und S. Mayrhofer.* Göttingen: Hogrefe Verlag.

Dumontheil, I., Apperly, I. A. & Blakemore, S. J. (2010). Online usage of theory of mind continues to develop in late adolescence. *Developmental Science, 13,* 331–338. http://doi.org/10.1111/j.1467-7687.2009.00888.x

Duncan, J. (1995). Attention, intelligence, and the frontal lobes. In M. Gazzaniga (ed.): *The cognitive neurosciences.* Cambridge, MA: MIT Press.

DuPaul, G. J., Anastopoulos, A. D., Shelton, T. L., Guevremont, D. C. & Metevia, L. (1992). Multimethod assessment of attention-deficit hyperactivity disorder: The diagnostic utility of clinic-based tests. *Journal of Clinical Child Psychology, 21,* 394–402. http://doi.org/10.1207/s15374424jccp2104_10

Dupierrix, E., de Boisferon, A. H., Méary, D., Lee, K., Quinn, S. C., Di Giorgio, E. & Pascalis, O. (2014). Preference for human eyes in human infants. *Journal of Experimental Child Psychology, 123,* 138–146. http://doi.org/10.1016/j.jecp.2013.12.010

Dutton, G. N. (2003). Cognitive vision, its disorders and differential diagnosis in adults and children: knowing where and what things are. *Eye, 17,* 289–304. http://doi.org/10.1038/sj.eye.6700344

Dutton, G. N. (2013). The spectrum of cerebral visual impairment as a sequel to premature birth: An overview. *Documenta Ophthalmologica, 127,* 69–78. http://doi.org/10.1007/s10633-013-9382-1

Duval, J., Braun, C. M., Montour-Proulx, I., Daigneault, S., Rouleau, I. & Bégin, J. (2008). Brain lesions and IQ: Recovery versus decline depends on age of onset. *Journal of Child Neurology, 23,* 663–668. http://doi.org/10.1177/0883073808314161

Dzieciol, A. M., Bachevalier, I., Saleem, K. S., Gadian, D. G., Saunders, R., Chong, W. K. ... & Vargha-Kadem, F. (2017). Hippocampal and diencephalic pathology in developmental amnesia. *Cortex, 86,* 33–44. http://doi.org/10.1016/j.cortex.2016.09.016

Eamon, M. K. (2005). Socio-demographic, school, neighbourhood, and parenting influence on academic achievement of Latino young adolescent. *Journal of Youth and Adolescent, 34* (20), 163–175. http://doi.org/10.1007/s10964-005-3214-x

Eckenhoff, M. F. & Rakic, S. (1991). A quantitative analysis of synaptogenesis in the molecular layer of the dentate gyrus in the rhesus monkey. *Developmental Brain Research, 64* (1–2), 129–135. http://doi.org/10.1016/0165-3806(91)90216-6

Edebol, H., Helldin, L. & Norlander, T. (2012). Objective Measures of Behavior Manifestations in Adult ADHD and Differentiation from Participants with Bipolar II Disorder, Borderline Personality Disorder, Participants with Disconfirmed ADHD as Well as Normative Participants. *Clinical Practice and Epidemiology in Mental Health: CP & EHM, 8,* 134–143.

Edebol, H., Helldin, L. & Norlander, T. (2013). Measuring adult attention deficit hyperactivity disorder using the Quantified Behavior Test Plus. *PsyCh Journal, 2* (1), 48–62. http://doi.org/10.1002/pchj.17

Edwards, S. J., Buckland, D. J. & McCoylen-Powlen, J. D. (2002). *Developmental and functional hand graps.* Thorofare: Slacks Incorporated.

Eeles, A. L., Spittle, A. J., Anderson, S. J., Brown, N., Lee, K. J., Boyd, R. N. & Doyle, L. W. (2013). Assessments of sensory processing in infants: A systematic review. *Developmental Medicine & Child Neurology, 55,* 314–326. http://doi.org/10.1111/j.1469-8749.2012.04434.x

Egami, C., Morita, K., Ohya, T., Ishii, Y., Yamashita, Y. & Matsuishi, T. (2009). Developmental characteristics of visual cognitive function during childhood according to exploratory eye movements. *Brain Development, 31* (10), 750–757. http://doi.org/10.1016/j.braindev.2008.12.002

Eggert, D. (1974). *Lincoln-Oseretzky-Skala Kurzform (LOS KF 18).* Weinheim: Beltz Test GmbH.

Eggert, D., Ratschinski, G. & Reichenbach, C. (2008). *Diagnostisches Inventar motorischer Basiskompetenzen zur Diagnostik von Kindern im Grundschulalter (DMB)* (4. überarbeitete Auflage). Dortmund: verlag modernes lernen.

Ehm, J. H., Merkt, J., Gawrilow, C. & Hasselhorn, M. (2014). Selbstkonzept und Schulleistungen von Grundschülern mit ADHS-Symptomen. *Zeitschrift für Entwicklungspsychologie und Pädagogische Psychologie, 46,* 79–88. http://doi.org/10.1026/0049-8637/a000102

Ehrt, O. (2012). Infantile and acquired nystagmus in childhood. *European Journal of Paediatric Neurology, 16,* 567–572. http://doi.org/10.1016/j.ejpn.2012.02.010

Ellinoudis, T., Evaggelinou, C., Kourtessis, T., Konstantinidou, Z., Venetsanou, F., Kambas, A. (2011). Reliability and validity of age band 1 of the Movement Assessment Battery for Children -second edition. *Research in Developmental Disabilities, 32,* 1046–1051. http://doi.org/10.1016/j.ridd.2011.01.035

Ellis, A. W. & Young, A. W. (1988). *Human Cognitive Neuropsychology.* Hove: Lawrence Erlbaum.

Ellis, J. & Kvavilashvili, L. (2001). Prospective memory in 2000: Past, present, and future directions. *Applied Cognitive Psychology, 14* (7), S1-S9.

Emslie, H., Wilson, F. C. Burden, V., Nimmo-Smith, I. & Wilson, B. A. & (2003). *Behavioural Assessment of the Dysexecutive Syndrome in Children (BADS-C).* London: Harcourt Test Services.

Engel-Yeger, B., Josman, N. & Rosenblum, S. (2009). Behavioural Assessment of the Dysexecutive Syndrome for Children (BADS-C): An examination of construct validity. *Neuropsychological Rehabilitation, 19,* 662–676. http://doi.org/10.1080/09602010802622730

Engl, R. W., Kane, M. J. & Tuholski, S. W. (1999). Individual differences in working memory capacity and what they tell us about controlled attention, general fluid intelligence, and functions of the prefrontal cortex. In A. Miyake & S. Shah (eds.): *Models of working memory. Mechanisms of active maintenance and executive control* (pp. 102–134). Cambridge: University Press. http://doi.org/10.1017/CBO9781139174909.007

Erickson, K., Kylliäinen, A., Hirvonen, K., Nieminen, S. & Koivikko, M. (2003). Visual agnosia in a child with non-lesional occipito-temporal CSWS. *Brain and Development, 25,* 262–267. http://doi.org/10.1016/s0387-7604(02)00225-5

Errata-Zettel für den TEA-Ch K, 1. Auflage: Zugriff am 16. 10. 2011 http://www.pearsonassessment.de/front_content.php?idart=288.

Eslinger, S. J., Flaherty-Craig, C. V. & Benton, A. L. (2004). Developmental outcomes after early prefrontal cortex damage. *Brain and Cognition, 55,* 84–103. http://doi.org/10.1016/S0278-2626(03)00281-1

Esser, G. & Wyschkon, A. (2002). *Basisdiagnostik für umschriebene Entwicklungsstörungen im Vorschulalter (BUEVA).* Göttingen: Hogrefe.

Esser, J., Lang, G. K. & Lang, G. E. (2015). *Schlaglicht Augenheilkunde: Kinderophthalmologie*. Stuttgart: Georg Thieme Verlag.

Ettrich, K. U. & Ettrich, C. (2005). *Konzentrations-Handlungsverfahren für Vorschulkinder (KHV-VK)*. Göttingen: Hogrefe Verlag.

Euler, H. A., Holler-Zittlau, I., van Minnen, S., Sick, U., Dux, W., Zaretsky, Y. & Neumann, K. (2010). Psychometrische Gütekriterien eines Kurztests zur Erfassung des Sprachstands 4-jähriger Kinder. *HNO, 58* (11), 1116–1123. http://doi.org/10.1007/s00106-010-2089-7

Eysel, U. (2011). Sehen und Augenbewegungen. In R. F. Schmidt, F. Lang & M. Heckmann (Hrsg.) *Physiologie des Menschen: mit Pathophysiologie* (31. Aufl., S. 345–385). Heidelberg: Springer.

Fagard, J. & Dahmen, R. (2004). Cultural influences on the development of lateral preferences: a comparison between French and Tunisian children. *Laterality: Asymmetries of Body, Brain and Cognition, 9,* 67–78. http://doi.org/10.1080/13576500342000167

Falger, J., Latal, B., Landolt, M. A., Lehmann, S., Neuhaus, T. J. & Laube, G. F. (2008). Outcome after renal transplantaion. Part I: Intellectual and motor performance. *Pediatric Nephrology, 23,* 1339–1345. http://doi.org/10.1007/s00467-008-0795-0

Falkai, P. & Wittchen, H.-U. (2014). *Diagnostisches und Statistisches Manual Psychischer Störungen DSM-5. Deutsche Ausgabe*. Mitherausgegeben von Döpfner, M., Gaebel, W., Maier, W., Rief, W., Saß, H. & Zaudig, M. Göttingen: Hogrefe.

Fan, J., McCandliss, B. D., Fossella, J., Flombaum, J. I. & Posner, M. I. (2005). The activation of attentional networks. *NeuroImage, 26* (2), 471–479. http://doi.org/10.1016/j.neuroimage.2005.02.004

Farrant, K. & Uddin, L. Q. (2015). Asymmetric development of dorsal and ventral attention networks in the human brain. *Developmental cognitive neuroscience, 12,* 165–174. http://doi.org/10.1016/j.dcn.2015.02.001

Fazzi, E., Signorini, S. G. & Bianchi, S. E. (2010). Visual impairment in cerebral palsy. In G. N. Dutton & M. Bax. (eds.), *Visual impairment in children due to damage to the brain* (pp. 194–204). London: Mac Keith Press.

Fazzi, E., Signorini, S. G., La Piana, R., Bertone, C., Misefari, W., Galli, J. & Bianchi, S. E. (2012). Neuro-ophthalmological disorders in cerebral palsy: ophthalmological, oculomotor, and visual aspects. *Developmental Medicine & Child Neurology, 54,* 730–736. http://doi.org/10.1111/j.1469-8749.2012.04324.x

Feder, K. S. & Majnemer, A. (2007). Handwriting development, competency, and intervention. *Developmental Medicine & Child Neurology, 49,* 312–317. http://doi.org/10.1111/j.1469-8749.2007.00312.x

Filippova, E. & Astington, J. W. (2010). Children's Understanding of Social-Cognitive and Social-Communicative Aspects of Discourse Irony. *Child Development, 81,* 913–928. http://doi.org/10.1111/j.1467-8624.2010.01442.x

Fine, J. G., Semrud-Clikeman, M., Bledoe, J. C. & Musielak, K. A. (2013). A critical review of the literature on NLD as a developmental disorder. *Child Neuropsychology, 19,* 190–223. http://doi. org/10.1080/09297049.2011.648923 http://doi.org/10.1080/09297049.2011.648923

Fink, A., Grabner, R. H., Benedek, M., Reishofer, G., Hauswirth, V., Fally, M., Neuper, C., Ebner, F. & Neubauer, A. C. (2009). The creative brain: Investigation of brain activity during creative problem solving by means of EEG and FMRI. *Human Brain Mapping, 30,* 734–748.

Fink, A., Grabner, R. H., Gebauer, D., Reishofer, G., Kotschunig, K. & Ebner, F. (2010). Enhancing creativity by means of cognitive stimulation: Evidence form an fMRI study. *Neuroimage, 52,* 1687–1695. http://doi.org/10.1016/j.neuroimage.2010.05.072

Fischer, J.-S. (2010). Numerical performance increased by finger training. A fallacy due to regression toward the mean? *Cortex, 46,* 272–273.

Flanagan, D. S., Alfonso, V. C., Ortiz, S. O. (2012). The cross-battery approach: An overview, historical perspective, and current directions. In D. S. Flanagan & S. L. Harrison (eds.), *Contemporary Intellectual Assessment: Theories, Tests, and Issues* (3rd ed., pp. 459–483). New York: Guilford Press.

Fletcher-Janzen, E. & Kade, H. D. (1997). Pediatric brain injury rehabilitation in a neurodevelopmental milieu. In C. R. Reynolds, E. Fletcher-Janzen (eds.), *Handbook of child clinical neuropsychology 2* (pp. 452–481). New York: Plenum Press.

Fletcher, J. M., Copeland, K., Frederick, J. A., Blaser, S. E., Kramer, L. A., Northrup, H. & Dennis, M. (2005). Spinal lesion level in spina bifida: a source of neural and cognitive heterogeneity. *Journal of Neurosurgery: Pediatrics, 102,* 268–279. http://doi.org/10.3171/ped.2005.102.3.0268

Fletcher, S. C. & Henson, R. N. (2001). Frontal lobes and human memory: insights from functional neuroimaging. *Brain, 124,* 849–881. http://doi.org/10.1093/brain/124.5.849

Flodmark, O. & Jacobson, L. (2010). Pathogenesis and imaging of disorders affecting the visual brain. In G. N. Dutton & M. Bax (eds.), *Visual impairment in children due to damage to the brain* (pp. 50–68). London: Mac Keith Press.

Földényi, M., Giovanoli, A., Tagwerker-Neuenschwander, F., Schallberger, U. & Steinhausen, H. C. (2000). Reliabilität und Retest-Stabilität der Testleistungen von 7- bis 10-jährigen Kindern in der computergestützten TAS. *Zeitschrift für Neuropsychologie, 11,* 1–11.

Fonagy, P. (2008). The mentalization-focused approach to social development. In F. N. Busch (Ed.), *Mentalization: Theoretical considerations, research findings, and clinical implications* (Psychoanalytic Inquiry Book Series: Volume 29) (pp. 3–56). New York, NY: Analytic Press.

Fonagy, S., Gergely, G., Jurist, E. & Target, M. (2008). *Affektregulierung, Mentalisierung und Entwicklung des Selbst.* Stuttgart: Klett-Cotta.

Förderung von Kindern und Jugendlichen mit einer Rechenstörung in der Schule. Aktueller Wissensstand zum Thema Dyskalkulie (ohne Jahr). Bundesverband Legasthenie und Dyskalkulie e. V. in Zusammenarbeit mit dem Landesverband Legasthenie und Dyskalkulie e. V. Bayern.

Forrest, B. J. (2004). The utility of math difficulties, internalized psychopathology, and visual-spatial deficits to identify children with the nonverbal learning disability syndrome. Evidence for a visual-spatial disability. *Child Neuropsychology, 10,* 129–146.

Fox, A. V. (2009). *Test zur Überprüfung des Grammatikverständnisses (TROG-D).* Idstein: Schulz-Kirchner.

Fricke, J., Neugebauer, A. & Rüssmann, W. (2012a). Bestimmung der akkommodativen Vergenz und der Akkommodation. In H. Kaufmann & H. Steffen (Hrsg.), *Strabismus* (S. 399–402). Stuttgart: Thieme.

Fricke, J., Neugebauer, A. & Rüssmann, W. (2012b). Nachweis der Fehlstellung. In H. Kaufmann & H. Steffen (Hrsg.), *Strabismus* (S. 365–367). Stuttgart: Thieme.

Fried, L. (1980). *Lautbildungstest für Vorschulkinder (LBT).* Göttingen: Hogrefe.

Fried, L. (1980). *Lautunterscheidungstest für Vorschulkinder (LUT).* Göttingen: Hogrefe.

Friedburg, D. & Friedburg, C. (2012). Physiologische Optik. In H. Kaufmann & H. Steffen (Hrsg.), *Strabismus* (S. 16–38). Stuttgart: Thieme.

Friedman, N. S., Miyake, A., Robinson, J. L. & Hewitt, J. K. (2011). Developmental trajectories in toddlers' self-restraint predict individual differences in executive functions 14 years later: A behavioral genetic analysis. *Developmental psychology, 47,* 1410–1430. http://doi.org/10.1037/a0023750

Fritz, A. & Hussy, W. (1996). Evaluation eines Unterrichtskonzepts zur Förderung der Planungsfähigkeit in der Grundschule. *Heilpädagogische Forschung, 22,* 1–9.

Fritz, A. & Hussy, W. (2000). *Zoo-Spiel – Ein Test zur Planungsfähigkeit von Grundschulkindern.* Göttingen: Beltz.

Fritz, A., Hussy, W. & Bartels, S. (1997). Ein spielbasiertes Training zur Verbesserung der Planungsfähigkeit bei Kindern. *Psychologie in Erziehung und Unterricht, 44,* 110–124.

Fritz, A., Hussy, W. & Tobinski, D. (in Vorb.) *Das Zoo-Spiel DIGITAL. Ein computerbasierter Test zur Erfassung der Planungsfähigkeit von Grundschulkindern.* https://www.uni-ue.de/udeedu/david_pub.shtml

Fritz, A., Ricken, G. & Gerlach, M. (2007). *Kalkulie – Handreichung zur Durchführung der Diagnose.* Göttingen: Hogrefe.

Fritz, A., Ricken, G., Schuck, K. D. & Preuß, U. (2007). *Hannover-Wechsler-Intelligenztest für das Vorschulalter – III (HAWIVA-III).* Bern: Verlag Huber.

Frostig, M., Lefever, D. W. & Whittelesey, J. R. B. (1964). The Marianne Frostig test of Visual Perception. 1963 Standardization. *Perceptual and Motor Skills, 19,* 463–499. http://doi.org/10.2466/pms.1964.19.2.463

Frostig, M., Lefever, D. W., Whittelesey, J. R. B. (1961). A developmental test of visual perception. For evaluating normal and neurologically handicapped children. *Perceptual and Motor Skills, 12,* 383–394. http://doi.org/10.2466/pms.1961.12.3.383

Funke, J. & Fritz, A. (1995). Über Planen, Problemlösen und Handeln. In J. Funke & A. Fritz (Hrsg.), *Neue Konzepte und Instrumente zur Planungsdiagnostik* (S. 1–45). Bonn: Deutscher Psychologen Verlag.

Fuster, J. M. (2002). Frontal lobes and cognitive development. *Journal of Neurocytology, 31,* 373–385. http://doi.org/10.1023/A:1024190429920

Gaidoschik, M. (2012). Nicht die Finger zählen, sondern denkende Kinder! *Lernen und Lernstörungen, 1,* 59–60.

García-Ormaechea, I., González, I., Duplá, M., Andres, E. & Pueyo, V. (2014). Validation of the Preverbal Visual Assessment (PreViAs) questionnaire. *Early Human Development, 90,* 635–638. http://doi.org/10.1016/j.earlhumdev.2014.08.002

Garcia, D., Hungerford, G. M. & Bagner, D. M. (2015). Topical review: negative behavioral and cognitive outcomes following traumatic brain injury in early childhood. *Journal of Pediatric Psychology,* 40 (4), 391–397. Oxford University Press. http://doi.org/10.1093/jpepsy/jsu093

Gardiner, J. M. & Richardson-Klavehn, A. (2000). Remembering and knowing. In E. Tulving (ed.), *The Oxford Handbook of Memory* (pp. 229–244). New York: Oxford University Press.

Gardiner, J. M., Brandt, K. R., Baddeley, A. D., Vargha-Kadem, F. & Mishkin, M. (2008). Charting the aquisition of semantic Knowledge in a case of developmental amnesia. *Neuropsychologia, 46* (11), 2865–2868. http://doi.org/10.1016/j.neuropsychologia.2008.05.021

Garon, N., Bryson, S. E. & Smith, I. M. (2008). Executive function in preschoolers: A review using an integrative framework. *Psychological Bulletin, 134,* 31–60. http://doi.org/10.1037/0033-2909.134.1.31

Garon, N., Smith, I. M. & Bryson, S. E. (2014). A novel executive function battery for preschoolers: Sensitivity to age differences. *Child Neuropsychology, 20,* 713–736. http://doi.org/10.1080/09297049.2013.857650

Gathercole, S. E. & Baddeley, A. D. (1993). *Working memory and language.* Hove: Erlbaum.

Gerring, J. S., Brady, K. D., Chen, A., Vasa, R., Grados, M., Bandeen-Roche, K. J. & Denckla, M. B. (1998). Premorbid prevalence of ADHD and development of secondary ADHD after closed head injury. *Journal of the American Academy of Child & Adolescent Psychiatry, 37,* 647–654.

Gerstmann, J. (1940). Syndrome of finger agnosia, disorientation for right and left, agraphia and acalculia. *Archives of Neurology and Psychiatry, 44,* 398–408. http://doi.org/10.1001/archneurpsyc.1940.02280080158009

Geurten, M., Lejeune, C. & Meulemans, T. (2015). Time's up! Involvement of metamemory knowledge, executive functions, and time monitoring in children's prospective memory performance. *Child Neuropsychology, 3,* 1–15.

Geva, R., Schreiber, J., Segal-Caspi, L. & Markus-Shiffman, M. (2014). Neonatal brainstem dysfunction after preterm birth predicts behavioral inhibition. *Journal of Child Psychology and Psychiatry, 55,* 802–810. http://doi.org/10.1111/jcpp.12188

Gibbs, J., Appleton, J. & Appleton, R. (2007). Dyspraxia or developmental coordination disorder? Unravelling the enigma. *Archives of Disease in Childhood, 92* (6), 534–539. http://doi.org/10.1136/adc.2005.088054

Giedd, J. N. (2004). Structural magnetic resonance imaging of the adolescent brain. *Annals of the New York Academy of Sciences, 1021,* 77–85. http://doi.org/10.1196/annals.1308.009

Giedd, J. N., Lalonde, F. M., Celano, M. J., White, S. L., Wallace, G. L., Lee, N. R. & Lenroot, R. K. (2009). Anatomical brain magnetic resonance imaging of typically developing children and adolescents. *Journal of the American Academy of Child and Adolescent Psychiatry, 48,* 465–470.

Gillberg, C. (2003). Deficits in attention, motor control, and perception: A brief review. *Archives of Disease in Childhood, 88,* 904–910. http://doi.org/10.1136/adc.88.10.904

Gillen, J. A. & Dutton, G. N. (2003). Balint's syndrome in a 10-year-old male. *Developmental Medicine & Child Neurology, 45,* 349–352. http://doi.org/10.1017/S0012162203000641

Giza, C. & Prins, M. (2006). Is being plastic really fantastic? Mechanisms of altered plasticity after developmental traumatic brain injury. *Developmental Neuroscience, 28,* 364- 379. http://doi.org/10.1159/000094163

GKV-Spitzenverband (2016). *Heilmittel-Schnellinformation nach §84 Abs. 5 i. V. m. Abs. 8 SGB.* Heusenstamm: ITSG.

Glahn, D. C., Ragland, J. D., Abramoff, A., Barrett, J., Laird, A. R., Bearden, C. E. & Velligan, D. I. (2005). Beyond hypofrontality: a quantitative meta-analysis of functional neuroimaging studies of working memory in schizophrenia. *Human Brain Mapping, 25* (1), 60–69.

Gleissner, U. (2007). Lern- und Merkfähigkeit. In L. Kaufmann, H.-C. Nuerk, K. Konrad & K. Willmes (Hrsg.), *Kognitive Entwicklungsneuropsychologie* (S. 177–199). Göttingen: Hogrefe.

Goertz, C., Kolling, T., Frahsek, F. & Knopf, M. (2009). Der Frankfurter Imitationstest für 36 Monate alte Kinder (FIT 36). *Kindheit und Entwicklung, 18,* 173–179. http://doi.org/10.1026/0942-5403.18.3.173

Goez, H. & Zelnik, N. (2008). Handedness in patients with developmental coordination disorder. *Journal of Child Neurology, 23,* 151–154. http://doi.org/10.1177/0883073807307978

Gogtay, N., Giedd, J. N., Lusk, L., Hayashi, K. M., Greenstein, D., Vaituzis, A. C., Nugent, T. F., III et al. (2004). Dynamic mapping of human cortical development during childhood through early adulthood. *PNAS, 101* (21), 8174–8179. http://doi.org/10.1073/pnas.0402680101

Goldenberg, G. (2012a). Apraxie. In H.-O. Karnath & S. Thier (Hrsg.), *Kognitive Neurowissenschaften* (S. 403–414). Berlin: Springer.

Goldenberg, G. (2012b). Visuelle Objektagnosie und Prosopagnosie. In: H.-O. Karnath & P. Thier (Hrsg.), *Kognitive Neurowissenschaften* (S. 164–171). Berlin: Springer. https://doi.org/10.1007/978-3-642-25527-4_15

Goldsmith, H., Van Hulle, C., Arneson, C., Schreiber, E. & Gernsbacher, M. (2006). A population-based twin study of parentally reported tactile and auditory defensiveness in young children. *Journal of Abnormal Child Psychology, 34,* 393–407. http://doi.org/10.1007/s10802-006-9024-0

Gollin, E. S. (1960). Developmental studies of visual recognition of incomplete objects. *Perceptual and Motor Skills, 11,* 289–298. http://doi.org/10.2466/pms.1960.11.3.289

Gollin, E. S. (1987). The Gollin incomplete figures test: A flexible, computerized version. *Perception, 16,* 543–548. http://doi.org/10.1068/p160543

Gomez-Perez, E. & Ostrosky-Solis, F. (2006). Attention and memory evaluation across the life span: heterogeneous effects of age and education. *Journal of Clinical and Experimental Neuropsychology, 28* (4), 477–494. http://doi.org/10.1080/13803390590949296

Gonser, A. & Balzer, C. (2011). *Figuraler Lern- und Gedächtnistest (FLGT).* Materialien und Normwerte für die neuropsychologische Praxis (MNND), Rheinfelden: Verlag Normdaten.

Götz, L., Lingel, K. & Schneider, W. (2013). *Deutscher Mathematiktest für fünfte Klassen (DEMAT 5+).* Göttingen: Hogrefe.

Götz, L., Lingel, K. & Schneider, W. (2013). *Deutscher Mathematiktest für sechste Klassen (DEMAT 6+).* Göttingen: Hogrefe.

Gracia-Bafalluy, M. & Noël, M. S. (2008). Does finger training increase young children's numerical performance? *Cortex, 44,* 368–375.

Gräf, M. (2012). Sehschärfe. In H. Kaufmann & H. Steffen (Hrsg.), *Strabismus* (S. 92–109). Stuttgart: Thieme.

Graf, W. D., Nagel, S. K., Epstein, L. G., Miller, G., Nass, R. & Larriviere, D. (2013). Pediatric neuroenhancement Ethical, legal, social, and neurodevelopmental implications. *Neurology, 80* (13), 1251–1260. http://doi.org/10.1212/WNL.0b013e318289703b

Gredebäck, G., Fikke, L. & Melinder, A. (2010). The development of joint visual attention: a longitudinal study of gaze following during interactions with mothers and strangers. *Developmental Science, 13* (6), 839–848. http://doi.org/10.1111/j.1467-7687.2009.00945.x

Grill-Spector, K., Golarai, G. & Gabrieli, J. (2008). Developmental neuroimaging of the human ventral visual cortex. *Trends in Cognitive Sciences, 12,* 152–162. http://doi.org/10.1016/j.tics.2008.01.009

Grill-Spector, K., Kourtzi, Z. & Kanwisher, N. (2001). The lateral occipital complex and its role in object recognition. *Vision Research, 41,* 1409–1422. http://doi.org/10.1016/S0042-6989(01)00073-6

Grimm, H. (2000). *SETK-2. Sprachentwicklungstest für zweijährige Kinder.* Göttingen: Hogrefe.

Grimm, H. (2003). *Störungen der Sprachentwicklung: Grundlagen – Ursachen – Diagnose – Intervention – Prävention* (2., überarbeitete Auflage). Göttingen: Hogrefe.

Grimm, H. & Doil, H. (2006). *ELFRA. Elternfragebögen für die Früherkennung von Risikokindern* (2., neubearbeitete Aufl.). Göttingen: Hogrefe.

Grimm, H. & Schöler, H. (1991). *Heidelberger Sprachentwicklungstest* (2., verbesserte Auflage). Göttingen: Hogrefe.

Grinter, E. J., Maybery, M. T. & Badcock, D. R. (2010). Vision in developmental disorders: is there a dorsal stream deficit? *Brain Research Bulletin, 82,* 147–160.

Grob, A., Meyer, C. S. & Hagmann-von Arx, P. (2013). *Intelligence and Development Scales (IDS). Intelligenz- und Entwicklungsskalen für Kinder von 5-10 Jahren.* Bern: Verlag Hans Huber.

Grob, A., Reimann, G. Gut, J. & Frischknecht, M. C. (2013). *Intelligence and Development Scales – Preschool (IDS-P). Intelligenz- und Entwicklungsskalen für das Vorschulalter.* Bern: Verlag Hans Huber.

Groffman, S. (1966). *Groffman Visual Tracing Test.* Reno: Keystone View.

Groh-Bordin, C. & Kerkhoff, G. (2009). Störungen der visuellen Raumwahrnehmung und Raumkognition. In W. Sturm, M. Herrmann, T. F. Münte (Hrsg.), *Lehrbuch der klinischen Neuropsychologie.* Grundlagen, Methoden, Diagnostik, Therapie (S. 500–512). Heidelberg: Springer. http://doi.org/10.1007/978-3-8274-2248-4_28

Grund, M., Haug, G. & Naumann, C. L. (2004a). *Diagnostischer Rechtschreibtest für 4. Klassen (DRT 4)* (2. Aufl. in neuer Rechtschreibung). Göttingen: Hogrefe.

Grund, M., Haug, G. & Naumann, C. L (2004b). *Diagnostischer Rechtschreibtest für 5. Klassen (DRT 5)* (2. Aufl. in neuer Rechtschreibung). Göttingen: Hogrefe.

Grunwald, M. (2009). *Haptikforschung – Schnittstelle zwischen Allgemeiner und Klinischer Psychologie. Sitzungsberichte der Leibniz-Sozietät* (Bd. 101) (S. 73–91). Berlin: Trafo Verlag.

Gubbay, S. S. (1975). *The clumsy child: A study in developmental apraxia and Agnostic Ataxia.* London: WB Saunders.

Guilford, J. S. (1967). *The nature of human intelligence.* New York: McGraw-Hill.

Gummel, K., Ygge, J., Benassi, M. & Bolzani, R. (2012). Motion perception in children with foetal alcohol syndrome. *Acta Paediatrica, 101,*e327–332. http://doi.org/10.1111/j.1651-2227.2012.02700.x

Günther, T. (2012). Questionnaires versus computer-based assessments to examine attentional processes. *Developmental Medicine & Child Neurology, 54* (S2), 13–14.

Günther, T., Herpertz-Dahlmann, B. & Konrad, K. (2005). Reliabilität von Aufmerksamkeits- und verbalen Gedächtnis-Tests bei gesunden Kindern und Jugendlichen – Implikationen für die klinische Praxis. *Zeitschrift für Kinder- und Jugendpsychiatrie und Psychotherapie, 33,* 169–179.

Günther, T., Herpertz-Dahlmann, B. & Konrad, K. (2010). Sex Differences in Attentional Performance and Their Modulation by Methylphenidate in Children with Attention-Deficit/Hyperactivity Disorder. *Journal of Child and Adolescent Psychopharmacology, 20* (3), 179–186.

Günther, T., Holtkamp, K., Jolles, J., Herpertz-Dahlmann, B. & Konrad, K. (2005). The influence of sertraline on attention and verbal memory in children and adolescents with anxiety disorders. *Journal of Child and Adolescent Psychopharmacology, 15* (4), 608–618. http://doi.org/10.1089/cap.2005.15.608

Günther, T., Kahraman-Lanzerath, B., Knospe, E. L., Herpertz-Dahlmann, B. & Konrad, K. (2012). Modulation of Attention-Deficit/Hyperactivity Disorder Symptoms by Short- and Long-Acting Methylphenidate Over the Course of a Day. *Journal of Child and Adolescent Psychopharmacology, 22* (2), 131–138.

Günther, T., Konrad, K., De Brito, S. A., Herpertz-Dahlmann, B. & Vloet, T. D. (2011). Attentional functions in children and adolescents with ADHD, depressive disorders, and the comorbid condition. *Journal of Child Psychology and Psychiatry, 52* (3), 324–331. http://doi.org/10.1111/j.1469-7610.2010.02320.x

Günther, T., Konrad, K., Häusler, J., Saghraoui, H., Willmes, K. & Sturm, W. (2014). Developmental Differences in Visual and Auditory Attention: a Cross-Sectional Study. *Zeitschrift für Neuropsychologie, 25* (3), 143–152. http://doi.org/10.1024/1016-264X/a000126

Gummel, K., Ygge, J., Benassi, M. & Bolzani, R. (2012). Motion perception in children with foetal alcohol syndrome. *Acta Paediatrica, 101,* e327–332.

Gurney, J. G., Krull, K. R., Kadan-Lottick, N., Nicholson, H. S., Nathan, S. C., Zebrack, B., Tersak, J. M., et al. (2009). Social outcomes in the Childhood Cancer Survivor Study cohort. *Journal of clinical oncology: official journal of the American Society of Clinical Oncology, 27* (14), 2390–2395.

Haase, W. (1997). Über die ophthalmoskopische Fixationsprüfung bei Kindern bis zu einem Alter von 2 Jahren. *Klinische Monatsblätter für Augenheilkunde, 211,* 113–117. http://doi.org/10.1055/s-2008-1035106

Haase, W. & Hohmann, A. (1982). A new test (C-test) for quantitative examination of crowding with test results in amblyopic and ametropic patients. *Klinische Monatsblatter fur Augenheilkunde, 180,* 210–215. http://doi.org/10.1055/s-2008-1055051

Haase, W. & Rassow, B. (1995). Sehschärfe. In W. de Decker, D. Friedburg, W. Haase, V. Herzau, G. Kommerell, B. Rassow & W. Rüssmann (Hrsg.), *Strabismus* (S. 86–117). Stuttgart: Enke.

Haase, W. & Rassow, B. (2004). Sehschärfe. In H. Kaufmann (Hrsg.). *Strabismus.* Stuttgart: Thieme.

Habib, R., Nyberg, L. & Tulving, E. (2003). Hemispheric asymmetries of memory: the HERA model revisited. *Trends in Cognitive Sciences, 7* (6), 241–245. http://doi.org/10.1016/S1364-6613(03)00110-4

Hackman, D. A., Gallop, R., Evans, G. W. & Farah, M. J. (2015). Socioeconomic status and executive function: developmental trajectories and mediation. *Developmental Science, 18,* 686–702. http://doi.org/10.1111/desc.12246

Haffner, J., Baro, K., Parzer, S. & Resch, F. (2005). *Heidelberger Rechentest (HRT 1-4).* Göttingen: Hogrefe.

Hagman, E. & Bratfisch, O. (2006). *Differentieller Aufmerksamkeitstest (DAKT).* Mödling: SCHUHFRIED GmbH.

Hagmann-von Arx, S. & Grob, A. (2010). Zum Jahrestag der Intelligence and Development Scales (IDS) – eine erste Bilanz. *Psychologie und Erziehung P & E, 36* (2), 24–31.

Hagmann-von Arx, S. & Grob, A. (2014). *Reynolds Intellectual Assessment Scales (RIAS), deutsche Version.* Bern: Verlag Huber.

Hagmann-von Arx, S., Meyer, C. S. & Grob, A. (2008). Intelligenz- und Entwicklungsdiagnostik im deutschen Sprachraum. *Kindheit und Entwicklung, 17,* 232–242. http://doi.org/10.1026/0942-5403.17.4.232

Hamm, L. M., Black, J., Dai, S. & Thompson, B. (2014). Global processing in amblyopia: a review. *Frontiers in Psychology, 5,* 583. http://doi.org/10.3389/fpsyg.2014.00583

Hammill, D. D., Pearson, N. A. & Voress, J. K. (1993). *Developmental Test of Visual Perception, Second Edition (DTVP-2).* Austin, TX: pro ed.

Hampton, L. E., Fletcher, J. M., Cirino, P., Blaser, S., Kramer, L. A. & Dennis, M. (2013). Neuropsychological profiles of children with aqueductal stenosis and Spina Bifida myelomeningocele. *Journal of the International Neuropsychological Society, 19* (2), 127–136.

Hamster, W. (1980). *Die Motorische Leistungsserie – MLS. Handanweisung.* Mödling: Schuhfried GmbH.

Hanisch, C., Konrad, K., Günther, T. Herpertz-Dahlmann, B. (2004). Age- dependent neuropsychological deficits and effects of methylphenidate in children with attention-deficit/ hyperactivity disorder: a comparison of pre- and grade-school children. *Journal of Neural Transmission, 111* (7), 865–881.

Hansburg, H.G. (1972/1980). *Adolescent separation anxiety. A method for the study of adolescent separation problems.* Springfield, IL: C.C. Thomas.

Happé, F. & Frith, U. (2006). The weak central coherence account: Detail-focused cognitive style in autism spectrum disorders. *Journal of Autism and Developmental Disorders, 36,* 5–25. http://doi.org/10.1007/s10803-005-0039-0

Harel, B.T., Cillessen, A.H., Fein, D.A., Bullard, S.E. & Aviv, A. (2007). It takes nine days to iron a shirt: the development of cognitive estimation skills in school age children. *Child Neuropsychology, 13,* 309–318. http://doi.org/10.1080/09297040600837354

Härting, C., Markowitsch, H.J., Neufeld, H., Calabrese, S., Deisinger, K. & Kessler, J. (2000). *Wechsler Gedächtnistest Revidierte Fassung (WMS-R).* Bern: Verlag Huber.

Hasselhorn, M. (1996). *Kategoriales Organisieren bei Kindern.* Göttingen: Hogrefe.

Hasselhorn, M. & Zoelch, C. (2012). *Funktionsdiagnostik des Arbeitsgedächtnisses.* Göttingen: Hogrefe.

Hasselhorn, M., Schumann-Hengsteler, R., Gronauer, J., Grube, D., Mähler, C., Schmid, I., Seitz-Stein, K. & Zoelch, C. (2012). *Arbeitsgedächtnisbatterie für Kinder von 5 bis 12 Jahren (AGTB 5-12).* Göttingen: Hogrefe Verlag.

Hauser, S., McMillin, J.M. & Bhatara, V.S. (1998). Resistance to thyroid hormone: implications for neurodevelopmental research on the effects of thyroid hormone disruptors. *Toxicology and industrial health, 14* (1–2), 85–101. http://doi.org/10.1177/074823379801400108

Häusler, J. & Sturm, W. (2009). Konstruktvalidierung einer neuen Testbatterie für Wahrnehmungs- und Aufmerksamkeitsfunktionen (WAF). *Zeitschrift für Neuropsychologie, 20,* 327–339. http://doi.org/10.1024/1016-264X.20.4.327

Haxby, J.V., Hoffman, E.A. & Gobbini, M.I. (2000). The distributed human neural system for face perception. *Trends in Cognitive Science, 4,* 223–233. http://doi.org/10.1016/S1364-6613(00)01482-0

Heath, N.L. & Glen, T. (2005). Positive illusory bias and the self-protective hypothesis in children with learning disabilities. *Journal of Clinical Child and Adolescent Psychology, 34,* 272–281. http://doi.org/10.1207/s15374424jccp3402_6

Heaton, R.K. (1993). *Wisconsin Card Sorting Test (WCST).* Odessa, FL: Psychological Assessment Resources.

Heaton, S.C., Reader, S.K., Preston, A.S., Fennell, E.B., Puyana, O.E., Gill, N. & Johnson, J.H. (2001). The test of everyday attention for children (TEA-Ch): Patterns of performance in children with ADHD and clinical controls. *Child Neuropsychology, 7,* 251–264.

Heavey, L., Phillips, W., Baron-Cohen, S. & Rutter, M. (2000). The Awkward Moments Test: a naturalistic measure of social understanding in autism. *Journal of Autism and Developmental Disorders, 30* (3), 225–236. http://doi.org/10.1023/A:1005544518785

Heck-Möhling, R. (1986). *KT 3-4, Konzentrationstest für 3. und 4. Klassen.* Weinheim: Beltz.

Heck-Möhling, R. (1993). *KT 3-4, Konzentrationstest für 3. und 4. Klassen* (2. unveränderte Auflage). Weinheim: Beltz.

Heiser, S., Frey, J., Smidt, J., Sommerlad, C., Wehmeier, S.M., Hebebrand, J. & Remschmidt, H. (2004). Objective measurement of hyperactivity, impulsivity, and inattention in children with hyperkinetic disorders before and after treatment with methylphenidate. *European Child & Adolescent Psychiatry, 13* (2), 100–104.

Hellbrügge, T. (1994). *Münchener Funktionelle Entwicklungsdiagnostik 2-3* (4., korrigierte und erweiterte Aufl.). München: Universität München, Institut für Soziale Pädiatrie und Jugendmedizin.

Heller, K.A. & Perleth, C. (2000). *Kognitiver Fähigkeitstest für 4. bis 12. Klassen, Revision.* Weinheim: Beltz.

Helmstaedter, C., Lehnertz, K., Grunwald, T., Gleißner, U., Schramm, J., Elger, C.E. (1997). Differential involvement of left temporo-lateral and temporo-mesial structures in verbal declarative learning and memory: Evidence from temporal lobe epilepsy. *Brain & Cognition, 35,* 110–131.

Helmstaedter, C., Lendt, M. & Lux, S. (2001). *Verbaler Lern- und Merkfähigkeitstest (VLMT).* Göttingen: Beltz Test GmbH.
Henderson, S.E. & Sudgen, D.A. (2007). *M-ABC-2 Movement assessment battery for children.* Frankfurt am Main: Harcourt Test Services.
Henderson, S.E. & Sudgen, D. (1992). *Movement Assessment Battery for Children: Manual.* London: Psychological Cooperation.
Henderson, S.E., Sudgen, D.A. & Barnett, A.L. (2007). *Movement Assessment Battery for Children – Second Edition (Movement ABC-2).* London: Pearson Assessment.
Hepper, S.G., Shahidullah, S. & White, R. (1991). Handedness in the human fetus. *Neuropsychologia, 29,* 1107–1111. http://doi.org/10.1016/0028-3932(91)90080-R
Herzau, V. (2012). Sensorik des Binokularsehens. In H. Kaufmann & H. Steffen (Hrsg.), *Strabismus* (S. 110–147). Stuttgart: Thieme.
Heubrock, D. & Petermann, F. (1999). Ambulante neuropsychologische Therapie bei Kindern mit Funktionsstörungen: Erste Ergebnisse. *Neurologie & Rehabilitation, 5,* 256–262.
Heubrock, D. & Petermann, F. (2000). *Lehrbuch der Klinischen Kinderneuropsychologie.* Göttingen: Hogrefe.
Heubrock, D., Eberl, I. & Petermann, F. (2004). *Abzeichentest* für Kinder (ATK). Göttingen: Hogrefe Verlag.
Hirmann, E. (1982). *Stereotest in der Praxis, Klinische Monatsblätter für Augenheilkunde, 180,* 314–315.
Hoffmann, J. & Engelkamp, J. (2013). *Lern- und Gedächtnispsychologie.* Berlin: Springer. http://doi.org/10.1007/978-3-642-33866-3
Hofmann, W., Schmeichel, B.J. & Baddeley, A.D. (2012). Executive functions and self-regulation. *Trends in Cognitive Sciences, 16,* 174–180. http://doi.org/10.1016/j.tics.2012.01.006
Hohmann, A., Haase, W. & Steinhorst, U. (1990). Die Validierung eines neuen Sehschärfetests (H-Test) für Vorschulkinder. *Spektrum der Augenheilkunde, 4,* 240-244. http://doi.org/10.1007/BF03163620
Holler-Zittlau, I., Dux, W. & Berger, R. (2011). *Marburger Sprach-Screening (MSS).* Hamburg: Persen.
Holtz, S. & Jenni, O. (2007). *Die Zürcher Neuromotorik. Reifung motorischer Funktionen vom Kind bis zum Erwachsenen.* Vortrag am SPZ, Charité Berlin.
Hongwanishkul, D., Happaney, K.R., Lee, W.S. & Zelazo, S.D. (2005). Assessment of hot and cool executive function in young children: Age-related changes and individual differences. *Developmental Neuropsychology, 28,* 617–644. http://doi.org/10.1207/s15326942dn2802_4
Hooper, E.H. (1983). *Hooper Visual Organization Tests (VOT).* Torrance, CA: Western Psychological Services.
Horn, J.L. & Blankson, N. (2005). Foundations for better understanding of cognitive abilities. In D.S. Flanagan & S.L. Harrison (eds.), *Contemporary intellectual assessment: theories, tests, and issues* (2nd ed., pp. 41–68). New York: Guilford.
Horn, R. (Hrsg.) (2009). *Standard Progressive Matrices (SPM Classic/-Parallel/Plus). Deutsche Bearbeitung und Normierung.* Frankfurt/Main: Pearson Assessment & Information GmbH.
Horn, R., & Jäger, R. S (Hrsg.) (2008). *TEA-Ch. The Test of Everyday Attention for Children von T. Manley, I.H. Robertson, V. Anderson, I. Nimmo-Smith. Deutsche Adaptation* (2. korrigierte Auflage). Frankfurt/Main: Pearson Assessment & Information GmbH.
Horn, W. (2002). *Prüfsystem für Schul- und Bildungsberatung für 4. bis 6. Klassen – Revidierte Fassung (PSB-R 4-6).* Göttingen: Hogrefe Verlag.
Horn, W. (2003). *Prüfsystem für Schul- und Bildungsberatung für 6. bis 13. Klassen – Revidierte Fassung (PSB-R 6-13).* Göttingen: Hogrefe Verlag.
Houston, S.M., Herting, M.M. & Sowell, E.S. (2014). The neurobiology of childhood structural brain development: Conception through adulthood. In S.M. Anderson & D.S. Pine (eds.), *Neurobiology of childhood* (pp. 3–18). Berlin: Springer.

Huda, S., Rodriguez, R., Lastra, L., Warren, M., Lacourse, M. G., Cohen, M. J. & Cramer, S. C. (2008). Cortical activation during foot movements: II effect of movement rate and side. *Neuroreport, 19,* 1573–1577. http://doi.org/10.1097/WNR.0b013e328311ca1c

Hufford, B. J. & Fastenau, P. S. (2005). Development and validation of the Subjective Awareness of Neuropsychological Deficits Questionnaire for Children (SAND-C). *Journal of Clinical and Experimental Neuropsychology, 27,* 255–277. http://doi.org/10.1080/13803390490515478

Huizinga, M., Dolan, C. V. & van der Molen, M. W. (2006). Age-related change in executive function: Developmental trends and a latent variable analysis. *Neuropsychologia, 44,* 2017–2036. http://doi.org/10.1016/j.neuropsychologia.2006.01.010

Humphreys, K., Avidan, G., Behrmann, M. (2007). A detailed investigation of facial expression processing in congenital prosopagnosia as compared to acquired prosopagnosia. *Experimental Brain Research, 176,* 356–373. http://doi.org/10.1007/s00221-006-0621-5

Hutchins, T., Prelock, S. A. & Chace, W. (2008). Test-retest reliability of Theory of Mind tasks representing a range of content and complexity and adapted to facilitate the performance of children with ASD. *Focus on Autism and Other Developmental Disabilities, 23,* 195–206.

Huttenlocher, S. R. & Dabholkar, A. S. (1997). Regional differences in synaptogenesis in human cerebral cortex. *The Journal of comparative neurology, 387,* 167–178. http://doi.org/10.1002/(SICI)1096-9861(19971020)387:2<167::AID-CNE1>3.0.CO;2-Z

Huurneman, B., Boonstra, F. N., Cox, R. F., Cillessen, A. H. & van Rens, G. (2012). A systematic review on ‚Foveal Crowding' in visually impaired children and perceptual learning as a method to reduce Crowding. *BMC Ophthalmology, 12,* 27. http://doi.org/10.1186/1471-2415-12-27

Hwang, K., Velanova, K. & Luna, B. (2010). Strengthening of top-down frontal cognitive control networks underlying the development of inhibitory control: a functional magnetic resonance imaging effective connectivity study. *The Journal of Neuroscience, 30,* 15535–15545.

Hyvärinen, L. (2013). Die Wege der visuellen Informationen und das Profil der visuellen Funktionsfähigkeit. *Frühförderung interdisziplinär, 3,* 139–149. http://doi.org/10.2378/fi2013.art08d

Hyvärinen, L. & Jacob, N. (2011). *What and how does this child see?* Tampere: VISTEST Ltd.

Hyvärinen, L., Walthes, R., Freitag, C. & Petz, V. (2012). Profile of Visual Functioning as a bridge between education and medicine in the assessment of impaired vision. *Strabismus, 20,* 63–68. http://doi.org/10.3109/09273972.2012.680235

Ilg, U. & Thier, S. (2012). Zielgerichtete Augenbewegungen. In H.-O. Karnath & S. Thier (Hrsg.), *Kognitive Neurowissenschaften* (S. 377–388). Berlin: Springer.

Irblich, D. & Renner, G. (2009a). *Diagnostik in der klinischen Kinderpsychologie. Die ersten sieben Lebensjahre.* Göttingen: Hogrefe.

Irblich, D. & Renner, G. (2009b). Wie untersucht man Kinder? In D. Irblich & G. Renner (Hrsg.), *Diagnostik in der klinischen Kinderpsychologie. Die ersten sieben Lebensjahre* (S. 21–32). Göttingen: Hogrefe.

Ishihara, S. (1917). *Tests for Colour Blindness.* Tokyo: Handaya Hongo Harukich.

Jacobs, C. & Petermann, F. (2005). *Rechenfertigkeiten- und Zahlenverarbeitungs-Diagnostikum 2-6 (RZD 2-6).* Göttingen: Hogrefe.

Jacobs, K. M. (2010). Somatosensory system. In J. S. Kreutzer, J. DeLuca & B. Caplan (eds.), *Encyclopedia of Clinical Neuropsychology* (pp. 2320–2324). New York: Springer.

Jacobs, R., Harvey, A. S & Anderson, V. (2011). Are executive skills primarily mediated by the prefrontal cortex in childhood? Examination of focal brain lesions in childhood. *Cortex, 47,* 808–824. http://doi.org/10.1016/j.cortex.2010.06.002

Jacobs, R., Harvey, A. S. & Anderson, V. (2007). Executive function following focal frontal lobe lesions: impact of timing of lesion on outcome. *Cortex, 43,* 792–805. http://doi.org/10.1016/S0010-9452(08)70507-0

Jacobson, L. A., Williford, A. S. & Pianta, R. C. (2011). The role of executive function in children's competent adjustment to middle school. *Child Neuropsychology, 17,* 255–280. http://doi.org/10.1080/09297049.2010.535654

Jäger, H. O. (1984). Intelligenzstrukturforschung. Konkurrierende Modelle, neue Entwicklungen, Perspektiven. *Psychologische Rundschau, 35,* 21–35.

Jäger, R. & Sebastian, D. (2010). *TEA-Ch-K. Ein Test zur Erfassung von Konzentration und Aufmerksamkeit im Kindergartenalter.* Frankfurt am Main: Pearson Assessment & Information GmbH.

James, K., Miller, L. J., Schaaf, R., Nielsen, D. M. & Schoen, S. A. (2011). Phenotypes within sensory modulation dysfunction. *Comprehensive Psychiatry, 52,* 715–24. http://doi.org/10.1016/j.comppsych.2010.11.010

Jansen, H., Mannhaupt, G., Marx, H. & Skowronek, H. (2002). *Bielefelder Screening* zur Früherkennung von Lese-Rechtschreibschwierigkeiten (*BISC*) (2. überarbeitete Auflage). Göttingen: Hogrefe Verlag.

Jenni, O. (2013). Wie Kinder die Welt abbilden – und was man daraus folgern kann. *Pädiatrie up2date, 8,* 227–249. http://doi.org/10.1055/s-0032-1326475

Jenni, O. G. & Caflisch, J. (2012). Das motorisch ungeschickte Kind. *Therapeutische Umschau, 69,* 459–465. http://doi.org/10.1024/0040-5930/a000315

Jenni, O. G., Caflisch, J. & Latal, B. (2008). Motorik im Schulalter. *Pädiatrie up2date, 4,* 339–356. http://doi.org/10.1055/s-2008-1077601

Jenni, O. G., Chaouch, A., Caflisch, J. & Rousson, V. (2013). Infant motor milestones: poor predictive value for outcome of healthy children. *Acta Paediatrica, 102,* e181–184. http://doi.org/10.1111/apa.12129

Johansson, G. (1975). Visual motion perception. *Scientific American, 235,* 76–89. http://doi.org/10.1038/scientificamerican0675-76

Johnson, B. S., Phillips, J. G., Papadopoulos, N., Fielding, J., Tonge, B. & Rinehart, N. J. (2013). Understanding macrographia in children with autism spectrum disorders. *Research in Developmental Disabilities, 34* (9), 2917–2926. http://doi.org/10.1016/j.ridd.2013.06.003

Johnson, M. H., Gliga, T., Jones, E. & Charman, T. (2015). Annual research review: Infant development, autism, and ADHD-- early pathways to emerging disorders. *Journal of Child Psychology and Psychiatry, 56* (3), 228–247. http://doi.org/10.1111/jcpp.12328

Johnson, M. H., Senju, A. & Tomalski, S. (2015). The two-process theory of face processing: modifications based on two decades of data from infants and adults. *Neuroscience and Biobehavioral Reviews, 50,* 169–179. http://doi.org/10.1016/j.neubiorev.2014.10.009

Johnson, S. & Marlow, N. (2014). Growing up after extremely preterm birth: lifespan mental health outcomes. *Seminars in fetal & neonatal medicine, 19* (2), 97–104. http://doi.org/10.1016/j.siny.2013.11.004

Jolliffe, T. & Baron-Cohen, S. (1999). The Strange Stories Test: a replication with high-functioning adults with autism or Asperger syndrome. *Journal of Autism and Developmental Disorders, 29,* 395–406. http://doi.org/10.1023/A:1023082928366

Jonides, J., Lewis, R. L., Nee, D. E., Lustig, C. A., Berman, M. G. & Moore, K. S. (2008). The Mind and Brain of Short-Term Memory. *Annual Review of Psychology, 59* (1), 193–224. http://doi.org/10.1146/annurev.psych.59.103006.093615

Jordan, B. T. (2011). *Jordans Left-Right Reversal Test – Third Edition.* Novato, CA: Academic Therapy Publication.

Jou, J. & Flores, S. (2013). How are false memories distinguishable from true memories in the Deese-Roediger-McDermott paradigm? A review of the findings. *Psychological Research, 77* (6), 671–686. http://doi.org/10.1007/s00426-012-0472-6

Jucaite, A., Fernell, E., Halldin, C., Forssberg, H. & Farde, L. (2005). Reduced midbrain dopamine transporter binding in male adolescents with attention-deficit/hyperactivity disorder: association between striatal dopamine markers and motor hyperactivity. *Biological Psychiatry, 57* (3), 229–238.

Jülisch, B. & Krause, W. (1976). Semantischer Kontext und Problemlöseprozesse. In F. Klix (Hrsg.), *Psychologische Beiträge zur Analyse kognitiver Prozesse* (S. 274–301). Berlin: Deutscher Verlag der Wissenschaften.

Jurado, M.B. & Rosselli, M. (2007). The elusive nature of executive functions: A review of our current understanding. *Neuropsychology Review, 17,* 213–233. http://doi.org/10.1007/s11065-007-9040-z

K-CAB Computerized Assessment Battery Komplettsatz. Retrieved November 4, *2014,* from http://www.pearsonassessment.de/Kaufman-Computerized-Assessment-Battery-K-CAB.html

Kaiser, M.D. & Shiffrar, M. (2009). The visual perception of motion by observers with autism spectrum disorders: a review and synthesis. *Psychonomic Bulletin and Review, 16* (5), 761–777. http://doi.org/10.3758/PBR.16.5.761

Kaiser, M.L., Schoemaker, M.M., Albaret, J.M. & Geuze, R.H. (2014). What is the evidence of impaired motor skills and motor control among children with attention deficit hyperactivity disorder (ADHD)? Systematic review of the literature. *Research in Developmental Disabilities, 36,* 338–357.

Kaplan, E. (1968). *Gestural representation of implement usuage: an organismic-developmental study* [Unpublished doctoral (PhD) dissertation]. Worcester, MA: Clark University.

Karch, D., Groß-Selbeck, G., Pietz, J. & Schlack, H.G. (2003). Sensorische Integrationstherapie nach Jean Ayres. Stellungnahme der Gesellschaft für Neuropädiatrie. *Monatsschrift Kinderheilkunde, 151,* 218–220. http://doi.org/10.1007/s00112-003-0664-7

Karmiloff-Smith, A. (1997). Crucial differences between developmental cognitive neuroscience and adult neuropsychology. *Developmental Neuropsychology, 13,* 513–524. http://doi.org/10.1080/87565649709540693

Karnath, H.-O. (2012). Neglect. In H.-O. Karnath & S. Thier (Hrsg.), *Kognitive Neurowissenschaften* (S. 279–232). Berlin: Springer.

Karver, C.L., Wade, S.L., Cassedy, A., Taylor, H.G., Stancin, T., Yeates, K.O. et al. (2012). Age at injury and long-term behavior problems after traumatic brain injury in young children. *Rehabilitation Psychology, 57,* 256–265. http://doi.org/10.1037/a0029522

Kasper, L.J., Alderson, R.M. & Hudec, K.L. (2012). Moderators of working memory deficits in children with attention-deficit/hyperactivity disorder (ADHD): a meta-analytic review. *Clinical Psychology Review, 32* (7), 605–617. http://doi.org/10.1016/j.cpr.2012.07.001

Kastner-Koller, U. & Deimann, P. (1998). Testbesprechung. Deegener, G., Dietel, B., Hamster, W., Koch, C., Matthaei, R., Nödl, H., Rückert, N., Stephani, U. & Wolf, E. (1997). *Tübinger Luria-Christensen Neuropsychologische Untersuchungsreihe für Kinder (TÜKI),* 2., überarb. Aufl. *Zeitschrift für Entwicklungspsychologie und Pädagogische Psychologie, 30* (3), S. 149–151.

Kastner-Koller, U. & Deimann, S. (2012). *WET. Wiener Entwicklungstest* (3., überarb. und erw. Aufl.). Göttingen: Hogrefe.

Kastner-Koller, U., Deimann, S. & Bruckner, J. (2007). Assessing handedness in pre-schoolers: Construction and initial validation of a hand preference test for 4–6-year-olds. *Psychology Science, 49,* 239–254.

Kaufman, A.S. & Kaufman N.L. (2007). K-Classic, évaluation informatisée des capacités cognitives et attentionnelles. Paris: ecpa.

Kaufman, A.S. & Kaufman N.L. (2009). *K-ABC: Kaufman – Assessment Battery for Children.* (Deutsche. Bearbeitung von P. Melchers und U. Preuß) (8., unveränderte Auflage). Frankfurt: Pearson Assessment.

Kaufman, A.S. & Kaufman N.L. (2015). *Kaufman – Assessment Battery for Children – Second Edition (KABC-II)* (Deutschsprachige Fassung von P. Melchers und U. Preuß). Frankfurt/Main: Pearson Assessment & Information GmbH.

Kaufman, A.S. & Kaufman, N.L. (1993). *K-ABC. Batterie pour l'examen psychologique de l'enfant.* Paris: ECPA.

Kaufman, A.S. & Kaufman, N.L. (2007). *K-CLASSIC. Evaluation informatisée des capacités cognitives et attentionnelles.* Paris: ECPA.

Kaufmann, L., Nuerk, H., Graf, M., Krinzinger, H., Delazer, M. & Willmes, K. (2009). *TEDI-MATH: Test zur Erfassung numerisch-rechnerischer Fertigkeiten vom Kindergarten bis zur 3. Klasse. Deutschsprachige Adaptation des Test Diagnostique des Compétences de Base en Mathématiques (TEDI-MATH)*

von Marie-Pascale Noël, Jacques Grégoire und Catherine Van Nieuwenhoven. Bern: Hans Huber Verlag.

Kaufmann, L., Proksch, K. & Mrakotsky, C. (2011). Entwicklungsneuropsychologie. In J. Lehrner, G. Pusswald, E. Fertl, W. Strubreither & I. Kryspin-Exner (Hrsg.), *Klinische Neuropsychologie: Grundlagen – Diagnostik – Rehabilitation* (S. 173–183). Wien: Springer http://doi.org/10.1007/978-3-7091-0064-6_14

Kauschke, C. & Siegmüller, J. (2009). *Patholinguistische Diagnostik bei Sprachentwicklungsstörungen (PDSS).* München: Elsevier.

Keller, M. & Simbruner, G. (2007). Neurophysiologie der menschlichen Hirnentwicklung: Prä-, peri-, und postnatale Störungen. In L. Kaufmann, H.-C. Nuerk, K. Konrad & K. Willmes (Hrsg.), *Kognitive Entwicklungsneuropsychologie* (S. 11–24). Göttingen: Hogrefe.

Kellogg, R. (1969). *Analyzing children's art.* City, CA: National Press-Books.

Kennedy-Behr, A., Wilson, B.N., Rodger, S. & Mickan, S. (2013). Cross-cultural adaptation of the Developmental Coordination Disorder Questionnaire 2007 for German-speaking countries: DCDQ-G. *Neuropediatrics, 44,* 245–251. http://doi.org/10.1055/s-0033-1347936

Kennedy, D.S. & Adolphs, R. (2012). The social brain in psychiatric and neurological disorders. *Trends in Cognitive Science, 16,* 559–572. http://doi.org/10.1016/j.tics.2012.09.006

Kerkhoff, G. (1988). Visuelle Raumwahrnehmung und Raumoperationen. In D. von Cramon & J. Zihl (Hrsg.), *Neuropsychologische Rehabilitation* (S. 197–214). Berlin: Springer.

Kerkhoff, G. (2000). Räumlich-perzeptive, räumlich-kognitive, räumlich-konstruktive und räumlichtopographische Störungen. In W. Sturm, M. Herrmann, C.-W. Wallesch (Hrsg.), *Lehrbuch der Klinischen Neuropsychologie. Grundlagen Methoden Diagnostik Therapie* (S. 411–429). Lisse: Swets & Zeitlinger.

Kerr, A. & Zelazo, S.D. (2004). Development of „hot" executive function: The children's gambling task. *Brain and cognition, 55,* 148–157. http://doi.org/10.1016/S0278-2626(03)00275-6

Kersting, M. & Althoff, K. (2004). *Rechtschreibungstest (R-T).* Göttingen: Hogrefe.

Kessler, J., Ehlen, S., Halber, M. & Bruckbauer, T. (2000). *Namen-Gesichter-Assoziationstest (NGA).* Göttingen: Hogrefe.

Kessler, J., Schaaf, A. & Mielke, R. (1993). *Fragmentierter Bildertest (FBT).* Göttingen: Hogrefe.

Kiese-Himmel, C. (1998). *Taktil-kinästhetische Störung. Behandlungsansätze und Förderprogramme.* Göttingen: Hogrefe.

Kiese-Himmel, C. (2003). *Göttinger Entwicklungstest der Taktil-Kinästhetischen Wahrnehmung (TAKIWA).* Göttingen: Beltz Test GmbH.

Kiese-Himmel, C. (2006). *Aktiver Wortschatztest – Revision (AWST-R).* Göttingen: Hogrefe.

Kiese-Himmel, C. (2007). Die Bedeutung der taktil-kinästhetischen Sinnesmodalität für die Sprachentwicklung. *Forum Logopädie, 21,* 26–29.

Kiese-Himmel, C. & Bockmann, A.K. (2006). *Elternfragebogen zur Wortschatzentwicklung im frühen Kindesalter (ELAN).* Göttingen: Hogrefe.

Kiese-Himmel, C. & Kiefer, S. (2000). *DEF-TK – Diagnostischer Elternfragebogen zur Taktil-Kinästhetischen Responsivität im frühen Kindesalter.* Göttingen: Beltz.

Kiese-Himmel, C. & Maaß, K. (2009, September). *Über Zungenfertigkeiten hinaus: Taktil-kinästhetische Responsivität bei sprachentwicklungsgestörten Kindern und Kindern mit entwicklungsbedingten Artikulationsstörungen.* Paper presented at 26. Wissenschaftliche Jahrestagung der Deutschen Gesellschaft für Phoniatrie und Pädaudiologie (DGPP), Leipzig.

Kim, C., Cilles, S.E., Johnson, N.F. & Gold, B.T. (2012). Domain general and domain preferential brain regions associated with different types of task switching: A Meta-Analysis. *Human Brain Mapping, 33,* 130–142. http://doi.org/10.1002/hbm.21199

Kim, C., Johnson, N.F., Cilles, S.E. & Gold, B.T. (2011). Common and distinct mechanisms of cognitive flexibility in prefrontal cortex. *The Journal of Neuroscience, 31,* 4771–4779. http://doi.org/10.1523/JNEUROSCI.5923-10.2011

Kiphard, E. J.& Schilling, F. (2017). *Körperkoordinationstest für Kinder (KTK).* (3. überarbeitete und ergänzte Auflage). Göttingen: Hogrefe Verlag.

Kiser, D. S., Rivero, O. & Lesch, K. S. (2015). Annual Research Review: The (epi) genetics of neurodevelopmental disorders in the era of whole-genome sequencing–unveiling the dark matter. *Journal of Child Psychology and Psychiatry, 56,* 278–295. http://doi.org/10.1111/jcpp.12392

Klaver, S., Marcar, V. & Martin, E. (2010). Neurodevelopment of the visual system in typically developing children. *Progress in Brain Research, 189,* 113–136.

Kleber, E. W. & Kleber, G. (1974). *Differentieller Leistungstest-KE (DL-KE).* Göttingen: Hogrefe Verlag.

Kleber, E. W., Kleber, G. & Hans, O. (1999). *Differentieller Leistungstest – KG (DL-KG)* (2., korrigierte Aufl.). Göttingen: Hogrefe.

Kleist, K. (1934). *Gehirnpathologie. Vornehmlich auf Grund von Kriegserfahrungen.* Leipzig: Barth.

Klingberg, T., Vaidya, C. J., Gabrieli, J. D. E., Moseley, M. & Hedehus, M. (1999). Myelination and organization of the frontal white matter in children: A diffusion tensor MRI study. *Neuroreport, 10,* 2817–2821. http://doi.org/10.1097/00001756-199909090-00022

Klix, F. & Rautenstrauch-Goede, K. (1967). Struktur- und Komponentenanalyse von Problemlösungsprozessen. *Zeitschrift für Psychologie, 174,* 167–193.

Kluwe, R. H. & Modrow, K. (1988). Planung und Reflexion im Problemlöseverhalten vier- bis sechsjähriger Kinder. *Schweizerische Zeitschrift für Psychologie, 47,* 171–181.

Knagenhjelm, S. & Ulberstad, F. (2010). *QbTest.* Stockholm: Qbtech AB.

Knickmeyer, R. C. (2012). Turner syndrome: advances in understanding altered cognition, brain structure and function. *Current Opinion in Neurology, 25,* 144–149. http://doi.org/10.1097/WCO.0b013e3283515e9e

Knye, M., Roth, N., Westhus, W. & Heine, A. (1996). *Continuous Performance Test (CPT).* Göttingen: Hogrefe.

Kohls, G., Schulte-Rüther, M., Nehrkorn, B., Müller, K., Fink, G. R., Kamp-Becker, I. & Konrad, K. (2012). Reward system dysfunction in autism spectrum disorders. *Social Cognitive and Affective Neuroscience, 8,* 565–572.

Kolling, T. & Knopf, M. (2015). Developmetrics: Measuring declarative memory from infancy to childhood: The Frankfurt imitation tests for infants and children aged 12–36 months. *European Journal of Experimental Psychology, 12,* 359–376.

Kommerell, G. (1995). Störungen der Augen-, Lid- und Pupillenmotorik. In W. de Decker, D. Friedburg, W. Haase, V. Herzau, G. Kommerell, B. Rassow & W. Rüssmann (Hrsg.), *Strabismus* (S. 502–533). Stuttgart: Enke.

Kommerell, G. & Lagreze, W. A. (2012). Normales Binokularsehen, Neurophysiologie der Augenbewegungen. In H. Kaufmann & H. Steffen (Hrsg.), *Strabismus* (S. 73–91). Stuttgart: Thieme.

Konrad, K., Gauggel, S., Manz, A. & Schöll, M. (2000). Lack of inhibition: a motivational deficit in children with attention deficit/hyperactivity disorder and children with traumatic brain injury. *Child Neuropsychology, 6* (4), 286–296. http://doi.org/10.1076/chin.6.4.286.3145

Konrad, K., Günther, T., Heinzel-Gutenbrunner, M. & Herpertz-Dahlmann, B. (2005a). Clinical evaluation of subjective and objective changes in motor activity and attention in children with attention-deficit/hyperactivity disorder in a double-blind methylphenidate trial. *Journal of Child & Adolescent Psychopharmacology, 15,* 180–190.

Konrad, K., Neufang, S., Thiel, C. M., Specht, K., Hanisch, C., Fan, J., Herpertz-Dahlmann, B. et al. (2005b). Development of attentional networks: An fMRI study with children and adults. *NeuroImage, 28* (2), 429–439.

Kopasz, M., Loessl, B., Hornyak, M., Riemann, D., Nissen, C., Piosczyk, H. & Voderholzer, U. (2010). Sleep and memory in healthy children and adolescents – a critical review. *Sleep medicine reviews, 14* (3), 167–177. http://doi.org/10.1016/j.smrv.2009.10.006

Korkman, M. (1980). *NEPS. Lasten neuropsykologinen tutkimus.* Helsinki, Finnland: Psykolgien Kustannus Oy.

Korkman, M., Kirk, U. & Kemp, S. (1998). *NEPSY. A developmental neuropsychological assessment. Manual.* San Antonio: The Psychological Corporation.
Korkman, M., Kirk, U. & Kemp, S. (2007). *NEPSY II. Administrative manual.* San Antonio, TX: Psychological Corporation.
Krähenbühl, S. & Blades, M. (2006). The effect of interviewing techniques on young children's responses to questions. *Child Care Health and Development, 32,* 321–331. http://doi.org/10.1111/j.1365-2214.2006.00608.x
Krajewski, K., Küspert, S., Schneider, W. & Visé, M. (2002). *Deutscher Mathematiktest für erste Klassen (DEMAT 1+).* Göttingen: Hogrefe.
Krajewski, K., Liehm, S. & Schneider, W. (2004). *Deutscher Mathematiktest für zweite Klassen (DEMAT 2+).* Göttingen: Hogrefe.
Kramer, J. (1972). *Intelligenztest* (4., revidierte Aufl.) Solothurn: Antonius.
Krampen, G. (1996). *Kreativitätstest für Vorschul- und Schulkinder (KVS-P) Version für die psychologische Anwendungspraxis.* Göttingen: Hogrefe Verlag.
Krampen, G. (2007). KKA: Kasseler-Konzentrations-Aufgabe für 3- bis 8-Jährige. Göttingen: Hogrefe Verlag.
Krampen, G. & Renner, G. (1986). *Kreativitätstest für Vorschul- und Schulkinder. Experimentalversion KVS-1.* Trier: Universität Trier, FBI – Psychologie (Arbeitsbericht).
Krampen, G., Freilinger, J. & Wilmes, L. (1988). Kreativitätstest für Vorschul- und Schulkinder. *Trierer Psychologische Berichte, 15,* Heft 7.
Kraus, E. (2003). Handedness Profile. *The Development of a Normative Profile to Determine the Extent of Handedness in Children* (Dissertation). Bundoora, Australia: La Trobe University.
Kravitz, D. J., Saleem, K. S., Baker, C. I. & Mishkin, M. (2011). A new neural framework for visuospatial processing. *Nature Review Neuroscience, 12,* 217–230. http://doi.org/10.1038/nrn3008
Kraybill, J. H. & Bell, M. A. (2013). Infancy predictors of preschool and post-kindergarten executive function. *Developmental psychobiology, 55,* 530–538. http://doi.org/10.1002/dev.21057
Kreitler, S. & Kreitler, H. (1987). Conceptions and processes of planning: the developmental perspective. In S. L. Friedman, E. K. Scholnick & R. R. Cocking (eds.), *Blueprints for thinking* (pp. 205–272). Cambridge: University Press.
Kreuzpointner, L., Lukesch, H. & Horn, W. (2013). *Leistungsprüfsystem-2 (LPS-2).* Göttingen: Hogrefe Verlag.
Kroon, T., Sierksma, M. C. & Meredith, R. M. (2013). Investigating mechanisms underlying neurodevelopmental phenotypes of autistic and intellectual disability disorders: a perspective. *Frontiers in Systems Neuroscience, 7,* 75. http://doi.org/10.3389/fnsys.2013.00075
Kuefner, D., Jacques, C., Prieto, E. A. & Rossion, B. (2010). Electrophysiological correlates of the composite face illusion: Disentangling perceptual and decisional components of holistic face processing in the human brain. *Brain and Cognition, 74,* 225–238. http://doi.org/10.1016/j.bandc.2010.08.001
Kühn, R. & Heck-Möhling, R. (1976). *Bildertest 1-2 (BT 1-2).* Weinheim: Beltz.
Kurth, E. & Büttner, G. (1999). *Testreihe zur Prüfung der Konzentrationsfähigkeit (TPK).* Göttingen: Hogrefe Verlag.
Lafay, A., Thevenot, C., Castel, C. & Fayol, M. (2013). The role of fingers in number processing in young children. *Frontiers in Psychology, 30,* 488. http://doi.org/10.3389/fpsyg.2013.00488
Lafayette Instrument Company (1985). *Purdue Pegboard, Modell 31020. Instructions and Normative Data.* Loughborough: Lafayette Instrument Company.
Lambek, R., Tannock, R., Dalsgaard, S., Trillingsgaard, A., Damm, D. & Thomsen, S. H. (2010). Validating neuropsychological subtypes of ADHD: how do children with and without an executive function deficit differ? *Journal of Child Psychology and Psychiatry, 51,* 895–904.
Landerl, K., Wimmer, H., Moser, E. (1997). *SLRT. Salzburger Lese- und Rechtschreibtest.* Bern: Verlag Huber.

Lang, J. (1983). Ein neuer Stereotest. *Klinische Monatsblätter für Augenheilkunde, 182,* 373–375. http://doi.org/10.1055/s-2008-1054792

Lange, K.W., Tucha, L., Walitza, S., Gerlach, M., Linder, M. & Tucha, O. (2007). Interaction of attention and graphomotor functions in children with attention deficit hyperactivity disorder. *Journal of Neural Transmission, Suppl., 72,* 249–259. http://doi.org/10.1007/978-3-211-73574-9_31

Langmaid, R.A., Papadopoulos, N., Johnson, B.S., Phillips, J.G., Rinehart, N.J. (2014). Handwriting in children with ADHD. *Journal of Attention Disorders, 18,* 504–510. http://doi.org/10.1177/1087054711434154

Largo, R.H., Fischer, J.E., Caflish, J.A. & Jenni, O.G. (2007). *Zürcher Neuromotorik (ZNM).* Zürich: AWE Verlag.

Largo, R., Caflisch, J., Hug, F., Muggli, K., Molnar, A., Molinari, L., Sheehy, A. & Gasser, T. (2001). Neuromotor development from 5 to 18 years. Part 1: timed performance. *Developmental Medicine & Child Neurology, 4,* 436–443.

Lauer, N. (2014). Evidenzbasierte Betrachtung auditiver Verarbeitungsstörungen. *Forum Logopädie, 28* (1), 6–14.

Laurent-Vannier, A., Chevignard, M., Pradat-Diehl, S., Abada, G., De Agostini, M. (2006). Assessment of unilateral spatial neglect in children using the Teddy Bear Cancellation Test. *Developmental Medicine & Child Neurology, 48,* 120–125. http://doi.org/10.1017/S0012162206000260

Lautenbacher, S. & Gauggel, S. (2004). *Neuropsychologie psychischer Störungen.* Berlin: Springer. http://doi.org/10.1007/978-3-662-08959-0

Lauth, G.W. (2003). *Dortmunder Aufmerksamkeitstest (DAT).* Göttingen: Hogrefe Verlag.

Lawrence, A., Clark, L., Labuzetta, J.N., Sahakian, B. & Vyakarnum, S. (2008). The innovative brain. *Nature, 456,* 168–169. http://doi.org/10.1038/456168a

Lee, H., Roh, S. & Kim, D.J. (2009). Alcohol-induced blackout. *International journal of environmental research and public health, 6* (11), 2783–2792. http://doi.org/10.3390/ijerph6112783

LeFevre, J.A., Fast, L., Skwarchuk, S.-L., Smith-Chant, B.L., Bisanz, J., Kamawar, D. & Penner-Wilger, M. (2010). Pathways to mathematics: Longitudinal predictors of performance. *Child Development, 81,* 1753–1767. http://doi.org/10.1111/j.1467-8624.2010.01508.x

Lehmann, R.H., Peek, R. & Poerschke, J. (2006). *Hamburger Lesetest 3-4 (HAMLET 3-4).* Göttingen: Hogrefe.

Lempp, R. (1979). *Teilleistungsstörungen im Kindesalter.* Stuttgart: Huber.

Lepach, A.C. & Petermann, F. (2008). *BASIC-MLT: Battery for Assessment in Children – Merk- und Lernfähigkeitstest für 6- bis 16-Jährige.* Bern: Verlag Hans Huber.

Lepach, A.C., Gienger, C. & Petermann, F. (2008). Neuropsychologische Befunde zu Merk- und Lernstörungen bei Kindern anhand des BASIC-MLT. *Zeitschrift für Kinder- und Jugendpsychiatrie und Psychotherapie, 36,* 389–400. http://doi.org/10.1024/1422-4917.36.6.389

Lepach, A.C., Heubrock, D., Muth, D. & Petermann, F. (2003). *Training für Kinder mit Gedächtnisstörungen. Das neuropsychologische Einzeltraining REMINDER.* Göttingen: Hogrefe.

Lepach, A.C., Petermann, F. & Schmidt, S. (2007). Neuropsychologische Diagnostik von Merk- und Lernstörungen mit der MLT-C. *Kindheit und Entwicklung, 16,* 16–26. http://doi.org/10.1026/0942-5403.16.1.16

Lepach, A.C., Petermann, F. & Schmidt, S. (2008). Comparisons of the BASIC-Memory and Learning Test and the WISC-IV under developmental aspects. *Zeitschrift für Psychologie/Journal of Psychology, 216,* 180–186. http://doi.org/10.1027/0044-3409.216.3.180

Lepach, A.C., Petermann, F. & von Stülpnagel, A. (2011). Merk- und Lernleistungen bei Kindern und Jugendlichen mit erworbener Hirnschädigung. *Zeitschrift für Neuropsychologie, 22,* 47–61. http://doi.org/10.1024/1016-264X/a000029

Levi, D.M. (2014). Visual Crowding. In J.S. Werner & L.M. Chalupa (eds.), *The new visual neurosciences* (pp. 681–694). Cambridge MA: MIT .

Lidzba, K., Christiansen, H. & Drechsler, R. (2013). *Conners-3. Conners Skalen zu Aufmerksamkeit und Verhalten-3.* Deutschsprachige Adaptation der Conners-3 von Keith Conners. Bern: Huber.

Lidzba, K., Ebner, K., Hauser, T.K. & Wilke, M. (2013). Complex visual search in children and adolescents: effects of age and performance on fMRI activation. *PLoS One, 8,* e85168. http://doi.org/10.1371/journal.pone.0085168

Lidzba, K., Staudt, M., Wilke, M. & Krägeloh-Mann, I. (2006). Visuospatial deficits in patients with early left-hemispheric lesions and functional reorganization of language: consequence of lesion or reorganization? *Neuropsychologia, 44,* 1088–1094.

Lind, S.E. (2010). Memory and the self in autism: A review and theoretical framework. *Autism: the international journal of research and practice, 14* (5), 430–456. http://doi.org/10.1177/1362361309358700

Lindeboom, J. & Schmand, B. (2003). *Visueller Assoziationstest (VAT).* Leiden: PITS.

Lis, S., Baer, N., Stein-En-Nosse, C., Gallhofer, B., Sammer, G. & Kirsch, S. (2010). Objective measurement of motor activity during cognitive performance in adults with attention-deficit/hyperactivity disorder. *Acta Psychiatrica Scandinavica, 122* (4), 285–294. http://doi.org/10.1111/j.1600-0447.2010.01549.x

Llorente, A.M., Williams, J., Satz, P. & D'Elia, L.F. (2003). *Children's Colour Trails Test.* Orlando: Psychological Assessment Resources.

Lobeck, A., Frei, M. & Blöchlinger, R. (1990). *Schweizer Rechentest 4-6 (SR 4-6).* Göttingen: Hogrefe.

Lockowandt, O. (2000). *Frostigs Entwicklungstest der visuellen Wahrnehmung FEW* (9., ergänzte Auflage). Weinheim: Beltz-Test.

Logan, G.D. (1994). On the ability to inhibit thought and action: A users'guide to the stop signal paradigm. In D. Dagenbach & T.H. Carr (eds.), *Inhibitory processes in attention, memory, and language* (pp. 189–239). San Diego, CA: Academic Press.

Logie, R.H. (1995). *Visuo-spatial working memory.* Hove: Erlbaum.

Logie, R.H. & Pearson, D.G. (1997). The inner eye and the inner scribe of visuo-spatial working memory: Evidence from developmental fractionation. *European Journal of Cognitive Psychology, 9* (3), 241–257. http://doi.org/10.1080/713752559

Løhaugen, G.C., Gramstad, A., Evensen, K.A.I., Martinussen, M., Lindqvist, S., Indredavik, M. & Skranes, J. (2010). Cognitive profile in young adults born preterm at very low birthweight. *Developmental Medicine & Child Neurology, 52,* 1133–1138. http://doi.org/10.1111/j.1469-8749.2010.03743.x

Loher, S., Fatzer, S.T., Roebers, C.M. (2014). Executive functions after pediatric mild traumatic brain injury: a prospective short-term longitudinal study. *Applied Neuropsychology Child, 3,* 103–114. http://doi.org/10.1080/21622965.2012.716752

Lohse, K., Kalitschke, T., Ruthmann, K. & Rakoczy, H. (2015). The development of reasoning about the temporal and causal relations among past, present, and future events. *Journal of Experimental Child Psychology, 138,* 54–70. http://doi.org/10.1016/j.jecp.2015.04.008

Long, B., Anderson, V., Jacobs, R., Mackay, M., Leventer, R., Barnes, C. & Spencer-Smith, M. (2011). Executive function following child stroke: The impact of lesion size. *Developmental Neuropsychology, 36,* 971–987. http://doi.org/10.1080/87565641.2011.581537

Lonnemann, J., Linkersdörfer, J., Hasselhorn, M. & Lindberg, S. (2011). Neurokognitive Korrelate der Dyskalkulie. *Kindheit & Entwicklung, 20,* 13–20. http://doi.org/10.1026/0942-5403/a000036

Lowe, S.A., Mayfield, J.W. & Reynolds, C.R. (2003). Gender differences in memory test performance among children and adolescents. *Archives of Clinical Neuropsychology, 18,* 865–878. http://doi.org/10.1093/arclin/18.8.865

Luciana, M. (2003). Practitioner Review: Computerized Assessment of Neuropsychological Function in Children: Clinical and Research Applications of the Cambridge Neuropsychological Testing Automated Battery (CANTAB). *Journal of Child Psychology and Psychiatry, 44,* 649–663.

Lufi, D. & Gai, E. (2007). The effect of methylphenidate and placebo on eye-hand coordination functioning and handwriting of children with attention deficit hyperactivity disorder. *Neurocase, 13,* 334–341. http://doi.org/10.1080/13554790701851486

Luhmann, H. (2010). Sensomotorische Systeme: Körperhaltung und Bewegung. In R. Klinke, H.C. Pape, A. Kurtz & S. Silbernagel (Hrsg.), *Physiologie* (6., Aufl., S. 758–799). Stuttgart: Thieme.

Lüke, C. (2011). Sprachdiagnostik bei mehrsprachigen Schulkindern: Anwendbarkeit des P-ITPA und des SET 5-10 zur Erfassung der deutschsprachigen Kompetenzen. *L.O.G.O.S. interdisziplinär, 19,* 164–172.

Lukesch, H. & Mayrhofer, S. (2001). *KLT-R. Revidierte Fassung des Konzentrations-Leistungs-Test von H. Düker & G.A. Lienert.* Göttingen: Hogrefe Verlag.

Lunn, J., Lewis, C. & Sherlock, C. (2015). Impaired performance on advanced Theory of Mind tasks in children with epilepsy is related to poor communication and increased attention problems. *Epilepsy and Behavior, 43,* 109–116. http://doi.org/10.1016/j.yebeh.2014.11.010

Luria, A.R. (1970). The functional organization of the brain. *Scientific American, 222,* 66–78. http://doi.org/10.1038/scientificamerican0370-66

Lyons, K.E. & Zelazo, S.D. (2010). Monitoring, metacognition, and executive function: elucidating the role of self-reflection in the development of self-regulation. *Advances in Child Development and Behavior, 40,* 379–412.

Mackinlay, R., Charman, T. & Karmiloff-Smith, A. (2006). High functioning children with autism spectrum disorder: A novel test of multitasking. *Brain and Cognition, 61,* 14–24. http://doi.org/10.1016/j.bandc.2005.12.006

Mai, N. & Marquardt, C. (1998). Registrierung und Analyse von Schreibbewegungen: Fragen an den Schreibunterricht. In L. Huber, G. Kegel & A. Speck-Hamdan (Hrsg.), *Einblicke in den Schriftspracherwerb* (S. 83–99). Stuttgart: Westermann.

Mainberger, U. (1977). *Test zum divergenten Denken (Kreativität) TDK 4-6.* Weinheim: Beltz.

Mallot, H.A. (2012). Raumkognition. In H.O. Karnath & P. Thier (Hrsg.), *Kognitive Neurowissenschaften* (S. 217–224). Berlin/Heidelberg: Springer.

Manly, T., Anderson, V., Nimmo-Smith, I., Turner, A., Watson, S. & Robertson, I.H. (2001). The differential assessment of children's attention: the test of everyday attention for children (TEA-Ch), normative sample and ADHD performance. *Journal of Child Psychology and Psychiatry, 42,* 1065–1081.

Manly, T., Robertson, I.H., Anderson, V. & Nimmo-Smith, I. (deutsche Bearbeitung und Normierung Horn, R. & Jäger, R.S.) (2008). *The Test of Everyday Attention for Children* (2., korrigierte Auflage). Frankfurt am Main: Pearson Assessment & Information GmbH.

Mannhaupt, G. (2007). *Münsteraner Screening (MÜSC).* Berlin: Cornelsen.

Marcovitch, S. & Zelazo, S.D. (2009). A hierarchical competing systems model of the emergence and early development of executive function. *Developmental Science, 12,* 1–18. http://doi.org/10.1111/j.1467-7687.2008.00754.x

Maricle, D., Miller, D.C. & Mortimer, J. (2011). Memory tests in pediatric neuropsychology. In A. David (Ed.), *Handbook of Pediatric Neuropsychology* (pp. 275–291). New York: Springer.

Marschner, G. (1980). *Revisions-Test (Rev. T.).* Göttingen: Hogrefe Verlag.

Marschner, G. (1981). *Büro-Test.* Göttingen: Hogrefe.

Martin, N. (2006). *Test of Visual-Perceptual Skills (non-motor) – Third Edition (TVPS-3).* Florida: Psychological Assessment Resources.

Martin, N. (2017). *Test of Visual-Perceptual Skills – 4 (TVPS-4).* Novato, CA: Academic Therapy Publications.

Mateer, C.A., Kerns, K.A. & Eso, K.L. (1996). Management of attention and memory disorders following traumatic brain injury. *Journal of Learning Disabilities, 29,* 618–632. http://doi.org/10.1177/002221949602900606

Matsuba, C. & Soul, J. (2010). Clinical manifestations of cerebral visual impairment. In G.N. Dutton & M. Bax (eds.), *Visual impairment in children due to damage to the brain* (pp. 41–49). London: Mac Keith Press.

Matthews, R.N., Riccio, C.A. & Davis, J.L. (2012). The NEPSY-II. In D.P. Flanagan & P.L. Harrison (eds.), *Contemporary intellectual assessment. Theories, tests, and issues* (pp. 422–435). New York: Guilford.

Maurizio, S., Liechti, M.D., Heinrich, H., Jäncke, L., Steinhausen, H.C., Walitza, S., Brandeis, D. & Drechsler, R. (2014). Comparing tomographic EEG neurofeedback and EMG biofeedback in children with attention-deficit/hyperactivity disorder. *Biological Psycholology, 95,* 31–44.

Max, J.E. (2014). Neuropsychiatry of pediatric traumatic brain injury. *The Psychiatric Clinics of North America, 37,* 125–140. http://doi.org/10.1016/j.psc.2013.11.003

Max, J.E., Friedman, K., Wilde, E.A., Bigler, E.D., Hanten, G., Schachar, R.J. & Levin, H.S. (2015). Psychiatric disorders in children and adolescents 24 months after mild traumatic brain injury. *The Journal of Neuropsychiatry and Clinical Neurosciences, 27,* 112–120.

May, P., Vieluf, U. & Malitzky, V. (2000). *Hamburger Schreib-Probe (HSP).* Göttingen: Hogrefe.

May, S. (1997). *Hamburger Schreibprobe* (2., erweiterte Auflage). Hamburg: Verlag für pädagogische Medien.

May, U., Schulz, A. & Sydow, H. (1992). Zur Planungsfähigkeit im Alter von drei bis fünf Jahren. *Zeitschrift für Psychologie, 200,* 225–236.

Mayer, A. (2013). *Test zur Erfassung der phonologischen Bewusstheit und der Benennungsschwierigkeiten (TEPHOBE).* München: Reinhardt.

Mayringer, H. & Wimmer, H. (2003). *Salzburger Lesescreening für die Klassenstufen 1–4 (SLS 1-4).* Bern: Huber.

McKinlay, A., Kyonka, E.G., Grace, R.C., Horwood, L.J., Fergusson, D.M. & MacFarlane, M.R. (2010). An investigation of the pre-injury risk factors associated with children who experience traumatic brain injury. *Injury Prevention, 16,* 31–35. http://doi.org/10.1136/ip.2009.022483

McKone, E., Crookes, K., Jeffery, L. & Dilks, D.D. (2012). A critical review of the development of face recognition: Experience is less important than previously believed. *Cognitive Neuropsychology, 29,* 174–212. http://doi.org/10.1080/02643294.2012.660138

McLean, R.L., Harrison, A.J., Zimak, E., Joseph, R.M. & Morrow, E.M. (2014). Executive function in probands with autism with average IQ and their unaffected first-degree relatives. *Journal of the American Academy of Child & Adolescent Psychiatry, 53,* 1001–1009. http://doi.org/10.1016/j.jaac.2014.05.019

Medland, S.E., Perelle, I., De Monte, V. & Ehrmann, L. (2004). Effects of culture, sex, and age on the distribution of handedness: An evaluation of the sensitivity of three measures of handedness. *Laterality, 9,* 287–297. http://doi.org/10.1080/13576500342000040a

Meier, E. (1987). *LGT-3. Version der Gesellschaft für Neuropsychologie mit verlängerten Darbietungs- und Reproduktionszeiten.* Veröffentlicht über den Arbeitskreis Aufmerksamkeit & Gedächtnis der GNP.

Melchers, S. & Preuß, U. (2001). *Kaufman Assessment Battery for Children, K-ABC* (6. Auflage). Leiden: Pits.

Melchers, S. & Preuß, U. (2009). *Kaufman Assessment Battery for Children. K-ABC* (8., unveränderte Aufl.). Frankfurt am Main: Pearson Assessment & Information GmbH.

Melzer, J., Rißling, J.K. & Petermann, F. (2014). Sprachdiagnostik im Vorschulalter. *Monatsschrift Kinderheilkunde,* 1–7.

Menlove, L. & Reilly, C. (2015). Memory in children with epilepsy: a systematic review. *Seizure, 25,* 126–135. http://doi.org/10.1016/j.seizure.2014.10.002

Merdian, G., Merdian, F. & Schardt, K. (2012). *Bamberger Dyskalkuliediagnostik (BADYS 5-8+).* Bamberg: PaePsy.

Messlinger, K. (2010). Somatoviszerale Sensibilität. In R. Klinke, H.C. Pape, A. Kurtz & S. Silbernagel (Hrsg.), *Physiologie* (S. 644–675). Stuttgart: Thieme.

Metitieri, T., Barba, C., Pellacani, S., Viggiano, M.S. & Guerrini, R. (2013). Making memories: the development of long-term visual knowledge in children with visual agnosia. *Neural Plasticity*, 306–432. http://doi.org/10.1155/2013/306432

Meyer-Lindenberg, A., Mervis, C.B. & Berman, K.F. (2006). Neural mechanisms in Williams syndrome: a unique window to genetic influences on cognition and behaviour. *Nature Reviews Neuroscience, 7,* 380–393. http://doi.org/10.1038/nrn1906

Michaelis, R. & Niemann, G. W. (1999). *Entwicklung und Entwicklungsbeurteilung. Entwicklungsneurologie und Neuropädiatrie* (2., überarbeitete und erweiterte Auflage). Stuttgart: Thieme.

Michaelis, R., Berger, R., Nennstiel-Ratzel, U. & Krägeloh-Mann, I. (2013). Validierte und teilvalidierte Grenzsteine der Entwicklung. Ein Entwicklungsscreening für die ersten 6 Lebensjahre. *Monatsschrift Kinderheilkunde, 161,* 898–910. http://doi.org/10.1007/s00112-012-2751-0

Michel, E., Cimeli, S., Neuenschwander, R., Röthlisberger, M. & Roebers, C. M. (2013). Entwicklung von Handkoordination, exekutiven Funktionen und Schulleistungen bei Kindern mit Auffälligkeiten in der Handgeschicklichkeit. *Zeitschrift für Entwicklungspsychologie und Pädagogische Psychologie, 45,* 191–206.

Mickley, M. & Renner, G. (2015). Berücksichtigen deutschsprachige Intelligenztests die besonderen Anforderungen von Kindern mit Behinderungen? *Praxis der Kinderpsychologie und Kinderpsychiatrie, 64,* 88–103.

Miller, C. J., Hynd, G. W. (2004). What ever happened to developmental Gerstmann's syndrome? Links to other pediatric, genetic, and neurodevelopmental syndromes. *Journal of Child Neurology, 19,* 282–289. http://doi.org/10.1177/088307380401900408

Miller, D. C. (2007). *Essentials of school neuropsychological assessment.* Hoboken: Wiley.

Miller, D. C. (ed.). (2010). *Best practice in school neuropsychology. Guidelines for effective practice, assessment and evidence-based intervention.* Hoboken: Wiley.

Miller, L. J. (1988). *Miller Assessment for Preschoolers (MAP).* San Antonio, TX: Psychological Corporation.

Miller, M., Chukoskie, L., Zinni, M., Townsend, J. & Trauner, D. (2014). Dyspraxia, motor function and visual-motor integration in autism. *Behavioural Brain Research, 269,* 95–102. http://doi.org/10.1016/j.bbr.2014.04.011

Mills, K. L., Lalonde, F., Clasen, L. S., Giedd, J. N. & Blakemore, S. J. (2014). Developmental changes in the structure of the social brain in late childhood and adolescence. *Social Cognitive and Affective Neuroscience, 9,* 123–131. http://doi.org/10.1093/scan/nss113

Milner, A. D. & Goodale, M. A. (2008). Two visual systems re-viewed. *Neuropsychologia, 46,* 774–785. http://doi.org/10.1016/j.neuropsychologia.2007.10.005

Milone, M. (2007). *Test of Handwriting Skills – Revised (THS-R).* Ann Arbor: Academic Therapy Publications.

Mischel, W., Shoda, Y. & Rodriguez, M. I. (1989). Delay of gratification in children. *Science, 244,* 933–938. http://doi.org/10.1126/science.2658056

Miyake, A., Friedman, N. S., Emerson, M. J., Witzki, A. H., Howerter, A. & Wager, T. D. (2000). The unity and diversity of executive functions and their contributions to complex „frontal lobe" tasks: A latent variable analysis. *Cognitive Psychology, 41,* 49–100. http://doi.org/10.1006/cogp.1999.0734

Moeller, K., Fischer, U., Link, T., Wasner, M., Huber, S., Cress, U. & Nuerk, H. C. (2012). Learning and development of embodied numerosity. *Cognitive Processing, 13, Suppl 1,* 271–4. http://doi.org/10.1007/s10339-012-0457-9

Molenaar, H. M., Zuidam, J. M., Selles, R. W., Stam, H. J. & Hovius, S. E. (2008). Age-specific reliability of two grip-strength dynamometers when used by children. Journal of Bone and Joint Surgery. *American Volume, 90* (5), 1053–1059. http://doi.org/10.2106/JBJS.G.00469

Molfese, V. J., Molfese, S. J., Molfese, D. L., Rudasill, K. M., Armstrong, N. & Starkey, G. (2010). Executive function skills of 6–8 year olds: Brain and behavioral evidence and implications for school achievement. *Contemporary Educational Psychology, 35,* 116–125.

Moll, K. & Länder, K. (2014). *Salzburger Lese- und Rechtschreibtest II (SLRT-II).* Bern: Verlag Huber.

Moll, K. & Landerl, K. (2010). *Lese- und Rechtschreibtests (SLRT-II). Weiterentwicklung des Salzburger Lese- und Rechtschreibtests (SLRT).* Bern: Verlag Huber.

Moosbrugger, H. & Oehlschlägel, J. (1996). *Frankfurter Aufmerksamkeitsinventar (FAIR).* Bern: Verlag Hans Huber.

Moriguchi, Y. (2014). The early development of executive function and its relation to social interaction: a brief review. *Frontiers in Psychology, 5,* 388. http://doi.org/10.3389/fpsyg.2014.00388

Morton, J., Johnson, M. H. (1991). CONSPEC and CONLERN: a two-process theory of infant face recognition. *Psychological Review, 98,* 164–181. http://doi.org/10.1037/0033-295X.98.2.164

Motsch, H. J. (2008). *Evozierte Sprachdiagnose grammatischer Fähigkeiten (ESGRAF-R).* München: Reinhardt.

Motsch, H. J. (2011). E*vozierte Sprachdiagnose grammatischer Fähigkeiten für Mehrsprachige Kinder (ESGRAF-MK).* München: Reinhardt.

Mottier, G. (1951). Über Untersuchungen zur Sprache lesegestörter Kinder. *Folia Phoniatrica et Logopeadica, 3,* 170–177. http://doi.org/10.1159/000262507

Mrakotsky, C. (2007). Konzepte der Entwicklungsneuropsychologie. In L. Kaufmann, H.-C. Nuerk, K. Konrad & K. Willmes (Hrsg.), *Kognitive Entwicklungsneuropsychologie* (S. 25–57). Göttingen: Hogrefe.

Mulder, H., Pitchford, N. J. & Marlow, N. (2011). Processing speed mediates executive function difficulties in very preterm children in middle childhood. *Journal of the International Neuropsychological Society, 28,* 1–10. http://doi.org/10.1017/S1355617711000373

Müller, R. (2004a). *Diagnostischer Rechtschreibtest für 2. Klassen (DRT 2)* (4. Aufl. in neuer Rechtschreibung). Göttingen: Hogrefe.

Müller, R. (2004b). *Diagnostischer Rechtschreibtest für 3. Klassen (DRT 3)* (4. Aufl. in neuer Rechtschreibung). Göttingen: Hogrefe.

Müller, R. & Jäger, H. (1974). *Material für gezieltes Rechtschreibtraining (MGR).* Weinheim: Beltz.

Müller, R.A. & Courchesne, E. (2000). The duplicity of plasticity: A conceptual approach to the study of early lesion and developmental disorders. In M. Ernst & J. Rumsey (eds.), *The Foundation and Future of Functional Neuroimaging in Child Psychiatry* (pp. 335–365). New York: Cambridge University Press. http://doi.org/10.1017/CBO9780511470998.027

Muris, S., van der Pennen, E., Sigmond, R. & Mayer, B. (2008). Symptoms of anxiety, depression, and aggression in non-clinical children: Relationships with self-report and performance-based measures of attention and effortful control. *Child Psychiatry and Human Development, 39,* 455–467.

Murray, I., Perperidis, A., Brash, H., Cameron, L., McTrusty, A., Fleck, B. & Minns, R. (2013). Saccadic Vector Optokinetic Perimetry (SVOP): A novel technique for automated static perimetry in children using eye tracking. In *Engineering in Medicine and Biology Society (EMBC),* 35*th Annual International Conference of the IEEE* (pp. 3186–3189).

Muth, A., Hönekopp, J. & Falter, C. M. (2014). Visuo-Spatial Performance in Autism: A Meta-analysis. *Journal of Autism and Developmental Disorders, 44,* 3245–3263. http://doi.org/10.1007/s10803-014-2188-5

Myklebust, R. H. (1975). Nonverbal learning disabilities. In H. R. Myklebust (ed.), *Progress in learning disabilities, Vol. 3.* (pp. 108–119). New York, NY: Grune & Stratton.

Navon, D. (1977). Forest before trees: The precedence of global features in visual perception. *Cognitive Psychology, 9,* 353–383. http://doi.org/10.1016/0010-0285(77)90012-3

Nee, D. E., Brown, J. W., Askren, M. K., Berman, M. G., Demiralp, E., Krawitz, A. & Jonides, J. (2013). A meta-analysis of executive components of working memory. *Cerebral Cortex, 23,* 264–282. http://doi.org/10.1093/cercor/bhs007

Nell, V., Bretz, H. J. & Sniehotta, F. F. (2004). *Konzentrationstest für 3. und 4. Klassen. Revidierte Fassung (KT 3-4 R).* Göttingen: Beltz Test GmbH.

Nelson, E. E. & Guyer, A. E. (2011). The development of the ventral prefrontal cortex and social flexibility. *Developmental Cognitive Neuroscience, 1,* 233–245. http://doi.org/10.1016/j.dcn.2011.01.002

Nennstiel-Ratzel, U., Lüders, A., Arenz, S., Wildner, M. & Michaelis, R. (2013). Elternfragebögen zu Grenzsteinen der kindlichen Entwicklung im Alter von 1 bis 6 Jahren. *Kinderärztliche Praxis, 84,* 106–114.

Neumann, K., Holler-Zittlau, I., van Minnen, S., Sick, U., Zaretsky, Y. & Euler, H.A. (2011). Sensitivität-Spezifität des Kindersprachscreenings (KiSS) [Fool's gold standards in language screening: Sensitivity and specificity of the Hessian child language screening test (Kindersprachscreening, KiSS)]. *HNO, 59,* 97–109.

Neumärker, K. J. & Bzufka, M. W. (1988). *Berliner Luria Neuropsychologisches Verfahren für Kinder (BLN-K). Handanweisung.* Göttingen: Hogrefe.

Nickisch, A., Heuckmann, C. & Burger, T. (2004). *Münchner Auditiver Screeningtest für Verarbeitungs- und Wahrnehmungsstörungen. Audiometrie Disk 23 mit Handbuch.* Wertingen: Westra Elektroakustik.

Nickisch, A., Heuckmann, C., Burger, T. & Massinger, C. (2006). Münchner Auditiver Screeningtest für Verarbeitungs- und Wahrnehmungsstörungen (MAUS). *Laryngo-Rhino-Otologie, 85,* 253–259. http://doi.org/10.1055/s-2005-870565

Niemann, G. & Wolf, M. (2010). Klinisch Diagnostische Strategien. In R. Michaelis & G. Niemann (Hrsg.), *Entwicklungsneurologie und Neuropädiatrie. Grundlagen und diagnostische Strategien.* (Teil 2, S. 153–375). Stuttgart: Thieme.

Niemann, H. & Gauggel, S. (2010). Störungen der Aufmerksamkeit. In P. Frommelt & H. Lösslein (Hrsg.), *Neurorehabilitation: Ein Praxisbuch für interdisziplinäre Teams* (S. 145–170). Berlin: Springer.

Noël, M. S. (2005). Finger gnosia: a predictor of numerical abilities in children? *Child Neuropsychology, 11,* 413–430.

Norman, D. A. & Shallice, T. (1980). *Attention to action: Willed and automatic control of behavior. Center for human information processing, technical report* (No. 99), San Diego: University of California.

Nowak, K. (2009). Die Inspektion des Augenhintergundes Teil 9: Fixationsprüfung. *Deutsche Optikerzeitung, 12,* 28–33. Retrieved 11 28 2014, from http://www.doz-verlag.de/archivdownload/?artikel id=1000685

Nubel, K., Grohmann, G. & Starzacher, E. (o. J.). *Hogrefe TestSystem 4: Handbuch Continuous Attention Performance Test (CAPT).* Göttingen: Hogrefe. Zugriff am 18.07.2014. Verfügbar unter https://www.unifr.ch/ztd/HTS/inftest/WEB-Informationssystem/de/4dej01/a388c5e5516b4f70bb5480dcc47be814/hb.htm

Oades, R. (2008). Dopamine-serotonin interactions in attention-deficit hyperactivity disorder (ADHD). *Progress in brain research, 172,* 543–565. http://doi.org/10.1016/S0079-6123(08)00926-6

Oades, R. D., Myint, A.-M., Dauvermann, M. R., Schimmelmann, B. G. & Schwarz, M. J. (2010). Attention-deficit hyperactivity disorder (ADHD) and glial integrity: an exploration of associations of cytokines and kynurenine metabolites with symptoms and attention. *Behavioral and Brain Functions, 6,* 32.

Ocklenburg, S., Beste, C. & Arning, L. (2014). Handedness genetics: considering the phenotype. *Frontiers in Psychology, 5,* 300. http://doi.org/10.3389/fpsyg.2014.01300

Olman, C. A., Pickett, K. A., Schallmo, M. S. & Kimberley, T. J. (2012). Selective BOLD responses to individual finger movement measured with fMRI at 3T. *Human Brain Mapping, 33,* 1594–606. http://doi.org/10.1002/hbm.21310

Ornstein, T. J., Levin, H. S., Chen, S., Hanten, G., Ewing-Cobbs, L., Dennis, M. & Schachar, R. (2009). Performance monitoring in children following traumatic brain injury. *Journal of Child Psychology and Psychiatry, 50,* 506–513. http://doi.org/10.1111/j.1469-7610.2008.01997.x

Ornstein, T. J., Sagar, S., Schachar, R. J., Ewing-Cobbs, L., Chapman, S. B., Dennis, M. & Max, J. E. (2014). Neuropsychological Performance of Youth with Secondary Attention-Deficit/Hyperactivity Disorder 6-and 12-Months after Traumatic Brain Injury. *Journal of the International Neuropsychological Society, 20,* 971–981.

Ortibus, E., Laenen, A., Verhoeven, J., De Cock, S., Casteels, I., Schoolmeesters, B. & Lagae, L. (2011). Screening for cerebral visual impairment: value of a CVI questionnaire. *Neuropediatrics, 42,* 138–147. http://doi.org/10.1055/s-0031-1285908

Osorio, M. B., Kurowski, B. G., Beebe, D., Taylor, H. G., Brown, T. M., Kirkwood, M. W. & Wade, S. L. (2013). Association of daytime somnolence with executive functioning in the first 6 months after adolescent traumatic brain injury. *PM & R: The Journal of Injury, Function, and Rehabilitation, 5,* 554–562.

Osterrieth, P.A. (1944). Le test de copie d'une figure complexe: Contribution a l'étude de la perception et de la mémoire. *Archives de Psychologie, 30,* 206–356.
Oswald, A. (2013). Handgeschicklichkeit und Handfunktion. In E. Schönthaler (Hrsg.), *Grafomotorik und Händigkeit* (S. 15–35). Stuttgart: Thieme.
Oswald, W.D. (2016). *Zahlen-Verbindungs-Test (ZVT)* (2., überarbeitete und neu normierte Auflage). Göttingen: Hogrefe Verlag.
Oswald, W.D. & Roth, E. (1987). *Der Zahlenverbindungstest (ZVT). Ein sprachfreier Intelligenz-Test zur Messung der „kognitiven Leistungsgeschwindigkeit"* (2., überarbeitete und erweiterte Auflage). Göttingen: Hogrefe.
Otto, F. (2008). *Test of everyday attention for children (TEA-Ch). Eine Validierungsstudie.* Saarbrücken: VDM Verlag Dr. Müller.
Overvelde, A. & Hulstijn, W. (2011). Handwriting development in grade 2 and grade 3 primary school children with normal, at risk, or dysgraphic characteristics. *Research in Developmental Disabilities, 32,* 540–548. http://doi.org/10.1016/j.ridd.2010.12.027
Owens, J.S., Goldfine, M.E., Evangelista, N.M., Hoza, B. & Kaiser, N.M. (2007). A critical review of self-perceptions and the positive illusory bias in children with ADHD. *Clinical Child and Family Psychology Review, 10,* 335–351. http://doi.org/10.1007/s10567-007-0027-3
Paliaga, G.S. (1993). Monocular acuity norms for the Teller acuity cards between ages of one month and four years. *Investigative Ophthalmology and Visual Science, 26,* 671-685.
Palombo, J. (2006). *Nonverbal learning disabilities. A clinical perspective.* New York: WW. Norton.
Pascalis, O., de Viviés, X.D., Anzures, G., Quinn, S.C., Slater, A.M., Tanaka, J.W. & Lee, K. (2011). Development of face processing. Wiley Interdisciplinary Reviews. *Cognitive Science, 2,* 666–675.
Pascalis, O., Loevenbruck, H., Quinn, S.C., Kandel, S., Tanaka, J.W. & Lee, K. (2014). On the Links Among Face Processing, Language Processing, and Narrowing During Development. *Child Development Perspectives, 8,* 65–70. http://doi.org/10.1111/cdep.12064
Patel, D.E., Cumberland, S.M., Walters, B.C., Russell-Eggitt, I., Rahi, J.S. & OPTIC study group (2015). Study of optimal perimetric testing in children (OPTIC): Feasibility, reliability and repeatability of perimetry in children. *PloS One, 10,* e0130895. http://doi.org/10.1371/journal.pone.0130895
Pauli, S. & Kisch, A. (2010). *Ravensburger Erhebungsbogen grafo- und schreibmotorischer Auffälligkeiten (RAVEK-S)* (Formulare und Arbeitsblätter als PDF: und Ergänzungen zu den Zeichenprogrammen „Geschickte Hände zeichnen 3 und 4"). Dortmund: verlag modernes lernen.
Pearson (2014). *Entwicklungstest Sprache für Kinder von 4–8 Jahren.* URL: http://www.pearsonassessment.de/Entwicklungstest-Sprache-fuer-Kinder-von-4-8-Jahren.html
Pel, J.J.M., Manders, J.C.W. & van der Steen, J. (2010). Assessment of visual orienting behaviour in young children using remote eye tracking: Methodology and reliability. *Journal of Neuroscience Methods, 189,* 252–256. http://doi.org/10.1016/j.jneumeth.2010.04.005
Penny, A.M., Waschbusch, D.A., Klein, R.M., Corkum, S. & Eskes, G. (2009). Developing a measure of sluggish cognitive tempo for children: Content validity, factor structure, and reliability. *Psychological Assessment, 21,* 380–389. http://doi.org/10.1037/a0016600
Perenin, M.-T. & Himmelbach, M. (2012). Optische Ataxie. In H.-O. Karnath & S. Thier (Hrsg.), *Kognitive Neurowissenschaften* (S. 389–402). Berlin: Springer.
Petermann, F. (Hrsg.) (2009). *Movement Assessment Battery for Children – Second Edition (M-ABC-2). Deutschsprachige Adaptation nach S.E. Henderson, D.A. Sudgen und A.L. Barnett. Deutsche Bearbeitung unter Mitarbeit von K. Bös und J. Kastner.* (2. überarbeitete und erweiterte Aufl.). Frankfurt/Main: Pearson Assessment & Information GmbH.
Petermann, F. (Hrsg.) (2010). *Kaufman–Computerized Assessment Battery (K-CAB). Deutsche Adaptation des französischen Originalverfahrens K-Classic (unter Mitarbeit von Anne Toussaint*). Frankfurt/Main: Pearson Assessment & Information GmbH.
Petermann, F. (Hrsg.) (2012). *Wechsler Adult Intelligence Sale – Fourth Edition (WAIS-IV).* (Deutschsprachige Adaptation der WAIS-IV von D. Wechsler). Frankfurt/Main: Pearson Assessment & Information GmbH.

Petermann, F. (Hrsg.) (2015). *Movement Assessment Battery for Children-2 (M-ABC-2). Deutschsprachige Adaptation nach S. E. Henderson, D. A. Sugden & A. L. Barnett* (4., überarbeitete und erweiterte Auflage). Frankfurt/Main: Pearson Assessment & Information GmbH.

Petermann, F. (Hrsg.) (2017). *WISC-V: Wechsler Intelligence Scale for Children – Fifth Edition. Deutschsprachige Adaptation nach D. Wechsler.* Frankfurt am Main: Pearson Assessment & Information GmbH.

Petermann, F. & Daseking, M. (2012). *Züricher Lesetest – II.* Bern: Verlag Huber.

Petermann, F. & Lepach, A. C. (Hrsg.) (2012). *Wechsler Memory Scale – Fourth Edition (WMS-IV), German Edition. Manual.* Frankfurt: Pearson Assessment & Information GmbH.

Petermann, F. & Lipsius, M. (2009). *Wechsler Preschool and Primary Scale of Intelligence – III, deutsche Version (WPPSI-III).* Frankfurt am Main: Pearson Assessment & Information GmbH.

Petermann, F. & Macha, T. (2013). *Entwicklungstest für Kinder von 6 Monaten bis 6 Jahren – Revision.* Frankfurt/Main: Pearson Assessment & Information GmbH.

Petermann, F. & Petermann, U. (Hrsg.) (2011). *Wechsler Intelligence Scale for Children – Fourth Edition (WISC-IV). Deutschsprachige Adaptation nach D. Wechsler.* Frankfurt am Main: Pearson Assessment & Information GmbH.

Petermann, F. & Petermann, U. (Hrsg.). (2010). *HAWIK-IV: Hamburg-Wechsler-Intelligenztest für Kinder-IV; Manual; Übersetzung und Adaption der WISC-IV von David Wechsler.* Bern: Verlag Hans Huber.

Petermann, F. & Renziehausen, A. (2005). *NES, Neuropsychologisches Entwicklungs-Screening. Manual.* Göttingen: Huber.

Petermann, F., Knievel, J. & Tischler, L. (2010). *Nichtsprachliche Lernstörung.* Göttingen: Hogrefe.

Petermann, F., Metz, D. & Fröhlich, L. S. (2010). *Sprachstandserhebungstes für Kinder (SET 5-10).* Göttingen: Hogrefe.

Petermann, F., Ricken, G., Fritz, A., Schuck, D. & Preuß, U. (Hrsg.). (2014). *Wechsler Preschool and Primary Scale of Intelligence –III (WPPSI-III), Deutschsprachige Adaptation nach D. Wechsler* (3. überarbeitete und erweiterte Auflage). Frankfurt am Main: Pearson Assessment & Information GmbH.

Petermann, F., Waldmann, H. C. & Daseking, M. (2012). *Frostigs Entwicklungstest der visuellen Wahrnehmung – Jugendliche und Erwachsene (FEW-JE). Deutsche Bearbeitung des Developmental Test of Visual Perception – Adolescent and Adult (DTVP-A) von C. R. Reynolds, N. A. Pearson und J. K. Voress.* Göttingen: Hogrefe.

Petermann, U. & Petermann, F. (2006). Zum Stellenwert sonderpädagogischer Förderdiagnostik. In U. Petermann & F. Petermann (Hrsg.), *Diagnostik sonderpädagogischen Förderbedarfs* (S. 1–16). Göttingen: Hogrefe.

Petersen, S. E. & Posner, M. I. (2012). The attention system of the human brain: 20 years after. *Annual Review of Neuroscience, 35* (1), 73–89. http://doi.org/10.1146/annurev-neuro-062111-150525

Petz, V. (2013). *Das visuelle Funktionsprofil.* Dissertation. Fakultät für Rehabilitationswissenschaften Rehabilitation und Pädagogik bei Blindheit und Sehbehinderung, TU Dortmund. Verfügbar unter https://eldorado.tu-dortmund.de/handle/2003/30409.

Philip, S. S. & Dutton, G. N. (2014). Identifying and characterising cerebral visual impairment in children: A review. *Clinical and Experimental Optometry, 97,* 196–208. http://doi.org/10.1111/cxo.12155

Piaget, J. (1954). *The construction of reality in the child.* New York: Basic Books. http://doi.org/10.1037/11168-000

Pierce, K. & Courchesne, E. (2001). Evidence for a cerebellar role in reduced exploration and stereotyped behavior in autism. *Biological Psychiatry, 49,* 655–664. http://doi.org/10.1016/S0006-3223(00)01008-8

Pieters, S., Roeyers, H., Rosseel, Y., Van Waelvelde, H. & Desoete, A. (2015). Identifying subtypes among children with developmental coordination disorder and mathematical learning disabilities, using model-based clustering. *Journal of Learning Disabilities, 48,* 83–95.

Poirel, N., Simon, G., Cassotti, M., Leroux, G., Perchey, G., Lanoë, C. & Houdé, O. (2011). The shift from local to global visual processing in 6-year-old children is associated with grey matter loss. *PloS One, 6,* e20879. http://doi.org/10.1371/journal.pone.0020879

Poltz, N. & Wyschkon, A. (2015). Erfassung und Bedeutung der Fingergnosie für numerisch-arithmetische Fertigkeiten im Vorschul- und Grundschulalter. In G. Esser, M. Hasselhorn & W. Schneider (Hrsg.), *Diagnostik im Vorschulalter* (S. 93–106). Göttingen: Hogrefe.

Portellano Perez, J.A., Mateos Mateos, R., Martinez Arias, R., Tapia Pavon, A., Granados Garcia-Tenorio, M.J. (2002). *CUMANIN. Cuestionario de Madurez Neuropsicologica Infantil.* Madrid: TEA Ediciones.

Posner, M.I. & Boies, S.J. (1971). Components of attention. *Psychological Review, 78,* 391–408. http://doi.org/10.1037/h0031333

Posner, M.I. & DiGirolamo, G.J. (1998). Executive attention: Conflict, target detection, and cognitive control. In R. Parasuraman (ed.), *The attentive brain* (pp. 401–423). Cambridge, MA: MIT Press.

Posner, M.I. & Petersen, S.E. (1990). The attention system of the human brain. *Annual Review of Neuroscience, 13,* 25–42. http://doi.org/10.1146/annurev.ne.13.030190.000325

Posner, M.I. & Raichle, M.E. (1997). Networks of Attention. In M.I. Posner & M.E. Raichle (eds.), *Images of Mind* (pp. 153–179). New York: Scientific American Library.

Posner, M.I. & Rothbart, M.K. (2007). Research on attention networks as a model for the integration of psychological science. *Annual Review of Psychology, 58,* 1–23. http://doi.org/10.1146/annurev.psych.58.110405.085516

Poustka, L., Rühl, D., Feineis-Matthews, S., Bölte, S., Poustka, F. & Hartung, M. (2015). *Diagnostische Beobachtungsskala für Autistische Störungen – 2 (ADOS-2). Deutschsprachige Fassung der Autism Diagnostic Observation Schedule – 2* von C. Lord, M. Rutter, S.C. Dilavore, S. Risi, K. Gotham & S.L. Bishop (Module 1–4) bzw. C. Lord, R.J. Luyster, K. Gotham & W. Guthrie (Kleinkind-Modul). Bern: Verlag Huber.

Pozuelos, J.S., Paz-Alonso, S.M., Castillo, A., Fuentes, L.J. & Rueda, M.R. (2014). Development of attention networks and their interactions in childhood. *Developmental Psychology, 50,* 2405–2415. http://doi.org/10.1037/a0037469

Puts, N.A., Edden, R.A., Wodka, E.L., Mostofsky, S.H. & Tommerdahl, M. (2013). A vibrotactile behavioral battery for investigating somatosensory processing in children and adults. *Journal of Neuroscience Methods, 218,* 39–47. http://doi.org/10.1016/j.jneumeth.2013.04.012

Puts, N.A., Wodka, E.L., Tommerdahl, M., Mostofsky, S.H. & Edden, R.A. (2014). Impaired tactile processing in children with autism spectrum disorder. *Journal of Neurophysiology, 111,* 1803–1811. http://doi.org/10.1152/jn.00890.2013

Quas, J.A. & Fivush, R. (2009). *Emotion and Memory in Development.* Oxford: Oxford University Press. http://doi.org/10.1093/acprof:oso/9780195326932.001.0001

Quercia, S., Feiss, L. & Michel, C. (2013). Developmental dyslexia and vision. *Clinical Ophthalmology, 7,* 869–881. http://doi.org/10.2147/OPTH.S41607

Radach, R. Günther, T. & Huestegge, L. (2012). Blickbewegungen beim Lesen, Leseentwicklung und Legasthenie. *Lernen und Lernstörungen, 1,* 185–204. http://doi.org/10.1024/2235-0977/a000019

Raspelli, S., Pallavicini, F., Carelli, L., Morganti, F., Poletti, B., Corra, B., Silani, V. & Riva, G. (2011). Validation of a Neuro Virtual Reality-based version of the Multiple Errands Test for the assessment of executive functions. *Studies in health technology and informatics, 167,* 92–7.

Rausch, M. (2003). *Linguistische Gesprächsanalyse in der Diagnostik des Sprachverstehens am Beginn der expressiven Sprachentwicklung.* Idstein: Schulz-Kirchner.

Raven, J.C. (1976). *Standard Progressive Matrices.* Oxford: Psychologists Press.

Reber, S.J. (2013). The neural basis of implicit learning and memory: a review of neuropsychological and neuroimaging research. *Neuropsychologia, 51* (10), 2026–2042. http://doi.org/10.1016/j.neuropsychologia.2013.06.019

Regard, M., Strauss, E. & Knapp, P. (1982). Children's production on verbal and non-verbal fluency tasks. *Perceptual and Motor Skills, 55,* 839–844. http://doi.org/10.2466/pms.1982.55.3.839

Reinis, S., Goldman, J. M. (1980). *The development of the brain: biological and functional perspectives.* Springfield, IL: Charles C. Thoma.

Reisman, J. (1999). *Minnesota Handwriting Assessment (MHA).* San Antonio, TX: Psychological Corporation.

Reitan, R. M. (1986). *Trail Making Test: Manual for administration and scoring.* Tucson, AZ.: Reitan Neuropsychological Laboratory.

Reitan, R. M. & Wolfson, D. (1985). *Halstead-Reitan Neuropsychological Test Battery (HRNTB): Theory and clinical interpretation.* Tucson, AZ: Neuropsychology Press.

Reitan, R. M. & Wolfson, D. (1992). *Neuropsychological evalution of older children.* Tucson, AZ: Neuropsychology Press.

Remschmidt, H., Schmidt, M. & Poustka, F (2012). *Multiaxiales Klassifikationsschmea für psychoische Störungen des Kindes- und Jugendalters nach ICD-10 der WHO* (6., korrigierte Aufl.). Bern: Verlag Huber.

Renner, G. (2000). *Die Tübinger Luria-Christensen Neuropsychologische Untersuchungsreihe für Kinder (TÜKI,* 2. Aufl.). *Report Psychologie, 25* (1), S. 29–51.

Renner, G. & Irblich, D. (2008). Testinformation: Test of everyday attention for children (TEA-Ch). *Diagnostica, 54,* 52–56. http://doi.org/10.1026/0012-1924.54.1.52

Renner, G., Lessing, T., Krampne, G. & Irblich, D. (2012). Reliabilität und Retest-Stabilität der „Testbatterie zur Aufmerksamkeitsprüfung für Kinder" (KITAP) bei 6- bis 7-jährigen Kindern. *Zeitschrift Für Neuropsychologie, 23,* 27–36. http://doi.org/10.1024/1016-264X/a000059

Repovs, G. & Baddeley, A. (2006). The multi-component model of working memory: explorations in experimental cognitive psychology. *Neuroscience, 139,* 5–21. http://doi.org/10.1016/j.neuroscience.2005.12.061

Rey, A. (1941). L'examen psychologique dans les cas d'encéphalopathie traumatique. *Archives de Psychologie, 28,* 286–340.

Rey, A. (1941). L'examen psychologique dans les cas d'encéphalopathie traumatique. *Archives de Psychologie, 28,* 286–340.

Reynolds, C. & Fletcher-Janzen, E. (2009). *Handboock of Clinical Child Neuropsychology* (3rd ed.). New York: Springer. http://doi.org/10.1007/978-0-387-78867-8

Reynolds, C. R. & Bigler, E. D. (1994). *Test of Memory and Learning (TOMAL).* Austin, TX: Pro-Ed.

Reynolds, C., Pearson, N. A. & Voress, J. K. (2002). *Developmental Test of Visual Perception – Adolescent and Adult.* Austin, TX: Pro-Ed.

Rheinberg, F., Vollmeyer, R. & Burns, B. D. (2001). Ein Fragebogen zur Erfassung aktueller Motivation in Lern- und Leistungssituationen. *Diagnostica, 47,* 57–66. http://doi.org/10.1026//0012-1924.47.2.57

Rhoades, B. L., Greenberg, M. T., Lanza, S. T. & Blair, C. (2011). Demographic and familial predictors of early executive function development: contribution of a person-centered perspective. *Journal of Experimental Child Psycholology, 108* (3), 638–662. http://doi.org/10.1016/j.jecp.2010.08.004

Riccio, C. A., Sullivan, J. R. & Cohen, M. J. (2010). *Neuropsychological assessment and intervention for childhood and adolescent disorders.* Hoboken, N. J.: John Wiley & Sons. http://doi.org/10.1002/9781118269954

Ricken, G., Fritz, A., Schuck, K. D. & Preuss, U. (Hrsg.). (2007). *Hannover-Wechsler-Intelligenztest für das Vorschulalter – III (HAWIWA-III).* Übersetzung und Adaptation des WPPSI-III von David Wechsler. Bern: Verlag Huber.

Riddoch, J. M. & Humphreys, G. W. (1993). *Birmingham Object Recognition Battery (BORB).* Hove, UK: Lawrence Erlbaum Associates Publishers.

Risse, T. & Kiese-Himmel, C. (2009). Der Mottier-Test. Teststatistische Überprüfung an 4- bis 6-jährigen Kindern. *HNO, 57,* 523–528. http://doi.org/10.1007/s00106-008-1708-z

Rivkees, S. A. (2001). Mechanisms and clinical significance of circadian rhythms in children. *Current opinion in pediatrics, 13,* 352–357. http://doi.org/10.1097/00008480-200108000-00012

Rizzo, S., Steinhausen, H. C. & Drechsler, R. (2010). Self-perception of self-regulatory skills in children with attention-deficit/hyperactivity disorder aged 8–10 years. *ADHD Attention Deficit and Hyperactivity Disorders, 2,* 171–183. http://doi.org/10.1007/s12402-010-0043-x

Rizzolatti, G. & Craighero, L. (2004). The mirror-neuron system. *Annual Review of Neuroscience, 27,* 169–192. http://doi.org/10.1146/annurev.neuro.27.070203.144230

Robertson, I. H., Ward, T., Ridgeway, V. & Nimmo-Smith, I. (1994). *Test of everyday attention.* Bury St Edmunds: Thames Valley Test Company.

Robertson, L. C. & Lamb, M. R. (1991). Neuropsychological contributions to theories of part/whole organization. *Cognitive Psychology, 23,* 299–330. http://doi.org/10.1016/0010-0285(91)90012-D

Robinson, S., Goddard, L., Dritschel, B., Wisley, M. & Howlin, S. (2009). Executive functions in children with autism spectrum disorders. *Brain and Cognition, 71,* 362–368. http://doi.org/10.1016/j.bandc.2009.06.007

Roebers, C. M., Schmid, C. & Roderer, T. (2009). Metacognitive monitoring and control processes involved in primary school children's test performance. *British Journal of Educational Psychology, 79,* 749–767. http://doi.org/10.1348/978185409X429842

Roick, T., Gölitz, D. & Hasselhorn, M. (2004). *Deutscher Mathematiktest für dritte Klassen (DEMAT 3+).* Göttingen: Hogrefe.

Roick, T., Gölitz, D. & Hasselhorn, M. (2008). *Deutscher Mathematiktest für vierte Klassen (DEMAT 4+).* Göttingen: Hogrefe.

Rolf, D. (2013). Grafomotorik und Ergotherapie. Grundlagen. In E. Schönthaler (Hrsg.), *Grafomotorik und Händigkeit.* Stuttgart: Thieme.

Rosenkötter, H. (2012). *Motorik und Wahrnehmung im Kindesalter. Eine neuropädiatrische Einführung.* Stuttgart: Kohlhammer.

Rosvold, H. E., Mirsky, A. F., Sarason, I., Bransome, E. D. J. & Beck, L. D. (1956). A continuous performance test of brain damage. *Journal of consulting psychology, 20,* 343–350. http://doi.org/10.1037/h0043220

Roth, K., Ruf, K., Obinger, M., Mauer, S., Ahnert, J., Schneider, W. & Hebestreit, H. (2010). Is there a secular decline in motor skills in preschool children? *Scandinavian Journal of Medicine & Science in Sports, 20,* 670–678.

Roth, R. M., Lance, C. E., Isquith, S. K., Fischer, A. S. & Giancola, S. R. (2013). Confirmatory factor analysis of the Behavior Rating Inventory of Executive Function-Adult version in healthy adults and application to attention-deficit/hyperactivity disorder. *Archives of Clinical Neuropsychology, 28,* 425–434.

Rothbart, M. K., Ahadi, S. A., Hershey, K. L. & Fisher, P. (2001). Investigations of temperament at 3–7 years: The Children's Behavior Questionnaire. *Child Development, 72,* 1394–1408. http://doi.org/10.1111/1467-8624.00355

Rothbart, M. K., Ellis, L. K., Rueda, M. R. & Posner, M. I. (2003). Developing mechanisms of temperamental effortful control. *Journal of Personality, 71,* 1113–1144. http://doi.org/10.1111/1467-6494.7106009

Rotzer, S., Loenneker, T., Kucian, K., Martin, E., Klaver, S. & Aster, M. von (2009). Dysfunctional neural network of spatial working memory contributes to developmental dyscalculia. *Neuropsychologia, 47,* 2859–2865. http://doi.org/10.1016/j.neuropsychologia.2009.06.009

Rourke, B. P. (1989). *Nonverbal Learning Disabilities: The Syndrome and the Model.* New York: Guilford Press.

Rourke, B. S., Bakker, D. J., Fisk, J. L. & Strang, J. D. (1983). *Child neuropsychology. An introduction to theory, research and clinical practice.* New York: Guilford Press.

Rovee-Collier, C. & Cuevas, K. (2008). The development of infant memory. In M. Courage & N. Cowan (eds.), *The Development of Memory in Infancy and Childhood (Studies in Developmental Psychology)* (pp. 11–41). Hove: Psychology Press.

Royeen, C. B. & Fortune, J. C. (1990). Touch Inventory for elementary-school-aged children. American *Journal of Occupational Therapy, 44,* 155–159. http://doi.org/10.5014/ajot.44.2.155

Rückriegel, S. M., Blankenburg, F., Koustenis, E., Burghardt, R., Ehrlich, S., Henze, G. & Hernáiz Driever, S. (2010). Entwicklung der kinematischen Eigenschaften von Mal- und Schreibbewegungen bei gesunden Kindern und Jugendlichen. *Neuropädiatrie in Klinik und Praxis, 9,* 4–13.

Rudner, M., Fransson, S., Ingvar, M., Nyberg, L. & Rönnberg, J. (2007). Neural representation of binding lexical signs and words in the episodic buffer of working memory. *Neuropsychologia, 45,* 2258–2276. http://doi.org/10.1016/j.neuropsychologia.2007.02.017

Rudolf, H. (1986). *Graphomotorische Testbatterie (GMT).* Weinheim: Beltz Test GmbH.

Ruland, A., Willmes, K. & Günther, T. (2012). Zusammenhang zwischen Aufmerksamkeitsdefiziten und Lese-Rechtschreibschwäche. *Kindheit und Entwicklung, 21,* 57–63. http://doi.org/10.1026/0942-5403/a000053

Russell, D., Rosenbaum, S., Avery, L. & Lane, M. (2006). *GMFM und GMFCS-Messung und Klassifikation motorischer Funktionen.* (Deutschsprachige Ausgabe hrsg. von F. Heinen, J. Kirschner, V. Mall, S. Berweck, M. Lindner, U. Michaelis & S. Stein). Bern: Verlag Huber.

Rutter, M., Kumsta, R., Schlotz, W. & Sonuga-Barke, E. (2012). Longitudinal studies using a „natural experiment" design: the case of adoptees from Romanian institutions. *Journal of the American Academy of Child and Adolescent Psychiatry, 51,* 762–770. http://doi.org/10.1016/j.jaac.2012.05.011

Ryan, N. S., Catroppa, C., Cooper, J. M., Beare, R., Ditchfield, M., Coleman, L. & Anderson, V. A. (2015). The emergence of age-dependent social cognitive deficits after generalized insult to the developing brain: A longitudinal prospective analysis using susceptibility-weighted imaging. *Human Brain Mapping, 36,* 1677–1691.

Sachs-Ericsson, N., Joiner, T. & Blazer, D. G. (2008). The influence of lifetime depression on self-reported memory and cognitive problems: results from the National Comorbidity Survey-Replication. *Aging & mental health, 12,* 183–192. http://doi.org/10.1080/13607860801951739

Saidkasimova, S., Bennett, D. M., Butler, S. & Dutton, G. N. (2007). Cognitive visual impairment with good visual acuity in children with posterior periventricular white matter injury: A series of 7 cases. *Journal of American Association for Pediatric Ophthalmology and Strabismus, 11,* 426–430.

Sanders, A. (1983). Towards a model of stress and human performance. *Acta psychologica, 53,* 61–97. http://doi.org/10.1016/0001-6918(83)90016-1

Sandford, J. A. & Turner, A. (1995). *Manual for the Integrated Visual and Auditory (IVA). Continuous Performance Test.* Richmond, VA: Brain Train.

Sarsour, K., Sheridan, M., Jutte, D., Nuru-Jeter, A., Hinshaw, S. & Boyce, W. T. (2011). Family socioeconomic status and child executive functions: the roles of language, home environment, and single parenthood. *Journal of the International Neuropsychological Society, 17,* 120–132.

Sauter, F. C. (2001). *Prüfung optischer Differenzierungsleistungen bei Vierjährigen, POD-4.* Göttingen: Hogrefe.

Saxbe, C. & Barkley, R. A. (2014). The second attention disorder? Sluggish cognitive tempo vs. attention-deficit/hyperactivity disorder: update for clinicians. *Journal of Psychiatric Practice, 20,* 38–49. http://doi.org/10.1097/01.pra.0000442718.82527.cd

Scahill, L., Riddle, M. A., McSwiggin-Hardin, M., Ort, S. I., King, R. A., Goodman, W. K. & Leckman, J. F. (1997). Children's Yale-Brown obsessive compulsive scale: reliability and validity. *Journal of the American Academy of Child & Adolescent Psychiatry, 36,* 844–852.

Schaaf, R. C., Benevides, T., Blanche, E. I., Brett-Green, B. A., Burke, J. S., Cohn, E. S. & Schoen, S. A. (2010). Parasympathetic functions in children with sensory processing disorder. *Frontiers in Integrative Neuroscience, 4,* 4. http://doi.org/10.3389/fnint.2010.00004

Schachar, R. J., Chen, S., Logan, G. D., Ornstein, T. J., Crosbie, J., Ickowicz, A. & Pakulak, A. (2004). Evidence for an error monitoring deficit in attention deficit hyperactivity disorder. *Journal of Abnormal Child Psychology, 32,* 285–293. http://doi.org/10.1023/B:JACP.0000026142.11217.f2

Schack, T. & Pollman, D. (2014). Motorik. In A. Lohaus & M. Glüer (Hrsg.), *Entwicklungsförderung im Kindesalter. Grundlagen, Diagnostik und Interventionen* (S. 45–62). Göttingen: Hogrefe.

Schardt, K. & Merdian, G. (2015). *Bamberger Dyskalkuliediagnostik (BADYS 1-4+ (R)).* Bamberg: PaePsy.

Scharoun, S. M. & Bryden, S. J. (2014). Hand preference, performance abilities, and hand selection in children. *Frontiers in Psychology, 5,* 82. http://doi.org/10.3389/fpsyg.2014.00082

Schaupp, H., Holzer, N. & Lenart, F. (2008). *Eggenberger Rechentest 2+ (ERT 2+).* Bern: Verlag Huber.

Schaupp, H., Holzer, N. & Lenart, F. (2010). *Eggenberger Rechentest 3+ (ERT 3+).* Bern: Verlag Huber.

Schaupp, H., Holzer, N. & Lenart, F. (2010). *Eggenberger Rechentest 4+ (ERT 4+).* Bern: Verlag Huber.

Schellig, D. (1997). *Block-Tapping-Test (Brown Peterson Design).* Frankfurt am Main: Swets Test Services.

Schellig, D. (2017). *Corsi-Block-Tapping-Test.* Mödling: SCHUHFRIED GmbH.

Schellig, D. & Schächtele, B. (2002). *Konsonanten Trigramm Test (Brown Peterson Design).* Frankfurt am Main: Swets Test Services.

Schellig, D., Drechsler, R., Heinemann, D. & Sturm, W. (2009). *Handbuch neuropsychologischer Testverfahren: Aufmerksamkeit, Gedächtnis und exekutive Funktionen.* Göttingen: Hogrefe.

Schellig, D., Günther, T., Schächtele, B. & Schuri, U. (2014). *Visueller Wege-Lerntest (VWLT).* Göttingen: Hogrefe Verlag.

Schellig, D., Niemann, H. & Schächtele, B. (2003). *Progressiver Auditiver Serieller Additions-Test (PASAT) & Progressiver Visueller Serieller Additions-Test (PVSAT).* Frankfurt/Main: Swets Test Services.

Schilling, F. (2009). *Punktiertest und Leistungs-Dominanztest für Kinder (PTK-LDT).* Dortmund: verlag modernes lernen.

Schlagmüller, M. & Schneider, W. (2007). *Würzburger Lesestrategie-Wissenstest (WLST 7-12).* Göttingen: Hogrefe.

Schlange, H., Stein, H., von Boetticher, I. & Taneli, S.(1977). *Göttinger Formreproduktions-Test (G-F-T).* (3. Auflage). Göttingen: Hogrefe Verlag.

Schmidhauser, J., Caflisch, J., Rousson, V., Bucher, H. U., Largo, R. H. & Latal, B. (2006). Impaired motor performance and movement quality in very-low-birthweight children at 6 years of age. *Developmental Medicine & Child Neurology, 48,* 718–722. http://doi.org/10.1017/S001216220600154X

Schmidt, A. T., Hanten, G. R., Li, X., Orsten, K. D. & Levin, H. S. (2010). Emotion recognition following pediatric traumatic brain injury: Longitudinal analysis of emotional prosody and facial emotion recognition. *Neuropsychologia, 48,* 2869–2877. http://doi.org/10.1016/j.neuropsychologia.2010.05.029

Schmidt, A. T., Hanten, G. R., Li, X., Vasquez, A. C., Wilde, E. A., Chapman, S. B. & Levin, H. S. (2012). Decision making after pediatric traumatic brain injury: trajectory of recovery and relationship to age and gender. *International Journal of Developmental Neuroscience, 30,* 225–230.

Schmidt, S., Ennemoser, M. & Krajewski, K. (2012). *Deutscher Mathematiktest für neunte Klassen (DEMAT 9+).* Göttingen: Hogrefe.

Schneider, W. J. & McGrew, K. S. (2012). The Cattell-Horn-Carroll model of intelligence. In D. S. Flanagan & S. L. Harrison (eds.), *Contemporary intellectual assessment: Theories, Tests, and Issues* (pp. 99–144). New York: Guilford Press.

Schneider, W., Gruber, H., Gold, A. & Opwis, K. (1993). Chess expertise and memory for chess positions in children and adults. *Journal of Experimental Child Psychology, 56,* 328–349. http://doi.org/10.1006/jecp.1993.1038

Schneider, W., Schlagmüller, M. & Ennemoser, M. (2007). *Lesegeschwindigkeits- und -verständnistest* für die Klassen 6–12. Göttingen: Hogrefe Verlag.

Schoemaker, M. M., Flapper, B. C. T., Reinderss-Messelink, H. A. & de Kloet, A. (2008). Validity of the motor observation questionnaire for teachers as a screening instrument for children at risk for developmental coordination disorder. *Human Movement Science, 27,* 190–199.

Schoemaker, M. M., Niemeijer, A. S., Flapper, B. C. & Smits-Engelman, B. C. (2012). Validity and reliability of the Movement Assessment Battery for Children-2 Checklist for children with and without motor impairments. *Developmental Medicine and Child Neurology, 54*, 368–375.

Schönthaler, E. (2010). *Die Händigkeit des Kindes.* Ergo-Tag Stuttgart, www.thieme.de.

Schröder, A. (2010). *Evaluation eines Therapieprogramms für Kinder mit entwicklungsbedingten räumlich-konstruktiven Störungen.* Dissertationsschrift Universität Hamburg.

Schroth, V. (2003). Der WS Lesetest. Ein effektives Werkzeug zum Messen der Lesegeschwindigkeit vor und nach Therapien. *Ergotherapie und Rehabilitation, 42,* 13–20.
Schuhfried, G, (2007) *Cognitrone (COG).* Mödling: Schuhfried GmbH.
Schuhfried, G. (2004a). *Arbeitsleistungsserie (ALS). Wiener Testsystem.* Mödling: SCHUHFRIED GmbH.
Schuhfried, G. (2004b). *Vigilanz (VIGIL). Wiener Testsystem.* Mödling: SCHUHFRIED GmbH. Schuhfried, G. (2006a). *Daueraufmerksamkeit (DAUF).* Mödling: SCHUHFRIED GmbH.
Schuhfried, G. (2006b). *Signal-Detection (SIGNAL).* Mödling: SCHUHFRIED GmbH.
Schuhfried, G. (2006c). *Wiener Reaktionstest (RT).* Mödling: SCHUHFRIED GmbH.
Schuhfried, G. & Prieler, J. (1997). *Handanweisung Reaktionstest (RT).* Mödling: SCHUHFRIED GmbH.
Schuhfried, G. & Puhr, U. (2005). *Signal-Detection (SIGNAL).* Mödling: SCHUHFRIED GmbH.
Schulz, E. (2009). Entwicklung visueller Funktionen und Amblyopie. In R. Korinthenberg, C. S. Panteliadis & C. Hagel (Hrsg.), *Neuropädiatrie: Evidenzbasierte Therapie.* München: Elsevier.
Schulz, S. & Tracy, R. (2011). *Linguistische Sprachstandserhebung – Deutsch als Zweitsprache (LiSeDaZ).* Göttingen: Hogrefe.
Schuri, U. & Benz, R. (2000). *Gesichter-Namen-Lerntest (GNL).* Frankfurt/Main: Swets Test Services.
Schwarz, N. & Sudman, S. (1994). *Autobiographical Memory and the Validity of Retrospective Reports.* New York: Springer Verlag. http://doi.org/10.1007/978-1-4612-2624-6
Schwenck, C. & Ciaramidaro, A. (2014). Soziale Kognition bei Autismus-Spektrum-Störungen und Störungen des Sozialverhaltens. *Kindheit und Entwicklung, 23,* 5–12. http://doi.org/10.1026/0942-5403/a000125
Seelaender, J., Fidler, V. & Hadders-Algra, M. (2013). Increase in impaired motor coordination in six-year-old German children between 1990 and 2007. *Acta Paediatrica, 102,* 44–48. http://doi.org/10.1111/apa.12057
Segneuric, A. & Ehrlich, M. (2005). Contribution of working memory capacity to children's reading comprehension. A longitudinal investigation. *Reading and Writing, 18,* 617–656. http://doi.org/10.1007/s11145-005-2038-0
Seitz, J., Jenni, O. G., Molinari, L., Caflisch, J., Largo, R. H. & Latal, B. (2006). Correlations between motor performance and cognitive functions in children born < 1250 g at school age. *Neuropediatrics, 37,* 6–12. http://doi.org/10.1055/s-2006-923840
Semrud-Clikeman, M. & Teeter Ellison, A. S. (2009). *Child Neuropsychology: Assessment and Interventions for Neurodevelopmental Disorders.* New York: Springer. http://doi.org/10.1007/978-0-387-88963-4
Seress, L. (2001). Morphological changes of the human hippocampal formation from midgestation to early childhood. In C.A. Nelson & M. Luciana (eds.), *Handbook of Developmental Cognitive Neuroscience* (pp. 45–58). Cambridge: MIT Press.
Shallice, T. & Burgess, S. (1991). Deficits in strategy application following frontal lobe damage in man. *Brain, 114,* 727–741. http://doi.org/10.1093/brain/114.2.727
Shallice, T. & Burgess, S. (1996). The domain of supervisory processes and temporal organization of behaviour. Philosophical Transactions. *Biological Sciences, 351,* 1405–1412. http://doi.org/10.1098/rstb.1996.0124
Shanahan, L., McAllister, L. & Curtin, M. (2011). The Party Planning Task: A useful tool in the functional assessment of planning skills in adolescents with TBI. *Brain Injury, 25,* 1080–1090. http://doi.org/10.3109/02699052.2011.607781
Sharma, A. & Singh, B. (2009). Evaluation of the role of Qb testing in attention deficit hyperactivity disorder. *Archives of Disease in Childhood, 94* (Suppl I), A72.
Shaw, S., Kabani, N. J., Lerch, J. S., Eckstrand, K., Lenroot, R., Gogtay, N., Greenstein, D., Clasen, L., Evans, A., Rapoport, J. L., Giedd, J. N. & Wise, S. S. (2008). Neurodevelopmental trajectories of the human cerebral cortex. *The Journal of Neuroscience, 28,* 3586–3594.
Sheslow, D. & Adams, W. (2004). *Wide Range Assessment of Memory and Learning* (2nd ed.). Lutz, FL: Psychological Assessment Resources.

Shoda, Y., Mischel, W. & Peake, S.K. (1990). Predicting adolescent cognitive and self-regulatory competencies from preschool delay of gratification: Identifying diagnostic conditions. *Developmental Psychology, 26,* 978–986. http://doi.org/10.1037/0012-1649.26.6.978

Siegmüller, J., Kauschke, S., Minnen, S. von & Bittner, D. (2010). *Test zum Satzverstehen von Kindern (TSVK).* München: Elsevier GmbH, Urban & Fischer.

Silver, W.G. & Rapin, I. (2012). Neurobiological basis of autism. *Pediatric Clinics of North America, 59,* 45–61. http://doi.org/10.1016/j.pcl.2011.10.010

Simpson, E.A., Murray, L., Paukner, A. & Ferrari, S.F. (2014). The mirror neuron system as revealed through neonatal imitation: Presence from birth, predictive power and evidence of plasticity. *Philosophical Transactions of the Royal Society B: Biological Sciences, 369,* 20130289.

Sims, D.M. & Lonigan, C.J. (2012). Multi-Method Assessment of ADHD Characteristics in Preschool Children: Relations between Measures. *Early Childhood Research Quarterly, 27,* 329–337. http://doi.org/10.1016/j.ecresq.2011.08.004

Singh, M.K., Ketter, T. & Chang, K.D. (2014). Distinguishing bipolar disorder from other psychiatric disorders in children. *Current Psychiatry Reports, 16,* 1–11. http://doi.org/10.1007/s11920-014-0516-2

Smith, D.G., Xiao, L. & Bechara, A. (2012). Decision making in children and adolescents: impaired Iowa Gambling Task performance in early adolescence. *Developmental Psychology, 48,* 1180–1187. http://doi.org/10.1037/a0026342

Snijders, J.T. & Snijder-Oomen, N. (1978). *Snijders-Oomen nicht-verbale Intelligenzuntersuchungen SON.* Groningen: Wolters-Noordorf.

Snijders, J.T., Tellegen, P.J. & Laros, J.A. (2005). *SON-R 5 1/2–17. Nonverbaler Intelligenztest* (3., korrigierte Aufl.). Göttingen: Hogrefe.

Sodian, B., Perst, H. & Meinhard, J. (2012). Entwicklung der Theory of Mind in der Kindheit. In H. Förstl (Hrsg.), *Theory of Mind* (S. 62–73). Berlin: Springer.

Sokhadze, E., Baruth, J., El-Baz, A., Horrell, T., Sokhadze, G., Carroll, T. & Casanova, M.F. (2010). Impaired error monitoring and correction function in autism. *Journal of Neurotherapy, 14,* 79–95. http://doi.org/10.1080/10874201003771561

Sommer, M., Döhnel, K., Schuwerk, T. & Hajak, G. (2012). Funktionell-neuroanatomische Grundlagen der Theory of Mind. In H. Förstl (Hrsg.), *Theory of Mind* (S. 89–102). Heidelberg: Springer.

Somsen, R.J. (2007). The development of attention regulation in the Wisconsin Card Sorting Task. *Developmental Science, 10,* 664–680. http://doi.org/10.1111/j.1467-7687.2007.00613.x

Southgate, V. & Hamilton, A.F. (2008). Unbroken mirrors: Challenging a theory of autism. *Trends in Cognitive Sciences, 12,* 225–229. http://doi.org/10.1016/j.tics.2008.03.005

Sparrow, E.S. (2007). Empirical bases for assessment and intervention. In S.J. Hunter & J. Donders (eds.), *Pediatric neuropsychological intervention* (pp. 30–46). Cambridge: Cambridge University Press.

Spencer-Smith, M.M. & Anderson, V.A. (2011). Plasticity in a pediatric population. In A.S. Davis (ed.), *Handbook of pediatric neuropsychology* (pp. 177–189). New York: Guilford.

Spreen-Rauscher, M. (2003). Die „Children´s Communication Checklist" (Bishop 1998) – ein Orientierendes Verfahren zur Erfassung kommunikativer Fähigkeiten von Kindern. *Die Sprachheilarbeit, 48,* 91–104.

Spreen, O. (2011). Nonverbal learning disabilities: a critical review. *Child Neuropsychology, 17* (5), 418–443. http://doi.org/10.1080/09297049.2010.546778

Spreen, O. & Strauß, E. (1991). *A compendium of neuropsychological tests.* Oxford University Press.

Squire, L.R. (1981). Two forms of human amnesia: an analysis of forgetting. *Journal of Neuroscience, 1,* 635–640.

Squire, L.R. & Knowlton, B.L. (2000). The medial temporal lobe, the hippocampus, and the memory system of the brain. In M.S. Gazzaniga (ed.), *The New Cognitive Neuroscience.* Cambridge: The MIT Press.

Squire, L.R., Nadel, L. & Slater, S.C. (1981). Anterograde amnesia and memory for temporal order. *Neuropsychologia, 19,* 141–145. http://doi.org/10.1016/0028-3932(81)90054-3

Starzacher, E. (2002). *Untersuchung modalitätsspezifischer Aufmerksamkeit bei Kindern mit auditiver Verarbeitungs- und Wahrnehmungsstörung mittels des Continuous Attention Performance Tests (CAPT)* (Aktuelle phoniatrisch-pädaudiologische Aspekte, Band 10, 2002/2003). Heidelberg: Median-Verlag.

Starzacher, E. (2006). *Untersuchung modalitätsspezifischer Aufmerksamkeit bei Kindern mit auditiver Verarbeitungs- und Wahrnehmungsstörung mittels des Continuous Attention Performance Tests.* Dissertationsschrift der medizinischen Fakultät der Charité – Universitätsmedizin Berlin, Klinik für Audiologie und Phoniatrie.

Starzacher, E., Nubel, K., Grohmann, G., Gaupp, K. & Pfeifer, Y. (2007). *Continuous Attention Performance Test (CAPT).* Göttingen: Hogrefe Verlag.

Statistisches Bundesamt (2004). *Datenreport 2004* (2., aktualisierte Auflage). Bonn: Bundeszentrale für politische Bildung.

Staudt, M. (2012). Neuroplastizität des sich entwickelnden Gehirns. In H.O. Karnath & S. Thier (Hrsg.), *Kognitive Neurowissenschaften* (S. 760–766). Heidelberg: Springer.

Stein, J. (2001). The magnocellular theory of developmental dyslexia. *Dyslexia, 7,* 12–36. http://doi.org/10.1002/dys.186

Stein, J. (2014). Dyslexia: The role of vision and visual attention. *Current Developmental Disorders Reports, 1,* 267–280. http://doi.org/10.1007/s40474-014-0030-6

Stein, J., Schettler, T., Wallinga, D. & Valenti, M. (2002). In harm's way: toxic threats to child development. *Journal of developmental and behavioral pediatrics: JDBP, 23* (1 Suppl), S13–22.

Steingrüber, H.J. (1975). Handedness as a function of test complexity. *Perceptual and Motor Skills, 40,* 263–266. http://doi.org/10.2466/pms.1975.40.1.263

Steingrüber, H.J. & Lienert, G.A. (1971; 1976). *Hand-Dominanz-Test* (HDT, 2., überarbeite Auflage). Göttingen: Hogrefe.

Steingrüber, J.H. (2010). *Hand-Dominanz-Test (H-D-T)* (3., überarbeitete und neu normierte Auflage). Göttingen: Hogrefe Verlag.

Steinman, K.J., Mostofsky, S.H. & Denckla, M.B. (2010). Toward a narrower, more pragmatic view of developmental dyspraxia. *Journal of Child Neurology, 25,* 71–81. http://doi.org/10.1177/0883073809342591

Steppacher, J. (2010). Förderdiagnostik in der Schulischen Heilpädagogik Eine kooperative und interdisziplinäre Aufgabe. *Schweizerische Zeitschrift für Heilpädagogik, 10,* 18–24.

Sternberg, R.J. & Lubart, T. (1991). An investment theory of creativity and its development. *Human Development, 34,* 1–31. http://doi.org/10.1159/000277029

Stich, H.L. (2009). Teilleistungsstörungen bei Einschulungskindern. *Kinder- und Jugendmedizin, 9,* 42–51.

Stiers, P., van den Hout, B.M., Haers, M., Vanderkelen, R., de Vries, L.S., van Nieuwenhuizen, O. & Vandenbussche, E. (2001). The variety of visual perceptual impairments in pre-school children with perinatal brain damage. *Brain & Development, 23,* 333–348. http://doi.org/10.1016/S0387-7604(01)00241-8

Stock, C. & Schneider, W. (2008). *Deutscher Rechtschreibtest für das erste und zweite Schuljahr (DERET 1-2).* Göttingen: Hogrefe.

Stock, C. & Schneider, W. (2008). *Deutscher Rechtschreibtest für das dritte und vierte Schuljahr (DERET 3-4).* Göttingen: Hogrefe.

Stott, D.H., Moyes, F.A. & Henderson, S.E. (1972). *The Test of Motor Impairment.* Ontario: Brooks Educational.

Stott, D.H., Moyes, F.A. & Henderson, S.E. (1984). *The Test of Motor Impairment – Henderson Revision.* San Antonio, TX: The Psychological Corporation.

Strauss, A. & Lehtinen, L. (1947). *Psychopathology and education of the brain injured child.* New York: Grune & Stratton.

Strauss, E., Sherman, E.M. S & Spreen, O. (2006). *A compendium of neuropsychological tests: administration, norms, and commentary* (3rd ed.). New York: Oxford University Press.

Stumpf, H. & Fay, E. (1983). *Schlauchfiguren. Ein Test zur Beurteilung des räumlichen Vorstellungsvermögens.* Göttingen: Hogrefe Verlag.

Sturm, W. (2008). *WAF – Wahrnehmungs- und Aufmerksamkeitsfunktionen.* Mödling: SCHUHFRIED GmbH.

Sturm, W. (2009). Aufmerksamkeitsstörungen. In W. Sturm, M. Herrmann & T.F. Münte (Hrsg.), *Lehrbuch der Klinischen Neuropsychologie* (2. Aufl., S. 421–443). Heidelberg: Spektrum Akademischer Verlag.

Sturm, W. (2009b). Teil II: Aufmerksamkeit – Theoretische Grundlagen, Störungsbilder und Diagnostik. In D. Schellig, R. Drechsler, D. Heinemann & W. Sturm (Hrsg.), *Handbuch neuropsychologischer Testverfahren* (S. 25–53). Göttingen: Hogrefe.

Sturm, W. & Willmes, K. (1999). *Verbaler und Nonverbaler Lerntest (VLT/NVLT).* Göttingen: Hogrefe.

Sturm, W., de Simone, A., Krause, B., Specht, K., Hesselmann, V., Radermacher, I., Herzog, H. et al. (1999). Functional anatomy of intrinsic alertness: evidence for a fronto-parietal-thalamic-brainstem network in the right hemisphere. *Neuropsychologia, 37,* 797–805.

Stuss, D.T. (1991). Self, awareness and the frontal lobes: A neuropsychological perspective. In J. Straus & G.R. Goethals (Eds.), *The self: interdisciplinary approaches* (pp. 255–278). New York: Springer.

Stuss, D.T. (2011). Traumatic brain injury: relation to executive dysfunction and the frontal lobes. *Current Opinion in Neurology, 24,* 584–589. http://doi.org/10.1097/WCO.0b013e32834c7eb9

Suarez, M.A. (2012). Sensory processing in children with autism spectrum disorders and impact on functioning. *Pediatric Clinics of North America, 59,* 203–214. http://doi.org/10.1016/j.pcl.2011.10.012

Suchodoletz, W. von & Sachse, S. (2009). *Sprachbeurteilung durch Eltern, Kurztest für die U7 (SBE-2-KT fremdspr.).* Abgerufen am 22. September 2015 von http://www.kjp.med.uni-muenchen.de/download/SBE-2-KT.pdf

Sulzenbruck, S., Hegele, M., Rinkenauer, G. & Heuer, H. (2011). The death of handwriting: Secondary effects of frequent computer use on basic motor skills. *Journal of Motor Behavior, 43,* 247–251. http://doi.org/10.1080/00222895.2011.571727

Süss-Burghart, H. (2003). Die Validität des Sprachtests „SETK 3-5“ im Vergleich mit „K-ABC“-Subtests und dem „AWST 3-6“. *Frühförderung interdisziplinär, 22,* 128–134.

Szagun, G., Stumper, B. & Schramm, S.A. (2007). *Fragebogen zur frühkindlichen Sprachentwicklung (FRAKIS) und FRAKIS-K (Kurzform).* Frankfurt am Main: Pearson Assessment & Information GmbH.

Szucs, D., Devine, A., Soltesz, F., Nobes, A. & Gabriel, F. (2013). Developmental dyscalculia is related to visuo-spatial memory and inhibition impairment. *Cortex, 49,* 2674–2688. http://doi.org/10.1016/j.cortex.2013.06.007

Taber-Thomas, B.C., Asp, E.W., Koenigs, M., Sutterer, M., Anderson, S.W. & Tranel, D. (2014). Arrested development: early prefrontal lesions impair the maturation of moral judgement. *Brain, 137,* 1254–1261. http://doi.org/10.1093/brain/awt377

Tag, B. & Witte, F. (2009). Jugendliche in der Sprechstunde. *Schweizerische Ärztezeitschrift, 90,* 1844–1847. http://doi.org/10.4414/saez.2009.14775

Takio, F., Koivisto, M. & Hämäläinen, H. (2014). The influence of executive functions on spatial biases varies during the lifespan. *Developmental Cognitive Neuroscience, 10,* 170–180. http://doi.org/10.1016/j.dcn.2014.09.004

Talbot, K.D.S. & Kerns, K.A. (2014). Event-and time-triggered remembering: The impact of attention deficit hyperactivity disorder on prospective memory performance in children. *Journal of Experimental Child Psychology, 127,* 126–143. http://doi.org/10.1016/j.jecp.2014.02.011

Tanaka, J.W. & Farah, M.J. (1993). Parts and wholes in face recognition. The Quarterly Journal of Experimental Psychology. *A: Human Experimental Psychology, 46,* 225–245.

Tarver, J., Daley, D. & Sayal, K. (2014). Attention-deficit hyperactivity disorder (ADHD): an updated review of the essential facts. *Child: Care, Health and Development, 40,* 762–774. http://doi.org/10.1111/cch.12139

Taylor, H. G., Yeates, K. O., Wade, S. L., Drotar, D., Stancin, T. & Minich, N. (2002). A prospective study of short-and long-term outcomes after traumatic brain injury in children: Behavior and achievement. *Neuropsychology, 16,* 15–27. http://doi.org/10.1037/0894-4105.16.1.15

Taylor, M. J., Batty, M. & Itier, R. J. (2004). The faces of development: a review of early face processing over childhood. *Journal of Cognitive Neuroscience, 16,* 1426–1442. http://doi.org/10.1162/0898929042304732

Teicher, M. H., Ito, Y., Glod, C. A. & Barber, N. I. (1996). Objective measurement of hyperactivity and attentional problems in ADHD. *Journal of the American Academy of Child and Adolescent Psychiatry, 35,* 334–342. http://doi.org/10.1097/00004583-199603000-00015

Tellegen, P. J. & Laros, J. A. (2005). *SON-R 5½-17 Nonverbaler Intelligenztest. Manual* (3. korrigierte Aufl.). Göttingen: Hogrefe.

Tellegen, P. J. & Laros, J. A. (2011). *SON-R 6-40 Snijders-Oomen Niet-verbale intelligentietest.* Amsterdam: Hogrefe.

Tellegen, P. J., Laros, J. A. & Petermann, F. (2012). *SON-R 6-40 Non-verbaler Intelligenztest.* Göttingen: Hogrefe.

Terband, H. & Maassen, B. (2010). Speech motor development in childhood apraxia of speech: generating testable hypotheses by neurocomputational modeling. *Folia Phoniatrica et Logopaedica, 62,* 134–142. http://doi.org/10.1159/000287212

Teuber, H. L. (1974). Why two brains? In F. O. Schmitt & F. G. Worden (eds.), *The Neurosciences: Third Study Program* (pp. 71–74). Cambridge: MIT Press.

Thareja, T., Ballantyne, A. O. & Trauner, D. A. (2012). Spatial analysis after perinatal stroke: Patterns of neglect and exploration in extra-personal space. *Brain and Cognition, 79,* 107–116. http://doi.org/10.1016/j.bandc.2012.02.009

Thierry, G., Giraud, A. & Price, C. (2003). Hemispheric dissociation in access to the human semantic system. *Neuron, 38,* 499–506. http://doi.org/10.1016/S0896-6273(03)00199-5

Thurstone, L. L. (1944). *A factorial study of perception.* Chicago IL: The Chicago University Press.

Tiffin, J. & Asher, E. J. (1948). The Purdue Pegboard: Norms and Studies of Reliability and Validity. *Journal of Applied Psychology, 32,* 234–247. http://doi.org/10.1037/h0061266

Toft, S. B. (1999). Prenatal and perinatal striatal injury: a hypothetical cause of attention-deficit-hyperactivity disorder? *Pediatric neurology, 21,* 602–610.

Tonetti, L., Adan, A., Di Milia, L., Randler, C. & Natale, V. (2015). Measures of circadian preference in childhood and adolescence: A review. *European Psychiatry, 30,* 576–582. http://doi.org/10.1016/j.eurpsy.2015.01.006

Torrance, E. S. (1981). *Thinking creatively in action and movement.* Bensenville: Scholastic Testing Service.

Touwen, B. C. & Prechtl, H. F. (1979). *The Neurological Examination of the Child with Minor Nervous Dysfunction. Clinics in Developmental Medicine, No. 38.* London: Spastics International Medical Publications (Mac Keith Press).

Trenery, M. R., Crosson, B., DeBoe, J. & Leber, W. R. (1989). *The stroop neuropsychological screening Test.* Odesa, Fl.: Psychological Assessment Resources.

Trites, R. (1977). *Neuropsychological Test Manual.* Ottawa, Ontario, Canada: Royal Ottawa Hospital.

Trolldenier, H. P. (1993). Die Entwicklung eines Händigkeitstests für Schulanfänger (THS). In H.-P. Langfeldt & H.-P. Trolldenier (Hrsg.), *Pädagogisch-psychologische Diagnostik. Aktuelle Entwicklungen und Ergebnisse* (S. 65-88). Heidelberg: Asanger.

Trolldenier, H. S. (2014). *Würzburger Rechtschreibtest für 1. und 2. Klassen (WÜRT 1-2).* Göttingen: Hogrefe.

Tucha, O. & Lange, K. (2004). *Turm von London: Deutsche Version (TL-D).* Göttingen: Hogrefe Verlag.

Turati, C., Valenza, E., Leo, I. & Simion, F. (2005). Three-month-olds' visual preference for faces and its underlying visual processing mechanisms. *Journal of Experimental Child Psychology, 90* (3), 255–273. http://doi.org/10.1016/j.jecp.2004.11.001

Ulberstad, F. *Discriminant Validity of QbTest in an adolescent/adult population.* Data on file.
Ulberstad, F. *No correlation between computer experience or computer/video game experience and QbTest performance.* Data on file.
Ulberstad, F. *Test-Retest Reliability for QbTest in an adolescent/adult population.* Data on file.
Ulberstad, F. *Test-Retest Reliability for QbTest in children.* Data on file.
Ulmer, F. F., Landolt, M. A., Vinh, R. H., Huismann, T. A. G. M., Neuhaus, T. J., Latal, B. & Laube, G. F. (2009). Intellectual and motor performance, quality of life and psychological adjustment in children with cystinosis. *Pediatric Nephrology, 24,* 1371–1378. http://doi.org/10.1007/s00467-009-1149-2
Ungerleider, L. G. & Haxby, J. V. (1994). ‚What' and ‚where' in the human brain. *Current Opinion in Neurobiology, 4,* 157–165. http://doi.org/10.1016/0959-4388(94)90066-3
Urban, K. K. & Jellen, G. (1995). *Test zum Schöpferischen Denken – Zeichnerisch (TSD-Z).* Frankfurt/Main: Pearson Assessment & Information GmbH.
Vaina, L. M., Solomon, J., Chowdhury, S., Sinha, S. & Belliveau, J. W. (2001). Functional neuroanatomy of biological motion perception in humans. *Proceedings of the National Academy of Science USA, 98,* 11656–11661. http://doi.org/10.1073/pnas.191374198
Vaivre-Douret, L. (2014). Developmental coordination disorders: State of art. *Clinical Neurophysiology, 44,* 13–23. http://doi.org/10.1016/j.neucli.2013.10.133
Vaivre-Douret, L., Lalanne, C., Ingster-Moati, I., Boddaert, N., Cabrol, D., Dufier, J. L., Golse, B. & Falissard, B. (2011). Subtypes of developmental coordination disorder: research on their nature and etiology. *Developmental Neuropsychology, 36,* 614–643. http://doi.org/10.1080/87565641.2011.560696
Vakalopoulos, C. (2013). The developmental basis of visuomotor capabilities and the causal nature of motor clumsiness to cognitive and empathic dysfunction. *The Cerebellum, 12,* 212–223. http://doi.org/10.1007/s12311-012-0416-0
van de Weijer-Bergsma, E., Wijnroks, L. & Jongmans, M. J. (2008). Attention development in infants and preschool children born preterm: a review. *Infant behavior & development, 31,* 333–351. http://doi.org/10.1016/j.infbeh.2007.12.003
van der Ende, J., Verhulst, F. C. & Tiemeier, H. (2012). Agreement of informants on emotional and behavioral problems from childhood to adulthood. *Psychological Assessment, 24,* 293–300. http://doi.org/10.1037/a0025500
van der Heijden, K. B., de Sonneville, L. M. & Althaus, M. (2010). Time-of-day effects on cognition in preadolescents: A trails study. *Chronobiology International, 27,* 1870–1894. http://doi.org/10.3109/07420528.2010.516047
van Genderen, M., Riemslag, F., Jorritsma, F., Hoeben, F., Meire, F. & Stilma, J. (2006). The key role of electrophysiology in the diagnosis of visually impaired children. *Acta Ophthalmologica Scandinavica, 84,* 799–806. http://doi.org/10.1111/j.1600-0420.2006.00717.x
van Hartingsveldt, M. J., Cup, E. H., Groot, I. J. & Nijhuis-van der Sanden, M. W. (2014). Writing Readiness Inventory Tool in Context (WRITIC): Reliability and convergent validity. *Australian occupational therapy journal, 61,* 102–109. http://doi.org/10.1111/1440-1630.12082
van Luit, J. E. H., van de Rijt, B. A. M. & Hasemann, K. (2001). *Osnabrücker Test zur Zahlbegriffsentwicklung (OTZ).* Göttingen: Hogrefe.
Van Nieuwenhoven, C., Grégoire, J. & Noël, M. P. (2001). *Test Diagnostique des Compétences de Base en Mathématiques (TEDI-MATH). Paris:* Editions Centre de Psychologie Appliquée.
van Noordt, S. J. & Segalowitz, S. J. (2012). Performance monitoring and the medial prefrontal cortex: a review of individual differences and context effects as a window on self-regulation. *Frontiers in Human Neuroscience, 6,* 197.
van Zomeren, A. H. & Brouwer, W. H. (1994). Theories and Concepts of Attention. In A. H. van Zomeren & W. H. Brouwer (eds.), *Clinical Neuropsychology of Attention* (pp. 7–38). New York, Oxford: Oxford University Press.
Vandorpe, B., Vandendriessche, J., Lefèvre, J., Pion, J., Vaeyens, R., Matthys, S. A. & Lenoir, M. (2011). The Körperkoordinationstest für Kinder: reference values and suitability for 6–12-year-old children in Flanders. *Scandinavian journal of medicine & science in sports, 21,* 378–388.

Vargha-Kadem, F., Gadian, D. G. & Mishkin, M. (2001). Dissociations in cognitive memory: the syndrome of developmental amnesia. *Philosophical Transactions of the Royal Society of London B: Biological Sciences, 356* (1413), 1435–1440.

Vasa, R. A., Suskauer, S. J., Thorn, J. M., Kalb, L., Grados, M. A., Slomine, B. S. & Gerring, J. S. (2015). Prevalence and predictors of affective lability after paediatric traumatic brain injury. *Brain Injury, 29,* 1–8. http://doi.org/10.3109/02699052.2015.1005670

Vinchon, M., Rekate, H. & Kulkarni, A. V. (2012). Pediatric hydrocephalus outcomes: A review. *Fluids Barriers CNS, 9,* 18. http://doi.org/10.1186/2045-8118-9-18

Visser, J. (2003). Developmental coordination disorder: a review of research on subtypes and comorbidities. *Human Movement Science, 22* (Suppl. 4–5), 479–493. http://doi.org/10.1016/j.humov.2003.09.005

Vivanti, G. & Rogers, S. J. (2014). Autism and the mirror neuron system: insights from learning and teaching. *Philosophical Transactions of the Royal Society B: Biological Sciences, 369,* 20130184.

Vogt, C. & Williams, T. (2011). Early identification of stimulant treatment responders, partial responders and non-responders using objective measures in children and adolescents with hyperkinetic disorder. *Child and Adolescent Mental Health, 16,* 144–149. http://doi.org/10.1111/j.1475-3588.2010.00593.x

von Aster, M., Neubauer, A. & Horn, R. (2006). *Wechsler Intelligenztest für Erwachsene (WIE). Deutschsprachige Bearbeitung und Adaptation des WAIS-III von David Wechsler.* Frankfurt/Main: Harcourt Test Services.

von Aster, M., Zulauf, M. W. & Horn, R. (2006). *Neuropsychologische Testbatterie für Zahlenverarbeitung und Rechnen bei Kindern (ZAREKI-R).* Frankfurt/Main: Pearson Assessment & Information GmbH.

Vuontela, V., Steenari, M. R., Carlson, S., Koivisto, J., Fjällberg, M. & Aronen, E. T. (2003). Audiospatial and visuospatial working memory in 6–13 year old school children. *Learning Memory, 10,* 74–81. http://doi.org/10.1101/lm.53503

Wager, T. & Smith, E. (2003). Neuroimaging studies of working memory: a meta-analysis. *Cognitive, Affective & Behavioral Neuroscience, 3,* 255–274. http://doi.org/10.3758/CABN.3.4.255

Wagner, H. J. & Born, C. (1994). *Diagnostikum: Basisfähigkeiten im Zahlenraum 0 bis 20 (DBZ 1).* Göttingen: Hogrefe.

Wagner, M. O., Macha, T., Kastner, J. & Petermann, F. (2011). Frühdiagnostik motorischer Funktionen. *Diagnostica, 57,* 225–233. http://doi.org/10.1026/0012-1924/a000051

Wais, M. (1978). Test zur Bestimmung des Ausmaßes einer rechtshemisshärischen Hirnläsion. *Psycho, 4,* 604–605.

Wais, M. (1982). *Neuropsychologie der rechten Hemissphäre. Ein Modell rechtshemissphärischer Informationsverarbeitung.* Frankfurt am Main: Haag & Herchen.

Wallace, M. & Stevenson, R. (2014). The construct of the multisensory temporal binding window and its dysregulation in developmental disabilities. *Neuropsychologia, 64,* 105–123. http://doi.org/10.1016/j.neuropsychologia.2014.08.005

Walsh, V. (2009). Numerical representations in the parietal lobes: Abstract or not abstract? *Behavioral and Brain Sciences, 32,* 313–373.

Walter, J. (2009). *Lernfortschrittsdiagnostik Lesen (LDL). Ein curriculumbasiertes Verfahren.* Göttingen: Hogrefe Verlag.

Walter, S. & Meier, B. (2014). How important is importance for prospective memory? A review. *Frontiers in psychology, 5,* 657. http://doi.org/10.3389/fpsyg.2014.00657

Ward, A. (2004). *Attention: A Neuropsychological Approach.* Hove: Psychology Press.

Warnke, A. (2011). Umschriebene Entwicklungsstörungen (Teilleistungsstörungen). In H. Remschmidt (Hrsg.), *Kinder- und Jugendpsychiatrie. Eine praxisbezogene Einführung* (6. Aufl.). Stuttgart: Thieme.

Weber, P., Pache, M., Lütschg, J. & Kaiser, H. J. (2004). Testbatterie für visuelle Objekt- und Raumwahrnehmung (VOSP): Normwerte für 8–12-Jährige. *Klinische Monatsblätter für Augenheilkunde, 221,* 583–587. http://doi.org/10.1055/s-2004-813391

Wechsler, D. (1967). *Manual for the Wechsler Preschool Primary Scale of Intelligence (WPPSI)*. San Antonio, TX: Psychological Corporation.
Wechsler, D. (1987). *Wechsler Memory Scale – Revised Edition (WMS-R). Manual.* New York: The Psychological Corporation.
Wechsler, D. (2002a). *The Wechsler Preschool and Primary Scale of Intelligence – Third Edition (WPPSI-III).* San Antonio, TX: The Psychological Corporation.
Wechsler, D. (2002b). *WPPSI-III: Technical and interpretative manual.* San Antonio, TX: The Psychological Corporation.
Wechsler, D. (2003). *Wechsler Intelligence Scale for Children – Fourth Edition (WISC-IV).* San Antonio, TX: The Psychological Corporation.
Wechsler, D. (2005). *WISC-IV: Echelle d'intelligence de Wechsler pour enfants – Quatrième édition.* Paris: ECPA.
Wechsler, D. (2008). *Wechsler Adult Intelligence Scale – Fourth Edition (WAIS-IV).* San Antonio, TX: Pearson Assessment.
Wechsler, D. (2009). *Wechsler Memory Scale – Fourth Edition (WMS-IV). Manual.* San Antonio, TX: Pearson Assessment.
Wechsler, D. (2012). *Wechsler Preschool and Primary Scale of Intelligence – Fourth Edition (WPPSI-IV).* San Antonio, TX: Psychological Corporation.
Wechsler, D. (2014). *Wechsler Intelligence Scale for Children – Fifth Edition (WISC-V).* Bloomington, MN: Pearson.
Wedell, K. (1960). Variations in perceptual ability among types of cerebral palsy. *Cerebral Palsy Bulletin, 2,* 149–157.
Wehmeier, S. M., Schacht, A., Ulberstad, F., Lehmann, M., Schneider-Fresenius, C., Lehmkuhl, G. & Banaschewski, T. (2012). Does Atomoxetine Improve Executive Function, Inhibitory Control, and Hyperactivity? *Journal of Clinical Psychopharmacology, 32,* 653–660.
Weidlich, S. & Lamberti, G. (2001). *Diagnosticum für Cerebralschädigung (DCS)* (4., erweiterte und ergänzte Auflage). Bern: Verlag Hans Huber.
Weidlich, S., Derouiche, A. & Hartje, W. (2011). *Diagnosticum* für *Cerebralschädigung-II (DCS-II). Ein figuraler visueller Lern-und Gedächtnistest nach F. Hillers.* Bern: Verlag Hans Huber.
Weinhold Zulauf, M., Schweiter, M. & von Aster, M. G. (2003). Das Kindergartenalter: Sensitive Periode für die Entwicklung numerischer Fertigkeiten. *Kindheit und Entwicklung, 12,* 222–230. http://doi.org/10.1026//0942-5403.12.4.222
Weiss, R. & Osterland, J. (1980). *Grundintelligenztest CFT* 1. Braunschweig: Westermann.
Weiss, R. H. & Weiss, B. (2006). *CFT-20 mit WS/ZF-R. Grundintelligenzskala 2 – Revision.* Göttingen: Hogrefe.
Weiss, T. (2001). Neurophysiologische Grundlagen des zentralen somatosensorischen Systems. In M. Grunwald & L. Beyer (Hrsg.), *Der bewegte Sinn. Grundlagen und Anwendung zur haptischen Wahrnehmung* (S. 39–52). Basel: Birkhäuser.
Weiss, V. (1995). Memory span as the quantum of action of thought. *Cahiers de Psychologie Cognitive, 14,* 387–408.
Welsh, M. C., Pennington, B. F. & Groisserd, D. B. (1991). A normative-developmental study of executive function: A window on prefrontal function in children. *Developmental Neuropsychology, 7,* 131–149. http://doi.org/10.1080/87565649109540483
Wendlandt, W. (2015). *Sprachstörungen im Kindesalter: Materialien zur Früherkennung und Beratung.* Stuttgart: Thieme.
Werner, L. (2007). Issues in human auditory development. *Journal of Communication Disorders, 40,* 275–283. http://doi.org/10.1016/j.jcomdis.2007.03.004
Wertheim, T. (1894). Über die indirekte Sehschärfe. *Zeitschrift für Psychologie & Physiologie der Sinnesorgane, 7,* 172–187.

Westhoff, K. (1995). Aufmerksamkeit und Konzentration. In M. Amelang (Hrsg.), *Enzyklopädie der Psychologie, Serie VIII: Differentielle Psychologie und Persönlichkeitsforschung, Bd. 2: Verhaltens- und Leistungsunterschiede* (S. 375–402). Göttingen: Hogrefe.

Wettstein, S. (1983). *Logopädischer Sprachverständnistest (LSVT).* Leipzig: BBW.

Whitebread, D., Almeqdad, Q., Bryce, D., Demetriou, D., Grau, V. & Sangster, C. (2010). Metacognition in young children. Current methodological and theoretical developments. In A. Efklides & P. Misailidi (Eds.), *Trends and prospects in metacognition research* (pp. 233–258). New York: Springer.

Wiebe, S.A., Espy, K.A. & Charak, D. (2008). Using confirmatory factor analysis to understand executive control in preschool children: I. Latent structure. *Developmental Psychology, 44,* 575. http://doi.org/10.1037/0012-1649.44.2.575

Wild, N. & Fleck, C. (2013). Neunormierung des Mottier-Tests für 5-bis 17-jährige Kinder mit Deutsch als Erst-oder als Zweitsprache. *Praxis Sprache, 3,* 152–158.

Wilkins, A., Jeanes, R.J., Pumfrey, P.D. & Laskier, M. (1996). Rate of Reading Test: its reliability, and its validity in the assessment of the effects of coloured overlays. *Ophthalmic and Physiological Optics, 16,* 491–497. http://doi.org/10.1016/0275-5408(96)00028-2

Willcutt, E.G., Doyle, A.E., Nigg, J.T., Faraone, S.V. & Pennington, B.F. (2005). Validity of the executive function theory of attention-deficit/hyperactivity disorder: A meta-analytic review. *Biological Psychiatry, 57,* 1336–1346. http://doi.org/10.1016/j.biopsych.2005.02.006

Williams, L., Jackson, C., Choe, N., Pelland, L., Scott, S.H. & Reynolds, J.N. (2014). Sensory-motor deficits in children with fetal alcohol spectrum disorder assessed using a robotic virtual reality platform. *Alcoholism: Clinical and Experimental Research, 38,* 116–125.

Wilson, B.A., Emslie, H., Foley, J., Shiel, A., Watson, S., Hawkins, K., Groot, Y. & Evans, J.J. (2005). *The Cambridge Prospective Memory Test (CAMPROMPT).* London: Harcourt Assessment.

Wilson, B., Alderman, H., Burgess, S.W., Emslie, H. & Evans, J.J. (2002). *Behavioral Assessment of the Dysexecutive Syndrome BADS.* Bury St. Edmunds: Thames Valley Test Company.

Wilson, S.H., Ruddock, S., Smits-Engelsman, B., Polatajko, H. & Blank, R. (2013). Understanding performance deficits in developmental coordination disorder: A meta-analysis of recent research. *Developmental Medicine & Child Neurology, 55,* 217–228. http://doi.org/10.1111/j.1469-8749.2012.04436.x

Wolff, P.H., Gunnoe, C. & Cohen, C. (1985). Neuromotor maturation and psychological performance: A developmental study. *Developmental Medicine & Child Neurology, 27,* 344–354. http://doi.org/10.1111/j.1469-8749.1985.tb04546.x

Wolff, P.H., Gunnoe, C.E. & Cohen, C. (1983). Associated movements as a measure of developmental age. *Developmental Medicine and Child Neurology, 25* (4), 417–429. http://doi.org/10.1111/j.1469-8749.1983.tb13786.x

Wolke, D., Ratschinski, G., Ohrt, B. & Riegel, K. (1994). The cognitive outcome of very preterm infants may be poorer than often reported: an empirical investigation of how methodological issues make a big difference. *European Journal of Pediatrics, 153,* 906–915. http://doi.org/10.1007/BF01954744

Wong, H.S. & Edwards, S. (2013). Nature or nurture: A systematic review of the effect of socio-economic status on the developmental and cognitive outcomes of children born preterm. *Maternal and Child Health Journal, 17,* 1689–1700. http://doi.org/10.1007/s10995-012-1183-8

Wright, K.W., Ning, Y. & Strube, J. (2012). *Pediatric Ophthalmology and Strabismus* (3rd edition). Oxford: Oxford University Press.

Wu, K.K., Chan, S.K., Leung, S.W., Liu, W.S., Leung, F.L. & Ng, R. (2011). Components and developmental differences of executive functioning for school-aged children. *Developmental Neuropsychology, 36,* 319–337. http://doi.org/10.1080/87565641.2010.549979

Wurzer, W. & Scherzer, E. (1981). Auffassungstraining in der Rehabilitation Hirnverletzter. *Psychologie in* Österreich, *1* (3).

Xu, F., Han, Y., Sabbagh, M.A., Wang, T., Ren, X. & Li, C. (2013). Developmental differences in the structure of executive function in middle childhood and adolescence. *PLoS One, 8,* e77770. http://doi.org/10.1371/journal.pone.0077770
Yeates, K.O., Bigler, E.D., Dennis, M., Gerhardt, C.A., Rubin, K.H., Stancin, T. & Vannatta, K. (2007). Social outcomes in childhood brain disorder: A heuristic integration of social neuroscience and developmental psychology. *Psychological Bulletin, 133,* 535–556. http://doi.org/10.1037/0033-2909.133.3.535
Yeates, K.O., Ris, M.D., Taylor, H.G. & Pennington, B.S. (2010). *Pediatric Neuropsychology: Research, theory, and practice.* New York: Guilford Press.
Yoong, M. (2015). Quantifying the deficit-imaging neurobehavioural impairment in childhood epilepsy. *Quantitative imaging in medicine and surgery, 5,* 225–237.
Yousefian, O., Ballantyne, A.O., Doo, A. & Trauner, D.A. (2015). Clock drawing in children with perinatal stroke. *Pediatric Neurology, 52,* 592–598. http://doi.org/10.1016/j.pediatrneurol.2014.07.036
Yu, V.Y., MacDonald, M.J., Oh, A., Hua, G.N., De Nil, L.F. & Pang, E.W. (2014). Age-related sex differences in language lateralization: A magnetoencephalography sttudy in children. *Developmental Psychology, 50* (9), 2276–2284. http://doi.org/10.1037/a0037470
Zelazo, P.D., Anderson, J.E., Richler, J., Wallner-Allen, K., Beaumont, J.L. & Weintraub, S. (2013). NIH Toolbox. NIH toolbox cognition battery (CB): measuring executive function and attention. *Monographs of the Society for Research in Child Development, 78,* 16–33.
Ziegler, W. (2012). Zentrale Sprechstörungen. In H.-O. Karnath & S. Thier (Hrsg.), *Kognitive Neurowissenschaften* (S. 471–478). Berlin: Springer http://doi.org/10.1007/978-3-642-25527-4_43
Ziegler, W. (2014). Zentrale Sprechstörungen. In H.O. Karnath, G. Goldenberg & W. Ziegler (Hrsg.), *Klinische Neuropsychologie – Kognitive Neurologie* (S. 119–132). Stuttgart: Thieme.
Zihl, J. (2009).Visuoperzeptive und visuokognitive Störungen. In W. Sturm, M. Herrmann & T.F. Münte (Hrsg.), *Lehrbuch der klinischen Neuropsychologie.* Grundlagen, Methoden, Diagnostik, Therapie (S. 513–529). Heidelberg: Springer.
Zihl, J., Mendius, K., Schuett, S. & Priglinger, S. (2012). *Sehstörungen bei Kindern. Visuoperzeptive und visuokognitive Störungen bei Kindern mit CVI.* Wien: Springer. http://doi.org/10.1007/978-3-7091-0783-6
Ziler, H. (1977). *Der Mann-Zeichen Test in detaillistischer Auswertung.* Münster: Aschendorf.
Zimmer, R. (2015). *Motoriktest* für vier- bis sechsjährige Kinder (MOT) (3. überarbeitete und neu normierte Auflage). Göttingen: Hogrefe Verlag.
Zimmermann, P. & Fimm, B. (1992). *Testbatterie zur Aufmerksamkeitsprüfung (TAP).* Würselen: Psytest.
Zimmermann, P. & Fimm, B. (2002). *Testbatterie zur Aufmerksamkeitsprüfung (TAP) – Version 1.7.* Herzogenrath: Psytest.
Zimmermann, P. & Fimm, B. (2007). *Testbatterie zur Aufmerksamkeitsprüfung (TAP) – Version 2.1.* Herzogenrath: Psytest.
Zimmermann, P. & Fimm, B. (2012). *Testbatterie zur Aufmerksamkeitsprüfung (TAP) – Version 2.3.* Herzogenrath: Psytest.
Zimmermann, P., Gondan, M. & Fimm, B. (2002). *Testbatterie zur Aufmerksamkeitsprüfung für Kinder (KiTAP).* Herzogenrath: Psytest.
Zimpel, A. (2013). Studien zur Verbesserung des Verständnisses von Lernschwierigkeiten bei Trisomie 21. *Zeitschrift für Neuropsychologie, 24,* 35–47. http://doi.org/10.1024/1016-264X/a000085

Teil II

Hemisphärenlateralisierung

3 Hemisphärenlateralisierung und interhemisphärische Interaktion

Bruno Preilowski

Zu der Frage nach Testverfahren zur Bestimmung der Lateralität von Hirnfunktionen, bzw. der Bestimmung von Funktionen, die auf ihre links- oder rechtshemisphärische Lateralisierung hindeuten, gehört auch die Frage nach den Möglichkeiten der Überprüfung der interhemisphärischen Interaktion. Generell muss in beiden Fällen zwischen einer klinischen und einer experimentellen Anwendung unterschieden werden, wobei die allermeisten Tests in der Klinik wie im Labor individuelle, quasi-experimentelle Entwicklungen darstellen. Die wenigsten entsprechen den gewöhnlichen diagnostischen Verfahren, die an umfangreichen Stichproben testtheoretisch erprobt und mit Normen sowie Gütekriterien in einem Peer-Review Verfahren veröffentlicht und diskutiert wurden. Eine Ausnahme bilden einige wenige Lateralitätsverfahren (beispielsweise zur Händigkeit) und bestimmte Untertests von Testbatterien, die in der klinischen Anwendung eine gewisse Differenzierung von rechts- und linkshemisphärisch geschädigten Patienten erlauben (Theiling, Petermann & Daseking, 2013)[1].

Dieses Kapitel wird sich daher notwendigerweise von denen unterscheiden, die klassische diagnostische Tests besprechen. Es wird hier vor allem um Verfahren gehen, die in klinischen und experimentellen Arbeitsgruppen für bestimmte Fragestellungen erstellt wurden. Sie sind in verschiedensten wissenschaftlichen Zeitschriften zumeist nur im Methodenteil einer Publikation beschrieben worden. Wie bereits angedeutet, gibt es zu diesen Tests zumeist weder eine testtheoretische Diskussion, noch wurden Normen erstellt. Die Validierung erfolgte – wenn überhaupt – post hoc über das Design der Studie, beispielsweise durch die statistische Differenzierung von Testergebnissen, manchmal auch durch eine erfolgreiche doppelte Dissoziation. Um andere Gütekriterien zu erschließen, müsste man Metaanalysen der publizierten Daten durchführen.

Meta-Analysen, die sich auf Publikationen über mehrere Jahrzehnte hinweg verteilen und sich nicht auf vergleichbare Personen- oder Patientengruppen beziehen, sind sehr selten und auch zumeist nicht wirklich sinnvoll. Denn es gibt bei diesen Tests kaum wiederholte Anwendungen, bei denen nicht Abänderungen der Verfahren selbst und in ihrer Durchführung vorgenommen wurden. Zwar werden in der klinisch-diagnostischen Anwendung oft in einzelnen Kliniken und Ambulanzen Vereinheitlichungen von Tests und Testabläufen vorgenommen, aber die Gesamtergebnisse oder eventuell angewendeten internen Normen werden selten veröffentlicht. Beispielsweise gibt es vielfältige Veröffentlichungen über Protokolle in der präoperativen Diagnostik oder für die intraoperativen Tests im Rahmen von neuroradiologischen oder neurochirurgischen Eingriffen. Jedoch sind aus ihnen nur die Aus-

1 Im Band 1 dieses Handbuches „Aufmerksamkeit, Gedächtnis, exekutive Funktionen" finden sich unter der Rubrik „Funktionelle Neuroanatomie" bei vielen Tests Hinweise auf hemisphärenspezifische Unterschiede. Dies gilt insbesondere für Gedächtnisleistungen. Jedoch sind Lateralitätsaspekte auch bezüglich vieler anderer psychologischer Phänomene und bei den Tests hierzu in der Diskussion (z. B. Wahrnehmung, Emotion, etc.). Und im Rahmen der Anwendung von Tests zusammen mit funktioneller Bildgebung wird die Liste dieser Hemisphärenbezüge sicher noch stark erweitert werden.

wahl der Aufgaben und die Durchführungsabläufe ersichtlich. Selbst in wissenschaftlichen Publikationen werden manchmal nur einzelne Ergebnisse beschrieben, deren Interpretation sich aber nicht an öffentlich zugängigen Normen, sondern an internen Erfahrungswerten bzw. Festlegungen orientiert.

Daraus ergibt sich für die Darstellung von Verfahren zur Bestimmung der Lateralität und der interhemisphärischen Interaktion in diesem Kapitel, dass vor allem Möglichkeiten und Grenzen bestimmter Ansätze aus der Literatur dargestellt und diskutiert werden. Ferner wird im theoretischen Teil ausführlicher auf die neuroanatomischen und neurofunktionalen Grundlagen der Hemisphärenasymmetrie und interhemisphärischen Interaktion eingegangen werden, da diese die Ansätze für die Entwicklung entsprechender Tests liefern.

3.1 Grundlagen, Theorien und funktionelle Neuroanatomie

3.1.1 Der Einfluss der bildgebenden Verfahren

Bei den klinischen Fragestellungen ist die früher im Vordergrund gestandene Suche nach der Lokalisation von Hirnschädigungen nicht mehr dominierend. Hierfür haben sich die bildgebenden Verfahren als geeigneter erwiesen. Gleichzeitig bleibt natürlich die Erforschung der Lokalisation von Funktionen und Prozessen nach wie vor von großem Interesse. Und für deren Untersuchung sind die funktionellen Bildgebungsverfahren aus ökonomischen wie auch aus prinzipiellen Gründen nicht immer geeignet. Zu den prinzipiellen Gründen, die für eine geringere Eignung dieser Verfahren sprechen, gehören die äußerst geringen physiologischen Unterschiede, die Subtraktionsparadigmen, die komplexe Behandlung der Daten einschließlich der statistischen Verarbeitung, und der letztlich daraus resultierenden Probleme der mangelnden Reliabilität sowie insbesondere der fragwürdigen, kaum zu überprüfenden Validität (siehe z. B. Uttal, 2011). Im Übrigen ist man auch bei der Verwendung dieser bildgebenden Verfahren auf die Operationalisierung von Funktionen durch die im Scanner oder EEG Labor verwendeten Tests angewiesen. Insofern ist – insbesondere bei der Untersuchung eines einzelnen Patienten – die beobachtende Verwendung eines oder mehrerer neuropsychologischer Testverfahren oft sehr viel aussagekräftiger. Was aber nicht ausschließt, dass es durchaus hilfreich sein kann, wenn sich der Test auch im Rahmen von bildgebenden Studien bewährt hat.

Für bestimmte experimentelle Fragestellungen mag man zwar als Vorteil der Bildgebung anführen, dass wir normal gesunde Versuchspersonen untersuchen können und somit physiologische Korrelate der normalen Hirnfunktionen messen. Wohingegen die meisten neuropsychologischen Tests, die Hinweise auf Lateralisierung geben, ihre Validität aus den Untersuchungsergebnissen von rechts- bzw. linkshemisphärisch hirngeschädigten Patienten beziehen; d. h. aufgrund von Leistungseinbußen. Ohne Zweifel ist der damit verbundene Schluss von einem Defizit nach einer bestimmten Schädigung auf die Lokalisation dieser Funktion am Ort der Schädigung ein ständiges Problem der Neuropsychologie. Andererseits hat die riesige, kaum noch zu überblickende Anzahl bildgebender Untersuchungen im Wesentlichen die bisherigen Befunde der testpsychologisch fundierten Neuropsychologie bestätigt. In jedem Fall hat sich auch bewahrheitet, dass es beim Menschen keine ausschließlich links- oder ausschließlich rechtshemisphärischen Funktionen gibt.

Auf einige Aspekte der Ergebnisse der bildgebenden Untersuchungen zur zerebralen Asymmetrie sollte aber noch hingewiesen werden, obwohl sie nur indirekt von klinischer Bedeutung sind und sich bereits in der experimentalpsychologischen Forschung angedeutet hatten: Zum einen sind bei gesunden Versuchspersonen die Asymmetrien überwiegend sehr subtil. Zum anderen – und hier konnte die Bildgebung direktere Hinweise liefern – werden Lateralitätsunterschiede nicht nur durch relative stabile Variablen wie Geschlecht oder Alter, etc. beeinflusst, sondern sie verändern sich auch sowohl durch langfristige Erfahrungen ebenso wie aufgrund kurzzeitiger Veränderungen körperlicher wie äußerer situativer Zustände. Diese Variabilität sollte man bei der klinischen Beurteilung einer veränderten Lateralisierung oder eines Leistungsdefizits aufgrund einer möglichen kommissuralen Schädigung berücksichtigen. Ein dritter Aspekt der Bildgebung betrifft die Tatsache, dass frühere, weitgehend unbeachtet gebliebene Hinweise auf die Möglichkeit variabler modulierender Funktionen einzelner Balkenbereiche durch neuere bildgebende Befunde bestätigt werden. Und schließlich ergeben sich durch die Weiterentwicklung der bildgebenden Techniken, beispielsweise der Diffusionstensor-Methode neue Möglichkeiten, Veränderungen in der Neuroanatomie von lebenden Personen untersuchen zu können.

3.1.2 Der Einfluss der Split-Brain-Forschung

Ironischerweise haben gerade die für die Lateralitätsforschung so wichtigen Split-Brain-Untersuchungen – insbesondere die der Forschungsgruppe um Roger W. Sperry – aufgrund ihrer besonderen Attraktivität, zusammen mit der Eingängigkeit der Idee von den beiden Seelen, die nun aus unserer Brust in unser Hirn verlagert werden konnten, zu einer unkritischen Dichotomisierung von Hirnfunktionen beigetragen. Wie immer, wenn Forschungsergebnisse popularisiert werden, geschieht dies vor allem unter Vernachlässigung der Originalpublikationen. Und so ging dabei das eigentliche Verdienst der Arbeiten der Sperry-Gruppe im öffentlichen Bewusstsein verloren, nämlich das Verdienst, gezeigt zu haben, dass zwar jede der beiden Hemisphären von Split-Brain-Patienten, unabhängig von der jeweils anderen, bestimmte Funktionen ausführen kann; aber eben auch, dass für fast alle sensomotorischen und kognitiven Aufgaben gilt, dass beide Hemisphären zu einer Lösung befähigt sind. Auch wenn sich die Funktionsweisen zu unterscheiden scheinen und sich dies in Leistungsunterschieden zwischen den Hemisphären bezüglich Geschwindigkeit und Qualität ausdrückt (Preilowski, 1987; Sperry, 1974; Sperry & Preilowski, 1972).

In diesem Zusammenhang ergibt sich nun eine sehr wichtige Frage, die bisher noch unbeantwortet geblieben ist: Nämlich wie es möglich ist, dass Patienten beispielsweise nach einer einseitigen linkshemisphärischen Schädigung eine globale Aphasie erleiden, wenn doch in Split-Brain-Untersuchungen gezeigt werden konnte, dass die rechte Gehirnhälfte zumindest rudimentäre sprachliche Funktionen besitzt – von den speziellen sprachlichen Funktionen der rechten Hemisphäre einmal ganz abgesehen. Damit wird auch besonders deutlich, dass das Problem der Lateralität aufs engste mit dem der interhemisphärischen Interaktionen verbunden ist.

Die Beurteilung der Gehirnasymmetrie sowie der Bedeutung der neokortikalen Kommissuren ist immer im Kontext der allgemeinen Vorstellungen davon, wie das Gehirn funktioniert, erfolgt. Auch noch in den letzten hundert Jahren hat es erstaunliche Pendelschwünge in diesen Vorstellungen gegeben. So waren die ersten fünfzig Jahre des letzten Jahrhunderts von dem Streit dominiert, ob Gehirnfunktionen lokalisiert sind oder nicht. Und obwohl es vielfache wissenschaftliche Belege für die neuroanatomische und funktionelle Differenzierung – vor allem des Kortex – gab, behielten die Anti-Lokalisationisten lange Zeit, gestützt von dem Einfluss der Gestaltpsychologie und später des Behaviorismus, die Oberhand. Damit blieben Beschreibungen von Diskonnektionseffekten nach Durchtrennung des Corpus callosum (z. B. Bykoff, 1924) unbeachtet, während die missglückten Nachweise eines Defizits nach Kommissurotomien in Tierversuchen und nach ersten Anwendungen zur Therapie von Epilepsien beim Menschen in den Vordergrund gestellt wurden. So schrieb einer der Begründer der modernen Neurochirurgie, Walter Dandy (Dandy, 1936): „The corpus callosum sectioned longitudinally ... no symptoms follow its division. This simple experiment puts an end to all of the extravagant hypotheses on the functions of the corpus callosum". Und noch 1954 erklärte der prominente Neurowissenschaftler Alfred Fessard (Fessard, 1954): „... there is a great deal of data showing [that] sectioning of important associative white tracts such as the corpus callosum does not seem to affect mental performances. Other similar observations in man or animals are now accumulated in great number and variety." Erst durch die tierexperimentellen Untersuchungen von Roger W. Sperry und seinem Doktoranden Ron E. Myers an der Universität von Chicago konnte definitiv nachgewiesen werden, dass die ca. 200 Millionen Nervenfasern des Corpus callosum nicht nur die Funktion haben, die beiden Gehirnhälften vom Auseinandersacken zu bewahren (Myers, 1955; Sperry, 1962).

Sperry und Myers führten mikrochirurgische Techniken zur Durchtrennung der neokortikalen Kommissurenbahnen sowie des Chiasma opticums ein und kontrollierten post mortem in histologischen Untersuchungen die Vollständigkeit der Durchtrennung. Aber noch wichtiger für alle weiteren Untersuchungen zur Gehirnasymmetrie und interhemisphärischen Interaktion – gerade auch beim Menschen – war die Einführung verbesserter Untersuchungstechniken: Vor allem musste bei der Reizdarbietung und der gemessenen Reaktion eine eindeutige Zuordnung zu nur einer Gehirnhälfte gewährleistet sein. Dies ist der wichtigste Grundsatz aller Verfahren zur Untersuchung von Lateralität und interhemisphärischer Interaktion. In anderen Worten, man muss die zugrundeliegende funktionelle Neuroanatomie ernst nehmen.

Der enorme Zuwachs der Lateralitätsforschung in den sechziger und siebziger Jahren des letzten Jahrhunderts wurde durch die Ausweitung der Untersuchungen der Sperry-Gruppe in den klinischen Bereich hinein mit den bereits erwähnten Split-Brain-Patienten ausgelöst. Bei diesen Personen waren – als ein letzter Versuch zu Linderung von schwersten Epilepsien, die medikamentös nicht kontrolliert werden konnten – die neokortikalen Kommissurenbahnen teilweise oder komplett durchtrennt worden. Zwar waren strukturelle und funktionelle zerebrale Asymmetrien bereits seit hundert Jahren bekannt. Aber durch die Split-Brain-Forschung beim Menschen konnten nun die ursprünglich nur auf der Basis von Defiziten bei einseitig Hirngeschädigten erschlossenen funktionellen Asymmetrien in ein und derselben Person im direkten Leistungsvergleich belegt werden.

Die folgenden Jahre der Split-Brain- und der Lateralitäts-Forschung sind dann vor allem von den Entwicklungen der Untersuchungstechniken geprägt worden, mit denen man die verschiedenen Sinnesreize auch bei gesunden Versuchspersonen lateralisiert darbieten und die Reaktionen einer bestimmten Hirnhälfte zuordnen konnte. Dies stellte sich aufgrund der

Tatsache, dass insbesondere beim Menschen neben den kontralateralen Nervenverbindungen zwischen Körper und Gehirn auch sehr umfassende ipsilaterale Verbindungen existieren, oft als sehr schwierig heraus. Manches konnte mit sehr einfachen Versuchsaufbauten, andere Fragestellungen nur mit relativ großem technischem Aufwand bearbeitet werden.

Im Prinzip ging es – wenn sowohl Reaktionen als auch die Reize nur annähernd lateralisierbar waren – um einen Leistungsvergleich zwischen Reaktionen, die auf lateralisierte gleichzeitige oder sukzessive Darbietungen von Reizen erfolgten: bei der gleichzeitigen Darbietung wird gewissermaßen ein Wettbewerb zwischen den Hemisphären provoziert. Auch bei der sukzessiven Darbietung erhofft man sich durch die Art der Reize beziehungsweise der Aufgabe einen Hinweis auf eine bevorzugte oder bessere Bearbeitung durch die eine oder andere Gehirnhälfte. In beiden Fällen besteht bei der post-hoc Interpretation die Gefahr eines Zirkelschlusses bezüglich der Beteiligung lateralisierter Funktionen. Das bedeutet, dass wir in den seltensten Fällen aufgrund der Ergebnisse eine Hypothese verwerfen können und oft vorherige Annahmen „gerettet" werden, indem beispielsweise in dem direkten Vergleich von Reaktionszeiten eine (durchaus mögliche) Hemmung der Hemmung postuliert wird. Oder, dass in Untersuchungen mit bildgebenden Verfahren ein niedrigerer Aktivierungszustand in einem Fall als ein Defizit und in einem anderen dagegen als Beleg für einen besonders effizienten und somit energiesparenden Prozess interpretiert wird.

Zum Zeitpunkt der Verleihung des Nobelpreises an Roger W. Sperry „for his discoveries concerning the functional specialization of the cerebral hemispheres" 1981 war das Konzept der rechts- und linkshemisphärischen Funktionen schon Teil des Allgemeinwissens geworden: im allgemeinen Sprachgebrauch und sogar in der Literatur tauchten die Begriffe vom linkshirnigen oder rechtshirnigen Typ auf. Gleichzeitig aber nahm die Split-Brain Forschung mit Patienten und auch im Tierversuch langsam aber stetig ab. Dagegen stieg die Anzahl der grundlagenorientierten neuroanatomischen Arbeiten und der experimentellen Studien bei gesunden Versuchspersonen und intakten Tieren zur Erforschung der Funktionen des Corpus callosum und der zerebralen Asymmetrie. Dabei wurden keine vollkommen neuen oder überraschenden Entdeckungen gemacht. Vielmehr erhielten frühere Ideen mehr Aufmerksamkeit und Unterstützung.

3.1.3 Neuroanatomie der Kommissurenbahnen

Die wichtigsten neokortikalen Kommissurenbahnen sind das Corpus callosum (der Balken) und die Commissura anterior (vordere Kommissur) (Abb. 3.1, Abb. 3.2). Die Ergebnisse der neueren Forschung zu diesen interhemisphärischen Verbindungen lassen sich stark verkürzt wie folgt zusammenfassen:

1. Die neokortikalen Kommissurenbahnen sind kein eigenständiges System. Vielmehr sind diese Nervenfasern jeweils Teil der Gehirnstrukturen, die sie verbinden.
2. Zwei neuroanatomische Fakten sind besonders wichtig: (a) Die massivsten Verbindungen über das Corpus callosum bestehen vor allem für kortikale Regionen, die sowohl kontra- wie ipsilateral versorgt werden. Für Regionen mit geringerem Anteil ipsilateraler Verbindungen zwischen Gehirn und Körper, sind keine oder nur geringe callosale Verbindungen nachweisbar. (b) Die Neokommissuren bestehen aus Nerven-

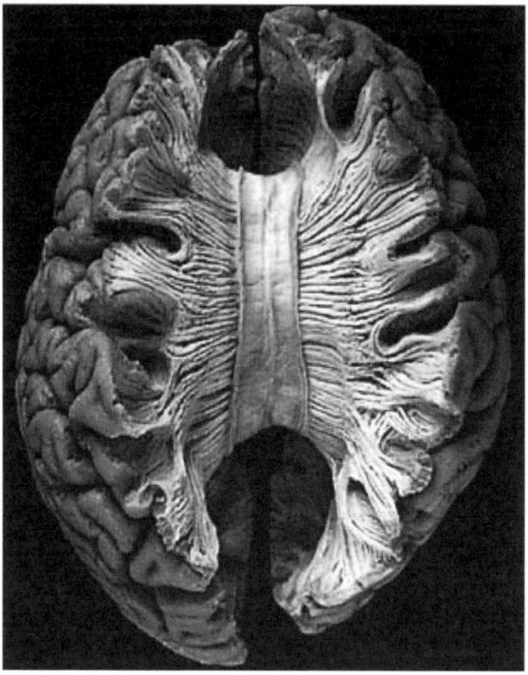

Abbildung 3.1: Dorsale Ansicht (anterior-oben) eines Abfaserungspräparats des Corpus callosum (Balken). Medial über den Balkenfasern die medialen und lateralen Striae longitudinalis (v. Lancisi); z. B. supracallosale Fasern der Fornices cerebri (nach Gluhbegovic & Williams, 1980).

fasern, die sich sowohl im Durchmesser als auch im Grad der Myelinisierung sehr stark unterscheiden. Die Mehrzahl sind relativ dünne und langsam leitende Nervenfasern (Abb. 3.3).

Daraus muss man schlussfolgern, dass die Neokommissuren sehr unterschiedliche, exzitatorische wie auch inhibitorische, und jeweils vom Aktivierungszustand der sie verbindenden Hirnregionen abhängige Funktionen haben können. Ferner ist anzunehmen, dass die Hauptfunktion eher die ist, ipsi- und kontralaterale Prozesse zu modulieren. Und nicht, wie üblicherweise vermutet wurde, nur eine Übertragungsmöglichkeit zwischen den Hemisphären für Informationen zu bieten, die jeweils in der rechten oder linken Gehirnhälfte nicht vorhanden sind.

Der Verlauf der Kommissurenbahnen ist schon früh vor allem als überwiegend homotope Verbindungen zwischen der linken und rechten Hemisphäre beschrieben worden. Dies wurde im Wesentlichen vor allem durch tierexperimentelle Degenerationsstudien bestätigt (Pandya & Kuypers, 1969; Pandya & Rosene, 1985). Diese Homotopie erlaubt eine topo-

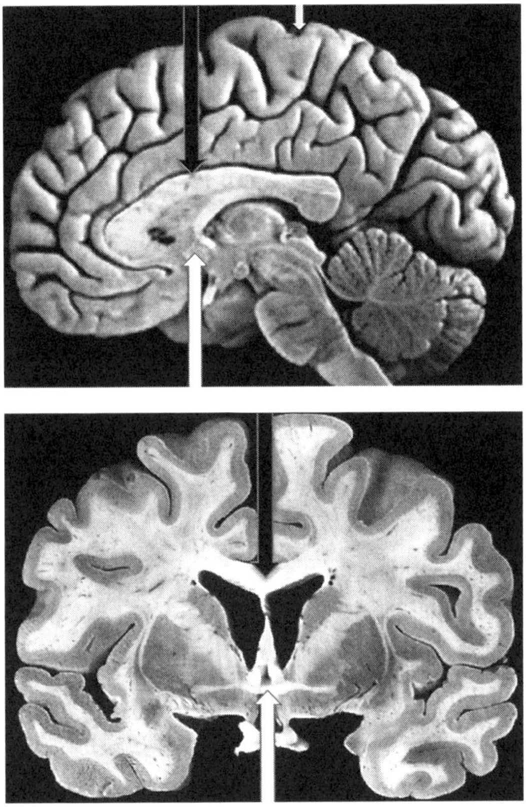

Abbildung 3.2: OBEN: Sagittalschnitt des Gehirns - mediale Ansicht der rechten Hemisphäre (anterior – links): Corpus callosum – schwarzer Pfeil; Vordere Kommissur – weißer Pfeil. Kleiner Pfeil zeigt die Lage des Sulcus centralis (Fissura rolandi). UNTEN: Frontalschnitt des Gehirns: Corpus callosum – schwarzer Pfeil; Vordere Kommissur – weißer Pfeil.

grafische Gliederung einzelner Abschnitte der Commissura anterior und des Corpus callosum und deren Zuordnung zu bestimmten kortikalen Regionen. Mit Hilfe der Diffusionstensor-Methode konnte man jetzt auch im lebenden gesunden Menschen den Verlauf der Kommissurenbahnen darstellen. Auch diese Darstellungen zeigen vor allem homotope Verbindungen. Über die verschiedentlich erwähnten heterotopen Verbindungen wissen wir so gut wie nichts; es wird vermutet, dass es sich hierbei auch nicht um Kommissuren im eigentlichen Sinne, sondern um dekussierende Faserverbindungen handelt.

Mit Ausnahme einiger Regionen, die überwiegend nur kontralaterale Verknüpfungen mit dem Körper besitzen, verbinden die geschätzten 200 bis 250 Millionen Nervenfasern des Corpus callosum alle kortikalen Bereiche mehr oder weniger dicht. (Abb. 3.4)

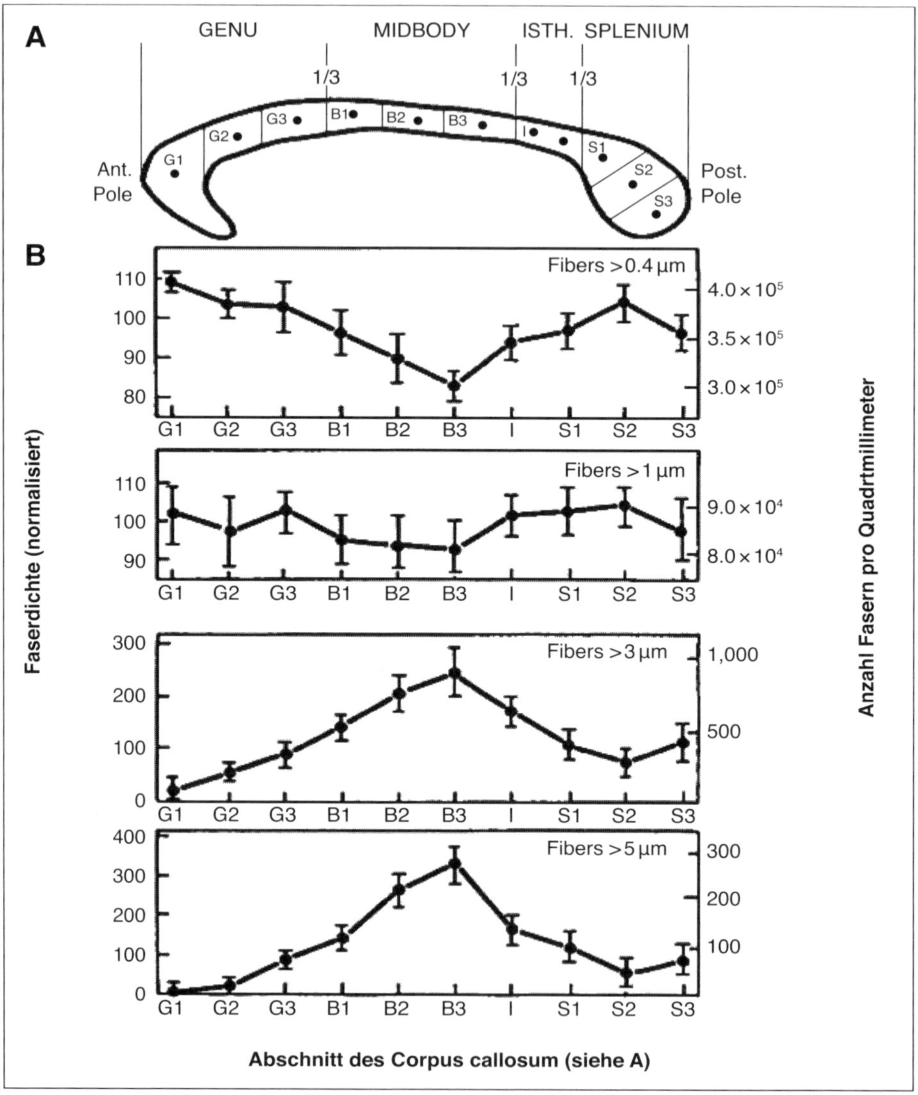

Abbildung 3.3: (A) Abschnitte des Corpus callosum und (B) deren Faserzusammensetzung nach vier verschiedenen Faserdurchmessern sowie deren Dichte (nach Aboitiz et al., 1992, p. 145).

Während sich, wie bereits erwähnt, die Lateralität und interhemisphärische Interaktion über die Entwicklung des Menschen hinweg und ebenso hormonell bedingt zyklisch sowie durch verschiedenste Erfahrungseinflüsse verändern, ergeben sich für den Grundaufbau der Kommissurenbahnen insbesondere für das Corpus callosum nur reifungs- und altersbe-

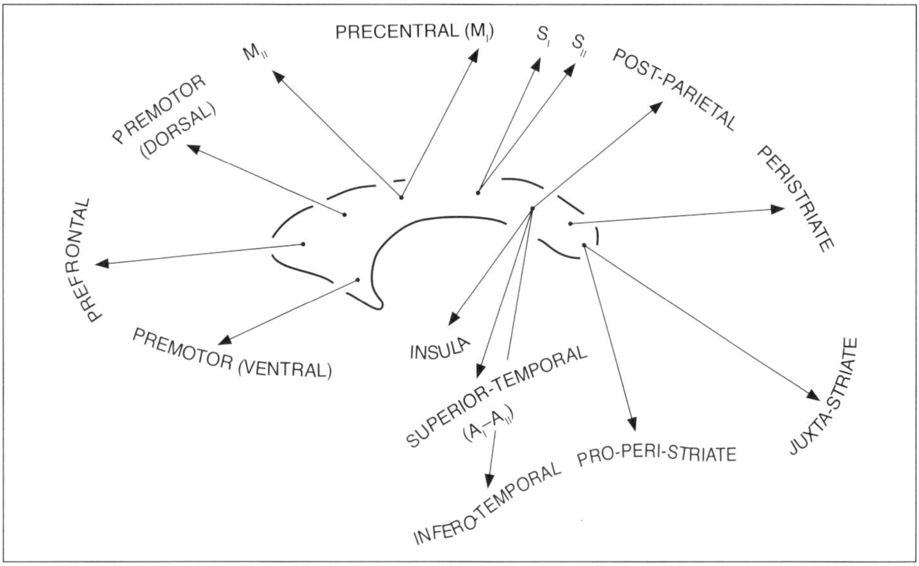

Abbildung 3.4: Topographische Zuordnung der verschiedenen Abschnitte des Corpus callosum zu den miteinander verbundenen kortikalen Arealen (nach Pandya, Karol & Heilbronn, 1971, p. 40).

dingte Differenzen. Die seit vielen Jahren immer wieder beschriebenen Geschlechtsunterschiede lassen sich mittlerweile eher als individuelle Unterschiede, bedingt vor allem durch ungleiche Schädelvolumina und Gehirngrößen, vorstellen (Luders, Toga & Thompson, 2014; Takao, Hayashi & Ohtomo, 2013).

3.1.4 Störungsbilder

3.1.4.1 Lateralisierte Hirnschäden

Wie bei vielen neuropsychologischen Störungen, sind Ausmaß, Schweregrad und Verlauf von vielen Faktoren abhängig: Neben Alter und allgemeinem gesundheitlichen Zustand eines Patienten, sind vor allem die Ursache und die Geschwindigkeit der pathologischen Veränderung von großer Bedeutung. So können einseitige Schlaganfälle beim Fötus im letzten Drittel der Schwangerschaft oder perinatale hypoxische Hirnschädigungen Veränderungen der strukturellen und funktionellen zerebralen Asymmetrie bewirken. Dies kann beispielsweise zu einer Umkehr der Lateralisierung von Händigkeit und/oder Sprachfunktionen führen, ohne dass dies notwendigerweise mit auffälligen oder gravierenden Defiziten verbunden ist. Die Veränderung der Lateralisierung kann aber auch mit Komorbiditäten auftreten, die sich in schwersten kognitiven Defiziten äußern. Die im ersten Fall stattfindende plastische Anpassung hat mit zunehmendem Entwicklungsalter engere Grenzen. Beim Erwachsenen scheint bei lateralisierten langsamen pathologischen Veränderungen (beispielsweise aufgrund von Tumoren) eher eine intrahemisphärische als eine interhemisphärische Anpassung zu erfolgen. Bei sich schnell entwickelnden pathologischen Veränderungen kommt es, je nach Lokalisation und Größe, zu Defiziten, die vorerst nicht kompensiert werden. Ohne therapeutische Maßnahmen würden hier, anstatt primärer (neuro-funktioneller) Anpassungen, vor allem sekundäre (kompensatorische) Verhaltensanpassungen zu erwarten sein.

3.1.4.2 Entwicklungsstörungen des Kommissurensystems

Besondere Formen früher Plastizität sind in Fällen von *Balkenagenese* und der sogenannten Kolpozephalie zu beobachten. Bei der Balkenagenese wird kein Corpus callosum entwickelt (s. Abb. 3.5, unten). Zumeist tritt eine solche Fehlbildung mit einer Vielzahl von anderen Entwicklungspathologien auf, die auch gravierende kognitive Defizite zur Folge haben können. Aber mit der vermehrten Anwendung von bildgebenden Verfahren sind auch eine Reihe von Personen gewissermaßen zufällig entdeckt worden, die keinen oder keinen vollständigen Balken besitzen, für die aber weder ausgeprägte kognitive Beeinträchtigungen noch gravierende Diskonnektionsdefizite nachgewiesen werden konnten. Allerdings kann man generell nicht von einer asymptomatischen Entwicklungsstörung sprechen. Im Labor sind durchaus Unterschiede im Vergleich zu normal gesunden Personen zu finden (Lassonde, Sauerwein & Lepore, 1995; Paul et al., 2007). Und oft sind neben Personen ohne jede ersichtliche Behinderung andere mit teilweiser oder vollständiger Agenese der Kommissurenbahnen beschrieben worden, bei denen im Kindesalter Entwicklungsverzögerungen und Entwicklungsauffälligkeiten aufgefallen waren, die jedoch vor der bildgebenden Diagnose nicht mit einer Balkenstörung in Verbindung gebracht wurden.

Mittlerweile werden eine Reihe von Diagnosen – von ADHD, über Asperger Syndrom bis hin zu spezifischen Lernstörungen – mit möglichen Kommissurenabnormitäten in Verbin-

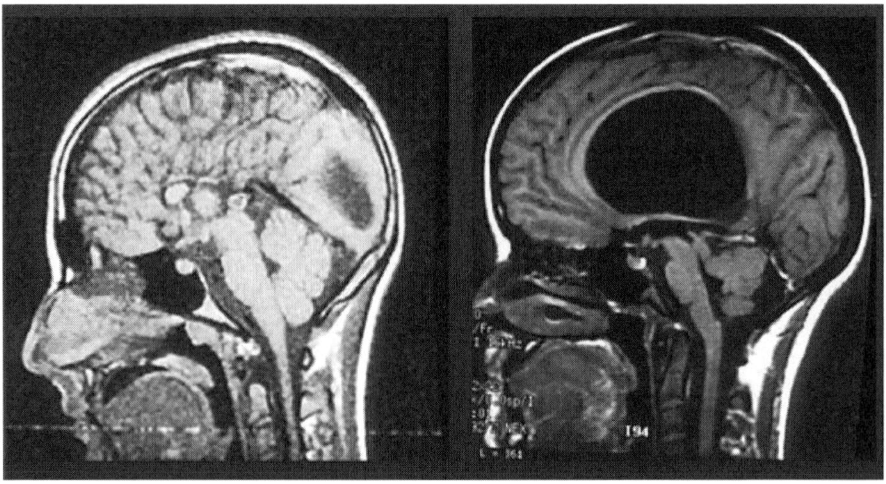

Abbildung 3.5: (links) Kolpozephalie, (rechts) Hydrozephalus

dung gebracht, da bei Kindern und Jugendlichen mit diesen und anderen Verhaltensauffälligkeiten im MRT Auffälligkeiten des Corpus callosum entdeckt wurden (z. B. Fine, Musielak & Semrud-Clikeman, 2013; Fine, Semrud-Clikeman, Keith, Stapleton & Hynd, 2007). Kausale Zusammenhänge wurden schon lange zwischen spezifischen Lernstörungen, beispielsweise von Entwicklungsdyslexien und Pathologien des Corpus callosum vermutet (Hynd et al., 1995), konnten aber bislang nicht eindeutig belegt werden. Mit genaueren bildgebenden Verfahren erscheinen jetzt einige Erklärungen eher überzeugend: Wenn Kinder und Jugendliche während der Pubertät und danach von der weiteren Ausformung interhemisphärischer Interaktion profitieren und in ihren kognitiven und sozialen Fertigkeiten zulegen, führt das ganze oder teilweise Fehlen von Kommissurenbahnen dazu, dass auch bis dahin unauffällige Kinder im Vergleich zu ihren Altersgenossen zurückfallen. Neben Verhaltensauffälligkeiten, die den oben erwähnten Diagnosen entsprachen, und motorischem Ungeschick, versagten diese Kinder auch in komplexeren Situationen und bei komplizierteren Aufgaben. So entsprachen auch die Leistungen beim logischen Denken und bei der Konzeptbildung nicht mehr denen, die aufgrund der bisher gemessenen Intelligenz zu erwarten wären. Ferner zeigten sich vor allem Schwächen in der sozialen Wahrnehmung wie auch in der Selbstwahrnehmung und damit im Sozialverhalten. Schwierigkeiten wurden auch im Verständnis von Sprichwörtern, Metaphern und Humor sowie in der Beurteilung von mehrdeutigen Stimuli beschrieben (Paul, Schieffer & Brown, 2004; Paul, Van Lancker-Sidtis, Schieffer, Dietrich & Brown, 2003). Aufgrund dieser Befunde schließen Neuropsychologen (Brown & Paul, 2000) und Kinderneurologen (Shevell et al., 2003) dass die verschiedenartigen Verhaltensprobleme dieser Kinder eventuell auf ein generelles Defizit in der Bearbeitung komplexer Informationen zurückzuführen sind. Und dieses Defizit wiederum könnte durch eine ineffiziente beziehungsweise stark eingeschränkte interhemisphärische Interaktion entstehen. Es sollte allerdings beachtet werden, dass Balkendysfunktionen nicht die einzige Ursache der erwähnten Verhaltensauffälligkeiten sein müssen.

Während die oben erwähnten Diagnosen (ADHD etc.) also durchaus korrekte Beschreibungen der verschiedensten Verhaltensauffälligkeiten sind, würde sich für den Umgang mit diesen Kindern der Nachweis einer Hirnanomalität doch als sehr wichtig erweisen. Die neuropsychologische Diagnostik solcher interhemisphärischen Defizite wäre eine wichtige zusätzliche Hilfe bei der Entscheidung, ob ein MRT im Verdachtsfalle angezeigt ist. Im Augenblick gibt es nur die Empfehlung der amerikanischen Kinderneurologen, bei nicht-progressiven globalen Entwicklungsverzögerungen ein MRT zu verordnen, wenn sich auch Auffälligkeiten bei der körperlichen Untersuchung ergeben (Shevell et al., 2003). Da jedoch für diese Diagnostik dieser nicht typischen interhemisphärischen Defizite im Kinder- und Jugendlichenbereich noch keine Erfahrungen (außer den zuvor berichteten) vorliegen, ist dies ein wichtiger neuer zu entwickelnder Aufgabenbereich der Kinderneuropsychologie.

Ein Ansatzpunkt ergibt sich u. a. daraus, dass viele der beschriebenen neuropsychologischen Probleme von Agenesepatienten nicht so sehr die klassischen Diskonnektionssymptome sind, sondern denen ähneln, die als Folge von rechtshemisphärischen Läsionen bekannt sind (z. B. Brown, Paul, Symington & Dietrich, 2005; Brownell, Michel, Powelson & Gardner, 1983; Paul et al., 2003). In diesem Fall spiegeln sie also eventuell die behinderte Interaktion zwischen den kognitiv bewussten Funktionen der linken Hemisphäre und der rechten wider. Darüber hinaus müssten gleichzeitig Hilfen für die betroffenen Kinder und ihre Eltern sowie Bezugspersonen in der Schule und beruflichen Ausbildung entwickelt werden. Angesichts der Tatsache, dass die Balkenstörung eine bleibende Strukturabnormalität darstellt, ist dies eine sehr schwierige Aufgabe. Aber sie ist sehr wichtig, denn ein möglichst frühzeitiger aufgeklärter Umgang mit diesem Problem könnte einen günstigen Einfluss auf die weitere geistige und soziale Entwicklung des Kindes haben.[2]

Bei der *Kolpozephalie* finden sich zumeist im vorderen Teil des Gehirns normal entwickelte Endhirnstrukturen, während die posteriore Hälfte auf einem embryonalen Entwicklungsstand verblieben zu sein scheint. Typisch sind das Fehlen des mittleren und hinteren Teils des Corpus callosum, aber auch sehr stark erweiterte mittlere und posteriore Anteile der Seitenventrikel und eine fehlende Ausdifferenzierung der Gyri der benachbarten Kortexareale (Abb. 3.5 links). Auch bei dieser Form früher abnormaler Entwicklung wurden bisher keine gravierenden Defizite oder den Split-Brain-Patienten vergleichbare Auffälligkeiten gefunden (Preilowski & Schellig, 1997; Schellig, Preilowski & Zimmermann, in Vorb.).

Andere Formen der Balkendysplasien, beispielsweise ein extrem dünnes Corpus callosum, sind bei Patienten mit *Hydrocephalus* beschrieben worden (Abb. 3.5 rechts), für die ebenfalls keine wesentlichen Beeinträchtigungen im interhemisphärischen Transfer gefunden wurden (Klaas, Hannay, Caroselli & Fletcher, 1999). Obwohl diese Pathologie zumeist mit verschiedensten Beeinträchtigungen einhergeht (Dennis et al., 1981), wurde in einigen Berichten solchen Patienten eine normale, in einem Fall sogar eine überdurchschnittliche Intelligenz bescheinigt, was allerdings keinerlei Aussagen über eventuelle veränderte Lateralitäts- und interhemisphärische Interaktionsverhältnisse erlaubt (Lorber, 1981).

Bei sehr früh Geborenen (vor der 33. Schwangerschaftswoche) hat man eine Verdünnung des Corpus callosum beobachtet. Nachfolgende Untersuchungen haben gezeigt, dass insbesondere das posteriore Viertel des Balkens betroffen ist und dies bei Jungen mit einem Defizit verbaler Leistungen korreliert (Nosarti et al., 2004).

3.1.4.3 Pathologische Veränderungen des (normal entwickelten) Kommissurensystems

Ganz anders sieht es bei pathologischen Veränderungen des Balkens aus, die einen späteren Beginn und eine schnellere Entwicklung haben. Am eindeutigsten sind hier natürlich die Folgen von hämorrhagischen Schlaganfällen im Versorgungsgebiet der A. cerebri anterior. Außer bei neurochirurgischen Manipulationen sind ischämische Infarkte hier eher selten (siehe jedoch Lausberg, Göttert, Münssinger, Boegner & Marx, 1999). Dafür finden sich im Bereich der A. communicans anterior häufiger Aneurysmen, aus denen es zu Blutungen kommen kann. Andere pathologische Beeinträchtigungen der Kommissuren können durch Tumore und Zysten entstehen.

Eine besondere Form der Pathologie des Corpus callosum ist das *Marchia-Fava-Bignami Syndrom.* Hier kommt es aus noch ungeklärten Gründen im Zusammenhang mit schwerem Alkoholmissbrauch zu einer Degeneration der Balkenfasern (siehe „hohles" Corpus callosum, Abb. 3.6). Solche Schädigungen haben typische Diskonnektionssymptome zur Folge

2 In den USA bemüht sich die *National Organization for Disorders of the Corpus Callosum (NODCC)* um Aufklärung von Eltern, Ärzten und Lehrpersonen sowie um Hilfe für Betroffene (https://www.nodcc.org).

(Kalckreuth, Zimmermann, Preilowski & Wallesch, 1994). Weitere pathologische Veränderungen des Corpus callosum aufgrund unterschiedlichster Ursachen konnten durch magnetresonanztomografische Untersuchungen festgestellt werden. Hierzu gehören beispielsweise diffuse axonale Verletzungen aufgrund von Traumata, Veränderungen der weißen Substanz einschließlich des Corpus callosum bei multipler Sklerose und akuter disseminierender Encephalomyelitis wie auch Waller-Degeneration nach hemisphärischen Läsionen und verschiedene Formen von Gliose (Friese, Bitzer, Freudenstein, Voigt & Kuker, 2000; Jinkins, 1991; Uchino, Takase, Nomiyama, Egashira & Kudo, 2006).

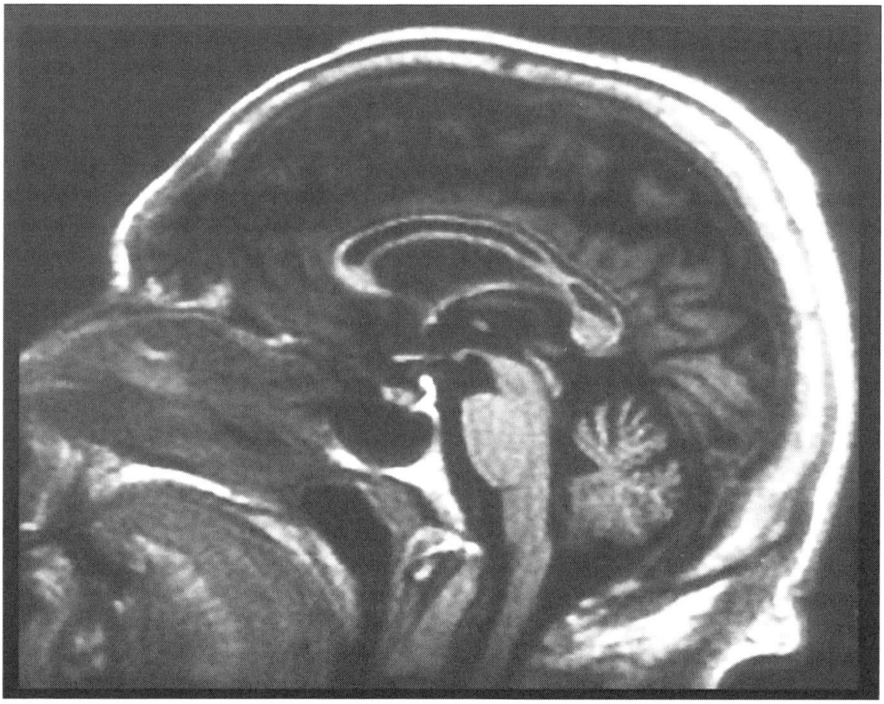

Abbildung 3.6: Marchiafava-Bignami-Syndrom

Ebenso gibt es Berichte von Veränderungen in der Struktur des Corpus callosum bei Patienten mit den verschiedensten anderen neurologischen und psychiatrischen Erkrankungen. So beispielsweise bei Epilepsien (Weber et al., 2007) und bei FAS (Dodge et al., 2009; Roebuck, Mattson & Riley, 2002; Sowell et al., 2001), OCD (Oh et al., 2012), Autismus (Rice et al., 2005), Depression (Lacerda et al., 2005; Walterfang et al., 2009) sowie Schizophrenie (Downhill Jr et al., 2000; Walterfang et al., 2008; Whitford et al., 2010). Darüber hinaus sind Veränderungen des Balkens auch im Zusammenhang mit dementiellen Erkrankungen beschrieben worden (Hallam et al., 2008). Allerdings gibt es zu diesen Veränderungen der Kommissurenbahnen noch keine ausreichenden neuropsychologischen

Befunde, die einen ursächlichen Zusammenhang zwischen den Veränderungen der Kommissuren und der jeweiligen Erkrankung erklären könnten. Es ist also ebenso möglich, dass die Veränderungen der Balkenfasern nur die extra-callosalen neuroanatomischen und neurofunktionellen Veränderungen der Gehirnbereich widerspiegeln, die über den Balken miteinander verbunden sind. Dies gilt wahrscheinlich auch für neuropsychologische Befunde, die auf interhemisphärische Interaktionsstörungen schließen lassen – beispielsweise bei Alkoholikern – ohne dass dies durch anatomische Befunde über den Zustand des Corpus callosum belegt wurde (Schneider et al., 1992).

3.1.4.4 Split-Brain-Operation

Detaillierte neuropsychologische Befunde über die Auswirkungen von Balkenläsionen liegen vor allem für Patienten nach einer teilweisen oder vollständigen chirurgischen Durchtrennungen der Kommissurenbahnen, also als Folge der bereits erwähnten Split-Brain-Ope-

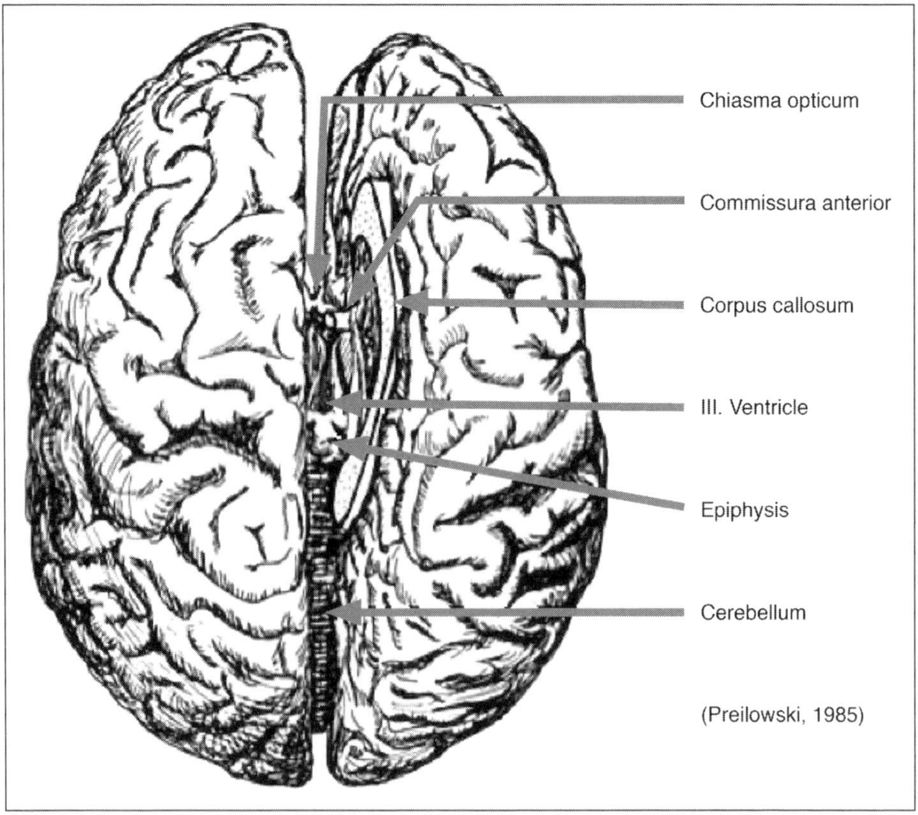

Abbildung 3.7: Schematische Darstellung einer vollständigen Durchtrennung des Corpus callosum, der vorderen Kommissur und des Psalteriums (der Fornix cerebri)

ration, vor. Diese Operation wird außer zur Epilepsietherapie auch durchgeführt, um Tumoren im Bereich des Corpus callosum oder des dritten Ventrikels zu entfernen (Abb. 3.7).

Im folgenden Kasten sind die akuten und chronischen Symptome einer Balkendurchtrennung beim Menschen aufgelistet (Preilowski, 2007a):

Akutes Diskonnektionssyndrom

- Mutismus
- Intermanueller Konflikt (zumeist in Form von Synkinesien, aber manchmal auch als Fremde-Hand-Syndrom)
- Unilaterale (fast immer) linksseitige Dyspraxie oder Apraxie

Chronisches Diskonnektionssyndrom

- unterschiedlich stark ausgeprägte anterograde Amnesie
- je nach Umfang und Lokalisation der Balkendurchtrennung, unterschiedliche *Diskonnektionssymptome*:
  - z. B. können bei vollständiger Durchtrennung (oder zumindest des Balkenkörpers und/oder des Spleniums) sensorische Stimuli, die nur mit der rechten Hemisphäre wahrgenommen werden, nicht benannt werden; Stimuli, die in die linke Gehirnhälfte gelangen, können beispielsweise in der linken Gesichtsfeldhälfte oder durch Ertasten mit der linken Hand nicht wiedererkannt werden.
  - Bei vollständiger Kommissurotomie kann man auch beiden Gehirnhälften gleichzeitig unterschiedliche Informationen präsentieren, die dann separat (aber durchaus adäquat) verarbeitet werden (→ zwei separate Bewusstseinssphären).
  - Bei vollständiger Durchtrennung des Corpus callosum bleibt eine chronische einseitige (in den bisher untersuchten Patienten linksseitige) Dyspraxie oder Apraxie bestehen. Da die Patienten oft davon sprechen, dass ihre (linke) Hand etwas tut, was sie eigentlich nicht wollen, sie dies aber auch nicht unterbinden können, wird hier von einem „Fremde-Hand-Syndrom" gesprochen. Dies entspricht aber nicht der gängigen Definition eines „Fremde-Hand-Syndroms", weil die Patienten diese Hand durchaus als zu ihrem Körper gehörend anerkennen. Die Beschreibung als „anarchische Hand" wäre hier angemessener. Ferner ist anzumerken, dass diese fehlende Kontrolle ungewollter Reaktionen nur bei Split-Brain-Patienten mit nachgewiesener extracallosaler Hirnschädigung beobachtet wurde. Sowohl das „Fremde-Hand-Syndrom" wie auch das „Anarchische-Hand-Syndrom" sind also keine typischen callosalen Diskonnektionssymptome.

Komplett kommissurotomierte Patienten können keine neuen bimanuellen Koordinationsleistungen erlernen. Präoperativ erworbene Fertigkeiten bleiben jedoch erhalten. Wenn nur der vordere Teil des Balkens durchtrennt wurde, können bimanuelle Fertigkeiten erworben werden. Deren Erwerb und die Ausführung sind aber nur mit Hilfe visueller Kontrolle möglich (Preilowski, 1972; Preilowski, 1975; Preilowski, 2007a).

3.2 Methoden zur Überprüfung von lateralisierten Funktionen sowie der interhemisphärischen Interaktion

Die Wahl eines Tests oder einer Prüfmethode ist vor allem durch den Zweck einer Untersuchung bedingt. Hier sind experimentelle und Forschungszwecke von klinischen Fragestellungen zu unterscheiden. Bei den letzteren wird man wiederum zwischen einer Diagnostik differenzieren müssen, die entweder mit Konsequenzen für die unmittelbare therapeutische Intervention, beispielsweise einem neurochirurgischen Eingriff, oder einer Entscheidungsfindung mit weniger gravierenden Konsequenzen verbunden ist. Auch wird man sich bezüglich der Belastung für den Patienten sowie des personellen und finanziellen Aufwandes überlegen müssen, ob ein möglicherweise aufzudeckendes Defizit für den Alltag bzw. die Lebensqualität des Betroffenen relevant ist. Beispielsweise ist mit Bezug auf eventuelle interhemisphärische Defizite zu beachten, dass es viele Möglichkeiten gibt, eine alltägliche Aufgabe zu meistern. Eine bimanuelle Aufgabe mag zwar durch den Verlust frontaler kommissuraler Verbindungen nur mit visueller Kontrolle möglich sein. Aber diese Einschränkung wird den Patienten im Alltag in den seltensten Fällen wirklich belasten. Es wird also in der klinischen Praxis nicht immer notwendig sein, ein Defizit nachzuweisen, das nur dann zu beobachten ist, wenn man die Grenzen eines Systems – in diesem Fall aller an der Beidhandkoordination beteiligten Gehirnfunktionen – auslotet. Letzteres würde beispielsweise unter anderem sehr viele Testdurchgänge (unter Umständen über viele Testtage hinweg) verlangen.

Bezüglich der folgenden Prüfungen in den verschiedenen Modalitäten ist selbstverständlich sicher zu stellen, dass die neurologischen Basisfunktionen intakt sind. Im Allgemeinen sind bei experimentellen Untersuchungen einfache Prüfverfahren der Seh-, Hör-, Riech-, sowie der taktil-kinästhetischen, somato-sensorischen und motorischen Funktionen ausreichend. Bei klinischen Untersuchungen sollte eine neurologische Befundung der Patienten vorausgehen.

3.2.1 Visuelle Modalität – Visuelle Halbfeld-Darbietungen

3.2.1.1 Neuroanatomische und prozedurale Grundlagen

Diese Technik beruht auf der separaten neuroanatomischen Verbindung der Retinahälften jedes Auges mit dem Gehirn. Dabei kreuzen die Verbindungen der nasalen Retinahälften, und die temporalen verlaufen ipsilateral im Chiasma opticum: Dadurch wird das, was in der linken Gesichtsfeldhälfte gesehen wird, in die rechte Gehirnhälfte übertragen und vice versa (Abb. in Testtabelle S. 554). Zwar kommt es dann spätestens im visuellen Kortex zu der Möglichkeit des interhemisphärischen Austausches über die Fasern des Spleniums des Corpus callosum. Hierbei ist jedoch anzumerken, dass für den primären visuellen Kortex V1 des Affen und Menschen callosale Projektionen lediglich den Grenzbereich zwischen V1 und V2 abdecken, wo der vertikale Meridian repräsentiert ist. Für den Rest von V1 gibt es keine callosalen Verbindungen. Diese seit vielen Jahren auf der Basis von Tierexperimenten bekannte Tatsache (siehe z. B. Van Essen, Newsome & Bixby, 1982) wurde mittlerweile auch durch bildgebende Untersuchungen des menschlichen Gehirns bestätigt (z. B. Saenz & Fine, 2010). Ferner werden visuelle Informationen zwischen den Colliculi superiores des Tektums übertragen. Jeglicher interhemisphärischer Informationsaustausch benötigt aber eine gewisse Zeit und ist – so vermutet man – auch mit einem Qualitätsverlust verbunden.

Um zu gewährleisten, dass die visuelle Information (zumindest zuerst) ausschließlich in eine Gehirnhälfte gelangt, wird der Reiz kurzzeitig (max. Dauer 100 ms) rechts oder links vom Fixationspunkt, also in die rechte oder linke Gesichtsfeldhälfte dargeboten. Die kurze Darbietung soll verhindern, dass Augenbewegungen vom Fixationspunkt weg erfolgen können, die dann die Lateralisierung aufheben würden. Bei entsprechend vielen, in zufälliger Reihenfolge in die rechte und linke Gesichtsfeldhälfte dargebotenen Stimuli erübrigt sich gewöhnlich eine zusätzliche experimentelle Kontrolle der Fixation. Man geht davon aus, dass auch die Richtung bei einem möglichen Verlassen des Fixationspunktes durch den Probanden zum Zeitpunkt der Stimulation zufällig verteilt ist und sich somit kein systematischer Einfluss auf die erhobenen Daten ergibt. In einigen Experimenten wurde versucht, die Fixation zu erzwingen, indem ein neutraler Fixationspunkt durch einen dynamischen Reiz ersetzt wurde. Dieser musste erkannt und im Nachhinein berichtet werden (beispielsweise ein zuletzt – vor der eigentlichen Reizdarbietung – gezeigter Buchstabe oder eine Zahl). Ebenso wurde mit der Entdeckung einer Intensitätsänderung des Fixationsstimulus experimentiert, auf die mit einem Tastendruck reagiert werden musste. Dieser Tastendruck löste dann den eigentlichen lateralisierten Reiz aus. Oder es wurden eine Spirale bzw. ein schrumpfender Reiz verwendet, der den Fixationsblick fesseln sollte. Allerdings ist der Einfluss solcher zusätzlicher Reize auf die nachfolgende Leistung nur schwer abzuschätzen.

In den ersten Untersuchungen mit Split-Brain-Patienten wurden die Reize von hinten auf eine vor dem Patienten platzierte Mattscheibe projiziert. Im Rahmen war eine kleine Öffnung, durch die man die Augen der getesteten Person beobachten konnte. Der Reiz wurde dann manuell ausgelöst, wenn man sicher war, dass gerade fixiert wurde. Da eine solche Technik zwar sehr reliabel funktioniert, aber bei Gutachtern nicht als wissenschaftlich genug akzeptiert wurde, kamen dann später zusätzlich EOG-Aufzeichnungen und, in neuerer Zeit, moderne Eye-Tracking Methoden in Anwendung. Solche Kontrollmaßnahmen mussten auch verwendet werden, wenn die Tests mit Hilfe eines Einblicktachistoskops durchgeführt wurden. Heute werden bei visuellen Halbfeldexperimenten fast ausschließlich computergesteuerte Monitordarbietungen verwendet. Diese Computerprogramme (beispielsweise e-prime, presentation, Superlab, etc.), ermöglichen flexible, kontrollierte Reizdarbietungen und können auch Wahlreaktionen erfassen (per Tastendruck oder Stimmschlüssel) sowie Reaktionszeiten im Millisekundenbereich messen. Eye-Tracking Kontrollen haben hierbei den Vorteil, dass man die Blickbewegungen während der gesamten Präsentation verfolgen kann.

Um auch längere Darbietungszeiten verwenden zu können, wurden Techniken eingesetzt, mit deren Hilfe man Stimuli direkt in ein Auge projizieren kann. Beispielsweise verwendete Eran Zaidel (Zaidel, 1975) in seinen Untersuchungen der Split-Brain-Patienten eine individuell angepasste Sklerallinse, auf die ein optisches System (Maxwellian View) aufgesetzt werden konnte. Über eine weitere Optik wurde der Arbeitsbereich der Patienten vor ihnen direkt in das Auge projiziert. Dabei konnte dann jeweils eine Hälfte des Maxwellian-View-Systems abgedeckt werden, um die Darbietung auf nur eine Retinahälfte zu beschränken. Zaidel konnte so mehr Information in einem visuell größeren Bereich darbieten. Allerdings musste zur Stabilisierung des Systems die Sklerallinse an das Auge angesaugt werden. Und dies führte dazu, dass die Linse nur für die Dauer von ca. 20 Minuten toleriert wurde.

Eine andere Technik, die, wie Zaidels Sklerallinse, Stimulationen in einem größeren zeitlichen und inhaltlichen Umfang als die tachistoskopische Darbietung erlaubt, verwendet Geräte, die in der Augenheilkunde gebräuchlich sind. Beispielsweise ein Scanning-Laser-Ophthalmoskop (SLO) (Dürrwächter, 2003). Mit diesem Gerät kann eine Videoaufzeichnung des Augenhintergrundes erfolgen. Durch die Modulation des Laserstrahls kann aber während des Scanvorgangs auch visuelle Information direkt auf die Netzhaut projiziert werden. Der Proband nimmt diese Information auf einem hellroten Hintergrund wahr. In der Videoaufzeichnung sieht man den dargebotenen Stimulus gleichzeitig mit dem Augenhintergrund, und man kann somit auch anhand der sichtbaren Fovea den jeweiligen Fixationspunkt während der Stimulation bestimmen und so in den Videoaufnahmen des Augenhintergrundes die Lokalisation der Stimulation kontrollieren. Allerdings muss für die Anwendung dieser Methode die Pupille medikamentös erweitert werden. Eine vergleichbare Technik ist die Fundus Tachistoskopie, die ebenfalls die Stimuli direkt auf die Retina projiziert und kontrolliert, allerdings ist die Expositionszeit wiederum nur sehr kurz (Sugishita, Hamilton, Sakuma & Hemmi, 1994).

Weitere Techniken zur lateralisierten Darbietung visueller Reize, wie beispielsweise die Verwendung von Shutterbrillen, die sich verdunkeln oder schließen, sobald über ein EOG-Signal eine Abweichung von einem vorgegebenen Fixationspunkt festgestellt wird, haben sich nicht durchgesetzt. Ebenso wenig die visuelle Stimulation, bei der dem Probanden, durch Drehung des Kopfes in eine fixierte Stellung zur Seite, eine extreme, nach außen gerichtete Blickrichtung aufgezwungen wird, die es ihm unmöglich macht, die Information in die „verbotene" Gesichtsfeldhälfte zu bringen. Denn dies wäre nur durch eine der Versuchsperson unmögliche, noch weiter nach außen gerichtete Blickbewegung zu erreichen.

Bei allen Darbietungstechniken bleibt jedoch ein Problem, von dem man bis vor kurzem noch glaubte, es gelöst zu haben: Und zwar betrifft dies die Frage, wo genau in der Retina bzw. im visuellen Kortex die Grenze zwischen den rechten und linken Gesichtsfeldhälften verläuft. Aufgrund von Untersuchungen bei Tieren, die, wie der Mensch, nach vorne gerichtete überlappende Gesichtsfelder beider Augen besitzen, nahm man bisher an, dass es entlang des vertikalen Meridians einen Überlappungsbereich der beiden Gesichtsfeldhälften von ca. 3 Grad Sehwinkel gibt. Da man dies auch für die menschliche Neuroanatomie vermutete, wurden lateralisierte visuelle Darbietungen mit einem entsprechenden Abstand vom Fixationspunkt vorgenommen. Weil aber die Sehschärfe schon mit geringem Abstand vom Fixationspunkt sehr stark abnimmt, musste die seitliche Ausdehnung der Reize sehr stark begrenzt werden. In den letzten Jahren hat es nun Hinweise darauf gegeben, dass es beim Menschen (anders als bei anderen Primaten) eine scharfe Trennung beider Gesichtsfeldhälften entlang des vertikalen Meridians geben könnte. Auffällig ist dabei, dass wir in dieser Frage wenig direkte Hilfe von der Neuroanatomie erhalten. Stattdessen versucht man mit funktionellen Tests (Fendrich & Gazzaniga, 1989; Fendrich, Wessinger & Gazzaniga, 1996; Marzi, Mancini, Sperandio & Savazzi, 2009) und nun auch mit hochauflösenden fMRT-Untersuchungen die Grenzen der Gesichtsfeldhälften bzw. einen möglichen naso-temporalen Überlappungsbereich zu bestimmen (Wandell & Winawer, 2011).

Bis zur endgültigen Lösung dieser Frage scheint es jedoch sinnvoll, weiterhin bei der lateralisierten Darbietung visueller Informationen einen seitlichen Abstand von 1,5 bis 3 Grad Sehwinkel vom Fixationspunkt einzuhalten.

3.2.1.2 Unterschiede zwischen rechts- und linkshemisphärischen Verarbeitungsleistungen bei visueller Halbfeldstimulation

Im Wesentlichen konnten die Befunde der klinischen Neuropsychologie, die Defizite nach linkshemisphärischen Läsionen vor allem bei der Verarbeitung von sprachlichen und nach rechtshemisphärischen Läsionen von visuell räumlichen und ganzheitlich zu erfassenden Stimuli nachgewiesen hatten, sowohl bei Split-Brain-Untersuchungen (Sperry, 1974) als auch bei Tests mit normal gesunden Probanden bestätigt werden (Rizzolatti, Umilta & Berlucchi, 1971). D. h. wenn verbales bzw. sprachliches Material vorgegeben wurde, konnte dies bei Darbietung in der rechten Gesichtsfeldhälfte schneller und genauer bearbeitet werden, als wenn die Projektion in die linke Gesichtsfeldhälfte erfolgte. Andererseits konnten Aufgaben, die ein ganzheitliches Erfassen der Stimuli voraussetzten, besser und schneller bei Darbietung in der linken Gesichtsfeldhälfte als bei Präsentation in der rechten gelöst werden. Zu diesen letzteren Aufgaben gehört beispielsweise die Erfassung bzw. Unterscheidung von Punktmengen oder von Gesichtern.

Interessanterweise sind für eine Reihe von Tests, die im klinischen Bereich Lateralisationseffekte aufzeigten, beispielsweise bei semantischen Analogieaufgaben für linkshemisphärische Funktionen und bei Gestaltergänzungstests (Gestalt Completion Test) oder Fragmentierten Bildern für rechtshemispärische, keine eindeutigen Lateralitätsbefunde bei gesunden Versuchspersonen gefunden worden (Fouty & Yeo, 1995). Auch Befunde aus der Klinik, die von einer Unterscheidung von lokaler (linkshemisphärischer) und globaler (rechtshemisphärischer) Verarbeitung visueller Reize ausgingen, haben bei gesunden Versuchspersonen keine eindeutigen Ergebnisse erbracht (Heinze, Hinrichs, Scholz, Burchert & Mangun, 1998).

3.2.1.3 Interhemisphärische Interaktion bei visueller Halbfeldstimulation

Die Untersuchungen zur interhemisphärischen Interaktion bei visueller Halbfeldstimulation basieren alle auf dem von Poffenberger 1912 publizierten und nach ihm benannten Paradigma. Poffenberger (Poffenberger, 1912) verglich die Reaktionszeiten auf Lichtreize in der rechten und linken Gesichtsfeldhälfte, wenn dabei mit der rechten oder linken Hand reagiert werden musste. Da die Handbewegungen überwiegend kontralateral gesteuert werden, sollte also auf eine zur benutzten Hand ipsilaterale Lichtstimulation (ungekreuzte Bedingung) schneller reagiert werden als auf Lichtreize in der anderen Gesichtsfeldhälfte (gekreuzte Bedingung). Poffenberger nahm an, dass in der ungekreuzten Bedingung die Verbindung zwischen Lichtwahrnehmung und motorischer Kontrolle innerhalb einer Gehirnhälfte stattfindet, während in der gekreuzten Bedingung entweder die Information über den Lichtreiz oder aber der motorische Impuls für die Handbewegung in die andere Gehirnhälfte gelangen muss. Bei einer Stimulation links vom Fixationspunkt würde also die Reaktion mit der rechten Hand länger dauern als mit der linken Hand und vice versa. Die neueren Untersuchungen zur interhemisphärischen Transferzeit (interhemispheric transfer time, IHTT) sowie der CUDs (crossed-uncrossed differences) beruhen auf den gleichen Überlegungen.

Eine große Anzahl von Untersuchungen hat das Poffenberger Paradigma mit vielfältigen visuellen Reizen verwendet, um sowohl die Art der in der gekreuzten Bedingung übertragenen Information sowie den Zeitpunkt der Übertragung zu bestimmen (Marzi, Bisiacchi & Nicoletti, 1991). Dabei wurden auch EEG- bzw. EKP-Messungen (Ipata, Girelli, Miniussi & Marzi, 1997; Moes, Brown & Minnema, 2007) und bildgebende Verfahren eingesetzt (Martuzzi et al., 2006; Westerhausen et al., 2006). Ferner wurde transkranielle Magnetstimulation verwendet, um durch einseitige Stimulation, beispielsweise des motorischen oder des visuellen Kortex, die CUDs zu beeinflussen (Marzi et al., 1998). Die CUDs variieren generell von Person zu Person und mit der jeweiligen Aufgabe zwischen ca. 3 und 10 Millisekunden. Sie können auch asymmetrisch ausfallen, d. h. die beiden möglichen gekreuzten Bedingungen führen nicht immer zu identischen Ergebnissen (Bisiacchi et al., 1994). Insgesamt aber kann man – auch aufgrund der stark vergrößerten CUDs bei Personen mit Balkenanomalien – die IHTTs auf die callosale Übertragung zurückführen.

Eine besondere Situation ist die gleichzeitige bilaterale oder auch redundante Stimulation, die generell zu schnelleren Reaktionen führt (redundancy gain). Hier wird vermutet, dass die parallele Stimulation zu einer verstärkten Aktivierung der Hemisphären (coactivation) führt (Miller, 1982). Je nach der zu lösenden Aufgabe, der Komplexität der Stimuli und auch der zugrunde liegenden Modellvorstellung argumentiert man hier auch mit einem bilateral verteilten Verarbeitungsvorteil (bilateral distribution advantage) (Copeland & Zaidel, 1996). Welche Rolle das Corpus callosum hierbei wirklich spielt, ist noch nicht geklärt. Insbesondere verblüfft es, dass bei Patienten mit teilweiser oder vollständiger Durchtrennung des Balkens sogar ein verstärkter „redundancy gain“ beschrieben wurde (Miller, 2007).

3.2.2 Auditive Modalität – Dichotisches Hören

3.2.2.1 Neuroanatomische und prozedurale Grundlagen sowie Ergebnisse dichotischer Tests

Die Nervenverbindungen vom Hörorgan zum Gehirn werden bereits an verschiedenen Schaltstellen im Hirnstamm ipsi- wie kontralateral verzweigt, so dass akustische Reize von jedem Ohr in jede Hemisphäre gelangen. Der frühe Austausch dieser Information ist von grundlegender Bedeutung für die räumliche Lokalisation akustischer Reize. Dennoch vermutet man, im Vergleich zur ipsilateralen, eine stärkere bzw. effizientere kontralaterale Verbindung zwischen Ohr und Gehirnhemisphäre. Diese Vermutung kann zur Zeit nur durch Einzelzellableitungen in Tierversuchen direkt bestätigt werden. Gestützt wird diese Vermutung jedoch auch durch die Ergebnisse von audiometrischen und neuropsychologischen Untersuchungen mit akustischen Stimuli bei gesunden Versuchspersonen, Patienten mit einseitigen Läsionen und Split-Brain-Patienten.

Wenn man akustische Reize jeweils nur einem Ohr darbietet (monaurale Darbietung), kann man Unterschiede zwischen den Leistungen beim Erkennen von sprachlichen und nichtsprachlichen Reizen feststellen. Diese Unterschiede werden jedoch erst in den Ergebnissen größerer Gruppen signifikant. Gibt man jedoch gleichzeitig unterschiedliche Informationen auf beide Ohren (binaurale dichotische Darbietung) werden die Unterschiede in dieser Wettbewerbssituation auch in einzelnen Personen deutlich.

Basierend auf Untersuchungen zur Aufmerksamkeit von Donald Broadbent untersuchte Doreen Kimura zuerst mit monauralen Tests Patienten mit Epilepsien und später mit dichotischen Tests auch gesunde Versuchspersonen. Sie verwendete Zahlen (Kimura, 1967) und Melodien (Kimura, 1964) und konnte so jeweils einen Rechts-Ohr-Vorteil beziehungsweise Links-Ohr-Vorteil beschreiben.

Dichotische Tests wurden in der Folge mit verschiedenen Stimuli durchgeführt. Sprachliche Materialien beinhalteten beispielsweise Wörter, Nicht-Wörter, reimende und nicht-reimende Wörter sowie Silben einerseits sowie Melodien, Klänge und Geräusche des täglichen Lebens andererseits. Nicht immer ergaben sich übereinstimmende Befunde. Die Aufklärung von widersprüchlichen Ergebnissen wurde vor allem dadurch erschwert, dass die jeweils verwendeten Testmaterialien häufig nicht zugänglich gemacht wurden.

In diesem Zusammenhang ist Kenneth Hugdahl von der Universität Bergen (Norwegen) lobend zu erwähnen, der von Anfang an bereit war, seinen Test *(Bergen Dichotic Listening Test)* zuerst auf Kassette, später dann auf CD und heute als App kostenlos und mit Begleitmaterial jedem Interessenten zur Verfügung zu stellen (Bless et al., 2013; dichoticlistening.com). Und wir haben diesen Test mit guten Ergebnissen routinemäßig in der neuropsychologischen Ambulanz des Psychologischen Instituts der Universität Tübingen eingesetzt. Hugdahl hat den Test ständig verbessert. So hat er beispielsweise darauf geachtet, dass nicht nur der Beginn und das Ende der einzelnen dichotisch präsentierten Stimuli, sondern auch deren akustische Hüllkurven möglichst genau übereinstimmen. Ferner hat er eine für die deutsche Sprache besser angepasste Stimulusakustik verwendet.

Als Alternativen zum Bergen Dichotic Listening Test seien aus dem angelsächsischen Sprachraum der *Fused Rhymed Words Test* (FRWT) von Bruce Wexler und Terry Halwes (Wexler & Halwes, 1983) sowie zwei kanadische Tests vom Psychologischen Institut der University of Victoria – der *Dichotic Listening – Words* von S. Hayden und F. Spellacy (Hayden & Spellacy, 1978) und der *Dichotic Listening – Music* von Frank Spellacy (Spellacy, 1970) – genannt. Während der Bergen Dichotic Listening Test (Hugdahl, 2013) die Silben ba, pa, da, ta, ga, ka verwendet, sind es beim Fused Rhymed Words Test einsilbige Wortpaare, die sich nur in den Stoppkonsonanten b, p, d, t, g und k als erstem Buchstaben unterscheiden (z. B. coat und goat). Auch beim Wörter-Test von Hayden und Spellacy werden einsilbige Wörter präsentiert; verlangt wird die freie Wiedergabe der dichotisch präsentierten Stimuli. Von dem Musik-Test (Spellacy, 1970) gibt es leider keine genauere Beschreibung. Der Webseite des Psychologischen Instituts der University of Victoria ist zu entnehmen, dass in diesem Test gleichzeitig zwei Auszüge aus Violinen-Arrangements während zwei Sekunden dargeboten werden. Anschließend wird ein Stück allein vorgegeben und der Proband muss entscheiden, ob es mit einem der zuvor gehörten identisch ist oder nicht (Spreen & Strauss, 1998). Vermutlich wird das in einem Ohr vorgegebene und häufiger als gleich erkannte Stück über den Testverlauf hinweg auf einen bestimmten Ohrvorteil schließen lassen.

Auf der Grundlage des *Fused Rhymed Words Test (FRWT)* von Wexler und Halwes hat Heinz Hättig (Hättig & Beier, 2000) einen deutschen Dichotischen Hörtest (siehe Tabelle) nach dem Prinzip synchronisierter Reimwörter entwickelt und erprobt. Dieses computerisierte Verfahren besteht in der Version 1.10 (Hättig, 2016) aus drei Tests: Bei den Tests FW10b und FW12k werden reimende einsilbige Wortpaare verwendet, so dass dichotisch differenziert nur der Wortanlaut gehört wird (Topf, Kopf, Kreis, Preis, etc.), beim FW12k zusätzlich auch Bilder. Trotz unterschiedlicher Itemanzahl werden beide als Parallelversionen betrachtet. Bei den Items des Test FW7c wird nicht der Wortanfang, sondern ein zentraler Konsonant (**c**entral **c**onsonant, z. B. Le**b**er vs. Le**d**er) dichotisch differenziert gehört. Dieser Test wird von den Autoren noch als experimentell bezeichnet und nicht zur Lateralisierungsprüfung empfohlen.

Für alle dichotischen Tests galt lange Zeit der Einwand, es handele sich hier weniger um Verfahren zur Bestimmung der Sprachlateralität als vielmehr der Aufmerksamkeitslenkung. Dieser Einwand konnte jedoch dadurch entkräftet werden, dass neben der freien Reproduktion des Gehörten auch Testwiederholungen durchgeführt wurden, bei denen gezielt einmal das im linken und zum anderen das im rechten Ohr Gehörte wiedergegeben werden sollte. Hierbei zeigt sich, dass bei entgegengesetzter Aufmerksamkeitszuwendung die Asymmetrie des Ohrvorteils (Rechts-Ohr-Vorteil) nur geringfügig reduziert bzw. bei gleichgerichteter Aufmerksamkeit akzentuiert werden kann. Ein Links-Ohr-Vorteil ist auf diese Weise aber nicht zu erreichen.

Mittlerweile sind dichotische Hörtests sehr häufig verwendet worden, um Sprachlateralisierungen zu diagnostizieren bzw. in bildgebenden Verfahren (EEG, MEG, fMRT) entsprechende lateralisierte Aktivierungen zu provozieren. Auch wurde die Tatsache, dass bei Balkenschädigungen eine besonders starke Unterdrückung der links-ohrigen, d. h. ipsilateralen auditiven Stimulation gefunden wurde, dazu verwendet, um Zusammenhänge mit kommissuralen Läsionen zu bestimmen (Pollmann, Maertens, Cramon, Lepsien & Hugdahl, 2002). Allerdings ergab sich aus diesen Untersuchungen keine sehr genaue Topographie der auditiven kommissuralen Verbindungen. In Gruppenuntersuchungen konnte das dichotische Hören als Indikator der Sprachlateralisierung mit Erfolg eingesetzt werden, beispielsweise bei der Untersuchung von Veränderungen im Verlauf des Menstruationszyklus (Cowell, Ledger, Wadnerkar, Skilling & Whiteside, 2011) oder bei Veränderungen aufgrund von Depressionen und deren medikamentöser Behandlung (Bruder et al., 2012).

Problematischer aber bleibt der Einsatz zur Bestimmung der Sprachlateralisierung im Einzelfall. Seit den 1980er Jahren sollte mit vergleichenden Untersuchungen geklärt werden, ob in der präoperativen Diagnostik invasive Untersuchungen, wie beispielsweise der WADA

Test, durch das dichotische Verfahren ersetzt werden könnten. Bis heute ist man jedoch überwiegend der Meinung, dass der dichotische Hörtest zwar erste hilfreiche Hinweise auf den Grad der Komplexität der Sprachlateralisierung bei einem Patienten liefern kann, beispielsweise bei Linkshändern, dass aber der WADA Test dadurch nicht überflüssig wird (Bethmann, Tempelmann, De Bleser, Scheich & Brechmann, 2007; Fernandes, Smith, Logan, Crawley & McAndrews, 2006).

Aufgrund der für die Klinik besonders wichtigen Sprachlateralitätsprüfung gibt es für linkshemisphärisch orientierte dichotische Tests die meisten Informationen. Verfahren mit Stimuli, die einen Links-Ohr-Vorteil liefern könnten, beispielsweise Töne, Akkorde, Geräusche des Alltags, sind in der neueren wissenschaftlichen Literatur kaum zu finden, und sie spielen im klinischen Bereich keine Rolle. Im Jahre 1981 hat Sidtis eine dichotische komplexe Ton-Diskriminationsaufgabe beschrieben. In einer allerdings recht kleinen Stichprobe fand er Wahrnehmungsasymmetrien, die nach eigenen Angaben in Ausmaß und Stabilität denen der Sprachwahrnehmung vergleichbar, aber eben in die gegengesetzte Richtung ausgerichtet waren (Sidtis, 1981). Andere vergleichbare Tests tauchen in einigen Lateralitäts-Test-Batterien auf, die weiter unten besprochen werden. Aber auch diese Tests sind nach der Jahrtausendwende aus der Literatur verschwunden. Bereits 1985 hatte Diana Deutsch (Deutsch, 1985) auf die Problematik hingewiesen, komplexe musikalische Stimuli als einheitliche Struktur aufzufassen und dann nur einer Funktion und damit nur einer Hemisphäre zuzuordnen. Sie hatte beispielsweise bessere Wahrnehmungsleistungen für hohe Töne im rechten Ohr und für tiefere im linken Ohr festgestellt.

3.2.3 Olfaktorische Prüfungen

Die Neuropsychologie der Geruchswahrnehmung hat, im Vergleich mit anderen sensorischen Modalitäten, lange Zeit nur sehr wenig Beachtung gefunden. Auch die allgemeine olfaktorische Forschung hat erst in den letzten Jahren zugenommen. Diese Historie ist zum Teil dadurch zu erklären, dass Geruch eine komplexe Wahrnehmung mit sehr vielen situativen und kognitiv unklaren Einflüssen ist und auch dadurch, dass die technischen Anforderungen an eine kontrollierte Stimulation sehr hoch sind. Für eine klinische Prüfung sind die Ansprüche geringer.

Wenn die Nasenscheidewand eines Probanden intakt ist, besteht die Möglichkeit einer lateralisierten olfaktorischen Prüfung. Die Durchführung erfolgt jeweils durch Verschließen einer Nasenöffnung und Darbietung von verschiedenen olfaktorischen Reizen in die jeweils andere Nasenöffnung. Hierfür gibt es spezielle (recht teure) olfaktorische Testkits. Es genügen aber auch selbst hergestellte Duftfläschchen oder bestimmte Farbmarker, die mit Duftstoffen versehen sind. Zu starke bzw. stechende olfaktorische Reize sind zu vermeiden, da sie unter anderem eine Reizung der Trigeminusnerven bewirken können.

Bekannt ist die überwiegend ipsilaterale Zuordnung von Nasenöffnung und Hemisphäre. Die Interpretation der Ergebnisse ist dennoch schwierig, da der genaue Verlauf der olfaktorischen Bahnen und der interhemisphärischen Verbindungen in ihrer Gesamtheit – beispielsweise gibt es bereits zwischen den Bulbi olfactorii eine Verbindung durch die vordere

Kommissur – noch relativ unerforscht ist. Mit Hilfe bildgebender Verfahren kann man aber heute, zumindest was die Endaktivierung im Gehirn betrifft, einige Aussagen machen. Bedeutsam ist vor allem, dass schon die einfache passive Wahrnehmung von Gerüchen sehr früh zur Aktivierung von limbischen und semantischen Strukturen führt (Savic, 2001, 2002).

Entsprechend der Beteiligung dieser sehr weit verzweigten neuronalen Systeme wird verständlich, dass bezüglich der olfaktorischen Lateralisierung widersprüchliche Daten vorliegen. Insgesamt ergibt sich der Eindruck einer Dominanz der rechten Hemisphäre (Brand & Jacquot, 2001; Brand, Millot & Henquell, 2001). Problematisch erweist sich beispielsweise die Tatsache, dass eine Umkehr der Asymmetrie entsteht, wenn in der linken Nasenöffnung der Luftfluss gegenüber der rechten Nasenöffnung erhöht wird. Hier spielt wahrscheinlich die Aktivierung von Trigeminusfasern eine Rolle, die auf Veränderungen von Temperatur und Druck des Luftflusses reagieren (Savic, 2001). Und auf die Aktivierung mehrerer Systeme zurückkommend, erklärt sich auch, dass die verschiedensten qualitativen Aspekte eines olfaktorischen Reizes, wie auch die Aufgabenstellung an die Versuchsperson (Erkennen, Benennen, Unterscheiden, Erinnern, etc.) einen großen Einfluss auf eine mögliche Asymmetrie der Gehirnaktivität haben. Dies zeigt sich auch in Verhaltensexperimenten: Beispielsweise wurden Gerüche, die in die rechte Nasenöffnung gegeben wurden, angenehmer empfunden als die über die linke Nasenöffnung aufgenommenen. Letztere konnten hingegen genauer benannt werden als Gerüche in der rechten Nasenöffnung (Herz, McCall& Cahill, 1999). In einer anderen Untersuchung wurde auf unangenehme Geruchsreize schneller reagiert als auf angenehme, wenn die Beurteilung nach Stimulation der rechten Nasenöffnung erfolgen sollte (Bensafi, Rouby, Farget, Vigouroux & Holley, 2002).

3.2.4 Somatosensorische Prüfungen

Im Bereich der Somatosensorik werden Lateralitätstests zum einen als einseitige oder als dichaptische Verfahren durchgeführt, um Leistungsunterschiede zwischen den Hemisphären zu bestimmen. Zum anderen werden sensorische Aufgaben vor allem angewendet, um callosale Übertragungsdefizite zu überprüfen.

Wie bei allen sensorischen Modalitäten sind die physiologischen und neuroanatomischen Gegebenheiten der Somatosensorik zu beachten. Das betrifft zum einen die klassischen Beschreibungen der sensorischen Bahnen von der Peripherie bis zu den kortikalen Repräsentationen, die überwiegend kontralaterale Verbindungen nahelegen. Andererseits deuten Hinweise aus Untersuchungen mit Split-Brain Tieren und Patienten darauf hin, dass insbesondere proximale, aber auch distale Abschnitte der Gliedmaßen ipsilaterale Verbindungen mit dem Gehirn besitzen. Das gilt besonders für Temperatur- und Schmerzbahnen. Das bedeutet, dass man bei der Auswahl von Objekten, beispielsweise für den intermanuellen Vergleich, darauf achten sollte, dass nicht allein wegen dieser ipsilateralen Bahnen eine Lateralisierung der Informationen verhindert wird. Zum Beispiel könnte ein Schlüssel aus Metall allein aufgrund der gefühlten Temperatur unter anderen nichtmetallischen Auswahlgegenständen von der anderen Hand entdeckt werden. Auch sollte beobachtet werden, ob ein Proband beim Erfühlen eines Objekts, etwa eines Bleistiftes, die Spitze besonders stark drückt und so über Schmerzinformation den Gegenstand mit der anderen Hand identifiziert.

Alle Tests müssen so ausgeführt werden, dass der Proband die Stimuli nicht sehen kann. Um die Sicht auf die verwendeten Testobjekte zu verhindern eignen sich ein Vorhang oder ein Kasten mit Armöffnungen, der seitlich oder von hinten nur dem Untersucher Einblick gewährt. Am Bett eines Patienten kann man einen undurchsichtigen Stoffsack verwenden, in dem die Gegenstände erfühlt werden können. Die Prüfungen erfolgen zuerst mit jeder Extremität separat (einseitige Prüfung). Dann kann eine gleichzeitige Stimulation/Prüfung erfolgen und zuletzt eine Prüfung auf interhemisphärischen Informationstransfer.

3.2.4.1 Oberflächensensibilität

Die Aufgaben beinhalten:
- (Passives) Erkennen und Identifizieren von Hautberührungen mit verschiedenen Materialien;
- Prüfung der Zweipunkt-Diskrimination;
- Erkennen von Zahlen und Buchstaben, die vom Untersucher auf die Haut geschrieben werden;
- Finger-Identifikation: Nach der Berührung eines Fingers durch den Untersucher soll der Proband mit dem Daumen der gleichen Hand auf den berührten Finger zeigen.

3.2.4.2 Haptik und Stereognostik

Aufgaben:
- Gegenstände durch aktives Abtasten unterscheiden und wiedererkennen;
- Gegenstände als Objekt erkennen aufgrund von Material- und Oberflächenbeschaffenheit sowie Form.

Hierbei geht es darum, sowohl die Diskriminationsleistung, d. h. die apperzeptiven Leistungen, als auch die assoziativen Fähigkeiten zu prüfen. Für die Prüfung der Apperzeption kommen außer Gegenständen des Alltags auch sinnfreie Objekte oder Formen zum Einsatz. Nach dem Erfühlen der Gegenstände sollen sie aus einer Reihe von Alternativen wieder herausgefunden werden – dies sowohl über intramodale als auch intermodale Vergleiche. Im letzteren Fall kann die Auswahl oder die Vorgabe auch als Bild oder als verbale Beschreibung dargeboten werden. Bei der assoziativen Prüfung soll der Gegenstand benannt oder die Nutzung beschrieben beziehungsweise demonstriert werden.

Einseitige Prüfungen werden zumeist bei Patienten mit vermuteten Hirnschädigungen durchgeführt. Bei gesunden Personen sind keine nennenswerten Unterschiede zwischen links- und rechtsseitiger Darbietung zu erwarten. Bei gleichzeitiger Berührung oder gleichzeitiger Darbietung von zu erfühlenden Gegenständen (dichaptische Prüfung) können jedoch auch bei gesunden Versuchspersonen, insbesondere bei Kindern, asymmetrische Leistungen sichtbar werden. Dabei sind eventuell auch, wie bei Patienten mit parietalen Schädigungen, Extinktionsphänomene zu beobachten, d. h. eine der beiden Stimulationen bleibt unbeantwortet.

3.2.4.3 Dichaptische Tests

Aufgabe:
- Identifizieren von Objekten, die dem Probanden gleichzeitig dargeboten werden und die er hierbei nicht sieht.

Um den Einfluss der Sprache zu reduzieren, können Abbildungen zur Auswahl angeboten werden. In ähnlicher Weise kann auch ein Bild eines Objekts oder einer Form präsentiert werden, und bei gleichzeitiger Darbietung von Auswahlobjekten soll durch Handzeichen angezeigt werden, welche Hand den entsprechenden oder passenden Gegenstand erfühlt hat.

In den meisten Fällen bestimmt der Untersucher die Dauer der Exposition, d. h. er gibt die Objekte gleichzeitig in beide Hände und entfernt sie nach einer festgelegten Zeit wieder zur gleichen Zeit. Es besteht aber auch die Möglichkeit, die Gegenstände in beiden Händen zu belassen, bis eine Reaktion erfolgt, wobei dann die für die Identifizierung benötigte Zeit als abhängige Variable gemessen werden sollte.

3.2.4.4 Taktil-kinästhetische Prüfungen

Aufgaben:
- Hier kann zum einen die Tiefensensibilität durch passive und aktive einhändige Gewichtsvergleiche untersucht werden.
- Zum anderen können vom Untersucher bestimmte Finger-, Hand- oder Armstellungen „geformt" werden, die dann vom Probanden selbst nachgeahmt werden sollen. Alternativ kann die Vorgabe durch eine Abbildung oder ein Video erfolgen. Bei bestimmten motorischen Behinderungen kann der Untersucher eine Bewegung oder Haltung ausführen und der Proband muss beurteilen, ob dies eine korrekte oder nicht-korrekte Wiederholung darstellt.

Diese Prüfungen erfolgen jeweils nur mit der linken oder der rechten Extremität. In bestimmten Fällen kann die gleichzeitige beidseitige Ausführung aufschlussreich sein. Bei Patienten mit dem Verdacht auf eine Balkenschädigung sollte die nicht-dominante Extremität zuerst getestet werden.

3.2.4.5 Überprüfung der interhemisphärischen Informationsübertragung

Es werden die oben aufgeführten Aufgaben einseitig durchgeführt und dann jeweils in einer Wiederholung mit der anderen Extremität überprüft. Ebenso können die Vorgaben lateralisiert und die Antworten mit der jeweils anderen Seite verlangt werden. Ausgehend von den Befunden der Split-Brain-Forschung und umfangreichen Untersuchungen bei gesunden Versuchspersonen zur zerebralen Asymmetrie (e. g. Rizzolatti et al., 1971), sollte eine Verteilung der für eine Aufgabenlösung notwendigen Informationen auf beide Hemisphären bei einer Schädigung der Kommissurenbahnen zu einer entsprechenden Leistungsminderung führen. Im Allgemeinen zeigen sich bei Reaktionszeitmessungen im Vergleich zu qualitativen Beurteilungen genauere Ergebnisse (Milner, 1986).

Zur Überprüfung von somato-sensorischen wie auch somato-motorischen Übertragungsdefiziten gibt es die verschiedensten Ansätze. Standardisiert sind die Prüfungen zumeist nur für die Anwendung in einem bestimmten Projekt oder einer Arbeitsgruppe. Zur statistischen Überprüfung wird versucht, zumindest so viele Wiederholungen oder Aufgaben durchzuführen, dass mit einem Chi-Quadrat-Test eine Absicherung gegen zufällige Ergebnisse möglich ist.

Ein Beispiel für eine häufig verwendete Prüfung ist die *gekreuzte Fingerlokalisation*. Dabei werden ohne Sicht die Finger einer Hand vom Untersucher berührt und der Proband muss den entsprechenden Finger der anderen Hand bewegen. Zur Kontrolle sollte immer auch eine einseitige Prüfung durchgeführt werden: Mit dem Daumen der berührten Hand soll der entsprechende Finger der gleichen Hand nochmals berührt werden (Geffen, Nilsson, Quinn & Teng, 1985a, 1985b; Summerfield & Michie, 1993).

Ein weiteres Beispiel ist das *taktile Zahlenerkennen*: Der Untersucher schreibt eine Zahl auf den Handrücken des Probanden, und dieser zeigt mit den Fingern der anderen Hand, welche Zahl er wahrgenommen hat. Beim Schreiben auf die linke Hand kann alternativ eine sprachliche Antwort erbeten werden.

Bei haptischen Prüfungen können die Probanden beispielsweise die Oberfläche einer Stoffprobe mit der linken Hand befühlen und müssen dann die entsprechende Probe mit der rechten Hand aus einer Auswahl von Stoffen herausfinden – und umgekehrt. In ähnlicher Art und Weise können die taktil-kinästhetischen und somato-motorischen Prüfungen sukzessiv zuerst mit der einen Seite und die Wiederholung mit der anderen Seite erfolgen.

3.2.5 Bilaterale Sensomotorik

Bei partiell und komplett kommissurotomierten Patienten sowie bei Personen mit Balkendysplasien oder mit Verdacht auf Balkenschädigungen aufgrund von Alkoholabusus wurden in einer Reihe von Tests Auffälligkeiten bei der bilateralen Koordination gefunden, die weiter unten im Einzelnen erklärt werden. Auch bei Patienten mit neurologisch degenerativen und psychiatrischen Erkrankungen wurden auffällige bilaterale Leistungen beschrieben. Dabei ist nicht immer eindeutig zu klären, ob Defekte der Kommissurenbahnen selbst oder aber der durch diese Bahnen verbundenen Gehirnregionen dafür verantwortlich sind.

Die verwendeten Tests basieren auf der Annahme, dass bilaterale sensomotorische Interaktionen, die noch nicht überlernt wurden, auf kortikale Prozesse angewiesen sind. Darüber hinaus wird vor allem für die anterioren Anteile des Corpus callosum eine besondere Bedeutung für den Austausch von sogenannten „feed forward" Informationen oder „motorischen Efferenzkopien" angenommen (Preilowski, 1972, 1975, 1977). Der Austausch dieser motorischen Informationen erlaubt unmittelbare Korrekturen bei bilateralen Koordinationsleistungen, da sie gewissermaßen „der einen Hand mitteilt, was die jeweils andere gerade vorhat."

Bei Balkenschädigungen geht die zeitliche Synchronisation zwischen den Extremitäten verloren, aber auch die Fähigkeit mit rechts und links voneinander unabhängige Bewegungen auszuführen. Bimanuelle Bewegungen können mit Übung und unter visueller Kontrolle entsprechend verlangsamt ausgeführt werden. Vor der Balkenschädigung erworbene Koordinationsleistungen können erhalten bleiben.

3.2.5.1 Tapping Tests

Entweder muss der Proband so schnell wie möglich beidseitig mit den Fingern oder der ganzen Hand gleichzeitig jeweils Tasten drücken oder, wie bei der motorischen Leistungsserie, mit Metallstiften in jeder Hand auf zwei Kontaktflächen tippen. Eine andere Form dieses Tests verlangt, dass die beidseitigen Bewegungen im Takt eines Metronoms ausgeführt werden müssen. In beiden Fällen zeigen sich Synchronisationsdefizite bei Patienten mit Balkenschädigungen (Kashiwagi, Kashiwagi, Nishikawa & Okuda, 1989; Kreuter, Kinsbourne & Trevarthen, 1972). Die bei dieser Aufgabe verlangte bi-manuelle Kontrolle lässt im Alter nach, und dies korreliert mit Veränderungen des Corpus callosum in Größe und Integrität der Mikrostruktur des mittleren Corpus. Dagegen fand man bei jüngeren Probanden einen umgekehrten Zusammenhang, also schlechtere Leistungen bei größerem Corpus callosum und besserer Integrität (Fling et al., 2011).

3.2.5.2 Gewichtsvergleiche und Gewichtstäuschungen

3.2.5.2.1 Massion Test

Dieser Test ist nach dem Physiologen Jean Massion benannt, der ihn selbst unter der Bezeichnung „Barman's Test“ beschrieben hat: Wenn ein Gewicht, das man auf der ausgestreckten Hand hält, von einer anderen Person weggenommen wird, so schwingt die Hand nach oben, ohne dass dies unmittelbar verhindert werden kann. Dieses Nachschwingen erfolgt aber nicht, wenn man das Gewicht mit der anderen Hand selbst abhebt (Massion, 1992). Bei Patienten mit kompletten Balkenläsionen oder mit partiellen der vorderen Balkenbereiche konnte beobachtet werden, dass auch, wenn der Patient das Gewicht selbst abhebt, ein Nachschwingen stattfindet. Letzteres wird dadurch erklärt, dass die motorische Information (die Efferenzkopie) der bewegten Hand nicht in die andere Hemisphäre gelangt, um dort eine entsprechende Korrektur der haltenden Hand zu bewirken (Preilowski, 1995).

3.2.5.2.2 Bilateraler Gewichtsvergleich

Aufgabe:
- Paarweiser Vergleich von Gewichten: Gleichzeitig mit rechter und linker Hand angehobene Gewichte sollen beurteilt werden, ob sie ein identisches oder ein unterschiedliches Gewicht aufweisen.

Bei dieser Aufgabe versagen Patienten mit kompletter Durchtrennung des Balkens, weil weder die für einen Gewichtsvergleich notwendigen motorischen noch die sensorischen Informationen zwischen beiden Gehirnhälften ausgetauscht werden können. Patienten, bei denen nur die vorderen Anteile des Balkens durchtrennt wurden, können diesen Gewichtsvergleich noch durchführen, weil zumindest der Austausch der Somatosensorik über den erhaltenen Balkenkörper möglich ist. Werden die Gewichte nacheinander zuerst eines mit der einen Hand und dann das andere mit der anderen Hand angehoben, dann können beide Patientengruppen die Gewichtsunterschiede nicht mehr beurteilen weil hierfür der Austausch der motorischen Information über vordere Balkenanteile benötigt wird. Zur Kontrolle muss in jedem Fall der einseitige sukzessive Gewichtsvergleich mit jeder Hand separat durchgeführt werden, um Gedächtniseffekte auszuschließen (Preilowski, 1975).

3.2.5.2.3 Bilaterale Größengewichtstäuschung

Zwei gleich aussehende, aber unterschiedlich schwere Gewichte müssen gleichzeitig angehoben werden, mit jeder Hand eines. Zwischen den Hebungen werden die Gewichte für die beiden Hände ausgetauscht. Normalerweise wird das leichtere der beiden Gewichte schneller und höher angehoben. Es erfolgt jedoch relativ rasch eine Korrektur und Angleichung der Bewegungsausführung mit beiden Händen. Bei Balkenschädigung erfolgt keine Korrektur.

3.2.5.3 Bimanuelle Koordination

Beim *visuell-motorischen Zweihandkoordinationstest* (Bimanual Motor Coordination, BMC) wird ein Lichtpunkt auf einem Bildschirm mit Hilfe von zwei Kurbeln bewegt. Kurbeldrehungen mit der rechten Hand lenken den Punkt in der horizontalen Richtung, Drehbewegungen mit der linken Hand bewirken vertikale Veränderungen. Um eine vorgegebene Bahn mit dem Lichtpunkt nachzufahren, müssen je nach Orientierung der Bahn beide Hände gleichzeitig Kurbelbewegungen ausführen. Diagonale Bahnen im Winkel von 45 bzw. 135 Grad verlangen gleich schnelle Bewegungen beider Hände; bei allen anderen muss mit beiden Händen in einem unterschiedlichen Verhältnis zueinander gekurbelt werden. Sowohl die Qualität des Kurvenverlaufs als auch die benötigte Zeit wird erfasst. Letztere wird zur Beurteilung der Beidhandleistung ins Verhältnis zur einhändigen Leistung gesetzt.

Diese Aufgabe setzt die interhemisphärische Koordination der Bewegungen voraus, die – im Unterschied zu ballistischen Bewegungen – einer kontinuierlichen Kontrolle und senso-motorischer Rückmeldung unterliegen. Patienten mit vollständiger Durchtrennung des Balkens können diese Aufgabe nicht ausführen; Patienten mit partieller anteriorer Schädigung des Balkens können die Aufgabe nur unter visueller Kontrolle leisten. Dabei werden die Hände abwechselnd bewegt, was auch noch nach ausführlicher Übung dazu führt, dass für die bimanuellen Bewegungen mehr als doppelt so viel Zeit benötigt wird, als man aufgrund der langsamsten Einhandbewegung erwarten würde. Insbesondere Drehbewegungen, die sich für beide Hände bezüglich Geschwindigkeit unterscheiden, können zur vollkommenen Bewegungsblockade führen. Bei symmetrischen Bewegungen kann es je nach Ausgangsbedingung zu einem spontanen Wechsel von spiegelbildlicher zur parallelen Bewegung oder umgekehrt kommen.

Auch gesunde Personen haben anfänglich Schwierigkeiten mit diesem Test, sie erreichen jedoch nach einiger Übung mit beiden Händen ähnliche Ausführungszeiten wie mit einer Hand. Dabei gibt eine Hand die Geschwindigkeit vor und arbeitet quasi automatisch, während mit der anderen Hand so gedreht wird, dass die verlangte Richtung der Gesamtkurve nicht verlassen wird (Jeeves, Silver & Jacobson, 1988; Preilowski, 1972, 1977). Der BMC-Test wurde bisher nur für DOS-Computer programmiert. Eine Anpassung an neuere Betriebssysteme steht noch aus.

Um einen ähnlichen Test handelt es sich bei der *Zweihand Koordination* (2HAND) aus dem Wiener Testystem (Schuhfried, 1992). Allerdings sind mit diesem Test keine wirklich kontinuierlichen Drehbewegungen möglich, da die Drehknöpfe mit jeder Hand nur um weniger als 360 Grad bewegt werden können. Außerdem werden in jedem einzelnen Testdurchgang jeweils ständige Wechsel der Bewegungsrichtung verlangt. Das bedeutet, dass hier die kognitive Komponente, die bei einem Koordinationstest nur eine marginale Rolle spielen sollte, und dies nur ganz am Anfang, den gesamten Testverlauf beeinflusst. Ferner kann der Test auch mit wechselweisen Rechts-Links-Bewegungen absolviert werden, ohne dass dies in der Gesamtbeurteilung auffallen würde.

Ein weiterer Beidhandtest, bei dem sich vergleichbare Ergebnisse in Untersuchungen mit Split-Brain-Patienten ergaben (Preilowski, 1977), verwendet ein Gerät der französischen Firma „Dufour Instruments". Dieser *„Test de mouvements conjugués"* nach G. Ricossay misst lineare Bewegungen beider Hände und ist mittlerweile auch in einer Computerversion erhältlich. Obwohl auch dieser Test mehrere Wechsel der Beziehungen von Bewegungen beider Hände verlangt, ist – aufgrund der direkten Zuordnung von Bewegungsrichtungen zu den Koordinaten – der kognitive Anteil nach einer Anfangsphase zu vernachlässigen (Abb. siehe Testtabelle).

Ein ständiges Problem bei der Bewertung von Leistungen der bi-manuellen Koordination ist, wie bei vielen anderen Test-Aufgaben auch, den Zusammenhang zwischen Ausführungsgeschwindigkeit und Ausführungsqualität richtig einzuschätzen. Die notorische Instruktion, so gut und so schnell wie möglich zu arbeiten, wird von jedem Probanden unterschiedlich umgesetzt. Die Arbeitsgruppe des Autors hat viele verschiedene Formeln mit unterschiedlichen Gewichtungen von Fehlern und Zeitmaßen ausprobiert und keine befriedigende Lösung gefunden. In Untersuchungen mit Kindern und mit Patienten mit schweren Balkenschädigungen konnten wir Diskonnektionseffekte am besten durch die Bewegungsaufzeichnung demonstrieren. Es zeigten sich die Blockaden beidhändiger Leistungen eindeutig durch wechselnde Einhandbewegungen, also den Wechsel von vertikalen und horizontalen Bewegungen, und in plötzlichen, unwillkürlichen Richtungswechseln (Abb. s. Testtabelle). Bei weniger eindeutigen Balkendysfunktionen, beispielsweise bei psychiatrischen Patienten und Parkinson-Erkrankten, zeigte oft der Vergleich von relativen (also jeweils in Bezug zur generellen motorischen Geschwindigkeit) Ausführungszeiten mit denen von gesunden Kontrollpersonen deutlichere Unterschiede als die Vergleiche von Qualitätsmerkmalen.

Um das Problem der Abwägung von Arbeitsqualität und Geschwindigkeit zu umgehen, entwarf der Autor (Preilowski, 2007b) einen Apparat (angefertigt von Wolfgang Kern, Feinmechaniker der Uni Tübingen), der keine Fehler erlaubt, und die Gesamtleistung allein durch die benötigte Zeit bemisst.[3] Bei diesem (vorläufig nur) mechanischen Apparat wird, wie bei

3 Die Idee zu dieser Testversion geht auf Edward A. Bilodeau und seine Versuche über „Lernen ohne Fehler" zurück (Bilodeau, 1952). Mechanische „Zweihandprüfer" wurden jedoch schon in der Psychotechnik der zwanziger Jahre verwendet (entworfen von Walther Moede und Jean-Maurice Lahy, gebaut von E. Zimmermann [Katalogliste von 1923); Lahy, 1927; Moede, 1930]).

den ersten, vor fast hundert Jahren verwendeten Zweihandprüfern, ein Stift durch das Drehen von zwei im rechten Winkel gekreuzten Gewindespindeln bewegt. Wir ersetzten den Schreibstift durch einen stabilen Metallstift. Dieser muss durch eine Rille in einer Aluminiumplatte geführt werden. Die Rille ist nur wenig breiter als der Stiftdurchmesser. Weicht man also von der vorgegebenen Richtung ab, bleibt der Stift an der relativ weichen Aluminiumwand stecken. Der Aluminiumteller mit der Rille kann gedreht und in verschiedenen Richtungen festgestellt werden. Dadurch werden, wie bei den oben beschriebenen Koordinationsprüfgeräten, die relativen Anteile der linken und rechten Hand bei dem Durchlaufen der Spur festgelegt. Eine elektromechanische Version, bei der in einer Computerversion die Metallwände durch programmgesteuerte elektromagnetische Bremsen an den Kurbeln ersetzt werden, ist in Bearbeitung. Der Vorteil beider Testgeräte besteht darin, dass man die Aufgabe auch ohne Sicht, also nur durch lateralisiert bleibende sensible, kinästhetische Rückmeldung, ausführen lassen kann.

3.2.5.3.1 Bilaterale Koordination linker und rechter Armbewegungen

Zur Beurteilung einfacher bilateraler Koordinationsleistungen wird der Proband gebeten, mit einem oder mit beiden Unterarmen horizontale Bewegungen auszuführen. Die Testperson sitzt dabei auf einem Stuhl, dessen Armlehnen jeweils unterhalb des Ellbogengelenks mit einer Drehachse und im Bereich der Hände mit einem Griff ausgestattet sind. So können die Unterarme mit der Auflage horizontal zum Körper hin und vom Körper weg bewegt werden. Die Unterarmbewegungen können über Drehpotentiometer aufgenommen und als analog-digital gewandelte Daten aufgezeichnet werden. Die Aufgabe besteht darin, für die Dauer von ca. 30 Sekunden mit nur einem Arm oder mit beiden gleichzeitig so viele Bewegungen wie möglich auszuführen. Es wird die Anzahl der Bewegungen in einem ununterbrochenen 20 Sekunden Bewegungsabschnitt ausgezählt. Die Beidarmbewegungen müssen zum einen *symmetrisch* ausgeführt werden, d. h. beide Armen werden gleichzeitig nach außen oder nach innen bewegt, oder *parallel*, d. h. beide Arme müssen gleichzeitig nach links und dann nach rechts bewegt werden. Für gesunde Versuchspersonen sind symmetrische bilaterale Bewegungen leichter als parallele Bewegungen.

Bei Balkenschädigungen finden sich je nach Lokalisation und Ausmaß der Schädigung im Vergleich zu den Einhandbewegungen durchgängig Verlangsamungen der beidhändigen Ausführungen und zwar sowohl bei parallelen wie symmetrischen Bewegungen. Ferner kommt es bei beiden Bewegungsformen zu Synchronisierungsproblemen, wobei die Probleme bei parallelen Bewegungen ausgeprägter sind als bei symmetrischen. Die gleichartigen Schwierigkeiten von Split-Brain-Patienten und gesunden Probanden bei parallelen Bewegungen deuten darauf hin, dass diese Hemmung nicht über das Corpus callosum bewirkt wird. Vielmehr scheint die Hemmung paralleler Bewegungen durch spinale Mechanismen zu erfolgen, die etwas mit der Bewahrung des Körperschwerpunktes zu tun haben. Die Kommissurenbahnen werden vermutlich eher zur Modulation dieser Hemmung beitragen, und gesunde Personen können so mit entsprechender Übung diese Hemmung und die symmetrischen Mitbewegungen unterdrücken (Preilowski, 1975). Für feinmotorische Mitaktivierungen jedoch kann ein direkter Einfluss interhemisphärischer Interaktion über das Corpus callosum vermutet werden (Bologna, Caronni, Berardelli & Rothwell, 2012).

3.2.5.3.2 Erfassung von Mitbewegungen

Insbesondere bei Kindern, deren Balken noch nicht voll entwickelt ist, kann man bei einseitigen Bewegungsausführungen Mitbewegungen der anderen Extremität beobachten. Diese scheinen auch für die Schwierigkeiten unabhängiger beidhändiger Leistungen in bilateralen Koordinationstests verantwortlich zu sein. Die Messung der Mitbewegung wird folglich in der Entwicklungsneurologie auch als ein Indikator für die motorische Entwicklung und damit auch des Nervensystems beziehungsweise des Kommissurensystems eingesetzt. Auch im akuten Zustand nach einer Balkendurchtrennung sind Mitbewegungen der oberen Extremitäten zu beobachten.

Die Untersuchung von Mitbewegungen erfolgt für komplexe Bewegungen durch Beobachtung, für einfachere Bewegungen durch exakte Messungen. Gemeinsam ist diesen Untersuchungsansätzen, dass mit der Extremität einer Seite eine Bewegung ausgeführt werden muss und die gleichzeitigen (unwillkürlichen) Bewegungen auf der anderen Seite beurteilt werden. Mitbewegungen, die keiner Seite zugeordnet werden können, wie beispielsweise Gesichts- oder Zungenbewegungen bei konzentrierten feinmotorischen Aufgaben (beispielsweise beim Klavierspiel) oder Bewegungen beider Arme, die bei schwierigen Gehbewegungen, zum Beispiel beim Rückwärtsgehen, auftreten, werden hier nicht berücksichtigt, weil eine Zuordnung zu Kommissurenfunktionen nicht möglich ist. Es soll aber darauf hingewiesen werden, dass auch sogenannte spiegelbildliche Mitbewegungen nicht eindeutig als fehlende kommissurale Unterdrückung oder über den Balken fortgeleitete überschießende Aktivierung interpretiert werden können. Es gibt eine ganze Reihe von zum Teil genetisch bedingten neuronalen Krankheitsbildern, die mit zwangsweisen spiegelbildlichen Mitbewegungen einhergehen (z. B. das Klippel-Feil Syndrom).

Im Folgenden werden Vorgehensweisen erläutert, die bei der Untersuchung von entwicklungsbedingten Balkendysfunktionen oder pathologischen Balkendefekten angewendet werden. Sehr häufig finden sich Asymmetrien in der Form, dass (meist nur) bei Rechtshändern, Bewegungen der linken Hand zu stärkeren Mitbewegungen der rechten führen, als umgekehrt (Uttner et al., 2007).

3.2.5.3.3 Beobachtung von Mitbewegungen

Klinische Untersuchung nach Maaß (Maaß, 2003)

Für die klinische Beurteilung der Spiegelbewegungen hat Maaß vier einfache unimanuelle Bewegungssequenzen untersucht. Diese sollten von gesunden Kindern ab etwa vier Jahren ausgeführt werden können und seien nach Angaben aus der Literatur und nach klinischer Erfahrung gut zur Untersuchung von spiegelbildlichen Mitbewegungen geeignet.

Während ein Untersucher Instruktionen erteilt und auf ihre Befolgung achtet, wird von einem zweiten Untersucher auf unwillkürliche Mitbewegungen der gegenüberliegenden Hand des Probanden geachtet. Auf einer dreistufigen Skala werden Mitbewegungen bewertet, die simultan zur Willkürbewegung in den homologen Muskeln der jeweils inaktiven Hand auftreten (siehe Testtabelle).

Zürcher Neuromotorik Test (ZNM; Largo et al., 2001; Largo et al., 2007)

Ein anderer Test, der im Rahmen einer standardisierten Untersuchungsbatterie für die Erhebung von Entwicklungsdaten von Kindern konstruiert wurde, beinhaltet verschiedene Bewegungsabläufe zur Prüfung von Mitbewegungen. Für den *Leistungsaspekt*, gemessen als Zeitbedarf für eine Bewegungssequenz, und für die *Bewegungsqualität* in Form von Mitbewegungen während einer Bewegungssequenz von elf neuromotorischen Funktionen liegen Normwerte für Kinder und Jugendliche von 5 bis 18;11 Jahren vor. Die Intra- und Interrater-Reliabilität, nach Angaben der Autoren, fällt für die Zeitmessung mit $r \geq .90$ sehr hoch und für die Mitbewegungen mit $r = .54$ bis .90, bzw. $r = .51$ bis .87 befriedigend bis hoch aus. Die Retest-Reliabilität für das Zeitmaß – mit einem Test-Retest-Intervall von einer Woche – fällt hingegen nur mäßig bis hoch aus, abhängig vom Komplexitätsgrad der geprüften Aufgabe und vom Beurteiler. Für die Mitbewegungen gibt es keine Angaben zur Retest-Reliabilität. Insgesamt sind die Reliabilitätskoeffizienten für das Leistungsmaß höher als für das Qualitätsmaß. Der standardisierte Untersuchungsablauf für die klinische Version der Gesamtbatterie enthält Aufgaben zur Prüfung der oberen und der unteren Extremitäten und eine neuroorthopädische Untersuchung.

In einer Untersuchung von Höfler-Weber (Höfler-Weber, 2003) mit 5 bis 8-jährigen Kindern haben sich aus dieser Testbatterie folgende Aufgaben bewährt: Repetitives Handklopfen, Pro- und Supination, repetitive und sequentielle Fingerbewegungen, Diadochokinese und ein Steckbrett. Während eine Hand die geforderte Bewegung ausführt, hält das Kind die andere Hand in der gleichen Ausgangsposition wie die aktive.

Jede Aufgabe wird zuerst erklärt sowie vorgeführt und dann vom Kind geübt. Bei den Testdurchgängen wird die Anzahl der Bewegungen jeder Sequenz gezählt und die Durchführungszeit wird mit einer Stopp-Uhr gemessen. Jede Aufgabe wird zuerst mit der bevorzugten Hand ausgeführt. Die Anwendung des Tests (ohne Auswertung) mit den oben beschriebenen Aufgaben dauert etwa 15 Minuten.

Zum Zweck der qualitativen Auswertung, d. h. zur Einschätzung kontralateraler Mitbewegungen, wird die gesamte Prüfung auf Video aufgezeichnet. Die Bewertung der assoziierten Mitbewegungen (AMs) erfolgt auf einer 4-Punkte-Skala:
0 – keine AMs; 1 – kaum wahrnehmbare AMs; 2 – moderate AMs; 3 – stark ausgeprägte AMs

Bei den bisher besprochenen Beobachtungsmethoden wird nicht versucht zu verhindern, dass der Proband auf die Mitbewegungen achtet und ihnen eventuell gezielt entgegen wirkt. Bei Kindern scheint dies kein Problem zu sein, zumal sie in den meisten Fällen die Mitbewegungen nicht beeinflussen können. Erwachsene sind dazu eher in der Lage. Hier wäre zu überlegen, ob man – wie dies auch in einigen Untersuchungen versucht wurde – die Sicht auf die eigentlich „inaktive" Hand verhindert. Bei den im Folgenden beschriebenen Messmethoden ist gewöhnlich keine direkte Beobachtung der Mitbewegungen durch den Probanden möglich.

3.2.5.3.4 Beidseitige Messung von Bewegungs- und/oder physiologischen Parametern

Neben den Beobachtungsmessungen können zur Untersuchung von spiegelbildlichen Mitbewegungen auch Messungen der Bewegung (e. g. mit Hilfe von Beschleunigungssensoren), der aufgewendeten Kraft oder von muskelphysiologischen Parametern (Elektromyographie) eingesetzt werden. Diese Messmethoden haben den Vorteil, dass so auch kaum sichtbare Bewegungsansätze entdeckt werden können und insgesamt eine bessere Quantifizierung möglich ist, wenn an der richtigen Stelle gemessen wird.

Hier soll als Beispiel, die schon seit Jahren bewährte Messung mit Hilfe von Kraftsensoren erwähnt werden (e. g. Hermsdörfer, Danek, Winter, Marquardt & Mai, 1995). Dabei halten die Probanden jeweils zwischen Daumen und Zeigefinger beider Hände Kraftmesssensoren. Während sie eine bestimmte Kraft auf der einen Seite aufwenden, wird ihnen dies auf einem Bildschirm rückgemeldet. Beispielsweise besteht die Aufgabe darin, durch Kraftaufwendung einen Balken in eine bestimmte Höhe auf ein Ziel hin zu bewegen. Gleichzeitig wird die Kraftproduktion an der anderen Hand gemessen, ohne dass hierüber eine Rückmeldung gegeben wird.

3.3 Methoden zum Nachweis von asymmetrischen Gehirnfunktionen

Hier können wir zwischen einem gewissermaßen *positiven* Nachweis durch unterschiedliche Aktivierung und einem *negativen* Nachweis durch die Hemmung einer Leistung unterscheiden. Einige Verfahren beziehen beide Methoden mit ein. Beispielsweise kann bei der transkraniellen Magnetstimulation (TMS), der transkraniellen Gleichstromstimulation (tDCS) oder der direkten kortikalen Stimulation, je nach Reizkonfiguration, sowohl eine Hemmung als auch eine Aktivierung einer bestimmten Funktion bewirkt werden. Auch bei reinen Verhaltensparadigmen kann in einer Hemisphäre ein positiver Effekt erzeugt werden, etwa durch Priming, oder ein negativer wie bei Dual-Task-Aufgaben.

Der positive Nachweis erfolgt vor allem über bildgebende Verfahren. Bei EEG Untersuchungen können unterschiedlich lateralisierte Aktivierungskennzeichen oder in rechts- und linksseitigen ereigniskorrelierten Potentialen unterschiedliche Potentialverläufe interpretiert werden; im MEG die asymmetrische Verteilung von Dipolquellen. Bei beidseitigen Ableitungen elektrodermaler Aktivität (EDA) vergleicht man die phasischen Veränderungen (zumeist der Hautleitfähigkeit). Bei der Verwendung von Positronen-Emissions-Tomographie (PET), funktioneller Magnetresonanztomographie (fMRI) oder funktioneller Nah-Infrarot-Spektroskopie (fNIRS) geht es im Wesentlichen um Asymmetrien in regionalen Durchblutungsänderungen. Asymmetrische Durchblutungsveränderungen können auch mit der Doppler-Sonographie bzw. der funktionellen transkraniellen Doppler-Ultraschall-Sonographie (fTCD) gemessen werden.

Auch die Messung von Veränderungen der rechts- und linksseitigen Innenohrtemperatur (tympanic temperature) beruht auf der Annahme von Durchblutungsveränderungen. Diese Methode sowie die Doppler-Messungen werden wegen einer Reihe von technischen Schwierigkeiten sowie der mangelnden hirntopologischen Zuordnung noch relativ selten zum Nachweis von Asymmetrien angewendet. Kaum noch angewendet wurde in den letzten Jahren, wegen erheblicher Probleme bezüglich Interpretation, die bilaterale Messung der elektrodermalen Aktivität (EDA).

Von zentraler Bedeutung für alle Nachweismethoden ist die Operationalisierung einer lateralisierten Funktion durch eine standardisierte Aufgabe bzw. einen Test. Je nach Anspruch auf Lokalisierbarkeit und Eingrenzung der Aktivierung sind die verschiedensten Aufgaben erprobt worden. Im Allgemeinen haben sich, wie nicht anders zu erwarten, für die linksseitige Aktivierung sprachliche und für die rechtsseitige visuell-räumliche Aufgaben bewährt. Ferner finden sich experimentelle Ansätze, die beispielsweise positive und negative Emotionen oder „Approach – Avoidance“ Motivationen mit jeweils links- oder rechts-hemisphärischen Aktivierungen in Verbindung bringen. Diese Methoden eignen sich nur für Gruppenexperimente, nicht aber zur Beurteilung der Lateralisierung im Einzelfall. Darüber, welche spezifischen Aufgaben die wenigsten Aktivierungsüberlappungen, d. h. möglichst eindeutige Lokalisationen ermöglichen, gehen die Meinungen auseinander. Eindeutige Lokalisationen sind für die klinische Praxis bedeutsam, beispielsweise in der präoperativen Diagnostik oder beim Nachweis von plastischen Veränderungen nach Hirnschädigungen bzw. nach therapeutischen Interventionen.

In der Klinik kommen, wegen der Bedeutung sogenannter eloquenter Hirnregionen, die beispielsweise bei neurochirurgischen Eingriffen möglichst nicht tangiert werden sollen, vor allem „linksseitige“ Lateralitätstests zum Einsatz: Worterkennungsaufgaben, semantische und phonematische Wortgenerierungsaufgaben, Wortketten. Problematisch bei der Verwendung von bildgebenden Verfahren ist hier, dass die darstellbaren Aktivierungsmaxima nicht ausschließen können, dass eine geringer bzw. nicht signifikant aktivierte Region einen kritischen Beitrag zu den Sprachfunktionen leistet. Daher werden bildgebende Verfahren lediglich Hinweise auf eventuelle Besonderheiten der Sprachlateralisierung geben, aber einen invasiven Test, wie den Wada-Test nicht ersetzen können (Roberts, 2011; Wang, Peters, de Ribaupierre & Mirsattari, 2012). Das ist auch für die transkranielle Magnetstimulation (TMS) (Epstein, 1998; Tokimura, Imamura & Arita, 2012), für die funktionelle Nah-Infrarot-Spektroskopie (fNIRS) (Watanabe et al., 1998) oder für die Doppler-Sonographie (Rihs, Sturzenegger, Gutbrod, Schroth & Mattle, 1999) ebenso wie für die präoperative Untersuchung von Gedächtnisfunktionen bei Temporallappen-Epilepsien (Limotai & Mirsattari, 2012) festzustellen. Zwar besteht die Hoffnung, dass sich mit verbesserten neuropsychologischen Testparadigmen und einem besseren Verständnis der Sprach- und Gedächtnisfunktionen Alternativen zum Wada-Test ergeben. Noch aber ist keines der vorliegenden Testverfahren ähnlich verlässlich in den individuellen Lateralitätsangaben.

Auch für die „Negativ“-Methoden ist die Auswahl der Aufgabe, deren Ausführung unterdrückt bzw. behindert werden kann, von Bedeutung. Ferner sind, wie bei den „Positiv“-Methoden, bei der Durchführung eine ganze Reihe von Kontrollen nötig (z. B. Scheinstimulationen). Und für die experimentelle Forschung müssen für jede spezifische Fragestellung entsprechende Bedingungen entwickelt werden.

Wegen der scheinbar geringeren klinischen Bedeutung – aber wahrscheinlich auch, weil die rechtshemisphärischen Funktionen nach wie vor schwerer einzuordnen und zu erklären sind – gibt es im Vergleich zu „linksseitigen“ Lateralitätstests deutlich weniger Übereinstimmung bezüglich Verfahren, die am verlässlichsten eine isoliert lokalisierbare rechtshemisphärische Aktivierung bewirken. Am erfolgreichsten sind bisher Würfel-Rotations-Aufgaben und Tests zur räumlichen Vorstellung angewendet worden. Ansätze, die auf einer unterschiedlichen Aktivierung der Hemisphären durch emotionale Reize basieren, führten zu weniger eindeutigen Ergebnissen. Lediglich indirekt konnten für bestimmte emotionale Erkrankungen (Depressionen und Dysthymien) Veränderungen der rechtshemisphärischen Aktivierung im Vergleich zu gesunden Versuchspersonen beobachtet werden. Ähnlich wie für sogenannte Lateralisations-Test-Batterien sind im Bereich der rechtshemisphärischen Funktionen noch eine Vielzahl von Fragen offen.

3.3.1 Dual-Task Aufgaben

Eine besondere Form des „positiven“ wie „negativen“ Nachweises von lateralisierten Funktionen wurde lange vor der Entdeckung der funktionalen Bildgebung angewendet: bei Doppelaufgaben. Hierbei wird eine Hemisphäre mit einer Daueraufgabe beschäftigt. Beispielsweise muss auf dem Finger einer Hand ein Stab balanciert, oder es muss mit einer Hand ein gleichmäßiger Rhythmus geschlagen werden. Zu dieser Aufgabe hinzu kommt eine zweite, etwa eine verbale Aufgabe oder eine räumliche Vorstellungsaufgabe. Oder eine verbale respektive visuell-räumliche Aufgabe wird vorgegeben und hinzu kommt eine andere, beispielsweise eine der oben erwähnten motorischen Aufgaben. Es konnte gezeigt werden, dass die verbale Aufgabe eine negative Auswirkung auf die Ausübung der Daueraufgabe mit der rechten Hand hat, und die räumliche Aufgabe die Ausführungen mit der linken Hand behindert (Interferenzeffekt). Interpretiert wird diese Beobachtung dahingehend, dass sich zwei Aufgaben innerhalb einer Hemisphäre stärker behindern, weil sie auf die gleichen Ressourcen innerhalb einer Hirnhälfte zugreifen, als zwei auf die beiden Hemisphären verteilte Prozesse. In der klassischen Untersuchung von Kinsbourne und Cook (Kinsbourne & Cook, 1971) wurde sogar eine Verbesserung der linksseitigen motorischen Leistung durch die gleichzeitige Verbalisierungsaufgabe beobachtet. Hier wurde spekuliert, dass die Verbesserung der rechtshemisphärischen Funktion eventuell durch einen Ablenkungseffekt der gleichzeitigen linkshemisphärischen Aktivität zustande kommt.

Das Dual-task Paradigma kommt ursprünglich aus der Aufmerksamkeitsforschung und hatte die Untersuchung der Verarbeitungskapazität und ihrer Grenzen zum Ziel. In der Anwendung zum Nachweis von Lateralisierungen finden wir die Probleme der Aufmerksamkeitsforschung wieder. Denn wie auch in anderen Paradigmen gibt es große Schwierigkeiten, die einzelnen an den Aufgabenlösungen beteiligten Prozesse genauer zu definieren und jeweils möglichst eindeutig der einen oder anderen Hirnhälfte zuzuordnen.

Neben dem bekannten Interferenzeffekt kann auch eine positive Beeinflussung mit einem vom Prinzip her gleichartigen Vorgehen bewirkt werden. Nur, dass dabei keine gleichzeitige, sondern eine sukzessive Aktivierung erzeugt wird. Es handelt sich dabei um den sogenannten Priming-Effekt. So können vorausgehende Erfahrungen mit bestimmten hemisphärenspezifischen Stimuli dazu führen, dass rechts- oder linkshemisphärische Leistungen unterstützt werden. Es können Priming Stimuli aber auch gezielt lateralisiert dargeboten werden, und ihre Auswirkung auf rechts- und linkshemisphärische Leistung, etwa in einem gekreuzten oder ungekreuzten Paradigma, untersucht werden. Auch auf diese Weise können interhemisphärische Beeinflussungen nachgewiesen werden.

Als typische Stimuli finden wir hier wiederum verbale, beispielsweise semantische Priming-Paradigmen für die linkshemisphärische Aktivierung und für die rechtshemisphärische beispielsweise Gesichterstimuli (Bourne & Hole, 2006). Da das Priming mit unbewussten Lernprozessen verbunden ist, können sich mit Hilfe dieses Ansatzes auch Leistungsverbesserungen bei eher untypischen Lateralitätsverbindungen demonstrieren lassen. Beispielsweise konnte so eine rechtshemisphärische Beteiligung an verbalen Verständnisprozessen aufgezeigt werden (Bergert, 2010; Koivisto & Laine, 1995).

3.3.2 Der Wada-Test

Im klinischen Bereich spielen Lateralisationstests vor allem für die präoperative Diagnostik und hier vor allem für Sprach- und Gedächtnisprozesse eine besondere Rolle. Beim sogenannten Wada-Test wird jeweils eine Hemisphäre durch Injektion eines kurzzeitig wirksamen Anästhetikums bzw. Narkotikums, wie beispielsweise Sodium-Amytal, Sodium-Methohexital oder Propofol, in eine der Karotiden ausgeschaltet. Da Barbiturate vor allem an der grauen Substanz wirken, verwenden einige Untersucher zusätzlich Lidocain zur Einwirkung auf die weiße Substanz. Während der funktionellen Ausschaltung einer Gehirnhälfte muss der Patient Aufgaben ausführen, die er zuvor geübt hat, und die jeweils typische links- oder rechtshemisphärische Leistungen prüfen sollen.

Ein allgemein verbindliches oder standardisiertes Protokoll für dieses Verfahren gibt es nicht. Die meisten an neurochirurgischen Kliniken etablierten Vorgehensweisen folgen jedoch im Prinzip der ursprünglichen Methode, die Juhn Wada in den 40er Jahren in Japan entwickelt und während eines Aufenthalts am Montreal Neurological Institute dort eingeführt hatte (Wada & Rasmussen, 1960). Auf die verwendeten Narkotika und deren Dosierungen, auf die Wahl des arteriellen Zugangs, auf die zeitliche Planung der rechts- und linkshemisphärischen Untersuchung oder auf Kontrollmethoden (z. B. EEG) kann hier nicht eingegangen werden, hierzu geben die neurochirurgischen Kliniken im Internet ausführlich Auskunft.

Die neuropsychologischen Protokolle ähneln sich insofern, als alle bereits vorhandenen neuropsychologischen Untersuchungsbefunde des betreffenden Patienten berücksichtigt werden sollten. Sie unterscheiden sich je nach individuellem Fall und spezifischer Fragestellung: Zum Beispiel wird bei einer anstehenden Tumoroperationen oder bei einem epilepsiechirurgischen Eingriff die Lokalisation des Hirndefekts und des geplanten operativen Zugangs eine Rolle spielen. Im Wesentlichen stehen vor allem Fragen nach möglichen negativen Folgen für Sprach- und Gedächtnisfunktionen im Vordergrund. Angesichts der geringen zur Verfügung stehenden Zeit und der Einschränkungen für den Patienten durch eine solche Untersuchungssituation ist eine Konzentration auf Funktionen angezeigt, die für die Lebensqualität des Patienten von besonderer Bedeutung sind.

Während der Untersuchungsphase wird wiederholt der Grad der halbseitigen Lähmung der oberen Extremität als Maß der Hemisphärenausschaltung gemessen und gegebenenfalls Narkotikum nachinjiziert. In einigen Kliniken werden zu Anfang etwa acht Objekte des Alltags präsentiert, die benannt und nach Abklingen der Narkotisierung wiedererkannt werden sollen. Andere Protokolle beginnen mit Zählen vorwärts oder rückwärts. Notiert werden auftretende Beeinträchtigungen. Das gilt auch für das Befolgen von Aufforderungen, bestimmte Bewegungen auszuführen (Arm heben, Faust ballen, Zunge herausstrecken u. Ä.). Da zu Anfang eine allgemeine Beeinträchtigung durch die Medikamentenwirkung möglich ist, wird der Patient bei Schwierigkeiten, beispielsweise des Zählens, wiederholt aufgefordert weiter zu zählen oder auch wieder bei Eins zu beginnen. Der Zählprozess ist am Beginn der Zahlenreihe automatisiert und dadurch weniger stark durch allgemeine Beeinträchtigungen betroffen.

Prüfungen der Sprachfunktionen beinhalten das Benennen von Gegenständen, das Identifizieren von Gegenständen durch Zeigen auf einer Bildertafel sowie das Nachsprechen und Lesen einfacher Sätze. In einigen Protokollen werden vereinfachte Versionen des Token-Test eingesetzt. Schließlich wird auch die Spontansprache beurteilt. Sollten Sprachbeeinträchtigungen auftreten, so verlängern einige Untersucher die sprachlichen Prüfungen in die Erholungsphase hinein. Dabei auftretende Paraphasien werden als deutlicher Hinweis auf die Sprachrepräsentation in der untersuchten Hemisphäre gewertet.

Zumeist wird die linke Hemisphäre zuerst untersucht. Bei der Untersuchung der rechten Hemisphäre werden andere, aber vergleichbare Objekte und verbale Materialien verwendet. In einigen Kliniken werden zusätzlich „Leerproben" durchgeführt, d. h. die Tests werden ohne ein Narkotikum, wiederum mit anderen analogen Materialien wiederholt.

Prüfungen der Gedächtnisfunktionen ergeben häufig keine so eindeutigen Hinweise, wie die Prüfungen der Sprachfunktionen. Im Zweifelsfall wird die Untersuchung wiederholt oder erweitert, wobei eventuell gezieltere, lokale intra-arterielle Katheterisierungen eingesetzt werden. Im Zusammenhang mit den Gedächtnisprüfungen gibt es Hinweise darauf, dass visuelle Gedächtnismaterialien den rechtshemisphärischen Gedächtnisanteil nicht adäquat widerspiegeln.

Obwohl besonders bei Patienten mit links-temporalen Läsionen der Wada-Test versagen kann, bleibt er die Methode der Wahl. Alternative neuropsychologische und bildgebende Verfahren sind noch nicht ausreichend verlässlich, um dieses invasive Verfahren zu ersetzen.

3.3.3 Hemisphären-Test-Batterien

Im Folgenden werden zwei Testbatterien vorgestellt, die als Hemisphärentests entwickelt wurden, aber mittlerweile im klinischen und wissenschaftlichen Bereich nicht mehr oder kaum noch im Gebrauch sind. Eine informelle Anfrage bei einigen führenden Entwicklern bzw. Vertreibern von neuropsychologischen Testbatterien ergab, dass man für spezifische Hemisphärentests keinen Bedarf sehe.

3.3.3.1 The Cognitive Laterality Battery

Dieser Test wurde ursprünglich in Israel entwickelt und später in den USA für die Anwendung im Schulsystem, vor allem zur Untersuchung von Entwicklungsdyslexien, angepasst. In der englischsprachigen Publikation (Harness, Epstein & Gordon, 1984) über die Anwendung dieser israelischen Testbatterie wird berichtet, dass für alle Untertests (außer den WISC Untertests) für das israelische sozioökonomische Niveau repräsentative Normierungsdaten in Gruppentests bei israelischen Schulkindern erhoben wurden. In einer Faktorenanalyse luden die rechts- und links-hemisphärischen Untertests auf separaten Faktoren.

Die in Israel verwendete Version beinhaltet die folgenden Tests zur Überprüfung von *linkshemisphärischen* Funktionen:
- *„Serial Sounds“:* Von einem Tonband werden 2 bis 7 Lautsequenzen (Weinen eines Babys, Krähen eines Hahnes, etc.) vorgespielt. Die Aufgabe besteht darin, durch Schreiben, Verbalisierung oder Zeigen auf einer Bildertafel die korrekte Reihenfolge des Gehörten wiederzugeben.
- *„Digit Span“:* Entspricht der Zahlenspanne des WAIS.
- *„Serial Circles“:* Sechs Kreise werden in hexagonaler Anordnung in einem Super-8-Film dargeboten, wobei 3, dann 4 und später 5 davon in unterschiedlicher Reihenfolge eingefärbt werden. Auf einem Blatt mit einer vergleichbaren Anordnung von Kreisen soll durch Zahlenangaben die jeweilige Reihenfolge der Einfärbung gekennzeichnet werden.
- *„Word Production“:* Wortflüssigkeitstest. So viele Wörter wie möglich, die mit einem bestimmten Konsonanten beginnen, sollen innerhalb einer Minute niedergeschrieben, oder bei Schreibproblemen, mündlich angegeben werden.

Die folgenden Tests werden mit *rechtshemisphärischen Funktionen* in Verbindung gebracht:
- *„Form Completion (Closure)“:* Unvollständige Silhouetten (schwarz-weiß bzw. weiß auf blauem Hintergrund) von Alltagsobjekten und Szenen, sollen erkannt und benannt werden.
- *„Block Design“:* Mosaiktest aus den Skalen von Wechsler.
- *„Orientation“:* Zwei Abbildungen von Molekülmodellen werden gleichzeitig in unterschiedlicher Orientierung dargeboten. In einer der Abbildungen kann das Modell etwas verändert sein. Die Aufgabe ist zu entscheiden, ob die Modelle gleich sind oder nicht.

3.3.3.2 The Right-Hemisphere-Battery

Diese Testbatterie ist in der Arbeitsgruppe von Howard Gardner am Veterans Administration Medical Center und im Rahmen des Project Zero an der Harvard University entstanden. Die einzelnen Untertests basieren auf Untersuchungen zu Funktionen der rechten Hemisphäre, die von Gardner und Brownell geleitet wurden (Bihrle, Brownell & Gardner, 1988; Brownell, et al., 1983; Kaplan, Brownell, Jacobs & Gardner, 1990). Die vorläufigen Versionen wurden befreundeten Neuropsychologen zur Erprobung zur Verfügung gestellt. Die dem Autor vorliegende Version datiert von 1984.

Der Test soll in zwei Sitzungen durchgeführt werden. In der ersten Sitzung werden fünf Untertests bearbeitet:

„Cartoons“. Es werden jeweils zwei Bildgeschichten zur Auswahl vorgelegt; die unterschiedlich witzig sind. Der Proband soll die witzigere Bildgeschichte auswählen und bewerten (1: nicht witzig, 2: einigermaßen witzig, 3: sehr witzig); der Untersucher muss gleichzeitig die Reaktion des Probanden festhalten (1: keine merkliche Reaktion, 2: lächeln, 3: kichern, lachen); außerdem soll er die Zeit bis zur ersten Reaktion festhalten (1: 0–3 Sekunden; 2: 4–10 Sekunden; 3: >10 Sekunden). Wie bei allen Untertests werden die ersten beiden Aufgaben zur Erläuterung und als Übungsitems verwendet; die folgenden Aufgaben, hier die nächsten 5 Paare, werden gewertet.

„Metaphor (Picture)“. Es soll das Verständnis für Metaphern geprüft werden. Das Wort „Metapher“ wird in der Erläuterung nicht verwendet. Es wird eine Metapher vorgelesen und der Proband soll in den Übungsdurchgängen aus zwei Abbildungen diejenige auswählen, die diese Metapher am besten repräsentiert. Dabei werden jeweils eine richtige Interpretation und eine wortwörtliche Darstellung angeboten. Zum Beispiel sagt der Untersucher: „Wenn ich sagen würde, dass jemand wie ein Vogel isst (eats like a bird), welches der folgenden beiden Bilder würde die Bedeutung dieses Satzes am besten wiedergeben?“ Es wird ein Bild von einem Vogel gezeigt, der einen Wurm aus der Erde zieht, und eines mit einem Mann, der mit einer Gabel auf einem Teller mit drei Erbsen herumstochert.

Bei den folgenden sechs Testaufgaben werden vier Bilder zur Auswahl vorgegeben: „Welches Bild zeigt am besten die Bedeutung von ‚ein schweres Herz‘?“ Zur Auswahl steht ein Bild von einem großen Herz (Substantivbedingung), von einem Mann, der ein riesiges Herz mit Mühe anhebt (wortwörtliche Bedingung), von einer (Gewichtsheber-)Hantel (Adjektivbedingung), und von einem weinenden Mann (Metapher).

„Music“. Beim Musiktest werden neun bekannte Melodien jeweils zweimal vom Band vorgespielt. Vier Stücke sind fehlerfrei. Drei beinhalten Tonfehler und zwei Melodien haben Rhythmusfehler. Der Proband wird gefragt, ob die Melodie richtig war. Danach wird er gefragt, ob er das Stück erkannt hat und wie es heißt.

„Emotional Sensitivity“.
1. Teil – Gesichter: Dem Probanden werden vier Gesichter auf einer Karte gezeigt, dann auf einer anderen Karte ein einzelnes Gesicht. „Bitte schauen Sie genau auf dieses einzelne Gesicht; es drückt eine ganz bestimmte Emotion aus. Nun sollen Sie unter den anderen vier Gesichtern dasjenige zeigen, das eine ähnliche Emotion ausdrückt.“

Auf diese Weise werden vier verschiedene Emotionen geprüft (Freude, Trauer, Ärger, neutraler Ausdruck).

2. Teil – Sätze: Es werden Sätze vorgegeben, die eine Emotion beinhalten, beispielsweise: „Ein Mann wird von einem Hai verfolgt.“ Zur Auswahl für vergleichbare Emotionen stehen die folgenden vier Sätze:
„Ein Mann schwimmt in einem Schwimmbad.“
„Ein Junge steht neben einer Gans.“
„Menschen fliehen vor angreifenden Fledermäusen.“
„Ein Mann präsentiert einen großen Fisch.“

„Antonymic Contrasts“. Der Test besteht aus vier Teilen. Im ersten wird ein Wort vorgelesen und der Proband soll einen Gegenbegriff nennen. Im zweiten Teil kann der Gegenbe-

griff aus einer Auswahl von vier Möglichkeiten gewählt werden. Im dritten Teil wird ein Bild vorgegeben und auf einer Karte mit zwei Abbildungen soll dasjenige Bild gewählt werden, welches das Gegenteil darstellt. Im vierten Teil werden Wortpaare vorgelesen, und der Proband soll jeweils sagen, ob es sich um Gegensatzpaar handelt oder nicht.

In der zweiten Sitzung folgen vier andere Tests.

„Verbal Humor“. Es werden Witze vorgelesen ohne die Pointe (Punchline), also ohne den letzten Satz. Diesen soll der Proband aus vier vorgegebenen Sätzen auswählen. Die Alternativen repräsentieren außer der witzigen Pointe einen unlogischen Schluss und mögliche folgerichtige aber nicht witzige Schlusssätze.

„Story comprehension“. Es wird eine Geschichte vom Band vorgespielt. Danach soll der Proband Multiple-Choice Fragen zum Inhalt der Geschichte beantworten und dann die Geschichte noch einmal selbst wiedergeben.

„Emotional Sensitivity (Drawings)“. Es werden die vier Emotionen überprüft, die in der ersten Sitzung als Gesichter und in Sätzen verwendet wurden. Jetzt werden Bilder dargeboten, deren Inhalte mit Emotionen verbunden sind. Es wird wieder eine Emotion als Bild gezeigt und dann soll aus vier Bildern dasjenige herausgesucht werden, das eine ähnliche Emotion beinhaltet.

„Metaphor (Verbal)“. Hier werden dieselben sechs Metaphern wie die unter der Bilderbedingung aus der ersten Sitzung verwendet. Der Proband soll erklären, was die Ausdrücke bedeuten; falls eine wortwörtliche Interpretation erfolgt, soll nachgefragt werden, ob der Proband das gleiche mit anderen Worten ausdrücken kann, oder ob er ein Beispiel dafür geben kann, etwa, was es bedeutet, „ein schweres Herz“ zu haben.

Zu dieser Testbatterie liegen keinerlei neuere Publikationen vor; ebenso wenig gibt es testtheoretische Informationen. Es ist interessant, dass in den letzten Jahren zu den rechtshemisphärischen Funktionen so wenig Forschung betrieben wurde. Einige der Untertests der oben beschriebenen Right-Hemisphere-Battery, die in Einzeluntersuchungen von Gardner und Brownell bei Patienten Defizite nach rechtshemisphärischen Hirnschäden zeigen konnten, erinnern an Aufgaben, die bereits in den Dokumentationen von Untersuchungen Hirngeschädigter des 1. Weltkrieges zu finden sind. So beispielsweise das Interpretieren von Sprichwörtern (Kleist, 1934; Lehrfilme der Reichsstelle für den Unterrichtsfilm (RfdU) bzw. der Reichsanstalt für Film und Bild in Wissenschaft und Unterricht (RWU)). Neuere neuropsychologische Untersuchungen zu rechtshemisphärischen Funktionen sind in der Literatur nicht zu finden. Der bei rechtshemisphärischen Schädigungen zu beobachtende Konkretismus wird heute vor allem als typisches Merkmal schizophrenen Denkens angesehen. Und hierzu gibt es auch neuere Testverfahren, zum Beispiel den *„Sprichwort und Metaphern Test“* (SMT) von Alfred Barth und Bernd Küfferle (Barth & Küfferle, 2001). In der Computerversion (Barth, 2012) enthält der Test 14 metaphorische Sprichwörter. Jeder Proband erhält pro Sprichwort eine Reihe von Interpretationsmöglichkeiten, aus denen er jene auszuwählen hat, welche die Bedeutung des Sprichwortes am besten erklärt. Die für jedes Sprichwort zur Auswahl stehenden Interpretationen sind so konstruiert, dass ihre Wahl auf die Fähigkeit, Metaphern zu verstehen, schließen lässt.

3.4 Sensomotorische Verhaltensasymmetrien

Händigkeit, Füßigkeit und Äugigkeit sowie Ohrdominanz, also eine Asymmetrie bei der Benutzung oder der Leistungsfähigkeit einer Extremität oder eines Auges bzw. Ohres werden seit jeher als mögliche Merkmale einer bestimmten Form der Gehirnasymmetrie vermutet. Insbesondere trifft dies für die Händigkeit zu. Entsprechend häufig findet man Aussagen wie: „Die Händigkeit stellt den einfachsten Indikator zur Untersuchung der Hemisphärendominanz für Sprache dar..." (Reiss & Reiss, 2000, p. 70). Und über die Sprachlateralisation hinaus werden Rückschlüsse von einer beobachtbaren Verhaltensasymmetrie auf weitere ansonsten verborgene Gehirnasymmetrien gezogen. Das geht teilweise soweit, dass auch Verhaltensasymmetrien, wie die Daumenposition beim Händefalten, die Position der Unterarme beim Verschränken der Arme vor der Brust, oder das oben liegende Bein beim Beinüberschlag im Sitzen, als Hinweise auf zerebrale Asymmetrien interpretiert werden. Aber leider ist sogar die offensichtlichste und am meisten untersuchte Verhaltensasymmetrie, die Händigkeit, sehr viel schwieriger zu fassen, als allgemein angenommen wird (Salmaso & Longoni, 1985). Und die Zusammenhänge der verschiedenen zerebralen Lateralitätsformen sind sehr viel komplexer und nur im Gruppenvergleich einigermaßen korrelativ.

3.4.1 Händigkeit

Tatsächlich konnten Neuroanatomen bereits bei Gehirnen von zwei-jährigen Kindern eine interhemisphärische Asymmetrie im zytoarchitektonischen Aufbau des primären motorischen Kortex (BA4) nachweisen. Aber dieser entspricht nicht dem von Erwachsenen. Man schließt daraus, dass die weitere Entwicklung der zytoarchitektonischen Asymmetrie mit der funktionellen Entwicklung von motorischen Leistungen und der Händigkeit einhergeht (Amunts, Schmidt-Passos, Schleicher & Zilles, 1997). Dies passt zu der Vorstellung, dass eine überwiegende genetische Prädisposition zur Rechtshändigkeit besteht, die aber durch jahrzehntelange Erfahrung beeinflusst wird. Letztlich ist dies wahrscheinlich auch der Grund für die unterschiedlichen Verteilungen der Handbevorzugung und der Leistungshändigkeit. Für die Bevorzugungen erhalten wir eine extrem schiefe zweigipflige Verteilung, während sich die Leistungsunterschiede als sehr viel geringer ausgeprägt und normal verteilt, mit einer Mittelwerts-Verschiebung nach rechts, erweisen. Der Einfluss der Beschulung, insbesondere des Schreiberwerbs, ist relativ gering. Bei Personen, die keine Schule besucht haben und bei Analphabeten mit und ohne Schulerfahrung zeigen sich ebenfalls überwiegend Bevorzugungen und bessere Leistungen mit der rechten Hand. Allerdings sind die Leistungsunterschiede zwischen den Händen geringer und es gibt eine größere Gruppe mit beidhändiger Bevorzugung als bei Vergleichsgruppen mit Schul- und Schreiberfahrung (z. B. Curt, Maccario & Dellatolas, 1992; Geuze et al., 2012). Die Schreibrichtung scheint übrigens keinen Einfluss auf Handbevorzugung und Leistungshändigkeit zu haben (Swelam, 1992).

Für die Einschätzung der Bedeutung der Händigkeit und der Messmethoden ist der Zweck der Untersuchung entscheidend. Geht es um ergonomische, sportphysiologische oder neuropsychologische Grundlagenforschung? Betrifft die Frage eine Gruppe oder eine einzelne Person? Geht es um eine Beratung in einem entwicklungspsychologischen Kontext oder eine klinische Fragestellung? Bei einer sportwissenschaftlichen Fragestellung zur unterschiedlichen „Aneignungs- und Behaltensfähigkeit“ von rechter und linker Extremität beim motorischen Lernen wird man beispielsweise die besonderen kinesiologischen und physiologischen Aspekte einer Sportart analysieren und entsprechende Tests entwickeln. Bei einer entwicklungs-neuropsychologischen Begutachtung wird man, eher im Sinne eines „Portraits“ als einer Diagnostik des Kindes, umfangreichere Mess- und Beobachtungsmethoden zur Handbenutzung und Handbevorzugung verwenden. Hier, wie in anderen neuropsychologischen Bereichen, gibt es jedoch keine Möglichkeit, auch mit noch so aufwändiger Händigkeitstestung, Aussagen bezüglich der Asymmetrien psychologischer Phänomene, beispielsweise im Emotions- und Kognitionsbereich, oder hinsichtlich der Intelligenz oder Persönlichkeit zu machen. Insgesamt weist ein Blick in die Literatur auf die Mehrdimensionalität sowie Unabhängigkeit der Verhaltensasymmetrien und der zerebral kognitiven Lateralität hin.

Fragebögen oder Beobachtungen über die Bevorzugung einer Hand können uns etwas über die Richtung der Bevorzugung sagen. Aber der Versuch, den Ausprägungsgrad der Bevorzugung numerisch zu definieren, bringt zumeist keinen Zugewinn. Das wird am deutlichsten, wenn man die Ergebnisse von Fragebögen mit einer unterschiedlichen Anzahl erfasster Aktivitäten vergleicht. Fragebögen mit immer größerer Anzahl von abgefragten Situationen, z. B. 36 Items (Waterloo Handedness Questionaire – revised (WHQ-R), reprinted in Elias, Bryden & Bulman-Fleming, 1998), 60 Items (Steenhuis & Bryden, 1989) und sogar 75 Items (Provins, Milner & Kerr, 1982) ergeben letztlich vergleichbare Ergebnisse wie Kurzversionen mit etwa 10 Fragen (Oldfield, 1971). Als problematisch erweist sich nicht nur der Einfluss der Frageformulierung oder die Tatsache, dass es sich bei den Fragen in den meisten Fällen nicht um voneinander unabhängige Wahlreaktionen handelt. Besonders problematisch ist vor allem, dass die Einteilungen in Rechts- oder Links- bzw. Beidhändigkeit relativ willkürlich gehandhabt werden. Tatsächlich kann man nach test-statistischen wie auch praktischen Gesichtspunkten argumentieren, dass es gewöhnlich ausreicht, den Probanden zu fragen, ob er oder sie sich als Rechts- oder Linkshänder bezeichnen würde. Eventuell kann man noch nach Ausnahmen in der Bevorzugung einer Hand fragen, wobei diese Information zumeist von den Personen ohnehin von sich aus geliefert wird. Sinnvoll erscheint auch noch die Frage nach der Händigkeit von Verwandten ersten Grades. Mit einer derartigen Befragung kann man die für die Klinik durchaus wichtige Frage nach Rechts- oder Linkshändigkeit beantworten. Im Falle einer Bevorzugung der linken Hand ist es dann klinisch bedeutsam, welche Form der Linkshändigkeit vorliegt: Beispielsweise eine „normale“ oder eine durch frühkindliche Hirnschädigung entstandene. Diese Frage kann ich aber wiederum nicht mit Hilfe eines noch so detaillierten Fragebogens klären. Hier würden ein Leistungstest und eine umfangreiche Anamnese eher hilfreich sein.

In den meisten Fällen wird man jedoch – egal wie die Händigkeit gemessen wurde – daraus keinen direkten Schluss auf die Gehirnasymmetrien ziehen können (z. B. Groen, Whitehouse, Badcock & Bishop, 2013). Die Abweichung von der Rechtshändigkeit kann lediglich andeuten, dass eventuell gewisse Abweichungen auch bei anderen funktionellen Asymmetrien auftreten können.

Bezüglich der Verteilung der Sprachlateralisierung (überwiegend gemessen mit Tests der Sprachproduktion im Wada-Test) bei Rechts- und Linkshändern zeigen Untersuchungen der letzten 50 Jahre ein weitestgehend übereinstimmendes Bild: Bei bis zu 97 % der Rechtshänder ist die Sprache linkshemisphärisch lateralisiert; bei den Linkshändern sind es nur ca. 60 %. Etwa 10 % Prozent der Linkshänder zeigen eine rechtshemisphärische Sprachlateralisierung; bei 30 % findet sich eine bilaterale Sprachlokalisation (Geschwind, Miller, DeCarli & Carmelli, 2002). In einer älteren Studie mit 262 Patienten ohne klinische Hinweise auf eine frühkindliche linksseitige Hirnschädigung hatten von den 140 Rechtshändern 96 % eine linksseitige Sprachlateralisierung, die übrigen 4 % eine rechtsseitige. Keiner dieser Patienten zeigte eine bilaterale Sprachlokalisation. Bei den 122 Links- bzw. Beidhändern betraf die Verteilung für eine linke, bilaterale und rechte Sprachlateralisierung 70 %, 15 % und 15 %. Bei weiteren 134 Patienten mit frühkindlichen linksseitigen Hirnschädigungen ergaben sich für die Rechtshänder 81 % linksseitige, 7 % bilaterale und 12 % rechtsseitige Sprachlateralisierung. Für die Links- und Beidhänder ergaben sich 28 %, 19 %, und 53 % (Rasmussen & Milner, 1977).

Über die letzten hundert Jahre sind eine Vielzahl an Instrumenten entwickelt worden, um die Händigkeit entweder als Bevorzugung einer Hand oder im Leistungsvergleich zwischen den Händen zu messen. Im Folgenden werden nur die am häufigsten in der Literatur erwähnten Verfahren beschrieben. Da es keine eindeutigen Vergleichsuntersuchungen gibt, die eine Rangordnung nach wissenschaftlichen Kriterien zuließen, sind die Auswahl der nachfolgend aufgeführten Tests und gelegentliche Wertungen der subjektiven Einschätzung des Autors zuzuschreiben.

3.4.1.1 Händigkeitsfragebögen

Zur Messung der Handbevorzugung sind seit Jahrzehnten Händigkeitsfragebögen mit mehr oder weniger theoretischem Unterbau entwickelt und angewendet worden. Viele der heute noch gebräuchlichen Instrumente sind Modifikationen des Inventars von Marian Annett (Annett, 1967). Trotz der oben erwähnten Einschränkungen, die schon bald zum Einsatz von Leistungstests zur Bestimmung der Händigkeit führten, auch dies durch Marian Annett (Anett, 1976), vor allem dann, wenn Händigkeit als quantifizierbare Variable erfasst werden soll, scheinen viele Untersucher sich mit der Befragung ihrer Versuchsteilnehmer zu begnügen. Besonders häufig wird *Oldfields Händigkeitsinventar* (Oldfield, 1971) verwendet, dessen Itemauswahl auf einer Bachelorarbeit von Humphrey (1951) basiert. Das Oldfield Inventar bzw. *„The Edinburgh Inventory“* wird hier besprochen, weil es offensichtlich von den Herausgebern wissenschaftlicher Zeitschriften akzeptiert wird und (leider) die einfachste Möglichkeit zu sein scheint, den Anforderungen der Gutachter an eine Beschreibung der Händigkeit zu genügen. Angesichts der Dominanz dieses Fragebogens ist es interessant zu lesen, wie zurückhaltend und vorsichtig sich Oldfield selbst 1971 zur Validität und Anwendbarkeit seines Instruments geäußert hat: „It should be emphasized that *any* set of items afford a view of handedness which is arbitrary, and that any measure of laterality has a validity which can extend no further than the data obtained from a reasonable sample population. Nevertheless such a measure can prove useful for *comparative* purposes, *provided* a standard procedure is adhered to“ (Oldfield, 1971, p.104, kursive Markierung im Original).

Das *Edinburgh Inventory* beinhaltet in der 1971 von Oldfield publizierten Version 20 Fragen zu Tätigkeiten, die man bevorzugt oder ausschließlich mit einer Hand ausführen würde. Entsprechend soll man in der Linkshand- oder der Rechtshandspalte ein + oder ein ++ eintragen. Wenn man bei einer Tätigkeit keine Hand präferiert, soll ein + in beide Händigkeitsspalten eingetragen werden. Die Anzahl der Kreuze für beide Spalten wird dann zu einem Lateralitätsquotient verrechnet: (Summe der RH – Summe der LH) / (Summe der RH + Summe der LH) × 100 = LQ (–100 bis +100). Oldfield fragt ganz zu Anfang separat danach, ob man je eine Tendenz zur Links-Händigkeit gehabt hätte. Aufgrund seiner Daten zog er den Schluss, dass in den Antworten zu dieser Frage die Abweichungen von einer strikten Rechtshändigkeit, wie sie sich dann aufgrund der 20 Fragen zeigt, unterschätzt werden; und er befürwortete deshalb einen Mehr-Item-Fragebogen zur Charakterisierung der Händigkeit.

Aufgrund einer Itemanalyse, vor allem aber auch nach subjektiven Überlegungen bezüglich weniger geeigneter Items, sowie mit Hinblick auf geschlechtsneutrale Aktivitäten, sozio-ökonomische sowie kulturelle Gesichtspunkte, verwarf er dann 10 der 20 Items und empfahl einen Fragebogen mit 10 Items. Wie in der 20-Item Version, sind an die Kurzfassung zusätzlich je eine Frage zur Äugigkeit und Füßigkeit angehängt, zu denen Oldfield aber keine Daten oder weitere Überlegungen präsentierte.

Dieser Fragebogen ist in vielen Übersetzungen und Modifikationen verwendet worden (z. B. Reiss & Reiss, 2000). Insbesondere im Zusammenhang mit der quantitativen Bestimmung des Ausprägungsgrades der Händigkeit sind die Itemauswahl, die Wertigkeit der einzelnen Tätigkeiten und die Formulierung der Fragen immer wieder diskutiert worden. In einigen Ländern wurden Veränderungen der Items vorgenommen, die die jeweiligen kulturellen Gegebenheiten besser widerspiegeln sollen, z. B. in Holland (Van Strien, 2002) oder Japan (Hatta-Nakatsuka Handedness Inventory; Hatta & Kawakami, 1994).

Die Fragebögen zeigen eine hohe Reliabilität und auch Validität insofern, als sich in Gruppenstudien durchaus hohe Korrelationen mit vergleichbaren Arbeitsproben ergeben. Das ist auch bei Fragen nach hochgeübten Tätigkeiten gar nicht anders zu erwarten. Aber es sollte einem doch zu denken geben, wenn mit Hilfe dieser Fragebögen keine ausreichende Vorhersage bezüglich Leistungsunterschieden zwischen den Händen bei ungeübten Aufgaben möglich ist (Barnsley & Rabinovitch, 1970; Steenhuis, 1999). Im Vergleich zum Präferenzverhalten sind die Leistungsmaße sehr viel mehrdimensionaler (Fleishman, 1972). Auch mit verschiedenen anderen Indikatoren der zerebralen Asymmetrie, beispielsweise der Sprachlateralisierung ergeben sich im Einzelfall keine verlässlichen Übereinstimmungen.

3.4.1.2 Händigkeitsproben

Aus prinzipiellen Gründen, aber auch aus praktischen – wenn beispielsweise auf die Fragen zur Handbenutzung keine verlässlichen Antworten erwartet werden können – werden seit jeher auch sogenannte Händigkeitsproben angewendet. So lässt man bei Kindern oder in kulturvergleichenden Untersuchungen, manchmal auch bei Patienten, Tätigkeiten ausführen, wobei man beobachtet, welche Hand jeweils eingesetzt wird. Häufig werden die Tätigkeiten in einer zufälligen Reihenfolge wiederholt, um auch die Konsistenz der Handbenutzung beurteilen zu können.

In einigen Verfahren zur Beobachtung der Händigkeit werden die Gegenstände, die dem Probanden zur Manipulation vorgelegt werden, sowohl mittig als auch im linken oder rechten Arbeitsbereich präsentiert. Beobachtet wird, ob ein Gegenstand eher mit der näher zum

Gegenstand befindlichen Hand ergriffen wird, oder ob beim Greifen mit einer Hand auch die Mittellinie überschritten wird. Von dem Überkreuzgreifen würde man auf einen stärkeren Ausprägungsgrad der Bevorzugung einer Hand bei der Benutzung dieses Gegenstandes schließen als beim Ergreifen mit der jeweils näher befindlichen Hand. Ein Beispiel für eine solche Händigkeitsbeobachtung ist der *Quantification of Hand Preference Task* (QHP – Bishop, Ross, Daniels & Bright, 1996), bei der kindergerechte Spielkarten kreisförmig um ein Kind herum angeordnet werden. Beobachtet wird, mit welcher Hand die Karten eingesammelt und in einer Schachtel abgelegt werden.

Werden bei einer Händigkeitsprobe über die Beobachtung hinausgehend auch Leistungsmaße, z. B. Genauigkeit und Geschwindigkeit der Ausführung, erfasst, sprechen wir von einer Messung der Leistungshändigkeit bzw. Performanzhändigkeit (siehe weiter unten).

Der von Bruckner, Deimann & Kastner-Koller (2011) entwickelte *Handpräferenztest für 4–6-jährige Kinder (HAPT 4-6)* enthält 14 Arbeitsproben (siehe Testtabelle). Die Materialien werden, wie in der Testanweisung vorgegeben, auf einem kindgerechten Tisch und auf dem Boden des Untersuchungszimmers platziert. Die 14 Tätigkeiten sind in eine Abenteuerreise durch den Raum eingebettet und werden dreimal ausgeführt. Das Kind soll dabei den Anweisungen folgen, die von einer CD abgespielt werden. Die Handbenutzung wird protokolliert, wobei im Manual darauf hingewiesen wird, welcher Teil der jeweiligen Tätigkeit kodiert werden soll. Der zeitliche Aufwand wird mit etwa 25 Minuten als „Bearbeitungsdauer" angegeben. Die Auswertung erfolgt in Anlehnung an Oldfield (1971) durch die Bestimmung eines Lateralisationsquotienten.

Mehrere Normwerttabellen stehen zur Verfügung mit deren Hilfe der Prozentrang nach der Gesamtstichprobe oder nach Geschlecht getrennt festgestellt werden kann. Ebenso gibt es Tabellen, um den Ausprägungsgrad und die Händigkeitskonsistenz vergleichen zu können. Nach Angaben der Herausgeber sind die Normen für Deutschland und Österreich (N>600) repräsentativ.

Die Split-half-Reliabilität wird mit Cronbachs Alpha .95 angegeben. Zur Gültigkeit heißt es: „Die Items wurden theoriegeleitet und in Anlehnung an empirische Befunde erstellt. Die Kriteriumsvalidität des Verfahrens wird durch signifikante Zusammenhänge zwischen dem Ergebnis im HAPT 4-6 und den erfassten Validitätsmaßen (Elternurteil, Zeichenhand) belegt."

Weitere gebräuchliche Verfahren sind zumeist Adaptationen aus dem Angelsächsischen. Oft stammen die Tests auch aus Entwicklungstestbatterien. So hat Tan in seinem *Preschool Handedness Inventory* (PHI; Tan, 1985) dreizehn Tätigkeiten als Händigkeitsproben verwendet, um bei vierjährigen Kindern Lateralität und motorische Fertigkeiten zu erforschen (z. B. Schachtel mit Stiften öffnen und schließen, Stift aus der Schachtel nehmen und wieder hineinlegen, Zeichnen, mit einer Schere schneiden, Hämmern, Flüssigkeit aus einem Krug gießen, Bohnen einzeln in eine Flasche geben, einen Turm mit Würfeln bauen, Bohnensack mit einer Hand fangen, Bohnensack mit einer Hand werfen). In Untersuchungen von Kindern mit mentalen Einschränkungen oder von Autisten wurde der *Hand Preference Demonstration Test (HPDT)* von Soper und Kollegen (Soper et al., 1986) benutzt, bei dem acht Aufgaben auszuführen waren (Benutzung eines Löffels, aus einer Tasse trinken, Zähne putzen, mit einem Farbstift zeichnen, Ball werfen, mit einem Plastikhammer hämmern, ein kleines Obststück oder Bonbon aufheben, ein kleines Geldstück (dime) aufheben)

3.4.1.3 Messung der Leistungshändigkeit

Neben einer Messung der Griffstärke der beiden Hände mittels eines kindgerechten *Handdynamometers* und der Grundgeschwindigkeit (*Tapping*, siehe auch oben unter sensomotorischen Asymmetrien) werden vor allem Prüfungen der feinmotorischen Geschicklichkeit vorgenommen. Erfasst wird z. B. die Arbeitsgeschwindigkeit, wie beispielsweise beim *Auffädeln* von Perlen, die Anzahl der Perlen pro Zeiteinheit.

Zu den am häufigsten verwendeten Verfahren, für die auch standardisierte Vorgaben und Normen existieren, gehören verschiedene Steckbrettverfahren, von denen das *Purdue Pegboard* (Tiffin & Asher, 1948) und das *Grooved Pegboard* (Trites, 1977) die wohl bekanntesten und am weitesten verbreiteten sind. Ähnliche Feinmotorikaufgaben finden sich auch in verschiedenen Motorischen Testbatterien, wie beispielsweise in der *Motorischen Leistungsserie* (MLS; Schoppe, 1974). Auch das unten aufgeführte Verfahren von Annett, die *Peg Moving Task*, gehört zu dieser Kategorie; sie wurde speziell zur Untersuchung der Händigkeit entwickelt und über viele Jahre erfolgreich verwendet.

Von den Papier-Bleistift Verfahren werden der *Test zur Händigkeit des Schulanfängers (THS)* nach Trolldenier (1993) und der *Punktiertest und Leistungs-Dominanztest für Kinder (5–12 Jahre) (PTK-LDT)* von Schilling (2009a) sowie der *Hand-Dominanz-Test (H-D-T)* von Steingrüber (2011) beschrieben.

3.4.1.3.1 Annett Peg Moving Task

Die Aufgabe (Annett, 1992) besteht darin, 10 Holzdübel mit einer Hand möglichst schnell von einer hinteren in eine vordere Lochreihe umzustecken – jeweils der Reihe nach; mit der rechten Hand von rechts nach links und mit der linken Hand von links nach rechts. Für jede Hand sollen bei Kindern drei Durchgänge und bei Erwachsenen fünf Durchgänge ausgeführt werden. Fällt ein Dübel aus der Hand, wird der Durchgang wiederholt. Gemessen wird für jeden Durchgang die Zeit vom Ergreifen des ersten bis zum Loslassen des letzten Dübels. Die Zeiten werden für jede Hand gemittelt und dienen als Leistungsmaß.

Die beiden Holzleisten mit den Lochreihen sind ca. 20 cm voneinander entfernt; sie sind fest miteinander verbunden, um die beim Umstecken zu überbrückende Entfernung konstant zu halten. Der Holzrahmen wird parallel zur Tischkante angeordnet. Er sollte am Tisch befestigt sein oder zumindest auf einer rutschfesten Unterlage liegen. Der Test ist nicht käuflich zu erwerben, kann aber nach Maßangaben und Fotos in den verschiedenen Arbeiten von Annett (siehe Abbildung in der Tabelle aus M. Annett, 1992, p. 585) mit Materialien aus einem Baumarkt nachgebaut werden.

Über die Zeitdifferenz zwischen den beiden Händen unterscheidet Annett (1985) vier Händigkeitsausprägungen: Wird mit der rechten Hand mindestens eine Sekunde schneller als mit der linken Hand gearbeitet, wird das als Rechtshändigkeit bewertet; umgekehrt als Linkshändigkeit. Bei Zeitunterschieden unter einer Sekunde spricht sie von gemischter Rechtshändigkeit oder gemischter Linkshändigkeit, je nachdem, in welche Richtung der Zeitvorteil zeigt. Der Autor dieses Kapitels hält diese willkürliche Einteilung, wie bereits bei der Beurteilung der Handpräferenz über Fragebögen kritisiert, für wenig hilfreich. Im Rahmen von Leistungstests erachtet er sie auch als unnötig, da ja die Zeitmaße selbst als quantifizierende Variable zur Verfügung stehen und bereits mehr Information enthalten als willkürliche qualitative Kategorisierungen.

Insgesamt hat sich dieser Test in vielen Untersuchungen als brauchbar erwiesen. Da die Leistungen jedoch stark durch die Instruktion und die motivierende Unterstützung des Untersuchers beeinflusst werden, ist es hilfreich, wenn das Personal einer Arbeitsgruppe in der Anwendung des Tests gleichermaßen geschult ist. Gerade bei Kindern lassen sich große Unterschiede in der Herangehensweise beobachten. Zum einen gibt es Probanden (sehr häufig Kinder), die sehr genau und daher oft langsam arbeiten, und sich nicht zu einem schnelleren Tempo anspornen lassen. Und dann gibt es das andere Extrem: Probanden, die sehr schnell und fahrig arbeiten, aber wegen ständiger Korrekturbewegungen insgesamt keine schnelleren Arbeitszeiten erreichen, und die sich auch nicht dazu überreden lassen, vielleicht einen Durchgang etwas konzentrierter anzugehen. Wichtig bei allen Versuchen, die Probanden zu maximaler Leistung zu motivieren, ist natürlich, für beide Hände vergleichbare Anstrengungen zu erreichen.

Da außer dem Vergleich zwischen rechter und linker Hand auch die gesamte Leistung von Interesse sein kann – insbesondere wenn eher schlechte Werte gemessen wurden – sind Vergleichswerte sinnvoll, d. h. Normen, die nach Geschlecht und verschiedenen Altersgruppen differenzieren. Zwar gibt es über verschiedene Publikationen verstreute Daten, die man sich zusammenkopieren kann. Es empfiehlt sich jedoch, mit dem selbst erstellten Material und unter vergleichbaren Bedingungen eigene Daten zu sammeln. Diese zusätzliche Information hilft, die Normen aus der Literatur etwas besser einschätzen zu können.

3.4.1.3.2 Hand-Dominanz-Test (H-D-T)

Dieser erstmals 1971 von Hans-Jürgen Steingrüber und Gustav A. Lienert veröffentlichte Hand-Dominanz-Test (H-D-T) ist 2011 in seiner 3. Auflage mit neuen Normen herausgegeben worden. Der Papier-Bleistift Test besteht aus drei Teilen: 1. Spurennachzeichnen (eine Bahn mit dem Bleistift nachzeichnen, ohne die Begrenzungslinien zu berühren). Die Auswertung erfolgt mit Hilfe einer Schablone. 2. Kreise punktieren und 3. Quadrate punktieren. Beim Quadrate Punktieren ist die Anordnung der Trefferzonen regelmäßig, in horizontaler Ausrichtung. Beim Kreise punktieren dagegen ist die Abfolge der Kreise unregelmäßig. Für jeden der drei Untertests gibt es für die rechte und für die linke Hand eine Übungsvorlage. Und dann jeweils eine getrennte Vorlage für beide Hände zur Leistungsmessung, bei der die Anzahl der getroffenen Kreise bzw. Quadrate gezählt wird. Die Bewertung erfolgt durch die Berechnung eines Differenzwertes (analog zur Berechnung des Lateralisationsquotienten von Oldfield). Die Differenzwerte der drei Untertests werden addiert und bilden den Gesamtdifferenzwert des HDT.

Der Test wurde für zwei Zielgruppen entwickelt: Für 6 bis 10-jährige Kinder und für Personen im Alter von 11 bis 70 Jahren. Er kann in der Gruppe oder in einer Einzeluntersuchung angewendet werden. Für jede Zielgruppe gibt es nach Geschlecht getrennte Normtabellen. Mit Hilfe dieser vier Tabellen können die Standardwerte und Prozentränge der einzelnen Probanden ermittelt werden. In Form von Prozenträngen wird auch hier eine Klassifizierung der Händigkeit vorgenommen, über deren Grenzziehung und Sinnhaftigkeit man streiten kann: Ausgeprägte Linkshändigkeit PR<2, Linkshändigkeit PR 2-6, keine eindeutige Händigkeit PR 7-12, Rechtshändigkeit PR 13–78, ausgeprägte Rechtshändigkeit PR >78. Die Neunormierung des HDT beruht auf N=1307 Probanden (751 weiblich; 556 männlich).

Bezüglich der Reliabilität wurden nach 3–8 wöchigen Test-Retest-Intervallen r_{tt}=.80 für die 6–10-Jährigen und r_{tt}=.78 für die ältere Zielgruppe gefunden. Die Validität des H-D-T wird als Logische Validität diskutiert, gemeint ist wahrscheinlich die Augenscheinvalidität, aber auch als Kriteriumsvalidität, d. h. bezüglich Übereinstimmungen mit Eigen- und Fremdbeurteilungen, sowie, in Anlehnung an die früheren Versionen, mit Lehrerurteilen. Eine Faktorenanalyse (Steingrüber, 2011, S. 18–19) bezieht sich auf die erste Version des H-D-T: die Hauptkomponentenanalyse basierte auf den Interkorrelationen der drei Untertests und ergab einen ersten Faktor mit einer Gesamtaufklärung der Varianz von 68 % der Zielgruppe 1 (6–10 Jahre) und von 72 % der Zielgruppe 2 (11–70 Jahre).

3.4.1.3.3 Punktiertest und Leistungs-Dominanztest (PTK-LDT)

Der von Schilling (2009a) herausgegebene PTK-LDT für Kinder (5–12 Jahre) ist dem H-D-T von Steingrüber & Lienert (1971) bzw. Steingrüber (2011) sehr ähnlich. Er ist etwas kindgerechter gestaltet: So liegen die zu punktierenden Kreise auf den Umrissen einer Clownfigur. Es gibt einen zusätzlichen Eisenbahn-Nachfahrtest (Schilling, 2009b), bei dem die Linienvorgaben zum Nachfahren als Gleise einer Eisenbahn dargestellt sind, die sich auf dem Blatt durch ein Bild mit Landschaft, Häusern sowie Schafen und Schäfer schlängeln. Die Retest-Zuverlässigkeit des PTK-LDT wird mit .99 (nach vier Wochen) angegeben. Die Validität wird als Korrelation von .75 mit dem Außenkriterium „Elternurteil“ beschrieben. Normwerte liegen, für Jungen und Mädchen getrennt, für den Altersbereich von 5 bis 12 Jahre vor. Die Zeit- und Fehlerwerte für die rechte und linke Hand werden mit Hilfe der Normtabellen in Altersstandardwerte („Motorik-Quotienten“) umgewandelt. Der prozentuale Anteil der Punktierleistung der rechten Hand an der Gesamtleistung beider Hände ergibt den „Dominanzindex“.

3.4.1.3.4 Test zur Händigkeit des Schulanfängers (THS)

Der THS wurde von Trolldenier (Trolldenier, 1993) für die Beratung von Schulanfängern entwickelt. Er verlangt das Nachzeichnen von acht einfachen Figuren mit der rechten und der linken Hand. Die Figuren bestehen aus einfachen Grundformen (z. B. Strich, Dreieck, Viereck, Welle) oder aus entwicklungsgemäßen Zeichnungen (z. B. Fähnchen, Blume). Aufgrund der Kriterien „Formwiedergabe“ sowie „Sicherheit und Gefälligkeit der Strichführung“ empfiehlt Trolldenier, die bessere Zeichenhand als die „richtige“ Schreibhand. Der Test eignet sich aber nicht für einen quantifizierten Leistungsvergleich der Hände.

3.4.2 Füßigkeit und Beinigkeit

Die Füßigkeit oder Beinigkeit stand und steht auch heute noch sehr viel weniger als die Händigkeit im Fokus der Lateralitätsforschung. Und das, obwohl immer wieder Berichte erschienen sind, die im Vergleich zur Händigkeit einen statistisch deutlicheren Zusammenhang zwischen dieser Verhaltensasymmetrie und der zerebralen Lateralität aufzeigten (Elias & Bryden, 1998). Das mag zum einen daran liegen, dass der Indikator zerebraler Lateralität dieser Studien selbst in der Literatur umstritten ist: Während die einen beispielsweise eine signifikante Korrelation der Fußpräferenz mit einem Links-Ohr-Vorteil beim Erkennung emotionaler Wörter in dichotischen Tests aufzeigen (Elias, et al., 1998), konnten andere für den Rechts-Ohr-Vorteil beim dichotischen Worterkennen – also die Sprachlateralisierung – eine Korrelationen mit der Füßigkeit nachweisen (z.B. Strauss, 1986). Der Grund für die geringere Beachtung der Füßigkeit als Lateralisationsindikator könnte aber auch sein, dass die bisherigen Studien keine überzeugende Erklärung dafür liefern konnten, warum nun die Bevorzugung eines Beines oder Fußes höher mit beispielsweise der Emotions- oder Sprachlateralität korrelieren sollte als mit der Händigkeit. Dass die Füßigkeit weniger stark durch externe Einflüsse gesteuert wird als die Händigkeit und daher ein unverfälschteres Zeichen einer grundlegenden Asymmetrie sei, ist nicht sehr überzeugend. Auch bei der Füßigkeit zeigen Entwicklungsdaten nämlich deutliche Einflüsse von Lernerfahrung (Bell & Gabbard, 2000). Und wenn kulturelle Faktoren einen stärkeren Einfluss auf die Händigkeit als auf die Füßigkeit haben sollten, wie soll man dann erklären, weshalb Linkshänder häufiger als Rechtshänder die rechte untere Extremität bevorzugen (Elias, et al., 1998; Kang, 2000; Porac & Coren, 1981)? Tatsächlich wird in Kulturen, die sehr stark auf die Händigkeit Einfluss nehmen, davon berichtet, dass auch die Bevorzugung des linken Fußes und Beines Umerziehungsversuchen unterliegt. Aber diese scheinen weniger rigoros durchgesetzt zu werden, und letztlich ähneln die Bevorzugungsverteilungen für Füßigkeit denen von – in dieser Beziehung – toleranteren westlichen Kulturen (Dahmen & Fargard, 2005; Kang, 2000; Zverev & Mipando, 2007). Die Literatur zusammenfassend bleibt der Eindruck, dass alle Verhaltensasymmetrien mehrdimensionale Phänomene sind und es keinen Hinweis auf einen direkten oder gar kausalen Zusammenhang mit einer hypothetischen generellen zerebralen Asymmetrie gibt.

Ähnlich wie bei der Händigkeit werden Füßigkeit oder Beinigkeit vor allem durch Fragebögen erfasst und in geringerem Umfang durch Beobachtung bei der Ausführung bestimmter Aufgaben. Entsprechend der Tatsache, dass Füßigkeit relativ selten im Zentrum des Interesses steht, finden sich oft Fragen oder Aufgaben zur Füßigkeit als Ergänzung zu Händigkeitstests oder Dominanz-Test-Batterien (z.B. Porac & Coren, 1981; Reitan & Davison, 1974); meistens handelt es sich dabei um nur wenige Fragen, wobei der Einfluss der Körperhaltung mehrheitlich nicht berücksichtigt wird: Im *Lateral Dominance Examination (LDE)* aus der der Halstead-Reitan Battery (Reitan & Wolfson, 1985, p. 86–89) wird danach gefragt, welchen Fuß man benutzen würde, um einen Käfer zu zertreten („step on a bug") oder um einen Ball zu kicken.

3.4.2.1 Füßigkeitsfragebögen

Im *WFQ-R Waterloo Footedness Questionnaire – revised* (Elias, Bryden & Bulman-Fleming, 1998) soll für verschiedene Tätigkeiten der präferierte Fuß angegeben werden. Eine deutsche Version findet sich in der Testtabelle.

Beispiel-Items:
1. Which foot would you use to kick a stationary ball at a target straight in front of you?
2. If you had to stand on one foot, which foot would it be?
3. Which foot would you use to smooth sand at the beach?
4. If you had to step up onto a chair, which foot would you place on the chair first?

Zu jeder Frage soll eine von fünf Antworten angekreuzt werden: La (Left always), Lu (Left usually), Eq (Both equally often), Ru (Right usually), Ra (Right always). Es wird ausdrücklich gebeten, sich jede Tätigkeit genau vorzustellen und erst danach die Entscheidung zu treffen. Die Antwortmöglichkeiten werden mit –2 (La), –1, 0, +1, +2 (Ra) gewichtet.

Zusätzlich wird nach äußerlichen Einflüssen auf die Fußpräferenz gefragt:
11. Is there any reason (i. e. injury) why you have changed your foot preference for any of the above activities?
12. Have you ever been given special training or encouragement to use a particular foot for certain activities?
13. If you have answered YES for either questions 11 or 12, please explain.

3.4.2.2 Füßigkeits-Proben

Typische Füßigkeits-Beinigkeits-Proben beinhalten: Hüpfen auf einem Bein, einen Ball kicken (stehend und sitzend), eine Figur mit dem Fuß zeichnen (stehend und sitzend) (Reiss & Reiss, 2000).

Chapman, Chapman und Allen (1987) entwickelten auf der Basis von 11 Studien ein Inventar mit dreizehn Aufgaben, welches sie bei 220 Studenten (119 männlich und 101 weiblich) anwendeten. Zwar wurde den untersuchten Personen der Eindruck vermittelt, es ginge um die Geschicklichkeit (so wurden beispielsweise mit einer Stoppuhr Zeiten gemessen; oder bei Fragen der Teilnehmer welchen Fuß sie benutzen sollten, wurde ihnen gesagt, sie sollten den geschickteren benutzen); aber es wurde nur protokolliert, ob der rechte oder linke Fuß benutzt oder zwischen den Füßen gewechselt wurde. Die Aufgaben 4–9 wurden barfuß ausgeführt (siehe Testtabelle).

Aufgrund sehr niedriger Korrelationen mit dem Gesamtergebnis wurden die Aufgaben 1 und 10 nicht in die weitere Untersuchung einbezogen. Die Verteilung der Fußpräferenzen ähnelte der für die Händigkeit typischen J-Verteilung. Knapp über die Hälfte der untersuchten Personen benutzen ausschließlich den rechten Fuß für alle Aufgaben, nur 2 % ausschließlich den linken. Mit der selbstberichteten Handpräferenz ergab sich eine Korrelation von $r = .70$. Nach Ergänzung der Stichprobe durch weitere 91 Versuchspersonen mit gemischter und linksseitiger Handpräferenz wurde noch deutlicher, dass die Linkshänder – im Gegensatz zu Rechtshändern – viel seltener eine gleichseitige Fuß- und Handpräferenz zeigen. Mit einer weiteren Versuchspersonengruppe ($N = 36$) wurde eine Korrelation von $r = .94$ für eine drei Wochen auseinanderliegende Wiederholungsmessung der Füßigkeit gefunden.

Schneiders und Mitarbeiter (Schneiders et al., 2010) haben in ähnlicher Weise die Füßigkeit geprüft. In den folgenden 12 Aufgaben wurde der bevorzugte Fuß registriert:

(1) Tandem gait (Strichgang; welcher Fuß wird, von einer parallelen Ausgangsstellung beginnend, zuerst vor den anderen Fuß gesetzt); (2) kicking a ball; (3) stamping out a simulated fire; (4) picking up a marble with one's toes; (5) tracing shapes with foot; (6) hopping; (7) stepping up a step; (8) stepping down a step; (9) digging with a spade; (10) single leg stance; (11) response to a perturbation; and (12) weight distribution (gemessen mit zwei Waagen).

Vier der Aufgaben (2–5) stellten sich als besonders geeignet heraus, um die Füßigkeit verlässlich zu bestimmen.

3.4.2.3 Leistungstests zur Füßigkeit und Beinigkeit

Leistungstests zur Füßigkeit und Beinigkeit sind selten und wenn, dann häufiger in den Sportwissenschaften angewandt worden: angefangen von den Untersuchungen von Steinbach (Steinbach, 1964), der von 1961 bis 1963 jeweils deutscher Meister im Weitsprung war, bis zu den Experimenten im Bereich des Langlaufs. Sowohl im klassischen Stil wie beim Skating fallen jeweils Asymmetrien in der Beinarbeit auf. Dabei wird ein Bein bevorzugt zum Abstoßen mit Stockeinsatzunterstützung benutzt. Diese Bevorzugung korreliert nicht mit Verfahren zur Messung der Beinigkeit bzw. Füßigkeit oder auch der Händigkeit.

Insgesamt bestätigte sich der generelle Befund aus der Händigkeitsforschung, dass die angegebene Präferenz nicht eindeutig die Richtung des Leistungsunterschieds zwischen den Extremitäten voraussagt. Ferner zeigt sich, dass die verschiedenen Verhaltensasymmetrien nicht sehr hoch korrelieren. Das gilt insbesondere für Nicht-Rechtshänder. Für sie sind selbst im Gruppenvergleich die Korrelationen zwischen verschiedenen Bevorzugungsasymmetrien und Leistungsunterschieden wesentlich niedriger als bei den Rechtshändern. Rechtshänder sind beispielsweise beim Tapping meistens mit dem rechten Fuß schneller als mit dem linken (wie auch beim Tapping mit der rechten Hand); die Unterschiede zwischen rechts und links sind bei Linkshändern geringer, aber auch sie sind im Durchschnitt mit dem rechten Fuß schneller, können jedoch mit der linken Hand schneller „tappen" als mit der rechten (Peter & Durding, 1979).

3.4.3 Äugigkeit/Augendominanz

Die meisten von uns haben ein bevorzugtes Auge, mit dem sie beispielsweise in den Kamerasucher oder in das Okular eines Teleskops bzw. Mikroskops blicken. Wodurch diese Bevorzugung eines Auges zustande kommt, ist noch immer unklar. Sie scheint nicht unmittelbar oder zumindest nicht in jedem Fall durch unterschiedliche Refraktionsleistungen der Augen bedingt zu sein. Denkbar sind jedoch entwicklungsbedingte Einflüsse, die über die plastisch beeinflussbaren sogenannten Dominanzkolumnen im visuellen Kortex eines der beiden Augen dominieren lassen.

In einigen Situationen wird die Augenwahl auch durch die Händigkeit bzw. Handbevorzugung beeinflusst, so etwa beim Zielen mit einer Pistole oder einem Gewehr. Bei der Bestimmung der Augendominanz sollten solche Einflüsse vermieden werden. Viele Studien haben solche Gewohnheitseinflüsse nicht berücksichtigt, so dass die berichteten Korrelationen zwischen Händigkeit und Äugigkeit mit Vorsicht zu beurteilen sind. Beispielsweise sind in umfangreichen kanadischen Untersuchungen (z. B. McManus, Porac, Bryden & Boucher, 1999) immer nur drei oder vier Fragen gestellt worden: „If you had to look into a dark bottle to see how full it was, which eye would you use?“ Which eye would you use to peep through a keyhole?“ und ähnliche Fragen zum Blick in ein Teleskop und dem Zielen mit einem Gewehr. Die ersten beiden Fragen wurden auch in einer Untersuchung von M. Reiss und G. Reiss (Reiss & Reiss, 1997) verwendet.

Nach Metaanalysen zeigen 35 % der Rechtshänder und 57 % der Linkshänder eine Dominanz des linken Auges. Nach McManus, und KollegInnen (1999), die diese Daten zitieren, sei dies auf das Problem der Händigkeitsdefinition zurückzuführen und insbesondere darauf, dass man nicht zwischen konsistenter und inkonsistenter Händigkeit unterschieden habe. In ihren eigenen Untersuchungen haben McManus und KollegInnen über 10 000 Personen befragt. Bei der Händigkeit berücksichtigten sie die Konsistenz zwischen der Bevorzugung einer Hand für das Schreiben und für das Werfen. Dabei zeigte sich ein engerer Zusammenhang zwischen Wurfhand und Äugigkeit (gemessen mit 3 oder 4 der oben erwähnten Fragen). Das linke Auge wurde von 24 % der konsistenten Rechtshänder und 72 % der konsistenten Linkshänder bevorzugt; von den nicht-konsistenten Rechtshändern dagegen zu 55 % und den nicht-konsistenten Linkshändern zu 47 %. Zusätzlich stellten McManus et al. (1999) einen familiären Einfluss auf die Äugigkeit fest.

Reiss und Reiss (1997) hatten zuvor bereits Daten zur Äugigkeit von Eltern-Kind Triaden und von Geschwistern publiziert. Sie fanden insgesamt 66 % Rechtsäugigkeit, mit einer stärkeren Ausprägung bei den männlichen Probanden. Sie beschreiben eine signifikante Korrelation zwischen Eltern und Kindern und bestätigten frühere Befunde, nach denen mit Zunahme der Linksäugigkeit bei den Eltern auch die der Kinder zunimmt.

Angesichts der oben erwähnten Bedenken wäre es sehr wichtig, vergleichbare Untersuchungen mit Augendominanzproben durchzuführen, die nicht direkt oder indirekt durch Gewohnheit beeinflusst werden.

3.4.3.1 Äugigkeitsproben

3.4.3.1.1 Daumensprung-Test

Der Proband wird gebeten, den Daumen seiner ausgestreckten Hand mit einem Zielpunkt – einem Punkt an der Wand oder mit der Nase des Untersuchers – zur Deckung zu bringen. Dabei sollen beide Augen geöffnet bleiben. Danach soll er wechselseitig ein Auge schließen. Schließt er das nicht dominante Auge, verändert sich die wahrgenommene Position der Objekte zueinander nicht. Beim Schließen des dominanten Auges wird der Proband jedoch bemerken, dass der Daumen (bzw. das virtuelle Bild des Daumens) zur Seite springt. Zielt der Proband für diese Untersuchung auf die Nase des Untersuchers, kann dieser bereits über die Position des Daumes auf das dominante Auge des Probanden schließen.

3.4.3.1.2 Zeigetest

Ähnlich wie beim Peilen während des Daumensprung-Tests kann man den Probanden bitten, mit ausgestreckter Hand auf die Nase des Untersuchers zu zeigen (wieder sollen beide Augen geöffnet bleiben). Auch hier kann der Untersucher über den Zeigefinger das für die Peilung dominante Auge erkennen. Sicherheitshalber kann man den Test mit der anderen Zeigehand wiederholen lassen. Das Ergebnis sollte das Gleiche sein.

Dieser Test ist für Kinder einfacher auszuführen als die Daumensprungprüfung, u. a. weil sie eventuell noch nicht in der Lage sind, ein einzelnes Auge willentlich zu schließen.

3.4.3.1.3 Trichtertest

Für dieses Verfahren kann man einen Papier- oder Papptrichter basteln, dessen größere Öffnung ca. 20 cm und dessen kleinere Öffnung etwa 2 cm Durchmesser hat. Diese Größenvorgaben sind nicht zwingend; man kann daher auch durch entsprechendes Einrollen eines DIN A4 Blattes einen Trichter ad hoc improvisieren. Wichtig ist nur, dass der Proband den Trichter mit beiden Händen und mit der *größeren* Öffnung vor dem eigenen Gesicht so hält, dass er durch die entfernter liegende kleinere Öffnung die Nase des Untersuchers fixieren kann. Der Untersucher kann so das dominante Auge erkennen, das zum Zielen benutzt wird. Und zwar ohne dass ein Auge bewusst gewählt werden konnte und auch ohne dass die Handgewohnheiten, wie beim einäugigen Zielen, eine Rolle spielen.

3.4.4 Ohrbevorzugung

Die Bevorzugung eines Ohres wird kaum als Einzelprüfung durchgeführt. Vielmehr ist sie oft Teil einer umfassenderen Prüfung der Verhaltensasymmetrien, erfolgt also zusätzlich zur Prüfung der Händigkeit, Füßigkeit und Äugigkeit. Bei Untersuchungen von Kindern der Neuropsychologischen Ambulanz haben wir die Ohrbevorzugung routinemäßig erhoben, konnten jedoch bislang keinen bedeutsamen Zusammenhang mit anderen Asymmetrien entdecken, auch nicht mit den Ergebnissen des dichotischen Hörens oder mit irgendwelchen neuropsychologischen Defiziten.

3.4.4.1 Fragebogen zur Ohrbevorzugung

Einige Fragebögen zu Verhaltensasymmetrien enthalten Fragen zur Ohrbevorzugung. Beispielsweise, welches Ohr man benutzen würde, wenn man an der Wand oder einer Tür lauschen wollte. Oder mit welchem Ohr man sich einem Lautsprecher nähern würde, um etwas (Sprache, bestimmte Musik) besser zu hören. Welches Ohr man beim Telefonieren verwenden würde.

3.4.4.2 Proben zur Ohrbevorzugung

Bei Kindern haben wir uns darauf beschränkt, dem Kind eine Armbanduhr hinzuhalten und es zu fragen, ob diese Uhr summt oder tickt. Es wurde notiert, mit welchem Ohr sich das Kind der Uhr nähert.

3.4.5 Asymmetrien im Gesichtsausdruck

Als weitere Verhaltensasymmetrie ist der Vollständigkeit halber die Gesichtsasymmetrie zu nennen. Um diese zu beurteilen, wird ein Proband gebeten, bestimmte emotionale Stimmungen durch einen entsprechenden Gesichtsausdruck widerzugeben. Gewöhnlich werden dabei Videoaufnahmen gemacht, die im Nachhinein von zwei unabhängigen Untersuchern danach beurteilt werden, ob eine Asymmetrie im Ausdruck feststellbar ist, und welche Gesichtshälfte bei welcher Emotion am ausdrucksstärksten ist.

Eine weitere Möglichkeit ist die Einschätzung von Gesichtsasymmetrien auf der Basis von Fotos. Die Beurteilung ist hierbei davon abhängig, dass auf dem Foto der richtige und repräsentative Moment für den Ausdruck einer bestimmten Emotion erfasst worden ist. Das bringt für die Analyse eine willkürliche Komponente mit sich. Andererseits bietet die Fotomethode die Möglichkeit, aus zwei Gesichtshälften jeweils Chimären aus zusammengesetzten rechten Hälften oder linken Hälften zu erstellen und so den Unterschied in der Mimik zu kontrastieren (Sackeim, Gur & Saucy, 1978).

Exkurs: Die sogenannten Hirndominanztests

Vor allem auf den Internetseiten von Beratungsinstitutionen werden Fragebogen- und Interview-Dienste angeboten, die Denk- und Arbeitsstile von Personen analysieren sollen. Diese sogenannten Hirndominanztests unterscheiden sich von dem etablierten Testinventar, das beispielsweise im Personal- oder Berufsberatungsbereich eingesetzt wird, durch eine pseudo-neurowissenschaftliche Grundlage. Am häufigsten werden Gehirnfunktionen nach rechts- und linkshemisphärisch oder nach kortikal und subkortikal unterschieden. Dabei wird alles, was irgendwie mit einer solchen populärwissenschaftlichen Vierteilung des Gehirns in Verbindung gebracht werden kann, zur Itemformulierung und Interpretation herangezogen.

Anstelle der Beschreibung von Gütekriterien für diese Instrumente werden DAX- oder NASDAQ-Unternehmen als Auftraggeber und Anwender der Tests gelistet. Einige dieser Listen verschwinden nach gewisser Zeit wieder. Aber die vermeintlichen Tests leben weiter, wie in einer Parallelwelt, ohne jede Interaktion mit der etablierten Wissenschaft – zum Beispiel unter dem Dach von Instituten und Gesellschaften mit wissenschaftlich klingenden Namen wie der „International Society on Cerebral Dominances e. V.“. Geht man den zitierten Veröffentlichungen nach, die als peer-reviewed charakterisiert werden, findet man meist nur Zeitschriften, die sich als „Hauspostillen“ von Management und Marketing Instituten herausstellen. Problematisch sind diese Produkte angewandter Pop-Psychologie gerade deshalb, weil häufig damit Angebote für Kurse verbunden sind, in denen die „unterentwickelten“ Quadranten des Gehirns durch entsprechendes Training „rehabilitiert“ werden sollen.

3.5 Übersichtstabelle: HEMISPHÄRENLATERALISIERUNG UND INTERHEMISPHÄRISCHE LATERALISATION

Beate Schächtele & Bruno Preilowski

In der folgenden großen Testtabelle sind Verfahren aufgelistet und beschrieben, die eine differenzierte Überprüfung von Lateralitätseffekten und interhemisphärischen Interaktionen ermöglichen. Die Verfahren sind entsprechend der Modalität ihrer verwendeten Teststimuli geordnet: Die Schwerpunkte bilden visuelle, auditive und sensomotorische Verfahren, ebenso finden sich olfaktorische und taktile.

Die vorangestellte Tabelle 1 gibt nochmals einen zusammenfassenden Überblick über die Konnektivität der einzelnen Regionen des Corpus callosum, die im Theorieteil detailliert besprochen ist. In der ersten Spalte sind die sieben anatomischen Regionen des Corpus callosum (vgl. Abbildung 1) zu finden, in der zweiten Spalte werden diesen Regionen die kortikalen Zielareale der linken und rechten Hemisphäre zugeordnet, die jeweils durch die Fasern des Corpus callosum verbunden sind.

Abbildung 1 stellt die funktionelle Topographie des Corpus callosum dar. Die Darstellung konzentriert sich auf die unterschiedlichen Modalitäten, in denen eine Testung stattfinden kann: Sie zeigt die Lokalisation der Fasern des Corpus callosum, die durch spezifische sensorische Stimulationen aktiviert werden. Insbesondere diese Abbildung soll bei der Aus-

Tabelle 1: Konnektivität des Corpus callosum: Überblick über die kortikalen Zielareale der linken und rechten Hemisphäre, die durch die Fasern des Corpus callosum verbunden sind. Nummerierung der Regionen analog zu Abbildung 1.

Regionen des Corpus callosum	kortikale Zielareale
1) Rostrum	– fronto-basaler Kortex
2) Genu	– präfrontaler Kortex und – anteriorer cingulärer Kortex (ACC)
3–5) Truncus (midbody)	– prämotorischer und supplementärmotorischer Kortex – die angrenzenden Teile des insulären Kortex – der darüber liegende cinguläre Kortex
6) Isthmus	– prä- und postzentrale Gyri – auditorische Areale
7) Splenium	– posterio parietaler Kortex – occipitaler Kortex – medialer temporaler Kortex

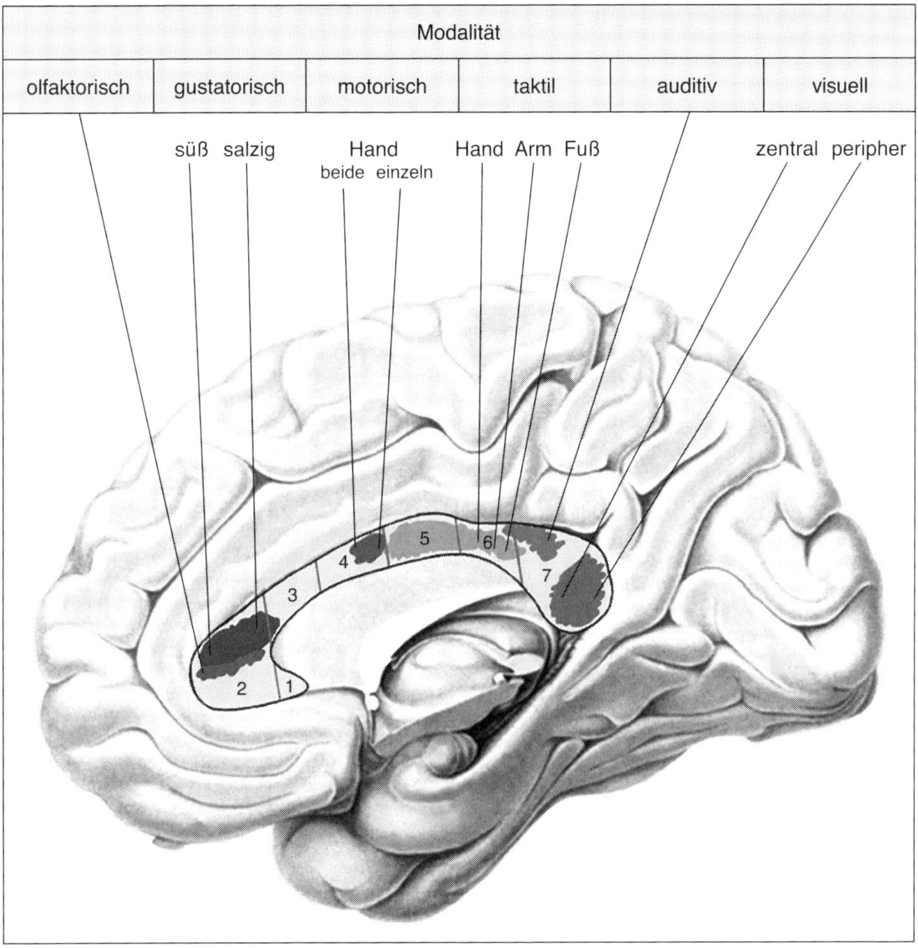

Abbildung 1: Funktionelle Karte des Corpus callosum: Die Abbildung zeigt die Lokalisation der Fasern des Corpus callosum, die durch spezifische sensorische Stimulationen aktiviert werden. Anatomische Regionen des Corpus callosum: 1 = Rostrum, 2 = Genu, 3 = anteriorer Truncus, 4 = medialer Truncus, 5 = posteriorer Truncus, 6 = Isthmus, 7 = Splenium. Abbildung 1 und Tabelle 1 basieren auf den Daten von Fabri et al., 2011, 2014; Raybaud, 2010 und Zarei et al., 2006. Hintergrund der Abbildung bildet ein mod. Template nach Nieuwenhuys et al. 1991 (mit freundlicher Genehmigung von Springer Science and Business Media).

wahl eines adäquaten Verfahrens aus der sich anschließenden Testtabelle helfen, die nach der Modalität der Teststimuli geordnet ist.

Aufgrund der Lokalisation einer Schädigung innerhalb des Corpus callosum können Verdachtsdiagnosen darüber gebildet werden, welche interhemisphärische Interaktionen beeinträchtigt sind. Sowohl Tabelle 1 als auch Abbildung 1 erlauben problemlos vom Schädigungsort im Corpus callosum auf mögliche Beeinträchtigungen der interhemisphärischen Kommunikation zu schließen.

Visuelle Modalität: Gesichtsfeldabhängige Reizdarbietung	
Neuroanatomie des visuellen Systems	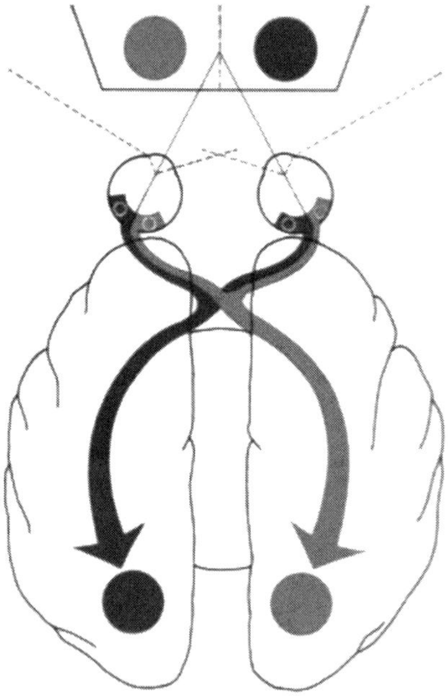 Die Neuroanatomie des visuellen Systems (stark vereinfachte Darstellung) als Grundlage der visuellen Halbfelddarbietung (nach Sperry & Preilowski, 1972).
Untersuchungsdesign: Lateralisierte Reizdarbietungen	
Techniken der Darbietung	– Projektions-Tachistoskop: Die Reize werden auf eine Leinwand oder Mattscheibe projiziert. – Einblick-Tachistoskop: Die Reize in einem dunklen Kasten werden für begrenzte Zeit durch kurzzeitige Belichtung dargeboten. – Die Reize werden direkt auf die Retina projiziert. – Computergesteuerte Monitordarbietungen.

Einseitige Stimulation: tachistoskopische Darbietung	Durch die sehr kurze Darbietung (max. 100 ms) kann jeweils nur wenig Material/Information präsentiert werden. Möglichkeiten der Fixationskontrolle, um die Auswirkungen von Augenbewegungen weg vom Fixationspunkt zu vermeiden oder zu kontrollieren: a) Viele Reize in zufälliger Reihenfolge rechts/links erübrigen die Kontrolle. b) Dynamischer Reiz am Fixationspunkt: • wechselnder Reiz, der berichtet werden muss (Zahlen oder Buchstaben; Intensitätsänderung des Fixationsstimulus); • dynamischer Reiz, der den Fixationsblick fesseln soll (Spirale oder sich in der Größe verändernde Form). c) Fundus-Tachistoskopie: Reize werden direkt auf die Retina projiziert.
Einseitige Stimulation: längere Darbietungszeit	Durch die längere Darbietungszeit kann umfangreichere Information präsentiert werden. Kontrolle der Blickbewegungen: a) Die Darbietung wird jeweils unterbrochen, wenn Abweichungen vom Fixationspunkt festgestellt werden. Diese werden z. B. registriert mittels • Elektro-Okulographie (EOG), • Eye-Tracking. b) Die Information wird direkt auf eine Retinahälfte projiziert: • Zaidel Z-Linse, • Scanning-Laser-Ophthalmoskop (SLO).
Lateralitätseffekte: Hemisphären-Spezialisierung	
Einseitige Stimulation	Rechte Gesichtsfeldhälfte/linke Hemisphäre: Sprachliche Stimuli werden schneller und genauer verarbeitet. Linke Gesichtsfeldhälfte/rechte Hemisphäre: Visuell-räumliche und ganzheitliche Stimuli werden schneller und genauer verarbeitet. Beispiele: – Erfassen von Punktmengen, – Unterscheiden von Gesichtern.
Beidseitige gleichzeitige Stimulation	Beispiel: Chimären-Bilder Tachistoskopische Darbietung eines aus zwei unterschiedlichen Halbbildern zusammengesetzten Fotos (Gesichter-Chimäre) für 150 ms (Kombination fällt einem Split-Brain-Patienten nicht auf). Testbedingung 1 „Verbale Identifikation": Die rechte Hälfte wird benannt, d. h. die linke Hemisphäre dominiert. Testbedingung 2 „Zeigen": Die linke Hälfte wird benannt, d. h. die rechte Hemisphäre dominiert.

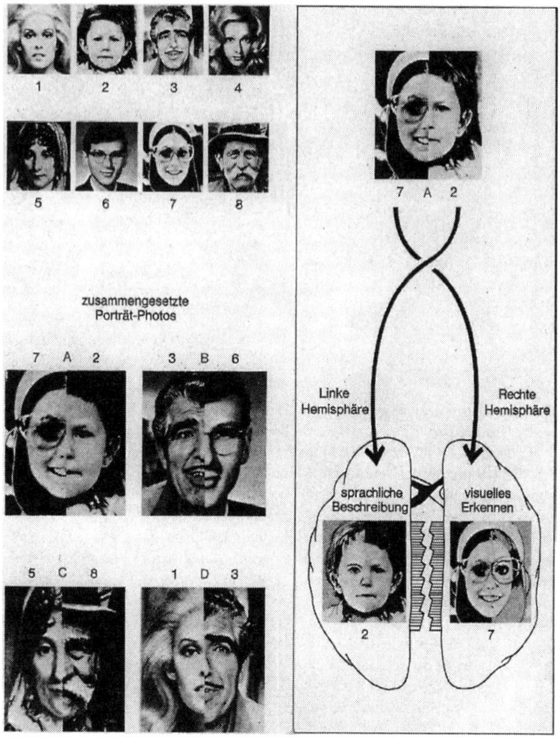

Chimären-Experiment von Levy, Trevarthen & Sperry (1972)
Abb. nach Sperry & Preilowski (1972)

	Interhemisphärische Interaktion
Poffenberger Paradigma: crossed-uncrossed differences (CUD)	Messung der Reaktionszeiten auf Lichtreize. Die gekreuzte Reaktion wird mit der ungekreuzten verglichen (crossed-uncrossed differences, CUD). – Ungekreuzte Bedingung: linke Gesichtsfeldhälfte – linke Hand oder rechte Gesichtsfeldhälfte – rechte Hand. – Gekreuzte Bedingung: linke Gesichtsfeldhälfte – rechte Hand oder rechte Gesichtsfeldhälfte – linke Hand. Beispiel: Lichtreiz ins linke Gesichtsfeld; Messung der Reaktionszeit für die rechte vs. linke Hand. Gesunde: Zeitunterschied 3–10 ms. Patienten mit kompletter Kommissurotomie: Zeitunterschied bis zu 50 ms.
Gleichzeitige bilaterale Stimulation	Gleichzeitige bilaterale oder redundante Stimulation führt zu schnelleren Reaktionen. Erklärung: bilateraler Verarbeitungsvorteil (bilateral distribution advantage oder redundancy gain). Bei Patienten mit Balkendurchtrennung ist der Effekt größer als bei Personen mit inktaktem Corpus callosum.

Auditive Modalität: Dichotisches Hören	
Neuroanatomie des auditiven Systems	Die Neuroanatomie des auditiven Systems (stark vereinfachte Darstellung) als Grundlage des dichotischen Hörens: 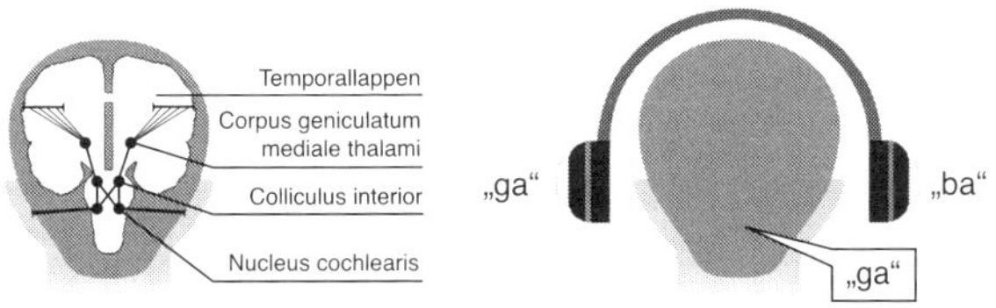 Information aus beiden Ohren gelangen in beide Hemisphären. Es wird eine Dominanz der kontralateralen über die ipsilaterale Ohr-Gehirn-Verbindung vermutet.
Lateralitätseffekte	
Einseitige Stimulation	Bei monoauraler Darbietung werden Unterschiede zwischen den Leistungen beim Erkennen von sprachlichen und nichtsprachlichen Reizen erst in den Ergebnissen größerer Gruppen signifikant.
Beidseitige gleichzeitige Stimulation Beidseitige gleichzeitige Stimulation	Bei gleichzeitiger Darbietung unterschiedlicher akustischer Reize für das rechte und linke Ohr (binaurale dichotische Darbietung) geben Versuchspersonen zumeist nur einen Reiz richtig wieder. Verglichen wird die Trefferrate rechts und links. Rechts-Ohr-Vorteil (ROV) / linkshemisphärische Dominanz. Bei sprachlichen Reizen wird zumeist das im rechten Ohr Gehörte wiedergegeben. Sprachliche Reize: Wörter, Nicht-Wörter, reimende und nicht-reimende Wörter sowie Silben. Links-Ohr-Vorteil (LOV): Für Umweltgeräusche und das Erkennen von musikalischen Akkorden ist die Dominanz sehr viel weniger stark ausgeprägt.
Dichotische Testverfahren	
	Silben
Bergen Dichotic Listening Test (Hugdahl, 2013)	*Material:* Konsonant-Vokal-Silben (CV-syllables) ba, pa, da, ta, ga, ka *Aufgabe:* 3 Bedingungen – non-forced: wiedergeben, was man gehört hat; – forced right: nur wiedergeben, was man im rechten Ohr gehört hat; – forced left: nur wiedergeben, was man im linken Ohr gehört hat. *Durchführung:* 3 Testdurchgänge mit verschiedener Abfolge der Silbenpaarungen; 36 dichotische Darbietungen je Testdurchgang, 6 homonyme Darbietungen als Kontrolle; werden mehr als drei Homonyme falsch benannt, soll die Hörleistung überprüft werden.

	Auswertung: Auf der Basis der für das rechte und linke Ohr wiedergegebenen richtigen Silben wird ein Lateralitätsindex errechnet. *Normen:* Lateralitätsindizes von 1294 Rechtshändern, gruppiert nach Geschlecht und 10 Altersgruppen; Indizes von 117 Linkshändern. *Bezugsquelle:* www.dichoticlistening.com
iDichotic	App für iPhone, iPod touch und iPad (Hugdahl, 2013) zur Durchführung des Bergen Dichotic Listening Test
	Wörter
Dichotischer Hörtest – Fused Words (FW) (Hättig, 2016)	*Material:* – FW10b und FW12k: Sich reimende einsilbige Substantive, die sich nur im Anfangslaut unterscheiden (z. B. Tran und Kran; Pult und Kult). – FW7c: Hier wird nicht der Wortanfang, sondern ein zentraler Konsonant (central consonant, z. B. Le**b**er vs. Le**d**er) dichotisch dargeboten. Dieser Test ist noch im Experimentalstadium und wird nicht zur Lateralitätsprüfung empfohlen. *Aufgabe:* Jeder der 3 dichotischen Tests besteht aus den drei Testteilen A, B und C. (A) Wort-Diskrimination (unilateraler Teil): „Wörter erkennen mit einem Ohr"; die Worterkennung wird auf jedem Ohr getrennt geprüft. (B) Orientierungs-Sensitivität (OriSens): „Wörter vergleichen mit beiden Ohren"; bei zwei nacheinander präsentierten Stimuli soll beurteilt werden, ob diese gleich waren oder nicht. (C) Dichotischer Test (bilateraler Teil): „Wörter erkennen mit beiden Ohren". *Durchführung:* – Test FW10b: 8 Durchgänge mit je 10 dichotisch präsentierten Wortpaaren rechts und links (max. 80 Ohrpunkte). Antwort: Schriftliche Vorgabe einer Auswahl aus vier Wörtern. – Test FW12k (Kinderversion): 6 Durchgänge mit 12 dichotisch präsentierten Wortpaaren (max. 72 Ohrpunkte). Antwort: Vorgabe einer Wortauswahl oder einer Bilderauswahl. – Test FW7c: 8 Durchgänge mit 7 dichotisch präsentierten Wortpaaren (max. 56 Ohrpunkte). *Auswertung:* Interpretation auf der Basis der Ohr-Punkte-Verhältnisse und Vergleich mit Programm-internen Normen. *Vergleichswerte:* Bisher liegen Daten bei Kindern für die 2 Altersstufen 6–7 und 8–9 Jahre bei insgesamt 32 rechtshändigen Kindern vor (16 m, 16 w) (Gothe, 1996; www.ohr-punkt.de → Material/Studien). *Bezugsquelle:* www.ohr-punkt.de

Fused Rhymed Words Test (FRWT) (Wexler & Halwes, 1983)	*Material:* Sich reimende einsilbige Wortpaare, die sich nur im erstem Buchstaben, den Stoppkonsonanten b, p, d, t, g und k, unterscheiden (z. B. coat und goat). *Konzept:* Neben phonologischen werden auch semantische Aspekte berücksichtigt. Das bedinge weniger Konfundierung durch selektive Aufmerksamkeit. *Aufgabe:* Welches Wort wurde gehört? Schriftliche Vorgabe einer Auswahl aus vier Wörtern. *Durchführung:* Nach Übungstrials 4 Durchgänge mit 30 dichotischen Darbietungen (15 Wortpaare). *Stichprobe:* 194 Rechtshänder und 175 Linkshänder im Alter von 15 bis 67 Jahren. *Vergleichswerte:* Rechtshänder: ROV = 85 %; LOV = 12 %, kein Ohrvorteil 3 %. Linkshänder: ROV = 31 %; LOV = 29 %, kein Ohrvorteil 40 %. Die Autoren machen keine Angaben zu den Linkshändern, die denen zu den Rechtshändern direkt vergleichbar wären; ich habe also aus dem Text (über statistisch gefundene Unterschiede) die Prozentangaben herausgerechnet.
Dichotic Listening – Words (Hayden & Spellacy, 1978)	*Material:* Einsilbige Wortpaare, die mit demselben Konsonanten beginnen (22 Trials mit je 3 Wortpaaren). *Aufgabe:* Welches Wort wurde gehört? *Durchführung:* Nach jedem Trial sollen die gehörten Wörter genannt werden. Nach 11 Trials werden die Kopfhörer vertauscht. *Auswertung:* Vergleich der bei unilateraler Präsentation erkannten Wörter mit den dichotisch präsentierten. *Bezugsquelle:* Psychologisches Institut der University of Victoria, Canada.
	Musik
Dichotic Listening – Music (Spellacy, 1970)	*Material:* Zwei-Sekunden Ausschnitte aus Original-Musikstücken für Violine (46 Trials). *Aufgabe:* Melodien wiedererkennen. *Durchführung:* Dichotische Darbietung von zwei Musik-Sequenzen, anschließend nur eine Melodie. Der Proband soll angeben, ob die neue Melodie bei den zuvor gehörten dabei war. *Auswertung:* Anzahl der wiedererkannten Melodien je Ohr. *Bezugsquelle:* Psychologisches Institut der University of Victoria, Canada.

Olfaktorische Modalität: Geruchs-Stimulation	
Neuroanatomie des olfaktorischen Systems	Es besteht eine ipsilaterale Verbindung zwischen Nasenschleimhaut (Riechnerven) und olfaktorischen Kortexarealen.

<table>
<tr><th colspan="2">Lateralitätseffekte</th></tr>
<tr><td>Einseitige Stimulation</td><td>
Bei gesunden Versuchspersonen ist eine lateralisierte olfaktorische Darbietung – selbst bei intakter Nasenscheidewand – nicht möglich, da bereits zwischen rechtem und linkem Bulbus olfactorius ein Informationsaustausch über die vordere Kommissur gegeben ist.
Nach vollständiger Durchtrennung der neokortikalen Kommissurenbahnen ist ein Lateralitätseffekt nachweisbar, wenn olfaktorische Stimuli verwendet werden, die eine Trigeminusreizung ausschließen.
Testdesign
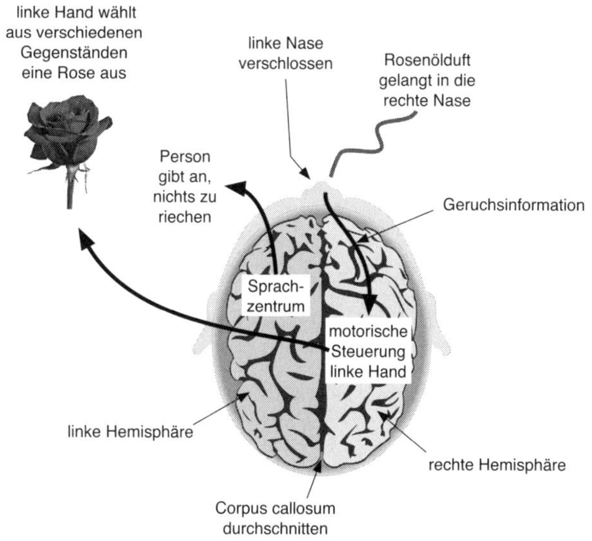
linke Hand wählt aus verschiedenen Gegenständen eine Rose aus
linke Nase verschlossen
Rosenölduft gelangt in die rechte Nase
Person gibt an, nichts zu riechen
Geruchsinformation
Sprach-zentrum
motorische Steuerung linke Hand
linke Hemisphäre
rechte Hemisphäre
Corpus callosum durchschnitten
Quelle: http://user.medunigraz.at/helmut.hinghofer-szalkay/XVI.1.htm
Experiment: Split-Brain-Patient mit vollständig durchtrennter vorderer Kommissur und Corpus callosum. Stimulation der rechten Nasenhälfte durch Rosenduft, die linke Nase ist verschlossen.
Lateralitätseffekt: Die Person soll mit der linken Hand einen zum Reiz passenden Gegenstand (unter mehreren anderen, die sie nur ertasten kann) aussuchen. Sie wählt korrekt die Rose aus, gibt aber an, nichts zu riechen.
</td></tr>
</table>

Somatosensorische Modalität	
Neuroanatomie des somatosensorischen Systems	Komplexere, feinere Sensorik mit überwiegend gekreuzten Verbindungen, vor allem zwischen distalen Körperteilen (z. B. Finger) und Gehirn. Grobe somatosensorische Reize sowie Temperatur- und Schmerzreize haben sowohl kontralaterale als auch ipsilaterale Verbindungen.
Stimulation	Sowohl einseitige als auch dichaptische Prüfungen erfolgen ohne visuelle Kontrolle durch die untersuchte Person.
Lateralitätseffekte	
Einseitige Stimulation	Bei gesunden Versuchspersonen sind nur Gruppeneffekte nachweisbar, beispielsweise eine Überlegenheit der linken Hand beim taktilen Erkennen von Formen, Winkeln, räumlichen Mustern (z. B. Braille). Ausgeprägte Lateralitätseffekte nach Läsionen mittlerer Balkenanteile.
Beidseitige gleichzeitige Stimulation	Bei gleichzeitiger Darbietung somatosensorischer Stimuli (dichaptischer Darbietung) sind Lateralitätseffekte auch bei Einzelpersonen, insbesondere bei Kindern gezeigt worden. Bei entwicklungsbedingten oder pathologischen Veränderungen der neokortikalen Kommissurenbahnen zeigen sich Defizite bei bilateralen Körperlokalisierungs-, Fingerlokalisierungs- bzw. Identifizierungstests.
Testverfahren: Somatosensorik	
	Oberflächensensibilität
Einseitige Stimulation	*Aufgaben:* – (Passives) Erkennen und Identifizieren von Hautberührungen mit verschiedenen Materialien. – Prüfung der Zweipunkt-Diskrimination. – Erkennen von Zahlen und Buchstaben, die vom Untersucher auf die Haut geschrieben werden. – Finger-Identifikation: Nach der Berührung eines Fingers durch den Untersucher soll der Proband mit dem Daumen der gleichen Hand auf den berührten Finger zeigen.
	Haptik und Stereognostik
Einseitige Stimulation	*Aufgaben:* – Alltagsgegenstände, Objekte oder Formen sollen durch aktives Abtasten unterschieden und aus einer Auswahl von Gegenständen oder Bildern wiedererkannt werden. – Objekte sollen erkannt werden aufgrund von Material- und Oberflächenbeschaffenheit respektive von Größe, Gewicht oder Form.

Interhemisphärische Interaktion	
	Oberflächensensibilität
Einseitige Stimulation	*Aufgaben:* – Wiedererkennen von mit der einen Hand gefühlten somatosensorischen Stimuli mit der jeweils anderen Hand. – Gekreuzte Fingerlokalisation: Der Finger einer Hand wird vom Untersucher berührt und der Proband muss den entsprechenden Finger der anderen Hand bewegen. Einseitige Prüfung zur Kontrolle: Mit dem Daumen der berührten Hand soll der entsprechende Finger der gleichen Hand nochmals berührt werden. – Taktiles Zahlenerkennen: Der Untersucher schreibt eine Zahl auf den Handrücken des Probanden, und dieser zeigt mit den Fingern der anderen Hand, welche Zahl er wahrgenommen hat.
	Tiefensensibilität
Einseitige Stimulation	*Aufgabe:* Der Untersucher bringt eine Gliedmaße (Finger, Hand, Arm) in eine bestimmte Ausgangsstellung, der Proband soll mit der Extremität der jeweils anderen Körperseite diese Stellung kopieren.
	Haptik und Stereognostik
Einseitige Stimulation	*Aufgabe:* Der Proband soll die Oberfläche einer Stoffprobe mit der einen Hand befühlen und dann die entsprechende Probe mit der anderen Hand aus einer Auswahl von Stoffen herausfinden.

Sensomotorik	
Neuroanatomie der Sensomotorik	Bilaterale sensomotorische Interaktionen, die noch nicht überlernt wurden, sind auf kortikale Prozesse angewiesen. Für die anterioren Anteile des Corpus callosum wird eine besondere Bedeutung für den Austausch von sogenannten „feed forward“ Informationen oder motorischen Efferenzkopien angenommen.
Lateralitätseffekte	
	Partiell und komplett kommissurotomierte Patienten sowie Personen mit Balkendysplasien oder mit Balkenschädigungen zeigen Auffälligkeiten bei der bilateralen Koordination. Bei Balkenschädigungen geht die zeitliche Synchronisation zwischen den Extremitäten verloren, aber auch die Fähigkeit, mit der rechten und linken Extremität voneinander unabhängige Bewegungen auszuführen. Mit Übung und unter visueller Kontrolle können bimanuelle Bewegungen entsprechend verlangsamt ausgeführt werden. Bewegungen der linken Hand führen (meist nur bei Rechtshändern) zu stärkeren Mitbewegungen der rechten Hand als umgekehrt.

Testverfahren: Bilaterale Sensomotorik	
Tapping Tests	*Aufgaben:* – Mit beiden Händen gleichzeitig (synchron) zwei Tasten drücken, dies so schnell wie möglich. – Möglichst schnell mit Stiften in jeder Hand auf zwei Kontaktplatten tippen. – Beidseitige Bewegungen im Takt eines Metronoms. *Auswertung:* Erfasst wird die Anzahl Tippbewegungen pro vorgegebener Zeiteinheit.
Massion Test („Barman's Test")	Die Versuchsperson hält ein Gewicht in der ausgestreckten Hand; dieses wird vom Versuchsleiter weggenommen. Effekt: Die Hand schwingt nach oben. Nimmt die Versuchsperson das Gewicht selbst weg, bleibt dieser Effekt aus. Bei Schädigungen des anterioren Corpus callosum kommt es auch dann zum Nachschwingen, wenn der Patient das Gewicht selbst abhebt.
	Gewichtsvergleiche
Bimanueller Gewichtsvergleich	*Aufgaben:* Gewichtsvergleich mit beiden Händen: Der Proband hebt gleichzeitig zwei verschiedene Gewichte an; er soll angeben, welches schwerer ist. Antwort jeweils durch Fingersignal der entsprechenden Hand. Verbale Antwort verhindern. Oder: Er hebt zwei verschiedene Gewichte abwechselnd mit der linken und dann mit der rechten Hand an. *Effekt:* Patienten mit kompletter Durchtrennung des Balkens versagen unter beiden Bedingungen, weil weder die motorischen noch die sensorischen Informationen zwischen den beiden Gehirnhälften ausgetauscht werden können. Patienten mit anterioren Läsionen des Balkens, können die Aufgaben korrekt ausführen, wenn sie die Gewichte gleichzeitig anheben; hier scheint es nicht notwendig zu sein, die motorischen Informationen auszutauschen, und die somatosensorischen können durch den erhaltenen Balkenkörper übertragen werden. Unter der Bedingung des sukzessiven Hebens sinkt ihre Leistung auf das Niveau der komplett kommissurotomierten Patienten.
Intramanueller Gewichtsvergleich	*Aufgabe:* Gewichtsvergleich mit derselben Hand: Der Proband hebt zwei verschiedene Gewichte abwechselnd mehrfach an; er soll durch eine einmaliges oder zweimaliges Fingersignal der gleichen Hand angeben, ob das erste oder das zweite Gewicht schwerer war. *Effekt:* Hier sollten keine Defizite zu beobachten sein (wichtig als Kontrolle etwaiger Gedächtnisprobleme).

Gewichtsdiskrimination computergesteuert	Gewichtevergleich mit rechtem und linkem Zeigefinger. Es wird z.B die jeweils schwerere Seite durch Tastendruck mit dem Daumen angegeben. 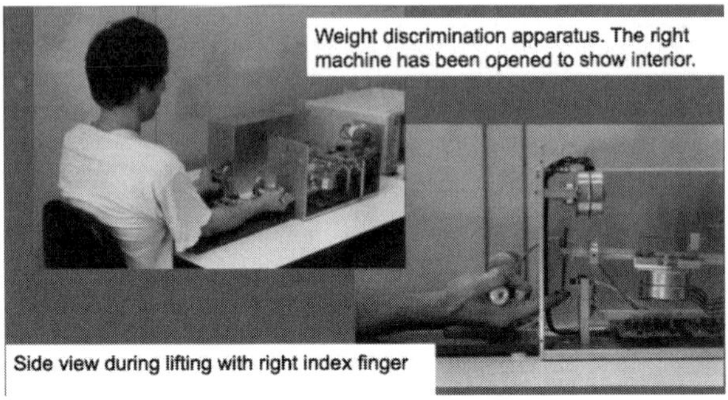 (nach Preilowski & Kalckreuth, 1994) Das Gerät ermöglicht: – aktive und passive Diskriminationsmessungen, – gleichzeitige und sukzessive Vergleiche, – Aufzeichnung der Hebebewegungen.
Größengewichts-täuschung	*Aufgabe:* Zwei gleich große, aber unterschiedlich schwere Gewichte müssen mit den beiden Händen gleichzeitig angehoben werden. Das bedeutet: der motorische Aufwand für die beiden Hände ist unterschiedlich. *Effekt:* Normalerweise wird das leichtere der beiden Gewichte schneller und höher angehoben; es erfolgt jedoch relativ rasch eine Korrektur und Angleichung der Bewegungsausführung. Bei Balkenschädigung erfolgt keine Korrektur.
	Koordination beider Hände
Visuell motorischer Zweihandkoordinationstest (Bimanual Motor Coordination, BMC)	*Aufgabe:* Beidhändige kontinuierliche Drehbewegungen. Ein Lichtpunkt wird auf einem Bildschirm mit Hilfe von zwei Kurbeln bewegt – mit der linken Hand horizontal, mit der rechten Hand vertikal. Diagonale Bahnen im Winkel von 45 bzw. 135 Grad verlangen gleich schnelle Bewegungen beider Hände; bei allen anderen muss mit beiden Händen in einem unterschiedlichen Verhältnis zueinander gekurbelt werden. Erfasst werden die Qualität des Kurvenverlaufs und die benötigte Zeit. *Effekt:* Patienten mit komplett durchtrenntem Corpus callosum versagen bei dieser Aufgabe; nach partieller anteriorer Durchtrennung des Corpus callosum können solche neuen Beidhandkoordinationsleistungen nur unter visueller Kontrolle erbracht werden:

	Selbst nach vielen Trainingseinheiten benötigen beidhändige Bewegungen noch doppelt so viel Zeit wie einhändige Bewegungen.  Elektromechanisches Gerät (X-Y-Schreiber) aus Vor-PC-Zeiten (nach Preilowski, 1972) 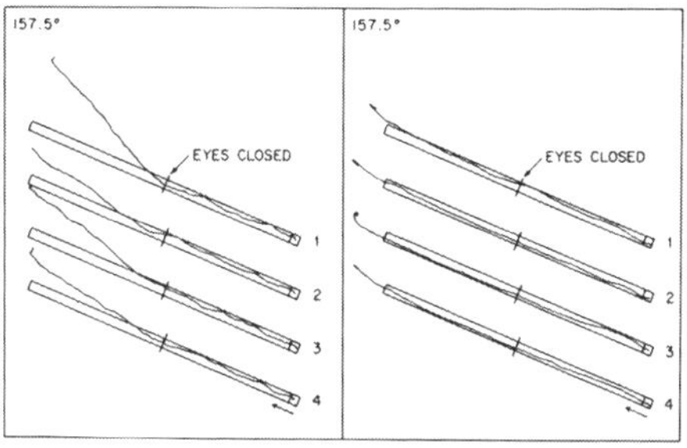 *Aufgabe:* Nach dem Schließen der Augen (EYES CLOSED) müssen die unterschiedlichen Drehbewegungen mit rechter und linker Hand fortgeführt werden. Die linke Bildhälfte zeigt die Leistung eines Patienten mit partieller anteriorer Kommisurotomie, die rechte die Leistung einer gesunden Kontrollperson. Der Patient kann nur mit visueller Kontrolle den Lichtpunkt in der Spur halten; nach dem Schließen der Augen, weicht er durch immer gleichsinnigere Drehbewegungen immer stärker von der gradlinigen Ausführung ab.

Zweihand-Koordination (2HAND) aus: Wiener Testsystem (WTS)	*Aufgabe:* Mit zwei Drehreglern oder mit zwei Joysticks soll ein roter Punkt von rechts nach links durch eine vorgegebene Bahn bewegt werden. Die Bahn besteht aus drei Abschnitten, die unterschiedliche Anforderungen an die Koordination stellen. 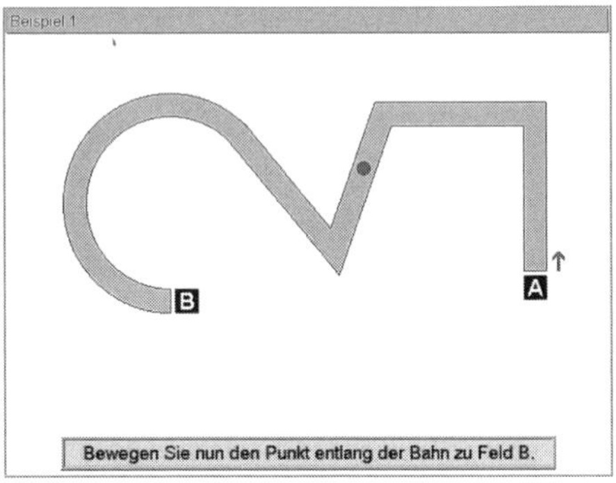
Test de mouvements conjugués (nach Ricossay)	*Aufgabe:* Lineare Bewegungen beider Hände. Mit der rechten und mit der linken Hand muss jeweils ein Hebel verschoben werden, der sich an der vorderen und der rechten Seite eines kastenähnlichen Geräts befindet. Dabei soll eine Spur nachgezeichnet werden. Mit der linken Hand können nur horizontale, mit der rechten Hand vertikale Bewegungen durchgeführt werden. 10 Durchgänge. Erfasst werden Abweichungen und die benötigte Zeit. *Effekt:* Nach vollständiger Durchtrennung des Corpus callosum sind (wie bei Drehbewegungen) keine neuen koordinierten bimanuellen Bewegungen erlernbar. Unter www.acca-evaluation.com ist eine Computer-Version dieses Verfahrens erhältlich.
Beidhandkoordinationstest (nach einer Vorlage von B. Preilowski)	*Aufgabe:* Ein Metallstift wird durch das Drehen von zwei rechtwinklig zueinander wirkenden Spindeln in einer in eine Aluminiumplatte gefrästen Rille bewegt. Der Aluminiumteller mit der Rille kann gedreht und in verschiedenen Positionen festgestellt werden. Damit können die relativen Anteile rechts- und links-händiger Drehbewegungen beim Durchlaufen der Spur durch den Untersucher festgelegt werden. Bei Abweichungen von der Spur bleibt der Stift an der Wand der Rille hängen. Das hat den Vorteil, dass man die Aufgabe auch ohne visuelle Kontrolle, also nur durch lateralisiert bleibende, taktil-kinästhetische Rückmeldung, ausführen lassen kann. *Auswertung:* Erfasst wird der Zeitbedarf; die Qualität der Leistung geht in das Zeitmaß ein. Ziel: Sensible Messung von Auswirkungen beginnender callosaler Schädigungen (z. B. als Früherkennung von multipler Sklerose).

Interhemisphärische Interaktion	
Modulation spinaler neuronaler Prozesse	Für gesunde Versuchspersonen sind symmetrische bilaterale Bewegungen leichter als parallele Bewegungen. Bei Balkenschädigungen finden sich im Vergleich zu den Einhand-Bewegungen durchgängig Verlangsamungen der beidhändigen Ausführungen, und zwar sowohl bei parallelen wie symmetrischen Bewegungen. Ferner kommt es bei beiden Bewegungsformen zu Synchronisierungsproblemen, wobei die Probleme bei parallelen Bewegungen ausgeprägter sind als bei symmetrischen. Die gleichartigen Schwierigkeiten von Split-Brain-Patienten und gesunden Probanden bei parallelen Bewegungen deuten darauf hin, dass diese Hemmung nicht über das Corpus callosum bewirkt wird. Vielmehr scheint die Hemmung paralleler Bewegungen durch spinale Mechanismen (aufgrund von Schwerpunktverlagerungen) zu erfolgen. Die Kommissurenbahnen tragen vermutlich eher zur *Modulation* dieser Hemmung bei. Für feinmotorische Mitaktivierungen wird ein direkter Einfluss interhemisphärischer Interaktion über den Corpus callosum vermutet.
Koordination bilateraler Armbewegungen	*Aufgabe:* Der Proband sitzt dabei auf einem Stuhl, dessen Armlehnen jeweils unterhalb des Ellbogengelenks mit einer Drehachse und im Bereich der Hände mit einem Griff ausgestattet sind. So können die Unterarme mit der Auflage horizontal zum Körper hin und vom Körper weg bewegt werden. a) unilateral: Es wird nur der rechte oder der linke Arm bewegt; b) bilateral symmetrisch: Beide Armen werden gleichzeitig nach außen oder nach innen bewegt; c) bilateral parallel: Beide Arme werden gleichzeitig nach links und dann nach rechts bewegt. *Auswertung:* Erfasst wird die Anzahl der Bewegungen in einem definierten Zeitraum.

	Mitbewegungen
	Assoziierte Mitbewegungen homologer Muskelgruppen der Gegenseite gelten als Hinweis auf eine fehlende Ausreifung oder eine Schädigungen der neokortikalen Kommissurenbahnen. Spinale Mechanismen erschweren asymmetrische bilaterale Bewegungen. Beim noch unreifen Nervensystem zeigt sich dies durch symmetrische Mitbewegungen. Im Laufe der Entwicklung können die Mitbewegungen und die Hemmung von asymmetrischen Bewegungen unterdrückt werden. Es wird vermutet, dass dies durch interhemisphärische Modulation ermöglicht wird. Split-brain-Patienten zeigen Verlangsamung bei asymmetrischen Bewegungen und keine Verbesserung in der Unterdrückung von Mitbewegungen durch Training.
	Beobachtung von Mitbewegungen
Unimanuelle Bewegungssequenzen (nach Maaß, 2003)	Während ein Untersucher die Instruktionen erteilt und auf ihre Befolgung achtet, werden von einem zweiten die unwillkürlichen Mitbewegungen des Probanden beobachtet. Die vier Bewegungssequenzen: – Sequentielle Fingeropposition: Mit den Fingerkuppen nacheinander die Daumenkuppe berühren, von innen nach außen und umgekehrt. 5 Durchgänge pro Hand. – Fingerschnipsen mit Daumen und Zeigefinger; die anderen Finger bleiben gestreckt. 8 Durchgänge pro Hand. – Faustöffnen: Die Hand zur Faust schließen und dann öffnen und die Finger maximal spreizen. 5 Durchgänge pro Hand. – Finger spreizen gegen Kraft: Der Untersucher hält Zeige- und Mittelfinger der ausgestreckten Hand des Patienten zusammen, wobei dieser gleichzeitig beide Finger maximal auseinanderspreizen soll. 8 Durchgänge pro Hand. Die Bewertung der Mitbewegungen erfolgt auf einer dreistufigen Skala: 0 = keine Mitbewegungen homologer Muskeln der Gegenseite, 1 = leichte bis mittelgradige, inkonstante Mitbewegungen, 2 = starke, über längere Zeit bestehende Mitbewegungen. Alter: ab 4 Jahre.
Zürcher Neuromotorik (ZNM) (Largo, Fischer, Caflisch & Jenni, 2007)	Standardisiertes Verfahren zur Erfassung motorischer Basisleistungen von Kindern und Jugendlichen im Alter von 5 bis 18 Jahren in elf neuromotorischen Funktionen. Festgehalten werden der Zeitbedarf für eine Bewegungssequenz, die Anzahl Bewegungen pro definierter Zeiteinheit und die Bewegungsqualität in Form von Mitbewegungen. Eine Auswahl bewährter Aufgabenstellungen zur Beurteilung assoziierten Bewegungen der Hände bei motorischer Aktivität der jeweils kontralateralen Hand für 5 bis 8-Jährige:

Rezension S. 350	– Repetitives Handklopfen: im Sitzen, klopfende Bewegung mit der Hand auf den Oberschenkel. – Pro- und Supination. – Repetitive Fingerbewegungen: 20 × mit der Kuppe des Daumens die Kuppe des Zeigefingers berühren. – Sequentielle Fingerbewegungen: mit der Kuppe des Daumens der Reihe nach alle Fingerkuppen berühren; 3 × (bis 7-Jährige) respektive 5 × hintereinander. – Diadochokinese. – Steckbrett. Zum Zweck der qualitativen Auswertung, d. h. zur Einschätzung von assoziierten Mitbewegungen (AMs), wird die gesamte Prüfung auf Video aufgezeichnet. 0 = keine AMs 1 = kaum wahrnehmbare AMs 2 = moderate AMs 3 = stark ausgeprägte AMs Alter: 5;0 bis 18;11 Jahre. Inter- und Intrarater-Reliabilität für die Leistung (Zeitmessung) ≥.90 Inter- und Intrarater-Reliabilität für die Qualität (Mitbewegungen) .54 bis .90 bzw. .51 bis .87 *Bezugsquelle:* AWE-Verlag, Kinderspital Zürich
	Messung von Mitbewegungen
	Aufgabe: Während mit der Extremität einer Seite eine Bewegung ausgeführt werden muss, werden die gleichzeitigen (unwillkürlichen) Bewegungen auf der anderen Seite miterfasst. Dafür verwendet werden: – Exo-skelettartige Vorrichtungen oder Bewegungshebel mit Drehpunkten im Bereich der Handgelenke oder der Ellenbogen (elektromechanische Messung), – bilaterale Messung der ausgeübten Kräfte, – bilaterale EMG Messungen, – Beschleunigungssensoren an den Extremitäten. *Auswertung:* Verglichen werden die Bewegungsparameter der willkürlichen und unwillkürlichen Bewegungen.

Nachweis asymmetrischer Gehirnfunktionen	

Mess-Methoden	Messung der Asymmetrie mittels:
	– EEG
	  • Alphaunterdrückung
	  • Ereigniskorrelierte Potentiale
	– MEG

	– Bildgebende Verfahren • PET (Positronen-Emissions-Tomographie) • fMRI (funktionelle Magnetresonanztomographie) • fNIRS (funktionelle Nah-Infrarot-Spektroskopie)
Positiver Nachweis	**Aktivierung von Gehirnfunktionen**
Lateralisierte Aktivierung	*Testaufgaben:* Kognitive Tests, für die Lateralitätseffekte nachgewiesen wurden: – Sprachliche Aufgaben zur linksseitigen Aktivierung • Worterkennungsaufgaben • Wortgenerierungsaufgaben (Wortflüssigkeitsaufgaben, Wortketten) – Visuell-räumliche oder ganzheitliche Aufgaben zur rechtshemisphärischen Aktivierung • Würfelabwicklungen • Würfelrotationen • Objektrotationsaufgaben • Gesichtererkennen – Noch widersprüchliche Ergebnisse • emotionaler Aktivierung (negativ – rechtshemisphärisch, positiv – linkshemisphärisch) • motivationale Aktivierung (approach – linkshemisphärisch, avoidance – rechtshemisphärisch) – Aktivierende Hirnstimulation • TMS (transkranielle Magnetstimulation) • tDCS (transkranielle Gleichstromstimulation)
Positiver Nachweis	**Verhaltensmethoden**
Verhaltensmethoden	*Positives Priming:* Vorausgehende Erfahrungen mit bestimmten hemisphärenspezifischen Stimuli (s. oben) können dazu führen, dass rechts- oder linkshemisphärische Leistungen unterstützt werden. Gemessen wird der Einfluss eines vorausgehenden Lateralitätstests auf eine nachfolgende Lateralitätsaufgabe. *Lateralisiertes Priming:* Vertraute Gesichter, die der rechten Hemisphäre lateralisiert dargeboten wurden, werden bei erneuter Darbietung im rechten visuellen Feld schneller erkannt; linkshemisphärisch tritt dieser Effekt nicht auf. Ein Priming-Effekt tritt auch bei beiden gekreuzten Bedingungen auf.
Negativer Nachweis	**Hemmung von Gehirnfunktionen**
lateralisierte Hemmung	*Testaufgaben:* Kognitive Lateralitäts-Tests (wie unter Aktivierung aufgeführt). – Hemmung von Hirnfunktionen durch: • TMS (transkranielle Magnetstimulation) • tDCS (transkranielle Gleichstromstimulation) – Pharmakologische Ausschaltung einer Hemisphäre mittels • Wada Test

Negativer Nachweis	**Verhaltensmethoden**

Verhaltensmethoden	*Aufgaben:*
	– Dual-Task Aufgaben (gleichzeitige Aktivierung derselben Hemisphäre oder jeweils nur einer Hemisphäre)
	– Daueraufgabe: häufig eine lateralisierte sensomotorische Aufgaben, wie z. B.
	  • Balancieren eines Stabes auf den Fingern einer Hand,
	  • Klopfen eines gleichmäßigen Rhythmus mit einer Hand.
	„Indikatoraufgabe": Kognitive Lateralitäts-Tests (verbale oder visuell-räumliche Aufgabe).
	Effekt: Interferenzeffekt, wenn durch die parallel durchgeführten Aufgaben Ressourcen in derselben Hemisphäre beansprucht werden.
	Eine verbale Aufgabe hat eine negative Auswirkung auf die Ausübung der Daueraufgabe mit der rechten Hand; eine räumliche Aufgabe auf die Ausführung mit der linken Hand.

Sensomotorische Verhaltensasymmetrien	
Händigkeit	
→ *Tabelle im Kapitel Sensomotorik*	S. 661
→ *Tabelle im Kapitel Motorik und Sensibilität*	S. 312
Handpräferenz	**Fragebogen**
The Edinburgh Inventory (Oldfield, 1971)	*Fragebogen:* 10 Fragen zu Tätigkeiten: schreiben, zeichnen, werfen, mit einer Schere schneiden, Zähneputzen, mit einem Messer schneiden (ohne Gabel), einen Löffel benutzen, einen Besen führen (obere Hand), ein Streichholz anzünden und eine Schachtel öffnen. *Kodierung:* – ausschließlich mit einer Hand (++ rechts oder links) – bevorzugt mit einer Hand (+ rechts oder links) – ohne Bevorzugung (+ rechts und links) *Auswertung:* Summe rechte Hand (RH); Summe linke Hand (LH) $\frac{\text{Summe RH} - \text{Summe LH}}{\text{Summe RH} + \text{Summe LH}} \times 100 = \text{Lateralitätsquotient (LQ)}$ *Modifikationen:* Viele verschiedene, auch kulturell angepasste Versionen.
Handpräferenz	**Proben**
	Beobachtung von Handbevorzugungen bei vorgegebenen Tätigkeiten. Anwendung: Wenn auf Fragebogen keine verlässlichen Antworten zu erwarten sind, z. B. bei Kindern, klinischen Populationen oder bei kulturvergleichenden Untersuchungen.

Handpräferenztest für 4–6-jährige Kinder (HAPT 4-6) (Bruckner, Deimann & Kastner-Koller, 2011)	*Aufgaben:* 14 Tätigkeiten, eingebettet in eine „Abenteuerreise" durch das Untersuchungszimmer: 1. Ball werfen 2. Boden kehren (mit Handbesen und -schaufel) 3. Winken 4. Kreuz zeichnen 5. Stempeln 6. Würfeln 7. Holzperle aufnehmen 8. Kette aufnehmen 9. Belohnung (z. B. Gummibärchen) aufnehmen 10. Sticker aufnehmen 11. Fisch angeln (magnetisches Angelspiel) 12. Dose öffnen (Dose ohne Gewinde) 13. Lichtschalter betätigen 14. Reißverschluss öffnen (loser Reißverschluss) *Auswertung:* analog des Laterialitätsquotienten von Oldfield. *Gütekriterien:* Split-Half-Reliabilität (Cronbachs Alpha) .95. Validität: „Signifikanter Zusammenhang mit Elternurteil und Zeichenhand". *Normen:* Prozentränge nach Geschlecht getrennt und für Gesamtstichprobe (N >600; repräsentativ für Deutschland und Österreich).
Preschool Handedness Inventory (PHI) (Tan, 1985)	*Aufgaben:* 13 Tätigkeiten: Schachtel mit Stiften öffnen und schließen, Stift aus der Schachtel nehmen und wieder hineinlegen, Zeichnen, mit einer Schere schneiden, Hämmern, Flüssigkeit aus einem Krug gießen, Bohnen einzeln in eine Flasche geben, einen Turm mit Würfeln bauen, Bohnensack mit einer Hand fangen, Bohnensack mit einer Hand werfen
Hand Preference Demonstration Test (HPDT) (Soper et al., 1986)	8 *Aufgaben:* Benutzung eines Löffels, aus einer Tasse trinken, Zähne putzen, mit einem Farbstift zeichnen, Ball werfen, mit einem Plastikhammer hämmern, ein kleines Obststück oder Bonbon aufheben, ein kleines Geldstück (dime) aufheben. Untersuchungen von Kindern mit mentalen Einschränkungen oder Autisten.

Handleistung		**Steckbretter**
Purdue Pegboard	Tabelle Sensomotorik	S. 678
Grooved Pegboard	Tabelle Sensomotorik	S. 675
Peg Moving Task (Annett, 1992)	*Aufgabe:* 10 Holzdübel (1 cm dick, 5 cm lang) sollen mit einer Hand möglichst schnell von einer hinteren in eine vordere Lochreihe umgesteckt werden – jeweils der Reihe nach; mit der rechten Hand von rechts nach links und mit der linken Hand von links nach rechts. Bei Kindern 3 Durchgänge pro Hand; bei Erwachsenen 5 Durchgänge pro Hand. Gemessen wird für jeden Durchgang die Zeit vom Ergreifen des ersten bis zum Loslassen des letzten Steckers.	

	Auswertung: Die Differenz der gemittelten Zeiten für jede Hand ergibt das Maß der Leistungshändigkeit.
Handleistung	**Zeichentests**
Handdominanztest (H-D-T) (Steingrüber, 2011) *Rezension S. 325*	*Aufgabe:* 3 Untertests für jede Hand: – Spuren nachzeichnen (zwischen zwei Begrenzungslinien) – Kreise punktieren (Trefferzonen unregelmäßig) – Quadrate punktieren (Trefferzonen regelmäßig) *Auswertung:* Differenzwerte analog dem LQ von Oldfield. *Normen* (N = 1 307): Prozentränge und Standardwerte für 6 bis10-jährige Kinder sowie für 11 bis 70-jährige Personen, jeweils nach Geschlecht getrennt. *Gütekriterien:* Retest-Reliabilität (Intervall 3–8 Wochen) .80 (6 bis 10-Jährige); .78 (ältere Normgruppe.) Augenscheinvalidität: Der Test erfasst ein hohes Maß an psychomotorischer Geschicklichkeit. Kriteriumsvalidität: Korrelation mit Lehrerurteil. 77 (N = 100) Drittklässler; Korrelation mit Selbsteinschätzung (gleiche Stichprobe) und Fremdbeurteilung. Faktorenanalyse: Ein erster Faktor erfasst 68 % (bei Kindern), 72 % (bei älteren Probanden) der Varianz.
Punktiertest und Leistungs-Dominanztest (PTK-LDT) (Schilling, 2009a)	*Aufgabe:* Je eine Clownfigur für die linke und rechte Hand; entlang deren Umrisslinie sollen 150 kleine Kreise punktiert werden. Erfasst werden Zeit (Sek.) und Fehler. *Auswertung:* Motorik-Quotient für die Punktierleistungen der rechten und linken Hand; Dominanzindex (DI) für die Händigkeitsausprägung. *Gütekriterien:* Test-Retest-Reliabilität (Intervall vier Wochen) .92 Validität (Elternurteil) .75 *Normwerte:* Standardwerte für 5- bis 12-jährige Mädchen und Jungen. *Varianten:* Zeichen- und Punktieraufgaben ähneln dem HDT; die Vorlagen sind jedoch kindgerechter gestaltet (Clownfigur).
Der Eisenbahn-Nachfahrtest (Schilling, 2009b)	*Aufgabe:* Nachfahren von Linien, die als Gleise einer Eisenbahn dargestellt sind, und die sich auf dem Blatt durch ein Bild mit Landschaft, Häusern sowie Schafen und Schäfer schlängeln. *Auswertung:* Leistungsmaße für die rechte und linke Hand sind die Richtigen pro Zeit × 100.
Test zur Händigkeit des Schulanfängers (THS) (Trolldenier, 1993)	*Aufgabe:* Nachzeichnen von acht einfachen Figuren mit rechter und linker Hand. Die Figuren bestehen aus einfachen Grundformen (z. B. Strich, Dreieck, Viereck, Welle) oder aus entwicklungsgemäßen Zeichnungen (z. B. Fähnchen, Blume).

	Auswertung: Qualitativ; auf Basis der Kriterien „Formwiedergabe" und „Strichführung" wird die (subjektiv) als besser bewertete Zeichenhand als Schreibhand empfohlen.
Füßigkeit/Beinigkeit	
Fuß-/Beinpräferenz	**Fragebogen**
WFQ-R Waterloo Footedness Questionnaire – revised (Elias, Bryden & Bulman-Fleming, 1998)	Fragen zur Fußpräferenz, wie z. B. 1. Welchen Fuß würden Sie verwenden, um einen liegenden Ball auf ein Ziel direkt vor Ihnen zu schießen? 2. Wenn Sie auf einem Fuß stehen müssten, welcher Fuß wäre das? 3. Welchen Fuß würden Sie verwenden, um am Strand den Sand zu glätten? Beantwortung auf einer 5-Punkte Skala (immer links, gewöhnlich links, gleich oft links und rechts, gewöhnlich rechts, immer rechts). Zusätzlich Fragen zu äußerlichen Einflüssen (Gründe für Präferenzwechsel, spezielles Training oder spezielle Aktivitäten), wie z. B. 11. Gibt es irgendwelche Gründe (z. B. eine Verletzung) dafür, dass Sie Ihre Fußbevorzugung bezüglich irgendeiner der obigen Aktivitäten gewechselt haben?
Fuß-/Beinpräferenz	**Proben**
Füßigkeitsprobe (nach Chapman, Chapman & Allen, 1987)	11 *Aufgaben* (4 bis 9 barfuß): 1. Auf einem Fuß möglichst unbewegt für mindestens eine Minute stehen. 2. Drei Mal versuchen, einen Ball in einen Korb zu kicken. 3. Eine umgekehrt liegende runde Backform aus dünnem Aluminium (Muffin Tin Liner) mit dem Fuß zu einer möglichst perfekten runden Scheibe zusammenstampfen. 4. Einen Golfball auf einer Labyrinth-artigen Bahn zwischen zwei Reihen von Holzpflöcken bewegen. 5. Den eigenen Rufnamen in den Sand schreiben. 6. Nach dem Schreiben, den Sand wieder glattstreichen. 7. Fünf Steinchen jeweils in einem Abstand von ca. 5 cm in einer Reihe anordnen. 8. Drei Mal versuchen, einen ca. 84 cm langen Stab auf einem Fuß so lange wie möglich zu balancieren. 9. Einen Golfball so schnell wie möglich um die Peripherie eines Kreises (Durchmesser 25 cm) rollen. 10. Auf einen 26 cm hohen Schemel steigen und mit einer Hand an der Wand so hoch wie möglich reichen. 11. Eine möglichst hohe Fußbewegung vor einer an der Wand angebrachten Höhenmesstafel ausführen. 12. Im Sitzen den Rhythmus von „Yankee Doodle" „tappen". 13. 10 Sekunden lang so schnell wie möglich auf einem Fuß hüpfen.

	Auswertung: Den untersuchten Personen wird der Eindruck vermittelt, es ginge um die Geschicklichkeit. Protokolliert wird, ob der rechte oder linke Fuß benutzt oder zwischen den Füßen gewechselt wird. *Gütekriterien:* Test-Retest (3 Wochen) = .94
Füßigkeitsprobe (nach Schneiders et al., 2010)	12 *Aufgaben* (1) Tandem gait (Strichgang; welcher Fuß wird, von einer parallelen Ausgangsstellung beginnend, zuerst vor den anderen Fuß gesetzt); (2) kicking a ball; (3) stamping out a simulated fire; (4) picking up a marble with one's toes; (5) tracing shapes with foot; (6) hopping; (7) stepping up a step; (8) stepping down a step; (9) digging with a spade; (10) single leg stance; (11) response to a perturbation; and (12) weight distribution (gemessen mit zwei Waagen). Die Aufgaben 2 bis 5 haben sich zur Bestimmung der Füßigkeit als besonders geeignet erwiesen: – einen Ball kicken, – ein (imaginäres) Feuer ausstampfen, – eine Murmel mit den Zehen hochheben, – ein Muster mit dem Fuß nachzeichnen.
	Leistungstests
Sportwissenschaftliche Messungen (z. B. Steinbach, 1964; Peter & Durding, 1979)	Untersuchung von Asymmetrien in der Beinarbeit beim Ski-Langlauf (klassischer Stil und Skating): Welches Bein wird bevorzugt zum Abstoßen mit Stockeinsatz unterstützt?
Äugigkeit	
Augendominanz	**Fragebogen**
	Fragen zur Bevorzugung bei Tätigkeiten wie: – durchs Schlüsselloch schauen, – durchs Teleskop schauen, – ins Mikroskop schauen, – durch den Sucher einer Kamera schauen, – durch das Visier eine Gewehrs schauen, – den Flüssigkeitsspiegel in einer dunklen Flasche nachschauen.
	Proben
	Tests zur Äugigkeit sind vor allem in der Wahrnehmungsliteratur beschrieben. Es sollen nur Tests verwendet werden, die unabhängig sind von Handbevorzugungen, Gewohnheiten (Kamera, Gewehr, etc.) und ohne bewusste Wahl durchgeführt werden können. Es besteht keine klare Beziehung zur Lateralität.

Daumensprung-Test	*Aufgabe:* Der Proband soll bei geöffneten Augen mit ausgestreckten Arm den Daumen mit einem entfernteren Punkt (z. B. die Nase des Untersuchers) zur Deckung bringen. Nun soll er weiter fixieren und ein Auge schließen. Wenn er das „dominante" Auge schließt, springt das virtuelle Bild des Daumens. *Effekt:* Der Untersucher kann bei dieser Aufgabe über die Position des Daumens das dominante Auge erkennen, denn der Daumen des Probanden wird dabei direkt oder nahe (der imaginären Verbindungslinie von der Nase des Untersuchers zum Probanden folgend) auf das dominierende Auge zeigen.
Zeigetest	*Aufgabe:* Der Proband zeigt bei geöffneten Augen und ausgestrecktem Arm auf die Nase des Untersuchers. Dieser kann über die Fingerspitze das für die Peilung verwendete Auge erkennen. Es wird empfohlen, den Test mit der jeweils anderen Zeigehand zu wiederholen. Geeignet für Kinder und Erwachsene, die den Daumensprung-Test nicht ausführen können.
Trichtertest	*Aufgabe:* Ein Papier- oder Papptrichter (größere Öffnung ca. 20 cm, kleinere ca. 2 cm Durchmesser) soll vom Probanden mit beiden Händen so vor das Gesicht gehalten werden, dass er mit beiden Augen in die größere Öffnung hineinschaut und in der kleineren Öffnung die Nase des Untersuchers anpeilt. Der Untersucher sieht dann das Auge, mit dem der Proband zielt.
Ohrbevorzugung	
	Fragebogen
	Fragen sind manchmal in Fragebogen zu Verhaltensasymmetrien enthalten: – an der Wand/Tür lauschen – sich einem Lautsprecher nähern – Telefonhörer bei schlechtem Empfang
	Proben
Uhr-Ticken	*Aufgabe:* Dem Probanden wird eine Armbanduhr hingehalten. Er soll angeben, ob sie summt oder tickt. Es wird notiert, mit welchem Ohr er das Geräusch überprüft.

Literatur

Aaron, D. H. & Jansen, C. W. S. (2003). Development of the Functional Dexterity Test (FDT): construction, validity, reliability, and normative data. *Journal of Hand Therapy, 16,* 12–21. http://doi.org/10.1016/S0894-1130(03)80019-4

Aboitiz, F., Scheibel, A. B., Fisher, R. S. & Zaidel, E. (1992). Fiber composition of the human corpus callosum. *Brain Research, 598,* 143–153. http://doi.org/10.1016/0006-8993(92)90178-C

Amirjani, N., Ashworth, N. L., Gordon, T., Edwards, D. C. & Chan, K. M. (2007). Normative values and the effects of age, gender, and handedness on the Moberg Pick-Up Test. *Muscle & Nerve, 35,* 788–792. http://doi.org/10.1002/mus.20750

Amunts, K., Schmidt-Passos, F., Schleicher, A. & Zilles, K. (1997). Postnatal development of interhemispheric asymmetry in the cytoarchitecture of human area 4. *Anatomy and embryology, 196* (5), 393–402. http://doi.org/10.1007/s004290050107

Annett, M. (1967). The binomial distribution of right, mixed and left handedness. *Quarterly Journal of Experimental Psychology, 19* (4), 327–333. http://doi.org/10.1080/14640746708400109

Annett, M. (1976). A coordination of hand preference and skill replicated. *British Journal of Psychology, 67* (4), 587–592. http://doi.org/10.1111/j.2044-8295.1976.tb01550.x

Annett, M. (1985). *Left, right, hand and brain: The right shift theory.* London: Lawrence Erlbaum.

Annett, M. (1992). Five tests of hand skill. *Cortex, 28* (4), 583–600. http://doi.org/10.1016/S0010-9452(13)80229-8

Barnsley, R. H. & Rabinovitch, M. S. (1970). Handedness: proficiency versus stated preference. *Perceptual Motor Skills, 30* (2), 343–362. http://doi.org/10.2466/pms.1970.30.2.343

Barth, A. (2012). *Sprichwort-Metaphern-Test. Verfahren zur Erfassung konkretistischer Denkstörungen.* Mödling: Schuhfried GmbH.

Barth, A., Küfferle, B. (2001). Die Entwicklung eines Sprichworttests zur Erfassung konkretistischer Denkstörungen bei schizophrenen Patienten. *Nervenarzt, 72,* 853–858. http://doi.org/10.1007/s001150170019

Bauder, H., Taub, R. & Miltner, H. R. (2001). *Behandlung motorischer Störungen nach Schlaganfall – Die Taubsche Bewegungsinduktionstherapie.* Göttingen: Hogrefe.

Bauer, H., Guttmann, G., Leodolter, M. & Leodolter, U. (1999). *Sensomotorische Koordination (SMK).* Mödling: SCHUFRIED GmbH.

Bell, J. & Gabbard, C. (2000). Foot preference changes through adulthood. *Laterality, 5* (1), 63–68. http://doi.org/10.1080/713754351

Bennett, G. K. (1985). *Bennett Hand Tool Dexterity Test.* New York: Psychological Corporation.

Bensafi, M., Rouby, C., Farget, V., Vigouroux, M. & Holley, A. (2002). Asymmetry of pleasant vs. unpleasant odor processing during affective judgment in humans. *Neuroscience Letters, 328* (3), 309–313.

Bergert, S. (2010). Do our brain hemispheres exchange some stimulus aspects better than others? *Neuropsychologia, 48* (6), 1637–1643. [doi: 10.1016/j.neuropsychologia.2010.02.006]. http://doi.org/10.1016/j.neuropsychologia.2010.02.006

Bethmann, A., Tempelmann, C., de Bleser, R., Scheich, H. & Brechmann, A. (2007). Determining language laterality by fMRI and dichotic listening. *Brain Research, 1133* (0), 145–157. http://doi.org/10.1016/j.brainres.2006.11.057

Bethscheider, J. (1995). Comparison of tweezer dexterity. *Statistical Bulletin 1995–5, Johnson O'Connor Research Foundation, 1–11.*

Bhambhani, Y., Esmail, S. & Brintnell, S. (1994). The Baltimore Therapeutic Equipment work simulator: Biomechanical and physiological norms for three attachments in healthy men. *American Journal of Occupational Therapy, 48,* 19–25. http://doi.org/10.5014/ajot.48.1.19

Bihrle, A., Brownell, H. & Gardner, H. (1988). Humor and the Right Hemisphere: A Narrative Perspective. In H. Whitaker (ed.), *Contemporary reviews in neuropsychology* (pp. 109–126). New York: Springer.

Bilodeau, E.A. (1952). Transfer of training between tasks differing in degree of physical restriction of imprecise responses. *USAF Human Resources Research Center Research Bulletin, Vol 52-40,* 15.

Bishop, D.V.M., Ross, V.A., Daniels, M.S. & Bright, S. (1996). The measurement of hand preference: A validation study comparing three groups of right-handers. *British Journal of Psychology, 87* (2), 269–285. http://doi.org/10.1111/j.2044-8295.1996.tb02590.x

Bisiacchi, S., Marzi, C.A., Nicoletti, R., Carena, G., Mucignat, C. & Tomaiuolo, F. (1994). Left-right asymmetry of callosal transfer in normal human subjects. *Behavioural Brain Research, 64* (1–2), 173–178. http://doi.org/10.1016/0166-4328(94)90129-5

Bless, J.J., Westerhausen, R., Arciuli, J., Kompus, K., Gudmundsen, M. & Hugdahl, K. (2013). „Right on all occasions?" – on the feasibility of laterality research using a smartphone dichotic listening application. *Frontiers in Psychology, 4,* 42. http://doi.org/10.3389/fpsyg.2013.00042

Bologna, M., Caronni, A., Berardelli, A. & Rothwell, J.C. (2012). Practice-related reduction of electromyographic mirroring activity depends on basal levels of interhemispheric inhibition. *European Journal of Neuroscience, 36,* 3749–3757. http://doi.org/10.1111/ejn.12009

Bourne, V.J. & Hole, G.J. (2006). Lateralized repetition priming for familiar faces: Evidence for asymmetric interhemispheric cooperation. *The Quarterly Journal of Experimental Psychology, 59* (6), 1117–1133. http://doi.org/10.1080/02724980543000150

Brand, G. R & Jacquot, L. (2001). Quality of odor and olfactory lateralization processes in humans. *Neuroscience Letters, 316* (2), 91–94. http://doi.org/10.1016/S0304-3940(01)02375-8

Brand, G.R., Millot, J.-L. & Henquell, D. (2001). Complexity of olfactory lateralization processes revealed by functional imaging: a review. *Neuroscience & Biobehavioral Reviews, 25* (2), 159–166. http://doi.org/10.1016/S0149-7634(01)00005-7

Brown, W.S. & Paul, L.K. (2000). Cognitive and psychosocial deficits in agenesis of the corpus callosum with normal intelligence. *Cognitive Neuropsychiatry, 5* (2), 135–157. http://doi.org/10.1080/135468000395781

Brown, W.S., Paul, L.K., Symington, M. & Dietrich, R. (2005). Comprehension of humor in primary agenesis of the corpus callosum. *Neuropsychologia, 43* (6), 906–916. http://doi.org/10.1016/j.neuropsychologia.2004.09.008

Brownell, H.H., Michel, D., Powelson, J. & Gardner, H. (1983). Surprise but not coherence: Sensitivity to verbal humor in right-hemisphere patients. *Brain and Language, 18* (1), 20–27. http://doi.org/10.1016/0093-934X(83)90002-0

Bruckner, J., Deimann, S. & Kastner-Koller, U. (2011). *Handpräferenztet für 4–6-jährige Kinder (HAPT 4–6).* Göttingen: Hogrefe.

Bruder, G.E., Stewart, J.W., Hellerstein, D., Alvarenga, J.E., Alschuler, D. & McGrath, S.J. (2012). Abnormal functional brain asymmetry in depression: Evidence of biologic commonality between major depression and dysthymia. *Psychiatry Research, 196* (2–3), 250–254.

Bykoff, K. (1924). Versuche an Hunden mit Durchschneiden des Corpus Callosum. *Zentralblatt der gesamten Neurologie und Psychiatrie, 39,* 199.

Chapman, J.S., Chapman, L.J. & Allen, J.J. (1987). The measurement of foot preference. *Neuropsychologia, 253,* 579–584. http://doi.org/10.1016/0028-3932(87)90082-0

Copeland, S.A. & Zaidel, E. (1996). Contributions to the bilateral distribution advantage. *Journal of the International Neuropsychological Society, 2,* 29.

Cowell, S.E., Ledger, W.L., Wadnerkar, M.B., Skilling, F.M. & Whiteside, S.S. (2011). Hormones and dichotic listening: Evidence from the study of menstrual cycle effects. *Brain and Cognition, 76* (2), 256–262. http://doi.org/10.1016/j.bandc.2011.03.010

Curt, F., Maccario, J. & Dellatolas, G. (1992). Distributions of hand preference and hand skill asymmetry in preschool children: Theoretical implications. *Neuropsychologia, 30* (1), 27–34. http://doi.org/10.1016/0028-3932(92)90011-A

Dahmen, R. & Fargard, J. (2005). The effect of explicit cultural bias on lateral preferences in Tunisia. *Cortex, 41* (6), 805–815. http://doi.org/10.1016/S0010-9452(08)70299-5

Dandy, W. E. (1936). Operative experience in cases of pineal tumors. *Archives of Surgery, 33,* 19–46. http://doi.org/10.1001/archsurg.1936.01190010022002

Dennis, M., Fitz, C. R., Netley, C. T., Sugar, J., Harwood Nash, D. C., Hendrick, E. B. & Humphreys, R. S. (1981). The intelligence of hydrocephalic children. *Archives of Neurology, 38* (10), 607–615. http://doi.org/10.1001/archneur.1981.00510100035004

Deutsch, D. (1985). Dichotic listening to melodic patterns and its relationship to hemispheric specialization of function. *Music Perception, 3* (2), 127–154. http://doi.org/10.2307/40285329

Dodge, N. C., Jacobson, J. L., Molteno, C. D., Meintjes, E. M., Bangalore, S., Diwadkar, V., Jacobson, S. W. (2009). Prenatal alcolhol exposure and interhemispheric transfer of tactile information-Detroit and Cape Town findings. *Alcoholism: Clinicaland Experimental Research, 33* (9), 1628–1637.

Downhill Jr, J. E., Buchsbaum, M. S., Wei, T., Spiegel-Cohen, J., Hazlett, E. A., Haznedar, M. M., Siever, L. J. (2000). Shape and size of the corpus callosum in schizophrenia and schizotypal personality disorder. *Schizophrenia Research, 42* (3), 193–208.

Dürrwächter, U. (2003). *Analyse der Blickbewegungen von Kindern mit einer Lese- und Rechtschreibstörung.* Dissertation, Eberhard-Karls-Universität Tübingen, Tübingen.

Elias, L. J. & Bryden, M. S. (1998). Footedness is a Better Predictor of Language Lateralisation than Handedness. *Laterality: Asymmetries of Body, Brain and Cognition, 3* (1), 41–52.

Elias, L. J., Bryden, M. S. & Bulman-Fleming, M. B. (1998). Footedness is a better predictor than is handedness of emotional lateralization. *Neuropsychologia, 36* (1), 37–43. http://doi.org/10.1016/S0028-3932(97)00107-3

Epstein, C. M. (1998). Transcranial Magnetic Stimulation: Language Function. *Journal of Clinical Neurophysiology, 15* (4), 325–332. http://doi.org/10.1097/00004691-199807000-00004

Fabri, M., Polonara, G., Mascioli, G., Salvolini, U. & Manzoni, T. (2011). Topographical organization of human corpus callosum: an fMRI mapping study. *Brain research, 1370,* 99–111.

Fabri, M., Pierpaoli, C., Barbaresi, P. & Polonara, G. (2014). Functional topography of the corpus callosum investigated by DTI and fMRI. *World Journal of Radiology, 6* (12), 895–906.

Fendrich, R. & Gazzaniga, M. S. (1989). Evidence of foveal splitting in a commissurotomy patient. *Neuropsychologia, 27* (3), 273–281. http://doi.org/10.1016/0028-3932(89)90018-3

Fendrich, R., Wessinger, C. M. & Gazzaniga, M. S. (1996). Nasotemporal overlap at the retinal vertical meridian: Investigations with a callosotomy patient. *Neuropsychologia, 34* (7), 637–646. http://doi.org/10.1016/0028-3932(95)00155-7

Fernandes, M. A., Smith, M. L., Logan, W., Crawley, A. & McAndrews, M. S. (2006). Comparing language lateralization determined by dichotic listening and fMRI activation in frontal and temporal lobes in children with epilepsy. *Brain and Language, 96* (1), 106–114. http://doi.org/10.1016/j.bandl.2005.06.006

Fessard, A. E. (1954). Mechanisms of nervous integration and con-experience. In J. F. Delafresnaye (ed.), *Brain Mechanisms and Consciousness.* Springfield, Ill: Charles C. Thomas.

Fine, J. G., Musielak, K. A. & Semrud-Clikeman, M. (2013). Smaller splenium in children with nonverbal learning disability compared to controls, high-functioning autism and ADHD. *Child Neuropsychology,* 1–21.

Fine, J. G., Semrud-Clikeman, M., Keith, T. Z., Stapleton, L. M. & Hynd, G. W. (2007). Reading and the Corpus Callosum: An MRI Family Study of Volume and Area. *Neuropsychology, 21* (2), 235–241. http://doi.org/10.1037/0894-4105.21.2.235

Fleishman, E. A. (1972). On the relation between abilities, learning, and human performance. *American Psychologist,* 1017–1032. http://doi.org/10.1037/h0033881

Fling, B. W., Walsh, C. M., Bangert, A. S., Reuter-Lorenz, S. A., Welsh, R. C. & Seidler, R. D. (2011). Differential Callosal Contributions to Bimanual Control in Young and Older Adults. *Journal of Cognitive Neuroscience, 23* (9), 2171–2185. http://doi.org/10.1162/jocn.2010.21600

Fouty, H. E. & Yeo, R. A. (1995). Lateralization of perceptual closure ability. *Perceptual and Motor Skills, 81* (2), 547–551. http://doi.org/10.2466/pms.1995.81.2.547

Friese, S. A., Bitzer, M., Freudenstein, D., Voigt, K. & Kuker, W. (2000). Classification of acquired lesions of the corpus callosum with MRI. *Neuroradiology, 42* (11), 795–802. http://doi.org/10.1007/s002340000430

Geffen, G., Nilsson, J., Quinn, K. & Teng, E. L. (1985a). The effect of lesions of the corpus callosum on finger localization. *Neuropsychologia, 23,* 497–514.

Geffen, G., Nilsson, J., Quinn, K. & Teng, E. L. (1985b). Effects of lesions of the corpus callosum on tactile cross-localization. In A. W. G. I. Darian-Smith (ed.), *Hand function and the neocortex* (pp. 232–247). Berlin: Springer.

Geschwind, D. H., Miller, B. L., DeCarli, C. & Carmelli, D. (2002). Heritability of lobar brain volumes in twins supports genetic models of cerebral laterality and handedness. *Proceedings of the National Academy of Sciences, 99* (5), 3176–3181. http://doi.org/10.1073/pnas.052494999

Geuze, R. H., Schaafsma, S. M., Lust, J. M., Bouma, A., Schiefenhövel, W. & Groothuis, T. G. G. (2012). Plasticity of lateralization: Schooling predicts hand preference but not hand skill asymmetry in a non-industrial society. *Neuropsychologia, 50* (5), 612–620. http://doi.org/10.1016/j.neuropsychologia.2011.12.017

Gluhbegovic, N. & Williams, T. H. (1980). *The human brain. A photographic guide.* Hagerstown, MD: Harper & Row Publishers, Inc.

Gothe, J. (1996). *Entwicklung und Erprobung eines dichotischen Hörtests für Kinder zur Bestimmung der Sprachlateralisation – der FRWTCH.* Diplomarbeit, Freie Universität Berlin.

Groen, M. A., Whitehouse, A. J. O., Badcock, N. A. & Bishop, D. V. M. (2013). Associations between Handedness and Cerebral Lateralisation for Language: A Comparison of Three Measures in Children. *PLoS ONE, 8* (5), e64876. http://doi.org/10.1371/journal.pone.0064876

Hallam, B. J., Brown, W. S., Ross, C., Buckwalter, J. G., Bigler, E. D., Tschanz, J. T. & Breitner, J. C. S. (2008). Regional atrophy of the corpus callosum in dementia. *Journal of the International Neuropsychological Society, 14* (03), 414–423. http://doi.org/10.1017/S1355617708080533

Harness, B. Z., Epstein, R. & Gordon, H. W. (1984). Cognitive profile of children referred to a clinic for reading disabilities. *Journal of Learning Disabilities, 17* (6), 346–352. http://doi.org/10.1177/002221948401700608

Hatta, T. & Kawakami, A. (1994). Handedness and incidence of disease in a new Japanese cohort. *Psychologia An International Journal of Psychology in the Orient, 37* (3), 188–193.

Hättig, H. (2016). *Ohr-punkt.de – FW dichotischer Hörtest. Testbeschreibung.* http://ohrpunkt.de/index.php?option=com_content&task=view&id=13&Itemid=29 (abgerufen am 31. 10. 2016).

Hättig, H. & Beier, M. (2000). FRWT: Ein dichotischer Hörtest für Klinik und Forschung. *Zeitschrift für Neuropsychologie, 11* (4), 233–245. http://doi.org/10.1024//1016-264X.11.4.233

Hayden, S. & Spellacy, F. (1978). *Dichotic Listening – Words.* Victoria, British Columbia, Canada, V8W 2Y2: Department of Psychology, University of Victoria.

Heinze, H. J., Hinrichs, H., Scholz, M., Burchert, W. & Mangun, G. R. (1998). Neural Mechanisms of Global and Local Processing: A Combined PET and ERP Study. *Journal of Cognitive Neuroscience, 10* (4), 485–498. http://doi.org/10.1162/089892998562898

Hermsdörfer, J., Danek, A., Winter, T., Marquardt, C. & Mai, N. (1995). Persistent mirror movements: force and timing of „mirroring" are task dependent. *Experimental Brain Research, 104* (1), 126–134.

Herz, R. S., McCall, C. & Cahill, L. (1999). Hemispheric Lateralization in the Processing of Odor Pleasantness versus Odor Names. *Chemical Senses, 24* (6), 691–695. http://doi.org/10.1093/chemse/24.6.691

Höfler-Weber, E. (2003). *Training der Beidhandkoordination bei Kindern – Sensomotorische Entwicklung und Aufmerksamkeit als Einflussfaktoren.* Universiätsbibliothek Tübingen, Tübingen. Retrieved from http://tobias-lib.uni-tuebingen.de/volltexte/2003/983

Hugdahl, K. (2013). *The Bergen dichotic listening test with CV-syllables.* Bergen, Norway: Department of Biological and Medical Psychology, University of Bergen.

Humphrey, M. E. (1951). Consistency of hand usage: A preliminary enquiry. *British Journal of Educational Psychology, 21,* 214–225.

Hynd, G. W., Hall, J., Novey, E. S., Eliopulos, D., Black, K., Gonzalez, J. J., Cohen, M. (1995). Dyslexia and corpus callosum morphology. *Archives of Neurology, 52* (1), 32–38. http://doi.org/10.1001/archneur.1995.00540250036010

Ipata, A., Girelli, M., Miniussi, C. & Marzi, C. A. (1997). Interhemispheric transfer of visual information in humans: the role of different callosal channels. *Archives Italiennes de Biologie, 135,* 169–182.

Jeeves, M. A., Silver, S. H. & Jacobson, I. (1988). Bimanual co-ordination in callosal agenesis and partial commissurotomy. *Neuropsychologia, 26* (6), 833–850. http://doi.org/10.1016/0028-3932(88)90053-X

Jinkins, J. R. (1991). The MR equivalents of cerebral hemispheric disconnection: a telencephalic commissuropathy. *Computerized Medical Imaging and Graphics, 15* (5), 323–331. http://doi.org/10.1016/0895-6111(91)90140-Q

Kalckreuth, W., Zimmermann, S., Preilowski, B. & Wallesch, C.-W. (1994). Incomplete Split-Brain syndrome in a patient with chronic Marchiafava-Bignami disease. *Behavioural Brain Research, 64,* 219–228. http://doi.org/10.1016/0166-4328(94)90134-1

Kang, Y. (2000). Handedness and footedness in Korean college students. *Brain and Cognition, 43* (1–3), 268–274.

Kaplan, J. A., Brownell, H. H., Jacobs, J. R. & Gardner, H. (1990). The effects of right hemisphere damage on the pragmatic interpretation of conversational remarks. *Brain and Language, 38* (2), 315–333. http://doi.org/10.1016/0093-934X(90)90117-Y

Kashiwagi, A., Kashiwagi, T., Nishikawa, T. & Okuda, J. I. (1989). Hemispheric asymmetry of processing temporal aspects of repetitive movement in two patients with infarction involving the corpus callosum. *Neuropsychologia, 27* (6), 799–809. http://doi.org/10.1016/0028-3932(89)90004-3

Kimura, D. (1964). Left-right differences in the perception of melodies. *Quarterly Journal of Experimental Psychology, 16* (4), 355–358. http://doi.org/10.1080/17470216408416391

Kimura, D. (1967). Functional Asymmetry ofthe Brain in Dichotic Listening. *Cortex, 3* (2), 163–178. http://doi.org/10.1016/S0010-9452(67)80010-8

Kinsbourne, M. & Cook, J. (1971). Generalized and lateralized effects of concurrent verbalization on a unimanual skill. *Quarterly Journal of Experimental Psychology, 23* (3), 341–345. http://doi.org/10.1080/14640746908401828

Klaas, S. A., Hannay, H. J., Caroselli, J. S. & Fletcher, J. M. (1999). Interhemispheric transfer of visual, auditory, tactile, and visuomotor information in children with hydrocephalus and partial agenesis of the corpus callosum. *Journal of Clinical and Experimental Neuropsychology, 21* (6), 837–850.

Kleist, K. (1934). *Gehirn Pathologie. Vornehmlich auf Grund der Kriegserfahrungen.* Leipzig: Johann Ambrosius Barth Verlag.

Koivisto, M. & Laine, M. (1995). Lateralized free-association priming: Implications for the hemispheric organization of semantic memory. *Neuropsychologia, 33* (1), 115–124. http://doi.org/10.1016/0028-3932(94)00109-3

Kreuter, C., Kinsbourne, M. & Trevarthen, C. (1972). Are deconnected cerebral hemispheres independent channels? A preliminary study of the effect of unilateral loading on bilateral finger tapping. *Neuropsychologia, 10* (4), 453–461. http://doi.org/10.1016/0028-3932(72)90008-5

Lacerda, A. L. T., Brambilla, S., Sassi, R. B., Nicoletti, M. A., Mallinger, A. G., Frank, E., Soares, J. C. (2005). Anatomical MRI study of corpus callosum in unipolar depression. *Journal of Psychiatric Research, 39,* 347–354. http://doi.org/10.1016/j.jpsychires.2004.10.004

Lahy, J.-M. (1927). Méthode de mise au point et d'étalonnaged'untestd'aptitude professionelle. Le test du tourneur. *Journal de Psychologie Normale et Pathologique, 24* (4), 356–369.

Largo, R. H., Caflisch, J. A., Hug, F., Muggli, K., Molnar, A. A. & Molinari, L. (2001). Neuromotor development from 5 to 18 years. Part 2: associated movements. *Developmental Medicine & Child Neurology, 43* (7), 444–453.

Largo, R. H., Fischer, J. E., Caflisch, J. A. & Jenni, O. G. (Hrsg.). (2007). *Zürcher Neuromotorik* (2., ergänzte Auflage). Zürich: AWE.

Lassonde, M., Sauerwein, H. C. & Lepore, F. (1995). Extent and limits of callosal plasticity: presence of disconnection symptoms in callosal agenesis. *Neuropsychologia, 33* (8), 989–1007. http://doi.org/10.1016/0028-3932(95)00034-Z

Lausberg, H., Göttert, R., Münssinger, U., Boegner, F. & Marx, S. (1999). Callosal disconnection syndrome in a left-handed patient due to infarction of the total length of the corpus callosum. *Neuropsychologia, 37* (3), 253–265. http://doi.org/10.1016/S0028-3932(98)00079-7

Levy, J., Trevarthen, C. & Sperry, R. W. (1972). Perception of bilateral chimeric figures following hemispheric deconnexion. *Brain, 95,* 61–78. http://doi.org/10.1093/brain/95.1.61

Limotai, C. & Mirsattari, S. M. (2012). Role of Functional MRI in Presurgical Evaluation of Memory Function in Temporal Lobe Epilepsy. *Epilepsy Research and Treatment, 2012,* 12. http://doi.org/10.1155/2012/687219

Lorber, J. (1981). Is your brain really necessary? *Nursing Mirror, 152* (18), 29–30.

Luders, E., Toga, A. W. & Thompson, S. M. (2014). Why size matters: Differences in brain volume account for apparent sex differences in callosal anatomy: The sexual dimorphism of the corpus callosum. *Neuroimage, 84* (0), 820–824. http://doi.org/10.1016/j.neuroimage.2013.09.040

Maaß, S. (2003). *Spiegelbildliche Mitbewegungen bei Kindern und Jugendlichen mit infantiler Zerebralparese.* Dissertation, Ludwig-Maximilians-Universität, München, Medizinische Fakultät.

Martuzzi, R., Murray, M., Maeder, S., Fornari, E., Thiran, J.-S., Clarke, S., Meuli, R. (2006). Visuo-motor pathways in humans revealed by event-related fMRI. *Experimental Brain Research, 170* (4), 472–487. http://doi.org/10.1007/s00221-005-0232-6

Marzi, C. A., Bisiacchi, S. & Nicoletti, R. (1991). Is interhemispheric transfer of visuomotor information asymmetric? Evidence from a meta-analysis. *Neuropsychologia, 29* (12), 1163–1177. http://doi.org/10.1016/0028-3932(91)90031-3

Marzi, C. A., Mancini, F., Sperandio, I. & Savazzi, S. (2009). Evidence of midline retinal nasotemporal overlap in healthy humans: A model for foveal sparing in hemianopia? *Neuropsychologia, 47* (13), 3007–3011.

Marzi, C. A., Miniussi, C., Maravita, A., Bertolasi, L., Zenette, G., Rothwell, J. C. & Sanes, J. N. (1998). Transcranial magnetic stimulation selectively impairs interhemispheric transfer of visuo-motor information in humans. *Experimental Brain Research, 118,* 435–438.

Massion, J. (1992). Movement, posture and equilibrium: interaction and coordination. *Progress in Neurobiology, 38,* 35–56. http://doi.org/10.1016/0301-0082(92)90034-C

McManus, I. C., Porac, C., Bryden, M. S. & Boucher, R. (1999). Eye-dominance, Writing Hand, and Throwing Hand. *Laterality: Asymmetries of Body, Brain and Cognition, 4* (2), 173–192. http://doi.org/10.1080/713754334

Miller, J. (1982). Divided Attention: Evidence for Coactivation with Redundant Signals. *Cognitive Psychology, 14,* 247–279. http://doi.org/10.1016/0010-0285(82)90010-X

Miller, J. (2007). Interhemispheric interactions and redundancy gain: tests of an interhemispheric inhibition hypothesis. *Experimental Brain Research, 180* (3), 389–413. http://doi.org/10.1007/s00221-007-0883-6

Milner, A. D. (1986). Chronometric analysis in neuropsychology. *Neuropsychologia, 24* (1), 115–128. http://doi.org/10.1016/0028-3932(86)90045-X

Moede, W. (1930). *Lehrbuch der Psychotechnik. 1. Band.* Berlin. http://doi.org/10.1007/978-3-642-99207-0

Moes, S. E., Brown, W. S. & Minnema, M. T. (2007). Individual differences in interhemispheric transfer time (IHTT) as measured by event related potentials. *Neuropsychologia, 45* (11), 2626–2630. http://doi.org/10.1016/j.neuropsychologia.2007.03.017

Myers, R. E. (1955). Interocular transfer of pattern discrimination in cats following section of crossed optic fibers. *Journal of Comparative and Physiological Psychology, 48,* 470–473. http://doi.org/10.1037/h0044224

Nosarti, C., Rushe, T. M., Woodruff, S. W. R., Stewart, A. L., Rifkin, L. & Murray, R. M. (2004). Corpus callosum size and very preterm birth: relationship to neuropsychological outcome. *Brain, 127* (9), 2080–2089. http://doi.org/10.1093/brain/awh230

Oh, J. S., Jang, J. H., Jung, W. H., Kang, D.-H., Choi, J.-S., Choi, C.-H & Kwon, J. S. (2012). Reduced fronto-callosal fiber integrity in unmedicated OCD patients: A diffusion tractography study. *Human Brain Mapping, 33* (10), 2441–2452. http://doi.org/10.1002/hbm.21372

Oldfield, R. C. (1971). The assessment and analysis of handedness: the Edinburgh inventory. *Neuropsychologia, 9* (1), 97–113. http://doi.org/10.1016/0028-3932(71)90067-4

Pandya, D. N., Karol, E. A. & Heilbronn, D. (1971). The topographical distribution of interhemispheric projections in the corpus callosum of the rhesus monkey. *Brain Research, 32* (1), 31–43. http://doi.org/10.1016/0006-8993(71)90153-3

Pandya, D. N. & Kuypers, H. G. J. M. (1969). Cortico-cortical connections in the rhesus monkey. *Brain Research, 13,* 13–36. http://doi.org/10.1016/0006-8993(69)90141-3

Pandya, D. N. & Rosene, D. L. (1985). Some observations on trajectories and topography of commissural fibers. In A. G. Reeves (ed.), *Epilepsy and the corpus callosum* (pp. 21–39). New York: Plenum Press.

Paul, L. K., Brown, W. S., Adolphs, R., Tyszka, J. M., Richards, L. J., Mukherjee, S. & Sherr, E. H. (2007). Agenesis of the corpus callosum: genetic, developmental and functional aspects of connectivity. *Nature Reviews Neuroscience, 8* (4), 287–299. http://doi.org/10.1038/nrn2107

Paul, L. K., Schieffer, B. & Brown, W. S. (2004). Social processing deficits in agenesis of the corpus callosum: narratives from the Thematic Apperception Test. *Archives of Clinical Neuropsychology, 19* (2), 215–225. http://doi.org/10.1016/S0887-6177(03)00024-6

Paul, L. K., Van Lancker-Sidtis, D., Schieffer, B., Dietrich, R. & Brown, W. S. (2003). Communicative deficits in agenesis of the corpus callosum: Nonliteral language and affective prosody. *Brain and Language, 85* (2), 313–324. http://doi.org/10.1016/S0093-934X(03)00062-2

Peter, M. & Durding, B. M. (1979). Footedness of left- and right-handers. *American Journal of Psychology, 92* (1), 133–142. http://doi.org/10.2307/1421487

Poffenberger, A. T. (1912). Reaction time to retinal stimulation with special reference to the time lost in conduction through nerve centers. *Archives of Psychology, 23,* 1–73.

Pollmann, S., Maertens, M., Cramon, D. Y. von, Lepsien, J. & Hugdahl, K. (2002). Dichotic Listening in patients with splenial and nonsplenial callosal lesions. *Neuropsychology, 16* (1), 56–64. http://doi.org/10.1037/0894-4105.16.1.56

Porac, C. & Coren, S. (1981). *Lateral preferences and human behavior.* New York: Springer. http://doi.org/10.1007/978-1-4613-8139-6

Preilowski, B. (1972). Possible contribution of the anterior forebrain commissures to bilateral motor coordination. *Neuropsychologia, 10,* 267–277. http://doi.org/10.1016/0028-3932(72)90018-8

Preilowski, B. (1975). Bilateral motor interaction: Perceptual-motor performance of partial and complete „Split-Brain“ patients. In K. J. Zülch, O. Creutzfeldt & G. C. Galbraith (eds.), *Cerebral localization* (pp. 115–132). Berlin: Springer.

Preilowski, B. (1977). Phases of motor-skills acquisition: A neuropsychological approach. *Journal of Human Movement Studies, 3,* 169–181.

Preilowski, B. (1987). Die zwei Seiten des Denkens. Lateralisierung und Asymmetrie des menschlichen Gehirns. *Aus Forschung und Medizin, 2* (3), 61–74.

Preilowski, B. (1995). Interhemisphärische Interaktion und Funktionen des Corpus callosum im Bereich der Motorik. In O. Güntürkün, R. Guski, C. Walter & A. Wohlschläger (Hrsg.), *Experimentelle Psychologie* (S. 294). Ruhr-Universität Bochum: S. Roderer Verlag.

Preilowski, B. (2007a). Split-Brain. In S. Gauggel & M. Herrmann (Hrsg.), *Handbuch der Neuro- und Biopsychologie* (S. 92–102). Göttingen: Hogrefe.

Preilowski, B. (2007b). *Beschreibung eines Beidhand-Koordinations-Testgeräts zur Messung von Koordinationsleistungen ohne visuelle Kontrolle. Vorlage für die Feinmechanikwerkstatt.* Tübingen: Psychologisches Institut der Universität Tübingen.

Preilowski, B. & Kalckreuth, W. (1994). Interhemispheric interaction in a patient with Marchiafava-Bignami disease. *Society for Neuroscience Abstracts, 20,* 854.

Preilowski, B. & Schellig, D. (1997). Bimanual coordinaton in a patient with callosal dysplasia and colpocephaly: Further support for callosal modulation of subcortical interactions. *Experimental Brain Research, 117,* S54.

Provins, K.A., Milner, A.D. & Kerr, S. (1982). Asymmetry of manual preference and performance. *Perceptual and Motor Skills, 54* (1), 179–194. http://doi.org/10.2466/pms.1982.54.1.179

Rasmussen, T. & Milner, B. (1977). The role of early left brain injury in determining lateralization of cerebral speech functions. *Annals of the New York Academy of Sciences, 299* (1), 355–369. http://doi.org/10.1111/j.1749-6632.1977.tb41921.x

Raybaud, C. (2010). The corpus callosum, the other great forebrain commissures, and the septum pellucidum: anatomy, development, and malformation. *Neuroradiology, 52* (6), 447–477.

Reiss, M. & Reiss, G. (1997). Ocular Dominance: Some Family Data. *Laterality: Asymmetries of Body, Brain and Cognition, 2* (1), 7–16.

Reiss, M. & Reiss, G. (2000). Zur Untersuchung der motorischen Asymmetrien. *Fortschritte der Neurologie und Psychiatrie, 68,* 70–79. http://doi.org/10.1055/s-2000-11648

Reitan, R.M. & Davison, L.A. (1974). *Clinical neuropsychology: Current status and applications.* Washington, D.C.: V.H. Winston and Sons.

Reitan, R.M. & Wolfson, D. (1985). *The Halstead-Reitan neuropsychological test battery: Theory and clinical interpretation.* Tucson, AZ: Neuropsychology Press.

Rice, S.A.,Bigler, E.D., Cleavinger, H.B., Tate, D.F., Sayer, J., McMahon, W. & Lainhart, J.E. (2005). Macrocephaly, Corpus Callosum Morphology, and Autism. *Journal of Child Neurology, 20* (1), 34–41. http://doi.org/10.1177/08830738050200010601

Rihs, F., Sturzenegger, M., Gutbrod, K., Schroth, G. & Mattle, H.S. (1999). Determination of language dominance: Wada test confirms functional transcranial Doppler sonography. *Neurology, 52* (8), 1591. http://doi.org/10.1212/WNL.52.8.1591

Rizzolatti, G., Umilta, C. & Berlucchi, G. (1971). Opposite superiorities of the right and left cerebral hemispheres in discriminative reaction time to physiognomical and alphabetical material. *Brain, 94* (3), 431–442. http://doi.org/10.1093/brain/94.3.431

Roberts, D.W. (2011). Is There Still a Role for Language – Wada Testing? *World Neurosurgery, 75* (3), 425–427.

Roebuck, T.M., Mattson, S.N. & Riley, E.S. (2002). Interhemispheric Transfer in Children with Heavy Prenatal Alcohol Exposure. *Alcoholism: Clinical and Experimental Research, 26* (12), 1863–1871. http://doi.org/10.1111/j.1530-0277.2002.tb02494.x

Sackeim, H.A., Gur, R.C. & Saucy, M.C. (1978). Emotions are expressed more intensely on the left side of the face. *Science, 202* (4366), 434–436.

Saenz, M. & Fine, I. (2010). Topographic organization of V1 projections through the corpus callosum in humans. *Neuroimage, 52* (4), 1224–1229. http://doi.org/10.1016/j.neuroimage.2010.05.060

Salmaso, D. & Longoni, A.M. (1985). Problems in the assessment of hand preference. *Cortex, 21,* 533–549. http://doi.org/10.1016/S0010-9452(58)80003-9

Savic, I. (2001). Processing of odorous signals in humans. *Brain Research Bulletin, 54* (3), 307–312. http://doi.org/10.1016/S0361-9230(00)00439-1

Savic, I. (2002). Imaging of brain activation by odorants in humans. *Current opinion in neurobiology, 12* (4), 455–461. http://doi.org/10.1016/S0959-4388(02)00346-X

Schellig, D., Preilowski, B. & Zimmermann, S. (in Vorbereitung). *Dyskonnektionssymptome bei Balkendysplasie: Eine Falldarstellung.*

Schilling, F. (2009a). *PTK-LDT Manual: Punktiertest und Leistungs-Dominanztest für Kinder (5–12 Jahre).* Dortmund: Verlag modernes lernen.

Schilling, F. (2009b). *Eisenbahn-Nachfahrtest/Labyrinthtest.* Material. Dortmund: Verlag modernes lernen.

Schneider, F., Mattes, R., Welker, A., Stetter, F., Mann, K. & Heimann, H. (1992). Verbesserung der interhemisphärischen Konnektion für komplexe feinmotorische Leistungen bei Alkoholkranken unter Abstinenz. *Wiener Zeitschrift für Suchtforschung, 15* (1), 37–42.

Schneiders, A.G., Sullivan, S.J., O'Malley, K.J., Clarke, S.V., Knappstein, S.A. & Taylor, L.J. (2010). A Valid and Reliable Clinical Determination of Footedness. *Physical Medicine and Rehabilitation, 2,* 835–841. http://doi.org/10.1016/j.pmrj.2010.06.004

Schoppe, K.S. (1974). Das MLS-Gerät: Ein neuer Testapparat zur Messung feinmotorischer Leistungen. *Diagnostica, 20,* 43–47.

Schuhfried, G. (1992). *Manual Zweihandkoordination (2HAND).* Mödling: Schuhfried GmbH.

Shevell, M., Ashwal, S., Donley, D., Flint, J., Gingold, M., Hirtz, D. & Sheth, R.D. (2003). *Practice parameter: Evaluation of the child with global developmental delay: Report of the Quality Standards Subcommittee of the American Academy of Neurology and The Practice Committee of the Child Neurology Society Neurology, 60,* 367–380.

Sidtis, J.J. (1981). The complex tone test: Implications for the assessment of auditory laterality effects. *Neuropsychologia, 19* (1), 103–112. http://doi.org/10.1016/0028-3932(81)90050-6

Soper, H.V., Satz, S., Orsini, D.L., Henry, R.R., Zvi, J.C. & Schulman, M. (1986). Handedness patterns in autism suggest subtypes. *Journal of Autism and Developmental Disorders, 16* (2), 155–167. http://doi.org/10.1007/BF01531727

Sowell, E.R., Mattson, S.N., Thompson, S.M., Jernigan, T.L., Riley, E.S. & Toga, A.W. (2001). Mapping callosal morphology and cognitive correlates: Effects of heavy prenatal alcohol exposure. *Neurology, 5 7* (2), 235–244. http://doi.org/10.1212/WNL.57.2.235

Spellacy, F. (1970). Lateral Preferences in the Identification of Patterned Stimuli. *The Journal of the Acoustical Society of America, 47* (2B), 574–578. http://doi.org/10.1121/1.1911932

Sperry, R.W. (1962). Orderly function with disordered structure. In H. von Foerster & G.W. Zopf (eds.), *Principles of Self-Organization* (pp. 279–290). New York: Pergamon Press.

Sperry, R.W. (1974). Lateral specialization in the surgically separated hemispheres. In F.O. Schmitt & F.G. Worden (eds.), *The neurosciences. Third study program* (pp. 5–19). Cambridge, Mass.: MIT Press.

Sperry, R.W. & Preilowski, B. (1972). Die beiden Gehirne des Menschen. *Bild der Wissenschaft, 9,* 920–927.

Spreen, O. & Strauss, E. (1998). *A compendium of neuropsychological tests. Administration, Norms, and commentary* (2nd ed.). New York: Oxford University Press.

Steenhuis, R.E. (1999). The Relation Between Hand Preference and Hand Performance: What You Get Depends on What You Measure. *Laterality: Asymmetries of Body, Brain and Cognition, 4* (1), 3–26.

Steenhuis, R.E. & Bryden, M.S. (1989). Different dimensions of hand preference that relate to skilled and unskilled activities. *Cortex, 25* (2), 289–304. http://doi.org/10.1016/S0010-9452(89)80044-9

Steinbach, M. (1964). Händigkeit und Beinigkeit. Ein Beitrag zur Frage der Dominanz einer Hemisphäre. *Der Nervenarzt, 35,* 299–303.

Steingrüber, H.-J. (2011). *Hand-Dominanz-Test, H-D-T* (3., überarbeitete und neu normierte Auflage). Göttingen: Hogrefe.

Steingrüber, H.-J. & Lienert, G.A. (1971). *Hand-Dominanz-Test, H-D-T.* Göttingen: Hogrefe.

Strauss, E. (1986). Hand, foot, eye and ear preferences and performance on a dichotic listening test. *Cortex, 22* (3), 475–482. http://doi.org/10.1016/S0010-9452(86)80009-0

Sugishita, M., Hamilton, C.R., Sakuma, I. & Hemmi, I. (1994). Hemispheric representation of the central retina of commissurotomized subjects. *Neuropsychologia, 32* (4), 399–415. http://doi.org/10.1016/0028-3932(94)90086-8

Summerfield, B.C.& Michie, S.T. (1993). Processing of tactile stimuli and implications for the reading disabled. *Neuropsychologia, 31* (9), 965–976. http://doi.org/10.1016/0028-3932(93)90151-O

Swelam, A. (1992). Händigkeit in Orient und Occident. Interkulturelle Vergleichsuntersuchungen in Ägypten und in der Bundesrepublik Deutschland. *Motorik – Zeitschrift für Motopädagogik und Mototherapie, 15* (3), 161–168.

Takao, H., Hayashi, N. & Ohtomo, K. (2013). Sex Dimorphism in the White Matter: Fractional Anisotropy and Brain Size. *Journal of Magnetic Resonance Imaging, Epub ahead of print.*

Tan, L. E. (1985). Laterality and motor skills in four-year-olds. *Child Development, 56* (1), 119–124. http://doi.org/10.2307/1130179

Theiling, J., Petermann, F. & Daseking, M. (2013). WAIS-IV profiles in first-ever unilateral ischemic stroke patients. *Zeitschrift für Neuropsychologie, 24* (4), 239–252. http://doi.org/10.1024/1016-264X/a000104

Tiffin, J. & Asher, E. J. (1948). The Purdue pegboard; norms and studies of reliability and validity. *Journal of Applied Psychology, 32* (3), 234–247. http://doi.org/10.1037/h0061266

Tokimura, H., Imamura, S.-I. & Arita, K. (2012). Noninvasive Determination of Speech Dominance by Single Magnetic Stimulation of the Bilateral Hand Motor Cortex. *Neurologia Medico-Chirurgica, 52* (3), 142–147. http://doi.org/10.2176/nmc.52.142

Trites, R. L. (1977). *Neuropsychological Test Manual.* Ottawa, Ontario, Canada: Royal Ottawa Hospital.

Trolldenier, H. S. (1993). Die Entwicklung eines Händigkeitstests für Schulanfänger (THS). In H.-S. Langfeldt & H.-S. Trolldenier (Hrsg.), *Pädagogisch- psychologische Diagnostik. Aktuelle Entwicklungen und Ergebnisse* (S. 65–88). Heidelberg: Asanger.

Uchino, A., Takase, Y., Nomiyama, K., Egashira, R. & Kudo, S. (2006). Acquired lesions of the corpus callosum: MR imaging. *European Radiology, 16* (4), 905–914. http://doi.org/10.1007/s00330-005-0037-9

Uttal, W. R. (2011). *Mind and Brain. A Critical Appraisal of Cognitive Neuroscience.* Cambridge, MA: MIT Press. http://doi.org/10.7551/mitpress/9780262015967.001.0001

Uttner, I., Kraft, E., Nowak, D. A., Müller, F., Philipp, J., Zierdt, A. & Hermsdörfer, J. (2007). Mirror movements and the role of handedness: isometric grip forces changes. *Motor control, 11* (1), 16–28.

Van Essen, D. C., Newsome, W. T. & Bixby, J. L. (1982). The pattern of interhemispheric connections and its relationship to extrastriate visual areas in the macaque monkey. *The Journal of Neuroscience, 2* (3), 265–283.

Van Strien, J. W. (2002). The Dutch Handedness Questionnaire. In *D. o. S. FSW*, Erasmus University Rotterdam (ed.).

Wada, J. & Rasmussen, T. (1960). Intracarotid injection of sodium amytal for the lateralization of cerebral speech dominance: experimental and clinical observations. *Journal of Neurosurgery, 17,* 266–282. http://doi.org/10.3171/jns.1960.17.2.0266

Walterfang, M., Yücel, M., Barton, S., Reutens, D. C., Wood, A. G., Chen, J. & Allen, N. B. (2009). Corpus callosum size and shape in individuals with current and past depression. *Journal of Affective Disorders, 115* (3), 411–420. http://doi.org/10.1016/j.jad.2008.10.010

Walterfang, M., Yung, A., Wood, A. G., Reutens, D. C., Phillips, L., Wood, S. J., Pantelis, C. (2008). Corpus callosum shape alterations in individuals prior to the onset of psychosis. *Schizophrenia Research, 103* (1–3), 1–10. http://doi.org/10.1016/j.schres.2008.04.042

Wandell, B. A. & Winawer, J. (2011). Imaging retinotopic maps in the human brain. *Vision Research, 51* (7), 718–737. http://doi.org/10.1016/j.visres.2010.08.004

Wang, A., Peters, T. M., de Ribaupierre, S. & Mirsattari, S. M. (2012). Functional Magnetic Resonance Imaging for Language Mapping in Temporal Lobe Epilepsy. *Epilepsy Research and Treatment, 2012,* 8. http://doi.org/10.1155/2012/198183

Watanabe, E., Maki, A., Kawaguchi, F., Takashiro, K., Yamashita, Y., Koizumi, H. & Mayanagi, Y. (1998). Non-invasive assessment of language dominance with near-infrared spectroscopic mapping. *Neuroscience Letters, 256* (1), 49–52. http://doi.org/10.1016/S0304-3940(98)00754-X

Weber, B., Luders, E., Faber, J., Richter, S., Quesada, C. M., Urbach, H. & Helmstaedter, C. (2007). Distinct regional atrophy in the corpus callosum of patients with temporal lobe epilepsy. *Brain, 130,* 3149–3154. http://doi.org/10.1093/brain/awm186

Westerhausen, R., Kreuder, F., Woerner, W., Huster, R. J., Smit, C. M., Schweiger, E. & Wittling, W. (2006). Interhemispheric transfer time and structural properties of the corpus callosum. *Neuroscience Letters, 409* (2), 140–145. http://doi.org/10.1016/j.neulet.2006.09.028

Wexler, B. E. & Halwes, R. K. (1983). Increasing power of dichotic methods: The fused rhymed word test. *Neuropsychologia, 21,* 59–66. http://doi.org/10.1016/0028-3932(83)90100-8

Whitford, T. J., Kubicki, M., Schneiderman, J. S., O'Donnell, L. J., King, R., Alvarado, J. L., Shenton, M. E. (2010). Corpus Callosum Abnormalities and Their Association with Psychotic Symptoms in Patients with Schizophrenia. *Biological Psychiatry, 68* (1), 70–77.

Zaidel, E. (1975). A technique for presenting lateralized visual input with prolonged exposure. *Vision Research, 15* (2), 283–289. http://doi.org/10.1016/0042-6989(75)90220-5

Zarei, M., Johansen-Berg, H., Smith, S., Ciccarelli, O., Thompson, A. J. & Matthews, P. M. (2006). Functional anatomy of interhemispheric cortical connections in the human brain. *Journal of anatomy, 209* (3), 311–320.

Zverev, Y. S. & Mipando, M. (2007). Cultural and environmental influences on footedness: Cross-sectional study in urban and semi-urban Malawi. *Brain and Cognition, 65* (2), 177–183. http://doi.org/10.1016/j.bandc.2007.07.008

Teil III

Apraxie und Sensomotorik

4 Apraxie

Beate Schächtele

4.1 Grundlagen

Eine Vielzahl von Störungen wird als Apraxie bezeichnet. Das heterogene Störungsbild betrifft den Überschneidungsbereich von Kognition und Motorik. Es handelt sich dabei weder um eine rein motorische, noch um rein kognitive Störung. In der weit verbreiteten Definition der Apraxie von Heilman & Rothi (1993) werden motorische, intellektuelle, sprachliche oder auch motivationale Faktoren explizit als Ursachen ausgeschlossen: „Apraxia is a disorder of skilled movement not caused by weakness, akinesia, deafferentation, abnormal tone or posture, movement disorders (such as tremors or chorea), intellectual deterioration, poor comprehension, or uncooperativeness". Apraxie wird demnach negativ definiert – als Bewegungsstörung, für die es keine andere Erklärung gibt.

Leitsymptom der Apraxie bilden motorische Fehlhandlungen, die nicht auf eine elementare motorische Störung zurückgeführt werden können. Die Defizite betreffen räumlich komplexe motorische Handlungen und äußern sich nicht bloß im Ausbleiben oder einer Verlangsamung, sondern in der falschen Ausführung der Handlung. Beobachtet werden ungeschickte und schlecht gezielte Bewegungen bei normaler grober Kraft. Die fehlerhaften motorischen Handlungen können neben Gesicht und Mund, die distalen Bereiche der oberen und unteren Extremitäten betreffen, prinzipiell auch die proximalen Bewegungen der Gliedmaßen oder axiale Bewegungen des Rumpfs. Im Unterschied zu basalen motorischen oder sensorischen Störungen, die sich nur kontraläsional manifestieren, zeigen sich apraktische Defizite auf beiden Körperseiten. Bei Verdacht auf Apraxie nach einseitigen Läsionen lassen sich durch die Untersuchung der ipsilateralen Gliedmaßen motorische und sensorische Defizite weitgehend ausschließen.

In der Literatur finden sich verschiedene, teils widersprüchliche Klassifikationen der Apraxie. Daher empfiehlt Goldenberg (2011), auf die Unterscheidung ideatorisch und ideomotorisch (Poeck, 1983; De Renzi & Lucchelli, 1988; Heilman, Maher, Greenwald & Rothi, 1997) gänzlich zu verzichten und stattdessen die Domänen der Aktionen zu beschreiben, welche die Fehlhandlungen betreffen, also welche Gesten und Handlungen die Patienten ausführen können und welche nicht – eine Empfehlung, der wir hier folgen.

Unterschieden werden:
- das Imitieren von abstrakten Gesten,
- die Ausführung von kommunikativen Gesten auf Aufforderung (Embleme und Pantomimen),
- der Gebrauch von einzelnen, vertrauten Werkzeugen und Objekten,
- die Durchführung von Alltagshandlungen mit mehreren Werkzeugen und Objekten.

Eine vertiefte Überprüfung umfasst zudem
- das mechanische Problemlösen und
- das semantische Wissen zu Gesten und Objektgebrauch.

4.1.1 Imitieren von abstrakten Gesten

Goldenberg und Strauß (2002) fassen bedeutungslose Gesten als einfache räumliche Beziehungen zwischen einer begrenzten Zahl von definierten Körperteilen auf – dies sowohl für gesehene als auch für ausgeführte Konfigurationen. Die vielen visuellen Details werden damit auf wenige bestimmte Merkmale reduziert (Goldenberg & Karnath, 2006).

Das korrekte Imitieren von bedeutungslosen Gesten setzt zwei Transformationen voraus: Die vom Untersucher gezeigte Konfiguration muss vom Patienten analysiert und auf den eigenen Körper übertragen werden, und die visuell wahrgenommene Geste muss in eine motorisch produzierte und kinästhetisch kontrollierte Körperstellung transformiert werden. Das Auftreten von apraktischen Fehlern beim Imitieren interpretieren sie als Folge einer defizitären Kodierung der bei der Geste involvierten Körperteile (Goldenberg & Strauss, 2002). Diese Interpretation kann erklären, warum Fehler nicht nur beim Nachahmen von Körperstellungen des Untersuchers, sondern auch beim Vergleichen von Bildern oder beim Nachstellen an einer Puppe auftreten (Goldenberg, 1995), obwohl die geforderte motorische Ausführung eine andere ist als beim Imitieren.

4.1.2 Kommunikative Gesten auf Aufforderung

Kommunikative Gesten können verschiedene Funktionen haben. Während sie auf der einen Seite sprachliche Äußerungen unterstreichen, darüber hinaus aber keinen zusätzlichen sprachlichen Inhalt übermitteln, wie z. B. das Gestikulieren, können auf der anderen Seite Gesten eine eigene, von der gesprochenen unabhängige Sprache bedeuten, wie die Gebärdensprache von Gehörlosen oder das Lormen von Taubblinden. Zwischen diesen beiden Polen gibt es Gesten, die eine spezifische Bedeutung haben, aber ohne sprachliche Äußerungen verstanden werden (für die Klassifikation kommunikativer Gesten siehe Goldenberg, 2011, S. 30). Dies können zum einen sogenannte Embleme sein, d. h. Gesten mit einer konventionell festgelegten Form und Bedeutung, wie z. B. winken oder klatschen. Zum anderen zählen Pantomimen des Objektgebrauchs zu den kommunikativen Gesten, d. h. die pantomimische Darstellung des Gebrauchs eines Werkzeugs, wie z. B. eines Hammers oder einer Schere. Letztere entsprechen nur teilweise gängigen Konventionen. Vielmehr muss aus dem gespeicherten Wissen über den Gebrauch eine adäquate Darstellung abgeleitet werden. Das macht den Abruf im Vergleich zu Emblemen fehleranfälliger. In der Literatur werden sie häufig als transitive Gesten bezeichnet und den intransitiven Gesten gegenübergestellt.

4.1.3 Gebrauch von einzelnen, vertrauten Werkzeugen und Objekten

Bezüglich des realen Gebrauchs einzelner Werkzeuge und Objekte ist unstrittig, dass apraktische Fehler nicht durch deren mangelhafte motorische Ausführung bedingt sind, sondern durch den Verlust oder fehlenden Zugriff auf das Wissen über deren Gebrauch (De Renzi & Lucchelli, 1988). Gegen die Vermutung, dass es sensorische Hinweisreize durch die realen Objekte sind, die den Abruf einer Repräsentation der Handlung faszilitieren und so die Dissoziation zwischen pantomimischem und realem Objektgebrauch erklären (Wada et al., 1999), sprechen dreidimensionale Bewegungsanalysen. Unterschiedliche geometrische und kinematische Charakteristika der beiden Ausführungsbedingungen, auch bei Gesunden, lassen eine zumindest teilweise getrennte Repräsentation von Pantomime und realer Ausführung vermuten (Hermsdörfer, 2007). Die tatsächliche Ausführung einer Handlung und deren pantomimische Darstellung werden demnach unterschiedlich gesteuert.

4.1.4 Alltagshandlungen mit mehreren Werkzeugen und Objekten

Vom Gebrauch einzelner Werkzeuge und Objekte unterscheidet sich die Ausführung mehrschrittiger Handlungen des Alltags – naturalistische Aktionen, die mehrere Handlungsschritte beinhalten und für die mehrere Werkzeuge und Objekte benötigt werden. Als Beispiel genannt sei das Packen eines Pakets oder die Bedienung von technischen Geräten. Mehr als die Handhabung von einzelnen Werkzeugen stellen diese Tätigkeiten Anforderungen an Gedächtnis, Aufmerksamkeit und exekutive Funktionen, so dass bei Auftreten von Fehlern nicht nur eine Apraxie als Ursache in Frage kommt (Schwartz et al., 1998; Hartmann et al., 2005).

4.1.5 Semantisches Wissen zu Gesten und Objektgebrauch

Zum Wissen über den richtigen Gebrauch von Werkzeugen und Objekten tragen verschiedenen Quellen bei. Zum einen gibt es im semantischen Gedächtnis hoch überlerntes Wissen über den prototypischen Gebrauch eines Werkzeugs. Dieses System beinhaltet das Wissen über die Funktion von vertrauten Objekten und deren Gebrauch: Die Assoziation von Werkzeug und Zielobjekt (welches Objekt kommt für die Handlung infrage, und welches Werkzeug passt zum jeweiligen Zielobjekt, z. B. ein Hammer zum Einschlagen eines Nagels), aber auch das Wissen über die korrekte Handhabung eines Werkzeugs (Manipulationswissen). Zum anderen basiert das Wissen über den Objektgebrauch auf Fähigkeiten zur Lösung mechanischer Probleme. Werkzeuge erlauben durch ihre Struktur, wie Oberflächenbeschaffenheit, Härtegrad, Gewicht, etc. Rückschlüsse auf die ihnen zugrunde liegende Funktion. Der direkte Schluss von der Struktur auf mögliche Funktionen, macht es möglich, auch nicht bekannte Werkzeuge benutzen zu können oder für bekannte Werkzeuge alternative Einsatzmöglichkeiten zu finden, beispielsweise ein Messer zum Eindrehen einer Schraube.

4.2 Klinische und Alltagsrelevanz

Bei der Prüfung auf Apraxie sind Patienten nicht in allen Aspekten auffällig. Und auffallend bei der Untersuchung ist nicht gleichbedeutend mit Auffälligkeiten im Alltag. Leider wurde die Alltagsrelevanz lange Zeit negiert oder als vernachlässigbar angesehen. Das Vorliegen einer Apraxie hat jedoch einen erheblichen negativen Einfluss auf das Alltagsleben, auf den Erfolg der Therapie und der beruflichen Rehabilitation (Saeki, Ogata, Okubo, Takahashi

& Hoshuyama, 1995). Es kann die Selbständigkeit in beträchtlichem Maß einschränken und hat einen hohen prognostischen Wert für den Unterstützungsbedarf (Hanna-Pladdy, Heilman & Foundas, 2003) sowie das Outcome eines Patienten nach linksseitigem Schlaganfall (Meijer et al., 2003).

Zwar zeigen sich Defizite der Gesten-Imitation oft erst bei der klinischen Untersuchung, ebenso die häufige und meist eindrückliche Störung bei der pantomimischen Darstellung des Gebrauchs von Werkzeugen und Objekten. Gleichwohl können gestörtes Imitieren oder die Ausführung von Bewegungen auf Aufforderung auch im klinischen Alltag relevant werden, z. B. in der Therapie, wenn Physiotherapeuten das Nachahmen von Stellungen oder Bewegungen der Gliedmaßen verlangen, Ergotherapeuten für das einhändige Anziehen neue Bewegungsabläufe instruieren oder Logopäden Bewegungen von Mund oder Gesicht vormachen. Störungen des realen Gebrauchs von Objekten sind seltener als Störungen der Pantomime mit denselben Objekten. Vielen Patienten, die bei der Pantomime scheitern, gelingt die tatsächliche Ausführung mit realen Objekten und Werkzeugen erheblich besser und in vielen Fällen auch fehlerfrei (De Renzi, Faglioni & Sorgato, 1982; Goldenberg & Hagmann, 1998).

Durch Auffälligkeiten beim tatsächlichen Gebrauch von Objekten und Werkzeugen wird die Alltagsrelevanz der Apraxie besonders deutlich. Patienten können dadurch in ihrem täglichen Leben erheblich beeinträchtigt sein. Krasse Fehlleistungen bei Routinehandlungen mit vertrauten Werkzeugen oder Objekten lassen sich, besonders in der Akutphase, schon im klinischen Alltag beobachten, wenn z. B. eine Patientin bei der Morgentoilette die Creme aus der geöffneten Dose nimmt und vom Finger abschleckt, statt sie ins Gesicht zu streichen oder mit der Breitseite des Kamms am Kopf entlang streicht, statt mit dessen Zähnen durch die Haare zu fahren und beim Frühstück mit der Messerspitze senkrecht das Brot aufspießt, statt mit schräg angewinkelter Schneide die Butter zu verstreichen. Die apraktische Störung ist hier unschwer zu erkennen, eine differenzierte neuropsychologische Untersuchung erübrigt sich.

Weniger augenfällig sind subtilere Fehlhandlungen beim Werkzeuggebrauch, die daher eine differenzierte Diagnostik erfordern. Allerdings stimmen die Ergebnisse der neuropsychologische Untersuchung nicht immer mit dem Ausmaß der Schwierigkeiten im Alltag überein. Im Kontext von Alltagshandlungen sind die Leistungen beim Gebrauch von Objekten häufig besser als in der abstrakten Untersuchungssituation. Nicht selten trifft das jedoch nur auf einfache Routinetätigkeiten zu, während bei komplexeren Alltagshandlungen mit variablen Kontextbedingungen die Patienten gleichwohl scheitern können.

Bezüglich der Bedeutung apraktischer Störungen für den Alltag, muss man berücksichtigen, dass die betroffenen Patienten als Folge der oft großen linkshemisphärischen Läsion fast immer eine Aphasie und oft auch eine rechtsseitige Hemiplegie haben. Wenn Patienten zusätzlich zur Aphasie auch symbolische Gesten oder den pantomimischen Gebrauch von Gegenständen nicht auszuführen können, schränkt das die Möglichkeit ein, ihre sprachlichen Defizite durch Gestik zu kompensieren. Manchmal fällt auch den Angehörigen auf, dass aphasische Patienten nicht imstande sind, durch Gesten ihre Wünsche kenntlich zu machen.

Aktivitäten des täglichen Lebens verlangen in der Regel nicht nur die Handhabung einzelner Gegenstände, sondern die Koordination mehrerer Aktionen mit mehreren Werkzeugen und Objekten. Zweck der Handlungen ist nicht die Handhabung einer Reihe von Objekten innerhalb einer Sequenz, sondern ein die Einzelhandlungen umfassendes Gesamtziel (Goldenberg, 2010). So geht die Zubereitung einer Mahlzeit über den Gebrauch von Küchenutensilien und Herd hinaus. Aus den zur Verfügung stehenden Objekten müssen die für die Handlung nötigen ausgewählt und gleichzeitig vorhandene ausgeblendet werden. Durch ihre Komplexität stellen Alltagshandlungen nicht nur Anforderungen an die motorische Kognition, sondern auch an Planen und Problemlösen, die Koordination mehrerer paralleler Handlungen, das Behalten des Überblicks und im Auge Behalten des Endziels, etc.

Bei etwa einem Drittel bis der Hälfte aller Patienten mit linkshemisphärischer Läsion lässt sich in der Akutphase eine Störung beim Imitieren von Gesten der oberen Extremitäten nachweisen (De Renzi, Faglioni & Sorgato, 1982; Goldenberg, 2011). Wird nur die Gruppe der Aphasiker berücksichtigt, sind es sogar 50–80 % (De Renzi et al., 1982; Goldenberg, 1996). Auch etwa 20 % der Patienten mit rechtshemisphärischen Läsionen machen mehr Fehler als die gesunden Kontrollpersonen, liegen aber nur knapp unterhalb der Normwerte. Verlaufsuntersuchungen zeigen eine beträchtliche Spontanbesserung des Imitierens von Handstellungen. In einer Studie von Basso und Kollegen (Basso, Capitani, Della-Sala, Laiacona & Spinnler, 1987) waren drei Monate nach der akuten Phase nur noch etwa die Hälfte der Patienten apraktisch.

Störungen der pantomimischen Darstellung des Objektgebrauchs sind ähnlich häufig wie Störungen des Imitierens (Barbieri & De Renzi, 1988; Goldenberg, Hartmann & Schlott, 2003). Eine fehlerhafte Pantomime des Werkzeuggebrauchs lässt sich bei Dreiviertel der aphasischen Patienten beobachten, ein fehlerhafter tatsächlicher Gebrauch derselben Objekte bei einem Viertel (Goldenberg et al., 2003). Der konkrete Gebrauch von vertrauten Werkzeugen, wie Hammer oder Schraubenzieher, lässt sich bei 30–50 % der Aphasiker und 20 % aller Patienten mit linkshemisphärischer Schädigung beobachten (De Renzi et al., 1982; Goldenberg & Spatt, 2009). 40 % der Aphasiker versagen beim Lösen von einfachen mechanischen Problemen (Goldenberg & Hagmann, 1998).

4.3 Ätiologien

Die ursächliche Läsion kann auf einen Schlaganfall, eine Blutung, einen Tumor oder degenerative Erkrankungen wie primär progressive Aphasien, eine Alzheimer-Demenz oder eine kortikobasale Degeneration etc. zurückgehen. Bei letzteren beiden Krankheitsbildern zählt die Apraxie zu den Leitsymptomen nach Definition des ICD-10. Die Rolle von Apraxien bei klassischen Bewegungsstörungen, wie Morbus Parkinson oder Chorea Huntington, wird kontrovers diskutiert (Leiguarda, 2001; Zadikoff & Lang, 2005).

Häufigste Ursache für eine Apraxie ist ein Schlaganfall in der linken Hemisphäre. Auch nach rechtshemisphärischen Schlaganfällen können Apraxien auftreten, wenn auch seltener und mit anderen und weniger groben Fehlern (Goldenberg & Strauß, 2002). Entsprechend der Häufigkeit einer Apraxie nach vaskulär bedingten Läsionen liegen hierzu die meisten Studien vor, für andere Krankheitsbilder ist das Störungsbild weniger untersucht.

Bei Alzheimer-Demenz betreffen Schwierigkeiten, die eine Apraxie nahelegen, hauptsächlich mehrschrittige Handlungssequenzen und ungewohnte Aufgaben und weniger den Gebrauch einzelner vertrauter Gegenstände (Ochipa, Rothi & Heilman, 1992; Giovannetti, Libon, Buxbaum & Schwartz, 2002; Goldenberg, 2011). Dies wird auf einen gestörten Zugriff auf das semantische Wissen zum Objektgebrauch zurückgeführt.

Studien an Patienten mit degenerativen Erkrankungen, die selektiv den Parietal- oder Temporallappen betreffen, zeigen eine klare Dissoziation (Goldenberg, 2006): Patienten mit semantischer Demenz, bei denen der Temporallappen atrophiert, der Parietallappen aber erhalten bleibt, können ebenso gut wie Gesunde von der Struktur eines Werkzeugs auf dessen Funktion schließen, haben aber Probleme beim Abruf des semantischen Wissens über den Gebrauch von Werkzeugen (Hodges, Bozeat, Ralph, Patterson & Spatt, 2000). Umgekehrt haben Patienten mit kortikobasaler Degeneration, bei denen hauptsächlich der Parietallappen atrophiert, mehr Probleme beim Schließen von der Struktur auf die Funktion als beim Abruf von Wissen aus dem semantischen Gedächtnis (Hodges, Spatt & Patterson, 1999; Spatt, Bak, Bozeat, Patterson & Hodges, 2002).

4.3.1 Balkenapraxie

Im Gegensatz zur Apraxie nach einseitigen Läsionen, die beide Körperseiten umfasst, betrifft die Apraxie nach einer Durchtrennung des Corpus callosum nur eine Seite. Durch die Diskonnektion der direkten Verbindung zwischen der linken Hemisphäre und motorischen Regionen der rechten, kommt es zur Apraxie der linken Extremitäten. Die apraxie-bedingten Fehler ähneln denjenigen bei einer ausgedehnten linkshemisphärischen Schädigung, sind allerdings weniger stark ausgeprägt, da selten eine vollständige Durchtrennung des Balkens vorliegt und über die erhaltenen Fasern noch Informationen übertragen werden. Entscheidend für das Auftreten einer Balken-Apraxie sind Läsionen im mittleren Drittel des Corpus callosum. Die Ausführung von Aktionen mit der rechten Hand ist normal (siehe auch Kapitel Hemisphärenlateralisierung und interhemisphärische Interaktion in diesem Band).

Die Apraxie nach Balken-Läsion manifestiert sich bei der Imitation von abstrakten Gesten, bei kommunikativen Gesten auf Aufforderung und beim Objektgebrauch. Der Objektgebrauch für Werkzeuge, die üblicherweise mit der rechten, jetzt aber mit der linken Hand benutzt werden (z. B. Messer), kann gestört sein, während der Umgang mit Werkzeugen, die routinemäßig auch links verwendet werden (z. B. Gabel) problemlos gelingt (Goldenberg, Wimmer, Holzner & Wessely, 1985)

4.3.2 Bezug zur Aphasie

Patienten mit Apraxie haben häufig auch eine Aphasie. Apraxie und Aphasie treten oft gleichzeitig auf, die Symptome variieren jedoch unabhängig voneinander. Die Apraxie kann sich zurückbilden, während die Aphasie bestehen bleibt. Auch der umgekehrte Verlauf ist möglich (Papagno, Della Sala & Basso, 1993).

Störungen des Imitierens sind bei Patienten mit Aphasie besonders häufig. Es gibt aber sowohl Patienten mit schweren Aphasien, die korrekt imitieren können als auch Patienten mit Imitationsstörungen ohne Aphasie (Goldenberg, 2011). Bei letzteren handelt es sich zum einen um Patienten mit rechtshemisphärischer Schädigung, aber nicht ausschließlich: Es gibt auch dokumentierte Fälle mit linkshemisphärischer Läsion (Goldenberg & Hagmann, 1997; Papagno et al., 1993).

Bei rechtshändigen Patienten ist eine Störung der Pantomime ein sehr häufiges Begleitsymptom von Aphasien, welche ihrerseits durch Läsionen in der linken Hemisphäre verursacht sind. Die Korrelationen zwischen der Störung der Pantomime und dem Schweregrad der Aphasie sind höher als zwischen dem Schweregrad der Aphasie und anderen Symptomen der linkshemisphärischen Schädigung (Goldenberg et al., 2003).

Während mehr als Dreiviertel aller aphasischen Patienten Fehler bei der Pantomime des Objektgebrauchs machen, sind es beim realen Gebrauch derselben Objekte noch ein Viertel der Patienten (Goldenberg & Hagmann, 1998). Fehler beim realen Gebrauch von vertrauten Werkzeugen sind im Allgemeinen ein Symptom einer ausgedehnten linkshemisphärischen Läsion und deshalb fast immer mit einer schweren Aphasie verbunden (Hartmann, Goldenberg, Daumüller & Hermsdörfer, 2005).

Eine Apraxie von Mund und Gesicht ist bei 80 % aller Patienten mit einer Aphasie nachweisbar. Mit einer Sprechapraxie werden zudem die Besonderheit der Initiierungsproblematik, phonetischer Entstellungen und intonatorischer Auffälligkeiten mit Suchbewegungen beschrieben. Kaum verwunderlich besteht eine positive Korrelation von Apraxien zur Häufigkeit phonematischer Paraphasien (Kerschensteiner & Poeck, 1974). Der umgekehrte Fall einer bukkofazialen Apraxie ohne Aphasie wird nach rechtsparietaler Läsion beschrieben (Kramer, Delis & Nakada, 1985).

4.4 Funktionelle Neuroanatomie

Bekanntermaßen tritt eine Apraxie in überwiegender Mehrzahl der Fälle nach Läsionen der sprachdominanten linken Hemisphäre auf. Das erklärt auch die Komorbidität mit einer Aphasie. Die Bindung der Apraxie an die linke Hemisphäre ist jedoch nicht durchgängig, in Abhängigkeit von der geprüften Konstellation bzw. dem dabei einbezogenen Körperteil beeinträchtigen auch rechtshemisphärische Läsionen das Imitieren. Die Hemisphärendominanz hängt von der betroffenen Domäne ab und kann auch innerhalb einer Domäne für verschiedene Aufgaben unterschiedlich sein.

4.4.1 Imitieren von abstrakten Gesten

Im Frühstadium nach Hirninfarkten können linksseitige Läsionen des Frontallappens, des Parietallappens, der Basalganglien oder der subkortikalen weißen Substanz das Imitieren beeinträchtigen (Goldenberg, 2006). Das Ausmaß der Störung hängt hauptsächlich von der Größe der Läsion ab (Kertesz & Ferro, 1984). Im weiteren Krankheitsverlauf kristallisieren sich umschriebene Regionen der linken Hemisphäre als kritisch für das Imitieren heraus (Haaland, Harrington & Knight, 2000). Diese zeigen, dass Störungen der Imitation von abstrakten Handstellungen durch parietale Läsionen verursacht werden, während inferior frontale und präzentrale Läsionen die Imitation von Fingerstellungen beeinträchtigen, nicht aber die Imitation von Handstellungen (Haaland et al., 2000; Goldenberg & Karnath, 2006).

Vergleicht man beim Imitieren von Hand-und Fingerstellungen zwischen Läsionen der rechten und linken Hemisphäre, fällt auf, dass Patienten mit linksseitigen Läsionen sowohl beim Nachahmen von Hand- als auch von Fingerstellungen Schwierigkeiten haben, bei Handstellungen sind diese jedoch deutlich stärker ausgeprägt (Goldenberg & Strauß, 2002). Demgegenüber machen Patienten mit rechtshemisphärischen Läsionen hauptsächlich Fehler bei Fingerstellungen. Beim Vergleichen von Bildern bleibt diese Spezifität der Gliedmaßen erhalten: Patienten mit linksseitigen Schädigungen machen beim Gestenvergleich mehr Fehler als bei Handkonfigurationen, während bei Patienten mit rechtshemisphärischen Schädigungen dies für das Vergleichen von Fingerkonfigurationen gilt (Goldenberg, 1999). Eine doppelte Dissoziation fand Goldenberg (1999) zwischen der Imitation von abstrakten Hand- und Fingerstellungen und dem Vergleichen von Gesten. Patienten mit linkshemisphärischer Läsion hatten mehr Schwierigkeiten bei der Imitation als beim Gestenvergleich. Umgekehrt hatten Patienten mit rechtshemisphärischer Läsion mehr Schwierigkeiten beim Gestenvergleich als bei der Imitation. Das Muster beim Imitieren von Fußstellungen ist ähnlich wie beim Imitieren von Handstellungen: Linkshemisphärische Läsionen führen bei der Prüfung auf Apraxie zu höheren Fehlerraten als rechtshemisphärische (Goldenberg & Strauß,

Tabelle 4.1: Ausprägung apraktischer Störungen bei der Imitation von abstrakten Gesten in Abhängigkeit von der einbezogenen Gliedmaße und der Läsionsseite (nach Goldenberg & Strauß, 2002)

Stellungen mit ...	Gesunde	Läsion links	Läsion rechts
Hand	ohne Zögern zielsicher quasi fehlerlos	ausgeprägte Fehler	kaum Probleme
Fuß			wenig Fehler, aber mehr als bei Handstellungen
Finger	eher Fehler im Vergleich zu Handstellungen	besser oder fehlerlos im Vergleich zu Handstellungen	oft schlechter als bei Läsionen links
Bewegungssequenzen	kaum Fehler	mehr Fehler im Vergleich zu Läsionen rechts	mehr Fehler als Gesunde

2002). Tabelle 4.1 fasst die Ausprägung apraktischer Störungen bei der Imitation von abstrakten Gesten in Abhängigkeit von der einbezogenen Gliedmaße und der Läsionsseite zusammen.

4.4.2 Imitieren von symbolischen Gesten

Eine doppelte Dissoziation wird in der klinischen Literatur zwischen der Imitation von abstrakten und symbolischen Gesten aufgezeigt. Während die einen Patienten Defizite bei der Imitation von abstrakten Gesten zeigen, nicht aber bei symbolischen (Goldenberg & Hagmann, 1997; Tessari, Canessa, Ukmar & Rumiati, 2007), ist es bei anderen umgekehrt: Die Imitation symbolischer Gesten ist beeinträchtigt, abstrakte Gesten hingegen gelingen fehlerfrei (Bartolo, Cubbelli, Della Sala, Drei & Marchetti, 2001). Mittels funktioneller Bildgebung konnte die Dissoziation auf der Verhaltensebene mit dem Nachweis einer Dissoziation auf neuronaler Ebene geklärt werden. In einer PET-Studie (Rumiati et al., 2005) führte die Imitation abstrakter Gesten zu einer rechts parieto-okzipitalen, die Imitation symbolischer Gesten zu einer links temporalen Aktivierung. Diese Befunde passen zum Zwei-Wege-Modell der Imitation von Bewegungen (Tessari & Rumiati, 2004), das eine direkte, dorsale Route über einen okzipito-parietalen Verarbeitungspfad und eine indirekte, ventrale Route über einen okzipito-temporalen Pfad postuliert.

Eine Dissoziation auf Verhaltensebene wurde auch zwischen der Gestenproduktion und dem Verständnis für Gesten gefunden. Während bei Patienten mit links parietalen Läsionen das Imitieren von bedeutungsvollen Gesten (Embleme, körperbezogene und extrapersonale Pantomimen) deutlich beeinträchtigt war, war andererseits das Verständnis für Gesten nicht oder nur leicht beeinträchtigt (Halsband, Schmitt, Weyers, Binkofski, Grützner & Freund, 2001).

4.4.3 Imitieren von Bewegungssequenzen

Eine Apraxie beim Imitieren von Bewegungssequenzen ist hauptsächlich nach frontalen Läsionen zu beobachten (Kolb & Milner, 1981; Goldenberg, 2011). Beim interhemisphärischen Vergleich zeigen Patienten mit Läsionen in der linken Hemisphäre wiederum am meisten Fehler, aber auch bei Schädigung in der rechten Hemisphäre machen die Patienten mehr Fehler als gesunde Kontrollpersonen (Kolb & Milner, 1981; Roy, Square-Storer, Hogg & Adams, 1991), die bei der Reproduktion von Bewegungssequenzen ebenfalls nicht ganz fehlerlos sind.

4.4.4 Mund- und Gesichtsapraxie

Eine bukkofaziale Apraxie wird zwar häufiger nach einer linkshemisphärischen Schädigung berichtet, nicht selten aber auch nach einer rechtshemisphärischen Läsion. Mundbewegungen sind bei Patienten mit linkshemisphärischen Läsionen häufiger und auch stärker betroffen als bei Patienten mit rechtshemisphärischen Läsionen (Bizzozero et al., 2000), während für Gesten der oberen Gesichtshälfte kein Unterschied zwischen links- und rechtshemisphärischen Läsionen festgestellt wurde. Innerhalb der linken Hemisphäre ist die Variabilität der verantwortlichen Schädigungen relativ groß. Häufig beschrieben werden Läsionen im frontalen und zentralen Operkulum und im anterioren paraventrikulären Marklager (Alexander, Baker, Naeser, Kaplan & Palumbo, 1992) in der vorderen Insel (Tognola & Vignolo, 1980) oder auch in den Basalganglien (Ozsancak, Auzou, Dujardin, Quinn & Destée, 2004).

Tabelle 4.2: Bei Apraxie gestörte Aktion und deren Lokalisation (in Anlehnung an Goldenberg, 2011)

Gestörte Bewegung	Läsion	Lokalisation
Handstellungen	links	parietal
Fingerstellungen	links oder rechts	parietal und prämotorisch
Fußstellungen	links > rechts	parietal und prämotorisch
Bewegungssequenzen	links > rechts	frontal
Bewegungen Mund und Artikulation	links > rechts	inferior frontal, Insel, subkortikal
Bewegungen oberes Gesicht	links oder rechts	
Pantomime	links	ausgedehnt, fronto-parietal
Objektgebrauch real	links	ausgedehnt
mehrschrittige Handlungen	links oder rechts	ausgedehnt
Bezug Struktur-Funktion	links	parietal

4.4.5 Kommunikative Gesten auf Aufforderung

Die fehlerhafte Ausführung symbolischer Gesten auf Aufforderung (Embleme und Pantomime des Objektgebrauchs) ist auf linkshemisphärische Läsionen zurückzuführen (Barbieri & De Renzi, 1988; Goldenberg & Hagmann, 1998; Hartmann et al., 2005). Genaue Auswertungen der Fehler mittels Videoaufzeichnungen bei Patienten mit rechtshemisphärischer Schädigung zeigen zwar, dass auch sie ungenauer bei der Ausführung der Gesten sind als gesunde Kontrollpersonen (Roy, Black, Blair & Dimeck, 1998; Goldenberg et al., 2003), im Vergleich zu den eindrucksvollen Fehlern nach linkshemisphärischen Läsionen ist dies aber marginal und fällt klinisch kaum auf.

Innerhalb der linken Hemisphäre wird die Pantomime des Objektgebrauchs durch ein ausgedehntes fronto-parietales Netzwerk gesteuert. Die Komplexität der bei der Ausführung beteiligten Prozesse spiegeln sich in Bildgebungsstudien mit PET (Rumiati et al., 2004) und fMRT (Hermsdörfer, Terlinden, Mühlau, Goldenberg & Wohlschlägerl, 2007) wider. Für die inferior frontalen Regionen werden zum einen die Nähe zu sprachrelevanten Arealen und damit die Kommunikation als wesentlicher Bestandteil der Pantomime erörtert (Weiss & Fink, 2011), zum anderen Prozesse des Arbeitsgedächtnisses für die korrekte Ausführung der Pantomimen (Bartolo, Cubelli, Della Sala & Drei, 2003).

4.4.6 Gebrauch von einzelnen, vertrauten Werkzeugen und Objekten

Der fehlerhafte Gebrauch einzelner vertrauter Werkzeuge oder die falsche Zuordnung von Werkzeug-Objektpaaren ist durchgängig an linkshemisphärische Läsionen gebunden (Goldenberg & Hagmann, 1998). Die Läsionen sind im Allgemeinen sehr ausgedehnt und daher oft mit schweren Aphasien assoziiert. Eine eindeutige Zuordnung zu Läsionen innerhalb der linken Hemisphäre gibt es nicht (Goldenberg, 2011).

Bezüglich der Lokalisation innerhalb der linken Hemisphäre weisen experimentelle Untersuchungen einzelner Komponenten des Werkzeug- und Objektgebrauchs darauf hin, dass die Fähigkeit, von strukturellen Eigenschaften auf mögliche Funktionen zu schließen, an die Integrität des Parietallappens gebunden ist und der Abruf von funktionellem Wissen aus dem semantischen Gedächtnis an die des Temporallappens (Spatt et al., 2002; Goldenberg & Spatt, 2009). Bei einer auf die rechte Hemisphäre beschränkten Läsion bleibt der Gebrauch einzelner vertrauter Werkzeuge intakt (Goldenberg & Hagmann, 1998). Verstärkt treten Schwierigkeiten beim Werkzeug- und Objektgebrauch bei ausgedehnten Läsionen auf, wenn infolge derer beide Komponenten gleichzeitig gestört sind. Solange die Fähigkeit zu mechanischem Problemlösen erhalten ist, kann diese den Wissensverlust über den protypischen Werkzeuggebrauch kompensieren (Hodges et al., 2000; Goldenberg, 2011).

4.4.7 Alltagshandlungen mit mehreren Werkzeugen und Objekten

Während apraktische Störungen beim Umgang mit einzelnen vertrauten Objekten ausschließlich nach Läsionen der linken Hemisphäre auftreten, zeigt die Ausführung mehrschrittiger Alltagshandlungen keine eindeutige Abhängigkeit von der Seite der Läsion. Auch Patienten mit rechtshemisphärischen Läsionen können bei alltagsbezogenen, naturalistischen Handlungssequenzen betroffen sein, teilweise sogar stärker (Hartmann et al., 2005; Schwartz et al., 1998), wobei es vor allem um den konstruktiven Aspekt dieser komplexeren, mehrschrittigen Handlungen geht, der auch als konstruktive Apraxie beschrieben wird. Ebenso machen Patienten mit frontalen oder diffusen Schädigungen mehr Fehler als Gesunde und kommen seltener ohne Hilfe zum Ziel (Hartmann et al., 2005; Rumiati, 2005; Goldenberg, Hermsdörfer, Glindemann, Rorden & Karnath, 2007). Auch wenn beim Vergleich der Patientengruppen keine signifikanten Unterschiede bei der Fehlerzahl gefunden wurden, so legt die klinische Erfahrung gleichwohl umfassendere und anhaltendere apraxiebedingte Probleme bei Patienten mit linkshemisphärischer Schädigung und komorbider Aphasie nahe. Meist zeigen diese Patienten gleichzeitig eine Apraxie für den Gebrauch einzelner Werkzeuge und Objekte.

4.5 Diagnostik

4.5.1 Diagnostisches Vorgehen

Die Diagnostik richtet sich danach, auf welche Aspekte einer Handlung sich die Störung auswirkt. Neben Pantomime und konkretem Umgang mit Werkzeugen und Objekten fokussieren die meisten Untersuchungen zur Feststellung einer Apraxie auf die oberen Gliedmaßen, weniger auf die unteren, noch seltener auf den Rumpf. Zusätzlich untersucht werden Bewegungsstörungen von Mund, Vokaltrakt und Gesicht. Mit weiteren Verfahren können die Fähigkeit zu mechanischem Problemlösen und verschiedene Aspekte des zum Werkzeug- und Objektgebrauch vorausgesetzten semantischen Wissens untersucht werden. Tabelle 4.3 zeigt eine Zusammenstellung von gestörten Handlungen im Rahmen einer Apraxie mit Beispielen und der Form der klinischen Prüfung.

4.5.1.1 Imitieren von abstrakten Gesten

Der Patient soll Stellungen, Bewegungen oder kurze Bewegungssequenzen von Körperteilen imitieren, die der Untersucher vormacht. Dies können Stellungen und Bewegungen von Mund, Artikulationsorganen oder Gesicht sein, Hand- oder Fingerstellungen, Stellungen und Bewegungen der Füße oder auch des Rumpfes. Im klinischen Alltag wird die Untersuchung in der Regel auf die oberen Gliedmaßen sowie Mund und Gesicht beschränkt. Fußstellungen werden selten geprüft – zum einen aus pragmatischen Gründen: es entfällt das Aus- und wieder Anziehen der Schuhe; zum anderen aus epidemiologischen Gesichtspunkten: das Imitieren von Fußstellungen ist ähnlich schwer betroffen wie das Imitieren von Handstellungen (Lehmkuhl, Poeck & Willmes, 1983; Goldenberg & Strauß, 2002), somit ist die zusätzliche Prüfung der Füße nicht zwingend.

Bei der Untersuchung sitzt der Untersucher dem Patienten gegenüber und bittet ihn, bestimmte Finger- oder Handstellungen nachzumachen. Das kann auf einen einzelnen Körperteil bezogen sein (z. B. Daumen und Mittelfinger zu einem Ring formen), unter Einbezug des Kopfes erfolgen (z. B. Hand auf den Kopf legen) oder eine kurze Bewegungssequenz beinhalten (z. B. Faust – Handkante – Hand flach). Um eine zusätzliche Beanspruchung des Arbeitsgedächtnisses möglichst gering zu halten, kann man die einzelnen Stellungen der Sequenz als Bild daneben legen.

Die Prüfung auf eine Apraxie der *Gliedmaßen* erfolgt prinzipiell auf der zur Läsion *ipsilateralen* Seite. Damit lässt sich die Apraxie von einer kontralateralen Hemiparese abgrenzen. Das Vorzeigen der Bewegung erfolgt wie im Spiegel: Patienten mit linkshemisphärischer Läsion sollen mit der linken Hand imitieren, der Untersucher macht die Geste mit der rechten Hand vor, bei Patienten mit rechtshemisphärischer Läsion geschieht dies umgekehrt. Auch Patienten mit Aphasie verstehen im Allgemeinen die Aufforderung, eine Handbewegung nachzumachen. Benutzen Aphasiker mit nur leichter Hemiparese zur Imitation ihre rechte Hand, kann der Untersucher das zulassen, er macht die weiteren Gesten dann mit der linken Hand vor.

Tabelle 4.3: Bei Apraxie gestörte Aktionen mit Beispielen und Form der klinischen Prüfung

Handlung	Beispiel	Prüfung
Gesten ohne Bedeutung		
– Stellungen/Bewegungen	flache Hand auf den Kopf	Nachahmen
– Bewegungssequenzen	Faust – Kante – Handfläche	Nachahmen
Kommunikative Gesten		
– intransitive Gesten: Embleme	winken	mündliche Aufforderung
– transitive Gesten: Pantomime des Objektgebrauchs	hämmern	mündliche Aufforderung, evtl. visuelle Präsentation des Objekts
Werkzeug- und Objektgebrauch real		
– einzelne vertraute Werkzeuge und Objekte	Nagel einschlagen	Vorgabe von Werkzeug und Objekt
– mehrschrittige Alltagshandlungen	Akten abheften	Vorgabe von allen Werkzeugen und Objekten
Mechanisches Problemlösen		
– Bezug Struktur-Funktion erkennen	Messer zum Schrauben	Bekannte Werkzeuge stehen als Alternative zur Auswahl; das prototypische fehlt.
	Novel Tools	Neue, unbekannte Werkzeuge sollen benutzt werden.
– Handlungssequenz	„Schatzkästchen"	Öffnen des Kästchens
Assoziatives Wissen zum Objektgebrauch		
– Funktionswissen	ein Werkzeug (Hammer), mehrere Zielobjekte (Nagel, Schraube, Nadel)	Zuordnungsaufgaben: Welches Werkzeug gehört zum Zielobjekt?
	mehrere Objekte mit ähnlicher Funktion und unterschiedlicher Manipulation: Schere und Messer	Welche Werkzeuge haben die gleiche Funktion?
– Manipulationswissen	Objekte mit ähnlicher Manipulation und verschiedener Funktion: Klavier und Schreibmaschine	Zuordnungsaufgaben: Bei welchen Objekten sieht die Bewegung ähnlich aus?

Gesten mit sozialer Bedeutung (z. B. winken) sind weniger zur Imitation geeignet. Denn wird ihre symbolische Bedeutung verstanden, können sie aus dem Gedächtnis produziert werden – es wird dann nicht mehr das Imitieren der Form der Bewegung geprüft, sondern das Verständnis der Symbolik. Es kann daher vorkommen, dass Patienten symbolhaltige Gesten nachahmen können, nicht aber solche ohne Bedeutung (Goldenberg & Hagmann, 1997).

Bei der Prüfung auf eine Apraxie von *Mund- und Gesicht* kann zwischen Bewegungen der oberen Gesichtshälfte (Nase, Augen, Brauen, Stirn) und solchen des unteren Gesichtsbereichs (Mund, Zunge, Kiefer, Artikulationsorgane) unterschieden werden (Bizzozero, Costato, Della Sala, Papagno, Spinnler & Venneri, 2000). Zu ersteren zählen z. B. das Schließen der Augen, das Runzeln der Stirn oder das Rümpfen der Nase, zu letzterem das Zeigen der Zähne, das Ablecken der Lippen oder das Aufblasen der linken Backe, aber auch Geräusche, die mit Lippen, Zunge oder Kehlkopf erzeugt werden, wie das Räuspern oder Schnalzen mit der Zunge.

4.5.1.2 Kommunikative Gesten auf Aufforderung

Auf Aufforderung soll der Patient definierte symbolische Handlungen ausführen, wie z. B. winken oder klatschen, oder die pantomimische Darstellung des Gebrauchs eines Werkzeugs, wie z. B. eines Hammers oder einer Schere. Der Gebrauch soll durch Handbewegungen dargestellt werden, die auch beim realen Gebrauch vorkommen. Die Prüfung von kommunikativen Gesten und Pantomimen erfolgt, wie auch die Imitation, bei einseitigen Läsionen an der zur Läsion ipsilateralen Gliedmaße. Bei Balkenläsion sind beide Seiten einzeln zu prüfen.

Die mündliche Instruktion zur Ausführung einer Geste stellt hohe Anforderungen an das Sprachverständnis, höhere als die Imitation, denn die Ausführung erfolgt abstrakt, ohne Bezug zum sonst üblichen kommunikativen Kontext des Alltags. Zur Unterstützung des Instruktionsverständnisses kann die pantomimische Darstellung zunächst an Beispielen demonstriert, und es kann das Objekt benannt werden. Ferner kann das Werkzeug, dessen Gebrauch demonstriert werden soll, gezeigt werden – der Gegenstand selbst oder ein Bild davon. Das Werkzeug darf aber nicht in die Hand genommen werden.

Die Instruktion zur Ausführung von kommunikativen Gesten ohne Objekt ist schwieriger, insbesondere bei Vorliegen einer Aphasie. Da bei Nichtgelingen unsicher ist, ob die Anweisung verstanden wurde, konzentriert sich die Untersuchung in der Regel auf die Pantomime des Objektgebrauchs. Auch bei der Aufforderung zu kommunikativen Gesten ohne Objekt (Embleme) kann die Ausführung durch Bilder unterstützt werden. Statt der mündlichen Aufforderung „Winken Sie“ zeigt der Untersucher ein Bild mit einer Abschiedsszene am Zug: „Welche Bewegung machen diese Personen?“ (Bartolo, Cubelli & Della Sala, 2008).

4.5.1.3 Gebrauch von Werkzeugen und Objekten

Bei der Diagnostik von Störungen im Werkzeug- und Objektgebrauch unterscheidet man zwischen kurzen Handlungen mit einzelnen, dem Patienten vertrauten Objekten und mehrschrittigen Handlungsfolgen im Rahmen einer Aktivität des täglichen Lebens.

Für die klinische Prüfung des *Gebrauchs einzelner vertrauter Objekte* gibt man dem Patienten das Werkzeug samt Gegenstück und bittet ihn, dessen Benutzung zu demonstrieren, z. B. das Aufschließen eines Vorhängeschlosses. Das Material muss so vorbereitet sein, dass die Ausführung der verlangten Aktion mit einer Hand möglich ist: z. B. steckt der Nagel schon im Holz, wenn gehämmert werden soll.

4.5.1.4 Alltagshandlungen mit mehreren Werkzeugen und Objekten

Mehrschrittige Handlungsfolgen werden seltener durch Neuropsychologen überprüft. Sie greifen hierfür auf die Beobachtungen von Ergotherapie und Pflegepersonal bei Körperpflege und Haushaltsaktivitäten zurück oder befragen Angehörige über Schwierigkeiten bei täglichen Routinen. Bei formalisierten Untersuchungen aus Haushalt und Küche werden alle benötigten Werkzeuge und Objekte bereitgestellt und der Patient aufgefordert, die ganze Handlung durchzuführen: z. B. Kaffee kochen. Erschwert werden kann die Aufgabe, indem weitere, nicht erforderliche Materialen unter die benötigten gemischt werden. Im Büro des Neuropsychologen einfach umzusetzen, ist das Lochen mehrere Papiere und anschließende Abheften der Blätter in einem Ordner.

4.5.1.5 Mechanisches Problemlösen

Den Umfang der klinischen Routineuntersuchung sprengend sind weitere Aufgabenstellungen zum mechanischen Problemlösen beim Werkzeug- und Objektgebrauch. Hierunter fällt das *Benutzen unbekannter Werkzeuge* wie im Novel Tools Test (Goldenberg & Hagmann, 1997), bei dem der Funktionszusammenhang zwischen Werkzeug und Objekt erkannt und umgesetzt werden muss. Die Prüfung besteht in der Darbietung unbekannter Werkzeuge, aus denen das am besten geeignete ausgewählt und benutzt werden muss. In einer Variante hierzu, die mehrere Handlungsschritte beinhaltet, muss ein „Schatzkästchen“ aus beweglichen und festen Elementen gewaltlos geöffnet werden (Hartmann et al., 2005). In einer anderen Variante soll unter Auswahl verschiedener Werkzeuge ein Gegenstand aus einem Behälter geholt werden (Osiurak, Jarry, Lesourd, Baumard & Le Gall, 2013). Die zur Verfügung gestellte Zeit ist jeweils begrenzt.

Beim *alternativen Gebrauch bekannter Werkzeuge* soll der Proband von der Struktur des Gegenstücks auf die Funktion des Werkzeugs schließen. Statt dem üblichen Werkzeug werden ihm mehrere andere Werkzeuge angeboten, von denen sich eines zum Ersatz des protoypischen eignet (Hartmann et al., 2005, Osiurak et al., 2009). Ein Beispiel hierzu: Eine

Schraube soll eingedreht werden; zur Verfügung stehen Hammer, Messer und Zange. Die Lösung: Auch mit dem Messerheft lässt sich die Schraube eindrehen. Die Prüfung erfolgt meist mittels Bildern. Verlangt wird, zum Bild eines Werkzeugs das Bild eines anderen Werkzeugs zuzuordnen, das zum Erreichen desselben Ziels dienen kann (Hammer und Zange zum Einschlagen eines Nagels).

Einen gezielten neuropsychologischen Anwendungsbereich für die Prüfung mechanischen Problemlösens bilden differentialdiagnostische Fragestellungen bei degenerativen Erkrankungen ebenso wie die detailliertere Prüfung semantischen Wissens.

4.5.1.6 Semantisches Wissen zu Gesten und Objektgebrauch

Eine vermutete Störung des *Funktionswissens*, des Wissens um die Funktion und den prototypischen Gebrauch eines Werkzeugs kann auch über Zuordnungsaufgaben geprüft werden: Zum Bild eines Werkzeugs (Hammer) soll aus einer Auswahl das Bild des zugehörigen Gegenstands (Nagel) zugeordnet werden. Oder mehrere Gegenstände sind auf einem Brett befestigt und einzeln vorgegebene Werkzeuge müssen zugeordnet und benutzt werden (Goldenberg & Spatt, 2009). Eine weitere Möglichkeit: Gegenstände sollen danach beurteilt werden, ob sie die gleiche Funktion erfüllen (Nagelschere und Klipser, aber nicht Nagelschere und Stoffschere) oder ob sie funktionell zusammenhängen: Hammer mit Nagel aber nicht Hammer mit Schraube.

Das *Manipulationswissen* umfasst das Wissen, wie ein Objekt gehalten und gehandhabt wird. Geprüft werden kann dies, indem Bilder von Objekten, die eine ähnliche motorische Aktion verlangen, einander zugeordnet werden müssen, z. B. das Anschlagen der Tasten von Schreibmaschine und Klavier.

4.5.2 Bewertung der Testleistungen

Die in den Verfahren verwendeten Bewertungsschlüssel sind sehr unterschiedlich. Das erschwert die Vergleichbarkeit der erreichten Punktzahl. Noch schwieriger wird diese, wenn man die Leistungen für die Imitation, für Gesten auf Aufforderung (Embleme und Pantomimen) und für den realen Objektgebrauch zusammenrechnet, und dies bei unterschiedlicher Itemanzahl je Domäne. Dabei verwischen die Unterschiede und Dissoziationen zwischen verschiedenen Manifestationen der Apraxie. Sinnvoller ist daher, jede Domäne nicht nur einzeln zu prüfen, sondern auch einzeln zu bewerten.

4.5.2.1 Imitation

Der Erfolg der Imitation wird meist über eine zweistufige (erfüllt/nicht erfüllt) oder dreistufige Skala erfasst (auf Anhieb richtig/bei Wiederholung richtig/nicht richtig). Weitere dreistufige Skalen schließen auch qualitative Elemente mit ein: vollständig richtig/teilweise richtig/nicht erkennbar oder, mit anderer Gewichtung der Fehler, insgesamt richtig/zögerlich und ungenau/falsch.

Häufig treten bei der Imitation von Stellungen oder Bewegungen der Gliedmaßen räumliche Fehler auf: Die Bewegungen sind zögernd, unsicher und durch Suchbewegungen soweit entstellt, so dass sie nicht oder nur schwer erkennbar sind. Oder: Nach verschiedenen Suchbewegungen mit selbständiger Korrektur ist die verlangte Konfiguration am Ende korrekt. Schließlich: Die Bewegungen sind zwar rasch und auch zielsicher, aber der Zielort ist nicht der vorgegebene. Analoge Fehler zeigen sich auch, wenn Gesten zwischen Bildern verglichen (Goldenberg, 1999) oder an einer Puppe nachgestellt werden sollen (Goldenberg, 1995).

Auch inhaltliche Fehler sind zu beobachten. So können einzelne fehlerhafte Bewegungselemente auftreten oder Ersatzhandlungen für die verlangte Bewegung. Die gezeigte Bewegung kann zum einen überschießend sein oder nur fragmentarisch, oder bestimmte Bewegungselemente werden mehrfach wiederholt. Die Imitation von Sequenzen aus mehreren Handstellungen hintereinander führt zu höheren Fehlerraten als einfache Gesten (Goldenberg, 1996). Jedoch ist hier die Abgrenzung apraktischer Fehler von anderen Fehlerursachen, wie Arbeitsgedächtnis oder Exekutivfunktionen, schwieriger. Werden dem Probanden Bilder vorgelegt, auf denen die Bewegungskomponenten der Sequenz einzeln dargestellt sind, ist die Fehlerzahl geringer (De Renzi, Faglioni, Lodesani & Vecchi, 1983) und geht weiter zurück, wenn der Untersucher die Sequenz in Einzeletappen vormacht.

Beim Nachahmen von Bewegungen von Gesicht und Mund sind die auftretenden apraktischen Fehler ähnlich wie bei der Imitation von Stellungen oder Bewegungen der Gliedmaßen. Auch hierbei führen die Patienten fehlerhafte oder zögerliche Bewegungen aus, korrigieren sich mehrfach vergeblich, zeigen angestrengte Suchbewegungen und geben manchmal ihre Bemühungen frustriert auf.

Tabelle 4.4: Fehlertypen bei der Imitation

Typische räumliche Fehler:
- Zögernde, suchende oder fragmentarische Bewegungen; die Endstellung ist nicht erkennbar.
- Nach verschiedenen Suchbewegungen mit selbständiger Korrektur ist die verlangte Endstellung schließlich korrekt.
- Die Bewegungen sind rasch und zielsicher, aber die Endstellung ist falsch.

Weitere Fehler:
- Ersatzhandlungen/Substitution
- Überschießende oder fragmentarische Bewegungen
- Perseverationen: mehrfaches Wiederholen eines richtigen oder falschen Bewegungselements
- Amorphe Bewegungen: Die Ausführung ist nur grob, wenig differenziert, kaum oder gar nicht erkennbar.

4.5.2.2 Pantomime

Die Beurteilung des pantomimischen Gebrauchs von Objekten ist nicht so einfach wie die des Imitierens von abstrakten Gesten. Bewertet werden hier verschiedene Aspekte der Bewegungsausführung: inhaltliche (Auswahl der motorischen Elemente), zeitliche (sequentielle), räumliche (Bewegungsamplitude, Richtung etc.) und weitere Fehlertypen. Für jedes Item werden in der Regel bestimmte Merkmale der Geste definiert, die bei der Ausführung explizit vorhanden sein müssen, wie z. B. die Art des Handgriffes, Art (öffnen und schließen) und Richtung der Bewegung (zum Mund) und die räumliche Position der Hand. Oder es werden mögliche Fehlertypen mit Beispielen aufgeführt, die anhand von Videoaufzeichnungen bewertet werden, wie bei den verschiedenen Testformen der Florida Apraxia Battery (Rothi, Raymer & Heilman, 1997), deren qualitative Bewertungskriterien durch die Arbeitsgruppe von L. Rothi und K. Heilman entwickelt worden sind (Rothi, Mack, Verfaellie, Brown & Heilman, 1988) und seither in verschiedenen Modifikationen zum Einsatz kommen.

Die Analyse der verschiedenen Merkmale der Bewegung zeigt, dass oft einzelne Elemente der Bewegungsausführung richtig sind und belegt somit, dass die Patienten die Aufforderung zwar verstanden haben, es ihnen aber nicht gelingt, die wesentlichen Merkmale des Werkzeugs und dessen Gebrauch in einer pantomimischen Aktion umzusetzen.

Macht der Patient nur mehr oder minder amorphe Bewegungen, kann nicht sicher davon ausgegangen werden, dass er die Aufgabe wirklich verstanden hat. Manchmal werden derartige perseverative Bewegungen begleitet von Kommentaren, die aphasisch entstellt sind und mit der Pantomime nichts zu tun haben. Zweifel am Instruktionsverständnis sind ebenfalls angezeigt, wenn Patienten versuchen, den Gegenstand zu benennen oder ihn in die Hand zu nehmen.

Auch wenn die Aufgabe verstanden wurde und die gezeigte Pantomime zumindest Teile der verlangten Geste enthält, kann diese inhaltlich verändert sein. So zeigen manche Patienten auf den Ort, wo das Werkzeug angewandt wird, z. B. zeigen sie zur Demonstration des Gebrauchs der Zahnbürste auf den Mund. Oder die Darstellung der Greifform der Hand stimmt nicht: Statt eines sphärischen Griffs beim Auspressen einer Zitrone werden Zeige- und Mittelfinger im Spitzgriff bewegt wie beim Streuen einer Prise Salz.

Tabelle 4.5: Fehlertypen bei der Pantomime

Typische Fehler:
- Falsche Greifform
- Abweichungen der Bewegungsrichtung und/oder Amplitude
- Dauer der Bewegung länger oder kürzer; veränderte Geschwindigkeit
- Perseverationen einer mehr oder minder amorphen Bewegung
- Zeigen auf den Ort, wo das Werkzeug angewandt wird
- „Body part as object"-Fehler
- Suchbewegungen bis zur annähernd korrekten Pantomime
- Gar keine oder nicht erkennbare Pantomime

Fragliches Instruktionsverständnis:
- Aphasisch entstellte Kommentare mit unterstreichenden Gesten, die mit der Pantomime nichts zu tun haben
- Versuch, das Werkzeug in die Hand zu nehmen
- Versuch, das Werkzeug zu benennen

Hingegen kommen sogenannte „Body part as object"-Fehler auch bei Gesunden vor: Nicht die Bewegung der Hand beim Werkzeuggebrauch wird gezeigt, sondern die Hand selbst wird als Werkzeug eingesetzt. Teilweise sind solche Darstellungen gebräuchlicher und besser verständlich als die korrekte Handstellung der Pantomime. Ein Beispiel: Das abwechselnde Spreizen und Schließen von Zeige- und Mittelfinger als Pantomime des Gebrauchs einer Schere. Wird diese Strategie auch nach Intervention des Untersuchers (z. B. „Bitte nicht das Werkzeug selbst nachahmen") durchgängig verwendet, auch für Werkzeuge, für die das nicht üblich ist (mit der Faust auf den Tisch klopfen für Hämmern), spricht dies für das Vorliegen einer Apraxie.

4.5.2.3 Gebrauch von einzelnen, vertrauten Werkzeugen und Objekten

Die beobachtbaren Fehler gehen deutlich über eine Ungeschicklichkeit hinaus, die durch den Einsatz der nicht-dominanten linken Hand bedingt sein könnte. Das lässt sich leicht beim Vergleich mit gesunden Personen feststellen, welche sich z. B. problemlos auch mit der linken Hand kämmen können. Wird eine Zahnbürste im Spitzgriff am hinteren Ende angefasst, wird sie statt mit den Borsten mit der Rückseite an den Zähnen entlang geführt, wird sie wie ein Strohhalm in den Mund gesteckt oder gar als Haarbürste verwendet, ist die apraktische Fehlhandlung leicht zu erkennen. Die Bewertungsschlüssel gleichen denjenigen zur Prüfung der Pantomime.

4.5.2.4 Alltagshandlungen mit mehreren Werkzeugen und Objekten

Bei Alltagshandlungen mit mehreren Objekten machen auch Gesunde Fehler, insbesondere wenn sie abgelenkt sind. Die Fehler von Patienten mit Apraxie sehen ähnlich aus: Handlungsschritte werden ausgelassen oder Gegenstände verwechselt. Das Vorgehen erscheint unsystematisch, und erfolglose Schritte werden perseveriert. Manchmal ist die Werkzeugbenutzung nur innerhalb der komplexen Handlung falsch, sie kann aber korrekt ausgeführt werden, wenn nur ein Einzelschritt verlangt und die benötigten Materialien für diesen einzelnen Abschnitt der Handlung zur Verfügung stehen. Ein Beispiel: Stehen nur Papier und Locher bereit, kann das Papier gelocht werden. Soll das Blatt zusätzlich in einen Ordner abgeheftet werden, wird möglicherweise der Locher auf das Papier gestellt und niedergedrückt.

Wesentlich für die Bewertung von aufeinander folgenden Handlungen mit mehreren Objekten ist, dass das Ziel der Gesamthandlung erreicht wird. Die Bewertung, ob die Aufgabe erfolgreich abgeschlossen wurde, ist eindeutig. Schwieriger sind das Auszählen von Fehlern und deren qualitative Zuordnung. So kann das Einfüllen von Wasser in den leeren Kaffeefilter ein Fehler der Objektauswahl bedeuten (Wasser statt Kaffee einfüllen), das Auslassen eines Handlungsschrittes oder das Vorziehen eines späteren Schrittes.

Tabelle 4.6: Fehlertypen bei Handlungssequenzen

Typische Fehler: – Auslassen von Handlungsschritten – Fehlerhafte Sequenzierung – Falsche Objektauswahl – Perseveration einzelner Handlungsschritte

4.5.2.5 Mechanisches Problemlösen

Führen das Benutzen von neuartigen Werkzeugen oder von vertrauten in anderem Zusammenhang zum Ziel, ist die Aufgabe gelöst. Gesunde machen hierbei kaum Fehler (Goldenberg & Hagmann, 1998). Bei mehrschrittigen Aufgaben wird neben richtigen und falschen Lösungsschritten auch das Erreichen des Ziels innerhalb der vorgesehenen Zeit bewertet. Auch die meisten Gesunde finden die Lösung nicht auf Anhieb oder brauchen mehr Zeit (Hartmann et al., 2005). In ihrer Versuch- und Irrtumsstrategie gehen sie aber deutlich systematischer vor als Patienten.

4.5.3 Untersuchungsdesigns

Grobe Abweichungen reichen aus, um klinisch eine schwere Apraxie zu diagnostizieren. Um leichtere Ausprägungen oder den Verlauf erfassen und quantifizieren zu können, sind standardisierte Untersuchungsverfahren nötig. Trotz Alltagsrelevanz des Störungsbildes sind solche jedoch kaum vorhanden. Die Literatur bleibt weitgehend auf experimentelle oder auch klinische Studien beschränkt. Ein Standardverfahren hat sich bisher nicht etablieren können – weder im deutschsprachigen Raum noch international.

Im englischen Sprachraum gibt es mehrere sehr lange und damit zeitaufwändige Batterien wie die Florida Apraxia Battery (FAB; Rothi, Raymer & Heilman, 1997) oder ihre erweiterte Version, die Florida Apraxia Battery-Extended and Revised Sydney (FABERS; Power, Code, Croot, Sheard & Gonzales Rothi, 2010). Ebenfalls viel Zeit beansprucht die Prüfung der Gesichtsapraxie von Bizzozero und Kollegen (Bizzozero et al., 2000).

Klinische Skalen zur Diagnostik einer Apraxie bilden gelegentlich Untertests in Testbatterien zur Erfassung aphasischer Defizite, wie der Untertest Praxis aus der Boston Diagnostic Aphasia Examination (BDAE-3, Goodglass Kaplan & Barresi, 2001a). Screenings sind in Verfahren zur Beurteilung der kognitiven Veränderungen im Rahmen einer Demenz oder eines Schlaganfalls vorhanden. So im Demenztest von Kessler und Kollegen (Kessler, Denzler & Markowitsch, 1999) oder im Kölner Neuropsychologischen Screening für Schlaganfall-Patienten (KöpSS) von Kaesberg und Kollegen (Kaesberg, Kalbe, Finis, Kessler & Fink, 2013).

Tests im engeren Sinn mit Angaben zu Gütekriterien gibt es erst in jüngerer Zeit. Zu nennen ist hier das Kölner Apraxie Screening (KAS, Weiss-Blankenhorn, Kalbe, Fink & Kessler, 2013) oder der Test of Upper Limb Apraxia (TULIA) von einer Arbeitsgruppe aus Bern (Vanbellingen et al., 2010). Goldenberg stellt in einer Übersichtspublikation zur Apraxie (Goldenberg, 2011) mehrere Kopiervorlagen zur Verfügung.

4.6 Übersichtstabelle: APRAXIE

Die nachstehende Tabelle bietet einen Überblick über Verfahren zur Apraxie-Prüfung: Aufgabensammlungen, experimentelle Verfahren, Untertests aus Testbatterien und eigenständige Verfahren. Die Gliederung folgt den im Theorieteil ausgeführten Domänen. Für die meisten Verfahren stehen Cut-off-Werte zur Trennung apraktischer von unauffälligen Personen zur Verfügung. Sofern vorhanden, wurden Gütekriterien mit aufgenommen, und Angaben zu Alters- und Bildungseffekten mit Gruppenzuteilung oder Korrekturwerten.

Domänen, die beim Vorliegen einer Apraxie untersucht werden:

Gestenproduktion
- Gestenproduktion: Gliedmaßen
  - Hand/Finger: abstrakt/symbolisch/Bewegungssequenzen
  - Bein/Fuß: abstrakt/symbolisch
  - Rumpf/Kopf: abstrakt/symbolisch
- Gestenproduktion: Gesicht/Mund/Artikulationsorgane
  - Kopf/Gesicht: abstrakt/symbolisch
  - Kopf/Gesicht: Objektgebrauch pantomimisch

Gebrauch von Werkzeugen und Objekten
- einzelne vertraute Objekte
  - Pantomime/Auswahl/Gebrauch
  - ungewöhnlicher Gebrauch
- neuartige Objekte: mechanisches Problemlösen
  - Auswahl/Gebrauch
  - mehrschrittige Handlung
- Alltagshandlungen mit mehreren Werkzeugen und Objekten

Semantisches Wissen
- Gestendiskrimination und Recognition
  - Gesten erkennen: abstrakt/symbolisch
- Konzeptwissen
  - Objektauswahl: Zielobjekt
  - Objektauswahl: Werkzeug

Testsammlungen und Testbatterien
- Untertests aus Batterien mit anderer Zielsetzung: Demenz/Schlaganfall/Aphasien
- Apraxie-spezifische Testsammlungen und Testbatterien

Apraxie		
Gestenproduktion: Gliedmaßen		
Hand/Finger		**abstrakte Gesten imitieren**
Hand- und Finger-Stellungen	*Aufgaben:* 1. Handstellungen in Relation zum Kopf/Gesicht nachmachen (10 Items). 2. Fingerkonfigurationen nachmachen (10 Items). *Skala:* 0–2 Punkte *Cut-off:* 18 Punkte (Hand), 17 Punkte (Finger) (PR<5, Gesunde, *N*=60, Alter 54.4±14.0 Jahre) Interrater-Reliabilität: 92 % bzw. 99 % *Variante:* Die gleichen Handpositionen müssen an einer lebensgroßen Puppe nachgestellt werden. 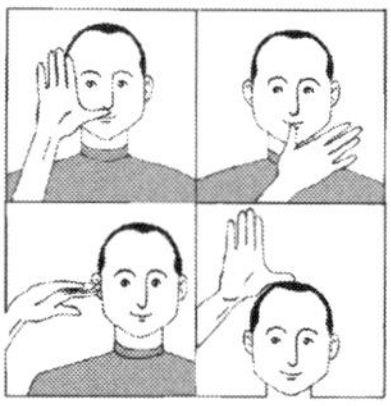 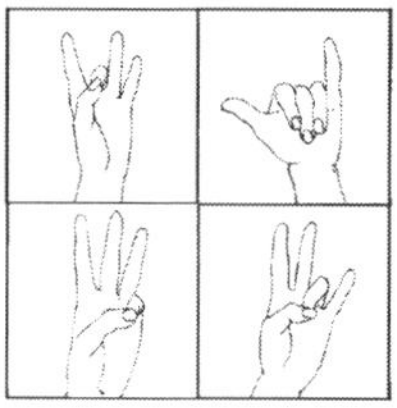	Goldenberg G. (1996). Defective imitation of gestures in patients with damage in the left or right hemispheres. *Journal of Neurology, Neurosurgery & Psychiatry, 61,* 176–180. Goldenberg, G. & Strauß, S. (2002). Hemispheres asymmetries for imitation of novel gestures. *Neurology, 59,* 893–897. Goldenberg, G. (1995). Imitating gestures and manipulating a mannikin – the representation of the human body in ideomotor apraxia. *Neuropsychologia, 33,* 63–72.
Kombinationen aus Hand- und Fingerstellungen	*Aufgaben:* Kombination aus Hand-Fingerstellungen nachmachen (10 Items); definiert sind die Stellung der Hand relativ zum Körper und zusätzlich die Stellung der Finger untereinander. *Cut-off:* 13 Punkte (Gesunde, *N*=60, Alter 54.4±14.0 Jahre) 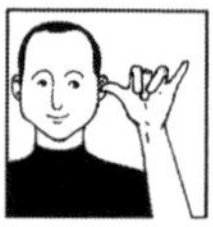 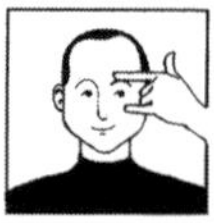	Goldenberg, G. (2011). *Apraxien.* Göttingen: Hogrefe. Goldenberg G. (1996). Defective imitation of gestures in patients with damage in the left or right hemispheres. *Journal of Neurology, Neurosurgery & Psychiatry, 61,* 176–180.

<table>
<tr>
<td>Arm-/Hand-bewegungen</td>
<td>Aufgaben: Arm-/Handbewegungen nachmachen (10 Items).

Skala: 0–3 Punkte

Cut-off: 27 Punkte (Gesunde, N=26, Alter 84.1 ±7.5 Jahre)

Interrater-Reliabilität .995

Sensitivität 95 %; Spezifität 98 % (Alzheimer-Patienten, N=55)</td>
<td>Dobigny-Roman, N., Dieudonne-moinet, B., Tortrat, D., Verny, M. & Forotte, B. (1998). Ideomotor apraxia test: a new test of imitation of gestures for elderly people. European Journal of Neurology, 5, 571–578.</td>
</tr>
<tr>
<td>Copying Hand Postures</td>
<td>Aufgaben: Fingerstellungen nachmachen bei aufgestütztem Ellbogen (6 Items).

Skala: 0–2 Punkte
2 = korrekt aus dem Gedächtnis imitiert,
1 = korrekt nach Modell des Untersuchers

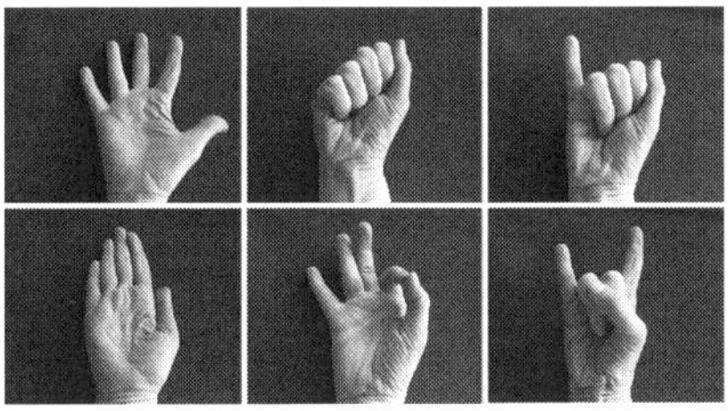</td>
<td>Kimura, D. & Archibald, Y. (1974). Motor functions of the left hemisphere. Brain, 97, 337–350.</td>
</tr>
<tr>
<td>Arm/Hand/Finger</td>
<td colspan="2">symbolische und abstrakte Gesten</td>
</tr>
<tr>
<td>Gestenimitation</td>
<td>Aufgaben: Symbolische und abstrakte Gesten des Untersuchers imitieren (je 18 Items).

Skala: 0–2 Punkte (Maximum 72).

Cut-off: drei Altersgruppen, soweit erforderlich, auch bildungskorrigiert (Gesunde, N=111, Alter 62.2 ± 15.5 Jahre, Bildung 9.8 ± 4.04 Jahre).

<table>
<tr><th></th><th colspan="3">Skala</th></tr>
<tr><th>Altersgruppe</th><th>Symbolische Gesten</th><th>Abstrakte Gesten</th><th>Gesamt-Skala</th></tr>
<tr><td>30–50 Jahre</td><td>≤ 32</td><td>≤ 31</td><td>≤ 63</td></tr>
<tr><td>51–70 Jahre</td><td>≤ 31</td><td>≤ 28</td><td>≤ 59</td></tr>
<tr><td>>70 Jahre
Bildung <6 Jahre</td><td>≤ 25</td><td>≤ 24</td><td>≤ 50</td></tr>
<tr><td>>70 Jahre
Bildung ≥7 Jahre</td><td>≤ 30</td><td>≤ 24</td><td>≤ 58</td></tr>
</table></td>
<td>Mengotti, P., Corradi-Dell'Acqua, C., Negri, G. A., Ukmar, M., Pesavento, V. & Rumiati, R. I. (2013). Selective imitation impairments differentially interact with language processing. Brain, 136 (8), 2602–2618.

Tessari, A., Toraldo, A., Lunardelli, A., Zadini, A. & Rumiati, R. I. (2011). Prova standardizzata per la diagnosi del disturbo aprassico ideomotorio selettivo per tipo di gesto e tipo di effettore. Ricerche di Psicologia, 3, 311–339.</td>
</tr>
</table>

Prüfung auf ideomotorische Apraxie der Arme	*Aufgabe:* Symbolische und abstrakte Gesten ausführen (je 10 Items). *Durchführung:* Randomisierte Darbietung, für jeden Arm getrennt; a) verbale Aufforderung; b) anschließend Imitation.	Poeck, K. (1997). Apraxie. In W. Hartje & K. Poeck (Hrsg.), *Klinische Neuropsychologie* (5. Auflage, S. 227–239). Stuttgart: Thieme.
Boston Apraxia Test	*Aufgaben:* Symbolische Gesten ausführen (14 Items). *Durchführung:* a) verbale Aufforderung; b) Imitation; c) nochmal verbale Aufforderung. *Skala:* 0–3 Punkte.	Borod, J. C., Fitzpatrick, P. M., Helm-Estabrooks, N. & Goodglass, H. (1989). The relationship between limb apraxia and the spontaneous use of communicative gesture in aphasia. *Brain and Cognition, 10,* 121–131.
Movement Imitation Test	*Aufgaben:* Imitation von Bewegungen (24 Items; 8 Kategorien à 3 Aufgaben – je zur Hälfte abstrakt vs. symbolisch; statische Position vs. Bewegungssequenz; Finger- vs. Arm-/Handbewegung). *Dauer:* ca. 15 Minuten *Skala:* 0–3 Punkte (Maximum 72) *Cut-off:* <62 Punkte (niedrigster Wert von nicht-hirngeschädigten Patienten, $N=100$, Alters-MW 52.6 Jahre) Cut-off Finger: <28 Punkte Cut-off Hand: <32 Punkte Cut-off Stellung: <32 Punkte Cut-off Sequenz: <27 Punkte Cut-off symbolisch: <30 Punkte Cut-off abstrakt: <29 Punkte	De Renzi, E., Motti, F. & Nichelli, P. (1980). Imitating gestures: a quantitative approach to ideomotor apraxia. *Archives of Neurology, 37,* 6–10.
Bimanuelle Bewegungen	*Aufgaben:* Bimanuelle Bewegungen ausführen; 1. ohne symbolische Bedeutung (5 Items), z. B. Kreis bilden mit Daumen und Zeigefinger beider Hände; 2. symbolische Gesten (5 Items), z. B. klatschen. *Durchführung:* a) verbale Aufforderung; b) anschließend Imitation. *Bewertung:* richtig/falsch und Fehlerklassifikation: Überschussbewegungen, Auslassungen, Perseverationen, andere Fehler.	Poeck, K., Lehmkuhl, G. & Willmes, K. (1982). Axial movements and ideomotor apraxis. *Journal of Neurology, Neurosurgery & Psychiatry, 45,* 1225–1229.

Arm/Hand/Finger		**Bewegungssequenzen imitieren**
Copying Hand Movements	*Aufgaben:* Sequenzen aus Hand-/Armbewegungen nachmachen (6 Items); zunehmende Sequenzlänge, 2 bis 6 Schritte. *Durchführung:* Vorzeigen der vollständigen Bewegungssequenz; bei fehlerhafter Imitation wird die Sequenz erneut vorgemacht. *Bewertung* nach mehreren qualitativen Kriterien (Bewegungsrichtung, Gelenkstellung etc.). *Skala:* 0–3 Punkte für jede Kategorie (Maximum 69) 	Kimura, D. & Archibald, Y. (1974). Motor functions of the left hemisphere. *Brain, 97,* 337–350.
Hand Movement Test (HMT) aus: Kaufman Assessment Battery for Children (K-ABC)	*Aufgaben:* Bewegungssequenzen nachmachen; Kombination aus 2 bis 6 Positionen von Faust – Handfläch – Handkante (21 Items; insgesamt 75 Positionen) *Skala:* von –75 bis +75, Bewertung nach 3 (statt 21) Kategorien *Gütekriterien:* Korrelation mit dem Limb Apraxia Test (Duffy & Duffy,1989) .71	Neiman, M. R., Duffy, R. J., Belanger, S. A. & Coelho, C. A. (1994). Concurrent validity of the Kaufman Hand Movement Test as a measure of limb apraxia. *Perceptual and Motor Skills, 79* (3), 1279–1282. Neiman, M. R., Duffy, R. J., Belanger, S. A. & Coelho, C. A. (1996). An investigation of a method of simplified scoring for the Kaufman Hand Movements test as a measure of limb apraxia. *Perceptual and Motor Skills, 82,* 267–271.
Kimura-Kastentest Manual Sequence Box	*Aufgabe:* Lernen einer vorgegebenen Bewegungssequenz, auszuführen an einem Kasten mit verschiedenen Elementen (Schalter, Griff etc.). Diese muss fünfmal wiederholt werden. *Durchführung:* Verbale Anleitung und Demonstration. 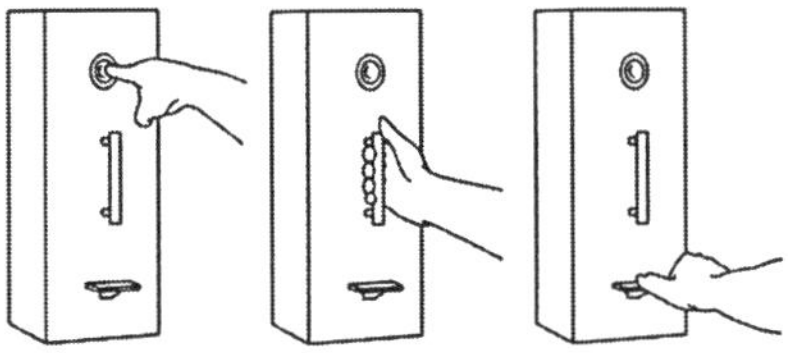 Abb. by the permission of Jill B. Becker	Kimura, D. (1977). Acquisition of motor skill after left hemisphere damage. *Brain, 100,* 527–542. Becker, J. B., Breedlove, S. M., Crews, D. & McCarthy, M. M. (Eds.) (2002). *Behavioral Endocrinology* (p. 587). Cambridge, MA: MIT Press.

Three-step Test	*Aufgabe:* Mehrfache Wiederholung der Dreiersequenz: Faust – Kante – Handfläche. Der Untersucher macht die Sequenz dreimal hintereinander vor. 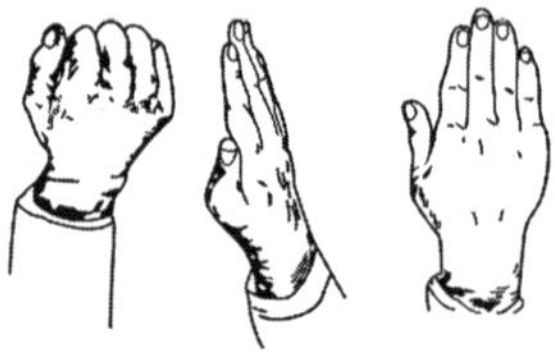	Luria, A. R. (1966). *Human brain and psychological processes.* New York: Harper & Row.
Alternating Hand Postures	*Aufgabe:* Mehrfache Wiederholung einer Bewegungsfolge. Bei ausgestreckten Armen ist die eine Hand geöffnet, die andere geschlossen; es erfolgt ein rhythmischer Wechsel der Handpositionen. 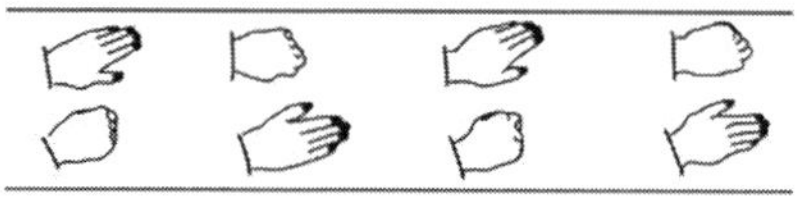	
Faust-Ring-Test	*Aufgabe:* Wechsel der Armhaltung zwischen Streckung mit geballter Faust und Beugung mit Ringhaltung von Daumen und Zeigefinger.	
Klaviertest	*Aufgabe:* Mehrfache Wiederholung der Bewegungsfolge Daumen – Zeigefinger – Daumen – Kleinfinger.	
Bein/Fuß		**symbolische und abstrakte Gesten**
Bein-/Fußstellungen, abstrakt	*Aufgabe:* Abstrakte Fußstellungen imitieren, im Sitzen (10 Items). *Skala:* 0–2 Punkte (Maximum 20) *Cut-off:* 16 Punkte (schlechtester Wert von Gesunden minus 1; *N*=20, Alter 51.7 ±16.3 Jahre) Interrater-Reliabilität: .96 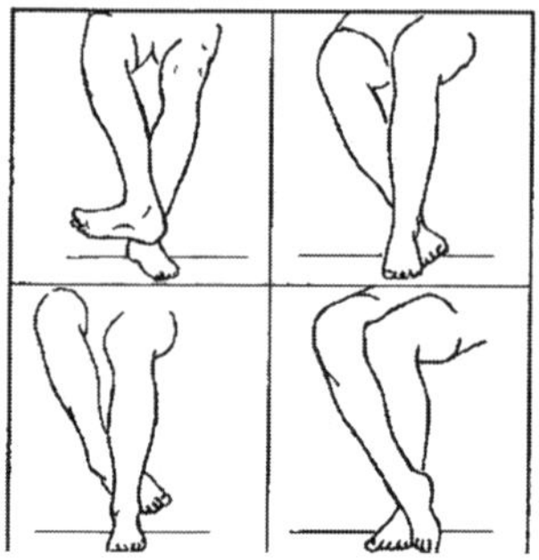	Goldenberg, G. (2011). *Apraxien.* Göttingen: Hogrefe. Goldenberg, G. & Strauß, S. (2002). Hemisphere asymmetries for imitation of novel gestures. *Neurology, 59,* 893–897.

Bein-/Fußstellungen, abstrakt und symbolisch	*Aufgaben:* Abstrakte und symbolische Gesten gemischt (je 10 Items). *Durchführung:* a) verbale Aufforderung; b) anschließend Imitation; randomisierte Darbietung, für jedes Bein getrennt. *Bewertung:* richtig/falsch; Fehlerklassifikation: Überschussbewegungen, Auslassungen, Perseverationen, andere Fehler.	Lehmkuhl, G., Poeck, K. & Willmes, K (1983). Ideomotor apraxia and aphasia: an examination of types and manifestations of apraxic symptoms. *Neuropsychologia. 21,* 199–212. Poeck, K. (1989). Apraxie. In K. Poeck (Hrsg.) *Klinische Neuropsychologie* (2. Auflage, S. 188–204). Stuttgart: Thieme.
Ideomotorische Apraxie der Beine	*Aufgabe:* Fußstellungen des Untersuchers imitieren, im Sitzen oder Stehen (12 Items); Wiederholung der Vorgabe bis zu drei Mal. *Skala:* 0–1 Punkte (Maximum 12) *Cut-off:*<10 Punkte (schlechtester Wert von Gesunden minus 2; *N*=41, Alter 73.2 ±7.2 Jahre, Range 61–91 Jahre) Interrater-Reliabilität: .93	Ambrosoni, E., Della Sala, S., Motto, C., Oddo, S. & Spinnler, H. (2006). Gesture imitation with lower limbs following left hemisphere stroke. *Archives of clinical neuropsychology, 21*(4), 349–358.
Rumpf/Kopf/Gliedmaßen		**symbolische und abstrakte Gesten**
Axiale Bewegungen, abstrakt und symbolisch	*Aufgaben:* Mittelliniennahe Bewegungen (13 Items), abstrakt und symbolisch. *Durchführung:* a) verbale Aufforderung; b) anschließend Imitation. *Beispiele:* Gehen sie rückwärts. Beugen sie den Kopf nach vorne. *Bewertung:* richtig/falsch; Fehlerklassifikation: Überschussbewegungen, Auslassungen, Perseverationen, andere Fehler.	Poeck, K., Lehmkuhl, G. & Willmes, K. (1982). Axial movements and ideomotor apraxis. *Journal of Neurology, Neurosurgery & Psychiatry, 45,* 1225–1229.
Axiale Bewegungen	*Aufgaben:* Axiale Bewegungen mit/ohne kommunikative Bedeutung (je 5 Items). *Durchführung:* a) verbale Aufforderung; b) Imitation. *Skala:* 0–5 Punkte	Alexander, M. P., Baker, E., Naeser, M. A., Kaplan, E. & Palumbo, C. (1992). Neuropsychological and neuroanatomical dimensions of ideomotor apraxia. *Brain, 115,* 87–107.
Rumpfbewegungen	*Aufgaben:* Axiale Bewegungen, abstrakt (12 Items) und symbolisch (5 Items), Greifbewegungen (4 Items). *Durchführung:* a) Imitation des Untersuchers; b) propriozeptiv: Der Untersucher bewegt den Körper des Probanden, anschließend soll dieser die Bewegung wiederholen. Bei Nichtgelingen wird die Konstellation wiederholt, dies bis zwei weitere Male.	Spinazzola, L., Cubelli, R. & Della Sala, S. (2003). Impairments of trunk movements following left or right hemisphere lesions: dissociation between apraxic errors and postural instability. *Brain, 126* (12), 2656–2666.

	Skala: 0–2 Punkte (Maximum 42) *Cut-off:* Gesunde Kontrollpersonen machten keine Fehler (*N*=30, Alter 60.9±9.4 Jahre, Range 45–79 Jahre).	
Gestenproduktion: Gesicht/Mund/Artikulationsorgane		
Kopf/Gesicht		**Bewegungen imitieren**
Upper and Lower Face Apraxia Test	*Aufgaben:* Imitation 1. Lower Face Apraxia Test (29 Items), betrifft die Hirnnerven V, IX, X und XII. *Cut-off:* 400 Punkte (unterer Grenze des 95 % Konfidenzintervalls; Maximum 435 Punkte). 2. Upper Face Apraxia Test (9 Items), betrifft die Hirnnerven III, IV, VI und VII. *Cut-off:* 38.43 Punkte (Maximum 45). *Bewertung:* Die Items sind dem Schwierigkeitsgrad entsprechend gewichtet. Alterseffekt für upper und lower face; Bildungseffekt für lower face; kein Geschlechtseffekt. *Normen:* Korrekturwerte für Alter und Bildung (*N*=180; Alter 56±21 Jahre, Range 20–94 Jahre). Retest-Reliabilität (Gesunde, *N*=41, Intervall 5–7 Tage): .93 (upper face) und .95 (lower face).	Bizzozero, I., Costato, D., Della Sala, S., Papagno, C., Spinnler H. & Venneri, A. (2000). Upper and lower face apraxia: role of the right hemisphere. *Brain, 123,* 2213–2230.
Prüfung der Mund- und Gesichtsapraxie, Kurzform	*Aufgaben:* Imitation 1. Mundbewegungen (9 Items), kategorisiert nach leicht – mittel – schwer. 2. Gesichtsbewegungen (5 Items), mittel und schwer. *Bewertung:* Beobachtung von Suchverhalten und Fehlhandlungen.	Goldenberg, G. (2011). *Apraxien.* Göttingen: Hogrefe.
Prüfung auf Gesichtsapraxie	*Aufgaben:* Bewegungen von Gesicht/Mund (10 Items). *Durchführung:* a) verbale Aufforderung; b) anschließend Imitation.	Poeck, K. (1997). Apraxie. In W. Hartje & K. Poeck, *Klinische Neuropsychologie* (5. Auflage, S. 227–239). Stuttgart: Thieme.
Untertest Gestenimitation bukkofazial aus: Kölner Apraxie Screening (KAS)	*Aufgaben:* Imitation abstrakter und symbolischer Gesten (5 Items). Input: Fotos *Skala:* 0, 2 oder 4 Punkte (Maximum 20)	Weiss-Blankenhorn, P., Kalbe, E., Fink, G. R. & Kessler, J. (2013). *Das Kölner Apraxie-Screening.* Göttingen: Hogrefe.

Kopf/Gesicht		**Objektgebrauch pantomimsch**
Untertest Pantomime des Objektgebrauchs bukkofazial aus: Kölner Apraxie Screening (KAS)	*Aufgaben:* Pantomime von Objekte mit Zielort Gesicht/Mund (5 Items); Zahnbürste, Kamm, Tasse, Trinkglas, Taschentuch Input: Fotos *Skala:* 0–4 Punkte (Maximum 20) *Bewertung* nach definierten Kriterien.	Weiss-Blankenhorn, P., Kalbe, E., Fink, G. R. & Kessler, J. (2013). *Das Kölner Apraxie-Screening.* Göttingen: Hogrefe.
Gebrauch von Werkzeugen und Objekten		
einzelne vertraute Objekte		**Pantomime und Gebrauch**
Objektgebrauch, pantomimisch	*Aufgaben:* Pantomime des Gebrauchs gängiger Objekte (20 Items). Input: verbal und visuell. Der Untersucher nennt die Aktion und den Gegenstand, zeigt gleichzeitig ein Foto des Objekts und nimmt dieses dann wieder weg. Beispiel: Aus einem Glas trinken. *Bewertungskriterien:* Greifform (z. B. Zylindergriff) und definierte Bewegungen (Glas bis kurz vor den Mund, kippen) – insgesamt 55 Kriterien. *Cut-off:* 45 Punkte (PR<5, Gesunde, *N*=20, Alter 51.4±12.8 Jahre) Interrater-Reliabilität: .61 (Einzelkriterien) und .94 (Gesamttest).	Goldenberg, G., Hartmann, K., Schlott, I. (2003). Defective pantomime of object use in left brain damage: apraxia or asymbolia? *Neuropsychologia, 41,* 1565–1573.
Single Objekt Tests (SOT) Objektgebrauch, pantomimisch und imitatorisch	*Aufgaben:* Pantomime des Gebrauchs gängiger Gegenstände. *Durchführung:* a) Der Gegenstand wird ausgehändigt; b) Imitation des Untersuchers (15 Items).	Neiman, M. R., Duffy, R. J., Belanger, S. A. & Coelho, C. A. (2000). The assessment of limb apraxia: Relationship between performances on single- and multiple-object tasks by left hemisphere damaged aphasic subjects. *Neuropsychological Rehabilitation, 10,* 429–448.
Objektgebrauch, pantomimisch und imitatorisch	*Aufgaben:* Pantomime des Gebrauchs von Werkzeugen. 1. Pantomime (8 Items; 4 Items mit sich wiederholenden Bewegungen, z. B. sägen, 4 Items ohne Wiederholungen. Input: verbale Aufforderung; das Objekt liegt jeweils daneben. 2. Imitation (8 Items; 4 Items mit sich wiederholenden Bewegungen, 4 Items ohne Wiederholungen). *Skala:* 0–2 Punkte für fünf Bewegungsdimensionen	Roy, E. A., Black, S. E., Blair, N. & Dimeck, P. T. (1998). Analyses of deficits in gestural pantomime. *Journal of Clinical and Experimental Neuropsychology, 20,* 628–643.

Objektgebrauch, pantomimisch und konkret	*Aufgaben:* Pantomime des Gebrauchs gängiger Objekte (10 Items). *Durchführung:* a) verbale Aufforderung; b) Der Gegenstand liegt daneben, darf aber nicht benutzt werden; c) Der Gegenstand wird bei verbundenen Augen in die Hand gelegt. *Skala:* 0–2 Punkte (Maximum 20)	De Renzi, E., Faglioni, P. & Sorgato, P. (1982). Modality-specific and supramodal mechanism of apraxia. *Brain, 105,* 301–312.
Objektgebrauch, pantomimisch und konkret	*Aufgaben:* 1. Pantomime des Gebrauchs gängiger Objekte (20 Items). Input: visuell (Das Objekt liegt auf dem Tisch, darf aber nicht angefasst werden). *Skala:* 0–3 Punkte oder 6 = auf Anhieb richtig (Maximum 120) *Cut-off:* 101 Punkte (schlechtester Wert von gesunden Kontrollpersonen, *N* = 60) 2. Realer Gebrauch derselben Objekte (20 Items). *Skala:* 0–3 Punkte oder 6 = auf Anhieb richtig (Maximum 120) *Cut-off:* Keiner der Gesunden machte einen Fehler. Korrelation zum Gebrauch mehrerer Objekte (multiple object use test) .85	De Renzi, E. & Lucchelli, F. (1988). Ideational apraxia. *Brain, 111,* 1173–1185.
Objektgebrauch, pantomimisch und konkret	*Aufgaben:* 1. Pantomime des Gebrauchs von Werkzeugen/Gegenständen (10 Items). *Skala:* 0–2 Punkte (Maximum 20) *Cut-off:* 12 Punkte (niedrigster Wert der gesunden Kontrollpersonen, *N* = 22, Alter 53.3 ± 12.4. Jahre) 2. Realer Gebrauch vertrauter Werkzeuge/Gegenstände. Die zum Werkzeug zugehörigen Gegenstände sind für einhändigen Gebrauch adapiert. *Skala:* 0–2 Punkte (Maximum 20) *Cut-off:* 18 Punkte (niedrigster Wert der gesunden Kontrollpersonen)	Goldenberg G. & Hagmann S. (1998). Tool use and mechanical problem solving in apraxia. *Neuropsychologia, 26,* 581–589.
Objektgebrauch, konkret	*Aufgabe:* Demonstrieren des Objektgebrauchs mit dem Gegenstand in der Hand (7 Items). *Skala:* 0–2 Punkte (Maximum 14) *Cut-off:* 14 Punkte	De Renzi, E., Pieczuro, A. & Vignolo, L. A. (1968). Ideational apraxia: a quantitative study. *Neuropsychologia, 6,* 41–52.

einzelne vertraute Objekte		**Auswahl und Gebrauch**
Objektauswahl und Objektgebrauch	*Aufgabe:* Zielobjekt erkennen und das Werkzeug benutzen (5 Items). *Material:* Gestell mit montierten Zielobjekten – Nagel, Schraube, Schraubenmutter, Faden, Vorhängeschloss. Die Werkzeuge: Hammer, Schere, Schraubenzieher, Schraubenschlüssel, Schlüssel. *Durchführung:* Dem Probanden wird ein Werkzeug gereicht und er soll a) das korrespondierende Objekt erkennen/zuordnen und b) das Werkzeug einsetzen. *Skala:* 0–2 Punkte (Maximum 20) *Cut-off:* 19 Punkte (niedrigster Wert von Gesunden, *N*=15, Alter 55.5 Jahre, Range 30–77 Jahre).	Goldenberg, G. & Spatt, J. (2009). The neural basis of tool use. *Brain, 132* (6), 1645–1655.
Tool-Object Pairs Test	*Aufgabe:* Zielobjekt erkennen und das Werkzeug benutzen (10 Items). *Material:* 10 gebräuchliche Werkzeuge und 10 Zielobjekte. *Durchführung:* Alle Werkzeuge sind auf einem Panel präsent. Der Proband erhält ein Zielobjekt und soll dazu das korrespondierende Werkzeug auswählen und benutzen. *Zeitbegrenzung:* 1 Minute je Aufgabe. *Skala:* 0–2 Punkte (Maximum 20) *Bewertung:* Anzahl der falsch ausgewählten Werkzeuge.	Jarry, C., Osiurak, F., Delafuys, D., Chauvire, V., Etcharry-Bouyx, F. & Le Gall, D. (2013). Apraxia of tool use: More evidence for the technical reasoning hypothesis. *Cortex, 49* (9), 2322–2333.
einzelne vertraute Objekte		**ungewöhnlicher Gebrauch**
Unusual Use of Objects Test	*Aufgabe:* Vertraute Objekte sollen auf ungewöhnliche Weise für die Manipulation eines Zielobjekts benutzt werden (24 Items). *Material:* Die Werkzeuge bestehen aus einem Griff und einem Funktionsteil (z. B. Messer).	Osiurak, F., Jarry, C., Allain, P., Aubin, G., Etcharry-Bouyx, F., Richard, I. & Le Gall, D. (2009). Unusual use of objects after unilateral brain damage: The technical reasoning model. *Cortex, 45,* 769–783.

<table>
<tr>
<td></td>
<td>Durchführung: Für die erforderliche Handlung wird
a) der Griff anders verwendet (rühren mit dem Gabelstiel),

b) der Funktionsteil anders verwendet (Schraube mit der Messerklinge eindrehen),
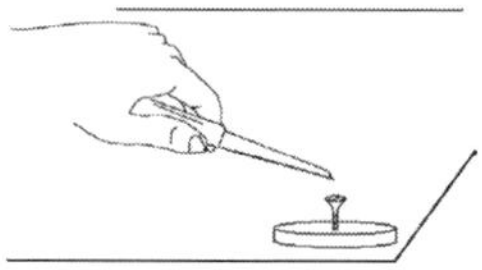
c) oder das Werkzeug ist ungeeignet (Löffel zum Zerschneiden eines Stücks Holz).
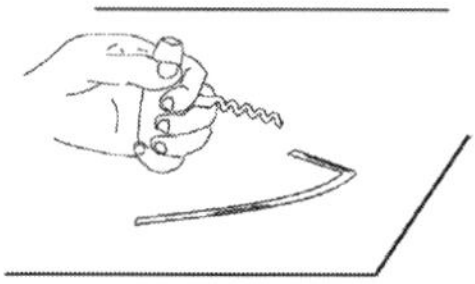
Instruktion: mündlich und schriftlich (Schneiden Sie das Papier entzwei) sowie zwei Fotos mit Ausgangslage und Ende der Handlung (Papier ganz und in zwei Hälften), dazu werden Werkzeug und Zielobjekt präsentiert. Die Aktion ist einhändig durchführbar.</td>
<td></td>
</tr>
<tr>
<td>neuartige Objekte</td>
<td></td>
<td>Auswahl und Gebrauch</td>
</tr>
<tr>
<td>Novel Tools Test</td>
<td>Aufgaben: Auswahl und Anwendung neuartiger Werkzeuge (Novel Tools) – 6 Items.
Material: 6 Zylinder auf je einem Sockel, 6 Werkzeuge.
Durchführung: Drei Werkzeuge werden neben den jeweiligen Zylinder gelegt. Dieser lässt sich nur mit einem der Werkzeuge anheben.
a) Werkzeugauswahl: Der Patient soll herausfinden, mit welchem der Werkzeuge sich der Zylinder am besten anheben lässt. Falls er das nicht kann, wird ihm das korrekte Werkzeug gegeben.
Skala: 0–2 Punkte (Maximum 12)</td>
<td>Goldenberg G. & Hagmann S. (1998). Tool use and mechanical problem solving in apraxia. Neuropsychologia, 26, 581–589.
Hartmann, K., Goldenberg, G., Daumüller, M. & Hermsdörfer, J. (2005). It takes the whole brain to make a cup of coffee: the neuropsychology of naturalistic actions involving technical devices. Neuropsychologia, 43 (4), 625–637.</td>
</tr>
</table>

	b) Werkzeuganwendung: Der Patient soll das geeignete Werkzeug benutzen und den Zylinder anheben. *Skala:* 0–2 Punkte (Maximum 12) 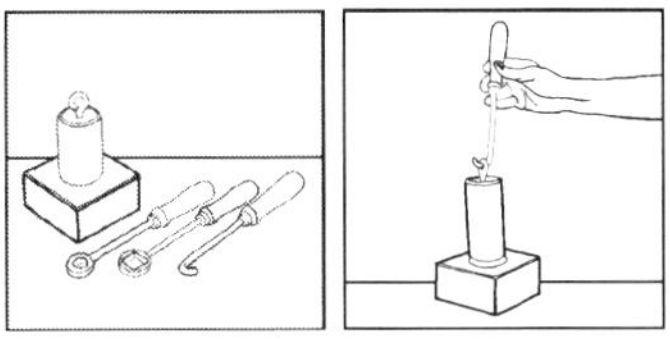 *Cut-off:* 23 Punkte (niedrigster Wert von Gesunden, $N=22$, Alter 53.3 ± 12.4 Jahre, Range 33–73 Jahre). *Variante:* 9 Items (9 Zylinder, 10 Werkzeuge) *Skala:* 0–2 Punkte (Maximum 36 für beide Untertests zusammen)	
mehrere Objekte		**mehrschrittige Handlung**
Naturalistic Action Test (NAT)	*Aufgaben:* Ausführung mehrschrittiger alltagsbezogener Aktivitäten (3 Trials). 1. Brot toasten und mit Butter und Marmelade bestreichen sowie Instantkaffee mit Milch und Zucker zubereiten; Input: benötigtes Material und Werkzeuge. 2. Geschenk einpacken; Input: benötigtes Material und zusätzliche Ablenker. 3. Schulranzen packen, einschließlich Lunchbox packen; Input: benötigtes Material und Box mit weiterem Material und Ablenkern. 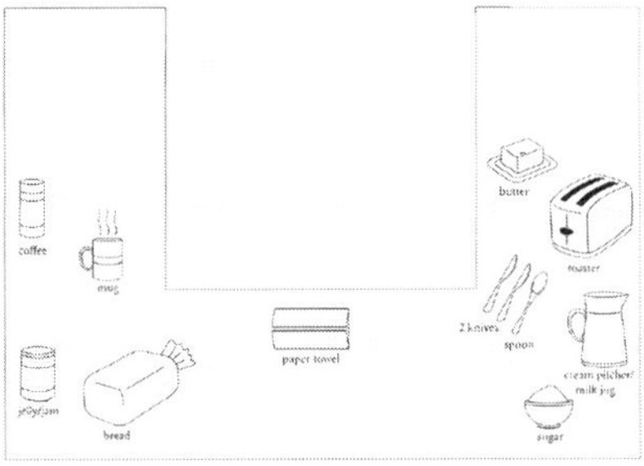 *Bewertung:* a) Prozentsatz der vollständig beendeten Handlungsschritte, Skala 0–6; b) Summe von 12 möglichen Fehlern, Skala 0–6;	Schwartz, M. F., Segal, M., Veramonti, T., Ferraro, M. & Buxbaum, L. J. (2002). The Naturalistic Action Test: A standardized assessment for everyday-action impairment. *Neuropsychological Rehabilitation, 12,* 311–339. Schwartz, M. F., Buxbaum, L. J., Ferraro, M., Veramonti, T. & Segal, M. (2003). *Naturalistic Action Test.* Suffolk, England: Pearson Assessment, Oxford UK. *Material-Download:* http://www.mrri.org/naturalistic-action-test Zugriff: Dezember 2016

	c) Kombination aus den beiden Skalen, Skala 0–6; d) Gesamtwert: Skala 1–18. *Dauer:* 30–45 Minuten	
Mehrschrittige alltagsbezogene Aktivität	*Aufgaben:* 1. Kaffee zubereiten mit einer Kaffeemaschine (21 Handlungsschritte). *Material:* Werkzeug, Zutaten, 3 Distraktoren (Teebeutel, Gabel, Milchflasche). *Skala:* 0–2 Punkte (Maximum 42) *Cut-off:* 33 Punkte (niedrigster Wert der Gesunden; *N*=16, Alters-MW 53.2 Jahre, Range 21–72 Jahre) 2. Batterien und Tonband einsetzen und Kassettenrekorder starten (18 Handlungsschritte). *Material:* Werkzeug, Zutaten, 3 Distraktoren (Fernsteuerung, ungeeignete Batterien, Videoband) *Skala:* 0–2 Punkte (Maximum 36) Zusätzlich werden die Zeit und die Anzahl nötiger Hilfestellungen erfasst. *Cut-off:* 26 Punkte (niedrigster Wert der Gesunden)	Hartmann, K., Goldenberg, G., Daumüller, M. & Hermsdörfer, J. (2005). It takes the whole brain to make a cup of coffee: the neuropsychology of naturalistic actions involving technical devices. *Neuropsychologia, 43,* 625–637.
Multiple Objects Test (MOT)	*Aufgaben:* Ausführung mehrschrittiger alltagsbezogener Aktivitäten (5 Items) – Kerze anzünden; Vorhängeschloss öffnen und schließen; Flasche öffnen, einschenken und trinken; Brief zum Versand fertig machen; Espresso kochen. *Bewertung:* Fehlerklassifikation (zögerlich, ungeschickt, Auslassungen, Aktion am falschen Ort, falsche Aktion, Sequenz falsch). Korrelation zu einfachem Objektgebrauch: .85	De Renzi, E. & Lucchelli, F. (1988). Ideational apraxia. *Brain, 111,* 1173–1185.
Multiple Objects Test (MOT)	*Aufgaben:* Ausführung mehrschrittiger alltagsbezogener Aktivitäten mit drei bis fünf Objekten (7 Items). *Auswertung:* von insgesamt 26 Objekten wird der Gebrauch von 15 bewertet. *Bewertung:* richtig/falsch und Fehlerklassifikation nach fünf Kategorien: unbeholfen, zögerlich, Auslassung, falsche Reihenfolge, falsche Handhabung.	Neiman, M.R., Duffy, R.J., Belanger, S.A. & Coelho, C.A. (2000). The assessment of limb apraxia: Relationship between performances on single- and multiple-object tasks by left hemisphere damaged aphasic subjects. *Neuropsychological Rehabilitation, 10,* 429–448.

Multiple-step Tasks	*Aufgaben:* Ausführung mehrschrittiger alltagsbezogener Aktivitäten (3 Items) – Batterie einer Taschenlampe auswechseln, Vorhängeschloss öffnen und wieder einschnappen lassen, Brief zum Versand fertig machen). *Bewertung:* Es werden jeweils drei Handlungsschritte bewertet. *Vergleichswerte:* leichte Störung: 3 Fehler; moderate Störung: 6 Fehler; schwere Störung >6 Fehler.	Leiguarda, R., Lees, A. J., Merello, M,. Starkstein, S. & Marsden, C. D. (1994). The nature of apraxia in corticobasal degneration. *Journal of Neurology, Neurosurgery & Psychiatrie, 57,* 455–459.
Mechanisches Problemlösen		**mehrschrittige Handlung**
Schatzkästchen	*Aufgabe:* Problemlösen *Material:* 3 Kästchen Instruktion: Das Kästchen soll ohne Gewalt geöffnet werden; die roten Teile sind beweglich. Mindestens 5 Schritte sind erforderlich. *Zeitbegrenzung:* 90 Sekunden *Auswertung:* Quotient aus der Anzahl effizienter und nicht effizienter Handlungsschritte über alle drei Kästchen. 	Hartmann, K., Goldenberg, G., Daumüller, M. & Hermsdörfer, J. (2005). It takes the whole brain to make a cup of coffee: the neuropsychology of naturalistic actions involving technical devices. *Neuropsychologia, 43,* 625–637.
Mechanical Problem-Solving Task	*Aufgabe:* Problemlösen. Das Holzstück soll mit Hilfe eines Werkzeugs herausgeholt werden. *Material:* 3 durchsichtige Behälter mit einem blauen Holzstück darin; 16 „Werkzeuge" – aus Holz oder Metall, abgewinkelt oder gerade, dick oder dünn, mit eckigem oder rundem Querschnitt, lang oder kurz, starr oder beweglich. *Durchführung:* a) Wahlbedingung: Alle Werkzeuge sind präsent.	Osiurak, F., Jarry, C., Lesourd, M., Baumard, J. & Le Gall, D. (2013). Mechanical problem-solving strategies in left-brain damaged patients and apraxia of tool use. *Neuropsychologia, 51,* 1964–1972.

	b) Nichtwahl-Bedingung: Nur das richtige Werkzeug ist präsent. *Zeitbegrenzung:* 3 Minuten je Box *Skala:* 0–3 (Maximum 9)	
Gesten-Diskrimination		
Hand/Finger		**abstrakte Gesten erkennen**
Hand- und Fingerkonfigurationen erkennen	*Aufgaben:* 1. Handstellungen aus einer Auswahl erkennen (10 Items). 2. Fingerstellungen aus einer Auswahl erkennen (10 Items). *Durchführung:* Das Foto einer Person, welche die gesuchte Geste zeigt, muss mit weiteren Fotos von vier verschiedenen Personen, fotografiert aus unterschiedlichem Blickwinkel, verglichen werden. Welches zeigt dieselbe Geste? 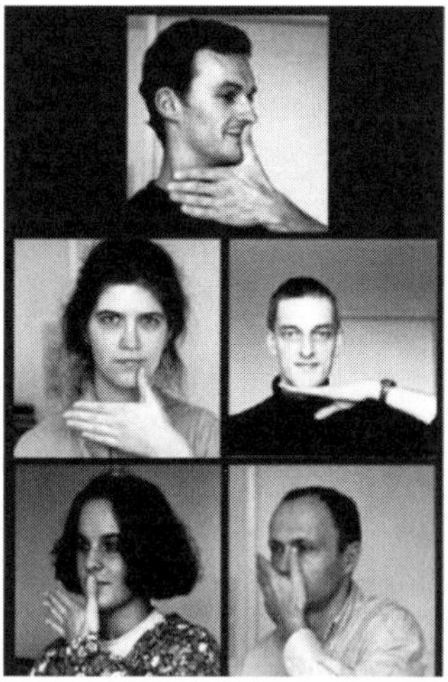	Goldenberg, G. (1999). Matching and imitation of hand and finger postures in patients with damage in the left or right hemisphere. *Neuropsychologia, 37,* 559–566. Abbildung aus Goldenberg, G. (2013). *Apraxia: The Cognitive Side of Motor Control* (p. 109). Oxford: University Press. This material is used by the permission of Oxford University Press.
Movement Recognition Test	*Aufgabe:* Bewegungen von Hand und Arm aus einer Auswahl erkennen (6 Items). *Durchführung:* Der Untersucher macht eine Bewegung vor, der Proband muss diese aus 4 Fotos wiedererkennen.	Kimura, D. & Archibald, Y. (1974). Motor functions of the left hemisphere. *Brain, 97,* 337–350.

Bein/Fuß		**abstrakte Gesten erkennen**
Fußstellungen zuordnen	*Aufgabe:* Fußstellungen aus einer Auswahl erkennen (10 Items). *Durchführung:* Das Foto einer Person, welche die gesuchte Stellung zeigt, muss mit vier weiteren Fotos von verschiedenen Personen verglichen werden. Frage: Welche zeigt dieselbe Geste?	Strauß, S. (2003). *Vergleich der Imitation und Perzeption von Gesten der Finger, der Hand und des Fußes bei Patienten mit links- oder rechtszerebralen Läsionen* (Dissertation). München: Technische Universität; Fakultät für Medizin.
		symbolische Gesten erkennen
Postural Knowledge Test (PKT)	*Aufgaben:* 1. Pantomime mit Objekt erkennen (10 Items). 2. Pantomime ohne Objekt erkennen (10 Items). *Material:* Zeichnungen mit Szenen, bei welchen der entscheidende Teil fehlt. Dazu Antwortkarten mit je drei Handpositionen. Frage: Welches ist die der Szene angemessene Handstellung? 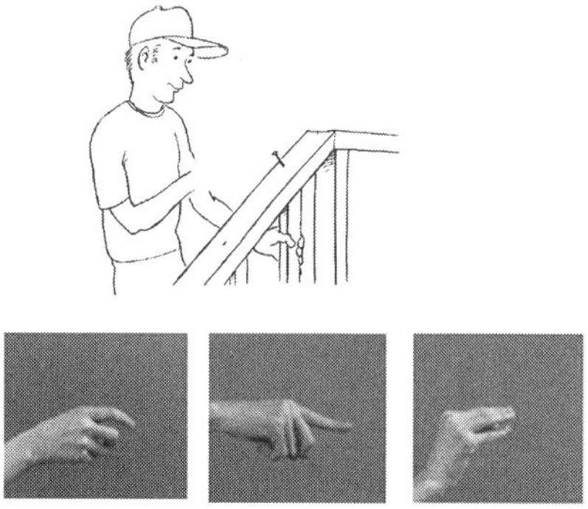 A B C Mozaz et al.	Mozaz, M., Gonzalez-Rothi, L. J., Anderson, J. M., Crucian, G. P. & Heilman, K. M. (2002). Postural knowledge of transitive pantomimes and intransitive gestures. *Journal of the International Neuropsychological Society, 8* (7), 958–962.
Gesture Discrimination Test	*Aufgabe:* Erkennen der korrekten Pantomime a) ohne Objekt (30 Items); b) mit Objekt (30 Items). Ohne Objekt: 10 Gesten sind korrekt, bei 10 ist der relevante Körperteil verändert (z. B. Tramper-Geste mit abgespreiztem Kleinfinger statt Daumen) und bei 10 ist die räumliche Position verändert (z. B. Tramper-Geste über dem Kopf).	Pazzaglia, M., Smania, N., Corato, E. & Aglioti, S. M. (2008). Neural underpinnings of gesture discrimination in patients with limb apraxia. *The Journal of Neuroscience, 28* (12), 3030–3041.

	Mit Objekt: 10 Gesten sind korrekt, 10 zeigen eine korrekte Bewegung mit falschem Objekt, aber semantischem Bezug (z. B. Gitarre spielen mit einer Flöte) und 10 ohne Bezug (z. B. Gitarre spielen mit einem Besen). *Durchführung:* Video-Clips, auf denen der Untersucher die Gesten vormacht. Der Proband soll sagen, ob die Geste korrekt ist oder nicht. *Bewertung:* Gesunde Probanden machten keine Fehler ($N=20$, Alter 60.9 ± 9.4 Jahre, Range 45–79 Jahre).	
Action Recognition	*Aufgabe:* Erkennen der korrekten Pantomime, 1 aus 3 a) ohne Objekt (6 Items); b) mit Objekt (6 Items). *Durchführung:* Der Untersucher zeigt drei Pantomimen (die korrekte und zwei Distraktoren) und fragt z. B. Welches ist die korrekte Bewegung beim Zähneputzen?	Graham, N. L., Zeman, A., Young, A. W., Patterson, K. & Hodges, J. R. (1999). Dyspraxia in a patient with corticobasal degeneration: the role of visual and tactile inputs to action. *Journal of Neurology, Neurosurgery & Psychiatry, 67* (3), 334–344.
Recognition of Object Utilization Gestures Test	*Aufgabe:* Erkennen des korrekten Objektgebrauchs (20 Items). *Material:* Karten mit vier Fotos. Frage: Auf welchem wird das Objekt korrekt benutzt? Distraktoren: falsche Richtung, falsche Greifform, Greifform für ein anderes Werkzeug. *Skala:* 0–20 Punkte *Cut-off:* 16 Punkte 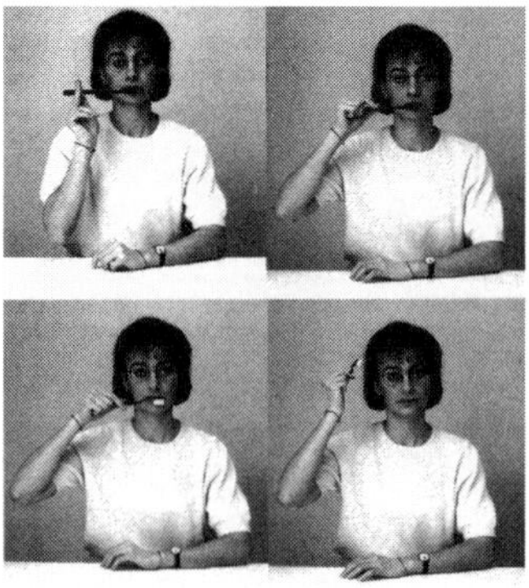	Bergego, C., Pradat-Diehl, P., Deloche, G., Durand, E. & Lauriot-Prevost, M. C. (1992). Apraxie ideatoire et reconnaisance de l'utilisation des objects. *Revue de Neuropsychologie, 2,* 193–206. zitiert in Cubelli, R., Marchetti, C., Boscolo, G. & Della Sala S. (2000). Cognition in Action: Testing a Model of Limb Apraxia. *Brain and Cognition, 44,* 144–165.

Gesture Recognition	*Aufgabe:* Handkonfiguration zuordnen. *Material:* Fotos mit vier Handpositionen: Zylindergriff, Zweipunkte-Spitzgriff, flache Hand und weggestreckter Zeigefinger); 37 vertraute Objekte und 20 neue Objekte. *Durchführung:* Der Untersucher legt ein Objekt vor und der Proband muss a) sobald er sicher ist, auf die Karte zeigen, die am ehesten passt (75 Items), b) die entsprechende Handposition ausführen (75 Items). Die vertrauten Objekte kommen einmal vor, die neuen zweimal. *Bewertung* nach definierten Kriterien *Skala:* 0–3 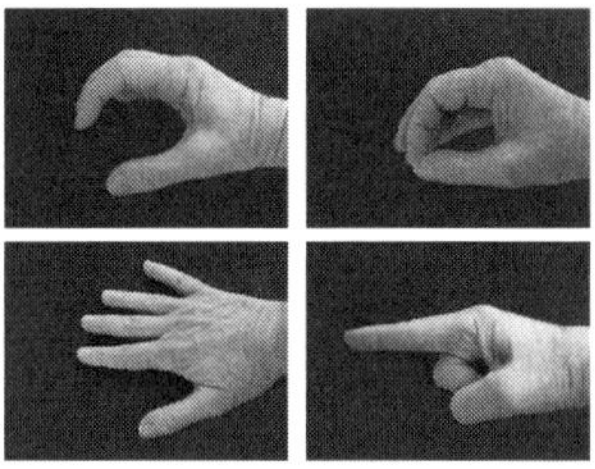	Buxbaum, L. J., Sirigu, A., Schwartz, M. F. & Klatzky, R. (2003). Cognitive representations of hand posture in ideomotor apraxia. *Neuropsychologia, 41* (8), 1091–1113.
Florida Praxis Imagery Questionnaire	*Aufgabe:* Sich eine Handlung vorstellen (12 Items), z. B. eine Tür aufschließen. Dazu werden 4 Fragen gestellt: – Subskala 1 (Kinästhetik): ... nach Gelenkbewegungen – Welches Gelenk wird mehr bewegt: Finger oder Ellbogen? – Subskala 2 (Position): ... nach der räumlichen Position der Finger/Hände während der Aktion – Sind die Finger gestreckt oder gebeugt? – Subskala 3 (Aktion): ... nach der Bewegung der Gliedmaßen – Bewegt sich der Daumen nach oben und unten oder macht er eine Drehbewegung? – Subskala 4 (Objekt): ... nach Details zum Objekt der Handlung – Ist der Teil des Schlüssels, den sie ins Schloss stecken, länger oder kürzer als der, den sie in der Hand festhalten? *Variante:* Kinderversion (7 Items); 4 Subskalen (wie Version für Erwachsene).	Ochipa, C., Rapcsak, S. Z., Maher, L. M., Rothi, L. J. G., Bowers, D. & Heilman, K. M. (1997). Selective deficit of praxis imagery in ideomotor apraxia. *Neurology, 49,* 474–480. Wilson, P. H., Maruff, P., Ives, S. & Currie, J. (2001). Abnormalities of motor and praxis imagery in children with DCD. *Human Movement Science, 20,* 135–159.

Konzeptwissen zum Objektgebrauch		
Objektauswahl		**Zielobjekt**
Pantomime Comprehension Test	*Aufgabe:* Zielobjekt zur dargestellten Pantomime des Werkzeuggebrauchs (z. B. hämmern) zuordnen (30 Items). *Material:* Video mit Pantomime; je 4 Zeichnungen mit Gegenständen, verbunden mittels Reaktionstasten. *Bewertung:* Erfasst werden richtige Auswahl und Reaktionszeit. 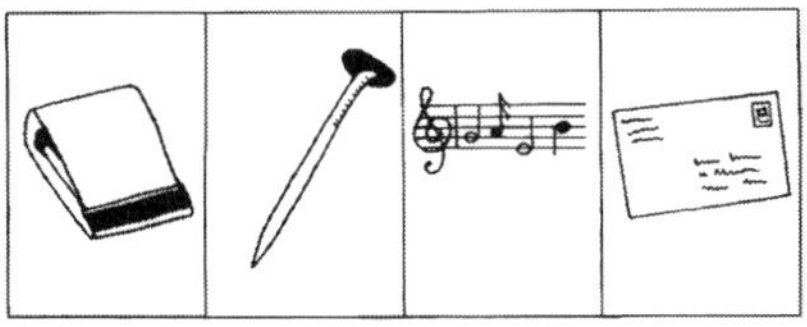	Gonzalez Rothi, L. J., Heilman, K. M. & Watson, R. T. (1985). Pantomime comprehension and ideomotor apraxia. *Journal of Neurology, Neurosurgery & Psychiatry, 48,* 207–210.
Functional Association	*Aufgaben:* 1. Zielobjekt zum Werkzeug zuordnen (16 Items). *Material:* Foto mit einem Werkzeug und vier möglichen Zielobjekten. Welches Objekt passt zu diesem Werkzeug? Beispiel: Schälmesser zur Kartoffel. Die Distraktoren sind im Aussehen ähnlich, semantisch verwandt oder ohne Bezug. 2. Alternativer Werkzeuggebrauch Welches Werkzeug könnte alternativ für diesen Zweck verwendet werden? Beispiel: Küchenmesser. *Skala:* 0–1 Punkt (Maximum 32) *Cut-off:* 30 Punkte (niedrigster Wert von Gesunden; *N*=16, Alter 53.2±14.6 Jahre, Range 21–72 Jahre)	Hartmann, K., Goldenberg, G., Daumüller, M. & Hermsdörfer, J. (2005). It takes the whole brain to make a cup of coffee: the neuropsychology of naturalistic actions involving technical devices. *Neuropsychologia, 43* (4), 625–637.
Visual Associative Knowledge	*Aufgaben:* 1. Zielobjekt zum Werkzeug zuordnen (20 Items). Welches Objekt passt zu diesem Werkzeug? *Material:* Vier Fotos, bestehend aus einem Werkzeug und drei möglichen Zielobjekten. Beispiel: Korkenzieher und als Auswahl-Alternativen Weinflasche, Glas und Holzstück.	Hodges, J. R., Bozeat, S., Ralph, M. A. L., Patterson, K. & Spatt, J. (2000). The role of conceptual knowledge in object use evidence from semantic dementia. *Brain, 123* (9), 1913–1925.

	2. Typischer Einsatzort. Wo kommt das Objekt typischerweise zum Einsatz? *Material:* Vier Fotos, bestehend aus einem Werkzeug und drei Orten. Beispiel: Haarbürste und als Auswahl-Alternativen Badezimmer, Küche und Büro. 3. Alternativer Werkzeuggebrauch. Welches Werkzeug könnte alternativ für diesen Zweck verwendet werden? *Material:* Vier Fotos mit Werkzeugen, bestehend aus dem prototypischen, einem alternativ einsetzbaren und zwei weiteren. Beispiel: Schere und als Auswahl-Alternativen Teppichmesser, Klebeband und Zange.	
Objektauswahl		**Werkzeug**
Pantomime Recognition	*Aufgabe:* Werkzeug zur dargestellten Pantomime zuordnen (30 Items, 4 Übungstrials). *Material:* Video mit Pantomime; je 4 Zeichnungen mit Werkzeugen. *Cut-off:* 25 Punkte (schlechtester Wert von nicht-neurologischen Patienten minus 1; $N=20$) *Bewertung:* Erfasst werden die richtige Auswahl und 3 Fehlerkategorien.	Varney, N. (1978). Linguistic correlates of pantomime recognition in aphasic patients. *Journal of Neurology, Neurosurgery, and Psychiatry, 41,* 564–568.
Florida Action Recall Test (FLART)	*Aufgaben:* 1. Sich vorstellen, welches Werkzeug für die gezeigte Szene benötigt wird und 2. dessen Gebrauch pantomimisch darstellen. *Material:* 45 Zeichnungen mit Alltagsszenen, die eine Aktion implizieren. *Beispiele:* Ein unrasierter Mann; Scheibe Toast mit zerlaufender Butter drauf. *Dauer:* 12 Minuten *Skala:* 0–1 Punkt (Maximum 45) *Cut-Off:* 32 Punkte (keiner der 21 Gesunden lag darunter) Interrater-Reliabilität .97	Schwartz, R. L., Adair, J. C., Raymer, A. M., Williamson, D. J., Crosson, B., Rothi, L. J., Nadeau, S. E. & Heilman, K. M. (2000). Conceptual apraxia in probable Alzheimer's disease as demonstrated by the Florida Action Recall Test. *Journal of the International Neuropsychological Society, 6,* 265–270.

Object Knowledge Test	*Aufgabe:* 1. Passendes Zielobjekt auswählen = Werkzeug-Objekt-Assoziation (15 Items). *Durchführung:* Der Proband erhält ein Werkzeug (z. B. Hammer) und soll aus 7 Gegenständen das Zielobjekt auswählen (z. B. Nagel). 2. Passendes Werkzeug auswählen = Werkzeug-Aktion-Assoziation (15 Items). *Durchführung:* Dem Probanden wird eine Tätigkeit genannt (z. B. Fleisch schneiden), und er soll aus 7 Werkzeugen auf das angemessene zeigen.	Neiman, M. R., Duffy, R. J., Belanger, S. A. & Coelho, C. A. (2000). The assessment of limb apraxia: Relationship between performances on single- and multiple-object tasks by left hemisphere damaged aphasic subjects. *Neuropsychological Rehabilitation, 10,* 429–448.
Function and Manipulation Triplets Test	*Aufgabe:* Zusammenhang erkennen. *Durchführung:* Auswahl 2 aus 3 Bildern. Frage: Welche beiden passen zusammen? a) Welche Objekte haben die gleiche Funktion? (20 Items) Beispiel: Tonband – Radio – Telefon b) Welche Objekte erfordern die gleiche Handhabung? (14 Items) Beispiel: Schreibmaschine – Klavier – Herd c) Welche Objekte haben die gleiche Funktion und erfordern die gleiche Handhabung? (20 Items) Beispiel: Löffel – Schöpfkelle – Messer	Buxbaum L. J. & Saffran, E. M. (2002). Knowledge of object manipulation and object function: dissociations in apraxic and nonapraxic subjects. *Brain and Language 82,* 179–199. Buxbaum, L. J., Veramontil, T. & Schwartz, M. F. (2000). Function and manipulation tool knowledge in apraxia: knowing ‚what for' but not ‚how'. *Neurocase, 6* (2), 83–97.
Testbatterien und Testsammlungen		
Untertests aus Testbatterien mit anderer Zielsetzung		**Demenz**
Untertest Apraxie aus: Demenztest (DT)	*Aufgaben:* 1. Mehrschrittige alltagsbezogene Aktivität (einen Brief an sich selbst zum Verschicken vorbereiten). *Material:* Papier, Umschlag, Briefmarke. 2. Pantomime: Symbolische Gesten (2 Items) und Gebrauch von Gegenständen (3 Items). *Material:* Bleistift, Spielkarte, Kamm.	Kessler, J., Denzler, P. & Markowitsch, H. J. (1999). *Demenz-Test. Eine Testbatterie zur Erfassung kognitiver Beeinträchtigungen im Alter* (2., überarbeitete Auflage). Weinheim: Beltz Test.
Untertest Vorstellungsvermögen aus: Alzheimer's Disease Assessment Scale (ADAS)	*Aufgabe:* Mehrschrittige alltagsbezogene Aktivität (einen Brief an einen Verwandten/Bekannten/Freund vorbereiten). *Material:* Papier, Umschlag, Briefmarke. *Skala:* 0–5 Punkte; definierte Bewertungskriterien.	Ihl, R. & Weyer, G. (1993). *Alzheimer's Disease Assessment Scale (ADAS). Deutsche Bearbeitung. Manual.* Weinheim: Beltz Test.

<table>
<tr><th colspan="2">Untertests aus Testbatterien mit anderer Zielsetzung</th><th>Schlaganfall</th></tr>
<tr><td>Untertest Praxie aus: Kölner Neuropsychologisches Screening für Schlaganfall-Patienten (KöpSS)</td><td>Aufgaben:
1a. Pantomime (2 Items, bukkofazial und Hand/Arm).
1b. Imitation (2 Items, bukkofazial und Hand/Arm).
Material: Abbildungen der Objekte und von Personen, die eine Geste zeigen.
Skala: 0–2 Punkte (Maximum 8)
Cut-off: ≤ 7 Punkte
2. Mehrschrittige alltagsbezogene Aktivität (einen Brief an sich selbst für die Post vorbereiten; 5 Einzelschritte).
Material: Papier, Briefumschlag, Stift.
Skala: 0–2 Punkte (Maximum 10)
Cut-off: ≤8 Punkte
Sensitivität .88; Spezifität .90</td><td>Kaesberg, S., Kalbe, E., Finis, J., Kessler, J. & Fink, G. R. (2013). KöpSS. Kölner Neuropsychologischen Screening für Schlaganfall-Patienten. Göttingen: Hogrefe.</td></tr>
<tr><td>Apraxie Tests aus: Birmingham Cognitive Screen (BCoS)</td><td>Aufgaben:
1. Pantomime (6 Items; je 3 mit/ohne Objekt). Input: mündliche/schriftliche Aufforderung; Bilder und Wortkarten.
Skala: 0–2 Punkte (Maximum 12)
2. Geste des Untersuchers aus einer Auswahl von 4 Beschreibungen (Wortkarte) erkennen (3 Items).
Skala: 0–2 Punkte (Maximum 6)
3. Imitation (2 Handsequenzen, 2 Fingerstellungen ohne Bedeutung).
Skala: 0–3 Punkte (Maximum 12)
4. Mehrschrittige alltagsorientierte Handlung (Batterie in Taschenlampe einsetzen und Lampe einschalten).
Skala: 0–12 Punkte (Maximum 12)

Vergleichswerte (N=100, Gesunde; PR<5)
<table>
<tr><th></th><th colspan="3">Altersgruppe</th></tr>
<tr><th>Untertest</th><th><65 Jahre (N=34)</th><th>65–74 Jahre (N=33)</th><th>>74 Jahre (N=33)</th></tr>
<tr><td>mehrschrittige Handlung</td><td>11</td><td>10</td><td>10</td></tr>
<tr><td>Pantomime</td><td>10</td><td>9</td><td>9</td></tr>
<tr><td>Recognition</td><td>5</td><td>5</td><td>4</td></tr>
<tr><td>Imitation</td><td>9</td><td>9</td><td>9</td></tr>
</table></td><td>Bickerton, W. L., Riddoch, M. J., Samson, D., Balani, A. B., Mistry, B. & Humphreys, G. W. (2012). Systematic assessment of apraxia and functional predictions from the Birmingham Cognitive Screen. Journal of Neurology, Neurosurgery & Psychiatry, 83 (5), 513–521.</td></tr>
</table>

Untertests aus Testbatterien mit anderer Zielsetzung		**Aphasie**
Untertest Praxis aus: Western Aphasia Battery (WAB)	*Aufgaben:* 1. Gesichtsbewegungen (5 Items). 2. Symbolische Gesten (5 Items). 3. Einfache Pantomimen (5 Items). 4. Komplexe Pantomimen (5 Items). *Durchführung:* a) verbale Aufforderung; b) bei fehlerhafter Ausführung Imitation; c) realer Objektgebrauch. *Skala:* 0–3 Punkte (Maximum 60) *Cut-off:* M – 2 SD (Patienten ohne Hirnerkrankung, *N*=21)	Shewan, C. M. & Kertesz, A. (1980). Reliability and validity characteristics of the Western Aphasia Battery (WAB). *Journal of Speech and Hearing Disorders, 45* (3), 308–324. Kertesz, A. (1982). *Western Aphasia Battery.* New York: Grune and Stratton. Kertesz, A. (2006). *Western Aphasia Battery-Revised (WAB-R).* San Antonio, TX: Pearson Assessment.
Untertest Praxis aus: Boston Diagnostic Aphasia Examination (BDAE-3)	*Aufgaben:* 1. Natürliche Gesten (natural gestures; 4 Items; z. B. Wie zeigen Sie, wenn Ihnen kalt ist?) 2. Konventionelle Gesten (conventional gestures; 4 Items; z. B. winken) 3. Pantomime des Objektgebrauchs (use of prentended objects; 8 Items; z. B. Tür aufschließen) 4. Bukkofaziale/Respiratorische Praxis (Bucco-Facial/Respiratory Praxis; 4 Items; z. B. mit einem Strohhalm trinken) *Durchführung:* a) verbale Aufforderung, b) Imitation aller Items, die im ersten Durchgang falsch waren. *Bewertung:* besser – gleich – schlechter *Skala:* 0–3 Punkte (Maximum 60) *Normen:* Prozentränge für alle vier Aufgabengruppen (Aphasiker, *N*=242)	Goodglass, H, Kaplan, E. & Barresi, B. (2001a). *Boston Diagnostic Aphasia Examination – Third Edition (BDAE-3).* Philadelphia: Lippincott, Williams Wilkins. *Manual:* Goodglass, H., Kaplan, E. & Barresi, B. (2001b). *The Assessment of Aphasia and Related Disorders, Third Edition.* Philadelphia: Lippincott, Williams & Wilkins. *Vertrieb:* Pearson Assessment
Untertest 3 – Gliedmaßen- und Gesichtsapraxie aus: Apraxia Battery for Adults – Second Edition (ABA-2)	*Aufgaben:* 1. Untertest Gliedmaßen-Apraxie (10 Items): Bewegungen mit/ohne Symbolik, pantomimischer Objektgebrauch. Input: verbale Aufforderung *Skala:* 0–5 (Maximum 50) 2. Untertest Gesichtsapraxie (10 Items): Bewegungen mit/ohne Symbolik. Input: verbale Aufforderung *Skala:* 0–5 Punkte (Maximum 50) *Dauer* (Gesamttest): 20 Minuten Reliabilität: Cronbachs Alpha .83 bis .99	Dabul, B. L. (2000). *Apraxia Battery for Adults – Second Edition (ABA-2).* Austin (Texas): PRO-ED Inc.

Testsammlungen/Batterien		
Kölner Apraxie-Screening (KAS)	*Aufgaben* (20 Items): 1. Pantomime des Objektgebrauchs: bukkofazial (5 Items), Arm/Hand (5 Items). Input: verbale Aufforderung plus Foto 2. Imitation abstrakter und symbolischer Gesten: bukkofazial (5 Items), Arm/Hand (5 Items). Input: Fotos *Dauer:* 5–10 Minuten *Cut-off:* ≤ 76 Punkte (Maximum 80) *Gütekriterien:* Cronbachs Alpha für den Gesamttest .989; Interrater-Reliabilität .908 Sensitivität 80 %; Spezifität 98 %	Weiss-Blankenhorn, P., Kalbe, E., Fink, G. R. & Kessler, J. (2013). *Das Kölner Apraxie-Screening.* Göttingen: Hogrefe.
Kölner Apraxie-Screening, revidiert (KAS-R)	*Aufgaben* (12 Items): 1. Pantomime des Objektgebrauchs: bukkofazial (4 Items), Arm/Hand (4 Items). Input: verbale Aufforderung plus Foto 2. Imitation abstrakter und symbolischer Gesten: bukkofazial (2 Items), Arm/Hand (2 Items). Input: Fotos *Dauer:* 5–8 Minuten *Cut-off:* ≤ 46 Punkte (Maximum 48) *Gütekriterien:* Cronbachs Alpha für den Gesamttest .795 Sensitivität 79.4 %; Spezifität 84.4 %	Wirth, K., Held, A., Kalbe, E., Kessler, J., Saliger, J., Karbe, H., Fink, G. R. & Weiss, P. H. (2016). Das revidierte Kölner Apraxie-Screening (KAS-R) als diagnostisches Verfahren für Patienten mit rechtshemisphärischem Schlaganfall. *Fortschritte der Neurologie & Psychiatrie, 84,* 633–639.
Test of Upper Limb Apraxia (TULIA)	*Aufgaben:* 1. Imitation; 2. Pantomime von a) abstrakten Bewegungen, b) symbolischen Gesten, c) Objektgebrauch (6 Untertests à 8 Items). *Material:* Videoclips (tulia.ch) *Dauer:* 5- 20 Minuten *Skala:* 0–5 Punkte (Maximum 240) *Bewertung:* qualitative Kriterien *Cut-off:* 194 Punkte (leichte Störung; M – 2 SD von Gesunden, *N*=50); 130 Punkte (moderate Störung), 65 Punkte (schwere Störung)	Vanbellingen, T., Kersten, B., Hemelrijk, B. V., Van de Winckel, A., Bertschi, M., Müri, R., De Weerdt, W. & Bohlhalter, S. (2009). Comprehensive assessment of gesture production: a new test of upper limb apraxia (TULIA). *European Journal of Neurology, 17* (1), 59–66. *Material:* http://tulia.ch

	Gütekriterien: Cronbachs Alpha .67 – .96; Interrater-Reliabilität Kappa .35 – .99; Retest-Reliabiltät: .46 – .98; Konstruktvalidität: Korrelation zur de Renzi-Gesten-Imitation .82	
Apraxia Screen of TULIA (AST)	*Aufgaben:* Kurzform des TULIA (12 Items) 1. Imitation (7 Items) 2. Pantomime (5 Items) *Dauer:* ca. 5 Minuten *Skala:* 0–1 Punkte (richtig/falsch; Maximum 12) *Cut-off:* 9 Punkte (leichte Störung), 5 Punkte (schwere Störung) *Gütekriterien:* Cronbachs Alpha .92; Spezifität 93 %, Sensitivität 88 %; Retest-Reliabilität: .96 (Korrelation Lang- und Kurzform)	Vanbellingen, T., Kersten, B., Van de Winckel, A., Bellion, M., Baronti, F., Müri, R. & Bohlhalter, S. (2010). A new bedside test of gestures in stroke: the apraxia screen of TULIA (AST). *Journal of Neurology, Neurosurgery & Psychiatry, 82,* 389–392.
Berliner-Apraxie-Test (BAXT)	*Aufgaben:* 1. Gestenproduktion: a) Bukkofazial; Input: verbale Aufforderung, dann Imitation (je 7 Items); b) Gliedmaßen (abstrakte Arm-/Handstellungen und pantomimischer Objektgebrauch); Input: verbale Aufforderung, dann Imitation (je 11 Items); c) Pantomime des Objektgebrauchs (5 Items); Input: Foto des Objekts. 2. Gestendiskrimination (6 Items): Sind die beiden vordemonstrierten Gesten gleich? Ja-nein 3. Konzeptwissen: a) Objekt-Selektion: Was passt dazu? – 1 aus 5 auswählen (5 Items); b) Objekt- Diskrimination (5 Items): Werden die beiden Gegenstände im Alltag zusammen verwendet? c) Funktionswissen: Passt die gezeigte Bewegung zu den beiden Objekten? (6 Items). Input: reale Gegenstände und Fotos *Dauer:* 25 bis 45 Minuten	Liepelt, I, Trenner, M. U., Freund, S., Engel U., Lueschow, A., Platz T. (2007). Der Berliner-Apraxie-Test für ideomotorische und ideatorische Apraxie. *Zeitschrift für Neuropsychologie, 18,* 193–206. Liepelt, I. (2006). *Die Konstruktion und Evaluation des Berliner-Apraxie-Tests: Ein standardisiertes Verfahren zur Erfassung apraktischer Phänomene* (Dissertation). Berlin: Humboldt-Universität.

Düsseldorfer Apraxie Test (DAXT)	*Aufgaben:* 1. Imitation (18 Items) *Durchführung:* a) Vorgabe durch den Untersucher, b) Vorgabe per Video. 2. Pantomime des Objektgebrauchs (12 Items) *Durchführung:* a) Das Werkzeug wird gezeigt; b) ein Foto des Werkzeugs wird gezeigt. 3. Objektgebrauch konkret (6 Items) *Durchführung:* Werkzeug und Zielobjekt werden paarweise dargeboten. *Dauer:* 15 bis 20 Minuten *Bewertung:* Inhaltsfehler; zeitlich-räumliche Fehler anhand eines Kriterien-Katalogs.	Rossmüller, J. (2007). Theoriegeleitetes Assessment von Praxiefunktionen bei Schlaganfall-Patienten. Der Düsseldorfer Apraxie-Test (DAXT) als Brücke zwischen Grundlagenwissenschaft und diagnostischer Praxis. *Neurologie & Rehabilitation, 13,* 320–326.
Test for Apraxia in Stroke Patients	*Aufgaben:* 1. Pantomime des Objektgebrauchs (3×3 Items). *Durchführung:* a) verbale Aufforderung, b) Werkzeuge sichtbar, c) Werkzeuge in der Hand. *Skala:* 0–3 Punkte oder 6 = auf Anhieb korrekt (Maximum 54) *Cut-off-1:* 86.4 (M – 1 SD von älteren Kontrollpersonen, *N* = 50, Alter 83.6 ± 6.0 Jahre) Sensitivität 66 %; Spezifität 97 % 2. Imitation von Gesten (6 Items; 3 Hand, 3 Gesicht); abstrakte und symbolische Gesten gemischt). *Skala:* 0–3 Punkte oder 6 = auf Anhieb korrekt (Maximum 36) *Cut-off-2:* 78 (niedrigster Wert von gesunden Kontrollpersonen) Sensitivität 91 %; Spezifität 80 % Cronbachs Alpha .95 bzw. .92	van Heugten, C. M., Dekker, J., Deelman, B. G., Stehmann-Saris J. C. & Kinébanian, A. (1999). A diagnostic test for apraxia in stroke patients: internal consistency and diagnostic value. *The Clinical Neuropsychologist, 13,* 182–192. Zwinkels, A., Geusgens, C., Sande. P. & van Heugten, C. (2004). Assessment of apraxia: inter-rater reliability of a new apraxia test, association between apraxia and other cognitive deficits and prevalence of apraxia in a rehabilitation setting. *Clinical Rehabilitation, 18,* 819–827.
Limb Apraxia Battery (LAB), British Version	13 Untertests, jeweils mit Instruktionsbeispielen 1. Symbolische Gesten (je 16 Items). *Durchführung:* a) verbale Aufforderung (z. B. Klatschen Sie in die Hände); b) Zeichnung mit Szenen (Was würde die Person tun, auf die der Pfeil zeigt?); c) Imitation. Input: Video.	Bartolo, A., Cubelli, R. & Della Sala, S. (2008). Cognitive approach to the assessment of limb apraxia. *The Clinical Neuropsychologist, 22,* 27–45. *Material:* http://www.ppls.ed.ac.uk/people/sergio-della-sala#tests Zugriff September 2015

Abb. by the permission of A. Bartolo

2. Pantomime des Objektgebrauchs mit dem Objekt in der Hand (16 Items).
3. Pantomime des Objektgebrauchs (21 Items).
   Durchführung: a) verbale Aufforderung (z. B. Wie würden Sie ein Messer benutzen?); b) Objekt zeigen, das Objekt bleibt sichtbar, darf aber nicht angefasst werden (Wie würden Sie diesen Gegenstand benutzen?); c) Objekt mit verbundenen Augen ertasten, dann Pantomime ohne Objekt (Wie würden Sie diesen Gegenstand benutzen?); d) Imitation. Input: Video.
4. Imitieren von abstrakten Gesten (20 Items). Input: Video.
5. Gesten erkennen (41 Items):
   Durchführung: a) symbolische Gesten, b) Pantomimen. Als Distraktoren gezeigt werden abstrakte Gesten oder Pantomimen von Objekten am falschen Ort (Ist Ihnen diese Bewegung vertraut?). Input: Video.
6. Identifikation von
   a) symbolischen Gesten des Untersuchers (16 Items); z. B. winken (Zeigen Sie auf das Bild, das zur Bewegung passt); Input: vier Zeichnungen mit Szenen;

	b) Identifikation von Objekten, deren Gebrauch der Untersucher demonstriert (20 Items). Input: vier Zeichnungen mit Objekten. 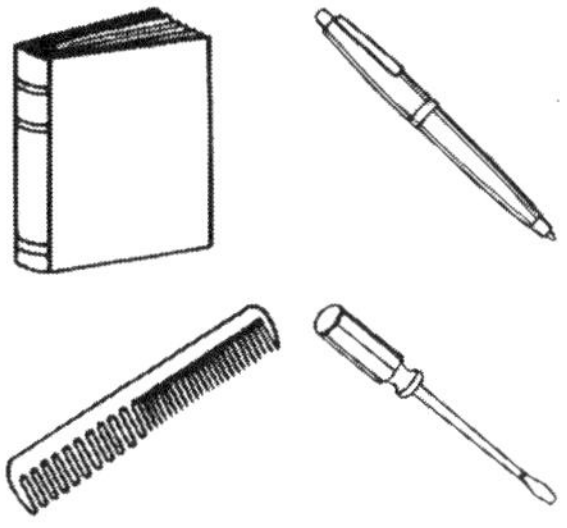 *Dauer:* 1 Stunde *Bewertung:* Fehleranalyse gemäß Kriterienkatalog *Cut-off:* M – 3 SD – 1 bzw. bei Untertests mit Deckeneffekt Maximum –1 Kein Geschlechtseffekt, kein Alterseffekt. Stichprobe: *N*= 60 Gesunde, Alter 47.9±21.3 Jahre, Range 17–81 Jahre.	
Apraxie-Testsammlung	*Aufgaben:* 1. Gesichtsbewegungen, abstrakt und symbolisch (10 Items). *Durchführung:* verbale Aufforderung, bei Nichtgelingen Imitation. *Skala:* 0–3 Punkte (Maximum 30) 2. Gestenproduktion auf verbale Aufforderung. a) symbolisch ohne Objekt (10 Items), z. B. winken *Skala:* 0–2 (Maximum 20) b) symbolisch objektbezogen (10 Items), z. B. einen Hammer benutzen *Skala:* 0–3 Punkte (Maximum 30) *Vergleichswerte:* leichte Störung: 41–50 Punkte; moderate Störung: 25–40 Punkte; schwere Störung: <25 Punkte. 3. Gesten erkennen und benennen. a) Bewegungs-Diskrimination (10 Items): Der Untersucher nennt ein Objekt (z. B. Schere) und zeigt drei Bewegungen zu dessen Gebrauch (korrekte, unbeholfene, Körperteil als Objekt) – Welches ist die korrekte? Auffällig: Fehlerzahl >1	Leiguarda, R., Lees, A. J., Merello, M,. Starkstein, S. & Marsden, C. D. (1994). The nature of apraxia in corticobasal degneration. *Journal of Neurology, Neurosurgery & Psychiatrie, 57,* 455–459.

	b) Handlung benennen. Der Untersucher zeigt die Pantomime zu einem Werkzeug. Was tut er (z. B. hämmern)? Auffällig: Fehlerzahl >1. 4. Gesten imitieren; Hand-/Fingerstellungen und einfache Sequenzen (12 Items). *Skala:* 0–3 Punkte (Maximum 36) *Vergleichswerte:* leichte Störung: 27–35 Punkte; moderate Störung: 15–26 Punkte; schwere Störung: <15 Punkte. 5. Mehrschrittige Sequenzen Hand-/Finger (6 Items). Input: verbale Aufforderung. *Skala:* 0–2 Punkte (Maximum 12) *Vergleichswerte:* leichte Störung: 6–10 Punkte; moderate Störung: 4–5 Punkte; schwere Störung: <4 Punkte. 6. Mehrschrittige alltagsbezogene Aktivitäten (3 Items): Eine Taschenlampe mit Batterien in Gang setzen, Vorhängeschloss öffnen und schließen, Brief zum Versand fertig machen). *Vergleichswerte:* leichte Störung: 3 Fehler; moderate Störung: 6 Fehler; schwere Störung >6 Fehler.	
Florida Apraxia Battery – Extended and Revised Sydney (FABERS)	*Aufgaben:* 1. Pantomime-to-photograph matching task (20 Items). *Durchführung:* Der Untersucher macht eine Pantomime vor. Welches Werkzeug passt zur gezeigten Aktion? Der Proband soll aus vier Fotos auswählen. Beispiel. Target: Malerpinsel. Distraktoren: motorisch ähnlich (Hammer), funktioneller Bezug (Farbdose), semantischer Bezug (Farbroller). Erfasst werden die Pantomime-Recognition und die Werkzeug-Aktion-Assoziation. *Skala:* 0–1 (Maximum 20) 2. Pantomime discrimination task (40 Items). *Durchführung:* Der Untersucher macht eine Pantomime vor und fragt: Ist das die richtige Bewegung für … (z. B. einen Kamm)? Gleichzeitig zeigt er ein Foto des Objekts. Antwort: Ja/Nein. *Skala:* 0–1 (Maximum 40) 3. Tool selection test (14 Items). *Durchführung:* Vorgelegt wird das Bild einer begonnenen Handlung (Nagel steckt im Brett). Welches Werkzeug ist hierfür am besten geeignet? Der Proband soll aus drei Fotos auswählen.	Power, E., Code, C., Croot, K., Sheard, C. & Gonzales Rothi, L. J. (2010). Florida Apraxia Battery – Extended and Revised Sydney (FABERS): Design, description, and a healthy control sample. *Journal of Clinical and Experimental Neuropsychology, 32,* 1–10.

Erfasst wird die Werkzeug-Aktion-Assoziation.
Skala: 0–1 (Maximum 14)

4. Alternative tool selection test (14 Items).
Durchführung: Vorgelegt werden dieselben Bilder wie zuvor, jedoch fehlt für die Auswahl das übliche Werkzeug (z. B. Hammer). Welches Werkzeug ist nun am besten geeignet? Der Proband soll aus drei Fotos auswählen, z. B. Teppichmesser, Schuh, Schraubenzieher. Erfasst wird mechanisches Problemlösen.
Skala: 0–1 (Maximum 14)
5. Word-to-picture matching task (20 Items).
Durchführung: Der Untersucher nennt ein Objekt (z. B. Hammer) und der Proband soll aus vier Fotos auswählen und auf das genannte zeigen.
Material: Targets und Ablenker wie unter 1. Erfasst wird die Nicht-Aktions-Semantik.
Skala: 0–1 (Maximum 20)
6. Tool-naming task (20 Items).
Durchführung: Der Proband soll auf Fotos abgebildete Werkzeuge benennen. Was ist das?
Skala: 0–1 (Maximum 20)
7. Semantic association matching task (20 Items).
Durchführung: Dem Probanden werden jeweils drei Bilder von Tieren präsentiert. Welche beiden Tiere passen am besten zusammen). Erfasst wird die Nicht-Aktions-Semantik.
Skala: 0–1 (Maximum 20)
8. Pantomime-to-photograph task (20 Items).
Durchführung: Dem Probanden wird das Foto eines Werkzeugs gezeigt. Zeigen Sie, wie man dieses Werkzeug benutzt. Erfasst wird die Gestenproduktion über die visuelle Route.
Skala: 0–1 (Maximum 20)
9. Pantomime-to-command task (30 Items; 10 ohne, 20 mit Objekt).
Durchführung: Der Proband wird aufgefordert, die Pantomime auszuführen. Zeigen Sie, wie man z. B. mit dem Hammer einen Nagel einschlägt. Erfasst wird die Gestenproduktion über die auditive Route.
Skala: 0–1 (Maximum 30)

	10. Pantomime-imitation task (30 Items; 10 ohne, 20 mit Objekt). *Durchführung:* Der Proband soll die Bewegungen des Untersuchers nachmachen. *Skala:* 0–1 (Maximum 30); zusätzlich Kategorisierung nach 15 Fehlertypen (inhaltlich, räumlich, zeitlich, andere). 11. Meaningless-imitation task (10 Items). *Durchführung:* Der Proband soll Stellungen und Bewegungssequenzen unterschiedlicher Komplexität imitieren (insgesamt 17 Komponenten). *Skala:* 0–1 (Maximum 17) *Stichprobe:* Gesunde, *N*=16; Alter 70.1 ±8.7 Jahre, Range 55–83 Jahre. *Normen:* Prozentränge in 10er-Abstufungen; PR<10 gilt als auffällig.	
Florida Apraxia Screening Test-Revised (FAST-R)	*Aufgaben:* 1. Pantomime des Objektgebrauchs (20 Items). 2. Arm/Handbewegungen mit/ohne Bedeutung (10 Items). Input: verbale Aufforderung. *Bewertung:* Bewertet werden inhaltliche, zeitliche, räumliche und andere Fehler (15 Fehlertypen) anhand von Videoaufzeichnungen durch mindestens zwei Personen. *Cut-off:* mehr als 15 Fehler	Gonzalez Rothi, L. J., Raymer, A. M. & Heilman, K. M. (1997). Limb praxis assessment. In: L. J. Gonzalez Rothi & K. M. Heilman (Eds.), *Apraxia: The Neuropsychology of Action* (pp. 61–74). Hove, UK: Psychology Press.
Limb Apraxia Test (LAT)	8 Untertests (je 10 Items) *Aufgaben:* Imitation nach sechs Eigenschaften a) mit versus ohne Objekt; b) eine Sequenz als Ganzes versus die Einzelkomponenten hintereinander; c) einfach versus komplex (1–3 bzw. 4 bis 6 Bewegungskomponenten). *Dauer:* 20–30 Minuten *Bewertung* anhand von Videoaufzeichnungen: 21 Kategorien aus 5 räumlichen und zeitlichen Dimensionen (insgesamt 252 Bewegungskomponenten). *Stichprobe:* Gesunde, *N*=30; Alter 62.4±12.1 Jahre.	Duffy, J. R. & Duffy, R. J. (1990) The assessment of limb apraxia: The limb apraxia test. In G. E. Hammond (Ed.), *Cerebral Control of Limb and Speech Movements* (pp. 503–534). Amsterdam: Elsevier Science Publishers. Duffy, J. R. & Duffy, R. J. (1989). The Limb Apraxia Test: An Imitative Measure of Upper Limb Apraxia. In *Clinical Aphasiology Conference 1988* (pp. 145–159). Boston: College-Hill.

Apraxie-Testsammlung	*Aufgaben:* 1. Bukkofaziale Gesten mit/ohne kommunikative Bedeutung (je 5 Items). 2. Gesten des Respirationstrakts mit/ohne kommunikative Bedeutung (je 4 Items). 3. axiale Bewegungen mit/ohne kommunikative Bedeutung (je 5 Items). 4. Hand-/Armbewegungen a) ohne Bedeutung (4 Items), b) symbolische Gesten (6 Items). 5. pantomimischer Objektgebrauch (12 Items). *Durchführung:* a) verbale Aufforderung; b) Imitation. *Dauer:* ca. 45 Minuten *Skala:* 0–5 Punkte *Cut-off*, verbale Aufforderung: M – 2 SD *Cut-off*, Imitation: Fehler > 1	Alexander, M. P., Baker, E., Naeser, M. A., Kaplan, E. & Palumbo, C. (1992). Neuropsychological and neuroanatomical dimensions of ideomotor apraxia. *Brain, 115,* 87–107.
Short screening Test for Ideo-Motor Apraxia (STIMA)	*Aufgabe:* Imitation 1. Bekannte (symbolische) Gesten (je 9 Items proximal = Arm/Hand und distal = Hand/Finger). 2. Neue (abstrakte) Gesten (je 9 Items proximal und distal). *Skala:* 0–2 Punkte (Maximum 72). *Dauer:* 4–6 Minuten. *Normen* (*N* = 111 Gesunde): Prozentränge 5, 10, 25, 50, 75 und Alters-Korrekturwerte über Regression für die Gesamtskala, die Subskalen bekannte/neue Gesten, die Subskalen Körperabschnitt proximal/distal und die vier Einzelskalen.	Tessari, A., Toraldo, A., Lunardelli, A., Zadini, A. & Rumiati, R. I. (2015). STIMA: a short screening test for ideo-motor apraxia, selective for action meaning and bodily district. *Neurological Sciences, 36,* 977–984. Trainingsvideo mit Clips für den Untersucher: http://www.sissa.it/cns/Videos/Imitation%20test.avi Zugriff September 2015

Kölner Apraxie-Screening (KAS)

Peter H. Weiss, Elke Kalbe, Josef Kessler, Gereon R. Fink unter Mitarbeit von Ellen Binder, Maike D. Hesse und Anne Scherer

Göttingen: Hogrefe Verlag, 2013

Zusammenfassende Testbeschreibung

Zielsetzung und Operationalisierung

Konstrukte
Apraktische Defizite.

Testdesign
Zwei Untertests mit Fotos als Vorlage. 1. Pantomimische Darstellung des Gebrauchs von Objekten. 2. Imitieren der dargestellten Gesten bzw. mimischen Gebärden.

Angaben zum Test

Normierung
Gesunde Probanden (N=48) zwischen 16 und 73 Jahren, Patienten nach linkshemisphärischem Infarkt mit (N=80) und ohne Apraxie (N=106); Alter: 21–90 Jahre.
Alters-, Bildungs- und Geschlechtseffekte bei Patienten und gesunden Probanden nicht signifikant.

Material
Manual, Bildmappe mit Fotos, Protokollbogen.

Durchführungsdauer
Testzeit 5–10 Minuten, Auswertung 5 Minuten.

Testkonstruktion

Design

Aufgabe und Durchführung

Untertests	Anzahl der Items pro Untertest		
1. Pantomime des Objektgebrauchs	Bukkofazial: 5	Arm/Hand: 5	∑ 10
2. Imitation von Gesten	Bukkofazial: 5	Arm/Hand: 5	∑ 10

Untertest 1: Der Patient soll mit der linken Hand pantomimisch den Gebrauch des jeweils dargestellten Objektes demonstrieren. Vorweg zwei

Beispiele, wovon das erste durch den Untersucher und das zweite durch den Patienten ausgeführt werden.

Untertest 2: Der Patient soll die auf den Fotos dargestellten Gesten bzw. mimischen Gebärden möglichst genau imitieren. Vorweg ein neutrales Foto der Person – ohne Bewegung oder Geste.

Das jeweilige Foto bleibt vor dem Patienten liegen, um die Anforderungen an das Arbeits- und Kurzzeitgedächtnis zu reduzieren. Wörtliche Instruktion. Bewertung anhand der Qualität der Ausführungen nach vorgegebenen Bewertungskriterien; 0 bis 4 Punkte je Item.

Konzept
Das Verfahren soll Störungen des höheren motorischen Verhaltens erfassen, also Beeinträchtigungen, die nicht als basale motorische Defizite (Lähmung), basale sensorische Defizite (Deafferentierung) oder Störungen der Kommunikation (Aphasien) hinreichend erklärt werden können. Im Unterschied zu motorischen und sensorischen Defiziten, die sich nur kontraläsional manifestieren, zeigt sich eine Apraxie sowohl kontra- als auch ipsiläsional. Bei Verdacht auf Apraxie sei die ipsläsionale Gliedmaße zu untersuchen; motorische und sensorische Defizite seien dadurch weitgehend auszuschließen.

Variablen
Gesamtwert: Summe der bei den einzelnen Items vergebenen Punktzahl (zwischen 0 und 80 Punkte).

Auswertung
Addieren der Rohwerpunkte (Maximum 80 Punkte) und Vergleich mit dem Cut-off-Wert (≤ 76 Punkte).

Normierung

Stichprobe
48 gesunde Probanden zwischen 16 und 73 Jahren (*M*=52.5, *SD*=9.1); im Durchschnitt 10.8 Bildungsjahre (*SD*=1.3); 21 männlich und 27 weiblich.
186 Patienten nach linkshemisphärischem Infarkt zwischen 21 und 90 Jahren (*M*=63.6, *SD*=14.4), 11 Bildungsjahre (*SD*=1.8); 58 männlich und 22 weiblich.

Vergleichswerte
Cut-Off-Wert: ≤76 Punkte.
Gesamtwert: Gesunde *M*=79.5 (*SD*=1,2); Patienten ohne Apraxie *M*=78.1, *SD*=3.8; Patienten mit Apraxie *M*=57.6, *SD*=24.8.

Gütekriterien

Objektivität
Aufgrund der standardisierten Durchführung und Auswertung sind Versuchsleitereffekte weitgehend ausgeschlossen.

Sensitivität/Spezifität
Bei einem Cut-Off-Wert von ≤ 76 Punkten ergeben sich eine Sensitivität des KAS-Gesamtwerts von 80 % und eine Spezifität von 98 %.
Weitere Angaben zur Messgenauigkeit:
Interne Konsistenz (Cronbachs Alpha) für die Patientenstichprobe: 0.968 für den Gesamttest und 0.949 bzw. 0.929 für die Untertests.
Interrater-Reliabilität bestimmt anhand von Video-Aufzeichnungen: rho=0.908 (*N*=26) für den Gesamttest und rho=0.847 für die beiden Untertests.

Validität
Konstruktvalidität: Spearman-Rangkorrelationen zwischen den Untertests des Kölner Apraxie-Screening und den Untertests des Imitationstests nach Goldenberg (1996) liegen zwischen 0.535 und 0.653.
Konvergente/diskriminante Validität: Signifikanter Zusammenhang (rho=0.65, *p*<0.001) zwischen dem Gesamtwert des Kölner Apraxie-Screening und der Ausprägung einer Aphasie, operationalisiert über den Gesamtwert der Kurzen Aphasie-Checkliste (ACL-K; Kalbe, Reinhold, Brand & Kessler, 2002).

Kriteriums- und Klinische Validität: In beiden Untertests erzielte die Gesamtgruppe der Patienten niedrigere Werte als die Kontrollgruppe ($p<0.001$). Beim Vergleich der beiden Patientengruppen schnitten die Patienten mit Apraxie signifikant schlechter ab ($p<0.001$).

Nebengütekriterien
keine Angaben

Neuropsychologische Aspekte

Theoretischer Rahmen

Apraxie wird als Störung der „höheren motorischen Kognition" definiert, die einen erheblichen negativen Einfluss auf das Alltagsleben und auf die berufliche Rehabilitation hat. Es werden mehrere Instrumente der Apraxie-Diagnostik aus wissenschaftlichen Publikationen referiert. Wegen unterschiedlicher Apraxie-Klassifikationen wurde absichtlich auf eine Zuordnung verzichtet. Die Autoren folgen dem Ansatz von Goldenberg (2008) und beschreiben apraktische Defizite in Bezug auf die motorische Domäne, in der sie sich manifestieren: beim Imitieren von Gesten, beim Ausführen bedeutungsvoller kommunikativer Gesten (u. a. Pantomimen) und beim Gebrauch von Gegenständen und Werkzeugen. Bezüglich des betroffenen Körperteils werden Bewegungen von Hand und Arm sowie vom und zum Mund/Gesicht berücksichtigt. Sowohl in der klinischen Praxis als auch im wissenschaftlichen Bereich würden Untersuchungen auf Apraxie der Fuß-/Beinbewegungen eine untergeordnete Rolle spielen.

Anwendungsbereiche

Das Verfahren ist ausschließlich für erwachsene Patienten nach linkshemisphärischem Schlaganfall konzipiert. Nicht geeignet ist es für Patienten nach rechtshemisphärischem Schlaganfall, weil hier von einem anderen Charakter der apraktischen Defizite auszugehen sei. Das Verfahren setzt nur wenig Sprachverständnis voraus und ist auch am Krankenbett durchführbar.

Funktionelle Neuroanatomie

Über die meist linkshemisphärische Lokalisation einer zu Apraxie führenden Schädigung hinaus keine Angaben.

Ergebnisbeeinflussende Faktoren

Der Test wurde so konzipiert, dass kein oder nur sehr wenig Sprachverständnis für die Instruktion und Durchführung nötig seien und alle Testaufgaben mit der linken Hand durchgeführt werden können.

Testentwicklung

Ausgangspunkt der Testentwicklung bildeten deutsche Aufgabensammlungen (Poeck, 1986; Handpositionen und Fingerkonfigurationen: Goldenberg, 1995) und internationale Verfahren (Apraxietest nach De Renzi, Pieczuro & Vignolo, 1968 und De Renzi, Motti & Nichelli,1980; Florida Apraxia Battery: Rothi, Raymer & Heilman, 1997). Aufgrund der hohen Prävalenz und klinischen Relevanz fokussierten die Vorstudien und die endgültige Testversion auf Patienten mit linkshemisphärischem Schlaganfall.

Dem aktuellen Verfahren gingen zwei Vor-Versionen voraus. Durch Itemselektion entstand das vorliegende Verfahren. Aufgrund deutlich niedrigerer Sensitivität und wegen gleichzeitig erheblichem Materialaufwand wurden die ursprünglichen Untertests zum konkreten Gebrauch von Objekten und von komplexen Handlungssequenzen in der Endversion nicht berücksichtigt.

Das Kölner Apraxie-Screening (KAS) wurde ausschließlich an Patienten mit linkshemisphärischem Schlaganfall evaluiert. Angepasste Testinstrumente für weitere Patientengruppen (z. B. Patienten nach rechtshemisphärischer Schädigung oder neurodegenerativen Erkrankungen) sollten folgen. Inzwischen wurde eine Modifikation, der KAS-R mit nur 12 Items, an Patienten mit rechtshemisphärischem Schlaganfall validiert (Wirth et al., 2016).

Testbewertung

Die Kritik im Überblick

Das KAS wurde als Screening-Verfahren zur Erfassung apraktischer Störungen einzig nach linkshemisphärischem Schlaganfall konzipiert – dies ohne weitere Beschreibung beteiligter Hirnstrukturen und ohne theoretische Ausführungen zur Pathophysiologie im Manual. Das Verfahren ist einfach zu handhaben und bietet mit seinem Punktesystem differenzierte Bewertungskriterien. Angesichts der klinischen Bedeutung der Apraxie und des Mangels an standardisierten Verfahren zur Apraxie-Diagnostik war die Veröffentlichung eines Verfahrens zur Prüfung auf Apraxie über einen Testverlag überfällig. Bedauerlich ist die Beschränkung auf zwei Domänen apraktischer Störungen: die Pantomime des Objektgebrauchs und die Imitation von Gesten. Die angekündigte Weiterentwicklung und Evaluation des Verfahrens für weitere Patientengruppen wurde inzwischen für Patienten nach rechtshemisphärischem Schlaganfall eingelöst, für Patienten mit neurodegenerativen Erkrankungen noch nicht.

Test-konstruktion

Testmaterial/Durchführung/Auswertung

Der Protokollbogen ist übersichtlich gestaltet. Notizen zu zusätzlichen Beobachtungen sind nicht vorgesehen, aber möglich. Die Durchführung ist einfach, durch die Vorgabe von Fotos standardisiert, das Zusammenfassen der Fotos zu einer Bildmappe hilfreich. Die auf dem Protokollbogen abgedruckten Instruktionen erleichtern die Durchführung. Nicht immer nachvollziehbar sind die Auswahl der Items und die Abstufung der Bewertungskriterien. Ein Beispiel: Die Prüfung der Pantomime des Objektgebrauchs umfasst sowohl das Trinken aus einer Tasse als auch aus einem Glas, also zwei sehr ähnlichen Handlungen, die sich nur in der Form des Greifens des Objekts unterscheiden. Die Punktvergabe ist gleichwohl unterschiedlich: Während beim pantomimischen Gebrauch der Tasse die Greifform und das Anheben zu einem Punkt zusammengefasst werden und die Bewegung zum Mund mit einem weiteren Punkt bewertet wird, werden beim Trinkglas das Anheben und das zum Mund Führen gemeinsam bewertet und die Greifform separat.

Testdesign

Konzept: Der pantomimische Gebrauch von Objekten und Werkzeugen sowie die Imitation von Gesten zählen seit Liepmann (1908) zu den Kennzeichen apraktischer Bewegungsmuster und werden – neben weiteren Operationalsierungen wie dem realen Gebrauch von Gegenständen oder der Ausführung von komplexen Handlungssequenzen – in klinischen und experimentellen Studien immer wieder beschrieben.

Die Aufbau der Untertests zur Imitation ist kritisch zu bewerten: Gesten mit und ohne kommunikative Bedeutung, dies sowohl für Hand/Arm-Bewegungen als auch für solche von Mund/Gesicht sind im jeweiligen Untertest zusammengefasst. Hierbei ist zu bedenken, dass Gesten mit sozialer Bedeutung weniger zur Imitation geeignet sind: Falls ihre symbolische Bedeutung verstanden wird, können sie aus dem Gedächtnis produziert werden (Goldenberg, 2011). Und gerade die Anzahl von Prüfitems mit symbolischer Bedeutung überwiegt: Je Untertest vier abstrakte und sechs symbolische Gesten.

Nicht ganz nachvollziehbar ist die Aufteilung von bukkofazialen und Arm-/Handbewegungen in zwei Untertests zur Pantomime des Objektgebrauchs. Bei ersterem handelt es sich um Bewegungen, deren Zielort der Kopf (Mund, Nase, Haare) ist, bei letzteren um Bewegungen im körpernahen Greifraum, die Pantomime betrifft aber in beiden Fällen vor allem die Arm/Handbewegungen. Zusätzlich auch bukkofaziale Bewegungen bei pantomimischen Aktionen erfassen zu wollen (dreimal Mund öffnen, einmal hörbares Ausatmen durch die Nase wie beim Schneuzen) macht in diesem Zusammenhang wenig Sinn, bedeutet es doch eine Vermengung der erfassten Domänen.

Dass bei der Demonstration eines imaginären Kamms gar keine bukkofaziale Aktion verlangt wird, sei der Vollständigkeit halber erwähnt. Das Zeigen einer Abbildung des Gegenstands für die verlangte Pantomime erleichtert die Durchführung, insbesondere bei einer häufig komorbid vorliegenden Aphasie. Gleichwohl erscheint es sinnvoll, nach Sicherstellen des Instruktionsverständnisses zunächst die Aufforderung verbal zu geben.

Normierung

Variablen: Die Reduktion der Ergebnisse auf einen Gesamtwert macht die Auswertung einfach. Gleichwohl wären (zusätzlich) für die Untertests – schon aus Gründen der unterschiedlichen erfassten Domänen – getrennte Cut-off-Werte wünschenswert.

Normierung/Vergleichsgruppen: Leider findet sich im Manual kein Hinweis, wie der Cut-off für den Gesamtwert bestimmt wurde. Ob dies analog zur zweiten Vorversion über eine ROC-Kurve geschah, bleibt offen.

Gütekriterien

Die Gütekriterien für die ausgewählten Domänen apraktischer Defizite (Pantomime des Objektgebrauchs und Imitation von Gesten) können als gut bewertet werden. Weitere mögliche Bereiche apraktischen Handelns wegen unbefriedigender Sensitivität wegzulassen, ist der vielfältigen Symptomatik dieses heterogenen Störungsbilds nicht angemessen. Dies umso mehr als die Testautoren einräumen, dass die unbefriedigenden Sensitivitätswerte durch die Wahl des Außenkriteriums, dem Imitationstest nach Goldenberg (1995), bedingt sein könnten.

Testentwicklung

Testentwicklung: Das Screening-Verfahren bleibt auf die Imitation und den pantomimischen Gebrauch von vertrauten Objekten beschränkt. Einerseits ist es nachvollziehbar, dass ein Untertest zum konkreten Gebrauch von Werkzeugen wegen seines hohen Materialaufwands nicht in die Endversion aufgenommen wurde. Gleiches gilt für einen schwieriger standardisierbaren Untertest mit komplexen, mehrschrittigen Handlungsfolgen. Andererseits wird durch die inhaltliche Einengung auf zwei Ausprägungsformen einer Apraxie der Einsatzbereich des Verfahrens deutlich eingeschränkt. Die Autoren rechtfertigen die Reduktion der Prüfdomänen damit, dass sich in der getesteten Patientenpopulation (N= 186) niemand mit einer isolierten Störung des Objektgebrauchs, ohne Störung der Imitation oder Pantomime, befand. Zum umgekehrten, eher wahrscheinlichen Fall auffälliger Imitation und Pantomime, aber unauffälligem konkretem Objektgebrauch (Hermsdörfer, 2007) äußern sie sich nicht.

Neuropsychologische Aspekte

Theoretischer Rahmen
Der theoretische Rahmen bleibt auf die Beschreibung von Handlungen beschränkt, bei denen sich apraktische Defizite manifestieren. Wegen uneinheitlicher Klassifikation apraktischer Defizite in der Literatur verzichteten die Autoren auf die Darstellung einer spezifischen Apraxie-Klassifikation.
Dass sie gleichzeitig auch auf eine theoriegeleitete Einordnung der pathologischen Mechanismen verzichten, ist nicht nachvollziehbar.

Anwendungsbereiche
Der Einsatzbereich des Kölner Apraxie-Screenings ist nach Aussage der Testautoren auf die Diagnose eines linkshemisphärischen Schlaganfalls begrenzt. Dieser enge und relativ grob umschriebene Anwendungsbereich entspricht zwar der häufigsten Ursache des Störungsbilds, nicht aber dem Anspruch des Diagnostikers an einen Apraxie-Test. Zumindest Hinweise im Manual zu Vorgehen und Interpretation bei spezifischen linkshemisphärischen Lokalisationen der Läsion, die Ausprägung bei rechtshemisphärischen Läsionen oder bei anderen Ätiologien als einem Schlaganfall (z. B. neurodegenerative Erkrankungen) wären wünschenswert, um die symptomatische Ausprägung der Störung differenzierter interpretieren zu können. Und ebenso, weil in der Regel viel Zeit verstreicht, bis die im Manual angekündigten weiteren Testformen oder die Evaluation für andere Krankheitsbilder zur Verfügung stehen werden.

Funktionelle Neuroanatomie
Ein Kapitel zu beteiligten Hirnstrukturen und neuronalen Netzwerken über die Lateralität hinaus fehlt leider. Demgegenüber nimmt die Hälfte des Manuals die Beschreibung der Vor-Versionen ein.

Handhabbarkeit und klinische Anwendung

Der Test ist einfach zu handhaben. Durch die kurze Durchführungszeit ist er auch Patienten mit schwerer Beeinträchtigung zumutbar. Eine mit dem KAS diagnostizierte Apraxie sollte aber, so auch die Autoren, im Rahmen der weiteren Behandlung des Patienten durch eine ausführliche neuropsychologische Untersuchung weiter differenziert werden.

Beate Schächtele

Literatur

Alexander, M.S., Baker, E., Naeser, M.A., Kaplan, E. & Palumbo, C. (1992). Neuropsychological and neuroanatomical dimensions of ideomotor apraxia. *Brain, 115,* 87–107. http://doi.org/10.1093/brain/115.1.87

Ambrosoni, E., Della Sala, S., Motto, C., Oddo, S. & Spinnler, H. (2006). Gesture imitation with lower limbs following left hemisphere stroke. *Archives of clinical neuropsychology, 21* (4), 349–358. http://doi.org/10.1016/j.acn.2006.05.001

Barbieri, C. & De Renzi, E. (1988). The executive and ideational components of apraxia. *Cortex, 24,* 535–543. http://doi.org/10.1016/S0010-9452(88)80047-9

Bartolo, A., Cubelli, R. & Della Sala, S. (2008). Cognitive approach to the assessment of limb apraxia. *The Clinical Neuropsychologist, 22,* 27–45. http://doi.org/10.1080/13854040601139310

Bartolo, A., Cubelli, R., Della Sala, S. & Drei, S. (2003). Pantomimes are special gestures which rely on working memory. *Brain and Cognition, 53,* 483–494. http://doi.org/10.1016/S0278-2626(03)00209-4

Bartolo, A., Cubelli, R., Della Sala, S., Drei, S. & Marchetti, C. (2001). Double dissociation between meaningful and meaningless gesture reproduction in apraxia. *Cortex, 37,* 696–699. http://doi.org/10.1016/S0010-9452(08)70617-8

Basso, A., Capitani, E., Della Sala, S., Laiacona, M. & Spinnler, H. (1987). Recovery from ideomotor apraxia. A study on acute stroke patients. *Brain, 110,* 747–760. http://doi.org/10.1093/brain/110.3.747

Becker, J.B. (2002). *Behavioral Endocrinology* (S. 587). London: MIT Press.

Becker, J.B., Breedlove, S.M., Crews, D. & McCarthy, M.M. (Eds.) (2002). *Behavioral Endocrinology* (p. 587). Cambridge, MA: MIT Press.

Bergego, C., Pradat-Diehl, S., Deloche, G., Durand, E. & Lauriot-Prevost, M.C. (1992). Apraxie ideatoire et reconnaisance de l'utilisation des objects. *Revue de Neuropsychologie, 2,* 193–206.

Bickerton, W.L., Riddoch, M.J., Samson, D., Balani, A.B., Mistry, B. & Humphreys, G.W. (2012). Systematic assessment of apraxia and functional predictions from the Birmingham Cognitive Screen. *Journal of Neurology, Neurosurgery & Psychiatry, 83* (5), 513–521. http://doi.org/10.1136/jnnp-2011-300968

Bizzozero, I., Costato, D., Della Sala, S., Papagno, C., Spinnler, H. & Venneri, A. (2000). Upper and lower face apraxia: role of the right hemisphere. *Brain, 123,* 2213–2230. http://doi.org/10.1093/brain/123.11.2213

Borod, J.C., Fitzpatrick, S.M., Helm-Estabrooks, N. & Goodglass, H. (1989). The relationship between limb apraxia and the spontaneous use of communicative gesture in aphasia. *Brain and Cognition, 10,* 121–131. http://doi.org/10.1016/0278-2626(89)90079-1

Buxbaum, L.J. & Saffran, E.M. (2002). Knowledge of object manipulation and object function: dissociations in apraxic and nonapraxic subjects. *Brain and Language, 82,* 179–199. http://doi.org/10.1016/S0093-934X(02)00014-7

Buxbaum, L.J., Sirigu, A., Schwartz, M.F. & Klatzky, R. (2003). Cognitive representations of hand posture in ideomotor apraxia. *Neuropsychologia, 41* (8), 1091–1113. http://doi.org/10.1016/S0028-3932(02)00314-7

Buxbaum, L.J., Veramontil, T. & Schwartz, M.F. (2000). Function and manipulation tool knowledge in apraxia: knowing ‚what for' but not ‚how'. *Neurocase, 6* (2), 83–97.

Cubelli, R., Marchetti, C., Boscolo, G. & Della Sala, S. (2000). Cognition in Action: Testing a Model of Limb Apraxia. *Brain and Cognition, 44,* 144–165. http://doi.org/10.1006/brcg.2000.1226

Dabul, B.L. (2000). *Apraxia Battery for Adults – Second Edition (ABA-2).* Austin (Texas): PRO-ED Inc.

De Renzi, E. & Lucchelli, F. (1988). Ideational apraxia. *Brain, 111,* 1173–1185. http://doi.org/10.1093/brain/111.5.1173

De Renzi, E., Faglioni, S., Lodesani, M. & Vecchi, A. (1983). Performance of left brain-damaged patients on imitation of single movements and motor sequences. Frontal and parietal-injured patients compared. *Cortex, 19,* 333–343. http://doi.org/10.1016/S0010-9452(83)80004-5

De Renzi, E., Faglioni, S. & Sorgato, S. (1982). Modality-specific and supramodal mechanisms of apraxia. *Brain, 105,* 301–312. http://doi.org/10.1093/brain/105.2.301

De Renzi, E., Motti, F., Nichelli, S. (1980). Imitating gestures: a quantitative approach to ideomotor apraxia. *Archives of Neurology, 37,* 6–10. http://doi.org/10.1001/archneur.1980.00500500036003

De Renzi, E., Pieczuro, A. & Vignolo, L.A. (1968). Ideational apraxia: a quantitative study. *Neuropsychologia, 6,* 41–52. http://doi.org/10.1016/0028-3932(68)90037-7

Dobigny-Roman, N., Dieudonne-moinet, B., Tortrat, D., Verny, M. & Forotte, B. (1998). Ideomotor apraxia test: a new test of imitation of gestures for elderly people. *European Journal of Neurology, 5,* 571–578. http://doi.org/10.1046/j.1468-1331.1998.560571.x

Duffy, J.R. & Duffy, R.J. (1989). The Limb Apraxia Test: An Imitative Measure of Upper Limb Apraxia. In *Clinical Aphasiology Conference 1988* (p. 145–159). Boston: College-Hill.

Duffy, J.R. & Duffy, R.J. (1990). The assessment of limb apraxia: The limb apraxia test. In G.E. Hammond (ed.). *Cerebral Control of Limb and Speech Movements* (pp. 503–534). Amsterdam: Elsevier Science Publishers.

Giovannetti, T., Libon, D.J., Buxbaum, L.J. & Schwartz, M.F. (2002). Naturalistic action impairments in dementia. *Neuropsychologia, 40,* 1220–1232. http://doi.org/10.1016/S0028-3932(01)00229-9

Goldenberg, G. (1995). Imitating gestures and manipulating a mannikin – the representation of the human body in ideomotor apraxia. *Neuropsychologia, 33,* 63–72. http://doi.org/10.1016/0028-3932(94)00104-W

Goldenberg, G. (1996). Defective imitation of gestures in patients with damage in the left or right hemispheres. *Journal of Neurology, Neurosurgery & Psychiatry, 61,* 176–180. http://doi.org/10.1136/jnnp.61.2.176

Goldenberg, G. (1999). Matching and imitation of hand and finger postures in patients with damage in the left or right hemispheres. *Neuropsychologia, 37,* 559–566. http://doi.org/10.1016/S0028-3932(98)00111-0

Goldenberg, G. (2006). Apraxie. In H. O Karnath, W. Hartje & W. Ziegler (Hrsg.), *Kognitive Neurologie* (S. 34–47). Stuttgart: Georg Thieme Verlag.

Goldenberg, G. (2008). Apraxien. *Aktuelle Neurologie, 35,* 34–48. http://doi.org/10.1055/s-2007-986234

Goldenberg, G. (2010). Apraxie. In S. Frommelt & H. Lösslein, (Hrsg.), *NeuroRehabilitation: Ein Praxisbuch für interdisziplinäre Teams* (S. 329–336). Heidelberg: Springer.

Goldenberg, G. (2011). *Apraxien.* Göttingen: Hogrefe.

Goldenberg, G. (2012). Apraxie. In H.-O. Karnath & S. Thier (Hrsg.), *Kognitive Neurowissenschaften* (S. 403–414). Berlin: Springer.

Goldenberg, G. (2013). *Apraxia: The Cognitive Side of Motor Control* (pp. 109). Oxford: University Press. http://doi.org/10.1093/acprof:oso/9780199591510.001.0001

Goldenberg, G. (1996). Defective imitation of gestures in patients with damage in the left or right hemispheres. *Journal of Neurology, Neurosurgery & Psychiatry, 61,* 176–180. http://doi.org/10.1136/jnnp.61.2.176

Goldenberg, G. & Hagmann, S. (1997). The meaning of meaningless gestures: A study of visuo-imitative apraxia. *Neuropsychologia, 35,* 333–341. http://doi.org/10.1016/S0028-3932(96)00085-1

Goldenberg, G. & Hagmann, S. (1998). Tool use and mechanical problem solving in apraxia. *Neuropsychologia, 36,* 581–589. http://doi.org/10.1016/S0028-3932(97)00165-6

Goldenberg, G., Hartmann, K. & Schlott, I. (2003). Defective pantomime of object use in left brain damage: apraxia or asymbolia? *Neuropsychologia, 41,* 1565 -1573.

Goldenberg, G., Hermsdörfer, J., Glindemann, R., Rorden, C. & Karnath, H.O. (2007). Pantomime of tool use depends on integrity of left inferior frontal cortex. *Cerebral Cortex, 17,* 2769–2776. http://doi.org/10.1093/cercor/bhm004

Goldenberg, G. & Karnath, H. O. (2006). The neural basis of imitation is body part specific. *The Journal of Neuroscience, 26,* 6282–6287. http://doi.org/10.1523/JNEUROSCI.0638-06.2006

Goldenberg, G. & Spatt, J. (2009). The neural basis of tool use. *Brain, 132,* 1645–1655. http://doi.org/10.1093/brain/awp080

Goldenberg, G. & Strauß, S. (2002). Hemisphere asymmetries for imitation of novel gestures. *Neurology, 59,* 893–897. http://doi.org/10.1212/WNL.59.6.893

Goldenberg, G., Wimmer, A., Holzner, F. & Wessely, S. (1985). Apraxia of the left limbs in a case of callosal disconnection: the contribution of medial frontal lobe damage. *Cortex, 21,* 135–148. http://doi.org/10.1016/S0010-9452(85)80021-6

Gonzalez Rothi, L. J., Heilman, K. M. & Watson, R. T. (1985). Pantomime comprehension and ideomotor apraxia. *Journal of Neurology, Neurosurgery & Psychiatry, 48,* 207–210. http://doi.org/10.1136/jnnp.48.3.207

Gonzalez Rothi, L. J., Raymer, A. M. & Heilman, K. M. (1997). Limb praxis assessment. In L. J. Gonzalez Rothi & K. M. Heilman (Eds.), *Apraxia: The Neuropsychology of Action* (pp. 61–74). Hove, UK: Psychology Press.

Goodglass, H., Kaplan, E. & Barresi, B. (2001a). *Boston Diagnostic Aphasia Examination – Third Edition (BDAE-3).* Philadelphia: Lippincott, Williams Wilkins.

Goodglass, H., Kaplan, E. & Barresi, B. (2001b). *The Assessment of Aphasia and Related Disorders, Third Edition.* Philadelphia: Lippincott, Williams & Wilkins.

Graham, N. L., Zeman, A., Young, A. W., Patterson, K. & Hodges, J. R. (1999). Dyspraxia in a patient with corticobasal degeneration: the role of visual and tactile inputs to action. *Journal of Neurology, Neurosurgery & Psychiatry, 67* (3), 334–344. http://doi.org/10.1136/jnnp.67.3.334

Haaland, K. Y., Harrington, D. L. & Knight, R. T. (2000). Neural representations of skilled movement. *Brain, 123,* 2306–2313. http://doi.org/10.1093/brain/123.11.2306

Halsband, U., Schmitt, J., Weyers, M., Binkofski, F., Grützner, G. & Freund, H. J. (2001). Recognition and imitation of pantomimed motor acts after unilateral parietal and premotor lesions: A perspective on apraxia. *Neuropsychologia, 39,* 200–216. http://doi.org/10.1016/S0028-3932(00)00088-9

Hanna-Pladdy, B., Heilman, K. M. & Foundas, A. L. (2003). Ecological implications of ideomotor apraxia Evidence from physical activities of daily living. *Neurology, 60,* 487–490. http://doi.org/10.1212/WNL.60.3.487

Hartmann, K., Goldenberg, G., Daumüller, M. & Hermsdörfer, J. (2005). It takes the whole brain to make a cup of coffee: the neuropsychology of naturalistic actions involving technical devices. *Neuropsychologia, 43,* 625–637. http://doi.org/10.1016/j.neuropsychologia.2004.07.015

Heilman, K. M. & Rothi, L. J. G. (1993). Apraxia. In K. M. Heilman & E. Valenstein (Eds.), *Clinical Neuropsychology.* New York: Oxford University Press.

Heilman, K. M., Maher, L. M., Greenwald, M. L. & Rothi, L. J. (1997). Conceptual apraxia from lateralized lesions. *Neurology, 49,* 457–464. http://doi.org/10.1212/WNL.49.2.457

Hermsdörfer, J. (2007). Pantomime von Werkzeuggebrauch versus reale Ausführung bei Apraxie: Kinematische Analysen. *Neurologie und Rehabilitation, 13,* 312–319.

Hermsdörfer, J., Terlinden, G., Mühlau, M., Goldenberg, G. & Wohlschläger, A. M. (2007). Neural representations of pantomimed and actual tool use: evidence from an event-related fMRI study. *Neuroimage, 36,* T109-T118. http://doi.org/10.1016/j.neuroimage.2007.03.037

Hodges, J. R., Bozeat, S., Ralph, M. A. L., Patterson, K. & Spatt, J. (2000). The role of conceptual knowledge in object use evidence from semantic dementia. *Brain, 123,* 1913–1925. http://doi.org/10.1093/brain/123.9.1913

Hodges, J. R., Spatt, J. & Patterson, K. (1999). „What“ and „how“: Evidence for the dissociation of object knowledge and mechanical problem-solving skills in the human brain. *Proceedings of the National Academy of Sciences, 96,* 9444–9448. http://doi.org/10.1073/pnas.96.16.9444

Ihl, R. & Weyer, G. (1993). *Alzheimer's Disease Assessment Scale (ADAS). Deutsche Bearbeitung. Manual.* Weinheim: Beltz Test.

Jarry, C., Osiurak, F., Delafuys, D., Chauvire, V., Etcharry-Bouyx, F. & Le Gall, D. (2013). Apraxia of tool use: more evidence for the technical reasoning hypothesis. *Cortex, 49* (9), 2322–2333. http://doi.org/10.1016/j.cortex.2013.02.011

Kaesberg, S., Kalbe, E., Finis, J., Kessler, J. & Fink, G. R. (2013). *KöpSS. Kölner Neuropsychologischen Screening für Schlaganfall-Patienten.* Göttingen: Hogrefe.

Kalbe, E., Reinhold, N., Brand, M. & Kessler, J. (2002). The short aphasia-check-list: an economical screening for detecting aphasia. *European Journal of Neurology, 9,* 209.

Kerschensteiner, M. & Poeck, K. (1974). Bewegungsanalyse bei buccofacialer Apraxie. *Nervenarzt, 45,* 9–15.

Kertesz, A. & Ferro, J. M. (1984). Lesion size and location in ideomotor apraxia. *Brain, 107,* 921–933. http://doi.org/10.1093/brain/107.3.921

Kertesz, A. (1982). *Western Aphasia Battery.* New York: Grune and Stratton.

Kertesz, A. (2006). *Western Aphasia Battery-Revised (WAB-R).* San Antonio, TX: Pearson Assessment & Information GmbH.

Kessler, J., Denzler, S. & Markowitsch, H. J. (1999). *Demenz-Test. Eine Testbatterie zur Erfassung kognitiver Beeinträchtigungen im Alter* (2., überarbeitete Auflage). Weinheim: Beltz.

Kimura, D. & Archibald, Y. (1974). Motor functions of the left hemisphere. *Brain, 97,* 337–350. http://doi.org/10.1093/brain/97.1.337

Kolb, B. & Milner, B. (1981). Performance of complex arm and facial movements after focal brain lesions. *Neuropsychologia, 19,* 491–503. http://doi.org/10.1016/0028-3932(81)90016-6

Kolb, B. & Wishaw, I. Q. (1996). *Neuropsychologie.* Heidelberg: Spektrum Akademischer Verlag.

Kramer, J. H., Delis, D. C. & Nakada, T. (1985). Buccofacial apraxia without aphasia due to a right parietal lesion. *Annals of Neurology, 18,* 512–514. http://doi.org/10.1002/ana.410180416

Lehmkuhl, G., Poeck, K. & Willmes, K. (1983). Ideomotor apraxia and aphasia: an examination of types and manifestations of apraxic symptoms. *Neuropsychologia, 21,* 199–212. http://doi.org/10.1016/0028-3932(83)90038-6

Leiguarda, R. C. (2001). Limb apraxia: Cortical or subcortical. *Neuroimage, 14,* 137–141. http://doi.org/10.1006/nimg.2001.0833

Leiguarda, R., Lees, A. J., Merello, M., Starkstein, S. & Marsden, C. D. (1994). The nature of apraxia in corticobasal degneration. *Journal of Neurology, Neurosurgery & Psychiatrie, 57,* 455–459. http://doi.org/10.1136/jnnp.57.4.455

Liepelt, I., Trenner, M. U., Freund, S., Engel, U., Lueschow, A., Platz, T. (2007). Der Berliner-Apraxie-Test für ideomotorische und ideatorische Apraxie. *Zeitschrift für Neuropsychologie, 18,* 193–206. http://doi.org/10.1024/1016-264X.18.3.193

Liepelt, I. (2006). *Die Konstruktion und Evaluation des Berliner-Apraxie-Tests: Ein standardisiertes Verfahren zur Erfassung apraktischer Phänomene* (Dissertation). Berlin: Humboldt-Universität.

Liepmann, H. (1908). *Drei Aufsätze aus dem Apraxiegebiet.* Berlin: Karger.

Luria, A. R. (1966). *Human brain and psychological processes.* New York: Harper & Row.

Meijer, R., Ihnenfeldt, D. S., de Groot, I. J., Van Limbeek, J., Vermeulen, M. & De Haan, R. J. (2003). Prognostic factors for ambulation and activities of daily living in the subacute phase after stroke. A systematic review of the literature. *Clinical Rehabilitation, 17,* 119–129.

Mengotti, S., Corradi-Dell'Acqua, C., Negri, G. A., Ukmar, M., Pesavento, V. & Rumiati, R. I. (2013). Selective imitation impairments differentially interact with language processing. *Brain, 136* (8), 2602–2618. http://doi.org/10.1093/brain/awt194

Mozaz, M., Gonzalez-Rothi, L. J., Anderson, J. M., Crucian, G. S. & Heilman, K. M. (2002). Postural knowledge of transitive pantomimes and intransitive gestures. *Journal of the International Neuropsychological Society, 8* (7), 958–962. http://doi.org/10.1017/S1355617702870114

Neiman, M. R., Duffy, R. J., Belanger, S. A. & Coelho, C. A. (1994). Concurrent validity of the Kaufman Hand Movement Test as a measure of limb apraxia. *Perceptual and Motor Skills, 79* (3), 1279–1282. http://doi.org/10.2466/pms.1994.79.3.1279

Neiman, M. R., Duffy, R. J., Belanger, S. A. & Coelho, C. A. (1996). An investigation of a method of simplified scoring for the Kaufman Hand Movements test as a measure of limb apraxia. *Perceptual and Motor Skills, 82,* 267–271. http://doi.org/10.2466/pms.1996.82.1.267

Neiman, M. R., Duffy, R. J., Belanger, S. A. & Coelho, C. A. (2000). The assessment of limb apraxia: Relationship between performances on single- and multiple-object tasks by left hemisphere damaged aphasic subjects. *Neuropsychological Rehabilitation, 10,* 429–448.

Osiurak, F., Jarry, C., Allain, S., Aubin, G., Etcharry-Bouyx, F., Richard, I. & Le Gall, D. (2009). Unusual use of objects after unilateral brain damage: The technical reasoning model. *Cortex, 45,* 769–783. http://doi.org/10.1016/j.cortex.2008.06.013

Osiurak, F., Jarry, C., Lesourd, M., Baumard, J. & Le Gall, D. (2013). Mechanical problem-solving strategies in left-brain damaged patients and apraxia of tool use. *Neuropsychologia, 51,* 1964–1972. http://doi.org/10.1016/j.neuropsychologia.2013.06.017

Ochipa, C., Rapcsak, S. Z., Maher, L. M., Rothi, L. J. G., Bowers, D. & Heilman, K. M. (1997). Selective deficit of praxis imagery in ideomotor apraxia. *Neurology, 49,* 474–480. http://doi.org/10.1212/WNL.49.2.474

Ochipa, C., Rothi, L. J. G. & Heilman, K. M. (1992). Conceptual apraxia in alzheimer's. *Brain, 115,* 1061–1071. http://doi.org/10.1093/brain/115.4.1061

Ozsancak, C., Auzou, S., Dujardin, K., Quinn, N. & Destée, A. (2004). Orofacial apraxia in corticobasal degeneration, progressive supranuclear palsy, multiple system atrophy and Parkinsos disease. *Journal of neurology, 251,* 1317–1323. http://doi.org/10.1007/s00415-004-0530-0

Papagno, C., Della Sala, S. & Basso, A. (1993). Ideomotor apraxia without aphasia and aphasia without apraxia: the anatomical support for a double dissociation. *Journal of Neurology, Neurosurgery & Psychiatry, 56,* 286–289. http://doi.org/10.1136/jnnp.56.3.286

Pazzaglia, M., Smania, N., Corato, E. & Aglioti, S. M. (2008). Neural underpinnings of gesture discrimination in patients with limb apraxia. *The Journal of Neuroscience, 28* (12), 3030–3041. http://doi.org/10.1523/JNEUROSCI.5748-07.2008

Poeck, K. (1983). Ideatorische Apraxie. *Journal of Neurology, 230,* 1–5. http://doi.org/10.1007/BF00313591

Poeck, K. (1986). The clinical examination for motor apraxia. *Neuropsychologia, 24,* 129–134. http://doi.org/10.1016/0028-3932(86)90046-1

Poeck, K. (1989). Apraxie. In K. Poeck (Hrsg.), *Klinische Neuropsychologie* (2. Auflage, S. 188–204). Stuttgart: Thieme.

Poeck, K. (1997). Apraxie. In W. Hartje & K. Poeck (Hrsg.), *Klinische Neuropsychologie* (5. Auflage, S. 227–239). Stuttgart: Thieme.

Poeck, K., Lehmkuhl, G. & Willmes, K. (1982). Axial movements and ideomotor apraxis. *Journal of Neurology, Neurosurgery & Psychiatry, 45,* 1225–1229.

Power, E., Code, C., Croot, K., Sheard, C. & Gonzales Rothi, L. J. (2010). Florida Apraxia Battery – Extended and Revised Sydney (FABERS): Design, description, and a healthy control sample. *Journal of Clinical and Experimental Neuropsychology, 32,* 1–10. http://doi.org/10.1080/13803390902791646

Rossmüller, J. (2007). Theoriegeleitetes Assessment von Praxiefunktionen bei Schlaganfall-Patienten. Der Düsseldorfer Apraxie-Test (DAXT) als Brücke zwischen Grundlagenwissenschaft und diagnostischer Praxis. *Neurologie & Rehabilitation, 13,* 320–326.

Rothi, L. J. G., Raymer, A. M. & Heilman, K. M. (1997). Limb praxis assessment. In L. J. G. Rothi & K. M. Heilman (eds.), *Apraxia: The neuropsychology of action. Brain damage, behaviour and cognition series.* Hove, UK: Psychology Press.

Rothi, L. J. G., Mack, L., Verfaellie, M., Brown, S. & Heilman, K. M. (1988). Ideomotor apraxia: Error pattern analysis. *Aphasiology, 2,* 381–388. http://doi.org/10.1080/02687038808248942

Roy, E. A., Black, S. E., Blair, N. & Dimeck, S. T. (1998). Analyses of deficits in gestural pantomime. *Journal of Clinical and Experimental Neuropsychology, 20,* 628–643. http://doi.org/10.1076/jcen.20.5.628.1128

Roy, E. A., Square-Storer, S., Hogg, S. & Adams, S. (1991). Analysis of task demands in apraxia. *International Journal of Neuroscience, 56,* 177–186. http://doi.org/10.3109/00207459108985414

Rumiati, R. I. (2005). Right, left or both? Brain hemispheres and apraxia of naturalistic actions. *Trends in cognitive sciences, 9,* 167–169. http://doi.org/10.1016/j.tics.2005.02.007

Rumiati, R. I., Weiss, S. H., Shallice, T., Ottoboni, G., Noth, J., Zilles, K. & Fink, G. R. (2004). Neural basis of pantomiming the use of visually presented objects. *Neuroimage, 21,* 1224–1231. http://doi.org/10.1016/j.neuroimage.2003.11.017

Rumiati, R. I., Weiss, S. H., Tessari, A., Assmus, A., Zilles, K., Herzog, H. & Fink, G. R. (2005). Common and differential neural mechanisms supporting imitation of meaningful and meaningless actions. *Journal of Cognitive Neuroscience, 17,* 1420–1431. http://doi.org/10.1162/0898929054985374

Saeki, S., Ogata, H., Okubo, T., Takahashi, K. & Hoshuyama, T. (1995). Return to work after stroke a follow-up study. *Stroke, 26,* 399–401. http://doi.org/10.1161/01.STR.26.3.399

Schwartz, M. F., Buxbaum, L. J., Ferraro, M., Veramonti, T. & Segal, M. (2003). *Naturalistic Action Test.* Oxford, UK: Pearson Assessment & Information GmbH.

Schwartz, M. F., Buxbaum, L. J., Montgomery, M. W., Fitzpatrick-DeSalme, E., Hart, T., Ferraro, M. & Coslett, H. B. (1998). Naturalistic action production following right hemisphere stroke. *Neuropsychologia, 37,* 51–66. http://doi.org/10.1016/S0028-3932(98)00066-9

Schwartz, M. F., Segal, M., Veramonti, T., Ferraro, M. & Buxbaum, L. J. (2002). The Naturalistic Action Test: A standardized assessment for everyday-action impairment. *Neuropsychological Rehabilitation, 12,* 311–339. http://doi.org/10.1080/09602010244000084

Schwartz, R. L., Adair, J. C., Raymer, A. M., Williamson, D. J., Crosson, B., Rothi, L. J., Nadeau, S. E. & Heilman, K. M. (2000). Conceptual apraxia in probable Alzheimer's disease as demonstrated by the Florida Action Recall Test. *Journal of the International Neuropsychological Society, 6,* 265–270.

Shewan, C. M. & Kertesz, A. (1980). Reliability and validity characteristics of the Western Aphasia Battery (WAB). *Journal of Speech and Hearing Disorders, 45* (3), 308–324. http://doi.org/10.1044/jshd.4503.308

Spatt, J., Bak, T., Bozeat, S., Patterson, K. & Hodges, J. R. (2002). Apraxia, mechanical problem solving and semantic knowledge. *Journal of Neurology, 249,* 601–608. http://doi.org/10.1007/s004150200070

Spinazzola, L., Cubelli, R. & Della Sala, S. (2003). Impairments of trunk movements following left or right hemisphere lesions: dissociation between apraxic errors and postural instability. *Brain, 126* (12), 2656–2666. http://doi.org/10.1093/brain/awg266

Strauß, S. (2003). *Vergleich der Imitation und Perzeption von Gesten der Finger, der Hand und des Fußes bei Patienten mit links- oder rechtszerebralen Läsionen* (Dissertation). München: Technische Universität; Fakultät für Medizin.

Tessari, A. & Rumiati, R. I. (2004). The strategic control of multiple routes in imitation of actions. *Journal of Experimental Psychology: Human Perception and Performance, 30,* 1107.

Tessari, A., Canessa, N., Ukmar, M. & Rumiati, R. I. (2007). Neuropsychological evidence for a strategic control of multiple routes in imitation. *Brain, 130,* 1111–1126. http://doi.org/10.1093/brain/awm003

Tessari, A., Toraldo, A., Lunardelli, A., Zadini, A. & Rumiati, R. I. (2011). Prova standardizzata per la diagnosi del disturbo aprassico ideomotorio selettivo per tipo di gesto e tipo di effettore. *Ricerche di Psicologia, 3,* 311–339.

Tessari, A., Toraldo, A., Lunardelli, A., Zadini, A. & Rumiati, R. I. (2015). STIMA: a short screening test for ideo-motor apraxia, selective for action meaning and bodily district. *Neurological Sciences, 36,* 977–984. http://doi.org/10.1007/s10072-015-2203-4

Tognola, G. & Vignolo, L. A. (1980). Brain lesions associated with oral apraxia in stroke patients: a clinico-neuroradiological investigation with the CT scan. *Neuropsychologia, 18,* 257–272. http://doi.org/10.1016/0028-3932(80)90122-0

van Heugten, C. M., Dekker, J., Deelman, B. G., Stehmann-Saris, J. C. & Kinébanian, A. (1999). A diagnostic test for apraxia in stroke patients: internal consistency and diagnostic value. *The Clinical Neuropsychologist, 13,* 182–192. http://doi.org/10.1076/clin.13.2.182.1966

Vanbellingen, T., Kersten, B., Hemelrijk, B. V., Van de Winckel, A., Bertschi, M., Müri, R., De Weerdt, W. & Bohlhalter, S. (2009). Comprehensive assessment of gesture production: a new test of upper limb apraxia (TULIA). *European Journal of Neurology, 17* (1), 59–66. http://doi.org/10.1111/j.1468-1331.2009.02741.x

Vanbellingen, T., Kersten, B., Van de Winckel, A., Bellion, M., Baronti, F., Müri, R. & Bohlhalter, S. (2010). A new bedside test of gestures in stroke: the apraxia screen of TULIA (AST). *Journal of Neurology, Neurosurgery & Psychiatry, 82,* 389–392. http://doi.org/10.1136/jnnp.2010.213371

Varney, N. (1978). Linguistic correlates of pantomime recognition in aphasic patients. *Journal of Neurology, Neurosurgery & Psychiatry, 41,* 564–568. http://doi.org/10.1136/jnnp.41.6.564

Wada, Y., Nakagawa, Y., Nishikawa, T., Aso, N., Inokawa, M., Kashiwagi, A. & Takeda, M. (1999). Role of somatosensory feedback from tools in realizing movements by patients with ideomotor apraxia. *European Neurology, 41,* 73–78. http://doi.org/10.1159/000008006

Weiss, S. H. & Fink, G. R. (2011). Apraxie. In D. A. Nowak (Hrsg.), *Handfunktionsstörungen in der Neurologie: Klinik und Rehabilitation* (S. 395–401). Heidelberg: Springer.

Weiss-Blankenhorn, S., Kalbe, E., Fink, G. R. & Kessler, J. (2013). *Das Kölner Apraxie-Screening.* Göttingen: Hogrefe.

Wilson, S. H., Maruff, S., Ives, S. & Currie, J. (2001). Abnormalities of motor and praxis imagery in children with DCD. *Human Movement Science, 20,* 135–159. http://doi.org/10.1016/S0167-9457(01)00032-X

Wirth, K., Held, A., Kalbe, E., Kessler, J., Saliger, J., Karbe, H., Fink, G. R. & Weiss, P. H. (2016). Das revidierte Kölner Apraxie-Screening (KAS-R) als diagnostisches Verfahren für Patienten mit rechtshemisphärischem Schlaganfall. *Fortschritte der Neurologie & Psychiatrie, 84,* 633–639.

Zwinkels, A., Geusgens, C., Sande, S. & van Heugten, C. (2004). Assessment of apraxia: inter-rater reliability of a new apraxia test, association between apraxia and other cognitive deficits and prevalence of apraxia in a rehabilitation setting. *Clinical Rehabilitation, 18,* 819–827.

Zadikoff, C. & Lang, A. E. (2005). Apraxia in movement disorders. *Brain, 128,* 1480–1497. http://doi.org/10.1093/brain/awh560

5 Sensomotorik

Beate Schächtele

Während die Prüfung der Sensomotorik einen festen Bestandteil der Entwicklungsdiagnostik bildet (vgl. Diagnostik bei Kindern und Jugendlichen in diesem Band), zählt sie nicht zum Kernbereich der neuropsychologischen Diagnostik von Erwachsenen. Sensomotorische Funktionen werden von klinischen Neuropsychologen selten untersucht, obgleich sie neben basalen visuellen Wahrnehmungsfunktionen einen entscheidenden, die Testleistung beeinflussenden Faktor darstellen und bei der Interpretation von Testergebnissen nicht außer Acht gelassen werden dürfen. Nicht selten muss der Proband bei bestimmten Testverfahren Figuren zeichnen, Elemente durchstreichen oder kodieren, oder er muss Objekte manipulieren, also motorische Aktivitäten ausführen, bei denen unter gleichzeitiger Erfassung der Geschwindigkeit auf kognitive Prozesse geschlossen wird. Zeitliche Verzögerungen aufgrund von Einschränkungen der Sensomotorik sind hierbei unbedingt zu berücksichtigen.

Die folgende Zusammenstellung soll einen Überblick über Verfahren zur Untersuchung sensomotorischer Funktionen bei Erwachsenen bieten. Sie beginnt mit Verfahren zur Händigkeit, wobei zwischen den Dimensionen Handpräferenz und Handleistung unterschieden wird. Während sich die Handpräferenz auf die bevorzugte Hand bei verschiedenen Tätigkeiten bezieht und über Fragebogen und Verhaltensproben erfasst wird, werden bei der stärker durch Umweltfaktoren und Übung beeinflussten Handleistung Genauigkeit und Geschwindigkeit der Leistung oder die Anzahl pro vorgegebener Zeiteinheit berücksichtigt. Feinmotorische Voraussetzungen und deren Automatisierung beim Zeichnen und Schreiben werden in grafomotorischen Tests erfasst. Kinematische Analysen der Schreibbewegungen vervollständigen das Bild. Die Augen-Hand-Koordination oder Visuomotorik beinhaltet die Koordination von visueller Wahrnehmung und feinmotorischen Leistungen und kann sowohl einhändige als auch beidhändige Aufgaben umfassen. Dabei muss in der Regel ein wechselnder Zielreiz beachtet oder beim kontinuierlichen Verfolgen einer Bahn die vorgegebene Begrenzungslinie eingehalten werden. Feinmotorische Geschicklichkeit wird sowohl beim Auflesen von kleinen Gegenständen als auch beim Einstecken von Stiften in die Löcher eines Brettes verlangt, mehr noch beim Zusammenfügen von Teilen wie Schrauben und Muttern, bei der Handhabung von Werkzeugen oder beim Manipulieren innerhalb der Hand, wie dies beim Umdrehen von Steckern der Fall ist. Eine Übersicht über Geschicklichkeitstests haben Yancosek und Howell (2009) zusammengestellt.

Bei Lähmungen von Arm und Hand werden, dem Ausmaß beim Verlust der Bewegungsfähigkeit folgend, zum einen elementare Bewegungen der oberen Extremität überprüft, zum anderen die Greiffunktion mit unterschiedlichen Griffarten wie sphärischer Griff, Schlüsselgriff oder Spitzgriff. Die Messung der Handkraft erfolgt mittels Handynamometer, die der Fingerkraft mittels Pinch Gauge. Zum Erfassen von Stärke und Richtung der Fingerkräfte werden Federn unterschiedlicher Stärke eingesetzt. Über kinematische Messsysteme lassen sich Bewegungsabläufe analysieren. Wie die Umsetzung der Greiffunktion und Objektmanipulation bei alltagspraktischen Tätigkeiten gelingt, wird mit kleineren Testbatterien erfasst. Eine umfassendere Materialausstattung und eine Schulung in der Handhabung verlangen Simulationssysteme zur Beurteilung der Arbeitsfähigkeit. Fragebogen zur Selbsteinschätzung der Funktionalität in Alltag, Freizeit und Beruf runden die standardisierten Beobachtungen und Tests ab.

Nicht nur intakte motorische Funktionen sind die Voraussetzung zum problemlosen Einsatz unserer Gliedmaßen, sondern auch somatosensorische. Es braucht deren koordiniertes Zusammenspiel. Testdiagnostisch erfasst werden das Tast-, Vibrations- und Berührungsempfinden, das Temperatur- und Schmerzempfinden (Oberflächensensibilität) sowie die Fähigkeit, Gelenkstellungen und Bewegungen wahrzunehmen (Tiefensensibilität). Beim aktiven Explorieren und Erfühlen von Größen, Konturen, Oberflächentextur, Gewicht usw. eines Objekts ist die Integration aller Hautsinne und der Tiefensensibilität erforderlich. Ohne Sichtkontakt, allein durch bloßes Betasten, können Gegenstände erkannt und dem korrespondierenden Objekt eines zweiten Test-Sets zugeordnet werden (haptische Wahrnehmung oder Stereognosie).

Die Gliederung der nachstehenden Tabelle:

Händigkeit	• Handpräferenz (Fragebogen, Verhaltensproben) • Handleistung (Zeichnen, Tapping)
Grafomotorik	• Schreiben • Zeichnen
Auge-Hand-Koordination (Visuomotorik)	• einhändig (mit Maus, Werkzeug, Bleistift) • beidhändig
Feinmotorik/Geschicklichkeit	• Steadines • Auflese-Proben • Steckbretter (Stifte einstecjen, Manipulation, Montage, Werkzeuggebrauch) • alltagsbezogen
Hand-/Armfunkunktion	• elementare Bewegungen und Greifen • Objektmanipulation • Greifkraft (Hand, Finger) • Bewegungsanalyse • Arbeitsfähigkeit • Fragebogen zu Alltag, Freizeit, Beruf
Sensibilität	• Oberflächensensibilität • Haptik/Stereognosie • Sensibilitäts-Batterien

Die Tabelle nennt in der ersten Spalte das jeweilige Verfahren, in der zweiten Spalte die Operationalisierung und eine kurze Beschreibung zum Test oder die Angabe, wo in diesem Band das Verfahren besprochen wird: entweder im Rahmen einer Übersichtstabelle oder/und durch eine vollständige Rezension. Die dritte Spalte enthält Literaturangaben, Bezugsquelle oder einen Querverweis mit Seitenzahl.

Übersichtstabelle: SENSOMOTORIK

Sensomotorik		
Händigkeit		
Händigkeit	**Handpräferenz, Fragebogen**	
Edinburgh Inventory of Handedness	*Material:* Fragebogen (10 Items). *Aufgabe:* Selbsteinschätzung der Handpräferenz bei Alltagstätigkeiten. *Auswertung:* Summe rechte Hand (R); Summe linke Hand (L); Bestimmung des Lateralitätsquotienten (LQ). $LQ = \frac{R-L}{R+L} \times 100$ *Vergleichswerte:* LQ >25 % – mehr oder weniger ausgeprägter Links- oder Rechtshändigkeit LQ 10 % bis 24 % – Präferenz grenzwertig mit Tendenz nach links oder rechts LQ 9 % bis 0 % – keine Präferenz	Oldfield, R. C. (1971). The assessment and analysis of handedness: The Edinburgh inventory. *Neuropsychologia, 9,* 97–113.
Fragebogen zur Bestimmung der Händigkeit	*Material:* Fragebogen und Beobachtungsaufgaben *Erfasste Bereiche:* – Händigkeit in der Verwandtschaft – Handpräferenz bei spontanen einhändigen Tätigkeiten – Handpräferenz bei spontanen beidhändigen Tätigkeiten – durch Erziehung und Nachahmung geprägte und beeinflusste Tätigkeiten (z. B. Besteck benutzen) – durch technische Vorrichtungen geprägte Tätigkeiten (z. B. mit Schere schneiden) – Füßigkeit und Äugigkeit – Anamnese zum Entwicklungsverlauf der Händigkeit – Händigkeit von Bezugspersonen – Anamnese zur allgemeinen Entwicklung	Sattler, J. B. (2002). *Fragebogen zur Bestimmung der Händigkeit.* Zugriff am 07. 04. 2016. *Download:* www.eduhi.at/dl/Barbara_Sattler.pdf
Händigkeit, Beobachtungs- und Anamnesebogen	Zusätzlich zu obigem Fragebogen werden erfasst: – Mögliche Rückschulungsfolgen – Erwartungen von einer Rückschulung der Händigkeit – Kriterien für die Rückschulungsprognose	Sattler, B. (2008). *S-MH® Beobachtungs- und Anamnesebogen zur Abklärung der Händigkeit nach Methodik Dr. Johanna Barbara Sattler.* München. Stand: April 2008. *Download:* http://www.linkshaender-beratung.de/deutsch/Beobachtungsbogen.pdf Zugriff am 20. 12. 2016

Händigkeit		**Handpräferenz, Prüfverfahren**
Preschool Handedness Inventory (PHI)	Tabelle: Lateralisierte Funktionen und interhemisphärische Interaktion	Tabelle S. 572
Hand Preference Demonstration Test (HPDT)	Tabelle: Lateralisierte Funktionen und interhemisphärische Interaktion	Tabelle S. 572
Handpräferenztest für 4–6-jährige Kinder (HAPT 4-6)	Tabelle: Lateralisierte Funktionen und interhemisphärische Interaktion Tabelle: Motorik und Sensibilität bei Kindern und Jugendlichen	Tabelle S. 572 Tabelle S. 320
Händigkeitsprofil nach E. Kraus	Tabelle: Motorik und Sensibilität bei Kindern und Jugendlichen	Tabelle S. 320
Handleistung		**Zeichnen**
Hand-Dominanz-Test (H-D-T)	Tabelle: Lateralisierte Funktionen und interhemisphärische Interaktion Tabelle: Motorik und Sensibilität bei Kindern und Jugendlichen Rezension: H-D-T	Tabelle S. 573 Tabelle S. 320 Rezension S. 325
Punktiertest und Leistungs-Dominanztest für Kinder (PTK-LDT)	Tabelle: Lateralisierte Funktionen und interhemisphärische Interaktion Tabelle: Motorik und Sensibilität bei Kindern und Jugendlichen	Tabelle S. 573 Tabelle S. 320
Der Eisenbahn-Nachfahrtest	Tabelle: Lateralisierte Funktionen und interhemisphärische Interaktion	Tabelle S. 573
Test zur Händigkeit des Schulanfängers (THS)	Tabelle: Lateralisierte Funktionen und interhemisphärische Interaktion Tabelle: Motorik und Sensibilität bei Kindern und Jugendlichen	Tabelle S. 573 Tabelle S. 320
Handleistung		**Tapping**
Hole Punching Test (HOLES)	*Aufgabe:* Mithilfe eines dünnen Stiftes sollen Löcher in das Papier gemacht werden. Der Testbogen liegt auf einer Unterlage mit kleinen Löchern, über denen sich die Kreis-Markierungen auf dem Testbogen befinden. Die Testpersonen sollen in 15 Sekunden so viele Löcher wie möglich machen, jeweils einmal mit der rechten und einmal mit der linken Hand.	Annett, M. (1992). Five tests of hand skill. *Cortex, 28,* 583–600.

Grünberger Feinmotoriktest (GFM)	*Aufgabe:* Die Testpersonen sollen in 15 Sekunden so viele Punkte wie möglich in 1 × 0.5 cm große Kästchen machen, erst mit der linken, dann mit der rechten Hand. *Auswertung:* Anzahl der „Dots" je Hand.	Grünberger, J. (1977). *Psychodiagnostik des Alkoholkranken: ein methodischer Beitrag zur Bestimmung der Organizität in der Psychiatrie.* Wien: Maudrich.
Tapping Board	*Material:* Brett, Aufnahmestift, Verbindungskabel. *Aufgabe:* Mit dem Metallstift während 12 Sekunden so schnell wie möglich abwechselnd auf die beiden Platte tippen. *Auswertung:* Anzahl der „Taps" je Hand. 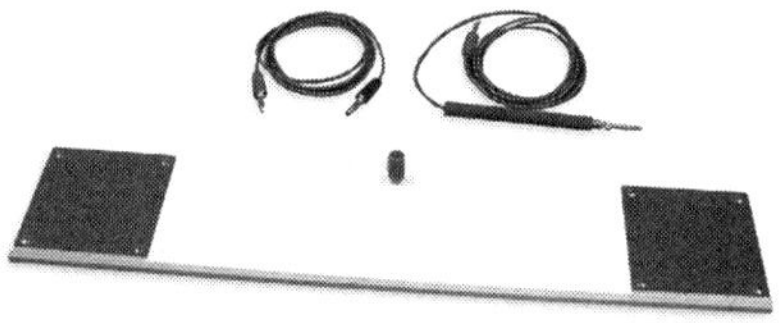	Lafayette Instrument Company (2006). *Tapping Board. User's Manual.* Loughborough, UK: Lafayette Instrument Company.
Tapping	*Aufgabe:* Mit dem Daumen so schnell wie möglich auf den Knopf eines Zählgerätes drücken. Jeweils drei Durchgänge mit jeder Hand. *Auswertung:* Durchschnittliche Anzahl der „Taps" je Hand.	Bishop, D. V. M., Ross, V. A., Daniels, M. S. & Bright, P. (1996). The measurement of hand preference: A validation study comparing three groups of right-handers. *British Journal of Psychology, 87,* 269–285.
Tapping aus: Amsterdam Neuropsychologcal Tasks (ANT)	Tabelle: Motorik und Sensibilität bei Kindern und Jugendlichen Rezension: ANT	Tabelle S. 314 Rezension Band 3
Tapping aus: Tübinger Luria-Christensen Neuropsychologische Untersuchungsreihe für Kinder (TÜKI)	Tabelle: Motorik und Sensibilität bei Kindern und Jugendlichen Rezension: TÜKI	Rezension Band 3
Fingertip Tapping aus: Developmental Neuropsychological Assessment-II (NEPSY-II)	Tabelle: Motorik und Sensibilität bei Kindern und Jugendlichen Rezension: NEPSY-II	Tabelle S. 314 Rezension Band 3
Repetitive Finger- und Handbewegungen; sequentielle Fingerbewegungen aus: Zürcher Neuromotorik (ZNM)	Tabelle: Motorik und Sensibilität bei Kindern und Jugendlichen Tabelle: Lateralisierte Funktionen und interhemisphärische Interaktion Rezension: ZNM	Tabelle S. 318 Tabelle S. 568 Rezension S. 350

Grafomotorik		
Graphomotorische Testbatterie (GMT)	Tabelle: Motorik und Sensibilität bei Kindern und Jugendlichen	Tabelle S. 314
Grafomotorik		**Schreiben**
Computerunterstützte Schreibanalyse	*Material:* Kabelloser Schreibstift, Grafiktablett, Software. *Aufgabe:* a) Schreiben von mehreren Buchstaben, Wörtern oder eines kurzen Satzes. b) Nachfahren der Schreibspur mit dem Stift. Computerunterstützte Analyse der Bewegungsabläufe beim Schreiben. Die kinematische Analyse der gespeicherten Schriftspur ermöglicht eine detailgenaue Beurteilung des Bewegungsablaufs beim Schreiben und bei einfachen, dem Schreiben zugrunde liegenden Bewegungen. 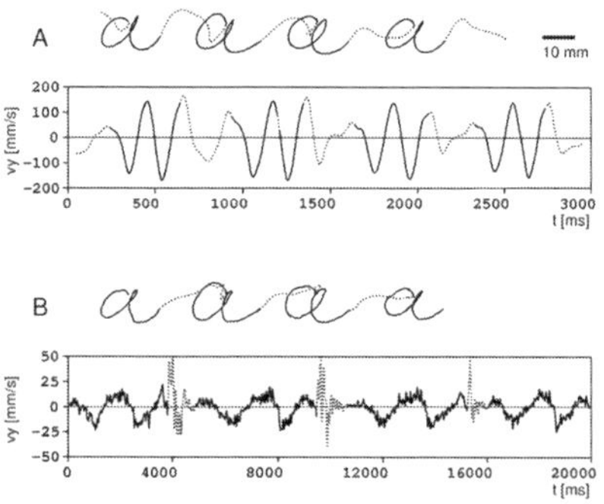 Abbildung oben: automatisierte Schreibbewegung Abbildung unten: kontrollierte Schreibbewegung	Marquardt, C. & Mai, N. (1994). A computational procedure for movement analysis in handwriting. *Journal of Neuroscience Methods, 52,* 39–45. Mai, N. & Marquardt, C. (1995). *Schreibtraining in der neurologischen Rehabilitation.* EKN-Materialien für die Rehabilitation, Band 8. Dortmund: borgmann publishing. *Software:* CS Win. *Vertrieb:* Verlag MedCom, München.
Haid-Bonatti 1-20 Test – revidierte Fassung (HABO 1-20-r)	*Aufgabe:* Schreiben der Ziffern von 1 bis 20, dann den Satz „Heute ist das Wetter schön" und noch einmal die Ziffern 1 bis 20. *Normwerte:* fünf Altersgruppen zwischen 20 und 86 Jahren (N = 627). 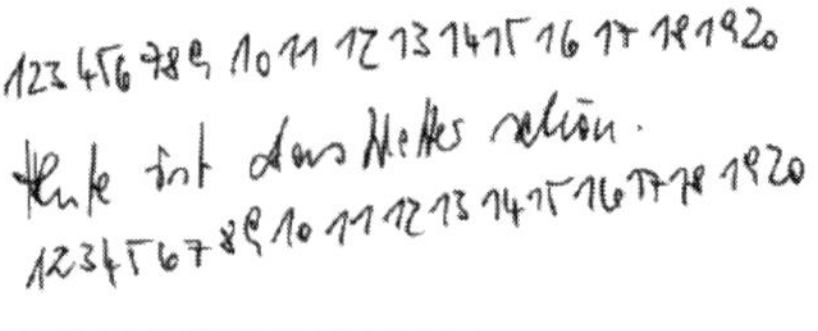	Haid, T., Kofler, M., Bonatti, E., Gamper, E., Quirbach, E. & Saltuari, L. (2006). Normwerte für ein einfaches Verfahren zur Quantifizierung automatisierter Bewegungen über die Schreibgeschwindigkeit: Haid-Bonatti 1–20 Test-revidierte Fassung (HABO 1-20-r). *Neurologie & Rehabilitation, 12,* 329–334.

Zahlensymboltest (ZST) aus: Wechsler Intelligenztest für Erwachsene (WIE, MAIS-IV)	*Aufgabe:* Einfache Symbole müssen nach Vorlage den Zahlen 1 bis 9 zugeordnet werden. *Zeitbegrenzung:* 2 Minuten.	Aster, M. von, Neubauer, A. & Horn, R. (2006). *Wechsler Intelligenztest für Erwachsene (WIE).* Frankfurt/Main: Harcourt Test Services. Petermann, F. (Hrsg.) (2012). *Wechsler Adult Intelligence Sale – Fourth Edition (WAIS-IV).* Frankfurt/Main: Pearson Assessment & Information GmbH
Zahlen-Symboltest (ZS-G) aus: Nürnberger Altersinventar (NAI)	*Aufgabe:* Zuordnen von buchstabenähnlichen Symbolen zu den Zahlen 1 bis 9. Acht Übungsbeispiele. *Zeitbegrenzung:* 90 Sekunden. 1 / V — 2 / X — 3 / T — 4 / N 2 1 2 3 1 4 7 X V X T	Oswald, W. D. & Fleischmann, U. M. (1999). *Nürnberger Altersinventar (NAI). Testinventar, NAI-Testmanual und Textband* (4. unveränd. Aufl.). Göttingen: Hogrefe.
Visuo-motorische Geschwindigkeit (UT 5) aus: Frostigs Entwicklungstest der visuellen Wahrnehmung – Jugendliche und Erwachsene (FEW-JE)	*Aufgabe:* Die Zeichen aus den obenstehenden Formen schnellstmöglich in die Zielformen übertragen 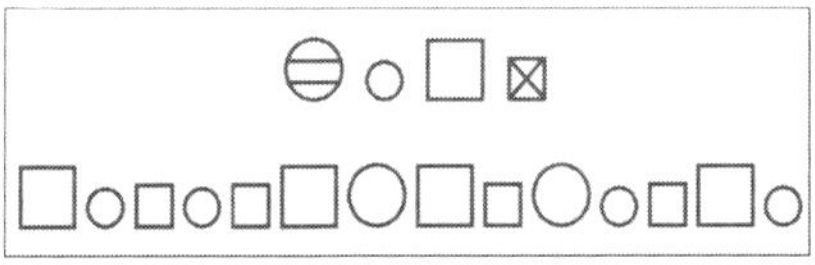 *Normen:* altersspezifische Wertpunkte, standardisierte Skalenwerte und Prozentränge; 15 Altersgruppen von 9 bis 90 Jahren.	Petermann, F., Waldmann, H.-C., Daseking, M. & Werpup, L. (2013). *Frostigs Entwicklungstest der visuellen Wahrnehmung – Jugendliche und Erwachsene (FEW-JE). Deutsche Bearbeitung des Developmental Test of Visual Perception – Adolescent and Adult (DTVP-A) von C. R. Reynolds, N. A. Pearson & J. K. Voress.* Göttingen: Hogrefe.
Visuo-motorische Geschwindigkeit (UT 7) aus: Frostigs Entwicklungstest der visuellen Wahrnehmung-2 (FEW-2)	Tabelle: Motorik und Sensibilität bei Kindern und Jugendlichen Rezension: FEW-2	Tabelle S. 317 Rezension S. 433
Ravensburger Erhebungsbogen grafo- und schreib-motorischer Auffälligkeiten (RAVEK-S)	Tabelle: Motorik und Sensibilität bei Kindern und Jugendlichen	Tabelle S. 315

Minnesota Handwriting Assessment (MAH)	Tabelle: Motorik und Sensibilität bei Kindern und Jugendlichen	Tabelle S. 315
Test of Handwriting Skills – Revised (THS-R)	Tabelle: Motorik und Sensibilität bei Kindern und Jugendlichen	Tabelle S. 315
Detailed Assessment of Speed of Handwriting (DASH)	Tabelle: Motorik und Sensibilität bei Kindern und Jugendlichen	Tabelle S. 316
Grafomotorik		**Zeichnen**
Göttinger Formreproduktions-Test (G-F-T)	Tabelle: Motorik und Sensibilität bei Kindern und Jugendlichen	Tabelle S. 316
Abzeichnen aus: BentonTest	*Aufgabe:* 10 geometrische Figuren und Muster sollen in der korrekten Anordnung abgezeichnet werden. 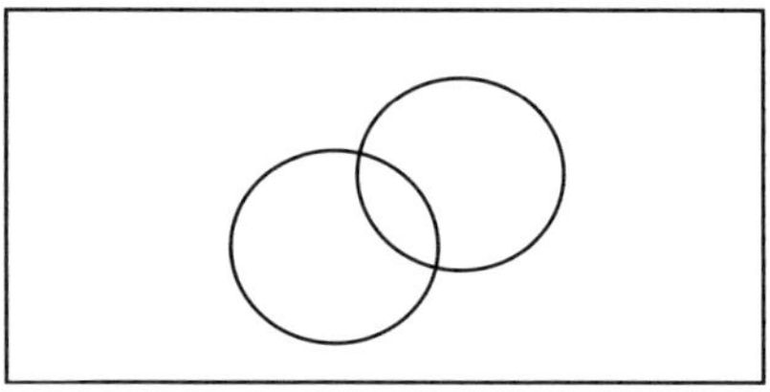	Benton, A. L. (2009). *Der Benton-Test* (8., überarb. u. erg. Aufl.). Bern: Huber.
Abzeichnen (UT 1) aus: Frostigs Entwicklungstest der visuellen Wahrnehmung – Jugendliche und Erwachsene (FEW-JE)	*Aufgabe:* Figuren möglichst genau abzeichnen. Beachtet werden müssen dabei die räumlichen Beziehungen. 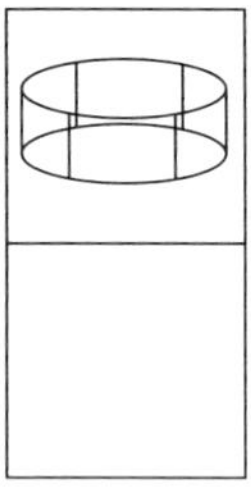 *Normen:* altersspezifische Wertpunkte, standardisierte Skalenwerte und Prozentränge; 15 Altersgruppen von 9 bis 90 Jahren.	Petermann, F., Waldmann, H.-C., Daseking, M. & Werpup, L. (2013). *Frostigs Entwicklungstest der visuellen Wahrnehmung – Jugendliche und Erwachsene (FEW-JE). Deutsche Bearbeitung des Developmental Test of Visual Perception – Adolescent and Adult (DTVP-A) von Reynolds, C. R., Pearson, N. A. & Voress, J. K.* Göttingen: Hogrefe. Reynolds, C. R. Pearson, N. A. & Voress, J. K. (2002). *Developmental Test of Visual Perception – Adolescent and Adult (DTVP-A).* Austin, TX: Pro-ed.
Abzeichnen (UT 3) aus: Frostigs Entwicklungstest der visuellen Wahrnehmung-2 (FEW-2)	Tabelle: Motorik und Sensibilität bei Kindern und Jugendlichen Rezension: FEW-2	Tabelle S. 316 Rezension S. 433

Figure copy aus: Developmental Neuropsychological Assessment-II (NEPSY-II)	Tabelle: Motorik und Sensibilität bei Kindern und Jugendlichen Rezension: NEPSY-II	Tabelle S. 316 Rezension Bd. 3
Visuomotorik (UT 10) aus: Intelligence and Development Scales (IDS) und aus: Intelligence and Development Scales-Preschool (IDS-P)	Tabelle: Motorik und Sensibilität bei Kindern und Jugendlichen Rezensionen: IDS und IDS-p	Tabelle S. 316 Rezension Bd. 3 Rezension Bd. 3.
Beery-Buktenica Developmental Test of Visual-Motor Integration (BEERY VMI)	Tabelle: Motorik und Sensibilität bei Kindern und Jugendlichen	Tabelle 316
Auge-Hand-Koordination		
Auge-Hand-Koordination (Visuomotorik)		**einhändig, mit Eingabegerät**
Mauseignungstest (MOUSE) aus: Wiener Testsystem (WTS)	*Aufgabe:* Mit der Computermaus so rasch wie möglich auf Quadrate klicken, die nacheinander an verschiedenen Stellen des Bildschirms erscheinen. *Auswertung:* (a) Anzahl richtig angeklickter Quadrate innerhalb eines Zeitlimits; (b) Bearbeitungszeit für alle Items; (c) Genauigkeit. *Alter:* 16–80 Jahre. 	Debelak, R., Mandler, G. & Topfstedt, E. (2012). *Mauseignungstest (MOUSE).* Mödling: SCHUHFRIED GmbH.
Sensomotorische Koordination (SMK)	*Aufgabe:* Ein in einem dreidimensionalen Raum platziertes, gelbes Kreissegment soll in eine gewünschte Position gebracht werden. Das auf der Spitze stehende Kreissegment beginnt, selbstständig unvorhersehbare	Bauer, H., Guttmann, G., Leodolter, M. & Leodolter, U. (1999). *Sensomotorische Koordination (SMK).* Mödling: SCHUFRIED GmbH.

	Bewegungen auszuführen. Der Proband muss mittels Steuerknüppel (bzw. Fußpedale) gegensteuern, sodass das Kreissegment aufrecht stehend die gewünschte Position einnimmt. *Testformen:* Kurz-, Standard- und Langform, Spezialform mit Fußpedal. *Auswertung:* Abweichung von der Idealzeit in Prozent; Abweichung von der Position (Horizontale, Vertikale, Neigungswinkel). *Normen:* ab 15 Jahren (N=239), alters- und bildungsspezifisch. 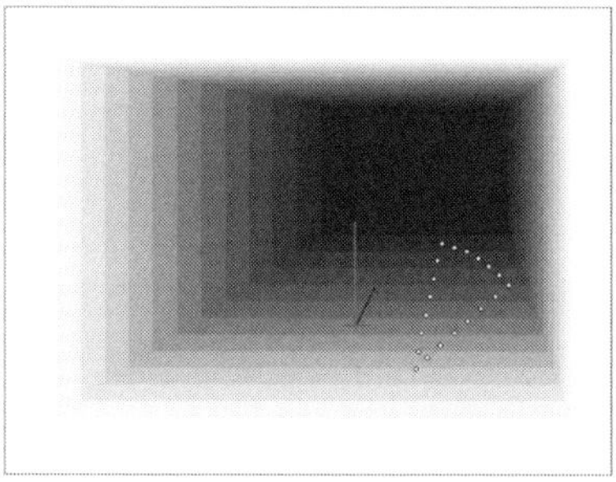	
Virtual Peg Insertion Test (VPIT)	*Aufgabe:* Auf dem Bildschirm 9 Stifte in 9 Löcher platzieren. Die Bewegung erfolgt mit einem kugelförmigen Griff. *Auswertung:* – benötigte Zeit – Anzahl fallen gelassener Stift – Abweichung zum kürzest möglichen Weg zwischen Stift und Loch bzw. zwischen Loch und neuem Stift in cm – Häufigkeit der Überkreuzung der kürzesten Verbindungslinie zwischen Loch und Stift (Bewegungspräzision: Zittern) – Greifkraft während des Stifte-Transports – Aufprallkraft des Cursors auf das virtuelle Spielbrett 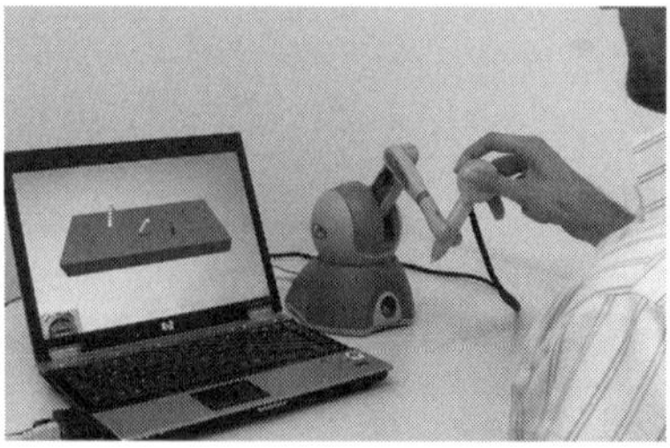	Tobler-Ammann, B. (2015). Der „Virtuelle Peg Insertions-Test“ (VPIT). Ein neues Assessment zur Prüfung der Geschicklichkeit der oberen Extremität nach Schlaganfall. *Ergotherapie, 12/15,* 6–12. Tobler-Ammann, B. C., de Bruin, E. D., Fluet, M. C., Lambercy, O., de Bie, R. A. & Knols, R. H. (2016). Concurrent validity and test-retest reliability of the Virtual Peg Insertion Test to quantify upper limb function in patients with chronic strake. *Journal of NeuroEngineering & Rehabilitation, 13,* 8. http://doi.org/10.1186/s12984-016-0116-y Weitere Info: www.rehaptix.com

Pursuit aus: Amsterdam Neuropsychological Tasks (ANT)	Tabelle: Motorik und Sensibilität bei Kindern und Jugendlichen Rezension: ANT	Tabelle S. 317 Rezension Band 3
Tracking aus: Amsterdam Neuropsychological Tasks (ANT)	Tabelle: Motorik und Sensibilität bei Kindern und Jugendlichen Rezension: ANT	Tabelle S. 317 Rezension Band 3
Auge-Hand-Koordination (Visuomotorik)		**einhändig, mit Werkzeug**
Star-Track Test	*Material:* Stern, Makeymaykey-Eingabegerät, Software Star Track, Mentzenbaum-Chirurgie-Schere (mit sehr langem Griff und relativ kurzen Klingen). *Aufgabe:* Mit der Schere innerhalb der Linien den Stern nachzeichnen (fünfmal im Uhrzeigersinn, fünfmal entgegengesetzt). *Auswertung:* Benötigte Zeit und Fehler (berühren des Rands). 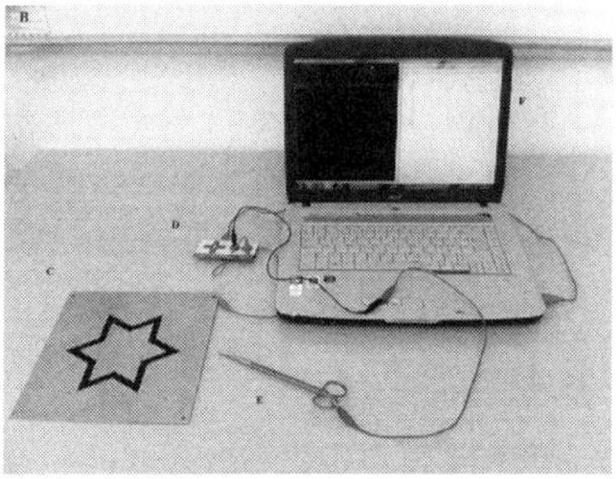	Kildebro, N., Amirian, I., Gögenur, I. & Rosenberg, J. (2015). Test re-test reliability and construct validity of the star-track test of manual dexterity. *PeerJ 3:* e917. *Materialbezug*: – Stern: La Lafayette Instruments – Makeymaykey: http://makeymakey.com – Software: star Track 32bit.exe http://bitbucket.org/lassebn/star-track.
Auge-Hand-Koordination (Visuomotorik)		**einhändig, mit einem Bleistift**
Visuo-motorische Suche (UT 3) aus: Frostigs Entwicklungstest der visuellen Wahrnehmung – Jugendliche und Erwachsene (FEW-JE)	*Aufgabe:* Zahlen in aufsteigender Reihenfolge sollen schnellstmöglich verbunden werden. 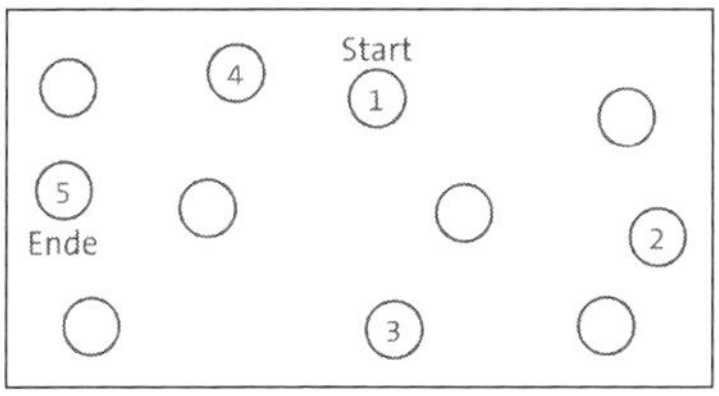 	Petermann, F., Waldmann, H.-C., Daseking, M. & Werpup, L. (2013). *Frostigs Entwicklungstest der visuellen Wahrnehmung – Jugendliche und Erwachsene (FEW-JE). Deutsche Bearbeitung des Developmental Test of Visual Perception – Adolescent and Adult (DTVP-A) von Reynolds, C. R., Pearson, N. A. & Voress, J. K.* Göttingen: Hogrefe. Reynolds, C. R. Pearson, N. A. & Voress, J. K. (2002). *Developmental Test of Visual Perception – Adolescent and Adult (DTVP-A).* Austin, TX: Pro-ed.

Trailmaking Test, Form A (TMT-A)	*Aufgabe:* Zahlen in aufsteigender Reihenfolge sollen schnellstmöglich verbunden werden.	Reitan, R. M. (1992). *Trail Making Test.* Tucson, AZ: Reitan Neuropsychology Laboratory.
Zahlen-Verbindungs-Test (ZVT)	*Material:* 4 Testblätter. *Aufgabe:* 90 Zahlen sollen in aufsteigender Reihenfolge miteinander verbunden werden. 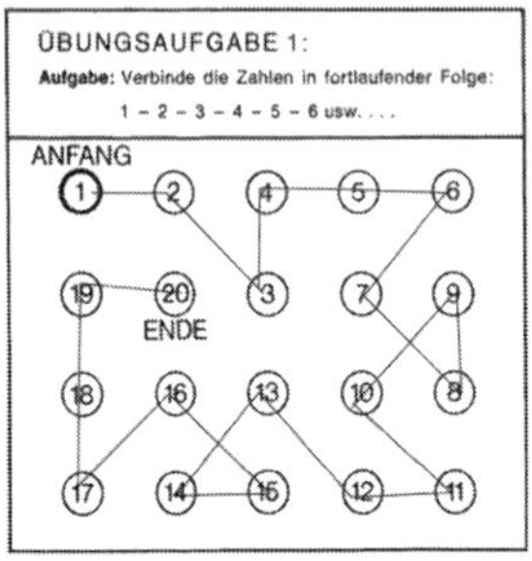	Oswald, W. D. & Roth, E. (1987). *Zahlen-Verbindungs-Test (ZVT)* (2., überarb. u. erw. Aufl.). Göttingen: Hogrefe. Oswald, W. D. (2016). *Zahlen-Verbindungs-Test (ZVT)* (3., überarbeitete und neu normierte Auflage). Göttingen: Hogrefe.
Zahlen-Verbindungs-Test (ZVT-G) aus: Nürnberger Altersinventar (NAI)	*Aufgabe:* Zahlen sollen in aufsteigender Reihenfolge verbunden werden. Drei Übungsdurchgänge mit 13, 16 und 20 Zahlen; zwei Testdurchgänge mit 30 Zahlen.	Oswald, W. D. & Fleischmann, U. M. (1999). *Nürnberger Altersinventar (NAI). Testinventar, NAI-Testmanual und Textband* (4. unveränd. Aufl.). Göttingen: Hogrefe.
Labyrinth-Test (LT-G) aus: Nürnberger Altersinventar (NAI)	*Aufgabe:* Den Weg von innen nach außen einzeichnen; acht Entscheidungen mit je zwei Alternativen. 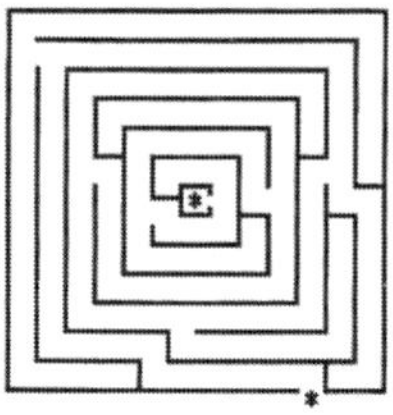	Oswald, W. D. & Fleischmann, U. M. (1999). *Nürnberger Altersinventar (NAI). Testinventar, NAI-Testmanual und Textband* (4., unveränd. Aufl.). Göttingen: Hogrefe.
Auge-Hand-Koordination (UT 1) aus: Frostigs Entwicklungstest der visuellen Wahrnehmung-2 (FEW-2)	Tabelle: Motorik und Sensibilität bei Kindern und Jugendlichen Rezension: FEW-2	Tabelle S. 317 Rezension S. 433
Räumliche Beziehungen (UT 5) aus: Frostigs Entwicklungstest der visuellen Wahrnehmung-2 (FEW-2)	Tabelle: Motorik und Sensibilität bei Kindern und Jugendlichen Rezension: FEW-2	Tabelle S. 414 Rezension S. 433

Tracing aus: Tübinger Luria-Christensen Neuropsychologische Untersuchungsreihe für Kinder (TÜKI)	Tabelle: Motorik und Sensibilität bei Kindern und Jugendlichen Rezension: TÜKI	Rezension Band 3
Visuomotor precision aus: Developmental Neuropsychological Assessment-II (NEPSY-II)	Tabelle: Motorik und Sensibilität bei Kindern und Jugendlichen Rezension: NEPSY-II	Tabelle S. 317 Rezension Band 3
Motor Accuracy Test (MAc) aus: Sensory Integration and Praxis Tests (SIPT)	Tabelle: Motorik und Sensibilität bei Kindern und Jugendlichen	Tabelle S. 317
Motor Accuracy Test (Mac) aus: Miller Assessment for Preschoolers (MAP)	Tabelle: Motorik und Sensibilität bei Kindern und Jugendlichen	Tabelle S. 317
Auge-Hand-Koordination		**beidhändig**
Zweihand Koordination (2HAND) aus: Wiener Testsystem (WTS)	*Aufgabe:* Mit zwei Drehreglern oder mit zwei Joysticks soll ein roter Punkt von rechts nach links durch eine vorgegebene Bahn bewegt werden. Normen ab 14 Jahren, teilweise nach Geschlecht, Alter und Bildung getrennt	Schuhfried, G. (1994). *Zweihand Koordination (2HAND)*. Mödling: SCHUHFRIED GmbH.
Two-Arm Coordination Test	*Material:* Arbeitsplatte mit Stern, Zwei-Arm-Steuerung. *Aufgabe:* Mit der Bewegung an beiden Griffen der Zwei-Arm-Steuerung muss ein Stern nachgezeichnet werden. 	Lafayette Instrument Company (2006). *Two-Arm Coordination Test, Model 32532.* User Instructions. Loughborough: Lafayette Instrument Company.

Doppellabyrinthtest aus: Wiener Testsystem (WTS)	*Aufgabe:* Der Proband soll mittels zwei Drehreglern zwei Punkte in einer Spur halten. Die Punkte dürfen den Rand der Spur nicht berühren. Gegebenenfalls muss der Proband sofort korrigieren. *Durchführungsdauer:* 165 Sekunden. *Auswertung:* Fehler (Anzahl, Dauer, Prozent Fehlerdauer) für beide Hände getrennt und insgesamt. 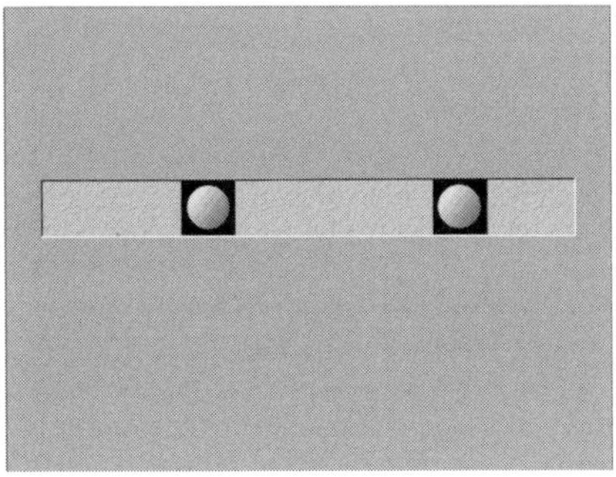	Bonnardel, R. (2003). *Doppellabyrinthtest.* Mödling: SCHUHFRIED GmbH. Bonnardel, R. (1946). Le test du Double Labyrinth. *Le Travail Humain,* 212–218.
Visuell motorischer Zweihandkoordinationstest	Tabelle: Lateralisierte Funktionen und interhemisphärische Interaktion	Tabelle S. 564
Beidhandkoordinationstest nach Preilowski	Tabelle: Lateralisierte Funktionen und interhemisphärische Interaktion	Tabelle S. 566
Test de mouvements conjugués nach Ricossay	Tabelle: Lateralisierte Funktionen und interhemisphärische Interaktion	Tabelle S. 566
Perlen auffädeln aus: Intelligence and Development Scales (IDS)	Tabelle: Motorik und Sensibilität bei Kindern und Jugendlichen Rezension: IDS	Tabelle S. 314 Rezension Band 3
Feinmotorik/Geschicklichkeit		
Feinmotorik/Geschicklichkeit		**Steadiness**
Steadiness Tester – Hole Type Nine-Hole Stadiness Tester (NHST)	*Material:* Metallplatte mit 9 Löchern unterschiedlicher Größe und ein Metallstift. *Aufgabe:* Metallstift im jeweiligen Loch halten, ohne dessen Rand zu berühren.	Lafayette Instrument Company (2002). *Steadiness Tester – Hole Typer.* Loughborough: Lafayette Instrument Company.

	Auswertung: Anzahl und Dauer der Berührungen für den Gesamttest und die einzelnen Löcher 	
Steadiness Tester – Groove Type (GTST)	*Aufgabe:* Mit einem Stift mit Metallspitze innerhalb eines enger werdenden Kanals entlangfahren, ohne den Rand zu berühren. 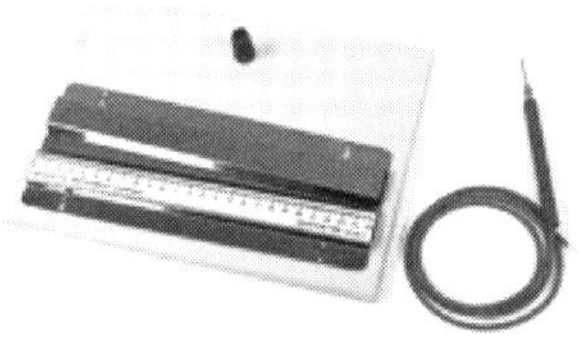	Lafayette Instrument Company (2012). *Manual Dexterity.* Loughborough: Lafayette Instrument Company. *Vertrieb:* Performance Health.
Feinmotorik/Geschicklichkeit		
Feinmotorik/Geschicklichkeit		**Auflese-Proben**
Moberg Picking up Test nach Mannerfelt	*Aufgabe:* 9 Alltagsgegenstände sollen schnellstmöglich der Reihe nach in einen Behälter gelegt werden; (a) mit Augenkontrolle; (b) mit verbundenen Augen – je drei Mal. *Auswertung:* Zeitbedarf. *Normen* (Mannerfelt): Männer (a) 6.3±0.7 Sekunden; (b) 17.3±3.2 Sekunden. Frauen a) 6.0±0.5 Sekunden; (b) 16.5±3.2 Sekunden. 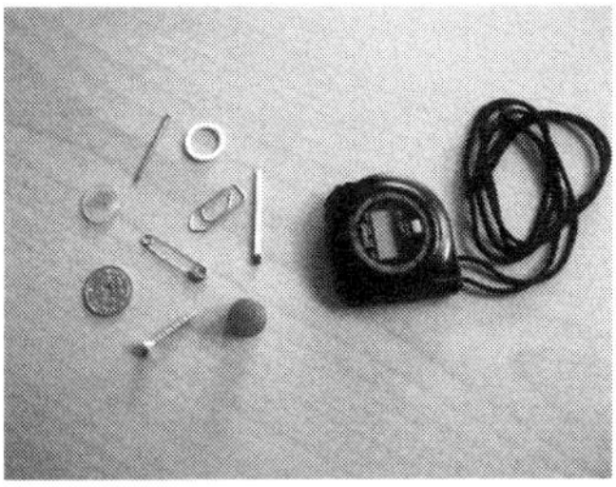	Moberg, E. (1958). Objective methods for determining the functional value of sensibility in the hand. *Journal of Bone & Joint Surgery, British Volume, 40,* 454–476. Mannerfelt, L. (1966). Studies on the hand in ulnar nerve paralysis: a clinical-experimental investigation in normal and anomalous innervation. *Acta Orthopaedica Scandinavia, 37* (S87), 3–176.

Moberg Picking up Test, modifiziert nach Dellon	*Material:* 12 etwa gleich große Alltagsgegenstände aus Metall. *Aufgaben:* 1. Aufleseprobe: Die Gegenstände der Reihe nach in einen Behälter legen. *Auswertung:* Zeitbedarf. *Normen:* Vergleichswerte für zwei Testdurchgänge. 2. Objektidentifikation: Gegenstände durch befühlen erkennen und benennen. *Auswertung:* Anzahl erkannter Objekte.	Schädler, S., Kool, J., Lüthi, H., Marks, D., Oesch, P., Pfeffer, A. & Wirz, M. (2006). *Assessments in der Neurorehabilitation.* Bern: Huber. Amirjani, N, Ashworth, N. L., Gordon, T., Edwards, D. C. & Chan, K. M. (2007). Normative values and the effects of age, gender, and handedness on the Moberg Pick-Up Test. *Muscle & Nerv, 35,* 788–792. Dellon, A. L. (1981). *Evaluation of Sensibility and Re-education of Sensation in the Hand.* Baltimore, MD: Williams and Wilkins. *Download:* http://www.dellon.com/images/SEC2a_FINAL_EOS_121414.pdf Zugriff am 31. 12. 2016
20-Cents-Test (20-C-T)	*Material:* 20 Münzen (20 Cent), Behälter. *Aufgabe:* Die Münzen der Reihe nach so rasch als möglich auflesen (nicht über die Tischkante ziehen) und in den Behälter legen. *Durchführung:* Erst mit der dominanten, dann mit der nicht-dominanten Hand. *Auswertung:* Benötigte Zeit (a) für alle 20 Münzen oder (b) Anzahl Münzen in einer Minute. 	Krupp, S., Kasper, J., Balck, F., Schnoor, M., Eisemann, N., Lohse, K. et al. (2015). „Timed up and go" für die Finger in Form des 20-Cents-Tests. *Zeitschrift für Gerontologie und Geriatrie, 48,* 121–127.
Feinmotorik/Geschicklichkeit		**Steckbretter: Stifte einstecken**
Nine-Hole-Pegboard Test (NHPT)	*Material:* Steckbrett mit 9 Löchern zum Einstecken der Stifte und einer Mulde als Behälter; 9 Stifte, Stoppuhr. *Aufgabe:* Die Stäbchen der Reihe nach in die Löcher stecken und anschließend wieder zurücklegen. Zwei Durchgänge mit der dominanten und zwei mit der nicht-dominanten Hand.	Mathiowetz, V., Weber, K., Kashman, N. & Volland, G. (1985). Adult norms for the Nine Hole Peg Test of Finger Dexterity. *The Occupational Therapy Journal of Research, 5,* 24–33. *Vertrieb:* Performance Health.

	Auswertung: Zeitbedarf. *Normen:* Vergleichswerte getrennt nach Alter und Geschlecht. Der NHPT ist Bestandteil des Multiple Sclerosis Functional Composite (MSFC). PC-Version: Virtual Peg Insertion Test. 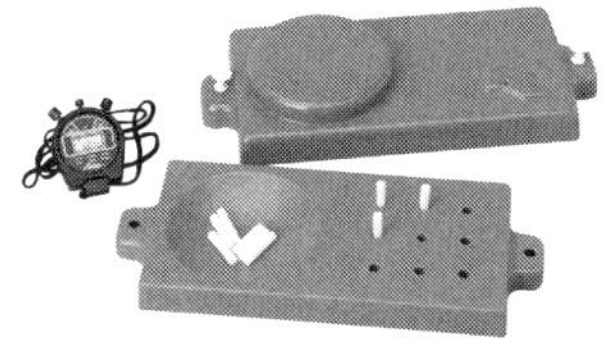	
Grooved Pegboard Test	*Material:* Steckbrett mit 5 × 5 Löchern, Metallstifte mit schlüsselbartähnlichem Querschnitt. *Aufgabe:* Die Stifte der Reihe nach in die Löcher stecken, für jede Hand getrennt. *Auswertung:* Zeitbedarf. *Normen:* Vergleichswerte getrennt nach Geschlecht und Handdominanz. 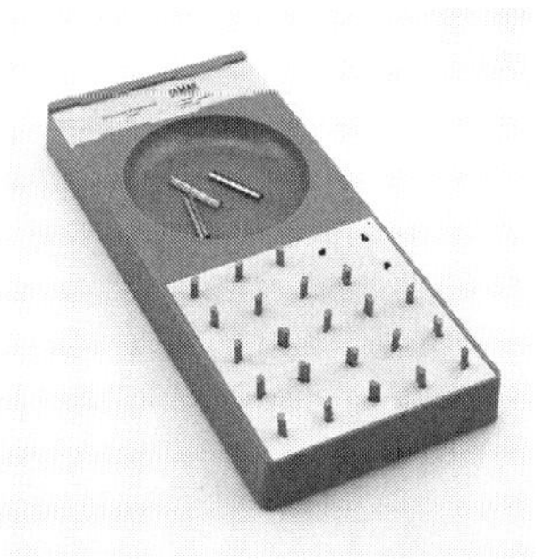	Lafayette Instrument Company (2002). *Grooved Pegboard Test, Model 31025. User Instructions.* Loughborough, UK: Lafayette Instrument Company. *Vertrieb:* Performance Health.
O'Connor Finger Dexterity Test	*Material:* Brett mit 10 × 10 Löchern, Stifte. *Aufgabe:* In jedes Loch kommen 3 Stifte. 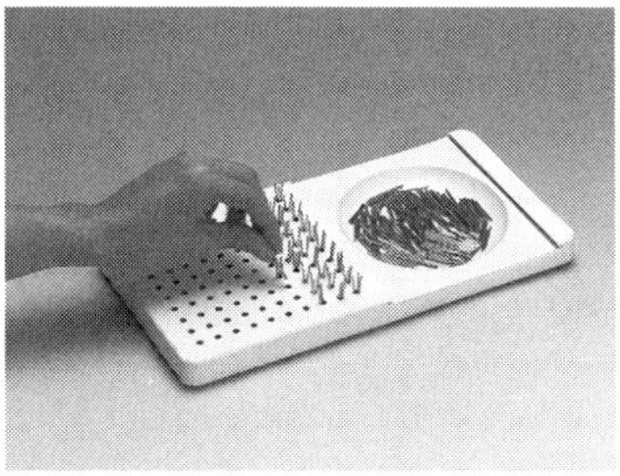	Lafayette Instrument Company (2012). *Manual Dexterity.* Loughborough: Lafayette Instrument Company. *Vertrieb:* Performance Health.

Feinmotorik/Geschicklichkeit		**Steckbretter: Manipulation**
Functional Dexterity Test (FDT)	*Material:* Steckbrett, 16 Holzstecker. *Aufgabe:* Die Stecker der Reihe nach herausziehen, in der Hand umdrehen und wieder einstecken. Ein Durchgang für jede Hand, eine Reihe links, die nächste rechts beginnend. *Auswertung:* Zeitbedarf für (a) den Gesamttest; (b) zuzüglich Strafzeiten für Supination des Unterarms, Fallenlassen von Steckern, Benutzen von Tisch oder der zweiten Hand zum Umdrehen. Testabbruch nach 2 Minuten. *Normen:* Qualitative Vergleichswerte für die dominante und non-dominante Hand: functional – moderate functional – minimally functional – nonfunctional. Weitere Steckbretter finden sich in Entwicklungstests. 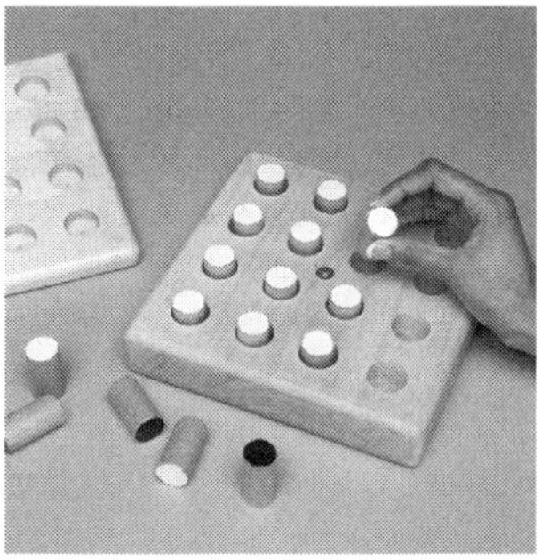	Aaron, D. H. & Jansen, C. W. S. (2003). Development of the Functional Dexterity Test (FDT): Construction, validity, reliability, and normative data. *Journal of Hand Therapy, 16,* 12–21. *Vertrieb:* Performance Health.
Minnesota Manual Dexterity Test (MMDT)	*Material:* Brett mit 4 × 10 Aussparungen, runde Scheiben mit unterschiedlichen Deck- und Bodenflächen. *Aufgaben* (5 Untertests): Platzieren, Drehen, Versetzen, einhändiges Drehen und Platzieren, beidhändiges Drehen und Platzieren. 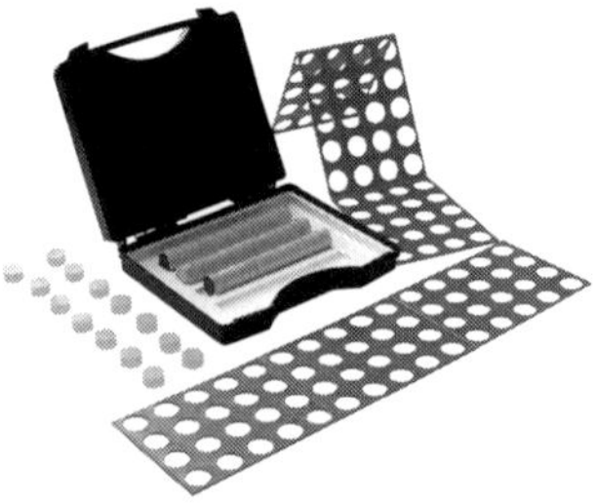	Lafayette Instrument Company (1998). *The Minnesota Dexterity Test, Model 32023. Examiner's Manual.* Loughborough: Lafayette Instrument Company. *Vertrieb:* Performance Health.

Stromberg Dexterity Test (SDT)	*Material:* Brett unterteilt in 3 farbige Abschnitte mit je 3×6 Vertiefungen; 54 Stecker mit farbigen Deckflächen. *Aufgabe:* Die Stecker müssen den Farbfeldern zugeordnet und eingesteckt werden. 2 Übungs- und 2 Testdurchgänge. 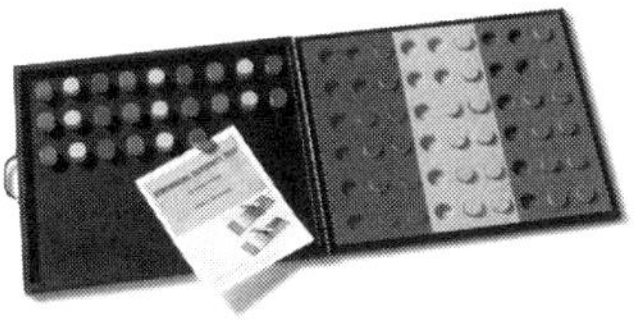	Stromberg, E. L. (1985). *Stromberg Dexterity Test.* Oxford, UK: The Psychological Corporation.
Box-and-Block Test	*Material:* 150 Würfel, zwei verbundene Behälter mit Zwischenwand. *Aufgabe:* Die Klötzchen während 60 Sekunden einzeln von einem Behälter in den anderen legen. *Auswertung:* Anzahl der transportierten Klötzchen. 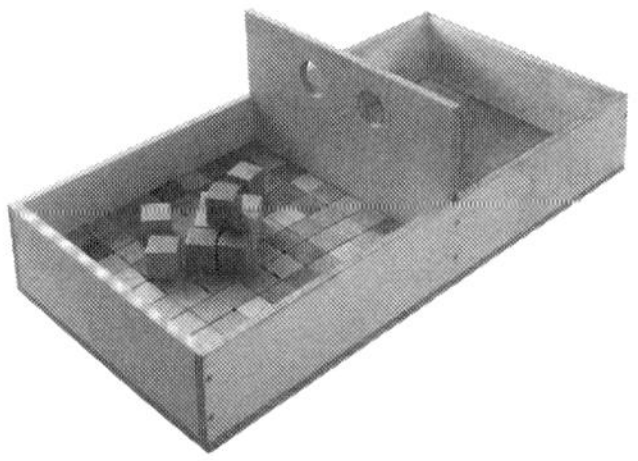	Mathiowetz, V., Volland, G., Kashman, N. & Weber, K. (1985). Adult norms for the Box and Block Test of manual dexterity. *American Journal of Occupational Therapy, 39,* 386–391. Platz, T., Pinkowski, C., van Wijck, F. & Johnson, G. (2005). *Arm Rehabilitation Measurement.* Baden-Baden: Deutscher Wissenschafts-Verlag.
Handkoordinationstest aus: Einschätzung der funktionellen Leistungsfähigkeit (EFL) *Englisch:* Isernhagen Work System Functional Capacity Evaluation (IWS FCE)	*Material:* 3 Bretter und Scheiben. *Aufgaben:* 1. Runde Scheiben umdrehen (Roundblocks); 2. Schrauben mit Muttern befestigen (Nuts & Bolts); 3. Pegboard. Je zwei Durchgänge für jede Hand. *Auswertung:* unter, innerhalb oder über der Norm. 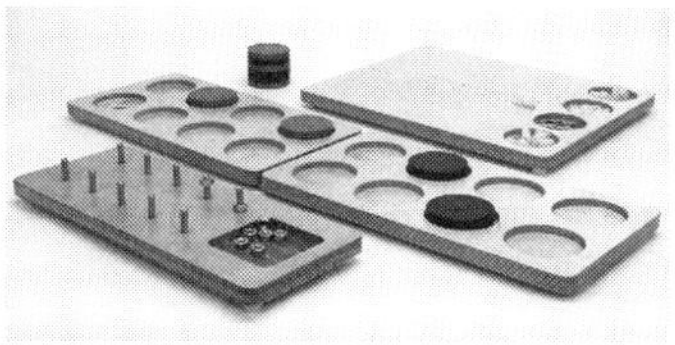	Isernhagen, S. (1995). Contemporary issues in functional capacity evaluation. In S. Isernhagen (Ed.), *The Comprehensive guide to work injury management* (pp. 410–429). Gaithersburg, MD: Aspen Publishers. Kaiser, H., Kersting, M., Schian, H. M., Jacobs, A. & Kasprowski, D. (2000). Der Stellenwert des EFL-Verfahrens nach Susan Isernhagen in der medizinischen und beruflichen Rehabilitation. *Rehabilitation, 39,* 297–306. *Vertrieb:* Werkstatt Team Bubikon

Feinmotorik/Geschicklichkeit		Steckbretter: Montage
Purdue Pegboard Test	*Material:* Brett mit senkrecht übereinander angeordneten Löchern für die Metallstifte, Metallhülsen und Unterlegscheiben; vier Vertiefungen für das Material. *Aufgaben:* 1. Stifte einstecken, erst rechts, dann links; jeweils für 30 Sekunden. 2. Mit beiden Händen gleichzeitig Stifte paarweise einstecken; für 30 Sekunden. 3. Rechte und linke Hand montieren abwechselnd Stift, Scheibe, Röhrchen und nochmals Stift; für 60 Sekunden. *Auswertung:* Anzahl in der vorgegebenen Zeit. *Normen:* Vergleichswerte für verschiedene Berufsgruppen. 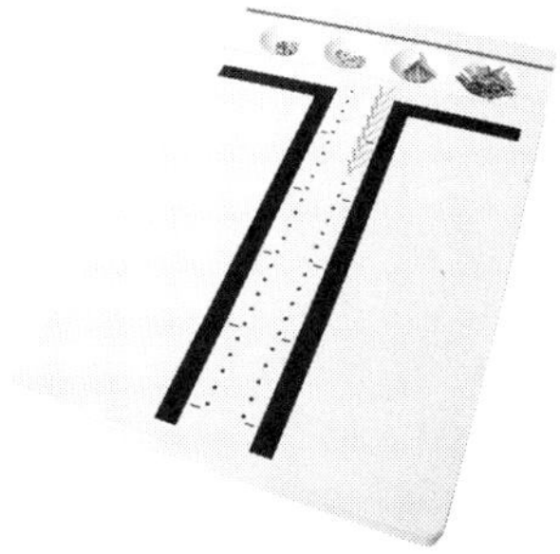	Lafayette Instrument Company (1985). *Purdue Pegboard, Model 31020. Instructions and Normative Data.* Loughborough, UK: Lafayette Instrument Company. *Vertrieb:* Performance Health.
Roeder Manipulative Aptitude Test	*Material:* Brett mit 4 × 10 Vertiefungen; Muttern, Unterlegscheiben (Ringe), Stifte, Metallkappen; T-förmiger Balken. *Aufgaben:* 1. Stifte eindrehen und Kappen mit Gewinde aufsetzen; 3 Minuten. 2. Ringe und Muttern abwechselnd auf den T-Balken stecken; je 40 Sekunden; (a) dominante Hand; (b) mit beiden Händen. 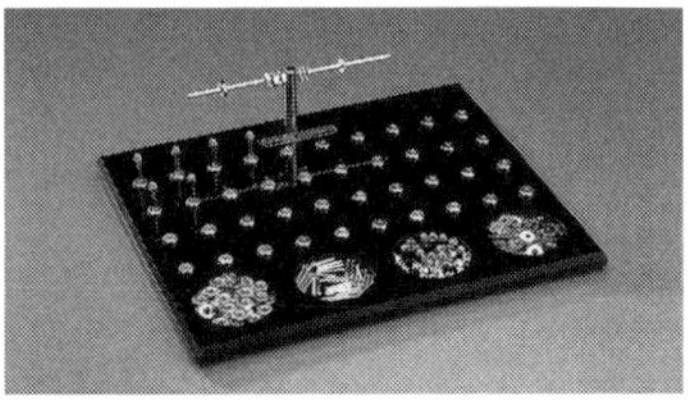	Roeder, W. S. (1958). *U. S. Patent No. 2,835,986.* Washington, DC: U. S. Patent and Trademark Office. Roeder, W. S. (1967). *Roeder Manipulative Aptitude Test.* Loughborough: Lafayette Instrument Company. *Vertrieb:* Performance Health.

Steckbrett aus: WorkPark	*Material:* Holzbrett; Rückseite magnetisch (daher nicht nur waagrecht verwendbar); 60 Vertiefungen in enger werdendem Abstand; Grundreihe mit wechselndem Lochdurchmesser; Metallstifte in 5 verschiedenen Dicken. *Aufgabe:* Einstecken der Metallstifte in die Bohrungen. *Auswertung:* Zeitbedarf. 	Heinke, J. (2013). Arbeitstherapie im WorkPark. *ergopraxis, 6* (10), 331–334. *Vertrieb:* Nitzbon, Hamburg
Feinmotorik/Geschicklichkeit		**Werkzeuggebrauch**
O'Connor Tweezer Dexterity Test, Model 32022	*Material:* Brett mit 10 × 10 Löchern, Stifte, Pinzette. *Aufgabe:* In jedes Loch wird mittels Pinzette ein Stift platziert. *Auswertung:* Zeitbedarf für alle 100 Stifte. 	Lundergan, W. P., Soderstrom, E. J. & Chambers, D. W. (2007). Tweezer dexterity aptitude of dental students. *Journal of dental education, 71* (8), 1090–1097. Lafayette Instrument Company (2002). *O'Connor Tweezer Dexterity. User Instructions.* Loughborough, UK: Lafayette Instrument Company. *Vertrieb:* Performance Health.
O'Connor Tweezer Dexterity Test, Model 18	*Material:* Brett mit zweimal 10 × 10 Löchern, Stifte, Pinzette. *Aufgabe:* Die Stifte müssen mittels Pinzette umgesteckt werden. *Auswertung:* Zeitbedarf, abzüglich Strafzeiten für Fallenlassen. *Normen:* Vergleichswerte für Männer und Frauen. 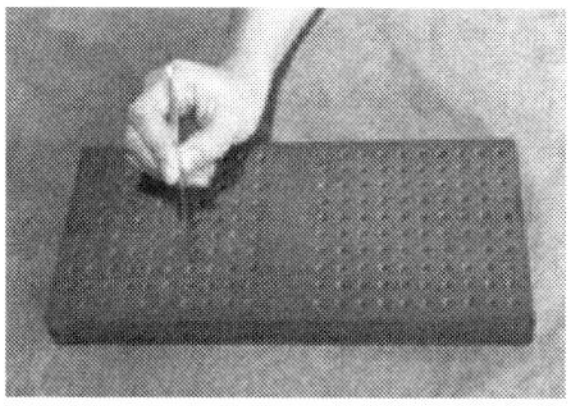	Bethscheider J. (1995). Comparison of tweezer dexterity. *Statistical Bulletin 1995–5, Johnson O'Connor Research Foundation, 1995,* 1–11.

Crawford Small Parts Dexterity Test (CSPDT)	*Material:* Brett mit zweimal 6×6 Löchern und je einer Übungsreihe à 6 Löcher, Werkzeuge (Pinzette und Schraubenzieher), Befestigungsmaterial (Stifte, Hohlstifte und kleine Schrauben) in drei Mulden. *Aufgaben:* 1. Mit der Pinzette Stifte in die engen Löcher stecken und anschließend Hohlstifte darüber stecken. 2. Kleine Schrauben in Löcher mit Gewinde drehen und anschließend mit dem Schraubenzieher ganz eindrehen. 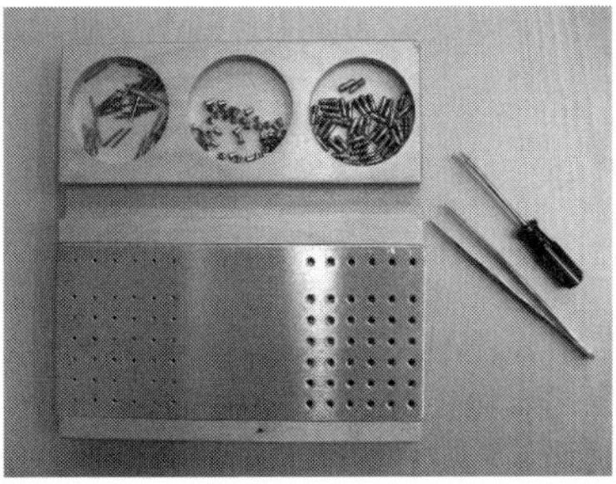	Osborne, R. T. & Sanders, W. B. (1956). The Crawford Small Parts Dexterity Test as a Time-Limit Test. *Personnel Psychology, 9,* 177–180. Crawford, J. E. & Crawford, D. M. (1981). *The Crawford Small Paris Dexterity Test. Manual Revised.* New York: Psychological Corporation.
Bennett Hand Tool Dexterity Test (BHTDT)	*Material:* U-förmiger Kasten mit 3×3 Positionen zur Befestigung; Werkzeug (Schraubenzieher und drei Schraubenschlüssel), Befestigungsmaterial. *Aufgabe:* Befestigen von Schrauben, Bolzen und Muttern in festgelegter Reihenfolge mit dem entsprechenden Werkzeug auf der einen Seitenwand des Kastens, in einem zweiten Schritt lösen und an anderer Position auf der Gegenseite erneut anbringen. 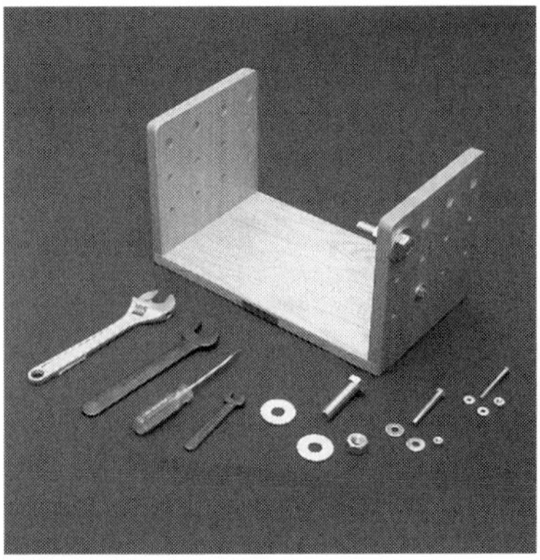	Bennett, G. K. (1985). *Bennett Hand Tool Dexterity Test.* New York: Psychological Corporation. *Vertrieb:* Performance Health.

Feinmotorik/Geschicklichkeit		**alltagsbezogen**
Jebsen-Taylor Hand Function Test	7 Untertests: Schreiben, Karten umdrehen, kleine Gegenstände aufnehmen, simuliertes Essen, aufstapeln, große, leichte Objekte anheben, große, schwere Objekte anheben. *Auswertung:* Zeitbedarf. *Normen:* Vergleichswerte für Alter, Geschlecht und Handdominanz. 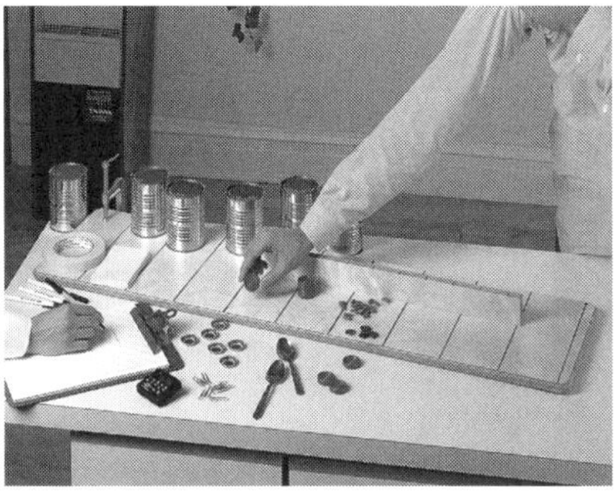	Bovend'Eerdt, T. J. H., Dawes, H., Johansen-Berg, H. & Wade, D. T. (2004). Evaluation of the modified Jebsen test of hand function and the University of Maryland arm questionnaire for stroke. *Clinical rehabilitation, 18,* 195–202. Jebsen, R. H., Taylor, N., Trieschmann, R. B., Trotter, M. H. & Howard, L. A. (1969). An objective and standardized test of hand function. *Archives of Physical Medicine and Rehabilitation, 50,* 311–319. *Vertrieb:* Performance Health.
Sollerman Hand Function Test	*Material:* Alltagsrelevante Objekte und Werkzeuge, teilweise fest montiert, teils lose beigefügt. *Aufgaben:* 7 definierte Grundgreifformen entsprechend ihrer Häufigkeit in der Anwendung. 20 Items. Beispiele: Schlüssel benutzen, Münze aufheben, schreiben, telefonieren, etc. *Skala:* 0-4. *Normen:* 20–70 Jahre (N=100). 	Sollerman, C. & Ejeskar, A. (1995). Sollerman hand function test. A standardised method and its use in tetraplegic patients. *Scandinavian Journal of Plastic and Reconstructive Surgery and Hand Surgery, 29,* 167–176. Singh, H. P., Dias, J. J. & Thompson, J. R. (2015). Timed Sollerman hand function test for analysis of hand function in normal volunteers. *Journal of Hand Surgery (European Volume), 40* (3), 298–309. *Abbildung:* Photograph of a patient undertaking one of the tasks in the ... - Scientific Figure an ResearchGate. Available from: https://www.researchgate.net/figure/7545861_fig1_Figure-1-Photograph-of-a-patient-undertaking-one-of-the-tasks-in-the-Sollerman-grip [accessed Nov 4, 2016]

Feinmotorik/Geschicklichkeit		**Batterien**
Motorische Leistungsserie (MLS) aus: Wiener Testsystem (WTS)	*Erfasste Funktionen:* Feinmotorische Fähigkeiten bei statischen und dynamischen Aufgaben für Finger-, Hand- und Armbewegungen. *Material:* Spezielle Arbeitsplatte mit Griffeln und Stiften. *Testformen:* S1: Standardform nach Schoppe & Hamster (17 Untertests). S2: Kurzform nach Sturm & Büssing (8 Untertests). S3: Kurzform nach Vassella (10 Untertests). *Aufgaben* (rechte Hand, linke Hand, beidhändig): 1. Aiming. 2. Lange Stifte einstecken. 3. Steadiness. 4. Linien nachfahren. 5. Tapping. 6. Kurze Stifte einstecken. *Durchführung:* Computergestützte Messung. *Dauer:* 15–20 Minuten (Kurzformen). *Auswertung:* Geschwindigkeits- und/oder Genauigkeitsmaße. 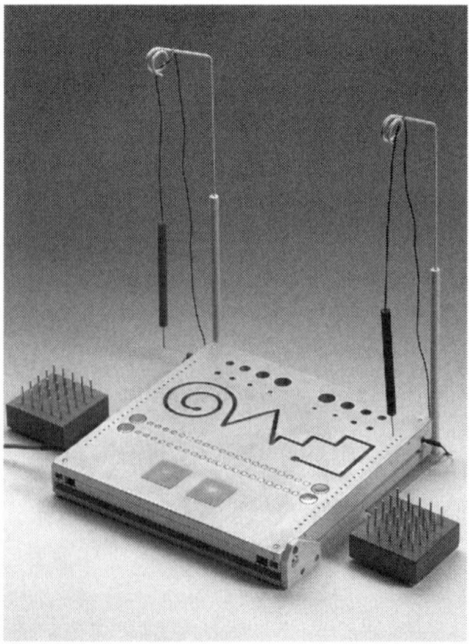	Schoppe, K. J. (1974). Das MLS-Gerät: ein neuer Testapparat zur Messung feinmotorischer Leistungen. *Diagnostica, 20,* 43–47. Hamster, W. (1980). *Die Motorische Leistungsserie – MLS. Handanweisung.* Mödling: SCHUHFRIED GmbH. Sturm, W. & Büssing, A. (1985). Ergänzende Normierungsdaten und Retest-Reliabilitätskoeffizienten zur Motorischen Leistungsserie (MLS) nach Schoppe. *Diagnostica, 3,* 234–245. Neuwirth, W. & Benesch, M. (2004). *Motorische Leistungsserie – MLS, Version 24.00. Handanweisung.* Mödling: SCHUHFRIED GmbH.

Hand-/Armfunktion		
Hand-/Armfunktion	**elementare Bewegungen und Greiffunktion**	
Untersuchung zerebraler Handfunktionsstörungen	*Erfasste Funktionen:* Elementare funktionale Bewegungen und Handgriffe. *Skala:* 0–3.	Hermsdörfer, J., Mai, N., Rudroff, G. & Münssinger, M. (1994). *Untersuchung zerebraler Handfunktionsstörungen Ein Vorschlag zur standardisierten Durchführung. Manual und Untersuchungsbogen.* Dortmund: verlag modernes lernen.
Rivermead Motor Assessment (RMA), obere Extremität	*Erfasste Funktionen:* Elementare funktionale Hand- und Armbewegungen (15 Items). *Durchführung:* Die Aufgaben sind nach Schwierigkeit geordnet – von einfachen Bewegungen in einem Gelenk zu komplexen Aktivitäten mit dem ganzen Arm. *Skala:* 0–1.	Lincoln, N. & Leadbitter, D. (1979). Assessment of motor function in stroke patients. *Physiotherapy, 65,* 48–51. Schädler, S., Kool, J., Lüthi, H., Marks, D., Oesch, P., Pfeffer, A. & Wirz, M. (2006). *Assessments in der Neurorehabilitation.* Bern: Huber. *Aufgaben:* https:/lwww.thieme-connect.de/media/physiopraxis/200410/supmat/zusatzinfo rivermead.pdf Zugriff 30.12.2016
Fugl-Meyer-Skala, obere Extremität	*Erfasste Funktionen:* Aktive und passive elementare Bewegungen und Handgriffe. Geeignet für schwere bis leichte Lähmungen. *Untertests:* 1. Motorik der oberen Extremität: aktive Bewegungen von Arm und Hand (33 Items). 2. Sensibilität: Gefühl für Berührung und für Bewegungen des Armes (12 Items). 3. Passives Bewegungsausmaß und Schmerz (22 Items). *Skala:* 0–2.	Fugl-Meyer, A. R., Jasko, L. & Leyman, I. (1975). The post-stroke patient. A method for evaluation of physical performance. *Scandinavian Journal of Rehabilitation in Medicine, 7,* 13–31. Platz, T., Pinkowski, C., van Wijck, F. & Johnson, G. (2005). *Arm Rehabilitation Measurement.* Baden-Baden: Deutscher Wissenschafts-Verlag.
Wolf Motor Function Test (WMFT)	*Erfasste Funktionen:* Bewegungen der betroffenen und nicht betroffenen Hand (16 Items). Die Aufgaben erfordern unterschiedliche Funktionen, sie beginnen mit einzelnen Gelenken (z. B. Arm auf dem Tisch im Sitzen) und werden komplexer, beziehen mehrere Gelenke ein und beinhalten den Objektgebrauch (z. B. Lappen anfassen; Korb mit Gewicht hochheben) sowie zwei Aufgaben im Stand (z. B. Tür öffnen).	Bauder, H, Taub, R. & Miltner H. R. (2001). *Behandlung motorischer Störungen nach Schlaganfall – Die Taubsche Bewegungsinduktionstherapie* (Therapeutische Praxis, Bd. 10, S. 77–86). Göttingen: Hogrefe. Wolf, S. L., Lecraw, D. E., Barton, L. A. & Jann, B. B. (1989). Forced use of hemiplegic upper extremities to reverse the effect

	Auswertung: Bewegungsqualität und Funktionalität (jeweils mit Skalen von 0 bis 5); benötigte Zeit.	of learned nonuse among chronic stroke and head-injured patients. *Experimental Neurology, 104,* 125–132.
Test d'Evaluation des Membres Supérieurs de Personnes Agées (TEMPA)	*Erfasste Funktionen:* Alltagsrelevante Arm- und Handaktivitäten. Einhändige und beidhändige Tätigkeiten. *Beispiele:* Glas einschenken, Schal umbinden, mit einem Schlüssel eine Tür öffnen, Pillendose herausholen und aus dieser Medikamente entnehmen. 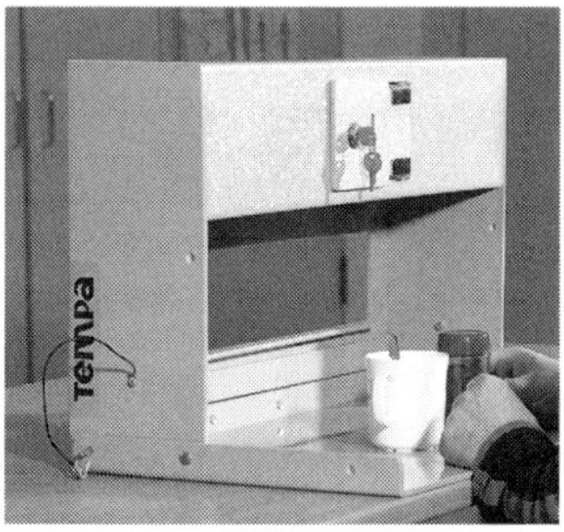	Desrosiers, J., Hébert, R., Bravo, G. & Dutil, É. (1995). Upper extremity performance test for the elderly (TEMPA): normative data and correlates with sensorimotor parameters. *Archives of physical medicine and rehabilitation, 76* (12), 1125–1129. Schädler, S., Kool, J., Lüthi, H., Marks, D., Oesch, P., Pfeffer, A. & Wirz, M. (2012). *Assessments in der Rehabilitation. Band 1: Neurologie.* Bern: Huber. Platz, T. & Roschka, S. (2011). *Rehabilitative Therapie bei Armlähmungen nach einem Schlaganfall: Patientenversion der Leitlinie der Deutschen Gesellschaft für Neurorehabilitation.* Bad Honnef: Hippocampus-Verlag.
Magnet Greifwelt aus: WorkPark	*Erfasste Funktionen:* Greiffunktionen; Faustschluss, Schlüsselgriff, Zylindergriff, Spitzgriff. *Material:* Metallische „Treppenstufe"; magnetische Holzgriffe in unterschiedlicher Form (Quader, Kugel, Keil, etc.) und Größe (19 Stück). 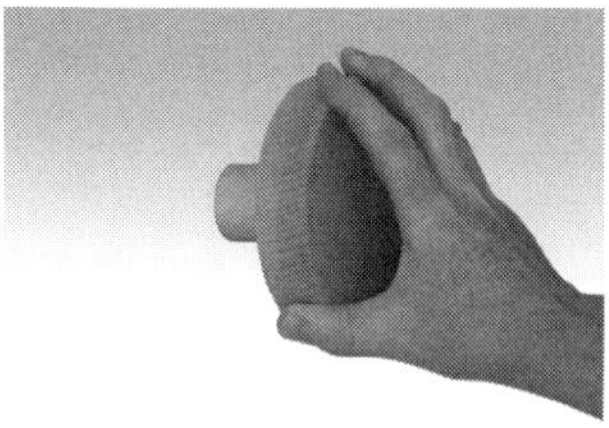 	*Vertrieb:* Nitzbon, Hamburg Nitzbon-Grimberg, P. (2013). WorkPark – Medizinische Rehabilitation. *ergopraxis, 6,* 42.

Hand-/Armfunktion		**Objektmanipulation**
Allensbacher Feinmotoriktest (AFM)	*Erfasste Funktionen:* Feinmotorische alltagspraktische Tätigkeiten. *Untertests:* 15 Aktivitäten mit insgesamt 31 Items. *Skala:* 0–4.	Neidhart, B. (1993). *Allensbacher Feinmotoriktest.* Konstanz: Selbstverlag. Bartzsch, U. (2002). Allensbacher Feinmotoriktest (2., überarbeitete und veränderte Auflage). http://www.mainbernheimerfortbildungen.de/afm-test.html Zugriff 30. 12. 2016 Minkwitz, K. (2000). Allensbacher Feinmotoriktest (AFM-Test). *Ergotherapie & Rehabilitation, 1,* 19–22.
Action Research Arm Test (ARAT)	*Erfasste Funktionen:* Objektmanipulationen. 4 Untertests mit insgesamt 19 Items: – Greifen, – Festhalten, – Präzisionsgriff, – grobe Bewegung. *Skala:* 0–3. 	Lyle, R. C. (1981). A performance test for assessment of upper limb function in physical rehabilitation treatment and research.1981. *International Journal of Rehabilitation Research, 4,* 483–492. Platz, T., Pinkowski, C., van Wijck, F. & Johnson, G. (2005). *Arm Rehabilitation Measurement.* Baden-Baden: Deutscher Wissenschafts-Verlag. *Vertrieb:* www.reha-stim.de
Arm Motor Ability Test (AMAT)	*Erfasste Funktionen:* Alltagstätigkeiten (13 Aktivitäten mit 1–3 Teilkomponenten, insgesamt 28 Items). *Auswertung:* Der unterschiedliche Beitrag von distalem und proximalem Armabschnitt, sowie von rechter und linker Extremität wird bei der Beurteilung der Bewegungsqualität berücksichtigt. *Zeitbegrenzung:* 1 bzw. 2 Minuten. *Auswertung:* Zeitbedarf und Qualität der Bewegungen. *Skala:* 0–5.	Kopp, B., Kunkel, A., Flor, H., Platz, T., Rose, U., Mauritz, K. H. et al. (1997). The Arm Motor Ability Test: reliability, validity, and sensitivity to change of an instrument for assessing disabilities in activities of daily living. *Archives of physical medicine and rehabilitation, 78,* 615–620.

Hand-/Armfunktion		**Greifkraft Hand**
Hand-Dynamometer	*Aufgabe:* Faustschluss; dreimalige Wiederholung für jede Hand (Bügel in Position 2). Ausgangsstellung: Arm neben dem Körper, Ellbogen 90 Grad gebeugt. *Normen:* Vergleichswerte nach Geschlecht und Alter getrennt. 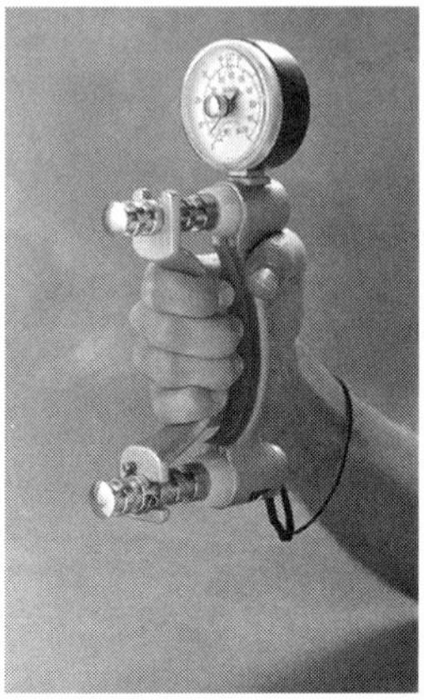	Mathiowetz, V., Kashman, N., Volland, G., Weber, K., Dowe, M. & Rogers, S. (1985). Grip and pinch strength: normative data for adults. *Archives of Physical Medicine & Rehabilitation, 66,* 69–74. Jamar Hand-Dynamometer hydraulisch und digital *Vertrieb:* Performance Health.
Ballon Manometer	*Aufgabe:* Der Blasebalg soll maximal zusammengedrückt werden. Der Zeiger bleibt beim Maximum stehen und wird von Hand zurückgestellt. 	*Vertrieb:* Fachhandel für Therapiebedarf oder Sportfachhandel. Abbildungsbewilligung: Performance Health.

Vigorimeter	*Material:* Drei birnenförmige Gummibälle, die durch einen Schlauch und metallene Anschlussstücke mit dem Manometer verbunden werden können. Großer Ball für Männer, mittlerer für Frauen, kleiner Ball für Kinder. *Aufgabe:* Zusammendrücken des Gummiballs. Dreimalige Wiederholung. 	*Vertrieb:* Medizinfachhandel. Abbildungsbewilligung: KIS Martin Group
Hand-/Armfunktion		**Greifkraft Finger**
Pinch Gauge	*Erfasste Funktionen:* Kraft von Präzisionsgriffen: – Lateraler Griff (Schlüsselgriff): Daumenspitze zur lateralen Seite des Zeigefingers. – Drei-Punkte-Griff (Spitzgriff): Daumenspitze zur Zeige- und Mittelfingerspitze. – Zwei-Punkte-Griff (Pinzettengriff): Daumenspitze zur Zeigefingerspitze. *Normen:* Vergleichswerte nach Alter und Geschlecht getrennt.	Mathiowetz, V., Kashman, N., Volland, G., Weber, K., Dowe, M. & Rogers, S. (1985). Grip and pinch strength: normative data for adults. *Archives of Physical Medicine & Rehabilitation, 66,* 69–74.
Strength-Dexterity Test	*Material:* 74 Federn mit unterschiedlicher Stärke (14 Level) und Flexibilität (7 Level). *Aufgabe:* Die Federn ganz zusammendrücken, ohne dass sie sich verbiegen. Erfasst werden Stärke und Richtung von Fingerkräften. 	Valero-Cuevas, F. J., Smaby, N., Venkadesan, M., Peterson, M. & Wright, T. (2003). The strength-dexterity test as a measure of dynamic pinch performance. *Journal of Biomechanics, 36,* 265–270.

Pablo Sensorgriff aus: Pablo System	*Erfasste Funktionen:* Kraftmessung von verschiedenen Greifarten und Präzisionsgriffen. *Material:* Handgriff mit integrierten Kraft- und Bewegungssensoren. 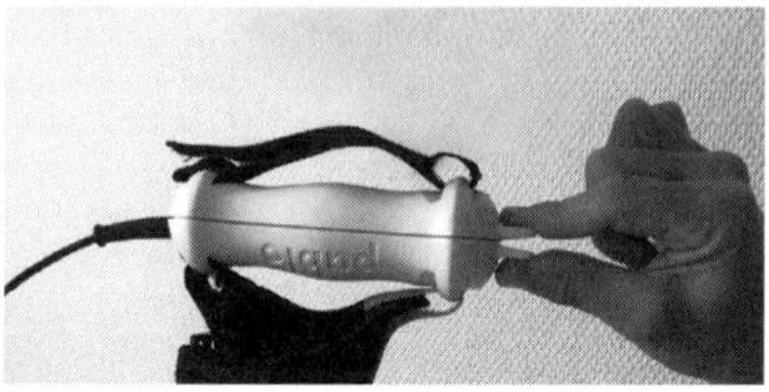 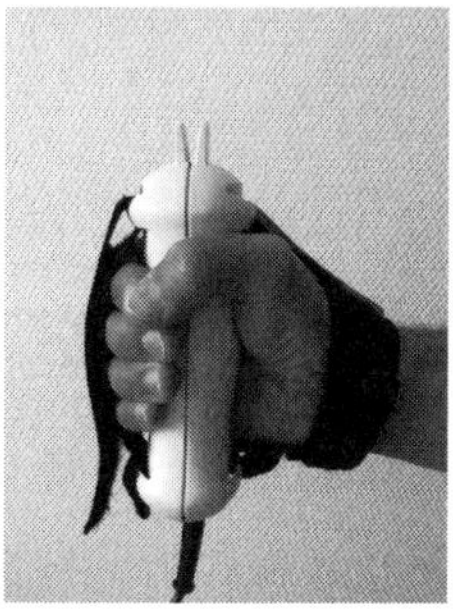	Hartwig, M. (2011). Evidenz, Spaß und Motivation. Computergestützte Armbehandlung mit dem Pablo-System. *praxis ergotherapie, 24,* 322–328. *Vertrieb:* Reha-Stim Medtec GmbH, Berlin.
Hand-/Armfunktion		**Bewegungsanalyse**
Analyse feinmotorischer Griffkräfte	*Erfasste Funktionen:* Griffkraft bei der Manipulation von Objekten. *Material:* Drahtloses Testobjekt mit a) Kraftaufnehmer (zeichnet die Griffkraft auf) und b) 3 Linearbeschleunigungssensoren (erfassen die bewegungsinduzierten Beschleunigungen in 3 Raumebenen). *Durchführung:* Aufzeichnung mittels Datenspeicher im Objekt; Übertragung auf einen PC und Analyse mit spezieller Software. 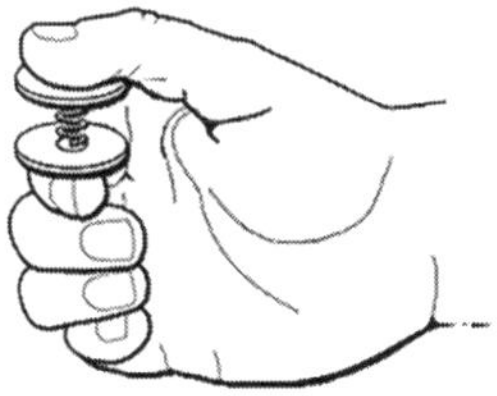	Phillip, J. (1999). *Ein Meßsystem zur Untersuchung der Feinmotorik beim Greifen und Bewegen von Gegenständen.* Dissertation, Ludwig-Maximilians-Universität München. Nowak, D. A. & Hermsdörfer, J. (2004). Die Analyse der Griffkraft bei der Manipulation von Objekten. *Nervenarzt, 75,* 725–733.

3-dimensionale Bewegungsanalyse motorischer Störungen (3DA)	*Erfasste Funktionen:* 3D-Bewegungsanalyse. Kinematische Analyse der dreidimensionalen Ortskoordinaten von Markierungspunkten, die an interessierenden Körperstellen (z. B. Handgelenk, Ellbogen) angebracht sind. *Material:* Spezial-Software, die aus den registrierten Markerkoordinaten, Gelenkwinkel, Bewegungsprojektionen, Geschwindigkeiten und Beschleunigungen berechnen und darstellen kann.	Hermsdörfer, J. & Mai, N. (1992). Untersuchung gestörter Handfunktionen durch die Registrierung von Griffkräften und Fingerbewegungen. *praxis ergotherapie, 4,* 224–231. *Software:* 3DAWin *Vertrieb:* Verlag MedCom, München
Tymo aus: Tyromotion	*Erfasste Funktionen:* Kräfte- und Gewichtsverteilungen im Stehen, Sitzen und Stützen. Die Kraftmessplatte kann statisch, mit nachgiebiger Unterlage und als Bewegungsboard mit selektiven Bewegungsachsen verwendet werden. Diese verschiedenen Funktionen finden in den Messprogrammen Berücksichtigung. 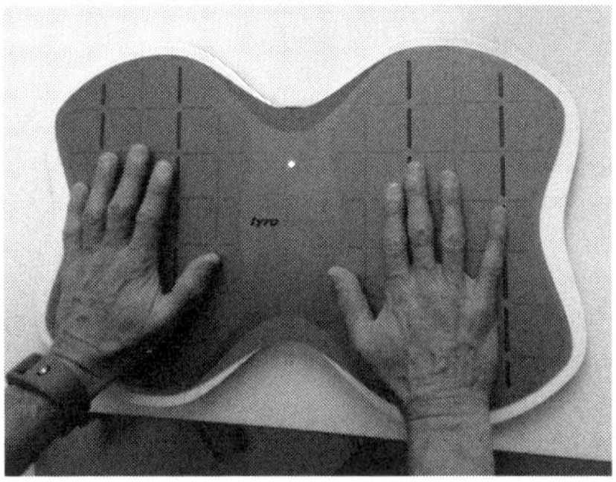	Hartwig M. (2014). Das Tyrosolution Konzept. *Neurologie & Rehabilitation, 2,* 111–116. Tyromotion (2015). Tymo Therapy Plate Gebrauchsanweisung/Manual. Graz: Tyromotion. *Vertrieb:* Reha-Stim Medtec GmbH, Berlin.
Arm-/Handfunktion		**Arbeitsfähigkeit**
Baltimore Therapeutic Equipment work simulator (BTE Work Simulator)	*Erfasste Funktionen:* Gebrauchsfähigkeit und Leistung der oberen Extremität. *Material:* Computergesteuertes Trainings- und Testgerät zur Beurteilung der Arbeitsfähigkeit. *Auswertung:* Kraftaufwand, benötigte Zeit und Ausdauer.	Bhambhani, Y., Esmail, S. & Brintnell, S. (1994). The Baltimore Therapeutic Equipment work simulator: Biomechanical and physiological norms for three attachments in healthy men. *American Journal of Occupational Therapy, 48,* 19–25.

VCWS 1 Small Tools VCWS 4 Upper Extremity Range of Motion aus: Valpar Component Work Samples (VCWS)	*Material:* Würfelförmiger Kasten, der hinten offen ist und vorne ein Eingreifloch hat. Dazu verschiedene Schrauben, Muttern, Werkzeuge etc. *Aufgabe 1:* Die Metallteile müssen mit Werkzeug befestigt werden. Teils sind sie durch das Loch schwer zugänglich. 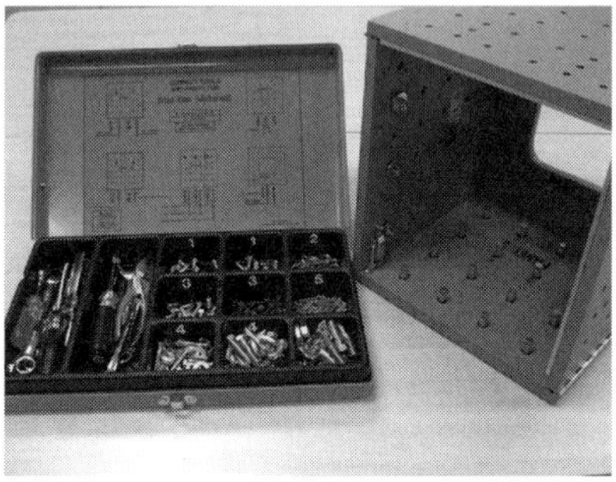 *Aufgabe 4:* Metallteile befestigen – ohne Werkzeug. Insgesamt umfasst das System 24 Diagnose-Kits, 6 davon wurden zusätzlich für Blinde und Sehbehinderte adaptiert. Berücksichtigt werden Tätigkeiten über Kopf, auf Brust- und Kniehöhe.	*Vertrieb:* Bases of Virginia, Yorktown.
WorkPark	*Material:* 12 Geräte. Die Geräte sind multifunktionell einsetzbar und miteinander kombinierbar. *Aufgaben:* Stehende, sitzende, kniende und hockende Tätigkeiten. *Auswertung:* Erstellen von Tätigkeitsprofil, Eingangsprofil, Abschlussfähigkeitsprofil.	*Vertrieb:* Nitzbon, Hamburg. Nitzbon-Grimberg, P. (2013). WorkPark – Medizinisch-berufliche Rehabilitation. *ergopraxis, 6,* 42.
Einschätzung der funktionellen Leistungsfähigkeit (EFL) *Englisch:* Isernhagen Work System Functional Capacity Evaluation (IWS FCE)	*Erfasste Funktionen:* Belastbarkeit für häufige physische Funktionen der Arbeit. Selbst- und Fremdeinschätzung. *Aufgaben:* Heben, Tragen, Überkopf-Arbeiten, Arbeiten mit Bücken, Tätigkeiten auf der Leiter, Handkoordination u. a. (29 standardisierte funktionelle Leistungstests). *Auswertung:* Gegenüberstellen von beruflichem Leistungs- und Anforderungsprofil.	Kaiser, H., Kersting, M., Schian, H. M., Jacobs, A. & Kasprowski, D. (2000). Der Stellenwert des EFLVerfahrens nach Susan Isernhagen in der medizinischen und beruflichen Rehabilitation. *Die Rehabilitation, 39,* 297–306. http://www.efl-akademie.de/efl_system.htm

Integration von Menschen mit Behinderungen in die Arbeitswelt (IMBA)	*Erfasste Funktionen:* Körperliche und psychische Anforderungen und Fähigkeiten sowie Aspekte der Arbeitsorganisation und -umgebung anhand von Tests, Beobachtung und Expertenratings. Standardisierter Katalog aus systematischen und definierten Merkmalen (70 Hauptmerkmale und 108 Detailmerkmale). *Auswertung:* Anforderungsprofil, Fähigkeitsprofil, Profilvergleichsskalen mit 5 Unterforderungs- und 5 Überforderungsstufen und einer Stufe der Übereinstimmung.	Glatz, A. & Schian, H. M. (2007). Integration für Menschen mit Behinderungen in die Arbeitswelt (IMBA). In J. Bengel, M. Wirtz & C. Zwingmann (Hrsg.), *Diagnostische Verfahren in der Rehabilitation* (Diagnostik für Klinik und Praxis, Bd. 5, S. 368–371). Göttingen: Hogrefe.
Arm-/Handfunktion	**Fragebogen: Alltag, Freizeit, Beruf**	
Canadian Occupational Performance Measure (COMP)	Strukturiertes Interview. Selbsteinschätzung: Zufriedenheit bei alltagsrelevanten Tätigkeiten und für alltagsrelevante Fähigkeiten.	Law, M., Baptiste, S., Carswell-Opzoomer, A., McColl, M. A., Polatajko, H. & Pollock, N. (1991). *Canadian Occupational Performance Measure.* Toronto, CDN: CAOT Publications ACE. George, S. (2014). *Praxishandbuch COPM.* Bergisch Gladbach: Schulz-Kirchner Verlag.
Disabilities of the Arm, Shoulder and Hand (DASH)	Fragebogen (30 Items): – Einschränkungen bei Aktivitäten in der vergangenen Woche (21 Items) Beispiele: Fleisch schneiden, Bett machen, Federball spielen; – Einschränkungen bei sozialen Aktivitäten (1 Item); – Einschränkungen durch Schmerz, Schwäche, Steifigkeit (5 Items); – Schlafstörung (1 Item); – Unwohlsein (1 Item). Optional: – Einschränkungen bei der Arbeit (4 Items); – Einschränkungen bei Sport/Freizeit (4 Items). *Auswertung:* 5-stufige Skala von keine Schwierigkeiten bis nicht möglich.	Hudak, P., Amadio, P. C., Bombardier, C. and the Upper Extremity Collaborative Group (1996). Development of an upper extremity outcome measure: The DASH (Disabilities of the Arm, Shoulder, and Hand). *American Journal of Industrial Medicine, 29,* 602–608. Kennedy, C. A., Beaton, D. E., Solway, S., McConnell, S. & Bombardier, C. (2011). *Disabilities of the arm, shoulder and hand (DASH). The DASH and QuickDASH Outcome Measure User's Manual* (3rd ed.). Toronto, CDN: Institute for Work & Health.

Sensibilität		
Sensibilität		**Oberfläche**
Semmes-Weinstein Monofilament Test (SWMT)	*Erfasste Funktionen:* Feststellung der Berührungsempfindlichkeit. *Material:* Einzelne, relativ steife Kunststofffäden unterschiedlicher Dicke, die bei einem festgelegten Druck abknicken; 20 bzw. 5 (Mini-Kit). 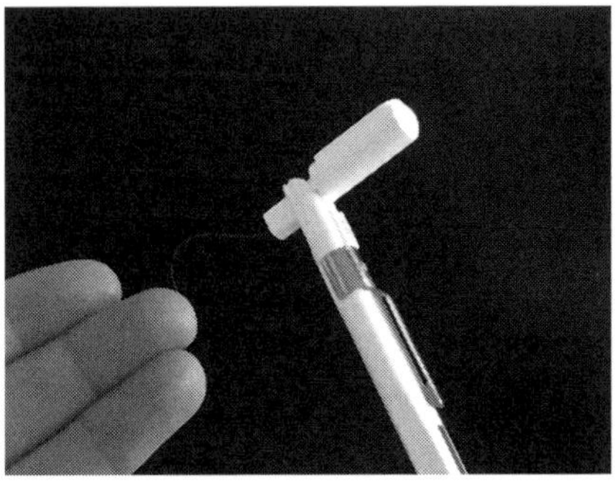 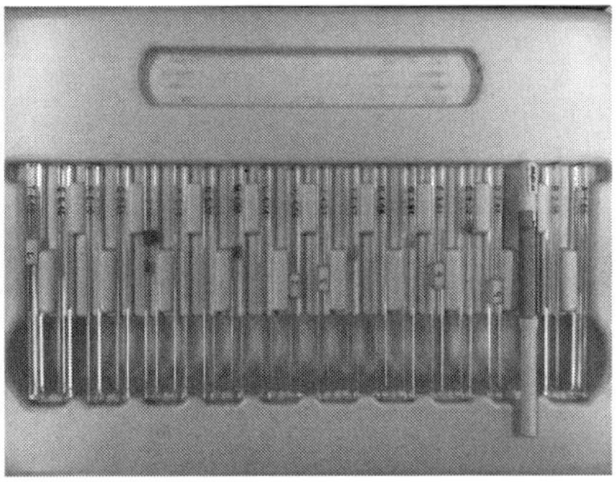	*Vertrieb:* Fachhandel für Reha-Bedarf.
Weinstein Enhanced Sensory Test (WEST)	*Modifikation:* 5 Fäden an derselben Halterung. 	Weinstein, S. (1993). Fifty years of somatosensory research: from the Semmes-Weinstein monofilaments to the Weinstein Enhanced Sensory Test. *Journal of Hand Therapy, 6,* 11–22.

<table>
<tr>
<td>2 Punkt-Diskrimination (2PD)</td>
<td>

Erfasste Funktion: Zweipunktediskrimination.

Material: Zwei Metallspitzen in definiertem Abstand.

Aufgabe: Der Proband soll angeben, ob er mit einer oder zwei Spitzen berührt worden ist.

Durchführung: Aufsetzen der Spitzen parallel zur Längsachse des Fingers. Beginn mit 5 mm.

Auswertung: Bestimmt wird die kleinste Distanz, die eine Person unterscheiden kann, wenn sie mit zwei Spitzen berührt wird.

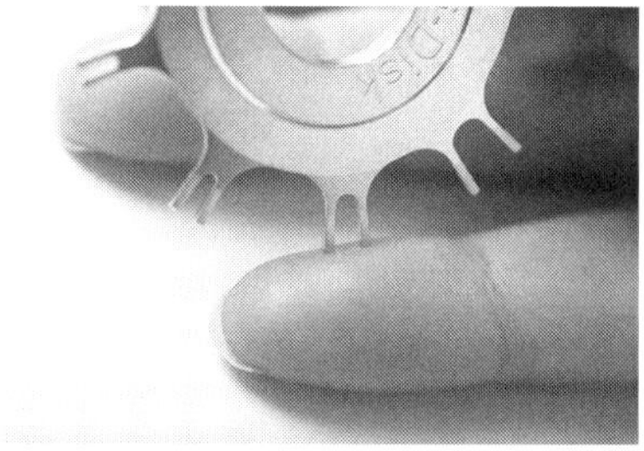

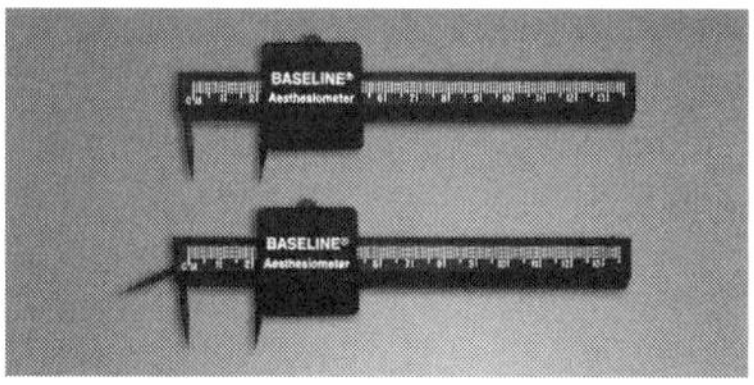

</td>
<td>

Abbildungsbewilligung: Leuchtturmprojekt Hand, Deutsche Gesetzliche Unfallversicherung www.leuchtturmprojekt-hand.de

Abbildungsbewilligung: Performance Health

</td>
</tr>
<tr>
<td>Pressure specified sensory device (PSSD)</td>
<td>

Erfasste Funktion: Computergestützte Bestimmung der Zweipunktediskrimination. Erfasst wird die Berührungsschwelle: der nötige Druck, bei dem die Person die Metallstifte wahrnimmt.

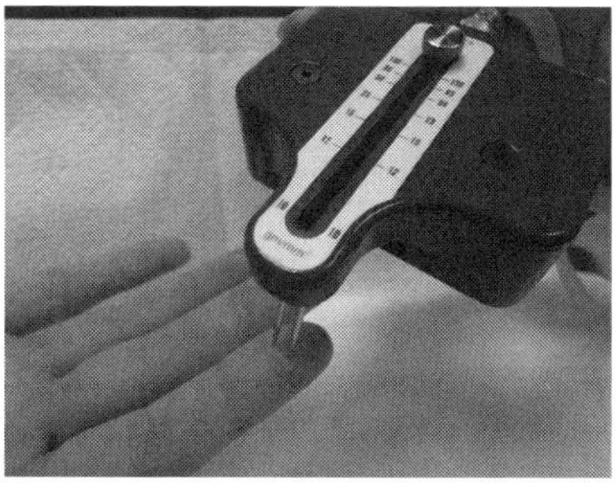

</td>
<td>

Tassler, P. L. & Dellon, A. L. (1995). Correlation of measurements of pressure perception using the pressure-specified sensory device with electrodiagnostic testing. *Journal of Occupational and Environmental Medicine, 37*, 862–868.

Vertrieb: Dellon Institutes, Baltimore.

Abbildung:
Nebraska Hand & Shoulder Institute, Grand Island, NE

</td>
</tr>
</table>

Automated Tactile Tester (ATT)	*Erfasste Funktionen:* Computergestützte Bestimmung von: – 2-Punktediskrimination, – Unterscheidung spitz – stumpf, – Vibration (hohe und niedrige Frequenz), – Temperatur, – Schmerz.	Horch, K., Hardy, M., Jimenez, S. & Jabaley, M. (1992). An automated tactile tester for evaluation of cutaneous sensibility. *Journal of Hand Surgery, 17,* 829–837.
Zahlen und Buchstaben erkennen	*Aufgabe:* Der Proband soll Zahlen und Buchstaben erkennen, die vom Untersucher auf den Handrücken oder auf die Fingerspitzen geschrieben werden.	
Finger-Identifikation	*Aufgabe:* Nach der Berührung eines Fingers durch den Untersucher soll der Proband mit dem Daumen der gleichen Hand auf den berührten Finger zeigen.	
Finger-Lokalisation	*Aufgabe:* Der Untersucher berührt mit einem Stift während 2 Sekunden eine Fingerbeere; anschließend soll der Proband den Finger benennen oder auf einer Abbildung zeigen. *Durchführung* in drei Varianten: 1. Finger sind sichtbar. 2. Finger sind ohne Sichtkontakt. 3. Doppelt simultane Stimulation ohne Augenkontrolle. 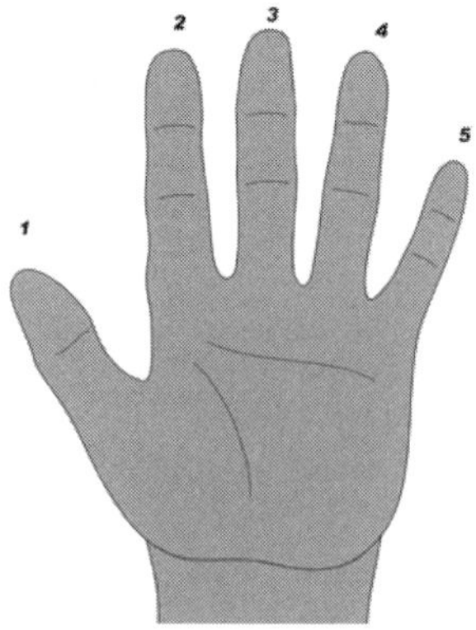	Benton, A. et al (1994). *Contributions to Neuropsychological Assessment: A Clinical Manual.* Oxford: Oxford University Press. Strauss, E., Sherman, E. M. & Spreen, O. (2006). *A compendium of neuropsychological tests.* Oxford: Oxford University Press.
Taktile Funktionen aus: Luria-Nebraska Neuropsychological Battery (LNNB)	*Erfasste Funktionen:* – Berührungsschwelle, – Taktile Unaufmerksamkeit (Neglect), – Fingeragnosie, – Stereognosie, – finger tip writing.	Golden, C. J., Hammeke, T. A. & Purisch, A. D. (1980). *Luria-Nebraska Neuropsychological Battery.* Los Angeles, CA: Western Psychological Services.

Sensibilität		**Haptik/Stereognosie**
Formen erkennen	*Aufgabe:* Alltagsgegenstände, Objekte oder Formen sollen durch aktives Abtasten unterschieden und aus einer Auswahl von Gegenständen oder Bildern wiedererkannt werden. Beispiel: Rolyan Complex Form Board. 	*Vertrieb:* Patterson Medical Ltd, Nottinghamshire.
Tactual Performance Test (TPT) aus: Halstead Reitan Neuropsychological Test Battery for Adults (HRNTB) andere Bezeichnungen: – Form Board Test – Seguin-Goddard Form Board Test	*Aufgabe:* Der Proband soll ohne Sichtkontakt geometrische Holzformen ertasten und in die korrespondierende Aussparung einer Schablone einfügen (10 Items). *Durchführung:* (a) dominante Hand; (b) nicht-dominate Hand; (c) bimanuell; (d) Formen aus dem Gedächtnis aufzeichnen. *Auswertung:* Zeitbedarf für jeden Durchgang und für den Gesamttest; Anzahl reproduzierter Formen; Anzahl am richtigen Ort reprozierter Figuren.	Reitan, R. & Wolfson, D. (1985). *Halstead-Reitan neuropsychological test battery: Theory and clinical interpretation.* Tucson, AZ: Neuropsychology Press.
Portable Tactual Performance Test (P-TPT)	Tragbare Variante des TPT aus der Halstead-Reitan Neuropsychological Test Battery. Es steht je eine Version für 6 und für 10 Objekte zur Verfügung.	Strauss, E., Sherman, E.M. & Spreen, O. (2006). *A Compendium of neuropsychological tests.* Oxford: Oxford University Press. *Vertrieb:* PAR Inc., Lutz, FL
Textur erkennen	*Aufgabe:* Der Proband soll die Oberfläche einer Stoffprobe mit der einen Hand befühlen und dann die entsprechende Probe mit der anderen Hand aus einer Auswahl von Stoffen herausfinden.	

Shape-Texture-Identification Test (STI-Test)	*Material:* Auf sechs Kunststoffscheiben befinden sich je ein Quadrat, ein Kreis, ein Sechseck sowie ein, zwei und drei erhabene Punkte. Die Formen variieren in ihrer Größe zwischen 4 und 15 mm, die Punkte sind unterschiedlich hoch. *Aufgabe:* Erkennen der Formen und Punktzahl ohne Augenkontrolle. *Skala:* 0–6. 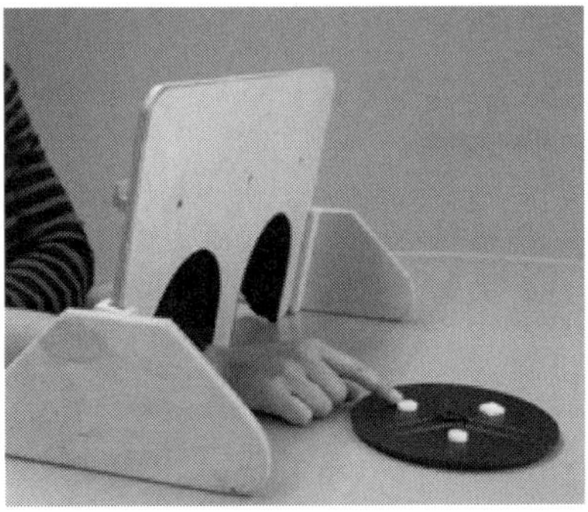 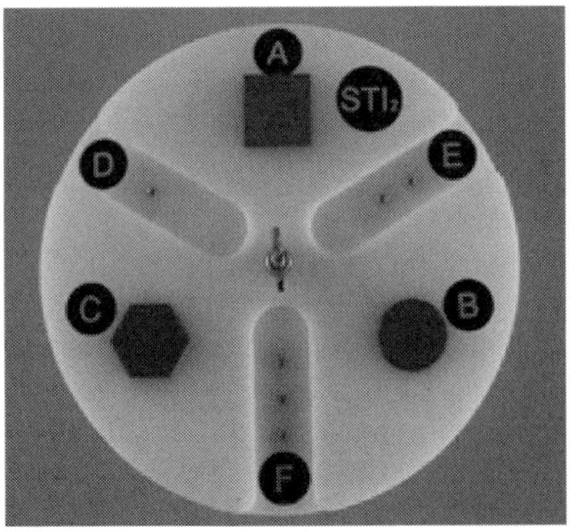 	Rosen, B. & Lundborg, G. (1998). A new tactile gnosis instrument in sensibility testing. *Journal of Hand Therapy, 11,* 251–257. *Vertrieb:* www.sensory-test.com Ekstrand, E., Lexell, J. & Brogardh, C. (2016). Test-retest reliability ofthe Shape/Texture Identification test™ in people with chronic stroke. *Clinical Rehabilitation, 30,* 1120–1127. http://doi.org/10.1177/0269215515608512 *Vertrieb STI_2:* www.sensory-test.com *Abbildungsbewilligung STI_2:* F. Chevalley *Abbildungsbewilligung:* E. Ekstrand
Sensibilität		**Fragebogen**
Sensory Sensitivity Questionnaire (SSQ)	Fragebogen: Selbstbeurteilung. Erfasst werden folgende Domänen: 1. Temperatur/Schmerztoleranz (2 Items) – erhöhte Sensitivität. 2. Temperatur/Schmerztoleranz (2 Items) – verminderte Sensitivität. 3. Reaktion auf taktile Reize (3 Items). 4. Allgemein sensorische Sensitivität (6 Items).	Minshew, N. J. & Hobson, J. A. (2008). Sensory sensitivities and performance on sensory perceptual tasks in high-functioning individuals with autism. *Journal of Autism and Developmental Disorders, 38* (8), 1485–1498.

Sensibilität		Batterien
Nottingham Sensory Assessment	*Erfasste Funktionen:* 1. Oberflächensensibilität: • Berührungsempfinden, • Druck, • Unterscheidung spitz – stumpf, • Temperatur, • Berührungslokalisation, • bilaterale simultane Berührung. 2. Tiefensensibilität: • Bewegungsempfinden, • Lage- und Bewegungssinn (Bewegungsrichtung, Gelenkstellungen). 3. Stereognosie: • Ertastete Objekte benennen oder beschreiben oder aus einem Set heraussuchen.	Lincoln, N. B., Jackson, J. M. & Adams, S. A. (1998). Reliability and revision of the Nottingham Sensory Assessment for stroke patients. *Physiotherapy, 84,* 358–365. Nottingham Sensory Assessment Instructions. University of Nottingham. *Download:* https://www.nottingham.ac.uk/medicine/documents/publishedassessments/nsainstructionsrevised.pdf Zugriff am 30. 12. 2016. Schädler, S., Kool, J., Lüthi, H., Marks, D., Oesch, P., Pfeffer, A. & Wirz, M. (2006). *Assessments in der Neurorehabilitation.* Bern: Huber.
Rivermead Assessment of Somatosensory Performance (RASP)	*Material:* Neurometer, Neurodisc und Neurotemp. *Erfasste Modalitäten:* – Leichte Berührung, – Spitz-Stumpf-Diskrimination, – Berührungslokalisation, – Bilaterale simultane Berührung, – Temperaturwahrnehmung, – Zweipunktediskrimination, – Lage- und Bewegungssinn. Die Durchführung erfolgt an 10 Körperregionen mit jeweils 6 verschiedenen Reizen.	Winward, C. E., Halligan, P. W. & Wade, D. T. (2002). The Rivermead Assessment of Somatosensory Performance (RASP): Standardization and reliability data. *Clinical Rehabilitation, 16,* 523–533.
Reitan-Klove Sensory-Perceptual Examination (SPE) aus: Halstead Reitan Neuropsychological Test Battery for Adults (HRNTB)	*Erfasste Funktionen:* – Finger-Lokalisation, – finger tip writing. Erfasst zusätzlich auch visuelle und auditive Unaufmerksamkeit (Neglect).	Reitan, R. & Wolfson, D. (1985). *Halstead-Reitan neuropsychological test battery: Theory and clinical interpretation.* Tucson, AZ: Neuropsychology Press.
Dean-Woodcock Sensory Motor Battery (DWSMB) aus: Dean-Woodcock Neuropsychological Assessment System (DWNAS)	*18 Untertests:* – Sensory Tests: (1) Lateral Preference Scale (17 items), (2) Near Point Visual Acuity, (3) Visual Confrontation, (4) Naming Pictures of Objects, (5) Auditory Perception. – Tactile Examination: (6) Palm Writing, (7) Object Identification, (8) Finger Identification, (9) Simultaneous Localization (Hands Only and Hand/Cheek).	Dean, R. S. & Woodcock, R. W. (2003). *Dean-Woodcock Sensory-Motor Battery.* Itasca, IL: Riverside Publishing.

	– Motor Tests (subcortical): (10) Gait and Station, (11) Romberg Test, (12) Coordination Test (Finger to Nose and Hand/ Thigh). – Motor Tests (cortical): (13) Construction Test (Cross and Clock); (14) Mime Movements, (15) Left-Right Movements, (16) Finger Tapping, (17) Expressive Speech, (18) Grip Strength.	

Literatur

Aaron, D. H. & Jansen, C. W. S. (2003). Development of the Functional Dexterity Test (FDT): construction, validity, reliability, and normative data. *Journal of Hand Therapy, 16,* 12–21. http://doi.org/10.1016/S0894-1130(03)80019-4

Amirjani, N., Ashworth, N. L., Gordon, T., Edwards, D. C. & Chan, K. M. (2007). Normative values and the effects of age, gender, and handedness on the Moberg Pick-Up Test. *Muscle & Nerve, 35,* 788–792. http://doi.org/10.1002/mus.20750

Annett, M. (1992). Five tests of hand skill. *Cortex, 28,* 583–600. http://doi.org/10.1016/S0010-9452(13)80229-8

Aster, M. von, Neubauer, A. & Horn, R. (2006). *Wechsler Intelligenztest für Erwachsene (WIE).* Frankfurt am Main: Harcourt Test Services.

Bartzsch, U. (2002). *Allensbacher Feinmotoriktest* (2., überarbeitete und veränderte Auflage). http://www.mainbernheimerfortbildungen.de/afm-test.html

Bauder, H., Taub, R. & Miltner, H. R. (2001). *Behandlung motorischer Störungen nach Schlaganfall – Die Taubsche Bewegungsinduktionstherapie* (S. 77–86). Göttingen: Hogrefe.

Bauer, H., Guttmann, G., Leodolter, M. & Leodolter, U. (1999). *Sensomotorische Koordination* (SMK). Mödling: SCHUFRIED GmbH.

Bennett, G. K. (1985). *Bennett Hand Tool Dexterity Test.* New York: Psychological Corporation.

Benton, A. L. (2009). *Der Benton-Test* (8., überarbeitete und ergänzte Auflage). Bern: Huber.

Benton, A. (1994). *Contributions to Neuropsychological Assessment.* Lutz, FL: Psychological Assessment Resources.

Bethscheider, J. (1995). Comparison of tweezer dexterity. *Statistical Bulletin 1995-5, Johnson O'Connor Research Foundation,* 1–11.

Bhambhani, Y., Esmail, S. & Brintnell, S. (1994). The Baltimore Therapeutic Equipment work simulator: Biomechanical and physiological norms for three attachments in healthy men. *American Journal of Occupational Therapy, 48,* 19–25. http://doi.org/10.5014/ajot.48.1.19

Bishop, D. V. M., Ross, V. A., Daniels, M. S. & Bright, P. (1996). The measurement of hand preference: A validation study comparing three groups of right-handers. *British Journal of Psychology, 87,* 269–285. http://doi.org/10.1111/j.2044-8295.1996.tb02590.x

Bonnardel, R. (2003). *Doppellabyrinthtest.* Mödling: SCHUHFRIED GmbH.

Bonnardel, R. (1946). Le test du Double Labyrinth. *Le Travail Humain,* 212–218.

Bovend'Eerdt, T. J. H., Dawes, H., Johansen-Berg, H. & Wade, D. T. (2004). Evaluation of the modified Jebsen test of hand function and the University of Maryland arm questionnaire for stroke. *Clinical rehabilitation, 18,* 195–202. http://doi.org/10.1191/0269215504cr722oa

Crawford, J. E. & Crawford, D. M. (1981). *The Crawford Small Parts Dexterity Test manual revised.* London: Psychological Corporation.

Dean, R. S. & Woodcock, R. W. (2003). *Dean-Woodcock Sensory-Motor Battery.* Itasca, IL: Riverside Publishing.

Debelak, R., Mandler, G. & Topfstedt, E. (2012). *Mauseignungstest (MOUSE).* Mödling: SCHUFRIED GmbH.

Dellon, A. L. (1981). It's academic but not functional. In *Evaluation of Sensibility and Re-education of Sensation in the Hand* (pp. 95–114). Baltimore, MD: Williams and Wilkins.

Desrosiers, J., Hébert, R., Bravo, G. & Dutil, É. (1995). Upper extremity performance test for the elderly (TEMPA): normative data and correlates with sensorimotor parameters. *Archives of physical medicine and rehabilitation, 76* (12), 1125–1129. http://doi.org/10.1016/S0003-9993(95)80120-0

Desrosiers, J., Hébert, R. & Dutil, E. (1991). *Test évaluant a performance des membres supérieurs des personnes âgées: manuel d'administration.* Sherbrooke: Centre de recherche en gérontologie et gériatrie.

Ekstrand, E., Lexell, J. & Brogardh, C. (2016). Test-retest reliability ofthe Shape/Texture Identification test™ in people with chronic stroke. *Clinical Rehabilitation, 30,* 1120–1127. http://doi.org/10.1177/0269215515608512

Fugl-Meyer, A. R., Jasko, L. & Leyman, I. (1975). The post-stroke patient. A method for evaluation of physical performance. *Scandinavian Journal of Rehabilitation in Medicine, 7,* 13–31.

George, S. (2014). *Praxishandbuch COPM.* Bergisch Gladbach: Schulz-Kirchner Verlag.

Glatz, A. & Schian, H. M. (2007). Integration für Menschen mit Behinderungen in die Arbeitswelt (IMBA). In J. Bengel, M. Wirtz & C. Zwingmann (Hrsg.), *Diagnostische Verfahren in der Rehabilitation* (Diagnostik für Klinik und Praxis, Bd. 5, S. 368–371). Göttingen: Hogrefe.

Golden, C. J., Hammeke, T. A. & Purisch, A. D. (1980). *Luria-Nebraska Neuropsychological Battery.* Los Angeles, CA: Western Psychological Services.

Grünberger, J. (1977). *Psychodiagnostik des Alkoholkranken: ein methodischer Beitrag zur Bestimmung der Organizität in der Psychiatrie.* Wien: Maudrich.

Haid, T., Kofler, M., Bonatti, E., Gamper, E., Quirbach, E. & Saltuari, L. (2006). Normwerte für ein einfaches Verfahren zur Quantifizierung automatisierter Bewegungen über die Schreibgeschwindigkeit: Haid-Bonatti 1–20 Test-revidierte Fassung (HABO 1-20-r). *Neurologie & Rehabilitation, 12,* 329–334.

Hamster, W. (1980). *Die Motorische Leistungsserie – MLS. Handanweisung.* Mödling: Schuhfried GmbH.

Hartwig, M. (2014). Das Tyrosolution-Konzept. *Neurologie & Rehabilitation, 2,* 111–116.

Hartwig, M. (2011). Evidenz, Spaß und Motivation. Computergestützte Armbehandlung mit dem Pablo-System. *praxis ergotherapie, 24,* 322–328.

Heinke, J. (2013). Arbeitstherapie im WorkPark. *praxis ergotherapie, 6,* 331–334.

Hermsdörfer, J. & Mai, N. (1992). Untersuchung gestörter Handfunktionen durch die Registrierung von Griffkräften und Fingerbewegungen. *praxis ergotherapie, 4,* 224–231.

Hermsdörfer, J., Mai, N., Rudroff, G. & Münssinger, M. (1994). *Untersuchung zerebraler Handfunktionsstörungen Ein Vorschlag zur standardisierten Durchführung. Manual und Untersuchungsbogen.* Dortmund: verlag modernes lernen.

Horch, K., Hardy, M., Jimenez, S. & Jabaley, M. (1992). An automated tactile tester for evaluation of cutaneous sensibility. *The Journal of Hand Surgery, 17,* 829–837. http://doi.org/10.1016/0363-5023(92)90452-U

Hudak, P., Amadio, P. C., Bombardier, C. and the Upper Extremity Collaborative Group (1996). Development of an Upper Extremity Outcome Measure: The DASH (Disabilities of the Arm, Shoulder, and Hand). *American Journal of Industrial Medicine, 29,* 602–608. http://doi.org/10.1002/(SICI)1097-0274(199606)29:6<602::AID-AJIM4>3.0.CO;2-L

Isernhagen, S. (1995). Contemporary issues in functional capacity evaluation. In S. Isernhagen (ed.), *The Comprehensive Guide to Work Injury Management* (pp. 410–429). Gaithersburg: Aspen Publishers.

Jebsen, R. H., Taylor, N., Trieschmann, R. B., Trotter, M. H. & Howard, L. A. (1969). An objective and standardized test of hand function. *Archives of Physical Medicine and Rehabilitation, 50,* 311–319.

John, E. & Crawford, D. M. (1981). *The Crawford Small Parts Dexterity Test manual revised.* London: Psychological Corporation.

Kaiser, H., Kersting, M., Schian, H. M., Jacobs, A. & Kasprowski, D. (2000). Der Stellenwert des EFL-Verfahrens nach Susan Isernhagen in der medizinischen und beruflichen Rehabilitation. *Die Rehabilitation, 39,* 297–306. http://doi.org/10.1055/s-2000-7861

Kennedy, C. A., Beaton, D. E., Solway, S., McConnell, S. & Bombardier, C. (2011). *Disabilities of the Arm, Shoulder and Hand (DASH). The DASH and QuickDASH Outcome Measure User's Manual* (Third Edition). Toronto, Ontario: Institute for Work & Health.

Kildebro, N., Amirian, I., Gögenur, I. & Rosenberg, J. (2015). Test re-test reliability and construct validity of the star-track test of manual dexterity. *PeerJ, 3,* e917. http://doi.org/10.7717/peerj.917

Kopp, B., Kunkel, A., Flor, H., Platz, T., Rose, U., Mauritz, K. H. & Taub, E. (1997). The Arm Motor Ability Test: reliability, validity, and sensitivity to change of an instrument for assessing disabilities in activities of daily living. *Archives of physical medicine and rehabilitation, 78,* 615–620. http://doi.org/10.1016/S0003-9993(97)90427-5

Krupp, S., Kasper, J., Balck, F., Schnoor, M., Eisemann, N., Lohse, K. & Willkomm, M. (2015). „Timed up and go" für die Finger in Form des 20-Cents-Tests. *Zeitschrift für Gerontologie und Geriatrie, 48,* 121–127. http://doi.org/10.1007/s00391-014-0854-z

Lafayette Instrument Company (1985). *Instructions and Normative Data for Modell 31020 Purdue Pegboard.* Loughborough: Lafayette Instrument Company.

Lafayette Instrument Company (2002). *Grooved Pegboard Test, Modell 31025. User Instructions.* Loughborough: Loughborough: Lafayette Instrument Company.

Law, M., Baptiste, S., Carswell-Opzoomer, A., McColl, M.A., Polatajko, H. & Pollock, N. (1991). *Canadian Occupational Performance Measure.* Toronto, ON: CAOT Publications ACE.

Lincoln, N.B., Jackson, J.M. & Adams, S.A. (1998). Reliability and revision of the Nottingham Sensory Assessment for stroke patients. *Physiotherapy, 84,* 358–365. http://doi.org/10.1016/S0031-9406(05)61454-X

Lincoln, N. & Leadbitter, D. (1979). Assessment of motor function in stroke patients. *Physiotherapy, 65,* 48–51.

Lundergan, W.P., Soderstrom, E.J. & Chambers, D.W. (2007). Tweezer dexterity aptitude of dental students. *Journal of Dental Education, 71* (8), 1090–1097.

Lyle, R.C. (1981). A performance test for assessment of upper limb function in physical rehabilitation treatment and research.1981. *International Journal of Rehabilitation Research, 4,* 483–492. http://doi.org/10.1097/00004356-198112000-00001

Mai, N. & Marquardt, C. (1995). *Schreibtraining in der neurologischen Rehabilitation* (EKN-Materialien für die Rehabilitation, Band 8). Dortmund: borgmann publishing.

Mannerfelt, L. (1966). Studies on the hand in ulnar nerve paralysis: a clinical-experimental investigation in normal and anomalous innervation. *Acta Orthopaedica Scandinavia, 37* (S87), 3–176. http://doi.org/10.3109/ort.1966.37.suppl-87.01

Marquardt, C. & Mai, N. (1994). A computational procedure for movement analysis in handwriting. *Journal of Neuroscience Methods, 52,* 39–45. http://doi.org/10.1016/0165-0270(94)90053-1

Mathiowetz, V., Kashman, N., Volland, G., Weber, K., Dowe, M. & Rogers, S. (1985). Grip and pinch strength: normative data for adults. *Archives of Physical Medicine & Rehabilitation, 66,* 69–74.

Mathiowetz, V., Volland, G., Kashman, N. & Weber, K. (1985). Adult norms for the Box and Block Test of manual dexterity. *American Journal of Occupational Therapy, 39,* 386–391. http://doi.org/10.5014/ajot.39.6.386

Mathiowetz, V., Weber, K., Kashman, N. & Volland, G. (1985). Adult Norms for the Nine Hole Peg Test of Finger Dexterity. *The Occupational Therapy Journal of Research, 5,* 24–33. http://doi.org/10.1177/153944928500500102

Minkwitz, K. (2000). Allensbacher Feinmotoriktest (AFM-Test). *Ergotherapie & Rehabilitation, 1,* 19–22.

Minshew, N.J. & Hobson, J.A. (2008). Sensory sensitivities and performance on sensory perceptual tasks in high-functioning individuals with autism. *Journal of autism and developmental disorders, 38,* 1485–1498. http://doi.org/10.1007/s10803-007-0528-4

Moberg, E. (1958). Objective methods for determining the functional value of sensibility in the hand. *Journal of Bone & Joint Surgery, British Volume, 40,* 454–476.

Neidhart, B. (1993). *Allensbacher Feinmotoriktest.* Konstanz: Eigenverlag.

Neuwirth, W. & Benesch, M. (2004). *Motorische Leistungsserie – MLS, Version 24.00. Handanweisung.* Mödling: Schuhfried GmbH.

Nitzbon-Grimberg, P. (2013). WorkPark – Medizinisch-berufliche Rehabilitation. *ergopraxis, 6,* 42. http://doi.org/10.1055/s-0033-1338286

Nowak, D. A. & Hermsdörfer, J. (2004). Die Analyse der Griffkraft bei der Manipulation von Objekten. *Nervenarzt, 75,* 725–733. http://doi.org/10.1007/s00115-003-1676-1

Oldfield, R. C. (1971). The assessment and analysis of handedness: The Edinburgh inventory. *Neuropsychologia, 9,* 97–113. http://doi.org/10.1016/0028-3932(71)90067-4

Osborne, R. T. & Sanders, W. B. (1956). The Crawford Small Parts Dexterity Test as a Time-Limit Test. *Personnel Psychology, 9,* 177–180. http://doi.org/10.1111/j.1744-6570.1956.tb01061.x

Oswald, W. D. & Fleischmann, U. M. (1999). *Nürnberger Altersinventar (NAI). Testinventar, NAI-Testmanual und Textband* (4. unveränderte Auflage). Göttingen: Hogrefe.

Oswald, W. D. & Roth, E. (1987). *Zahlen-Verbindungs-Test (ZVT)* (2., überarbeitete und erweiterte Auflage). Göttingen: Hogrefe.

Petermann, F., Waldmann, H.-C., Daseking, M. & Werpup, L. (2013). *Frostigs Entwicklungstest der visuellen Wahrnehmung – Jugendliche und Erwachsene (FEW-JE). Deutsche Bearbeitung des Developmental Test of Visual Perception – Adolescent and Adult (DTVP-A) von Reynolds, C. R., Pearson, N. A. & Voress, J. K.* Göttingen: Hogrefe.

Phillip, J. (1999). *Ein Meßsystem zur Untersuchung der Feinmotorik beim Greifen und Bewegen von Gegenständen.* Dissertation, Ludwig-Maximilians-Universität München.

Platz, T. & Pinkowski, C., van Wijck, F. & Johnson, G. (2005). *Arm Rehabilitation Measurement.* Baden-Baden: Deutscher Wissenschafts-Verlag.

Platz, T. & Roschka, S. (2011). *Rehabilitative Therapie bei Armlähmungen nach einem Schlaganfall: Patientenversion der Leitlinie der Deutschen Gesellschaft für Neurorehabilitation.* Hippocampus-Verlag.

Reitan, R. M. (1992). *Trail Making Test.* Tucson, AZ: Reitan Neuropsychology Laboratory.

Reitan, R. & Wolfson, D. (1985). *Halstead-Reitan neuropsychological test battery: Theory and clinical interpretation.* Tucson, AZ: Neuropsychology Press.

Reynolds, C. R. Pearson, N. A. & Voress, J. K. (2002). *Developmental Test of Visual Perception – Adolescent and Adult (DTVP-A).* Austin, Texas: Pro-ed.

Roeder, W. S. (1967). *Roeder Manipulative Aptitude Test.* Loughborough: Lafayette Instrument Company.

Roeder, W. S. (1958). *U. S. Patent No. 2,835,986.* Washington, DC: U. S. Patent and Trademark Office.

Rosen, B. & Lundborg, G. (1998). A new tactile gnosis instrument in sensibility testing. *Journal of Hand Therapy, 11,* 251–257. http://doi.org/10.1016/S0894-1130(98)80020-3

Sattler, J. B. (2002). *Fragebogen zur Bestimmung der Händigkeit.* Verfügbar unter: www.eduhi.at/dl/Barbara_Sattler.pdf (Zugriff: September 2015)

Sattler, J. B. (2008). *S-MH® Beobachtungs- und Anamnesebogen zur Abklärung der Händigkeit nach Methodik Dr. Johanna Barbara Sattler, München,* Stand: April 2008 http://www.lefthander-consulting.org/deutsch/Fragebogen.htm (Zugriff September 2015).

Schädler, S., Kool, J., Lüthi, H., Marks, D., Oesch, P., Pfeffer, A. & Wirz, M. (2012). *Assessments in der Rehabilitation. Band 1: Neurologie.* Bern: Huber.

Schädler, S., Kool, J., Lüthi, H., Marks, D., Oesch, P., Pfeffer, A. & Wirz, M. (2006). *Assessments in der Neurorehabilitation.* Bern: Huber.

Schoppe, K. J. (1974). Das MLS-Gerät: ein neuer Testapparat zur Messung feinmotorischer Leistungen. *Diagnostica, 20,* S. 43–47.

Schuhfried, G. (1994). Zweihand Koordination (2HAND). Mödling: SCHUFRIED GmbH.

Singh, H. P., Dias, J. J. & Thompson, J. R. (2015). Timed Sollerman hand function test for analysis of hand function in normal volunteers. *Journal of Hand Surgery (European Volume), 40* (3), 298–309. http://doi.org/10.1177/1753193414523246

Sollerman, C. & Ejeskar, A. (1995). Sollerman hand function test. A standardised method and its use in tetraplegic patients. *Scandinavian Journal of Plastic and Reconstructive Surgery and Hand Surgery, 29,* 167–176. http://doi.org/10.3109/02844319509034334

Strauss, E., Sherman, E. M. S. & Spreen, O. A. (2006). *A Compendium of Neuropsychological Tests: Administration, Norms, and Commentary* (3rd ed.). New York: Oxford University Press.

Stromberg, E. L. (1985). *Stromberg Dexterity Test.* Oxford: The Psychological Corporation.

Sturm, W. & Büssing, A. (1985). Ergänzende Normierungsdaten und Retest-Reliabilitätskoeffizienten zur Motorischen Leistungsserie (MLS) nach Schoppe. *Diagnostica, 3,* 234–245.

Tassler, P. L. & Dellon, A. L. (1995). Correlation of measurements of pressure perception using the pressure-specified sensory device with electrodiagnostic testing. *Journal of Occupational and Environmental Medicine, 37,* 862–868. http://doi.org/10.1097/00043764-199507000-00017

Tobler-Ammann, B. (2015). Der „Virtuelle Peg Insertions-Test“ (VPIT). Ein neues Assessment zur Prüfung der Geschicklichkeit der oberen Extremität nach Schlaganfall. *Ergotherapie, 12/15,* 6–12.

Tobler-Ammann, B. C., de Bruin, E. D., Fluet, M. C., Lambercy, O., de Bie, R. A. & Knols, R. H. (2016). Concurrent validity and test-retest reliability of the Virtual Peg Insertion Test to quantify upper limb function in patients with chronic stroke. *Journal of NeuroEngineering & Rehabilitation, 13,* 8. http://doi.org/10.1186/s12984-016-0116-y

Valero-Cuevas, F. J., Smaby, N., Venkadesan, M., Peterson, M. & Wright, T. (2003). The strength-dexterity test as a measure of dynamic pinch performance. *Journal of Biomechanics, 36,* 265–270. http://doi.org/10.1016/S0021-9290(02)00340-8

Weinstein, S. (1993). Fifty years of somatosensory research: from the Semmes-Weinstein monofilaments to the Weinstein Enhanced Sensory Test. *Journal of Hand Therapy, 6,* 11–22. http://doi.org/10.1016/S0894-1130(12)80176-1

Winward, C. E., Halligan, P. W. & Wade, D. T. (2002). The Rivermead Assessment of Somatosensory Performance (RASP): standardization and reliability data. *Clinical Rehabilitation, 16,* 523–533. http://doi.org/10.1191/0269215502cr522oa

Wolf, S. L., Lecraw, D. E., Barton, L. A. & Jann, B. B. (1989). Forced use of hemiplegic upper extremities to reverse the effect of learned nonuse among chronic stroke and head-injured patients. *Experimental Neurology, 104,* 125–132. http://doi.org/10.1016/S0014-4886(89)80005-6

Yancosek, K. E. & Howell, D. (2009). A narrative review of dexterity assessments. *Journal of Hand Therapy, 22* (3), 258–270. http://doi.org/10.1016/j.jht.2008.11.004

Teil IV

Fahreignung

6 Fahreignung

Jutta Küst & Andreas Schale

Um als Kraftfahrer am Straßenverkehr teilnehmen zu können, muss man dafür geeignet sein. Neurologische Erkrankungen können diese Eignung in verschiedener Weise beeinträchtigen; eine Darstellung verschiedener Erkrankungen und deren mögliche Auswirkungen auf die Fahreignung kann im Rahmen dieses Kapitel nicht vorgenommen werden. Die Beurteilung der kognitiven Leistungsfähigkeit ist eine häufige Fragestellung in der Neuropsychologie, da der Erhalt der Mobilität ein wichtiges Aktivitätsziel darstellt und häufig die Voraussetzung zur sozialen und beruflichen Teilhabe ist.

6.1 Rechtliche Rahmenbedingungen der Diagnostik

Die Gesetzgeber versuchen durch ihre Vorgaben sowohl dem individuellen Anspruch auf Mobilität, als auch der Sicherheit des Straßenverkehrs gerecht zu werden.

In Deutschland werden die rechtlichen Rahmenbedingungen im Wesentlichen in der *Fahrerlaubnis-Verordnung* (FeV, Bundesgesetzblatt, 2014): §2 Abs. 1, §§11 und 46 sowie deren Anlagen 4 (Krankheiten und Mängel), 5 (Eignungsuntersuchungen) und 6 (Sehfähigkeit) dargestellt. Weiter erläutert werden diese Vorgaben in den *Begutachtungs-Leitlinien zur Kraftfahrereignung* (Bundesanstalt für Straßenwesen, 2014). Vergleichbare Bestimmungen bestehen auch in der Schweiz und in Österreich.

Als wesentliche kognitive Voraussetzungen werden die nachfolgenden fünf Funktionsbereiche in der Anlage 5.2 der FeV genannt:
a) Belastbarkeit,
b) Orientierungsleistung,
c) Konzentrationsleistung,
d) Aufmerksamkeitsleistung,
e) Reaktionsfähigkeit.

In Österreich müssen ggf. zusätzlich noch die Bereiche Sensomotorik und Intelligenz und Erinnerungsvermögen geprüft sowie die Bereitschaft zur Verkehrsanpassung beurteilt werden.

Weiter wird in den Begutachtungs-Leitlinien zur Kraftfahrereignung eine „Ausgewogenheit zwischen Schnelligkeit und Sorgfaltsleistung“, die „Stabilität der psychischen Leistungen“ und das Erreichen von Mindestanforderungen gefordert.

Bezüglich der einzusetzenden Diagnostikverfahren wurde bis April 2014 folgendes gefordert:

> *„Die zur Untersuchung dieser Merkmale eingesetzten Verfahren müssen nach dem Stand der Wissenschaft standardisiert und unter Aspekten der Verkehrssicherheit validiert sein." (vgl. Anlage 5, FeV).*

Diese Anforderungen können Testverfahren, welche zur Fahreignungsdiagnostik entwickelt wurden, bisher erfüllen, wenn sie sich den fünf zu prüfenden Bereichen einzeln zuordnen lassen, altersunabhängige Normwerte ermitteln und bei der Beschreibung der Validität Zusammenhänge zum Fahrverhalten herstellen.

In der 10. Verordnung zur Änderung der FeV vom April 2014 wurde die Anforderung an Diagnostikverfahren in Anlage 5 zur FeV präzisiert:

> *„Die Eignung der zur Untersuchung dieser Merkmale eingesetzten psychologischen Testverfahren muss von einer geeigneten unabhängigen Stelle nach Anlage 14 Absatz 2 Nummer 7 bestätigt worden sein." (vgl. Anlage 5 FeV).*

In der Anlage 14 Absatz 2 FeV wird dazu ausgeführt:

> *„Voraussetzungen für Eignung und Unabhängigkeit einer Stelle im Sinne des Absatzes 2 Nummer 7 sind:*
> 1. *Die Verfügbarkeit von Personen, die über verfahrensbezogene fachliche Kompetenz in psychologischer Diagnostik verfügen, nachgewiesen durch*
>   a. *mehrjährige Erfahrungen in der Anwendung psychologischer, insbesondere fahreignungsrelevanter, Testverfahren und*
>   b. *einschlägige Publikationen in Fachzeitschriften mit einem Peer-Review-Verfahren.*
> 2. *Der Nachweis eines aufgabenbezogenen Qualitätsmanagementsystems.*
>
> *Nicht geeignet sind Stellen oder die für sie tätigen Gutachter, die*
> 1. *an Entwicklung und Vertrieb des zu begutachtenden Testgeräts und/oder Testverfahrens beteiligt waren oder sind oder über die Erstellung von Gutachten im Rahmen dieser Anlage hinausgehend,*
> 2. *eine vertragliche oder anderweitige rechtliche oder wirtschaftliche Beziehung zum Hersteller des Geräts und/oder Entwickler des Verfahrens unterhalten oder in den vergangenen 2 Jahren unterhielten oder*
>
> *eine vertragliche oder anderweitige rechtliche oder wirtschaftliche Beziehung zu Trägern von Begutachtungsstellen für Fahreignung, die die zu begutachtenden Verfahren und Testgeräte einsetzen, unterhalten oder in den vergangenen 2 Jahren unterhielten."*

Bestätigte Eignungen bestimmter Testverfahren nach den aktuellen Anlagen 5 und 14 FeV lagen den Autoren bei Erstellung dieses Beitrages nicht vor.

Die Fahrerlaubnisklassen werden in zwei Gruppen mit unterschiedlichen Anforderungen an die Leistungsfähigkeit eingeteilt (Tabelle 6.1).

Tabelle 6.1: Gruppeneinteilung der Fahrerlaubnisklassen (gültig ab 19.01.2013; Anlage 3 FeV)

Gruppe 1	Fahrzeuge der Klassen AM, A1, A2, A, B1, BE, L und T	
	AM A1 A2 A B BE *L* *T*	Kleinkrafträder, Leichtkraftfahrzeuge, Leichtkrafträder bis schwere Krafträder, Kraftwagen bis 3,5 t ohne und mit Anhänger, Traktoren bis 40 km/h und bis 60 km/h Selbstfahrende Arbeitsmaschinen/Gabelstapler bis 25 km/h
Gruppe 2	Fahrzeuge der Klassen C1, C, D1, D, C1E;CE, D1E, DE und FzF	
	C1 C D1 D C1E CE D1E DE	Kraftwagen von 3,5 t bis 7,5 t, Kraftwagen über 7,5 t, Omnibus mit einer maximalen Länge von 8 m und 8–16 Sitzplätzen, Omnibus mit mehr als 16 Sitzplätzen sowie alle aufgeführten Fahrzeuge mit Anhänger

In Tabelle 6.2 werden die Vorgaben der Begutachtungs-Leitlinien (Bundesanstalt für Straßenwesen, 2014) bezüglich der Mindestanforderungen an die psychische Leistungsfähigkeit dargestellt. Zur Beurteilung ist die *Art der geführten Fahrzeuge* relevant, nicht, ob das Fahren im Rahmen einer beruflichen oder privaten Tätigkeit erfolgt.

Tabelle 6.2: Mindestanforderungen

Gruppe 1	Prozentrang 16 (bezogen auf alters**un**abhängige Normwerte) in allen eingesetzten Leistungstests
	oder Ausgleich durch stabile Leistungen in den anderen Verfahren, so dass eine Mängelkumulation ausgeschlossen ist
	bei Grenzwertunterschreitungen: Kompensationspotential durch Erhebung weiterer Verfahren
	zusätzlich Fahrverhaltensprobe möglich
	Bei bedingter Eignung: Auflagen & Beschränkungen: z. B. bestimmte Höchstgeschwindigkeit, festgelegte Lenkzeiten, nur in bestimmtem festgelegten Umkreis, angepasste Bedienvorrichtungen (vgl. FeV, Anlage 9)

Tabelle 6.2: Fortsetzung

Gruppe 2	Prozentrang 33 in der Mehrzahl der Verfahren, aber mindestens PR 16 in allen Verfahren
	Kompensationsmöglichkeiten
	zusätzlich Fahrverhaltensprobe möglich

Die Mindestanforderungen werden als normgerechtes psychisches Leistungsniveau definiert. Dabei sollen zur Beurteilung *altersunabhängige* Normwerte herangezogen werden.

Kompensationsmöglichkeiten bei Grenzwertunterschreitungen in Testverfahren werden wie folgt beschrieben (Anlage 4 FeV):

> *„Kompensationen durch besondere menschliche Veranlagung, durch Gewöhnung, durch besondere Einstellung oder durch besondere Verhaltenssteuerungen und -umstellungen sind möglich. Ergeben sich im Einzelfall in dieser Hinsicht Zweifel, kann eine medizinisch-psychologische Begutachtung angezeigt sein."*

Neben diesen Mindestanforderungen sind in der neuropsychologischen Diagnostik der Fahreignung häufig die Anforderungen an das Sehvermögen bedeutsam. Diese werden in der Anlage 6 der FeV aufgeführt. Die wesentlichen Anforderungen werden in der nachfolgenden Tabelle 3 dargestellt.

Tabelle 6.3: Mindestanforderungen an das Sehvermögen (Anlage 6)

Gruppe 1	
Sehschärfe	beidäugig 0,5
Gesichtsfeld	horizontal mindestens 120 Grad, nach rechts und links mindestens 50 Grad, nach oben und unten mindestens 20 Grad, innerhalb der inneren 20 Grad kein pathologischer Ausfall
Gruppe 2	
Sehschärfe	Auf dem besseren Auge mindestens 0,8, auf dem schlechteren 0,1
Gesichtsfeld	Horizontal mindestens 160 Grad, nach links und rechts mindestens 70 Grad, oben und unten mindestens 30 Grad, die inneren 30 Grad dürfen keinen pathologischen Ausfall haben

Doppelbilder dürfen im hauptsächlich genutzten Blickbereich nicht bestehen. Weiter sollte ein normgerechtes Kontrast- und Dämmerungssehen vorliegen, welches vor allem bei älteren Verkehrsteilnehmern eingeschränkt sein kann. Nach dem Verlust des Sehvermögens auf einem Auge oder bei neu aufgetretener Diplopie muss ein geeigneter Zeitraum (mindestens drei Monate) eingehalten werden, während dessen das Führen von Kraftfahrzeugen nicht erlaubt ist. Danach darf erst nach augenärztlicher Untersuchung und Beratung wieder ein Kraftfahrzeug geführt werden.

Bisher galt für Patienten mit Gesichtsfelddefekten, die die o. a. Grenzwerte überschritten, dass eine Fahreignung nicht gegeben war. Seit der 5. Änderungsverordnung zur FeV von 2010 (Bundesgesetzblatt Jahrgang 2010) wird jedoch in Punkt 1.3 der Anlage 6 in Ausnahmefällen die Möglichkeit gesehen, beim Fehlen von anderen Störungen der Sehfunktionen (augenärztliche Begutachtung) eine praktische Fahrprobe zur weiteren Prüfung zu absolvieren und so eine Kompensationsfähigkeit der bestehenden Beeinträchtigungen nachzuweisen.

Weitere in der Neuropsychologie häufig vorkommende Störungen der visuellen Wahrnehmung, deren Steuerung oder Verarbeitung werden in der Anlage 6 nicht erwähnt, sollten bei der Beurteilung der Fahreignung bei neurologischen Erkrankungen jedoch immer berücksichtigt werden. Dazu gehören Basisfunktionen der Raumwahrnehmung, räumlich-konstruktive Leistungen (s. Überblickstabelle: Fahreignung) sowie der visuelle Neglect; ein persistierender Neglect erweist sich im Hinblick auf die Fahreignung häufig als nicht ausreichend bzw. nicht stabil kompensierbar, womit das Führen eines Kraftfahrzeuges nicht möglich ist (van Zomeren et al., 1987).

6.2 Beurteilung der rechtlichen Vorgaben

Die in der Fahrerlaubnis-Verordnung genannten Anforderungsbereiche bezeichnen unterschiedliche Aufmerksamkeitsaspekte, welche jedoch nicht theoretisch basiert sind und auch keinen neueren kognitiven Modellen (Golz, Huchler, Jörg & Küst, 2004) gerecht werden. Die Anforderungsbereiche der FeV sind wenig präzise, teilweise redundant (z. B. Aufmerksamkeitsleistung, Konzentrationsleistung) und nicht operationalisiert. In den Begutachtungs-Leitlinien 2014 finden sich weitere Ausführungen zu den Anforderungen an die psychische Leistungsfähigkeit (vgl. Begutachtungs-Leitlinien Kapitel 2.5), jedoch bleibt auch hier die Zuordnung zu neuropsychologischen Funktionen unklar.

Die Forderung der Beurteilung anhand altersunabhängiger Normen benachteiligt ältere Verkehrsteilnehmer, da die Normstichproben der Testverfahren häufig im oberen Altersbereich nicht ausreichend groß sind. Die Ablösung dieser normorientierten Beurteilungsstrategie durch ein kriteriumsorientiertes Vorgehen ist wünschenswert, jedoch sind die empirischen Grundlagen bislang nicht ausreichend.

Die Vorgabe der Beachtung des *Speed-Accurracy-Trade-offs* (SAT-Funktion) ist sehr sinnvoll, wird jedoch nicht genauer definiert. Deshalb sind ergänzende Richtlinien zur Gewichtung und Auswahl kritischer Parameter erforderlich. Inwieweit die Anwendung von Vertrauens- und Konfidenzintervallen bei der Beurteilung möglich ist, sollte ebenfalls explizit dargestellt werden (Schubert, Schneider, Eisenmenger & Stephan, 2005).

6.3 Beurteilung der bestehenden Testverfahren

Unabhängig von den unzureichend operationalisierten Anforderungen sind auch die aktuell bestehenden Testverfahren teilweise nicht oder nur eingeschränkt als geeignet zu beurteilen (Poschadel, Falkenstein, Pappachan, Poll & Willmes von Hinckeldey, 2009). Die Kritik betrifft vor allem die Testgütekriterien, die Normierungsstichproben und den Nachweis des Zusammenhangs mit der Fahreignung. In der Erweiterung der Anforderungen an geeignete Diagnostikverfahren in den Anlagen 5 und 14 zur FeV (s. o.) wird diese kritische Betrachtungsweise nun auch in der FeV berücksichtigt.

Bei der vergleichenden Analyse der aktuell eingesetzten Testverfahren stellen Poschadel und Kollegen (2009) fest, dass für alle Verfahren „erheblicher Optimierungsbedarf besteht, insbesondere bei der Normierung und der Dokumentation der Testgütekriterien". Diese Kritik wurde vor allem bezüglich der Normierungsstichproben in einigen Aktualisierungen der Testverfahren bereits aufgegriffen. Die Zusammensetzung der Stichprobe wird dabei häufig repräsentativ für die Gesamtbevölkerung, nicht jedoch an den aktiven Kraftfahrern orientiert.

In den Begutachtungs-Leitlinien werden keine weiteren neuropsychologischen Funktionsbereiche ausgeführt, in Abhängigkeit von Art und Lokalisation der Schädigung und den zu bewältigenden Fahraufgaben sind in der Neuropsychologie jedoch individuell weitere Funktionsbereiche zur Beurteilung heranzuziehen (Golz et al., 2004).

6.4 Testverfahren und Fahrverhaltensprobe/ Fahrverhaltensbeobachtung

In der Neuropsychologie wird eine Entscheidung darüber, ob ein Patient bei einer bestehenden Erkrankung noch über eine ausreichende Fahrfähigkeit verfügt, meistens mithilfe dafür geeigneter Testverfahren sowie einer ergänzenden allgemeinen Verhaltensbeobachtung getroffen. Im Einzelfall kann zusätzlich eine praktische Fahrverhaltensprobe durchgeführt werden, in der eine Fahrverhaltensbeobachtung (FVB) vorgenommen wird.

Obwohl eine Entscheidung insbesondere über eine ungenügende Fahrfähigkeit eines einzelnen Patienten nur anhand von Testverfahren aufgrund der oben ausgeführten Gründe problematisch ist (Hannen, Hartje & Skreczek, 1998; Poschadel et al., 2009), muss einer neuropsychologischen Untersuchung in den meisten neuropsychologischen Arbeitsfeldern nicht zuletzt auch aus ökonomischen Erwägungen gegenüber einer aufwändigen FVB der Vorzug gegeben werden. Die FVB kann in der Neuropsychologie eine Leistungstestung nicht ersetzen, die Leistungstestung sollte einer FVB vielmehr immer vorausgehen, denn

- eine richtig-positive Einschätzung einer ausreichenden Fahrfähigkeit gelingt mit einer nur geringen Irrtumswahrscheinlichkeit (vgl. Hannen et al.,1998);
- die Untersuchungsergebnisse erlauben meist eine Vorauswahl von Patienten, deren Leistungsfähigkeit so deutlich eingeschränkt ist, dass eine Kompensationsfähigkeit dieser Leistungsmängel als Voraussetzung zur Teilnahme am Straßenverkehr nicht mehr erreichbar sein wird;

- die Testergebnisse oder die Verhaltensbeobachtung während der Untersuchung geben im therapeutischen Setting wichtige Auskunft über mögliche neuropsychologische Behandlungsansätze der Fahrfähigkeit, und der Patient kann über seine Möglichkeiten, erfolgreich an einer Medizinisch-Psychologischen Untersuchung (MPU) teilzunehmen, beraten werden;
- die Dokumentation einer Erfüllung der psychischen Voraussetzungen zum Führen von Kraftfahrzeugen kann dem Patienten helfen, seine gesetzliche Vorsorgepflicht nach § 2 Abs. 1 der FeV zu erfüllen;
- die Untersuchung ermöglicht wichtige Erkenntnisse für die Gestaltung der Rahmenbedingungen bei einer gegebenenfalls anschließenden FVB.

Kann die Erfüllung der Anforderungen an das Leistungsvermögen zur Teilnahme am Straßenverkehr durch die neuropsychologischen Untersuchungsergebnisse (inklusive Verhaltensbeobachtung) nachweisbar erbracht werden und bestehen keine anderen zu einem Gefährdungssachverhalt führenden erkrankungsbedingten Gründe, die eine Fahrfähigkeit ausschließen, ist eine praktische FVB auch nicht mehr erforderlich. Eine wesentliche Indikation für eine FVB ist daher eine in der neuropsychologischen Untersuchung erkannte mangelhafte Erfüllung der Anforderungen an das Leistungsvermögen. Dies gilt gleichermaßen auch für eine FVB im Rahmen einer MPU: „Es sollte in diesen Fällen mit der Fahrverhaltensbeobachtung nicht der Leistungsbefund relativiert werden, sondern eine Überprüfung stattfinden, *ob trotz der Leistungsschwächen durch vorhandene Fahrerfahrung* und die damit erworbenen Routinen oder aufgrund von kompensierenden Verhaltensstrategien ein Fahrzeug sicher geführt werden kann, sich die Leistungsmängel beim Fahren also nicht erkennbar oder gravierend auswirken" (Brenner-Hartmann, 2002). Die Grundlage für dieses Vorgehen findet sich in den Begutachtungs-Leitlinien zur Kraftfahrereignung (2014) im Kapitel 2.5: „Auch wenn von einem Inhaber einer Fahrerlaubnis, der sich bereits in der Fahrpraxis bewährt hat, in den Leistungsprüfverfahren insgesamt unzureichende Leistungen erzielt wurden, konnte der Betreffende aber doch in einer Fahrverhaltensprobe nachweisen, dass die in der (ungewohnten) Testsituation festgestellten Minderleistungen sich auf das gelernte Fahrverhalten nicht entscheidend negativ auswirken".

Für Patienten und Probanden in der Neuropsychologie ergeben sich damit hauptsächlich folgende Anlässe für eine die Testuntersuchung ergänzende FVB:
- Einschränkungen in der Sensomotorik, die sich auf das Zustandekommen der Untersuchungsergebnisse auswirken, in der praktischen Fahrfähigkeit aber (auch durch angepasste Bedienvorrichtungen am Kraftfahrzeug) möglicherweise kompensiert werden können;
- als grenzwertig einzustufende Beeinträchtigungen in der Seh- und visuellen Wahrnehmungsfähigkeit nach Anlage 6 der Fahrerlaubnisverordnung, bei denen anhand der Untersuchungsergebnisse allein nicht eingeschätzt werden kann, ob diese beim Führen eines Fahrzeugs stabil kompensiert werden können;
- der sich aus der Verhaltensbeobachtung ergebende Verdacht von neuropsychologisch begründeten Fahrfähigkeitsmängeln, die sich einer Testuntersuchung entziehen (z. B. mangelnde Selbstwahrnehmungsfähigkeit, fahrrelevante Persönlichkeitsstörungen);

- eine fehlende Interpretierbarkeit des Testergebnisses durch irreguläre Einflussfaktoren, die sich auch durch den Einsatz von Ergänzungs- und Parallelverfahren nicht ausgleichen lassen (z. B. durchgehend fehlendes Instruktionsverständnis bei Aphasien);
- das Nichterreichen der erforderlichen Leistungsgrenzen einzelner Testparameter oder Testverfahren, wobei auch durch eine Analyse des Gesamtleistungsbildes oder nach Durchführung von Ergänzungstests aus den Ergebnissen der Testverfahren allein nicht eingeschätzt werden kann, ob noch Kompensationsmöglichkeiten bestehen oder schon eine zu einem Gefährdungssachverhalt führende Mängelkumulation vorliegt (vgl. Brenner-Hartmann, 2002);
- die Beantwortung der Fragestellung, ob bei vorliegenden Leistungsmängeln eine eingeschränkte Fahreignung durch Auflagen an den Fahrer oder Beschränkungen am Fahrzeug möglich ist bzw. eine Einschätzung darüber, ob ein Rehabilitationspotential insofern gegeben ist, dass durch geeignete Therapiemaßnahmen wie z. B. ein spezifisches Fahrtraining eine Wiederherstellung der Teilhabe an der Mobilität erreichbar sein wird;
- bei einer im Einzelfall schwierigen Übertragbarkeit von Untersuchungsergebnissen auf die Teilnahme am Straßenverkehr mit Fahrzeugen, die durch ihre Bauart vermuten lassen, dass geringere Anforderungen an bestimmte Leistungsaspekte zum Führen der Fahrzeuge noch ausreichen können oder die außerhalb des Fahrerlaubnisrechts stehen (wie z. B. motorisierte Krankenfahrstühle, Elektrofahrräder).

6.5 Grundlagen für das diagnostische Vorgehen in der Neuropsychologie

Das nachfolgende Modell der Fahreignung (Tabelle 6.4) kann als Grundlage für die Planung von diagnostischen Maßnahmen sowie der Abklärung einer Kompensationsfähigkeit für Leistungsmängel im Rahmen einer Fahrverhaltensbeobachtung dienen. Weiter wird durch dieses Modell deutlich, dass an der Fahreignung nicht nur Aspekte der visuellen

Tabelle 6.4: Hierarchisches Modell der Fahreignung

Ebene	Kognitive Funktionen	Kompensationen
Operationale Ebene	basale Wahrnehmungs- und Reaktionsleistungen, z. B. Spurhalten, einem parkendem Auto ausweichen; hoher Zeitdruck	kaum möglich, basale Funktionen müssen gegeben sein, ggf. verbesserbar durch neuro-psychologische Therapie oder Fahrtraining
Taktische Ebene	vorbereitende Handlungen während des Fahrens, z. B. Abstand vergrößern, langsam an Kreuzungen heranfahren; leichter Zeitdruck	adäquate Selbstwahrnehmung, beständig gutes Monitoring, vorausschauendes Fahren
Strategische Ebene	Entscheidungen hinsichtlich Fahrtroute, Tageszeit etc.; üblicherweise vor der Fahrt, kein Zeitdruck.	Automatikfahrzeug, Bedienvorrichtungen, Assistenz-Systeme, Navi, Einsichts- und Antizipationsfähigkeit

Wahrnehmung und der Aufmerksamkeit beteiligt sind, obwohl diese in der Begutachtungspraxis, aber auch der Forschung häufig den Schwerpunkt darstellen. Das Modell wurde ursprünglich von Michon (1978) entwickelt und von der Gruppe um van Zomeren (van Zomeren, Brouwer, Minderhoud, 1987) und Brouwer (2002) für die Neuropsychologie adaptiert. Es beschreibt drei Ebenen, die beim Fahren als Hierarchie von Unteraufgaben zusammenwirken (weitere Modellvorstellungen: s. Groeger, 2000).

Brouwer (2002) beschreibt Fahreignung auch als eine Domäne des Expertenwissens. Die Fertigkeit Auto zu fahren, wird erworben und durchläuft unterschiedliche Stadien. Zu Beginn geschehen viele Anteile des Fahrens noch auf einer deklarativen und rein verbalen Ebene, mit der Routine wird dieses Wissen in das prozedurale Gedächtnis verlagert, so dass auch eine größere Fahrerfahrung die negativen Folgen einer Hirnschädigung auf die Fahreignung reduzieren kann. Diese bottom-up Fähigkeiten sind in vertrauten Situationen hilfreich, neue, unvertraute Situationen erfordern hingegen zusätzlich top down gesteuerte, bewusste Aktivitäten (George, May & Crotty, 2009).

Bei Untersuchungen zu unterschiedlichen Aufmerksamkeitsfunktionen zeigt sich überwiegend die *Fähigkeit zur Aufmerksamkeitsteilung* als bedeutsam (Akinwuntan, Feys, De Weerdt, Baten, Arno & Kiekens, 2006; Whithaar, 2000, van Zomeren et al. 1987, 1988). Hier ergaben sich im praktischen Fahrverhalten die meisten Unterschiede zwischen gesunden Kontrollgruppen und hirngeschädigten Patienten. Vor allem der hohe Zeitdruck, der bei den meisten Anforderungen an die geteilte Aufmerksamkeit besteht, zeigt deutliche Zusammenhänge mit der Fahrqualität (Brouwer, 2002).

In internationalen Studien zur Prädiktion der Fahreignung bei neurologischen Erkrankungen werden häufig keine computergestützten Aufmerksamkeitstests, sondern *paper & pencil*-Verfahren eingesetzt. Dabei wurden auch für Verfahren wie den TMT und die Rey Figur, aber auch für im deutschsprachigen Raum eher unbekannte Verfahren Zusammenhänge zur Fahreignung berichtet (Devos, Akinwuntan, Nieuwboer, Truijen, Tant & De Weerdt, 2011).

Inwieweit Gedächtnisstörungen die Fahreignung beeinflussen, hängt zum einen von Art und Ausmaß der Störung ab, zum anderen aber auch von den zu bewältigenden Fahraufgaben des Patienten. Die gleiche Störung kann für das Führen eines LKW im Fernverkehr mit hohen Anforderungen andere Auswirkungen haben, als bei den eher geringen Anforderungen beim Fahren im Umkreis des vertrauten Wohnortes.

Besonders ältere Menschen sind auf die Nutzung eines Kfz zum Erhalt der Mobilität angewiesen. Alterkorrelierte Leistungseinbußen, wie reduziertes Dämmerungssehen, eingeschränkte Beweglichkeit oder allgemeine Verlangsamung wirken sich auch auf die Fahrleistung aus. Die Aspekte der Multimorbidität, der Medikation und der normalen altersbedingten Veränderungen der Leistungsfähigkeit müssen bei der Beurteilung der Fahreignung besonders bei älteren Patienten berücksichtigt werden (Holte & Albrecht, 2004). Auch die Kompensationsmöglichkeiten älterer Kraftfahrer sind limitiert, hier sind auch nicht korrigierbare altersbedingte Sehstörungen zu berücksichtigen.

Bei demenziellen Entwicklungen ist die Fahreignung langfristig nicht gegeben, in frühen Stadien kann die Fahreignung durchaus noch eine Zeit lang bestehen. Die individuelle Vorhersage der Fahreignung anhand von Screening- oder psychometrischen Verfahren ist ohne Hinzuziehen weiterer Informationen nicht möglich (Iverson, Gronseth, Reger, Classen, Dubinsky & Rizzo, 2010; Brunnauer, Buschert & Laux, 2014).

Planungs- und Problemlösestörungen oder eine reduzierte kognitive Flexibilität können vor allem in Kombination mit einer reduzierten Selbstwahrnehmung und einem mangelnden Störungsbewusstsein zu deutlichen Schwierigkeiten z. B. in wenig strukturierten Situationen führen. Verfahren zur Prüfung exekutiver Funktionen decken durch die hohe Strukturierung der Testsituation diese Probleme teilweise nur unzureichend auf. Dies gilt insbesondere für Verhaltensprobleme. Auch hier ist eine FVB unter besonderer Berücksichtigung der Einschätzung z. B. von Aspekten des verantwortungsvollen Verhaltens, der Selbst- und Fremdeinschätzung und der Evaluation der Verkehrssituation hilfreich.

Neben der kognitiven Leistungsfähigkeit können auch verkehrsspezifische Persönlichkeitseigenschaften und Einstellungen eine Rolle bei der Beurteilung der Fahreignung spielen. Der Einsatz entsprechender Fragebögen ist nur eingeschränkt zu empfehlen, da diese häufig nach sozialer Erwünschtheit beantwortet werden können.

Positiven Einfluss auf die erfolgreiche Wiederaufnahme des Fahrens haben für Schlaganfallpatienten ein junges Alter, ein insgesamt geringerer Behinderungsgrad, weniger kognitive Defizite sowie das Absolvieren einer Beratung bzw. Untersuchung (George et al., 2014).

Zur Beurteilung der Kompensationsmöglichkeiten gibt es bislang nur wenige theoretische und empirische Grundlagen. Zu beachten ist, dass durch unzureichende Leistungen keine *Mängelkumulation* entstehen darf. Vor allem weitere sensorische, motorische oder intellektuelle Leistungsbeeinträchtigungen schränken das Kompensationspotential ein.

Ein gutes Störungsbewusstsein und eine sicherheitsorientierte Einstellung sind Voraussetzungen, um Leistungsdefizite erfolgreich kompensieren zu können (Lundquist & Alinder, 2007; Griffen, Rapport, Coleman Bryer, Bieliauskas & Burt, 2011). Ebenfalls wird das Interesse des Patienten am sicheren Fahren als wichtiger Faktor berichtet (Lundqvist & Rönnberg, 2001).

Gerade bei der Beurteilung des Kompensationspotenzials ist eine Fahrverhaltensbeobachtung (FVB) im Rahmen einer Fahrverhaltensprobe ein wichtiger Bestandteil der Urteilsbildung. Beobachtet man das Fahrverhalten neurologischer Patienten, wenden gut kompensierende Fahrer Strategien an, wie z. B. die Antizipation bestimmter Ereignisse, eine generell langsamere Fahrweise oder die Verlangsamung des Tempos bei Gesprächen.

6.6 Methodik der Fahrverhaltensbeobachtung in der Neuropsychologie

Zur Durchführung einer Fahrverhaltenbeobachtung lassen sich in der Literatur eine Vielzahl von Variationen finden (zur Methodik der Fahrprobe siehe Barthelmess, 1974; für einen Überblick über praktische Fahrtests im deutschsprachigen Raum siehe Sömen, 1990; einen guten Überblick über Verfahren zur Erfassung des Fahrverhaltens bei älteren oder kognitiv beeinträchtigen Fahrern geben Sommer, Arno, Strypsten, Eeckhout & Tothermel, 2003 im Rahmen des AGILE-Projektes der Europäischen Union). Zielgruppe für die Anwendung der Fahrverhaltensbeobachtungen waren zunächst verkehrsauffällige Kraftfahrer im Rahmen einer verkehrspsychologischen Begutachtung und nicht neuropsychologische Patienten. In der klinischen Neuropsychologie besteht der Auftrag an den Neuropsychologen häufig darin, eine gutachterliche Stellungnahme über die Fahrfähigkeit seines Patienten abzugeben (vgl. Neumann-Zielke, 2004). Bei der die Testuntersuchung ergänzenden Durchführung einer FVB ist damit die Frage zu beantworten, ob der Patient trotz festgestellter Leistungsmängel weiterhin fahrfähig ist und wenn nicht, ob er durch geeignete Behandlungsmaßnahmen eine vollständige oder eingeschränkte Fahrfähigkeit wieder erreichen kann. Die bestehenden Verfahren zur Fahrverhaltensbeobachtung sind aber nur bedingt auf die Beantwortung dieser Fragestellung übertragbar.

Die Fahrverhaltensbeobachtung in der realen Straßenverkehrssituation kann den Kriterien der klassischen Testtheorie immer nur näherungsweise genügen, da die Anforderungen an die Kontrolle der Rahmenbedingungen nur teilweise erfüllt werden können. Von den wesentlichen Aspekten bei der Gewinnung von Testergebnissen wie Standardisierung, Verhaltenserfassung und Normvergleich wird vor allem die Verhaltenserfassung einigermaßen objektivierbar sein (vgl. Sömen, 1990). Dabei kommt vor allem der Interrater-Reliabilität zweier geschulter Beobachter eine große Bedeutung zu.

In der Forschung ist ein hoher Standardisierungsgrad der Rahmenbedingungen der Fahrverhaltensanalyse wie z. B. der Fahrstrecke oder der zu erhebenden Variablen des Fahrverhaltens eine wichtige Voraussetzung, weshalb bisher oft entsprechende Instrumente wie z. B. der Kölner Fahrverhaltens-Test K-F-V-T (Kroj & Pfeiffer, 1973) oder die Wiener Fahrprobe (Risser & Brandstätter, 1985) bzw. in der Struktur ähnliche Variationen eingesetzt wurden. Der K-F-V-T wurde in modifizierter Form auch von Hartje et al. (1991) (Hannen et al., 1998) für ihre wegbereitenden Studien bei der FVB Hirngeschädigter verwendet. Die genannten Instrumente erreichen ein hohes Ausmaß an Standardisierung insbesondere durch die Festlegung einer Standard-Fahrstrecke mit genau definierten Beobachtungspunkten bzw. Verhaltenssequenzen. Das Fahrverhalten wird von zwei mitfahrenden geschulten Beobachtern unabhängig voneinander protokolliert. Im K-F-V-T wird dabei erhoben, ob bestimmte Fahrverhaltensmerkmale wie z. B. „Spurgenauigkeit" oder „Sichern" an bestimmten Beobachtungsorten richtig umgesetzt werden konnten. In der Wiener Fahrprobe werden dagegen in einem an die festgelegten Beobachtungsorte angepassten sehr detaillierten Fehlerprotokoll die zureichenden und unzureichenden Aspekte des Fahrverhaltens wie z. B. „Proband wechselt Spur nach links, weil die Spur, auf der er sich befindet, zu langsam ist, an oder unter dem erlaubten Limit" registriert. Zusätzlich wird in beiden Instrumenten das Fahrverhalten nach übergeordneten Gesichtspunkten bewertet, wie z. B. ein Gesamturteil der Beobachter zur Fahrfähigkeit auf der Notenskala von 1–6.

Der Standardisierungsgrad des K-F-V-T und der Wiener Fahrprobe erfordern einen sehr hohen zeitlichen und ökonomischen Aufwand bei der Auswahl der Standardstrecke, der Erstellung des Beobachtungsprotokolls sowie der Schulung der Beobachter.

In einer FVB im Rahmen einer MPU kann der hohe Standardisierungsgrad des K-F-V-T oder der Wiener Fahrprobe von den akkreditierten Begutachtungsstellen in Deutschland nicht eingehalten werden. Die TÜV MPI GmbH als einer der Hauptanbieter für Begutachtungen hat deshalb Eckpunkte bei der Entwicklung des Konzeptes ihrer standardisierten FVB zur Überprüfung des individuellen Kompensationsverhaltens für ihre Klientel aufgestellt (vgl. Brenner-Hartmann, 2002), die auch aus Gründen der Chancengleichheit und einem zumutbaren zeitlichen und finanziellen Aufwand ihrer Probanden gewählt wurden. Hier wird auf eine Standardstrecke verzichtet und die Standardisierung durch einen vergleichbaren Schwierigkeitsgrad der Teststrecke, die Art der Vorbereitung und Instruktion, der beobachteten Verhaltensvariablen und der Form der Registrierung, der Definition der unauffälligen Ausprägungsgrade dieser Variablen und der Kriterien für die Bewertung der beobachteten Auffälligkeit vorgenommen. Die Dauer der FVB beträgt dabei 60 Minuten und findet nicht in Zeiten mit besonders hohem Verkehrsaufkommen statt.

Die Herstellung von Standardstrecken mit definierten Beobachtungsorten und damit ein Normvergleich ist in den meisten klinischen neuropsychologischen Arbeitsfeldern wegen des hohen Aufwandes nicht möglich. Die Festlegung einer immer gleichen Standardstrecke mit immer denselben Beobachtungspunkten kann in der Beantwortung der Fragestellung nach einer individuellen Kompensationsfähigkeit für festgestellte neuropsychologische Leistungsmängel sogar problematisch sein, etwa, wenn ein Fehlverhalten nur zwischen Beobachtungspunkten auftritt oder wenn die einmal festgelegte Standardstrecke keine ausreichende Gelegenheit bietet, die Schwerpunkte der aus der neuropsychologischen Untersuchung festgestellten Leistungsmängel häufiger und wiederholt bezüglich des Kompensationsverhaltens beobachten zu können.

Aber auch die Eckpunkte der FVB im Rahmen einer MPU können nur in modifizierter Form zur Orientierung für die FVB in der klinischen Neuropsychologie herangezogen werden. Im Gegensatz zur „gesunden" Hauptklientel der akkreditierten Begutachtungsstellen kann bei neuropsychologischen Patienten oder Probanden die Art der Erkrankung zu einer großen Heterogenität der auftretenden Leistungsmängel führen und damit das Kompensationsverhalten in symptomatischer Weise bedingen. So ist es in der Neuropsychologie erforderlich, den Schwerpunkt der Beobachtung des Kompensationsverhaltens auf die festgestellten Leistungsmängel abzustimmen und damit Eckpunkte der Standardisierung wie z. B. den Schwierigkeitsgrad der Fahrstrecke zu variieren. Bei einem Patienten, der aufgrund seiner beruflichen Tätigkeit viel im Stadtverkehr fahren muss, ist es bei festgestellten Defiziten in der Daueraufmerksamkeit erforderlich, die FVB länger als 60 Minuten und gerade in Zeiten mit einem hohen Verkehrsaufkommen durchzuführen, um zu aussagekräftigen Beurteilungen einer nachhaltigen Kompensationsfähigkeit zu kommen. Gleiches gilt für die Art der Vorbereitung und Instruktion, die z. B. bei Patienten mit Bewegungsbehinderungen oder einer Aphasie angepasst werden muss.

Einen auch für die Neuropsychologie vielversprechenden Ansatz zur standardisierten und objektiven Beurteilung des praktischen Fahrverhaltens stellt das TRIP-Protokoll = Test Ride for Investigating Practical fitness-to-drive" (De Raedt & Ponjaert-Kristoffersen, 2000, 2001) dar. In diesem ist eine festgelegte Standardstrecke mit genau definierten Beobachtungsorten nicht erforderlich. Im TRIP-Protokoll wird vielmehr die Fahrkompetenz des Fahrers über die gesamte Strecke in verschiedenen fahrrelevanten Dimensionen beobachtet und ist hierdurch mit geringerem Aufwand und unabhängiger vom Fahrort einsetzbar. Das

TRIP-Protokoll hat mittlerweile mehrere Anpassungen erfahren (z. B. Akinwuntan et al., 2002; Sommer et al., 2003; Poschadel et al. 2012).

In der von Poschadel et al. (2012) in Zusammenarbeit mit Fahrlehrern vorgenommenen Anpassung zur Untersuchung der Fahrkompetenz werden insgesamt 12 fahrrelevante Dimensionen erfasst. Ein besonderer Focus besteht dabei auf die Dimensionen „Links abbiegen", „Verhalten in komplexen Kreuzungen" und „Fahrstreifenwechsel". Dabei wird die Bewertung der Items mit 1 = gut, 2 = ausreichend, 3 = zweifelhaft und 4 = unzureichend im direkten Anschluss an die Fahrt von zwei geschulten Beobachtern unabhängig voneinander vorgenommen, wobei ab der Einschätzung „zweifelhaft" die gezeigte Leistung bei der Fahraufgabe schon in den kritischen Bereich übergeht. Die Gesamtbewertung der Fahrkompetenz wird durch abschließende Expertenurteile ergänzt. In der Studie von Poschadel ergab sich mit einem Kappa zwischen 0,79 ($p < .01$) und 0,84 ($p < .001$) eine sehr hohe Interrater-Reliabilität zwischen zwei Fahrlehrern sowie bei Standardfahrten eine hohe Interne Konsistenz von Cronbachs Alpha von .96 bis .98. Nach Aussagen der Autoren kann auch von einer hohen Inhaltsvalidität für das Merkmal Fahrkompetenz ausgegangen werden (Poschadel et al., 2012).

Insgesamt sind die Systematik und die Dimensionen des TRIP-Protokolls gut zur Übertragung auf die FVB in der Neuropsychologie geeignet. Auch eine direkte Verwendung z. B. der Anpassung von Poschadel et al. (2012) ist möglich, dürfte jedoch in den meisten Arbeitsfeldern der Neuropsychologie problematisch sein. Der Umfang der zu beobachtenden Dimensionen bzw. Items erfordert beim Fahrlehrer und Neuropsychologen viel Übung und Erfahrung mit dem Protokoll, was angesichts der im klinischen neuropsychologischen Alltag eher selten vorkommenden FVBen kaum gewährleistet werden kann.

Einen weiteren Ansatz für eine FVB in der Neuropsychologie stellen moderne interaktive Fahrsimulatoren dar. Die technische Entwicklung hat es möglich gemacht, sowohl Fahrerleitstände (Bedienvorrichtungen und Bildschirme bzw. Projektoren) als auch Fahrsimulationssoftware mit sehr hoher Realitätsnähe zu entwickeln. Insbesondere die in Echtzeit darbietbare virtuelle Realität der heutigen Fahrsimulationssoftware ermöglicht einen hohen Standardisierungsgrad der Fahrstrecke und erstmals auch die standardisierte Umsetzung spezifischer, gegebenenfalls auch kritischer Verkehrssituationen, die im realen Straßenverkehr so nicht wiederholbar herstellbar sind.

Aufgrund des gegenwärtig immer noch erheblichen ökonomischen Aufwandes ist die Verfügbarkeit solcher interaktiver Fahrsimulatoren aber gerade im klinischen neuropsychologischen Arbeitsfeld meist nicht gegeben. Dies ist umso bedauerlicher, als dass die Entwicklung von standardisierten und abgestimmten Fahrsimulationsszenarien für die in der neuropsychologischen Untersuchung festgestellten Leistungsmängel nun technisch realisierbar ist (z. B. die Erstellung komplexer virtueller Straßenverkehrssituationen mit hoher Anforderung an die geteilte Aufmerksamkeit). Mit solchen Szenarien wäre die Erfassung der Kompensationsfähigkeit mit einer hohen Aussagekraft möglich, um die besonders bei neuropsychologischen Patienten wichtige Frage zu beantworten, ob ein Kraftfahrzeug auch in Belastungssituationen mit einem stabilen Leistungsniveau sicher beherrscht werden kann (vgl. Kap. 2.1 Begutachtungs-Leitlinien zur Kraftfahrereignung 2014). Die interaktive Fahrsimulation liefert nicht zuletzt auch einen Ansatz bei der Verbesserung der testpsychologischen Fahreignungsdiagnostik selbst und kann so eine Grundlage für die Entwicklung von Untersuchungsverfahren mit einer höheren Validität und Trennschärfe sein.

6.7 Empfehlungen zum diagnostischen Vorgehen

Bei der Untersuchung der Fahreignung bei neurologischen Erkrankungen ist es nicht ausreichend, die vom Gesetzgeber definierten Leistungsbereiche zu untersuchen und anhand der Anzahl der normgerechten Tests zu beurteilen. Die Diagnostik muss auch hier hypothesengeleitet und ressourcenorientiert sein. Diese Sichtweise findet zunehmend mehr Berücksichtigung. So wird z. B. in den Begutachtungs-Leitlinien von 2014 bei der Begutachtung der Fahreignung für den relativ neuen Bereich der Tagesschläfrigkeit (Kapitel 3.11) exemplarisch ein Ansatz dargestellt, der der Forderung nach einer hypothesengeleiteten Diagnostik sehr nahe kommt. Hierbei wird als Methodik ein gestuftes Vorgehen empfohlen; treten Auffälligkeiten auf einer Stufe auf, können nachfolgende Stufen der Diagnostik folgen:

Stufe 1: Ausführliche Anamnese und Einsatz von Selbstauskunfts-Fragebögen/Screening-Verfahren,
Stufe 2: Messverfahren und Testverfahren zur Aufmerksamkeit, schlafmedizinische Untersuchungen,
Stufe 3: Fahrverhaltensprobe unter Bedingungen, die eine Kompensation der Störungen erfordert.

Auch bei der Auswahl der Verfahren zur Prüfung der Fahreignung muss auf die Testfairness geachtet werden. Beispielsweise sind einige der Testverfahren für Aphasiker kaum zu bewältigen, obwohl eine Aphasie eine Fahreignung nicht ausschließt. Ältere Patienten haben häufig größere Testangst durch die mangelnde Vertrautheit mit PCs. Auch diskrete motorische Einschränkungen können die Testergebnisse verfälschen. Die Messgenauigkeit bei Reaktionszeitmessungen ist abhängig von den eingesetzten Hard- und Softwarekonfigurationen. Dies führte in einer Untersuchung zu einer durchschnittlichen Abweichung von der objektiv gemessenen Reaktionszeit von 20,7 Millisekunden zu Ungunsten der Probanden (Poschadel et al., 2009). Die Autoren empfehlen vor allem bei leistungsschwächeren Probanden auch den maximal möglichen Messfehler anzugeben. Dafür ist es erforderlich, dass in Handbüchern die vollständigen Normtabellen mit Konfidenzintervallen enthalten sind. Weiter muss die Gewichtung der Subtests transparent sein.

Wichtig ist die Kenntnis der den verschiedenen Testverfahren zugrunde liegenden Normstichprobe. Bei grenzwertigen Ergebnissen sollten Vertrauensintervalle berücksichtigt werden. Die Definition bestimmter Variablen als Hauptvariable eines Testverfahrens ersetzt nicht den Blick auf weitere Variablen, um *sowohl die Genauigkeit als auch die Geschwindigkeit der Reaktionen* sowie die Fehlerverteilungen etc. zu beurteilen. Zur Verbesserung der Objektivität der Beurteilung müssen die Testverfahren instruktionsgerecht durchgeführt werden, Testwiederholungen bis zum gewünschten Ergebnis widersprechen der Forderung nach einem *stabilen Leistungsniveau*.

Es ist absehbar, dass die Leistungsvoraussetzungen, wie sie in der Anlage 5 der FeV aktuell gelten, überarbeitet und aktuelle Modelle der Aufmerksamkeit berücksichtigt werden (s. Poschadel und Kollegen, 2009), wobei dabei ebenfalls der Bezug zum Fahrverhalten nachgewiesen werden muss. Solange erfolgt die Beurteilung der Fahreignung immer im Spannungsfeld zwischen den verschiedenen rechtlichen Vorgaben und der wissenschaftlichen Evidenz z. B. zur Prädiktion der Fahreignung bei verschiedenen Erkrankungen.

6.8 Übersichtstabelle: FAHREIGNUNG

Die nachfolgende Tabelle bietet einen Überblick über:

- Rezensierte Testbatterien und -sammlungen, die spezifisch zur Prüfung der Fahreignung entwickelt wurden;
- Mindestanforderungen an die Prüfung weiterer fahreignungsrelevanter Basisfunktionen im Überblick;
- Fahreignungsspezifische Persönlichkeitstests.

Während in der ersten Spalte eigenständige Verfahren, der jeweilige Untertest aus einer Testbatterie oder eine Testbatterie genannt werden und die zweite Spalte die Operationalisierung (Abbildungen oder Beispielitems des Verfahrens) skizziert, steht in der dritten Spalte die jeweilige Seitenangabe.

Testbatterien und Testsammlungen zur Prüfung der Fahreignung		
Test-Set FEV Anlage 5 Nr. 2 (FEV) aus: Wiener Testsystem (WTS)	Zusammenstellung der im Folgenden aufgeführten Testverfahren zur Beurteilung der Leistungsvoraussetzungen nach FEV Anlage 5.2; altersunabhängige Normwerte werden ermittelt; eine eigenständige Normierung oder Validierung der gesamten Testbatterie besteht nicht, die Angaben sind für die einzelnen Testverfahren verfügbar, auch gibt es eine Übersichtstabelle der verwendeten Normen.	
Adaptiver Tachistoskopischer Verkehrsauffassungstest (ATAVT) aus: Wiener Testsystem (WTS)	 Testform S5 als Untertest des Test-Set FEV. Dimension: Aufmerksamkeitsleistung.	727

<table>
<tr><td>Linienverfolgungstest (LVT)
aus: Wiener Testsystem (WTS)</td><td>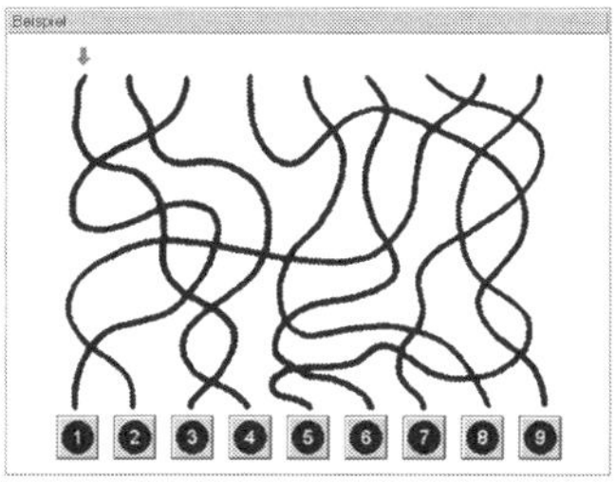

Testform S3 als Untertest des Test-Set FEV.
Dimension: Orientierungsleistung.</td><td>742</td></tr>
<tr><td>Wiener Reaktionstest (RT)
aus: Wiener Testsystem (WTS)</td><td>
Testform S3 als Untertest des Test-Set FEV.
Dimension: Reaktionsfähigkeit.</td><td>Bd. 1</td></tr>
<tr><td>Wiener Determinationsgerät (DT)
aus: Wiener Testsystem (WTS)</td><td>
Testform S1 als Untertest des Test-Set FEV.
Dimension: Belastbarkeit.</td><td>Bd. 1</td></tr>
<tr><td>Cognitrone (COG)
aus: Wiener Testsystem (WTS)</td><td>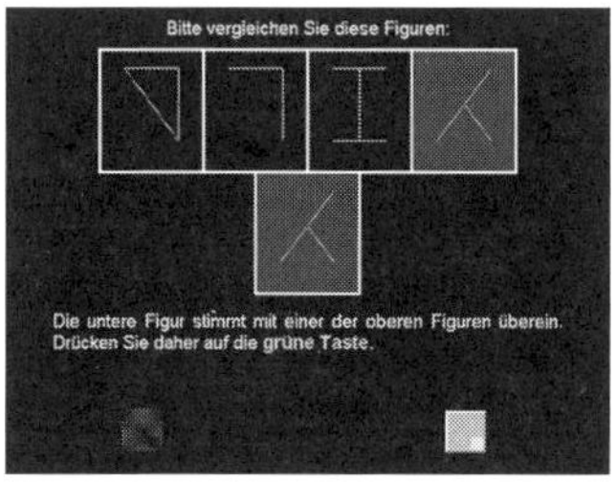

Testform S11 als Untertest des Test-Set FEV.
Dimension: Konzentrationsleistung.</td><td>Bd. 1</td></tr>
</table>

<table>
<tr><td>Fitness to Drive Standard
(DRIVESTA)
aus: Wiener Testsystem (WTS)</td><td>Verschiedene bekannte Testverfahren des Wiener Testsystems; Validierung als gesamte Testbatterie mit Fahrproben als Außenkriterium; zusätzlich zur Ausgabe der Einzeltestergebnisse besteht eine Gesamtbeurteilung der Fahreignung.</td><td>738</td></tr>
<tr><td>Testbatterie zur Aufmerksamkeitsprüfung – Version Mobilität (TAP-M)</td><td>Enthält die nachfolgenden Untertests; mit Zuordnung zu den Leistungsbereichen nach Anlage 5:
<table>
<tr><th>Anforderungsbereich</th><th>TAP-M Untertests</th></tr>
<tr><td>Belastbarkeit</td><td>Flexibilität, Daueraufmerksamkeit (Bedingung 2)</td></tr>
<tr><td>Orientierungsleistung</td><td>Aktives Gesichtsfeld, Visuelles Scanning</td></tr>
<tr><td>Konzentrationsleistung</td><td>Go/NoGo, Ablenkbarkeit</td></tr>
<tr><td>Aufmerksamkeitsleistung</td><td>Geteilte Aufmerksamkeit (Bedingung 3)</td></tr>
<tr><td>Reaktionsfähigkeit</td><td>Alertness (modifizierte Version)</td></tr>
</table>
sowie den Screening-Untertest exekutive Kontrolle.</td><td>747</td></tr>
<tr><td>Corporal Plus</td><td>Testsystem mit drei Subtestsystemen: Corporal A (attention) mit 10 Untertests, Corporal S (spatial ability) mit 2 Untertests, Corporal R (recall) mit 2 Untertests. Technisch moderne Reaktionszeiterfassung, 2 verschiedene visuelle Stimuli als Grundlage aller Untertests.</td><td>733</td></tr>
<tr><td>Adaptiver Tachistoskopischer Verkehrsauffassungstest (ATAVT)
aus: Wiener Testsystem (WTS)</td><td>Überprüfung der visuellen Beobachtungsfähigkeit und der Überblicksgewinnung sowie der visuellen Orientierungsleistung und der Auffassungsgeschwindigkeit anhand von Bildern mit Verkehrssituationen (auch als Teil der DRIVESC und des Test-Set FEV).</td><td>727</td></tr>
<tr><td>Fitness to Drive Screening
(DRIVESC)
aus: Wiener Testsystem (WTS)</td><td>Screening bestehend aus 3 bekannten Testverfahren aus dem Wiener Testsystem (DT S1, RT S3, ATAVT S 1). Die Validierung erfolgte an praktischen Fahrverhaltensproben, einbezogen wurde u. a. auch eine klinische Stichprobe mit Schlaganfall-Patienten. Für eine den gesetzlichen Vorgaben entsprechende Beurteilung der Fahreignung ist dieses Testset nicht ausreichend.</td><td>Bd. 1</td></tr>
</table>

6.9 Tabelle: Mindestanforderungen an die Prüfung weiterer Funktionen

Visuelle und räumliche Wahrnehmung	
Elementare Sehleistungen	Untersuchung der elementaren Sehleistungen: – Fernvisus- & Kontrasttafeln; – Prüfung/Befragung des Dämmerungssehens; – Beurteilung des Farbsehens.
Neuro-ophthalmologisches Screening	– Beurteilung der Sakkaden und Augenfolgebewegungen; – Befragung nach Doppelbildern.
Gesichtsfeld	Perimetrie (je nach Fragestellung statisch und/oder kinetisch mit ausreichenden Sehwinkelgraden); ggf. computergestützte Gesichtsfeld-/Neglectprüfung z. B. – Aktives Gesichtsfeld aus: Zimmermann, P. & Fimm, B. (2012). *Testbatterie zur Aufmerksamkeitsprüfung TAP-M (Version Mobilität 1.3).* Herzogenrath: PSYTEST. – Gesichtsfeld/Extinktion – Neglect (WAFR) aus: Sturm, W. (2006). Wahrnehmungs- und Aufmerksamkeitsfunktionen (WAF). Mödling: SCHUHFRIED GmbH. – Gesichtsfeld aus: Schuhfried, G. (2014). *Periphere Wahrnehmung-R (PP-R).* Mödling: SCHUHFRIED GmbH. 
Useful Field of View (UFOV)	Verfahren zur Prüfung visueller Aufmerksamkeitsfunktionen – z. B. Aktives Gesichtsfeld aus Zimmermann, P. & Fimm, B. (2012). *Testbatterie zur Aufmerksamkeitsprüfung TAP-M (Version Mobilität 1.3).* Herzogenrath: PSYTEST.
Räumliche Basisleistungen	Testverfahren zur Prüfung visuell-räumlicher Basisleistungen wie Distanz-, Längen- und Winkelschätzung – z. B. Marquart, C. & Kerkhoff, G. (2009). *Visual Spatial Performance (VS) VSWin Version 1.2.* München: Verlag MedCom.
Höhere visuelle und räumliche Wahrnehmungsfunktionen	– z. B. The Visual Object and Space Perception Battery: Warrington, E. K. & James, M. (1991). *The Visual Object and Space Perception Battery (VOSP)* (1992 übersetzt und an einer deutschen Stichprobe standardisiert von K. Beckers & A. J. Canavan). Bury St. Edmunds: Thames Valley Test Company. – z. B. Birmingham Object Recognition Battery: Riddoch, J. M. & Humphreys, G. W. (1993). *Birmingham Object Recognition Battery (BORB).* Hove (UK): Lawrence Erlbaum Associates, Publishers.

	– z. B. Rey(-Osterrieth) Complex Figure Test ROCF: Rey, A. (1941). L'examen psychologique dans les cas d'encéphalopathie traumatique. *Archives de Psychologie, 28,* 286–340, 1941.
Räumliche Aufmerksamkeit/Neglect	
	– z. B. Untertest Space/Neglect (WAFR) aus: Sturm, W. (2006) *Wahrnehmungs- und Aufmerksamkeitsfunktionen (WAF).* Mödling: SCHUHFRIED GmbH), oder – z. B. Untertest Gesichtsfeld, Untertest Visuelles Scanning aus: Zimmermann, P. & Fimm, B. (2007). *Testbatterie zur Aufmerksamkeitsprüfung (TAP).* Herzogenrath: Psytest.
Sensomotorik	
	Prüfung der visuomotorischen Koordination (Auge-Hand- und Hand-Hand-Koordination). Siehe Übersichtstabelle Sensomotorik S. 661
Exekutivfunktionen	
	Aufgrund der enormen Fülle an Untersuchungsverfahren im Bereich exekutiver Funktionen, ist es an dieser Stelle lediglich möglich, auf die besondere Bedeutung der verschiedenen Aspekte des Arbeitsgedächtnisses (mit den unterschiedlichen exekutiven, attentiven und Gedächtnisanteilen) und die Notwendigkeit der Prüfung sowohl basaler als auch komplexer kognitiver Regulationsprozesse zu verweisen (für einen Überblick s. auch Drechsler, R. (2007). Exekutive Funktionen. *Zeitschrift für Neuropsychologie, 18* (3), 233–248.
Fahreignungsspezifische Persönlichkeitstests (Auswahl bezogen auf neuropsychologisch relevante Aspekte)	
Wiener Risikobereitschaftstest Verkehr (WRBTV) aus: Wiener Testsystem (WTS)	Darbietung potenziell gefährlicher Situationen im Straßenverkehr als kurze Videosequenzen; insgesamt 24 Szenen, Durchführungsdauer ca. 15 Minuten. Normierungsstichprobe: N=1 165, Alter 16–90.
Aggressives Verhalten im Straßenverkehr (AVIS) aus: Wiener Testsystem (WTS)	Fragebogen mit 65 Items zur Beurteilung verschiedener Dimensionen aggressiven Verhaltens im Straßenverkehr (Instrumentelle Aggression, Ärger, Spaß an Gewalt, Prosoziales Verhalten/Negativismus, Soziale Erwünschtheit, Ausleben); Durchführungsdauer ca. 25 Minuten. Normen für die Standardform S1 (N=342).
Inventar verkehrsrelevanter Persönlichkeitseigenschaften (IVPE) aus: Wiener Testsystem (WTS)	Mehrdimensionales Persönlichkeitsinventar (Fragebogen mit 39 Items) zur Erfassung von Risikobereitschaft, sozialem Verantwortungsbewusstsein, Selbstkontrolle und psychischer Stabilität. Normierungsstichprobe N=489.

Adaptiver Tachistoskopischer Verkehrsauffassungstest (ATAVT)

Gernot Schuhfried

Mödling: SCHUHFRIED GmbH, 2015

Zusammenfassende Testbeschreibung

Zielsetzung und Operationalisierung

Konstrukte
Überprüfung der visuellen Beobachtungsfähigkeit und der Überblicksgewinnung sowie der visuellen Orientierungsleistung und der Auffassungsgeschwindigkeit.

Testdesign
Kurze Darbietung von Bildern mit Verkehrssituationen mit anschließender Abfrage (multiple choice) zu dem Bildinhalt. Es gibt zwei adaptive Testformen (S1: für Länder mit Rechtsverkehr, S2: für Länder mit Linksverkehr) sowie zwei lineare Testformen (S5, S6).

Angaben zum Test

Normierung
Neben der Normierungsstichprobe liegen verschiedene weitere Vergleichsstichproben vor. Die Angaben beziehen sich auf die Normierungsstichprobe.
Alter: 15–94 Jahre (Median = 41 Jahre), die Möglichkeit der alterskorrigierten Normwertermittlung für verschiedene Altersgruppen ist gegeben.
Bildung: Verteilung anhand der EU Bildungsgrade (EU Bildungsgrad 1: 0,5 %, EU Bildungsgrad 2: 10,5 %, EU Bildungsgrad 3: 42,1 %, EU Bildungsgrad 4: 36,8 %, EU Bildungsgrad 5: 10,1 %).
Geschlecht: 48,3 % Männer, 51,7 % Frauen.

Material
PC-Software, Manual, Eingabepanel.

Durchführungsdauer
ca. 10 Minuten.

Testkonstruktion

Design

Aufgabe
Nach einem Ton werden Bilder von Verkehrssituationen kurz dargeboten. Zu jedem Bild werden mehrere Fragen bezüglich des dargebotenen Inhalts gestellt. Der Proband wählt aus fünf vorgegebenen Antwort-

möglichkeiten aus. Diese Antwortmöglichkeiten sind für jedes Bild gleich (Fußgänger/Kinder, Kraftwagen, Radfahrer/Motorrad/Moped, Verkehrszeichen, Verkehrsampel). Der Itempool, aus welchem die dargebotenen Bilder ausgewählt werden, enthält 84 Items. Die Entwicklung wird ausführlich dargestellt.

Konzept
Geprüft wird die optische Wahrnehmungsleistung und die Auffassungsgeschwindigkeit. Die Itemkonstruktion wurde theoriegeleitet vorgenommen, indem Itemmerkmale, welche die Itemschwierigkeit bestimmen, systematisch variiert wurden.

Variablen
Hauptvariable ist die ‚Überblicksgewinnung', diese wird als Fähigkeitsparameter aufgrund der Itemschwierigkeit und der Lösung der vorgegebenen Aufgaben berechnet. Als gelöst gilt eine Aufgabe, wenn alle Fragen zu dem Item richtig beantwortet wurden. Als Hilfsvariable wird die Bearbeitungszeit des Tests in Minuten und Sekunden ausgegeben. Zusätzliche Informationen sind dem Itemanalyse- und Testprotokoll zu entnehmen.

Durchführung
Die Instruktion wird auf dem Bildschirm dargestellt und es werden zwei Probedurchgänge durchgeführt. Die Itemdarbietung erfolgt adaptiv, d. h. sie werden der Fähigkeit des Probanden angepasst. Dazu wird in der Anfangsphase ein mittelschweres Items vorgegeben. In Abhängigkeit von der Reaktion des Probanden folgt dann ein einfacheres oder ein schwereres Item, dies wird wiederholt, bis die Schätzung des Personenfähigkeitparameters mit hoher Genauigkeit gegeben ist oder ein anderes vordefiniertes Abbruchkriterium erreicht wird (z. B. 10 falsch beantwortete Items zu Beginn).

Auswertung
Die Auswertung erfolgt durch das PC-Programm, ausgegeben werden Rohwert, Personenparameter nach dem Rasch-Modell, Prozentrang sowie T-Wert mit den jeweiligen Vertrauensintervallen. Die Ausgabe erfolgt altersunabhängig und alterskorrigiert.

Normierung

Stichprobe
Aktuelle Stichprobe ($N=1\,190$), Geschlechtsverteilung repräsentativ entsprechend österreichischer und deutscher Volkszählung.

Normen
Alter: Die Probanden der Stichprobe sind zwischen 15–94 Jahre alt, die genaue Altersverteilung ist im Manual dargestellt (Probanden älter 70 Jahre $N=82$). Die Möglichkeit einer Alterskorrektur der Normwerte besteht.

Bildung: 0.5 % der Normstichprobe haben keinen Pflichtschulabschluss (EU Bildungsgrad 1), 10.5 % haben eine Pflichtschule oder Realschule absolviert, allerdings ohne abgeschlossene Berufsausbildung (EU Bildungsgrad 2), 42.1 % haben eine abgeschlossene Berufsausbildung (EU Bildungsgrad 3), 36.8 % haben eine höhere Schule mit Abitur/Matura abgeschlossen (EU Bildungsgrad 4) und 10.1 % verfügen über einen Hochschulabschluss (EU Bildungsgrad 5).
Geschlecht: 574 (48,3 %) Männer, 616 (51,7 %) Frauen.

Gütekriterien

Objektivität
Durchführung: Die Instruktion und die Testvorgabe erfolgt standardisiert und computergestützt, so dass eine hohe Durchführungsobjektivität gesichert ist.
Auswertung: Die Reaktionen werden automatisch erfasst, die Normwertermittlung erfolgt ebenfalls computergestützt automatisch.

Reliabilität
Interne Konsistenz: Die interne Konsistenz konnte durch die Geltung des Rasch-Modells nachgewiesen werden, alle Items des ATAVT liegen auf einer Leistungsdimension. Die Messgenauigkeit wurde als kritischer Standardmessfehler (SEM) von .49 festgelegt, das entspricht einer Reliabilität von .80.
Paralleltest-Reliabilität: Keine Paralleltests vorhanden.
Retest-Reliabilität: Eine Vorversion konnte eine Retest-Reliabilität nach einem Zeitraum von 3 Monaten von $r = .76$ demonstrieren.
Weitere Reliabilitätsmaße: keine Angabe

Validität
Konstruktvalidität: Die Annahme der Konstruktvalidität wird zum einen dadurch begründet, dass die Itemschwierigkeitsparameter der Items durch multiple Regressionen mit den Variablen vorhergesagt werden können. Zum anderen weist die Vorgängerversion TAVTMB korrelative Zusammenhänge mit anderen Testverfahren zur visuellen Wahrnehmung auf (u. a. Labyrinth-Test, Fehler im Benton Test, TT15).
Kriteriums- bzw. klinische Validität: Aufgrund der Itemanalysen nach dem Rasch-Modell, wodurch gezeigt werden konnte, dass der ATAVT und der TAVTMB dieselbe latente Fähigkeitsdimension messen, wird angenommen, dass die Ergebnisse zur Kriteriumsvalidität auch für das neue Verfahren gelten. Für den TAVTMB bestehen mehrere Untersuchungen, die den Zusammenhang mit Fahrproben belegen konnten. Weiter weisen die Testergebnisse signifikante Unterschiede zwischen unauffälligen und auffälligen Kraftfahrern, angepassten und unangepassten sowie jüngeren und älteren Fahrern auf.

Der TAVTMB weist Zusammenhänge mit folgenden Fahrverhaltenskategorien auf: Einordnen, Spurwechsel, Vorfahrtsituationen, späte Reaktionen an Ampeln und Abstandhalten. Eine weitere Untersuchung berichtet über den Zusammenhang mit der Einhaltung des Seitenabstands.
Ökologische Validität: keine Angaben

Nebengütekriterien
Akzeptanz: keine Angaben
Transparenz: keine Angaben
Zumutbarkeit: Durch die adaptive Testvorgabe ist die Durchführung wenig belastend für den Probanden.
Verfälschbarkeit: Aufgrund der Entwicklung als computeradaptives Verfahren und die Item Exposure Control (probabilistischer Verlauf des Tests) wird eine Verfälschbarkeit ausgeschlossen.
Störanfälligkeit: keine Angaben

Neuropsychologische Aspekte

Theoretischer Rahmen
Der Bezug zu kognitionspsychologischen Modellen der Objektwahrnehmung wird skizzert. Der theoretische Hintergrund des computeradaptiven Testens und der probabilistischen Testtheorie wird ebenfalls erläutert.

Anwendungsbereiche
Verkehrspsychologie, Flugpsychologie.

Funktionelle Neuroanatomie
keine Angaben

Ergebnisbeeinflussende Faktoren
keine Angaben

Testentwicklung

Bereits in den 1950er Jahren wurden im Rahmen von Verkehrseignungsuntersuchungen tachistoskopische Darbietungen von Verkehrsszenen eingesetzt. Der TÜV Rheinland entwickelte einen Test, welcher aus 22 Dias bestand. Der ATAVT ist eine Weiterentwicklung des TAVTMB (Biehl, 1996) mit aktuellerem Testmaterial und Neukonstruktion als adaptives Testverfahren. Inhaltlich und psychometrisch nehmen die Autoren die Äquivalenz der beiden Verfahren an.

Der ATAVT wurde als adaptives Testverfahren konstruiert. Dazu wurde eine Itemdatenbank erstellt, deren Items dieselbe latente Dimension messen (Eindimensionalität). Die Gültigkeit des Rasch-Modells ist Voraussetzung für einen adaptiven Test, dies wurde durch Itemanalysen überprüft.

Testbewertung

Die Kritik im Überblick

Das computergestützte Verfahren wurde anhand von Fahrverhaltensproben validiert und ermöglicht zusammen mit weiteren Verfahren die Beurteilung der Fahreignung. Das Konstrukt der Überblicksgewinnung ist im Rahmen gängiger Aufmerksamkeitsmodelle nicht einfach einzuordnen, auch die Zuordnung zu den Leistungsanforderungen der Anlage 5.2 ist nicht eindeutig. Aufgrund der Eindimensionalität des ATAVT wäre eine Validierung an anderen Testverfahren zur Aufmerksamkeitsleistung interessant.

Testkonstruktion

Testmaterial
Das Testmaterial ist sorgfältig konstruiert und ausgewählt. Zum Zeitpunkt der Rezension ist es auch ausreichend aktuell, aufgrund der Abbildungen von zeitgemäßen Fahrzeugtypen etc. wird es jedoch erforderlich sein, in kürzeren zeitlichen Abständen den Itempool zu aktualisieren, um keine negativen Auswirkungen auf die Testhaltung der Probanden zu erzeugen.

Testdesign
Konzept: Neben der Zeitökonomie und der damit verbundenen geringeren Belastung für den Probanden bieten adaptive Testverfahren große Vorteile auch bezüglich der Genauigkeit der Messung.
Auswertung: Im Testsystem kann sehr einfach die Auswahl der Stichprobe zum Normvergleich geändert werden, bei spezifischen Fragestellungen kann dies hilfreich sein. Ebenfalls ist die Normtabelle digital verfügbar.

Normierung
Stichprobe: Umfangreiche Stichprobe, ausreichend repräsentativ an der Gesamtbevölkerung orientiert. Wünschenswert wäre eine Normierung an einer repräsentativen Stichprobe aktiver Führerscheininhaber.
Normen: Die Stichprobengröße ist mit $N=72$ Probanden älter 70 Jahre in den höheren Altersgruppen nicht ausreichend.

Testentwicklung
Neben der Zeitökonomie und der damit verbundenen geringeren Belastung für den Probanden bieten adaptive Testverfahren große Vorteile bezüglich der Genauigkeit der Messung.

Neuropsychologische Aspekte

Theoretischer Rahmen
Das Testverfahren wurde nicht für die neuropsychologische Anwendung entwickelt, der dargestellte Hintergrund ist ausreichend.

Anwendungsbereiche
Gut einsetzbar im Bereich der Verkehrspsychologie, hohe Akzeptanz bei den Probanden aufgrund der Augenscheinvalidität.

Ergebnisbeeinflussende Faktoren
Motorische Einschränkungen können die Reaktionsmessung verfälschen, da mehr als eine Taste genutzt werden muss.

Handhabbarkeit und klinische Anwendung

Die computergestützte Anwendung ist einfach und zeitökonomisch.

Jutta Küst

Corporal Plus

Michael Berg & Johanna Nädtke

Olching: Vistec AG, 2015

Zusammenfassende Testbeschreibung

Zielsetzung und Operationalisierung

Konstrukte
Computergestütztes Testsystem mit verschiedenen Untertests zur Prüfung von basalen und komplexen Aufmerksamkeitsfunktionen sowie Orientierung und Arbeitsgedächtnis. Abfolge der Untertests und Zusammenstellung können auch individuell erfolgen. In einer voreingestellten Testbatterie wird eine Zuordnung der Untertests zu den Anforderungsbereichen der Anlage 5.2 vorgenommen.

Testdesign
Dargeboten werden 2 verschiedene visuelle Reize in unterschiedlicher Kombination; die Reaktion erfolgt über Tastendruck auf einem externen Eingabegerät, Reaktionszeitmessung erfolgt über ein Sensormodul.

Angaben zum Test

Normierung
Alter: 16–84+ Jahre.
Bildung: Angaben werden tabellarisch für die Gesamtstichprobe dargestellt.
Geschlecht: 549 (58,6 %) männlich, 387 (41,4 %) weiblich.

Material
PC-Programm, Handbuch, externes Eingabegerät und Sensormodul.

Durchführungsdauer
Ca. 20 Minuten für alle Untertests zur Prüfung nach FEV, Anlage 5.2.

Testkonstruktion

Design

Aufgabe
In den verschiedenen Untertests werden zwei verschiedene visuelle Reize, entweder einzeln oder kombiniert, dargeboten. Die beiden Reize sind ein sogenannter Corporalswinkel und ein Kreuz mit gleicher Komplexität. Je nach Untertest werden einfache Reaktionen oder eine Wahlreaktion auf zwei Reize gefordert (‚Dual-Task-Version'). Dabei muss mit den 4 Pfeiltasten des Eingabegerätes z. B. auf die Position des Reizes (Lokation) oder die Richtung, in welche der Winkel zeigt (Orientierung),

reagiert werden. Bei Mehrfachanforderungen werden Lokalisation und Orientierung zusammen geprüft. Dies geschieht zum Beispiel, indem zuerst auf die Richtung des Winkels in der Mitte, anschließend auf die Position der Figur am Rand reagiert werden muss.

Konzept
Bezüglich der Fahreignungsuntersuchung werden den zu prüfenden Bereichen entsprechend Anlage 5. 2 entsprechende Untertests zugeordnet. Die Untertests wurden in Corporal Plus im Vergleich zu der Vorgängerversion Corporal A (Berg, 2012) umbenannt.

Variablen
Als Variablen werden die Anzahl richtiger Reaktionen und Fehler sowie die mittlere Reaktionszeit in Millisekunden ausgegeben. Weiter wird eine Variable aus der Kombination von Sorgfalt und Schnelligkeit gebildet („Leistungskennwert").

Durchführung
PC-gestützte Durchführung

Auswertung
Die Auswertung erfolgt automatisiert durch das PC-Programm, ausgegeben werden altersunabhängige T-Werte und Prozentränge.

Normierung

Stichprobe
Bei der Erhebung der aktuellen Normierungsstichprobe (2013/2014) wurde ein Quotenplan zugrunde gelegt. Ziel dieses Quotenplans mit den Kriterien Alter und Geschlecht war es, sowohl die erwachsene deutsche Bevölkerung, als auch die Führerscheininhaber repräsentativ abzubilden. Der Grad der Erfüllung der Quotenvorgaben wird grafisch dargestellt. Die Normstichprobe besteht aus 966 Personen.

Normen
Alter: Die Altersverteilung reicht von 16 bis 84 (+) Jahren. Über 75-Jährige sind bei den Männern mit 1,5 %, bei den Frauen mit 1,8 % vertreten.
Bildung: Keine Angaben liegen für 25,85 % vor, 2,35 % verfügen über keinen Schulabschluss, 9,83 % über einen Hauptschulabschluss, 22,44 % erlangten die mittlere Reife, 15,38 % Abitur, 24,15 % schlossen ein Hochschulstudium ab.
Geschlecht: 549 (58,6 %) männlich, 387 (41,4 %) weiblich.

Gütekriterien

Objektivität
Durchführung: keine Angaben
Auswertung: keine Angaben

Reliabilität
Interne Konsistenz: Die Split-half Reliabilität liegt je nach Testart zwischen *r*=.89 und .99. Angaben sind zu den jeweiligen Untertests verfügbar.
Paralleltest-Reliabilität: Angaben liegen für die einzelnen Untertests vor.
Retest-Reliabilität: Auf die Bestimmung der zeitlichen Stabilität wurde verzichtet.

Validität
Konstruktvalidität: Die Konstruktvalidität wird aufgrund der theoriegeleiteten Testentwicklung angenommen.
Konvergente/diskriminante Validität: Kriteriums- bzw. klinische Validität: Eine Validierungsstudie wird angeführt, in welcher Berufskraftfahrer signifikant höhere Testleistungen als normale Fahrzeugführer erbringen. Weiter erzielen Fahrer, welche sich mit Alkoholfragestellungen bei Begutachtungsstellen untersuchen lassen, schlechtere Testergebnisse als normale Führerscheininhaber.
Ökologische Validität: Die ökologische Validität wird durch die Testkonstruktion als gegeben angenommen.

Nebengütekriterien
Akzeptanz: Die Akzeptanz kann durch Erklärung des Zusammenhangs zwischen den Testverfahren und den dem Autofahren zugrundliegenden kognitiven Fertigkeiten erhöht werden. Außerdem beobachten die Autoren eine gute Akzeptanz durch die einfache Testdurchführung.
Transparenz: Die Transparenz ist durch die ausführliche Beschreibung sowie die Erläuterungen auch für den Probanden gegeben.
Zumutbarkeit: Durch das immer gleiche Reizmaterial wird von einer leichten Verständlichkeit ausgegangen. Kurze Durchführungszeiten sowie die Abstimmungsmöglichkeiten auf verschiedene Fragestellungen beeinflussen die Zumutbarkeit ebenfalls positiv.
Verfälschbarkeit: Die Verfälschbarkeit wird aufgrund der apparativen Vorgabe sowie der Datensicherung als gering bewertet.
Störanfälligkeit: Der Testleiter kann durch entsprechende Maßnahmen störende Einflüsse verhindern.

Neuropsychologische Aspekte

Theoretischer Rahmen

Der Bezug des Testsystems zu einem kognitionswissenschaftlichen Rahmen wird dargestellt, das Corporal Plus ist als Testsystem zur Erfassung von Aufmerksamkeitsfunktionen entwickelt worden, die Einordnung erfolgt in eine Theorie der Aufmerksamkeit von Neumann (1992) sowie aktuellere neuropsychologische Aufmerksamkeitstheorien. Weiter wird der testtheoretische Hintergrund des Konstituentenansatzes (Berg, 1993) erläutert.

Anwendungsbereiche Verkehrspsychologie und -medizin, klinische Neuropsychologie sowie verschiedene andere.

Funktionelle Neuroanatomie Neuroanatomische Grundlagen von Aufmerksamkeitsfunktionen werden zusammenfassend dargestellt.

Ergebnisbeeinflussende Faktoren keine Angaben

Testentwicklung

Das Testsystem Corporal Plus ist eine Weiterentwicklung des Corporal A. Dieses Verfahren wurde eigenständig zur Erfassung diffuser, fokussierter und selektiver Aufmerksamkeit entwickelt. Mit der Entwicklung des Corporal Plus wurde zum einen die Reaktionszeitmessung modernisiert, zum anderen wurden weitere Testverfahren ergänzt. Im Manual werden die Testkonstruktion und deren Hintergründe beschrieben.

Testbewertung

Die Kritik im Überblick

Das Testsystem Corporal Plus ist ein computergestütztes Programm zur Prüfung unterschiedlicher kognitiver Funktionen, welches im Rahmen von Fahreignungsbegutachtungen eingesetzt wird. Eine Kriteriumsvalidierung anhand einer Fahrprobe fehlt. Für Anwendungen, welche über die Fahreignungsbeurteilung hinausgehen, wäre die Validierung der einzelnen Untertests an Testverfahren mit bekannten Testgütekriterien zielführend.

Testkonstruktion

Testmaterial

Die Reaktionszeitmessung, welche von der Hard-/Softwarekonfiguration unabhängig ist und keine Kalibrierung des Systems erfordert, stellt einen großen Vorteil dar. In der Fachinformation fehlen jedoch technische Hinweise, Studien zur Überprüfung der Messgenauigkeit etc. für dieses System. Das externe Eingabegerät ist übersichtlich, erfordert jedoch die Bedienung von 4 verschiedenen Tasten. Eine Bedienung mit einer Hand ist gut möglich. Das Handbuch ist teilweise nicht übersichtlich gestaltet.

Testdesign

Konzept: In den Dual-Task Aufgaben werden die Reize gleichzeitig dargeboten, die Anforderungen sind jedoch eher dem Arbeitsgedächtnis, als der Aufmerksamkeitsteilung zuzuordnen. Die Umsetzung der Ergänzung um die räumliche Orientierungsfähigkeit erfolgt durch ein Verfahren zur Prüfung der Perspektivübernahme/mentalen Rotation, wobei der Zusammenhang zur Fahreignung nicht ausreichend dargestellt wird. Dies gilt auch für das Verfahren zur Erfassung des Gedächtnisses.

Normierung

Stichprobe: Corporal Plus ist an einer repräsentativen Gesamtstichprobe normiert worden, deren Umfang befriedigend ist. Zu gering ist noch der Umfang im höheren Alter.

Normen: Ausgegeben werden nur altersunabhängige Normen, das ist für das Anwendungsgebiet der Verkehrsmedizin ausreichend, nicht aber für neuropsychologische Fragestellungen.

Gütekriterien

Validität: Die Validierung ohne Hinzuziehen einer Fahrprobe ist für den Bereich Verkehrsmedizin nicht ausreichend.

Neuropsychologische Aspekte

Theoretischer Rahmen

Modelle der Aufmerksamkeitsfunktionen werden dargestellt, nicht aber ein theoretisches Modell der Fahreignung, in welches sich die Verfahren des Testsystems einordnen lassen.

Handhabbarkeit und klinische Anwendung

Das Testsystem Corporal Plus ist nicht für die Anwendung im Bereich der Neuropsychologie entwickelt worden, es gibt auch keine Untersuchungen z. B. mit Schlaganfallpatienten, welche die klinische Anwendbarkeit prüfen. Aufgrund der bereits beschriebenen Komplexität und den damit verbundenen Anforderungen an den Probanden erscheint die Anwendung im Bereich der Fahreignungsprüfung neurologischer Patienten nur eingeschränkt möglich.

Jutta Küst

Fitness to Drive Standard/Plus (DRIVESTA/DRIVEPLS)

Mödling: SCHUHFRIED, 2015

Zusammenfassende Testbeschreibung

Zielsetzung und Operationalisierung

Konstrukte
Computergestützte Testbatterie zur Erfassung der kraftfahrspezifischen Leistungsfähigkeit. Dabei erfolgt neben der Bewertung der einzelnen Testverfahren auch eine Gesamtbeurteilung. Ergänzend Erfassung der Kompensationsmöglichkeiten von Leistungsmängeln.

Angaben zum Test

Normierung
Alter: In Abhängigkeit des Testverfahrens 15–94,5 Jahre.
Bildung: Angaben über die Bildungsgrade liegen für die einzelnen Testverfahren vor.
Geschlecht: Angaben liegen für die die einzelnen Testverfahren vor.

Durchführungsdauer
DRIVESTA 60 Minuten, DRIVEPLS 75 Minuten

Testkonstruktion

Design

Aufgabe
Die Testbatterien STANDARD und PLUS bestehen aus verschiedenen bekannten Testverfahren des Wiener Testsystems. Nachfolgend sind die einzelnen Verfahren aufgeführt:
Testbatterie STANDARD:

- Adaptiver Matrizentest (AMT/S11)
- Cognitrone (COG/S11)
- Determinationstest (DT/S1)
- Reaktionstest (RT/S3)
- Adaptiver Tachistoskopischer Verkehrsauffassungstest (ATAVT/S1 oder S2)

In der *Testbatterie PLUS* wird zusätzlich das Verfahren Periphere Wahrnehmung (PP-R, alternativ PP) eingesetzt.

Konzept
Neben der Ausgabe einzelner Testergebnisse wird eine Gesamtbeurteilung über die kraftfahrspezifische Leistungsfähigkeit des Probanden ausgegeben. Zugrunde liegt ein empirisch validiertes Modell, in welchem der Zusammenhang zwischen den Testergebnissen und der Bewertung

einer standardisierten Fahrprobe mit Hilfe eines künstlichen neuronalen Netzes berechnet wurde. Bei dem Gesamturteil gibt es 5 mögliche Klassifizierungen, in welchen auch die Kompensationsmöglichkeit bei bestehenden Leistungsmängeln beurteilt wird.

Variablen
Für jedes Testverfahren wird überwiegend eine Hauptvariable ausgegeben sowie das Gesamturteil.

Auswertung
Die Auswertung erfolgt automatisch durch das Programm. Ein Befundbericht, in welchem die Testergebnisse automatisch eingefügt werden, kann ebenfalls erstellt werden.

Normierung

Stichprobe
Die Normstichproben der einzelnen Testverfahren werden als repräsentativ für die Normalbevölkerung in Deutschland und Österreich beschrieben. Die Normen wurden zwischen den Jahren 2006 und 2014 erhoben, die Größe der Stichproben variierte zwischen den Testverfahren von *N*=351 (PP) bis *N*=1 475 (COG). Angaben zur Alter, Geschlecht und Bildungsgrad der jeweiligen Stichproben sind in einer Übersichtstabelle dargestellt.

Normen
Alter: Verschiedene Altersbereiche für die jeweiligen Testverfahren, Angaben reichen von 15,0 bis 94,5 Jahren.
Bildung: Angaben sind für die jeweiligen Testverfahren in EU Bildungsgraden aufgeführt.
Geschlecht: Angaben sind für jedes Testverfahren aufgelistet.

Gütekriterien

Reliabilität
Interne Konsistenz: Für einzelne Testverfahren liegen Angaben vor (Cronbachs Alpha zwischen .80 und .99; für das Gesamturteil DRIVESTA .90, für DRIVEPLS .89).
Paralleltest-Reliabilität: Es liegt keine Parallelversion vor.

Validität
Kriteriums- bzw. klinische Validität: Die beiden Testbatterien wurden an standardisierten Fahrproben validiert. Die Korrelationen der einzelnen Testverfahren mit einzelnen Fahrverhaltenskategorien sowie multiple Korrelationen sind dargestellt. Anhand der Testergebnisse und der Ergebnisse der Fahrproben wurde das Modell des künstlichen neuronalen Netzes entwickelt, welches der Variable der Gesamtbeurteilung zugrunde liegt. Die Klassifikationsrate liegt für DRIVESTA bei 80% (DRIVEPLS 86%) (Sommer et al., 2006).

Testentwicklung

Die Testbatterie Fitness to Drive besteht aus bekannten Testverfahren des Wiener Testsystems. Neben der Ausgabe von altersunabhängigen Normwerten wurde eine Gesamtbeurteilung mit Berücksichtigung der Kompensationsmöglichkeiten entwickelt.

Testbewertung

Die Kritik im Überblick

Die Testbatterie Fitness to Drive enthält verschiedene computergestützte Testverfahren zur Prüfung fahrrelevanter Leistungsaspekte. Die eingesetzten Testverfahren sind anhand von Fahrproben validiert, die Normierung wurde an repräsentativen Normalstichproben vorgenommen. Positiv zu erwähnen sind die Bemühungen, technische Messfehler zu reduzieren bzw. deren Einfluss darzustellen. Die einzelnen Testverfahren des Expertensystems werden zusammenfassend gut beschrieben. In dem Manual wird ein großer Schwerpunkt auf die Interpretation der Ergebnisse auch unter Berücksichtigung der Kompensation gelegt. Die Auswahl der Testverfahren ist an den allgemeinen Fragestellungen der Fahreignungsbegutachtung orientiert.

Testkonstruktion

Testmaterial

Am aktuellen Stand der Technik entwickeltes Verfahren, welches einfach handhabbar ist. Die Möglichkeit, die technische Messgenauigkeit durch die Kalibrierung zu erhöhen, ist besonders im Bereich der Verkehrspsychologie von Bedeutung.

Testdesign

Konzept: Das Erstellen eines Gesamturteils kommt dem Bedürfnis vieler Anwender entgegen, divergierende Ergebnisse der einzelnen Testverfahren zu einem Gesamturteil bezüglich der Eignung zu integrieren. Zu berücksichtigen ist hierbei jedoch, dass für jedes Testverfahren nur bestimmte Variablen in das neuronale Netz eingehen. Andere Parameter der Testverfahren werden nicht berücksichtigt. Das neuronale Netz ist für die jeweils dargestellte Testbatterie entwickelt worden, so dass genau diese Verfahren eingesetzt werden müssen. Enthalten sind auch Verfahren (wie der Allgemeine Intelligenztest AMT), welche nicht für die Vorgaben der FeV erforderlich sind.

Neuropsychologische Aspekte

Anwendungsbereiche
Für die Verkehrspsychologie gut einsetzbares Verfahren.

Ergebnisbeeinflussende Faktoren
Motorische Einschränkungen können bei einzelnen Verfahren beeinflussend wirken, hier ist ggf. eine alternative Versionsauswahl zu treffen. Da mehr als eine Taste zu bedienen ist, können Bewegungseinschränkungen allgemein zu einer Verfälschung der Ergebnisse führen.

Handhabbarkeit und klinische Anwendung

Neben den Ergebnissen der Einzeltests wird auch eine Gesamtbeurteilung erstellt. Da diese aufgrund eines künstlichen neuronalen Netzes vorgenommen wird, ist diese Urteilsbildung nicht einfach nachzuvollziehen. Grundlage der Beurteilung der Fahreignung sollten deshalb immer die Einzeltestergebnisse darstellen, wobei nicht nur die Hauptvariablen, sondern immer auch Aspekte der Leistungsgenauigkeit und der Leistungsgeschwindigkeit berücksichtigt werden müssen.

Jutta Küst

Linienverfolgungstest (LVT)

Bernd Biehl

Mödling: SCHUHFRIED, 2014

Zusammenfassende Testbeschreibung

Zielsetzung und Operationalisierung

Konstrukte
Visuelle selektive Aufmerksamkeit, visuelle Orientierung.

Testdesign
Visuelles Nachverfolgen von mehreren gleichzeitig dargebotenen verschlungenen Linien mit zunehmendem Komplexitätsgrad, 3 Testformen.

Angaben zum Test

Normierung
Die nachfolgenden Angaben beziehen sich auf die Form S3 (Screeningform), welche im Rahmen der Fahreignungsuntersuchung eingesetzt wird.
Alter: 15–94 Jahre (Mittelwert = 45,76 Jahre).
Bildung: Keinen Schulabschluss: 1 %, Pflicht-/Realschule: 9 %, Berufsausbildung bzw. abgeschlossene Fachschule: 46 %, Abitur/Matura: 34 %, Hochschulabschluss: 9 %.
Geschlecht: 404 (56 %) Männer, 318 (44 %) Frauen.

Material
Software, Manual, Eingabepanel.

Durchführungsdauer
Je nach Testform 5–25 Minuten.

Testkonstruktion

Design

Aufgabe
9 verschlungene Linien werden gemeinsam dargeboten und müssen mit den Augen nachverfolgt werden, um so schnell wie möglich das Ende einer vorgegebenen Linie zu ermitteln. Das Bearbeitungstempo wird durch die Reaktion des Probanden bestimmt. Der Anfangspunkt ist durch einen Pfeil gekennzeichnet, das Ende durch Zahlen. Die Items steigen in der Schwierigkeit an. Es gibt 3 Testformen; Version S1 besteht aus 80, Version 2 aus 40 Items, S3 aus 18 Items. Die Items der Versionen 2 und 3 entstammen der Version 1. Zusätzlich gibt es 8 Übungsitems.

Konzept
Der LVT ist ein Verfahren zur Erfassung visueller Orientierungsleistung ohne Zeitdruck, auch die selektive Aufmerksamkeit im visuellen Bereich wird abgebildet.

Variablen
Als Hauptvariable wird ein Score ausgegeben, welcher die Anzahl der innerhalb der festgesetzten Zeitgrenzen richtig gelösten Items anzeigt. Zusatzvariablen sind der Median der Bearbeitungszeit bei richtigen Antworten, Anzahl richtiger Antworten, Median der Bearbeitungszeit bei falschen Antworten, die Bildbetrachtungsanzahl und die Bearbeitungszeit des Tests in Sekunden.

Durchführung
Die Instruktion wird auf dem Monitor schriftlich dargeboten, es folgt eine Übungsphase mit 8 Items, anschließend die gewählte Testform. Das Arbeitstempo ist frei wählbar, die einzelnen Bilder können auch mehrfach betrachtet werden.

Auswertung
Die Auswertung erfolgt automatisch.

Normierung

Stichprobe
Je Testform liegen verschiedene Stichproben vor. Für jede Version besteht eine repräsentative Normstichprobe, für die Formen S2 und S3 auch weitere Normstichproben. Da vor allem die Form S3 im Rahmen der Fahreignungsuntersuchung durchgeführt wird, beziehen sich die folgenden Ausführungen auf diese Form. Die Normstichprobe wurde entsprechend eines nach Alter, Geschlecht und Bildung geschichteten Quotenstichprobenplans erhoben und umfasst 722 Personen.

Normen
Alter: 15–94 Jahre (Mittelwert=45,76), die Altersverteilung ist in einer Tabelle angegeben (Probanden älter 70 Jahre $N=40$). Die Normen können altersunabhängig, als auch altersabhängig ausgegeben werden.
Bildung: Bildungsspezifische Normen werden ausgegeben, wobei die EU-Bildungsgrade 1–3 und 4–5 zusammengefasst werden.
Geschlecht: Geschlechtsspezifische Normen können ausgegeben werden.

Gütekriterien

Objektivität
Durchführung: PC-gesteuerte Instruktions- und Testvorgabe.
Auswertung: Automatische Auswertung.

Reliabilität
Interne Konsistenz: Cronbachs Alpha für die Hauptvariable „Score": S1: .96, S2: .92, S3: .92.
Retest-Reliabilität: keine Angaben
Weitere Reliabilitätsmaße: keine Angaben

Validität
Konstruktvalidität: Verschiedene Validierungsstudien mit auffälligen Kraftfahrern bzw. klinischen Stichproben werden berichtet.
Konvergente/diskriminante Validität: keine Angaben
Kriteriums- bzw. klinische Validität: Korrelationen zwischen verschiedenen Fahrverhaltensvariablen und dem LL5 (Vorversion des LVT) werden berichtet: LL5 „Prozentsatz von Falschen zu insgesamt bearbeiteten" korreliert mit „fehlerhafte Verlangsamung" $r=.45$, mit „falsches Kreuzungsverhalten" $r=.45$, „ungenaues Spurhalten" $r=.42$ und „nicht sichern an Kreuzungen" $r=.39$; in weiteren Untersuchungen wurden Korrelationen mit der Unfallhäufigkeit und der Beurteilung der Fahrprobe gefunden.
Ökologische Validität: keine Angaben

Nebengütekriterien
Akzeptanz: keine Angaben
Transparenz: keine Angaben
Zumutbarkeit: Die Probanden werden zeitlich, psychisch und körperlich wenig beansprucht.
Verfälschbarkeit: Keine testspezifischen Aussagen.
Störanfälligkeit: keine Angaben

Neuropsychologische Aspekte

Theoretischer Rahmen
Einbettung in neuere Aufmerksamkeitstheorien, erfasst visuelle selektive Aufmerksamkeit.

Anwendungsbereiche
Verkehrspsychologie

Funktionelle Neuroanatomie
Kurze Skizzierung der Aufmerksamkeitsnetzwerke.

Ergebnisbeeinflussende Faktoren
Motorische Einschränkungen, massive Beeinträchtigungen der Seh- und Hörfähigkeit.

Testentwicklung

Der geschichtliche Hintergrund wird im Manual ausführlich dargestellt. Poppelreuter setzte bereits 1928 ein Linienlabyrinth ein, welches aus Rohrstücken bestand. In den 1960er Jahren wurden Linienlabyrinthe zur Prüfung der Kraftfahrtauglichkeit regelhaft verwendet. Seit 1982 wurde der Linienlabyrinthtest am PC umgesetzt (Vorgängerversionen LL5). Der LVT ist u. a. im Wiener Testsystem Verkehr (Schuhfried) enthalten, aber auch als Einzeltest verfügbar.

Testbewertung

Die Kritik im Überblick

Der LVT ist ein computergestütztes Testverfahren, welches bei der Fahreignungsdiagnostik im FEV-Testset zur Prüfung der Orientierungsleistung entsprechend Anlage 5.2 der FeV eingesetzt wird (der Test kann auch als Einzeltest durchgeführt werden). Die Validität ist in der Kombination mit weiteren Verfahren an Fahrproben geprüft worden; welchen Beitrag der LVT als Einzeltest leistet, ist nicht einschätzbar.

Testkonstruktion

Testmaterial

Die visuelle Komplexität der Aufgabe ist hoch. Beim Wiener Testsystem besteht die Möglichkeit der Kalibrierung der Hard-/Softwarekonfiguration zur Erhöhung der Messgenauigkeit.

Testdesign

Konzept: Inwieweit der LVT spezifisch die visuelle selektive Aufmerksamkeit prüft, wird nicht dargestellt.

Variablen: Die Hauptvariable ‚Score' integriert Reaktionstempo und -genauigkeit indirekt. Die Beurteilung des Speed-Accurracy Trade-offs gelänge einfacher, wenn nur die richtigen und falschen Antworten sowie die jeweiligen Reaktionszeiten dargestellt und normiert wären. Das Setzen der Zeitgrenzen zur Festlegung der Itemschwierigkeit wird nicht empirisch begründet.

Durchführung: Um die einzelnen Bilder anzusehen, muss die Bedienung mit beiden Händen erfolgen, dies schließt Patienten mit Hemiparesen oder anderen motorischen Einschränkungen weitgehend aus. Ob die Antworttasten dann nur mit einer Hand, oder z. B. die Zahlen 1–4 mit der linken und die Zahlen 5–9 mit der rechten Hand bedient werden sollen, wird aus der Instruktion nicht deutlich, beeinflusst jedoch die Ergebnismessung.

Normierung
Stichprobe: Eine Erweiterung im oberen Altersbereich sollte angestrebt werden.
Normen: Angenehm ist, dass die Normtabellen im Testsystem direkt abrufbar sind, wünschenswert wären ergänzend zur Gesamtstichprobe die Angaben spezifisch für Alter, Geschlecht und Bildung.

Gütekriterien
Objektivität: Aufgrund der Interpretationshinweise wird die Interpretationsobjektivität unterstützt.
Reliabilität: Neben den Angaben zur internen Konsistenz wären Angaben zur Stabilität wünschenswert.
Validität: Die Darstellung zur Kriteriumsvalidität bezieht sich teilweise auf Vorgängerversionen. Die Art der Fahrproben sowie deren Beurteilungskriterien werden nicht dargestellt.

Testentwicklung
Der LVT ist in der FEV- Testbatterie als Verfahren zur Prüfung der Orientierungsleistung enthalten, im Testsystem Fitness to drive nicht mehr. Eine Begründung für diese Testauswahl folgt nicht, wäre jedoch zur Bewertung des LVT im Rahmen der Fahreignungsdiagnostik hilfreich.

Neuropsychologische Aspekte

Theoretischer Rahmen
Der LVT ist kein spezifisch für die Prüfung neuropsychologischer Funktionen entwickeltes Testverfahren, die theoretische Einordnung in ein aktuelles Aufmerksamkeitsmodell ist ausreichend.

Anwendungsbereiche
Verfahren, welches im Bereich der Verkehrspsychologie häufig eingesetzt wird, als Einzeltest bietet er jedoch keine ausreichende Beurteilungsgrundlage.

Ergebnisbeeinflussende Faktoren
Da für die Reaktion auf dem Eingabepanel 9 Tasten genutzt werden müssen, sollten die Probanden motorisch nicht beeinträchtigt sein. Probanden mit einer erhöhten visuellen Ermüdbarkeit werden durch diesen Test stark belastet.

Handhabbarkeit und klinische Anwendung

Das Testverfahren ist einfach in der Anwendung und Auswertung.

Jutta Küst

Testbatterie zur Aufmerksamkeitsprüfung TAP-M (Version Mobilität 1.3)[1]

Peter Zimmermann & Bruno Fimm

Herzogenrath: PSYTEST, 2012

Zusammenfassende Testbeschreibung

Zielsetzung und Operationalisierung

Konstrukte

Computergestütztes Testverfahren zur Untersuchung fahrrelevanter Aufmerksamkeitsfunktionen mit 9 Untertests. Eine Zuordnung einzelner Untertests zu den Anforderungen der Anlage 5.2 der FeV wird vorgenommen.
Untertests: Exekutive Kontrolle, Aktives Gesichtsfeld, Alertness, Ablenkbarkeit, Daueraufmerksamkeit, Geteilte Aufmerksamkeit, Flexibilität, Go/Nogo, Visuelles Scanning.

Testdesign

Dargeboten werden verschiedene visuelle und akustische Reize, die Reaktion des Probanden erfolgt über Reaktionstasten, Reaktionszeitmessung in Millisekunden.

Angaben zum Test

Normierung

Alter: In der Version TAP-M 1.3 sind alle Untertests normiert. Stichprobe von erwachsenen gesunden Kontrollpersonen (Führerscheininhaber). Die Stichprobengröße variiert zwischen den verschiedenen Untertests. Die Normwerte können altersunabhängig und wahlweise als T-Werte oder Prozentränge ausgegeben werden.
Alter: 18–89 Jahre.
Bildung: Aufteilung in zwei Gruppen (weniger als 12 Jahre sowie 12 und mehr Jahre Schulbildung), bei Bedarf werden die Werte in den einzelnen Untertests korrigiert.
Geschlecht: Bei Bedarf werden die Werte entsprechend der Geschlechtseffekte in den einzelnen Untertests korrigiert.

Material

Software, Manual, Reaktionstasten.

---

1 In dieser zusammenfassenden Rezension werden vor allem die Neuerungen gegenüber den Vorgängerversionen s. Bd. 1 dargestellt.

Durchführungsdauer
Je Untertest verschieden, die Angaben sind im Handbuch verfügbar. Für die 5 zur Prüfung entsprechend Anlage 5.2 hauptsächlich vorgeschlagenen Testverfahren ca. 20–30 Minuten.

Testkonstruktion[2]

Design

Aufgabe
Zur Prüfung der Fahreignung werden folgende Untertests in der dargestellten Reihenfolge empfohlen: Alertness, Go/Nogo, Geteilte Aufmerksamkeit (Bedingung 3 Quadrate und Töne), Visuelles Scanning, Flexibilität/Wechsel. Die neu normierten weiteren Untertests werden als Ergänzung für die einzelnen Bereiche empfohlen.

Konzept
Die verschiedenen Untertests lassen sich den in der Anlage 5.2 der FeV beschriebenen Leistungsbereichen zuordnen (vgl. Tabelle 4), wobei eine eindeutige Zuordnung nur teilweise möglich ist. Weiter wird der Zusammenhang zu dem Modell der erforderlichen Fähigkeiten für das Autofahren von Michon (1971) hergestellt.

Variablen
Parameter der Leistungsqualität: Anzahl richtige Reaktionen, Anzahl falsche Alarme, Anzahl der Auslassungen.
Parameter der Leistungsgeschwindigkeit: Median, Mittelwert und Standardabweichung der Reaktionszeiten, weiter: Ausreißer und Antizipationen.
Für jeden Untertest werden die zur Beurteilung wichtigen Parameter benannt und bei der Ausgabe auch optisch hervorgehoben:
Flexibilität/Wechsel: Median RT und Fehlreaktionen
Visuelles Scanning: Median RT (nicht-kritische Trials), Auslassungen (kritische Trials)
Go/Nogo: Median RT, Fehlreaktionen
Geteilte Aufmerksamkeit/Bedingung 3 (Quadrate und Töne): Auslassungen, Median RT
Alertness: Median RT.

Durchführung
Die Durchführung der TAP-M ist analog zu anderen TAP-Versionen. Eine Reihenfolge der Darbietung der Untertests wird vorgeschlagen, jedoch kann jeder Untertest einzeln durchgeführt werden. Der Untertest „Exekutive Kontrolle“ wird als Screening verstanden und kann der Untersuchung vorangestellt werden. Für jeden Untertest gibt es die Möglichkeit, einen Vortest durchzuführen, um sicherzustellen, dass der Proband die

2 Für eine Darstellung und Beschreibung einzelner Untertests der TAP-M siehe Bd. 1 oder www.psytest.net.

Aufgabe verstanden hat. Hierbei gibt es eine unmittelbare Rückmeldung. Die Instruktionen werden am Monitor dargeboten. Der Proband antwortet durch Tastendruck auf eine oder beide der externen Reaktionstasten.

Auswertung
Die Auswertung erfolgt automatisch durch das Computerprogramm, die Normen können altersunabhängig oder altersabhängig ausgegeben werden, ebenso kann zwischen der Ausgabe als Prozentrang oder T-Wert gewählt werden. Bei jedem Untertest werden die Rohwerte sowie die bereits dargestellten weiteren Werte ausgegeben, für jedes Testverfahren werden auch Grafiken erstellt. Die Erstellung eines grafischen Leistungsprofils aller durchgeführten Testverfahren ist ebenfalls möglich.

Normierung

Stichprobe
Die Stichprobe besteht aus gesunden Probanden mit Führerschein, welche sich überwiegend in realen Fahrtauglichkeitsuntersuchungen befanden. Die Normdaten sind in verschiedenen Studien seit den 90er Jahren erhoben worden und werden laufend erweitert, die aktuellsten Normdaten stammen aus dem Jahr 2011. Die Größe der Stichprobe variiert zwischen den Untertests, ebenso der Anteil an Männern und Frauen sowie der Bildungsgrad. Genaue Angaben sind für jeden Untertest im Manual aufgeführt. Nachfolgend die Stichprobengröße der einzelnen Untertests sowie die Anzahl an Probanden, welche 70 Jahre oder älter sind:
Alertness: $N=1\,462$ (> 69 Jahre $N=110$)
Geteilte Aufmerksamkeit (Bedingung 3: Quadrate und Töne): $N=2\,025$ (> 69 Jahre $N=389$)
Go/Nogo: $N=1\,210$ (> 69 Jahre $N=91$)
Visuelles Scanning: $N=1\,214$ (> 69 Jahre $N=117$)
Flexibilität/Wechsel: $N=1\,640$ (> 69 Jahre $N=89$)
Ablenkbarkeit: $N=364$ (> 69 Jahre $N=43$)
Exekutive Kontrolle: $N=567$(> 69 Jahre $N=45$)
Daueraufmerksamkeit (Farbe oder Form): $N=434$ (> 69 Jahre $N=23$)
Daueraufmerksamkeit (Form): $N=104$ (> 69 Jahre $N=10$)
Aktives Gesichtsfeld: $N=339$.

Normen
Alter: 18–89 Jahre (Ausnahme: Daueraufmerksamkeit/Form: 18–79 Jahre).
Bildung: Unterschieden werden zwei Bildungsgrade (weniger als 12 sowie 12 oder mehr Jahre Schulbildung).
Geschlecht: Geschlechtseffekte werden je nach Untertest bei Bedarf korrigiert.

Gütekriterien

Objektivität
Durchführung: Die Durchführungsobjektivität ist aufgrund der computergestützten Darbietung gegeben.

Auswertung: Die Auswertungsobjektivität ist aufgrund der computergestützten Auswertung gegeben.

Reliabilität
Interne Konsistenz: Aufgrund der neuen Normierung wurden für alle Untertests die Odd-even Reliabilitäten neu berechnet und in einer Tabelle für die einzelnen Variablen angegeben (zusätzlich die Standardmessfehler sowie kritische Rohwert- und T-Wert Differenzen).
Paralleltest-Reliabilität: keine Angaben
Retest-Reliabilität: keine Angaben
Weitere Reliabilitätsmaße: keine Angaben

Validität
Konstruktvalidität: Die Faktorenstruktur der TAP-M wurde in verschiedenen Untersuchungen ermittelt und in Zusammenhang mit den Anforderungen entsprechend Anlage 5.2 und verschiedener Aufmerksamkeitskomponenten gesetzt.
Konvergente/diskriminante Validität: keine Angaben
Kriteriums- bzw. klinische Validität: Die Kriteriumsvalidität wurde in mehreren Untersuchungen überprüft. Dazu wurden Fahrproben mit verschiedenen Zielgruppen durchgeführt (z. B. ältere Personen oder Schlaganfallpatienten). Überwiegend werden korrelative Zusammenhänge einzelner Untertests oder verschiedener Faktoren der TAP-M mit Kategorien des Fahrverhaltens beschrieben (Akinwuntan et al., 2002, 2006, De Raedt et al., 2000). Die Art der durchgeführten Fahrproben wird ebenfalls für die einzelnen Studien dargestellt.
Ökologische Validität: keine Angaben

Nebengütekriterien
Akzeptanz: Langjährige Erfahrungswerte sowie eine Untersuchung weisen auf eine gute Benutzerakzeptanz auch bei älteren Probanden hin.
Transparenz: keine Angaben
Zumutbarkeit: keine Angaben
Verfälschbarkeit: keine Angaben
Störanfälligkeit: keine Angaben

Neuropsychologische Aspekte

Theoretischer Rahmen

Als theoretischer Bezugsrahmen dienen sowohl aktuelle Aufmerksamkeitstheorien als auch ein Modell der Fahreignung (Michon, 1971). Weiterhin werden die Rahmenbedingungen der FeV Anlage 5.2 in Bezug zu den Untertests gesetzt und diskutiert.

Anwendungsbereiche

Untersuchung fahreignungsrelevanter Aufmerksamkeitsfunktionen, spezifische Zielgruppen werden nicht genannt.

Funktionelle Neuroanatomie

Für die Zielsetzung der Fahreignungsprüfung nicht relevant.

Ergebnisbeeinflussende Faktoren

keine Angaben

Testentwicklung

Die „Testbatterie zur Aufmerksamkeitsprüfung“ wurde zur Prüfung verschiedener Aufmerksamkeitsfunktionen von Zimmermann und Fimm konzipiert. Ein Teil der darin enthaltenen Testverfahren wurde 1999 in einer Kurzform speziell zur Prüfung der Fahreignung zusammengefasst. Für die TAP-M wurde zum einen die „Alertness“ modifiziert (ohne Warnton), zum anderen neue Testverfahren entwickelt, welche in verschiedenen Untersuchungen einen Zusammenhang zur Fahreignung zeigten (Ablenkbarkeit, Aktives Gesichtsfeld, Daueraufmerksamkeit). Neu entwickelt wurde ebenfalls ein Screening (exekutive Kontrolle). Die neue Version 1.3 weist vor allem eine deutliche Erweiterung der Normstichprobe auf.

Testbewertung

Die Kritik im Überblick

Aufgrund der Validierung an Fahrproben und einer ausreichend großen Eichstichprobe ist die TAP-M ein Verfahren, welches zur Beurteilung der Fahreignung eingesetzt werden kann. Neben den hauptsächlich zur Prüfung empfohlenen Testverfahren sind ergänzende Verfahren enthalten, um weitere Hypothesen z. B. der selektiven räumlichen Aufmerksamkeit zu prüfen. Dies ist für den Einsatz bei neurologischen Patienten von besonderer Bedeutung. Aufgrund der Altersverteilung der Eichstichprobe und der Validitätsprüfung auch an älteren Kraftfahrern ist das Verfahren auch in Bezug auf das Alter als fair zu bewerten.

Testkonstruktion

Testmaterial
Die Menüführung und Testanwendung sind einfach gestaltet.

Testdesign
Konzept: Die TAP-M ist zur Prüfung fahreignungsrelevanter Aufmerksamkeitsfunktionen entwickelt worden. Dabei werden nicht nur die Leistungsbereiche, welche in der Anlage 5.2 der FeV gefordert werden,

abgedeckt, sondern auch weitere Bereiche, welche vor allem bei neurologischen Patienten die Fahreignung beeinträchtigen könnten.
Durchführung: Bei dem Untertest „Visuelles Scanning“ neigen Patienten dazu, entweder nur die Genauigkeit oder nur das Tempo zu berücksichtigen, wodurch die Interpretation der Ergebnisse erschwert wird. Eine Verdeutlichung der Hinweise auf die Ausgewogenheit beider Aspekte in der Instruktion ist für die Zuverlässigkeit dieses Vefahrens wichtig.

Normierung
Stichprobe: Die Größe der Eichstichprobe ist für die meisten der Untertests positiv zu bewerten, auch die breite Altersspanne. Bei der Stichprobenbeschreibung wäre die Herstellung eines Bezugs zur Repräsentativität sinnvoll.

Gütekriterien
Objektivität: Durchführungs- und Auswertungsobjektivität sind aufgrund der standardisierten Computervorgabe gegeben. Die Interpretationsobjektivität wird durch Interpretationshinweise unterstützt, könnte jedoch durch Fallbeispiele mit Bezug zur Fahreignung verbessert werden.
Reliabilität: Neben den Angaben zur internen Konsistenz sollten ergänzende Angaben zur Stabilität verfügbar sein.
Validität: Die Verfahren der TAP-M wurden an Fahrproben validiert. Dabei wurden überwiegend korrelative Zusammenhänge berichtet. Die Güte der Klassifikation bezüglich der Fahreignung wird nicht dargestellt.

Neuropsychologische Aspekte

Theoretischer Rahmen
Die TAP-M wurde für die Beurteilung der fahrrelevanten Ausmerksamkeitsleistungen konzipiert, der dargestellte Bezug zu Modellen der Fahreignung und den rechtlichen Rahmenbedingungen ist nachvollziehbar.

Ergebnisbeeinflussende Faktoren
Motorische Einschränkungen (teilweise müssen beide Hände zur Reaktion benutzt werden).

Handhabbarkeit und klinische Anwendung

Die computergestützte Anwendung ist einfach und zeitökonomisch.

Jutta Küst

Literatur

Akinwuntan, A. E., Feys, H. De Weerdt, W., Pauwels, J., Baten, G. & Strypstein, E. (2002). Determinants of driving after stroke. *Archives of Physical Medicine and Rehabilitation, 83* (3), 334–341. http://doi.org/10.1053/apmr.2002.29662

Akinwuntan, A. E., Feys, H., De Weerdt, W., Baten, G., Arno, S. & Kiekens, C. (2006). Prediction of driving after stroke. *Neurorehabilitation & Neural Repair, 20,* 417–423. http://doi.org/10.1177/1545968306287157

Barthelmess, W. (1974). Zur Methodik der Fahrprobe. *Zeitschrift für Verkehrssicherheit, 20,* 46–57.

Berg, M. (1993). Der Konstituentenansatz: Ein Weg zu höherer Ergiebigkeit leistungsdiagnostischer Methoden. In G. Trost, K. Ingenkamp & R. S. Jäger (Hrsg.), *Tests und Trends* (Bd. 10, S. 40–82). Weinheim: Beltz.

Berg, M. (2012). *Psychometrisches Testsystem Corporal A.* Olching: VISTEC AG.

Biehl, B. (1996). *Tachistoskopischer Verkehrsauffassungstest.* Mödling: SCHUHFRIED GmbH.

Biehl, B. (2014). *Linienverfolgungstest (LVT). Manual.* Mödling: SCHUHFRIED GmbH.

Brenner-Hartmann, J. (2002). *Durchführung standardisierter Fahrverhaltensbeobachtungen im Rahmen der medizinisch-psychologischen Untersuchung (MPU).* Tagungsbeitrag zum 38. BDP-Kongress für Verkehrspsychologie, 14. 09. 2002 Regensburg.

Brouwer, W. H. (2002). Attention and driving: a cognitive neuropsychological approach. In M. Leclercq & P. Zimmermann (eds.). *Applied neuropsychology of attention* (pp. 230–254). London: Taylor & Francis.

Brunnauer, A., Buschert, V. & Laux, M. G. (2014). Demenz und Autofahren. *Nervenarzt, 85,* 811–815. http://doi.org/10.1007/s00115-013-3992-4

Bundesanstalt für Straßenwesen (2014). *Begutachtungsleitlinien zur Kraftfahrereignung.* Bremerhaven: Wirtschaftsverlag NW.

Bundesgesetzblatt Jahrgang (2010). Teil I Nr. 67, ausgegeben zu Bonn am 27. Dezember 2010. *Fünfte Verordnung zur Änderung der Fahrerlaubnisverordnung und anderer straßenverkehrsrechtlicher Vorschriften.* Bonn: Bundesanzeiger Verlag.

Bundesgesetzblatt Jahrgang (2014). Teil I Nr. 15, ausgegeben zu Bonn am 23. April 2014. *Zehnte Verordnung zur Änderung der Fahrerlaubnisverordnung und anderer straßenverkehrsrechtlicher Vorschriften.* Bonn: Bundesanzeiger Verlag.

De Raedt, R. & Ponjaert-Kristoffersen, I. (2000). The relationship between cognitive/neuropsychological factors and car driving performance in older adults. *Journal of the American Geriatric Society, 48,* 1664–1668. http://doi.org/10.1111/j.1532-5415.2000.tb03880.x

De Raedt, R. & Ponjaert-Kristoffersen, I. (2001). Predicting at-fault car accidents of older adults. *Accident Analysis and Prevention, 33,* 809–819. http://doi.org/10.1016/S0001-4575(00)00095-6

Devos, H., Akinwuntan, A. E., Nieuwboer, A., Truijen, S., Tant, M. & De Weerdt, W. (2011). Screening for fitness to drive after stroke. *Neurology, 76,* 747–756. http://doi.org/10.1212/WNL.0b013e31820d6300

Drechsler, R. (2007). Exekutive Funktionen. *Zeitschrift für Neuropsychologie, 18* (3), 233–248. http://doi.org/10.1024/1016-264X.18.3.233

George, S., Crotty, M., Gelinas, I. & Devos, H. (2014). Rehabilitation for improving automobile driving after stroke. *Cochrane Database of Systematic Reviews, 2,* Art. No.: CD008357.

George, S., May, E. & Crotty, M. (2009). Exploration of the links between concepts of theoretical driving models and international classification of functioning, disability and health. *Journal of Allied Health, 38,* 113–120.

Golz, D., Huchler, S., Jörg, A. & Küst, J. (2004). Beurteilung der Fahreignung. *Zeitschrift für Neuropsychologie, 15* (3), 157–167. http://doi.org/10.1024/1016-264X.15.3.157

Griffen, J.A., Rapport, L.J., Coleman Bryer, R., Bieliauskas, L.A. & Burt, C. (2011). Awareness of Deficits and on-road Driving Performance. *The Clinical Neuropsychologist, 25* (7), 1158–1178. http://doi.org/10.1080/13854046.2011.609841

Groeger, J.A. (2000). Understanding driving. *Applying cognitive psychology to a complex every day task.* Hove: Psychology Press.

Hannen, S., Hartje, W. & Skreczek, W. (1998). Beurteilung der Fahreignung nach Hirnschädigung. *Der Nervenarzt, 69,* 864–872. http://doi.org/10.1007/s001150050355

Hartje, W., Pach, R., Willmes, K., Hannen, S. & Weber, E. (1991). Fahreignung hirngeschädigter Patienten. *Zeitschrift für Neuropsychologie, 2* (2), 100–114.

Holte, H. & Albrecht, M. (2004). *Verkehrsteilnahme und -erleben mit Straßenverkehr bei Krankheit und Medikamenteneinnahme.* BAST Heft M162. Bremerhaven: Wissenschaftsverlag.

Iverson, D.J., Gronseth, G.S., Reger, M.A., Classen, S., Dubinsky, R.M. & Rizzo, M. (2010). Practice Parameter update: Evaluation and management of driving risk in dementia. *Neurology, 74,* 1316–1324. http://doi.org/10.1212/WNL.0b013e3181da3b0f

Kroj, G. & Pfeiffer, G. (1973). *Der Kölner Fahrverhaltens-Test (K-V-F-T).* Schriftreihe Faktor Mensch im Verkehr, Heft 21. Frankfurt: Dr. Arthur Tetzlaff.

Lundqvist, A. & Rönnberg, J. (2001). Driving problems and adaptive driving behaviour after brain injury: a qualitative assessment. *Neuropsychological Rehabilitation, 11* (2), 171–185. http://doi.org/10.1080/09602010042000240

Lundquist, A. & Alinder, J. (2007). Driving after brain injury: Self-awareness and coping at the tactical level of control. *Brain Injury, 21,* 109–1117.

Marquart, C. & Kerkhoff, G. (2009). *VSWin Version 1.2.* München: MedCom.

Michon, J.A. (1971). *Psychonomie onderweg (inaugural lecture).* Groningen: Wolters Noordhoff.

Michon, J.A. (1978). *Dealing with Danger.* Groningen, Niederlande: State University, Traffic Center.

Neumann, O. (1992). Theorien der Aufmerksamkeit: von Metaphern zu Mechanismen. *Psychologische Rundschau, 43,* 83–101.

Neumann-Zielke, L. (2004). Die Position Klinischer Neuropsychologen in der Rehabilitation von Kraftfahrern. *Zeitschrift für Neuropsychologie, 3,* 189–207. http://doi.org/10.1024/1016-264X.15.3.189

Poschadel, S., Falkenstein, M., Pappachan, S., Poll, E. & Willmes von Hinckeldey, K. (2009). *Testverfahren zur psychometrischen Leistungsprüfung der Fahreignung.* BASt Bericht M 203. Bremerhaven: Wirtschaftsverlag NW.

Poschadel, S., Bönke, D., Blöbaum, A. & Rabczinski, S. (2012). Ältere Autofahrer: Erhalt, Verbesserung und Verlängerung der Fahrkompetenz durch Training – Eine Evaluation im Realverkehr. *Schriftenreihe der Eugen-Otto-Butz-Stiftung, Forschungsergebnisse für die Praxis.* TÜV Media: Köln.

Rey, A. (1941). L'examen psychologique dans les cas d'encéphalopathie traumatique. *Archives de Psychologie, 28,* 286–340.

Riddoch, J.M. & Humphreys, G.W. (1993). *Birmingham Object Recognition Battery (BORB).* Hove (UK): Lawrence Erlbaum Associates, Publishers.

Risser, R. & Brandstätter, C. (1985). *Die Wiener Fahrprobe. Freie Beobachtung. Kleine Fachbuchreihe des Kuratoriums für Verkehrssicherheit, Band 21.* Wien: Literas.

Schubert, W., Schneider, W., Eisenmenger, W. & Stephan, E. (Hrsg.). (2005). *Begutachtungs-Leitlinien zur Kraftfahrereignung: Kommentar.* Bonn: Kirschbaum Verlag.

Schuhfried, G. (2011a). *Aggressives Verhalten im Straßenverkehr (AVIS).* Mödling: SCHUHFRIED GmbH.

Schuhfried, G. (2011b). *Inventar verkehrsrelevanter Persönlichkeitseigenschaften (IVPE).* Mödling: SCHUHFRIED GmbH.

Schuhfried, G. (2011c). *Wiener Risikobereitschaftstest (WRBTV).* Mödling: SCHUHFRIED GmbH.

Schuhfried, G. (2012). *Fitness to Drive Standard/Fitness to Drive Plus (DRIVESTA/DRIVEPLS).* Mödling: SCHUHFRIED GmbH.

Schuhfried, G. (2015). *Adaptiver Tachistoskopischer Verkehrsauffassungstest (ATAVT)*. Mödling: SCHUHFRIED GmbH.

Sömen, H. D. (1990). Die Fahrverhaltensanalyse als Methode der verkehrspsychologischen Eignungsdiagnostik. In W. R. Nickel (Hrsg.), *Fahrverhalten und Verkehrsumwelt: Psychologische Analysen im interdisziplinären Feld*. Köln: Verlag TÜV Rheinland und Bonn: Deutscher Psychologen-Verlag.

Sommer, M. & Häusler, J. (2006). Kriteriumsvalidität des Expertensystems Verkehr. *Zeitschrift für Verkehrssicherheit, 2,* 83–89.

Sommer, S. M., Arno, S., Strypsten, M., Eeckhout, G. & Tothermel, S. (2003). On-road Assessment Methodology and Reference road test. *AGILE Deliverable 4.3*. Zugriff am 12. 04. 2012, http://www.agile.iao.fraunhofer.de/downloads/agile_d4_3.pdf.

Sturm, W. (2006). *Wahrnehmungs- und Aufmerksamkeitsfunktionen (WAF)*. Mödling: SCHUHFRIED GmbH.

Van Zomeren, A. H., Brouwer, W. H. & Minderhoud, J. M. (1987). Acquired brain damage and car driving. *Archives of Physical Medicine and Rehabilitation, 68,* 697–705.

Van Zomeren, A. H., Brouwer, W. H., Rothengatter, J. A. & Snoek, J. W. (1988). Fitness to drive a car after recovery from severe head injury. *Archives of Physical Medicine & Rehabilitation, 69,* 90–96.

Warrington, E. K. & James, M. (1991). *VOSP-The Visual Object and Space Perception Battery*. Bury St. Edmunds: Thames Valley Test Company.

Warrington, E. K. & James, M. (1992). *Testbatterie für visuelle Objekt- und Raumwahrnehmung (VOSP), übersetzt und an einer deutschen Stichprobe standardisiert von K. Beckers & A. J. Canavan*. Bury St. Edmunds: Thames Valley Test Company.

Whithaar, F. (2000). *Divided attention and driving: the effects of aging and brain injury*. Doctoral dissertation. Leeuwaarden, the Netherlands.

Zimmermann, P. & Fimm, B. (2012). *Testbatterie zur Aufmerksamkeitsprüfung (Version Mobilität 1.3)*. Herzogenrath: PSYTEST.

Teil V

Anhang

Testverfahren – nach Autoren geordnet

Autoren	Abkürzungen	Testname	Literaturangaben	Seite
Aaron, D. H., Jansen, C. W. S.	FDT	Functional Dexterity Test	Development of the Functional Dexterity Test (FDT): Construction, validity, reliability, and normative data. *Journal of Hand Therapy, 16,* 12–21, 2003	676
Alexander, M. P., Baker, E., Naeser, M. A., Kaplan, E., Palumbo, C.	Apraxie-Testsammlung	Apraxie-Testsammlung	Neuropsychological and neuroanatomical dimensions of ideomotor apraxia. *Brain, 115,* 87–107, 1992	643
Alexander, M. P., Baker, E., Naeser, M. A., Kaplan, E., Palumbo, C.	Axiale Bewegungen	Axiale Bewegungen	Neuropsychological and neuroanatomical dimensions of ideomotor apraxia. *Brain, 115,* 87–107, 1992	617
Ambrosoni, E., Della Sala, S., Motto, C., Oddo, S., Spinnler, H.	Ideomotorische Apraxie der Beine	Ideomotorische Apraxie der Beine	Gesture imitation with lower limbs following left hemisphere stroke. *Archives of clinical neuropsychology, 21* (4), 349–358, 2006	617
Amirjani, N., Ashworth, N. L., Gordon, T., Edwards, D. C., Chan, K. M.	Moberg Picking up Test, modifiziert nach Dellon	Moberg Picking up Test, modifiziert nach Dellon	Normative values and the effects of age, gender, and handedness on the Moberg Pick-Up Test. *Muscle & Nerv, 35,* 788–792, 2007	674
Amthauer, R., Brocke, B., Liepmann, D., Beauducel, A.	I-S-T 2000 R	Intelligenz-Struktur-Test	Göttingen: Hogrefe Verlag, 2001	196
Annett, M.	HOLES	Hole Punching Test	Five tests of hand skill. *Cortex, 28,* 583–600, 1992	662
Annett, M.	Peg Moving Task	Peg Moving Task	Five tests of hand skill. *Cortex, 28,* 583–600, 1992	572
Aschenbrenner, S., Tucha, O., Lange, K. W.	RWT	Regensburger Wortflüssigkeitstest	Göttingen: Hogrefe Verlag, 2000	243 249
Atkinson, J., Anker, S., Rae, S., Hughes, C., Braddick, O.	ABCDEFV	A Test Battery of Child Development for Examining Functional Vision	A test battery of child development for examining functional vision (ABCDEFV). *Strabismus, 10,* 245–269, 2002	419
Auer, M., Gruber, G., Mayringer, H., Wimmer, H.	SLS 5-8	Salzburger Lesescreening für die Klassenstufen 5–8	Göttingen: Hogrefe Verlag, 2005	420 Bd. 3

Autoren	Abkürzungen	Testname	Literaturangaben	Seite
Ayres, A. J.	SIPT	Sensory Integration and Praxis Tests	Torrance: WPS, 1989	322 671
Baranek, G.T, David, F. J., Poe, M. D., Stone, W. L., Watson, L. R.	Sensory Experiences Questionnaire	Sensory Experiences Questionnaire	Sensory Experiences Questionnaire: discriminating sensory features in young children with autism, developmental delays, and typical development. *Journal of child psychology and psychiatry and allied disciplines, 47,* 591–601, 2006	324
Barnett, A., Henderson, S., Scheib, B. J. S.	DASH	Detailed Assessment of Speed of Handwriting	London: Pearson Assessment, 2007	316 666
Baron-Cohen, S.	Reading the Mind in the Eyes Test	Reading the Mind in the Eyes Test, Kinderversion	Universität Frankfurt, 2005 http://www.kgu.de/fileadmin/redakteure/Fachkliniken/Kinder-Jugendmedizin/Psychiatrie_I/Eyes_test_kinder.pdf	251
Bartolo, A., Cubelli, R., Della Sala, S.	Limb Apraxia Battery: British Version	Limb Apraxia Battery: British Version	Cognitive approach to the assessment of limb apraxia. *The Clinical Neuropsychologist, 22,* 27–45, 2008	637
Bartzsch, U.	AFM	Allensbacher Feinmotoriktest	Allensbacher Feinmotoriktest (2. überarbeitete und veränderte Auflage). mainbergerfortbildungen.de/afm-test.html	685
Bauder, H., Taub, R., Miltner, H. R.	WMFT	Wolf Motor Function Test	Behandlung motorischer Störungen nach Schlaganfall – Die Taubsche Bewegungsinduktionstherapie (Reihe: Therapeutische Praxis, S. 77–86). Göttingen: Hogrefe Verlag, 2001	683
Bauer, H., Guttmann, G., Leodolter, M., Leodolter, U.	SMK	Sensomotorische Koordination	Mödling: SCHUFRIED GmbH, 1999	667
Bäumler, G.	FWIT	Farbe-Wort-Interferenztest nach Stroop	Göttingen: Hogrefe Verlag, 1985	74 242
Bäumler, G.	LGT-3	Lern- und Gedächtnistest 3	Göttingen: Hogrefe Verlag, 1974	200–202 205

Autoren	Abkürzungen	Testname	Literaturangaben	Seite
Becker, J. B., Breedlove, S. M., Crews, D., McCarthy, M. M.	Kimura-Kastentest Manual Sequence Box	Kimura-Kastentest Manual Sequence Box	*Behavioral Endocrinology* (p. 587). Cambridge, MA: MIT Press, 2002	615
Beckers, K., Canavan, A. J.	VOSP	Visual Object and Space Perception Battery	London: Harcourt Assessment, 2007	418
Beery, K. E., Buktenica, N. A., Beery, N. A.	Beery VMI	Beery-Buktenica Developmental Test of Visual-Motor Integration	San Antonio, TX: Psychological Corporation, Sixth edition, 2010	316
Bennett, G. K.	BHTDT	Bennett Hand Tool Dexterity Test	New York: Psychological Corporation, 1985	680
Benton, A.	JLO	Judgement of Line Orientation	Benton Laboratory of Neuropsychology: Selected Tests. Psychological Assessment Resources, 1994	414
Benton, A., Sivan, A. B., Hamsher, K., De Varney, S., Spreen, O.	RLOT	Right-Left-Orientation Test	Lutz: Psychological Assessment Resources, 1994 Contributions to Neuropsychological Assessment. New York: Oxford University Press, 1994	417
Benton, A. L.	Benton-Test	Benton-Test	Bern: Verlag Hans Huber, 1968	666
Benton, A. L.	Finger Localization	Finger Localization	Contributions to Neuropsychological Assessment. Clinical Manual, New York: Oxford University Press, 1994 Strauss, E., Sherman, E. M., Spreen, O.: A compendium of neuropsychological tests (p.1013–17). Oxford: Oxford University Press, 2006	321
Berg, M.	Corporal Plus	Corporal Plus	Olching: Vistec AG, 2015	724 733–737
Bergego, C., Pradat-Diehl, P., Deloche, G., Durand, E., Lauriot-Prevost, M. C.	Recognition of Object Utilization Gestures Test	Recognition of Object Utilization Gestures Test	Apraxie ideatoire et reconnaisance de l'utilisation des objects. *Revue de Neuropsychologie, 2,* 193–206, 1992	628

Autoren	Abkürzungen	Testname	Literaturangaben	Seite
Bethscheider, J.	O'Connor Tweezer Dexterity Test	O'Connor Tweezer Dexterity Test; Model 18	*Comparison of tweezer dexterity.* Statistical Bulletin 1995-5, Johnson O'Connor Research Foundation, 1–11, 1995	679
Bhambhani, Y., Esmail, S., Brintnell, S.	BTE Work Simulator	Baltimore Therapeutic Equipment Work Simulator	The Baltimore Therapeutic Equipment work simulator: Biomechanical and physiological norms for three attachments in healthy men. *American Journal of Occupational Therapy, 48,* 19–25, 1994	689
Bickerton, W. L., Riddoch, M. J., Samson, D., Balani, A. B., Mistry, B., Humphreys, G. W.	BCoS	Birmingham Cognitive Screen	Systematic assessment of apraxia and functional predictions from the Birmingham Cognitive Screen. *Journal of Neurology, Neurosurgery & Psychiatry, 83* (5), 513–521, 2012	633
Biehl, B.	LVT	Linienverfolgungstest	Mödling: SCHUHFRIED GmbH, 2008	723 742–746
Bishop, D. V. M., Ross, V. A., Daniels, M. S., Bright, P.	Tapping	Tapping	The measurement of hand preference: A validation study comparing three groups of right-handers. *British Journal of Psychology, 87,* 269–285, 1996	663
Bizzozero, I., Costato, D., Della Sala, S., Papagno, C., Spinnler, H., Venneri, A.	Upper and Lower Face Apraxia Test	Upper and Lower Face Apraxia Test	Upper and lower face apraxia: role of the right hemisphere. *Brain, 123,* 2213–2230, 2000	618
Blank, R., Jenetzky, E., Vinçon, S.	BOT-2	Bruininks-Oseretzky Test of Motor Proficiency – Second Edition	Frankfurt a. M.: Pearson Assessment, 2014	319
Bölte, S.	Reading the Mind in the Eyes Test	Reading the Mind in the Eyes Test, Kinderversion (deutsche Bearbeitung)		
Bonnardel, R.	Doppellabyrinthtest	Doppellabyrinthtest aus: Wiener Testsystem (WTS)	Mödling: SCHUHFRIED GmbH, 2003	672
Borod, J. C., Fitzpatrick, P. M., Helm-Estabrooks, N., Goodglass, H.	Boston Apraxia Test	Boston Apraxia Test	The relationship between limb apraxia and the spontaneous use of communicative gesture in aphasia. *Brain and Cognition, 10,* 121–131, 1989	614

Autoren	Abkürzungen	Testname	Literaturangaben	Seite
Bös, K., Bappert, S., Tittlbach, S., Woll, A.	KMS 3-6	Karlsruher Motorik-Screening für Kindergartenkinder	*Sportunterricht, 53,* 79–87, 2004	312
Bös, K., Schlenker, L., Büsch, D., Lämmle, L., Müller, H., Oberger, J., …, Tittlbach, S.	DMT 6-18	Deutscher Motorik-Test 6-18	Schriften der Deutschen Vereinigung für Sportwissenschaft, Band 186. Hamburg: Feldhaus Verlag, Edition Czwalina. 2016 http://www.deutscher-motorik-test.de	313
Bovend'Eerdt, T. J. H., Dawes, H., Johansen-Berg, H., Wade, D. T.	Jebsen-Taylor Hand Function Test	Jebsen-Taylor Hand Function Test	Evaluation of the modified Jebsen test of hand function and the University of Maryland arm questionnaire for stroke. *Clinical rehabilitation, 18,* 195–202, 2004	681
Brickenkamp, R.	d2	Aufmerksamkeits-Belastungs-Test	Göttingen: Hogrefe Verlag, 9. Auflage, 2002	72
Brooks, L. R.	Brooks Matrix Experiment	Brooks Matrix Experiment	The suppression of visualization by reading. *The Quarterly Journal of Experimental Psychology, 19,* 289–299, 1967	194
Brown, G. T., Brown, A.	TIE	Touch Inventory for Elementary-School-Aged Children	A Review and Critique of the Touch Inventary for Elementary School-Aged Children. *British Journal of Occupational Therapy, 69,* 234–243, 2006	324
Bruckner, J., Deimann, P., Kastner-Koller, U.	HAPT 4-6	Handpräferenztest für 4-6-jährige Kinder	Göttingen: Hogrefe Verlag, 2011	320 572 662
Bulheller, S., Häcker, H. O.	CPM	Coloured Progressive Matrices (dt. Bearb.)	Mödling: SCHUHFRIED GmbH	247
Bullard, S. E., Fein, D., Gleeson, M. K., Tischer, N., Mapou, R. L., Kaplan, E.	BCET	Biber Cognitive Estimation Test	The Biber Cognitive Estimation Test. *Archives of Clinical Neuropsychology, 19,* 835–46, 2004	249
Buxbaum, L. J., Saffran, E. M.	Function and Manipulation Triplets Test	Function and Manipulation Triplets Test	Knowledge of object manipulation and object function: dissociations in apraxic and nonapraxic subjects. *Brain and Language, 82,* 179–199, 2002	632
Buxbaum, L. J., Sirigu, A., Schwartz, M. F., Klatzky, R.	Gesture Recognition	Gesture Recognition	Cognitive representations of hand posture in ideomotor apraxia. *Neuropsychologia, 41* (8), 1091–1113, 2003	629

Autoren	Abkürzungen	Testname	Literaturangaben	Seite
Buxbaum, L. J., Veramontil, T., Schwartz, M. F.	Function and Manipulation Triplets Test	Function and Manipulation Triplets Test	Function and manipulation tool knowledge in apraxia: knowing ‚what for' but not ‚how'. *Neurocase, 6* (2), 83–97, 2000	632
Cambridge Cognition Limited	CANTAB	Cambridge Neuropsychological Test Automated Battery	www.cantab.com www.cambridgecognition.com	243 244 246 248
Chapman, J. P., Chapman, L. J., Allen, J. J.	Füßigkeitsprobe	Füßigkeitsprobe	The measurement of foot preference. *Neuropsychologia, 253,* 579–584, 1987	574
Chevignard, M. P., Catroppa, C., Galvin, J., Anderson, V.	Children's Cooking Task	Children's Cooking Task	Development and evaluation of an ecological task to assess executive functioning post childhood TBI: The children's cooking task. *Brain Impairment, 11,* 125–143, 2010	250
Colarusso, R. P., Hammill, D. D.	MVPT-3	Motor-Free Visual Perception Test – Third Edition	Novata, CA: Academic Therapy Publications, 2003	419
Colarusso, R. P., Hammill, D. D.	MVPT-4	The Motor-Free Visual Perception Test – Fourth Edition	Novato, CA: Academic Therapy Publications, 2015.	419
Croydon, A., Pimperton, H., Ewing, L., Duchaine, B. C., Pellicano, E.	CFMT-C	Cambridge Face Memory Test for Children	The Cambridge Face Memory Test for Children (CFMT-C): A new tool for measuring face recognition skills in childhood. *Neuropsychologia, 62,* 60–7, 2014	413
Cubelli, R., Marchetti, C., Boscolo, G., Della Sala, S.	Recognition of Object Utilization Gestures Test	Recognition of Object Utilization Gestures Test	Cognition in Action: Testing a Model of Limb Apraxia. *Brain and Cognition 44,* 144–165, 2000	628
Dabul, B. L.	ABA-2	Apraxia Battery for Adults – Second Edition	Austin (Texas): PRO-ED Inc., 2000	634
Daseking, M., Petermann, F.	BASIC-Preschool	Battery for Assessment in Children – Screening für kognitive Basiskompetenzen im Vorschulalter	Bern: Verlag Hans Huber, 2008	411 415

Autoren	Abkürzungen	Testname	Literaturangaben	Seite
Daseking, M., Petermann, F.	BRIEF-P	Verhaltensinventar zur Beurteilung Exekutiver Funktionen für das Kindergartenalter	Bern: Verlag Hans Huber, 2013	253
Daseking, M., Petermann, F.	KET-KID	Kognitiver Entwicklungstest für das Kindergartenalter	Göttingen: Hogrefe Verlag, 2009	423
De Renzi, E., Faglioni, P., Sorgato, P.	Objektgebrauch, pantomimisch und konkret	Objektgebrauch, pantomimisch und konkret	Modality-specific and supramodal mechanism of apraxia. *Brain, 105,* 301–312, 1982	620
De Renzi, E., Lucchelli, F.	MOT	Multiple Objects Test	Ideational apraxia. *Brain, 111,* 1173–1185, 1988	624
De Renzi, E., Lucchelli, F.	Objektgebrauch, pantomimisch und konkret	Objektgebrauch, pantomimisch und konkret	Ideational apraxia. *Brain, 111,* 1173–1185, 1988	620
De Renzi, E., Motti, F., Nichelli, P.	Movement Imitation Test	Movement Imitation Test	Imitating gestures: a quantitative approach to ideomotor apraxia. *Archives of Neurology, 37,* 6–10, 1980	614
De Renzi, E., Pieczuro, A., Vignolo, L.A.	Objektgebrauch, konkret	Objektgebrauch, konkret	Ideational apraxia: a quantitative study. *Neuropsychologia, 6,* 41–52, 1968	620
de Sonneville, L.M.J.	ANT	Amsterdam Neuropsychological Tasks	www.sonares.nl	64 68 74–76 80 81 83 84 193 252 314 317 412 413 663 669 Bd. 3

Autoren	Abkürzungen	Testname	Literaturangaben	Seite
Dean, R.S., Woodcock, R.W.	DWSMB	Dean-Woodcock Sensory Motor Battery aus: Dean-Woodcock Neuropsychological Assessment System (DWNAS)	Itasca, IL: Riverside Publishing, 2003	322 697
Debelak, R., Mandler, G., Topfstedt, E.	MOUSE	Mauseignungstest aus: Wiener Testsytem (WTS)	Mödling: SCHUHFRIED GmbH, 2012	667
Deegener, G., Dietel, B., Hamster, W., Koch, C., Matthaei, R., Nödl, H. et al.	TÜKI	Tübinger Luria Christensen neuropsychologische Testbatterie für Kinder	Göttingen: Beltz Test, 1997	192 193 197 318 321 663 671 Bd. 3
DeGangi, G.A., Greenspan, S.I.	TFSI	Test of Sensory Functions in Infants	Torrance, CA: WPS, 1989	321
Delis, D.C., Kaplan, E., Kramer, J.H.	D-KEFS	Delis-Kaplan Executive Function System	San Antonio, TX: The Psychological Corporation (Pearson Education), 2001	74 79 250
Della Sala, S., Gray, C., Baddeley, A. Wilson, L.	VPT	Visual Patterns Test	A new test of short-term visual recall. Bury St Edmunds: Thames Valley Test Company, 1997	193
Dellon, A.L.	Moberg Picking up Test, modifiziert nach Dellon	Moberg Picking up Test, modifiziert nach Dellon	It's academic but not functional. In: Evaluation of Sensibility and Re-education of Sensation in the Hand (pp. 95–114). Baltimore, MD: Williams and Wilkins, 1981	674
Desrosiers, J., Hébert, R., Bravo, G., Dutil, É.	TEMPA	Test d'Evaluation des Membres Supérieurs de Personnes Agées	Upper extremity performance test for the elderly (TEMPA): normative data and correlates with sensorimotor parameters. *Archives of physical medicine and rehabilitation, 76* (12), 1125–1129, 1995	684
Dobigny-Roman, N., Dieudonne-moinet, B., Tortrat, D., Verny, M., Forotte, B.	Arm-/Handbewegungen	Arm-/Handbewegungen	Ideomotor apraxia test: a new test of imitation of gestures for elderly people. *European Journal of Neurology, 5,* 571–578, 1998	613

Autoren	Abkürzungen	Testname	Literaturangaben	Seite
Drechsler, R., Steinhausen, H. C.	BRIEF	Verhaltensinventar zur Beurteilung Exekutiver Funktionen	Bern: Verlag Hans Huber, 2013	252
Drühe-Wienholt, C. M., Wienholt, W.	CKV	Computergestütztes Kartensortierverfahren	Frankfurt a. M.: Pearson Assessment, 3. Auflage, 2011	248
Duffy, J. R., Duffy, R. J.	LAT	Limb Apraxia Test	The assessment of limb apraxia: The limb apraxia test. In G. E. Hammond (Ed.). Cerebral Control of Limb and Speech Movements (pp. 503–534). Amsterdam: Elsevier Science Publishers, 1990	642
Duffy, J. R., Duffy, R. J.	LAT	Limb Apraxia Test	The Limb Apraxia Test: An Imitative Measure of Upper Limb Apraxia. In Clinical Aphasiology Conference 1988 (pp. 145–159). Boston: College-Hill, 1989	642
Düker, H., Lienert, G. A., Lukesch, H., Mayrhofer, S.	KLT-R	Konzentrations-Leistungs-Test – Revidierte Fassung Neubearbeitung	Göttingen: Hogrefe Verlag, 1965, 2001	67
Eggert, D.	LOS KF 18	Lincoln-Oseretzky-Skala Kurzform	Weinheim: Beltz, 1974	319
Eggert, D., Ratschinski, G., Reichenbach, C.	DMB	Diagnostisches Inventar motorischer Basiskompetenzen zur Diagnostik von Kindern im Grundschulalter	Dortmund: verlag modernes lernen, 4. überarbeitete Auflage, 2008	319
Elias, L. J., Bryden, M. P.	WFQ-R	Waterloo Footedness Questionaire – Revised	Footedness is a Better Predictor of Language Lateralisation than Handedness. *Laterality: Asymmetries of Body, Brain and Cognition, 3,* 41–52, 1998	574
Emslie, H., Wilson, F. C., Burden, V., Nimmo-Smith, I., Wilson, B. A.	BADS-C	Behavioural Assessment of the Dysexecutive Syndrome in Children	London: Harcourt Test Services, 2003	254

Autoren	Abkürzungen	Testname	Literaturangaben	Seite
Ettrich, K. U., Ettrich, C.	KHV-VK	Konzentrations-Handlungsverfahren für Vorschulkinder	Göttingen: Hogrefe Verlag, 2006	247 283–290
Fritz, W., Hussy, A.	Zoo-Spiel	Zoo-Spiel	Göttingen: Beltz Test GmbH, 2000	249 268–276
Fugl-Meyer, A. R., Jasko, L., Leyman, I.	Fugl-Meyer-Skala, obere Extremität	Fugl-Meyer-Skala, obere Extremität	The post-stroke patient. A method for evaluation of physical performance. *Scandinavian Journal of Rehabilitation in Medicine, 7,* 13–31, 1975	683
García-Ormaechea, I., González, I., Duplá, M., Andres, E., Pueyo, V.	PreViAs	Preverbal Visual Assessment Questionnaire	Validation of the Preverbal Visual Assessment (PreViAs) questionnaire. *Early Human Development, 90,* 635–638, 2014	423
George, S.	COMP	Canadian Occupational Performance Measure	Praxishandbuch COPM. Bergisch Gladbach: Schulz-Kirchner Verlag, 2014	691
Glatz, A., Schian, H. M.	IMBA	Integration von Menschen mit Behinderungen in die Arbeitswelt	Integration für Menschen mit Behinderungen in die Arbeitswelt (IMBA). In J. Bengel, M. Wirtz & C. Zwingmann (Hrsg.), Diagnostische Verfahren in der Rehabilitation (Reihe: Diagnostik für Klinik und Praxis, Band 5). Göttingen: Hogrefe Verlag, 2007	691
Goertz, C., Kolling, T., Frahsek, S., Knopf, M.	FIT	Frankfurter Imitationstest	Der Frankfurter Imitationstest für 36 Monate alte Kinder (FIT 36). *Kindheit und Entwicklung, 18* (3), 173–179, 2009	204
Golden, C. J., Hammeke, T. A., Purisch, A. D.	LNNB	Luria-Nebraska Neuropsychological Battery	Los Angeles, CA: Western Psychological Services, 1980	694
Goldenberg, G.	Bein-/Fuß-stellungen, abstrakt	Bein-/Fußstellungen, abstrakt	Apraxien. Göttingen: Hogrefe Verlag, 2011	616
Goldenberg, G.	Hand- und Fingerkonfigurationen erkennen	Hand- und Fingerkonfigurationen erkennen	Matching and imitation of hand and finger postures in patients with damage in the left or right hemisphere. *Neuropsychologia, 37,* 559–566, 1999	626

Autoren	Abkürzungen	Testname	Literaturangaben	Seite
Goldenberg, G.	Hand- und Finger-Stellungen	Hand- und Finger-Stellungen	Defective imitation of gestures in patients with damage in the left or right hemispheres. *Journal of Neurology, Neurosurgery & Psychiatry, 61,* 176–180, 1996	612
Goldenberg, G.	Hand- und Finger-Stellungen	Hand- und Finger-Stellungen	Imitating gestures and manipulating a mannikin – the representation of the human body in ideomotor apraxia. *Neuropsychologia, 33,* 63–72, 1995	612
Goldenberg, G.	Kombinationen aus Hand- und Fingerstellungen	Kombinationen aus Hand- und Fingerstellungen	*Apraxien.* Göttingen: Hogrefe Verlag, 2011	612
Goldenberg, G.	Kombinationen aus Hand- und Fingerstellungen	Kombinationen aus Hand- und Fingerstellungen	Defective imitation of gestures in patients with damage in the left or right hemispheres. *Journal of Neurology, Neurosurgery & Psychiatry, 61,* 176–180, 1996	612
Goldenberg, G.	Prüfung der Mund- und Gesichtsapraxie, Kurzform	Prüfung der Mund- und Gesichtsapraxie, Kurzform	Göttingen: Hogrefe Verlag, 2011	618
Goldenberg, G., Hagmann, S.	Novel Tools Test	Novel Tools Test	Tool use and mechanical problem solving in apraxia. *Neuropsychologia, 26,* 581–589, 1998	622
Goldenberg, G., Hagmann, S.	Objektgebrauch, pantomimisch und konkret	Objektgebrauch, pantomimisch und konkret	Tool use and mechanical problem solving in apraxia. *Neuropsychologia, 26,* 581–589, 1998	620
Goldenberg, G., Hartmann, K., Schlott, I.	Objektgebrauch, pantomimisch	Objektgebrauch, pantomimisch	Defective pantomime of object use in left brain damage: apraxia or asymbolia? *Neuropsychologia, 41,* 1565 -1573, 2003	619
Goldenberg, G., Spatt, J.	Objektauswahl und Objektgebrauch	Objektauswahl und Objektgebrauch	The neural basis of tool use. *Brain, 132* (6), 1645–1655, 2009	621

Autoren	Abkürzungen	Testname	Literaturangaben	Seite
Goldenberg, G., Strauß, S.	Bein-/Fuß-stellungen, abstrakt	Bein-/Fußstellungen, abstrakt	Hemisphere asymmetries for imitation of novel gestures. *Neurology, 59,* 893–897, 2002	616
Goldenberg, G., Strauss, S.	Hand- und Finger-Stellungen	Hand- und Finger-Stellungen	Hemispheres asymmetries for imitation of novel gestures. *Neurology, 59,* 893–897, 2002	612
Golllin, E. S.	Gollin Incomplete Figures Test	Gollin Incomplete Figures Test	Developmental studies of visual recognition of incomplete objects. *Perceptual and Motor Skills, 11,* 289–298, 1960 The Gollin incomplete figures test: A flexible, computerized version. *Perception, 16,* 543–548, 1987	203
Gonser, A., Balzer, C.	FLGT	Figuraler Lern- und Gedächtnistest	Materialien und Normwerte für die neuropsychologische Diagnostik (MNND). Rheinfelden: Normdaten, 2011	198 201
Gonser, A., Balzer, C.	RVDLT	Deutschsprachige Adaptation: Figuraler Lern- und Gedächtnistest (FLGT)	Materialien und Normwerte für die neuropsychologische Diagnostik (MNND). Rheinfelden: Normdaten, 2011	198 201
Gonzalez Rothi, L. J., Heilman, K. M., Watson, R. T.	Pantomime Comprehension Test	Pantomime Comprehension Test	Pantomime comprehension and ideomotor apraxia. *Journal of Neurology, Neurosurgery, and Psychiatry, 48,* 207–210, 1985	630
Gonzalez Rothi, L. J., Raymer, A. M., Heilman, K. M.	FAST-R	Florida Apraxia Screening Test-Revised	Limb praxis assessment. In L. J. Gonzalez Rothi & K. M. Heilman (Eds.). Apraxia: The Neuropsychology of Action (pp. 61–74). Hove, UK: Psychology Press, 1997	642
Goodglass, H., Kaplan, E., Barresi, B.	BDAE-3	Boston Diagnostic Aphasia Examination – Third Edition	Philadelphia: Lippincott, Williams Wilkins, Third Edition, 2001	634
Graham, N. L., Zeman, A., Young, A. W., Patterson, K., Hodges, J. R.	Action Recognition	Action Recognition	Dyspraxia in a patient with corticobasal degeneration: the role of visual and tactile inputs to action. *Journal of Neurology, Neurosurgery & Psychiatry, 67* (3), 334–344, 1999	628

Autoren	Abkürzungen	Testname	Literaturangaben	Seite
Grant, D.A., Berg, E.A	WCST	Wisconsin Card Sorting Test	A behavioural analysis of degree of reinforcement and ease of shifting to new responses in a Weigl-type cardsorting problem. *Journal of Experimental Psychology, 38,* 404–411, 1948	244 248
Grob, A., Meyer, C.S., Hagmann-von Arx, P.	IDS	Intelligence and Development Scales Intelligenz- und Entwicklungsskalen für Kinder von 5–10 Jahren	Bern: Verlag Hans Huber, 2013	Bd. 3
Grob, A., Reimann, G., Gut, J., Frischknecht, M.C.	IDS-P	Intelligence and Development Scales – Preschool Intelligenz- und Entwicklungsskalen für das Vorschulalter	Bern: Verlag Hans Huber, 2013	Bd. 3
Groffman, S.	Groffman Visual Tracing Test	Groffman Visual Tracing Test	Reno: Keystone View, 1966	409
Grünberger, J.	GFM	Grünberger Feinmotoriktest	Psychodiagnostik des Alkoholkranken: ein methodischer Beitrag zur Bestimmung der Organizität in der Psychiatrie. Wien: Maudrich, 1977	663
Gummel, K., Ygge, J., Benassi, M., Bolzani, R.	Moving Dots	Moving Dots	Motion perception in children with foetal alcohol syndrome. *Acta Paediatrica, 101,* e327–332, 2012	409
Hagman, E., Bratfisch, O.	DAKT	Differentieller Aufmerksamkeitstest aus: Wiener Testsystem (WTS)	Mödling: SCHUHFRIED GmbH, 2006	73
Haid, T., Kofler, M., Bonatti, E., Gamper, E., Quirbach, E., Saltuari, L.	HABO 1-20-r	Haid-Bonatti 1-20 Test-revidierte Fassung	Normwerte fur ein einfaches Verfahren zur Quantifizierung automatisierter Bewegungen über die Schreibgeschwindigkeit: Haid-Bonatti 1–20 Test-revidierte Fassung (HABO 1–20-r). *Neurologie & Rehabilitation, 12,* 329–334, 2006	664

Autoren	Abkürzungen	Testname	Literaturangaben	Seite
Hamster, W.	MLS	Motorische Leistungsserie	Die Motorische Leistungsserie – MLS. Handanweisung. Mödling: Schuhfried GmbH, 1980	313 682
Harel, B. T., Cillessen, A. H., Fein, D. A., Bullard, S. E., Aviv, A.	BCET	Biber Cognitive Estimation Test	It takes nine days to iron a shirt: the development of cognitive estimation skills in school age children. *Child Neuropsychology, 13,* 309–18, 2007	249
Härting, C., Markowitsch, H. J., Neufeld, H., Calabrese, P., Deisinger, K., Kessler, J.	WMS-R	Wechsler Gedächtnistest Revidierte Fassung	Bern: Verlag Hans Huber, 2000	205
Hartmann, K., Goldenberg, G., Daumüller, M., Hermsdörfer, J.	Functional Association	Functional Association	It takes the whole brain to make a cup of coffee: the neuropsychology of naturalistic actions involving technical devices. *Neuropsychologia, 43* (4), 625–637, 2005	630
Hartmann, K., Goldenberg, G., Daumüller, M., Hermsdörfer, J.	Mehrschrittige alltagsbezogene Aktivität	Mehrschrittige alltagsbezogene Aktivität	It takes the whole brain to make a cup of coffee: the neuropsychology of naturalistic actions involving technical devices. *Neuropsychologia, 43,* 625–637, 2005	624
Hartmann, K., Goldenberg, G., Daumüller, M., Hermsdörfer, J.	Novel Tools Test	Novel Tools Test	It takes the whole brain to make a cup of coffee: the neuropsychology of naturalistic actions involving technical devices. *Neuropsychologia, 43* (4), 625–637, 2005	622
Hartmann, K., Goldenberg, G., Daumüller, M., Hermsdörfer, J.	Schatzkästchen	Schatzkästchen	It takes the whole brain to make a cup of coffee: the neuropsychology of naturalistic actions involving technical devices. *Neuropsychologia, 43,* 625–637, 2005	625
Hartwig, M.	PABLO-S	PABLO-System	Evidenz, Spaß und Motivation. Computergestützte Armbehandlung mit dem Pablo-System. *praxis ergotherapie, 24,* 322–328, 2011	688
Hasselhorn, M., Schumann-Hengsteler, R., Gronauer, J., Grube, D., Mähler, C., Schmid, I., Seitz-Stein, K., Zoelch, C.	AGTB 5-12	Arbeitsgedächtnisbatterie für Kinder von 5 bis 12 Jahren	Göttingen: Hogrefe Verlag, 2012	255

Autoren	Abkürzungen	Testname	Literaturangaben	Seite
Hättig, H., Beier, M.	FW	Dichotischer Hörtest – Fused Words, Version FW 1.10	Ein dichotischer Hörtest für Klinik und Forschung. *Zeitschrift für Neuropsychologie, 11,* 233–245, 2000	558
Hayden, S. P., Spellacy, F. J.	Dichotic Listening – Words	Dichotic Listening – Words	Hayden, S., & Spellacy, F. The Dichotic Listening Test. Victoria, BC: University of Victoria, 1978 Monaural Reaction Time Asymmetries for Speech and Non-Speech Sounds. *Cortex, 9,* 288–294, 1973	559
Heaton, R. K.	WCST	Wisconsin Card Sorting Test	Odessa, FL: Psychological Assessment Resources, 1993	244 248
Helmstaedter, Ch., Lendt, M., Lux, S.	VLMT	Verbaler Lern- und Merkfähigkeitstest	Göttingen: Beltz Test GmbH, 2001	197 200
Henderson, S. E., Sugden, D. A., Barnett, A. L.	M-ABC-2	Movement Assessment Battery for Children – Second Edition	Henderson, S., Sugden, D. & Barnett, A. (2007). *Movement Assessment Battery for Children-2.* London: Pearson Assessment.	318 331–339
Hergovich, A., Bognar, B., Arendasy, M., Sommer, M.	WRBTV	Wiener Risikobereitschaftstest Verkehr	Mödling: SCHUHFRIED GmbH, 2004	726
Herle, M., Sommer, M., Wenzl, M., Litzenberger, M.	IVPE	Inventar verkehrsrelevanter Persönlichkeitseigenschaften	Mödling: SCHUHFRIED GmbH, 2004	726
Hermsdörfer, J., Mai, N.	3DA	3-dimensionale Bewegungsanalyse motorischer Störungen	Untersuchung gestörter Handfunktionen durch die Registrierung von Griffkräften und Fingerbewegungen. *praxis ergotherapie, 4,* 224–231, 1992	689
Hermsdörfer, J., Mai, N., Rudroff, G., Münssinger, M.	Untersuchung zerebraler Handfunktionsstörungen	Untersuchung zerebraler Handfunktionsstörungen	Untersuchung zerebraler Handfunktionsstörungen. Ein Vorschlag zur standardisierten Durchführung. Manual und Untersuchungsbogen. Dortmund: Borgmann Publishing, 1994	683
Heubrock, D., Eberl, I., Petermann, F.	ATK	Abzeichentest für Kinder	Göttingen: Hogrefe Verlag, 2004	421 424–432

Autoren	Abkürzungen	Testname	Literaturangaben	Seite
Heyde, G.	INKA	Inventar komplexer Aufmerksamkeit	Frankfurt a. M.: Harcourt Test Services, 2. erweiterte Auflage, 2000	74
Hodges, J. R., Bozeat, S., Ralph, M. A. L., Patterson, K., Spatt, J.	Visual Associative Knowledge	Visual Associative Knowledge	The role of conceptual knowledge in object use evidence from semantic dementia. *Brain, 123* (9), 1913–1925, 2000	630
Hooper, E. H.	VOT	Hooper Visual Organization Tests	Torrance, CA: Western Psychological Services, 1983	413
Horch, K., Hardy, M., Jimenez, S., Jabaley, M.	ATT	Automated Tactile Tester	An automated tactile tester for evaluation of cutaneous sensibility. *The Journal of hand surgery, 17,* 829–837, 1992	694
Horn, R.	SPM	Standard Progressive Matrices (deutsche Bearbeitung)	2. Auflage. Göttingen: Hogrefe Verlag, 2009	247
Horn, R., Jäger, R. S.	TEA-Ch	Test of Everyday Attention for Children (deutsche Bearbeitung und Normierung)	Frankfurt a. M.: Pearson Assessment, 2., korr. Aufl., 2008	142–155
Horn, W., Lukesch, H., Kormann, A., Mayrhofer, S.	PSB-R 4-6	Prüfsystem für Schul- und Bildungsberatung für 4. bis 6. Klassen – Revidierte Fassung	Göttingen: Hogrefe Verlag, 2002	249 411 416
Horn, W., Lukesch, H., Mayrhofer, S., Kormann, A.	PSB-R 6-13	Prüfsystem für Schul- und Bildungsberatung für 6. bis 13. Klassen – Revidierte Fassung	Göttingen: Hogrefe Verlag, 2003	249
Hudak, P., Amadio, P. C., Bombardier, C., and the Upper Extremity Collaborative Group	DASH	Disabilities of the Arm, Shoulder and Hand	Development of an Upper Extremity Outcome Measure: The DASH (Disabilities of the Arm, Shoulder, and Hand). *American Journal of Industrial Medicine, 29,* 602–608, 1996	691

Autoren	Abkürzungen	Testname	Literaturangaben	Seite
Hufford, B. J., Fastenau, P. S	SAND-C	Subjective Awareness of Neuropsychological Deficits Questionnaire for Children	Development and validation of the Subjective Awareness of Neuropsychological Deficits Questionnaire for Children (SAND-C). *Journal of Clinical and Experimental Neuropsychology, 27,* 255–277, 2005	253
Hugdahl, K.	Bergen Dichotic Listening Test	The Bergen dichotic listening test	Bergen, Norway: Department of Biological and Medical Psychology, University of Bergen, 2013	557
Hugdahl, K.	iDichotic	App zum Bergen Dichotic Listening Test, Version 1.2.0	Bergen, Norway: Department of Biological and Medical Psychology, University of Bergen, 2011	558
Humphreys, G. W., Bickerton, W. L., Samson, D., Riddoch, M. J.	BCoS	Birmingham Cognitive Screen	Oxford, UK: Psychology Press, 2012	633
Ihl, R., Weyer, G.	ADAS	Alzheimer's Disease Assessment Scale	Weinheim: Beltz Test, 1993	632
Isernhagen, S.	EFL Englisch: IWS FCE	Isernhagen Work System Functional Capacity Evaluation	Contemporary issues in functional capacity evaluation. In S. Isernhagen (Ed.), The Comprehensive Guide to Work Injury Management (pp. 410–429). Gaithersburg: Aspen Publishers, 1995	677 690
Jäger, R. S., Sebastian, D.	TEA-Ch-K	Test zur Erfassung von Konzentration und Aufmerksamkeit im Kindergartenalter	Frankfurt a. M.: Pearson Assessment, 2010	84 156–167
Jansen, H., Mannhaupt, G., Marx, H., Skowronek, H.	BISC	Bielefelder Screening zur Früherkennung von Lese- Rechtschreibschwächen	Göttingen: Hogrefe Verlag, 2002	242
Jarry, C., Osiurak, F., Delafuys, D., Chauvire, V., Etcharry-Bouyx, F., Le Gall, D.	Tool-Object Pairs	Tool-Object Pairs	Apraxia of tool use: more evidence for the technical reasoning hypothesis. *Cortex, 49* (9), 2322–2333, 2013	621

Autoren	Abkürzungen	Testname	Literaturangaben	Seite
Jebsen, R. H., Taylor, N., Trieschmann, R. B., Trotter, M. H., Howard, L. A.	Jebsen-Taylor Hand Function Test	Jebsen-Taylor Hand Function Test	An objective and standardized test of hand function. *Archives of Physical Medicine and Rehabilitation, 50,* 311–319, 1969	681
Johansson, G.	Johansson's Walking Man	Johansson's Walking Man	Visual motion perception. *Scientific American, 235,* 76–89, 1975	409
John, E., Crawford, D. M.	CSPDT	Crawford Small Parts Dexterity Test	The Crawford Small Parts Dexterity Test manual revised. London: Psychological Corporation, 1981 Vertrieb: http://www.innovact.co.za	680
Jordan, B. T.	Jordan 3	Jordans Left-Right Reversal Test. Third edition	Novato: Academic Therapy Publication, 2011	419
Kaesberg, S., Kalbe, E., Finis, J., Kessler, J., Fink, G. R.	KöpSS	Kölner Neuropsychologisches Screening für Schlaganfall-Patienten (KöpSS)	Göttingen: Hogrefe Verlag, 2013	633
Kaiser, H., Kersting, M., Schian, H. M., Jacobs, A., Kasprowski, D.	EFL Englisch: IWS FCE	Einschätzung der funktionellen Leistungsfähigkeit	Der Stellenwert des EFL-Verfahrens nach Susan Isernhagen in der medizinischen und beruflichen Rehabilitation. *Die Rehabilitation, 39,* 297–306, 2000	677 690
Kastner-Koller, U., Deimann, P.	WET	Wiener Entwicklungstest	Göttingen: Hogrefe Verlag, 3. überarbeitete und erweiterte Auflage, 2012	423
Kaufman, A. S., Kaufman, N. L.	K-ABC	Kaufman Assessment Battery for Children	Frankfurt: Pearson Assessment, 8. unveränderte Auflage, 2009	192 Bd. 3
Kaufman, A. S., Kaufman, N. L.	KABC-II	Kaufman Assessment Battery for Children – II	Frankfurt a. M.: Pearson Assessment, 2015	249 318 413 416 417
Kaufmann, A. S., Kaufmann, N. L.	K-CAB	K-CLASSIC	Évaluation informatisée des capacités cognitives et attentionnelles. Paris: eCpa.	77

Autoren	Abkürzungen	Testname	Literaturangaben	Seite
Kaufmann, L., Nuerk, H., Graf, M., Krinzinger, H., Delazer, M., Willmes, K.	TEDI-MATH	Test zur Erfassung numerisch-rechnerischer Fertigkeiten vom Kindergarten bis zur 3. Klasse. Deutschsprachige Adaptation	Bern: Hans Huber Verlag, 2009	415 Bd. 3
Kennedy-Behr, A., Wilson, B. N., Rodger, S., Mickan, S.	DCDQ-G	Fragebogen zur motorischen Entwicklung. Deutschsprachige Version des Developmental Coordination Disorder Questionnaire 2007	Cross-cultural adaptation of the developmental coordination disorder questionnaire 2007 for German-speaking countries: DCDQ-G. *Neuropediatrics, 44,* 245–51, 2013	323
Kennedy, C. A., Beaton, D. E., Solway, S., McConnell, S., Bombardier, C.	DASH	Disabilities of the Arm, Shoulder and Hand	Disabilities of the Arm, Shoulder and Hand (DASH). The DASH and QuickDASH Outcome Measure User's Manual (Third Edition). Toronto, Ontario: Institute for Work & Health, 2011	691
Kertesz, A.	WAB	Western Aphasia Battery	New York: Grune and Stratton, 1982	634
Kertesz, A.	WAB	Western Aphasia Battery	San Antonio, TX: Pearson Assessment, 2006	634
Kessler, J., Denzler, P., Markowitsch, H. J.	DT	Demenztest	Weinheim: Beltz, 2., überarbeitete Auflage, 1999	632
Kessler, J., Ehlen, P., Halber, M., Bruckbauer, T.	NGA	Namen-Gesichter-Assoziationstest	Göttingen: Hogrefe Verlag, 2000	199 203
Kessler, J., Schaaf, A., Mielke, R.	FBT	Fragmentierter Bildertest	Göttingen: Hogrefe Verlag, 1993	203
Kiese-Himmel, C.	TAKIWA	Göttinger Entwicklungstest der Taktil-Kinästhetischen Wahrnehmung	Weinheim: Beltz, 2003	321 340–349
Kiese-Himmel, C., Kiefer, S.	DEF-TK	Diagnostischer Elternfragebogen zur taktil-kinästhetischen Responsivität im frühen Kindesalter	Göttingen: Beltz, 2000	357

Autoren	Abkürzungen	Testname	Literaturangaben	Seite
Kildebro, N., Amirian, I., Gögenur, I., Rosenberg, J.	Star-Track Test	Star-Track Test	Test re-test reliability and construct validity of the star-track test of manual dexterity. *PeerJ, 3,* e917, 2015	669
Kimura, D.	Kimura-Kastentest Manual Sequence Box	Kimura-Kastentest Manual Sequence Box	Acquisition of motor skill after left hemisphere damage. *Brain, 100,* 527–542, 1977	615
Kimura, D., Archibald, Y.	Copying Hand Movements	Copying Hand Movements	Motor functions of the left hemisphere. *Brain, 97,* 337–350, 1974	615
Kimura, D., Archibald, Y.	Copying Hand Postures	Copying Hand Postures	Motor functions of the left hemisphere. *Brain, 97,* 337–350, 1974	613
Kimura, D., Archibald, Y.	Movement Recognition Test	Movement Recognition Test	Motor functions of the left hemisphere. *Brain, 97,* 337–350, 1974	626
Kiphard, E. J., Schilling, F.	KTK	Körperkoordinationstest für Kinder	3. überarbeitete und ergänzte Auflage. Göttingen: Hogrefe Verlag, 2017	312
Kleber, E. W., Kleber, G.	DL-KE	Differentieller Leistungstest – KE	Göttingen: Hogrefe Verlag, 1974	72
Kleber, E. W., Kleber, G., Hans, O.	DL-KG	Differentieller Leistungstest – KG	Göttingen: Hogrefe Verlag, 1999	72
Knagenhjelm, P., Ulberstad, F.	QbTest	QbTest	Stockholm: Qbtech AB, 2010	65 76 132–141 251
Knye, M., Roth, N., Westhus, W., Heine, A.	CPT	Continuous Performance Test	Göttingen: Hogrefe Verlag, 2003	66
Kolling, T., Knopf, M.	FIT	Frankfurter Imitationstest	Developmetrics: Measuring declarative memory from infancy to childhood: The Frankfurt imitation tests for infants and children aged 12–36 months. *European Journal of Experimental Psychology, 12* (3), 359–376, 2015	204

Autoren	Abkürzungen	Testname	Literaturangaben	Seite
Kopp, B., Kunkel, A., Flor, H., Platz, T., Rose, U., Mauritz, K.H., ..., Taub, E.	AMAT	Arm Motor Ability Test	The Arm Motor Ability Test: reliability, validity, and sensitivity to change of an instrument for assessing disabilities in activities of daily living. *Archives of physical medicine and rehabilitation, 78,* 615–620, 1997	685
Korkman, M., Kirk, U., Kemp, S.	NEPSY-II	Developmental Neuropsychological Assessment-II	San Antonio: TX, Psychological Corporation, 2007	241 244 248 250 314 252 413 Bd. 3
Krampen, G.	KKA	Kaseler-Konzentrations-Aufgabe	Göttingen: Hogrefe Verlag, 2007	73
Krampen, G.	KVS-P	Kreativitätstest für Vorschul- und Schulkinder	Göttingen: Hogrefe Verlag, 1996	250 277–282
Kraus, E.	Händigkeitsprofil	Händigkeitsprofil	Handedness Profile. *The Development of a Normative Profile to Determine the Extent of Handedness in Children* (Dissertation). Bundoora, Australia: La Trobe University, 2003	320 662
Kroj, G., Pfeiffer, G.	K-F-V-T	Kölner Fahrverhaltenstest	Schriftreihe Faktor Mensch im Verkehr, Heft 21. Frankfurt: Dr. Arthur Tetzlaff-Verlag, 1973	717
Krupp, S., Kasper, J., Balck, F., Schnoor, M., Eisemann, N., Lohse, K., ..., Willkomm, M.	20-C-T	20-Cents-Test	„Timed up and go" für die Finger in Form des 20-Cents-Tests. *Zeitschrift für Gerontologie und Geriatrie, 48,* 121–127, 2015	674
Kurth, E., Büttner, G.	TPK	Testreihe zur Prüfung der Konzentrationsfähigkeit	Bern: Verlag Hans Huber, 1999	86
Lafayette Instrument Company	GTST	Steadiness Tester – Groove Type	Loughborough: Lafayette Instrument Company	673
Lafayette Instrument Company	MMDT	Minnesota Manual Dextery Test	*The Minnesota Dexterity Test, Model 32023. Examiner's Manual.* Loughborough: Lafayette Instrument Company, 1998	676

Autoren	Abkürzungen	Testname	Literaturangaben	Seite
Lafayette Instrument Company	O'Connor Tweezer Dexterity Test	O'Connor Tweezer Dexterity Test; Model 32022	*O'Connor Tweezer Dexterity Test. User Instructions.* Loughborough: Lafayette Instrument Company, 2002	679
Lafayette Instrument Company	Purdue Pegboard	Purdue Pegboard	Loughborough: Lafayette Instrument Company, 1985	678
Lafayette Instrument Company	Steadiness Tester – Hole Type	Steadiness Tester – Hole Type	Loughborough: Lafayette Instrument Company, 2002	672
Lafayette Instrument Company	Tapping Board	Tapping Board	Loughborough: Lafayette Instrument Company, 2006	663
Lafayette Instrument Company	Two-Arm Coordination Test	Two-Arm Coordination Test	Loughborough: Lafayette Instrument Company, 2006	671
Largo, R. H., Fischer, J. E., Caflisch, J. A., Jenni, O.G	ZNM	Zürcher Neuromotorik	Zürich: AWE-Verlag, 2007	318 350–356
Laurent-Vannier, A., Chevignard, M., Pradat-Diehl, P., Abada, G., Agostini, M.	TBCT	Teddy Bear Cancellation Test	Assessment of unilateral spatial neglect in children using the Teddy Bear Cancellation Test. *Developmental Medicine and Child Neurology, 48,* 120–125, 2006	408
Lauth, G. W.	DAT	Dortmunder Aufmerksamkeitstest	Göttingen: Hogrefe Verlag, 2003	77
Law, M., Baptiste, S., Carswell-Opzoomer, A., McColl, M. A., Polatajko, H., Pollock, N.	COMP	Canadian Occupational Performance Measure	Canadian Occupational Performance Measure. Toronto, ON: CAOT Publications ACE, 1991	691
Lehmkuhl, G., Poeck, K., Willmes, K.	Bein-/Fußstellungen, abstrakt und symbolisch	Bein-/Fußstellungen, abstrakt und symbolisch	Ideomotor apraxia and aphasia: an examination of types and manifestations of apraxic symptoms. *Neuropsychologia. 21,* 199–212, 1983	617
Leiguarda, R., Lees, A. J., Merello, M., Starkstein, S., Marsden, C. D.	Apraxie-Testsammlung	Apraxie-Testsammlung	The nature of apraxia in corticobasal degneration. *Journal of Neurology, Neurosurgery & Psychiatrie, 57,* 455–459, 1994	639
Leiguarda, R., Lees, A. J., Merello, M., Starkstein, S., Marsden, C. D.	Multiple-step Tasks	Multiple-step Tasks	The nature of apraxia in corticobasal degneration. *Journal of Neurology, Neurosurgery & Psychiatrie, 57,* 455–459, 1994	625

Autoren	Abkürzungen	Testname	Literaturangaben	Seite
Lepach, A. C., Petermann, F.	BASIC-MLT	Merk- und Lernfähigkeitstest für 6- bis 16-Jährige	Bern: Verlag Hans Huber, 2008	206
Liepelt, I.	BAXT	Berliner-Apraxie-Test	Die Konstruktion und Evaluation des Berliner-Apraxie-Tests: ein standardisiertes Verfahren zur Erfassung apraktischer Phänomene (Dissertation). Berlin: Humboldt-Universität, 2006	636
Liepelt, I., Trenner, M. U., Freund, S., Engel, U., Lueschow, A., Platz, T.	BAXT	Berliner-Apraxie-Test	Der Berliner-Apraxie-Test für ideomotorische und ideatorische Apraxie. *Zeitschrift für Neuropsychologie, 18,* 193–206, 2007	636
Lincoln, N. B., Jackson, J. M., Adams, S. A.	Nottingham Sensory Assessment	Nottingham Sensory Assessment	Reliability and revision of the Nottingham Sensory Assessment for stroke patients. *Physiotherapy, 84* (8), 358–365, 1998	697
Lindeboom, J., Schmand, B.	VAT	Visueller Assoziations-Test	Leiden: PITS, 2003	197
Llorente, A. M., Williams, J., Satz, P., D'Elia, L. F.	CCTT	Children's Colour Trails Test	Orlando: PAR, 2003	243
Luciana, M.	CANTAB	Cambridge Neuropsychological Test Automated Battery	Practitioner review: Computerized Assessment of Neuropsychological Function in Children: Clinical and Research Applications of the Cambridge Neuropsychological Testing Automated Battery (CANTAB). *Journal of Child Psychology and Psychiatry, 44,* 649–663.	242 244 246 248
Lundergan, W. P., Soderstrom, E: J., Chambers, D. W.	O'Connor Tweezer Dexterity Test	O'Connor Tweezer Dexterity Test; Model 18	Tweezer dexterity aptitude of dental students. *Journal of dental education, 71,* 1090–1097, 2007	679
Luria, A. R.	Alternating Hand Postures	Alternating Hand Postures	Human brain and psychological processes. New York: Harper & Row, 1966	616
Luria, A. R.	Faust-Ring-Test	Faust-Ring-Test	Human brain and psychological processes. New York: Harper & Row, 1966	616

Autoren	Abkürzungen	Testname	Literaturangaben	Seite
Luria, A. R.	Klaviertest	Klaviertest	Human brain and psychological processes. New York: Harper & Row, 1966	616
Luria, A. R.	Three-step Test	Three-step Test	New York: Harper & Row, 1966	616
Lyle, R. C.	ARAT	Action Research Arm Test	A performance test for assessment of upper limb function in physical rehabilitation treatment and research. *International Journal of Rehabilitation Research, 4,* 483–492, 1981	685
Maaß, S.	Unimanuelle Bewegungssequenzen	Unimanuelle Bewegungssequenzen, nach Maaß	Spiegelbildliche Mitbewegungen bei Kindern und Jugendlichen mit infantiler Zerebralparese. Dissertation, Ludwig-Maximilians-Universität München, Medizinische Fakultät, 2003	568
Mackinlay, R., Charman, T., Karmiloff-Smith, A.	Battersea Multitask Paradigm	Battersea Multitask Paradigm	High functioning children with autism spectrum disorder: a novel test of multitasking. *Brain and Cognition, 61,* 14–24, 2006	250
Manly, T., Robertson, I. H., Anderson, V., Nimmo-Smith, I.	TEA-Ch	Test of Everyday Attention for Children	Frankfurt a. M.: Pearson Assessment, 2., korr. Aufl., 2008	142–155
Mannerfelt, L.	Moberg Picking up Test, modifiziert nach Mannerfelt	Moberg Picking up Test, modifiziert nach Mannerfelt	Studies on the hand in ulnar nerve paralysis: a clinical-experimental investigation in normal and anomalous innervation. Acta Orthopaedica, 37 (S87), 3–176, 1966	673
Marquardt, C., Kerkhoff, G.	VS	Visual Spatial Performance	München: Verlag MedCom, 2009	725
Marquardt, C., Mai, N.	Computerunterstützte Schreibanalyse	Computerunterstützte Schreibanalyse	A computational procedure for movement analysis in handwriting. *Journal of Neuroscience Methods, 52,* 39–45, 1994	664
Marschner, G. (nach Dr. Berthold Stender)	Rev. T.	Revisions-Test	Göttingen: Hogrefe Verlag, 1972, 1980	72
Martin, N.	TVPS-3	Test of Visual-Perceptual Skills (non-motor)	Torrance, CA: WPS, Third Edition, 2006	418

Autoren	Abkürzungen	Testname	Literaturangaben	Seite
Martin, N.	TVPS-4	Test of Visual-Perceptual Skills	Novato: Academic Therapy Publications, Fourth Edition, 2017	418
Massion, J.	Massion Test	auch „Barman's Test"	Movement, posture and equilibrium: interaction and coordination. *Progress in Neurobiology, 38,* 35–56, 1992	563
Mathiowetz, V., Volland, G., Kashman, N., Weber, K.	Box-and-Block Test	Box-and-Block Test	Adult norms for the Box and Block Test of manual dexterity. *American Journal of Occupational Therapy, 39,* 386–391, 1985	677
Mathiowetz, V., Weber, K., Kashman, N., Volland, G.	NHPT	Nine-Hole-Pegboard Test	Adult Norms for the Nine Hole Peg Test of Finger Dexterity. *The Occupational Therapy Journal of Research, 5,* 24–33, 1985	674
Mayringer, H., Wimmer, H.	SLS 1-4	Salzburger Lesescreening für die Klassenstufen 1–4	Göttingen: Hogrefe Verlag, 2003	420 Bd. 3
Meier, E.	LGT-3	Lern- und Gedächtnistest 3	Version der Gesellschaft für Neuropsychologie mit verlängerten Darbietungs- und Reproduktionszeiten. Veröffentlicht über den Arbeitskreis Aufmerksamkeit & Gedächtnis der GNP, 1987	200–202 205
Melchers, P., Melchers, M.	KABC-II	Kaufman Assessment Battery for Children – II (deutsche Bearbeitung)	Frankfurt a. M.: Pearson Assessment, 2015	249 318 413 416 417
Melchers, P., Preuß, U.	K-ABC	Kaufman Assessment Battery for Children (deutsche Bearbeitung)	Frankfurt: Pearson Assessment, 8., unveränd. Aufl., 2009	
Mengotti, P., Corradi-Dell'Acqua, C., Negri, G. A., Ukmar, M., Pesavento, V., Rumiati, R. I.	Gestenimitation	Gestenimitation	Selective imitation impairments differentially interact with language processing. *Brain, 136* (8), 2602–2618, 2013	613
Miller, L. J.	MAP	Miller Assessment for Preschoolers	San Antonio, TX: Psychological Corporation, 1982, 1988	317 671
Milone, M.	THS-R	Test of Handwriting Skills – Revised	Ann Arbor: Academic Therapy Publications, 2007	315 666

Autoren	Abkürzungen	Testname	Literaturangaben	Seite
Minkwitz, K.	AFM	Allensbacher Feinmotoriktest	Allensbacher Feinmotoriktest (AFM-Test). *Ergotherapie & Rehabilitation, 1,* 19–22, 2000	685
Minshew, N. J. Hobson, J. A.	SSQ	Sensory Sensitivity Questionnaire	Sensory sensitivities and performance on sensory perceptual tasks in high-functioning individuals with autism. *Journal of autism and developmental disorders, 38* (8), 1485–1498, 2008	696
Moberg, E.	Moberg Picking up Test, modifiziert nach Mannerfelt	Moberg Picking up Test, modifiziert nach Mannerfelt	Objective methods for determining the functional value of sensibility in the hand. *Journal of Bone & Joint Surgery, British Volume, 40,* 454–476, 1958	673
Moosbrugger, H., Oehlschlägel, J.	FAIR	Frankfurter Aufmerksamkeits-Inventar	Bern: Verlag Hans Huber, 1996	72
Mozaz, M., Gonzalez-Rothi, L. J., Anderson, J. M., Crucian, G. P., Heilman, K. M.	PKT	Postural Knowledge Test	Postural knowledge of transitive pantomimes and intransitive gestures. *Journal of the International Neuropsychological Society, 8* (7), 958–962, 2002	627
Neidhart, B.	AFM	Allensbacher Feinmotoriktest	Allensbacher Feinmotoriktest. Konstanz: Selbstverlag, 1993	685
Neiman, M. R., Duffy, R. J., Belanger, S. A., Coelho, C. A.	HMT	Hand Movement Test	Concurrent validity of the Kaufman Hand Movement Test as a measure of limb apraxia. *Perceptual and motor skills, 79* (3), 1279–1282, 1994	615
Neiman, M. R., Duffy, R. J., Belanger, S. A., Coelho, C. A.	HMT	Hand Movement Test	An investigation of a method of simplified scoring for the Kaufman Hand Movements test as a measure of limb apraxia. *Perceptual and Motor Skills, 82,* 267–271, 1996	615
Neiman, M. R., Duffy, R. J., Belanger, S. A., Coelho, C. A.	MOT	Multiple Object Test	The assessment of limb apraxia: Relationship between performances on single- and multiple-object tasks by left hemisphere damaged aphasic subjects. *Neuropsychological Rehabilitation, 10,* 429–448, 2000	624

Autoren	Abkürzungen	Testname	Literaturangaben	Seite
Neiman, M. R., Duffy, R. J., Belanger, S. A., Coelho, C. A.	Object Knowledge Test	Object Knowledge Test	The assessment of limb apraxia: Relationship between performances on single- and multiple-object tasks by left hemisphere damaged aphasic subjects. *Neuropsychological Rehabilitation, 10,* 429–448, 2000	632
Neiman, M. R., Duffy, R. J., Belanger, S. A., Coelho, C. A.	SOT	Single Object Tests	The assessment of limb apraxia: Relationship between performances on single- and multiple-object tasks by left hemisphere damaged aphasic subjects. *Neuropsychological Rehabilitation, 10,* 429–448, 2000	619
Nell, V., Bretz, H.-J., Sniehotta, F. F.	KT 3-4 R	Konzentrationstest für 3. und 4. Klassen. Revidierte Fassung	Göttingen: Beltz Verlag, 2004	67 122–131
Neuwirth, W., Benesch, M.	MLS	Motorische Leistungsserie	Motorische Leistungsserie – MLS, Version 24.00. Handanweisung. Mödling: Schuhfried GmbH, 2004	313 682
Nitzbon-Grimberg, P.	WorkPark	WorkPark	WorkPark – Medizinische Rehabilitation. *ergopraxis, 6,* 42, 2013	690
Nowak, D. A., Hermsdörfer, J.	Analyse feinmotorischer Griffkräfte	Analyse feinmotorischer Griffkräfte	Die Analyse der Griffkraft bei der Manipulation von Objekten. *Nervenarzt, 75,* 725–733, 2004	688
Ochipa, C., Rapcsak, S. Z., Maher, L. M., Rothi, L. J. G., Bowers, D., Heilman, K. M.	Florida Praxis Imagery Questionnaire	Florida Praxis Imagery Questionnaire	Selective deficit of praxis imagery in ideomotor apraxia. *Neurology, 49,* 474–480, 1997	629
Oldfield, R. C.	Edinburgh Inventory of Handedness	Edinburgh Inventory of Handedness	The assessment and analysis of handedness: The Edinburgh inventory. *Neuropsychologia, 9,* 97–113, 1971	661
Ortibus, E., Laenen, A., Verhoeven, J., De Cock, P., Casteels, I., Schoolmeesters, B. et al.	CVI Questionnaire	Cerebral visual impairment Questionnaire	Screening for cerebral visual impairment: value of a CVI questionnaire. *Neuropediatrics, 42,* 138–147, 2011	423

Autoren	Abkürzungen	Testname	Literaturangaben	Seite
Osborne, R. T., Sanders, W. B.	CSPDT	Crawford Small Parts Dexterity Test	The Crawford Small Parts Dexterity Test as a Time-Limit Test. *Personnel Psychology, 9,* 177–180, 1956	680
Osiurak, F., Jarry, C., Allain, P., Aubin, G., Etcharry-Bouyx, F., Richard, I., Le Gall, D.	Unusual Use of Objects Test	Unusual Use of Objects Test	Unusual use of objects after unilateral brain damage: The technical reasoning model. *Cortex, 45,* 769–783, 2009	621
Osiurak, F., Jarry, C., Lesourd, M., Baumard, J., Le Gall, D.	Mechanical Problem-Solving Task	Mechanical Problem-Solving Task	Mechanical problem-solving strategies in left-brain damaged patients and apraxia of tool use. Neuropsychologia, *51,* 1964–1972, 2013	625
Osterrieth, P.	ROCF	Rey-Osterrieth-Complex Figure Test	Le test de copie d'une figure compexe: Contribution à l'étude de la perception et de la memoire. *Archives de Psychologie, 30,* 206–356, 1944	201 248 422 726
Oswald, W. D.	ZVT	Zahlen-Verbindungs-Test	Göttingen: Hogrefe Verlag, 3., überarbeitete und neu normierte Auflage, 2016	66 420 670
Oswald, W. D., Roth, E.	ZVT	Zahlen-Verbindungs-Test	Göttingen: Hogrefe Verlag, 2. Auflage, 1987	66 420 670
Pauli, S., Kisch, A.	RAVEK-S	Ravensburger Erhebungsbogen grafo- und schreibmotorischer Auffälligkeiten	Dortmund: verlag modernes lernen, 2010	315 665
Pazzaglia, M., Smania, N., Corato, E., Aglioti, S. M.	Gesture Discrimination Test	Gesture Discrimination Test	Neural underpinnings of gesture discrimination in patients with limb apraxia. *The Journal of Neuroscience, 28* (12), 3030–3041, 2008	627
Penny, A. M., Waschbusch, D. A., Klein, R. M., Corkum, P., Eskes, G.	Sluggish Cognitive Tempo Scale	Sluggish Cognitive Tempo Scale	Developing a measure of sluggish cognitive tempo for children: Content validity, factor structure, and reliability. *Psychological Assessment, 21,* 380–389, 2009	251

Autoren	Abkürzungen	Testname	Literaturangaben	Seite
Petermann, F.	M-ABC-2	Movement Assessment Battery for Children – Second Edition (deutschspr. Adaptation)	Frankfurt a. M.: Pearson Assessment & Information GmbH, 2015	318 331–339
Petermann, F.	WAIS-IV	Wechsler Adult Intelligence Scale (deutschsprachige Adaptation)	Frankfurt a.M.: Pearson Assessment & Information GmbH, 2013	74 191 194 203
Petermann, F. unter Mitarbeit von Toussaint, A.	K-CAB	Kaufman-Computerized Assessment Battery. Deutsche Adaptation des französischen Originalverfahrens K-Classic von A. S. Kaufmann und N. L. Kaufmann	Frankfurt a. M.: Pearson Assessment, 2010	102–112
Petermann, F.	WISC-V	Wechsler Intelligence Scale for Children – Fifth Edition	Frankfurt a. M.: Pearson Assessment & Information GmbH, 2017	191 203 317 412
Petermann, F., Macha, T.	ET 6-6-R	Entwicklungstest 6 Monate bis 6 Jahre – Revision	Frankfurt a. M.: Pearson Assessment & Information GmbH, 2013	422
Petermann, F., Petermann, U.	HAWIK-IV	Hamburg-Wechsler-Intelligenztest für Kinder-IV	Bern: Verlag Hans Huber, 2010	191
Petermann, F., Petermann, U.	WISC-IV	Wechsler Intelligence Scale for Children – Fourth Edition (deutschsprachige Adaptation)	Frankfurt a. M.: Pearson Assessment & Information GmbH, 2011	191 245 317 412
Petermann, F., Ricken, G., Fritz, A., Schuck, D., Preuß, U.	WPPSI-III	Wechsler Preschool and Primary Scale of Intelligence – Third Edition (deutschsprachige Adaptation)	Frankfurt a.M.: Pearson Assessment, 3. überarbeitete und erweiterte Auflage, 2014	247 412 421 422

Autoren	Abkürzungen	Testname	Literaturangaben	Seite
Petermann, F., Waldmann, H.-C., Daseking, M.	FEW-JE	Frostigs Entwicklungstest der visuellen Wahrnehmung – Jugendliche und Erwachsene Deutsche Bearbeitung des Developmental Test of Visual Perception – Adolescent and Adult (DTVP-A) von C. R. Reynolds, N. A. Pearson und J. K. Voress	Göttingen: Hogrefe Verlag, 2012	418 665
Phillip, J.	Analyse feinmotorischer Griffkräfte	Analyse feinmotorischer Griffkräfte	Ein Meßsystem zur Untersuchung der Feinmotorik beim Greifen und Bewegen von Gegenständen. Dissertation, Ludwig-Maximilians-Universität München, 1999	688
Platz, T., Pinkowski, C., van Wijck, F., Johnson, G.	ARAT	Action Research Arm Test	Arm Rehabilitation Measurement. Baden-Baden: Deutscher Wissenschafts-Verlag, 2005 Vertrieb: http://www.reha-stim.de	685
Platz, T., Pinkowski, C., van Wijck, F., Johnson, G.	Box-and-Block Test	Box-and-Block Test	Arm Rehabilitation Measurement. Baden-Baden: Deutscher Wissenschafts-Verlag, 2005	677
Platz, T., Pinkowski, C., van Wijck, F., Johnson, G.	Fugl-Meyer-Skala, obere Extremität	Fugl-Meyer-Skala, obere Extremität	Arm Rehabilitation Measurement. Baden-Baden: Deutscher Wissenschafts-Verlag, 2005	683
Poeck, K.	Bein-/Fußstellungen, abstrakt und symbolisch	Bein-/Fußstellungen, abstrakt und symbolisch	Apraxie. In K. Poeck (Hrsg.) Klinische Neuropsychologie (2. Auflage, S. 188–204). Stuttgart: Thieme, 1989	617
Poeck, K.	Prüfung auf Gesichtsapraxie	Prüfung auf Gesichtsapraxie	Apraxie. In. W. Hartje & K. Poeck. *Klinische Neuropsychologie* (5. Auflage, S. 227–239). Stuttgart: Thieme, 1997	618
Poeck, K.	Prüfung auf ideomotorische Apraxie der Arme	Prüfung auf ideomotorische Apraxie der Arme	Apraxie. In W. Hartje & K. Poeck (Hrsg.), *Klinische Neuropsychologie* (5. Auflage, S. 227–239). Stuttgart: Thieme, 1997	614

Autoren	Abkürzungen	Testname	Literaturangaben	Seite
Poeck, K., Lehmkuhl, G., Willmes, K.	Axiale Bewegungen, abstrakt und symbolisch	Axiale Bewegungen, abstrakt und symbolisch	Axial movements and ideomotor apraxis. *Journal of Neurology, Neurosurgery & Psychiatry, 45,* 1225–1229, 1982	617
Poeck, K., Lehmkuhl, G., Willmes, K.	Bimanuelle Bewegungen	Bimanuelle Bewegungen	Axial movements and ideomotor apraxis. *Journal of Neurology, Neurosurgery & Psychiatry, 45,* 1225–1229, 1982	614
Power, E., Code, C., Croot, K., Sheard, C., Gonzales Rothi, L. J.	FABERS	Florida Apraxia Battery – Extended and Revised Sydney	Florida Apraxia Battery – Extended and Revised Sydney (FABERS): Design, description, and a healthy control sample. *Journal of Clinical and Experimental Neuropsychology, 32,* 1–10, 2010	640
Preilowski, B.	Beidhandkoordinationstest	Beidhandkoordinationstest nach Preilowski	Beschreibung eines Beidhand-Koordinations-Testgeräts zur Messung von Koordinationsleistungen ohne visuelle Kontrolle. Vorlage für die Feinmechanikwerkstatt. Tübingen: Psychologisches Institut der Universität Tübingen, 2007	566 672
Preilowski, B.	Bimanueller Gewichtsvergleich	Paarweiser Vergleich von Gewichten	Bilateral motor interaction: Perceptual-motor performance of partial and complete „Split-Brain" patients. In K. J. Zülch, O. Creutzfeldt & G. C. Galbraith (Eds.), Cerebral localization (pp. 115–132). Berlin: Springer-Verlag, 1975	563
Preilowski, B.	BMC	Bimanual Motor Coordination	Possible contribution of the anterior forebrain commissures to bilateral motor coordination. *Neuropsychologia, 10,* 267–277, 1972	564
Preilowski, B.	Test de mouvements conjugués	Beidhandkoordinationstest, nach Ricossay	Phases of motor-skills acquisition: A neuropsychological approach. *Journal of Human Movement Studies, 3,* 169–181, 1977	566 672
Preilowski, B.	Visuell-motorischer Zweihandkoordinationtest	Visuell-motorischer Zweihandkoordinationtest	Possible contribution of the anterior forebrain commissures to bilateral motor coordination. *Neuropsychologia, 10,* 267–277, 1972	564 672

Autoren	Abkürzungen	Testname	Literaturangaben	Seite
Raven, J. C.	SPM	Standard Progressive Matrices	Oxford: Psychologists Press	247
Raven, J. C., Court, J. H., Raven, J. E.	CPM	Coloured Progressive Matrices	Frankfurt a. M.: Pearson Assessment, 2001, 2002	247
Regard. M., Strauss, E., Knapp, P.	5-Punkte-Test	5-Punkte-Test	Children's production on verbal and non-verbal fluency tasks. *Perceptual and Motor Skills, 55,* 839–84, 1982	250
Reisman, J.	MHA	Minnesota Handwriting Assessment	San Antonio, TX: Psychological Corporation, 1999	315
Reitan, R., Wolfson, D.	SPE	Reitan-Klove Sensory-Perceptual Examination	Tucson, AZ: Neuropsychology Press, 1985	321 697
Reitan, R. M., Wolfson, D.	HRNTB	Halstead Reitan Neuropsychological Battery	Tucson, AZ: Neuropsychology Press, 1985.	695 697
Reitan, R. M., Wolfson, D.	TMT	Trail-Making Test	*Neuropsychological evalution of older children.* Tucson, AZ: Neuropsychology Press.	79 420
Reitan, R. M., Wolfson, D.	TPT P-TPT	Tactual Performance Test Portable Tactual Performance Test	Halstead-Reitan neuropsychological test battery: Theory and clinical interpretation. Tucson, AZ: Neuropsychology Press, 1985	321 695
Rey, A.	ROCF	Rey-Osterrieth-Complex Figure Test	L'examen psychologique dans les cas d'encéphalopathie traumatique. *Archives de Psychologie, 28,* 286–340, 1941	201 248 422 726
Rey, A.	RVDLT	Rey Visual Design Learning Test	L'examen clinique en psychologie. Paris, Presses Universitaire de France, 1964	198 201
Riddoch, J. M., Humphreys, G. W.	BORB	Birmingham Object Recognition Battery	Hove (UK): Lawrence Erlbaum Associates Publishers, 1993	410 418
Risse, T., Kiese-Himmel, C.	Mottier-Test	Mottier-Test	Der Mottier-Test. Teststatistische Überprüfung an 4- bis 6-jährigen Kindern. *HNO, 57,* 523–528, 2009	192

Autoren	Abkürzungen	Testname	Literaturangaben	Seite
Roebers, C. M., Schmid, C., Roderer, T.	Metacognitive Judgement Scale	Metacognitive Judgement Scale	Metacognitive monitoring and control processes involved in primary school children's test performance. *The British Journal of Educational Psychology, 79,* 749–67, 2009	251
Roeder, W. S.	Roeder Manipulative Aptitude Test	Roeder Manipulative Aptitude Test	Roeder Manipulative Aptitude Test. Loughborough: Lafayette Instrument Company, 1967	678
Rosen, B., Lundborg, G.	STI-Test	Shape-Texture-Identification Test	A new tactile gnosis instrument in sensibility testing. *Journal of Hand Therapy,* 11 (4), 251–257, 1998	696
Rossmüller, J.	DAXT	Düsseldorfer Apraxie Test	Theoriegeleitetes Assessment von Praxiefunktionen bei Schlaganfall-Patienten. Der Düsseldorfer Apraxie-Test (DAXT) als Brücke zwischen Grundlagenwissenschaft und diagnostischer Praxis. *Neurologie & Rehabilitation, 13,* 320–326, 2007	637
Roy, E. A., Black, S. E., Blair, N., Dimeck, P. T.	Objektgebrauch, pantomimisch und imitatorisch	Objektgebrauch, pantomimisch und imitatorisch	Analyses of deficits in gestural pantomime. *Journal of Clinical and Experimental Neuropsychology, 20,* 628–643, 1998	620
Royeen, C. B., Lane, S. J.	TIE	Touch Inventory for Elementary-School-Aged Children	Tactile processing and sensory defensiveness. In: A. J. Fisher, E. A. Murray, A. C. Bundy, (eds.) Sensory integration: theory and practice (p.108–133). Philadelphia, PA: Davis, 1991	324
Rückriegel, M., Blankenburg, F., Koustenis, I., Burghardt, R., Ehrlich, S., Henze, G. et al.	Digitales Tablet	Digitales Tablet zur Analyse von Mal- und Schreibbewegungen	Entwicklung der kinematischen Eigenschaften von Mal- und Schreibbewegungen bei gesunden Kindern und Jugendlichen. *Neuropädiatrie in Klinik & Praxis, 9,* 4–13, 2010	315
Rudolf, H.	GMT	Graphomotorische Testbatterie	Weinheim: Beltz, 1986	314 664

Autoren	Abkürzungen	Testname	Literaturangaben	Seite
Sattler, J.B.	Händigkeit, Beobachtungs- und Anamnesebogen	Beobachtungs- und Anamnesebogen zur Abklärung der Händigkeit	S-MH® Beobachtungs- und Anamnesebogen zur Abklärung der Händigkeit nach Methodik Dr. Johanna Barbara Sattler, München, Stand 2008 www.linkshaender-beratung.de/deutsch/Beobachtungsbogen.pdf	661
Sattler, J.B.	Händigkeit, Fragebogen	Fragebogen zur Bestimmung der Händigkeit	http://www.eduhi.at/dl/Barbara_Sattler.pdf (Zugriff: September 2017)	661
Sauter, F.C.	POD	Prüfung optischer Differenzierungsleistungen	Braunschweig: Westermann, 1979	412
Sauter, F.C.	POD-4	Prüfung optischer Differenzierungsleistungen bei Vierjährigen	Göttingen: Hogrefe Verlag, 2001	412
Schädler, S., Kool, J., Lüthi, H., Marks, D., Oesch, P., Pfeffer, A., Wirz, M.	Moberg Picking up Test, modifiziert nach Dellon	Moberg Picking up Test, modifiziert nach Dellon	Assessments in der Neurorehabilitation. Bern: Huber, 2006	674
Schädler, S., Kool, J., Lüthi, H., Marks, D., Oesch, P., Pfeffer, A., Wirz, M.	Nottingham Sensory Assessment	Nottingham Sensory Assessment	Assessments in der Neurorehabilitation. Bern: Huber, 2006	697
Schädler, S., Kool, J., Lüthi, H., Marks, D., Oesch, P., Pfeffer, A., Wirz, M.	RMA	Rivermead Motor Assessment	Assessments in der Neurorehabilitation. Bern: Huber, 2006	683
Schellig, D.	Block-Tapping-Test	Block-Tapping-Test	Frankfurt a.M.: Swets Test Services, 1997 Mödling: SCHUHFRIED GmbH, 1995, 2017	192
Schellig, D.	BTT	Block-Trigramm-Test (Brown Peterson Design)	Frankfurt a.M.: Swets Test Services, 1997	195
Schellig, D.	CORSI	Corsi-Bock-Tapping-Test	Mödling: SCHUHFRIED GmbH, 1995, 2017 Frankfurt a.M.: Swets Test Services, 1997	246
Schellig, D.	SBS	Supra-Block-Spanne aus: Block-Tapping-Test	Frankfurt a.M.: Swets Test Services, 1997	199

Autoren	Abkürzungen	Testname	Literaturangaben	Seite
Schellig, D., Günther, T., Schächtele, B., Schuri, U.	VWLT	Visueller Wege Lerntest	Göttingen: Hogrefe Verlag, 2014	202
Schellig, D., Niemann, H., Schächtele, B.	PASAT	Progressiver Auditiver Serieller Additionstest	Frankfurt a. M.: Swets Test Services, 2003 Mödling: SCHUHFRIED GmbH, 2005	82
Schellig, D., Niemann, H., Schächtele, B.	PVSAT	Progressiver Visueller Serieller Additionstest	Frankfurt a. M.: Swets Test Services, 2003 Mödling: SCHUHFRIED GmbH, 2005	79
Schellig, D., Schächtele, B.	KTT	Konsonanten Trigramm Test (Brown Peterson Design)	Frankfurt a. M.: Swets Test Services, 2002	195
Schellig, D., Schächtele, B.	VVM	Visueller und Verbaler Merkfähigkeitstest	Frankfurt a. M.: Swets Test Services, 2001	195
Schilling, F.	Eisenbahn-Nachfahrtest	Eisenbahn-Nachfahrtest/Labyrinthtest	Dortmund: verlag modernes lernen, 2009	573
Schilling, F.	PTK-LDT	Punktiertest und Leistungs-Dominanztest für Kinder (5–12 Jahre)	Dortmund: verlag modernes lernen, 2009	545 573
Schlange, H., Stein, H., von Boetticher, I., Taneli, S.	G-F-T	Göttinger Formreproduktions-Test	Göttingen: Hogrefe Verlag, 3. Auflage, 1977	316
Schneider, W., Büttner, G., Dacheneder, W., Weyer, K.	FEW-2	Frostigs Entwicklungstest der visuellen Wahrnehmung – 2. Deutsche Fassung des Developmental Test of Visual Perception, Second Edition (DTVP-2) von D. D. Hammill, N. A. Pearson and J. K. Voress	Göttingen: Hogrefe Verlag, 2008	418 421 433 665

Autoren	Abkürzungen	Testname	Literaturangaben	Seite
Schneiders, A. G., Sullivan, S. J., O'Malley, K. J., Clarke, S. V., Knappstein, S. A., Taylor, L. J.	Füßigkeits-probe	Füßigkeitsprobe	A Valid and Reliable Clinical Determination of Footedness. *Physical Medicine and Rehabilitation, 2,* 835–841, 2010	575
Schoemaker, M. M., Flapper, B. C., Reinders-Messelink, H. A., de Kloet, A.	MOQ-T	Motor Observation Questionnaire for Teachers	Validity of the motor observation questionnaire for teachers as a screening instrument for children at risk for developmental coordination disorder. *Human Movement Science, 27,* 190–199, 2008	323
Schoemaker, M. M., Niemeijer, A. S., Flapper, B. C., Smits-Engelsman, B.	M-ABC-2 Checklist	Movement Assessment Battery for Children-2, Checklist	Validity and reliability of the Movement Assessment Battery for Children-2 Checklist for children with and without motor impairments. *Developmental Medicine & Child Neurology, 54,* 368–375, 2012	323
Schoppe, K. J.	MLS	Motorische Leistungsserie	Das MLS-Gerät: ein neuer Testapparat zur Messung feinmotorischer Leistungen. *Diagnostica, 20,* S. 43–47, 1974	313 682
Schroth, V.	WS Lesetest	Wilkins-Schroth Lesetest	Der WS Lesetest. Ein effektives Werkzeug zum Messen der Lesegeschwindigkeit vor und nach Therapien. *Ergotherapie und Rehabilitation, 42,* 13–20, 2003	420
Schuhfried, G.	2HAND	Zweihand Koordination (2HAND) aus: Wiener Testsytem (WTS)	Mödling: SCHUHFRIED GmbH, 1992	526 566 671
Schuhfried, G.	ALS	Arbeitsleistungsserie aus: Wiener Testsystem (WTS)	Mödling: SCHUHFRIED GmbH, 2006	66
Schuhfried, G.	ATAVT	Adaptiver Tachistoskopischer Verkehrsauffassungstest	Mödling: SCHUHFRIED GmbH, 2015	722 724 727–732
Schuhfried, G.	DAUF	Daueraufmerksamkeit aus: Wiener Testsystem (WTS)	Mödling: SCHUHFRIED GmbH, 2004	65

Autoren	Abkürzungen	Testname	Literaturangaben	Seite
Schuhfried, G.	DRIVEPLS	Fitness to Drive Plus	Mödling: SCHUHFRIED GmbH, 2015	738–741
Schuhfried, G.	DRIVESC	Fitness to Drive Screening	Mödling: SCHUHFRIED GmbH, 2015	724
Schuhfried, G.	DRIVESTA	Fitness to Drive Standard	Mödling: SCHUHFRIED GmbH, 2015	724 738–741
Schuhfried, G.	DT	Determinationstest aus: Wiener Testsystem (WTS)	Mödling: SCHUHFRIED GmbH, 1998, 2006	738
Schuhfried, G.	FEV	Testset FEV nach Anlage 5 der Fahrerlaubnisverordnung	Mödling: SCHUHFRIED GmbH, 2009	722
Schuhfried, G.	PP-R	Periphere Wahrnehmung	Mödling: SCHUHFRIED GmbH, 2014	725
Schuhfried, G.	VIGIL	Vigilanztest aus: Wiener Testsystem (WTS)	Mödling: SCHUHFRIED GmbH, 2004	69
Schuhfried, G., Puhr, U.	SIGNAL	Signal-Detection aus: Wiener Testsystem (WTS)	Mödling: SCHUHFRIED GmbH, 2005	71
Schuri, U., Benz, R.	GNL	Gesichter-Namen-Lerntest	Frankfurt a. M.: Swets Test Services, 2000	198 202
Schwartz, M. F., Buxbaum, L. J., Ferraro, M., Veramonti, T., Segal, M.	NAT	Naturalistic Action Test	Suffolk: Pearson Assessment, Oxford UK, 2003	623
Schwartz, M. F., Segal, M., Veramonti, T., Ferraro, M., Buxbaum, L. J.	NAT	Naturalistic Action Test	The Naturalistic Action Test: A standardized assessment for everyday-action impairment. *Neuropsychological Rehabilitation, 12,* 311–339, 2002	623
Schwartz, R. L., Adair, J. C., Raymer, A. M., Williamson, D. J., Crosson, B., Rothi, L. J., Nadeau, S. E., Heilman, K. M.	FLART	Florida Action Recall Test	Conceptual apraxia in probable Alzheimer's disease as demonstrated by the Florida Action Recall Test. *Journal of the International Neuropsychological Society, 6,* 265–270, 2000	631

Autoren	Abkürzungen	Testname	Literaturangaben	Seite
Shewan, C. M., Kertesz, A.	WAB	Western Aphasia Battery	Reliability and validity characteristics of the Western Aphasia Battery (WAB). *Journal of Speech and Hearing Disorders, 45* (3), 308–324, 1980	634
Sollerman, C., Ejeskar, A.	Sollerman Hand Function Test	Sollerman Hand Function Test	Sollerman hand function test. A standardised method and its use in tetraplegic patients. *Scandinavian Journal of Plastic and Reconstructive Surgery and Hand Surgery, 29,* 167–176, 1995	681
Soper, H. V., Satz, P., Orsini, D. L., Henry, R. R., Zvi, J. C., Schulman, M.	HPDT	Hand Preference Demonstration Test	Handedness patterns in autism suggest subtypes. *Journal of Autism and Developmental Disorders, 16,* 155–167, 1986	572 662
Spellacy, F.	Dichotic Listening – Music	Dichotic Listening – Music	Lateral Preferences in the Identification of Patterned Stimuli. *The Journal of the Acoustical Society of America, 47, 574,* 1970	559
Spinazzola, L., Cubelli, R., Della Sala, S.	Rumpfbewegungen	Rumpfbewegungen	Impairments of trunk movements following left or right hemisphere lesions: dissociation between apraxic errors and postural instability. *Brain, 126* (12), 2656–2666, 2003	617
Spreen-Rauscher, M.	CCC	Children's Communication Checklist	Die „Children´s Communication Checklist" (Bishop 1998) – ein orientierendes Verfahren zur Erfassung kommunikativer Fähigkeiten von Kindern. *Die Sprachheilarbeit, 48,* 91–104, 2003	253
Starzacher, E., Nubel, K., Grohmann, G., Gaupp, K., Pfeiffer, Y.	CAPT	Continuous Attention Performance Test	Göttingen: Hogrefe Verlag, 2007	66 88
Steingrüber, J. H.	H-D-T	Hand-Dominanz-Test	Göttingen: Hogrefe Verlag, 2011	320 325–330 573 662

Autoren	Abkürzungen	Testname	Literaturangaben	Seite
Stiers, P., van den Hout, B. M., Haers, M., Vanderkelen, R., de Vries, L. S., van Nieuwenhuizen, O., Vandenbussche, E.	L94	L94 Visual Perceptual Battery	The variety of visual perceptual impairments in pre-school children with perinatal brain damage. *Brain Development, 23,* 333–48, 2001	419
Strauß, S.	Fußstellungen zuordnen	Fußstellungen zuordnen	Vergleich der Imitation und Perzeption von Gesten der Finger, der Hand und des Fußes bei Patienten mit links- oder rechtszerebralen Läsionen (Dissertation). München: Technische Universität; Fakultät für Medizin, 2003	627
Stromberg, E. L.	SDT	Stromberg Dexterity Test	Oxford: The Psychological Corporation, 1985	677
Stumpf, H., Fay, E.	Schlauchfiguren	Schlauchfiguren	Göttingen: Hogrefe Verlag, 1983	417
Sturm, W.	WAF	Wahrnehmungs- und Aufmerksamkeitsfunktionen	Mödling: SCHUHFRIED GmbH, 2006	63
Sturm, W., Büssing, A.	MLS	Motorische Leistungsserie	Ergänzende Normierungsdaten und Retest-Reliabilitätskoeffizienten zur Motorischen Leistungsserie (MLS) nach Schoppe. *Diagnostica, 3,* 234–245, 1985	313 682
Sturm, W., Wilmes, K.	NVLT	Verbaler und Nonverbaler Lerntest (VLT/NVLT)	Göttingen: Hogrefe Verlag, 1999	198
Sturm, W., Wilmes, K.	VLT	Verbaler und Nonverbaler Lerntest (VLT/NVLT)	Göttingen: Hogrefe Verlag, 1999	198
Talbot, K. D., Kerns, K. A.	Cyber Cruiser Task	Cyber Cruiser Task	Event- and time-triggered remembering: the impact of attention deficit hyperactivity disorder on prospective memory performance in children. *Journal of Experimental Child Psychology, 127,* 126–143, 2014	250
Tan, L. E.	PHI	Preschool Handedness Inventory	Laterality and motor skills in four-year-olds. *Child Development, 56,* 119–124, 1985	572 662

Autoren	Abkürzungen	Testname	Literaturangaben	Seite
Tassler, P. L., Dellon, A. L.	PSSD	Pressure specified sensory device	Correlation of measurements of pressure perception using the pressure-specified sensory device with electrodiagnostic testing. *Journal of Occupational and Environmental Medicine, 37,* 862–868, 1995	693
Tellegen, P. J., Laros, J. A., Petermann, F.	SON-R 6-40	Snijders-Oomen Non-verbaler Intelligenztest	Göttingen: Hogrefe Verlag, 2012	421
Tessari, A., Toraldo, A., Lunardelli, A., Zadini, A., Rumiati, R. I.	Gesten-imitation	Gestenimitation	Prova standardizzata per la diagnosi del disturbo aprassico ideomotorio selettivo per tipo di gesto e tipo di effettore. *Ricerche di Psicologia, 3,* 311–339, 2011	613
Tessari, A., Toraldo, A., Lunardelli, A., Zadini, A., Rumiati, R. I.	STIMA	Short Screening Test for Ideo-Motor Apraxia	STIMA: a short screening test for ideo-motor apraxia, selective for action meaning and bodily district. Neurological Sciences, *36,* 977–984, 2015	643
Tiffin, J., Asher, E. J	Purdue Pegboard	Purdue Pegboard	The Purdue Pegboard: Norms and Studies of Reliability and Validity. *Journal of Applied Psychology.* 32, 234–247	314
Tobler-Ammann, B. C.	VPIT	Virtual Peg Insertion Test	Der „Virtuelle Peg Insertions-Test“ (VPIT). Ein neues Assessment zur Prüfung der Geschicklichkeit der oberen Extremität nach Schlaganfall. *Ergotherapie, 12/15,* 6–12, 2015	668
Tobler-Ammann, B. C., de Bruin, E. D., Fluet, M. C., Lambercy, O., de Bie, R. A. Knols, R. H	VPIT	Virtual Peg Insertion Test	Concurrent validity and test-retest reliability of the Virtual Peg Insertion Test to quantify upper limb function in patients with chronic stroke. *Journal of NeuroEngineering & Rehabilitation, 13,* 8, 2016.	668
Trites, R.	Grooved Pegboard Test	Grooved Pegboard Test	Lafayette Instrument Company. *Grooved Pegboard Test, Modell 31025. User Instructions.* Loughborough: Lafayette Instrument Company, 2002	675

Autoren	Abkürzungen	Testname	Literaturangaben	Seite
Trolldenier, H. P.	THS	Test zur Händigkeit des Schulanfängers	Die Entwicklung eines Händigkeitstests für Schulanfänger (THS). In H.-P. Langfeldt & H.-P. Trolldenier (Eds.), Pädagogisch- psychologische Diagnostik. Aktuelle Entwicklungen und Ergebnisse (pp. 65–88). Heidelberg: Asanger, 1993	320 573
Tucha, O., Lange, K.	TL-D	Turm von London: Deutsche Version	Göttingen: Hogrefe Verlag, 2004	248
Tyromotion	TYMO	Tymo Therapy Plate	Tymo Therapy Plate Gebrauchsanweisung/Manual. Graz: Tyromotion, 2015	689
Urban, K. K., Jellen, G.	TSD-Z	Test zum Schöpferischen Denken-Zeichnerisch	Göttingen: Hogrefe Verlag, 1995	250
Valero-Cuevas, F. J., Smaby, N., Venkadesan, M., Peterson, M., Wright, T.	Strength-Dexterity Test	Strength-Dexterity Test	The strength–dexterity test as a measure of dynamic pinch performance. *Journal of biomechanics, 36,* 265–270, 2003	687
van Heugten, C. M., Dekker, J., Deelman, B. G., Stehmann-Saris, J. C., Kinébanian, A.	Test for Apraxia in Stroke Patients	Test for Apraxia in Stroke Patients	A diagnostic test for apraxia in stroke patients: internal consistency and diagnostic value. *The Clinical Neuropsychologist, 13,* 182–192, 1999	637
van Nieuwenhoven, C. Grégoire, J., Noël, M. P.	TEDI-MATH	Test Diagnostique des Compétences de Base en Mathématiques	Paris: ECPA, 2001, 2015	415 Bd.3
Vanbellingen, T., Kersten, B., Hemelrijk, B. V., Van de Winckel, A., Bertschi, M., Müri, R., De Weerdt, W., Bohlhalter, S.	TULIA	Test of Upper Limb Apraxia	Comprehensive assessment of gesture production: a new test of upper limb apraxia (TULIA). *European Journal of Neurology, 17* (1), 59–66, 2010	635
Vanbellingen, T., Kersten, B., Van de Winckel, A., Bellion, M., Baronti, F., Müri, R., Bohlhalter, S.	AST	Apraxia Screen of TULIA	A new bedside test of gestures in stroke: the apraxia screen of TULIA (AST). *Journal of Neurology, Neurosurgery & Psychiatry, 82,* 389–392, 2011	636
Varney, N.	Pantomime Recognition	Pantomime Recognition	Linguistic correlates of pantomime recognition in aphasic patients. *Journal of Neurology, Neurosurgery, and Psychiatry, 41,* 564–568, 1978	631

Autoren	Abkürzungen	Testname	Literaturangaben	Seite
von Aster, M., Bzufka, M. W., Horn, R. R..	ZAREKI-K	Neuropsychologische Testbatterie für Zahlenverarbeitung und Rechnen bei Kindern – Kindergartenversion	Frankfurt a. M.: Pearson Assessment & Information GmbH, 2009	415
von Aster, M., Neubauer, N., Horn, R.	WIE	Wechsler Intelligenztest für Erwachsene	Frankfurt a. M.: Harcourt Test Services, 2006	191 203
von Aster, M., Zulauf, M. W., Horn, R.	ZAREKI-R	Neuropsychologische Testbatterie für Zahlenverarbeitung und Rechnen bei Kindern	Frankfurt a. M.: Pearson Assessment & Information GmbH, 2006	415
Walter, J.	LDL	Lernfortschrittsdiagnostik Lesen	Göttingen: Hogrefe Verlag, 2009	420
Warrington, E., James, M.	VOSP	Visual Object and Space Perception Battery	Bury St. Edmunds: Thames Valley Test Company, 1991, 1992	418
Weber, P., Pache, M., Lütschg, J., Kaiser, H. J.	VOSP	Testbatterie für visuelle Objekt- und Raumwahrnehmung	Testbatterie für visuelle Objekt- und Raumwahrnehmung (VOSP): Normwerte für 8-12-Jährige. *Klinische Monatsblätter für Augenheilkunde, 221,* 583–587, 2014	418
Wechsler, D.	WAIS-IV	Wechsler Adult Intelligence Scale	San Antonio, TX: Psychological Corporation, 2008	74 191 194 203
Wechsler, D.	WISC-IV	Wechsler Intelligence Scale for Children – Fourth Edition	San Antonio, TX: Psychological Corporation, 2003	191 245 317 412
Wechsler, D.	WPPSI-III	Wechsler Preschool and Primary Scale of Intelligence – Third Edition	San Antonio, TX: Psychological Corporation, 2012	247 412 421 422
Wechsler, D.	WMS-R	Wechsler Gedächtnistest Revidierte Fassung	New York: The Psychological Corporation, 1987	191

Autoren	Abkürzungen	Testname	Literaturangaben	Seite
Weidlich, S., Lamberti, G. – unter Mitarbeit von W. Hartje	DCS	Diagnosticum für Cerebralschädigung	Bern: Verlag Hans Huber, 4. erweiterte und ergänzte Auflage, 2001	197
Weinstein, S.	WEST	Weinstein Enhanced Sensory Test	Fifty years of somatosensory research: from the Semmes-Weinstein monofilaments to the Weinstein Enhanced Sensory Test. *Journal of Hand Therapy, 6,* 11–22, 1993	692
Weiss-Blankenhorn, P., Kalbe, E., Fink, G. R., Kessler, J.	KAS	Kölner Apraxie-Screening	Göttingen: Hogrefe Verlag, 2013	635 644–651
Weiß, R. H., Osterland, J.	CFT1-R	Grundintelligenztest Skala 1 – Revision	Göttingen: Hogrefe Verlag, 2012	Bd. 3
Wexler, Halwes	FRWT	Fused Rhymed Words Test	Increasing power of dichotic methods: The fused rhymed word test. *Neuropsychologia, 21,* 59–66, 1983	559
Wild, N., Fleck, C.	Mottier-Test	Mottier-Test	Neunormierung des Mottier-Tests für 5-bis 17-jährige Kinder mit Deutsch als Erst-oder als Zweitsprache. *Praxis Sprache, 3,* 152–158, 2013	192
Wilkins, A., Jeanes, R. J., Pumfrey, P. D., Laskier, M.	WS Lesetest	Wilkins-Schroth Lesetest	Rate of Reading Test: its reliability, and its validity in the assessment of the effects of coloured overlays. *Ophthalmic and Physiological Optics, 16,* 491–497, 1996 Deutsch: Visus Sehtest Produkte Stuttgart; http://www.visus.de	420
Wilson, B. A., Emslie, H., Foley, J., Shiel, A., Watson, P., Hawkins, K., Groot, Y., Evans, J. J.	CAM-PROMPT	The Cambridge Prospective Memory Test	London: Harcourt Test Services, 2005	199
Wilson, P. H., Maruff, P., Ives, S., Currie, J.	Florida Praxis Imagery Questionnaire	Florida Praxis Imagery Questionnaire	Abnormalities of motor and praxis imagery in children with DCD. *Human Movement Science, 20,* 135–159, 2001	629

Autoren	Abkürzungen	Testname	Literaturangaben	Seite
Winward, C. E., Halligan, P. W., Wade, D. T.	RASP	Rivermead Assessment of Somatosensory Performance	The Rivermead Assessment of Somatosensory Performance (RASP): Standardization and reliability data. *Clinical Rehabilitation, 16,* 523–533, 2002	697
Wirth, K., Held, A., Kalbe, E., Kessler, J., Saliger, J., Karbe, H., Fink, G. R., Weiss, P. H.	KAS-R	Kölner Apraxie-Screening, revidiert	Das revidierte Kölner Apraxie-Screening (KAS-R) als diagnostisches Verfaheren für Patienten mit rechtshemisphärischem Schlaganfall. Fortschritte der *Neurologie & Psychiatrie, 84,* 633–639.	635
Wolf, S. L., Lecraw, D. E., Barton, L. A., Jann, B. B.	WMFT	Wolf Motor Function Test	Forced use of hemiplegic upper extremities to reverse the effect of learned nonuse among chronic stroke and head-injured patients. *Experimental Neurology, 104,* 125–132, 1989	683
Wurzer, W., Scherzer, E.	COG	Cognitrone aus: Wiener Testsystem (WTS)	Mödling: SCHUHFRIED GmbH, 1986	77
Yorck Herzberg, P., Guthke, J.	AVIS	Aggressives Verhalten im Straßenverkehr	Mödling: SCHUHFRIED GmbH, 2001	726
Zelazo, P. D., Anderson, J. E., Richler, J., Wallner-Allen, K., Beaumont, J. L., Weintraub, S.	DCCS	Modified Dimensional Change Card Sort	NIH toolbox cognition battery (CB): measuring executive function and attention. *Monographs of the Society for Research in Child Development, 78,* 16–33, 2013	244
Zelazo, P. D., Anderson, J. E., Richler, J., Wallner-Allen, K., Beaumont, J. L., Weintraub, S.	NIH Toolbox	NIH Toolbox	NIH toolbox cognition battery (CB): measuring executive function and attention. *Monographs of the Society for Research in Child Development, 78,* 16–33, 2013	244
Zimmer, R., Volkamer, M.	MOT 4-6	Motoriktest für vier- bis sechsjährige Kinder	Weinheim: Beltz, 3. überarbeitete und neu normierte Auflage, 2015	319
Zimmermann, P., Gondan, M., Fimm, B.	KiTAP	Testbatterie zur Aufmerksamkeitsprüfung für Kinder	Herzogenrath: PSYTEST, 2002	64 113–121 409
Zimmermann, P., Fimm, B.	TAP	Testbatterie zur Aufmerksamkeitsprüfung	Herzogenrath: PSYTEST, 2002, 2007; neue Version: TAP 2.3, 2012	63 85 408

Autoren	Abkürzungen	Testname	Literaturangaben	Seite
Zimmermann, P., Fimm, B.	TAP-M	Testbatterie zur Aufmerksamkeits-prüfung (Version Mobilität 1.3)	Herzogenrath: PSYTEST, 2012	724 747–752
Zwinkels, A., Geusgens, C., Sande, P., van Heugten, C.	Test for Apraxia in Stroke Patients	Test for Apraxia in Stroke Patients	Assessment of apraxia: inter-rater reliability of a new apraxia test, association between apraxia and other cognitive deficits and prevalence of apraxia in a rehabilitation setting. *Clinical Rehabilitation, 18,* 819–827, 2004	637

Testverfahren – nach Testnamen geordnet

Abkürzungen	Testname	Autoren	Literaturangaben	Seite
20-C-T	20-Cents-Test	Krupp, S., Kasper, J., Balck, F., Schnoor, M., Eisemann, N., Lohse, K., ..., Willkomm, M.	„Timed up and go" für die Finger in Form des 20-Cents-Tests. *Zeitschrift für Gerontologie und Geriatrie, 48,* 121–127, 2015	674
2HAND	Zweihand Koordination (2HAND) aus: Wiener Testsytem (WTS)	Schuhfried, G.	Mödling: SCHUHFRIED GmbH, 1992	526 566 671
3DA	3-dimensionale Bewegungsanalyse motorischer Störungen	Hermsdörfer, J., Mai, N.	Untersuchung gestörter Handfunktionen durch die Registrierung von Griffkräften und Fingerbewegungen. *praxis ergotherapie, 4,* 224–231, 1992	689
5-Punkte-Test	5-Punkt Test	Regard. M., Strauss, E., Knapp, P.	Children's production on verbal and non-verbal fluency tasks. *Perceptual and Motor Skills, 55,* 839–84, 1982	250
ABA-2	Apraxia Battery for Adults – Second Edition	Dabul, B. L.	Austin (Texas): PRO-ED Inc., 2000	634
ABCDEFV	A Test Battery of Child Development for Examining Functional Vision	Atkinson, J., Anker, S., Rae, S., Hughes, C., Braddick, O.	A test battery of child development for examining functional vision (ABCDEFV). *Strabismus, 10,* 245–269, 2002	419
Action Recognition	Action Recognition	Graham, N. L., Zeman, A., Young, A. W., Patterson, K., Hodges, J. R.	Dyspraxia in a patient with corticobasal degeneration: the role of visual and tactile inputs to action. *Journal of Neurology, Neurosurgery & Psychiatry, 67* (3), 334–344, 1999	628
ADAS	Alzheimer's Disease Assessment Scale	Ihl, R., Weyer, G.	Weinheim: Beltz Test, 1993	632

Abkürzungen	Testname	Autoren	Literaturangaben	Seite
AFM	Allensbacher Feinmotoriktest	Neidhart, B.	Allensbacher Feinmotoriktest. Konstanz: Selbstverlag, 1993	685
		Bartzsch, U.	Allensbacher Feinmotoriktest (2. überarbeitete und veränderte Auflage). mainbergerfortbildungen.de/afm-test.html	685
		Minkwitz, K.	Allensbacher Feinmotoriktest (AFM-Test). *Ergotherapie & Rehabilitation, 1,* 19–22, 2000	685
AGTB 5-12	Arbeitsgedächtnisbatterie für Kinder von 5 bis 12 Jahren	Hasselhorn, M., Schumann-Hengsteler, R., Gronauer, J., Grube, D., Mähler, C., Schmid, I., Seitz-Stein, K., Zoelch, C.	Göttingen: Hogrefe Verlag, 2012	255
ALS	Arbeitsleistungsserie aus: Wiener Testsystem (WTS)	Schuhfried, G.	Mödling: SCHUHFRIED GmbH, 2006	66
Alternating Hand Postures	Alternating Hand Postures	Luria, A. R.	Human brain and psychological processes. New York: Harper & Row, 1966	616
AMAT	Arm Motor Ability Test	Kopp, B., Kunkel, A., Flor, H., Platz, T., Rose, U., Mauritz, K. H., ..., Taub, E.	The Arm Motor Ability Test: reliability, validity, and sensitivity to change of an instrument for assessing disabilities in activities of daily living. *Archives of physical medicine and rehabilitation, 78,* 615–620, 1997	685
Analyse feinmotorischer Griffkräfte	Analyse feinmotorischer Griffkräfte	Phillip, J.	Ein Meßsystem zur Untersuchung der Feinmotorik beim Greifen und Bewegen von Gegenständen. Dissertation, Ludwig-Maximilians-Universität München, 1999	688
		Nowak, D. A., Hermsdörfer, J.	Die Analyse der Griffkraft bei der Manipulation von Objekten. *Nervenarzt, 75,* 725–733, 2004	688

Abkürzungen	Testname	Autoren	Literaturangaben	Seite
ANT	Amsterdam Neuropsychological Tasks	de Sonneville, L. M. J.	www.sonares.nl	64 68 74–76 80 81 83 84 193 252 314 317 412 413 663 669 Bd. 3
Apraxie-Testsammlung	Apraxie-Testsammlung	Leiguarda, R., Lees, A. J., Merello, M., Starkstein, S., Marsden, C. D.	The nature of apraxia in corticobasal degneration. *Journal of Neurology, Neurosurgery & Psychiatrie, 57,* 455–459, 1994	639
Apraxie-Testsammlung	Apraxie-Testsammlung	Alexander, M. P., Baker, E., Naeser, M. A., Kaplan, E., Palumbo, C.	Neuropsychological and neuroanatomical dimensions of ideomotor apraxia. *Brain, 115,* 87–107, 1992	643
ARAT	Action Research Arm Test	Lyle, R. C. Platz, T., Pinkowski, C., van Wijck, F., Johnson, G.	A performance test for assessment of upper limb function in physical rehabilitation treatment and research. *International Journal of Rehabilitation Research, 4,* 483–492, 1981 Arm Rehabilitation Measurement. Baden-Baden: Deutscher Wissenschafts-Verlag, 2005 Vertrieb: http://www.reha-stim.de	685 685
Arm-/Handbewegungen	Arm-/Handbewegungen	Dobigny-Roman, N., Dieudonnemoinet, B., Tortrat, D., Verny, M., Forotte, B.	Ideomotor apraxia test: a new test of imitation of gestures for elderly people. *European Journal of Neurology, 5,* 571–578, 1998	613

Abkürzungen	Testname	Autoren	Literaturangaben	Seite
AST	Apraxia Screen of TULIA	Vanbellingen, T., Kersten, B., Van de Winckel, A., Bellion, M., Baronti, F., Müri, R., Bohlhalter, S.	A new bedside test of gestures in stroke: the apraxia screen of TULIA (AST). *Journal of Neurology, Neurosurgery & Psychiatry, 82,* 389–392, 2011	636
ATAVT	Adaptiver Tachistoskopischer Verkehrsauffassungstest	Schuhfried, G.	Mödling: SCHUHFRIED GmbH, 2015	722 724 727–732
ATK	Abzeichentest für Kinder	Heubrock, D., Eberl, I., Petermann, F.	Göttingen: Hogrefe Verlag, 2004	421 424–432
ATT	Automated Tactile Tester	Horch, K., Hardy, M., Jimenez, S., Jabaley, M.	An automated tactile tester for evaluation of cutaneous sensibility. *The Journal of hand surgery, 17,* 829–837, 1992	694
AVIS	Aggressives Verhalten im Straßenverkehr	Yorck Herzberg, P., Guthke, J.	Mödling: SCHUHFRIED GmbH, 2001	726
Axiale Bewegungen	Axiale Bewegungen	Alexander, M. P., Baker, E., Naeser, M. A., Kaplan, E., Palumbo, C.	Neuropsychological and neuroanatomical dimensions of ideomotor apraxia. *Brain, 115,* 87–107, 1992	617
Axiale Bewegungen, abstrakt und symbolisch	Axiale Bewegungen, abstrakt und symbolisch	Poeck, K., Lehmkuhl, G., Willmes, K.	Axial movements and ideomotor apraxis. *Journal of Neurology, Neurosurgery & Psychiatry, 45,* 1225–1229, 1982	617
BADS-C	Behavioural Assessment of the Dysexecutive Syndrome in Children	Emslie, H., Wilson, F. C., Burden, V., Nimmo-Smith, I., Wilson, B. A.	London: Harcourt Test Services, 2003	254
BASIC-MLT	Merk- und Lernfähigkeitstest für 6- bis 16-Jährige	Lepach, A. C., Petermann, F.	Bern: Verlag Hans Huber, 2008	206
BASIC-Preschool	Battery for Assessment in Children – Screening für kognitive Basiskompetenzen im Vorschulalter	Daseking, M., Petermann, F.	Bern: Verlag Hans Huber, 2008	411 415
Battersea Multitask Paradigm	Battersea Multitask Paradigm	Mackinlay, R., Charman, T., Karmiloff-Smith, A.	High functioning children with autism spectrum disorder: a novel test of multitasking. *Brain and Cognition, 61,* 14–24, 2006	250

Abkürzungen	Testname	Autoren	Literaturangaben	Seite
BAXT	Berliner-Apraxie-Test	Liepelt, I., Trenner, M. U., Freund, S., Engel, U., Lueschow, A., Platz, T.	Der Berliner-Apraxie-Test für ideomotorische und ideatorische Apraxie. *Zeitschrift für Neuropsychologie, 18,* 193–206, 2007	636
		Liepelt, I.	Die Konstruktion und Evaluation des Berliner-Apraxie-Tests: ein standardisiertes Verfahren zur Erfassung apraktischer Phänomene (Dissertation). Berlin: Humboldt-Universität, 2006	636
BCET	Biber Cognitive Estimation Test	Bullard, S. E., Fein, D., Gleeson, M. K., Tischer, N., Mapou, R. L., Kaplan, E.	The Biber Cognitive Estimation Test. *Archives of Clinical Neuropsychology, 19,* 835–46, 2004	249
		Harel, B. T., Cillessen, A. H., Fein, D. A., Bullard, S. E., Aviv, A.	It takes nine days to iron a shirt: the development of cognitive estimation skills in school age children. *Child Neuropsychology, 13,* 309–18, 2007	249
BCoS	Birmingham Cognitive Screen	Bickerton, W. L., Riddoch, M. J., Samson, D., Balani, A. B., Mistry, B., Humphreys, G. W.	Systematic assessment of apraxia and functional predictions from the Birmingham Cognitive Screen. *Journal of Neurology, Neurosurgery & Psychiatry, 83* (5), 513–521, 2012	633
		Humphreys, G. W., Bickerton, W. L., Samson, D., Riddoch, M. J.	Oxford, UK: Psychology Press, 2012	
BDAE-3	Boston Diagnostic Aphasia Examination – Third Edition	Goodglass, H., Kaplan, E., Barresi, B.	Philadelphia: Lippincott, Williams Wilkins, Third Edition, 2001	634
Beery VMI	Beery-Buktenica Developmental Test of Visual-Motor Integration	Beery, K. E., Buktenica, N. A., Beery, N. A.	San Antonio, TX: Psychological Corporation, Sixth edition, 2010	316
Beidhand-koordinationstest	Beidhandkoordinationstest nach Preilowski	Preilowski, B.	Beschreibung eines Beidhand-Koordinations-Testgeräts zur Messung von Koordinationsleistungen ohne visuelle Kontrolle. Vorlage für die Feinmechanikwerkstatt. Tübingen: Psychologisches Institut der Universität Tübingen, 2007	566 672

Abkürzungen	Testname	Autoren	Literaturangaben	Seite
Bein-/Fußstellungen, abstrakt	Bein-/Fußstellungen, abstrakt	Goldenberg, G.	Apraxien. Göttingen: Hogrefe Verlag, 2011	616
		Goldenberg, G., Strauß, S.	Hemisphere asymmetries for imitation of novel gestures. *Neurology, 59,* 893–897, 2002	616
Bein-/Fußstellungen, abstrakt und symbolisch	Bein-/Fußstellungen, abstrakt und symbolisch	Lehmkuhl, G., Poeck, K., Willmes, K.	Ideomotor apraxia and aphasia: an examination of types and manifestations of apraxic symptoms. *Neuropsychologia. 21,* 199–212, 1983	617
		Poeck, K.	Apraxie. In K. Poeck (Hrsg.) Klinische Neuropsychologie (2. Auflage, S. 188–204). Stuttgart: Thieme, 1989	617
Benton-Test	Benton-Test	Benton, A.L.	Bern: Verlag Hans Huber, 1968	666
Bergen Dichotic Listening Test	The Bergen dichotic listening test	Hugdahl, K.	Bergen, Norway: Department of Biological and Medical Psychology, University of Bergen, 2013	557
BHTDT	Bennett Hand Tool Dexterity Test	Bennett, G.K.	New York: Psychological Corporation, 1985	680
Bimanuelle Bewegungen	Bimanuelle Bewegungen	Poeck, K., Lehmkuhl, G., Willmes, K.	Axial movements and ideomotor apraxia. *Journal of Neurology, Neurosurgery & Psychiatry, 45,* 1225–1229, 1982	614
Bimanueller Gewichtsvergleich	Paarweiser Vergleich von Gewichten	Preilowski, B.	Bilateral motor interaction: Perceptual-motor performance of partial and complete „Split-Brain" patients. In K.J. Zülch, O. Creutzfeldt & G.C. Galbraith (Eds.), Cerebral localization (pp. 115–132). Berlin: Springer-Verlag, 1975	563
BISC	Bielefelder Screening zur Früherkennung von Lese-Rechtschreibschwächen	Jansen, H., Mannhaupt, G., Marx, H., Skowronek, H.	Göttingen: Hogrefe Verlag, 2002	242
Block Tapping Test	Block-Tapping-Test	Schellig, D.	Frankfurt a.M.: Swets Test Services, 1997 Mödling: SCHUHFRIED GmbH, 1995, 2017	192
BMC	Bimanual Motor Coordination	Preilowski, B.	Possible contribution of the anterior forebrain commissures to bilateral motor coordination. *Neuropsychologia, 10,* 267–277, 1972	564

Abkürzungen	Testname	Autoren	Literaturangaben	Seite
BORB	Birmingham Object Recognition Battery	Riddoch, J. M., Humphreys, G. W.	Hove (UK): Lawrence Erlbaum Associates Publishers, 1993	410 418
Boston Apraxia Test	Boston Apraxia Test	Borod, J. C., Fitzpatrick, P. M., Helm-Estabrooks, N., Goodglass, H.	The relationship between limb apraxia and the spontaneous use of communicative gesture in aphasia. *Brain and Cognition, 10,* 121–131, 1989	614
BOT-2	Bruininks-Oseretzky Test of Motor Proficiency – Second Edition	Blank, R., Jenetzky, E., Vinçon, S.	Frankfurt a. M.: Pearson Assessment, 2014	319
Box-and-Block Test	Box-and-Block Test	Mathiowetz, V., Volland, G., Kashman, N., Weber, K.	Adult norms for the Box and Block Test of manual dexterity. *American Journal of Occupational Therapy, 39,* 386–391, 1985	677
		Platz, T., Pinkowski, C., van Wijck, F., Johnson, G.	Arm Rehabilitation Measurement. Baden-Baden: Deutscher Wissenschafts-Verlag, 2005	677
BRIEF	Verhaltensinventar zur Beurteilung Exekutiver Funktionen	Drechsler, R., Steinhausen, H. C.	Bern: Verlag Hans Huber, 2013	252
BRIEF-P	Verhaltensinventar zur Beurteilung Exekutiver Funktionen für das Kindergartenalter	Daseking, M., Petermann, F.	Bern: Verlag Hans Huber, 2013	253
Brooks-Matrix-Experiment	Brooks-Matrix-Experiment	Brooks, L. R.	The suppression of visualization by reading. *The Quarterly Journal of Experimental Psychology, 19,* 289–299, 1967	194
BTE Work Simulator	Baltimore Therapeutic Equipment Work Simulator	Bhambhani, Y., Esmail, S., Brintnell, S.	The Baltimore Therapeutic Equipment work simulator: Biomechanical and physiological norms for three attachments in healthy men. *American Journal of Occupational Therapy, 48,* 19–25, 1994	689
BTT	Block-Trigramm-Test (Brown Peterson Design)	Schellig, D.	Frankfurt a. M.: Swets Test Services, 1997	195
CAM-PROMPT	The Cambridge Prospective Memory Test	Wilson, B. A., Emslie, H., Foley, J., Shiel, A., Watson, P., Hawkins, K., Groot, Y., Evans, J. J.	London: Harcourt Test Services, 2005	199

Abkürzungen	Testname	Autoren	Literaturangaben	Seite
CANTAB	Cambridge Neuropsychological Test Automated Battery	Luciana, M. Cambridge Cognition Limited	Practitioner review: Computerized Assessment of Neuropsychological Function in Children: Clinical and Research Applications of the Cambridge Neuropsychological Testing Automated Battery (CANTAB). *Journal of Child Psychology and Psychiatry, 44*, 649–663. www.cantab.com www.cambridgecognition.com	242 244 246 248
CAPT	Continuous Attention Performance Test	Starzacher, E., Nubel, K., Grohmann, G., Gaupp, K., Pfeiffer, Y.	Göttingen: Hogrefe Verlag, 2007	66 88
CCC	Children's Communication Checklist	Spreen-Rauscher, M.	Die „Children´s Communication Checklist" (Bishop 1998) – ein orientierendes Verfahren zur Erfassung kommunikativer Fähigkeiten von Kindern. *Die Sprachheilarbeit, 48,* 91–104, 2003	253
CCTT	Children's Colour Trails Test	Llorente, A. M., Williams, J., Satz, P., D'Elia, L. F.	Orlando: PAR, 2003	243
CFMT-C	Cambridge Face Memory Test for Children	Croydon, A., Pimperton, H., Ewing, L., Duchaine, B. C., Pellicano, E.	The Cambridge Face Memory Test for Children (CFMT-C): A new tool for measuring face recognition skills in childhood. *Neuropsychologia, 62,* 60–7, 2014	413
CFT1-R	Grundintelligenztest Skala 1 – Revision	Weiß, R. H., Osterland, J.	Göttingen: Hogrefe Verlag, 2012	Bd. 3
Children's Cooking Task	Children's Cooking Task	Chevignard, M. P., Catroppa, C., Galvin, J., Anderson, V.	Development and evaluation of an ecological task to assess executive functioning post childhood TBI: The children's cooking task. *Brain Impairment, 11,* 125–143, 2010	250
CKV	Computergestützes Kartensortierverfahren	Drühe-Wienholt, C. M., Wienholt, W.	Frankfurt a. M.: Pearson Assessment, 3. Auflage, 2011	248
COG	Cognitrone aus: Wiener Testsystem (WTS)	Wurzer, W., Scherzer, E.	Mödling: SCHUHFRIED GmbH, 1986	77

Abkürzungen	Testname	Autoren	Literaturangaben	Seite
COMP	Canadian Occupational Performance Measure	Law, M., Baptiste, S., Carswell-Opzoomer, A., McColl, M. A., Polatajko, H., Pollock, N.	Canadian Occupational Performance Measure. Toronto, ON: CAOT Publications ACE, 1991	691
		George, S.	Praxishandbuch COPM. Bergisch Gladbach: Schulz-Kirchner Verlag, 2014	691
Computer-unterstützte Schreib-analyse	Computerunterstützte Schreibanalyse	Marquardt, C., Mai, N.	A computational procedure for movement analysis in handwriting. *Journal of Neuroscience Methods, 52,* 39–45, 1994	664
Copying Hand Movements	Copying Hand Movements	Kimura, D., Archibald, Y.	Motor functions of the left hemisphere. *Brain, 97,* 337–350, 1974	615
Copying Hand Postures	Copying Hand Postures	Kimura, D., Archibald, Y.	Motor functions of the left hemisphere. *Brain, 97,* 337–350, 1974	613
Corporal Plus	Corporal Plus	Berg, M.	Olching: Vistec AG, 2015	724 733–737
CPM	Coloured Progressive Matrices	Raven, J. C., Court, J. H., Raven, J. E.	Frankfurt a. M.: Pearson Assessment, 2001, 2002	247
	Deutsche Bearbeitung	Bulheller, S., Häcker, H. O.	Mödling: SCHUHFRIED GmbH	
CPT	Continuous Performance Test	Knye, M., Roth, N., Westhus, W., Heine, A.	Göttingen: Hogrefe Verlag, 2003	66
CORSI	Corsi-Bock-Tapping-Test	Schellig, D.	Mödling: SCHUHFRIED GmbH, 1995, 2017 Frankfurt a. M.: Swets Test Services, 1997	246
CSPDT	Crawford Small Parts Dexterity Test	Osborne, R. T., Sanders, W. B.	The Crawford Small Parts Dexterity Test as a Time-Limit Test. *Personnel Psychology, 9,* 177–180, 1956	680
		John, E., Crawford, D. M.	The Crawford Small Parts Dexterity Test manual revised. London: Psychological Corporation, 1981 Vertrieb: http://www.innovact.co.za	680

Abkürzungen	Testname	Autoren	Literaturangaben	Seite
CVI Questionnaire	Cerebral visual impairment Questionnaire	Ortibus, E., Laenen, A., Verhoeven, J., De Cock, P., Casteels, I., Schoolmeesters, B. et al.	Screening for cerebral visual impairment: value of a CVI questionnaire. *Neuropediatrics, 42,* 138–147, 2011	423
Cyber Cruiser Task	Cyber Cruiser Task	Talbot, K. D., Kerns, K. A.	Event- and time-triggered remembering: the impact of attention deficit hyperactivity disorder on prospective memory performance in children. *Journal of Experimental Child Psychology, 127,* 126–143, 2014	250
d2	Aufmerksamkeits-Belastungs-Test	Brickenkamp, R.	Göttingen: Hogrefe Verlag, 9. Auflage, 2002	72
DAKT	Differentieller Aufmerksamkeitstest aus: Wiener Testsystem (WTS)	Hagman, E., Bratfisch, O.	Mödling: SCHUHFRIED GmbH, 2006	73
DASH	Disabilities of the Arm, Shoulder and Hand	Hudak, P., Amadio, P. C., Bombardier, C., and the Upper Extremity Collaborative Group	Development of an Upper Extremity Outcome Measure: The DASH (Disabilities of the Arm, Shoulder, and Hand). *American Journal of Industrial Medicine, 29,* 602–608, 1996	691
		Kennedy, C. A., Beaton, D. E., Solway, S., McConnell, S., Bombardier, C.	Disabilities of the Arm, Shoulder and Hand (DASH). The DASH and QuickDASH Outcome Measure User's Manual (Third Edition). Toronto, Ontario: Institute for Work & Health, 2011	691
DASH	Detailed Assessment of Speed of Handwriting	Barnett, A., Henderson, S., Scheib, B. J. S.	London: Pearson Assessment, 2007	316 666
DAT	Dortmunder Aufmerksamkeitstest	Lauth, G. W.	Göttingen: Hogrefe Verlag, 2003	77
DAUF	Daueraufmerksamkeit aus: Wiener Testsystem (WTS)	Schuhfried, G.	Mödling: SCHUHFRIED GmbH, 2004	65

Abkürzungen	Testname	Autoren	Literaturangaben	Seite
DAXT	Düsseldorfer Apraxie Test	Rossmüller, J.	Theoriegeleitetes Assessment von Praxiefunktionen bei Schlaganfall-Patienten. Der Düsseldorfer Apraxie-Test (DAXT) als Brücke zwischen Grundlagenwissenschaft und diagnostischer Praxis. *Neurologie & Rehabilitation, 13,* 320–326, 2007	637
DCCS	Modified Dimensional Change Card Sort	Zelazo, P. D., Anderson, J. E., Richler, J., Wallner-Allen, K., Beaumont, J. L., Weintraub, S.	NIH toolbox cognition battery (CB): measuring executive function and attention. *Monographs of the Society for Research in Child Development, 78,* 16–33, 2013	244
DCDQ-G	Fragebogen zur motorischen Entwicklung. Deutschsprachige Version des Developmental Coordination Disorder Questionnaire 2007	Kennedy-Behr, A., Wilson, B. N., Rodger, S., Mickan, S.	Cross-cultural adaptation of the developmental coordination disorder questionnaire 2007 for German-speaking countries: DCDQ-G. *Neuropediatrics, 44,* 245–51, 2013	323
DCS	Diagnosticum für Cerebralschädigung	Weidlich, S., Lamberti, G. – unter Mitarbeit von W. Hartje	Bern: Verlag Hans Huber, 4. erweiterte und ergänzte Auflage, 2001	197
DEF-TK	Diagnostischer Elternfragebogen zur taktil-kinästhetischen Responsivität im frühen Kindesalter	Kiese-Himmel, C., Kiefer, S.	Göttingen: Beltz, 2000	357
Dichotic Listening – Music	Dichotic Listening – Music	Spellacy, F.	Lateral Preferences in the Identification of Patterned Stimuli. *The Journal of the Acoustical Society of America, 47, 574,* 1970	559
Dichotic Listening – Words	Dichotic Listening – Words	Hayden, S. P. Spellacy, F. J.	Hayden, S., & Spellacy, F. The Dichotic Listening Test. Victoria, BC: University of Victoria, 1978 Monaural Reaction Time Asymmetries for Speech and Non-Speech Sounds. *Cortex, 9,* 288–294, 1973	559
Digitales Tablet	Digitales Tablet zur Analyse von Mal- und Schreibbewegungen	Rückriegel, M., Blankenburg, F., Koustenis, I., Burghardt, R., Ehrlich, S., Henze, G. et al.	Entwicklung der kinematischen Eigenschaften von Mal- und Schreibbewegungen bei gesunden Kindern und Jugendlichen. *Neuropädiatrie in Klinik & Praxis, 9,* 4–13, 2010	315

Abkürzungen	Testname	Autoren	Literaturangaben	Seite
D-KEFS	Delis-Kaplan Executive Function System	Delis, D.C., Kaplan, E., Kramer, J.H.	San Antonio, TX: The Psychological Corporation (Pearson Education), 2001	74 79 250
DL-KE	Differentieller Leistungstest – KE	Kleber, E.W., Kleber, G.	Göttingen: Hogrefe Verlag, 1974	72
DL-KG	Differentieller Leistungstest – KG	Kleber, E.W., Kleber, G., Hans, O.	Göttingen: Hogrefe Verlag, 1999	72
DMB	Diagnostisches Inventar motorischer Basiskompetenzen zur Diagnostik von Kindern im Grundschulalter	Eggert, D., Ratschinski, G., Reichenbach, C.	Dortmund: verlag modernes lernen, 4. überarbeitete Auflage, 2008	319
DMT 6-18	Deutscher Motorik-Test 6-18	Bös, K., Schlenker, L., Büsch, D., Lämmle, L., Müller, H., Oberger, J., …, Tittlbach, S.	Schriften der Deutschen Vereinigung für Sportwissenschaft, Band 186. Hamburg: Feldhaus Verlag, Edition Czwalina. 2016 http://www.deutscher-motorik-test.de	313
Doppellabyrinthtest	Doppellabyrinthtest aus: Wiener Testsystem (WTS)	Bonnardel, R.	Mödling: SCHUHFRIED GmbH, 2003	672
DRIVEPLS	Fitness to Drive Plus	Schuhfried, G.	Mödling: SCHUHFRIED GmbH, 2015	738–741
DRIVESC	Fitness to Drive Screening	Schuhfried, G.	Mödling: SCHUHFRIED GmbH, 2015	724
DRIVESTA	Fitness to Drive Standard	Schuhfried, G.	Mödling: SCHUHFRIED GmbH, 2015	724 738–741
DT	Demenztest	Kessler, J., Denzler, P., Markowitsch, H.J.	Weinheim: Beltz, 2., überarbeitete Auflage, 1999	632
DT	Determinationstest aus: Wiener Testsystem (WTS)	Schuhfried, G.	Mödling: SCHUHFRIED GmbH, 1998, 2006	738
DWSMB	Dean-Woodcock Sensory Motor Battery aus: Dean-Woodcock Neuropsychological Assessment System (DWNAS)	Dean, R.S. Woodcock, R.W.	Itasca, IL: Riverside Publishing, 2003	322 697
Edinburgh Inventory of Handedness	Edinburgh Inventory of Handedness	Oldfield, R.C.	The assessment and analysis of handedness: The Edinburgh inventory. *Neuropsychologia, 9,* 97–113, 1971	661

Abkürzungen	Testname	Autoren	Literaturangaben	Seite
EFL	Einschätzung der funktionellen Leistungsfähigkeit	Kaiser, H., Kersting, M., Schian, H. M., Jacobs, A., Kasprowski, D.	Der Stellenwert des EFL-Verfahrens nach Susan Isernhagen in der medizinischen und beruflichen Rehabilitation. *Die Rehabilitation, 39,* 297–306, 2000	677 690
Englisch: IWS FCE	Englisch: Isernhagen Work System Functional Capacity Evaluation	Isernhagen, S.	Contemporary issues in functional capacity evaluation. In S. Isernhagen (Ed.), The Comprehensive Guide to Work Injury Management (pp. 410–429). Gaithersburg: Aspen Publishers, 1995	677 690
Eisenbahn-Nachfahrtest	Eisenbahn-Nachfahrtest/ Labyrinthtest	Schilling, F.	Dortmund: verlag modernes lernen, 2009	573
ET 6-6-R	Entwicklungstest 6 Monate bis 6 Jahre – Revision	Petermann, F., Macha, T.	Frankfurt a. M.: Pearson Assessment & Information GmbH, 2013	422
FABERS	Florida Apraxia Battery – Extended and Revised Sydney	Power, E., Code, C., Croot, K., Sheard, C., Gonzales Rothi, L. J.	Florida Apraxia Battery – Extended and Revised Sydney (FABERS): Design, description, and a healthy control sample. *Journal of Clinical and Experimental Neuropsychology, 32,* 1–10, 2010	640
FAIR	Frankfurter Aufmerksamkeits-Inventar	Moosbrugger, H., Oehlschlägel, J.	Bern: Verlag Hans Huber, 1996	72
FAST-R	Florida Apraxia Screening Test-Revised	Gonzalez Rothi, L. J., Raymer, A. M., Heilman, K. M.	Limb praxis assessment. In L. J. Gonzalez Rothi & K. M. Heilman (Eds.). Apraxia: The Neuropsychology of Action (pp. 61–74). Hove, UK: Psychology Press, 1997	642
Faust-Ring-Test	Faust-Ring-Test	Luria, A. R.	Human brain and psychological processes. New York: Harper & Row, 1966	616
FBT	Fragmentierter Bildertest	Kessler, J., Schaaf, A., Mielke, R.	Göttingen: Hogrefe Verlag, 1993	203
FDT	Functional Dexterity Test	Aaron, D. H., Jansen, C. W. S.	Development of the Functional Dexterity Test (FDT): Construction, validity, reliability, and normative data. *Journal of Hand Therapy, 16,* 12–21, 2003	676
FEV	Testset FEV nach Anlage 5 der Fahrerlaubnisverordnung	Schuhfried, G.	Mödling: SCHUHFRIED GmbH, 2009	722

Abkürzungen	Testname	Autoren	Literaturangaben	Seite
FEW-2	Frostigs Entwicklungstest der visuellen Wahrnehmung – 2. Deutsche Fassung des Developmental Test of Visual Perception, Second Edition (DTVP-2) von D. D. Hammill, N. A. Pearson and J. K. Voress	Schneider, W., Büttner, G., Dacheneder, W., Weyer, K.	Göttingen: Hogrefe Verlag, 2008	418 421 433 665
FEW-JE	Frostigs Entwicklungstest der visuellen Wahrnehmung – Jugendliche und Erwachsene Deutsche Bearbeitung des Developmental Test of Visual Perception – Adolescent and Adult (DTVP-A) von C. R. Reynolds, N. A. Pearson und J. K. Voress	Petermann, F., Waldmann, H.-C., Daseking, M.	Göttingen: Hogrefe Verlag, 2012	418 665
Finger Localization	Finger Localization	Benton, A. L.	Contributions to Neuropsychological Assessment. A Clinical Manual, New York: Oxford University Press, 1994 Strauss, E., Sherman, E. M., Spreen, O.: A compendium of neuropsychological tests (p.1013–17). Oxford: Oxford University Press, 2006	321
FIT	Frankfurter Imitationstest	Kolling, T., Knopf, M.	Developmetrics: Measuring declarative memory from infancy to childhood: The Frankfurt imitation tests for infants and children aged 12–36 months. *European Journal of Experimental Psychology, 12* (3), 359–376, 2015	204
		Goertz, C., Kolling, T., Frahsek, S., Knopf, M.	Der Frankfurter Imitationstest für 36 Monate alte Kinder (FIT 36). *Kindheit und Entwicklung, 18* (3), 173–179, 2009	204
FLART	Florida Action Recall Test	Schwartz, R. L., Adair, J. C., Raymer, A. M., Williamson, D. J., Crosson, B., Rothi, L. J., Nadeau, S. E., Heilman, K. M.	Conceptual apraxia in probable Alzheimer's disease as demonstrated by the Florida Action Recall Test. *Journal of the International Neuropsychological Society, 6,* 265–270, 2000	631

Abkürzungen	Testname	Autoren	Literaturangaben	Seite
FLGT	Figuraler Lern- und Gedächtnistest	Gonser, A., Balzer, C.	Materialien und Normwerte für die neuropsychologische Diagnostik (MNND). Rheinfelden: Normdaten, 2011	198 201
Florida Praxis Imagery Questionnaire	Florida Praxis Imagery Questionnaire	Ochipa, C., Rapcsak, S. Z., Maher, L. M., Rothi, L. J. G., Bowers, D., Heilman, K. M.	Selective deficit of praxis imagery in ideomotor apraxia. *Neurology, 49,* 474–480, 1997	629
		Wilson, P. H., Maruff, P., Ives, S., Currie, J.	Abnormalities of motor and praxis imagery in children with DCD. *Human Movement Science, 20,* 135–159, 2001	629
FRWT	Fused Rhymed Words Test	Wexler, Halwes	Increasing power of dichotic methods: The fused rhymed word test. *Neuropsychologia, 21,* 59–66, 1983	559
Fugl-Meyer-Skala, obere Extremität	Fugl-Meyer-Skala, obere Extremität	Fugl-Meyer, A. R., Jasko, L., Leyman, I.	The post-stroke patient. A method for evaluation of physical performance. *Scandinavian Journal of Rehabilitation in Medicine, 7,* 13–31, 1975	683
		deutsch: Platz, T., Pinkowski, C., van Wijck, F., Johnson, G.	Arm Rehabilitation Measurement. Baden-Baden: Deutscher Wissenschafts-Verlag, 2005	683
Function and Manipulation Triplets Test	Function and Manipulation Triplets Test	Buxbaum, L. J., Saffran, E. M.	Knowledge of object manipulation and object function: dissociations in apraxic and nonapraxic subjects. *Brain and Language, 82,* 179–199, 2002	632
		Buxbaum, L. J., Veramontil, T., Schwartz, M. F.	Function and manipulation tool knowledge in apraxia: knowing ‚what for' but not ‚how'. *Neurocase, 6* (2), 83–97, 2000	632
Functional Association	Functional Association	Hartmann, K., Goldenberg, G., Daumüller, M., Hermsdörfer, J.	It takes the whole brain to make a cup of coffee: the neuropsychology of naturalistic actions involving technical devices. *Neuropsychologia, 43* (4), 625–637, 2005	630

Abkürzungen	Testname	Autoren	Literaturangaben	Seite
Füßigkeitsprobe	Füßigkeitsprobe	Chapman, J. P., Chapman, L. J., Allen, J. J.	The measurement of foot preference. *Neuropsychologia, 253,* 579–584, 1987	574
		Schneiders, A. G., Sullivan, S. J., O'Malley, K. J., Clarke, S. V., Knappstein, S. A., Taylor, L. J.	A Valid and Reliable Clinical Determination of Footedness. *Physical Medicine and Rehabilitation, 2,* 835–841, 2010	575
Fußstellungen zuordnen	Fußstellungen zuordnen	Strauß, S.	Vergleich der Imitation und Perzeption von Gesten der Finger, der Hand und des Fußes bei Patienten mit links- oder rechtszerebralen Läsionen (Dissertation). München: Technische Universität; Fakultät für Medizin, 2003	627
FW	Dichotischer Hörtest – Fused Words, Version FW 1.10	Hättig, H., Beier, M.	Ein dichotischer Hörtest für Klinik und Forschung. *Zeitschrift für Neuropsychologie, 11,* 233–245, 2000	558
FWIT	Farbe-Wort-Interferenztest nach Stroop	Bäumler, G.	Göttingen: Hogrefe Verlag, 1985	74 242
Gestenimitation	Gestenimitation	Mengotti, P., Corradi-Dell'Acqua, C., Negri, G. A., Ukmar, M., Pesavento, V., Rumiati, R. I.	Selective imitation impairments differentially interact with language processing. *Brain, 136* (8), 2602–2618, 2013	613
		Tessari, A., Toraldo, A., Lunardelli, A., Zadini, A., Rumiati, R. I.	Prova standardizzata per la diagnosi del disturbo aprassico ideomotorio selettivo per tipo di gesto e tipo di effettore. *Ricerche di Psicologia, 3,* 311–339, 2011	613
Gesture Discrimination Test	Gesture Discrimination Test	Pazzaglia, M., Smania, N., Corato, E., Aglioti, S. M.	Neural underpinnings of gesture discrimination in patients with limb apraxia. *The Journal of Neuroscience, 28* (12), 3030–3041, 2008	627
Gesture Recognition	Gesture Recognition	Buxbaum, L. J., Sirigu, A., Schwartz, M. F., Klatzky, R.	Cognitive representations of hand posture in ideomotor apraxia. *Neuropsychologia, 41* (8), 1091–1113, 2003	629

Abkürzungen	Testname	Autoren	Literaturangaben	Seite
GFM	Grünberger Feinmotoriktest	Grünberger, J.	Psychodiagnostik des Alkoholkranken: ein methodischer Beitrag zur Bestimmung der Organizität in der Psychiatrie. Wien: Maudrich, 1977	663
G-F-T	Göttinger Formreproduktions-Test	Schlange, H., Stein, H., von Boetticher, I., Taneli, S.	Göttingen: Hogrefe Verlag, 3. Auflage, 1977	316
GMT	Graphomotorische Testbatterie	Rudolf, H.	Weinheim: Beltz, 1986	314 664
GNL	Gesichter-Namen-Lerntest	Schuri, U., Benz, R.	Frankfurt a. M.: Swets Test Services, 2000	198 202
Gollin Incomplete Figures Test	Gollin Incomplete Figures Test	Golllin, E. S.	Developmental studies of visual recognition of incomplete objects. *Perceptual and Motor Skills, 11,* 289–298, 1960 The Gollin incomplete figures test: A flexible, computerized version. *Perception, 16,* 543–548, 1987	203
Groffman Visual Tracing Test	Groffman Visual Tracing Test	Groffman, S.	Reno: Keystone View, 1966	409
Grooved Pegboard Test	Grooved Pegboard Test	Trites, R.	Lafayette Instrument Company. *Grooved Pegboard Test, Modell 31025. User Instructions.* Loughborough: Lafayette Instrument Company, 2002	675
GTST	Steadiness Tester – Groove Type	Lafayette Instrument Company	Loughborough: Lafayette Instrument Company	673
HABO 1-20-r	Haid-Bonatti 1-20 Test-revidierte Fassung	Haid, T., Kofler, M., Bonatti, E., Gamper, E., Quirbach, E., Saltuari, L.	Normwerte fur ein einfaches Verfahren zur Quantifizierung automatisierter Bewegungen über die Schreibgeschwindigkeit: Haid-Bonatti 1–20 Test-revidierte Fassung (HABO 1–20-r). *Neurologie & Rehabilitation, 12,* 329–334, 2006	664
Hand- und Fingerkonfigurationen erkennen	Hand- und Fingerkonfigurationen erkennen	Goldenberg, G.	Matching and imitation of hand and finger postures in patients with damage in the left or right hemisphere. *Neuropsychologia, 37,* 559–566, 1999	626

Abkürzungen	Testname	Autoren	Literaturangaben	Seite
Hand- und Finger-Stellungen	Hand- und Finger-Stellungen	Goldenberg, G.	Defective imitation of gestures in patients with damage in the left or right hemispheres. *Journal of Neurology, Neurosurgery & Psychiatry, 61,* 176–180, 1996	612
Hand- und Finger-Stellungen	Hand- und Finger-Stellungen	Goldenberg, G., Strauss, S. Goldenberg, G.	Hemispheres asymmetries for imitation of novel gestures. *Neurology, 59,* 893–897, 2002 Imitating gestures and manipulating a mannikin – the representation of the human body in ideomotor apraxia. *Neuropsychologia, 33,* 63–72, 1995	612 612
Händigkeit, Beobachtungs- und Anamnesebogen	Beobachtungs- und Anamnesebogen zur Abklärung der Händigkeit	Sattler, J. B.	S-MH® Beobachtungs- und Anamnesebogen zur Abklärung der Händigkeit nach Methodik Dr. Johanna Barbara Sattler, München, Stand 2008 www.linkshaender-beratung.de/deutsch/Beobachtungsbogen.pdf	661
Händigkeit, Fragebogen	Fragebogen zur Bestimmung der Händigkeit	Sattler, J. B.	http://www.eduhi.at/dl/Barbara_Sattler.pdf (Zugriff: September 2017)	661
Händigkeitsprofil	Händigkeitsprofil	Kraus, E.	Handedness Profile. *The Development of a Normative Profile to Determine the Extent of Handedness in Children* (Dissertation). Bundoora, Australia: La Trobe University, 2003	320 662
HAPT 4-6	Handpräferenztest für 4-6-jährige Kinder	Bruckner, J., Deimann, P., Kastner-Koller, U.	Göttingen: Hogrefe Verlag, 2011	320 572 662
HAWIK-IV	Hamburg-Wechsler-Intelligenztest für Kinder-IV	Petermann, F., Petermann, U.	Bern: Verlag Hans Huber, 2010	191
H-D-T	Hand-Dominanz-Test	Steingrüber, J. H.	Göttingen: Hogrefe Verlag, 2011	320 325–330 573 662

Abkürzungen	Testname	Autoren	Literaturangaben	Seite
HMT	Hand Movement Test	Neiman, M.R., Duffy, R.J., Belanger, S.A., Coelho, C.A.	Concurrent validity of the Kaufman Hand Movement Test as a measure of limb apraxia. *Perceptual and motor skills, 79* (3), 1279–1282, 1994	615
		Neiman, M.R., Duffy, R.J., Belanger, S.A., Coelho, C.A.	An investigation of a method of simplified scoring for the Kaufman Hand Movements test as a measure of limb apraxia. *Perceptual and Motor Skills, 82,* 267–271, 1996	615
HOLES	Hole Punching Test	Annett, M.	Five tests of hand skill. *Cortex, 28,* 583–600, 1992	662
HPDT	Hand Preference Demonstration Test	Soper, H.V., Satz, P., Orsini, D.L., Henry, R.R., Zvi, J.C., Schulman, M.	Handedness patterns in autism suggest subtypes. *Journal of Autism and Developmental Disorders, 16,* 155–167, 1986	572 662
HRNTB	Halstead Reitan Neuropsychological Battery	Reitan, R.M., Wolfson, D.	Tucson, AZ: Neuropsychology Press, 1985.	695 697
Ideomotorische Apraxie der Beine	Ideomotorische Apraxie der Beine	Ambrosoni, E., Della Sala, S., Motto, C., Oddo, S., Spinnler, H.	Gesture imitation with lower limbs following left hemisphere stroke. *Archives of clinical neuropsychology, 21* (4), 349–358, 2006	617
iDichotic	App zum Bergen Dichotic Listening Test, Version 1.2.0	Hugdahl, K.	Bergen, Norway: Department of Biological and Medical Psychology, University of Bergen, 2011	558
IDS	Intelligence and Development Scales Intelligenz- und Entwicklungsskalen für Kinder von 5–10 Jahren	Grob, A., Meyer, C.S., Hagmann-von Arx, P.	Bern: Verlag Hans Huber, 2013	Bd. 3
IDS-P	Intelligence and Development Scales – Preschool Intelligenz- und Entwicklungsskalen für das Vorschulalter	Grob, A., Reimann, G., Gut, J., Frischknecht, M.C.	Bern: Verlag Hans Huber, 2013	Bd. 3

Abkürzungen	Testname	Autoren	Literaturangaben	Seite
IMBA	Integration von Menschen mit Behinderungen in die Arbeitswelt	Glatz, A., Schian, H. M.	Integration für Menschen mit Behinderungen in die Arbeitswelt (IMBA). In J. Bengel, M. Wirtz & C. Zwingmann (Hrsg.), Diagnostische Verfahren in der Rehabilitation (Reihe: Diagnostik für Klinik und Praxis, Band 5). Göttingen: Hogrefe Verlag, 2007	691
INKA	Inventar komplexer Aufmerksamkeit	Heyde, G.	Frankfurt a. M.: Harcourt Test Services, 2. erweiterte Auflage, 2000	74
I-S-T 2000 R	Intelligenz-Struktur-Test	Amthauer, R., Brocke, B., Liepmann, D., Beauducel, A.	Göttingen: Hogrefe Verlag, 2001	196
IVPE	Inventar verkehrsrelevanter Persönlichkeitseigenschaften	Herle, M., Sommer, M., Wenzl, M., Litzenberger, M.	Mödling: SCHUHFRIED GmbH, 2004	726
Jebsen-Taylor Hand Function Test	Jebsen-Taylor Hand Function Test	Bovend'Eerdt, T. J. H., Dawes, H., Johansen-Berg, H., Wade, D. T.	Evaluation of the modified Jebsen test of hand function and the University of Maryland arm questionnaire for stroke. *Clinical rehabilitation, 18,* 195–202, 2004	681
Jebsen-Taylor Hand Function Test	Jebsen-Taylor Hand Function Test	Jebsen, R. H., Taylor, N., Trieschmann, R. B., Trotter, M. H., Howard, L. A.	An objective and standardized test of hand function. *Archives of Physical Medicine and Rehabilitation, 50,* 311–319, 1969	681
JLO	Judgement of Line Orientation	Benton, A.	Benton Laboratory of Neuropsychology: Selected Tests. Psychological Assessment Resources, 1994	414
Johansson's Walking Man	Johansson's Walking Man	Johansson, G.	Visual motion perception. *Scientific American, 235,* 76–89, 1975	409
Jordan 3	Jordans Left-Right Reversal Test. Third edition	Jordan, B. T.	Novato: Academic Therapy Publication, 2011	419
K-ABC	Kaufman Assessment Battery for Children Deutsche Bearbeitung	Kaufman, A. S., Kaufman, N. L. Melchers, P., Preuß, U.	Frankfurt: Pearson Assessment, 8. unveränderte Auflage, 2009	192 Bd. 3

Abkürzungen	Testname	Autoren	Literaturangaben	Seite
KABC-II	Kaufman Assessment Battery for Children – II Deutsche Bearbeitung	Kaufman, A. S., Kaufman, N. L. Melchers, P., Melchers, M.	Frankfurt a. M.: Pearson Assessment, 2015	249 318 413 416 417
KAS	Kölner Apraxie-Screening	Weiss-Blankenhorn, P., Kalbe, E., Fink, G. R., Kessler, J.	Göttingen: Hogrefe Verlag, 2013	635 644–651
KAS-R	Kölner Apraxie-Screening, revidiert	Wirth, K., Held, A., Kalbe, E., Kessler, J., Saliger, J., Karbe, H., Fink, G. R., Weiss, P. H.	Das revidierte Kölner Apraxie-Screening (KAS-R) als diagnostisches Verfaheren für Patienten mit rechtshemisphärischem Schlaganfall. Fortschritte der *Neurologie & Psychiatrie, 84,* 633–639.	635
K-CAB	Kaufman-Computerized Assessment Battery. Deutsche Adaptation des französischen Originalverfahrens K-Classic von A. S. Kaufmann und N. L. Kaufmann	Petermann, F. unter Mitarbeit von Toussaint, A.	Frankfurt a. M.: Pearson Assessment, 2010	102–112
	K-CLASSIC	Kaufmann, A. S., Kaufmann, N. L.	Évaluation informatisée des capacités cognitives et attentionnelles. Paris: eCpa.	77
KET-KID	Kognitiver Entwicklungstest für das Kindergartenalter	Daseking, M., Petermann, F.	Göttingen: Hogrefe Verlag, 2009	423
K-F-V-T	Kölner Fahrverhaltenstest	Kroj, G., Pfeiffer, G.	Schriftreihe Faktor Mensch im Verkehr, Heft 21. Frankfurt: Dr. Arthur Tetzlaff-Verlag, 1973	717
KHV-VK	Konzentrations-Handlungsverfahren für Vorschulkinder	Ettrich, K. U., Ettrich, C.	Göttingen: Hogrefe Verlag, 2006	247 283–290
Kimura-Kastentest Manual Sequence Box	Kimura-Kastentest Manual Sequence Box	Kimura, D.	Acquisition of motor skill after left hemisphere damage. *Brain, 100,* 527–542, 1977	615
		Becker, J. B., Breedlove, S. M., Crews, D., McCarthy, M. M.	*Behavioral Endocrinology* (p. 587). Cambridge, MA: MIT Press, 2002	615

Abkürzungen	Testname	Autoren	Literaturangaben	Seite
KiTAP	Testbatterie zur Aufmerksamkeitsprüfung für Kinder	Zimmermann, P., Gondan, M., Fimm, B.	Herzogenrath: PSYTEST, 2002	64 113–121 409
KKA	Kaseler-Konzentrations-Aufgabe	Krampen, G.	Göttingen: Hogrefe Verlag, 2007	73
Klaviertest	Klaviertest	Luria, A. R.	Human brain and psychological processes. New York: Harper & Row, 1966	616
KLT-R	Konzentrations-Leistungs-Test – Revidierte Fassung	Düker, H., Lienert, G. A. Neubearbeitung: Lukesch, H., Mayrhofer, S.	Göttingen: Hogrefe Verlag, 1965, 2001	67
KMS 3-6	Karlsruher Motorik-Screening für Kindergartenkinder	Bös, K., Bappert, S., Tittlbach, S., Woll, A.	*Sportunterricht, 53,* 79–87, 2004	312
Kombinationen aus Hand- und Fingerstellungen	Kombinationen aus Hand- und Fingerstellungen	Goldenberg, G. Goldenberg, G.	*Apraxien.* Göttingen: Hogrefe Verlag, 2011 Defective imitation of gestures in patients with damage in the left or right hemispheres. *Journal of Neurology, Neurosurgery & Psychiatry, 61,* 176–180, 1996	612 612
KöpSS	Kölner Neuropsychologisches Screening für Schlaganfall-Patienten (KöpSS)	Kaesberg, S., Kalbe, E., Finis, J., Kessler, J., Fink, G. R.	Göttingen: Hogrefe Verlag, 2013	633
KT 3-4 R	Konzentrationstest für 3. und 4. Klassen. Revidierte Fassung	Nell, V., Bretz, H.-J., Sniehotta, F. F.	Göttingen: Beltz Verlag, 2004	67 122–131
KTK	Körperkoordinationstest für Kinder	Kiphard, E. J., Schilling, F.	3. überarbeitete und ergänzte Auflage. Göttingen: Hogrefe Verlag, 2017	312
KTT	Konsonanten Trigramm Test (Brown Peterson Design)	Schellig, D., Schächtele, B.	Frankfurt a. M.: Swets Test Services, 2002	195
KVS-P	Kreativitätstest für Vorschul- und Schulkinder	Krampen, G.	Göttingen: Hogrefe Verlag, 1996	250 277–282

Abkürzungen	Testname	Autoren	Literaturangaben	Seite
L94	L94 Visual Perceptual Battery	Stiers, P., van den Hout, B. M., Haers, M., Vanderkelen, R., de Vries, L. S., van Nieuwenhuizen, O., Vandenbussche, E.	The variety of visual perceptual impairments in pre-school children with perinatal brain damage. *Brain Development, 23,* 333–48, 2001	419
LAT	Limb Apraxia Test	Duffy, J. R., Duffy, R. J.	The assessment of limb apraxia: The limb apraxia test. In G. E. Hammond (Ed.). Cerebral Control of Limb and Speech Movements (pp. 503–534). Amsterdam: Elsevier Science Publishers, 1990	642
LAT	Limb Apraxia Test	Duffy, J. R., Duffy, R. J.	The Limb Apraxia Test: An Imitative Measure of Upper Limb Apraxia. In Clinical Aphasiology Conference 1988 (pp. 145–159). Boston: College-Hill, 1989	642
LDL	Lernfortschrittsdiagnostik Lesen	Walter, J.	Göttingen: Hogrefe Verlag, 2009	420
LGT-3	Lern- und Gedächtnistest 3	Bäumler, G.	Göttingen: Hogrefe Verlag, 1974	200–202 205
		Meier, E.	Version der Gesellschaft für Neuropsychologie mit verlängerten Darbietungs- und Reproduktionszeiten. Veröffentlicht über den Arbeitskreis Aufmerksamkeit & Gedächtnis der GNP, 1987	205
Limb Apraxia Battery: British Version	Limb Apraxia Battery: British Version	Bartolo, A., Cubelli, R., Della Sala, S.	Cognitive approach to the assessment of limb apraxia. *The Clinical Neuropsychologist, 22,* 27–45, 2008	637
LNNB	Luria-Nebraska Neuropsychological Battery	Golden, C. J., Hammeke, T. A., Purisch, A. D.	Los Angeles, CA: Western Psychological Services, 1980	694
LOS KF 18	Lincoln-Oseretzky-Skala Kurzform	Eggert, D.	Weinheim: Beltz, 1974	319
LVT	Linienverfolgungstest	Biehl, B.	Mödling: SCHUHFRIED GmbH, 2008	723 742–746

Abkürzungen	Testname	Autoren	Literaturangaben	Seite
M-ABC-2	Movement Assessment Battery for Children – Second Edition	Henderson, S. E., Sugden, D. A., Barnett, A. L.	Henderson, S., Sugden, D. & Barnett, A. (2007). *Movement Assessment Battery for Children-2.* London: Pearson Assessment.	
	Deutschsprachige Adaptation	Petermann, F.	Frankfurt a. M.: Pearson Assessment & Information GmbH, 2015	318 331–339
M-ABC-2 Checklist	Movement Assessment Battery for Children-2, Checklist	Schoemaker, M. M., Niemeijer, A. S., Flapper, B. C., Smits-Engelsman, B.	Validity and reliability of the Movement Assessment Battery for Children-2 Checklist for children with and without motor impairments. *Developmental Medicine & Child Neurology, 54,* 368–375, 2012	323
MAP	Miller Assessment for Preschoolers	Miller, L. J.	San Antonio, TX: Psychological Corporation, 1982, 1988	317 671
Massion Test	auch „Barman's Test"	Massion, J.	Movement, posture and equilibrium: interaction and coordination. *Progress in Neurobiology, 38,* 35–56, 1992	563
Mechanical Problem-Solving Task	Mechanical Problem-Solving Task	Osiurak, F., Jarry, C., Lesourd, M., Baumard, J., Le Gall, D.	Mechanical problem-solving strategies in left-brain damaged patients and apraxia of tool use. Neuropsychologia, *51,* 1964–1972, 2013	625
Mehrschrittige alltagsbezogene Aktivität	Mehrschrittige alltagsbezogene Aktivität	Hartmann, K., Goldenberg, G., Daumüller, M., Hermsdörfer, J.	It takes the whole brain to make a cup of coffee: the neuropsychology of naturalistic actions involving technical devices. *Neuropsychologia, 43,* 625–637, 2005	624
Metacognitive Judgement Scale	Metacognitive Judgement Scale	Roebers, C. M., Schmid, C., Roderer, T.	Metacognitive monitoring and control processes involved in primary school children's test performance. *The British Journal of Educational Psychology, 79,* 749–67, 2009	251
MHA	Minnesota Handwriting Assessment	Reisman, J.	San Antonio, TX: Psychological Corporation, 1999	315
MLS	Motorische Leistungsserie	Schoppe, K. J.	Das MLS-Gerät: ein neuer Testapparat zur Messung feinmotorischer Leistungen. *Diagnostica, 20,* S. 43–47, 1974	313 682
		Hamster, W.	Die Motorische Leistungsserie – MLS. Handanweisung. Mödling: Schuhfried GmbH, 1980	

Abkürzungen	Testname	Autoren	Literaturangaben	Seite
MLS	Motorische Leistungsserie	Sturm, W., Büssing, A.	Ergänzende Normierungsdaten und Retest-Reliabilitätskoeffizienten zur Motorischen Leistungsserie (MLS) nach Schoppe. *Diagnostica, 3,* 234–245, 1985	313 682
		Neuwirth, W., Benesch, M.	Motorische Leistungsserie – MLS, Version 24.00. Handanweisung. Mödling: Schuhfried GmbH, 2004	
MMDT	Minnesota Manual Dextery Test	Lafayette Instrument Company	*The Minnesota Dexterity Test, Model 32023. Examiner's Manual.* Loughborough: Lafayette Instrument Company, 1998	676
Moberg Picking up Test, modifiziert nach Mannerfelt	Moberg Picking up Test, modifiziert nach Mannerfelt	Moberg, E.	Objective methods for determining the functional value of sensibility in the hand. *Journal of Bone & Joint Surgery, British Volume, 40,* 454–476, 1958	673
		Mannerfelt, L.	Studies on the hand in ulnar nerve paralysis: a clinical-experimental investigation in normal and anomalous innervation. Acta Orthopaedica, 37 (S87), 3–176, 1966	673
Moberg Picking up Test, modifiziert nach Dellon	Moberg Picking up Test, modifiziert nach Dellon	Schädler, S., Kool, J., Lüthi, H., Marks, D., Oesch, P., Pfeffer, A., Wirz, M.	Assessments in der Neurorehabilitation. Bern: Huber, 2006	674
		Amirjani, N., Ashworth, N. L., Gordon, T., Edwards, D. C., Chan, K. M.	Normative values and the effects of age, gender, and handedness on the Moberg Pick-Up Test. *Muscle & Nerv, 35,* 788–792, 2007	674
		Dellon, A. L.	It's academic but not functional. In: Evaluation of Sensibility and Re-education of Sensation in the Hand (pp. 95–114). Baltimore, MD: Williams and Wilkins, 1981	674
MOQ-T	Motor Observation Questionnaire for Teachers	Schoemaker, M. M., Flapper, B. C., Reinders-Messelink, H. A., de Kloet, A.	Validity of the motor observation questionnaire for teachers as a screening instrument for children at risk for developmental coordination disorder. *Human Movement Science, 27,* 190–199, 2008	323

Abkürzungen	Testname	Autoren	Literaturangaben	Seite
MOT	Multiple Objects Test	De Renzi, E., Lucchelli, F.	Ideational apraxia. *Brain, 111,* 1173–1185, 1988	624
MOT	Multiple Object Test	Neiman, M. R., Duffy, R. J., Belanger, S. A., Coelho, C. A.	The assessment of limb apraxia: Relationship between performances on single- and multiple-object tasks by left hemisphere damaged aphasic subjects. *Neuropsychological Rehabilitation, 10,* 429–448, 2000	624
MOT 4-6	Motoriktest für vier- bis sechsjährige Kinder	Zimmer, R., Volkamer, M.	Weinheim: Beltz, 3. überarbeitete und neu normierte Auflage, 2015	319
Mottier-Test	Mottier-Test	Risse, T., Kiese-Himmel, C. Wild, N., Fleck, C.	Der Mottier-Test. Teststatistische Überprüfung an 4- bis 6-jährigen Kindern. *HNO, 57,* 523–528, 2009 Neunormierung des Mottier-Tests für 5-bis 17-jährige Kinder mit Deutsch als Erst- oder als Zweitsprache. *Praxis Sprache, 3,* 152–158, 2013	192
MOUSE	Mauseignungstest aus: Wiener Testsytem (WTS)	Debelak, R., Mandler, G., Topfstedt, E.	Mödling: SCHUHFRIED GmbH, 2012	667
Movement Imitation Test	Movement Imitation Test	De Renzi, E., Motti, F., Nichelli, P.	Imitating gestures: a quantitative approach to ideomotor apraxia. *Archives of Neurology, 37,* 6–10, 1980	614
Movement Recognition Test	Movement Recognition Test	Kimura, D., Archibald, Y.	Motor functions of the left hemisphere. *Brain, 97,* 337–350, 1974	626
Moving Dots	Moving Dots	Gummel, K., Ygge, J., Benassi, M., Bolzani, R.	Motion perception in children with foetal alcohol syndrome. *Acta Paediatrica, 101,* e327–332, 2012	409
Multiple-step Tasks	Multiple-step Tasks	Leiguarda, R., Lees, A. J., Merello, M., Starkstein, S., Marsden, C. D.	The nature of apraxia in corticobasal degeneration. *Journal of Neurology, Neurosurgery & Psychiatrie, 57,* 455–459, 1994	625
MVPT-3	Motor-Free Visual Perception Test – Third Edition	Colarusso, R. P., Hammill, D. D.	Novata, CA: Academic Therapy Publications, 2003	419

Abkürzungen	Testname	Autoren	Literaturangaben	Seite
MVPT-4	The Motor-Free Visual Perception Test – Fourth Edition	Colarusso, R. P., Hammill, D. D.	Novato, CA: Academic Therapy Publications, 2015.	419
NAT	Naturalistic Action Test	Schwartz, M. F., Segal, M., Veramonti, T., Ferraro, M., Buxbaum, L. J.	The Naturalistic Action Test: A standardized assessment for everyday-action impairment. *Neuropsychological Rehabilitation, 12,* 311–339, 2002	623
		Schwartz, M. F., Buxbaum, L. J., Ferraro, M., Veramonti, T., Segal, M.	Suffolk: Pearson Assessment, Oxford UK, 2003	623
NEPSY-II	Developmental Neuropsychological Assessment-II	Korkman, M., Kirk, U., Kemp, S.	San Antonio: TX, Psychological Corporation, 2007	241 244 248 250 252 314 413 Bd. 3
NGA	Namen-Gesichter-Assoziationstest	Kessler, J., Ehlen, P., Halber, M., Bruckbauer, T.	Göttingen: Hogrefe Verlag, 2000	199 203
NHPT	Nine-Hole-Pegboard Test	Mathiowetz, V., Weber, K., Kashman, N., Volland, G.	Adult Norms for the Nine Hole Peg Test of Finger Dexterity. *The Occupational Therapy Journal of Research, 5,* 24–33, 1985	674
NIH Toolbox	NIH Toolbox	Zelazo, P. D., Anderson, J. E., Richler, J., Wallner-Allen, K., Beaumont, J. L., Weintraub, S.	NIH toolbox cognition battery (CB): measuring executive function and attention. *Monographs of the Society for Research in Child Development, 78,* 16–33, 2013	244
Nottingham Sensory Assessment	Nottingham Sensory Assessment	Lincoln, N. B., Jackson, J. M., Adams, S. A.	Reliability and revision of the Nottingham Sensory Assessment for stroke patients. *Physiotherapy, 84* (8), 358–365, 1998	697
Nottingham Sensory Assessment	Nottingham Sensory Assessment	Schädler, S., Kool, J., Lüthi, H., Marks, D., Oesch, P., Pfeffer, A., Wirz, M.	Assessments in der Neurorehabilitation. Bern: Huber, 2006	697

Abkürzungen	Testname	Autoren	Literaturangaben	Seite
Novel Tools Test	Novel Tools Test	Goldenberg, G., Hagmann, S.	Tool use and mechanical problem solving in apraxia. *Neuropsychologia, 26,* 581–589, 1998	622
		Hartmann, K., Goldenberg, G., Daumüller, M., Hermsdörfer, J.	It takes the whole brain to make a cup of coffee: the neuropsychology of naturalistic actions involving technical devices. *Neuropsychologia, 43* (4), 625–637, 2005	622
NVLT	Verbaler und Nonverbaler Lerntest (VLT/NVLT)	Sturm, W., Wilmes, K.	Göttingen: Hogrefe Verlag, 1999	198
Object Knowledge Test	Object Knowledge Test	Neiman, M. R., Duffy, R. J., Belanger, S. A., Coelho, C. A.	The assessment of limb apraxia: Relationship between performances on single- and multiple-object tasks by left hemisphere damaged aphasic subjects. *Neuropsychological Rehabilitation, 10,* 429–448, 2000	632
Objektauswahl und Objektgebrauch	Objektauswahl und Objektgebrauch	Goldenberg, G., Spatt, J.	The neural basis of tool use. *Brain, 132* (6), 1645–1655, 2009	620
Objektgebrauch, konkret	Objektgebrauch, konkret	De Renzi, E., Pieczuro, A., Vignolo, L. A.	Ideational apraxia: a quantitative study. *Neuropsychologia, 6,* 41–52, 1968	620
Objektgebrauch, pantomimisch	Objektgebrauch, pantomimisch	Goldenberg, G., Hartmann, K., Schlott, I.	Defective pantomime of object use in left brain damage: apraxia or asymbolia? *Neuropsychologia, 41,* 1565 -1573, 2003	619
Objektgebrauch, pantomimisch und imitatorisch	Objektgebrauch, pantomimisch und imitatorisch	Roy, E. A., Black, S. E., Blair, N., Dimeck, P. T.	Analyses of deficits in gestural pantomime. *Journal of Clinical and Experimental Neuropsychology, 20,* 628–643, 1998	620
Objektgebrauch, pantomimisch und konkret	Objektgebrauch, pantomimisch und konkret	De Renzi, E., Faglioni, P., Sorgato, P.	Modality-specific and supramodal mechanism of apraxia. *Brain, 105,* 301–312, 1982	620
		De Renzi, E., Lucchelli, F.	Ideational apraxia. *Brain, 111,* 1173–1185, 1988	620
		Goldenberg, G., Hagmann, S.	Tool use and mechanical problem solving in apraxia. *Neuropsychologia, 26,* 581–589, 1998	620

Abkürzungen	Testname	Autoren	Literaturangaben	Seite
O'Connor Tweezer Dexterity Test	O'Connor Tweezer Dexterity Test; Model 32022	Lafayette Instrument Company	*O'Connor Tweezer Dexterity Test. User Instructions.* Loughborough: Lafayette Instrument Company, 2002	679
	O'Connor Tweezer Dexterity Test; Model 18	Lundergan, W. P., Soderstrom, E: J., Chambers, D. W.	Tweezer dexterity aptitude of dental students. *Journal of dental education, 71*, 1090–1097, 2007	679
		Bethscheider, J.	*Comparison of tweezer dexterity.* Statistical Bulletin 1995-5, Johnson O'Connor Research Foundation, 1–11, 1995	
PABLO-S	PABLO-System	Hartwig, M.	Evidenz, Spaß und Motivation. Computergestützte Armbehandlung mit dem Pablo-System. *praxis ergotherapie, 24,* 322–328, 2011	688
Pantomime Comprehension Test	Pantomime Comprehension Test	Gonzalez Rothi, L. J., Heilman, K. M., Watson, R. T.	Pantomime comprehension and ideomotor apraxia. *Journal of Neurology, Neurosurgery, and Psychiatry, 48,* 207–210, 1985	630
Pantomime Recognition	Pantomime Recognition	Varney, N.	Linguistic correlates of pantomime recognition in aphasic patients. *Journal of Neurology, Neurosurgery, and Psychiatry, 41,* 564–568, 1978	631
PASAT	Progressiver Auditiver Serieller Additionstest	Schellig, D., Niemann, H., Schächtele, B.	Frankfurt a. M.: Swets Test Services, 2003 Mödling: SCHUHFRIED GmbH, 2005	82
Peg Moving Task	Peg Moving Task	Annett, M.	Five tests of hand skill. *Cortex, 28,* 583–600, 1992	572
PHI	Preschool Handedness Inventory	Tan, L. E.	Laterality and motor skills in four-year-olds. *Child Development, 56,* 119–124, 1985	572 662
PKT	Postural Knowledge Test	Mozaz, M., Gonzalez-Rothi, L. J., Anderson, J. M., Crucian, G. P., Heilman, K. M.	Postural knowledge of transitive pantomimes and intransitive gestures. *Journal of the International Neuropsychological Society, 8* (7), 958–962, 2002	627
POD	Prüfung optischer Differenzierungsleistungen	Sauter, F. C.	Braunschweig: Westermann, 1979	412
POD-4	Prüfung optischer Differenzierungsleistungen bei Vierjährigen	Sauter, F. C.	Göttingen: Hogrefe Verlag, 2001	412

Abkürzungen	Testname	Autoren	Literaturangaben	Seite
PP-R	Periphere Wahrnehmung	Schuhfried, G.	Mödling: SCHUHFRIED GmbH, 2014	725
PreViAs	Preverbal Visual Assessment Questionnaire	García-Ormaechea, I., González, I., Duplá, M., Andres, E., Pueyo, V.	Validation of the Preverbal Visual Assessment (PreViAs) questionnaire. *Early Human Development, 90,* 635–638, 2014	423
Prüfung auf Gesichtsapraxie	Prüfung auf Gesichtsapraxie	Poeck, K.	Apraxie. In. W. Hartje & K. Poeck. *Klinische Neuropsychologie* (5. Auflage, S. 227–239). Stuttgart: Thieme, 1997	618
Prüfung auf ideomotorische Apraxie der Arme	Prüfung auf ideomotorische Apraxie der Arme	Poeck, K.	Apraxie. In W. Hartje & K. Poeck (Hrsg.), *Klinische Neuropsychologie* (5. Auflage, S. 227–239). Stuttgart: Thieme, 1997	614
Prüfung der Mund- und Gesichtsapraxie, Kurzform	Prüfung der Mund- und Gesichtsapraxie, Kurzform	Goldenberg, G.	Göttingen: Hogrefe Verlag, 2011	618
PSB-R 4-6	Prüfsystem für Schul- und Bildungsberatung für 4. bis 6. Klassen – Revidierte Fassung	Horn, W., Lukesch, H., Kormann, A., Mayrhofer, S.	Göttingen: Hogrefe Verlag, 2002	249 411 416
PSB-R 6-13	Prüfsystem für Schul- und Bildungsberatung für 6. bis 13. Klassen – Revidierte Fassung	Horn, W., Lukesch, H., Mayrhofer, S., Kormann, A.	Göttingen: Hogrefe Verlag, 2003	249
PSSD	Pressure specified sensory device	Tassler, P. L., Dellon, A. L.	Correlation of measurements of pressure perception using the pressure-specified sensory device with electrodiagnostic testing. *Journal of Occupational and Environmental Medicine, 37,* 862–868, 1995	693
PTK-LDT	Punktiertest und Leistungs-Dominanztest für Kinder (5–12 Jahre)	Schilling, F.	Dortmund: verlag modernes lernen, 2009	545 573

Abkürzungen	Testname	Autoren	Literaturangaben	Seite
Purdue Pegboard	Purdue Pegboard	Tiffin, J., Asher, E. J Lafayette Instrument Company	The Purdue Pegboard: Norms and Studies of Reliability and Validity. *Journal of Applied Psychology.* 32, 234–247 Loughborough: Lafayette Instrument Company, 1985	314 678
PVSAT	Progressiver Visueller Serieller Additionstest	Schellig, D., Niemann, H., Schächtele, B.	Frankfurt a. M.: Swets Test Services, 2003 Mödling: SCHUHFRIED GmbH, 2005	79
QbTest	QbTest	Knagenhjelm, P., Ulberstad, F.	Stockholm: Qbtech AB, 2010	65 76 132–141 251
RASP	Rivermead Assessment of Somatosensory Performance	Winward, C. E., Halligan, P. W., Wade, D. T.	The Rivermead Assessment of Somatosensory Performance (RASP): Standardization and reliability data. *Clinical Rehabilitation, 16,* 523–533, 2002	697
RAVEK-S	Ravensburger Erhebungsbogen grafo- und schreibmotorischer Auffälligkeiten	Pauli, S., Kisch, A.	Dortmund: verlag modernes lernen, 2010	315 665
Reading the Mind in the Eyes Test	Reading the Mind in the Eyes Test, Kinderversion Deutsche Bearbeitung	Baron-Cohen, S. Bölte, S.	Universität Frankfurt, 2005 http://www.kgu.de/fileadmin/redakteure/Fachkliniken/Kinder-Jugendmedizin/Psychiatrie_I/Eyes_test_kinder.pdf	251
Recognition of Object Utilization Gestures Test	Recognition of Object Utilization Gestures Test	Bergego, C., Pradat-Diehl, P., Deloche, G., Durand, E., Lauriot-Prevost, M. C. Cubelli, R., Marchetti, C., Boscolo, G., Della Sala, S.	Apraxie ideatoire et reconnaisance de l'utilisation des objects. *Revue de Neuropsychologie, 2,* 193–206, 1992 Cognition in Action: Testing a Model of Limb Apraxia. *Brain and Cognition 44,* 144–165, 2000	628 628
Rev. T.	Revisions-Test	Marschner, G. (nach Dr. Berthold Stender)	Göttingen: Hogrefe Verlag, 1972, 1980	72

Abkürzungen	Testname	Autoren	Literaturangaben	Seite
RLOT	Right-Left-Orientation Test	Benton, A., Sivan, A. B., Hamsher, K., De Varney, S., Spreen, O.	Lutz: Psychological Assessment Resources, 1994 Contributions to Neuropsychological Assessment. New York: Oxford University Press, 1994	417
RMA	Rivermead Motor Assessment	Schädler, S., Kool, J., Lüthi, H., Marks, D., Oesch, P., Pfeffer, A., Wirz, M.	Assessments in der Neurorehabilitation. Bern: Huber, 2006	683
ROCF	Rey-Osterrieth-Complex Figure Test	Rey, A. Osterrieth, P.	L'examen psychologique dans les cas d'encéphalopathie traumatique. *Archives de Psychologie, 28,* 286–340, 1941 Le test de copie d'une figure compexe: Contribution à l'étude de la perception et de la memoire. *Archives de Psychologie, 30,* 206–356, 1944	201 248 422 726
Roeder Manipulative Aptitude Test	Roeder Manipulative Aptitude Test	Roeder, W. S.	Roeder Manipulative Aptitude Test. Loughborough: Lafayette Instrument Company, 1967	678
Rumpfbewegungen	Rumpfbewegungen	Spinazzola, L., Cubelli, R., Della Sala, S.	Impairments of trunk movements following left or right hemisphere lesions: dissociation between apraxic errors and postural instability. *Brain, 126* (12), 2656–2666, 2003	617
RVDLT	Rey Visual Design Learning Test Deutschsprachige Adaptation: Figuraler Lern- und Gedächtnistest (FLGT)	Rey, A. Gonser, A., Balzer, C.	L'examen clinique en psychologie. Paris, Presses Universitaire de France, 1964 Materialien und Normwerte für die neuropsychologische Diagnostik (MNND). Rheinfelden: Normdaten, 2011	198 201 198 201
RWT	Regensburger Wortflüssigkeitstest	Aschenbrenner, S., Tucha, O., Lange, K. W.	Göttingen: Hogrefe Verlag, 2000	243 249

Abkürzungen	Testname	Autoren	Literaturangaben	Seite
SAND-C	Subjective Awareness of Neuropsychological Deficits Questionnaire for Children	Hufford, B. J., Fastenau, P. S	Development and validation of the Subjective Awareness of Neuropsychological Deficits Questionnaire for Children (SAND-C). *Journal of Clinical and Experimental Neuropsychology, 27,* 255–277, 2005	253
SBS	Supra-Block-Spanne aus: Block-Tapping-Test	Schellig, D.	Frankfurt a. M.: Swets Test Services, 1997	199
Schatzkästchen	Schatzkästchen	Hartmann, K., Goldenberg, G., Daumüller, M., Hermsdörfer, J.	It takes the whole brain to make a cup of coffee: the neuropsychology of naturalistic actions involving technical devices. *Neuropsychologia, 43,* 625–637, 2005	625
Schlauchfiguren	Schlauchfiguren	Stumpf, H., Fay, E.	Göttingen: Hogrefe Verlag, 1983	417
SDT	Stromberg Dexterity Test	Stromberg, E. L.	Oxford: The Psychological Corporation, 1985	677
Sensory Experiences Questionnaire	Sensory Experiences Questionnaire	Baranek, G.T, David, F. J., Poe, M. D., Stone, W. L., Watson, L. R.	Sensory Experiences Questionnaire: discriminating sensory features in young children with autism, developmental delays, and typical development. *Journal of child psychology and psychiatry and allied disciplines, 47,* 591–601, 2006	324
SIGNAL	Signal-Detection aus: Wiener Testsystem (WTS)	Schuhfried, G., Puhr, U.	Mödling: SCHUHFRIED GmbH, 2005	71
SIPT	Sensory Integration and Praxis Tests	Ayres, A. J.	Torrance: WPS, 1989	322 671
SLS 1-4	Salzburger Lesescreening für die Klassenstufen 1–4	Mayringer, H., Wimmer, H.	Göttingen: Hogrefe Verlag, 2003	420 Bd. 3
SLS 5-8	Salzburger Lesescreening für die Klassenstufen 5–8	Auer, M., Gruber, G., Mayringer, H., Wimmer, H.	Göttingen: Hogrefe Verlag, 2005	420 Bd. 3
Sluggish Cognitive Tempo Scale	Sluggish Cognitive Tempo Scale	Penny, A. M., Waschbusch, D. A., Klein, R. M., Corkum, P., Eskes, G.	Developing a measure of sluggish cognitive tempo for children: Content validity, factor structure, and reliability. *Psychological Assessment, 21,* 380–389, 2009	251

Abkürzungen	Testname	Autoren	Literaturangaben	Seite
SMK	Sensomotorische Koordination	Bauer, H., Guttmann, G., Leodolter, M., Leodolter, U.	Mödling: SCHUFRIED GmbH, 1999	667
Sollerman Hand Function Test	Sollerman Hand Function Test	Sollerman, C., Ejeskar, A.	Sollerman hand function test. A standardised method and its use in tetraplegic patients. *Scandinavian Journal of Plastic and Reconstructive Surgery and Hand Surgery, 29,* 167–176, 1995	681
SON-R 6-40	Snijders-Oomen Non-verbaler Intelligenztest	Tellegen, P. J., Laros, J. A., Petermann, F.	Göttingen: Hogrefe Verlag, 2012	421
SOT	Single Object Tests	Neiman, M. R., Duffy, R. J., Belanger, S. A., Coelho, C. A.	The assessment of limb apraxia: Relationship between performances on single- and multiple-object tasks by left hemisphere damaged aphasic subjects. *Neuropsychological Rehabilitation, 10,* 429–448, 2000	619
SPE	Reitan-Klove Sensory-Perceptual Examination	Reitan, R., Wolfson, D.	Tucson, AZ: Neuropsychology Press, 1985	321 697
SPM	Standard Progressive Matrices Deutsche Bearbeitung	Raven, J. C. Horn, R.	Oxford: Psychologists Press 2. Auflage. Göttingen: Hogrefe Verlag, 2009	247
SSQ	Sensory Sensitivity Questionnaire	Minshew, N. J. Hobson, J. A.	Sensory sensitivities and performance on sensory perceptual tasks in high-functioning individuals with autism. *Journal of autism and developmental disorders, 38* (8), 1485–1498, 2008	696
Star-Track Test	Star-Track Test	Kildebro, N., Amirian, I., Gögenur, I., Rosenberg, J.	Test re-test reliability and construct validity of the star-track test of manual dexterity. *PeerJ, 3,* e917, 2015	669
Steadiness Tester – Hole Type	Steadiness Tester – Hole Type	Lafayette Instrument Company	Loughborough: Lafayette Instrument Company, 2002	672

Abkürzungen	Testname	Autoren	Literaturangaben	Seite
STIMA	Short Screening Test for Ideo-Motor Apraxia	Tessari, A., Toraldo, A., Lunardelli, A., Zadini, A., Rumiati, R. I.	STIMA: a short screening test for ideo-motor apraxia, selective for action meaning and bodily district. Neurological Sciences, *36,* 977–984, 2015	643
STI-Test	Shape-Texture-Identification Test	Rosen, B., Lundborg, G.	A new tactile gnosis instrument in sensibility testing. *Journal of Hand Therapy*, 11 (4), 251–257, 1998	696
Strength-Dexterity Test	Strength-Dexterity Test	Valero-Cuevas, F. J., Smaby, N., Venkadesan, M., Peterson, M., Wright, T.	The strength–dexterity test as a measure of dynamic pinch performance. *Journal of biomechanics, 36,* 265–270, 2003	687
TAKIWA	Göttinger Entwicklungstest der Taktil-Kinästhetischen Wahrnehmung	Kiese-Himmel, C.	Weinheim: Beltz, 2003	321 340–349
TAP	Testbatterie zur Aufmerksamkeitsprüfung	Zimmermann, P., Fimm, B.	Herzogenrath: PSYTEST, 2002, 2007; neue Version: TAP 2.3, 2012	63 85 408
TAP-M	Testbatterie zur Aufmerksamkeitsprüfung (Version Mobilität 1.3)	Zimmermann, P., Fimm, B.	Herzogenrath: PSYTEST, 2012	724 747–752
Tapping	Tapping	Bishop, D. V. M., Ross, V. A., Daniels, M. S., Bright, P.	The measurement of hand preference: A validation study comparing three groups of right-handers. *British Journal of Psychology, 87,* 269–285, 1996	663
Tapping Board	Tapping Board	Lafayette Instrument Company	Loughborough: Lafayette Instrument Company, 2006	663
TBCT	Teddy Bear Cancellation Test	Laurent-Vannier, A., Chevignard, M., Pradat-Diehl, P., Abada, G., Agostini, M.	Assessment of unilateral spatial neglect in children using the Teddy Bear Cancellation Test. *Developmental Medicine and Child Neurology, 48,* 120–125, 2006	408
TEA-Ch	Test of Everyday Attention for Children Deutsche Bearbeitung und Normierung	Manly, T., Robertson, I. H., Anderson, V., Nimmo-Smith, I. Horn, R., Jäger, R. S.	Frankfurt a. M.: Pearson Assessment, 2., korr. Aufl., 2008	142–155

Abkürzungen	Testname	Autoren	Literaturangaben	Seite
TEA-Ch-K	Test zur Erfassung von Konzentration und Aufmerksamkeit im Kindergartenalter	Jäger, R. S., Sebastian, D.	Frankfurt a. M.: Pearson Assessment, 2010	84 156–167
TEDI-MATH	Test Diagnostique des Compétences de Base en Mathématiques	van Nieuwenhoven, C. Grégoire, J., Noël, M. P.	Paris: ECPA, 2001, 2015	415 Bd.3
	Test zur Erfassung numerisch-rechnerischer Fertigkeiten vom Kindergarten bis zur 3. Klasse. Deutschsprachige Adaptation	Kaufmann, L., Nuerk, H., Graf, M., Krinzinger, H., Delazer, M., Willmes, K.	Bern: Hans Huber Verlag, 2009	
TEMPA	Test d'Evaluation des Membres Supérieurs de Personnes Agées	Desrosiers, J., Hébert, R., Bravo, G., Dutil, É.	Upper extremity performance test for the elderly (TEMPA): normative data and correlates with sensorimotor parameters. *Archives of physical medicine and rehabilitation, 76* (12), 1125–1129, 1995	684
Test de mouvements conjugués	Beidhandkoordinationstest, nach Ricossay	Preilowski, B.	Phases of motor-skills acquisition: A neuropsychological approach. *Journal of Human Movement Studies, 3,* 169–181, 1977	566 672
Test for Apraxia in Stroke Patients	Test for Apraxia in Stroke Patients	van Heugten, C. M., Dekker, J., Deelman, B. G., Stehmann-Saris, J. C., Kinébanian, A.	A diagnostic test for apraxia in stroke patients: internal consistency and diagnostic value. *The Clinical Neuropsychologist, 13,* 182–192, 1999	637
		Zwinkels, A., Geusgens, C., Sande, P., van Heugten, C.	Assessment of apraxia: inter-rater reliability of a new apraxia test, association between apraxia and other cognitive deficits and prevalence of apraxia in a rehabilitation setting. *Clinical Rehabilitation, 18,* 819–827, 2004	637

Abkürzungen	Testname	Autoren	Literaturangaben	Seite
TIE	Touch Inventory for Elementary-School-Aged Children	Royeen, C. B., Lane, S. J.	Tactile processing and sensory defensiveness. In: A. J. Fisher, E. A. Murray, A. C. Bundy, (eds.) Sensory integration: theory and practice (p.108–133). Philadelphia, PA: Davis, 1991	324
		Brown, G. T., Brown, A.	A Review and Critique of the Touch Inventary for Elementary School-Aged Children. *British Journal of Occupational Therapy, 69,* 234–243, 2006	324
TFSI	Test of Sensory Functions in Infants	DeGangi, G. A., Greenspan, S. I.	Torrance, CA: WPS, 1989	321
Three-step Test	Three-step Test	Luria, A. R.	New York: Harper & Row, 1966	616
THS	Test zur Händigkeit des Schulanfängers	Trolldenier, H. P.	Die Entwicklung eines Händigkeitstests für Schulanfänger (THS). In H.-P. Langfeldt & H.-P. Trolldenier (Eds.), Pädagogisch- psychologische Diagnostik. Aktuelle Entwicklungen und Ergebnisse (pp. 65–88). Heidelberg: Asanger, 1993	320 573
THS-R	Test of Handwriting Skills – Revised	Milone, M.	Ann Arbor: Academic Therapy Publications, 2007	315 666
TL-D	Turm von London: Deutsche Version	Tucha, O., Lange, K.	Göttingen: Hogrefe Verlag, 2004	248
TMT	Trail-Making Test	Reitan, R. M., Wolfson, D.	*Neuropsychological evalution of older children.* Tucson, AZ: Neuropsychology Press.	79 420
Tool-Object Pairs	Tool-Object Pairs	Jarry, C., Osiurak, F., Delafuys, D., Chauvire, V., Etcharry-Bouyx, F., Le Gall, D.	Apraxia of tool use: more evidence for the technical reasoning hypothesis. *Cortex, 49* (9), 2322–2333, 2013	621
TPK	Testreihe zur Prüfung der Konzentrationsfähigkeit	Kurth, E., Büttner, G.	Bern: Verlag Hans Huber, 1999	86
TPT **P-TPT**	Tactual Performance Test Portable Tactual Performance Test	Reitan, R. M., Wolfson, D.	Halstead-Reitan neuropsychological test battery: Theory and clinical interpretation. Tucson, AZ: Neuropsychology Press, 1985	321 695

Abkürzungen	Testname	Autoren	Literaturangaben	Seite
TSD-Z	Test zum Schöpferischen Denken-Zeichnerisch	Urban, K. K., Jellen, G.	Göttingen: Hogrefe Verlag, 1995	250
TÜKI	Tübinger Luria Christensen neuropsychologische Testbatterie für Kinder	Deegener, G., Dietel, B., Hamster, W., Koch, C., Matthaei, R., Nödl, H. et al.	Göttingen: Beltz Test, 1997	192 193 197 318 321 663 671 Bd. 3
TULIA	Test of Upper Limb Apraxia	Vanbellingen, T., Kersten, B., Hemelrijk, B. V., Van de Winckel, A., Bertschi, M., Müri, R., De Weerdt, W., Bohlhalter, S.	Comprehensive assessment of gesture production: a new test of upper limb apraxia (TULIA). *European Journal of Neurology, 17* (1), 59–66, 2010	635
TVPS-3	Test of Visual-Perceptual Skills (non-motor)	Martin, N.	Torrance, CA: WPS, Third Edition, 2006	418
TVPS-4	Test of Visual-Perceptual Skills	Martin, N.	Novato: Academic Therapy Publications, Fourth Edition, 2017	418
Two-Arm Coordination Test	Two-Arm Coordination Test	Lafayette Instrument Company	Loughborough: Lafayette Instrument Company, 2006	671
TYMO	Tymo Therapy Plate	Tyromotion	Tymo Therapy Plate Gebrauchsanweisung/Manual. Graz: Tyromotion, 2015	689
Unimanuelle Bewegungssequenzen	Unimanuelle Bewegungssequenzen, nach Maaß	Maaß, S.	Spiegelbildliche Mitbewegungen bei Kindern und Jugendlichen mit infantiler Zerebralparese. Dissertation, Ludwig-Maximilians-Universität München, Medizinische Fakultät, 2003	568
Untersuchung zerebraler Handfunktionsstörungen	Untersuchung zerebraler Handfunktionsstörungen	Hermsdörfer, J., Mai, N., Rudroff, G., Münssinger, M.	Untersuchung zerebraler Handfunktionsstörungen. Ein Vorschlag zur standardisierten Durchführung. Manual und Untersuchungsbogen. Dortmund: Borgmann Publishing, 1994	683

Abkürzungen	Testname	Autoren	Literaturangaben	Seite
Unusual Use of Objects Test	Unusual Use of Objects Test	Osiurak, F., Jarry, C., Allain, P., Aubin, G., Etcharry-Bouyx, F., Richard, I., Le Gall, D.	Unusual use of objects after unilateral brain damage: The technical reasoning model. *Cortex, 45,* 769–783, 2009	621
Upper and Lower Face Apraxia Test	Upper and Lower Face Apraxia Test	Bizzozero, I., Costato, D., Della Sala, S., Papagno, C., Spinnler, H., Venneri, A.	Upper and lower face apraxia: role of the right hemisphere. *Brain, 123,* 2213–2230, 2000	618
VAT	Visueller Assoziations-Test	Lindeboom, J., Schmand, B.	Leiden: PITS, 2003	197
VIGIL	Vigilanztest aus: Wiener Testsystem (WTS)	Schuhfried, G.	Mödling: SCHUHFRIED GmbH, 2004	69
Visual Associative Knowledge	Visual Associative Knowledge	Hodges, J. R., Bozeat, S., Ralph, M. A. L., Patterson, K., Spatt, J.	The role of conceptual knowledge in object use evidence from semantic dementia. *Brain, 123* (9), 1913–1925, 2000	630
Visuell-motorischer Zweihand-koordinationtest	Visuell-motorischer Zweihandkoordinationtest	Preilowski, B.	Possible contribution of the anterior forebrain commissures to bilateral motor coordination. *Neuropsychologia, 10,* 267–277, 1972	564 672
VLMT	Verbaler Lern- und Merkfähigkeitstest	Helmstaedter, Ch., Lendt, M., Lux, S.	Göttingen: Beltz Test GmbH, 2001	197 200
VLT	Verbaler und Nonverbaler Lerntest (VLT/NVLT)	Sturm, W., Wilmes, K.	Göttingen: Hogrefe Verlag, 1999	198
VOSP	Visual Object and Space Perception Battery	Warrington, E., James, M.	Bury St. Edmunds: Thames Valley Test Company, 1991, 1992	418
	Testbatterie für visuelle Objekt-und Raumwahrnehmung	Beckers, K., Canavan, A. J.	London: Harcourt Assessment, 2007	
		Weber, P., Pache, M., Lütschg, J., Kaiser, H. J.	Testbatterie für visuelle Objekt-und Raumwahrnehmung (VOSP): Normwerte für 8-12-Jährige. *Klinische Monatsblätter für Augenheilkunde, 221,* 583–587, 2014	418

Abkürzungen	Testname	Autoren	Literaturangaben	Seite
VOT	Hooper Visual Organization Tests	Hooper, E. H.	Torrance, CA: Western Psychological Services, 1983	413
VPIT	Virtual Peg Insertion Test	Tobler-Ammann, B. C.	Der „Virtuelle Peg Insertions-Test" (VPIT). Ein neues Assessment zur Prüfung der Geschicklichkeit der oberen Extremität nach Schlaganfall. *Ergotherapie, 12/15,* 6–12, 2015	668
		Tobler-Ammann, B. C., de Bruin, E. D., Fluet, M. C., Lambercy, O., de Bie, R. A. Knols, R. H	Concurrent validity and test-retest reliability of the Virtual Peg Insertion Test to quantify upper limb function in patients with chronic stroke. *Journal of NeuroEngineering & Rehabilitation, 13,* 8, 2016.	668
VPT	Visual Patterns Test	Della Sala, S., Gray, C., Baddeley, A. Wilson, L.	A new test of short-term visual recall. Bury St Edmunds: Thames Valley Test Company, 1997	193
VS	Visual Spatial Performance	Marquardt, C., Kerkhoff, G.	München: Verlag MedCom, 2009	725
VVM	Visueller und Verbaler Merkfähigkeitstest	Schellig, D., Schächtele, B.	Frankfurt a. M.: Swets Test Services, 2001	195
VWLT	Visueller Wege Lerntest	Schellig, D., Günther, T., Schächtele, B., Schuri, U.	Göttingen: Hogrefe Verlag, 2014	202
WAB	Western Aphasia Battery	Shewan, C. M., Kertesz, A.	Reliability and validity characteristics of the Western Aphasia Battery (WAB). *Journal of Speech and Hearing Disorders, 45* (3), 308–324, 1980	634
		Kertesz, A.	New York: Grune and Stratton, 1982	634
		Kertesz, A.	San Antonio, TX: Pearson Assessment, 2006	634
WAF	Wahrnehmungs- und Aufmerksamkeitsfunktionen	Sturm, W.	Mödling: SCHUHFRIED GmbH, 2006	63
WAIS-IV	Wechsler Adult Intelligence Scale	Wechsler, D.	San Antonio, TX: Psychological Corporation; 2008	74 191 194 203
	Deutschsprachige Adaptation	Petermann, F.	Frankfurt a.M.: Pearson Assessment & Information GmbH, 2013	

Abkürzungen	Testname	Autoren	Literaturangaben	Seite
WCST	Wisconsin Card Sorting Test	Grant, D. A., Berg, E.A Heaton, R. K.	A behavioural analysis of degree of reinforcement and ease of shifting to new responses in a Weigl-type cardsorting problem. *Journal of Experimental Psychology, 38,* 404–411, 1948 Odessa, FL: Psychological Assessment Resources, 1993	244 248
WEST	Weinstein Enhanced Sensory Test	Weinstein, S.	Fifty years of somatosensory research: from the Semmes-Weinstein monofilaments to the Weinstein Enhanced Sensory Test. *Journal of Hand Therapy, 6,* 11–22, 1993	692
WET	Wiener Entwicklungstest	Kastner-Koller, U., Deimann, P.	Göttingen: Hogrefe Verlag, 3. überarbeitete und erweiterte Auflage, 2012	423
WFQ-R	Waterloo Footedness Questionaire – Revised	Elias, L. J., Bryden, M. P.	Footedness is a Better Predictor of Language Lateralisation than Handedness. *Laterality: Asymmetries of Body, Brain and Cognition, 3,* 41–52, 1998	574
WIE	Wechsler Intelligenztest für Erwachsene	von Aster, M., Neubauer, N., Horn, R.	Frankfurt a. M.: Harcourt Test Services, 2006	191 203
WISC-IV	Wechsler Intelligence Scale for Children – Fourth Edition Deutschsprachige Adaptation	Wechsler, D. Petermann, F., Petermann, U.	San Antonio, TX: Psychological Corporation, 2003 Frankfurt a. M.: Pearson Assessment & Information GmbH, 2011	191 245 317 412
WISC-V	Wechsler Intelligence Scale for Children – Fifth Edition	Petermann, F.	Frankfurt a. M.: Pearson Assessment & Information GmbH, 2017	191 203 317 412
WMFT	Wolf Motor Function Test	Bauder, H., Taub, R., Miltner, H. R. Wolf, S. L., Lecraw, D. E., Barton, L. A., Jann, B. B.	Behandlung motorischer Störungen nach Schlaganfall – Die Taubsche Bewegungsinduktionstherapie (Reihe: Therapeutische Praxis, S. 77–86). Göttingen: Hogrefe Verlag, 2001 Forced use of hemiplegic upper extremities to reverse the effect of learned nonuse among chronic stroke and head-injured patients. *Experimental Neurology, 104,* 125–132, 1989	683 683

Abkürzungen	Testname	Autoren	Literaturangaben	Seite
WMS-R	Wechsler Gedächtnistest Revidierte Fassung	Wechsler, D. Härting, C., Markowitsch, H. J., Neufeld, H., Calabrese, P., Deisinger, K., Kessler, J.	New York: The Psychological Corporation, 1987 Bern: Verlag Hans Huber, 2000	191 205
WorkPark	WorkPark	Nitzbon-Grimberg, P.	WorkPark – Medizinische Rehabilitation. *ergopraxis, 6,* 42, 2013	690
WPPSI-III	Wechsler Preschool and Primary Scale of Intelligence – Third Edition Deutschsprachige Adaptation	Wechsler, D. Petermann, F., Ricken, G., Fritz, A., Schuck, D., Preuß, U.	San Antonio, TX: Psychological Corporation, 2012 Frankfurt a.M.: Pearson Assessment, 3. überarbeitete und erweiterte Auflage, 2014	247 412 421 422
WRBTV	Wiener Risikobereitschaftstest Verkehr	Hergovich, A., Bognar, B., Arendasy, M., Sommer, M.	Mödling: SCHUHFRIED GmbH, 2004	726
WS Lesetest	Wilkins-Schroth Lesetest	Wilkins, A., Jeanes, R. J., Pumfrey, P. D., Laskier, M. Schroth, V.	Rate of Reading Test: its reliability, and its validity in the assessment of the effects of coloured overlays. *Ophthalmic and Physiological Optics, 16,* 491–497, 1996 Deutsch: Visus Sehtest Produkte Stuttgart; http://www.visus.de Der WS Lesetest. Ein effektives Werkzeug zum Messen der Lesegeschwindigkeit vor und nach Therapien. *Ergotherapie und Rehabilitation, 42,* 13–20, 2003	420
ZAREKI-K	Neuropsychologische Testbatterie für Zahlenverarbeitung und Rechnen bei Kindern – Kindergartenversion	von Aster, M., Bzufka, M. W., Horn, R. R..	Frankfurt a. M.: Pearson Assessment & Information GmbH, 2009	415
ZAREKI-R	Neuropsychologische Testbatterie für Zahlenverarbeitung und Rechnen bei Kindern	von Aster, M., Zulauf, M. W., Horn, R.	Frankfurt a. M.: Pearson Assessment & Information GmbH, 2006	415

Abkürzungen	Testname	Autoren	Literaturangaben	Seite
ZNM	Zürcher Neuromotorik	Largo, R. H., Fischer, J. E., Caflisch, J. A., Jenni, O.G	Zürich: AWE-Verlag, 2007	318 350–356
Zoo-Spiel	Zoo-Spiel	Fritz, W., Hussy, A.	Göttingen: Beltz Test GmbH, 2000	249 268–276
ZVT	Zahlen-Verbindungs-Test	Oswald, W. D. Roth, E. Oswald, W. D.	Göttingen: Hogrefe Verlag, 2. Auflage, 1987 Göttingen: Hogrefe Verlag, 3., überarbeitete und neu normierte Auflage, 2016	66 420 670

Liste der Herausgeber, Autoren und Rezensenten

Autoren und Rezensenten	Texte	
Heinemann, Dörthe Universitätsklinik für Neurologie, Universitäre Neurorehabilitation, Inselspital Bern, 3010 Bern, Schweiz	Herausgeber	
Schächtele, Beate Praxis für Neuropsychologie, Sägereistr. 8, 8212 Neuhausen am Rheinfall, Schweiz	Herausgeber	
Schellig, Dieter Hegau-Jugendwerk, Neurologisches Krankenhaus und Rehabilitationszentrum für Kinder, Jugendliche und junge Erwachsene, Kapellenstr. 31, 78262 Gailingen	Herausgeber	
Sturm, Walter Neurologische Klinik, RWTH Aachen University, Pauwelstr. 30, 52074 Aachen, Bergstr. 23, 52159 Roetgen	Herausgeber	
Neuropsychologische Diagnostik von Kindern und Jugendlichen Mitherausgeber: Renate Drechsler und Thomas Günther		**Seite**
Behrendt, Hannah Klinik für Psychiatrie, Psychosomatik und Psychotherapie des Kindes- und Jugendalter; LFG klinische Neuropsychologie des Kindes und Jugendalters, Neuenhofer Weg 21, 52074 Aachen	Continuous Attention Performance Test (CAPT)	88
Drechsler, Renate Zentrum für Kinder- und Jugendpsychiatrie, Universität Zürich, Neumünsterallee 3–9, 8032 Zürich, Schweiz	Exekutive Funktionen Motorik + Sensibilität Visuelle und räumliche Funktionen Arbeitsgedächtnistestbatterie für Kinder von 5 bis 12 Jahren (AGTB 5-12) Konzentrations-Handlungsverfahren für Vorschulkinder (KHV-VK)	218 291 380 255 283
Everts, Regula Neuropädiatrie, Entwicklung und Rehabilitation, Universitäts-Kinderklinik, Inselspital, 3010 Bern, Schweiz	Zürcher Neuromotorik (ZNM)	350

Autoren und Rezensenten	Texte	
Freitag, Hedwig Epilepsieklinik Tabor, Ladeburger Straße 15, 16321 Bernau bei Berlin	Test of Everyday Attention for Children (TEA-Ch) TEA-Ch-K Ein Test zur Erfassung von Konzentration und Aufmerksamkeit im Kindergartenalter	142 156
Geiger-Riess, Mirjam ZfP Südwürttemberg, Abteilung für Epileptologie Weissenau, Weingartshofer Str. 2, 88214 Ravensburg	Frostigs Entwicklungstest der visuellen Wahrnehmung – 2 (FEW-2)	433
Gleißner, Ulrike Kinderneurologisches Zentrum der LVR-Klinik, Gustav-Heinemann-Haus, Waldenburger Ring 46, 53119 Bonn	Battery for Assessment in Children – Merk- und Lernfähigkeitstest für 6- bis 16-Jährige (BASIC-MLT)	206
Günther, Thomas Klinik für Psychiatrie, Psychosomatik und Psychotherapie des Kindes- und Jugendalters; LFG klinische Neuropsychologie des Kindes- und Jugendalters, Neuenhofer Weg 21, 52074 Aachen	Aufmerksamkeit Gedächtnis	53 168
Hauser, Tobias U. Wellcome Trust Centre for Neuroimaging, Institute of Neurology, University College London, 12 Queen Square, London WC1N 3BG	Kreativitätstest für Vorschul- und Schulkinder: Version für die psychologische Anwendungspraxis (KVS-P) Gedächtnis	268 164
Heinemann, Dörthe Universitätsklinik für Neurologie, Universitäre Neurorehabilitation, Inselspital Bern, 3010 Bern, Schweiz	Gedächtnis	168
Höfler-Weber, Esther Kantonsspital Aarau AG, Klinik für Kinder und Jugendliche, 5001 Aarau, Schweiz	Movement Assessment Battery for Children – Second Edition (M-ABC-2)	331
Ilieva, Ivana Zentrum für Kinder- und Jugendpsychiatrie, Universität Zürich, Eisengasse 16, 8008 Zürich, Schweiz	Zoo-Spiel – Ein Test zur Planungsfähigkeit bei Grundschulkindern	268
John, Rainer SPZ Charité, Campus Virchow, Augustenburger Platz 1, 13353 Berlin	Abzeichentest für Kinder (ATK)	424

Autoren und Rezensenten	Texte	
Knospe, Eva Lotte Hubertusstraße 50, 52064 Aachen	QbTest	132
Leh, Sandra E. Psychiatrische Universitätsklinik, Klinik für Alterspsychiatrie, Gerontopsychiatrisches Zentrum Hegibach, Neuropsychologie und Neuroimaging, Minervastrasse 145, 8032 Zürich, Schweiz	Neuroophthalmologische Prävention	365
Neubert, Alexa ZUYD University, School of Speech and Language Therapy, po-box 550, 6400 AN Heerlen, The Netherlands	Göttinger Entwicklungstest der Taktil-Kinästhetischen Wahrnehmung (TAKIWA) Diagnostischer Elternfragebogen zur taktil-kinästhetischen Responsivität im frühen Kindesalter (DEF-TK)	340 357
Reindl, Vanessa Klinik für Psychiatrie, Psychosomatik und Psychotherapie des Kindes- und Jugendalters, LFG klinische Neuropsychologie des Kindes- und Jugendalters, Neuenhofer Weg 21, 52074 Aachen	Konzentrationstest für 3. und 4. Klassen Revidierte Fassung (KT 3-4 R)	122
Scharke, Wolfgang Klinik für Psychiatrie, Psychosomatik und Psychotherapie des Kindes- und Jugendalters, LFG klinische Neuropsychologie des Kindes- und Jugendalters, Neuenhofer Weg 21, 52074 Aachen	Kaufman – Computerized Assessment Battery (K-CAB) Deutsche Adaptation des französischen Originalverfahrens K-Classic	102
Schellig, Dieter Hegau-Jugendwerk, Neurologisches Krankenhaus und Rehabilitationszentrum für Kinder, Jugendliche und junge Erwachsene, Kapellenstr. 31, 78262 Gailingen	Gedächtnis	168
Stucki, Elisabeth Praxis für Psychotherapie und Neuropsychologie, Bernstr. 5, 3067 Boll, Schweiz	Hand-Dominanz-Test (H-D-T)	325
Sturm, Walter Neurologische Klinik, RWTH Aachen University, Pauwelstr. 30, 52074 Aachen, Bergstr. 23, 52159 Roetgen	Aufmerksamkeit	53

Autoren und Rezensenten	Texte	
Weaver, Julia Dorothea Klinik für Psychiatrie, Psychosomatik und Psychotherapie der Uniklinik RWTH Aachen, Neuenhofer Weg 21, 52074 Aachen	Testbatterie zur Aufmerksamkeitsprüfung für Kinder (KITAP)	113
Zuberer, Agnieszka KJPD, Zentrum für Kinder- und Jugendpsychiatrie, Universität Zürich, Eisengasse 16, 8008 Zürich, Schweiz	Zoo-Spiel – Ein Test zur Planungsfähigkeit bei Grundschulkindern	268
Hemisphärenlateralisierung und interhemisphärische Interaktion		
Preilowski, Bruno Karl-Erb-Ring 5, 88213 Ravensburg	Hemisphärenlateralisierung und interhemisphärische Interaktion	497
Schächtele, Beate Praxis für Neuropsychologie, Sägereistr. 8, 8212 Neuhausen am Rheinfall, Schweiz	Hemisphärenlateralisierung und interhemisphärische Interaktion	552
Sensomotorik		
Schächtele, Beate Praxis für Neuropsychologie, Sägereistr. 8, 8212 Neuhausen am Rheinfall, Schweiz	Sensomotorik	659
Apraxie		
Schächtele, Beate Praxis für Neuropsychologie, Sägereistr. 8, 8212 Neuhausen am Rheinfall, Schweiz	Apraxie Kölner Apraxie-Screening (KAS)	591 644
Fahreigung Mitherausgeber: Jutta Küst und Andreas Schale		
Küst, Jutta Klinik Lengg, Abteilung Neuropsychologie, Bleulerstr. 60, 8008 Zürich, Schweiz	Fahreignung Adaptiver tachistoskopischer Verkehrsrauffassungstest (ATAVT) Fitness to drive Standard/Plus (DRIVESTA/DRIVEPLS) Corporal Plus Linienverfolgungstest (LVT) Testbatterie zur Aufmerksamkeitsprüfung, Version Mobilität (TAP-M)	707 727 738 733 742 747

Autoren und Rezensenten	Texte	
Schale, Andreas Praxis für Psychotherapie & Neuropsychologie und Verhaltenstherapie, Neustadt 12, 91522 Ansbach	Fahreignung	707

Bezugsquellen

Viele der von Verlagen veröffentlichten Testverfahren können über die beiden „Testzentralen“ in Göttingen und Bern bezogen werden. Bei Bezugsquellen, die in der ersten Spalte der Tabelle mit einem Asterisk (*) gekennzeichnet sind, ist dies nicht der Fall.

Testverlage	Bezugsquellen	
Academic Therapy Publications	Academic Therapy Publications 20 Leveroni Court Novato, CA 94949–5746 USA Tel. +1 415 883–3314 Fax +1 415 883–3720 E-Mail products@academictherapy.com www.academictherapy.com	Kontakt Europa: Ann Arbor Publishers P.O. Box 1 Belford, Northumberland NE707JX United Kingdom Tel. +44 1668 214460 Fax +44 1668 214484 E-Mail enquiries@annarbor.co.uk www.annarbor.co.uk
AJA Associates	PAR, Inc. 16204 North Florida Avenue Lutz, FL 33549	Tel. +1 813 968 3003 Fax +1 813 961 2196 www.parinc.com
Antonius Verlag	Testzentrale Göttingen Robert-Bosch-Breite 25 D-37079 Göttingen Tel. +49 551 506880 Fax +49 551 5068824 E-Mail testzentrale@hogrefe.de www.testzentrale.de	Testzentrale der Schweizer Psychologen AG Länggass-Strasse 76 CH-3000 Bern 9 Tel. +41 31 3004545 Fax +41 31 3004590 E-Mail testzentrale@hanshuber.com www.testzentrale.ch
AWE Verlag*	AWE-Verlag Kinderspital Zürich, Abteilung Entwicklungspädiatrie Steinwiesstr. 75 8032 Zürich Schweiz	Tel. +41 1 266 7751 Fax +41 1 266 7164 E-Mail awe.verlag@kispi.unizh
BASES of Viginia*	BASES of Viginia 114 Breezy Point Drive Yorktown, VA 23692 USA	Tel. +1 88 823 8251 or 888-VA-EVAL-1 Fax +1 1 266 7164 E-Mail info@basesofva.com www.basesofva.com

Testverlage	Bezugsquellen	
Beltz	Testzentrale Göttingen Herbert-Quandt-Str. 4 37081 Göttingen Tel. +49 551 99950999 Fax +49 551 99950998 E-Mail testzentrale@hogrefe.de www.testzentrale.de	Testzentrale der Schweizer Psychologen AG Länggass-Strasse 76 CH-3000 Bern 9 Tel. +41 31 3004545 Fax +41 31 3004590 E-Mail testzentrale@hogrefe.ch www.testzentrale.ch
Cambridge Cognition	Cambridge Cognition Tunbridge Court, Tunbridge Lane Bottisham, Cambridge CB25 9TU United Kingdom	Tel. +44 1223 810700 Fax +44 1223 810701 E-Mail info@camcog.com www.cambridgecognition.com
DUFOUR INSTRUMENTS*	DUFOUR INSTRUMENTS Matériel Psychotechnique 27, rue de Bizon 91340 Ollainville Frankreich	Tel. +33 016490 Fax +33 016490 9895 E-Mail contact@dufourinstruments.com http://dufourinstruments.com
Editions Centre de Psychologie Appliquée (ECPA)	Testzentrale der Schweizer Psychologen AG Länggass-Straße 76 CH-3000 Bern 9	Tel. +41 31 300 45 45 Fax +41 31 300 45 90 E-Mail testzentrale@hogrefe.ch www.testzentrale.ch
Feldhaus Verlag*	Feldhaus Verlag GmbH & Co. KG Bei der Neuen Münze 4a Postfach 73 02 40 2145 Hamburg	Tel. +49 40 679 430-0 Fax +49 40 679 430-30 E-Mail post@feldhaus-gruuppe.de www.feldhausverlag.de
Green's Publishing	Green's Publishing 17010–103 Avenue Edmonton, Alberta Canada, T5S 1K7	Tel. +1 780 4845550 Fax +1 780 484 5631 E-Mail GreensPublishing@gmail.com http://www.wordmemorytest.com
Harcourt Assessment Harcourt Test Services	Pearson Assessment & Information GmbH Baseler Str. 35–37 60329 Frankfurt/M.	Tel. +49 69 7561460 Fax +49 69 75614610 E-Mail info.de@pearson.com www.pearsonassessment.de

Testverlage	Bezugsquellen	
Hogrefe Verlag	Testzentrale Göttingen Herbert-Quandt-Str. 4 37081 Göttingen Tel. +49 551 99950999 Fax +49 551 99950998 E-Mail testzentrale@hogrefe.de www.testzentrale.de	Testzentrale der Schweizer Psychologen AG Länggass-Strasse 76 CH-3000 Bern 9 Tel. +41 31 3004545 Fax +41 31 3004590 E-Mail testzentrale@hogrefe.ch www.testzentrale.ch
Houghton Mifflin Company*	Houghton Mifflin Company International Inc. P O Box 269 Abingdon, Oxfordshire, OX14 United Kingdom Houghton Mifflin Harcourt Headquarters 222 Berkeley Street Boston, MA 02116 USA	Tel. +44 1235 833827 Fax +44 1235 833829 E-Mail info@hmcouk.co.uk http://www.hmco.com
Huber Verlag (bis 2015, danach: Hogrefe Verlag)	Testzentrale Göttingen Herbert-Quandt-Str. 4 37081 Göttingen Tel. +49 551 99950999 Fax +49 551 99950998 E-Mail testzentrale@hogrefe.de www.testzentrale.de	Testzentrale der Schweizer Psychologen AG Länggass-Strasse 76 CH-3000 Bern 9 Tel. +41 31 3004545 Fax +41 31 3004590 E-Mail testzentrale@hogrefe.ch www.testzentrale.ch
Institute for Work & Health*	Institute for Work & Health 481 University Avenue, Suite 800 Toronto, Ontario M5G 2E9 Canada	Tel. +1 416 927 2027 Fax +1 416 927 4167 E-Mail info@iwh.on.ca http://www.iwh.on.ca
Keystone View*	Keystone View 2200 Dickerson Road Reno, Nevada 89503 USA	Tel. +1 510 931 7747 Fax +1 775 324 5375 E-Mail sales@keystoneview.com www.keystoneview.com
Lafayette Instruments*	Lafayette Instrument Company, Europe PO Box 8148 Loughborough, Leics., LE12 7TJ. United Kingdom	Tel. +44 1509 817700 Fax +44 1509 817701 E-Mail eusales@lafayetteinstrument.com www.lafayetteinstrumenteurope.com

Testverlage	Bezugsquellen	
Lawrence Erlbaum seit 2006 bei Taylor & Francis	Taylor & Francis Group Ltd 130 Milton Park, Abingdon, Oxon OX14 4SB, United Kingdom	Tel. +44 1235 400 524 Fax +44 1235 400 401 E-Mail book.orders@tandf.co.uk www.routledge.com
MedCom*	Verlag Med Com Fritz-Lange-Str. 2 D-81547 München	Tel. +49 089 6514435 Fax +49 089 6514435 E-Mail Info@MedicalComputing.de www.medicalcomputing.de
Medimont Verlag*	Medimont Verlag GMBH Waldgartenstr. 26 D-81377 München	Tel. +49 89 74100900 Fax. +49 89 74100901 E-Mail info@medimont.eu www.medimont.eu
Mnemo-Verlag	Mnemo-Verlag Schiefe Ahelle 2 58515 Lüdenscheid	Tel. +49 2351 679576 8 Fax +49 2351 679576 5 E-Mail kontakt@mnemo-verlag.de http://www.mnemo-verlag.de
mobile biomechanische Messsysteme*	Bernd Hermann Karlsruher Str. 131 76287 Rheinstetten	Mobil: 0174 8875986 E-Mail mobile-biomechanische-mess-systeme@web.de http://www.mobile-biomechanische-mess-systeme.de/
Multi-Health Systems	MHS Inc P.O. Box 950 North Tonawanda, NY 14120–0950	Tel. +1 416 492 2627 Fax +1 416 492 3343 E-Mail customerservice@mhs.com www.mhs.com
Neuropsychology Press*	Reitan Neuropsychology Laboratory P.O. Box 66080 Tucson, AZ 85728–6080 USA	Tel. +1 520 577 2970 Fax +1 520 577 2940 E-Mail CustomerService@ReitanLabs.com www.reitanlabs.com
NFER-Nelson seit 2007: GL Assessment	GL Assessment 9th Floor East 389 Chiswick High Road London W4 4AL	Tel. +44 845 602 1937 Fax +44 845 601 5358 E-Mail info@gl-assessment.co.uk http://www.gl-assessment.co.uk

Testverlage	Bezugsquellen	
Nitzbon*	Nitzbon Aktiengesellschaft Osterrade 14 21031 Hamburg	Tel. +49 40 7392230 Fax +49 40 739223 99 E-Mail contact@nitzbon.de http://www.nitzbon.de
ohr-punkt.de*	Dr. Heinz Hättig Stierstr. 15 12159 Berlin	Tel. +49 179 135 4419 Fax +49 308 596 4404 E-Mail heinz.haettig@ohr-punkt.de
Oxford Psychologists Press J. R. Raven Limited*	Pearson Assessment & Information GmbH Baseler Str. 35–37 60329 Frankfurt/M.	Tel. +49 69 7561460 Fax +49 69 75614610 E-Mail info.de@pearson.com www.pearsonassessment.de
Pearson Assessment & Information	Pearson Assessment & Information GmbH Baseler Str. 35–37 60329 Frankfurt/M.	Tel. +49 69 7561460 Fax +49 69 75614610 E-Mail info.de@pearson.com www.pearsonassessment.de
Performance Health Europe*	Patterson Medical Ltd Nunn Brook Road, Huthwaite Sutton-in-Ashfield Nottinghamshire, NG17 2HU United Kingdom.	Tel. +44 1623 448 706 Fax +44 1623 448 784 E-Mail international@pattersonmedical.com https://www.pattersonmedical.co.uk.de
Perimed-Straube*	perimed FachbuchVerlag Dr. med. Straube GmbH Flugplatzstr. 104 90768 Fürth	Tel. +49 911 50 722 0 Fax +49 911 50 722 119 E-Mail service@perimed.de www.perimed.de
PITS	Der Verlag PITS B. V. existiert nicht mehr. Die von PITS verlegten Verfahren sind aber weiterhin über die Testzentralen in Göttingen und Bern zu beziehen.	
PRO-ED	PRO-ED, Inc. 8700 Shoal Creek Boulevard Austin, Texas 78757–6897	Tel. +1 800 897 3202 Fax +1 800 397 7633 E-Mail general@proedinc.com http://www.proedinc.com
Psychological Assessment Resources (PAR)	PAR, Inc. 16204 North Florida Avenue Lutz, FL 33549	Tel. +1 813 449 4066 Fax +1 813 961 2196 http://www.parinc.com
Psytest	PSYTEST Psychologische Testsysteme Kaiserstraße 100 D – 52134 Herzogenrath	Tel. +49 2407 918980 Fax +49 2407 917153 E-Mail info@psytest.net www.psytest.net/

Testverlage	Bezugsquellen	
Qbtech	Germany Office: Qbtech GmbH Oranienstr. 183–184 10999 Berlin	Tel. +800 728 32 446 E-Mail de.info@qbtech.com http://www.qbtech.com
Reha-Stim Medtec*	Reha-Stim Medtec GmbH & Co. KG Kastanienallee 32 14050 Berlin	Tel. +49 3030121497 Fax +49 3036404232 E-Mail info@reha-stim.de http://www.reha-stim.de
Reitan Neuropsychology Laboratory	Reitan Neuropsychology Lab 2517 W Monterey Ave Mesa AZ 85202 USA	Tel. +1 480 755 7543 Fax +1 520 829 3513 E-Mail reitanlabs@aol.com http://rn-lab.net
Riverside Publishing	Riverside Publishing Company HMH – Riverside 3800 Golf Road, Suite 200 Rolling Meadows, IL 60008 USA	Tel. +01 630 467 7000 Fax +01 630 467 7192 E-Mail rpcinternational@hmhco.com www.riversidepublishing.com
SCHUHFRIED*	SCHUHFRIED GmbH Hyrtlstraße 45 2340 Mödling Österreich	Tel. +43 2236 42 315 Fax +43 2236 46 597 E-Mail info@schuhfried.at www.schuhfried.at aus Deutschland: Tel. +49 69 899 140 33 Fax +49 69 899 140 44 E-Mail info@schuhfried.de www.schuhfried.de
Sonares*	SONARES BV Overhoeksparklaan 108 1031 KC Amsterdam The Netherlands	Tel. +31 20 6459944 E-Mail info@sonarbv.nl www.sonares.nl www.antprogram.nl
Springer Verlag	Es werden keine Testverfahren mehr verlegt.	Tests vom Springer Verlag lassen sich nur noch antiquarisch erwerben.
Swets Test Services	Pearson Assessment & Information GmbH Baseler Str. 35–37 60329 Frankfurt/M.	Tel. +49 69 7561460 Fax +49 69 75614610 E-Mail info.de@pearson.com www.pearsonassessment.de

Testverlage	Bezugsquellen	
Testzentrale	Testzentrale Göttingen Herbert-Quandt-Str. 4 37081 Göttingen Tel. +49 551 99950999 Fax +49 551 99950998 E-Mail testzentrale@hogrefe.de www.testzentrale.de	Testzentrale der Schweizer Psychologen AG Länggass-Strasse 76 CH-3000 Bern 9 Tel. +41 31 3004545 Fax +41 31 3004590 E-Mail testzentrale@hogrefe.ch www.testzentrale.ch
Thames Valley Test Company	Pearson Assessment & Information GmbH Baseler Str. 35–37 60329 Frankfurt/M.	Tel. +49 69 7561460 Fax +49 69 75614610 E-Mail info.de@pearson.com www.pearsonassessment.de
The Psychological Corporation	Pearson Assessment & Information GmbH Baseler Str. 35–37 60329 Frankfurt/M.	Tel. +49 69 7561460 Fax +49 69 75614610 E-Mail info.de@pearson.com www.pearsonassessment.de
Tyromotion*	Tyromotion Bahnhofgürtel 59 8020 Graz Österreich	Tel. +43 316 908 909 Fax +43 316 231123 9144 E-Mail office@tyromotion.com www.tyromotion.com
University of Bergen*	University of Bergen Department of Biological and Medical Psychology Jonas Liesvei 91 N-5009 Bergen Norway	Tel. +47 55 58 62 77 Fax +47 55 58 98 72 E-Mail Hugdahl@psybp.uib.no www.dichoticlistening.com
University of Victoria*	University of Victoria Department of Psychology P.O. Box 1700 STN CSC University of Victoria Victoria, British Columbia Canada, V8W 2Y2	Tel. +1 250 721 7525 Fax +1 250 721 8929 E-Mail psycadv@uvic.ca www.uvic.ca/socialsciences/psychology
Valpar International Corporation*	Valpar International Corporation 2440 N. Coyote Drive, Suite 127 Tucson, AZ 85745 USA	Tel. +1 800 633 3321 Fax +1 262 797 8488 E-Mail sales@valparint.com http://www.valparint.com
Verlag Alexander Möckl*	Verlag Alexander Möckl Piccardstraße 1 86159 Augsburg	Tel. +49 821 56 30 80 Fax +49 821 55 57 07 E-Mail moeckl@gmx.de

Testverlage	Bezugsquellen	
Verlag Normdaten*	Verlag Normdaten Marktgasse 37 4313 Rheinfelden Schweiz	E-Mail info@normdaten.ch http://normdaten.ch
verlag modernes lernen*	verlag modernes lernen Borgmann GmbH & Co. KG Schleefstraße 14 44287 Dortmund	Tel. +49 231 12 80 08 Fax +49 231 12 56 40 E-Mail info@verlag-modernes-lernen.de www.verlag-modernes-lernen.de
Vistec*	Vistec AG Werner-von-Siemens-Str. 13 82140 Olching	Tel. +49 81 42 / 4 48 57-60 Fax +49 81 42 / 4 48 57-70 E-Mail info@vistec-ag.de www.vistec-ag.de
Visus-Sehtest-Produkte*	VISUS GmbH Moritz Fanti Calwer Str. 41 70173 Stuttgart	Tel. +49-711-226 16 50 Fax +49-711-29 63 99 E-Mail sehteste@visus.de www.visus-sehteste.de
Werkstatt Team Bubikon*	Werkstatt Team Bubikon Bannholzstrasse 6b 8608 Bubikon Schweiz	Tel. +41 55 243 34 43 Fax +41 55 243 36 76 E-Mail wtb@sfgb.ch www.originell.net
Western Psychological Services (wps)	Western Psychological Services 625 Alaska Avenue Torrance, CA 90503–5124	Tel. +1 424 201 8800 Fax +1 424 201 6950 E-Mail customerservice@wpspublish.com www.wpspublish.com

Normentafel und Umrechnungstabelle von Standardnormen

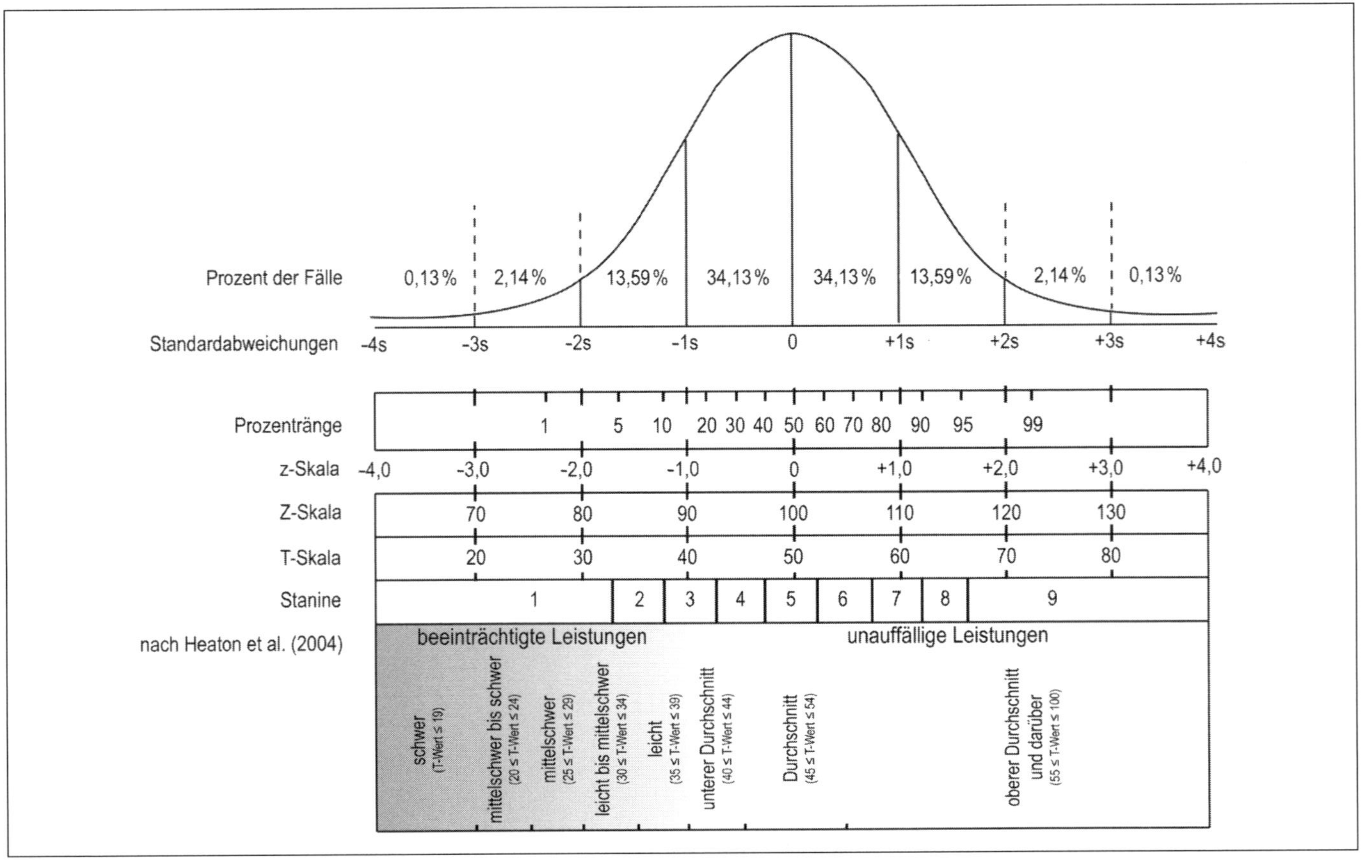

Prozent der Fälle
0,13 %
2,14 %
13,59 %
34,13 %
34,13 %
13,59 %
2,14 %
0,13 %
Standardabweichungen
-4s
-3s
-2s
-1s
0
+1s
+2s
+3s
+4s
Prozentränge
1
5
10
20
30
40
50
60
70
80
90
95
99
z-Skala
-4,0
-3,0
-2,0
-1,0
0
+1,0
+2,0
+3,0
+4,0
Z-Skala
70
80
90
100
110
120
130
T-Skala
20
30
40
50
60
70
80
Stanine
1
2
3
4
5
6
7
8
9
nach Heaton et al. (2004)
beeinträchtigte Leistungen
unauffällige Leistungen
schwer (T-Wert ≤ 19)
mittelschwer bis schwer (20 ≤ T-Wert ≤ 24)
mittelschwer (25 ≤ T-Wert ≤ 29)
leicht bis mittelschwer (30 ≤ T-Wert ≤ 34)
leicht (35 ≤ T-Wert ≤ 39)
unterer Durchschnitt (40 ≤ T-Wert ≤ 44)
Durchschnitt (45 ≤ T-Wert ≤ 54)
oberer Durchschnitt und darüber (55 ≤ T-Wert ≤ 100)

PR	cum f%	z	SW (=Z)	T	WP	C	Stanine	ST-10 (=Sten)	IQ
cum f%	$\frac{\text{cum f\%} - f/2}{N}$	$\frac{X-M}{\sigma}$	100±10z	50±10z	10±3z	5±2z	5±2z	5,5±2z	100±15z
0	0,13	–3.00	70	20	1	–1	1	1	55
0	0,19	–2.90	71	21			1	1	
0	0,26	–2.80	72	22			1	1	58
0	0,33	–2.70	73	23			1	1	
0	0,47	–2.60	74	24	2		1	1	61
1	0,62	–2.50	75	25		0	1	1	
1	0,82	–2.40	76	26			1	1	64
1	1,07	–2.30	77	27	3		1	1	
1	1,39	–2.20	78	28			1		67
2	1,79	–2.10	79	29			1		
2	2,28	–2.00	80	30	4	1	1		70
3	2,87	–1.90	81	31					
4	3,59	–1.80	82	32				2	73
5	4,46	–1.70	83	33					
6	5,48	–1.60	84	34	5				76
7	6,68	–1.50	85	35		2	2		
8	8,08	–1.40	86	36					79
10	9,68	–1.30	87	37	6			3	
12	11,51	–1.20	88	38					82
14	13,57	–1.10	89	39					
16	15,87	–1.00	90	40	7	3	3		85
18	18,41	–0.90	91	41					
21	21,19	–0.80	92	42				4	88
24	24,20	–0.70	93	43					
27	27,43	–0.60	94	44	8				91
31	30,85	–0.50	95	45		4	4		
35	34,46	–0.40	96	46					94
38	38,21	–0.30	97	47	9			5	
42	42,07	–0.20	98	48					97
46	46,02	–0.10	99	49					
50	50,00	0.00	100	50	10	5	5	5,5	100

PR	cum f%	z	SW (=Z)	T	WP	C	Stanine	ST-10 (=Sten)	IQ
cum f%	$\frac{\text{cum f\%} - f/2}{N}$	$\frac{X-M}{\sigma}$	100±10z	50±10z	10±3z	5±2z	5±2z	5,5±2z	100±15z
50	50,00	0.00	100	50	10	5	5	5,5	100
54	53,98	0.10	101	51					
58	57,93	0.20	102	52					103
62	61,79	0.30	103	53				6	
66	65,54	0.40	104	54	11				106
69	69,15	0.50	105	55		6	6		
73	72,57	0.60	106	56					109
76	75,80	0.70	107	57	12				
79	78,81	0.80	108	58				7	112
82	81,59	0.90	109	59					
84	84,10	1.00	110	60	13	7	7		115
86	86,43	1.10	111	61					
88	88,49	1.20	112	62					118
90	90,32	1.30	113	63				8	
92	91,92	1.40	114	64	14				121
93	93,32	1.50	115	65		8	8		
95	94,52	1.60	116	66					124
96	95,54	1.70	117	67	15				
96	96,41	1.80	118	68				9	127
97	97,13	1.90	119	69					
98	97,72	2.00	120	70	16	9	9		130
98	98,21	2.10	121	71			9		
99	98,61	2.20	122	72			9		133
99	98,93	2.30	123	73			9	10	
99	99,18	2.40	124	74	17		9	10	136
99	99,38	2.50	125	75		10	9	10	
100	99,53	2.60	126	76			9	10	139
100	99,65	2.70	127	77	18		9	10	
100	99,74	2.80	128	78			9	10	142
100	99,81	2.90	129	79			9	10	
100	99,87	3.00	130	80	19	11	9	10	145

Anmerkung: Vgl. zur englischen Terminologie: http://p4k.s3.amazonaws.com/day_2/Pocket_Guide.pdf